中華古籍保護計劃

·成 果·

國家古籍整理出版專項
經費資助項目

美國傅爾布萊特資深學者研究獎助
Senior Fulbright Research Grants
成果

海外中華古籍書志書目叢刊

美國芝加哥大學圖書館
藏中文古籍善本書志 經部 上

張寶三 著

國家圖書館出版社

圖書在版編目（CIP）數據

美國芝加哥大學圖書館藏中文古籍善本書志・經部：全二册 / 張寶三著 . —
北京：國家圖書館出版社，2020.5

（海外中華古籍書志書目叢刊）

ISBN 978-7-5013-6873-0

Ⅰ.①美… Ⅱ.①張… Ⅲ.高等學校—中文—古籍—善本—圖書館目録—
美國 Ⅳ.① Z838

中國版本圖書館 CIP 數據核字（2019）第 221295 號

書　　名	美國芝加哥大學圖書館藏中文古籍善本書志・經部（全二册）	
著　　者	張寶三　著	
責任編輯	靳　諾　黄　静	

出版發行	國家圖書館出版社（北京市西城區文津街 7 號　　100034）	
	（原書目文獻出版社 北京圖書館出版社）	
	010-66114536　63802249　nlcpress@nlc.cn（郵購）	
網　　址	http://www.nlcpress.com	
排　　版	北京九章文化有限公司	
印　　裝	北京科信印刷有限公司	
版次印次	2020 年 5 月第 1 版　2020 年 5 月第 1 次印刷	

開　　本	787×1092（毫米）　1/16	
印　　張	60.25	
字　　數	1081 千字	
書　　號	ISBN 978-7-5013-6873-0	
定　　價	360.00 圓	

周易古義上

長洲　惠　棟定宇　撰
常熟　錢朝錦秋禩　參校
　　蔣光彌少逸　校

說文曰秘書說日月為易象陰陽也虞仲翔易注引參
同契亦云字从日下月月為易所謂秘書者參同之
類也

坤初六象履霜堅冰陰始凝也案文冰當作仌疑當作仌
冰仌正釋器云仌脂也郭璞曰莊子云肌膚若冰雪
冰雪脂膏也緣炎本作凝脂云膏凝曰脂詩云膚如

三禮鄭註考序

長洲程君東治治禮經研心鄭註手摘其要區為三冊曰周禮
故書考儀禮古文今文考禮記古訓考欲以示今學者悟所從
入而於其中鈎稽推抉自為證明蓋尤不狗泛濫旁涉其詞故
余扵是嘆東治氏為得治經之體然鄭註所云故書及古文作
某者余亦不敢取徵于他書竄念自三代以逮秦漢金石刻
所留遺具文字為最古固可據舉以與鄭註相倒今如周禮鄉
師與其菑萑註故書釐作連証以漢魯相韓勑造孔廟禮器碑
器卅胡蕫胡蟹即論語瑚璉是釐連為一字也小宗伯堂建國
之神位註故書位作立古者立位同宇古文春秋經公即位為

010　省吾堂四種二十五卷
清蔣氏省吾堂刻本

011　稻香樓雜著六種七卷
清乾隆活字印本

021 周易本義正解二十二卷首一卷

清康熙三十二年（1693）賜書堂刻後印本

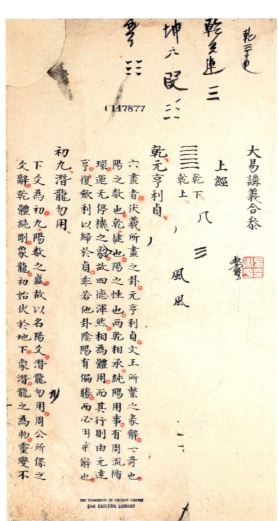

034 大易講義合參不分卷

清抄本

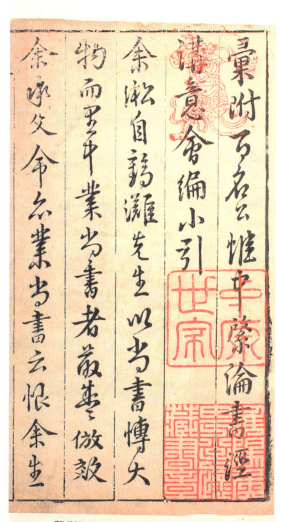

書帷別記卷之一

　前進士金壇王樵著
　　男啓疆肯堂千城番陸
　　姪孫秉鉞秉銓校刊

堯典

放勳

放勳用眞西山之意發揮繚親切君天下者非一人矣其
功之大而無所不至則惟堯而已前乎洪荒之俗於此文
明也後乎風動之休於此開先也前有作者或未備後有
作者豈能加○放勳者總言堯之德業也古人言德業與
後世不同蘊之爲德行措之爲事業一物而已欽明文思

041　書帷別記四卷

明萬曆王啓疆、王肯堂等刻本

042　鐫彙附百名公帷中緊論書經講義會編

十二卷

明萬曆四十三年（1615）蔣方馨刻本

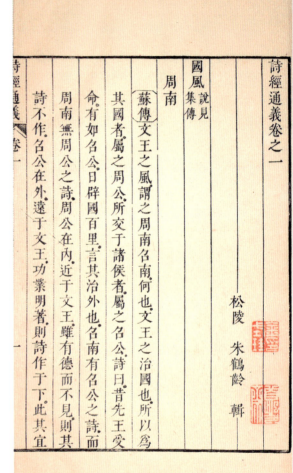

060　尚書人注音疏十二卷卷末一卷外編一卷

清乾隆四十九年（1784）至五十八年（1793）刻本

073　詩經通義十二卷

清雍正三年（1725）濠上草堂刻本

毛詩明辨錄卷之三

秀水後學沈青崖良思父著

國風一

關雎

窈窕淑女即是后妃鄭箋言后妃欲求賢女與共

己職是謂后妃求淑女以事君子如后妃自述則

其意甚淺如人述后妃之德亦不過樛木之一端

耳二三章荇菜亦祇偶取其水中柔順之物以引

起求之之意耳不似蘋藻必用以承祭祀也鄭謂

詩考異補序

漢書藝文志於詩首列魯齋

韓三家於其傳詭甚備末乃

附以毛詩而為之傳者惟一種

其學甚微蓋三家皆列於學官

毛氏未得立故也後漢之初立

076　毛詩明辨錄十卷

清乾隆十三年（1748）毛德基刻本

078　詩考異補二卷

清乾隆嚴氏二酉齋刻本

詩識名解序

古人釋名物以說詩者惟爾雅一書為最古
唐佺氏艸木蟲魚疏洽迨後作者疊出若陸
農師埤雅羅愿爾雅翼蔡元度名物解許白雲名
物疏鈔其義雖互有證明然彼此不無叢脞學者鮮
折衷焉余維寰宇蓁廓區類兆萌號物之數莫能殫
紀昔宣聖語學詩之益卒以多識以知鳥獸草木洵
萃於詩也頋經生家手一編高稱六德五際之旨呷
以名物輒置為末事羣惘惘焉於是假鱓為鱣指駿

083　詩識名解十五卷

清康熙刻本

詩外傳卷之一　　漢 燕人韓嬰著

曾子仕於莒得粟三秉方是之時曾子重其祿而
輕其身親沒之後齊迎以相楚迎以令尹晉迎以
上卿方是之時曾子重其身而輕其祿懷其寶而
迷其國者不可與語仁窘其身而約其親者不可
與語孝任重道遠者不擇地而息家貧親老者不
擇官而仕故君子橋褐趨時當務為急傳云不逢
時而仕任事而敦其廬為之使而不入其謀貧焉

087　詩外傳十卷

明崇禎毛氏汲古閣刻《津逮秘書》後印本

088 韓詩外傳十卷序說一卷補逸一卷

清乾隆五十五年（1790）趙氏亦有生齋刻本

108 禮記通解二十二卷讀禮記一卷

明萬曆四十四年（1616）郝千秋、郝千石刻
《九部經解》本

098 周官塾訓六卷

清乾隆四十七年（1782）刻本

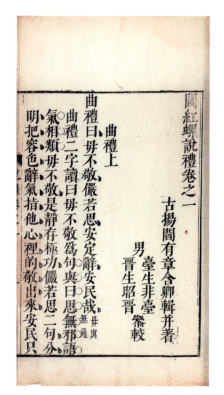

110 闇紅螺説禮三十三卷

明崇禎九年（1636）刻本

157 春秋識小録初刻三書九卷附一卷

清乾隆八年（1743）刻本

141 春秋公羊經例比六卷

稿本

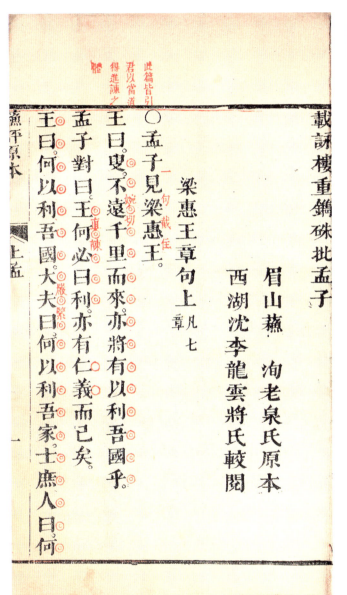

170　載詠樓重鐫硃批孟子二卷

清康熙三十三年（1694）載詠樓刻本

172　孟子讀法附記十四卷（書內附紙）

清乾隆四十九年（1784）刻本

175　學庸竊補十四卷

清乾隆十五年（1750）刻本

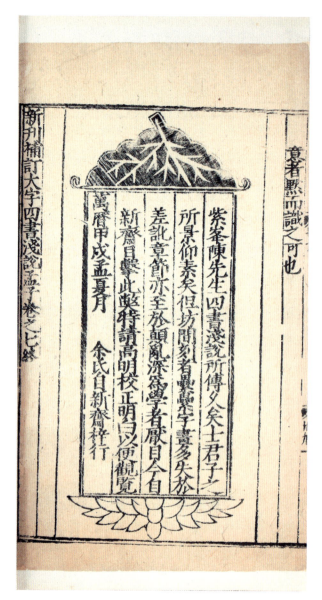

181　新刊補訂大字四書淺說十三卷

明萬曆二年（1574）余氏自新齋刻本

雍正九年新鐫

都梁李岱雲
石崍舒敬亭 全輯著

四書經註合參

聚奎樓藏板
三樂齋梓行

條辨補纂

之物言蓋舉
物而見則也

反身而誠樂莫大焉 如樂音洛○誠實也言反諸身而所備之理皆
強而無不利矣其 為樂就大於是 實然則其行之不待勉
為樂就大於是 如惡惡臭好好色之實然則其行之不待勉

朱子曰萬物之理本備於我身誠是實有此理檢點自家身上
果無欠缺事君忠事親真筒孝……

強恕而行求仁莫近焉

207 四書經註合參三十八卷

清雍正九年（1731）三樂齋刻本

212 四書自課錄三十卷

清乾隆四年（1739）潢川書屋刻本

類音卷第一

音論

聲音元本論上

聲音者先文字而有也人生而有聲既長乃能識字聲止
於一字則多寡不倫或一音而數字或有音而無字字造
乎人而音出乎天者也中古以降字日繁音日變昔人思
有以綜理之而字書韻書出焉然不得其天然之條貫則
如散錢亂卒雜而不可整齊自字母之秘啟反切之法
傳而後衆音衆字一以貫之如錢之有繩如卒之有伍且
使天下無字之音可以有字者引之而出字母之功偉矣
然而等韻之書立法未善使人不能無議焉夫立母以貫

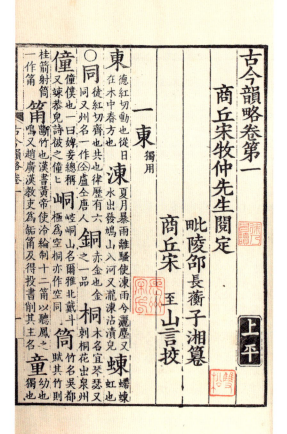

古今韻略卷第一

商丘宋牧仲先生閱定

毗陵邵長蘅子湘纂

商丘宋　至山言校

上平

一東　獨用

東　德紅切動也從日在木中春方也

凍　夏月暴雨雜霜騷使凍雨今麗塵又水出發鳩山入河又瀧凍沾潰兒

同　徒紅切齊也共也律歷有六同又州名一作仝盧全唐人
○同

僮　僮僕也一日婢妾總稱又僮之僮七作　徒紅切詩被之僮僮

銅　赤金也金之一品

桐　剌桐桐花出泉州木名宜琴瑟又嶧峒山名爾雅北山戴斗極為空桐亦作空桐

蝀　螮蝀虹也

筒　斷竹也桂箭射筒一作筩

箭　鳴竹也漢書黃帝使泠綸制十二箭以聽鳳之鳴又趙廣漢教吏為缿箭及得投書削其主名一作筒

童　幼也　獨也

278　古今韻略五卷

清康熙三十五年（1696）宋犖刻後印本

279　類音八卷

清康熙五十一年（1712）刻雍正印本

總 目

上 冊

古籍回歸故里　功德澤被千秋（代序）……………………………… 1

序……………………………………………………………………… 1

前言…………………………………………………………………… 1

凡例…………………………………………………………………… 1

目録…………………………………………………………………… 1

書志…………………………………………………………………… 1

　總類………………………………………………………………… 1

　易類…………………………………………………………………… 80

　書類………………………………………………………………… 145

　詩類………………………………………………………………… 235

　禮類………………………………………………………………… 312

　樂類………………………………………………………………… 401

下 冊

書志………………………………………………………………… 419

　春秋類……………………………………………………………… 419

　孝經類……………………………………………………………… 526

　四書類……………………………………………………………… 540

　群經總義類…………………………………………………………… 699

　　小學類……………………………………………………………733

附錄一　書名筆畫索引……………………………………………831

附錄二　書名拼音索引……………………………………………837

附錄三　著者筆畫索引……………………………………………857

附錄四　著者拼音索引……………………………………………863

附錄五　版本索引…………………………………………………871

附錄六　館藏索書號索引…………………………………………877

引用書目………………………………………………………………887

後記……………………………………………………………………909

古籍回歸故里　功德澤被千秋（代序）

　　"史在他邦，文歸海外"，這是鄭振鐸先生面對中華古籍流失海外時的慨嘆。流傳海外的珍貴典籍，無論是文化交流、贈送、交換、販售，還是被掠奪、偷運，抑或是遭非法交易、走私等，都因其具備極高的文物價值和文獻價值，而爲海外所看重。因此，其中多珍善版本，甚而還有不少是孤本秘笈。據估算，海外中文古籍收藏數量超過三百萬册件，北美、歐洲、亞洲等許多大型圖書館、博物館和私人機構、寺廟等都收藏有中文古籍。甲骨、竹木簡、敦煌西域遺書、宋元明清善本、拓本輿圖和中國少數民族古籍等，在海外都有珍稀孤罕的藏品。

　　中華文化綿延五千年，是全世界唯一没有中斷的古老文明，其重要載體就是留存於世的浩瀚典籍。存藏於海外的典籍，同樣是中華燦爛輝煌文化的重要見證，是釐清中華文明發展脉絡不可或缺的組成部分。要促成中華民族最重要的智慧成果歸於完璧、傳承中華文化優秀成果，就必須高度重視海外古籍回歸工作。

　　一九四九年以來，黨中央、國務院始終高度重視海外中華古籍的回歸與保護工作。一九八一年中共中央在《關於整理我國古籍的指示》中，明確指出"通過各種辦法爭取弄回來，或者複製回來，同時要有系統地翻印一批珍本、善本"。二〇〇七年，國務院辦公廳頒布《關於進一步加强古籍保護工作的意見》，指出要"加强與國際文化組織和海外圖書館、博物館的合作，對海外收藏的中華古籍進行登記、建檔"。同年"中華古籍保護計劃"正式啓動，中國國家圖書館加挂"國家古籍保護中心"牌子，負責牽頭與海外藏書機構合作，制訂計劃，有步骤地開展海外古籍調查工作，摸清各國藏書情况，建立《國家珍貴古籍名録》（海外卷）。二〇一一年文化部頒布《關於進一步加强古籍保護工作的通知》，指出"要繼續積極開展國際合作，調查中華古籍在世界各地的存藏情况，促進海外中華古籍以數字化方式回歸"。

　　按照黨中央、國務院的要求，半個世紀以來，海外中華古籍的回歸工作一直在不斷推進，并取得了一系列的重要成果。一九五五年和一九六五年，在周恩來總理親切關懷和支持下，中國國家圖書館兩度從香港購藏陳清華舊藏珍籍；二〇〇四年，又實現了第三批陳清華海外遺珍的回歸。二〇一〇年，在國際學者和學術機構的幫助下，中國國家圖書館在館網上建立了海外中文古籍專題網站，發布了“哈佛燕京圖書館藏中文善本特藏資源庫”。二〇一三年，北京大學中國古文獻研究中心團隊所承擔的《日本宮內廳書陵部所藏宋元本漢籍叢刊》由上海古籍出版社出版；二〇一三年五月、二〇一四年七月，國家圖書館出版社分別影印出版了《哈佛燕京圖書館藏〈永樂大典〉》《普林斯頓大學東亞圖書館藏〈永樂大典〉》；二〇一四年日本大倉汲古館藏書整體入藏北京大學圖書館。這些不同形式的海外古籍回歸，均有利於學術研究，促進了中外文化交流。但總體説來，這些僅係海外古籍中的極少部分，絕大多數仍沉眠於海外藏書機構或藏家手中，國人無緣得見。

在海外中華古籍實物回歸、數字化回歸、影印出版等幾種方式中，採取以影印出版的方式永久保存承載華夏文明的中華古籍特藏，是古籍再生性保護的重要手段，是繼絕存真、保存典籍的有效方式，也是傳本揚學、惠及士林的最佳方式，它不僅有利於珍本文獻原件的保存和保護，更有利於文獻的利用和學術研究，而且也有效地解決了古籍保護與利用之間的矛盾。與實物回歸相比較，影印出版的方式更爲快捷，規模也更大。

爲進一步做好海外中華古籍的回歸工作，二〇一四年國家古籍保護中心（中國國家圖書館）彙集相關領域專家、國外出版機構、出版工作者等多方力量，在已有工作的基礎上，整合資源、有序推進，策劃啓動了“海外中華古籍書志書目叢刊”“海外中華古籍珍本叢刊”兩大海外中華古籍回歸項目。“海外中華古籍書志書目叢刊”編纂出版海外圖書館、博物館、書店等單位或個人所藏中華古籍新編書目、歷史目錄、專題書目、研究書志書目、藏書志、圖錄等；“海外中華古籍珍本叢刊”則以影印的方式，按專題或收藏機構系統整理出版海外圖書館或個人存藏的善本文獻、書籍檔案，對具有典型性、文物性、資料性和藝術性的古籍則採用仿真影印的形式出版；希望通過“海外中華古籍書志書目叢刊”“海外中華古籍珍本叢刊”的持續出版，促進海外古籍的影印回歸。

“海外中華古籍書志書目叢刊”“海外中華古籍珍本叢刊”編纂出版項目作爲“中華古籍保護計劃”的一部分，它的實施對保存保護中華傳統典籍、推進海外散藏文獻爲學界利用、促進學術研究深入開展均具有重要意義，也必將極大促進中外文化交流的實質性拓展。

是爲序。

國家古籍保護中心（中國國家圖書館）

二〇一五年三月

序

　　近日獲悉張寶三先生的《美國芝加哥大學圖書館藏中文古籍善本書志・經部》書稿殺青，付印在即，我難掩内心的欣喜。撰寫這部書志的工作始於2009年。記得是年八月，時任中國臺灣大學中文系教授的張先生得到美國傅爾布萊特研究獎助和其他有關方面的資助，來本館開始一個爲經部中文善本撰寫書志的項目。從此，周一至周五善本開館之日，張教授輒多來館提書閱覽，暑去冬來，物換星移，在近乎十九個月的日子裏，不曾有輟。2011年初張教授返臺後一直忙於教學與研究，書志的寫作時有斷續，至今歷經十年，終於完稿付梓，怎能不爲之欣喜？

　　美國芝加哥大學東亞圖書館始建於1936年。是年，芝加哥大學校長聘請青年學者顧立雅（Herrlee G. Creel）先生來芝加哥大學開設中國研究項目與課程，此爲東亞研究學科（時稱遠東研究）在芝大之發軔。顧先生到芝大教書的同年即創辦了遠東圖書館（今東亞圖書館）。

　　芝加哥大學東亞圖書館中文古籍善本的主要來源有四：一是建館之初的系統採購。顧立雅在1938年從洛克菲勒基金會申請到一筆五年的購書經費，通過有專門爲海外圖書館服務業務的北平大同書店，採購了大量中文圖書。1939—1940年間，顧立雅到中國訪學。期間，經大同書店協助，就一次性購買了近七千册圖書。這些建館初期的採購包括大量綫裝古籍，特別是地方志。這其中就不乏明代和清初的善本。二是從芝加哥紐伯瑞圖書館（Newberry Library）收購的勞費爾二十世紀初在華考察（expedition）期間所購圖書。貝托爾德・勞費爾（Berthold Laufer）是在美國聲名卓著的第一代漢學家。1908—1934年間在芝加哥菲爾德自然歷史博物館（Field Museum of Natural History）先後任亞洲民族學部的助理主任和亞洲人類學部的主任。勞費爾在1908—1910年間去中國考察三年，爲新組建的菲爾德博物館亞洲民族學部搜集購買藏品，同時亦受芝加哥兩所私立研究圖書館之托在中國搜求購買圖書。其中，勞費爾當年給紐伯瑞圖書館購得的一千多種兩萬多册圖書中的大部在1943—1944年間轉售給了芝加哥大學遠東圖書館。這批含有中、日、藏、滿、蒙古五種語言圖書中的大部分爲中文古籍，包括許多善本。三是老館長錢存訓先生主持館務時期不斷採進的。錢先生是國際著名的中國圖書史、印刷史專家。1947年受邀來芝大做中文編目。1949年被聘爲遠東圖書館館長，主持館務一直到他1978年退休。據錢老回憶，二十世紀五十年代末及六十年代間，清刊本以平均每冊十餘美分，明刊本也不過以每冊二至四美元的價格即可從中國臺灣、香港，以及日本等地購入。四是二十世紀六十年代末收購的李宗侗先生的部分藏書。李宗侗是清末重臣李鴻藻之孫，曾任清室善後委員會顧問及故宮博物院秘書長。1948年隨故宮文物遷臺，後爲臺灣大學歷史系教授。錢老與李氏相識。所購李氏藏書除明清刻本外，還有一些清代稿抄本。

對館藏中文古籍的揭示，始於編目著録。這項工作從1947年錢存訓先生受邀來館始，多年來都在進行着，各屆主持館務的前任和負責與參與中文編目的同仁們爲此貢獻良多。最初的著録是記録在一張張3×5英寸的標準卡片上的，上面的羅馬拼音或英文一般是由打字機打印的，而中文信息則常常是手工抄録的。隨着技術的進步，二十世紀八十年代中期本館作爲研究圖書館組織（The Research Libraries Group，即RLG）的成員，開始使用該組織創製的中、日、韓文終端、軟件與鍵盤進行中文編目，并在九十年代參加了由RLG主持的編製中文善本國際聯合目録的項目。通過這個項目，不但實現了館藏中文善本的機讀編目，而且有效地提高了善本編目的質量。遵循該項目制定的善本機讀目録編目規則，新的著録除包括善本的書名、著者、卷數、年代、出版地等信息，還增添了對如行款、版框、版心和一些其他相關特徵的描述。

目録之學在中國源遠流長。自西漢劉向、劉歆編撰《別録》《七略》始，凡兩千餘年。而書志之體例雖較晚出，然其對所收之書描述較爲詳盡，又輔以審核考訂，故爲傳統目録之最高形制。由張寶三先生撰寫的《美國芝加哥大學圖書館藏中文古籍善本書志·經部》收録經部善本284部。張先生學養豐厚，長期在臺灣大學中文系任教授，經學是他多年來從事教學與研究的重要領域之一，而在古典文獻整理和目録編製方面，他亦多有建樹。編撰本館經部善本書志，張先生是難覓的合適人選。細讀各書之書志，讀者對此定會有同感。本書志以《中國古籍善本書目》之分類爲據，在經部之下對所收善本依内容加以區分，再配以書名、著者、版本和館藏索書號索引，使之成爲揭示館藏經部善本方便而可靠的利器。雖然此前本館善本大多已收録在芝大圖書館的機讀目録中，但當有人想要瞭解館藏中文經部善本的全貌或其中某一類在本館的收藏時，却每每苦於難求直截了當又全面可靠的查找方法與答案。有了這本書志，不僅館藏經部善本盡括其中，而且便利檢索。同時，由於撰者師法傳統書録解題的精神，又參照、汲取了近年來所出善本書志之成例，對每書均詳細描述版式及物理特徵，包括序跋、刻工及所見鈐印，又考訂作者及撰著、刊刻之緣由，版刻、印刷之年代，書中之内容、體例，并對初印、後印、遞修、增補、重刻等加以區分，以期向讀者提供本館所藏該書詳盡的目録資料。因此，它們也是有助於研究者詳細瞭解本館經部每一種善本書的研究指南。本書志所揭示的是本館中文善本的經部部分，經部善本在本館善本藏書中極具特色，其中不乏世所罕見的珍稀版本，如清乾隆五十三年刻本《周易象繹》、明萬曆四十四年刻本《尚書揆一》、明崇禎十年刻本《尚書集解》、清乾隆四十七年刻本《周官塾訓》、明萬曆間刻本《名公註釋左傳評林》、清康熙十一年刻本《孝經疏畧》、明萬曆二十一年刻本《新編四書三説》、清雍正九年刻本《四書經註合參》、清乾隆三十八年刻本《四書衷要補辨》及清乾隆間刻本《説文解字通正》，珍貴稿本《春秋公羊經例比》及清抄本《大易講義合參》等，通過本書志，可更清楚瞭解本館經部善本的價值。

　　本館自2014年起，與中國國家圖書館密切合作，開始進行撰寫經部以外館藏中文善本書志的項目。承蒙中國國家圖書館的積極支持與參與以及芝加哥大學東亞語言文明系顧立雅中國古文字學中心（Creel Center for Chinese Paleography）的全力資助，此項目已獲得可喜成果。由中國國家圖書館李文潔博士撰寫的《美國芝加哥大學圖書館藏中文古籍善本書志·集部》和《美國芝加哥大學圖書館藏中文古籍善本書志·叢部》兩部書志分別由國家圖書館出版社在2019年出版。如今，《美國芝加哥大學圖書館藏中文古籍善本書志·經部》也即將由國家圖書館出版社出版，成爲本館中文善本書志系列中新的和不可或缺的一種。在此，對爲出版此書盡心竭力的國家圖書館出版社的張愛芳主任，靳諾、黃静編輯，以及外審張燕嬰編審與賈海生教授表示衷心地感謝。我的同仁錢孝文先生爲書志精心拍攝了書影，這裏一并申謝。

周原

2019年12月於芝加哥

前　言

　　《美國芝加哥大學圖書館藏中文古籍善本書志·經部》（以下簡稱“本書志”）乃以美國芝加哥大學東亞圖書館所藏經部善本古籍爲著録對象。以下擬針對本書志撰寫之理念與預期目標，本館經部善本古籍之來源、内容、特色與學術價值等方面，略作陳述，以饗讀者，或可供閱讀、利用本書志者之參考。

一、撰寫理念與預期目標

　　中國藏書志爲傳統目録中之一種特殊體裁，嚴佐之先生謂其乃“因清嘉慶時張金吾《愛日精廬藏書志》而創例立制”[①]。中文古籍善本書志又爲現代藏書志之一種特殊形制。自二十世紀，王重民輯録、袁同禮重校《美國國會圖書館藏中國善本書録》[②]出版以來，海内外各圖書館陸續有中文善本書志之撰作。舉其要者，如王重民撰、屈萬里重訂《普林斯敦大學葛思德東方圖書館藏中文善本書志》（臺北：藝文印書館，1975年），中國臺北“國家圖書館”特藏組編《“國家圖書館”善本書志初稿》（中國臺北：“國家圖書館”，1996—2000年），張玉範、沈乃文主編《北京大學圖書館藏善本書録》（北京：北京大學圖書館，1998年），沈津撰《美國哈佛大學哈佛燕京圖書館中文善本書志》（上海：上海辭書出版社，1999年），中國香港中文大學圖書館編《香港中文大學圖書館古籍善本書録》（香港：香港中文大學出版

---

　　① 見嚴佐之《“哈佛模式”：關於美藏漢籍目録現狀的思考——兼評〈美國哈佛大學哈佛燕京圖書館中文善本書志〉》，《書目季刊》第三十五卷第二期，頁15，臺北：書目季刊社，2001年9月。

　　② 王重民輯録、袁同禮重校《美國國會圖書館藏中國善本書録》，美國華盛頓：美國國會圖書館，1957年。

社，1999年），田濤主編《法蘭西學院漢學研究所藏漢籍善本書目提要》（北京：中華書局，2002年），蘇州圖書館編《蘇州圖書館藏古籍善本提要·經部》（南京：鳳凰出版社，2004年），韓兆海等編《武漢圖書館館藏古籍善本書志》第一輯（武漢：湖北人民出版社，2004年），柏克萊加州大學東亞圖書館編《柏克萊加州大學東亞圖書館中文古籍善本書志》（上海：上海古籍出版社，2005年），多倫多大學鄭裕彤東亞圖書館編《加拿大多倫多大學東亞圖書館藏中文古籍善本提要》（桂林：廣西師範大學出版社，2009年），沈津主編《美國哈佛大學哈佛燕京圖書館藏中文善本書志》（桂林：廣西師範大學出版社，2011年），傅斯年圖書館善本書志編纂小組編《"中央研究院"歷史語言研究所傅斯年圖書館善本書志·經部》（臺北："中央研究院"歷史語言研究所，2013年），馬月華編著《美國斯坦福大學圖書館藏中文古籍善本書志》（桂林：廣西師範大學出版社，2013年）等書，雖撰作之内容繁、簡有異，名稱、體例亦不盡一致，然可見爲館藏圖書撰寫中文善本書志，已蔚爲風氣，且方興未艾。

美國芝加哥大學東亞圖書館（以下簡稱"本館"），原名遠東圖書館，創始於1936年，首任館長爲顧立雅博士[①]。本館所藏中文古籍以經部最爲豐富，論者或推爲"全美第一"[②]。本館所藏經部善本古籍，有罕見於他館著錄者，有同書而版本異於他館者，亦有與他館同書、同版本而批注、題跋、鈐印等特徵有異者，爲能充分顯示本館經部善本古籍之全貌與特色，以方便讀者參考利用，爲本館經部古籍撰寫善本書志，實有其必要。

沈津先生嘗於《美國哈佛大學哈佛燕京圖書館藏中文善本書志·序》中云："筆者以爲，撰寫善本書志，不僅要將群書部次甲乙，條別異同，推闡大

---

① 顧立雅（Herrlee G. Creel，1905—1994），美國芝加哥人，芝加哥大學博士。曾於1930-1932年赴哈佛大學進修，1932—1935年赴中國北京留學，從北平圖書館金石部主任劉節研究中國古文字學、甲骨文及金文，并數度赴安陽參觀殷墟考古發掘。1936年回美，受聘爲芝加哥大學東方語言文化學系及歷史系講師，此年遠東圖書館設立，擔任首任館長。1937年升任助教授，1940年任副教授，1949年任正教授。1954—1962年曾任東方語言文化學系及其後改組之遠東語言文化學系主任。1973年退休。著有《中國世界觀的演進》（博士論文）、《中國之誕生：中國文明的形成期》、《孔子：其人與神話》、《中國思想：從孔子到毛澤東》、《什麼是道家？及其他中國文化史研究》、《中國政制的起源：西周王朝卷》等書。生平事迹參見錢存訓先生撰《記美國漢學家顧立雅教授》，收入《中美書緣》，臺北：文華圖書管理資訊有限公司，1998年。

② 沈津《聚典籍精華，滙中西學術——美國芝加哥大學東亞圖書館的善本特藏》一文中云："經部圖書如此豐富，且不乏孤槧，洵爲全美第一。"見《書城風弦錄——沈津學術筆記》，頁341，桂林：廣西師範大學出版社，2006年。

義，疏通倫類，更應辨章學術，考鏡源流，乃至蒐討佚亡，而備後人之徵考。前人於書志寫作，認爲應‘辨版刻之時代，訂抄校之精粗，改卷數之多寡，別新舊之異同，以及藏書印記、先輩佚聞’等，所以撰寫書志應在前人的基礎上更加詳細地揭示書之内容版本，盡可能使之精審確鑿，而不僅僅是一張圖書館藏書卡片的放大。”[1]沈先生此處揭示現代撰寫善本書志之極高標準，亦爲今後撰作者應追求之模範。惟因各館藏書内容之差異、撰作者專業背景之不同以及所欲達成功效之不一，故今已出版之諸家善本書志，其呈現之面貌，遂極爲繽紛多樣。

　　本館善本古籍既以經部見長，則經部善本書志之撰作，當結合此一特色，以發揮其功能。故本書志之撰作，除對經部各書作適當之著録，使讀者得以對中國傳統經學有基礎之瞭解外，亦期望本書志可作爲有志從事經學研究者之梯航。職是之故，本書志在撰寫過程中，將力求論證之有據與文獻之正確解讀，以免誤導讀者。舉例而言，本館所藏“163《春秋究遺》十六卷，清葉西撰。清乾隆刻本”，此書蘇州圖書館亦有收藏同一版本。《蘇州圖書館藏古籍善本提要·經部》著録此書，其解此書書名“究遺”之取義云：“讀是書之名‘究遺’，是用唐韓愈《贈盧仝》詩‘春秋三傳束高閣，獨抱遺經究終使’之句。因是書多宗其師方苞之《春秋通論》，故究遺者爲究其師《通論》之遺也。”[2]此實誤讀葉西書首之《序》，故有此説也。考葉西《序》云：“余游於　望溪先生門有年矣，雍正八、九年間，嘗舉《春秋》疑義數則質之　先生，　先生爲一一剖析以相示，自是每見輒得聞所未聞。今世所行　先生《通論》《直解》二書，大半皆予向所得之口授者也。碌碌詞垣，端居多暇，誠不自揆，竊念是經晦塞已久，掃除廓清之功，安知不在今日？于是尋繹舊聞，參以管見，支疏節解，不敢憚勞。經始於乾隆十一年冬，因循荏苒，閱十餘寒暑而後成書……昔昌黎韓氏嘗以‘抱遺經而究終始’稱玉川子，且謂其束三《傳》於高閣。余固惟經是信者，故今以《究遺》名吾書焉。”（《序》頁1—4）由葉西此《序》，知其書名《春秋究遺》乃典出韓愈《贈盧仝》詩“春秋三傳束高閣，獨抱遺經究終始”之句[3]，而所謂“究

---

[1]　見沈津主編《美國哈佛大學哈佛燕京圖書館藏中文善本書志·序》，頁5，桂林：廣西師範大學出版社，2011年。

[2]　見蘇州圖書館編《蘇州圖書館藏古籍善本提要·經部》，頁110，南京：鳳凰出版社，2004年。案：此處引韓愈詩，其中“獨抱遺經究終使”句，“使”字韓詩原作“始”，此誤引作“使”。

[3]　參見唐韓愈著、錢仲聯集釋《韓昌黎詩繫年集釋》，頁782，上海：上海古籍出版社，1984年。

遺"者，乃究《春秋》（遺經）之義，非如《蘇州圖書館藏古籍善本提要·經部》所言"究遺者爲究其師《通論》之遺也"。此文獻之正確解讀，方能提供讀者對書名之正確認識，不可不慎，亦爲本書志撰作時恒自惕勵之處。此外，館藏善本經部古籍中如蘊含有經學較特殊之現象，亦將酌予闡明，以便讀者注意。以《詩類》爲例，如清胡文英撰"《詩經逢原》十卷"一書中，每論考唐陸德明《經典釋文》所述《詩經》文字之異同情形[1]，然此書所述《經典釋文》之文字，乃根據《毛詩注疏》中所附之《釋文》，而非據單行本陸德明之《釋文》，故間有誤説[2]。此乃清乾嘉時期《詩經》著作中常見之現象，故本書志中特予表出。又如清任兆麟撰"《詩經通説》二十卷首一卷補遺一卷"一書中，收有任氏自撰之《補亡詩》六首，此雖不合一般《詩經》著作體例，然此《補亡詩》六首，可作爲研究歷代"補亡詩"之材料，實可珍貴，故書志中亦予提示。此外，經由對經部善本古籍各書内容作詳細考察，可更準確處理其書之歸類。如本館所藏"110 《闖紅螺説禮》三十三卷，明闖有章撰。明崇禎九年（1636）刻本"一書，《中國古籍善本書目》著録於《經部·禮類·三禮總義》中[3]。今就此書之内容考之，此書乃在補充元陳澔《禮記集説》之不足，宜歸於《經部·禮類·禮記》中。《闖紅螺説禮》一書，世間流傳不多[4]，經由本書志之考訂，或有助於讀者對此書之瞭解。

本書志中有部分古籍，已見於他館所撰之善本書志中著録，今再撰書志，極須參考前人成果。惟過程中若間有所見，輒加考訂，非敢輕議前賢，庶幾免於人云亦云之譏而已。如本館所藏"175 《學庸竊補》十四卷，清陳孚輯。清乾隆十五年（1750）刻本"，此書同版，《美國哈佛大學哈佛燕京圖書館藏中文善本書志·經部》著録，題云："清乾隆十五年（1750）簡王府刻本。"[5]經考訂，此本之刊刻，實與簡王府無涉，故本書志改題爲"清乾隆十五年（1750）刻

---

[1] 詳見書志中所論，兹不具述。

[2] 唐陸德明《經典釋文》爲儒家經典及道家《老子》《莊子》二書作音義，其書原本單行。南宋時期，乃將《經典釋文》各經音義各自別出，附入各經注疏中。因注疏本與《經典釋文》所據本經、注文字未必相同，時有枘鑿，於是有改《釋文》文字以從《注疏》本者，遂失其真。故欲探討《經典釋文》之文字爲何，應依據原單行本之《釋文》，方不致如乾嘉學者或僅據《注疏》本中所附之《釋文》以論之而生錯誤。

[3] 見《中國古籍善本書目》編輯委員會編《中國古籍善本書目·經部》，頁212，上海：上海古籍出版社，1989年。

[4] 《中國古籍善本書目》僅著録南京圖書館、廣西師範大學圖書館二館收藏。

[5] 見沈津主編《美國哈佛大學哈佛燕京圖書館藏中文善本書志·經部》，頁212。

本”①。又如本館所藏“232 《六經圖考》六卷，宋楊甲撰、宋毛邦翰補。清康熙六十一年（1722）潘氏禮耕堂刻本”。此書同版，《柏克萊加州大學東亞圖書館中文古籍善本書志》著録，題“清康熙元年（1662）禮耕堂刻本”②。經考訂，此本應是潘宷鼎於清康熙六十一年（1722）任江夏知縣時所刻，潘氏任江夏知縣之時間，可於《［同治］江夏縣志》卷二《職官三》中考知，故本書志不從《柏克萊加州大學東亞圖書館中文古籍善本書志》之説也。

此外，本館舊目中若有需改正者，亦酌加考辨，如《群經總義類》“241 《北海經學七録》八卷，清孔廣森輯”抄本，舊目著録云：“疑爲古俊樓刻本之稿本。”今經考訂，乃改正爲“傳抄清乾隆三十九年（1774）古俊樓刻本”。又如《四書類》“211 《四書疏註撮言大全》三十七卷，清刻本”一書，舊目作者題“胡斐才”。今考胡蓉芝，字斐才，號渠園，又此書卷端題“龍岡後學胡蓉芝斐才手輯”，故今據其名，改題此書作者爲“胡蓉芝”也。

以上略陳本書志撰寫之理念與預期目標，立鵠射侯，雖不能至，心嚮往之。

二、館藏經部善本古籍之來源

芝加哥大學東亞圖書館目前所藏中文善本古籍約一千餘種二萬餘册。其中經部善本有二百八十餘種。這些經部善本古籍之入藏，乃由不同階段積累而來，以下試依序略作陳述：

（一）顧立雅館長時期自中國購入之圖書

本館經部善本古籍之來源與整體中文圖書之購入過程息息相關，此購書活動自創館之初即已開始啓動，且多自中國購入。錢存訓先生（1910—2015）在《留美雜憶——六十年來美國生活的回顧》一書之第四章《坐擁書城·一、建館經過》中嘗云：

芝加哥大學遠東圖書館，現改稱東亞圖書館，是一九三六年設立，主要爲配合當時中文教學的需要，開始搜集四部典籍和一般工具書刊以供教學和研究之用。因爲創辦人顧立雅（Herrlee G. Creel）教授偏重中國古代史的研

---

① 詳參書志內考訂，兹不細論。
② 見柏克萊加州大學東亞圖書館編《柏克萊加州大學東亞圖書館中文古籍善本書志》，頁26，上海：上海古籍出版社，2005年。

究，因此古典方面尤其經部的收藏特别豐富。其他如方志、家譜、考古、叢書、類書以及全套學術期刊，也多搜羅完備。由於羅氏基金會（Rockefeller Foundation）的資助，最初採購的圖書每年平均將近一千種，約有五千至一萬冊，大部分爲綫裝古籍。①

由錢先生此文所述，知芝館早期特重中國古籍之收藏，尤其重視經部之收藏，此與創辦人顧立雅教授有密切之關係。至於最初之圖書採購途徑，錢先生又云：

> 芝大中文藏書的最初部分，主要是一九三〇年代後期第二次大戰前委託北平圖書館顧子剛先生用"大同書店"的名義所代辦，大部分是根據《北平人文科學研究所藏書目録》有系統的採購，因此選擇嚴謹，除供學生使用的課本和參考書外，很少重複。其中不少皆係私家舊藏，紙墨精良。②

此處錢存訓先生提及此時期芝加哥大學遠東圖書館之藏書主要乃委託北平圖書館顧子剛（1899—1984）以"大同書店"之名義在中國購買。考顧子剛，上海市人，畢業於上海聖約翰大學史學系。曾任天津南開學校英文教員，後任職於清華大學圖書館、北平北海圖書館、國立北平圖書館等。一九五一年任北京圖書館閲覽部主任，一九五六年受聘爲研究員，一九七三年自北京圖書館退休③。顧子剛受委託爲芝加哥大學遠東圖書館購買古籍，主要乃根據《北京人文科學研究所藏書目録》作有系統之採購，故今芝加哥大學東亞圖書館之善本古籍，與《北京人文科學研究所藏書目録》所著録内容有頗多相同之處。顧子剛爲芝加哥大學遠東圖書館採購之古籍有多種來源，據館藏經部善本古籍中之相關信

---

① 見錢存訓《留美雜憶——六十年來美國生活的回顧》，頁45，臺北：傳記文學出版社股份有限公司，2007年。

② 見錢存訓《留美雜憶——六十年來美國生活的回顧》，頁46。

③ 有關顧子剛之生平事迹，參見趙愛學、林世田撰《顧子剛生平及捐獻古籍文獻事迹考》，《國家圖書館學刊》2012年3期，2012年6月。

息顯示，至少有來自"富晉書社"①、"寶墨樓"②、"文匯閣"③、"直隸書店"④等書店或藏書樓之舊藏圖書，另更有數種乃來自顧子剛個人之典藏⑤。

（二）自芝加哥紐伯瑞圖書館購入原勞費爾所購書

本館善本古籍之另一來源，乃來自購入芝加哥紐伯瑞圖書館（Newberry Library，舊譯爲"紐百萊圖書館"）所藏原貝托爾德·勞費爾（Berthold Laufer, 1874–1934。"勞費爾"舊譯爲"勞福"）所購圖書。前引錢存訓先生文，其下又云：

> 一九四五年又購入芝加哥紐百萊圖書館（Newberry Library）原藏中、日、滿、蒙、藏文圖書約二萬餘冊，使代表東北亞語文的各類圖書大致全備……購自紐百萊圖書館的藏書，原爲德籍漢學家勞福（Berthold Laufer）博士於清末爲芝加哥三所圖書館自中國和日本所購藏的東亞語文圖書之一部。當時他將購得的科技類歸約翰·克雷爾圖書館（John Crerar Library），後由國會圖書館購藏。金石、考古類圖書約五千冊和拓片約二千件，歸芝加哥富地自然科學博物館（Field Museun of Natural History），至今仍由該館收藏，並編印《拓本聚英》一冊。人文學科則歸紐百萊圖書館，現存芝加哥大學。⑥

---

① 本館所藏 "172 《孟子讀法附記》十四卷，清周人麒撰。清乾隆四十九年（1784）刻本。六冊" 一書中，第一冊之末，夾有一紙，爲 "富晉書社" 圖書編目稿單，上載此書之書名、著者、刊本、紙類等内容，編目單左下印有 "富晋書社編目稿" 七紅字，知此書嘗經 "富晋書社" 經銷。

② 本館所藏 "149 《春秋胡傳翼》三十卷，明錢時俊撰。明刻本" 一書，書中夾有一長方形紙條，右上鈐 "寶墨樓藏書"，中手書 "春秋胡傳翼" 五字，左上題 "共六冊　函"（"六" 字手書，餘鐫刻，"冊" 與 "函" 間空白無字）。由此可知此書嘗經 "寶墨樓" 收藏。

③ 本館所藏 "151 《麟旨定》十二卷，明陳于鼎撰，明張我城參，明史順震等校。明崇禎刻本。六冊" 一書，書中夾有一長條黄色綿紙，上由右至左手書三行字："12.春秋麟旨定 / 八冊 / 文滙閣。" 由此可知此書嘗經 "文滙閣" 經銷。原爲八冊，本館所藏現爲六冊，乃經改裝矣。

④ 本館所藏 "209 《四書讀註提耳》十九卷，清耿埰撰。清乾隆元年（1736）屏山堂刻本。十四冊" 一書，第一冊之末夾有一長方形綿紙條，上手書 "四書提耳 / 一冊計十四冊 / 八元" 三行，下方鈐有 "直隸書局" 朱文長方横印，知此書嘗經 "直隸書局" 經銷，價錢八元。惟 "一冊計十四冊"，當係 "一函計十四冊" 之筆誤。

⑤ 本館所藏 "078 《詩考異補》二卷，清嚴蔚撰。清乾隆嚴氏二酉齋刻本"、"107 《禮記日録》三十卷《圖解》一卷，明黄乾行撰。明嘉靖三十四年（1555）鍾一元刻本" 二書，皆鈐有 "子剛經眼" 朱文方印，知此二書嘗經顧子剛收藏。

⑥ 見錢存訓《留美雜憶——六十年來美國生活的回顧》，頁45—46。

由錢先生所述，可知紐伯瑞舊藏圖書入藏本館之始末。今考本館所藏經部善本古籍中，共有九種爲原紐伯瑞圖書館之舊藏[1]。九種書中或鈐有如"#661""#662"等號碼，或有手書號碼如"N629""N601"等記號。

（三）購入李宗侗之舊藏圖書

一九四九年，錢存訓先生就任遠東圖書館第二任館長。錢先生對中國古籍之採購不斷，使館藏中文古籍更爲豐富[2]。錢先生任館長期間，曾購入李宗侗之舊藏圖書，此亦爲本館經部善本古籍之重要來源。前引錢先生文，下又嘗云：

> 其他有李玄伯教授舊藏明刊本、稿本及寫本多種約二百餘册，係一九六〇年代李氏過世後，由其家屬轉讓。[3]

此爲錢先生所述當時購入李宗侗藏書之情況。今考李宗侗（1895—1974），字玄伯，河北高陽人，一八九五年出生於北京。祖李鴻藻爲清季名臣，父李焜瀛曾任户部侍郎。李宗侗年十七，隨叔父李石曾負笈法國，畢業於巴黎大學。民國十三年（1924）返國，任教於國立北京師範大學史地系、中法大學文學院等校。歷任全國注册局局長、國民政府農礦局參事、故宮博物院秘書長等職。民國三十七年（1948）任教於臺灣大學歷史系，一九七四年卒於臺北。著有《中國古代社會史》《歷史的剖面》《中國史學史》《李宗侗著作集》等書。生平事迹參《李宗侗自傳》[4]、陳捷先撰《飽學、謙和、仁厚的李宗侗先生》[5]。李宗侗之妻易漱平（？—1963）爲易培基之獨生女[6]，易培基所藏圖書後多歸李宗侗夫婦。李

---

① 九種爲："013《周易傳義》十卷""017《周易傳義大全》二十四卷""067《詩集傳》二十卷《詩序辨説》一卷《詩傳綱領》一卷《詩圖》一卷""128《春秋經傳集解》三十卷附《春秋名號歸一圖》二卷""177《四書集註》三十卷""230《四書圖考集要》五卷""261《廣金石韻府》五卷""269《古今韻會舉要》三十卷""276《重訂直音篇》七卷"。

② 錢存訓先生《留美雜憶——六十年來美國生活的回顧》中云："（前略）因爲當時國内貨幣與外幣的兑換率很低，一般清刊本每册平均不足美元十分，這樣低的書價一直到一九五〇年代末期由我經手採購時，仍然相差不多。甚至一九六〇年代臺、港、日本等地的明刊本，每册平均不過二至四美元。"（頁47）可見錢先生任館長期間，仍不斷購入古籍。

③ 見錢存訓《留美雜憶——六十年來美國生活的回顧》，頁50。

④ 李宗侗《李宗侗自傳》，北京：中華書局，2010年。

⑤ 收入臺灣大學歷史學系主編《遨遊於歷史的智慧之海：臺大歷史學系系史》，臺北：臺灣大學歷史學系，2002年。

⑥ 易漱平爲易培基之女，參見白瑜《湖南第一師範與校長易培基》文中所述，文刊臺北《傳記文學》第28卷第5期（總168期），1976年5月出版。

宗侗晚年曾將其部分藏書出讓本館，其中多稿本及明、清善本①。本館經部善本古籍中共有李宗侗夫婦舊藏十六種，其中鈐有“李宗侗藏書”朱文長方印、“生齋臺灣行篋記”朱文長方印、“易印漱平”白文方印、“風樹亭藏書記”朱文長方印等印。

三、館藏經部善本古籍之內容與特色

（一）內容

本館現藏有經部善本圖書共二百八十四種，其中總類十一種，易類二十三種，書類三十二種，詩類二十二種，禮類三十四種，樂類五種，春秋類三十六種，孝經類四種，四書類六十四種，群經總義類十六種，小學類三十七種。以數量而言，四書類爲最多，小學類次之，春秋類又次之。孝經類四種爲最少。

如以版本而論，本館所藏經部善本圖書中，明代刻本共有七十八種，清代刻本、稿本、抄本共有二百零六種，以清代善本居多，明代善本次之。

（二）特色

本館經部善本古籍雖不以版本古舊見長，然考察其內容，其中仍有可道之特色，略述如下：

1.時見珍稀之本

本館所藏經部善本古籍中，或有僅本館收藏，未見他館著録者，如“098 《周官塾訓》六卷，清魯鴻輯。清乾隆四十七年（1782）刻本”、“141 《春秋公羊經例比》六卷。稿本”、“207 《四書經註合參》三十八卷，清李沛霖、舒懃撰。清雍正九年（1731）三樂齋刻本”、“218 《四書衷要補辨》三十七卷《圖說》一卷，清王其華撰。清乾隆三十八年（1773）刻嘉慶十九年（1814）印本”、“255 《説文解字通正》十四卷，清潘奕雋撰。清乾隆刻本”等。或有除本館收藏外，僅見少數他館收藏者，如“130 《名公註釋左傳評林》三十卷，晋杜預釋

---

① 據劉錚雲在《“中央研究院”歷史語言研究所傅斯年圖書館善本書志·前言》中提到傅斯年圖書館善本古籍綫裝書有五大來源，其第五項爲一九六八年洽購李宗侗散出之善本書，其中以清代學者抄本居多。由此可知李宗侗亦嘗把一部分善本古籍出讓給傅斯年圖書館。參見《“中央研究院”歷史語言研究所傅斯年圖書館善本書志·經部》書首，頁2，臺北：“中央研究院”歷史語言研究所，2013年。

注，宋朱申續注，明歐陽東鳳批評，明李茂識編次。明萬曆刻本”，此本除本館收藏外，另僅知日本前田育德會尊經閣文庫有藏。又如“205《纂訂四書通解》三十一卷，清邢淳撰。清雍正三年（1725）寶旭齋、四德堂刻後印本”，此本另僅知日本青淵文庫有藏。這些珍稀古籍，成爲本館善本古籍之一大特色。

2.頗多名家舊藏

本館所藏經部善本古籍中，頗多嘗經名家收藏，此亦爲特色之一。由書中所鈐之藏書印、手書題識及其他相關信息，可看出嘗經名家收藏之痕迹。在藏書印方面，見有清顧祖禹（1631—1692）、王士禛（1634—1711）、曹寅（1658—1712）、吳翌鳳（1742—1819）、宋鑑（1744—？）、倪模（1750—1825）、莫友芝（1811—1871）、呂海寰、王懿榮（1845—1900）、沈曾植、文廷式、徐乃昌（1869—1946）等名家之鈐印，參見下節“（三）藏書印之價值”所述。此處僅舉三人爲例，略作敘述：

（1）呂海寰

本館所藏“161《春秋筆削微旨》二十六卷，清劉紹攽撰。清乾隆刻本”，書中鈐有“臣印海寰”白文方印、“鏡宇”朱文方印二印，知嘗爲清呂海寰收藏。考呂海寰（1842—1927），字鏡宇，號惺齋，清山東掖縣（今山東萊州）人。清同治六年（1867）舉人。歷任江蘇省常鎮通海道、蘇松臺道、駐德國公使兼荷蘭公使、工部尚書、督辦津浦鐵路大臣等職。光緒三十年（1904）創立“上海萬國紅十字會”，此爲中國紅十字會創會之始。民國時期曾擔任中央政府高級顧問。著有《奉使金鑒》《庚子海外紀事》等書。《近代人物年譜輯刊》[1]中收有呂海寰年譜。呂海寰爲中國紅十字會創始人，本館存有其舊藏善本古籍，彌足珍貴[2]。

（2）沈曾植

本館所藏“249《曹楝亭五種》六十五卷，清曹寅輯。清康熙四十五年（1706）曹寅揚州詩局刻本”，此書中鈐有“海日樓”白文方印、“植”朱文方印、“巽齋所藏”朱文方印、“寐翁”朱文方印等印，又第五函第一册中夾有“鴛湖沈氏海日樓藏書”登録紙條一紙，知嘗爲清沈曾植收藏。考沈曾植（1850—1922），字子培，號巽齋，晚號寐叟，清浙江嘉興人。光緒六年（1880）

---

[1] 見《近代人物年譜輯刊》，收入《民國文獻資料叢編》，北京：國家圖書館出版社，2012年。

[2] 《“中央研究院”歷史語言研究所傅斯年圖書館善本書志・經部》著録“00178 春秋大事表五十卷綱領一卷讀春秋偶筆一卷輿圖一卷附一卷”一書，書中鈐有“呂海寰印”朱文方印、“大司空”白文方印二印，亦爲呂海寰之藏印，見該書頁204。

進士，歷任刑部主事、刑部員外郎、刑部郎中、總理衙門章京、兩湖書院講習、江西廣信知府、安徽提學使、上海南洋公學監督等職。辛亥革命後，歸隱上海，號其樓曰“海日樓”。民國六年（1917）響應張勳，赴北京謀溥儀復辟，授學部尚書，事敗，復歸上海。民國十一年（1922）卒。工書法，富藏書，學術淵博。著有《漢律輯補》《晉書刑法志補》《元秘史箋注》《蒙古源流箋證》《海日樓詩文集》《寐叟題跋》等書。事迹參見《清史稿》卷四百七十二《列傳》二百五十九。

（3）文廷式

本館所藏“141　《春秋公羊經例比》六卷，清佚名輯。稿本”，此書中鈐有“文廷式章”白文方印，知嘗爲清文廷式收藏。考文廷式（1856—1904），字道希，號芸閣，又號純常子、羅霄山人等，清江西萍鄉人，出生於廣東潮州。少長嶺南，爲陳澧入室弟子。光緒十六年（1890）進士，授翰林院編修，升任翰林院侍讀學士，兼日講起居注官。文廷式志在濟世，遇事敢言。中日甲午戰爭事起，文廷式力主抗擊，上書請罷慈禧太后生日慶典、召恭親王參大政及奏劾李鴻章“昏庸驕蹇、喪心誤國”等。光緒二十一年（1895），《馬關條約》簽定之後，文廷式支持康有爲組織“强學會”於北京。二十二年（1896）遭御史楊崇伊參劾，被革職逐出北京。戊戌政變後，清廷密電訪拿，遂出亡日本。二十六年（1900）夏回國，與容閎、嚴復、章太炎等人，參加唐才常召開之“國會”。同年七月，唐才常“自立軍”起義失敗後，清廷下令嚴拿。此後數年間，文廷式顛沛流離，往來於萍鄉、上海、南京、長沙之間，光緒三十年（1904）卒。著有《中興政要》《聞塵偶記》《純常子枝語》《雲起軒文録》《雲起軒詞鈔》《知過軒隨録》等多種。文廷式富藏書，所藏校本、抄本極多，有《永樂大典》百餘册、彭兆蓀《全上古三代秦漢三國六朝文》手稿、《范石湖詩集》等罕見之本。事迹參見清胡思敬撰《文廷式傳》[1]、湯志鈞撰《戊戌變法人物傳稿》卷四《文廷式（一八五六——一九〇四年）》[2]等。此書另鈐有“易印漱平”白文方印。易漱平爲易培基之女，蓋易培基得文廷式之舊藏，後李宗侗夫婦承襲此書，再轉入本館者也。

3.富藏《四書類》善本

本館藏有《四書類》善本古籍六十四種，係經部各類中數量最多者，爲

① 　見閔爾昌編《碑傳集補》卷九，頁18—19，收入《清碑傳合集》第四册，上海：上海書店，1988年。

② 　見湯志鈞《戊戌變法人物傳稿》，頁297—308，北京：中華書局，1982年增訂本。

《四書》學研究提供寶貴的研究資源。

尤可注意者，《四書類》善本古籍中頗多珍稀之本，已如前述。另《四書類》著作中，有可供研究與科舉用書有關之資料，亦足珍貴。例如本館藏有"221《四書翼註論文》三十八卷，清張甄陶撰，清乾隆五十二年（1787）浙湖竹下書堂刻本"一書，此書在乾隆五十二年刻本之前，已有乾隆四十一年（1776）貴州刻本及四十二年（1777）閩中刻本二刻。此本書首載乾隆四十二年孟春張甄陶之自序云："丙申（乾隆四十一年）秋，以病自黔歸，臨行，黔中藩伯鄭退谷先生取清本捐俸刊之，以公滇、黔二省學者。予篋中僅存初稿，恐其久而漶漫，因命兒子經邦重加編整，付之梓人。"此爲閩中刻本張甄陶之序也。又書首另載有清乾隆四十一年七月貴州布政使鄭大進（字退谷，1709—1782）所撰之序云："黔中險遠，又土瘠，書籍流布特少，《四書》講章，士人所日習，多從蜀之重慶翻刻，緗載而來，所行《體註》《闡註》《述註》諸書，潦草淺謬，大有害於學者。得此書，亟爲黔士喜慰，得未曾有。亟謀梓行，以惠後學。"此乃鄭大進爲貴州刻本所撰之序。由鄭大進此序，可知乾隆時期貴州地區之舉業用書乃多從重慶翻刻之後再緗載而來，鮮有如張甄陶此《四書翼註論文》之刻於貴州省者。此段文字爲清乾隆時期四川、貴州地區科舉用書流通史留下極寶貴之資料，可供科舉研究者之取資。有關本館經部善本古籍在科舉相關研究上之價值，另參下節所述。

四、館藏經部善本古籍之學術價值

本館所藏經部善本古籍共二百八十四種，此近三百種古籍，除具有文物價值外，亦蘊含重要之學術價值，極爲珍貴。分述如下：

（一）經學研究之價值

書籍爲學術思想之重要載體，經部善本古籍提供了經學研究豐富之資料。本館所藏經部善本古籍，其中有未見於他館收藏或版本較爲特殊者，於經學研究則尤具價值。舉例如下：

1.《大易講義合參》不分卷

本館所藏"034《大易講義合參》不分卷，佚名撰。清抄本"，此本《上經》《下經》半葉八行二十四字，小字雙行同。《上繫》以下，半葉十一行三十字，小字雙行同。卷端題"大易講義合參"，未題撰者名。

本館此抄本之內容與《上海圖書館未刊古籍稿本》所收"《周易講義合參》

二卷"同①，惟上海圖書館藏本（以下簡稱"上圖本"）《八卦取象歌》《河圖》《洛書》《伏羲八卦次序》《伏羲八卦方位》《文王八卦次序》等六圖，本館此本無。又上圖本書首《八卦取象歌》標題下及《上經》卷端"周易講義合參"標題下皆鈐有"惠棟之印"白文方印、"定宇"朱文方印二印，未題撰者名；本館此本卷端"大易講義合參"標題下鈐有"易印漱平"白文方印，亦未題撰者名。上圖本蓋因鈐有惠棟之印，書首又有佚名題識，稱"惠定宇先生著《周易本義辨證》既成，復著《周易講義合參》。今《辨證》已刊板行世，《合參》祇有鈔本，而流傳亦希。此則先生之原稿。（下略）"故定爲惠棟撰。本館此本未題撰者名，而上圖本所謂"惠棟撰"之説又有可疑（詳下文），故此本定爲"佚名撰"。又此本避"玄""弘"字諱，不避"寧"字，其抄寫年月雖不能確定，觀其字迹、紙張，當爲清代抄本，故定爲"清抄本"。

　　此本未標卷次，分三册裝訂。册一爲《上經》，含《乾》至《離》；册二爲《下經》，含《咸》至《未濟》。二册各自標示葉次，不相聯貫。册三爲《繫辭傳》以下，含《上繫》十二章，《下繫》十二章，《説卦》十一章，《序卦傳》上、下二篇，《雜卦傳》一篇，此册未標葉次。上圖本題"二卷"，不知何據，本館此本則依實際情況，題爲"不分卷"。

　　上海圖書館所藏"《周易講義合參》二卷"，舊以爲清惠棟撰。今人莊民敬撰《〈周易講義合參〉疑義辨析》一文②，從《易》學主張、惠棟著作署名體例及惠棟著作鈐印方式等方面，考辨其非惠棟之著作，應是惠棟之藏書。今以本館此本與上圖本相對照，此本書名作《大易講義合參》，上圖本作《周易講義合參》，書名略異。又此本《上繫》以下，行款爲半葉十一行三十字，小字雙行同，與《上經》《下經》半葉八行二十四字，小字雙行同，行款有異；上圖本則《上繫》爲半葉八行二十四字，小字雙行同，與此本《上經》《下經》相同。此兩本行款有部分差異。另兩本在文字上亦間有差異，如《乾卦》卦辭"乾，元、亨、利、貞"，撰者解云："兩乾相承，純陽用事，有周流循環、運无停機之象。故四德渾然，相爲體用，而其行則由元達亨，復歛利以歸於貞。"末句"於"字，上圖本作"于"。再者，上圖本避"玄"字諱，"弘"字不避諱，本館此本則"玄""弘"皆避諱。由上述兩本差異之現象推知，上圖本之抄寫年代蓋早於本館此本，然此本當非抄自上圖本，乃各自有其來源也。上述莊文曾指出上圖本之内容與舊題宋朱長文所撰《易經解》有密切關聯，兹不贅述。考此本與上

---

①　見《上海圖書館未刊古籍稿本》第一册，上海：復旦大學出版社，2008年。

②　文刊沈乃文主編《版本目録學研究》第六輯，北京：北京大學出版社，2015年6月。

圖本皆未題作者姓名，益可作爲上圖本非惠棟著作之佐證。

本館此《大易講義合參》抄本，可作爲考辨上海圖書館藏本"《周易講義合參》二卷"非惠棟稿本之有力佐證。其於經學研究，具有珍貴之價值。

2.《春秋内傳古注輯存》三册

本館所藏"140 《春秋内傳古注輯存》三册，清嚴蔚輯。清乾隆五十二年（1787）嚴氏二酉齋刻本"裝禎合一册。框高17厘米，寬13.2厘米。半葉十行二十一字，小字雙行同，左右雙邊，白口，無魚尾。版心上鐫書名，中鐫卷次，下鐫"二酉齋"。

此書爲清嚴蔚所輯。書名《春秋内傳古注輯存》，"春秋内傳"者，謂《左傳》也。"古注"者，指漢儒之《左傳》舊注。"輯存"者，明此書爲輯佚之作。

本館此本爲《春秋内傳古注輯存》清乾隆五十二年二酉齋初刻本。除本館外，中國國家圖書館、北京大學圖書館、清華大學圖書館等六館亦有收藏。另此二酉齋刻本尚有乾隆增補刻本，南京圖書館、復旦大學圖書館、吉林大學圖書館等五館收藏。《續修四庫全書》嘗據南京圖書館藏本影印行世，題"清乾隆二酉齋刻本"，列入《經部》第一二三册[①]。

本館所藏此二酉齋初刻本與南京大學等館所藏二酉齋增補刻本爲兩種不同刻本。初刻本半葉十行二十一字，增補刻本半葉十行二十字，行款不同，且增補刻本之字體多據小篆字形而楷定，與初刻本之字體有異。另就内容而言，初刻本與增補刻本亦有簡、繁之異。

《春秋内傳古注輯存》二酉齋刻本存在初刻本與增補刻本兩種版本之異，初刻本刻於乾隆五十二年，增補刻本之刻不晚於乾隆五十三年（參本書志中之考辨，兹不贅述），欲探討嚴蔚之《左傳》輯佚之情況及成就，應注意此書前、後二種版本之差異及改變，惜今學者論考相關問題，徵引此書，多僅據增補刻本而論，而未及初刻本，實有未足也。本館此二酉齋初刻本，可供相關研究者參考，實具有經學研究價值。

3.《四書經註合參》三十八卷

本館所藏"207 《四書經註合參》三十八卷，清李沛霖、舒懲同撰。清雍正九年（1731）三樂齋刻本"，此書爲李沛霖、李禎兄弟所撰《四書朱子異同條辨》一書之補編，故書名葉鈐"條辨補編"四紅字。李沛霖於書首《四書經註合參序》中云："雖愚《條辨》一書實能發朱子之意，然朱子所未及論者，猶畧焉而未詳，則尚缺焉而未密，不得不以六經之蘊奧合朱子之菁華，神而明之，

---

① 見《續修四庫全書・經部》第一二三册，上海：上海古籍出版社，2002年。

推而擴之，必求其至是而後已。此愚之志積十數年而未有逮者。適吾友舒子敬亭聞愚説而頗有合焉，遂相與遯跡山居，朝夕考辨，五年而後卒業。”此書乃取六經中之蘊奧與朱《註》并載參觀，以補《四書朱子異同條辨》之未詳，故名《四書經註合參》，經者，六經也。李沛霖另尚撰有《四書諸儒輯要》四十卷（參見本書志199條），其書則是李沛霖、李禎對《四書朱子條辨》之刪簡改編本。

本館所藏此《四書經註合參》雍正九年三樂齋刻本，《四庫全書總目》①《中國古籍善本書目》《中國古籍總目》②《無求備齋論語集成》③《新集四書註解群書提要附古今四書總目》④皆未著録，聞見所及，尚未見他館著録，堪稱稀見。此書對於清代《四書》學之研究，有其珍貴價值。

（二）古籍版本研究之價值

本館所藏經部善本古籍，有版本較爲特殊值得留意者，極具版本研究上之價值，舉例如下：

1.《尚書釋天》六卷

本館所藏“059 《尚書釋天》六卷，清盛百二撰。清乾隆三十九年（1774）任城書院刻本”書前有清乾隆十八年（1753）孟冬盛百二《自序》、乾隆庚辰（二十五年，1760）五月朱休承後序。書末有劉鳳翥跋。此本之刊刻，據盛百二門人劉鳳翥之跋中云：“柚堂先生《尚書釋天》初名《管窺》，恐或與古有同者，遂改今名。始於乾隆己巳，成於癸酉，而二十年來得間復以時修改。甲午春，先生來主任城講習，因得受而讀之，力請付梓，以惠後學。及開雕未半，得李子冠翼大翰嶺南書，云已刊於羊城。李子，秀水人，從先生受《書》者也。先生欲中止，翥謂板在南方，搆求不易，仍請始終成之，以慰學者之望。三閲月而工畢。恐兩本並行，字句偶有同異，啓後人之疑。翥亦與校讐之役，因附數言於卷尾。”考甲午當乾隆三十九年（1774），知此本乃於此年刻於任城書院。本館此本無書名葉，中國科學院圖書館、哈佛大學哈佛燕京圖書館等館所藏本有書名葉，分三欄，右題“乾隆甲午夏”，中題“尚書釋天”，左題“任城

---

① 清永瑢、紀昀等編《欽定四庫全書總目》，臺北：臺灣商務印書館影印清乾隆武英殿刻本，1983年。

② 《中國古籍總目》編纂委員會編《中國古籍總目·經部》，北京：中華書局，上海：上海古籍出版社，2012年。

③ 嚴靈峰編《無求備齋論語集成》，臺北：藝文印書館，1967年。

④ “國立編譯館”主編《新集四書註解群書提要附古今四書總目》，臺北：華泰文化事業股份有限公司，2000年。

書院開雕”①，所題與劉鳳翥跋文所述正合。另據劉跋，知李大翰在羊城（今廣州）亦另有刻本，其刊刻時間當與此任城書院刻本相近。今上海古籍出版社《續修四庫全書》據華東師範大學圖書館藏本影印行世，其本書名葉左下題“李氏開雕”，又其本書首僅有盛百二《序》，而無朱休承後序與劉鳳翥跋，當即是劉跋所謂李大翰刻於羊城之本。惟劉跋云：“及開雕未半，得李子冠翼大翰嶺南書，云已刊於羊城。”雖未明言李氏刻本刊刻之年月，以理推之，當不早於乾隆三十九年太多，否則盛氏、劉氏師生應早有所聞。然《續修四庫全書》題李氏刻本云：“據華東師範大學圖書館藏清乾隆十八年刻本影印”，所言“乾隆十八年刻本”，蓋據書首盛百二《自序》所署之年而定之也，恐有未妥。

考任城書院刻本與羊城李氏刻本差異極大，其爲兩種不同刻本，至爲明顯。任城書院刻本爲匠體字，書首盛百二序，題“《自序》”，有乾隆二十五年朱休承後序，又卷六之末載有盛百二《補遺》。羊城李氏刻本爲寫刻體，書首盛百二序，題“《序》”，無朱休承後序及書末盛百二《補遺》。考蘇州圖書館及臺灣大學圖書館藏本，其版式、内容同於羊城李氏刻本，然其書名葉則皆右題“乾隆甲午夏”，中題“尚書釋天”，左題“任城書院開雕”，此當是書坊取任城書院之書名葉置於羊城李氏刻本之首以欺讀者耳目也。蘇州圖書館題其本作“乾隆三十九年壬成書院刻本”②，臺灣大學圖書館題其本作“清乾隆甲午（三十九年，一七七四）任城書院刊本”③。蓋皆失察也。

本館所藏此任城書院刻本《尚書釋天》，其内容較羊城李氏刻本更爲完備，對於《尚書釋天》版本之研究實具有重要之價值。

2.《周禮節訓》六卷

本館藏有“096《周禮節訓》六卷，清黃叔琳撰，清雍正十年（1732）古音堂刻本”，《周禮節訓》一書，《四庫全書總目》入《經部・禮類存目一》，題“《周禮節訓》六卷，編修勵守謙家藏本”，提要云：“國朝黃叔琳撰。叔琳有《研北易抄》，已著錄。是編名曰《節訓》，蓋節錄而訓釋之也。經文既非完本，所輯註文又皆不著名氏，觀其自序，蓋家塾私課之本，故其凡例亦

<hr />

① 見美國哈佛大學哈佛燕京圖書館藏“《尚書釋天》六卷，清盛百二撰，清乾隆三十九年（1774）任城書院刻本。”索書號：T335/7111。

② 見蘇州圖書館編《蘇州圖書館藏古籍善本提要・經部》，頁36，南京：鳳凰出版社，2004年。案：《蘇州圖書館藏古籍善本提要・經部》撰者蓋誤讀“任城”作“壬成”，故題爲“乾隆三十九年壬成書院刻本”。

③ 見臺灣大學圖書館編輯，周駿富審訂《“國立臺灣大學”圖書館增訂善本書目》，頁24，臺北：臺灣大學圖書館，2011年。

曰‘聊備兔園之一册云’。”①四庫館臣蓋以此書爲“家塾私課之本”，故僅入存目而不收録其書。《四庫全書存目叢書·經部》第八十五册，曾影印“《周禮節訓》六卷”行世，題“［清］黄叔琳撰，復旦大學圖書館藏清乾隆三十一年刻本”②。今考乾隆三十一年刻本，其卷端題“北平黄崑圃先生原本；雲間姚培謙鑪香重訂、同里王永祺恒齋參閲”，實爲清姚培謙重訂之本，非黄叔琳雍正原本也。其本書首姚培謙之自序云：“惟前輩少宰北平先生《節訓》一編，薈萃先儒解詁，間附心裁，曾授舍親張子今培昆仲付刊，僕亦與校訂，爲藝苑篋中之秘久矣。但《節訓》指點一二，譬如化工潤物成材者，自不煩言而涣然意釋，初學則未易及此。爰從枕葄餘閒，節採上均姜氏《輯義》與先生之旨相發明者，句疏而字解之，存諸家塾，聊狗子弟誦習之便，爲行文之一助云。”據此可知姚培謙重訂本書名雖仍題爲《周禮節訓》，其内容實乃取清姜兆錫（字上均）《周禮輯義》之文而成，其文字内容及體例與黄叔琳原本頗異，宜視爲二書。今《四庫全書存目叢書》收録乾隆三十一年姚培謙重訂本，而書末所附則是四庫館臣爲黄叔琳原本《周禮節訓》所撰之提要，實相胡越也。若《四庫全書存目叢書》能據本館此本收録影印，則不致有此失也。本館此本提供更符合四庫館臣撰寫《存目》提要所據本之面貌，其於版本研究上具有珍貴價值。

　　3.《春秋管見》四卷卷首一卷

　　本館所藏“155 《春秋管見》四卷卷首一卷，清瞿世壽撰，清乾隆香緑居刻本”，書首首有未署年陳祖范《春秋管見序》，次清康熙三十一年（1692）二月瞿世壽《自敍》。次《凡例》，共三十六則。次世系圖，共有《周世系圖》及魯、蔡、衛、晋、曹、滕、鄭、吴、宋、齊、陳、楚、莒、許、邾、越等十六國之世系圖，世系圖版心皆鎸“春秋管見”。次《春秋年譜》，版心中鎸“春秋年譜”，下鎸“香緑居”。次本文四卷。此本《四庫全書總目》《中國古籍善本書目》俱未著録。除本館外，另中國國家圖書館、清華大學圖書館亦有收藏。此外，中國臺北“國家圖書館”藏有清陳鍾英抄本，惟其本卷數爲八卷。

　　《美國哈佛大學哈佛燕京圖書館藏中文善本書志·經部》著録“0180　清稿本春秋年譜”一部，書志云：“《春秋年譜》不分卷，清瞿世壽撰。稿本。二册。紅格，半頁十九行，四周單邊，白口，單魚尾。版心中刻‘春秋年譜’，版心下刻‘香緑居’。前有康熙三十一年瞿世壽自序；《凡例》三十六則；《春

---

①　見清永瑢、紀昀等編《欽定四庫全書總目》，卷23，頁19。

②　見《四庫全書存目叢書·經部》第八十五册，濟南：齊魯書社，1997年。

秋世系圖》……按，此本有兩人筆蹟。今暫按原著錄作稿本，蓋因其用瞿氏‘香綠居’稿紙書寫瞿氏自序也。參見沈津《書城挹翠錄》。然細審之，自序并未言及編撰名曰《春秋年譜》之書，反倒是與《春秋管見》有關。及檢閱《經義考》，方知此文果爲‘瞿氏世壽《春秋管見》十三卷’之自序。以瞿氏《春秋管見》自序，移冠‘瞿氏《春秋年譜》’卷首，宜非瞿氏自爲。如是，則其爲稿本亦可疑矣。"①另書志叙述"瞿世壽"生平時云："自序末有墨筆描摹印章三方，曰‘臣世壽’‘修齡’‘江湖散人’。"②案：美國哈佛大學哈佛燕京圖書館所藏本"清稿本春秋年譜"，持與本館此"《春秋管見》四卷首一卷"刻本相校，諸多特徵皆相符，本館此刻本瞿世壽《自敍》末亦鐫有"臣世壽""修齡""江湖散人"三印，疑哈佛大學哈佛燕京圖書館所藏稿本中之瞿世壽《自敍》《凡例》《春秋世系圖》等部分實爲抄本，乃抄自此《春秋管見》香綠居刻本也。若得本館此《春秋管見》香綠居刻本完本而考之，則於哈佛燕京圖書館所藏抄本版本之研判，或有助益也。

（三）藏書印之價值

本館經部善本古籍中，可見到極多珍貴之藏書印，這些藏書印，不僅可提升本館善本古籍之文物價值，另在藏書印之研究上亦極具價值。

本館二百八十四種經部善本古籍中所鈐之藏書印，其印主可考者約五十餘家。其中清初至乾隆期間之名家計有顧祖禹、王士禎、曹寅、吳翌鳳、宋鑣、百齡（1748—1816）、倪模等人。清代中晚期至民國期間之名家計有吳式芬（1796—1856）、莫友芝、莫彝孫（1842—1870）、呂海寰、莫繩孫（1844—？）、王懿榮、王守訓（1845—1897）、柯逢時（1845—1912）、沈曾植、吳引孫（1851—1921）、文廷式、蕭敷政（1866—1921）、徐乃昌、盧弼（1876—1967）、易培基、余嘉錫（1884—1955）、裘文弨、李宗侗（1895—1974）等人。以藏書印出現之次數而言，徐乃昌與李宗侗之鈐印皆嘗出現於十三種書中，爲全體之冠。有部分藏書印（如曹寅、莫友芝、徐乃昌）前人已多論之③，兹不再細述，僅提出幾方較特殊之鈐印略作介紹：

1.珊瑚閣珍藏印

本館所藏"076《毛詩明辨錄》十卷，清沈青崖撰。清乾隆十三年（1748）

---

① 見沈津主編《美國哈佛大學哈佛燕京圖書館藏中文善本書志·經部》，頁136—138。
② 見沈津主編《美國哈佛大學哈佛燕京圖書館藏中文善本書志·經部》，頁137。
③ 參見林申清編著《明清著名藏書家·藏書印》，北京：北京圖書館出版社，2000年。

毛德基刻本”，此本鈐有“珊瑚閣珍藏印”朱文長方印。此印葉昌熾《藏書紀事詩》、傅增湘《藏園群書題記續集》卷三等皆以爲乃清納蘭成德之藏書印，後經楊紹和、潘祖蔭等人對宋本《咸淳臨安志》中鈐印之考訂，知當爲清百齡之印。另參見鄭偉章《文獻家通考（清——現代）》①。

百齡（1748—1816），字菊溪，張氏，清漢軍正旗人。乾隆三十七年（1772）進士，歷任山西學政、江南道監察御史、湖南按察史、雲南布政使、廣西巡撫、廣東巡撫、兩廣總督、刑部尚書、兩江總督等職。嘉慶二十一年（1816）卒，謚文敏。著有《守意龕集》。室名有“珊瑚閣”“守意龕”等。事迹見《清史列傳》卷三十二、《清史稿》卷三百四十三。此印鈐於清乾隆十三年毛德基刻本《毛詩明辨録》，考納蘭成德卒於康熙二十四年（1685），知必非納蘭氏之鈐印也。

此印亦屢見於他館藏本中，如中國臺北“中央研究院”傅斯年圖書館藏清乾隆帝敕編《御選明臣奏議》，清乾隆抄本；美國柏克萊加州大學東亞圖書館藏宋胡仔輯《漁隱叢話前集六十卷後集四十卷》，清乾隆六年（1741）楊氏耘經樓刻本等，二書亦皆鈐有此印，二書抄刻年代亦皆在乾隆年間，益可證此印非納蘭成德印也。

2. 風樹亭藏書記

本館所藏“087《詩外傳》十卷，漢韓嬰撰。明崇禎毛氏汲古閣刻《津逮秘書》後印本”，此本鈐有“風樹亭藏書記”朱文長方印，此爲易培基之藏書印。易培基（1880—1937），字寅村，號鹿山，湖南善化（今湖南長沙）人。畢業於湖南方言學堂，早年曾留學日本，加入同盟會。回國後，曾任黎元洪秘書，湖南高等師範學堂、長沙師範學校教師，湖南省立第一師範學校校長、教育總長、故宮博物院院長等職。後因“故宮盜寶案”，蒙冤去職，移居天津，轉至上海租界。一九三七年九月病逝於上海，年五十七。生平事迹參見徐友春主編《民國人物大辭典》②等。因易培基出生之故居位於長沙南門外白沙井楓樹亭，故其用箋印有“風樹亭”三紅字，藏書印有“風樹亭藏書記”“風樹亭收兩漢六朝碑志”等印。易培基藏書後歸其女易漱平、女婿李宗侗所有。此本另又鈐有“李宗侗藏書”朱文長方印。

本館所藏，另“129《呂東萊先生左氏博議》六卷，宋呂祖謙撰，明陶珽輯，明宋鉽校。明崇禎刻本”及“142《春秋穀梁註疏》二十卷，晉范甯集解，

---

① 見鄭偉章《文獻家通考（清——現代）》，頁486—487，北京：中華書局，1999年。
② 見徐友春主編《民國人物大辭典》，頁861，石家莊：河北人民出版社，2007年。

唐楊士勛疏。明嘉靖李元陽刻本”二書亦皆鈐有此印。

3.新建裘文弨字伯弓藏書之印

本館所藏“158 《春秋大事表》五十卷《春秋輿圖》一卷《附錄》一卷，清顧棟高撰。清乾隆十三年（1748）至十四年（1749）顧氏萬卷樓刻後印本”，此本鈐有“新建裘文弨字伯弓藏書之印”朱文方印、“伯弓生平篤好”朱文方印、“曾在伯弓處”白文方印、“伯弓戊午以前所得”朱文長方印、“新建裘文弨藏書”朱文長方印諸印，皆爲裘伯弓之印。裘文弨（1890—1976），字伯弓，江西新建（今屬江西南昌）人，清乾隆名臣裘曰修（1712—1773）之後裔。早年畢業於青島大學。曾任職於交通部，抗戰期間執教於重慶，後返北京，任職材料工業部。一九五六年受聘至長春東北人民大學歷史系任教，東北人民大學後易名爲吉林大學，曾在吉林大學圖書館特藏室作古籍鑑定工作。爲著名之版本學家、書畫鑑賞家。著有《裘伯弓手稿》，未發表。張伯駒（1896—1982）《春游瑣談》[①]載錄張氏居長春期間與于省吾、羅繼祖、阮鴻儀、裘文弨、單慶麟、惲寶惠諸人，每周一會所談之文。其中收有裘文弨文十三則，可參看。

（四）其他學術價值

本館經部善本古籍，除了上述經學研究、版本研究、藏書印研究之價值外，尚有其他學術價值，舉例如下：

1.《四庫》學之研究價值

本館所藏“126 《琴旨》二卷，清王坦撰。清乾隆王氏素堂刻本”，此書《四庫全書》收錄，入《經部・樂類》。《四庫全書總目》題“《琴旨》二卷，兩江總督採進本”，提要云：“自來言琴律者，其誤有五……惟《御製律呂正義》一書，考定詳明，發古人之所未發。坦作是書，一一本《正義》之旨，而反復推闡……於《正義》諸圖説尤能精思闡發，在近時言琴諸家，可謂不失其宗者矣。”[②]四庫館臣對《琴旨》一書，頗加肯定。

今比對本館此乾隆王氏素堂刻本與文淵閣《四庫全書》本，發現刻本書首程夢星《琴旨序》、畢夢魁《琴旨序》、王坦《琴旨自序》《琴旨目錄》及書末王坦《琴旨自跋》等文，《四庫》本皆缺未錄。《四庫》本另於書首冠乾隆帝《御製乙卯重題朱載堉〈琴譜〉並命入〈四庫全書〉以示闢識事》及附錄《内廷翰

---

① 張伯駒編著《春游瑣談》，鄭州：中州古籍出版社，1984年。

② 見清永瑢、紀昀等編《欽定四庫全書總目》卷三十八，頁42—44。

林等攷據琴譜指法按語》。

　　尤可注意者，四庫館臣收錄《琴旨》時，對《琴旨》原文嘗有改動。《四庫全書》本卷下《有詞無詞説》篇之末，四庫館臣注云："謹案：此條原文泥'笙詩無詞'之説，誤以'無詞之譜'爲是，又拘於俗工指法，誤疑一字一彈之不成聲，不知　欽定《中和韶樂》正一字一彈，全遵古制，而　御題朱載堉《樂書》諸篇，於古樂、俗樂尤剖析詳明，謹推衍　聖訓，爲改正其文，俾後世無惑焉。"① 今若未比對《琴旨》原書，恐不易瞭解《有詞無詞説》此篇四庫館臣改易之詳情。今考本館所藏此本《有詞無詞説》篇，其文與《四庫》本大異，主要觀點完全相反，正保存未被删改前之原貌。如其中云："若但取古人之詞，一字配以一聲，如趙彦肅所傳《十二詩譜》者，本未見其必然"，"且三百篇中，笙詩六篇本無詞"。其論點皆與《四庫》本異。四庫館臣肯定王坦《琴旨》此書之價值，謂"在近時言琴諸家，可謂不失其宗者矣"。然爲符合乾隆帝聖意，對其中《有詞無詞説》篇則"謹衍　聖訓，爲改正其文，俾後世無惑焉"。《四庫》本此篇之文，其論點竟與王坦原書完全相反，此材料可供《四庫全書》研究學者之取資，以作爲考察《四庫全書》删改底本現象之一助也。

　　2. 科舉相關研究之價值

　　四庫館臣對科舉用書評價不高，故多删汰不録。《四庫全書總目·經部·四書類二》之末云："蓋自高頭講章一行，非惟孔、曾、思、孟之本旨亡，併朱子之《四書》亦亡矣。今所採録，惟取先儒發明經義之言，其爲揣摩舉業而作者，則概從删汰。"② 又《經部·四書類存目》之末云："案：古書存佚，大抵有數可稽，惟坊刻《四書》講章，則旋生旋滅，有若浮漚；旋滅旋生，又幾如掃葉，雖隸首不能算其數。蓋講章之作，沽名者十不及一，射利者十恒逾九。一變其面貌，則必一獲其贏餘；一改其姓名，則必一趨其新異……如斯之類，其存不足取，其亡不足惜。其剿竊重複，不足考辨；其庸陋鄙俚，亦不足糾彈。今但據所見，姑存其目，所未見者，置之不問可矣。"③ 然因時代之變遷，今日對科舉用書之價值已有不同於四庫館臣之看法。本館經部善本古籍中有爲數不少之舉業用書，其中蘊藏極多與科舉研究有關之寶貴資料。例如本館所藏

---

　　① 見清王坦《琴旨》卷下，頁65，臺北：臺灣商務印書館影印文淵閣《四庫全書》本，1983年。

　　② 見清永瑢、紀昀等編《欽定四庫全書總目》卷三十六，頁39。

　　③ 見清永瑢、紀昀等編《欽定四庫全書總目》卷五十六，頁57—58。

"110 《閻紅螺說禮》三十三卷，明閻有章撰。明崇禎九年（1636）刻本"，閻氏撰作此書，主要在補元陳澔《禮記集說》之不足。其書所載《禮記》經文，皆全載而不删。書首《說禮凡例》第三則云："見坊間所行《摘註》《導窾》等書，每於本經任意芸薙，是大罪過。邇來，士子哆口六經，自居博洽，乃本經先無完膚，疎陋可醜，孰愈於此？余勸後學，若苦此經之繁，寧改習他經，初勿如緇、黃二流，第爲求食計，不顧二師本末也。"由閻氏此處所述，知明季舉業用書中有將經文任意删削者，蓋因部分篇章，爲考題所不及，故坊本舉業用書乃删去不刻，遂成節本[①]。此類資料，可供學者研究舉業用書之參考。

3.紙廠印記之研究價值

清代中文善本古籍中，時見鈐有紙廠印記，此類紙廠印記乃鈐於古籍未被印刷或書寫前之紙張上，屬於紙張生產階段之鈐印。紙廠印記在版本鑒定及造紙史研究等方面，具有極高之價值，值得學者作深入之研究[②]。

本館經部善本古籍中，屢見鈐有紙廠印記，透過本書志對這些紙廠印記之記錄，可提供未來學者研究紙廠印記之材料。例如本館所藏"007 《九經補註》八十七卷，清姜兆錫撰。清雍正、乾隆間寅清樓刻乾隆印本"。書中鈐有"邱廣達號"長方形紅印，又鈐有藍、紅色帶有"廣"字殘形之長條形印記，由此兩印記之對照，可以推斷此藍、紅色帶有"廣"字殘形之長條形印記乃是"邱廣達號"紙廠印記之殘留，此可爲紙廠印記之確認提供寶貴資料[③]。又如本館所藏"179《朱子四書或問小註》三十六卷，舊題宋朱熹撰，明徐方廣增註，清陳元燮輯定，清陳嘉穀校，清張世榮參訂。清康熙四十一年（1702）刻本"，此本書名葉欄上題"康熙壬午年鐫"。壬午爲康熙四十一年。考此本卷三葉二十右面鈐有藍色長條形紙廠印記，可證在清康熙年間之刻本上已確定鈐有此類紙廠印記，可爲考察清代紙廠印記出現之時代提供寶貴資料。其他又如本館所藏"246 《古經解鈎沉》三十卷，清余蕭客撰。清乾隆刻本"。此本卷四葉四右面鈐有朱文長方形紙廠印記，中殘存"福建熊正發／精造各色剗"等字，此印記

① 另參見侯美珍、彭醴璃《明代〈禮記〉科舉用書之删經現象研究——以楊鼎熙〈禮記敬業〉爲討論中心》，《書目季刊》第四十九卷第二期，臺北：書目季刊社，2015年9月。

② 相關之論述，參見拙作《清代中文善本古籍中所鈐紙廠印記研究》（《臺大中文學報》第三十九期，臺北：臺灣大學中國文學系，2012年12月）、《紙廠印記在清代中文善本古籍版本鑑定之運用》（《"國家圖書館"館刊》2015年第二期，臺北："國家圖書館"，2015年12月）二文所論。

③ 拙文《清代中文善本古籍中所鈐紙廠印記研究》第二節《紙廠印記之確認與考證》中嘗以臺灣大學圖書館藏《通志堂經解》中所鈐之紙廠印記作相關考證，芝加哥大學圖書館《九經補註》所鈐此紙廠印記正可作爲另一佐證。

可作爲研究紙廠印記所鈐紙張生産地域之材料。

五、小結

　　以上將本書志略作介紹，以供讀者參考。書中引述《四庫全書總目》之文，概以中國臺北臺灣商務印書館影印清乾隆武英殿刻本爲據，若有特殊之處，則加以注明。另引據他書，爲免繁瑣，多不具載版本，統列於書末《引用書目》中。本書志之撰作，前人成果沾溉助益極多，衷心感謝。惟書志中疏誤難免，尚祈方家賜正爲禱。

張寶三

二〇一九年八月

凡　例

　　一、本書志收録美國芝加哥大學東亞圖書館庋藏之中文善本古籍，以清乾隆六十年（1795）以前之刻本、活字印本、稿抄校本爲主，嘉慶元年（1796）以後具有特殊文獻價值、版刻特點之刻本及稿抄本等，亦酌予收録。

　　二、本書志分經、史、子、集、叢五部，各部之下再分小類。分類及排列次序，大體依據《中國古籍善本書目》。

　　三、各條目順序編號，以完整書名爲標題，并標明本館索書號。

　　四、每一條目分爲著録、考訂、存藏三部分。著録部分旨在反映原書面貌及特徵，包括書名、卷數、著者、版本、批校題跋者、存卷、册數、版框尺寸、行款，以及卷端著者、書名葉、牌記、原書序跋、凡例、目録等。考訂部分簡述著者仕履、成書情況，記録避諱字、刻工、紙廠印記等。存藏部分概述各地藏書機構收藏情況及鈐印。各項所述，根據實際情況酌予增損。

　　五、書名依據卷端著録。如別有所據，則予以説明。

　　六、版框、行款之描述，以半葉爲單位，以卷一首葉爲據，如有殘缺、抄配等情形，則順序擇取次卷首葉。版框量取外框尺寸，框寬量至版心摺葉處。無版框者，不記尺寸。

　　七、凡魚尾爲黑色者，不再標示顏色。如爲白魚尾、花魚尾、綫魚尾等，則予以説明。

　　八、卷端之撰者、編校者，若爲多人并列，概不分主次，由右至左依序著録。

　　九、書名葉信息完整反映，以資辨別版本。無書名葉者，不再注明。

　　十、原書序跋注明撰寫時間、撰者。有標題者，録於書名號中；原無標題者，則統稱列於書前者爲序、書後者爲跋。無撰寫時間者，注明“未署年”。

　　十一、簡述著者仕履，并注明所據之史傳、方志等資料。同一著者再次出現時，標示參見某書，不再重述。

　　十二、刻工按書中出現先後排序。刻工名有全名、簡稱之異，如可判定爲一人，則在首次出現之姓名後括注其他名稱，如"柏（劉柏）"。

十三、卷端、書名葉、序跋、刻工等處如有異體字，儘量使用原書字形，以資考訂。殘字、未能釋讀之印文，以"□"標示。如原文有訛誤等情況，則隨文括注按語。原書有以"挪抬""平抬"表尊敬者，今皆以空一格標示。書中原或用小字，因排版不便，則概未標示。

十四、紙廠印記有助於版本考訂，據書中所見酌加著録。

十五、鈐印文字依由上至下、由右至左順序釋讀。可考印主之印章，依遞藏先後著録；不可考之印章，依在書中出現順序排列。

十六、存藏情形據知見所及，依中國（大陸、臺、港）、北美、歐洲、日本、韓國等順序，酌加概述。

十七、書末附録書名筆畫索引、書名拼音索引、著者筆畫索引、著者拼音索引、版本索引、館藏索書號索引。

目　録

上　册

總類

001　九經五十一卷附四卷　　　　1
　　明崇禎十三年（1640）秦氏求
　　古齋刻本

002　五經繹十五卷　　　　　　　3
　　清順治十四年（1657）鄧宗渭
　　刻後印本

003　重訂五經疑問六十卷　　　　7
　　明萬曆刻清康熙五十五年
　　（1716）校補印本

004　五經纂註二十卷　　　　　　12
　　明末刻後印本

005　石齋先生經傳九種五十六卷　17
　　清康熙三十二年（1693）鄭開
　　極刻乾隆印本

006　萬充宗先生經學五書十九卷　32
　　清乾隆二十四年（1759）至
　　二十六年（1761）萬福刻嘉慶
　　元年（1796）印本

007　九經補註八十七卷　　　　　39
　　清雍正、乾隆間寅清樓刻乾隆
　　印本

008　成均課講經學六種　　　　　52
　　清乾隆刻本

009　豐川經學三種二十卷　　　　58
　　清乾隆二年（1737）至三年
　　（1738）刻本

010　省吾堂四種二十五卷　　　　66
　　清蔣氏省吾堂刻本

011　稻香樓雜著六種七卷　　　　75
　　清乾隆活字印本

易類

012　周易兼義九卷音義一卷略例
　　一卷　　　　　　　　　　80
　　明萬曆十四年（1586）北京國
　　子監刻本

013　周易傳義十卷　　　　　　　84
　　明重刻正統十二年（1447）司
　　禮監刻本

014　周易傳義二十四卷　　　　　87
　　明刻本

015　周易本義十二卷易圖一卷五贊
　　一卷筮儀一卷　　　　　　88
　　清康熙內府倣宋咸淳吳革刻本

016　周易傳義大全二十四卷　　　90
　　明刻本

017　周易傳義大全二十四卷　　　94
　　重刻明弘治九年（1496）雙桂
　　書堂刻本

018　梁山來知德先生易經集註十六
　　卷首一卷　　　　　　　　95
　　清康熙二十七年（1688）崔氏
　　寶廉堂刻本

019　周易廣義四卷首一卷　　　　98
　　清康熙二十三年（1684）鄭仙

弢刻本

020 **石渠閣重訂周易去疑十一卷首
一卷** 101
　　清順治蔣氏石渠閣刻本

021 **周易本義正解二十二卷首一卷** 104
　　清康熙三十二年（1693）賜書
　　堂刻後印本

022 **周易滴露集四卷** 108
　　清康熙二十八年（1689）張拭
　　刻後印本

023 **周易本義引蒙十二卷首一卷** 111
　　清康熙三十四年（1695）陳鍾
　　岳刻本

024 **周易玩辭集解十卷首一卷** 113
　　清乾隆十九年（1754）刻本

025 **周易函書五十二卷附卜法詳考
四卷** 115
　　清乾隆胡氏葆璞堂刻本

026 **易學圖説會通八卷易學圖説續
聞一卷** 118
　　清乾隆復初堂刻本

027 **周易補註十一卷實踐録一卷易
圖解一卷** 121
　　清乾隆元年（1736）至六年
　　（1741）刻本

028 **易箋八卷首一卷** 126
　　清乾隆三十年（1765）刻光緒
　　十四年（1888）補刻印本

029 **和序堂易經貫一二十卷首二卷** 129
　　清乾隆和序堂刻本

030 **周易述四十卷** 132
　　清乾隆二十四年（1759）至
　　二十五年（1760）盧氏雅雨堂
　　刻本

031 **碩松堂讀易記十六卷首一卷** 135
　　清乾隆三十三年（1768）刻本

032 **周易辨畫四十卷** 137
　　清乾隆四十年（1775）李士果
　　刻本

033 **周易象繹十卷首一卷** 141
　　清乾隆五十三年（1788）刻本

034 **大易講義合參不分卷** 142
　　清抄本

書類

035 **古文尚書十卷附尚書逸文
二卷** 145
　　清乾隆六十年（1795）孫氏
　　刻本

036 **尚書註疏二十卷** 149
　　明萬曆十五年（1587）北京國
　　子監刻本

037 **書蔡氏傳旁通六卷** 150
　　清康熙刻《通志堂經解》本

038 **書傳會選六卷** 154
　　明嘉靖趙府味經堂刻本

039 **書傳大全十卷圖一卷綱領
一卷** 157
　　明刻本

040 **尚書日記十六卷** 159
　　明萬曆十年（1582）于明照
　　刻本

041 **書帷別記四卷** 163
　　明萬曆王啓疆、王肯堂等刻本

042 **鐫彙附百名公帷中紫論書經講
義會編十二卷** 165
　　明萬曆四十三年（1615）蔣方
　　馨刻本

043 **重訂申文定公書經講義會編
十二卷** 168
　　明崇禎三年（1630）三衢書林
　　王應俊刻本

044 **尚書要旨三十六卷** 170
　　明萬曆刻本

045 **尚書揆一六卷** 172
　　明萬曆四十四年（1616）刻本

046 **尚書集解十卷** 176
　　明崇禎十年（1637）刻本

047　尚書葦籯五十八卷　　　　178
　　　明崇禎刻本

048　書經註疏大全合纂五十九卷首
　　　一卷　　　　　　　　　181
　　　明崇禎刻本

049　深柳堂彙輯書經大全正解十二
　　　卷附深柳堂禹貢增删集註正解
　　　讀本一卷　　　　　　　183
　　　清康熙二十九年（1690）孝友
　　　堂、贈言堂刻本

050　尚書埤傳十五卷首卷一卷書經
　　　考異一卷附錄一卷　　　187
　　　清康熙刻本

051　書經要義六卷　　　　　190
　　　清雍正八年（1730）崇陽公署
　　　刻本

052　尚書口義六卷　　　　　192
　　　清乾隆八年（1743）大梁書院
　　　刻本

053　尚書約旨六卷尚書通典略
　　　二卷　　　　　　　　　195
　　　清乾隆十八年（1753）刻本

054　愛日堂尚書註解纂要六卷　199
　　　清乾隆十九年（1754）愛日堂
　　　刻本

055　晚書訂疑三卷　　　　　201
　　　清抄本

056　古文尚書攷二卷　　　　203
　　　清乾隆五十七年（1792）宋廷
　　　弼刻本

057　尚書後案三十卷尚書後辨
　　　一卷　　　　　　　　　205
　　　清乾隆四十五年（1780）王氏
　　　禮堂刻本

058　書傳鹽梅二十卷　　　　208
　　　清乾隆五十二年（1787）刻本

059　尚書釋天六卷　　　　　211
　　　清乾隆三十九年（1774）任城
　　　書院刻本

060　尚書人注音疏十二卷卷末一卷
　　　外編一卷　　　　　　　214
　　　清乾隆四十九年（1784）至
　　　五十八年（1793）刻本

061　禹貢匯疏十二卷圖經二卷神禹
　　　別錄一卷　　　　　　　218
　　　明崇禎刻本

062　禹貢錐指二十卷圖一卷附平成
　　　頌一卷　　　　　　　　221
　　　清康熙四十年（1701）胡氏漱
　　　六軒刻四十四年（1705）增補
　　　印本

063　禹貢會箋十二卷禹貢山水總目
　　　一卷圖一卷　　　　　　225
　　　清乾隆十八年（1753）趙弁
　　　刻本

064　禹貢譜二卷　　　　　　228
　　　清康熙刻本

065　禹貢彙覽四卷總論一卷　230
　　　清乾隆十二年（1747）夏杏春
　　　刻補修本

066　洪範正論五卷　　　　　232
　　　清乾隆四年（1739）胡紹芬
　　　刻本

詩類

067　詩集傳二十卷詩序辨説一卷詩
　　　傳綱領一卷詩圖一卷　　235
　　　明正統十二年（1447）司禮監
　　　刻本

068　詩傳大全二十卷綱領一卷圖一
　　　卷詩序辨説一卷　　　　237
　　　明刻本

069　毛詩鄭箋纂疏補協二十卷附詩
　　　譜一卷　　　　　　　　239
　　　明萬曆二十二年（1594）程氏
　　　玄鑒室刻本

070　詩經疏畧八卷　　　　　242
　　　清康熙十四年（1675）張氏敦

臨堂刻本

071 詩經正解三十卷首一卷　245
清康熙二十三年（1684）深柳
堂刻本

072 詩經集成三十一卷詩經圖考
一卷　249
清三樂齋刻本

073 詩經通義十二卷　252
清雍正三年（1725）濠上草堂
刻本

074 詩經喈鳳詳解八卷圖説一卷　256
清嘉慶十六年（1811）三多齋
刻本

075 讀詩質疑三十一卷卷首十五卷
附經文考異補一卷李氏詩所摘
録一卷　258
清乾隆嚴有禧刻本

076 毛詩明辨録十卷　263
清乾隆十三年（1748）毛德基
刻本

077 詩貫十四卷首三卷　267
清乾隆二十年（1755）杜甲
刻本

078 詩考異補二卷　271
清乾隆嚴氏二酉齋刻本

079 詩經逢原十卷　275
清乾隆刻本

080 毛詩通説二十卷首一卷補遺
一卷　279
清乾隆映雪艸堂刻本

081 詩經拾遺十六卷　284
清乾隆刻本

082 六家詩名物疏五十五卷　287
明萬曆博物齋刻後印本

083 詩識名解十五卷　292
清康熙刻本

084 毛詩名物圖説九卷　295
清乾隆三十六年（1771）刻本

085 草木疏校正二卷　298
清乾隆白鷺洲書院刻本

086 詩經叶音辨譌八卷　302
清乾隆三年（1738）壽峯書屋
刻本

087 詩外傳十卷　305
明崇禎毛氏汲古閣刻《津逮秘
書》後印本

088 韓詩外傳十卷序説一卷補逸
一卷　308
清乾隆五十五年（1790）趙氏
亦有生齋刻本

禮類

周禮

089 周禮十二卷　312
明嘉靖潘恩刻萬曆十六年
（1588）潘允端印本

090 周禮六卷　314
明崇禎十三年（1640）秦氏求
古齋刻《九經》本

091 周官禮注十二卷　315
清乾隆五十一年（1786）殷氏
一得齋刻本

092 周禮句解十二卷　316
明萬曆三十二年（1604）梅守
峻刻本

093 讀禮疑圖六卷　318
明嘉靖刻本

094 注釋古周禮五卷考工記一卷　320
明天啓郎氏堂策檻刻本

095 周禮輯義十二卷　324
清雍正九年（1731）寅清樓刻
《九經補註》本

096 周禮節訓六卷　324
清雍正十年（1732）古音堂
刻本

097 周禮折衷六卷　326
清乾隆晚翠堂刻本

098　周官塾訓六卷　328
清乾隆四十七年（1782）刻本

099　周禮會通六卷　330
清乾隆五十二年（1787）凝暉
閣刻本

100　周官禄田考三卷　333
清乾隆十五年（1750）刻十六
年（1751）校印本

儀禮

101　經禮補逸九卷　335
清乾隆三十七年（1772）仰魯
堂刻本

102　儀禮易讀十七卷　339
清乾隆二十年（1755）萬以敦、
彭元瑋刻本

103　儀禮經注疏正譌十七卷　341
清乾隆五十三年（1788）張式
慎刻本

禮記

104　禮記集註十卷　345
明建邑書林張裔軒刻本

105　禮記集説大全三十卷　348
明刻本

106　禮記集説大全三十卷　350
明刻本

107　禮記日録三十卷圖解一卷　351
明嘉靖三十四年（1555）鍾一
元刻本

108　禮記通解二十二卷讀禮記
一卷　353
明萬曆四十四年（1616）郝千
秋、郝千石刻《九部經解》本

109　新刊禮經搜義二十八卷　357
明三衢書林舒石泉、王少山
刻本

110　閤紅螺説禮三十三卷　360
明崇禎九年（1636）刻本

111　禮記説義纂訂二十四卷　363
清康熙十四年（1675）楊昌齡
等刻本

112　大戴禮記十三卷　367
清乾隆二十三年（1758）盧氏
刻《雅雨堂叢書》本

113　夏小正傳註一卷　370
清乾隆黃氏養素堂刻本

114　夏小正集解四卷　373
清乾隆五十七年（1792）刻本

三禮總義

115　新刊三禮考註六十四卷綱領
一卷　375
明刻本

116　三禮編繹二十六卷　378
明萬曆三十三年（1605）史繼
辰等刻清初印本

117　三禮述註七十一卷　380
清乾隆八年（1743）至三十二
年（1767）李氏清白堂刻本

118　參讀禮志疑二卷　385
清乾隆三十六年（1771）王廷
言刻本

119　禮箋三卷　388
清乾隆五十九年（1794）方起
泰、胡國輔刻後印本

通禮

120　五禮通考二百六十二卷總目二卷
首四卷附讀禮通考一百二十卷　390
清乾隆秦氏味經窩刻本

121　昏禮通考二十四卷首一卷　396
清乾隆十八年（1753）刻本

雜禮

122　四禮初稿四卷　399
清康熙四十年（1701）宋氏
刻本

樂類

123　樂律全書四十九卷　　　401
　　　明萬曆鄭藩刻增修本

124　御製律呂正義上編二卷下編二
　　　卷續編一卷　　　409
　　　清雍正内府刻本

125　樂律表微八卷　　　411
　　　清乾隆二十八年（1763）沈孟
　　　堅刻本

126　琴旨二卷　　　413
　　　清乾隆王氏素堂刻本

127　文廟樂舞全譜二卷附錄一卷　　　416
　　　清乾隆三十年（1765）刻本

下　册

春秋類

左傳

128　春秋經傳集解三十卷附春秋名
　　　號歸一圖二卷　　　419
　　　明萬曆十五年（1587）劉懷恕
　　　刻《春秋戰國評苑》本

129　呂東萊先生左氏博議六卷　　　422
　　　明崇禎刻本

130　名公註釋左傳評林三十卷　　　426
　　　明萬曆刻本

131　春秋左傳屬事二十卷　　　428
　　　明萬曆十三年（1585）日殖齋
　　　刻本

132　春秋左傳屬事古字奇字音釋一
　　　卷春秋左傳註解辯誤二卷補遺
　　　一卷古器圖一卷　　　431
　　　明萬曆日殖齋刻本

133　左傳事緯十二卷左傳事緯前書
　　　八卷　　　435
　　　清康熙刻本

134　左傳統箋三十五卷　　　438
　　　清康熙刻本

135　左氏條貫十八卷　　　441
　　　清康熙刻後印本

136　文章練要左傳評十卷　　　443
　　　清刻本

137　左傳經世鈔二十三卷　　　446
　　　清乾隆十三年（1748）刻本

138　讀左補義五十卷卷首二卷　　　449
　　　清乾隆三十八年（1773）刻
　　　四十七年（1782）重校本

139　春秋左傳彙輯四十卷　　　452
　　　清乾隆四十八年（1783）刻本

140　春秋内傳古注輯存三册　　　455
　　　清乾隆五十二年（1787）嚴氏
　　　二酉齋刻本

公羊

141　春秋公羊經例比六卷　　　459
　　　稿本

穀梁

142　春秋穀梁註疏二十卷　　　461
　　　明嘉靖李元陽刻後印本

143　春秋穀梁註疏二十卷　　　465
　　　明萬曆二十一年（1593）北京
　　　國子監刻本

春秋總義

144　春秋王霸列國世紀編三卷　　　466
　　　清康熙刻《通志堂經解》本

145　春秋師説三卷附錄二卷　　　468
　　　清康熙趙吉士校刻本

146　春秋經傳闕疑四十五卷　　　471
　　　清康熙五十年（1711）鄭肇新
　　　初刻鄭于蕃重校本

147　春秋集傳大全三十七卷春秋序論
　　　一卷春秋二十國年表一卷諸國興
　　　廢説一卷春秋列國東坡圖説一卷
　　　東坡指掌春秋列國圖一卷　　　474
　　　明刻本

148　春秋孔義十二卷　　　　　　475
　　明崇禎刻清乾隆七年（1742）
　　華希閔劍光閣修補《高子全
　　書》本

149　春秋胡傳翼三十卷　　　　　477
　　明刻清印本

150　春秋衡庫三十卷附録三卷備録
　　一卷　　　　　　　　　　　480
　　明天啓刻清修補印本

151　麟旨定十二卷　　　　　　　484
　　明崇禎刻本

152　春秋四家五傳平文四十一卷首
　　一卷附春秋提要二卷　　　　487
　　明崇禎十四年（1641）君山堂
　　刻清印本

153　春秋志在十二卷　　　　　　491
　　清順治來氏倘湖小築刻本

154　春秋地名攷略十四卷　　　　493
　　清康熙刻清王松疇、高三祝補
　　刻本

155　春秋管見四卷卷首一卷　　　496
　　清乾隆香緑居刻本

156　春秋義十五卷卷首一卷　　　499
　　清雍正刻本

157　春秋識小録初刻三書九卷
　　附一卷　　　　　　　　　503
　　清乾隆八年（1743）刻本

158　春秋大事表五十卷春秋輿圖一
　　卷附録一卷　　　　　　　507
　　清乾隆十三年（1748）至
　　十四年（1749）顧氏萬卷樓
　　刻後印本

159　春秋經傳類求十二卷　　　　511
　　清乾隆二十四年（1759）吳禮
　　祖刻本

160　春秋困學録十二卷　　　　　514
　　清乾隆三十九年（1774）楊氏
　　尊五堂刻本

161　春秋筆削微旨二十六卷　　　516
　　清乾隆刻本

162　春秋集義五十八卷卷首一卷卷
　　末二卷　　　　　　　　　519
　　清乾隆五十四年（1789）吳氏
　　小草廬刻本

163　春秋究遺十六卷　　　　　　522
　　清乾隆刻本

孝經類

164　孝經大全二十八卷首一卷附孝
　　經詩一卷孝經或問三卷孝經翼
　　一卷　　　　　　　　　　526
　　清康熙二年（1663）呂兆璜、
　　呂兆琳刻本

165　孝經疏畧一卷　　　　　　　531
　　清康熙十一年（1672）張氏敦
　　臨堂刻本

166　孝經内外傳五卷孝經正文一卷　534
　　清康熙五十九年（1720）李焕
　　刻本

167　孝經集註一卷　　　　　　　537
　　清雍正内府刻本

四書類

論語

168　論語註疏解經二十卷　　　　540
　　明萬曆十四年（1586）北京國
　　子監刻本

169　鄉黨圖考十卷　　　　　　　542
　　清乾隆三十九年（1774）刻本

孟子

170　載詠樓重鐫硃批孟子二卷　　546
　　清康熙三十三年（1694）載詠
　　樓刻本

171　七篇指略七卷附孟子字學考
　　一卷　　　　　　　　　548
　　清康熙十二年（1673）金陵繆

氏刻本

172 孟子讀法附記十四卷　　551
清乾隆四十九年（1784）刻本

173 孟子四考四卷　　553
清乾隆六十年（1795）周氏省
吾廬刻本

學庸

174 大學正説一卷中庸正説二卷　556
清順治趙悦學刻本

175 學庸竊補十四卷　　558
清乾隆十五年（1750）刻本

176 學庸思辨録十四卷　　562
清乾隆十四年（1749）玉山講
堂刻本

四書通義

177 四書集註三十卷　　566
明正統十二年（1447）司禮監
刻本

178 四書或問三十九卷　　568
清康熙天蓋樓刻本

179 朱子四書或問小註三十六卷　569
清康熙四十一年（1702）刻本

180 四書集註大全四十三卷　　573
明刻本

181 新刊補訂大字四書淺説
十三卷　　575
明萬曆二年（1574）余氏自新
齋刻本

182 新編四書三説三十卷　　577
明萬曆二十一年（1593）福建
刻本

183 重訂四書疑問十一卷　　578
明萬曆四十五年（1617）姚氏
六經堂刻本

184 談經苑四十卷　　580
清刻本

185 古今道脉四十五卷　　583

明萬曆四十三年（1615）至
四十六年（1618）金陵書坊鄭
大經奎璧堂刻本

186 四書正義二十卷　　586
清康熙九年（1670）刻本

187 四書彙解四十卷　　589
清康熙美延堂刻後印本

188 日講四書解義二十六卷　　591
清康熙十六年（1677）内府刻
乾隆印本

189 四書大全説約合參正解
十七卷　　593
清康熙十八年（1679）深柳堂
刻本

190 寄願堂四書玩註詳説四十卷　597
清康熙二十八年（1689）寄願
堂刻後印本

191 四書疏畧二十九卷　　601
清康熙二十八年（1689）張氏
敦臨堂刻本

192 四書講四十卷　　603
清康熙刻本

193 四書辯訛六卷　　606
清康熙三十四年（1695）學誨
堂刻本

194 四書繹註五卷　　609
清康熙三十五年（1696）刻本

195 四書合參析疑二十二卷　　612
清聚秀堂、光裕堂刻本

196 四書朱子語類摘鈔三十八卷　613
清康熙四十年（1701）南陽講
習堂刻本

197 四書朱子異同條辨四十卷　　617
清康熙近譬堂刻本

198 增訂四書大全四十三卷　　620
清康熙汪氏遄喜齋刻本

199 四書諸儒輯要四十卷　　623
清康熙五十七年（1718）三樂
齋刻本

200 朱註發明十九卷　　625

清康熙五十八年（1719）潮濟
堂刻本

201　**天蓋樓四書語録四十六卷**　627
清康熙大業堂刻本

202　**天蓋樓四書語録四十六卷**　630
清康熙刻後印本

203　**呂晚邨先生四書講義四十
三卷**　630
清康熙天蓋樓刻本

204　**駁呂留良四書講義八卷**　633
清雍正十一年（1733）刻本

205　**纂訂四書通解三十一卷**　636
清雍正三年（1725）寶旭齋、
四德堂刻後印本

206　**四書講義尊聞録二十卷**　638
清雍正六年（1728）懷新堂
刻本

207　**四書經註合參三十八卷**　640
清雍正九年（1731）三樂齋
刻本

208　**學源堂四書體註合講十九卷**　642
清學源堂刻本

209　**四書讀註提耳十九卷**　644
清乾隆元年（1736）屏山堂
刻本

210　**四書朱子本義匯參四十三卷首
四卷**　647
清乾隆十年（1745）敦復堂
刻本

211　**四書疏註撮言大全三十七卷**　651
清刻本

212　**四書自課録三十卷**　654
清乾隆四年（1739）潢川書屋
刻本

213　**四書題鏡不分卷**　657
清乾隆九年（1744）刻本

214　**四書順義解十九卷**　660
清乾隆三十一年（1766）劉伯
壎刻本

215　**四書引解二十六卷**　662

清乾隆三十三年（1768）翠竹
齋刻右文堂修補印本

216　**四書考異二編七十二篇**　664
清乾隆翟氏無不宜齋刻本

217　**四書考輯要二十卷**　666
清乾隆姑蘇近文齋刻本

218　**四書衷要補辨三十七卷圖説
一卷**　669
清乾隆三十八年（1773）刻嘉
慶十九年（1814）印本

219　**四書考正譌不分卷**　671
清乾隆三十九年（1774）邃經
書塾刻本

220　**去傲齋四書存十六卷**　673
清乾隆四十一年（1776）刻本

221　**四書翼註論文三十八卷**　674
清乾隆五十二年（1787）浙湖
竹下書堂刻本

222　**集虛齋四書口義十卷**　678
清刻本

223　**四書引左彙解十卷**　680
清乾隆三十九年（1774）謙牧
堂刻本

224　**四書左國彙纂四卷**　682
清乾隆本立堂刻本

225　**四書名物考二十四卷**　684
明末刻本

226　**增補四書精繡圖像人物備考
十二卷圖一卷**　686
清乾隆五十八年（1793）文盛
堂刻本

227　**四書典制彙編八卷**　689
清雍正十年（1732）何成章
刻本

228　**四書古人典林十二卷**　691
清乾隆三十九年（1774）刻本

229　**增補四書人物聚考十二卷圖
一卷**　693
清乾隆四十年（1775）帶月樓
刻本

230　四書圖考集要五卷　　　694
　　　清乾隆三十七年（1772）刻本

231　四書圖説六卷　　　696
　　　清乾隆六十年（1795）何維紱、
　　　何維綺刻本

群經總義類

232　六經圖考六卷　　　699
　　　清康熙六十一年（1722）潘氏
　　　禮耕堂刻本

233　相臺書塾刊正九經三傳沿革例
　　　一卷　　　701
　　　清乾隆五十二年（1787）任大
　　　椿刻本

234　五經讀五卷　　　703
　　　明崇禎六年（1633）刻本

235　五經圖十二卷　　　705
　　　清雍正二年（1724）盧雲英刻
　　　後印本

236　六經圖定本六卷　　　708
　　　清乾隆五年（1740）向山堂刻本

237　稽古日鈔八卷　　　710
　　　清乾隆二十九年（1764）秋曉
　　　山房刻本

238　十三經字辨八卷　　　712
　　　清乾隆三十年（1765）刻本

239　松源經説四卷　　　714
　　　清乾隆三十一年（1766）春草
　　　園刻本

240　北海經學七錄八卷　　　716
　　　清乾隆三十九年（1774）古俊
　　　樓刻本

241　北海經學七錄八卷　　　718
　　　傳抄清乾隆三十九年（1774）
　　　古俊樓刻本

242　經玩二十卷　　　718
　　　清乾隆刻本

243　經讀考異八卷補經讀考異一卷
　　　句讀敘述二卷補句讀敘述一卷

附翟晴江四書考異內句讀一卷　721
　　　清乾隆五十四年（1789）小石
　　　山房刻本

244　羣經補義五卷周禮疑義舉要
　　　七卷　　　723
　　　清乾隆五十七年（1792）方起
　　　泰等刻本

245　易堂問目四卷　　　725
　　　清乾隆三十七年（1772）鄒容
　　　成刻本

246　古經解鈎沉三十卷　　　728
　　　清乾隆刻本

247　一幅集十八卷　　　730
　　　清乾隆五十五年（1790）刻
　　　五十九年（1794）重校印本

小學類

彙編

248　五雅四十一卷　　　733
　　　明天啓六年（1626）郎氏堂策
　　　檻刻清印本

249　曹楝亭五種六十五卷　　　735
　　　清康熙四十五年（1706）曹寅
　　　揚州詩局刻本

訓詁

250　爾雅註疏十一卷　　　745
　　　明嘉靖李元陽刻明印本

251　爾雅註疏十一卷　　　747
　　　明萬曆二十一年（1593）北京
　　　國子監刻清印本

252　爾雅正義二十卷爾雅釋文三卷　748
　　　清乾隆五十三年（1788）餘姚
　　　邵氏家塾刻五十四年（1789）
　　　重校印本

字書

253　説文解字十五卷　　　752

清乾隆三十八年（1773）朱氏
椒華吟舫刻本

254　説文長箋一百卷卷首二卷解題
　　　一卷凡例一卷六書長箋七卷　754
　　　明崇禎四年（1631）趙均小宛
　　　堂刻清印本

255　説文解字通正十四卷　　　　758
　　　清乾隆刻本

256　説文偏旁考二卷　　　　　　760
　　　清乾隆吳氏聽雨齋刻本

257　説文字原考略六卷　　　　　762
　　　清乾隆五十七年（1792）自
　　　刻本

258　漢隸字源六卷附字一卷　　　764
　　　明末毛氏汲古閣刻本

259　六書正譌五卷　　　　　　　766
　　　明崇禎七年（1634）胡正言十
　　　竹齋刻清古香閣印本

260　漢隸分韻七卷　　　　　　　768
　　　清乾隆三十七年（1772）萬氏
　　　辨志堂刻本

261　廣金石韻府五卷　　　　　　770
　　　清康熙刻朱墨套印本

262　字彙補十二集　　　　　　　773
　　　清康熙彙賢齋刻本

263　正字通十二卷　　　　　　　774
　　　清康熙九年（1670）廖文英
　　　刻十七年（1678）劉炳重修
　　　二十四年（1685）吳源起清畏
　　　堂印本

264　千文六書統要二卷附千字文二
　　　卷篆法偏旁正譌歌一卷　　　779
　　　清抄本

265　康熙字典十二集總目一卷檢字
　　　一卷辨似一卷等韻一卷補遺一
　　　卷備考一卷　　　　　　　　781
　　　清康熙五十五年（1716）内府
　　　刻本

266　五經文字偏旁攷三卷　　　　783
　　　清乾隆蔣氏列岫山房刻本

267　篆字彙十二集　　　　　　　785
　　　清刻本

韻書

268　廣韻五卷　　　　　　　　　787
　　　清康熙六年（1667）陳上年、
　　　張弨刻本

269　古今韻會舉要三十卷禮部韻略
　　　七音三十六母通攷一卷　　　789
　　　明嘉靖十五年（1536）李舜臣
　　　等刻十七年（1538）劉儲秀重
　　　修本

270　古今韻會舉要小補三十卷　　792
　　　明萬曆三十四年（1606）周士
　　　顯刻重修本

271　大明成化丁亥重刊改併五音類
　　　聚四聲篇十五卷　　　　　　795
　　　明成化三年（1467）至七年
　　　（1471）金臺大隆福寺釋文儒
　　　刻正德重修本

272　大明成化庚寅重刊改併五音集
　　　韻十五卷　　　　　　　　　798
　　　明正德十年（1515）至十一年
　　　（1516）刻本

273　大明萬曆己丑重刊改併五音類聚
　　　四聲篇十五卷大明萬曆己丑重刊
　　　改併五音集韻十五卷新編篇韻貫
　　　珠集八卷附直指玉鑰匙門法一卷
　　　經史正音切韻指南一卷　　　799
　　　明崇禎二年（1629）至十年
　　　（1637）金陵圓覺庵釋新仁刻本

274　洪武正韻十六卷　　　　　　804
　　　明嘉靖二十七年（1548）衡藩
　　　刻藍印本

275　洪武正韻十六卷　　　　　　806
　　　明刻本

276　重訂直音篇七卷　　　　　　807
　　　明萬曆三十四年（1606）練
　　　川明德書院刻清康熙四年

（1665）補刻印本

277　音韻日月燈六十卷首四卷　　810
明崇禎六年（1633）刻七年
（1634）修後印本

278　古今韻略五卷　　815
清康熙三十五年（1696）宋犖
刻後印本

279　類音八卷　　818
清康熙五十一年（1712）刻雍
正印本

280　韻切指歸二卷　　821
清康熙四十九年（1710）吳之
玠刻本

281　音韻闡微十八卷　　823
清雍正六年（1728）武英殿
刻本

282　韻字辨同五卷　　825
清乾隆三十年（1765）羊城試
署刻本

283　新編佩文詩韻四聲譜廣註二卷　827
清乾隆三十六年（1771）倪氏
克復堂刻本

284　漢魏音四卷　　829
清乾隆五十年（1785）西安
刻本

總　類

001

九經五十一卷附四卷（缺附二卷）

T110　5988

周易三卷圖説一卷

書經四卷

詩經四卷

周禮六卷

禮記六卷

春秋十七卷

論語二卷

孝經一卷

孟子七卷

附大學一卷　宋朱熹章句（缺）

中庸一卷　宋朱熹章句（缺）

小學二卷

《九經》五十一卷附四卷，明秦鑅訂正。明崇禎十三年（1640）秦氏求古齋刻本。缺附《大學》一卷、《中庸》一卷。十冊。框高14.8厘米，寬10.1厘米。半葉十三行二十四字，四周雙邊，白口，無魚尾。分上、下二欄，上欄高1.3厘米，刻音切；下欄高13.5厘米，刻《九經》本文。版心上鑴各經名及小題，中鑴篇名，下右面鑴卷次，左面鑴葉次。

中國臺北"國家圖書館"藏有同版一部，書首有明崇禎庚辰（十三年，1640）秦鑅《刻九經序》，版心下鑴"求古齋"，本館此本與之同版，故定爲"明崇禎十三年（1640）秦氏求古齋刻本"。又其本有書名葉，字分三行，第一行大字題"求古齋訂正"；第二行小字，上題"內附小學"，下題"雙孝世家藏版"；第三行上大字題"九經"，下三行小字題"字畫遵《正韻》，句讀遵／內府音釋本《註疏》《大全》，參訂／兼監本、宋板，一字無訛"。惟本館此本無書名葉及秦鑅《序》。

《周易》三卷，卷端題"錫山秦鑅訂正"。首有《周易序》、孔穎達《周易正

1

義序》、程頤《周易序》、朱熹《上下篇義》、《周易篇目》、《朱子圖説》一卷、卦象等。

《書經》四卷，卷端題"錫山秦鏷訂正"。首有題漢孔安國《書經序》、唐孔穎達《尚書正義序》、宋嘉定己巳（二年，1209）蔡沈《書經集傳序》、《書經篇目》等。

《詩經》四卷，卷端題"錫山秦鏷訂正"。首有《詩經篇目》、漢鄭玄《詩譜序》、唐孔穎達《毛詩正義序》、宋淳熙四年（1177）朱熹《詩經集傳序》、《詩序》等。首篇《關雎篇》之末，附朱熹《朱子辨説》。

《周禮》六卷，卷端題"錫山秦鏷訂正"。首有唐賈公彦《周禮序》（寶三案：所題如此，實爲《序周禮廢興》）、《周禮篇目》。

《禮記》六卷，卷端題"錫山秦鏷訂正"。首有唐孔穎達《禮記正義序》、元陳澔《禮記序》、《禮記篇目》。

《春秋》十七卷，卷端題"錫山秦鏷訂正"。首有晋杜預《春秋序》、唐孔穎達《春秋序》（寶三案：所題如此，實爲《春秋正義序》）、宋崇寧二年（1103）程頤《春秋序》、宋胡安國《春秋序》、《春秋》總目等。此書雖題爲《春秋》，實包含《春秋》經文及《左傳》傳文。

《論語》二卷，卷端題"錫山秦鏷訂正"。首有魏何晏《論語序》、宋朱熹《論語序説》、《論語篇目》。

《孝經》一卷，卷端題"錫山秦鏷訂正"。首有唐玄宗《孝經序》、《孝經目録》。

《孟子》七卷，卷端題"錫山秦鏷訂正"。首有漢趙岐《孟子題辭》、宋孫奭《孟子正義序》、宋朱熹《孟子序説》、《孟子篇目》。

附《小學》二卷，卷端題"錫山秦鏷訂正"。首有宋淳熙十四年（1187）朱熹《小學序》、《小學目録》。

秦鏷（1597—1657），字子韜，一字基真，號真齋，明末清初江蘇無錫人。《江蘇藝文志·無錫卷》稱鏷"爾基子。長洲庠生，貢入太學"。《［康熙］無錫縣志》卷二十六《著述類》嘗載秦鏷《訂正五經》一書，卷三十二又載其所撰《和唐人詩》五古三首。

據中國臺北"國家圖書館"所藏本，書首秦鏷《刻九經序》云："今聖明在御，崇尚經術，海内嚮風，咸慕墳典。顧《大全》《註疏》，卷帙浩繁，購之不易，讀之難終。鏷不揣，爰取《九經》重加訂正，略其疏義，存厥本文，字句之間，頗攻讎較。越六載，始克竣事。卷約文備，殊便覽觀。公之同好，庶幾通經之一助云。"由此序可知秦鏷重訂此《九經》之由，乃有感於明代《四書五經大全》及《十三經註疏》卷帙浩繁，讀者非但購買不易，且難終讀，故取《九經》重加訂正，祇取本文，不載注疏，以便觀覽。其中《春秋》十七卷，雖書名題爲《春秋》，實含《春秋》經文與《左傳》，此乃以《春秋》三傳中之《左傳》作爲詮解《春秋》之基準。

秦鏷訂正《九經》之依據，據中國臺北"國家圖書館"藏本書名葉載"字畫遵《正韻》，句讀遵內府音釋本《註疏》《大全》，參訂兼監本、宋板，一字無訛"。可見其於字畫、句讀、音釋、版本、校勘各方面之校定，皆有所據。秦鏷序稱"越六載，始克竣事"，其校定工作之不苟，於此書校刻之功，不可沒也。

由各經書首所載諸序觀之，可見秦鏷兼採《註疏》與《大全》之態度。以《書經》四卷爲例，其書首載孔安國《書經序》及孔穎達《尚書正義序》，此二序乃採自《尚書註疏》，另載蔡沈《書經集傳序》，此則採自《書經集傳大全》。他經之情況亦大抵相似。此兼採漢、唐與宋代諸序，置於書首，亦即秦鏷《序》所謂"殊便覽觀"之意也。

本館所藏此本，《九經》五十一卷之外，附四卷中僅存《小學》二卷，缺《大學》一卷、《中庸》一卷。又《九經》之排列，較諸他館所藏本，此本次序原略有錯置，依序爲《周易》三卷圖說一卷、《書經》四卷、《詩經》四卷、《春秋》十七卷、《禮記》六卷、《周禮》六卷、《孝經》一卷、《論語》二卷、《孟子》七卷，今所著錄，則將九經次序略作調整。

此書《四庫全書總目》未著錄。《中國古籍善本書目》著錄"《九經》五十一卷附四卷，明崇禎十三年秦鏷求古齋刻本"一種，載北京大學圖書館、中國科學院圖書館（今更名爲"中國科學院文獻情報中心"，以下同，不再説明）等九館收藏。另又著錄"明崇禎十三年秦鏷古求齋刻本，清葛正笏批""明崇禎十三年秦鏷古求齋刻本，清盧文弨校並跋（存十四卷）""清觀成堂刻本，清孔繼涵校並跋"及"清觀成堂刻本，清沈大成、姚椿批校（存三十三卷）"等四種批校本，分藏於南京圖書館、中國國家圖書館（原"北京圖書館"，以下同，不再説明）、山東省圖書館及上海圖書館。本館此本，另中國臺北"國家圖書館"、中國臺北"中央研究院"傅斯年圖書館、美國柏克萊加州大學東亞圖書館等館亦有收藏。諸家館藏，偶有著錄作"《九經》五十卷附四卷"者，所載卷數有異。其作"五十卷"者，蓋未將《周易》書首之《圖說》別計爲一卷故也。

002

五經繹十五卷

T152　1218

易經繹五卷

書經繹二卷

詩經繹三卷

三禮編繹四卷

春秋通一卷

《五經繹》十五卷，明鄧元錫撰。清順治十四年（1657）鄧宗渭刻後印本。十冊。框高19.7厘米，寬13.5厘米。半葉十行二十一字，小字雙行同，四周單邊，白口，單魚尾。版心上鐫"易經繹"等書名，中鐫卷次，下間鐫刻工名。

《易經繹》卷端首行題"易經繹卷之一"，次行題"盱後學鄧元錫著"。

書首，首明萬曆丁未（三十五年，1607）五月焦竑《序文》，《序文》末鐫"六世孫宗渭重刊"七字。次未署年熊人霖《重刻五經繹序》，《序》末鐫"六世孫宗渭重刊"七字。次明崇禎己巳（二年，1629）元月鄧澄《五經繹序》。次明萬曆丁丑（五年，1577）鄧元錫《經繹序》。

鄧元錫（1529—1593），字汝極，號潛谷，明南城（今江西南城）人。《明史》卷二百八十三《儒林二》有傳。傳云："鄧元錫，字汝極，南城人。十五喪父，水漿不入口。十七行社倉法，惠其鄉人。已爲諸生，遊邑人羅汝芳門，又走吉安，學於諸先達。嘉靖三十四年舉於鄉，復從鄒守益、劉邦采、劉陽諸宿儒論學。後不復會試，杜門著述，踰三十年，五經皆有成書，閎深博奧，學者稱潛谷先生。"鄧氏嘗屢被薦徵，皆不行，萬曆二十一年（1593）巡按御史秦大夔復并薦鄧元錫、鄧元卿二人，"詔以翰林待詔徵之，有司敦遣上道，甫離家而卒。鄉人私諡文統先生"。卒年六十五。元錫之學，《明史》謂："淵源王守仁，不盡宗其說。時心學盛行，謂學惟無覺，一覺即無餘蘊，九容、九思、四教、六藝皆桎梏也。元錫力排之，故生平博極群書，而要歸於六經。"著有《五經繹》《三禮編繹》《函史》《皇明書》《潛學稿》等書。生平另參《明儒學案》卷二十四《江右王門學案九》）。

《五經繹》此書乃鄧氏潛心數十年積纍有得之作，書首焦竑《序文》中云："潛谷鄧先生，嘉靖中以《易》魁其曹，豈余鄉殷秋溟公得其卷，實首拔之。是年，謝公車不往，問之，曰：'吾斯之未能信也。'聞者笑以爲迂，而公迺大器先生曰：'斯道其有望乎？'後先生覃思大道且三十年，以經徵悟，以悟釋經，沈浸醲郁，卒澤於道德，醇如也。以其間作爲《經繹》若干卷，旨遠辭文，學者傳誦之不置。"由此可知元錫撰作之用心。

此書於明萬曆間，嘗有二刻，一爲萬曆三十五年（1607）左宗郢刻於錢塘，一爲萬曆三十二年（1604）鄧恭之家刻。焦竑《序文》中云："先生門人左君宗郢，視臲越中，閔學者空語無事實，而冀以經學振之，檄錢塘板行其書，而屬余爲序。"此《序》末署"萬曆丁未夏五瑯琊焦竑著"，此《序文》所述"板行其書"者，乃萬曆三十五年（丁未，1607）左宗郢錢塘刻本也。其本半葉九行，行十九字。另一爲鄧元錫孫鄧恭刻本。書首鄧澄《五經繹序》云："徵君先生《五經繹》，左奉常刻之武林者，有顧、焦二君子序，而其刻之家者，仍列兩序，其孫恭更以其一屬余，一諾蹉跎凡二十年。"此《序》末署"今上崇禎之二己巳元春月立春日宗曉生澄頓首謹譔"。此《序》所謂"其刻之家者"，即指鄧恭刻本，其本半葉十行，行二十一字，行款與錢塘刻本異。考鄧澄此《序》撰於崇禎二年（己巳，1629），蓋因鄧家子孫將謀重刊鄧恭之家刻本而補撰之序也。本館所藏此本爲清順治十四年（1657）據鄧恭刻本重刊者，其《易經繹》之末鐫有"萬曆甲辰不肖孫恭刊"九字，仍保留萬曆間鄧恭刊刻之年，則鄧恭刻本蓋刊於明萬曆三十二年（甲辰，1604）也。至如鄧澄所謂"顧、焦二君子序"者，乃指顧憲成（字叔時，號涇陽，1550—1612）、焦竑二序。書首熊人霖《重刻五經繹序》云："神廟丁丑歲，盱江鄧潛谷先生《五經繹》成，其自序歸宿於用中。越三十年，爲丁未年，其門人三谷左公刻之浙中，問序於瑯琊焦公弱侯、毗陵顧公涇陽。"今錢塘刻本及鄧氏家刻本則皆僅見焦竑《序文》，而未見顧《序》。

本館所藏此本爲鄧元錫六世孫鄧宗渭之重刊本，書首熊人霖《重刻五經繹序》中云："後左君刻書五十年，則丁酉歲也，鄧先生指胤應琚，克新厥梓，用意勤哉！"考左宗郢錢塘刻本刊於萬曆三十五年（丁未，1607），後五十年，即清順治十四年（丁酉，1657）。此本焦竑《序文》、熊人霖《重刻五經繹序》之末，并鐫有"六世孫宗渭重刊"七字，知重刊者乃鄧宗渭。惟此本焦竑《序文》見避"曆"字，熊人霖《序》見避"胤"字，鄧澄《序》見避"弘"字，則蓋係乾隆時之印本也。

此書十五卷，含《易經繹》五卷，《書經繹》二卷，《詩經繹》三卷，《三禮編繹》四卷，《春秋通》一卷。惟《易經繹》原當在《春秋通》之後，熊人霖《重刻五經繹序》中云："五經者，大于《易》哉！鄧先生首繹《書》，次《禮》，次《詩》，次《春秋》，最後乃言《易》。"據此知熊人霖所見本《五經繹》當以《書經繹》《三禮編繹》《詩經繹》《春秋通》《易經繹》爲次，本館此重刊本以《易》《書》《詩》《禮》《春秋》爲次，已非原次也。今中國臺北"國家圖書館"藏有萬曆三十五年左宗郢錢塘刻本一部，其本次序爲《書經繹》《詩經繹》《三禮編繹》《春秋通》《易經繹》，雖《禮》在《詩》後，然以《書經繹》居首，《易經繹》居末，猶近於熊氏所見本之次序也。

此書合五經之《繹》爲一書，各經之間，體例頗不一致，如《易經繹》先列經、傳之文，而後釋之，且附有《易圖》。《三禮編繹》僅卷一前半《曲禮上》

附經文，其餘則僅列篇目。《書經繹》《詩經繹》亦皆僅列篇目，未附經文。《春秋通》通篇爲一卷，未標《春秋》篇目。鄧元錫另有明萬曆三十三年（1605）史繼辰等刻本《三禮編繹》二十六卷傳世（另參本書志"116　三禮編繹二十六卷"條），其書首載鄧氏之語云："鄧元錫曰：聖經猶天象，然古注疏蓋推步家，豈必盡天而各有所明，不可廢，以因用測天也。宋集傳法，合諸家爲訓，最善。諸采用若己意，不復識別，恐碎辭迕經也。大都放經文訓釋，爲近蔓言病已。然滯言失意，故時繹其意以通經焉。其諸儒訓經者姓氏，則各標于本經篇端。"其下列"漢北海鄭氏玄""司農鄭氏冲""唐冀州孔氏穎達""洺州賈氏公彦""宋二程子""朱子""長樂黃氏榦""秦溪楊氏復""嚴陵方氏慤父""臨川吳氏澄""番陽陳氏澔""明盱江何氏喬新""崑山王氏應電"等十三家（共十四人）。比對彼史繼辰等刻本《三禮編繹》與此《五經繹》中之《三禮編繹》，則《五經繹》所載無上述鄧元錫語及"諸儒訓經者姓氏"。又史繼辰等刻本，於鄧元錫釋語之前，皆冠"釋曰"二字，《五經繹》所載則無"釋曰"。由此推之，鄧元錫於《五經繹》各《經繹》之首，疑原皆列有所據訓解諸儒姓氏，惟今《五經繹》刻本中則未見，不知於何時刪去。又鄧氏謂"滯言失意，故時繹其意以通經焉"。可藉以瞭解其書名《經繹》之由。

此書，《四庫全書總目》著錄，題"《五經繹》十五卷，江西巡撫採進本"，入《五經總義類存目》。提要云："元錫有《三禮編繹》，已著錄。是書凡《易》五卷，《書》二卷，《詩》三卷，《三禮》四卷，《春秋》一卷。元錫先有《三禮編繹》二十卷別行，故此編惟摘録其中自作發明之語而刪其經文及註，《書》《詩》《春秋》亦不載經文，惟存篇目。其所詮釋，多屬空談，《易》則雖載經文而頗更其次第……其《繫辭》《說卦》《序卦》《雜卦》則全刪傳文，而自撰《天圖原》等三卷以代之，其憑臆杜撰，亦畧與《三禮編繹》等也。"案：《總目》述此書之內容，以《易》《書》《詩》《三禮》《春秋》爲次，則其所見本乃以《易經繹》居首也。惟《總目》云："元錫先有《三禮編繹》二十卷別行，故此編惟摘録其中自作發明之語而刪其經文及註，《書》《詩》《春秋》亦不載經文，惟存篇目。"其說似是，而仍有未當。考《四庫全書總目·禮類存目三》著録"《三禮編繹》二十六卷，兩淮鹽政採進本"。然則《三禮編繹》實爲二十六卷，《五經繹》提要謂"《三禮編繹》二十卷"，非也。又《五經繹》中所收《三禮編繹》四卷，其卷一《曲禮上》仍録經文，自《曲禮下》以後，始省去經文，另《春秋通》僅一卷，未列篇目，《總目》之說蓋疏。今考《五經繹》此本《三禮編繹》卷四《禮記編繹》"《檀弓》"末，注云："《三禮編繹》《檀弓》諸記喪祭者，以各類編次，今録獨循舊文，易考觀。"此明言《五經繹》中所録《三禮編繹》，相對於原本之《三禮編繹》，內容次序有所調整，疑鄧元錫於《五經繹》之各經皆先撰有《繹》稿，其後再簡鍊爲此《五經繹》十五卷也。

此本避“胤”“弘”“曆”等字。

刻工有游、林、毓、毓加、嚴、志宇、楊、黃、坤、葉、何、劉、林桂、遠等。

《中國古籍善本書目》著録“《五經繹》十五卷，明鄧元錫撰，明萬曆刻本”，載中國科學院圖書館、上海圖書館二館收藏。《中國古籍善本書目》所録爲左宗郢錢塘刻本，另中國臺北“國家圖書館”亦有收藏。本館此本爲清順治十四年（1657）鄧宗渭據鄧恭刻本重刊後印本。《中國古籍善本書目》未著録此清順治十四年鄧宗渭刻本。中國臺北“國家圖書館”另又藏有清順治十四年鄧宗渭刻本一部，惟題“明崇禎間重刊本”，杜澤遜《四庫存目標注》已論其著録之誤。《四庫全書存目叢書》嘗據中國科學院圖書館藏本影印行世，題“明刻本”，收入《經部》第一四九册。

003
重訂五經疑問六十卷

T110　4122

重訂易經疑問十二卷
重訂書經疑問十二卷
重訂詩經疑問十二卷
重訂禮記疑問十二卷
春秋疑問十二卷

《重訂五經疑問》六十卷，明姚舜牧撰。明萬曆刻清康熙五十五年（1716）校補印本。二十八册。框高21.2厘米，寬12.7厘米。半葉十行二十字，四周單邊，白口，無魚尾。版心上鎸書名及卷次。

《重訂易經疑問》卷端首行題“重訂易經疑問卷之一”，次行題“烏程後學承菴姚舜牧著”。書名葉分三欄，右題“苕郡姚承菴撰”，中題“易經疑問”，左題“六經堂藏板”，欄上鈐有朱文龍圖圓印，左下鈐有“翻印必究”白文大方印。

書首有明萬曆庚戌（三十八年，1610）閏月姚舜牧《自序重訂易經疑問》。書末鎸有“丙申仲冬曾孫男淳起校補”一行十一字。

《重訂書經疑問》十二卷，卷端首行題“重訂書經疑問卷之一”，次行題“烏程後學承菴姚舜牧著”。書名葉右題“苕上姚承菴撰”，中題“尚書疑問”，左題“六經堂藏板”，鈐印同前。書首有未署年毛士龍《書經疑問序》。書末鎸有"丙申仲冬曾孫男淳起校補"一行十一字。

《重訂詩經疑問》十二卷，卷端首行題"重訂詩經疑問卷之一"，次行題"烏程後學承菴姚舜牧著"。書名葉右題"苕郡姚承菴撰"，中題"詩經疑問"，左題"六經堂藏板"。書首有明萬曆辛亥（三十九年，1611）季冬姚舜牧《重訂詩經疑問序》。書末鐫有"丙申仲冬曾孫男淳起校補"一行十一字。

《重訂禮記疑問》十二卷，卷端首行題"重定禮記疑問卷之一"，次行題"烏程後學承菴姚舜牧著"。書名葉右題"苕郡姚承菴撰"，中題"禮記疑問"，左題"六經堂藏版"。鈐印同前。書首有明萬曆戊午（四十六年，1618）姚舜牧《重訂禮記疑問序》，次《讀禮記者所宜知》，末署"萬曆壬子季夏望日姚舜牧又書於重訂五經疑問處"。書末鐫"丙申仲冬　　男淳起校補"一行九字（"冬"下空二字，應爲"曾孫"二字）。

《春秋疑問》十二卷，卷端首行題"春秋疑問卷之一"，次行題"烏程後學承菴姚舜牧著"。書名葉右題"苕郡姚承菴撰"，中題"春秋疑問"，左題"六經堂藏板"。書首有明萬曆癸卯（三十一年，1603）姚舜牧《自敘春秋疑問》。書末鐫有"丙申仲冬曾孫男淳起校補"一行十一字。

姚舜牧（1543—1627），字虞佐，號承菴，明浙江烏程（今浙江湖州）人。姚氏所撰《來恩堂草》（收入《四庫禁燬書叢刊·集部》第一〇七册，版心鐫"姚承菴文集"）。卷十六載有《自敘歷年》《續年譜》《又續年譜》等篇，可據以考其生平。姚氏萬曆元年（1573）舉人，後頻年會試不第。萬曆二十年（1592），會試不第，聽選，得授廣東肇慶府新興縣知縣。萬曆三十一年（1603）調任廣昌縣知縣，三十六年（1608）致仕歸田。姚氏爲官，勤政愛民，去任後，新興、廣昌縣民感念其德，皆爲之立生祠。著有《重訂五經疑問》、《孝經疑問》、《重訂四書疑問》、《四書五經大全疑問要解》、《四書五經疑義》、《藥言》、《姚氏家訓》（編訂）、《性理指歸》《承菴山人樂陶吟》、《來恩堂草》（姚承菴文集）等書。《明史·藝文志》著録其著作多種。

姚氏自謂此書之作，嘗受其父之啓迪，《自敘春秋疑問》中云："唯童稚時，先贈君淳菴翁誨牧曰：'兒曹欲知大義，須讀五經。'竊志不忘，間取《易》《書》《詩》《禮》，次第讀之，輒筆所疑，請問海內大方。兹來粤西甚暇，得復從《大全》諸書竊觀夫子之《春秋》，無有偏陂，無作好惡，真恍若見其心者，恨不敏不足以發也。因竊評諸儒之論，有合於經者録之，而又輒筆所疑，就正有道焉，亦謂涉獵斯道路也。仰謂先君子誨牧之遺意也云爾。"姚氏於各經《疑問》序中每表露欲就正高明之意，如《重訂詩經疑問序》中云："今予所疑，凡經數十年，且重加訂問矣。若前所誤解者，亟與辨正，即有碍於制義，亦所弗恤焉。蓋心獨苦矣，而安得高明君子虛心一爲之裁訂哉？則所謂藏之名山而俟知於千載之下者也。"由此亦可見其著書之旨。

此《重訂五經疑問》所含五書，於萬曆年間原本各自刊印、重訂，且前後時間不一，其中《春秋疑問》且僅是初刻，未經重訂。本館所藏此《重訂五經疑問》乃清康熙五十五年（丙申，1716）姚舜牧曾孫姚淳起校補之本，每經之末皆鐫有"丙申仲冬曾孫男淳起校補"字樣，且五經《疑問》中皆見鈐有藍、紅色長條形圖案之紙廠印記，知乃採用同一來源之紙張，爲同時期印本。

姚舜牧所著《來恩堂草》十六卷，其中卷一曾載《重訂易經疑問序》《尚書疑問序》《詩經疑問序》《重訂詩經疑問序》《春秋疑問序》，卷二曾載《重訂禮記疑問序》。此外，卷十六又載姚氏所撰《自敘歷年》《續年譜》《又續年譜》等文，此等文獻皆有助於考訂《五經疑問》諸經初刻及重訂之背景及年代。

《來恩堂草》卷十六《自敘歷年》中云："辛卯，四十九歲，寫《易經疑問》成，後付刻。"知《易經疑問》初刻於明萬曆十九年（辛卯，1591），此爲姚氏諸經《疑問》之最先成者。《自敘歷年》又云："庚子，五十八歲，祚敦、祚重援例入南監……所寫《書經》《禮記》《疑問》付刻。"據此，知《書經疑問》《禮記疑問》二書初刻於明萬曆二十八年（庚子，1600），《自敘歷年》又云："癸卯，六十一歲，自春徂夏，唯知《春秋》一經，不知其他。《疑問》成，送撫、按二臺覽，大加稱賞。"此載萬曆三十一年（1603）《春秋疑問》成，惜未言付刻之時間，想必亦在書成後付刻。《春秋疑問》書首載有《自敘春秋疑問》，末署"萬曆歲在癸卯七月丁丑烏程後學姚舜牧書於粵西臬憲之吏隱齋"，此自敘寫於萬曆三十一年七月，時間與《自敘紀年》所載相應。

至於重訂之年，《重訂易經疑問》書首《自序重訂易經疑問》末署"萬曆庚戌閏月烏程後學姚舜牧書於乙藜閣"，庚戌爲萬曆三十八年（1610）。又《重訂詩經疑問》書首《重訂詩經疑問序》末署"峕　萬曆歲在辛亥季冬烏程後學姚舜牧書於清高啓後軒"，辛亥爲萬曆三十九年（1611）。《重訂禮記疑問》書首《重訂禮記疑問序》末署"萬曆戊午歲季夏之吉烏程後學姚舜牧書於六經堂中"，戊午爲萬曆四十六年（1618）。另《重訂書經疑問》僅同版他本載有《自敘尚書疑問》一文（詳下所述），未載重訂之序。《春秋疑問》僅載《自敘春秋疑問》一文。今考《續年譜》中云："辛亥，六十九歲，重訂經書疑問成，付刻。"辛亥爲萬曆三十九年（1611），此所謂"重訂經書疑問成，付刻"當指《重訂易經疑問》《重訂書經疑問》《重訂詩經疑問》三經，而《重訂禮記疑問》書首所載《讀禮記者所宜知》，末署"萬曆壬子季夏望日姚舜牧又書於重訂五經疑問處"，壬子爲萬曆四十年（1612），前一年（萬曆三十九年，1611）即爲《易經》《書

經》《詩經》三經《疑問》重訂本付刻之年，故姚氏有此言也。另《春秋疑問》
一書，卷端及版心皆題"春秋疑問"，書首僅載《自敍春秋疑問》，姚氏《來恩
堂草》中亦未載及重訂《春秋疑問》之事及序，此書成書時間較晚於他經，姚
氏恐未加重訂，今書目或題爲《重訂春秋疑問》者，恐非宜也。

此本各經之末皆鐫有"丙申仲冬曾孫男淳起校補"字樣，知爲姚淳起之校
補印本。《美國哈佛大學哈佛燕京圖書館藏中文善本書志·經部》著錄"明萬曆
刻清初補板印本五經疑問"一部，書志中云："'丙申'爲清順治十三年，則此
本應爲補板印本。"（葉十三）其定"丙申"爲清順治十三年（1656），或有所據。
惟姚淳起之生卒年雖不可知，然考姚淳起係姚延著（？—1661）之第四子，而
姚延著第三子（即淳起之兄）姚淳燾之生平則可考見。清姚世鈺《屑守齋遺稿》
（見《四庫全書存目叢書·集部》第二七七册）卷三《參議陟山姚公家傳（原
注："代"）》中云："公名淳燾，字子瞻，號陟山，烏程人也，家世所傳具公所
撰《皇考方伯公年譜》。方伯公六子，公行三……二十舉於鄉，康熙丁未，成進
士，授內閣中書舍人……以王事勞悾，乃鬱鬱得疾，卒於里第，時康熙癸未，年
七十二。"以淳燾卒於康熙癸未（四十二年，1703）推之，知其當生於明崇禎五
年（1632）也。又據《湖州府志》卷二十二《人物·國朝》中云："姚淳起，字
子雲，號胥山，延著第四子。嗜讀書，旁及孫、吳家言。貢入成均，考選第一。
會七閩告警，赴軍前效用，時延津諸郡山寇竊發，大帥假以便宜，單騎入賊巢，
諭以禍福，咸投戈聽命。錄功授廣東開平令。課農桑，興學校，不數月，邑大治。
不善事上官，挂冠歸。"另據《〔民國〕開平縣志》載，姚淳起任開平縣令爲康熙
二十二年（1683），同年離職。此爲姚淳起之初任官，此前未有功名也。若以"丙
申"爲順治十三年（1656），則其時淳起恐尚年少，且無功名，似不宜勝此任也。
又考淳起之父延著於順治六年（1649）成進士，淳起三兄淳燾於康熙六年（丁未，
1667）成進士，當順治十三年之際，恐皆無暇關注先人著作之校補刊印事。今中
國國家圖書館藏有"《吳興姚世家乘》六卷"清雍正二年（1724）手鈔本一部，
書首載有姚淳起序，末署"康熙己巳中浣"，己巳爲康熙二十八年（1689），知其
時淳起尚在。據上所述，則將此"丙申仲冬曾孫男淳起校補"之"丙申"定爲康
熙五十五年（1716），似較合理也。另尚有一佐證，此本各經皆見鈐有藍、紅色
長條形圖案之紙廠印記，此印記多見於清康熙至乾隆間之古籍印本中（參見拙作
《清代中文善本古籍中所鈐紙廠印記研究》《紙廠印記在清代中文善本古籍版本鑑
定之運用》二文），則此本定爲康熙間之校補印本，似較可從。

此書五經《疑問》各十二卷，共六十卷。各經皆先列經文，其下或引列諸
家之說，或說釋經義，或論述所疑。因諸經《疑問》原本乃各自成書，撰作時

問不一，加上經書性質亦有差異，故諸經《疑問》體例未見一致。

四庫館臣謂《重訂詩經疑問》於姚氏諸經《疑問》中"差善"，故獨收録於《四庫全書》中，其餘四經則僅入"存目"爾。《四庫全書總目》評"《詩經疑問》十二卷"云："舜牧於諸經皆有《疑問》，惟此編説《詩》爲差善。自序稱：'所疑凡經數十年，重加訂問，前此誤解，亟與辨正。'蓋其用力較深也。惟不信古人字少假借通用之説，於'龍光''伴奐'之類，皆徑以本字解之，强生論辨，是則隆、萬以後儒者少見古書之故。"此外，《總目》對他經《疑問》亦頗有非議，如評"《易經疑問》十二卷"云："計其一生精力殫於窮經，然此書率敷衍舊説，間出己意，亦了不異人。蓋其學從坊刻講章而入，門徑一左，遂終身勞苦而無功耳。"又如評"《書經疑問》十二卷"云："是編於經義罕所攷定，惟推尋文句，以意説之，往往穿鑿杜撰。"由此可見《四庫全書總目》對姚氏諸經《疑問》評價之梗概。

本館所藏此本《重訂詩經疑問》十二卷錯置於全書之首，《重訂易經疑問》錯置於《重訂書經疑問》之後，今依《易》《書》《詩》之次序著録。又本館此本，《重訂書經疑問》書首有毛士龍所撰《書經疑問序》，中云："承菴先生博極天人，證會今古，其解六經如一經，解一經通印六經，其解全經又如一句，解一句通印全經……則謂此書爲删定之功臣可也，謂以續十六字之心傳而道統、治統於斯不墜可也。"末署"通家晚生毛士龍頓首謹題於碧蓮公署"。案：今南京圖書館、復旦大學圖書館等所藏同版，此《重訂書經疑問》書首另載姚舜牧《自敍尚書疑問》，而未載毛士龍此《書經疑問序》，本館此本則僅有毛士龍《序》而未見姚氏自序，有此差異之原因待考。另此本《重訂易經疑問》卷四，葉四十六缺。《重訂書經疑問》卷十一葉五十一至五十三、卷十二葉一至六皆爲缺葉。此外，《重訂禮記疑問》之末，鑴"丙申仲冬　男淳起校補"，此處"冬"字之後獨缺"曾孫"二字，南京圖書館、復旦大學圖書館等館藏本亦同。

此書《四庫全書總目》著録，其中"《重訂詩經疑問》十二卷"收録於《四庫全書》中，惟《四庫全書總目》題作"《詩經疑問》十二卷"，與文淵閣、文津閣等四庫本所題不一，恐非。另其他四經《疑問》，《總目》皆入"存目"，分別題云"《易經疑問》十二卷""《書經疑問》十二卷""《禮記疑問》十二卷""《春秋疑問》十二卷"。

《中國古籍善本書目》著録"《五經疑問》六十卷，明姚舜牧撰，明萬曆六經堂刻本"，載復旦大學圖書館收藏。另又著録同書"明萬曆六經堂刻本，清丁丙跋"一種，載南京圖書館收藏。案：此二館所藏本皆有姚淳起校補刊記，當係清康熙五十五年校補本也。另天津圖書館、中國臺北"國家圖書館"并藏有

《重訂五經疑問》之萬曆刻本，無姚淳起校補刊記。

今見多館目錄皆載藏有明萬曆六經堂刻本，其著錄確否待考。本館此康熙校補印本，另中國臺北"中央研究院"傅斯年圖書館，美國哈佛大學哈佛燕京圖書館、普林斯頓大學東亞圖書館等館亦有收藏（普林斯頓大學藏本闕《重訂易經疑問》）。《四庫全書存目叢書》嘗據南京圖書館藏本《重訂易經疑問》《重訂書經疑問》《重訂禮記疑問》《重訂春秋疑問》等四書影印行世，題"明萬曆六經堂刻五經疑問本"，分別列入《經部》第十二、五十一、九十一、一二〇冊。

004
五經纂註二十卷

T110　4414

　　易經纂註四卷
　　書經纂註四卷
　　詩經纂註四卷
　　禮記纂註四卷
　　春秋纂註四卷

《五經纂註》二十卷，明李廷機等輯，明錢受益、牛斗星等訂。明末刻後印本。十六冊。框高21.4厘米，寬14.8厘米。半葉九行二十字，小字雙行同，四周雙邊，白口，單白魚尾。版心上鐫經名，中鐫卷次。

書首，首未署年錢受益《重刻五經纂註敘》。次未署年沈一貫《五經纂註敘》，末署"蛟門沈一貫譔；錢唐後學潘之淙書"。次《重訂五經纂註凡例》，共八則。

《易經纂註》四卷，卷端首行題"易經纂註卷一"，第二、三行題"明太史李廷機輯；仁和錢受益、錢塘牛斗星全訂"。首有未署年宋程頤《周易序》、《易經纂註總目》。

《書經纂註》四卷，卷端首行題"書經纂註卷一"，第二、三行題"明太史袁宗道輯；錢塘翁鴻業、牛斗星全訂"。首有宋嘉定己巳（二年，1209）三月蔡沈《書經序》、《書經纂註總目》。

《詩經纂註》四卷，卷端首行題"詩經纂註卷一"，第二、三行題"明太史沈一貫輯；仁和沈斯棟、錢塘牛斗星全訂"。首有宋淳熙四年（1177）十月朱熹《詩傳序》、《詩經纂註總目》。

《禮記纂註》四卷，卷端首行題"禮記纂註卷一"，第二、三行題"明太史王萱輯；錢塘樊時英、牛斗星全訂"。首有元至治（此本訛作"至正"，今改正）

壬戌（二年，1322）陳澔《禮記序》、《禮記纂註總目》。

《春秋纂註》四卷，卷端首行題"春秋纂註卷一"，第二、三行題"明太史蕭良有輯；錢塘王道焜、牛斗星全訂"。首有未署年宋胡安國《春秋胡氏傳序》（未署作者名）、《春秋纂註總目》。

李廷機（1542—1616），字爾張，號九我，明晉江（今福建泉州）人。《明史》卷二百十七《列傳》第一百五有傳。傳云："李廷機，字爾張，晉江人。貢入大學，順天鄉試第一。萬曆十一年，會試復第一，以進士第二授編修，累遷祭酒。"其後歷任南京吏部右侍郎、禮部右侍郎等職。萬曆三十五年（1607），受神宗命，以禮部尚書兼東閣大學士入閣，然屢受東林黨人等朋黨反對，三十六年（1608）累疏乞休，杜門不出。傳稱"待命踰年，乃屏居荒廟，廷臣猶有繁言。至四十九年九月，疏已百二十餘上，乃陛辭出都待命。同官葉向高言廷機已行，不可再挽，乃加太子太保，賜道里費，乘傳，以行人護歸。居四年，卒。贈少保，諡文節"。著有《易經纂註》《易問答》《春秋講章》《四書臆說》《四書垂世宗意》《秦漢殊言》《漢書要刪文粹》《漢唐宋名臣錄》《宋賢事稿》《性理綜要》《性理大方》《性理刪》《在官錄》《李文節文集》等。

袁宗道（1560—1600），字伯修，號石浦，明公安（今湖北公安）人。《明史》卷二百八十八《文苑四》有傳。傳稱："宗道，字伯修，萬曆十四年會試第一，授庶吉士，進編修，卒官右庶子。泰昌時，追錄光宗講官，贈禮部右侍郎……先是，王、李之學盛行，袁氏兄弟獨心非之。宗道在館中，與同館黃輝力排其說。於唐好白樂天，於宋好蘇軾，名其齋曰'白蘇'。"與弟宏道、中道皆有才名，時稱"三袁"。著有《白蘇齋類集》。

沈一貫（1531—1615），字肩吾，號龍江，又號蛟門，明鄞縣（今屬浙江寧波）人。《明史》卷二百十八《列傳》第一百六有傳。明隆慶二年（1568）進士，選庶吉士，授檢討，充日講官。後歷任左中允兼翰林院編修、詹事府少詹事兼翰林院侍讀學士、南京禮部尚書等職。萬曆二十三年（1595）受詔以尚書兼東閣大學士入內閣，預機務。三十四年（1606），歸鄉。一貫入閣期間，朋黨相軋，《明史》本傳稱："一貫之入閣也，爲錫爵、志皋所薦。輔政十有三年，當國者四年。枝拄清議，好同惡異，與前後諸臣同。至楚宗、妖書、京察三事，獨犯不韙，論者醜之，雖其黨不能解免也……一貫在位，累加少傅兼太子太傅、吏部尚書，建極殿大學士。家居十年，卒。贈太傅，諡文恭。"著有《易學》《詩經纂註》《老子通》《莊子通》《敬事草》《喙鳴詩集》等書。

王萱，字季孺，明慈谿（今浙江慈溪）人。明萬曆十一年（1583）進士，官編修。著有《禮記纂註》《王太史季孺詩草》等書。

蕭良有（1550—1602），字以占，號漢中，明漢陽（今屬湖北武漢）人。生而穎異，以神童名，萬曆八年（1580）進士，官修撰，領國子祭酒。在史局十五年，負公輔之望。給事中葉繼美劾良有侵六部權，良有遂再章乞歸，卒年五十三。著有《蒙養故事》《玉堂遺稿》等。《蒙養故事》後經清楊臣諍增訂，易名《龍文鞭影》。

錢受益，字謙之，明仁和（今浙江杭州）人。明天啓五年（1625）進士。《[民國]杭州府志》引《錢塘縣志》云：“受益，天啓五年進士，選庶吉士，授翰林院檢討，主湖廣試，擢諭德，歷詹事。”

牛斗星，字杓司，明錢塘（今浙江杭州）人。著有《檀弓評》。

翁鴻業（？—1639），字一桓，號永固，明錢塘人。明天啓四年（1624）舉於鄉，與董守諭、姜思睿齊名，人稱“浙東三俊”。天啓五年（1625）進士及第，授禮部儀制司主事。崇禎十年（1637）出任山東督學、右參政。十一年（1638）冬，清兵入關，逼濟南，鴻業奉命由沂水赴濟南救援，濟南城破，鴻業不願被俘，自投烈火而卒。乾隆四十年（1775）追諡節愍。

沈斯棟，明仁和（今浙江杭州）人。明天啓五年（1625）進士。

樊時英，明錢塘人。萬曆四十七年（1619）進士，曾任濟南府知府、福建提學副使。

王道焜，字昭平，明錢塘人。《明史》卷二百七十六《列傳》第一百六十四有傳。傳云：“王道焜，字昭平，錢塘人。以天啓元年舉於鄉。崇禎時，爲南平知縣，遷南雄同知。會光澤寇發，其父老言非道焜不能平，撫按爲請，詔改邵武同知，知光澤縣事。撫剿兼施，境内底定。莊烈帝破格求賢，盡徵天下賢能吏，撫按以道焜名聞。方待命而都城陷，微服南還。及杭州失守，遂投繯死。”著有《左傳杜林合注》《王節愍公集》等。

此書題《五經纂註》，實乃明季牛斗星等人據明沈一貫所編《五經纂註》加以增訂之本。沈一貫編《五經纂註》事，據書首沈氏《五經纂註敘》云：“一貫不佞，待罪金馬，思有以致主匡時，而著作何能？六經備矣。將以是一、二，下趨向、驅魍魎、逐妖氛、醒夢寐而未能。會　天子詔，詔諸學官博士弟子非六經、羽翼六經者不得習，且不得馳騁諸子百家，非聖人之言不以訓，還樸逆淳，上好下甚，古道駸駸照人矣。一貫不佞，會館中諸名公深於經者，各輯所習爲一卷，略而便什之，刻之京師，傳之通邑大都，以嘗詔人而誘之習。”此《敘》未署年月，考沈一貫於萬曆十二年（1584）升任詹事府少詹事，兼翰林院侍讀學士，至二十二年（1594）始出任南京禮部尚書，此《序》云：“一貫不佞，待罪金馬。”當指任翰林院侍讀期間也。據《五經纂註》各經卷端所題，各經之

14

輯者，《易經纂註》爲李廷機，《書經纂註》爲袁宗道，《詩經纂註》爲沈一貫，《禮記纂註》爲王萱，《春秋纂註》爲蕭良有，明朝修史之事由翰林院負責，故翰林又稱太史，李廷機諸人當時皆任職翰林，故各經卷端輯者皆題"太史"也。

牛斗星等人重訂之由，書首錢受益《重刻五經纂註敍》中云："《風》《雅》似古詩，《詩》《書》似古文，爲孔子一部文選，此孫姚江之言也，而經似可遴集矣。以故五經有纂，出自　神廟時詞館諸臣所彙定。當時人授一經，專裁互證，自是一段玉堂佳話，別成一種雪堂義墨。以經讀之，可；不必以經讀，可，誠有所會心，匪徒爲修辭者借資焉。吾友牛杓司同盟，愛而私之巾笥中有年，邇以弟子輩争摹先秦兩漢子史家言，因出示，併公同好，郵筒緘寄，問敍於余。余在詞垣者越歲，愧無能效先輩所纂述，吾杓司乃能搜奇嗜古，補余所未逮。喜而燒燭竟讀，然得無有深衣板摺者所旁睨乎？用書數語，付南鴈爲吾杓司以當解嘲云。"末署"盟弟錢受益謙之甫書于燕邸"。由錢受益此《敍》，知此重訂《五經纂註》之役，乃由牛斗星主其事也。

書首有《重訂五經纂註凡例》，共八則，未署名，蓋出於牛斗星之手。《凡例》第二則云："採摭群書疏論，爰自卜子夏，以迄昭代諸名賢，附於每篇之末，用廣參悟。"案：此重訂《五經纂註》書中，頗引前代及明代諸賢之説，其中有李廷機、沈一貫等所原輯者，至牛氏等增訂，於此復有所增補。《凡例》第二則又云："兹五太史掄選業，盡精微。今復以王鳳洲諸公所衡論者，悉爲參入。"案：《五經纂註》中，原已有五太史析論之語，可供舉子參考。如《易經纂註》卷一，《乾卦》初九爻辭"初九，潛龍勿用"下，載："李九我曰：龍，陽物也，靈變莫測者也。六爻皆有聖德，故稱龍焉。其有潛見惕躍飛亢之不同者，時使之也。初，其夷之清乎？二，其尹之任乎？三，其周公攝政之時乎？四，其舜、禹陽城之避乎？五，其堯、舜中天之日乎？上，其堯、舜遇子之不肖，湯、武遇君之不悛乎？"此載李廷機（號我九）之語，即其例也。牛斗星等增訂之本，則更增入明王世貞（字元美，號鳳洲，1526—1590）等人之論。如《書經纂註》卷一《堯典》"乃命羲和，欽若昊天，曆象日月星辰，敬授人時"下，載云："王氏曰：昔少昊氏命官，鳳鳥氏司曆，玄鳥氏司分，伯趙氏司至，青鳥氏司啓，丹鳥氏司閉，位五鳩、五雉、九扈之上，古聖人重曆數如此。"此乃引録王世貞之論也。

沈一貫《五經纂註敍》中云："一貫不佞，會館中諸名公深於經者，各輯所習爲一卷，略而便什之，刻之京師，傳之通邑大都。"此言"各輯所習爲一卷"，今觀此增訂本《五經纂註》各經皆爲四卷，則沈《敍》所謂"一卷"者，究竟係行文之泛説，抑或原各經《纂註》皆僅一卷，經牛氏等各增訂爲四卷，亦難質言矣。《續修四庫全書總目提要》收錄倫明（1875—1944）所撰《五經纂註》提要，題：“《五經纂註》五卷，明刊本。”倫明提要云：“是書纂者非一人，《周易》題‘大學士李廷機纂’；《書經》題‘袁宗道輯’；《禮記》題‘王萱輯’；《春秋》題‘蕭良有輯’，惟《詩經》不題輯者名氏。經文多所刪節，註亦不主一家。首有沈一貫《序》，稱‘館中諸名公深于經者，各輯所習爲一卷，刻之京師’云云，是刻者亦一貫也。按一貫及廷機輩似不至如此庸妄，疑是坊賈託名，序者與撰者皆不足信也。”案：據倫明此提要所述，其所見本《五經纂要》五卷，五經各一卷，與沈一貫《五經纂註敘》所言正合，輯者除《詩經》未題名氏外，其餘與牛斗星等所增訂《五經纂註》本所題亦合。倫明疑此本乃坊賈所僞託，今誌之以供參考。

《五經纂註》各經宗主一家之注，復引他說以補之，對照各經《纂註》書首所載各序，可知《易》主宋程頤《易傳》，《書》主宋蔡沈《尚書集傳》，《詩》主宋朱熹《詩集傳》，《禮記》主元陳澔《禮記集說》，《春秋》主宋胡安國《春秋傳》。惟各經皆未備載全部經文，乃取其於應舉業之最要者，以備所需，即沈一貫《五經纂註敘》中所謂“略而便什之”者也。以《易經纂註》爲例，卷一《訟卦》未載《象辭》及初六、六三爻，《比卦》未載六二、六三、六四、上六等四爻。本館所藏此本，間有佚名墨筆批語，其於《訟卦》眉欄批云：“此書竟不載《象辭》，又無初六爻，全不中用。”又於《比卦》眉欄批云：“九二、九三、九四、上九俱不載，是何故？”案：批者蓋未察上述此書之特殊性質，故有此疑也。又《比卦》實爲六二、六三、六四、上六爻，批者俱誤書“六”爲“九”，亦其疏也。考《重訂五經纂註凡例》第六則云：“五經中，如《易》之《乾》《坤》、上下《繫》，《詩》之《豳風》《天保》，《書》之《禹貢》《洪範》諸篇等類，皆由前賢論定，今皆全載，不敢罔去隻字。”案：此既言《易》之《乾》《坤》、上下《繫》諸篇“今皆全載，不敢罔去隻字”，則其餘他篇乃有所去取，亦可知也。《凡例》此則所舉諸篇，乃明代科舉考試熱門出題來源之一，故皆全載而未刪。

此書“玄”“胤”“貞”“曆”等字不避諱。書中間有朱筆圈點，眉欄間有墨筆批語。《書經纂註》卷三，葉十、十一、十五共缺三葉。

此書所收各經《纂註》，《四庫全書總目》皆未著錄。清朱彝尊《經義考》於卷五十九《易五十八》著錄：“李氏廷機《易經纂注》四卷，存。”於卷九十《書十九》著錄：“袁氏宗道《尚書纂注》四卷，存。”於卷一百十四《詩十七》著錄：“沈氏一貫《詩經纂注》四卷，存。”於卷一百四十五《禮記八》著錄：“王氏萱《禮記纂注》四卷，存。”於卷二百五《春秋三十八》著錄：“蕭氏良有《春秋纂傳》四卷，存。”朱氏所載，除諸經書名《纂註》作《纂注》及蕭良有

《春秋纂註》作《春秋纂傳》外，其餘有關作者、卷數等，皆與《五經纂註》相符。又朱氏《經義考》雖未言及增訂者，其所見蓋即此增訂《五經纂註》之本也。

《中國古籍善本書目》著錄"《五經纂註》五十六卷，明夏璋編，明崇禎刻本"一種，內含："《易經纂註》四卷，明李廷機輯。《書經纂註》十卷，明袁黃輯。《詩經纂註》八卷，明鍾惺輯。《禮記纂註》三十卷，明湯道衡輯。《春秋纂註》四卷，明蕭良有輯。"載復旦大學圖書館、山東省圖書館、徐州市圖書館等三館收藏。惟《中國古籍善本書目》所載，其本卷數爲五十六卷，其中《書經纂註》十卷，輯者袁黃；《詩經纂註》八卷，輯者鍾惺，《禮記纂註》三十卷，輯者湯道衡，其卷數、輯者與本館此本皆有異，當非同本也。另《北京大學圖書館藏古籍善本書目·經叢類》著錄"《五經纂註》，明沈一貫輯，牛斗星重定，明讀書坊刻本，八冊"一種，考其本有書名葉，右題"遵五太史館原本／附先儒暨名家疏論"，中題"五經纂註"，左題"讀書坊藏本"。

此本本館舊目題爲"明末"刻本。惟考各經卷端輯者皆題"明太史"，若爲明刻之明印本，當不需題"明"，又《易經纂註》《書經纂註》《春秋纂註》中皆見鈐有藍、紅色長條形圖案之紙廠印記，此爲清代康、雍、乾時期印本之特徵，因書中不避清諱，當係仍明版之舊，故今改題爲"明末刻後印本"。

鈐印有"臣印或躍"白文方印、"非潛"朱文方印二印。

005

石齋先生經傳九種五十六卷

T152　4037

孝經集傳四卷

易象正十二卷初二卷終二卷

三易洞璣十六卷

洪範明義二卷初一卷終一卷

月令明義四卷

表記集傳二卷附春秋表記問業一卷

坊記集傳二卷附坊記春秋問業一卷

緇衣集傳四卷

儒行集傳二卷

《石齋先生經傳九種》五十六卷，明黃道周撰，清鄭開極訂。清康熙三十二年（1693）鄭開極刻乾隆印本。三十六冊。框高20.3厘米，寬14.8厘米。半葉九行十八字，小字雙行同，左右雙邊，白口，單魚尾。

書名葉分三欄，右題"晋安鄭肇修訂"，中題"石齋先生／經傳九種"，左題"孝經集傳、易象正、三易洞璣／洪範明義、表記集傳、坊記集傳／月令明義、緇衣集傳、儒行集傳"。

黃道周（1585—1646），字幼玄，一作幼平，又字螭若、螭平，號石齋，明福建漳浦銅山（今福建銅陵）人。《明史》卷二百五十五《列傳》第一百四十三有傳。明天啓二年（1622）進士，改庶吉士，授編修，爲經筵展書官。歷任右中允、右諭德、日講官、少詹事等職。崇禎十一年（1638）以三疏各劾楊嗣昌、陳新甲、方一藻三人，帝召對，犯顏諫争，貶爲江西布政司都事，辭官返鄉。十三年（1640）江西巡撫解學龍薦所部官，推獎道周備至，大學士魏照乘惡道周甚，擬旨責學龍濫薦，崇禎帝怒，削學龍、道周二人籍，逮下刑部獄，責以黨邪亂政，并杖八十，究黨與。道周乃戍廣西，後被召回都，復原官，仍乞假返鄉。崇禎十七年（1644）三月，京師陷，福王即位南京，改元弘光，任道周爲禮部尚書，協理詹事府事。時馬士英專政，朝政日非，道周進言，皆未見用。五月，南京陷，唐王即位福州，改元隆武，以道周爲武英殿大學士，然與鄭芝龍不合。隆武元年（1645），道周自請往江西，圖恢復，以七月啓行，所至遠近響應，得義旅九千餘人，由廣信出衢州，十二月進至婺源，遇清兵，戰敗，道周被俘，執至江寧。隆武二年（1646）就義，享年六十二歲，隆武帝謚"忠烈"，贈文明伯。清乾隆帝改謚"忠端"。《明史》本傳稱："道周學貫古今，所至學者雲集。銅山在孤島中，有石室，道周自幼坐卧其中，故學者稱爲石齋先生。精天文曆數皇極諸書，所著《易象正》《三易洞璣》及《太函經》，學者窮年不能通其説，而道周用以推驗治亂。"著有《石齋先生經傳九種》《石齋集》《太函經》等書，後人集有《黃漳浦先生全集》。門人洪思撰有《黃子年譜》、莊起儔撰有《漳浦黃先生年譜》，俱可參。

《石齋先生經傳九種》共含九書，分述如下。

（一）《孝經集傳》四卷

此書四册。卷端首行題"孝經集傳卷之一"，次行題"黃道周集傳；後學晋安鄭開極、海昌沈珩仝較"。

書首，首清康熙三十二年（1693）孟夏張鵬翮《孝經集傳序》。次康熙三十一年（1692）八月鄭開極《孝經集傳序》。案：本館所藏本鄭開極此序第八、九、十葉，自"此公以通經之義者"以下至《序》末，與《三易洞璣》書首鄭開極《三易洞璣序》第八、九、十、十一、十二葉互相錯置，易致誤讀，今改正。次康熙三十年（1691）沈珩《孝經集傳序》。次《孝經集傳目録》。書末有明崇禎十六年（1643）八月朔門人張天維、游昌業等三十六人之校刊者氏名。校刊者氏名之後又有胡夢銷、林有柏、陳有度、陳允元、朱垣五人識語各一則。

　　美國哈佛大學哈佛燕京圖書館藏有《孝經集傳》，崇禎十六年（1643）張天維等之校刻本，其本書首有黃道周《恭進孝經集傳序》，《序》中云："臣觀《孝經》者，道德之淵源，治化之綱領也。六經之本皆出《孝經》而小《戴》四十九篇、大《戴》三十六篇、《儀禮》十七篇，皆爲《孝經》疏義……臣繹《孝經》微義有五，著義十二。微義五者，因性明孝，一也；追文反質，二也；貴道德而賤兵刑，三也；定辟異端，四也；韋布而享祀，五也。此五者皆先聖所未著而夫子獨著之，其文甚微。十二著者，郊廟、明堂、釋奠、齒胄、養老、耕籍、冠、昏、朝聘、喪、祭、鄉飲酒是也。著是十七者以治天下，選士不與焉，而士出其中矣。天下休明聖主尊經循是而行之，五常三王之治猶可以復也。"由此可見其著《孝經集傳》之用心。本館此康熙刻本未見道周此《序》。另本館此本書首清沈珩《孝經集傳序》中云："明季漳海黃石齋先生，紹明紫陽之意，成《孝經集傳》一書……起艸於崇禎（寶三案：'禎'原避諱作'正'，今改正）戊寅，卒業癸未，蘙然大成，非若紫陽《儀禮》喪、祭之有遺憾也。"據此，知《孝經集傳》撰於明崇禎十一年（戊寅，1638）至十六年（癸未，1643）間。

　　本館此本乃清康熙鄭開極刻本，書首鄭開極《孝經集傳序》云："今　天子以孝治天下，　詔儒臣纂修《孝經衍義》，炳然天經垂、地義著矣。極承乏宮諭，奉　命視學兩浙，思以宏孝理者敦士行，翼經傳者贊　聖學，惴惴焉，懼不克勝任。竊聞鄉先正石齋黃公考注經傳，其功甚偉，而《孝經集傳》一書，尤稱醇備，乃後學未之獲睹也。海寧沈昭子先生，著書明道，以微言墜緒爲己任。一日，削札遠及，奉是編寫本見貽，爰拜受以誦焉……公之經學，其所注亦博矣，聞其書有傳有不傳……極論次公之經學，疏其大畧，先訂是編，以鏤板焉，而餘有俟也。"此《序》末署"峕　康熙三十一年歲次壬申八月朔侯官鄭開極撰"，由此知此本《孝經集傳》當開雕於康熙三十一年（1692），時鄭開極視學兩浙，而獻鏤版所據抄本者乃沈珩。書首沈珩《序》云："明季漳海黃石齋先生，紹明紫陽之意，成《孝經集傳》一書……先生一生著述，精神義理，畢萃此編，然故本放失，罕復流傳。珩向得刻本於叔氏漳浦君，愛若父母，敬若神明，叩諸當代藏書家，如寶玉、大弓之不及覯，思鐫摹以永其傳，力澀未舉。晉安　鄭肇翁先生，品望學行，夙推　朝右，今年來督學於淛（浙），知遺書不泯，急欲表見以惠學者，甚盛心也……謹繕錄以備鋅行，而爲之序其畧云。"此《序》末署"峕　康熙三十年歲次辛未仲夏日後學海寧沈珩譔"，然則沈珩乃據其"叔氏漳浦君"之刻本繕錄，而鄭開極爲之梓行。比對鄭開極康熙刻本與崇禎十六年（1643）刻本，可知康熙本鏤版所據抄本，當即抄自崇禎十六年張天維等之刻本也。

鄭開極此刻本雖開雕於康熙三十一年，其刻成恐已至次年。書首張鵬翮《孝經集傳序》云："鄭公筆修，夙推閩中碩望，以木天之選，視學兩浙，既進多士而衡其文藝，定其高下，以示激勸。更念有文矣，或無行則馬牛而襟裾，可奈何？且士有百行，惟孝爲先，故昔賢以事君忠、涖官敬、居處莊、戰陣勇，舉而悉歸之孝。因取石齋黃氏所著《孝經集傳》鏤版以行。"此《序》末署"峕　康熙三十二年歲次癸酉孟夏朔　賜進士出身巡撫浙江等處地方提督軍務都察院右僉都御史遂寧張鵬翮譔"，蓋撰於刻成之時也。

本館所藏此本，雖爲康熙刻本，惟書中見避"禎"字、"曆"字，且以下《易象正》《坊記集傳》諸書頗見補版現象，當爲清乾隆補版印本。考清陳壽祺（1771—1834）於道光六年（1826）所撰之《重編黃漳浦遺集序》中云："經解九種，吾鄉鄭幾亭宮諭視學浙江，以康熙癸酉授剞劂，今板存福州鼇峰書院。"據此知道光時其版乃存於福州鼇峰書院也。

此書共四卷。各卷皆首頂格列《孝經》經文爲經，其後低一格，載《儀禮》、二《戴記》、《孟子》等相關之文爲"大傳"。另於經文或大傳之下，低二格以小字自爲注，稱"小傳"。黃道周於卷一"大傳第一"下注云："凡傳皆以釋經，必有旁引出入之言。《孝經》皆曾子所受夫子本語，不得自分經、傳，而游、夏諸儒所記，曾子、孟子所傳，實爲此經羽翼，故復備採以溯淵源云。"又同卷"天子章第二"經文之末，題云"右經第二章"，下注云："凡五十二字，小傳七百八十二字。"另大傳之末題云"右傳十六則"，注云："大傳一千八十六字，小傳二千五百九十字。"書中"大傳""小傳"之分，由此可知矣。

鄭開極於《孝經集傳序》中論此書云："分經別傳，則朱考亭之《刊誤》也。次第篇章，則劉中壘之今文也。《儀禮》、二《戴記》以爲疏義，則六家之同異可無論也。小傳則公之所發明，大傳則兼採游、夏、思、孟之所闡述也。微義五、著義十二，則公之自序其節目也。旨該而義切，其爲集傳也若是，至德要道，不粹然明備也耶？"

《四庫全書》收錄此書，前有黃道周序，題"孝經集傳原序"，無張鵬翮、鄭開極、沈珩等三序。《四庫全書總目》題《孝經集傳》四卷，福建巡撫採進本"，提要云："是書作於廷杖下獄之時，其作書之旨，見於門人所筆記者，曰《孝經》有五大義……以是五者，別其章分，然後以《禮記》諸篇條貫麗之，其自序中所謂五微義、十二著義者，不出於此，實其著書之綱領也……其推闡頗爲詳洽，蓋起草於崇禎戊寅，卒業於癸未，屢變其例而後成，故較所注《禮記》

五篇成於一歲之中者，爲精密云。"

清周中孚《鄭堂讀書記》卷一著録此書，題"《孝經集傳》四卷，石齋九種本"，述云："石齋解經諸書，當以是書爲最。《經義考》又載其《孝本讚》一卷，而注曰：'存'，今未之見。此書前有自序、目録，并詳載各卷經、傳字數，共得七萬四千四百六十六字，亦可謂文繁理富矣。前又有康熙辛未海寧沈珩、壬申侯官鄭開極二序。"考周中孚卒於清道光十一年（1831），其撰《鄭堂讀書記》時所見《孝經集傳》爲《石齋先生經傳九種》本，周氏謂書中有黃道周自序，然則此康熙刻本原當有黃道周序也。

《中國古籍善本書目》未著録《石齋先生經傳九種》，《經部·孝經類》亦未著録《孝經集傳》。美國哈佛大學哈佛燕京圖書館、日本静嘉堂文庫皆藏有明崇禎十六年（1643）張天維等刻本《孝經集傳》。本館所藏此《石齋先生經傳九種》本，另中國臺北"中央研究院"傅斯年圖書館、臺灣大學圖書館，美國哈佛大學哈佛燕京圖書館，日本國立國會圖書館、内閣文庫、京都大學圖書館等亦有收藏。

（二）《易象正》十二卷初二卷終二卷

此書九册。卷端首行題"易象正卷之一"，次行題"晋安鄭開極重訂"。卷二以下，卷端次行則題"漳浦黃道周輯，晋安鄭開極重訂"。

書名葉分三欄，右欄空白無字，中題"易象正"，左題"芥舟藏版"，欄上題"黃石齋先生原本"。比對他經書名葉所題，此本書名葉右欄原當有"晋安鄭肇修訂"六字，欄上"黃石齋先生原本"之前當有"新鐫"二字，此本俱空白，當被剗去。

書首，首清康熙三十二年（1693）十月鄭開極《易象正序》。次"凡例"，包括《春秋説象凡例十八條》《繫辭説象凡例十九條》《本卦説象明義凡例十九條》，"凡例"版心皆鐫"凡例"二字。《本卦説象明義凡例十九條》之後，有孟應春、陳之遴、朱朝瑛、劉履丁、何瑞圖等人之序述，序述未立標題，版心鐫"序述"。次《易象正目録序次》。《序次》之末，云："以上初卷上、下，發明圖像；十二卷，發明象爻；終卷上、下，發明圖書，共十六卷（原注：'又凡例一卷'）。"

此書"凡例"之末，載孟應春之"序述"云："崇禎（賓三案：'禎'原避諱作'正'，今改正）庚辰八月，夫子在西庫，始作此書，初成二十四圖，又逮過北寺，毒痛之下，指節初續，又爲六十四象正。崑山朱生永明冒難入北寺，親爲夫子櫛沐，鈔得是書，然尚闕略有十之六、七耳。壬午放歸，在靖海寺，見成四本，應春欲鈔，夫子猶以爲苟簡，不樂傳播。楊太史廷麟時亦在靖海寺，苦欲録本，夫子在病中，恐不復完，黽勉畀之。故崑山、清江各有初本，夫子每談及，輒以爲嘆，有示璞見痴之歎。及應春侍夫子至九江西林寺，夫子病瘧初瘳，亟覓筆楮曰：'及吾在不定此本，後世誰復能定之者？'料理三十日，將有次第，而應春以家報歸趨，夫子獨在蕭寺，無復酬對之煩，此書始克就緒。"此處孟應春記載《易象正》一書自崇禎十三年（庚辰，1640）始作，至十五年（壬午，1642）定稿之過程甚詳。

鄭開極視學兩浙，繼《孝經集傳》之後，乃有此書之刻，然未明言其鏤版所據本之來源。鄭開極《易象正序》云："我於黃石齋先生之《易象正》而有感焉。先生以道德起漳南，忠孝大節，光顯天下，以文章經術訓導其鄉。榕壇之下，戶屨常滿，閭巷皆聞吟誦，故閩士之盛，天下莫加也。迨其抗顏言事，時犯逆鱗，就繫圜扉，午門赤杖，創殘未愈，血裹猶存，猶作六十四圖示北寺從遊之士，一時守道之篤、師友之誠，千秋而下，尚足令人徘徊愾慕，而況身當其際者乎？……先生爲余鄉先正，余於視學兩浙，始得睹《易》學之全，深幸代際昌隆，人文蔚起，大道之光，昭於天壤者，久而彌著，不以異世而或泯也。亟授之梓而誌其著述之概於右。至其象數精義，已備載於《洞璣》《象正》矣，故不書。"末署"峕　康熙三十二年歲次癸酉十月朔侯官鄭開極撰"。案：鄭開極於《孝經集傳序》中云："先訂是編，以鏤板焉，而餘有俟也。"自《易象正》以下，鄭開極諸序皆署"峕　康熙三十二年歲次癸酉十月朔"，蓋開極於《孝經集傳》刻成後，即於康熙三十二年（1693）十月續刻其他八種，惟因《孝經集傳》鏤版所據，得自沈珩，故卷端題"後學晉安鄭開極、海昌沈珩仝較"，而《易象正》以下則皆僅題"晉安鄭開極重訂"，未列沈珩之名，則當另有來源，非沈珩所獻。今考此本於"凡例"之後，載有黃道周門人孟應春、陳之遴、朱朝瑛、劉履丁、何瑞圖等人之序述，則當亦據崇禎本刊刻也。

本館此本見避"禎"字，且有補版現象，當與《孝經集傳》同爲清乾隆補版印本也。

此書正文十二卷，另有卷初上、下二卷，卷終上、下二卷，合計十六卷。卷初上卷含《六十四體卦定序圖》等十二圖，下卷含《體卦定序歷年圜圖》等十二圖。卷終上卷含《先天圜圖》等二十圖，下卷含《大象本河圖》等十五圖。正文十二卷，以頂格列本卦之卦、爻辭及變卦之卦辭，低一格列本卦之彖、象辭，其後低二格，以小字發明己意，冠"正曰"二字。道周此書，融合變卦以解《易》，爲其一大特色。書首《春秋説象凡例十八條》之序云："凡《易》，自春秋《左》《國》暨兩漢名儒，皆就動爻以論之卦，至虞、王而下，始就本卦正應以觀攻取，只論陰陽剛柔，不分七、八、九、六，雖《易》有剛柔雜居之文，而卦無不動玩占之理，《象正》專就動爻以明之。"此書之主旨，由此可見。

　　《四庫全書》收録此書，書首無鄭開極《序》。《四庫全書總目》題“《易象正》十六卷，福建巡撫採進本”，提要云：“此書，孟應春謂崇禎庚辰道周在西庫始創，爲之成二十四圖。逮過北寺，毒痛之下，指節初續，又爲六十四象正。劉履丁則云三十年前道周即有《易本象》八卷、《疇象》八卷，蓋是書之稿本也。道周初作《三易洞璣》，以卦圖推休咎，而未及於諸爻之變象，是編則於每卦六爻皆即之卦以觀其變，蓋即《左氏》内、外《傳》所列古占法也。其自敘曰：‘凡《易》自春秋《左》《國》暨兩漢名儒，皆就動爻以論之（實三案：‘之’下《易象正序》原文有‘卦’字，《總目》此缺漏），虞、王而下，始就本卦正應以觀攻取，只論陰陽剛柔，不分七、八、九、六，雖《易》有剛柔雜居之文，而卦無不動玩占之理，《象正》專就動爻以明之。’此其述作之大旨。前列目次一卷，則以漢人分爻直日之法，按文王之卦序，以推歷代之治亂。後二卷則以河圖、洛書之數自相乘除，爲三十五圖，其《詩斗差圖》《詩斗差退限圖》《詩元命圖》《春秋元命圖》則本漢人緯書四始、五際之説而別衍之，以爲推測之數，與所著《三易洞璣》相爲表裏。其以《大傳》所釋十一爻俱爲明之卦而作，未免附會，故朱朝瑛曰：‘《易象正》，道周之自爲易也，孔子之所不盡言，言之不盡意者也。’然引伸觸類，要亦《易》之一隅。”

　　日本静嘉堂文庫藏有明崇禎刻本一部。另《中國古籍總目》著録吉林大學圖書館亦藏有明崇禎刻本一部，今人翟奎鳳點校《易象正》，據以爲底本。今考其本《易象正目録序次》下署云“明漳海幼平黄道周學”，若果爲明崇禎刻本，何必題“明”？實不能無疑也。

　　（三）《三易洞璣》十六卷

　　此書五册。卷端首行題“三易洞璣卷之一”，次行題“漳浦黄道周輯”，第三行題“晋安鄭開極重訂”。

　　書名葉分三欄，右題“晋安鄭肇修訂”，中題“三易洞璣”，左題“芥舟藏版”，欄上題“新鐫黄石齋先生原本”。

　　書首，首清康熙三十二年（1693）十月鄭開極《三易洞璣序》，此本此《序》第八、九、十、十一、十二葉，自“寢寐矣，天道之災祥因乎《易》”以下至《序》末，與《孝經集傳》鄭開極序第八、九、十葉互相錯置（參見前述），今改正。次《三易略例》。

　　明洪思撰《黄子年譜》、莊起儔撰《漳浦黄先生年譜》，并謂《三易洞璣》撰成於崇禎二年（1629）黄道周四十五歲之時。據鄭開極《三易洞璣序》，知此本亦刻於康熙三十二年，惟本館此本見避“曆”字，且有斷版漶漫之處，知同他經，亦乾隆修版印本。

此書十六卷，卷一至三爲宓圖經、緯上、中、下。卷四至六爲文圖經、緯上、中、下。卷七至九爲孔圖經、緯上、中、下。卷十至十二爲雜圖經、緯上、中、下。卷十三爲《餘圖總經》《餘圖總緯》。卷十四至十六爲貞圖經、緯上、中、下。各卷皆以文字述經，以表列緯。

鄭開極《三易洞璣序》中云：“石齋黃先生學窮天地，道探聖賢……學者得是編而求之，則由孔子參贊之《易》而求文王流行之《易》，由文王流行之易而求伏羲定位之《易》，可以得天地萬物之要歸，可以會天地萬物爲一，已則左右逢源，用之不勝用矣。”對此書極加推崇。

《四庫全書》將此書收録於《子部·術數類》，其本無鄭開極《序》。《四庫全書總目》題“《三易洞璣》十六卷，福建巡撫採進本”，提要云：“是編蓋約天文、歷數，歸之於《易》。其曰‘三易’者，謂伏羲之易、文王之易、孔子之易也。曰‘洞璣’者，璣衡，古人測天之器，謂以《易》測天，毫忽不爽也……故是書之作，意欲網羅古今，囊括三才，盡入其中，雖其失時時流於機祥，入於駁雜，然《易》道廣大，不泥於數而亦不離於數；不滯於一端，而亦不遺於一端；縱橫推之，各有其理……史稱其歿後，家人得其小冊，自推終於丙戌，年六十二，則其於藏往知來之道，蓋非徒托空言者。”然《四庫全書》將此書列於《子部·術數類》而不入《經部·易類》者，提要末云：“然旁見側出，自爲一家之學，以爲經之正義則不可，退而列諸《術數》，從其類也。”

（四）《洪範名義》二卷初一卷終一卷

此書二册。卷端首行題“洪範明義卷上”，次行題“漳浦黃道周輯；晋安鄭開極重訂”。

書名葉分三欄，右題“晋安鄭肇修訂”，中題“洪範明義”，左題“芥舟藏版”，欄上題“新鐫黃石齋先生原本”。

書首，首清康熙三十二年（1693）十月鄭開極《洪範明義序》。次未署年黃道周《洪範明義序》。次《洪範明義目録》。

此書乃黃道周於崇禎十年（1637）官“左春坊左諭德兼翰林院侍講掌司經局事”時奉命而作，道周於《目録》末之識語中云：“此書肇於丁丑冬仲，奉命纂修，凡十閱月，至戊寅八月，與《儒行》《月令》《緇衣》四種甫及就緒，值建言降謫，乃修束進呈，未謄副本，只存原草，藏於笥中。己卯春間，漳郡諸生咸云：‘書經進呈，必須傳播，以揄颺聖德，敷闡文治。’乃稍簡原草，繆付剞劂。三書頗有次第，譬較易成，獨此書下卷紊亂，未遑釐正，又會有檻車之事，度無完理，不圖蒙恩，重荷環命。感餘生之幾何，歎微言之未絕，乃再簡下卷，以付諸生。事久文遷，間與進呈原本稍別，而其梗概、理義一也。上卷則依原本，無有差池。"末署"癸未八月望，臣道周再識"。據此知《洪範明義》《儒行集傳》《月令明義》《緇衣集傳》四書乃撰於崇禎十年（丁丑，1637）仲冬至十一年（戊寅，1638）八月之間，其後於崇禎十六年（癸未，1643）刻於漳州也。

今考黃道周於崇禎十年五月升"左春坊左諭德兼翰林院侍講掌司經局事"，清陳壽祺所編《黃石齋先生遺書》中載有崇禎十年十月黃道周《申明掌故疏》，中云："司經名局，實無一書，東宮有日問誰司局事者，何以對之？……今《四書》傳本甚少，可發內本謄刷。由是推之，《書》中有二《典》、三《謨》、《洪範》、《無逸》；《禮記》中有《王制》《月令》《儒行》《緇衣》《坊記》《表記》《禮運》《禮器》《學記》《樂記》；《易》中有《乾坤·文言》、上下《繫》；《詩》中有二《南》、《豳風》、正《雅》、《周頌》，擇此四經大篇鉅章，不過五、六十帙，講官六人習十篇，錯於《四書》，以翼寶訓，在約御博，不及二年，而義類備舉矣，乞次第舉行。"疏上，十一月，有旨彙集進覽。此即《洪範明義》諸書奉命纂修之背景。又崇禎十年十二月，黃道周有《讓賢疏》，中云："左春坊左諭德兼翰林院侍講掌司經局事臣黃道周謹奏爲報職未能，聞陞滋懼，敬據縷衷之情，以明辭讓之實事：臣自前月朔日奉命纂輯各種經書，臣旁皇四顧已十餘日，草疏再焚，欲辭不敢……今方從坊局諸臣講究《洪範》《月令》《緇衣》《儒行》四篇，繕寫未能成帙，十三日在班行，微聞有推陞少詹事管理玉牒之事，退即具疏欲辭，未脱稿已聞旨下。"此乃道周上疏辭讓升任少詹事之事，中亦言及《洪範明義》《月令明義》《緇衣集傳》《儒行集傳》四書之撰作。據此，則道周撰作此數書，亦嘗和司經局同僚有所討論。

書首鄭開極《洪範明義序》云："我鄉黃石齋先生，博極群書，得理學之要領，又精於陰陽律歷之學，時則有《三易》《象正》之書，其進呈講幄也，時則有《月令》《洪範》之著，故帝王、聖賢之學，《易》象而外，莫備於《洪範》，《洪範》之理數，莫備於《明義》也。"《序》末署云："當　康熙三十二年歲次癸酉十月朔侯官鄭開極撰"，則此本亦刻於康熙三十二年（1693）三月。考此本書首《目録》末鐫有崇禎十六年（1643）黃道周識語，又卷上之末鐫有"門人胡夢錥較"六字，則鄭開極此本當據崇禎十六年漳州刻本重刊也。惟本館此本，見避"曆"字，當同他經，亦爲乾隆校補印本也。

此書分上、下二卷，此外又有初卷、終卷各一卷。書首黃道周自序云："臣觀五帝、三皇之道，備在《易》象，自《易》象而外，惟有《洪範》一書爲堯、舜所授於禹、湯，周公所得於箕子者。《易》於《明夷》之卦推崇箕子，明義、文之道在箕子，非它作者之所敢望也……臣下愚迂昧，繹思此義，近二十

25

年。幸逢聖主留神經籍，奉旨纂輯，乃復不揣，爲《明義》四卷，其上卷皆言天人感召、性命相符及好德用人之方。下卷皆言陰騭相協、彝倫條貫，旁及陰陽歷數之務。初、終兩卷，乃正定篇章、分別倫序以及聖神授受之統。凡八萬七千六百餘言。"此序首行上題"洪範名義原序"，下題"黃道周"。由道周此序所述，可知其書之梗概。

《四庫全書》收錄此書，入《經部·書類》，其本無鄭開極《序》。《四庫全書總目》題"《洪範明義》四卷，福建巡撫採進本"，提要云："其學深於術數，於五行沴敘，類陳災異，以明鑒戒，不免沿襲伏生、董仲舒、劉向等附會之文……其改定章段次第，亦未見其必然。惟其意存啓沃，借天人相應之理以感動恐懼修省之心，其文不盡合於經義，其意則與經義深有合焉。置其小節，存其宏旨，可也。"

此書，北京大學圖書館、日本內閣文庫等館藏有明崇禎十六年漳州刻本，四川大學圖書館藏有明抄本一部，北京大學圖書館又藏有清抄本一部。另上海圖書館藏有明刻本《鍥黃先生進覽書四種》，其中含《洪範明義》。《石齋先生經傳九種》本，其他館藏情形同前，不贅述。

（五）《月令明義》四卷

此書二册。卷端首行題"月令明義卷之一"，次行題"漳浦黃道周輯；晋安鄭開極重訂"。

書名葉分三欄，右題"晋安鄭肇修訂"，中題"月令明義"，左題"芥舟藏版"，欄上題"新鐫黃石齋先生原本"。

書首，首清康熙三十二年（1693）十月鄭開極《月令明義序》。次《月令明義目錄》。次《月令明義圖》，首行題"月令明義圖凡十三"，次行題"漳浦黃道周輯；晋安鄭開極重訂"。

此書與《洪範明義》《儒行集傳》《緇衣集傳》等書同時撰於崇禎十年（1637）仲冬至十一年（1638）八月間，已如上述。

鄭開極《月令明義序》云："自古法散亡，《月令》一書載於《呂覽》，集於《戴禮》，後之人猶得見先王之良法美意，而鄭康成疑爲呂秦所作，不知暴秦散棄先王之法，述其言而不行其事，即後之儒者，但能俯誦而不達仰觀，於昏旦之中星、日躔之宿度，守舊聞而不能推測。天道不明，人事何據？石齋黃先生於是乎有《月令明義》之書……獨是先生欲修德以回氣運，而不能噓炎灰之既燼；知大厦之難支，而不能挽江河之日下，蓋齊其德不齊其遇，知有義理之施於政事，政事之足以行王道，則民心固而天地鬼神有所不違矣，其遇之利鈍，又何擇焉？……今　興皇受命，百度維新，人誦雍和，家敦姻睦，余敢以古人之大經大法垂萬世而無弊者佐張弛之雅化，蓋亦古人造車合轍之義云。"末署"岿　康熙三十二年歲次癸酉十月朔侯官鄭開極撰"。據此《序》，知此書亦刻於康熙三十二年（1693）。又此本見避"曆"字，且屢見損版現象，當亦爲乾隆修補印本。

《四庫全書》收錄此書，入《經部·禮類》，其本無鄭開極《序》。《四庫全書總目》題"《月令明義》四卷，福建巡撫採進本"，提要云："崇禎十一年，道周官少詹事注《禮記》五篇以進，此其一也。其說以二至、二分、四立皆歸於中央之土，爲取則於《洛書》之中五，而五氣於以分布，此歲功所由成，政事所從出，故作《月令氣候生合總圖》……其日躔星度則各列原本於前，而別列授時歷新測於後……然先儒論説，大抵推求差分而不追改經文，至唐明皇始黜《月令》舊文，更附益時事，名《御刪定月令》，改置《禮記》第一，故開成石經於昏旦中星悉改從唐歷，宋延祐二年仍復舊本《月令》而唐《月令》別行，以其變亂古經，不足垂訓故也。道周乃別立經文，曰：'孟春之月，日在危，昏昂中，旦房中。仲春之月，日在東壁，昏參中，旦箕中。'云云，是又道周自爲《月令》，蹈唐人之失，殊爲未協。特其所注，雜采《易》象、《夏小正》《逸周書》《管子》《國語》，參稽考證，於經義頗有闡發，其臚舉史傳，亦皆意存規戒，非漫爲推衍機祥，則改經雖謬，而其因事納誨之忱，則固無悖於經義也。"

上海圖書館藏明刻本《鋟黃先生進覽書四種》，其中含《月令明義》。《石齋先生經傳九種》本，其他館藏情形同前，不贅述。

（六）《表記集傳》二卷附《春秋表記問業》一卷

此書二冊。卷端首行題"表記集傳上卷"，次行題"漳浦黃道周輯；晋安鄭開極重訂"。

書名葉分三欄，右題"晋安鄭肇修訂"，中題"禮記集傳"，左欄上題"坊記、表記、緇衣、儒行"，下題"芥舟藏版"。

書首，首清康熙三十二年（1693）十月鄭開極《表記坊記緇衣儒行集傳序》。次未署名《表記集傳原序》。次《表記集傳目録》。書末附《春秋表記問業》一卷。

據黃道周於《洪範明義目録》末之識語中謂崇禎十一年（1638）八月，將《洪範明義》與《儒行集傳》《月令明義》《緇衣集傳》等共四書，進呈崇禎帝，此識語未言及《表記集傳》與《坊記集傳》，蓋亦同時之作而尚未及整理進呈也，故《四庫全書總目》每稱《月令明義》《表記集傳》《坊記集傳》《緇衣集傳》《儒行集傳》等五書爲道周"所進《禮記》解五篇"。

鄭開極《序》題《表記坊記緇衣儒行集傳序》，知此序乃總爲《表記集傳》《坊記集傳》《緇衣集傳》《儒行集傳》等四書作序，序末題"岿　康熙三十二年歲次癸酉十月朔侯官鄭開極撰"。則此四書亦皆刻於康熙三十二年。惟本館此四書屢見補版現象，當亦乾隆補版印本也。

此本書名葉左欄上題"坊記、表記、緇衣、儒行"，下題"芥舟藏版"。其所載次序爲《坊記》在前，《表記》在後，此乃依《禮記》原書之次序。然鄭開極《序》既題爲《表記坊記緇衣儒行集傳序》，《序》中所述亦每以《表記》居《坊記》之前，則其刻本之順序當以《表記集傳》居前也。本館所藏此本鐫有"芥舟藏版"之書名葉，書名葉所載四書之次序既與鄭氏刻本不合，疑非康熙本之原貌也。

黃道周《表記集傳原序》中云："《春秋》之義不盡於《表記》，而《表記》之義盡於《春秋》……《坊記》舊分三十四章，今約從三十，《表記》四十三章，今約從三十有六，合六十六章，以發明《春秋》大義，蓋其當時親見行事，筆之於書，則其前後相印，彼此互發，亦其道貫則然，臣非敢有所傅會牽合也。"案：此《序》雖未署道周名，就其内容觀之，當是道周自序，其著書之旨亦由此可見。

此書共分上、下二卷，分《禮記·表記》爲三十六章，每章首頂格列《表記》經文，後低一格列《春秋》相關經文，另道周於《表記》及《春秋》經文下，低二格雙行小字以釋之，同《孝經集傳》之例也。上卷首章《歸表章第一》，首列《表記》之文云："子言之：歸乎！君子隱而顯，不矜而莊，不厲而威，不言而信。"下黃道周釋云："夫子以《春秋》之意，酌爲禮本，以大民坊；又以《詩》《書》《禮》《樂》之意，表其行事，而洗心於《易》，致用於《春秋》，是《表記》之所爲作也。《坊》《表》二《記》，不專爲《春秋》，而以《春秋》發其條例，則百世而下，有所稽測，得其晷影焉。"此特於首章闡述《坊記集傳》撰作之要旨。

書末附《春秋表記問業》一卷，乃記門人商應椿、胡逢甲、戴造、陳有度、陳允元、張鼎臣、胡夢鋪、朱垣等人問《春秋》義，師生問答之語，所問共有"灾異不書月食""里克荀息"等十五條。

《四庫全書》收錄此書，列於《經部·禮類·月令明義》之後、《坊記集傳》之前，則其抄錄所據本當亦《表記集傳》在《坊記集傳》之前也。《四庫全書》本無鄭開極《序》、黃道周《表記集傳原序》及《表記集傳目錄》等。《四庫全書總目》題"《表記集傳》二卷，福建巡撫採進本"，提要云："是書爲所進《禮記》解五篇之二……又是篇，古注分九節……陳澔《集説》不用注、疏次第，強分爲四十餘章，已乖違古義，道周乃約爲三十六章，併強立篇名，隨心標目，尤爲自我作古，無所師承。其説則全引《春秋》解之，謂：'《表》《坊》二記不專爲《春秋》，而以《春秋》發其條例，則百世而下有所稽測，得其晷影.'夫《坊記》一篇，猶有數條通於《春秋》，至《表記》篇則多言君子恭敬仁義之德，而必以《春秋》証之，於經旨亦爲牽合。然其借《春秋》之義，互証旁通，頗有發明，猶之胡安國《春秋傳》，雖未必盡得經意，而議論正大，發揮深切，往往關於世教，遂亦不可廢焉。"

此書，中國科學院圖書館藏有明崇禎十七年刻本。《石齋先生經傳九種》本，其他館藏情形同前，不具述。

（七）《坊記集傳》二卷附《坊記春秋問業》一卷

此書二冊。卷端首行題"坊記集傳卷之一"，次行題"漳浦黃道周輯；晋安鄭開極重訂"。因與《表記集傳》等書彙爲《禮記集傳》，故不另立書名葉。

書首，首《坊記集傳原序》，標題下題"黃道周"。次《坊記集傳目錄》。書末附《坊記春秋問業》一卷。

此書同前《表記集傳》所述，亦撰於崇禎十年（1637）至十一年（1638）之際也。

書首黃道周《坊記集傳原序》云："亂患之坊，莫大於《春秋》，聖人本春以立禮，本王以立刑，本天以立命。命以坊欲，刑以坊淫，禮以坊德，三坊立而亂患息，亂患息而後禮樂可舉也……《春秋》以生成萬物爲天地之大禮，禮失而流於刑，刑窮而反於命，故先別其條貫以坊之，而《春秋》之義例亦從是以起。宋淳化、至道間，嘗以《坊》《表》二《記》頒賜廷臣，今禮學備在學宮，而習者相沿爲曲臺遺言，無復知爲《春秋》義例之所從出者，故復略舉大意，使相屬比，引伸觸類，後有以究其指歸焉。"此述其撰作之旨甚明。

此本分二卷，書首《坊記集傳目錄》列"上卷""下卷"，然上卷卷端題"坊記集傳卷之一"，版心鎸"卷一"，下卷卷端則題"坊記集傳下卷"，下卷葉一、六十五、六十七、六十八等四葉，版心鎸"卷下"，餘則鎸"卷二"，蓋鄭開極康熙本作"上卷""下卷"，乾隆補版印本改爲"卷一""卷二"，其改之未盡，故有此參差也。

此書二卷，分《禮記·坊記》爲三十章，每章首頂格列《坊記》經文，後低一格列《春秋》相關經文爲證，另黃道周於《坊記》及《春秋》經文下，低二格雙行小字以釋之，同《表記集傳》之例也。

書末附《坊記春秋問業》一卷，載門人商應椿、胡逢甲、戴造、陳有度、陳允元、朱垣、胡夢銷、張鼎臣等人問《春秋》義，師生問答之語，所問共有"春王正月""公及邾儀父盟于蔑九月及宋人盟于宿"等二十條。

《四庫全書》收錄此書，列於《經部·禮類·表記集傳》之後。其本無《目錄》，内文題作"卷一""卷二"。《四庫全書總目》題"《坊記集傳》二卷附《春秋問業》一卷，福建巡撫採進本"，提要云："是書爲所進《禮記》解五篇之三。自序以爲聖人之防亂，莫大於《春秋》，故是書之體，以《坊記》爲經，而每章之下皆臚舉《春秋》事迹以証。但《國語》所載，若内史過之論虢亡，近於語怪，而以爲借神怪以防欲，義涉荒忽。隱公元年，鄭伯克段於鄢，而以爲爲三桓而發，夫三桓之事，《春秋》著之詳矣，乃謂寓其意於鄭伯之克段，是舍形而論其影也。又《戴記》本爲一篇，而分爲三十章，章各創爲之目，其臆斷亦與《表記集傳》等。第其意存鑒戒，於君臣、父子、夫婦、兄弟之間，原其亂之所自生，究其禍之所終極，頗爲剴切。且《坊記》之文，如曰：'治國不過千乘，都城不過百雉，家富不過百乘，以此坊民，諸侯猶有畔者。'是隱爲《春秋》書大夫之强起例。又云：'《春秋》不稱楚、越之王喪。'亦明著《春秋》之法，則道周此書，固非漫無根據盡出附會矣。"

此書，中國科學院圖書館藏有明崇禎刻明誠堂印本。《石齋先生經傳九種》本，其他館藏情形同前，不具述。

（八）《緇衣集傳》四卷

此書四册。卷端首行題"緇衣集傳卷之一"，次行題"漳浦黃道周輯；晋安鄭開極重訂"。

書首有《緇衣集傳目録》。

此書乃崇禎十一年（1638）八月，與《洪範明義》《月令明義》《儒行集傳》等書一同上呈，已如前述。黃道周於卷四之末，識云："臣觀《緇衣》一書二十三章，皆本仲尼之言，雜引《詩》《書》以明之，凡十五引《書》，二十三引《詩》，其稱《易》者一而已，歸於恒德，言好賢惡惡之貴有恒德也……是《傳》罢採經、史關於好惡、刑賞、治道之大者，凡二百餘條，以繫於篇，其於經濟、庶務，條目之間雖有未悉，而於君心好惡綱領之原，以至於三代而下治亂盛衰之故，亦罢云備矣。以其依經起義，別於訓詁，故謂之《傳》。以其分衍仲尼之意，不復解經，故罢於所引《詩》《書》。以其統明好惡、用舍之原，故於中邊異效，宮府殊曹，條目分佈之間，有未能詳也。"此述其撰作之旨也。

此書共四卷，分《禮記 · 緇衣》爲二十三章，各創立章目。每章皆先頂格列《緇衣》經文，其下低二格雙行小字以釋之。

《四庫全書》收録此書，列於《經部 · 禮類 · 坊記集傳》之後。其本無《目録》。《四庫全書總目》題"《緇衣集傳》四卷，福建巡撫採進本"，提要云："是書爲所進《禮記》解五篇之四，分二十三章，亦各創立名目。案：鄭康成云：'《緇衣》篇善其好賢者之原（厚），故述其所稱之《詩》以爲其名。'是本有辨別善惡之義。故道周因而推衍其説，証以史事，於愛憎之公私、人才之邪正，莫不詳明剴切，再三致意。自序云：'是《傳》略採經、史關於好惡、刑賞、治道之大者，凡三百餘條，以繫於篇。其於經濟、庶務，條目之間，雖有未悉，而於君心好惡綱領之原，以至三代而下治亂盛衰之故，亦畧云備。'……道周此書，意主於格正君心，以權衡進退，所重在君子、小人消長之間，不必盡以章句訓詁繩也。"案：武英殿本《四庫全書總目》引黃道周自序，稱"凡三百餘條"，文津閣本、文溯閣本《四庫全書》《緇衣集傳》書前提要同，文淵閣本《四庫全書》書前提要則作"凡二百餘條"，與黃宗周此書所載同，當以作"凡二百餘條"爲確。

本館此本卷四葉十一乃抄配，另多處有損版及描紅之現象。

此書，中國科學院圖書館藏有明崇禎刻本，另上海圖書館藏有明刻本《鏐黃先生進覽書四種》，中有《緇衣集傳》。《石齋先生經傳九種》本，他館收藏情形同前，不具述。

（九）《儒行集傳》二卷

此書二册。卷端首行題"儒行集傳卷上"，次行題"漳浦黃道周輯；晋安鄭開極重訂"。

書首有《儒行集傳目録》。

此書亦於崇禎十一年（1638）八月上呈者，已見前述。

黃道周於卷上《服行章第一》標題下，釋云："仲尼恐後世不學，不知先王之道存於儒者、儒者之學存於德行，故備舉以明之，使後之天子循名考實，知人善任，爲天下得人，不以爵禄爲宵小僥倖，不以黼黻驕於士大夫，故其懸鑑甚定，取舍甚辨，則備取諸此也。"對《儒行》之義，推崇甚高，則道周爲《儒行》作解，以資諷勸，其旨亦可知矣。

此書分上、下二卷，分《儒行》爲十七章（末又有"儒行終篇"），亦各創章目。每章皆頂格列《儒行》經文，其下低二格雙行小字以釋之。《緇衣集傳》中云："以其依經起義，別於訓詁，故謂之《傳》。"此書取義，亦當同也。

《四庫全書》收録此書，列於《經部·禮類·緇衣集傳》之後。其本無《儒行集傳目録》。《四庫全書總目》題"《儒行集傳》二卷，福建巡撫採進本。"提要云："是書爲所進《禮記》解五篇之五，雖亦有强分篇目之失，然《記》文稱'其自立有如此者''其剛毅有如此者'云云，則章旨本經中所有，道周分一十七章，較《表記》《坊記》《緇衣》之目，尚近於自然。其所集之傳亦雜引歷代史傳，以某某爲能自立、某某爲剛毅，意在上之取士，執此爲則，以定取舍之衡。故其自序云：'仲尼恐後世不學，不知先王之道存於儒者，故併舉以明之，使後之天子循名考實，知人善任，爲天下得人。'蓋經爲儒者言，道周之《傳》則爲用儒者言也。"

《中國古籍善本書目》著録"《儒行集傳》二卷，明黄道周輯，明崇禎十五年王繼廉刻本，清曹序批注並跋"一種，載浙江圖書館收藏。此外，上海圖書館藏明刻本《鍥黄先生進覽書四種》，中亦有此書。《石齋先生經傳九種》本，他館收藏情形同前，不具述。

以上所述，爲《石齋先生經傳九種》之大要。若以成書先後爲序，則《三易洞璣》成於崇禎二年（1629），爲最先，此年道周有《料理三易稍已就緒》一詩。次則《洪範明義》《月令明義》《儒行集傳》《緇衣集傳》諸書，於崇禎十一年（1638）八月進呈，《坊記集傳》《表記集傳》亦當撰於此時。次則《孝經集傳》，據黄道周《恭進孝經集傳序》云："此書在戊寅秋月起艸未就，至己卯春略有次第，未經進呈，幸不中廢。乃於九江綜其餘緒，癸未抵家，爰發敝筐，以示同人。幸藉衆思，裨其缺漏，嗣當繕寫，以貢前修焉。"則其書於崇禎十二年（己卯，1639）已粗有成稿，至十六年（癸未，1643）始定稿。《易象正》一書作於崇禎十三年（1640）至十四年（1641）下獄被禁期間，至十五年（1642）乃以定本付弟子陳彦升，則其書始作之年晚於《孝經集傳》，然定稿則在《孝經集傳》之前也。《四庫全書總目》於《儒行集傳》提要之末，評黄道周經傳諸書云："大抵道周於諸經，其用力最深者，莫如《易》學。觀其與及門朱朝英、何瑞圖、劉履丁輩，往復商搉，至再至三，所謂一生精力盡在此書者也。其《孝經集傳》亦歷六年而成，故推衍亦爲深。至若《禮記》五篇，則借以納諫，意原不主於解經，且一年之中，輯書五種，亦成之太速，故考証或不免有疏。然賦《詩》斷章，義各有取，郢書燕説，國以大治，苟其切於實用，則亦不失聖人垂教之心，故雖非解經之正軌，而不能不列之經部焉。"《總目》所論，蓋得其實。

本館所藏此《石齋先生經傳九種》本，雖爲康熙三十二年（1693）刻本，然其中見避"禎""曆"等字，書中又屢見補版、損版及題名相互歧異之現象，當爲乾隆間之補版印本。

006

萬充宗先生經學五書十九卷

學禮質疑二卷

禮記偶箋三卷

儀禮商二卷儀禮商附録一卷

周官辨非一卷

學春秋隨筆十卷

《萬充宗先生經學五書》十九卷，清萬斯大撰。清乾隆二十四年（1759）至二十六年（1761）萬福刻嘉慶元年（1796）印本。六冊。框高18.3厘米，寬13厘米。半葉十一行二十一字，左右雙邊，黑口，雙魚尾（魚尾相向）。

書名葉分三欄，右題"姚江黃梨洲先生點定"，中題"萬充宗先生經學五書"，左上題"學禮質疑、禮記偶箋、儀禮商、周官辨非、學春秋隨筆"，左下題"辨志堂藏板"。欄上鈐"進呈御覽採入四庫全書"。右下有手書"六本一函／六元四角"二行墨字。

書首，首清嘉慶元年（1796）正月阮元《萬氏經學五書序》。次乾隆戊寅（二十三年，1758）六月盧見曾《重刻經學五書序》。

萬斯大（1633—1683），字充宗，又字褐夫，晚嘗病足，自號跛翁。清鄞縣（今屬浙江寧波）人。《清史列傳》卷六十八《儒林傳下一》、《清史稿》卷四百八十一《儒林二》俱有傳。《清史稿》云："萬斯大，字充宗，鄞縣人。父泰，明崇禎丙子舉人，與陸符齊名。寧波文學風氣，泰實開之。以經、史分授諸子，使從黃宗羲遊，各名一家。斯大治經，以爲非通諸經不能通一經，非悟傳注之失，則不能通經；非以經釋經，則亦無由悟傳注之失。其爲學尤精《春秋》、三《禮》……所著有《學春秋隨筆》十卷、《學禮質疑》二卷、《儀禮商》三卷、《禮記偶箋》三卷、《周官辨非》二卷。康熙二十二年卒，年六十。"案：清黃宗羲《萬子充宗墓誌銘》中云："崇禎癸酉六月六日，其生也；康熙癸亥七月二十六日，其卒也。"則萬斯大生於明崇禎六年（1633），卒於清康熙二十二年（1683），《清史稿》謂萬斯大卒時"年六十"，有誤。《清史列傳》作"卒，年五十一"，較確。另《清史稿》載"《周官辨非》二卷"，當作"一卷"。萬斯大另著有《春秋三傳明義》，纂有《濠梁萬氏宗譜》等書。事迹另參清黃宗羲《萬子充宗墓誌銘》、鄭梁《跛翁傳》、萬經《先考充宗府君行狀》（俱見《萬充宗先生經學五書》附）等。今人陳訓慈、方祖猷撰有《萬斯同年譜》，并可參。

書首盧見曾《重刻經學五書序》云："四明萬生福，攜其大父充宗先生所著《經學五書》見示，中間言《禮》者四：《學禮質疑》二卷，《禮記偶箋》三卷，《儀禮商》二卷，《周官辨非》一卷；言《春秋》者一：《學春秋隨筆》十卷。按其作書之日，則《春秋》爲康熙辛酉後所成，而《禮》學四書尤生平所注意，其喆嗣授一先生爲次第版行之者也。萬生云：乾隆庚申三月，其家復不戒于火，遺書盡爲煨燼，此冊從友人插架攜歸者，先人著述如一髮之引千鈞，倘遂因此滅絕，則某之罪滋大，亟謀諸同志，重梓以廣其傳，而乞余一言爲之序……余嘉萬生之志，爲助其刻資之半而重爲序之如此。"末署"乾隆戊寅六月德州後學盧見曾書"。據盧見曾《序》，知此編曾於康熙間由萬斯大子萬經（字授一，1659—1741）加以版行，因版燬於火，故萬斯大之孫萬福乃於乾隆間爲之重刻。考此編《學春秋隨筆》書首《學春秋隨筆目録》之末，有萬經之識語，末署"康熙五十六年歲次丁酉上元日男經百拜識於黔南試院之學圃"，則萬經所刻，蓋於此年。又此編《學禮質疑》卷二之末，載："姪言、子經同較，孫壻長沙周宣猷重較。"其下又有牌記云："乾隆己卯歲孫福重校刻。"《禮記偶箋》卷二、卷三之末，皆載："子經，孫承天、承文較刻。"其下又有牌記云："乾隆己卯歲孫福重校刻。"另《學春秋隨筆》卷三、卷六、卷九之末，皆有牌記云："乾隆辛巳歲孫福重校刻。"由此知萬福重刻當於乾隆二十四年（己卯，1759）至二十六年（辛巳，1761）間也。

惟本館此本，書首載阮元《萬氏經學五書序》云："歲乙卯，余視學兩浙，寧波教授丁進士杰以萬氏《經學五書》請余序，將以廣其傳，且使浙之士知所重也。"末署"嘉慶元年正月元日儀徵阮元序"。此《序》未言及重刻之事，蓋以乾隆刻本付印也。

此編含萬斯大所撰經學著作五種，以下分別述之。

（一）《學禮質疑》二卷

卷端題"四明萬斯大充宗著"。書首，首未署年黃宗羲《學禮質疑序》。次未署年萬斯大《自序》。次《學禮質疑目録》。

萬斯大《自序》云："《學禮質疑》者何？大自丁未學《禮》以來，心有所疑，取其大者，條而説之，而質之吾師梨洲先生者也。"又黃宗羲《學禮質疑序》云："吾友萬充宗爲履安先生叔子，世其家學，六經皆有排纂，于三《禮》則條其大節目、前人所聚訟者，甲乙證據，摧牙折角，軒豁呈露，昌黎所謂'及其時而進退揖讓于其間'者也。"

此書共二卷，每卷皆分立條目論述，亦有一題而分二條乃至數條者，如卷一有"周詩周正一""周詩周正二"二條，"禘祫一事上""禘祫一事下"二條；卷二有"宗法一""宗法二""宗法三""宗法四""宗法五大夫士祭祀高曾祖禰""宗法六氏族""宗法七爲人後""宗法八族譜、圖説附"等八條。

此書《四庫全書・經部・禮類四》收録，文淵閣、文津閣、文溯閣等閣本書前提要皆誤題作"四卷"，《四庫全書總目》題"《學禮質疑》二卷，副都御史黃登賢家藏本"，提要云："是書考辨古禮，頗多新説……凡此皆自立異説，略無顯據。其他若辨商、周改月改時，周詩周正及兄弟同昭穆，皆極精確，'宗法'十餘篇，亦頗見推闡。置其非而存其是，亦未始非一家之學也。"

此書《中國古籍善本書目・經部・禮類》未單獨著録。除《四庫全書》收録外，另《皇清經解》卷四十八至四十九亦嘗收録。

（二）《禮記偶箋》三卷

卷端題"四明萬斯大充宗學"。書首首陸嘉淑《序》，末署"歲在壬戌三月既望同學弟海昌陸嘉淑辛齋撰"。次《禮記偶箋目録》。

陸嘉淑《序》云："萬子充宗作《學禮質疑》，四方之士爭傳誦之，以爲薛士隆、陳君舉不及也。已，復著《禮記偶箋》及《儀禮商》《周官辯非》諸書，勾稽穿穴，考同訂異，往往櫛比字句之微，爬搔疏證，以發古人之覆，真足爲先儒之諍友焉。嘉淑每讀其書，未嘗不歎其參訂之詳，思慮之細、裁識之精，卓然度越于尋常也……充宗屬余爲序，余於六經尤無所窺見，何緣推述充宗之指歸？且充宗年力甚富，著述當亦日益多，上下古昔，以羽翼六經，未易測其涯涘……輒爲之序，以復充宗，冀附充宗之書以傳，固不自知其固陋矣。"此《序》末署"歲在壬戌三月既望同學弟海昌陸嘉淑辛齋撰"，考陸嘉淑（1620—1689），字子柔，又字孝可，號冰修，晚號辛齋，事迹見《國朝耆獻類徵初編》卷四百二十六、《海寧州志稿》卷二十九等，《序》中云："充宗屬余爲序"，陸、萬皆康熙時人，則此"壬戌"當爲康熙二十一年（1682）也。

此書共三卷，計卷一《曲禮》《檀弓》，卷二《王制》《月令》《曾子問》《文王世子》《禮器》，卷三《郊特牲》《内則》《玉藻》《明堂位》《喪服小記》《大傳》《少儀》《學記》《樂記》《雜記》《祭法》《祭義》《祭統》《深衣》《冠義》《鄉飲酒義》《射義》《聘義》。各篇中皆先立條目，後作箋釋，如卷一《曲禮》首條爲"七十曰老而傳"，次條爲"夫爲人子者三賜不及車馬"。

此書《四庫全書總目》著録，題"《禮記偶箋》三卷，浙江巡撫採進本"，入《經部·禮類存目二》。提要云："是書與所爲《學禮質疑》相表裏，皆欲獨出新義，而多不能自通……至謂祭天之圜丘即覲禮之方明壇，則尤駭見聞，不足深詰已。"

《中國古籍善本書目》著録"《禮記偶箋》三卷，清萬斯大撰，清乾隆二十四年萬福刻《萬充宗先生經學五書》本，清徐時棟批"一種，載湖北省圖書館收藏。

此書《皇清經解續編》卷二十五至二十七嘗收録。另《續修四庫全書》亦嘗據上海辭書出版社圖書館藏本影印行世，題"清乾隆二十四年萬福刻《萬充宗先生經學五書》本"，列入《經部》第九十八册。《四庫全書存目叢書》亦嘗據湖北省圖書館藏本影印，題"清乾隆二十四年萬福刻《萬充宗先生經學五書》本"，列入《經部》第九十六册。

（三）《儀禮商》二卷《儀禮商附録》一卷

卷端題"四明萬斯大充宗學"。書首，首應撝謙《儀禮商序》，末署"歲在庚申孟秋之月錢塘同學弟應撝謙嗣寅氏拜撰"。次《儀禮商目録》。

書首應撝謙《儀禮商序》中云："萬子于禮經，專志殫精者數十年矣，有所著尺許，爲回禄所忌失去，而萬子益自喜不衰。其所爬羅剔抉，頗能見先儒所不及，而自負其能，每有欲推倒一世，獨擴心胸之意。余喜其覃思，嫌其自用，時欲切磋之，而萬子護其所見，未肯動步，往復之際，動盈卷軸，非余兩人不適時宜，癡且癖，莫肯爲此也。"此《序》末署"歲在庚申孟秋之月錢塘同學弟應撝謙嗣寅氏拜撰"。考應撝謙（1615—1683），字嗣寅，號潛齋，事迹參見《清史列傳》卷六十六《儒林傳上一》。應、萬皆爲康熙時人，則此"庚申"當爲康熙十九年（1680）也。

此書共二卷，計卷一《士冠禮》《士昏禮》《士相見禮》《鄉飲酒禮》《鄉射禮》《燕禮》《大射儀》《聘禮》《公食大夫禮》，卷二《覲禮》《喪服》《士喪禮》《既夕禮》《士虞禮》《特牲饋食禮》《少牢饋食禮》《有司徹》。另《附録》一卷，含"廟寢圖""廟寢圖説""與陳令升書""與應嗣寅書""再與應嗣寅書""三與應嗣寅書""四與應嗣寅書"等七條。本文二卷，各篇皆先列篇名，後分條論述，然未立條目。《附録》首行題"儀禮商附録"，次行題"四明萬斯大充宗學"。中含"廟寢圖"及圖説，與陳令升書一通及與應撝謙書四通。

此書《四庫全書·經部·禮類二》收録，文淵閣、文津閣、文溯閣等本書前提要題"《儀禮商》二卷《附録》一卷"，《四庫全書總目》則題"《儀禮商》二卷，浙江巡撫採進本"，提要云："是書取《儀禮》十七篇，篇爲之説，頗有新義，而亦勇於信心。前有應撝謙《序》，稱喜其覃思而嫌其自用，亦篤論也……然斯大學本淹通，用思尤鋭，其合處往往發明前人所未發。卷末附答應嗣寅書，辨治朝無堂，尤爲精核。棄其所短而取其所長，亦深有助於考證也。"

《中國古籍善本書目》著録"《儀禮商》二卷附録一卷，清萬斯大撰，清乾隆二十六年萬福刻《萬充宗先生經學五書》本，清徐時棟跋"一種，載湖北省圖書館收藏。另又著録"《儀禮商》一卷，清萬斯大撰，清抄本，清丁丙跋。"一種，載南京圖書館收藏。

（四）《周官辨非》一卷

卷端題"四明萬斯大充宗學"。書首有未署年李鄴嗣《周官辨非序》。卷端本文之前有未署年萬斯大序，未立標題，末署"褐寬博大書"。

李鄴嗣《周官辨非序》云："吾友萬子充宗，最精於經學，生平於六藝之文，辨若秋芒，盡發其義，更取《周禮》一書，條舉件繫，極辨其非，凡五十餘節，大署惟官冗而賦重，此則其爲害之大者也。"又卷首萬斯大自序云："世稱《周禮》周公所作，吾攷魯史克有言：'先君周公制周禮，曰：則以觀德，得以處事，事以度功，功以食民。'今觀《周禮》無此言，則知周公之《周禮》已亡，而今之所傳者，後人假托之書也……不特此也，吾就其本文詳析，多自相謬戾，弊害叢生，不可一日行於天下。周公之書，決不如此，故斷然還其名曰《周官》。諸不合于五經、《論》、《孟》者，取而辨之，得若干條。雖然，置其非而存其是，典章法制乃有可觀，即謂予非《周官》爲是《周官》也可。”末署“褐寬博大書”。案：《孟子·公孫丑上》云：“若撻之於市朝，不受於褐寬博，亦不受於萬乘之君。”朱熹集註云：“褐，毛布。寬博，寬大之衣，賤者之服也。”此萬斯大自稱“褐寬博”，蓋謂布衣之士也。萬斯大以爲今所傳《周禮》非周公所作，故還其名曰《周官》，且取其不合於五經、《論》、《孟》者而辨之，故謂《周官辨非》。

此書《四庫全書總目》著録，題“《周官辨非》一卷，浙江巡撫採進本”，入《經部·禮類存目一》。提要云：“是編力攻《周禮》之僞，歷引諸經之相牴牾者以相詰難。大旨病其官冗而賦重……斯大徒見劉歆、王安石用之而敗，又見前代官吏之濫、賦斂之苛，在在足以病民，遂意三代必無是事。竟條舉《周禮》而詆斥之，其意未始不善。而懲羹吹齏，至於非毀古經，其事則終不可訓也。”

此書《四庫全書存目叢書》嘗據天津圖書館藏本影印行世，題“乾隆二十四年至二十六刻《萬充宗先生經學五書》本”，列入《經部》第八十五册。

（五）《學春秋隨筆》十卷

卷端題“四明萬斯大充宗”。書首有《學春秋隨筆目録》，《目録》末有康熙五十六年（1717）上元日萬經之識語。

書首《目録》末，萬經之識語云：“先君子篤志經學，尤精於三《禮》、《春秋》。辛亥，館錢塘，集《春秋》說，自五《傳》及三家《註疏》外，有陸淳《辨疑》《纂例》，劉原父《意林》《權衡》，程正叔《說》，蘇子由《集解》，張洽《集註》，孫莘老《經解》，程時叔《本義》《辨疑》《或問》，黃東發《日抄》，趙子常《集傳》《屬辭》《師說》，呂涇野《說志》，張常甫《經說》，季彭山《私考》，豐人叔《世學》，高景逸《孔義》，郝仲輿《直解》，卓去病《辨義》，賀仲軾《歸義》，暨文中、集中所載如永叔、子瞻、晦菴與夫《大全》《本義》所採先儒諸說。日爲編纂，每一事別一紙書之，以備後人抄撮，凡得二百四十二卷。癸丑秋，燬于火，不留隻字，重自痛惜，幾不欲生。因搜覓諸家書，猝不及備，於是專讀三《禮》，有《學禮質疑》《禮記偶箋》《儀禮商》《周官辨非》諸書，皆甲寅後作也。辛酉，海昌陳令升先生延致于家，以《春秋》相質，先生力能致書，較前更倍，益得廣所未見，并取數年來所蒐羅者，條舉件繫，手不停書，所輯亦較前更倍，而心力由此耗竭矣。癸亥七月，至昭公而疾作，臨歿論經曰：‘吾恍惚中時時如見劉原父，時時有一篇《左傳》在吾目前。’嗚呼痛哉！此隨筆十卷，乃編纂時間有獨得者，另爲劄記，故亦止於昭公云。" 末署 "康熙五十六年歲次丁酉上元日男經百拜識於黔南試院之學圃"。由萬經此識語所述，知萬斯大於康熙十年（辛亥，1671）起即著手纂《春秋》集説，得二百四十二卷。康熙十二年（癸丑，1673）秋，其稿燬於火，深至痛惜。康熙二十年（辛丑，1681），萬斯大館於海昌陳之問（字令升，號簡齋）家，因陳家藏書豐富，因復作《春秋》集説。至康熙二十二年（癸亥，1683），斯大因心力耗竭而卒，所輯僅至昭公爲止。此《春秋隨筆》十卷乃萬斯大輯《春秋》集説時，"間有獨得者，另爲劄記"。故此書亦僅至昭公止也。

此書共十卷，卷一《隱公》，卷二《桓公》，卷三《莊公》，卷四《閔公》，卷五《僖公》，卷六《文公》，卷七《宣公》，卷八《成公》，卷九《襄公》，卷十《昭公》。每卷皆先摘取《春秋》經文爲條目，而後論説，即所謂劄記體也。

此書《四庫全書總目》著録，題 "《學春秋隨筆》十卷，浙江巡撫採進本"，入《經部・春秋類存目二》。提要云："斯大曾編纂《春秋》爲二百四十二卷，燬於火，其後更自蒐輯，以成此書。其學根柢於三《禮》，故其釋《春秋》也，亦多以《禮》經爲據，較之宋、元以後諸家空談書法者有殊。然斯大之説經，以新見長，亦以鑿見短。"

此書《皇清經解》卷五十至五十九亦嘗收録。另《續修四庫全書》嘗據上海辭書出版社圖書館藏本影印行世，題 "清乾隆二十六年萬福刻《萬充宗先生經學五書》"本，列入《經部》第一三九册。又《四庫全書存目叢書》亦嘗據中國科學院圖書館藏本影印，題 "清乾隆二十六年萬福刻本"，列入《經部》第一三二册。

《中國古籍善本書目・經部・總類》著録 "《萬充宗先生經學五書》十九卷，清萬斯大撰，清乾隆二十四至二十六年辨志堂刻嘉慶元年印本，清徐時棟校並跋" 一種，載上海圖書館收藏。本館此本同爲清乾隆二十四至二十六年辨志堂刻嘉慶元年印本，另中國國家圖書館、天津圖書館、南京圖書館等館亦有收藏。又中國臺灣大學圖書館、臺灣東海大學圖書館皆藏有清道光十一年（1831）同文堂據乾隆刻本補刻印本，其本《學禮質疑》卷一之末 "姪言、子經同較，孫塈長沙周宣猷重較" 之後，又鎸有牌記云 "道光辛卯歲同文堂補刻"，知爲道光十一年（辛卯）補刻印本。又其本書名葉 "萬充宗先生經學五書" 九字乃作楷書，本館此本則作篆體，亦有異也。另中國人民大學圖書館、中國臺北 "中央研究院" 傅斯年圖書館等館藏有清康熙間萬經刻本，其本書名葉題 "萬充宗先生經學五書"，亦作篆體。

鈐印有 "真州吳氏有福讀書堂藏書" 朱文方印。案：印主吳引孫（1851—1921），字福茨，一字茨甫，清江蘇儀徵人，祖籍安徽歙縣。光緒五年（1879）

舉人。歷任軍機處章京領班、浙江寧紹道臺、廣東按察使、甘肅新疆布政使、安徽布政使、湖南布政使、浙江布政使等職。民國後旅居上海，1921年卒。上海圖書館藏有吳引孫手稿《詳細履歷底稿》《自述年譜初稿本》。吳氏藏書樓名"測海樓"，於光緒十四年（1888）官浙江寧紹道臺時，由吳引孫、吳筠孫兄弟於揚州營造，歷時五年完成。"有福讀書堂"位於測海樓底層。"有福讀書堂"原爲吳引孫祖父吳次山之書齋堂號。吳引孫藏書甚富，曾自編《有福讀書堂書目》《測海樓書目》。吳引孫逝世後，其藏書由富晉書社收購。陳乃乾嘗編《測海樓舊本書目》兩册，1931年11月，富晉書社編成《揚州吳氏測海樓藏書目録》四册出版。吳氏藏書今分散中國大陸、中國臺灣各地，部分飄洋海外，本書即爲其中之一。吳引孫藏書印有"真州吳氏有福讀書堂藏書""測海樓珍藏""吳氏引孫藏書"等。吳氏籍江蘇儀徵，真州爲儀徵舊名，故題曰"真州吳氏"。吳引孫事迹參見李玉安、黃正雨著《中國藏書家通典》。

007
九經補註八十七卷

T110　8438

周禮輯義十二卷

儀禮經傳註疏參義内編二十三卷外編五卷

禮記章義十卷

春秋公羊穀梁諸傳彙義十二卷

春秋胡傳參義十二卷

孝經本義一卷

書經蔡傳參義六卷

爾雅註疏參義六卷

《九經補註》八十七卷，清姜兆錫撰。清雍正、乾隆間寅清樓刻乾隆印本。十六册。框高20厘米，寬15.3厘米。半葉十行二十五字，小字雙行同，四周單邊，白口，單魚尾。版心上鎸"周禮"或"儀禮冠禮"等，中鎸卷次，下鎸"寅清樓"。

書名葉分三欄，右題"丹陽姜上均纂義"，中題"九經補註"，左下題"本衙藏板"，左上有四行告白云："經義邃深，仰懇／有道正示疎漏／用成體化翼經／之義。兆錫謹告。"

書首，首清乾隆四年（1739）八月張廷璐《九經補注序》。次未署年任啓運《姜先生九經補注序》。次乾隆三年（1738）仲冬姜兆錫《九經補注自序》。

　　姜兆錫（1666—1745），字上均，號素清學者，清江蘇丹陽人。《清史列傳》卷六十七《儒林傳上二》有傳。康熙二十九年（1690）舉人，選授湖北蒲圻縣知縣，後辭歸。《清史列傳》載："乾隆元年，以大學士鄂爾泰薦，充三禮館纂修官。兆錫采輯群書，折衷衆説，寅入申出，以勤博稱。時方苞長於三《禮》，與兆錫集議，多不合……然兆錫論出，苞亦不能難也……所居白鶴溪之藤村，姜氏家族將萬人，兆錫以孝友忠信爲祠正。十年，卒，年八十。高宗南巡，孫奭以其所著書進，賜文綺。"著有《九經補註》《周易本義述蘊》《周易蘊義圖考》《詩蘊》《大戴禮删翼》《春秋事義慎考》《家語正義》《孔叢子正義》等書。

　　此書收録姜氏所撰《周禮輯義》十二卷等八種著作，各書刊刻時間前後不一，據各書書名葉所載，最早爲《春秋胡傳參義》十二卷及《孝經本義》一卷，刻於清雍正元年（1723），最晚爲《春秋公羊穀梁諸傳彙義》十二卷，刻於清乾隆五年（1740）。惟本館所藏此本，其中《周禮輯義》《儀禮註疏參義》《禮記章義》《春秋公羊穀梁諸傳彙義》《春秋胡傳參義》《爾雅註疏參義》等六書皆見鈐有藍、紅色長條形圖案之紙廠印記，且其印記之特徵一致，蓋係清乾隆五年《春秋公羊穀梁諸傳彙義》刻成後，將各書同時彙印之本，故定爲乾隆間印本。

　　姜兆錫撰作《九經補註》之由，《周禮輯義》書首姜氏《九經補注自序》中云："《九經補注》者，非唐人之九經，而十三經之中，朱子四經注外之九經也。按：古未有十三經之名，惟《易》《詩》《書》《禮》《樂》《春秋》，號爲六經。周衰，樂經亡，但存五經。漢儒始分《周禮》《儀禮》與《禮記》爲三，而經有七。唐又分《春秋》三《傳》爲三，而經有九。後又益以《論語》《孝經》《爾雅》，遂列爲十二。至宋，又進《孟子》以配《論語》，而爲十三，此十三經之所以名也。而十三經中，朱子所註，惟《易》《詩》《論》《孟》四經，則今亦第即其餘三《禮》、三《春秋》與《尚書》《爾雅》《孝經》凡朱《註》所未備者而補之，故曰'非唐人之九經'也。然是諸經者，《爾雅》自卷首外，已非周公原書，《公》《穀》二傳，見道純者亦不多見，則以道衡之，其中蓋或不稱其經之名，似不必皆補，而朱子四經注之外，《書》《春秋》《禮記》，皆已有注，又可不必補，而今必取而悉補之，何也？曰：'是正體聖人作經與朱子注經之意而補之也。'"又任啓運《姜先生九經補注序》云："先生舉於康熙之庚午，歷今五十年，不謁選，不赴官，孜孜以經學爲務。自朱子四經註外，一一補註之。丙辰，余與先生偕禮館纂修，得先生《九經補注》讀之，多先儒所未發，而于三《禮》尤體大而思精，蓋心朱子之心而欲爲朱子成未成之業也。其志可謂大矣，顧其所以註書之意，則《自敍》兩言盡之：‘裁其似是而非者，採其由精以發蘊者。’夫去其似是而非，則經之理正；採其由精以發蘊，則經之理詳。古之所嘆爲不純、不備者，至此復何憾與？”由此可知此《九經補註》之取義及其撰作之由。以下分述其要。

（一）《周禮輯義》十二卷

此書二册。版心上鐫“周禮”，中鐫卷次，下鐫“寅清樓”。卷端上題“周禮卷之一”，下題“姜兆錫輯義”。

書名葉分三欄，右題“丹陽姜上均輯義”，中題“周禮”，左題“本衙藏板”。欄上題“雍正九年鐫”。左上有三行告白云：“本編近加增訂／恐仍有疎漏懇／有道正示爲禱。”

書首，首清康熙五十七年（1718）嘉平月（十二月）王掞《周禮輯義序一》。次康熙戊戌（五十七年）十月張大受《周禮輯義序二》。次康熙己亥（五十八年，1719）立春後五日王澍《周禮輯義序三》。次康熙戊戌（五十七年）十二月儲大文《周禮輯義後序》。次《周禮目録》，末有識語，末署“丹陽姜兆錫上均氏謹書于鶴溪書屋”。次《周禮本末考三則》。次《周禮輯義附論十一則》，末署“姜兆錫上均氏又識”。復旦大學圖書館所藏本，書首《周禮輯義後序》之後，有《寅清樓譔述書目》，末署“男允重謹識”，本館此本無。

書首張大受《周禮輯義序二》中云：“同年丹陽姜子上均，名兆錫，好古不倦，尤研思三《禮》之學，所著《周禮輯義》，述舊聞，抒己意，務在昭象而考數，審文以辨制，事道貫而辭理徹，今之學者，用心極於此，禮書之復明，聖人之道之不廢，其可幸也。於戲！執遺經而蒐羅爬剔，窮且老不悔，使千鈞續於一髮，儒者之責也。”此《序》對姜氏撰作《周禮輯義》之用心，頗加推闡。

姜氏於書首《周禮輯義附論十一則》之第十則云：“某年四十後，潛心討玩，每所疑，自本職參之他職，又自本經《注疏》徧參三《禮》各書傳及諸經解，凡正補《大學衍義》、《綱目》、《史》、《漢》、杜佑《通典》、馬氏《文獻通考》之屬，近或數日，多則數月，然後所疑一條，稍有見處……某嘗言，讀書自無疑看到有疑，是一半工夫，再自有疑看到無疑，又一半工夫，這語覺非某妄説。”此自述其習《周禮》之道。

此書十二卷，計卷一、二《天官冢宰》，卷三、四《地官司徒》，卷五、六《春官宗伯》，卷七、八《夏官司馬》，卷九、十《秋官司寇》，卷十一、十二《周禮補》，即《考工記》。各卷皆先列經文，其下以雙行小字釋之，不列鄭、賈《注疏》之文。所釋頗引諸家之説，故稱《輯義》。姜氏所引多本之宋王與之（字次點）《周禮訂義》，其於鄭、賈《注疏》之觀點時加批駁。考書首姜氏《周禮輯義附論十二則》末則云：“《注疏》之於聖經，功與過垺。如《周禮》自林碩、何休之徒肆詆以來，得鄭氏而顯，故爲功魁。然其於一切疑義，不慎討論，妄以臆揣，而賈氏附之，乃爲過始。此葉文康所深歎也。按所稱郊社禘祫之屬之失，先儒趙氏等正之已久，若其田賦朝覲以下，宜加攷析者，今不量僭踰，詳附於篇，非敢妄論前賢，正欲割瑕以表瑜也。”由此可見其對鄭、賈《注疏》之態度。

《四庫全書總目》著録此書，題云“《周禮輯義》十二卷，浙江巡撫採進本”，入《經部·禮類存目一》。提要云：“此書多本《周禮訂義》，攻詰鄭《注》。若謂匠人、遂人同制，井田不分都鄙、公邑，《大司馬》凡令賦，上地家三人，中地二家五人，下地家二人，非專指邦國。又力斥《小司徒》鄭《注》旁加之説，皆襲前人緒論。其自出新意者，如《司尊彝》：‘春祠、夏禴，裸用雞彝、鳥彝，皆有舟，其朝踐用兩獻尊，其再獻用兩象尊，皆有罍，諸臣之所昨也。’兆錫謂‘皆有舟與皆有罍對舉，則舟、罍皆是尊名。’……如此之類，頗傷於臆斷。至若辨賈《疏》‘北郊用裘’之説，謂：‘盛夏用裘，必不能行，後世遂至天地合祭。’謂《大司徒》‘公五百里，侯四百里，伯三百里，子二百里，男一百里’爲制賦之成數；《孟子》百里、七十里、五十里爲出車之實數。此類亦自樹一義，不爲無見。然遽詆‘鄭云’爲過，殆又談何容易也。”另周中孚《鄭堂讀書記》卷三“《周禮輯義》十二卷，寅清樓刊本”條，亦評此書云：“此書大旨本之王次點《周禮訂義》，務與鄭、賈爲難，然臆斷多而確證少，間有千慮之一得，吾見亦罕矣。”

（二）《儀禮經傳註疏參義内編》二十三卷《外編》五卷

此書二冊。版心上鐫“儀禮”及篇名，中鐫卷次，下鐫“寅清樓”。

卷端上題“儀禮經傳内編卷一”，下題“姜兆錫註疏參義”。書名葉分三欄，右題“丹陽姜上均參義”，中題“儀禮”，左題“本衙藏板”，欄上題“乾隆元年鐫”。

書首，首清雍正癸丑（十一年，1733）七月王步青《儀禮經傳内外編序》。次雍正乙卯（十三年，1735）孟夏姜兆錫《儀禮經傳内外編目録序》。次《儀禮序論六則》，末有姜氏按語。次《儀禮經傳内外編參義凡例九則》，末署“後學姜兆錫謹識”。次《儀禮附論五則》，末有姜兆錫二子允重、允毅之識語云：“家君參輯《儀禮》，重等受命校讎之次，晨夕竊聞緒論，今約録五條於右，用見先儒所以發明先聖之隱志，而家君所以附參者，固不待述云。男允重、允毅謹録。”次《儀禮經傳内編目録》。次《儀禮經傳外編目録》。

姜氏撰《儀禮經傳内外編註疏參義》乃在《周禮輯義》《禮記章義》梓行之

後，王步青《儀禮經傳內外編序》云："鶴溪姜子上均，潛心經學，討尋聖緒，而于三《禮》尤嚴。日者，梓其《周禮輯義》《禮記章義》二書，鼇發精蘊，卓爲世望，迺復訂《儀禮》內外編如干卷，而屬余參論其義。"另復參各書書名葉所題刊刻年月，知姜氏撰此書，於三《禮》爲最後也。此書所以分《儀禮》爲內、外編者，姜氏《儀禮經傳內外編目錄序》云："右今存《儀禮》經，自《士冠》至《少牢》，凡十四篇，內《士喪禮》《少牢禮》又各離爲二篇，凡十六篇，并今所採補之經傳如干篇，是爲《儀禮》內編。而《喪服》一篇，則與所採補之如干篇，別爲《儀禮》外編。編之分內、外，何也？本《儀禮》而分之也。分編之爲本《儀禮》，何也？古無《周禮》《儀禮》之名，按：《漢書·藝文志》稱'《禮》，古經五十六卷，經十七篇'是爲經，而'《記》百三十三篇，《王史氏》二十二篇，《曲臺后倉》九篇，《明堂陰陽說》五篇'是爲傳，皆不名《儀禮》也……永嘉張淳蓋以謂漢初未有《儀禮》之名，疑後世學者見十七篇禮儀，遂因以名之。由是以推，則《儀禮》之得名，本于升降揖讓動作威儀之所發而爲名，故十六篇及凡所補之屬爲內編，而《喪服》篇及凡所補之屬，乃所以行是儀禮之具，而與其發見于升降揖讓動作威儀之間者，則有間矣，故爲外編也。"此其分《儀禮》爲內、外編之由也。

此書所以名《儀禮經傳註疏參義》者，因其在參訂朱子《儀禮經傳通解》及鄭、賈《注疏》之義也。姜氏《儀禮經傳內外編目錄序》云："曩朱子與其徒勉齋，實遞爲《儀禮經傳》而紬繹遺訓，其成猶有待于方來，況其他率爲義疏者乎？……茲編實奉朱子遺訓，以其所編家鄉、邦國、王朝之禮，用勉齋喪、祭二禮之例以通之，不襲其迹而師其意。"又《儀禮經傳內外編參義凡例九則》首則云："《儀禮》經子朱子與其弟子勉齋相繼編次，而今爲參義，何也？遵勉齋以遵朱子也。朱子前後編鄉學、邦國及王朝禮，凡三十七卷，喪、祭猶闕，旋命勉齋續成其書，凡喪、祭禮二十九卷，纖悉幾備。然其門人楊復《序》猶以遺稿、圖式先生尚有未及訂之遺恨也，故參訂，正遵黃以遵朱也。"再者，第五則云："凡此，皆參《經傳通解》也。其參《注疏》者又有二焉。一參在《注疏》中，一參在《注疏》後。"第六則云："參在《注疏》中，何也？《注疏》文繁蕪者，或頗有增損，又文不順者，或稍爲易置，然皆《注疏》意也，仍以《注疏》標之，故曰'參在《注疏》中'也。"第七則云："參在《注疏》後，何也？注以注經也，疏以疏注，即以疏經也。或注經、疏經而失乎經，與附而失經，不如辯而存經。先儒可作，必與存經也。故以'愚按'標之，此則參在《注疏》後者也。"據此，則其書撰作之凡例大致可知也。

此書《內編》二十三卷，《外編》五卷。《四庫全書總目》著錄，題"《儀禮經傳内編》二十三卷《外篇》五卷，江蘇巡撫採進本"，入《經部・禮類存目三》。提要云："是書《内篇》首嘉禮，以《士冠禮》冠之，《大夫冠禮》以下繼焉。《昏禮》《飲酒》《饗燕》《賓射》《脤膰》《賀慶》又次之。次軍禮，次賓禮，次凶禮，次吉禮。《外編》爲《喪服》本經，又補《喪服》，又'採經四篇'，終以《圖考》。大率以《儀禮》爲主，《儀禮》所未備，則採他書以補之，類多因襲前人，發明最少……揆其著書之義，蓋欲補正《儀禮經傳通解》，然不及原書遠矣。"

（三）《禮記章義》十卷

此書二册。版心上鎸"禮記"及篇名，中鎸卷次，下鎸"寅清樓"。

卷端上題"禮記卷之一"，下題"姜兆錫章義"。書名葉分三欄，右題"丹陽姜上均章義"，中題"禮記"，左題"本衙藏板"，欄上題"雍正十年鎸"。右下鎸有"翻刻千／里必究"長方印，左上鎸有長方印三行告白云："拙刻檢點恐有未盡／懇　有道政示疎誤／俯成聞過則喜之義。"

書首，首清康熙五十二年（1713）九月張大受《禮記章義序一》。次康熙己亥（五十八年，1719）立春後五日王澍《禮記章義序二》。次《禮記序論六則》，未署名。次《禮記章義附論八則》，末署"兆錫又識"。次《禮記章義目録》，末有識語，末署"丹陽姜兆錫謹題於鶴溪書屋"。

據書名葉所載，此書刻於雍正十年（1732），乃在《周禮輯義》之後。其撰作之由，姜氏於《禮記章義目録》末之識語云："右卷除《學》《庸》章句，今訂爲《章義》如左。或問：學官舊有元東匯陳氏《禮記集說》，而近世於《集說》外別裁爲編者亦夥矣，今又訂爲此編，何也？曰：道在尊經也。尊經何也？曰：將推其蘊而致其精也……今考東匯《集說》雖備，而宋崑山衛湜《集說》之百十六卷及國朝成德《集說補正》之三十六卷，其遺蘊之當補者不乏矣。至其間章句混淆、簡策錯互，而其文違義舛，至與《周禮》《儀禮》背而馳者，又不一而足也。則亦豈所謂致精者耶？恭遇　熙朝，修明典章，禮樂明備，而某叨沐春官涵育之澤，垂數十載，竊以山中閒暇，補葺十三經未備傳註，而於三《禮》又加謹焉。今《周官義》已謬荷海内有道之士翕然獎借，而此編頗討論精蘊，以補東匯之陋畧。"由此可知姜氏此書主在補陳澔《禮記集說》之疏略也。至於其書取名爲《章義》之義，姜氏於《禮記章義附論八則》首則云："章，章句；義，義理也。義理在章句中，亦在章句外，不舍章句以言義理，故首定章句；不執章句以言義理，故次審義理。"又末則云："學者推義理於章句中，又求義理於章句外。章句，末也；義理，本也。不薄章句，而後不囿於章句；不億義理，而後不越于義理。章句、義理交得，而經庶得矣。故編《章義》，將益尊經也。”由此可知此書撰作之重點。

此書十卷，《四庫全書總目》著録，題“《禮記章義》十卷，浙江巡撫採進本”，入《經部·禮類存目二》。提要云：“是書大意謂《禮記》由漢儒掇拾而成，章段繁碎，説者往往誤斷誤連，當分章以明義，故曰《章義》。其説謂如《曲禮》‘姑姊妹女子子已嫁而反’當通下‘父子兄弟’二條爲章；‘儐人必於其倫’當通下‘君大夫士庶’各條爲章……逐條討論，時有所見。至於‘孔氏之不喪出母’及‘降婦人而復行禮’諸條，皆徵引《儀禮》以駁前人之謬，亦間有考證，較之陳澔所注，固爲稍密，而大致循文推衍者多，如《檀弓》：‘子張死，曾子有母之喪，齊衰而往哭之。’此自孔子殁後之事，兆錫乃註曰：‘豈其未聞教之初則然歟？’是未詳子張少孔子四十八歲也。疎畧如是，而動輒排擊鄭、孔，談何容易乎？”另周中孚《鄭堂讀書記》卷五“《禮記章義》十卷，寅清樓刊本”條，亦評此書云：“其書綱舉目張，言約指遠，可爲肆《禮》者之所依據。惜其所自爲説，輒與鄭、孔爲難，是則宋學之錮習，不足爲上均病矣。”

（四）《春秋公羊穀梁諸傳彙義》十二卷

此書二册。版心上鐫“公穀傳”及十二公各公謚號，中鐫卷次，下鐫“寅清樓”。

卷端上題“春秋公羊穀梁二傳（原注：‘附左氏傳’）”，下題“姜兆錫彙義”。書名葉分三欄，右題“丹陽姜上均彙義”，中題“公羊穀梁二傳”，左題“本衙藏板”，欄上題“乾隆五年鐫”。

書首有清乾隆五年（1740）季春姜兆錫《春秋公羊穀梁諸傳彙義序》。《序》後鐫有四行告白云：“《春秋參義》外，彙參諸傳，／志在剔釐經蘊。外有《事／義慎考》十四卷，通發比／事屬辭之義，嗣刻呈正。”

此書刻於乾隆五年（1740），爲《九經補注》八書中最晚刊成者。前此，雍正元年（1723）已刻《春秋胡傳參義》十二卷。姜氏另又撰有《春秋事義慎考》十四卷一書，此時尚未刊刻，將待他日梓行，故自序後之告白乃謂其書：“嗣刻呈正。”

此書撰作之由，姜氏於《春秋公羊穀梁諸傳彙義序》中云：“左《公羊》、《穀梁》二《傳》，附以《左氏傳》，而爲之彙義者，所以尊經也。考《左氏傳》主紀事，二《傳》主發義，先儒蓋謂《左氏》爲史學，而失之誣；二《傳》爲經學，而失之鑿，論既嚴以慎矣。而唐以來乃升諸傳爲經而與于十三經之列，是明經而不免亂經也。胡文定嘗本程《傳》以推經之蘊，而朱子復參胡《傳》以探經之真，故程、胡、朱子之論合，而後聖經存，所以存其是也。杜預嘗注《左氏傳》，以繹經之事，而忘其誣；何休、范甯復注《公羊》《穀梁》二《傳》

以釋經之義，而忘其鑿。故杜預、范甯、何休之論紛，而後諸傳存而聖經亂，所以駁其非也。駁其非乃以存其是也。然則諸傳之當駁其非以存其是者，何也？其文也，其事也，皆其義定之也。夫《左》之失，誣，其事文與義則不待言矣。且以二《傳》言之：如月當書日之文，間有逸文也，而誤爲異例，則支；月有書時之文，乃指首時也，而臆爲異義，則紊。此皆混其文爲害而義隨之也。"姜氏下文又舉"泥其文爲害而義隨之也""竄其文爲害而事隨之，義亦隨之也""義非隨文害而害義殊非小""事與義胥害而害義彌大"諸例，并歸結云："然則二《傳》一無取乎？曰：如所謂正終以正始、貴道不貴惠之屬，固卓乎道義之權衡、聖哲之軌範也，要其擇之者固宜眘矣，故曰：'駁其非，乃以存其是也'。"由此可以見姜氏此書撰作之義。

此書以《春秋》十二公，一公爲一卷，共十二卷。各卷以頂格列《春秋》經文，低一格列《公羊》《穀梁》傳文，另姜氏於經、傳下以雙行小字爲釋。《左傳》釋經及發例之文，以小字錄於經文之下，標"左傳"二字。

此書《四庫全書總目》著錄，題"《公穀彙義》十二卷，浙江巡撫採進本"，入《經部·春秋類存目二》。提要云："其書以《公》、《穀》二《傳》主於發義，與《左傳》主於紀事者不同……因彙編二《傳》異同之處，別白其是非，而《左氏》發例、釋經之文亦附見焉。於三家褒貶之例無所偏主，頗足以資參考，較兆錫所註諸經，似爲可取。然《春秋》事迹，二《傳》多據傳聞，《左氏》所述則皆據簡策，兆錫駁二《傳》之事迹，往往併《左氏》而駁之，則終不出宋人臆斷之學也。"

（五）《春秋胡傳參義》十二卷

此書二册。版心上鎸"春秋"及十二公各公諡號，中鎸卷次，下鎸"寅清樓"。

卷端上題"春秋卷第一"，下題"胡傳原本；姜兆錫參義"。書名葉分三欄，右題"丹陽姜上均胡傳參義"，中題"春秋"，左題"本衙藏板"，欄上題"雍正元年鎸"。右下鎸有"至聖志在春／秋行在孝經／今將孝經附／後"四行十六字，左上鎸有三行告白云："兹編遵朱參胡刻竣，伏讀／欽定傳説序文，幸不背違，内／有數條擬遵奉更加參定。"

書首，首未署年《胡安國原序》。次《春秋胡傳參義目録》，末有識語，末署"丹陽姜兆錫謹題於鶴溪之夾齋"。次《特標先聖作經大本十則》。次《彙輯先哲論經大綱十四則》。次《彙録諸傳評論十三則》。次《遵録朱子語類六則》，末署"姜兆錫上均氏又題于鶴溪之夾齋"。

此書撰作之由，姜氏於《春秋胡傳參義目録》末之識語中云："右《春秋》

十二公二百四十有二年之經，今遵胡《傳》，謹附參義如左。按：胡《傳》立于學官，學者遵　功令，無異義，而今附參之者，正體　功令參之也。體　功令者何也？　聖朝詔集朱子語録、遺文，頒行隸省，且又　命自兩廡升侍於大成殿者，無他焉，凡以千聖百王之統，得　至聖而集大成，而羣儒之緒，又得朱子而集大成也……今按《春秋》胡《傳》，彙諸儒而成，朱子蓋嘗稱其體用該貫，有剛大正直之氣矣。而詳玩語録、遺文，其大旨固若符掌節，而猶不無一、二義之互見者，何哉？蓋嘗綜而考之，凡所爲握其弘綱、布其大義，於以正君臣、定父子、釐夫婦、昭嫡庶、和民物、理中外、奠上下，而使三綱爲之明，九法爲之敍者，此朱子之録與文定之傳，二而一者也。其所爲執其零文，索其碎義，至以所聞所傳之異，而推日月之存逸爲褒譏，授字文之衍縮爲功罪，且既立爲正例之綱維，又轉爲變例之紛賾者，此朱子之録與文定之傳，一而二者也。錫不揣固陋，仰體尊朱　詔旨，爲之參互相考，凡其義例之確有明徵者，則從胡而登之……從胡不啻從朱也。而其義例之涉有疑讞者，則從朱而退之……從朱亦不啻從胡也。故胡之義，嚴以迫，而參以朱之義，則寬而平。"據此，其撰作之義可知。

此書以《春秋》十二公，一公爲一卷，共十二卷。卷端題"胡傳原本；姜兆錫參義"，乃以胡安國《春秋傳》爲宗，而參訂其義。書中頂格列《春秋》經文，低一格，雙行小字以釋之，不臚列胡安國《傳》文，惟於釋義中參用其文或其義，即姜氏於《目録》末識語中所謂"凡其義例之確有明徵者，則從胡而登之"也。另姜氏於胡《傳》義有未安者，間亦附論之，然多援朱子之説，此亦姜氏所謂"而其義例之涉有疑讞者，則從朱而退之"者也。

此書《四庫全書總目》著録，題"《春秋參義》十二卷，浙江巡撫採進本"，入《經部·春秋類存目二》。提要云："是書仍以胡安國《傳》爲宗，其所必不安者，亦間有附論一、二，然必援朱子，蓋恐人議其異於胡氏，故稱朱子以證之，猶之《書經參義》恐人議其異於蔡氏，亦必稱朱子以正之也。故卷首有《綱領》三十三條，於孔、孟之説，題曰'特標'，於諸儒題曰'彙集''彙録'，惟於《朱子語録》六則，則題曰'遵録'，其宗旨可以概見云。"

（六）《孝經本義》一卷

版心上鎸"孝經"，下鎸"寅清樓"。卷端上題"孝經"，下題"姜兆錫本義"。無書名葉，未單獨成册，附於《春秋胡傳參義》卷十二之後。

書首有清康熙五十九年（1720）二月姜兆錫《孝經本義序》，無目録。

此書附於《春秋胡傳參義》卷十二之後，無單獨書名葉載其刊刻年月。今考《春秋胡傳參義》之書名葉右下鎸有四行十六字云："至聖志在春／秋行在孝經/今將孝經附/後。"可知《孝經本義》當與《春秋胡傳參義》同時刊刻,附於其書之後,故亦當同《春秋胡傳參義》,刻於雍正元年(1723)也。上海圖書館編《中國叢書綜録·類編·經類·經義》中著録"《九經補注》,(清)姜兆錫撰"一書,其子目題"《孝經本義》一卷,雍正十年(1732)刊"。案:《中國叢書綜録》此題"雍正十年刊",不知何據?

書首姜兆錫《孝經本義序》中云:"《孝經》者,先聖見孝爲天地之常經,生民之本行,而特發之以垂世立教者也……經蓋子以語參而參輯之者,世儒乃謂子自著經而假參以爲問答,則已深没其義。況一傳於秦漢,而有古今之異文,遞傳於晉魏隋唐以來,而有百家十室之異説乎?宋朱子雖嘗刊誤,而未有定註。恭遇我 皇上孝治天下,又兼崇道右文,竊不自揆,謹繹經傳本義,輯爲此書,雖深懼謏陋無知,庶於 聖治郅隆之時,聊爲學者敦本重行之一助,則或有取焉爾。"其撰作之由,於此可見。

此書分《孝經》爲十六章,不標示章名。於經文下逐以雙行小字爲之繹釋,不列注文。其釋頗引前人之説,如"鄭《註》""邢昺《正義》""朱子《刊誤》"等。引文之後若有考述,則加"愚按"二字以論之。姜氏不標章名及分全書爲十六章之由,於首章"右第一章"下釋云:"愚按邢氏《正義》,則名章非經文之舊亦明矣。而以朱子之論推之,則其爲害又豈可因陋承誤而不急正之哉?今謹繹經文,參互群説,俗本誤分天子至庶人爲五章者,當合爲一章,其誤合'聖人之德'至'其儀不忒'爲《聖德章》者,當如古文分爲二章。第十二章之後,朱子《刊誤》本,尚有'閨門之内'一章,通計全經,凡一十六章。"另下文姜氏又謂全書可通分爲五段,兹不具録。

此書《四庫全書總目》著録,題"《孝經本義》一卷,浙江巡撫採進本",入《經部·孝經類存目》。提要云:"是書隨文詮釋,別無考訂,僅塾師課蒙之本。"所述甚簡。《續修四庫全書總目提要》收録倫明所撰此書提要,題"《孝經本義》一卷,雍正十年刊本",提要云:"全經凡分十六章,又通爲五段,各詳其義,所釋經文,義亦條達。"案:倫明所評,蓋近其實也。

(七)《書經蔡傳參義》六卷

此書一册。版心上鎸"虞書"或"夏書"等及篇名,中鎸卷次,下鎸"寅清樓"。

卷端上題"書經卷之一",下題"蔡沈原註姜兆錫參義"。書名葉分三欄,右題"丹陽姜上均參義",中題"書經",左題"本衙藏板",欄上題"雍正十二年鎸"。右下鎸"翻刻/必究"四字,左上鎸有三行告白云:"拙刻檢點恐有未盡/懇 有道政示疎誤/俯成聞過則喜之義。"

書首，首未署年《書經蔡傳原序》。次雍正甲寅（十二年，1734）三月姜兆錫《書經蔡傳參義目錄序》。次"正譌"，未立標題，版心鐫"正譌"。

此書刻於雍正十二年（1734），此前已刻《春秋胡傳參義》（雍正元年）、《孝經本義》（雍正元年）、《周禮輯義》（雍正九年）、《禮記章義》（雍正十年）、《爾雅註疏參義》（雍正十年）諸書。姜氏撰作此書之由，其於《書經蔡傳參義目錄序》中云："或問：《春秋》胡《傳》、《尚書》蔡《傳》，皆立於學宮之書，子前參胡《傳》，既以朱、胡有異義，而體遵朱之之（寶三案：此'之'字疑衍）功令以參之矣，今蔡氏固及朱子之門者也，《書傳》宜無異義，又奚參耶？曰：'是亦以朱子之義參之也。且參胡《傳》者繼以朱，而參蔡《傳》者即開以蔡。朱踵胡之後，非有出涇、入渭之迹，而一字之義例，不必合派於胡，故義可參者復繼以朱。朱導蔡之先，實有由河達海之情，而二代之典謨亦已歸墟於朱，故義相參者即開以蔡也……蔡《傳》遵體遺經，以力闡二帝、三王之心法，功匪淺鮮，然詳繹經義，其間失檢者，顧不無千百之什一，又不幸受師命後，明年師即棄舍，而其未是正者又多矣。即還質之先儒，蔡氏恐亦未盡釋然，況其先師與　先聖乎？錫不揣固陋，反覆潛體，計參訓義者凡十條，又參句義二條，節義、篇義共六條，簡義三條，并凡義順而文未順者，謹體朱子遺訓，竊附私淑之義，具參於篇，是乃所謂遵朱也。"下文姜氏又述此書與《九經補註》他書間之關係云："極知末學僭踰之罪，然幸被　國恩養育數十年，仰見　聖神明道翼經之至意，志補十三經朱子未備傳註，今《周禮》《戴記》《爾雅》《孝經》《春秋》俱漸次成書，而《尚書參義》因繼之。他日更將《儀禮內外編》暨《春秋事詞慎考》《公穀參義》等書刊正以成全編，庶稍伸下士沐化揚休之末悃，而因并發其意於簡端云。"由此可知其撰作之旨。

此書共六卷，卷一《虞書》，含《堯典》等五篇；卷二《夏書》，含《禹貢》等四篇；卷三《商書》，含《湯誓》等十七篇；卷四《周書》，含《太誓上》等十三篇；卷五《周書》，含《召誥》等八篇；卷六《周書》，含《周官》等十一篇。卷端題"蔡沈原註姜兆錫參義"，乃據宋蔡沈《書經集傳》以參訂之也。各篇皆列《尚書》經文，而以雙行小字釋之。其釋或逕採蔡《傳》原文，或參用《傳》文而增飾之，然皆未明標來源。書中亦有改訂經、《傳》之處，姜氏於書首"正譌"中云："《書經》遵奉蔡《傳》，槩不敢妄竄原義，所有附參各條，蓋一以經義中脉絡之離合與其意趣之得失爲主，亦正以體　聖治翼經之意也。義詳本篇，今約錄于左，以便有道訓正。"其下列出"經文錯互篇簡，附參者二條""傳注錯分段落，附參者五條""傳注錯混句讀，附參者二條""傳注錯解文義，附參者十二條""傳注定錯復錯，附參者一條"等五類，共二十二條。此俱可於書中本文見之。

此書《四庫全書總目》著録，題“《書經參義》六卷，浙江巡撫採進本”，入《經部·書類存目二》。提要云：“是篇以朱子命蔡沈作《書傳》甫越歲而朱子亡，其間未是正者頗多……因作是書正之。計經文錯互篇簡者二條，錯分段落者五條，錯混句讀者二條，錯解文義者十二條，定錯復錯者一條。考蔡《傳》自南宋以來即多異議，原非一字不刊之典。然兆錫所改，大抵推求字句，以意竄定，未能確有考證也。”

（八）《爾雅註疏參義》六卷

此書一册。版心上鎸“爾雅”及篇名，中鎸卷次，下鎸“寅清樓”。

卷端上題“爾雅卷之一”，下題“姜上均註疏參義”。書名葉分三欄，右題“丹陽姜上均註疏參義”，中題“爾雅”，左下題“本衙藏板”，欄上題“雍正十年鎸”。左上鎸“翻刻千／里必究”六字。

書首，首清雍正三年（1725）季春鄂爾泰《爾雅參義序》。次《爾雅註疏參義目録》，末有識語，末署“雍正十一年孟秋素清學者姜兆錫謹題于桐廬別業”。次《爾雅序論三則》。次《爾雅註疏參義附論三則》，末署“姜兆錫上均氏題于鶴溪之夾齋”。

此書撰作之由，鄂爾泰《爾雅參義序》云：“丹陽姜子，以名孝廉，甫授令，即息肩山中，鍵户窮經，所傳註經義，凡十餘種，皆研窮義理，剖析毫芒，而以間參《爾雅》義。《爾雅》於群經，緒餘耳，然姜子參之者，以其先聖遺書而真贗錯見也。”又姜氏於《爾雅註疏參義目録》末之識語中云：“右《爾雅》六卷十有九篇，卷第如《註疏》。今按十有九篇之文，有題章，有不題章，而其間或義近而附見章内，或義遠而錯見篇中，蓋舛誤不倫，而其非完書固灼如也。又按：《爾雅》，周文公所釋，凡一篇，而其後遞有先師孔子及子夏、叔孫通、梁文之屬，增而附之。今其書既非原書，則亦以所釋之文，先考其爲書時世之先後，次辨其所載名物制度之古近，終味其書文筆之質文雅俗，而自有可見于心目之間者，今亦皆不必深辯矣。”

此書共六卷，十九篇，計卷一《釋詁》；卷二《釋言》《釋訓》；卷三《釋親》《釋宮》《釋器》《釋樂》；卷四《釋天》《釋地》《釋丘》《釋山》《釋水》；卷五《釋草》《釋木》；卷六《釋蟲》《釋魚》《釋鳥》《釋獸》《釋畜》。姜氏於《目録》末之識語中云：“右《爾雅》六卷十有九篇，卷第如《註疏》。”考宋邢昺《爾雅疏》乃分十卷，今姜氏分六卷，其分卷不同於《註疏》，然篇次則同，故云然。姜氏此書，乃以晋郭璞《註》、宋邢昺《疏》之解義爲主而參訂之，故名《爾雅註疏參義》。各篇皆列《爾雅》經文，下以雙行小字釋之。每條先總述其義，下引《註》《疏》，標明"註曰""疏曰"。姜氏若有參訂，則加"愚按"以論之。

此書《四庫全書總目》著録，題"《爾雅補注》六卷，江蘇巡撫採進本"，入《經部·小學類存目一》。考《江蘇省第一次書目》中列有"《九經補註》三十六本"。另《江蘇採輯遺書目録》中亦載有"《九經補註》八十七卷，清丹陽舉人姜兆錫註，刊本"一種，其子目含"《爾雅參義》六卷"，《四庫全書總目》所録，當即據此《九經補註》本，惟題曰"《爾雅補注》"，實即《爾雅參義》也。姜氏《九經補註》八書，除《爾雅》外，《四庫全書總目》皆依子目題名，此題《爾雅補注》蓋偶疏爾。《總目》提要云："是《注》多以後世文義推測古人之訓詁，如《釋詁》'在，終也'則注曰：'凡物有定，在亦有終竟之意，今人云不知所在，亦云不知所終。'又好以意斷制，如《釋訓》'子子孫孫'三十二句，則注曰：'每語皆以三字約舉其意，與經書《小序》略相似，而又皆以韻叶之。此等文疑先賢卜氏受詩於聖人，而因爲之也。'云云，蓋因《詩序》首句之文而推求及於子夏。然考《周易·象傳》全爲此體，王逸注《楚詞·抽思》諸篇，亦用此體，是又安足爲出自子夏之證乎？"

《續修四庫全書總目提要》收録馮汝玠所撰此書提要，題"《爾雅注疏參義》六卷，雍正十年寅清樓刻本"，提要評云："綜其全書所參之義，可取者不過一、二，視乾嘉以後諸家訓解《爾雅》之作，言皆有物者，遜之遠矣。"

姜氏《九經補註》之内容已如上述。若以刊刻時間之先後言之，其次第爲《春秋胡傳參義》十二卷（雍正元年）、《孝經本義》一卷（雍正元年）、《周禮輯義》十二卷（雍正九年）、《禮記章義》十卷（雍正十年）、《爾雅註疏參義》六卷（雍正十年）、《書經蔡傳參義》六卷（雍正十二年）、《儀禮註疏參義内編》二十三卷《外編》五卷（乾隆元年）、《春秋公羊穀梁諸傳彙義》十二卷（乾隆五年）。此編雖名爲《九經補註》，實分爲八書，因其中《春秋》乃採胡氏《傳》成《春秋胡傳參義》，而三《傳》則合爲《春秋公羊穀梁諸傳彙義》也。姜氏另撰有《周易本義述蘊》四卷、《詩蘊》四卷等書，則不在此《九經補註》之内。杜澤遜《四庫存目標注》卷二"《周易本義述蘊》四卷，國朝姜兆錫撰"條下云："按：《中國叢書綜録》著録雍正乾隆間寅清樓刻《九經補注》，其子目未列此種，即此本首載《九經補注》總序三篇觀之，此係《九經補注》第一種。"（葉八十七）案：姜兆錫《九經補注自序》中明言"《九經補注》者，非唐人之九經，而十三經之中，朱子四經注外之九經也""朱子所註，惟《易》《詩》《論》《孟》四經，則今亦第即其餘三《禮》、三《春秋》與《尚書》《爾雅》《孝經》凡朱《註》所未備者而補之，故曰'非唐人之九經'也"。據此，則《九經補註》不含《周易本義述蘊》，明矣。

《九經補註》所含八書，《四庫全書總目》皆著録，分別收入《經部》各類存目中。《中國古籍善本書目》未著録。《中國叢書綜録》著録，題"《九經補注》，清姜兆錫撰，清雍正乾隆間寅清樓刊本"。惟其子目排列次序，與本館此本異，依次爲《爾雅註疏參義》六卷、《春秋胡傳參義》十二卷、《孝經本義》一卷、《禮記章義》十卷、《書經蔡傳參義》六卷、《儀禮經傳註疏參義內編》二十三卷《外編》五卷首一卷、《春秋公羊穀梁諸傳彙義》十二卷、《周禮輯義》十二卷，其本既非依同類爲次，亦未依刊刻先後爲序，次序如此，不知何故？《九經補註》此本除本館收藏外，另中國國家圖書館、北京大學圖書館、中國科學院圖書館、南京圖書館、上海圖書館、中國臺灣大學圖書館，美國柏克萊加州大學東亞圖書館等館亦有收藏。《續修四庫全書》曾將《書經蔡傳參義》《周禮輯義》《儀禮經傳註疏參義》《禮記章義》《爾雅註疏參義》等五書影印行世。另《四庫全書存目叢書》亦嘗將全部八書影印行世，分別列入《經部》各類中。

008
成均課講經學六種

T110　2121

成均課講周易十二卷
成均課講大學不分卷
成均課講中庸不分卷
論語温知録不分卷
讀孟子劄記不分卷
讀周子劄記不分卷

《成均課講經學六種》，清崔紀撰。清乾隆刻本。六冊。框高18.4厘米，寬12.4厘米。半葉九行二十四字，四周雙邊，白口，單魚尾。版心上鐫"成均課講周易"等各書名。

崔紀（1693—1750），初名珺，字南有，清山西永濟人，《清史稿》卷三百九《列傳》九十六有傳。傳云："年幼喪母，哀毀如成人。事父及後母孝。康熙五十七年，成進士，改庶吉士，授編修。遷國子監司業，以母憂歸。服闋，補故官。三遷祭酒。乾隆元年，提督順天學政……遷詹事，再遷倉場侍郎，署甘肅巡撫。二年，移署陝西巡撫……擢吏部侍郎，仍留巡撫，尋實授。"崔紀在陝西巡撫任內，興水利，傳云："陝民憚興作，言紀煩擾，上令詳勘地勢，俯順興情。三年，命與湖北巡撫張楷互調。"其後，遇旱，陝民乃知鑿井之效。乾隆五年，因總督德沛劾，降調。"六年，再授祭酒。九年，督江蘇學政，以父憂歸。十四年，起授山東布政使……十五年，命以副都御衙再督江蘇學政，力疾按試。旋卒"。著有《成均課講經學六種》《太極圖説》等。事迹另參中國臺北"故宮博物院"圖書文獻處藏《清國史館傳稿》5737 號。

《成均課講經學六種》含書六種，以下分述之。

（一）《成均課講周易》十二卷

此書二册。卷端題"周易上經第一"，未題撰者名。

書首有清乾隆九年（1744）七月崔紀自序，未立標題，版心鎸"敘"。

崔紀於書首自序中述此書撰作之由云："《易》者，君子成大業之書也……乾隆六年冬十月，予再承　恩命，仍掌成均，竊不自量，日與諸生以德業相切劘，期於學爲吉士，仕爲名臣，以仰副　聖朝崇重大學培養人才之至意。爰取兩經、十翼，反覆探討者，三年於兹。凡以其有禅於學者之進退行藏也。課講畢，録其説若干條，釐爲四册。極知淺陋，不足以闡發經、傳之微言奧旨，然於君子成大業之道，或庶幾千慮之有一得焉，終非予之所敢自信也。姑藏之篋笥，以備遺失，以質高明。"末署"乾隆九年秋七月蒲坂崔紀謹識"。案：據中國臺北"故宮博物院"圖書文獻處藏《清國史館傳稿》第 5737 號所載，崔紀曾於雍正十三年（1735）任國子監祭酒，其後又於乾隆六年（1741）再任國子監祭酒，直至乾隆九年（1744）始調任督江蘇學政。故崔紀此序言"乾隆六年冬十月，予再承　恩命，仍掌成均"，即指其再任國子監祭酒之事也。此書乃崔紀於乾隆六年至九年任國子監祭酒期間向國子監生講授《周易》之心得紀録。考《周禮·春官·大司樂》云："大司樂掌成均之法，以治建國之學政，而合國之子弟焉。"後世遂以"成均"爲國子監之代稱，由此可知此書名《成均課講周易》之含義。

此書共十二卷，計"周易上經第一""周易下經第二""周易彖上傳第一""周易彖下傳第二""周易象上傳第三""周易象下傳第四""周易繫辭上傳第五""周易繫辭下傳第六""周易文言傳第七""周易説卦傳第八""周易序卦傳第九""周易雜卦傳第十"。各卷皆先列經文或《傳》文，其後低一格釋之。

此書《四庫全書總目》著録，題"《成均課講周易》無卷數，山西巡撫採進本"，入《經部·易類存目三》。提要云："此書乃乾隆辛酉紀官國子監祭酒時所著。其説以《本義》爲主，而亦間有異同。至其以經文專主卜筮，《十翼》專言義理，謂孔子恐人惑於吉凶禍福之説，要求趨避之術，故專以義理言，則似《傳》非解經，惟以補救夫經矣。"

此書《中國古籍善本書目》未著録。除本館所藏此本外,《山西大學綫裝書目》著録有"清乾隆二十年安邑宋氏刻本十卷";另據《中國古籍總目》著録,南京大學藏有"清乾隆二十年重刻本",中國科學院圖書館藏有"清乾隆間木活字印本",上海圖書館藏有"清咸豐間木活字印本"。《四庫全書存目叢書》據中國科學院圖書館藏本影印行世,題"清乾隆活字本",列入《經部》第三十七册。

(二)《成均課講大學》不分卷

(三)《成均課講中庸》不分卷

《成均課講大學》一册。卷端上題"成均課講大學",下題"國子監司業崔紀"。《成均課講中庸》一册。卷端上題"成均課講中庸",下題"國子監司業崔紀"。二書皆無書名葉。

《成均課講大學》書首有清雍正十三年(1735)夏閏四月崔紀序,未立標題,版心鐫"序"。

崔紀於書首序中云:"竊惟聖人之道,一以貫之而已,何謂一?即天命之性而人得之爲明德者也。學聖以一爲要,求一以誠爲本,《大學》《中庸》二書,皆所以發明聖人一貫之道,而切指其學聖求一之方,其源流指趣一也……雍正十有二年六月,紀再貳成均事,日與諸生講貫二書之理,尋《大學》以微,而繹《中庸》以顯,敎學相資,頗有所得,退而存其説若干條。越明年二月,蒙 恩遷官洗馬,復經籍之專司,載編摩夫管見。爰輯其説,各爲一册。凡子朱子《章句》《或問》《語類》中已見之説不復贅,但曲鬯其引而未發之旨,則十居其五焉。蓋義所自來,實皆竊取子朱子,不敢誣也。"末署"雍正十三年歲次乙卯夏閏四月蒲坂崔紀謹識"。案:據前述《清國史館傳稿》第5737號所載,崔紀曾於雍正七年(1729)至九年任國子監司業,後丁母憂,返鄉。服滿,於雍正十二年(1734)六月,再補故官。因國子監司業爲祭酒之副貳,故崔紀此序云"雍正十有二年,紀再貳成均事"也。然則據此序,知《成均課講大學》《成均課講中庸》二書,乃崔紀於雍正十二年(1734)六月至十三年(1735)二月間任國子司業時向國子監生講《大學》《中庸》之心得紀錄,故卷端皆題"國子監司業崔紀"。

崔紀此二書皆不録經文,僅列標題,其下頂格作解。如《成均課講大學》列"聖經""明明德傳""新民傳""止至善傳""本末傳""格物致知傳""誠意傳""正心脩身傳""脩身齊家傳""齊家治國傳""治國平天下傳"等標題。《成均課講中庸》列"第一章""第二章"以至"第三十三章"等標題。二書眉欄皆間鐫有評語。此二書主朱熹之義而有所推闡。崔紀序中謂"凡子朱子《章句》

《或問》《語類》中已見之説不復贅，但曲鬯其引而未發之旨，則十居其五焉”。可知其旨。惟《成均課講大學》嘗引述《朱子四書或問小註》之説，其書實爲僞書（參後“179　朱子四書或問小註三十六卷”條），然崔紀蓋未疑其僞也。

本館所藏此二書，有佚名朱筆圈點。

此二書《四庫全書總目》著録，惟將二書合而爲一，題“《成均課講學庸》無卷數，江蘇巡撫採進本”，入《經部·四書類存目》。考《江蘇省第一次書目》載：“《成均課講學庸》一本。”又《江蘇採輯遺書目録》中亦載：“《成均課講學庸》二册，清國子監祭酒崔紀著，刊本。”然則採進時已合二書爲一矣。《總目》提要評云：“其旨謂‘《大學》以慎動爲宗，故所言多顯；《中庸》以主静爲宗，故所言多微。究則體用一原，顯微無間者也。學者惟是微《大學》之顯而闡《中庸》之幽，庶有以得源流指趣之一矣。’云云。然以《學》《庸》分屬微、顯，且謂《中庸》以主静爲宗而不言存誠，似於理終未周密也。”

《中國古籍善本書目》未著録。此二書，他館所藏亦多與崔紀所撰《讀孟子劄記》《論語温知録》等書合編，然取名則多異，如中國國家圖書館所藏稱《四書温講雜集》，南京圖書館所藏稱《崔紀所著書》，山西大學所藏則稱《崔中丞著書五種》。中國國家圖書館著録此二書爲“清雍正刻本”，《四庫全書存目叢書》據以影印出版，題“清雍正刻《四書温講雜集》本”收入《經部》第一七六册。案：崔紀序此二書，末署“雍正十三年歲次乙卯夏閏四月蒲坂崔紀謹識”，序中未言及刻書事，且考雍正帝卒於十三年（1735）八月，此月，高宗即位，次年（1736）即改元爲乾隆元年。故崔氏作序時，離雍正帝之卒僅數月，若作序時即付梓，亦未必能於此年刻成，何況此年未必付刻也。故若著録此二書爲雍正刻本，恐不能無疑，今仍定爲乾隆刻本。

（四）《論語温知録》不分卷

此書一册。卷端上題“論語温知録”，下題“蒲坂崔紀著”。

書首有清乾隆五年（1740）正月崔紀序，未立標題，版心鐫“序”。

崔紀於書首序中云：“孔子之道，即堯、舜相傳之中。余自束髮讀《論語》時，已聞諸師長而敬識其説矣。顧心無自得，依樣葫蘆，年幾四十而未洞厥指。雍正辛亥秋，以内艱歸里，閒中尋繹，覺有一知半解，沈酣往復，九年於兹。竊思聖人之道無窮盡，中爲之樞；聖人之道無方體，中爲之的……楚署公餘，薈萃管見，得若干條，名曰《温知録》，聊誌頻年尋繹之所得。若謂於聖道少有發明，雖先儒猶遜謝不敏，余則何敢？”末署“乾隆五年歲次庚申春正月蒲坂崔紀謹識”。作序時，崔紀正任職湖北巡撫。考崔紀於雍正九年（辛亥，1731）因丁母艱而返故里蒲坂，序中謂其歸里期間對《論語》時加研讀尋繹，且有所心得。自彼時起，至乾隆五年（1740），其間"沈酣往復，九年於兹"。可見其浸淫《論語》之久。此書乃崔紀於任湖北巡撫期間所撰録，故云："楚署公餘，薈萃管見，得若干條，名曰《温知録》，聊誌頻年尋繹之所得。"其書名乃取《論語・爲政》"温故而知新"之義也。

此書不分卷，不分篇，亦不録經文，僅由始至末依序先標示章名，而後作解。如起首乃標示"子曰學而時習之章""有子曰其爲人也孝弟章""子曰巧言令色章""曾子曰吾日三省吾身章"等章。書中大體依《論語》各篇各章順序作解，偶亦有省略某章未解者。此書所釋，大抵以闡發朱義爲主，其解亦有極簡約者，如"子曰君子周而不比章"，崔紀解云："周、比，和、同，驕、泰，皆要於相似處見其相反，其幾甚微，不可不察。"其語甚簡。

本館所藏此本，有佚名朱筆圈點。

《四庫全書總目》著録，題"《論語温知録》二卷，江西巡撫採進本"，入《經部・四書類存目》。提要云："國朝崔紀撰，皆其平日讀《論語》所筆記，官湖北巡撫時乃彙輯之。每章統論其大意，皆以闡發《集註》爲主。"

《中國古籍善本書目》未著録。除本館外，中國國家圖書館、南京圖書館、山西大學圖書館等亦有收藏。《四庫全書存目叢書》曾據中國國家圖書館藏本影印出版，題"清乾隆刻本"，收入《經部》第一七六册。

（五）《讀孟子劄記》不分卷

此書與《讀周子劄記》合一册。卷端上題"讀孟子劄記"，下題"蒲坂崔紀著"。

書首有清乾隆五年（1740）正月崔紀序，未立標題，版心鐫"序"。

崔紀於書首序中云："案：《史記》或曰孟子受業子思之門人，或曰親受業於子思，未知孰是。顧余反覆七篇之旨，則無一不出於曾子所傳之《大學》……余自辛亥丁内艱，歸里，間與一、二從遊之士發明其説。楚署公餘，重加研索，約前後劄記，得若干條。極知蠡測有限，然沈酣往復，期於稍有心得。其先儒已有成説者，余固無容贅及云。"末署"乾隆五年歲次庚申春正月蒲坂崔紀謹識"，作序時間與《論語温知録》之序相同，皆在湖北巡撫任内，二書當屬同一時期撰録。此書提及雍正九年（辛亥，1731）丁母憂歸里之後，與從遊之士（蓋指學生）講論《孟子》其書，至任湖北巡撫時，乃重加研索，輯録其前後所作劄記而成此書，故名曰《讀孟子劄記》。

此書體例與《論語温知録》同，不分卷，不分篇，不録經文，惟依序先列章名，其下作解。如起首乃列"孟子見梁惠王章""孟子見梁惠王王立於沼上章""梁惠王曰寡人之於國也章""梁惠王曰寡人願安承教章"等章。所釋亦大體依朱子《集註》，惟主申己之心得，即序中所謂"其先儒已有成説者，余固無容贅及"之旨也。此書之解亦有極簡約者，如"孟子見梁襄王章"下，僅解云："不嗜殺人者能一之，一之以仁也。"又如"孟子之平陸章"，僅解云："爲民請命，直以去就争之，爲人牧者，不可不知。"此固符其劄記之體也。

本館所藏此本，有佚名朱筆圈點。

《四庫全書總目》著録，題"《讀孟子劄記》無卷數，江蘇巡撫採進本"，入《經部·四書類存目》。提要云："是書以七篇大旨出於《大學》，其言性情即明德，言知言養氣即明之之事，告齊、梁諸君以憂樂同民即恕與絜矩之意，其論執中，以射之巧、稱之權譬之，即至善之理，其説亦自成理。然聖賢之旨，原自貫通，正不必如此節節比附。又稱本於《中庸》，亦可不必也。"

《中國古籍善本書目》未著録。除本館外，中國國家圖書館、南京圖書館、山西大學圖書館等亦有收藏。《四庫全書存目叢書》據中國國家圖書館藏本影印行世，題"清雍正刻《四書温講雜集》本"，列入《經部》第一七六冊。案：《讀孟子劄記》書首有乾隆五年（1740）崔紀之自序，則其非雍正刻本至明。《四庫全書存目叢書》蓋沿用國家圖書館《四書温講雜集》一書之版本著録，故有此誤也。

（六）《讀周子劄記》不分卷

此書與《讀孟子劄記》合一冊。卷端上題"讀周子劄記"，下題"蒲坂崔紀著"。

書首有清乾隆四年（1739）正月崔紀序，未立標題，版心鑴"序"。

書首崔紀序中云："嘗讀薛文清公《讀書録》，謂《太極圖説》《通書》之理，《中庸》備之。其説引而未發，予初茫然不知所謂，反覆尋繹，久之，稍覺有得，已於《中庸》課講中約略言之矣。然尚未詳究其旨也。乾隆三年，蒙　恩調撫楚北，　陛見後由京赴楚，正值三伏炎蒸之時，往往夜行晝憩，旅店孤悶，因讀《周子》排遣，且以消暑。有時細玩圖象，有時潛體文義，不但以主靜爲宗，原本《中庸》體立而後用行之旨，凡所言一理、二氣、五行、生人、生物以及禮樂刑政、道義文辭之類，實無一字一義不自《中庸》言命、言性、言誠體會而出也。爰隨所得而劄記之，凡若干條。今敘次其説，都爲一冊，雖極知淺陋，未能闡發周子之精蘊，然揆之文清公之意，或有一、二合焉者。姑存之，以俟就正有道。"末署"乾隆四年春正月望後蒲坂崔紀謹識"。案：乾隆三年（1738），崔紀由陝西巡撫調任湖北巡撫，序中謂赴任途中，旅店孤悶，因讀《周子》以排遣、消暑，其有所得即隨而劄記之，至乾隆四年（1739）乃敘次而成此書。

　　此書採劄記方式，紀錄閱讀北宋周敦頤所撰《太極圖説》《通書》等書之心得。全書不分卷，先頂格錄周氏原文，下低一格分條述己心得。其書開端首載劄記七條，首條云：“《圖説》《通書》，皆所以發明《易・大傳》太極之理，然以主靜爲宗，細按之，全是《中庸》體立而後用行之理。”又次條云：“《中庸》以誠爲樞紐，周子亦以誠爲本，故《太極圖》於四象外，特增出土來，而《通書》四十章，亦無不具有此意。”第三條云：“《中庸》言動時工夫，以慎獨爲要。慎獨者，審幾之謂，故曰：‘知遠之近，知風之自，知微之顯，可與入德。’《圖説》《通書》中每多暢發此旨。”此乃就《太極圖説》《通書》二書通論之。

　　《四庫全書總目》著錄，題“《讀周子劄記》無卷數，江蘇巡撫採進本”，入《子部・儒家類存目四》。提要云：“是書以《中庸》之旨發明《太極圖説》《通書》之理。大意謂太極即《中庸》‘上天之載’，其陰中有陽者，是太極之靜，而中即《中庸》所謂‘人心未發’之中。陽中有陰者，是太極之動，而和即《中庸》所謂‘人心已發’之和。其變四象而言五行，用意尤在於土以明太極即不貳之誠，蓋本明薛瑄之説，而益推衍之。紀所解《中庸》，以主靜爲主，亦此意也。”

　　此書《中國古籍善本書目》未著錄。除本館外，東北師範大學圖書館等亦有收藏。《四庫全書存目叢書・子部》未收錄此書。

　　此編包含崔紀所撰著作六種，共六冊。若以撰作時間之先後爲次，其次第爲《成均課講大學》（雍正十三年）、《成均課講中庸》（雍正十三年）、《讀周子劄記》（乾隆四年）、《論語溫知錄》（乾隆五年）、《讀孟子劄記》（乾隆五年）、《成均課講周易》（乾隆九年）。此編函套雖題爲《成均課講經學六種》，然其中《論語溫知錄》《讀孟子劄記》《讀周子劄記》三種，爲崔紀自身研讀《論語》《孟子》《周子》等書之心得札記，非在國子監之課講紀録，與其餘三種之性質不同，且《周子》亦非經書，總題爲《成均課講經學六種》，恐非宜也，今則仍依舊題録之。又此編諸序皆未明言刊刻事，且各書皆無書名葉以考其版刻時間，姑定爲“清乾隆刻本”。

　　鈐印有“九峰三泖人家”朱文長方印、“光鎬”朱文圓印、“武異”右朱文左白文方印、“松竹爲心”白文方印等印。

009

豐川經學三種二十卷

　　豐川今古文尚書質疑八卷

豐川禮記彙編八卷

豐川春秋原經四卷

《豐川經學三種》二十卷，清王心敬撰。清乾隆二年（1737）至三年（1738）刻本。十八冊。函套題"豐川經學三種"。

首冊首葉爲手抄，首行題"豐川經學三種總目"，其下二至四行列子目云"豐川今古文尚書質疑八卷／豐川禮記彙編八卷／豐川春秋原經四卷"。此葉紙質較新，又爲手抄，當係後加。

王心敬（1656—1738），字爾緝，號豐川，清陝西鄠縣（今陝西省西安市鄠邑區）人。《清史列傳》卷六十六《儒林傳上》有傳。傳云："爲諸生，督學待之不以禮，棄去。從李颙遊，講明正學……著《豐川易説》十卷，明白正大，切近人事，有裨學者。督學朱軾數造廬問業，總督額倫特、年羹堯先後以隱逸薦，不就。羹堯嘗招心敬，亦不往。世宗聞而重之。乾隆元年，舉孝廉方正，以老病不赴京，大學士鄂爾泰嘗寄聲問安否，其見重當世如此。心敬爲學，明體達用，西陲邊釁初開，即致書戎行將吏，籌畫精詳，所言多驗。集中《選舉》《餉兵》《馬政》《區田法》《圃田法》《井利説》《井利補説》諸篇，皆可起行。桂林陳宏謀官陝時，聞其緒論，小試輒效。"著有《豐川易説》《豐川今古文尚書質疑》《詩説》《豐川禮記彙編》《豐川春秋原經》《關學篇》《文獻覽要》《豐川全集》《豐川續集》等書。康熙四十九年（1710）陳詵撫鄂，嘗聘心敬主講江漢書院，撰有《江漢書院講義》十卷。

此編含書三種，以下分述之。

（一）《豐川今古文尚書質疑》八卷

清乾隆三年（1738）王勍刻本。八冊。框高20.7厘米，寬14.5厘米。半葉十行二十一字，四周雙邊，白口，單魚尾。版心上鐫"尚書質疑"，中鐫卷次及篇名。

書首，首清乾隆戊午（三年，1738）正月陳俟《序》。次未署年王心敬《豐川今古文尚書質疑自序》。次《凡例》，首行題"豐川今古文尚書質疑"，次行題"凡例（原注：'共十一則'）"。次《豐川今古文尚書質疑目錄》。次《通論》，首行題"豐川今古文尚書質疑"，次行題"通論"。

卷端首行題"豐川今文尚書質疑卷一"，第二至五行題"豐川王心敬爾緝手編；男勐、功、勍謹錄；後學平遠潘淳元亮、平湖陸綸懷雅同校"。本館此本無書名葉，四川省圖書館藏本有書名葉，中題"豐川今古文尚書質疑"，左上題"乾隆戊午歲梓"，左下題"潯衙藏板"。

此書卷八爲《豐川古文尚書質疑》，卷端首行題"豐川古文尚書質疑卷八"，第二至五行所題同卷一。卷八之首有未署年王心敬《豐川古文尚書質疑自序》，四川省圖書館藏本此序置於書首陳儼《序》與王心敬《豐川今古文尚書質疑自序》之間，恐有未當。

此書撰作之由，王心敬於《豐川今古文尚書質疑自序》中云："敬自二十五歲時，謝掌故之業，始讀《尚書》，每於舊解心多爲之疑，惘而疑則不忍以但已，故甲子冬，手述《尚書反身》一録，冀以就正先覺，奈以識力之未及，不能自慊於心也。僅終《商書》而止。自後時讀時疑，疑者日久，遂若信者漸多，且若於二帝、三王之宗傳，微有領署，又若於吾夫子删定之微旨如目親，而如吾夫子祖述憲章之脉絡亦遂若脈脈相遇於誦讀之表焉。然私人又竊冀得大君子相與就正，然後敢擬重疏，以終愚願。無奈終於相遇之疎，而余且老至六十有九矣。私念歲暮至此，將不復知前途之奚若；夙願莫酬，且恐重爲瞑目時一憾。乃於甲辰四月朔，誓撥細冗，鋪設諸解，兼取前《反身録》半藁，取材折衷，先辨吾夫子删定本旨，次究典謨訓誥命脉精神，又次究古今文之真贗是非，窮日繼夜，踰歲仲春，黽勉藁竣，爲書凡若干卷……但自二曲先師之歿，終未得大君子正余之偏駁而教余以不逮。管窺天而蠡測海，其自負本願之欲及亦多矣，故編成，自題曰《質疑》。若曰：是是非非，古古今今，特余一人之私疑，而又不獨余一人之私疑。"此《序》末署"豐川末學王心敬爾緝謹識"，未題年月。考《序》中云："甲辰四月朔，誓撥細冗，鋪設諸解。"此年爲雍正二年（甲辰，1724），王氏始提筆撰作此書。《序》又云："踰歲仲春，黽勉藁竣。"則稿乃成於雍正三年（1725）仲春，此時王氏年七十矣。

此書刻於乾隆三年（1738），於此編三書中乃最晚鏤版者。卷首陳儼《序》中云："豐川先生窮經稽古，年七十，《尚書質疑》成，又十年，而鏤版行世。予從令嗣潯州太守恕堂受讀是書，見其於吾夫子删定之大旨，祖述憲章之學脉，實實心領神會，曲暢旁通；於二帝、三王之道法，奧義微言，闡發殆盡。"末署"乾隆戊午春正月真州後學陳儼頓首拜譔"。案：戊午爲乾隆三年（1738），恕堂爲王心敬第三子王勃之號，時任潯州知府，此時蓋因王勃將刊《尚書質疑》而請序於陳儼也。四川省圖書館藏本，書名葉題"乾隆戊午歲梓"，亦可與此相證。另考《豐川春秋原經》一書，據其書書名葉所載，乃刻於乾隆二年（詳下文所述），其書末有王勃之《後序》云："家大人著有《春秋原經》■（寶三案：此原書爲墨丁）卷，勃與伯兄功、仲兄勘，家居侍膝，一日進而詔曰：'……'，勃謹遵所聞，又歷二十有餘歲，未嘗一日敢忘。近承乏潯守，公事之暇，延一、二同志，商権校訂……付梓人以公諸世，或可藉流傳以就正有道云。至《易説》久已鏤板行世，《禮記彙編》今伯兄功已校刊楚南，尚有《詩説》《尚書質疑》續謀校刊，不敢怠忽從事也。"據此《後序》知乾隆二年（1737）刻《豐川春秋原經》時，《豐川禮記彙編》已在楚南校刊之中，而《豐川尚書質疑》則仍俟刊也。

此書八卷，卷一之前有《通論》，卷一至卷七爲《豐川今文尚書質疑》，卷八爲《豐川古文尚書質疑》，全書總名爲《豐川今古文尚書質疑》。卷八之首，有王心敬撰《豐川古文尚書質疑自序》，《序》中云："嗟呼！魚目淆珠，碔砆亂玉，已非宇宙公理之安，矧聖經者，聖道之攸寄，《尚書》一經，尤吾夫子手定，二帝、三王之道法，生平所祖述憲章，而且使萬世知所尊尚之典訓也。而致令僞撰淆經，漫無分異，不且聖經之阨，即爲聖道之阨歟？是今斯文，後死者之不容已於釐訂也。但是平心質劑，既不容真今僞古漫無差別，失明經尊聖之義，若必盡謂宜刪，不惟中間格言正論可作法戒者不容遺棄，即海内久已行世之編，國家功令課士之書，何得輕言去留？故今編今文二十八篇於前，而編古文諸篇於後，即原來從出之先後爲編次之先後，而細註則今文字字全疏，古文但疏其格言嘉論。"由此可知王氏區分此書爲《今文尚書質疑》與《古文尚書質疑》之由。

此書各卷皆先列經文，下作疏解，其解或引前儒之説，或下己意。《豐川今古文尚書質疑自序》云："爲書若干卷，中間引用先儒成説，必註其由來，既不敢掩前人之善，襲爲己有，其或出自愚見，則註明愚按，亦不敢自避師心之嫌，依樣葫蘆。"至於其所採先儒成説之來源，王氏在《凡例》第九則中云："敬以山林寒生，家藏之經解既寡，兼當世之知交不多，舉一生目所及見，並此篇所及採者，不過《集註大全》、鄧氏《經繹》、郝氏《經解》、陸氏《彙纂》而已。"由此知王氏所採先儒成説，大抵來自明修《尚書集傳大全》、明鄧元錫《五經繹》、明郝敬《九經解》、清陸士楷輯《尚書彙纂必讀》等書也。

本館此本卷一葉五十二，右面第四行至左面第七行有殘缺，以新紙貼補，仍劃有直欄。

此書《四庫全書總目》著録，題"《尚書質疑》八卷，安徽巡撫採進本"，入《經部·書類存目二》。提要云："是書用趙孟頫、吳澄之説，分今文、古文爲二，不爲無據。惟是《康誥》等三篇，據書語則在武王時受封，據《左傳》，則在成王時受封，先儒皆疑不能明，今徑升《大誥》之前，紊亂舊第，殊失嚴謹之義……至於沿豐坊僞本之説，改《堯典》爲《帝典》，自謂根據《大學》，不知無以處《孟子》。又以二《典》非虞史所作，出夫子筆削；'曰若稽古帝堯'出孔子增加，尤爲臆説矣。"

此書《中國古籍善本書目》未著録，除本館收藏外，另四川省圖書館、山西大學圖書館等館亦有收藏。《四庫全書存目叢書》據四川省圖書館藏本影印，題"清乾隆三年廣西潯州刻本",收入《經部》第五十九册。

（二）《豐川禮記彙編》八卷

清乾隆三年（1738）王功刻本。七册。框高20.6厘米，寬14.6厘米。半葉十行二十一字，四周雙邊，白口，單魚尾。版心上鐫"禮記彙編"，中鐫卷次及章名。

卷端首行題"豐川禮記彙編卷一上編"，第二至五行題"豐川王心敬爾緝手編；男勷、功、勃謹録；後學平遠潘淳元亮、平湖陸綸懷雅同校"。本館此本無書名葉。中國科學院圖書館藏本有書名葉，中題"豐川禮記彙編"，左上題"乾隆戊午歲梓"，左下題"潯衙藏板"。

書首，首未署年王心敬《豐川禮記彙編自序》。次未署年《編定戴記求正同志書》。次《凡例》，共十三則，首行題"豐川禮記彙編"，次行題"凡例"。次《豐川禮記彙編目録》。

據王勃於《春秋原經》書末之識語云："《禮記彙編》今伯兄功已校刊楚南，尚有《詩說》《尚書質疑》續謀校刊。"《春秋原經》刻於乾隆二年（1737），則乾隆二年時《禮記彙編》當已由王功在楚南校刊之中，至其刻成，則至乾隆三年（戊午，1738），後板藏於潯署，故中國科學院圖書館藏本書名葉題"乾隆戊午歲梓""潯衙藏板"也。

王心敬撰作此書，在《豐川今古文尚書質疑》稿成之後，王氏《豐川禮記彙編自序》中云："夫《儀禮》十七篇雖傳，其出于西周，然究之，禮之儀節也。《戴記》雖雜出漢人，然中寓先王之大經大法、吾夫子之微言大義，則禮之根柢也。儀節者可隨時損益，根柢則百世而不變，可隨時損益者爲經乎？抑百世不變者爲經乎？此當世老士宿儒又往往致嘆於後世議禮之家，終無益於世教之綱維而徒成一聚訟之府也。昔與家復庵氏每論及此，輒慷慨激昂，慫余共相釐訂，以便子弟講習。維時苦於書寫之無人，將作而復止。自是復庵每相邀訂，即敬亦時往來於私衷，顧終於事機之牽阻也。今年夏，《尚書》一解，黽勉告竣，乃念自乙酉至今，閱年已如此之久，而余且老矣。復庵仍遠宦四方，建樹於功業之場，竊恐此願竟成道旁之築，終已抱恨於夢魂。迺本前此共訂之義例，手自編校，前後統分三編。"此《序》末署"豐川末學王心敬爾緝謹識"，未題年月。案：據王氏於《豐川今古文尚書質疑自序》中所述，《尚書質疑》完稿於雍正三年（1725），今《豐川禮記彙編自序》既云"今年夏，《尚書》一解，黽勉告竣"，則知此序乃撰於雍正三年也。王氏《禮記彙編》即在雍正三年《尚書質疑》稿成之後而繼作也。

此書八卷，共分上、中、下三編。卷一至卷四爲上編，計卷一、二《聖訓拾遺》；卷三《大學古本》《中庸》；卷四《曾子拾遺》《諸子拾遺》《樂記》。卷五至七爲中編，計卷五《諸儒紀要》《月令》；卷六《王制》；卷七《王制》《嘉言嘉行》。卷八《紀錄雜聞》，爲下編。王心敬於《編定戴記求正同志書》中云："宇宙行世論禮之書，獨惟《戴記》一編尊奉爲經，與《書》《詩》《易》《春秋》並稱爲五，則此書之所關亦重矣。顧其書既非先王之全經，又不關吾夫子手定，特漢人彙採諸儒之雜記而成，則亦類書也……今竭區區之愚，於四十九篇分別義例，使以類相從，顧不自知其萬有一當否也？"此書將《禮記》四十九篇之內容，分別義例，以類相從，故名《禮記彙編》也。

此書《四庫全書總目》著錄，題"《禮記彙編》八卷，浙江吳玉墀家藏本"，入《經部·禮類存目二》。提要云："是編取《禮記》四十九篇，自以己意排纂，分爲三編。上編首孔子論禮之言，曰《聖訓拾遺》，次以《大學》《中庸》，又次以《曾子拾遺》《諸子拾遺》，又次以《樂記》。中編括禮之大體，曰《諸儒紀要》，次以《月令》，又次以《王制》，又次以《嘉言善行》。下編聚列瑣節末事，及附會不經之條，曰《紀錄雜聞》。其意蓋欲別勒一經，據漢儒之上。然自孫炎以來，弗能也，況心敬乎？"四庫館臣對王氏此書所爲，似未表認同也。

《中國古籍善本書目》未著錄。此本除本館收藏外，另中國科學院圖書館、復旦大學圖書館、山西大學圖書館等亦有收藏。《四庫全書存目叢書》據中國科學院圖書館藏本影印行世，題"清乾隆三年刻本"，列入《經部》第一〇三冊。

（三）《豐川春秋原經》四卷

清乾隆二年（1737）王勣刻本。三冊。框高20.8厘米，寬14.3厘米。半葉十行二十一字，四周雙邊，白口，單魚尾。版心上鎸"春秋原經"，中鎸卷次。

卷端首行題"豐川春秋原經卷一"，第二至五行題"男勷、功、勣謹錄；後學平遠潘淳元亮、平湖陸綸懷雅同校"。書名葉中題"豐川春秋原經"，左上題"乾隆丁巳歲梓"，左下題"潯衙藏板"。

書首，首清乾隆二年（1737）壯月（八月）陸奎勳《序》。次未署年潘淳《序》。次未署年王心敬《豐川春秋原經自序》。次《豐川春秋原經目錄》。書末有未署年王勣"後序"，未立標題，版心鎸"後序"。末署"男勣謹識"。

此本乃王心敬之第三子王勣任潯州知府時所刻，書末王勣之"後序"載其刊刻之緣起云："家大人著有《春秋原經》■卷，勣與伯兄功、仲兄勷家居侍膝，一日，進而詔之曰：'吾夫子於《易》《詩》《書》三經，或曰贊，或曰刪訂，而於《春秋》獨曰作，作則必有作之之義矣。吾嘗求之《左傳》，求之《公》《穀》，又求之歷代先儒辨説，皆於義未能脗合，因求之吾夫子之自言、求之《孟子》七篇中之論斷，信而疑，疑而信，凡閲二十餘年而後脱藁，小子志之……'勍謹遵所聞，又歷二十有餘歲，未嘗一日敢忘。近承乏潯守，公事之暇，延一、二同志，商榷校訂，仰承　家大人尊經覺世之志。更念　盛世右文，達《春秋》之義者，海內當不乏人，是蘽庋之篋衍，誰與是正？付梓人以公諸世，或可藉流傳以就正有道云。至《易説》久已鏤板行世，《禮記彙編》今伯兄功已校刊楚南，尚有《詩説》《尚書質疑》續謀校刊，不敢怠忽從事也。男勍謹識。"此"後序"雖未署年月，然此本書名葉題"乾隆丁巳歲梓""潯衙藏板"，丁巳乃乾隆二年（1737），又書首陸奎勳《序》中云："今嗣君潯州使君恕堂以所録《春秋原經》委序於予。"此《序》之末，署"乾隆二年歲次彊圉大荒落壯月穀旦當湖舊史陸奎勳頓首拜序"。則此本當刻於乾隆二年，付梓前王勍問序於陸奎勳，而王勍此《後序》亦當撰於乾隆二年也。另據王勍《後序》，《春秋原經》付梓時，《禮記彙編》已校刊於楚南，而《尚書質疑》則尚未鏤版，已如前述。

　　王心敬於《豐川春秋原經自序》述其撰作之由云："敬少也於《春秋》未知讀經，徒於《左氏傳》涉獵其浮豔，毫不知《左傳》之與經合否奚似？暨後稍知窮經，則見諸儒之論，謂左氏多不得聖人筆削本旨，徒欲以藻繪附會聖經成名，乃始就經求聖人筆削正義。然究之不能外《左氏傳》以證經，舍《公》《穀》二傳以索義。及欲旁證於他經，則五經、《魯論》又絕無詳及《春秋》之説可作印證者。疑團蓄心，歷有歲年。後因潛心《孟子》，每日夜必立課，誦味一篇。一日，讀至'世衰道微……孔子懼，作《春秋》'八言，則憬然曰：'原來孔子作《春秋》，是爲尊王以正亂臣賊子也。'又讀至'王者之迹熄'九語，則恍然曰：'原來《春秋》是維王迹於既熄，而竊取其義以寓魯史也。'……於是時取經而印之傳，傳所未安，仍原諸經，至經、傳兩不相合，則獨印以《孟子》之旨，更參以本經傳寫之多誤，遂覺於吾夫子作《春秋》不詳事蹟之旨，並三《傳》與諸儒紛紜異同之故……久之，竊恐前説之遺忘，又慮無能廣質高明而仍蹈四《傳》之弊，卒無當於經旨也。乃筆而録之，題曰《春秋原經》。'原經'者，謂孟子親炙子思，學魯七年，獨承聖道之傳，其與聞吾夫子筆削原旨，當爲獨得宗要。讀《春秋》必推原孟子之論爲柢本而不盡靠諸傳，庶幾於經可望合耳。"王氏此《序》，對於其研讀《春秋》之過程及此書取名爲《春秋原經》之義，所述頗爲明晰。

　　此書分四卷，計：卷一《講讀春秋八法》，卷二《通論》，卷三《原春秋之由作》，卷四《諸儒論春秋》。其中卷四又分上下。書中卷一、卷二以論述方式行之，卷三先列《孟子》中論《春秋》之語，後作闡論。卷四取諸儒論《春秋》之語，後作評論。卷一《講讀春秋八法》，舉出讀《春秋》宜知之八項要領，如謂："讀《春秋》，第一要知吾夫子是爲尊王明統，以正人心作。""第二要知《尚書》是唐虞三代及周西京之史，《春秋》繫東周以後二百四十二年之史。""第三要知《戴記》經教篇、《春秋》比事屬辭之教，是乃讀《春秋》要義。知得此旨，即明得讀《春秋》。"卷四，評論諸儒論《春秋》之語，如卷四下，首引明唐荆川（順之）之語，下云："敬按：荆川是論，真是簡易直截，深合經旨，明此可正歷來諸儒議論書法之穿鑿。"

此書《四庫全書總目》著錄，題"《春秋原經》四卷，副都御史黄登賢家藏本"，入《經部·春秋類存目二》。提要云："是編不載經文，亦不及經中所書之事，惟泛論孔子之意。分爲四篇，一曰《講讀八法》，二曰《通論》，三曰《原春秋之由作》，四曰《諸儒論春秋》。其大旨本孟子之言，以尊王抑伯爲主，持論甚正。其謂孔子不以一字爲褒貶，亦足以破諸家紛紜轇轕之陋。而矯枉過直，加以懸揣臆斷，不顧事理之安，至謂《左傳》事迹皆聖人之所删，不當復存其説……是開卷數行，已窒碍不行，無論其餘矣。況自有六經以後，歷漢至今，通儒輩出，其失經意者固多，得經意者亦不少，心敬乃一概排斥，謂孔子之後，惟孟子能知，孟子之後，直至心敬乃能知，甚至謂孔門諸子未見《春秋》，故《論語》無一字及之，至孟子搜索闕里，始見本經。揆以事理，豈其然乎？"

《中國古籍善本書目》未著錄。此本除本館外，南京圖書館亦有收藏。另北京大學圖書館、山西大學藏有十六卷本，其本卷五至卷十六爲對《春秋》經文之考釋，每一公爲一卷，書名葉分三欄，右題"大中丞陳榕門先生鑒定"，中題"豐川春秋原經"，左題"本衙藏板"，當爲較晚之本。《四庫全書存目叢書》未收錄《豐川春秋原經》，未知何故。

此編收錄王心敬有關《尚書》《禮記》《春秋》三經之著作，題曰《豐川經學三種》，若以刊刻之時間言之，其先後次第則爲《豐川禮記彙編》《豐川春秋原經》《豐川今古文尚書質疑》也。此《豐川經學三種》，《中國叢書綜錄》未著錄，諸家館藏目錄亦未經見，本館所藏此編，蓋係書商或藏家偶輯而成，其書首所附《豐川經學三種總目》爲手抄後加，亦可印證。此外，此編所收三書，版式雖皆爲半葉十行二十一字，四周雙邊，白口，單魚尾，然究其版刻内容，頗見歧異之處。如《豐川春秋原經》卷端無"豐川王心敬爾緝手編"一行，而《豐川今古文尚書質疑》及《豐川禮記彙編》則有之。又《豐川春秋原經》"冠"字皆刻作"冠"，其他二書則作"冠"，此《豐川春秋原經》與其他二經歧異之例也。另《豐川今古文尚書質疑》與《豐川禮記彙編》間亦有歧異，如《豐川今古文尚書質疑》"統"字作"綂"，"冀"字作"㝬"，《豐川禮記彙編》則作"統""冀"。由此推之，此三書雖書名葉皆見鐫有"潯衙藏板"，其僅曰"藏板”，未必同刻於潯州，且王勍於《豐川春秋原經》之《後序》中又嘗謂其兄王功校刊《禮記彙編》於楚南，然則此三書若皆以“潯州刻本”稱之，似未宜也。

010
省吾堂四種二十五卷

T110　9619

九經古義十六卷　清惠棟撰

周易本義辯證五卷　清惠棟撰

五經同異三卷　清顧炎武撰

石經考一卷　清萬斯同撰

《省吾堂四種》二十五卷，清蔣光弼輯。清蔣氏省吾堂刻本。十五冊。框高18.0厘米，寬13.1厘米。半葉十行二十一字，小字雙行同，左右雙邊，上黑口，單魚尾。版心中鐫書名及卷次，下鐫“省吾堂”。

此編函套題“省吾堂四種”。首冊書首空白葉有手書總目及子目，首行題“省吾堂四種總目”，下三行題子目云：“《九經古義》十六卷，周易本義辨證五卷／五經同異三卷，石經攷二卷／古文尚書攷二卷。”案：本館所藏此編原共二函十六冊，其中第十六冊爲清惠棟撰《古文尚書攷》二卷，故此手書之目錄遂將“《古文尚書攷》二卷”一併錄入。考此總目既題“省吾堂四種”，則不應有五書，且惠棟《古文尚書攷》乃清乾隆五十七年（1792）宋廷弼刻本，非蔣光弼《省吾堂》所刊，實不應附此。蓋收藏者或書商因此編有二種惠棟著作，遂將惠棟《古文尚書攷》附入，乃成蛇足。今將編中《古文尚書攷》別出，另入《尚書類》中述之（參見“056　古文尚書攷二卷”條）。又：此編所收《石經考》僅爲一卷，此手書目錄題爲“二卷”，亦疏誤也。

輯者蔣光弼，字少逸，又字鏡吾，清江蘇常熟人。《［光緒］重修常昭合志稿》卷二十七《人物六·耆舊》中載：“光弼，字鏡吾，乾隆丙午舉京兆試，充四庫館校對、咸安宮教習。歷知浙江於潛、山陰、雲和等縣，署紹興同知。所至有政聲。在於潛嚴治士棍，歲旱，登山虔禱，與城隍神同鎖烈日中三日，甘霖大注。嘉慶丁卯、戊辰，分校浙闈，多知名士。”嘗纂修《於潛縣志》。“省吾堂”爲蔣光弼之堂號，所刻書有《省吾堂四種》《省吾堂匯刻書》等。

本編收録清代經學四種，分述如下。

（一）《九經古義》十六卷

清惠棟撰。五冊。版心中鐫“九經古義”及卷次，下鐫“省吾堂”。

66

卷端首行題"周易古義上"，次行題"長洲惠棟定宇撰"，第三、四行題"常熟蔣光弼少逸校刊；錢朝錦秋槎參校"。美國哈佛大學哈佛燕京圖書館所藏本有書名葉，分三欄，右題"惠定宇先生著"，中題"九經古義"，左題"省吾堂藏板"，本館此本無書名葉。

惠棟（1697—1758），字定宇，號松崖，學者稱小紅豆先生，清江蘇元和（今江蘇蘇州）人。《清史列傳》卷六十八《儒林傳下一》、《清史稿》卷四八一《儒林二》俱有傳。《清史列傳》云："棟，字定宇。元和學生員。自幼篤志向學，家多藏書，日夜講誦。於經史諸子、稗官野乘及七經緯之學，靡不肄業及之……乾隆十五年，詔舉經明行修之士，陝甘總督尹繼善、兩江總督黃廷桂交章論薦，會大學士九卿索所著書，未及呈進，罷歸。棟於諸經熟洽貫串，謂訓詁古字古音，非經師不能辨，作《九經古義》二十二卷。尤邃於《易》……嘉定錢大昕嘗論：'宋元以來說經之書，盈屋充棟，高者蔑古訓以誇心得，下者襲人言以爲己有。獨惠氏世守古學，而棟所得尤精。擬諸前儒，當在何休、服虔之間，馬融、趙岐輩不及也。'二十三年，卒，年六十二。"著有《九經古義》《周易述》《古文尚書攷》《明堂大道錄》《後漢書補註》《九曜齋筆記》《松崖筆記》《松崖文鈔》等書。惠棟祖惠周惕，父惠士奇，三代治《易》，卓然有成，傳爲佳話。後人論清代學術，推爲"吳派"之代表。清錢大昕撰有《惠先生棟傳》（見《潛研堂文集》卷三十九），另清王昶撰有《惠定宇先生墓志銘》（見《春融堂集》卷十五），并可參。

惠棟曾於《九經古義述首》中云："漢人通經有家法，故有五經師，訓詁之學皆師所口授，其後乃著竹帛，所以漢經師之說立於學官，與經並行。五經出於屋壁，多古字古言，非經師不能辨。經之義，存乎訓，識字審音，乃知其義，是故古訓不可改也，經師不可廢也。余家四世傳經，咸通古義，守專室，呻稿簡，日有省也，月有得也，歲有記也。顧念諸兒尚幼，日久失其讀，有不殖將落之憂，因述家學，作《九經古義》一書，吾子孫其世傳之，毋隳名家韻也。"（見《松崖文鈔》卷一）案：惠棟所謂"余家四世傳經，咸通古義"者，謂自其曾祖父惠有聲、祖父惠周惕、父惠士奇，以及己身也。惠棟另於《上制軍尹元長先生書》中亦云："棟少承家學，九經注疏，鱻涉大要，自先曾王父樸庵公以古義訓子弟，至棟四世，咸通漢學，以漢猶近古，去聖未遠故也。"（見《松崖文鈔》卷一）惠棟因其家四世傳經，咸通古義，懼墜家學，故有《九經古義》之作也。

此書共十六卷，總名《九經古義》，版心皆鐫"九經古義"及卷次，惟各經《古義》卷端皆各自題名。計：卷一《周易古義上》，卷二《周易古義下》，卷三《尚書古義上》，卷四《尚書古義下》，卷五《毛詩古義上》，卷六《毛詩古義下》，卷七《周禮古義上》，卷八《周禮古義下》，卷九《儀禮古義上》，卷十《儀禮古義下》，卷十一《禮記古義上》，卷十二《禮記古義下》，卷十三《公羊古義上》，卷十四《公羊古義下》，卷十五《穀梁古義》，卷十六《論語古義》，凡九書。《左傳古義》六卷，原亦在其中，後別出，題爲《左傳補注》。

此書各經皆先列文句，次考漢儒古義，所謂“經之義，存乎訓，識字審音，乃知其義”也。如《周易古義上》考論《屯卦》上六《爻辭》云：“‘上六，泣血漣如。’棟案：漣本波瀾之字，《說文》引作㦑，或古從立心，篆書水、心相近，故誤爲漣。陸德明亦引《說文》而不云字異，明不從水旁。《淮南子》引此經，又作連，從省文。（原注：‘《毛詩》：泣涕漣漣，亦當從心連聲。’）”此謂《屯卦》上六爻辭“泣血漣如”，漣古當作㦑，即其一例也。

此書《四庫全書》收録，入《經部·五經總義類》。《四庫全書總目》題“《九經古義》十六卷，桂林府同知李文藻刊本”，提要云：“是編所解，凡《周易》《尚書》《毛詩》《周禮》《儀禮》《禮記》《左傳》《公羊》《穀梁》《論語》十經，其《左傳》六卷後更名曰《補註》，刊板別行，故惟存其九。曰‘古義’者，漢儒專門訓詁之學得以考見於今者也……棟作是書，皆蒐採舊文，互相參證，其中愛博嗜奇，不能割愛者，如《易》之《需卦》，據《歸藏》作‘溽’，於《象傳》飲食之義固符，於《爻詞》‘需泥’‘需沙’則義不相協。《書》之‘曰若稽古’，用鄭康成之義，實則訓古爲天，經典更無証佐……然自此數條以外，大抵元元本本，精核者多，較王應麟《詩考》、鄭氏《易註》諸書，有其過之，無不及也。”

《中國古籍善本書目》著録“《九經古義》九卷，清惠棟撰，手稿本”“《九經古義》十六卷，清惠棟撰，清乾隆潮陽縣署刻本，清嚴元照校並跋”“《九經古義》十六卷，清惠棟撰，清乾隆刻貸園叢書本，清張星鑑跋”“《九經古義》十六卷，清惠棟撰，清刻本，清朱錫庚批並跋”“《九經古義》十六卷，清惠棟撰，清蔣光弼刻《省吾堂四種》本，清葉名澧校並跋”等五種，分藏上海圖書館、中國國家圖書館、南京圖書館等館。此外清阮元編《皇清經解》、清朱記榮輯《槐廬叢書》亦俱收録此書。《續修四庫全書》嘗影印九經中之《周禮古義》行世，列入《經部》第七十九册。

（二）《周易本義辯證》五卷

清惠棟撰。三册。版心中鐫“周易本義辯證”及卷次，下鐫“省吾堂”。

卷端首行題“周易本義辯證卷一”，次行題“長洲惠棟定宇撰”，第三、四行題“常熟蔣光弼少逸校刊；太倉蕭掄子山參校”。

書首有《周易本義辯證凡例》，共八則。

此書爲惠棟諸《易》學著作中成書最早者，初名《周易本義解正》，其後易名爲《周易本義旁通》，又改爲《周易本義辯證》《周易本義辨證》。清顧棟高爲盧見曾代筆而撰之《惠徵君松崖先生墓誌銘》（收入顧棟高《萬卷樓文稿》第七本）中云：“先生於《易》理尤精，早歲著《周易本義解正》五卷，中有《凡例》十條……其後著《易漢學》七卷……晚輯《周易述》一書，垂成而歿，余爲刊行之。”案：顧氏此處言惠棟早歲著《周易本義解正》五卷，即指《周易本義辯證》其書，知其初名《周易本義解正》。又此文乃顧氏爲盧見曾代筆，文中稱“晚輯《周易述》一書，垂成而歿，余爲刊行之”。此“余”乃謂盧見曾也。另上海圖書館藏有惠棟《周易本義辯證》手稿本，其中可見此書書名“旁通”“辯證”“辨證”等改易之迹。

此書今存有數種清代傳本。一爲清蔣光弼省吾堂刻本，五卷，書首有《凡例》八則。二爲北京大學圖書館藏紅豆齋抄本，六卷，書首有《凡例》十則。另上海圖書館藏有稿本二種，一爲謄錄後復經惠棟校改增訂之“稿本”，五卷，書首有《凡例》十則；另一爲惠棟之手稿本，書首有《凡例》十則，書末有“附錄”，此手稿本亦屢經惠棟修改。此外，復旦大學圖書館亦藏有清鈔本六卷。考察諸傳本，可理解惠棟一生對《周易本義辯證》用心、校改之迹。詳參張素卿《從典範轉移論惠棟之〈周易本義辯證〉》一文（刊《國文學報》五十三期，臺北：臺灣師範大學國文系，2013年6月）。

此書五卷，乃針對朱熹《周易本義》加以辨析，若《本義》有所未備，則引他書以補充參證。書首《凡例》第四則云：“《本義》有未備者，間以《語類》及程《傳》補之，其與程《傳》異者，畧著其説。或《本義》所載先儒姓氏及説所本者，並爲箋釋。”書中所辨證《本義》，皆摘句條釋，不錄《本義》全文。又《周易本義》本無音訓，宋呂祖謙嘗撰音訓一篇，朱熹之孫朱鑑嘗刊《周易本義》，將呂祖謙音訓附刊於《本義》之末，後世刻本更將音訓附入《本義》書中。惠棟此書，於音訓亦有所補充，書首《凡例》第二則云：“今刻《本義》，頗以音訓附于上，其未備者，則取《説文》《玉篇》（寶三案：‘玉’此本原誤刻爲‘三’，今改正）、《廣韻》諸書以補之。”

據惠棟手稿本，知《周易本義辯證》書末原有“附錄”，包含《辨河圖洛書》《辨先天後天》《辨兩儀四象》《重卦説》《辨太極圖》等六文。後惠棟刪去此“附錄”，移入《易漢學》之末卷，《周易本義辯證》原書《凡例》十則之末二則因與“附錄”有關，亦隨之刪去，剩八則。此省吾堂刻本無“附錄”，《凡例》共八則，與手稿本刪除“附錄”後之情況相應。

《四庫全書總目》未收錄此書。《續修四庫全書總目提要》收錄柯劭忞所撰此書提要，題"《周易本義辯正》五卷，蔣氏省吾堂本"，提要云："明人修《周易大全》，取朱子卷次割裂附於程《傳》，坊本《易本義》遂以程之次第爲朱之次第，沿訛襲謬，占畢之士莫喻其非，棟著此書以更正之。《本義》向無音釋，棟採呂祖謙之古《易》音訓附之，又據《説文》《玉篇》《廣韻》諸書，以補音訓之未備……至《本義》有未備者，間以《語類》、程《傳》補之，並廣以漢儒之説，洵爲讀《易本義》之善本。惟不全刻經文，僅標舉經文及《本義》之一、二語，附加辯正於後，則以坊本沿襲已久，限於當時功令，不敢擅改原書也。"案：惠棟於《周易本義辯證凡例》第二則中云："今刻《本義》，頗以音訓附于上，其未備者，則取《説文》《玉篇》《廣韻》諸書以補之。"此所謂"今刻"者，乃指今坊間之刻本，柯劭忞誤讀，乃稱"《本義》向無音訓，棟採呂祖謙之古《易》音訓附之"。其説非也。若如柯氏所解，豈是惠棟此將刊刻《周易本義》乎？

此書《中國古籍善本書目》著録"《周易本義辨證》五卷附録一卷，清惠棟撰，手稿本"一種，藏上海圖書館；又"《周易本義辨證》六卷，清惠棟撰，稿本，葉景葵跋"一種，藏上海圖書館；又"《周易本義辨證》六卷，清惠棟撰，清抄本，清翁方綱批"一種，藏復旦大學圖書館。除《中國古籍善本書目》所著録之三種之外，另北京大學圖書館藏有紅豆齋抄本一種，《續修四庫全書》嘗據以影印行世，列入《經部》第二十一冊。

（三）《五經同異》三卷

清顧炎武撰。五冊。版心中鐫"五經同異"及卷次，下鐫"省吾堂"。

卷端首行題"五經同異上"，次行題"崑山顧炎武亭林撰"，第三、四行題"常熟蔣光弼少逸校刊；錢朝錦秋槎參校"。書名葉分三欄，右題"顧亭林先生著"，中題"五經同異"，左題"省吾堂藏板"。下卷之末，鐫有"常熟劉光德局刻"一行。

顧炎武（1613—1682），原名絳，字忠清。明亡後，以慕文天祥學生王炎午之爲人，改名炎武，字寧人，曾自署蔣山傭，學者稱亭林先生。清蘇州崑山（今江蘇崑山）人。《清史列傳》卷六十八《儒林傳下一》、《清史稿》卷四八一《儒林二》俱有傳。《清史稿》云："明諸生。生而雙瞳，中白邊黑，讀書目十行下。見明季多故，講求經世之學。明南都亡，奉嗣母王氏避兵常熟。崑山令楊永言起義師，炎武及歸莊從之。魯王授爲兵部司務，事不克，幸而得脱，母遂不食，卒，誡炎武弗事二姓。唐王以兵部職方郎召，母喪未赴，遂去家不返。炎武自負用世之略，不得一遂，所至輒小試之。墾田於山東長白山下，畜牧於山西雁門之北、五台之東，累致千金。徧歷關塞，四謁孝陵，六謁思陵，始卜居陝之華陰……炎武之學，大抵主於斂華就實，凡國家典制、郡邑掌故、天文儀象、河漕兵農之屬，莫不窮原究委，考正得失……康熙十七年，詔舉博學鴻儒科，又修《明史》，大臣爭薦之，以死自誓。二十一年，卒，年七十。無子，吳江潘耒敘其遺書行世。宣統元年，從祀文廟。"著有《左傳杜解補正》《詩本音》《易音》《唐韻正》《古音表》《韻補正》《天下郡國利病書》《肇域志》《金石文字記》《求古録》《日知録》《菰中隨筆》《亭林詩文集》《顧炎武全集》等書。清吳映奎著有《顧亭林年譜》、錢邦彥撰有《校補顧亭林年譜》、張穆撰有《顧亭林先生年譜》，今人倫明撰有《三補顧亭林年譜》、謝國楨撰有《顧亭林學譜》、周可真撰有《顧炎武年譜》，俱可參。

此書分上、中、下三卷，上卷含《易》《書》；中卷含《詩》《春秋》；下卷含《禮》，附《大學》《中庸》《論語》。每卷各含數十條目，未載經文，皆先立標題，下録宋、元、明及同時諸儒之成説，而未加論斷。惟此書後人有疑其爲僞者，參下文所述。

此書《四庫全書總目》未著録。《中國古籍善本書目》著録"《五經同異》三卷，清顧炎武撰，清抄本，清朱錫庚跋"，載中國國家圖書館收藏。

中國國家圖書館所藏清抄本，傅增湘（1872—1949）曾寓目，《藏園群書經眼録》卷二載："《五經同異》三卷，明顧炎武撰，清寫本。有朱錫庚跋，録後：'右《五經同異》，不列序目、卷數，分上、中、下三册，題東吳顧炎武寧人書。所載宋、元諸儒論説。亭林宗漢學，又以'同異'命名，亦未能騩括是書之旨，始疑非亭林所訂，既觀其所采，皆與《日知録》有合，蓋宋、元之書多出臆斷，而其中亦有創獲卓識，以開後人之疑者，故先生特表而志之，萃□□此，以不没前人之功，尤推見古人好學樂善之心爲不可及也。夫學問至公，非可以凌越逞奇，先得我心，往往而然，先源後委，何必掩古人之長始自著耶？偶論及之，輒附書尾。時乾隆癸丑春二月朔旦，將事禮闈，未暇細繹，他日更校也。大興朱錫庚志。'"案：癸丑爲乾隆五十八年（1793），朱錫庚此跋始雖有疑，終仍斷此書爲顧炎武之作也。又清周中孚《鄭堂讀書記》卷二"《五經同異》三卷，常熟蔣氏省吾堂刊本"條論云："是編所載，皆宋、元、明以迄同時諸儒之説，從經解、史論、文集中選擇而成，凡分目九十有五，《易》七，《書》三十，《詩》五，《春秋》十二，三《禮》二十七，《大學》《中庸》各一，《論語》十二，隨目件繫，悉屬原文而不加以删節，并不增以按語，疑當日鈔撮以備忘，非有意以著書，後人得其藁本，刊以行世耳。"此亦以"疑當日鈔撮以備忘，非有意以著書"解之，而不謂其爲僞託也。

《續修四庫全書總目提要》載倫明所撰此書提要，題"《五經同異》三卷，嘉慶省吾堂刊本"，提要云："考顧氏《日知録》於諸經皆有考證，中惟'卦變''九族''西伯勘黎''微子之命'四條，與此同題；'卦變'條證蘇軾、王炎説，'九族'條引《路史》説，略同，他二條全異。至下卷引萬斯大、汪琬説，琬説見《鈍翁類稿》，《類稿》刊於康熙十四年，炎武尚得見之，斯大説見《禮學四書》，其書爲斯大卒後其子經所刊行，炎武安得見之？不知何人托炎武之名，以售其欺，蔣光弼遂據而刊之，其識殊足哂也。"倫明此以顧炎武未得見萬斯大之《禮學四書》而斷《五經同異》爲後人僞託，其説不爲無據。惟今華東師範大學古籍研究所整理點校之《顧炎武全集》，仍將此書收入其中。

（四）《石經考》一卷

清萬斯同撰。二册。版心中鐫"石經考"，下鐫"省吾堂"。

卷端首行題"石經考"，次行題"鄞縣萬斯同季埜撰"，第三、四行題"常熟蔣光弼少逸校刊；錢朝錦秋槎參校"。

萬斯同（1638—1702），字季野，學者稱石園先生。清鄞縣（今屬浙江寧波）人。《清史列傳》卷六十八《儒林傳下一》、《清史稿》卷四八四《文苑一》俱有傳。《清史列傳》云："斯同，字季野，生而異敏，年十四、五，取家藏書徧讀之，皆得其大意。從黃宗羲得聞蕺山劉氏之學，以慎獨爲主，以聖賢爲必可及。寧波有五經會，斯同年最少，遇疑義，輒以片言析之。尚書徐乾學撰《讀禮通考》，斯同與參定焉。博通諸史，尤熟於明代掌故……康熙十八年，薦博學鴻儒科，辭不就。會詔修《明史》，大學士徐元文爲總裁，欲薦斯同入館局，斯同復辭，乃延主其家，以刊修委之。元文罷，繼之者大學士張玉書、陳廷敬，尚書王鴻緒，皆延之。乾隆初，大學士張廷玉等奉詔刊定《明史》，依據鴻緒稾本而增損之，鴻緒稾實出斯同手……斯同性不樂榮利，見人惟以讀書勵名節相切劇。康熙四十一年，卒，年六十。所著有《歷代史表》六十卷、《儒林宗派》八卷、《喪禮辨疑》四卷、《廟制折衷》四卷、《廟制圖考》四卷、《石經考》二卷、《周正彙考》八卷、《紀元彙考》四卷、《歷代宰輔彙考》八卷、《宋季忠義録》十六卷、《南宋六陵遺事》一卷、《庚申君遺事》一卷、《羣書疑辨》十二卷、《書學彙編》二十二卷、《崑崙河源考》二卷、《河渠考》十二卷、《石園詩文集》二十卷。"清全祖望撰有《萬貞文先生傳》（見《鮚埼亭集》卷二十八）、錢大昕撰有《萬先生斯同傳》（見《潛研堂文集》卷三十八），另清黃百家撰有《萬季野先生斯同墓志銘》（見《碑傳集》卷一三一），俱可參。

此書一卷，載録漢、魏至唐、宋間有關石經之文獻，間附己見，則低二格，冠"按"字以論之。

此書《四庫全書》收録，入《史部·目録類》。《四庫全書總目》題"《石經考》一卷，副都御史黄登賢家藏本”，提要云：“石經之沿革異同，唐宋以來論者齟齬不一，崑山顧炎武始輯諸家之説，爲《石經考》，實有剏始之功。斯同是編，悉載炎武之説，又益以吳任臣、席益、范成大、吾衍、董逌諸家之論，并及炎武所作《金石文字記》，亦間附以己見，雖不若杭世駿《石經考異》之詳辨，而視顧氏之書，已爲較備。且炎武詳於漢魏而畧於唐宋，斯同則於唐、宋石經，引據特詳。又斯同雖在世駿前，而世駿作《考異》時未見此書，故此書之所詳者，《考異》或轉未之及。要之，合三家之書，參互考證，其事乃備，固未可偏廢其一也。”

清周中孚《鄭堂讀書記》卷三十四“《石經考》一卷，常熟蔣氏省吾堂刊本”條論云：“考石經之書，始於顧亭林，而朱竹垞《經義考》列門繼作，然非專以石經爲事，至季野復取顧氏書而推廣之，自諸家之外，并及亭林所著《金石文字記》《求古録》二書，其有未備，則作案語以發明之，於漢魏唐蜀兩宋徧爲詳考，而尤詳於唐及北宋，蓋以補亭林之略也。”

《中國古籍善本書目》未著録。此書傳世之刻本主要有《昭代叢書》本、蔣光弼省吾堂刻本、懺花庵本及《四明叢書》本等。其中康熙四十二年（1703）揚州詒清堂所刻《昭代叢書》本爲此書之首刻本。另傳世之抄本有上海圖書館藏知聖道齋抄本、河南大學圖書館藏佚名抄本及《四庫全書》本。其中知聖道齋抄本乃彭元瑞（1731—1803）在清乾隆戊申（五十三年，1788）所抄校，其後彭元瑞之門人蔣光弼據知聖道齋抄本加以刊刻，即此省吾堂刻本也。詳參陳隆予《萬斯同“石經考”版本源流及館藏抄本考述》（《河南圖書館學刊》2012年第3期）。

以上所述爲《省吾堂四種》四書之大要。本館所藏此編，除以上四書外，另附有惠棟《古文尚書攷》一書，因其非省吾堂所刻書，故另於《尚書類》中述之，已如前述。

此《省吾堂四種》，除本館收藏外，另中國國家圖書館、首都圖書館、北京大學圖書館、北京師範大學圖書館、上海圖書館、華東師範大學圖書館、中國香港中文大學圖書館，美國哈佛大學哈佛燕京圖書館、柏克萊加州大學東亞圖書館、西雅圖華盛頓大學圖書館，日本京都大學人文科學研究所等館亦有收藏。惟其中所收書之數量及版本未盡一致，尚待詳考。如《美國哈佛大學哈佛燕京圖書館藏中文善本書志》著録云：“《省吾堂五種》，二十七卷，清蔣光弼輯。清乾隆省吾堂刻本。”中亦附有惠棟《古文尚書攷》二卷，與本館同，而題名則作《省吾堂五種》，有異。又如《柏克萊加州大學東亞圖書館中文古籍善本書志》著録“《省吾堂四種》二十五卷，清蔣光弼輯，清乾隆常熟蔣氏省吾堂刻本”，述云：“此書有翻刻之本，目録家鮮有提及。翻本與原刻封面、内容、版式、字體皆相彷彿，唯其各種卷末鎸'常熟劉光德局刻'一行，爲明顯區別。"（葉二十九）據此知柏克萊加州大學藏本未鎸"常熟劉光德局刻"字樣，其書志以爲有者爲翻刻之本。考《美國哈佛大學哈佛燕京圖書館藏中文善本書志》中未述及其本鎸有"常熟劉光德局刻"，本館所藏本，則僅顧炎武《五經同異》卷末鎸有"常熟劉光德局刻"，其餘三種則無。其鎸有"常熟劉光德局刻"者，是否即爲翻刻之本，尚待詳考。

此《省吾堂四種》初刻於何時，諸家目録多著録爲乾隆刻本，然鮮言其據。《香港中文大學圖書館中國古籍目録》亦著録爲"清乾隆間（1736—1795）常熟蔣氏省吾堂刻本"，附注云："是書《中國叢書綜録》作清刻本，審其書内諱字，避至清乾隆，嘉慶以後皆不避，當爲清乾隆間所刻。"今考書内有避"玄""弘"等字者，然亦有"玄""弘""曆""貞"等字皆不避者，依避諱情況以斷其爲乾隆刻本，恐未必是。今依校刊者蔣光弼及參校者錢朝錦、蕭掄之生平考之，《省吾堂四種》刻於乾隆間之説，似不能無疑。蔣光弼於乾隆五十一年（丙午，1786）中舉，前此爲監生，《[光緒]重修常昭合志稿》中載："乾隆丙午舉京兆試，充四庫館校對、咸安宮教習，歷知浙江於潛、山陰、雲和等縣，署紹興同知，所至有政聲。"據清伍承澤等修、王士玢纂《雲和縣志》卷十《職官》所載，蔣光弼於清嘉慶十五年（1810）任雲和縣知縣，次年去職，由張敦樸繼任。另《[光緒]重修常昭合志稿》又云："嘉慶丁卯、戊辰，分校浙闈，多知名士。"丁卯爲嘉慶十二年（1807）、戊辰爲嘉慶十三年（1808）。由此可知蔣光弼爲官之主要時期應在嘉慶年間。另考《省吾堂四種》中，《九經古義》《五經同異》《石經考》三書之參校者爲錢朝錦，《周易本義辯證》之參校者爲蕭掄。錢朝錦，字秋槎，常熟人，嘉慶六年（1801）辛丑科舉人，二十二年（1817）丁丑科進士，曾任荆溪縣訓導、興化縣諭。蕭掄（？—1818），字冠英，號子山，又號樊村，太倉人，廩生，與兄蕭揆齊名。蕭揆，字振西，嘉慶三年（1798）舉人。據此則錢朝錦、蕭掄二人較有作爲之時期亦當在嘉慶年間。就蔣光弼、錢朝錦、蕭掄三人之生平行事推之，此《省吾堂四種》之刊刻時間若推定爲嘉慶年間，似較乾隆年間更爲合理。惟蕭掄卒於嘉慶二十三年（1818），則《省吾堂四種》之刻，當不晚於此年也。《中國叢書綜録》著録《省吾堂四種》，題"清常熟蔣氏省吾堂刊本"，又《中國古籍善本書目》著録："《九經古義》十六卷，清惠棟撰，清蔣光弼刻《省吾堂四種》本，清葉名澧校並跋。"二目題《省吾堂四種》之版本，皆僅言"清"，不遽斷爲乾隆刻本，蓋其慎也。又《續修四庫全書總目提要》中收録倫明所撰《五經同異》提要，題"嘉慶省吾堂刊本"，倫明題"嘉慶"，當有所據，惟未言之也。

鈐有"光緒初書歸黄縣王氏海西閣"白文方印。案：海西閣主人王守訓（1845—1897），字仲彝，又字松溪，清山東黄縣（今山東龍口）人。光緒十一年（1885）順天榜舉人，十二年（1886）成進士，選翰林翰庶吉士，散館，授檢討。歷充國史館協修、武英殿纂修等職，嘗主講瀛州書院。著有《毛傳補證》《適齋經說》《春秋地理補考》《韻字折衷》《登州雜事》等書。事迹見清孫葆田（1840—1909）撰《翰林院檢討王君墓誌銘》（見《碑集傳三編》）。王守訓好藏書，本館另所藏《孝經集註》一書，亦鈐有此印。

011

稻香樓雜著六種七卷

T110　2193

　三禮鄭註考三卷

　　周禮故書考一卷

　　儀禮古文今文考一卷

　　禮記古訓考一卷

　説文古語考一卷

　續方言補二卷

　古韻異同摘要一卷

《稻香樓雜著六種》七卷，清程炎撰。清乾隆活字印本。六册。框高17.0厘米，寬11.7厘米。半葉十行二十四字，左右雙邊，白口，單魚尾。版心上鎸各書名。

程炎（1739—？），字奐若，或作焕若，號東冶，後因避嘉慶帝御名（顒琰），改名際盛。清江蘇長洲（今江蘇蘇州）人。《清史列傳》卷六十八《儒林傳下》、《清代樸學大師列傳》俱有傳。《清史列傳》云："程際盛，原名炎，字焕若，亦長洲人。乾隆四十五年進士，授内閣中書，官至監察御史。際盛初學詩於同里沈德潛，及官京師，奉職三十餘年，退食而歸，閉關却埽，惟以窮經爲務。尤深研鄭學，摘鄭語之要，爲《周禮故書考》《儀禮古文今文考》《禮記古訓考》，凡三卷。書成於辛亥，在段玉裁《漢讀考》未出之前，然其讀經之法，則與玉裁暗合。又著《説文古語考》《駢字分箋》各二卷，《續方言補正》一卷，青浦王昶稱其書皆有功學者。又有《清河偶録》《稻香樓集》。"事迹另參清吳省欽《中憲大夫掌湖廣道兼掌京畿道監察御史程公墓志銘》（見《白華後稿》卷二十四）。

此編收録程炎經學著作六種，其中《周禮故書考》一卷、《禮儀古文今文》一卷、《禮記古訓考》一卷，合稱爲《三禮鄭註考》。各書作者皆題"長洲程炎", 尚未因避嘉慶帝諱而改名, 知書成於乾隆間。考程炎於《説文古語考》書首自序中嘗云: "揚雄《方言》多識奇字, 許慎《説文》亦多異方語, 與《方言》互有異同。三代時及漢以前逸語殊音, 皆可證驗。因詳悉薈之, 并稽譔其説, 達其神怡, 亦使舊書雅記、故俗語, 不失其方, 名曰《説文古語考》。今夏又校訂鄭註三《禮》, 採輯《註疏》中説, 旁及羣經、史、漢所詁, 得一百三條。又校正《續方言》六十六條, 名曰《續方言補》上、下二卷附焉。"此序末署"庚戌冬至日長洲程炎序", 庚戌爲乾隆五十五年(1790), 據此可知此編各書於乾隆五十五年時皆已成矣。又此編爲活字本, 避"玄"字、"弘"字諱, 且各書作者題名皆作"長洲程炎", 故定爲"清乾隆活字印本"。

本館此編所收各書, 前五種爲木活字印本,《古韻異同摘要》一書則爲據木活字印本手抄本。函套題"程氏經學六種", 然書内未見全編之題名。考《中國叢書綜録》著録此編, 題云: "《稻香樓雜著》,(清)程炎(際盛)撰, 清木活字排印本。"收書六種, 與本館此編同, 故今據之, 題爲"《稻香樓雜著六種》七卷"。全編各書分述如下。

(一)《三禮鄭註考》三卷

《周禮故書考》一卷, 卷端題"長洲程炎輯"。書名葉中題"周禮故書考", 左題"長洲程炎輯"。書首首清乾隆五十六年(1791)九月武億《三禮鄭註考序》。次未署年程炎《三禮鄭註考序》。書末鐫"男世萱校"。

《儀禮古文今文考》一卷, 卷端題"長洲程炎輯"。書末以一紙條黏貼, 紙條上鐫"男世英校"。

《禮記古訓考》一卷, 卷端題"長洲程炎輯"。書名葉中題"禮記古訓考", 左下題"長洲程炎輯"。書末鐫"男世茂校"。

程炎《三禮鄭註考序》云: "漢鄭康成, 經各有註, 自孔穎達撰《五經正義》後, 鄭《易》、《書》、《論語》註皆不傳, 傳者《毛詩》、三《禮》註而已。康成云: '傳書世異, 古字時有存者。'則亦有今誤者, 故《周禮》有數本, 劉向未校之前, 或在山巖石室, 爲古文, 考校後爲今文。古今文不同, 鄭據今文作註, 每云: '故書作某。'又杜子春、先鄭讀音有各異者。《儀禮》高堂生傳十七篇, 爲今文。武帝末, 得亡《儀禮》五十六篇, 其字皆篆書, 爲古文。古文與高堂生所傳者同, 而字多不同, 鄭《註》每云: '古文作某, 今文作某。'《禮記》出自群儒, 有字同義異, 字同音異, 鄭《註》咸爲引證。蓋三《禮》互異, 諸儒各記所聞, 不可强合。康成或以今文易之, 仍載古文古音, 不輕易一字, 以爲古經不可改。其《易》註、《論語》註, 往往散見于三《禮》《註疏》中, 又足資考據。今人于《周禮》, 第知《旁訓》、《節訓》;《儀禮》襲先儒説,

謂多誤、難讀；《禮記》惟宗陳澔《集説》。鄭註三《禮》，束書不讀，可爲大
息。暇日，輯成三册，曰《周禮故書考》，曰《儀禮古文今文考》，曰《禮記古
訓考》，由識字審音，以知其義，亦讀經之一助。且漢註甚古，後人莫曉，輒肆
譏評，多見其不知量也。"案：《周禮故書考》《儀禮古文今文考》《禮記古訓考》
合稱《三禮鄭註考》，乃就《周禮》《儀禮》《禮記》三書之鄭玄《註》，輯録其
有關故書、今古文之異及古訓異讀者，偶加案語，有所考論。如《周禮故書
考》起首《大宰》載："《太宰》'三曰官聯'，《註》：'古書連作聯。又聯讀爲
連。''八曰匪頒之式'，《註》：'頒讀爲班布之班。''二曰嬪貢'，《註》：'嬪故
書作賓。''八曰斿貢'，《註》：'斿讀如囿游之游。'"此四條僅列鄭《註》，無
案語。下《小宰》載云："《小宰》'掌建邦之宮刑'，《註》：'杜子春云：宮皆
當爲官。'"其下有程炎之案語云："按：經文'以宮刑憲禁於王宮而令于百官
府'，且曰'國有大刑'，則'宮刑'當作'官刑'明矣。"由此可知其體例。

（二）《説文古語考》一卷

卷端題"長洲程炎輯"。書首，首庚戌（乾隆五十五年，1790）冬至日程炎
自序，未立標題。次未署年李桼序，未立標題。書末未鐫校者姓名。

程炎自序云："揚雄《方言》多識奇字，許慎《説文》中亦多異方語，與
《方言》互有異同。三代時及漢以前逸言殊音，皆可證驗。因詳悉薈之，并稽譔
其説，達其神恉，亦使舊書雅記、故俗語，不失其方，名曰《説文古語考》。"
又李桼序云："夫三代以上，言文不言字；兩漢以上，言音不言韻。自許氏《説
文》，發明六書之指，始一終亥，釐正篆體，而時代沿習，方俗訛傳，綜其異同
而辨析之，不可不有以折其中也。東冶汲汲好古，予嘗見其臚列經史逮夫諸子
百家，博采蒐輯，爲《説文引經考》，自十三經以及《莊》《騷》，歷十餘年成
書。今又輯《説文古語考》，并解其字與義，引古不芟前言，按語不參己見，如
註《爾雅》者，援據而詳徵之，俾讀者開卷瞭然，其有功於小學，豈淺鮮哉？"
案：程氏此書依《説文》卷次爲序，各條皆先臚列《説文》中之方言殊語，下
加案語。如起首第一條，先載云："'齊謂芌爲莒'，卷一《艸部》。"下接按語
云："按：《史記·項羽本紀》'士卒食芋菽'，注：'芋，蹲鴟也。'芌同芋。《集
韻》：'莒，草名。'"由此可知其體例也。

（三）《續方言補》二卷

卷端題"長洲程炎輯"。

程炎於《説文古語考》自序云："今夏又校訂鄭註三《禮》，採輯《註疏》
中説，旁及羣經、史漢所詁，得一百三條。又校正《續方言》六十六條，名曰
《續方言補》上、下二卷附焉。《續方言》者，浙西杭菫浦先生所集，此補其漏

落也。郭景純云：‘以燕石之瑜，補琬琰之瑕。’然與？否與？”此序題“庚戌冬至日”，知《續方言補》乃成於乾隆五十五年（1790）夏日也。

清杭世駿（字大宗，號董浦，1696—1773）撰有《續方言》二卷，《四庫全書》收録其書，《四庫全書總目》論云：“是書採《十三經註疏》《説文》《釋名》諸書以補揚雄《方言》之遺，前後類次，一依《爾雅》，但不明標其目耳。蒐羅古義，頗有裨於訓詁。惟是所引之書，往往耳目之前，顯然遺漏。”因杭世駿所撰《續方言》仍未完備，且有誤字，故程炎此《續方言補》乃補其闕漏，且校其誤字。書分上、下二卷，上卷爲補闕，如首條云：“蕨，周秦曰蕨，齊魯曰虌。”下補所據出處云：“《詩經·草蟲·釋文》。”下卷爲校正，卷端第三行題“卷下校正《續方言》”，其首條先載杭氏《續方言》文云：“黨，所也。所猶時，齊人語也。文十三年《公羊傳》註。”其下接程氏按語云：“按：《公羊傳》註：‘所猶是’，誤刻‘時’字。”此校正杭書中“時”字之誤。

（四）《古韻異同摘要》一卷

卷端題“長洲程炎輯”。本館所藏此本爲抄本，考其行款、字體，當抄自木活字印本也。此書據《廣韻》韻目，取《禮記韻略》《古今韻會舉要》《洪武正韻》諸書韻目，考其通用、獨用。另又引宋夏竦《古文四聲韻》、宋周密《雲煙過眼録》等書之相關資料以資考述。書末附清王鳴盛《與程東冶論邵氏古今韻畧書》二通，可作爲研究清代古韻學之重要材料。

程炎此編，輯考三《禮》鄭玄《註》所述古文書、今古文之異及古訓異讀等材料，又輯《説文》中之殊方異語，校補杭世駿之《續方言》及摘考古韻之異同，著重於訓詁、語言、聲韻之學，可爲研究清代乾嘉小學史者之取資。例如此編中之《周禮故書考》，另同時期段玉裁亦撰有《周禮漢讀考》六卷，段氏於其書自序末署“乾隆癸丑十月自金壇避橫芧（逆）㝊（僑）居蘇州之期歲也”。癸丑爲乾隆五十八年（1793），程炎《周禮故書考》撰於乾隆五十五年（1790）夏，時代猶在段書之前，據此可考論程、段二書之異同及當時之學術風尚。

本館所藏此編，“鉉”字、“弘”字皆缺末筆，各避康熙、乾隆諱。又書中屢見以紙條黏貼改正處。另偶見鈐上紅字以校改者。

此編所收各書，《四庫全書總目》皆未著録。《中國古籍善本書目·叢部·自著叢書》著録，題“《稻香樓雜著六種》七卷，清程炎撰，清活字印本”。考《稻香樓雜著六種》中所收六書皆爲經部著作，故當列入《經部·總類》爲宜。《中國古籍善本書目·經部·總類》未著録《稻香樓雜著六種》，然於《經部·禮類》著録“《三禮鄭註考》三卷，清程際盛輯，清乾隆刻本”一種，載北京大學圖書館收藏。案：程炎於嘉慶間始避清仁宗御名，改名際盛，北京大學所藏此本版本題"清乾隆刻本"，而作者題曰"程際盛"，恐有未當也。《中國古籍善本書目·經部·禮類》又著録"《儀禮古文今文考》一卷，清程盛際輯，清鋤月種梅室抄本"一種，載故宮博物院收藏。另《經部·小學類》又著録"《續方言》二卷，清杭世駿撰；《續方言補》二卷，清程際盛撰，清雍正刻本［四庫底本］"一種，載湖南省圖書館收藏。案：程炎《續方言補》二卷，書成於乾隆五十五年（1790），必無雍正刻本，此處《中國古籍善本書目》將《續方言補》與《續方言》共同著録爲"清雍正刻本"，實未宜也。另《經部·小學類》又著録"《説文古語考》一卷《續方言補》二卷《古韻異同摘要》一卷，清程際盛撰，清乾隆活字印本"一種，載中國科學院圖書館收藏。案：此本作者亦宜題爲"程炎"。

《續修四庫全書總目提要》收録吳廷燮撰"《周禮故書考》一卷"提要，所據爲"《積學齋叢書》"本。又收録吳廷燮撰"《儀禮古文今文考》一卷"提要，所據爲"《程際盛全集》"本。另又收録楊鍾羲撰"《説文古語攷》一卷"提要，所據爲"乾隆五十五年活字版本"。又收録楊鍾羲撰"《續方言補正》二卷"提要，所據爲"《藝海珠塵》"本。另又收録孫海波撰"《古韻異同摘要》一卷"提要，所據爲"嘉慶初刊本"。案：《續修四庫全書總目提要》所録諸書提要，因撰者非一，所據版本參差各異，乃其常也。惟撰者水平亦頗不等倫，如孫海波所撰《古韻異同摘要》提要，竟將書末所附王鳴盛《與程東冶論邵氏古今韻畧書》誤稱爲"書後附與王鳴盛論古今韻略書札二通"，其誤殊甚矣。

《續修四庫全書·經部》第八十一冊收録《周禮故書考》一卷，題"據湖北省圖書館藏清刻《三禮鄭註考》本影印"，其本爲刻本，與本館所藏此活字印本異。又第二一二冊收録《説文古語考》一卷，題"據中國科學院圖書館藏清木活字印《稻香樓雜著》本影印"，其本與本館所藏本爲同版。又第一九四冊收録《續方言補正》二卷，題"據上海辭書出版社圖書館藏清嘉慶吳氏聽彝堂刻《藝海珠塵》本影印"，其本爲刻本，非木活字印本。其他《儀禮古文今文考》《禮記古訓考》《古韻異同摘要》三書，《續修四庫全書》則未收録。

鈐印有"積學齋徐乃昌藏書"朱文長方印、"乃昌校讀"朱文方印等。案：徐乃昌（1869—1943），字積餘，號隨庵，室名"積學齋"，清安徽南陵人。清光緒十九年（1893）舉人，曾任江蘇候補知府、淮南知府、江南鹽江道兼金陵關監督等職。民國後移居上海。事迹見葉玉麟《徐公墓表》、曹元弼《南陵徐公墓志銘》等。徐氏富藏書，喜刻書，著有《積學齋藏書記》（抄本）、《積學齋書目》（抄本）、《隨庵徐氏藏書志》（抄本）等書。

易 類

012
周易兼義九卷音義一卷略例一卷

T229　1123B

《周易兼義》九卷，魏王弼、晋韓康伯注，唐孔穎達正義；《周易音義》一卷，唐陸德明撰；《周易略例》一卷，魏王弼撰，唐邢璹注。明萬曆十四年（1586）北京國子監刻本。八册。框高23.2厘米，寬14.9厘米。半葉九行二十一字，小字雙行同，左右雙邊，白口，單魚尾。版心上鐫"萬曆十四年刊"，中鐫"易疏"及卷次。

卷端首行題"周易兼義上經乾傳第一；魏王弼註，唐孔穎達正義"，第二、三行題"皇明朝列大夫國子監祭酒臣李長春等奉／勅重校刊"。

書首，首《周易正義序》，首行上題"周易正義序"，下題"唐孔穎達撰定"。第二、三行題"皇明朝列大夫國子監祭酒臣李長春等奉／勅重校刊"。次"八論"，首行題"周易正義卷第一"，次行題"自此以下分爲八段"，卷末題"周易正義卷第一"。

《周易兼義》九卷之後，附《周易音義》一卷，首行上題"經典釋文卷第一"，中題"周易音義"，下題"唐陸德明撰"，第二、三行題"皇明朝列大夫國子監祭酒臣李長春等奉／勅重校刊"。次《周易略例》一卷，首行上題"周易略例"，下題"魏王弼撰"，第二、三行題"皇明朝列大夫國子監祭酒臣李長春等奉／勅重校刊"。

注者王弼（226—249），字輔嗣，三國曹魏山陽高平（今山東鄒城、金鄉一帶）人。晋陳壽《三國志》，卷二十八《鍾會傳》云："初，會弱冠與山陽王弼並知名。弼好論儒道，辭才逸辯，注《易》及《老子》，爲尚書郎，年二十餘卒。"劉宋裴松之《三國志·注》引何劭《王弼傳》云："弼幼而察慧，年十餘，好《老氏》，通辯能言。父業，爲尚書郎……弼注《老子》，爲之指略，致有理統。著《道略論》，注《易》，往往有高麗言。"著有《周易注》《周易略例》《大衍論》《老子注》《老子指略》《論語釋疑》等書。

《周易·繫辭傳》以下爲晋韓康伯注。韓康伯，名伯，字康伯，晋潁川長社（今河南長葛）人，《晋書》卷七十五《列傳》第四十五有傳。母殷氏，高明有行，舅殷浩。康伯舉秀才、徵佐著作郎，并不就。簡文帝居藩，引爲談客，自司徒左西屬轉撫軍掾、中書郎、散騎常侍、豫章太守，入爲侍中。轉丹陽尹、吏部尚書、領軍將軍。既疾病，占候者云：“不宜此官。”朝廷改授太常，未拜，卒，時年四十九。即贈太常。

《正義》修撰者孔穎達（574—648），字冲遠，唐冀州衡水（今河北衡水）人，孔子第三十二世孫。《舊唐書》卷七十三《列傳》第二十三、《新唐書》卷一百九十八《儒學上》俱有傳，另唐于志寧撰有孔穎達碑文。孔穎達八歲入學，日誦千餘言，闇記《三禮義宗》，及長，尤明《左氏傳》、鄭氏《尚書》、王氏《易》、《毛詩》、《禮記》。隋大業初，舉明經高第，授河南郡博士。唐高祖武德九年（626）授國子博士。太宗貞觀初封曲阜縣男，轉給事中。六年（632）累除國子司業，歲餘，遷太子右庶子，仍兼國子司業。十二年，拜國子祭酒，仍侍講東宮。十七年（643），以年老致仕。二十二年（648）卒，陪葬昭陵，贈太常卿，諡曰憲。《新唐書》卷一百九十八云：“初，穎達與顏師古、司馬才章、王恭、王琰受詔撰五經義訓凡百餘篇，號《義贊》，詔改爲《正義》云。雖包貫異家爲詳博，然其中不能無謬冗，博士馬嘉運駁正其失，至相譏詆。有詔更令裁定，功未就。永徽二年，詔中書門下與國子三館博士、弘文館學士考正之，於是尚書左僕射于志寧、右僕射張行成、侍中高季輔就加增損，書始布下。”由此知《五經正義》之修撰乃集衆人之力，前後經數次修訂而成，因孔穎達爲國子祭酒，領其職，故題其名也。

《周易音義》撰者陸德明（約550—630），名元朗，字德明，以字行，唐蘇州吳（今江蘇吳縣）人。《舊唐書》卷一百八十九《儒學上》、《新唐書》卷一百九十八《儒學上》俱有傳。陸德明初受學於周弘正，善言玄理。於南朝陳代，解褐始興王國左常侍，遷國子助教，陳亡，歸鄉里。隋煬帝嗣位，以德明爲秘書學士。大業間任國子助教。王世充僭號，封其子爲漢王，署德明爲師，德明恥之，僞病。王世充平，李世民徵爲秦府文學館學士，命中山王承乾從其受業。唐太宗貞觀初，拜國子博士，封吳縣男，尋卒。著有《經典釋文》《易疏》《老子疏》等書。《周易音義》爲德明所著《經典釋文》中之一卷。

《周易略例》注者邢璹，《舊唐書》卷一百九十九上《東夷傳》載唐玄宗開元二十五年（737）新羅王興光卒，玄宗“詔贈太子太保，仍遣左贊善大夫邢璹攝鴻臚少卿，往新羅弔祭，并册立其子承慶襲父開府儀同三司、新羅王。”知其於唐玄宗時嘗官左贊善大夫。

此本爲明北京國子監刻《十三經註疏》本（俗稱“北監本”）之零種。此《周易兼義》版心鐫“萬曆十四年刊”，據此可知其刊刻年代。諸經《正義》原本單行，俗稱"單疏本"。至南宋光宗紹熙年間，浙東茶鹽司始先後將《周易》《尚書》《毛詩》《周禮》《禮記》諸經《正義》與經、注合刻，以其半葉八行，世稱"八行本"。南宋中期，福建建陽地區又有十行本之刻。陸德明《經典釋文》原本單行，爲便讀者參考音讀，十行本乃將《經典釋文》之《音義》附入《注疏》，因而有"附釋音"之稱。明嘉靖年間，閩中御史李元陽曾集合十行本《十三經註疏》加以重刊，以其版每半葉九行，故世稱"九行本"，又稱"閩本"或"李元陽本"。其後明北京國子監又據閩本加以重刻，世稱"北監本"。本館所藏此北監本乃據閩本重刻，版式一仍閩本之舊，故亦半葉九行。《周易註疏》之校勘者爲李長春。

此書《周易兼義》九卷，其中含《周易》經、傳，王弼、韓康伯注及孔穎達《正義》。卷一至卷六爲魏王弼注，卷七《繫辭傳》以下爲晋韓康伯注。九卷之後，附陸德明《周易音義》一卷、王弼《周易略例》一卷。此書含注及《正義》（《正義》爲疏體），故或又稱《周易注疏》。惟此書書名題"兼義"，與他經有異。清阮元《周易注疏校勘記》校卷一"周易兼義上經乾傳第一"標題云："按：'兼義'乃合刻注、疏者所加，取兼并《正義》之意也。蓋其始，注、疏無合一之本，南、北宋之間，以疏附於經、注者，謂之某經兼義，至其後則直謂之某經注疏，此變易之漸也。"此謂"兼義"之"義"乃指孔穎達之《正義》。另清陳鱣於《經籍跋文》"宋版周易注疏跋"中云："（《正義》）原本單疏，並無經、注，正經、注語惟標起止，而疏列其下。注、疏合刻起于南、北宋之間。至于《音義》，舊皆不列本書，附刻《音義》，又在慶元之後，即《九經三傳沿革例》所謂'建本有音釋注疏'是也。以其修版至明正德間止，亦儞'正德本'，以其每半葉十行，又謂之'十行本'。然它經《音義》附于每節注後、疏前，獨《周易》總附于末卷之後，故題爲《周易兼義》，而不儞'附音'。若夫注、疏初合刻本則并不附。"此陳鱣則謂"兼義"之"義"爲陸德明之《音義》。清瞿鏞（1794—1846）《鐵琴銅劍樓藏書目錄》卷一"《周易兼義》九卷《略例》一卷《音義》一卷，宋刊本"條中，謂阮元、陳鱣二家之説"似阮説爲長"。

《周易兼義》卷九之後，附《周易音義》一卷，此原爲唐陸德明所撰《經典釋文》中之一卷，今別出附於注疏之後，題"經典釋文卷第一"，惟此卷於《經典釋文》原書實題爲"經典釋文卷第二"，因其書卷一爲《序録》也。

《周易音義》一卷之後，又附有魏王弼所撰《周易略例》一卷，唐邢璹注。《略例》本文大字，本文之下單行小字列邢璹注，惟本卷首行僅題"魏王弼撰"，未題注者之名。《略例》共分《明象》《明爻通變》《明卦適變通爻》《明象》《辯位》、《略例下》（寶三案：唐陸德明《經典釋文》云："本或無下字。"）、《卦略》等七部分。

考陸德明《經典釋文·周易音義》已兼解王弼《周易略例》，故於“周易雜卦第十一”之後列“周易略例”標題，解云：“此是輔嗣所作，既釋經文，故相承講之，今亦隨世音焉。或有題爲‘第十’者，後人輒加之耳。”惟十行本《周易兼義》因未附王弼《周易略例》，故將所附陸德明《周易音義》一卷中解《略例》的部分刪去。閩本及此北監本則《略例》及《周易音義》中相關部分皆具也。

《四庫全書》最初嘗擬收録《周易兼義》十卷本，然今本《四庫全書》抄録所據則爲乾隆四年（1739）校勘之武英殿刻本《周易注疏》。考文淵閣《四庫全書》書前提要標書名《周易正義》，提要云：“臣等謹案：《周易正義》十卷，魏王弼、晋韓康伯註，唐孔穎達疏……此書初名《易贊》，後詔改《正義》，然卷端又題曰《兼義》，未喻其故。《序》稱十四卷，唐《志》作十八卷，《書録解題》作十三卷，此本十卷，乃與王、韓註本同，殆後人從註本合併歟？乾隆四十一年十月恭校上。”案：文淵閣本《四庫全書》所收録者爲武英殿版《周易注疏》十三卷，附《周易略例》一卷，書首冠有乾隆十二年二月《御製重刻十三經序》《御製伏日讀易》《御製讀周易枯楊生稊辨詁》《御製讀易繫辭上傳第五章書義》等文及和碩親王等校勘十三經告竣上表暨校勘諸臣職名，另每卷之末皆附有《考證》，其爲武英殿刻本至爲明顯。然書前所附提要則稱“《周易正義》十卷，魏王弼、晋韓康伯註，唐孔穎達疏”，又云：“此書初名《易贊》，後詔改《正義》，然卷端又題曰《兼義》，未喻其故。”可推初始四庫館臣據以撰寫提要者，乃十卷本，且卷端題爲“《周易兼義》”之本。此提要署“乾隆四十一年十月恭校上”，其撰寫時代較早。復考文津閣本《四庫全書》，其所抄録者亦爲武英殿刻本《周易注疏》，書前提要云：“臣等僅案：《周易註疏》十三卷，魏王弼註，唐孔穎達疏……《周易正義》、舊唐《志》、《中興書目》作十四卷，新唐《志》、《玉海》並作十六卷，今卷蓋本明監本也……我皇上表章彝訓，乾隆四年重刊《十三經註疏》，特詔儒臣，悉取援據原書，參互勘訂，卷爲《考證》，以附其後，不獨遠過明刻，亦非潭、建諸本所得擬也。乾隆四十九年十月恭校上。”此提要所述書名、卷數及内容皆與武英殿刻本相合，且署“乾隆四十九年十月”，當係出於後改。然武英殿刻本《四庫全書總目》仍題“《周易正義》十卷”，提要内容一仍文淵閣本書前提要之舊，蓋館臣疏忽未改也。再者，文淵閣本書前提要云“此書初名《易贊》”，此“《易贊》”乃《義贊》之訛，《總目》誤同，亦沿襲書前提要之訛。

《中國古籍善本書目》著録“《十三經註疏》三百三十五卷，明萬曆十四年至二十一年北京國子監刻本”，載清華大學圖書館、上海圖書館、復旦大學圖書館等十四館收藏。另又著録南京圖書館藏有北監本清丁丙跋本一部。此外，中國臺北"國家圖書館"亦有收藏。

鈐印有"梅華盦堂"朱文方印。考"梅華盦堂"爲清金爾珍之堂號。金爾珍（1840—1917），字吉石，號少芝，又號蘇盦、嬾石。清浙江秀水（今浙江嘉興）人，居上海。例貢生。書法鍾、王，尤喜學蘇。善畫，嗜金石，工刻印。著有《梅花草堂詩》。事迹參見《廣印人傳》《鴛湖來舊録》《近代六十名家畫傳》《海上墨林》等書。又鈐有"李宗侗藏書"朱文長方印。案：李宗侗（1895—1974），字玄伯，河北高陽人，出生於北京。祖李鴻藻爲清季名臣，父李焜瀛曾任户部侍郎。李宗侗年十七，隨叔父李石曾負笈法國，畢業於巴黎大學。民國十三年（1924）返國，任教於國立北京師範大學史地系、中法大學文學院等校。歷任全國註册局局長、國民政府農礦局參事、故宮博物院秘書長等職。民國三十七年（1948）遷臺，任教中國臺灣大學歷史系。著有《中國古代社會史》《歷史的剖面》《中國史學史》《李宗侗著作集》等書。事迹參《李宗侗自傳》、陳捷先《飽學、謙和、仁厚的李宗侗先生》（見《遨遊於歷史的智慧之海：臺大歷史學系系史》，臺北：臺灣大學歷史學系，2002年）李宗侗妻易漱平爲易培基獨生女，易培基所藏圖書後多歸李宗侗夫婦。李宗侗晚年曾將其部分藏書出讓本館，其中多稿本及明清善本，此書即爲其中之一。事參錢存訓《留美雜憶——六十年來美國生活的回顧》第四章《坐擁書城》。另又鈐有"德星堂藏書"朱文方印。

013
周易傳義十卷

T231   2178

《周易傳義》十卷，宋程頤傳，宋朱熹本義。明重刻正統十二年（1447）司禮監刻本。六册。框高23.3厘米，寬16.5厘米。半葉八行十四字，小字雙行十八字，四周雙邊，上下黑口，雙魚尾（魚尾相隨）。版心中鐫"易傳義"及卷次。

卷端首行題"周易卷之一"，次行題"程頤傳"，第三行題"朱熹本義"。

書首，首宋元符己卯（二年，1099）正月程頤《易傳序》。次《易圖》九種，題"朱子集録"。次《易説綱領》。正文十卷之後，附《上下篇義》《易五贊》《筮儀》。《易五贊》含《原象》《述旨》《明筮》《稽類》《警學》五篇。

程頤（1033—1107），字正叔，北宋洛陽伊川（今河南伊川）人，世稱伊川先生。《宋史》卷四百二十七《道學一》有傳。父珦，曾任黃陂尉，知龔州、磁州、漢州等地。兄程顥，兄弟并稱二程。程頤年十八，上書闕下，欲天子黜世俗之論，以王道爲心。遊太學，國子監直講試諸生以"顏子所好何學"，得程頤文，大驚異之，即延見，處以學職。歷任秘書省校書郎，崇政殿説書等職。哲宗時，以元祐黨案，二度被貶流放。徽宗即位，始赦歸洛陽。崇寧二年（1103）四月，復隸黨籍，遷居龍門之南。大觀元年（1107）九月，卒於家，年七十五。南宋寧宗嘉定十三年（1220）賜諡曰“正公”。理宗淳祐元年（1241），封伊陽伯，從祀孔子廟庭。《宋史》卷四百二十七稱：“頤於書無所不讀，其學本於誠，以《大學》《語》《孟》《中庸》爲標指，而達于六經。動止語默，一以聖人爲師，其不至乎聖人不止也。”著有《易傳》《程頤文集》等。其語錄、書信、詩文等與兄程顥之著作，後人合編爲《河南二程全書》。另事迹參見朱熹撰《伊洛淵源録》。

朱熹（1130—1200），字元晦，又字仲晦，號晦庵，晚號晦翁，學者稱考亭先生。宋徽州婺源（今江西婺源）人，出生於南劍州尤溪（今福建尤溪）。《宋史》卷四百二十九《道學三》有傳。朱熹幼穎悟。年十八，貢於鄉，中紹興十八年（1148）年進士，主泉州同安簿。歷任監潭州南嶽廟、主管武夷山冲佑觀、知南康軍、提舉浙東常平茶鹽公事、提點江西刑獄公事、知漳州、秘閣修撰等職。寧宗慶元六年（1200）卒，年七十一。《宋史》卷四百二十九稱：“其爲學，大抵窮理以致其知，反躬以踐其實，而以居敬爲主。嘗謂聖賢道統之傳散在方册，聖經之旨不明，而道統之傳始晦，於是竭其精力，以研窮聖賢之經訓。所著書有《易本義》《啓蒙》《蓍卦考誤》《詩集傳》《大學中庸章句》《或問》《論語孟子集註》《太極圖》《通書》《西銘解》《楚辭集註》《辨證》《韓文考異》。所編次有《論孟集議》《孟子指要》《中庸輯略》《孝經刊誤》《小學書》《通鑑綱目》《宋名臣言行録》《家禮》《近思録》《河南程氏遺書》《伊洛淵源録》，皆行於世。”事迹另見清黄宗羲原著、清全祖望等補修《宋元學案》卷四十八、四十九《晦翁學案》。

此書内容包含程頤《易傳》與朱熹《周易本義》，二書原本各自單行，至南宋董楷（1226—？）撰《周易傳義附録》十四卷，始合程《傳》與朱熹《本義》爲一書，又採程、朱二子之遺説附録其下。其書《凡例》中云：“程子《易傳》依王弼次序，而朱子則用古《易》次序，以《象傳》、大小《傳》、《文言》各自爲卷，今不敢離析程《傳》，又不敢盡失朱夫子之意，於是倣節齋蔡氏例，以《象傳》、大小《傳》、《文言》各下經文一字，使不與正經紊亂，而程《傳》及朱子《本義》又下一字，程子、朱子附録又下一字，則其序秩然矣。”此爲合程《傳》、朱熹《本義》爲一書之始。《四庫全書總目》於《周易傳義附録》之提要中論云：“程子《傳》用王弼本，而朱子《本義》則用吕祖謙所定古本，楷以程子在前，遂割裂朱子之書，散附程《傳》之後，沿及明永樂中胡廣等纂《周易大全》，亦仍其誤。至成矩專刻《本義》，亦用程《傳》之次序，鄉塾之士，遂不復知有古經，則楷肇其端也。"可見董書影響之深遠。今傳世有元刻本《程朱二先生周易傳義》十卷，其本有經文及《傳》《義》，而無附錄。至明正統十二年（1447），英宗以五經、四書經注書坊刻本多有訛誤，乃命司禮監謄寫重刻之，《周易傳義》即其一也。司禮監刻本其後又屢經重刻，本館此本即爲重刻之本。

明正統十二年（1447）司禮監刻本，書首冠有英宗敕文一道，本館此重刻本未見。又傳世題爲"正統十二年司禮監刻本"者，《上下篇義》《易五贊》《筮儀》等或置於書首，或附於書末，本館此本乃附於書末。考清丁丙《善本書室藏書志》卷一著錄"《周易》十卷，明正統司禮監刻本"一部，釋云："前有宋元符二年己卯正月河南程頤正叔序。次《易圖》，次《易說》，次《綱領》，次程子《易傳序》，次《傳義》十卷。末爲《上下篇義》，次《筮儀》，次《五贊》。"案：丁氏所載正統司禮監刻本，《上下篇義》《筮儀》《五贊》等亦置於書末，與本館此重刻本同。

此本經文皆提行，程《傳》、《本義》低一格，雙行小字，冠以方形黑底白文"傳"字及長方形黑底白文"本義"字。行間偶鐫有校勘之語，亦以黑底白文行之。

此本卷九卷端，首行題"周易卷之九"，次行題"程頤後傳"，第三行題"朱熹本義"，其下鐫有按語云："按：程子无《繫辭》《說卦》《序卦》《雜卦》全解，東萊呂祖謙《精義》載程子解，并及《遺書》，今並編入，續六十四卦之後，題曰《後傳》，庶程、朱二子皆有全《易》云。"案：此案語元刊本已有之，然程頤此《後傳》恐書坊所爲。瞿鏞《鐵琴銅劍樓藏書目錄》卷一著錄"《伊川程先生周易經傳》十卷，明刊本"一種，釋云："此本首章後有云：'程子无《繫辭》《說卦》《序卦》《雜卦》全解，東萊呂祖謙《精義》載程子解，并及《遺書》，今並編入，續六十四卦之後，題之曰《後傳》，庶程子有全《易》云。'此數語元刊《程朱傳義》已有之。然考天台董氏《傳義附錄》、鄱陽董氏《周易會通》皆采文集、語錄以補其闕，而不及《精義》，亦不稱'後傳'，元刊本不知《精義》是偽託，疑出坊間所爲。"瞿氏此說可參。

本館此本共六冊，每冊外封面題"易傳"，皆有手書"661"數字，另書根亦鈐"﹟661"。此書爲本館購自芝加哥紐伯瑞圖書館（Newberry Library）圖書之一，此批圖書原爲清末德籍漢學家貝托爾德·勞費爾（Berthold Laufer，1874—1934。"勞費爾"舊譯爲"勞福"）爲紐伯瑞圖書館所購藏，後轉讓本館，事見錢存訓《留美雜憶——六十年來美國生活的回顧》第四章《坐擁書城》。

此書《四庫全書總目》未著錄。《中國古籍善本書目》著錄"《周易傳義》十卷，宋程頤、朱熹撰；《上下篇義》一卷，宋程頤撰；《易圖集錄》一卷《易五贊》一卷《筮儀》一卷，宋朱熹撰。明正統十二年司禮監刻本"一種，載中國國家圖書館、上海圖書館等二十三館收藏。《中國古籍善本書目》又著録同版清丁丙跋本一部，載南京圖書館收藏。另又著録"明刻本"二種，載上海圖書館、復旦大學圖書館等館收藏，不具録。此重刻明正統十二年司禮監刻本，除本館收藏外，中國臺北"國家圖書館"亦有收藏。又：正統十二年司禮監刻本，其注雙行小字，諸家書目著録，或稱小字十七字，或稱十八字，此乃因注文低一格鐫刻，上空一字，故或并空格計之，或不計空格，遂有一字之差，非版式有異也。

014

周易傳義二十四卷（缺四卷）

T231　2178.1

《周易傳義》二十四卷，宋程頤傳，宋朱熹本義。明刻本。五册。缺卷二十一至二十四。框高19.7厘米，寬14.2厘米。半葉九行十七字，小字雙行同，左右雙邊，白口，單白魚尾。上有眉欄，欄中有音注。版心中鐫"周易"及卷次，下鐫刻工名。

卷端首行，上題"周易卷之一"，下題"程朱傳義"。

書首，首《周易經傳總目》。次未署年《周易程子傳序》。次《易序》，次《上下篇義》，次《周易朱子圖説》，次《周易五贊》，次《筮儀》，次"卦象"，含《卦象》《卦變》《卦歌》《八卦取象》四則，四則版心皆鐫"周易卦象"四字。

此本二十四卷，半葉九行，行十七字，單白魚尾。明正統十二年（1447）司禮監刻本則十卷，半葉八行，行十四字，雙魚尾。兩本卷數、版式皆有異，顯非同一系統。本館館藏舊目謂"是書係翻刻明嘉靖吉澄本"。今考丁丙《善本書室藏書志》卷一"《周易程朱傳義》二十四卷，明刊本"條云："前有程子《易傳序》、朱子《周易本義序》。次《上下篇義》，次《經傳總目》，次《圖説》，次《五贊》，次《筮儀》，次上、下經二十一卷，次《繫辭》上、下傳二卷，次《説卦傳》《序卦傳》《雜卦傳》共一卷。《傳》及《本義》均方規白文，標'傳''本義'字。每半葉九行，每行十七字。《傳》《本義》夾行，字數同。每卷末均有'巡按福建御史吉澄校刊'長方木記。"丁丙所載即是明吉澄刻本，今藏南京圖書館，其本書首無"卦象"四則，館藏此本則有。又吉澄本所標"傳""本義"字乃作"方規白文"，本館此本則"傳""本義"字皆作墨字，"傳"字框以方形雙邊墨圍，"本義"字框以長方形雙邊墨圍，與吉澄本有異，知非"翻刻明嘉靖吉澄本"也。

今北京大學圖書館、清華大學圖書館、安徽省圖書館、中國臺北"國家圖書館"等館藏有明福建建寧府楊一鶚刻本，另中國臺北"中央研究院"傅斯年圖書館藏有題爲"明嘉靖間（1522—1566）吉澄刊樊獻科、楊一鶚遞修本"，此二書，書首皆有"卦象"四則，刻工名字亦皆有部分與本館此本相同，版式亦同，則本館此本蓋即據楊一鶚刻本重刻者也。

此本經文皆提行，頂格大字，《傳》及《本義》低一格，雙行小字。版分上、下二欄。上欄鐫音注，如卷一首葉標題"周易上經"，朱熹《本義》釋云："經則伏羲之畫，文王、周公之辭也，并孔子所作之傳十篇，凡十二篇。"上欄鐫云："傳，去聲，下同。"此其例也。

刻工有葉清、熊三、曾崇、周二、蔡仕、賢、曾、三、自、周在、陸二、王良、仕良、太、江七、蔡賢、長老、周存、黃二、蔡一、余八、詹六、黃一、曾七、張兵、陳三、王竟礼、虞七、范文卿、洛、詹四、范一郎、徐七、羅七、朱、朱五、黃和、羅合、張老、一郎、兵、黃洛、余吉、余二、范一、王繼一等。

本館所藏此本，僅至"周易卷之二十"，自卷二十一至二十四缺。

此書《四庫全書總目》未著錄。《中國古籍善本書目》著錄"《周易程朱傳義》二十四卷，宋程頤、朱熹撰；《上下篇義》一卷，宋程頤撰；《朱子圖説》一卷《周易五贊》一卷《筮儀》一卷，宋朱熹撰。明楊一鶚刻本"一種，載北京大學圖書館、清華大學圖書館、安徽省圖書館收藏。案：楊一鶚刻本，書首《筮儀》之後有"卦象"四則，已如前述，《中國古籍善本書目》未載，不知何故。另中國臺北"國家圖書館"亦載有楊一鶚刻本一部，其本書首亦有"卦象"四則。

鈐印有"易印漱平"白文方印。案：易漱平爲李宗侗妻，易培基女，由此知此本亦爲本館購自易培基、李宗侗舊藏圖書之一。另又鈐有"半哭半笑樓珍藏印"朱文長方印（有格綫）、"武郡胡□□經室□書"朱文方印（有格綫）等印。

015

周易本義十二卷易圖一卷五贊一卷筮儀一卷

T231　2943A

《周易本義》十二卷《易圖》一卷《五贊》一卷《筮儀》一卷，宋朱熹撰，清康熙內府倣宋咸淳吳革刻本。四册。框高24.1厘米，寬16.1厘米。半葉六行十五字，小字雙行同，左右雙邊，白口，雙魚尾（魚尾相向）。版心中鐫"上經一"或"上經二"等。

卷端首行，上題“周易上經第一”，下題“朱熹本義”。

書首，首宋咸淳乙丑（元年，1265）立秋日吳革序，未立標題，版心鐫“序”。次《易圖》，題“朱熹集録”。次《周易上經第一》，卷末有尾題“周易上經第一”，尾題前二行鐫“敷原後學劉爰（宏）校正”。次《周易下經第二》，卷末有尾題及“敷原後學劉爰（宏）校正”字樣。次《周易五贊》，題“朱熹系述”。次《筮儀》。次《周易象上傳第一》至《周易雜卦傳第十》，各卷皆有尾題，或有“敷原後學劉爰（宏）校正”，或無之。

此本爲清康熙間内府倣宋咸淳吳革刻本，書首吳革序云：“程子以義理爲之傳，朱子以象占本其義，革每合而讀之，心融體驗，將終身玩索，庶幾寡過。昨刊程《傳》于章貢郡齋，今敬刊《本義》于朱子故里，與同志共之。”末署“咸淳乙丑立秋日後學九江吳革謹書”。

此本依呂祖謙所定《古周易》本分卷，上經、下經各一卷，十翼自爲十卷，故合爲十二卷。後人合刻程《傳》與《本義》，以《本義》依附程《傳》，遂失《本義》次序之舊，其後復削去程《傳》，單刻《本義》，而有四卷本之《本義》出焉。論者頗議其失。清顧炎武《日知録》卷一“朱子周易本義”條云：“洪武初，頒五經天下儒學，而《易》兼用程、朱。二氏亦各自爲書。永樂中，修《大全》，乃取朱子卷次割裂附之程《傳》之後，而朱子所定之古文仍復殽亂。‘《象》即文王所繫之辭。《傳》者，孔子所以釋經之辭也。後凡言《傳》放此。’此乃《象上傳》條下《義》，今乃削‘象上傳’三字，而附于‘大哉乾元’之下……後來士子厭程《傳》之多，棄去不讀，專用《本義》，而《大全》之本乃朝廷所頒，不敢輒改，遂即監版《傳義》之本，刊去程《傳》，而以程之次序爲朱之次序，相傳且兩百年矣。惜乎朱子定正之書竟不得見于世，豈非此經之不幸也夫！”又朱彝尊《經義考》卷三十一云：“按：程子《易傳》依王輔嗣本，朱子《本義》用呂伯恭本，原不相同。自克齋董氏合之，移朱子本以就程子之書，明初兼用之取士，其後學者多置程《傳》，專主朱《義》，於是姑蘇成矩叔度爲奉化教諭，削去程《傳》，仍不更正以從朱子之舊。當新鋟時，楊文懿守陳序之，有云：‘是編異朱子元本，亦以便士也，好事者何容喙哉？’文懿蓋心非之而不能奪也。今用之三百年，習《易》者茫然不知《本義》元本，若矩者，豈非朱子之罪人與？”案：二氏皆以明代以來不得睹朱子《本義》原本次第爲憾，康熙内府得以宋咸淳吳革刻本摹而雕之，以復《本義》之舊，亦足寶貴矣。

《四庫全書》收録，《四庫全書總目》題“原本《周易本義》十二卷附重刻《周易本義》四卷，並内府刊本”。其所謂“原本《周易本義》十二卷”即此本也。提要云：“此爲咸淳乙丑九江吳革所刊，内府以宋槧摹雕者。前有革序，每卷之末，題'敷原後學劉炎校正'……又《雜卦傳》'咸，速也。恒，久也'下，今本惟註'咸，速。恒，久'四字，讀者恒以爲疑。考驗此本，乃是'感，速。常，久'，經後人傳刻而訛，實爲善本。故我　聖祖仁皇帝御纂《周易折中》，即用此本之次序，復先聖之舊文，破俗儒之陋見，洵讀《易》之家所宜奉爲彝訓者矣。"《總目》對此本極爲推崇。案：《總目》所舉此本《雜卦傳》《本義》"感，速。常，久"之例，亦見於清錢大昕《潛研堂文集》卷二十七《跋周易本義咸淳本》，錢氏云："曩有客讀朱文公《本義》畢，謂予曰：《雜卦傳》'咸，速也。恒，久也'，注但云'咸，速。恒，久'而不加一字，得毋有脱句乎？蒙無以應也。今見咸淳乙丑九江吳革刊本，乃是'感，速。常，久'，始歎《本義》之簡而明。蓋感故速，常故久，俗本譌本字，而注文遂成附贅矣。"蓋《總目》本自錢説也。

此本經文大字，各節不提行。《本義》小字雙行，接於經文之下，二者皆頂格。他館藏本《周易五贊》及《筮儀》附於卷末《周易雜卦傳第十》之後，本館所藏本置於《周易下經第二》之後，蓋裝訂之誤也。

此書《四庫全書》收録。《中國古籍善本書目》著録，題"《周易本義》十二卷《易圖》一卷《五贊》一卷《筮儀》一卷，宋朱熹撰，清康熙内府刻本"，載中國國家圖書館、清華大學圖書館、故宮博物院圖書館等十一館收藏。另又著録同版清丁丙跋本一部，載四川省圖書館收藏。此外，美國哈佛大學哈佛燕京圖書館、加拿大多倫多大學東亞圖書館、日本京都大學人文科學研究所等亦有收藏。中國臺北"國家圖書館"、中國"故宮博物院"亦各藏一部，惟皆題"清雍正間覆刻宋咸淳本"，題"雍正間"，不知何據。此外，中國國家圖書館、上海圖書館等存有宋咸淳吳革刻本，2008年福建人民出版社嘗據宋咸淳吳革刻本影印行世。

鈐印有"寶月齋珍賞"朱文方印。

016

周易傳義大全二十四卷

T234　4208

《周易傳義大全》二十四卷，明胡廣等輯。明刻本。二十四册。框高26厘米，寬17.8厘米。半葉十行二十二字，小字雙行同，左右雙邊，黑口，雙魚尾（魚尾相向）。版心中鐫書名及卷次。

卷端首行題"周易傳義大全卷之一"。未題撰者名。

書首，首朱子《易序》，未署名。《易序》原有一葉，本館此本缺後半葉。次《周易傳義大全總目》，本館此本缺首葉前半葉，計前所缺《易序》後半葉，共缺一葉。次《周易傳義大全凡例》,《凡例》共九則,第八則爲"引用先儒姓氏",末則爲纂修者銜名。次《周易程子傳序》,次《上下篇義》,次《周易朱子圖説》,次《易五贊》,次《筮儀》,次《易説綱領》)。

胡廣(1369—1418),字光大,號晃菴,明吉水(今江西吉水)人。《明史》卷一百四十七《列傳》第三十五有傳。明惠帝建文二年(1400)進士第一,賜名靖,授翰林院修撰。成祖即位,擢侍講,與解縉、黄槐等七人同直文淵閣,旋改侍讀,進承德郎,復名爲廣。永樂二年(1404)三月,遷右春坊右庶子,仍兼侍讀。五年(1407)進翰林學士,兼左春坊大學士。九年(1411)十月重修《高皇帝實録》,與楊榮、胡儼等同被授命爲纂修官。十二年(1414)十一月甲寅,奉敕纂修《五經四書大全》《性理大全》,皆爲總裁。十三年(1415),書成,廣等撰表進呈。十四年(1416),擢爲文淵閣大學士,兼職如故。十六年(1418)五月卒,得年四十九。贈禮部尚書,諡文穆。著有《晃菴集》《扈從集》《胡文穆公集》等。事迹另參明楊士奇撰《文淵閣大學士兼左春坊大學士贈榮禄大夫禮部尚書諡文穆胡公神道碑銘》(見《東里文集》卷十二)、明胡儼撰《文淵閣大學士兼左春坊大學士贈資善大夫禮部尚書諡文穆胡公墓誌銘》(見《頤菴文選》卷上)等。

此書爲明成祖永樂年間敕修《五經大全》之一,據明《太宗實録》卷一百五十八載,明成祖於永樂十二年(1414)十一月甲寅下詔命胡廣等纂修《五經四書大全》及《性理大全》,詔云:"《四書》《五經》皆聖賢精義要道,其傳註之外,諸儒議論,有發明餘藴者,爾等采其切當之言,增附於下。其周、程、張、朱諸君子性理之言,如《太極》《通書》《西銘》《正蒙》之類,皆六經之羽翼,然各自爲書,未有統會,爾等亦別類聚成編。二書務極精備,庶幾以垂後世。"未及一年,書成。《太宗實録》永樂十三年(1415)九月己酉條又載:"《五經四書大全》及《性理大全》書成。先是,上命翰林院學士兼左春坊大學士胡廣等編類是書,既成,廣等以藁進,上覽而嘉之,賜名《五經四書性理大全》,親製序於卷首。至是繕寫成帙,計二百二十九卷。廣等上表進,上御奉天殿受之,命禮部刊賜天下。"其後,《大全》於永樂十五年(1417)三月刊刻竣工,即頒發"六部併兩京國子監及天下郡縣學",以爲科考之標準,其影響明代經學之發展甚爲深遠。

此書名爲《周易傳義大全》,乃以宋程頤《易傳》及朱熹《周易本義》爲詮解《周易》之依據,《傳》《義》之下,復引歷代學者説解《周易》之文字以補充、闡釋程朱之説,故《傳》《義》與其下之説解文字乃如注與疏之關係。胡廣等纂修《大全》,如唐代修撰《五經正義》,亦皆前有依據。《四庫全書總目》於

"《周易傳義大全二十四卷》，内府藏本"一書之提要中論云："明胡廣等奉敕撰……朱彝尊《經義考》謂'廣等就前儒成編，雜爲鈔録，而去其姓名，《易》則取諸天台、鄱陽二董氏，雙湖、雲峰二胡氏，於諸書外未寓目者至多'云云。天台董氏者，董楷之《周易傳義附録》；鄱陽董氏者，董真卿之《周易會通》；雙湖胡氏者，胡一桂之《周易本義附録纂疏》；雲峰胡氏者，胡炳文之《周易本義通釋》也。今勘驗舊文，一一符合，彝尊所論，未可謂之苛求。然董楷、胡一桂、胡炳文篤守朱子，其説頗嚴謹；董真卿則以程、朱爲主而博採諸家以翼之，其説亦頗賅備。取材於四家之書而刊除重複，勒爲一編，雖不免守匱抱殘，要其宗旨，則尚可謂不失其正。"此處四庫館臣引述清朱彝尊《經義考》之説，謂《周易傳義大全》鈔録自董楷、董真卿、胡一桂、胡炳文等人所著之書，今之學者，對此説頗有修正，如陳恆嵩撰《〈五經大全〉纂修研究》（臺北：東吳大學中國文學研究所博士論文，1998年。後由臺北：花木蘭文化工作坊出版，2009年）即詳加比對《周易傳義大全》與董楷等所撰書之原文，總結以爲："《周易傳義大全》的編纂是以董真卿的《周易會通》爲底本，而輔以胡炳文的《周易本義通釋》一書，另外再自行增補百分之二十五點一九的宋、元人《易》説疏文編纂而成。"據陳恆嵩此説，則胡廣等修撰《周易傳義大全》，非僅取自董楷、董真卿、胡一桂、胡炳文四家所撰書也。

　　此書之體例，據書首《周易傳義大全凡例》第一則云："《周易》上、下經二篇，孔子十翼十篇，各自爲卷，漢費直初以《彖》《象》釋經，附於其後，鄭玄、王弼宗之，又分附卦爻之下，增入《乾》《坤》《文言》，始加'《彖》曰''《象》曰''《文言》曰'，以別於經，而《繫辭》以後，自如其舊，歷代因之，是爲今《易》，程子所爲作傳者是也。自嵩山晁説之始考訂古經，釐爲八卷，東萊呂祖謙乃定爲經二卷、傳十卷，是爲古《易》，朱子《本義》從之。然程《傳》、《本義》既以並行，而諸家定本又自不同，故今從程《傳》元本，而《本義》乃以類從。凡經文皆平行書之，《傳》《義》則低一字書以別之。其《繫辭》以下，程《傳》既闕，則壹從《本義》所定章次，總釐爲二十四卷云。"此説明《大全》所據《周易》經文及程頤《易傳》、朱子《本義》之源流同異及篇章次第。又第二則云："程《傳》據王弼本，只有六十四卦，《繫辭》以後無傳，今法天台董氏例，以東萊呂氏所集經説補之，仍只稱'程子曰'，分註書之，別於《傳》也。"此乃説明《繫辭》以後，程頤本未作《傳》，據呂祖謙所集程頤經説以補之。《凡例》第四則又云："二程文集、遺書、外書與朱子文集、語類，有及於《易》者，今合天台董氏、鄱陽董氏附録二本，參互考訂，取其與《傳》《義》相合而有發明者，各分注其次，仍以程子、朱子曰別之。其程子二《序》，

《上下篇義》，朱子《圖説》《五贊》《筮儀》并二家説經綱領，則參取二董《附録》及《啓蒙》諸書，別爲義例，列於篇端，自爲一卷云。"此明卷首所附《易序》《周易程子傳》《上下篇義》《周易朱子圖説》《易五贊》《筮儀》《易説綱領》等材料之來源。再者，第五則云："諸家之説，壹宗程《傳》、《本義》折衷，竝取其辭論之精醇、理象之明當者，分注二氏之後，以羽翼之。而其同異得失，先儒雙湖胡氏、雲峰胡氏嘗論訂者，亦詳擇而附著焉。"此明《傳》《義》以下所附諸家説之取材根據。又第六則云："經中文字有當音者，今從天台董氏例，參考呂氏音訓，直附其下。間有《傳》《義》音讀異者，則明識別之。"此明《大全》音讀之來源。由以上所述，可知《周易傳義大全》體例之大略。

本館所藏此本，版式行款雖同於明永樂十三年（1415）刻本，然其字體、墨色不類，當爲重刻之本，兹從本館舊目，題爲"明刻本"。

本館此本書中偶見佚名朱筆圈點及墨筆批語。又書中字迹有漶漫及斷版現象。

此書《四庫全書》收録。文淵閣《四庫全書》書前提要云："取材於四家之書而刊除重複，勒爲一編，雖不免守匱抱殘，要其宗旨，則尚可謂不失其正。且二百餘年，以此取士，一代之令甲在焉。録存其書，見有明儒者之經學，其初之不敢放軼者由於此，其後之不免固陋者亦由於此。鄭曉《今言》曰：'洪武開科，五經皆主古注疏及宋儒。《易》：程、朱；《書》：蔡；《詩》：朱；《春秋》《左》《公羊》《穀梁》：程、胡、張；《禮記》：陳。後乃盡棄注疏，不知始何時？或曰：始於頒《五經大全》時，以爲諸家説優者採入故耳。然古注疏終不可廢也。'是當明盛時，識者已憂其弊矣。觀於是編，未始非千古得失之林也。"末題"乾隆四十二年六月恭校上"。然文溯閣本及文津閣本《四庫全書》書前提要則并云："當時胡廣等奉詔編集，不能旁搜博採以勒成一家之言，乃勦襲舊文，苟且塞責，誠不免於後人之訾議。然所本之董楷《傳義附録》、胡一桂《纂疏》、胡炳文《通釋》、董真卿《會通》諸疏，類皆廣博精詳，是以依據，故微言大義亦略備大凡。且其時頒在學官，懸諸令甲，天下儒生傳習惟有是書，故録而存之，以見有明一代取士之制焉。"考文溯閣本書前提要末題"乾隆四十七年四月恭校上"，文津閣本書前提要末題"乾隆四十九年三月恭校上"，然則四庫館臣於鈔録文溯、文津二閣此書時，其所附提要持論已稍嚴厲於前矣。然《四庫全書總目》提要仍同於文淵閣本書前提要。

《中國古籍善本書目》著録"《周易傳義大全》二十四卷《綱領》一卷《朱子圖説》一卷，明胡廣等輯，明永樂十三年内府刻本"一種，載中國國家圖書館、首都圖書館、中國科學院圖書館等二十二館收藏。中國臺北"國家圖書館"

藏有"明內府刊本"三部，另《加拿大多倫多大學東亞圖書館藏中文古籍善本提要》亦著錄"明永樂十三年內府刻本"一部。《中國古籍善本書目》另又著錄"明刻本""明天順八年書林龔氏明實書堂刻本，翁斌孫跋""明弘治四年羅氏竹坪書堂刻本""明弘治九年余氏雙桂書堂刻本""明正德十二年楊氏清江堂刻嘉靖四年重修本""明嘉靖十五年劉氏安正堂刻本"等多種刻本，足見後世重刻之繁多。茲不具述。

017
周易傳義大全二十四卷

T234　4208A

《周易傳義大全》二十四卷，明胡廣等輯。重刻明弘治九年（1496）雙桂書堂刻本。八冊。框高19.4厘米，寬13.3厘米。半葉十二行二十三字，小字雙行同，左右雙邊，黑口，雙魚尾（魚尾相隨）。版心中鑴"周易大全"及卷次。

卷端首行題"周易傳義大全卷之一"。

書首，首《周易傳義大全總目》。次《周易傳義大全凡例》，共九則，第八則爲"引用先儒姓氏"，末則爲纂修者銜名。次《易序》，次《周易程子傳序》，次《上下篇義》，次《周易朱子圖説》，次《筮儀》，次《易五贊》，次《易説綱領》。《綱領》之末，鑴有一圖像牌記，中有一人倚案獨坐，上方橫書"雙桂堂"三字。

此本蓋據明弘治九年（1496）余氏雙桂書堂刻本重刻者也。王重民輯錄、袁同禮重校《美國國會圖書館藏中國善本書錄》卷一著錄"《周易傳義大全》二十四卷圖説一卷綱領一卷，八冊，一函，明弘治間刻本，十二行二十二字"一種，述云："此本有日本人筆蹟，爲購自東瀛者。《綱領》末葉，下面刻'弘治丙辰余氏雙桂書堂新刊'牌記（原注：'卷末又有牌記文與此同。'）。牌記右有'福建憲司提督學校僉事游明大昇校正原本，重復刊行'一行；上面爲圖，當即雙桂書堂主人像也。圖上榜'雙桂堂'三字，堂頗雅潔，人亦清秀，誰謂書林中無豪傑，惜不得其名字。考余氏雙桂書堂於元至正十一年刻《詩集傳音釋》二十卷，楊守敬《留真譜・小學類》又載一《廣韻》，有'建安余氏雙桂書堂鼎新鋟梓'牌記，約亦刻於元季。至於游明曾以校正《宋史全文》《續資治通鑑》，名在諸家書錄。按明字大昇，景泰二年進士，下至刻此書時已四十五年，似應休退；疑游氏在閩時先有刻本，此則翻刻游本也。"案：美國國會圖書館所藏本當爲半葉十二行，行二十三字，與本館所藏此本行款同，惟王重民蓋因未計入每行頂格之空字，故題爲二十二字也。又本館此本《綱領》末所鑴牌記僅有圖像及橫書"雙桂堂"三字，而無"弘治丙辰余氏雙桂書堂新刊"及"福建憲司提督學校僉事游明大昇校正原本，重復刊行"字樣，據此推之，本館此本當是據弘治九年（丙辰，1496）余氏雙桂書堂刻本重刊者也。

沈津主編《美國哈佛大學哈佛燕京圖書館藏中文善本書志·經部》，著錄"明正統刻本《周易傳義大全》"一部，載云："明正統五年（1440）余惠雙桂書堂刻本。十册。半頁十一行二十一字，四周雙邊，上下黑口，雙魚尾……此本總目後有牌記，刊'正統庚申余氏雙桂書堂新刊'。易序後又有牌記，刊'書林程朱易傳本義等書行之久矣，我朝復旁搜諸家之説而詳釋焉，斯謂大全，頒降學校。惠慮山林之士艱於觀覽，乃謄原本，捐貲命工鋟梓，庶山林士子皆得鑑焉。正統五年月日書林余惠識'。"又末云："四川省圖書館及美國國會圖書館藏有明弘治九年余氏雙桂書堂刻本，行款爲十二行二十二字，或即據此本重刻。"（葉二十一）據《美國哈佛大學哈佛燕京圖書館藏中文善本書志·經部》所述，其館所藏爲明正統五年（1440）雙桂書堂刻本，雙桂堂主人爲余惠。弘治九年（1496）刻本更在其本之後，故疑弘治九年刻本爲重刻。惟此二本若皆爲雙桂書堂所刊，其間僅隔五十餘年，且行款一爲半葉十一行，行二十一字，一爲半葉十二行，行二十二字，行款有異，則兩本間之關係，似仍有待深究。

本館此本共八册，每册外封面皆題"易經大全"，且皆鈐有"#686"字樣，知原爲芝加哥紐伯瑞圖書館（Newberry Library）之舊藏。書中間有佚名朱筆及墨筆圈點。又卷二十四末葉，黏貼一長方形紙條，上有佚名朱筆手書："此是承上起下題。單就'武王曰'三字看，覺無處下筆，從舜落到武王，便有著落，便有許多陪襯。故作文必須思上下語脉，斯不至窘步。"案：此紙條中所論與書中内容不相應，原當與此書無關。

《中國古籍善本書目》著錄"《周易傳義大全》二十四卷《綱領》一卷《朱子圖説》一卷，明胡廣等輯，明弘治九年余氏雙桂書堂刻本"一種，載四川省圖書館收藏。另美國國會圖書館亦有收藏。此外美國哈佛大學哈佛燕京圖書館、柏克萊加州大學東亞圖書館皆藏有明正統五年（1440）余惠雙桂書堂刻本一部，惟柏克萊加州大學藏本有缺卷，存卷五至二十四。

018

梁山來知德先生易經集註十六卷首一卷

T234　4382

《梁山來知德先生易經集註》十六卷首一卷，明來知德撰。清康熙二十七年（1688）崔氏寶廉堂刻本。十册。框高21.4厘米，寬15.1厘米。半葉九行二十字，小字雙行同，四周單邊，白口，單魚尾。版心上鐫"易經集註"，中鐫卷次。

卷端首行題 "梁山來知德先生易經集註卷之一"，次行上題 "平山後學崔嵂重訂"，下題 "男巒齊、岱 [齊]、囍 [齊] 同校"。書名葉分三欄，右題 "梁山來瞿塘先生纂註／平山崔蓮生先生重訂"。中題 "易經來註"。左上題 "寶廉堂藏板"，左下題 "翻刻必究"。欄上題 "康熙二十七年鐫"。

書首，首清康熙二十七年（1688）仲冬崔嵂《重刻易經來註序》。次康熙戊辰（二十七年，1688）仲冬謝開寵《序》。次康熙戊辰（二十七年）十一月王方岐《重刻來先生易註序》。次《重刻來瞿塘先生易經集註校訂姓氏》，末署 "大清康熙二十七年仲冬重校正於廣陵書院"。次明萬曆辛亥（三十九年，1611）仲春高舉《來瞿唐先生易註原序》。次未署年鄭繼芳《來瞿唐先生易註原序》。次萬曆庚戌（三十八年，1610）十月張惟任《來矣鮮先生易註原序》。次未署年黃汝亨《來矣鮮先生易註原序》。次萬曆戊戌（二十六年，1598）三月來知德《周易集註序》。次萬曆辛丑（二十九年，1601）郭子章《附刻來矣鮮先生易註序》。次爲錯雜入此書之醫學著作三種，依次爲《玉髓摘要》《心法玉髓無治痘後痢方論》《產後疹補方》等三書。次《來瞿唐先生易經集註原訂姓氏》，末署 "萬曆三十八年重校刻於浙之虎林郡南屏山"。次《易註雜說諸圖總目》。次圖，原有十八圖，本館此本缺最末《來知德發明孔子十翼圖》一圖。次《易學六十四卦啟蒙》。次正文十六卷。書末有《跋》，末署 "平山後學崔岱齊青嵨敬識"，未署年月。

來知德（1526—1604），字矣鮮，號瞿塘（或作瞿唐），明夔州府梁山縣（今重慶市梁平區）人。《明史》卷二百八十三《儒林二》有傳。傳云："幼有至行，有司舉爲孝童。嘉靖三十一年舉於鄉。二親相繼歿，廬墓六年，不飲酒茹葷。服除，傷不及祿養，終身麻衣蔬食，誓不見有司。其學以致知爲本，盡倫爲要。所著有《省覺錄》《省事錄》《理學辨疑》《心學晦明解》諸書，而《周易集註》一篇用功尤篤。自言學莫邃於《易》……萬曆三十年，總督王象乾、巡撫郭子章合詞論薦，特授翰林待詔。知德力辭，詔以所授官致仕，有司月給米三石，終其身。"來氏之著作，除《明史》所載外，尚有《大學古本章句》《瞿唐日錄》《釜山虬溪詩稿》等書。事迹另參黃宗羲《明儒學案》卷五十三《諸儒學案下一》所載《徵君來瞿塘先生知德》。

來知德於《序》中自述其撰作此書之經過云："德生去孔子二千餘年，且賦性愚劣，又居僻地，無人傳授，因父母病，侍養未仕，乃取《易》讀于釜山草堂，六年不能窺其毫髮，遂遠客萬縣求溪深山之中，沈潛反復，忘寢忘食有年，思之思之，鬼神通之，數年而悟伏羲、文王、周公之象，又數年而悟文王《序卦》、孔子《雜卦》，又數年而悟卦變之非。始于隆慶四年庚午，終于萬曆二十六年戊戌，二十九年而後成書，正所謂困而知之也。”由此《序》知書成於萬曆二十六年（1598）。此書除《易註》本文外，尚有卷首一卷，來知德《序》又云：“註既成，乃僭于《伏羲文王圓圖》之前新畫一圖，以見聖人作《易》之原。又畫《八卦變六十四卦圖》，又畫《八卦所屬相錯圖》，又畫《八卦六爻變自相錯圖》，又畫《八卦次序自相錯綜圖》，又畫《八卦所屬自相綜文王序卦正綜圖》，又畫《八卦四正四隅相綜文王序卦雜綜圖》。又發明八卦正位及上、下經篇義並各字義，又發明六十四卦啓蒙，又考定《繫辭》上、下《傳》，又補定《説卦傳》，以廣八卦之象，又改正《集註》分卷，又發明孔子十翼。”由此可知來氏書首所載十八圖及《易學六十四卦啓蒙》撰作之用意。

此書完成於萬曆二十六年（1598），初刻於萬曆二十九年（1601）。書首附有舊本《附刻來矣鮮先生易註序》，末署“萬曆辛丑友人泰和郭子章撰”，知初刻於萬曆二十九年（辛丑，1601）。至萬曆三十八年（1610）張惟任等又重校刻於浙，書首所附張惟任《來矣鮮先生易註原序》云：“大中丞青螺郭公已表章其旨，海內稱慕之而不盡見，其板在蜀者又多漫滅没，予令巫山時，與先生有往還，敬其人，愛重其書，爰歷吳越，下鹾司重訂之，而梓以流布焉。”末署“萬曆庚戌歲陽月關中張惟任仲衡父撰”，另卷首黃汝享《來矣鮮先生易註原序》亦云：“郭青螺先生深著明其説，刻之蜀中，而予同年直指張公復詮其精義於簡端，重付剞劂氏。”且書首載《來瞿唐先生易經集註原訂姓氏》，末鐫“萬曆三十八年重校刻於浙之虎林郡南屏山”，由此可知萬曆三十八年（1610）重刻之原委矣。

本館所藏此本則爲清康熙二十七年（1688）崔崋據萬曆三十八年刻本再訂重刻者。書首崔崋《重刻易經來註序》中云：“惟是先生僻處西南徼，去中原數千里，書成之日，雖經梓行於世，第巴蜀屢經兵燹，簡帙散失，即一、二縉紳舊族，間有收藏，未免寶之篋笥，亦落落如晨星，後生小子不及見、不及聞者多矣。余於鹾務之暇，購得先生遺本，伏而讀之，見其增訂諸圖説，分列綜卦、雜卦及剖析中爻，獨備諸理解，雖四人復起，有不能易其言者……爰捐俸重刻，公之海內。”此《序》末署“康熙二十七年歲次戊辰仲冬上浣　賜進士出身總理兩淮江廣河南等處都轉運鹽使司加　勅兼鹽法道副使前知揚州府事平山後學崔崋蓮生父題於鹽署之寶廉堂”，知刻於康熙二十七年（1688）也。又書首謝開寵《序》謂崔崋乃“於姑蘇舊肆中獲此遺編”，書末崔岱齊跋亦云：“梁山來矣鮮先生《易注》一編，於《易》象獨得其解，學士大夫多艷稱之，家大人慕而訪求之者數年於兹矣。戊辰秋，幸於吳門書肆舊集中獲有藏本。”知此書乃得之吳門書肆也。又崔崋《序》稱其所得本爲“遺本”，據書首所載諸舊序，知乃萬曆三十八年（1610）張惟任等之重刊本也。因其乃刻於浙，故崔崋得於吳門書肆中見之。

有關書中之體例，來知德於《序》中云："其註先訓釋象義、字義及錯綜義，後加一圈，方訓釋本卦、本爻正意。象數言于前，義理言于後。其百家註《易》諸儒，雖不知其象、不知《序卦》《雜卦》及卦變之非，止言其理，若于言理之中，間有不悖于經者，雖一字半句，亦必採而集之，名曰《周易集註》，庶讀《易》者開卷豁然，可以少窺四聖宗廟百官于萬一矣。"由此可知其梗概。

此書《四庫全書》收録。《四庫全書總目》題"《周易集注》十六卷，浙江巡撫採進本"，提要論云："其數説專取《繫辭》中錯綜其數以論《易》象，而以《雜卦》治之。錯者，陰陽對錯，如先天圓圖《乾》錯《坤》，《坎》錯《離》，八卦相錯是也。綜者，一上一下，如《屯》《蒙》之類本是一卦，在下爲《屯》，在上爲《蒙》，載之文王《序卦》是也……其注皆先釋象義、字義及錯綜義，然後訓本卦、本爻正意，皆由冥心力索，得其端倪，因而參互旁通，自成一説，當時推爲絶學。然上、下經各十八卦，本之舊説，而所説中爻之象亦即漢以來互體之法，特知德縱橫推闡，專明斯義，較先儒爲詳盡耳。其自序乃高自位置，至謂孔子没後而《易》亡二千年，有如長夜，豈非伏處村塾，不盡覩遺文秘籍之傳，不盡聞老師宿儒之論，師心自悟，偶有所得，遽夜郎自大哉？故百餘年來，信其説者頗多，攻其説者亦不少。"

此本《中國古籍善本書目》著録，題"《梁山來知德先生易經集註》十六卷，明來知德撰，清康熙二十七年崔華刻本"，載福建師範大學圖書館、重慶市圖書館二館收藏。此外《中國古籍善本書目》又著録"明萬曆張之厚刻本""明萬曆三十八年張惟任刻本""清抄本，清胡啓龍批注""明崇禎刻本""清康熙十六年朝爽堂刻本"等多種刻本及抄本，兹不具録。

鈐印有"王氏珍藏"白文方印。

019

周易廣義四卷首一卷

T234　8244

《周易廣義》四卷首一卷，明鄭敷教撰。清康熙二十三年（1684）鄭仙發刻本。六册。框高19.2厘米，寬14.1厘米。半葉九行二十字，小字雙行同，四周單邊，白口，單魚尾。版心上鐫書名，中鐫卷次及卦名。地脚處偶鐫音注。

卷端題"程頤著傳；朱熹本義；後學鄭敷教廣義"。書名葉分三欄，右題"鄭士敬先生輯"，中題"周易廣義"，左題"松月樓藏版"。

書首，首《易序》，未署名，版心鐫"周易原序"。次清康熙甲子（二十三年，1684）仲夏宋德宜《周易廣義後序》。次宋元符二年（1099）正月程頤《周易程子傳序》。次康熙二十三年（1684）六月繆肜《周易廣義後序》。次《周易廣義總目》。次《周易朱子圖説》。次《上下篇義》。次《筮儀》。次《卦象》。同版他館所藏本書首各序之次序與本館此本略有差異，如繆肜《周易廣義後序》置於宋德宜《周易廣義後序》之後，《周易原序》置於《周易程子傳序》之後，本館此本蓋有錯置。另據書首《總目》所載，《筮儀》在《上下篇義》之前，然本館此本則《筮儀》在《上下篇義》之後，恐亦失其序也。

鄭敷教（1596—1675），字士敬，號桐庵，明長洲（今江蘇蘇州）人。崇禎三年（1630）舉人。其時東南文士統會於吳，倡爲“復社”，敷教能文章，尚節氣，善訓迪，後輩出其門者，文、行皆良美，故學者多歸之，爲鄉所宗，與楊廷樞、徐高士等齊名。崇禎十年（1637）舉賢良方正，以母老辭。十一年（1638）敷教得宋鄭思肖《鐵函心史》於承天寺井中，聞於中丞張國維，遂梓焉。入清後，教授著述，寄跡於玄妙觀之廣生庵，潛心《周易》，兼究佛典。卒年八十，門人徐枋、宋德宜等私謚曰“貞獻先生”。著有《易經圖考》《周易廣義》《學庸大義》《鄉黨考》《吾猶及》《雲游詩》《鄭桐庵筆記》《桐庵存稿》《重編桐庵文稿》等書。事迹見明徐雲祥、盧涇材編，鄭敷教自撰《鄭桐庵先生年譜》；《蘇州府志》卷八十八《人物志》十五；《華山書·名賢傳》等。

鄭敷教弟子宋德宜於《周易廣義後序》述此書之撰作及其刊刻之緣起云：“《周易廣義》者，吾師鄭士敬先生蒐輯衆説之異同，折衷於朱子之《本義》，而會通於四聖人之精微者也。德宜方弱冠即從先生遊。先生品爲世重，學爲世師，於書無所不窺，而《易》尤稱專家。謂《書》《詩》《春秋》《禮》《樂》《孝經》皆原本於《易》，自羲皇一畫，《易》凡三變。夏《易》首《艮》，《連山》八萬言。商《易》首《坤》，《歸藏》四千三百言。文《象》、周《爻》、孔《翼》，更四聖而後成。言象、言數、言理，殊塗同歸，莫非陰陽，莫非太極。由魯商瞿以下，至田何、丁寬，而後施、孟異指，周、韓殊學，九師之説，五子之書，言人人殊，學者講説愈繁而經學愈晦。先生究心於此，蓋已有年，於是集漢、魏以來諸説，辨其得失，疊几充架，晨夕披閲，彙成四十餘卷，名曰《大易全書》。如濟川之有舟楫，適路之有指南，炳炳麟麟，成大觀矣。迺復於《全書》中抽繹精義，由博返約，審異致同，取其合於朱義者輯爲句讀，以便後學。其於《全書》不過全鼎之一臠，江河之一滴，然而大旨微言，無不囊括。即此片羽吉光，先生之澤，被於天下後世者遠矣。初因先生無意成書，二槀並存家塾，兹遇　聖天子振興文教，講繹群經，既以《四書》《尚書》講義頒示天下，近又刊行《易義》。於是諸同門在京師者，咸謂先生此書誠爲探其淵源，綜其純粹，必有深契乎　睿思者。因亟請先以《廣義》行世，俾德宜序之。德宜竊懼譾陋，不足以表章師意，謹述大略，以識於後。"《序》末署"時　康熙歲次甲子仲夏朔旦　經筵講官吏部尚書加二級受業年姪宋德宜謹序"。據宋德宜此《序》，知鄭敷教先有《大易全書》之作，其後復萃其精華而成《周易廣義》也。此書刻於康熙二十三年（甲子，1684），亦可由宋德宜作《序》之年得知。

另繆肜於《周易廣義後序》中亦云："先大夫少從先生遊，論學取友，匪朝伊夕。晚年又如方外交，先生嘗呼先大夫爲老友。猶憶壬午歲，先生館於家渭陽，肜隨先大夫負笈於先生，先生一見而器之，迄今四十餘年，而先生歿已數年矣，先大夫亦相繼捐館舍。感念疇昔，能無痛悼？甲子夏，肜讀《易》於雙泉堂，至《困》卦而慨然有感。夫困者，君子不得志於時也，身雖可困，道則常亨，因思《困》之義，不必不遇時而爲困，雖遇時而亦有困者，不必人困我，亦有我自爲困者，能讀書樂道，雖困而不困，所謂心亨也。方自以爲得解，適先生令嗣仙弢貽書於余曰：'先君子一生苦心在《易經廣義》一書，今某老矣，恐手澤之不常，已付之剞劂。'而問序於余。"此《序》末署"時　康熙二十三年歲次甲子夏六月下浣　賜進士及第翰林院侍講受業門人繆肜謹撰"。繆肜此《序》述及康熙二十三年鄭敷教之子仙弢信中言《易經廣義》一書"已付之剞劂"，益可明此書刊於是年也。

此書以注疏本之次序爲據，即以《彖傳》《象傳》《文言》附入各卦之下，而不同《本義》之單獨成卷也。全書分四卷，卷一爲上經（《乾》卦至《離》卦）、卷二爲下經（《咸》卦至《未濟》卦），卷三爲《繫辭上傳》《繫辭下傳》，自《說卦傳》以下爲卷四。每卷皆先頂格單行列《周易》經文或傳文，次以低一格雙行小字爲之詮解。所解同程《傳》、《本義》者，不明白標示，若有引程朱以外諸家説者，則加小圈以識別，如卷一《乾卦・爻辭》"九二，見龍在田，利見大人"下，《廣義》云："九二，剛健中正，出潛離隱，是聖人出而居輔相之位，如龍見于田，雲雨之澤，及于物也……〇管氏志道曰：'利見大人，惟二五焉，而君臣之分定矣。然世有飛龍之大人，必能下見龍之大人，故舜、禹匹夫而有天下。世有見龍之大人，未必遇飛龍之大人，故孔子終身爲素王。'"此處所解，前用程朱義以釋之，後復引管志道（1536—1608）《周易六龍解》中之説以廣之也。

此書《四庫全書總目》著録，題"《周易廣義》四卷，浙江鄭大節家藏本"，入《經部・易類存目二》。提要云："明鄭敷教撰。敷教字汝敬，吳縣人，崇禎庚午舉人。是編用注疏本，以程《傳》、朱《義》爲主而推廣其説，故名《廣義》。凡諸儒之説與程、朱合者收之，稍有不合者則去之。朱彝尊《經義考》

載敷教《周易圖考》十二卷，而不載是書，殆偶未見歟？"案：諸家傳記資料
皆載鄭敷教字士敬，《四庫全書總目》作"汝敬"，恐誤。考清朱彝尊《經義考》
卷六十四"鄭氏敷教《易經圖考》十二卷"條，載："沈惠纕曰：敷教字汝敬，
吳人，崇禎庚午舉人。"《總目》蓋襲沈惠纕之說也。

　　《中國古籍善本書目》著録"《周易廣義》四卷圖一卷，明鄭敷教撰，清
康熙二十三年刻本"，載齊齊哈爾市圖書館、湖北省圖書館收藏。另又著録同
版清鄭杲批本一種，載中共中央黨校圖書館收藏。《四庫全書存目叢書》嘗據
湖北省圖書館藏本影印行世，題"清康熙二十三年刻本"，列入《經部》第
二十四册。

　　杜澤遜《四庫存目標注》於"《周易廣義》四卷，鄭敷教撰"條云："湖北
省圖書館藏清康熙二十三年刻本……《存目叢書》據以影印。"（葉五十七）又云：
"科學院圖書館、山東省圖書館藏此刻乾隆五十四年松月樓印本。"（同上）案：
湖北省圖書館藏本與本館此本，雖皆題爲清康熙二十三年刻本，然以兩本相校，
湖北省圖書館藏本之刷印當晚於本館此本。考本館此本書首繆肜《周易廣義後
序》之末段云："先生登庚午賢書，以《易》受知於熊漁山先生，數上公車，不
第。問字者屨滿户外，高第弟子數十輩，皆由先生授經者也。至鼎革之際，絶
意功名，杜門謝客，即及門亦不得數見。日抱《易》呻唔，其得於潔净精微者，
非人所得而窺也。昔朱子欲上書極諫，筮得《遯》卦而止，自號遯翁。先生亦
得夫《遯》之義者歟？程子註《易傳》，平日門人都不見，至没時猶曰：'吾欲
少俟以待斟酌，今無及矣。'可見義理無窮，先儒尚有歉於心者。吾師先刻《乾》
卦一卷，而未即竣事，良有深意。今没之後數年，令嗣仙發始刻全書，不特徵
其孝，亦有裨於經學不淺也。肜故樂爲序。"此段文字，湖北省圖書館藏則僅作
"仙發能讀父書，又廣爲流傳，不獨孝于親，亦有裨於經學不淺也，肜故樂爲之
序"。其省改之跡，極爲明顯，疑係後印時爲避諱而删改也。又中國國家圖書館、
中國科學院圖書館、山東省圖書館等館藏有清乾隆五十四（1789）年刻本，其
本書名葉分三欄，右題"鄭士敬先生輯"，中題"易憲廣義"，左題"松月樓藏
板"，欄上題"乾隆五十四年刊"。由書名葉知其爲乾隆五十四年刻本。

020

石渠閣重訂周易去疑十一卷首一卷

T234　8210

　　《石渠閣重訂周易去疑》十一卷首一卷，明舒弘諤撰，清蔣先庚增補。清
順治蔣氏石渠閣刻本。十册。框高22.4厘米，寬12.4厘米。半葉十二行三十

字，四周單邊，白口，單魚尾。版心上鐫"周易去疑"，中鐫"上經"或"下經""繫辭"等及卷次。

卷端題"宛旌舒弘諤士一原著；絳巖蔣先庚震青增補"。書名葉分三欄，右題"絳巖蔣震青增補"，中題"易經講意去疑"，左題"梅墅石渠閣梓"。右上鈐有"□閣"朱文橢圓印，左下鈐"石渠／原板"朱文方印。

書首，首未署年舒弘諤《周易去疑自敘》。次蔣時機《重梓去疑副言》，共四則。次《周易去疑凡例》，共十一則，末署"弘諤編識"。次《周易去疑目錄》。

《目錄》後，有《卷首》一卷，包含《圖說》《朱子筮儀》《周易去疑總論》三部分。《圖說》卷端題"石渠閣三訂重刻周易去疑圖說卷首"，含《河圖解》《洛書解》《太極圖意》等十五圖及《八卦分宮取象歌》《上下經十九變卦歌》《上下經卦名次序歌》等共十八則，末題"圖說終"。次接《朱子筮儀》。次《周易去疑總論》，共二十七則，末題"周易去疑總論卷首終"。

舒弘諤，字士一，明旌德（今安徽旌德）人，以教徒爲務，著有《周易去疑》《通鑑紀略》《檇李曹太史評鐫古今全史一覽》《數理》等書。

蔣先庚，字震青，號畏庵，清江蘇句容人。纂輯有《龍門綱鑑正編》，另增訂《周易去疑》《治平略增定全書》《六臣註文選》《圓機活法詩學全書》等書多種。

此書撰作之緣起，據舒弘諤《周易去疑自敘》云："舒子疲於舌耕，厭若久之。庚午秋，戰北，遂別業金陵，舍鄉而國，收江左名儁，歸我友譜。舒子復不謂足，辛未冬，驅車北向，妄希天下觀也。居停池氏，攜餕走我，亟以義經講意屬焉，因請名其集以《去疑》。舒子曰：'疑可去乎？夫慧不疑不發，理不疑不出，先輩看書，慣善用疑，初要從有疑看到無疑，繼更從無疑看出有疑，則疑可去乎？'居停執以請者再四，爲其齋先有'四書''葩經'兩《去疑》集行世也。舒子頷之。居停尋即以其例請，曰'演脈'、曰'闡旨'、曰'互參'。未已也，而且'摹象'，而且'註字'。事甚瑣瑣不堪。舒子笑而謝曰：'羲經之先，奇偶兩畫已耳，後千餘年而文有彖，周有爻，孔有傳，羲皇聖人，業已病其多事，乃當今日而復於彖下係彖、爻下係爻、傳上添傳，三聖人不又以多事病我耶？'居停曰：'否！此衰世意耳。《易》者，象也，滿紙影像，千古都成疑義。設旨不闡、參不互，將宿學之疑必無能去；脈不演、象不摹、字不註，將初學之疑必無能去。治《易》者欲勤行接引，多事寧病歟？'舒子無已，強起應曰：'必如若言，要非余一人任也。余有兄，固余所師學《易》者，有侄、有男，又皆學《易》於余，而均有得，請分厥任可乎？'居停唯唯。舒子亦復喈喈，徐與理杯，餕醻別之，登舟渡江而北，意冷（泠）然善也。先是，余兄館燕京且久，比余抵燕，細話池居停故，相與捉筆，對席商《易》者六閱月而集告竣。會侄輩亦各郵所脩稿至，舒子喜甚，隨彙成帙，携之南，以授居停梓，而舒子轉復愀然曰：'昔孔子作《春秋》，知我、罪我兩有，不敢避。自此書出，任天下有知我爲要言，可；罪我爲冗言，亦可，均非余之所敢問矣。"據舒氏此《敍》，知此書乃應書林池居停之請而作，參與撰作者，除舒弘諤外，尚有其兄及弘諤之子、侄也。《敍》中拈出此書之凡例有"演脈""闡旨""互參""摹象""註字"等五項，今觀書首《周易去疑凡例》所述及書中內容，則其凡例另尚有"章總"與"批評"二項。

　　此書之刻，據書首蔣時機《重梓去疑副言》第一則云："《周易去疑》一書，舒士一於崇禎辛未歲，授梓於昆仰池氏。越庚寅，池氏板灾，書遂絕印。今海內奉爲津梁，書賈傳索，如同秘寶。本坊不惜重費，搆（購）原本於池氏，重加訂梓，蓋以答四方之企望云。"然則此書池氏初梓於崇禎四年（辛未，1631），至清順治七年（庚寅，1650）池氏板灾，其後石渠閣蔣時機乃購原本於池氏而重加訂梓。惟蔣時機僅言"本坊不惜重費，搆原本於池氏，重加訂梓"。未明言刊於何時，考此本不避"玄""貞""弘""曆"等字，蓋即刻於順治年間也。又今傳世有康熙刻本蔣先庚纂輯《龍門綱鑑會纂》一書，書首有蔣先庚《敍》，《敍》末署"康熙乙巳歲次仲夏日句曲蔣先庚震青甫題於玉芝園"。又有康熙刻本《正字通》一書，卷端題"袁州張自烈爾公增補，嶺南廖伯子文英原輯，句曲蔣先庚震青釋，溧水湯學紳康民訂，鄞江馬權奇紹南較"，二書刻於康熙時，蔣先庚之郡望皆署"句曲"，今《石渠閣重訂周易去疑》此本卷端題"絳巖蔣先庚震青增補"，稱"絳巖"，蓋因此本刻於順治時，故地雖相近，而稱呼則與康熙刻本異也。再者，傳世有《石渠閣精訂徐趙兩先生四書集說》二十八卷，其書卷端題"絳巖蔣先庚震青甫點定"，而書首有順治八年（1651）趙漁《序》，彼亦稱"絳巖"，似可爲旁證。

　　此書十一卷，卷一至卷四爲上經，釋《乾》卦至《離》卦，卷五至卷八爲下經，釋《咸》卦至《未濟》卦。卷九解《繫辭上傳》，卷十解《繫辭下傳》。卷十一解《説卦傳》至《雜卦傳》，惟版心則鎸"繫辭卷十一"，書首《周易去疑目錄》中亦題作"係辭卷十一"，蓋坊刻不甚講究也。各卦，頂格大字列經文或《傳》文，其下以小字爲釋，不載程《傳》《本義》。所釋分項爲之，各冠以"註""象""脈""旨""參""總"等字，圍以橢圓單框，亦頂格。據《重梓去疑副言》第二則云："原本板分上、下兩截，'象''註'變著小字於上，'脈''旨''參'著大字於下，意在省紙，實不便觀。今刻悉著大字於下。凡分白文一節，即使解明意備，一目而盡，觀者快焉。"可知池居停所刻原本爲兩截式，"象""註"爲小字，列於上截，今蔣氏此刻本則將各項并列，不分二截。又《副言》第三則云："原敍云'旨''參'以去宿學之疑，'象''註'以去初學之疑，講例所以截分多項也。今刻'註''象'先之，'脈''旨'次之，'互''參'又次之，由淺而深，由同而異，纍若珠聯，不嫌於柝。"然則蔣氏重梓時，各項之次序亦有所更動也。

書中所解，有"章總"一項，標曰"總"。《凡例》第四則云："一、章總。夫章何有總？謂籠統大勢所在也……是集每遇幾節、幾段去處，必外加一總，庶散漫者歸宿、參差者整齊矣。故經生欲會《易》通，則'章總'宜玩也。"另又有"批評"，則列於行右，惟不標示"批評"字樣。《凡例》末則云："一、批評。夫集有批評，係 象三謝老師親筆，義與拙講寔足互發，非僅慣套襲也。"據此知批評文字乃出於謝象三之手也。案：謝象三，字三賓，一字塞翁，明末清初鄞縣（今屬浙江寧波）人。明天啓五年（1625）進士，官至太僕寺卿。錢謙益門人。工山水畫，喜藏書，藏書樓名"博雅堂"。事迹參見李玉安、黃正雨著《中國藏書家通典》。

此書《四庫全書總目》著錄，題"《周易去疑》十一卷，兩江總督採進本"，入《經部・易類存目二》。提要云："明舒宏諤撰，宏諤字士一，旌德人，老於授徒，故抄撮講章，纂而成帙，以便課誦。其舉例有五，曰演脈（寶三案：武英殿本原作'派'，浙本、粵本作'脈'，今據改），曰闡旨，曰互參，曰摹象，曰註字。初梓於池氏，後板燬於火，蔣時機又重刊之，而改其體例。卷首又題'蔣先庚增補'，標目雜糅，不可究詰，大抵書賈射利之本也。"案：《總目》因避乾隆諱，故作者之名，"弘"改作"宏"。

《中國古籍善本書目》著錄，題作"明舒弘諤撰，明蔣先庚增補，明末蔣時機刻本"，載北京故宮博物院圖書館收藏。案：此題"明末"，杜澤遜《四庫存目標注》已訂其誤。《四庫全書存目叢書》嘗據故宮博物院藏本影印行世，題"清順治蔣時機刻本"，列入《經部》第二十六册。另海南出版社《故宮珍本叢刊》亦曾影印故宮博物院藏本行世，列入第001册，《經部・易類》。

021

周易本義正解二十二卷首一卷

T235 1266

《周易本義正解》二十二卷首一卷，清丁鼎時、吳瑞麟撰，清吳荃校訂。清康熙三十二年（1693）賜書堂刻後印本。二十册。框高20厘米，寬13.2厘米，半葉十行二十七字，小字雙行同，四周單邊，白口，單魚尾。版心上鐫"易經正解"，中鐫卷次及"上經"或"下經"或《傳》名，下鐫"賜書堂"。

卷端題"丹陽丁鼎時柯亭、吳瑞麟南驪纂輯；男丁在鎬邑宗、吳玉柯怡庭編次；同邑吳荃蓀右校訂"。書名葉分三欄，右題"丹陽吳蓀右、丁柯亭、吳南驪三先生彙集"，中題"周易正解"，左鐫有八行告白云：《易》之有註解也，由來尚矣。但失之於簡署者，語多徑直而理且／不明；失之於繁蕪者，辭多重複而意愈不達，求其旁通曲暢，足／以爲學者之津梁，蓋難之也。本坊敦請／三先生殫精覃思，折衷至當，中正之説，無弗兼收，詭僻之言，概／不録入。條疏縷析，彖爻辭之義蘊，倒篋傾來；總釋分詮，先後聖／之精神，和盤托出。通材遇此，如挹水於潭、鑽火於燧，穎思淵發／於不窮；初學閲之，亦大叩大鳴，小叩小鳴，疑團冰釋於無有矣。／誠藝林之快事而義《易》之全書也，識者鑒諸。"欄上鈐"康熙癸酉新鐫"六朱字，右下鈐"翻刻千／里必究"朱文長方印。

書首，首清康熙壬申（三十一年，1692）中秋前二日吳瑞麟《序》。次《凡例》，共十二則，末署"南驪氏識"。次《周易正義正解目録》。次《周易類句辨異》。依《目録》所題，次爲《卷首》一卷，包括《程子原序》、《上下篇義》、《易説綱領》、《周易五贊》、《周易圖目並十八圖》、《筮儀》、《附録啓蒙以明占法》（版心鐫"明占法"）、《易學淵源總論》、《周易本義卦歌》等九項。次本文二十二卷。

丁鼎時，字九疇，號柯亭，清江蘇丹陽人。廩貢生，著有《新硎》《驪珠》等集。

吳瑞麟，字南驪，清江蘇丹陽人。諸生。

此書雖署"丁鼎時、吳瑞麟纂輯"，而成書則吳瑞麟用力尤多。據書首吳瑞麟《序》云："余之於《易》，童而習之者也。彼時初授句讀，其中精義茫然莫解。及弱冠之年，與家兄蓀右讀書於練溪僧舍，課誦之餘，相與研磨經旨。家兄專治《尚書》，予則服膺義《易》。每見明季羣儒講義鱗列，皆競炫新奇，不顧義理，誠有如考亭夫子所云'本卑而抗之使高，本淺而鑿之使深，本近而推之使遠，本明而必使之至晦'者也。談經之病，莫甚於斯。家兄每廢書而三歎曰：'經旨之不明，皆由於解之弗得其正也。'吾因是言，而思《易》之爲書，先後天聖人本爲卜筮而作，秦焰酷烈，而《易》以卜筮得不廢，故諸經簡編多散亡脱落，惟《易》則靡有缺遺。千百世之下，得見千百世以上聖人之全經者，獨賴此編之存也。其間六十四卦、三百八十四爻，總不外乎辭占象變，聖人觀卦爻之象，而立爲假借虛設之辭，使天下後世緣此而占筮者皆得因其變之所值以通之於事爲之間，是故《易》理廣大悉備，人人可以用之，事事可以應之，渾融該貫，而有以冒天下之道也。今之説《易》者，象數未明，虛言名理，聖人之書可見之於日用之實者，却求之於虛遠之中而不得其用。他或偏主一事而言，拘牽傅會，執而

105

不通，遂使聖人稽實待虛，存體應用之意，無復可見矣。豈非解之弗得其正，以至於此耶？余因是屏去衆説，而一以《本義》爲宗，雖伊川《易傳》，考亭亦每有駁正之辭，則後世諸儒紛紜聚訟之言，斷無有能決其藩籬、越其範圍者。故潛心静會，靡間寒暑，見其中理與數兼該，象與占畢顯，蓍卦之爲體爲用，吉凶悔吝之爲趨爲避，與夫聖人憂世覺民之意，無不一一闡明之。學者但究心《本義》，而《易》之理已無餘蘊矣。但恐其言近而指遠，每多引而不發之處，故復取《大全》《通典》《蒙引》《存疑》諸書參互考訂，取其説之可以與《本義》相發明者彙爲一編。而丁子柯亭，精研《易》學，適與余同志。每成一帙，輒出以相示，與余之所輯者多不謀而合焉。余曠然喜曰：‘此不惟可以助予之所不逮，而實可以開予之所未發也。’遂相與共成此書，本以訂疑析義，備己之所遺忘，非敢出以問世。適坊客見之，力求授之梓，遂不得已而勉應其請。夫《易》廣矣，大矣，誠何敢以管窺天，以蠡測海？然由此而求之，因諸儒之所發明以旁通乎《本義》之説，因《本義》之所推衍以探索夫聖人作經立傳之旨，庶乎解之不悖於正，而沿流溯源，或亦可爲學者窮經之一助云。”此《序》述其撰作之背景甚詳。又《凡例》第一則云：“是書始於戊辰之冬，成於壬申之秋，凡四易寒暑。”末則云：“辰巳之間，與丁子柯亭同筆研，互相商確，資益良多。庚午以後，柯亭肄業璧廱，山川阻長，無由就正。實賴家兄蓀右指摘參較，俾得成書。無煩將伯之呼，而有助予之樂，其功不容泯也。”由此知此書之纂輯，在康熙二十七（戊辰，1688）冬季至三十一年（壬申，1692）秋季之間，前後共四年。始年（二十七至二十八年），吳瑞麟與丁鼎時共輯此書，後三年（二十九至三十一年），則瑞麟有賴於其兄吳荃之“指摘參較”，故卷端乃題“同邑吳荃蓀右校訂”也。

此書《凡例》第一則云：“是書始於戊辰之冬，成於壬申之秋，凡四易寒暑。寢食俱廢，所閱講義，不下數十種，辨異參同，不遺餘力，擇其説之切合經旨、不背傳意者，薈萃而成一編，粹然一歸於正，顔曰《周易正解》，遵家兄蓀右之志也。”案：本館另藏有康熙刻本吳荃所撰《深柳堂彙輯書經大全正解》一部，書首有吳荃所撰《書經正解序》，末署“峕　康熙二十九年歲次庚午孟秋上浣吳荃蓀右氏題於深柳堂。”又其書《凡例》第一則云：“余年來鍵關蕭寺，授徒餬口，諸生各占一經，課讀之餘，僅得指陳大略，惟壁經爲余專業，鈎摹討論，頗具用心。坊客因《四書》一刻，謬爲同人許可，力請是編問世，辭之不獲，遂録付欹劂，仍顔曰《尚書正解》，從其舊也。”然則，吳荃舊已有《四書正解》之刻，至康熙二十九年（1690）又刻《書經正解》，今吳瑞麟名其書爲《周易正解》，而曰“遵家兄蓀右之志也”，蓋謂沿襲其兄《四書正解》《書經正解》等“正解”之名也。惟此書《凡例》之版心鐫“易經正解凡例”，另各卷板心上方亦皆鎸"易經正解"，然卷端題"周易本義正解"，書名葉題"周易正解"，凡例云"顏曰《周易正解》"，其作《易經》或《周易》，頗不一致，疑書坊有所改易，故致此歧異也。

本館此本版心鎸"賜書堂"，書名葉鈐有"康熙癸酉新鎸"六朱字，當係康熙三十二年（1693）賜書堂刻本。惟此本卷二卷端僅見纂輯者姓名，編次者姓名則空白未見。另卷三、卷四之卷端，則纂輯者與編次者姓名并皆空白，且留有剜挖痕迹，蓋後印之本也。又：此本卷首葉九右面，見鈐有藍、紅條紋之紙廠印記，此類紙廠印記屢見於清康熙至乾隆間之古籍印本中，由此推之，本館此本雖係後印，其時代當不致太晚也。

此書二十二卷，卷一至八，解《周易上經》；卷九至十六，解《周易下經》；卷十七至十九，解《繫辭上傳》；卷二十至二十一，解《繫辭下傳》；卷二十二，解《説卦傳》《序卦傳》《雜卦傳》。每卷經文大字頂格排列，次中字低一格列朱熹《本義》，《正解》則於《本義》文中以雙行小字爲釋。吳氏等所撰《正解》，除於《本義》本文下爲釋外，另後方又有"衍義""發明""六爻合旨"等項目以解之。

《凡例》第二則云："凡講《易》之文，不過尋繹乎《本義》之辭意而已，有就其辭分疏者，即於逐條《本義》内分段細書之。有就其大意渾淪説者，則於'發明'内詳之，務使理有根源，辭無枝葉，斟酌去取，頗具苦心。"此述《本義》下雙行小注與"發明"項説解重點之異也。又第三則云："串講經傳之辭，期於明白曉暢，其言中之義蘊固必疏剔分明，而言外之神情亦須隱躍著現，彼膚辭、囈語與夫不切之閒文，若於先聖口中述之，殊無意味，茲編掃除畧盡。至於上下承遞處，語意歸重處，尤加意提闡，務令言之有原有委，無含糊影響之談。總之，所以敷衍其文義也，故以'衍義'二字提其綱。"此述"衍義"之例也。又《凡例》第四則云："先天有畫无文，不尚辭説，至後天觀象繫辭，雜而不越，始有辭説以推明畫中之理數。然其理至精，其數至變，説書者若不條疏縷析，則其意未易明也。故逐句逐字之實義、前後照應之脉絡，與先儒論説之正當不易者，皆於串講後録而存之，無非所以發明夫經旨也，故以'發明'二字總其意。"此述"發明"之例也。另此書於《乾》《坤》二卦，尚有"六爻合旨""象傳合旨""文言傳合旨"等項目，所釋可謂詳矣。

此書所釋，多採前人之説，《凡例》第六則云："程《傳》專言義理，不取卦變，故紫陽《本義》多不從其説。《大全》諸儒之言，純駁互見，惟虛齋蔡氏之《蒙引》、次崖林氏之《存疑》，其言精確而正當，集中多採録焉。他如《説統》《直解》《講意》《會通》諸書，亦多摘取，以備參稽。"又第七則云："南江潘友碩先生之《廣義》、蕭山來木臣先生之《會解》，恪遵《本義》之説，逐卦、逐爻皆斟酌至當，語無泛設。《廣義》詳而《會解》約，各有其妙，兹集之成也，取資於二書居多。"由《凡例》所述，知書中取自《周易傳義大全》者，明蔡清《易經蒙引》、明林希元《易經存疑》之説爲多。其他又採明張振淵《周易説統》、明王邦柱《易經會通》諸書之説。至於此書採録最多者，則爲清潘元懋（字友碩）之《周易廣義》及清來爾繩（字木臣）之《易經大全會解》二書也。書中引前儒之説，多不著其姓名，惟《繫辭傳》則明著之，《凡例》第五則云："先儒疏解六十四卦，兹編多不能録其全文，但節取數語，其理已明，或間有增損潤飾之處，故不著其姓氏。至於《繫辭傳》，則聖人之語意已極博大渾深，諸儒亦竭力疏解，多有不可磨滅之論，足以羽翼聖經，故必著其爲某某之説，使讀其説者必知其人，亦尚友之意也。"

此書《四庫全書總目》未著録。《續修四庫全書總目提要》收録尚秉和所撰此書提要，題"《周易本義正解》二十二卷卷首一卷，康熙癸酉賜書堂刊本"。提要中評云："疏釋似爲詳盡，然空泛敷衍，辭多枝葉，仍不脱講章習氣。"

《中國古籍善本書目》著録"《周易本義正解》二十二卷首一卷，清丁鼎時、吳瑞麟撰，清康熙三十二年賜書堂刻本"，載福建師範大學圖書館收藏。除本館外，另中國科學院圖書館、南京圖書館、美國舊金山大學利瑪竇研究所藏書樓等館亦有收藏。

鈐印有"別一天"白文長方印、"劉印智德"白文方印、"哲生"朱文方印、"護封"朱文方印等。

022

周易滴露集四卷

T235　1337

《周易滴露集》四卷，清張完臣撰。清康熙二十八年（1689）張拭刻後印本。四冊。框高20.1厘米，寬13.8厘米。半葉九行二十二字，四周雙邊，白口，單魚尾。版心上鐫書名，中鐫卦名，下鐫"元"或"亨""利""貞"等部類。

卷端首行題"周易滴露集"，次行題"平原張完臣良哉甫輯述"。書名葉分三欄，右題"平原張良哉先生手輯"，中題"周易滴露集"，左題"本衙藏板"。

書首，首《凡例》，共四則，末署"安遠堂主人識"。次清康熙己巳（二十八年，1689）清和月（四月）張拭《跋》。中國科學院圖書館藏本，《凡例》之前有未署年許之漸《張良哉易註滴露集序》，又張拭《跋》置於書末，本館此本略異。

張完臣，字良哉，清山東平原人。《[乾隆]平原縣志》卷八《人物志·鄉賢》中云："張完臣，字良哉，國柱子。性孝友，讀書目數行下。順治乙未成進士，任兗府教授……補威海衛，陞國子助教，晋主事，未任而卒。生平恬退，釋褐後，讀書益力，著有《周易滴露集》行世，一時學《易》者多宗之。其他撰述甚夥。"另撰有《東村日録》《海隅瘤》《安遠堂詩集》等書。

張完臣之子張拭《跋》文述此書撰作之由及刊刻之事云："先君好學嗜古，本於天性，自經史詩賦，以逮二氏之書，罔不殫心研究。通籍以來，手不釋卷，寢食俱忘。中年潛心《周易》，凡諸家疏義，搜覽靡遺，爰集衆長，刪繁就簡，析以己衷，手自抄録，十易藁，始得成書。易簀之際，慮家貧不能付梓，屬拭貯於家。拭深懼湮没弗彰，有負經營苦志，勉力剞劂，公諸同好。其於羽翼聖經，津梁後學，或不無少補云。"《跋》末署"岢　康熙己巳清和月平原張拭謹識"。據此知書乃刻於康熙二十八年（1689），其時完臣已卒。本館此本避"玄"字諱而不避"貞""弘"等字，當即康熙二十八年刻本。惟此本頗見剜改之跡，如《元》部第十五葉《坤》卦，《滴露集》載："《訂疑》：'《或問》依《卦辭》，《本義》則牝馬地類，行地無疆，柔順利貞，利貞而作此解耳，非《卦辭》本意。學者當如程《傳》及《本義》所解，而以君子攸行截屬上節讀，不必復顧卦辭之説也。《本義》所行如是二句，□當刪之耳。'"本館此本此段末句"□當刪之耳"五字，字體較大，剜改之跡甚爲明顯，且"當"字之前仍有剜改痕迹之殘留，字作"宀"形，佚名以朱筆填補爲"應"字。又《貞》部首葉第一行，原空白，佚名以墨筆填補"䷰革"。另此本書名葉左下題"本衙藏板"四字，此四字有明顯剜改痕迹，原當非作此題。據以上現象推之，此當係康熙刻而後印之本也。

此書集諸家《易》注，大體以朱子《本義》爲宗，間載與《本義》説異者。《凡例》第一則云："自漢唐以迄元明，註《易》者多至數十百家，然無如朱子《本義》之簡净精微、明活圓通者。余抄《滴露集》，一惟《本義》是宗，非止遵　功令，實以有當於心也。然間有思之不合者，或前人所已論，輒録出以俟參訂，非敢背註，秖求有當於心耳。"此拈出"有當於心"爲此書取捨之標準。考他館所藏本書首載有許之漸序，題爲《張良哉易註滴露集序》，此稱完臣所撰書爲《易註滴露集》，意謂乃取《易》注中之滴露（甘霖）以成書，其稱更可明此書名《滴露集》之含義。

此書不標卷數，而以元、亨、利、貞分爲四部，四部之葉碼各自起迄。《元》部之末，題云"周易滴露集元部終"。《亨》部未見尾題。《利》部之末、《貞》部之末亦有尾題。書中僅釋上、下經，無《繫辭》以下諸《傳》。《凡例》第四則云："黄石齋先生《易象正》止上、下兩經，其《繫辭》《説卦》等《傳》不載。余抄《滴露集》亦止上、下兩經，其《繫辭》《説卦》等《傳》，讀法不同，另有別本。"此謂其採明黃道周（1585—1646）《易象正》之例，所輯《易》注僅及上、下經，至於《繫辭》以下各《傳》之解，則另有別書述之。惜今未見張氏"別本"之作。

此書各卦，皆頂格列卦名及卦形，次仍頂格載諸家之説，間有己見，則低一格以別之。《凡例》第二則云："余抄《滴露集》，盡採先賢緒論，以三聖奧旨，前人已搜抉无遺，其出某書、某人，輒書明姓氏、書目，間有稍行删益或薈萃成文者，則不書姓氏、書目。又有先賢發明未甚了了者，余時標疑義，以俟質問，則列於諸家之末。"由此可知其體例。書中低一格者，爲張氏之説，偶亦冠以"按""愚按"字樣。

此書所録諸家説極夥，以《乾》卦爲例，依次即載"雲峰胡氏""朱子曰""鄭玄曰""蘭氏廷瑞曰""飛航講意""《訂疑》""劉涵九曰""竟陵張氏曰""《疑問》""楊龜山曰""《蒙引》"等説。書中所載，以取自明吳璉《易經訂疑》、明蔡清《易經蒙引》、明姚舜牧《易經疑問》等書爲多，另亦頗有取自明胡廣等所輯《周易傳義大全》者。

本館此本，《元》《亨》《利》三部皆有佚名朱筆圈點及批語。如《元》部《乾》卦，《周易滴露集》云："'見龍在田，時舍也。'舍，去聲。存齋馮氏曰：'舍與出舍于郊之舍同。適止于位，非久安也。'"佚名於"非久安也"下朱筆批云："與《本義》異，然却有理。"案：《滴露集》原文所引"存齋馮氏"當爲"厚齋馮氏"之訛，馮氏指宋馮椅，字倚之，號厚齋，朱熹弟子。《滴露集》蓋引自《周易傳義大全》，《大全》作"厚齋馮氏"，此本誤爲"存齋馮氏"。朱熹《周易本義》解此《文言傳》"見龍在田，時舍也"云："未爲時用也。"厚齋所解與《本義》異，故批語有此説。另尚有他例，兹不具舉。

此書《四庫全書總目》著録，題"《周易滴露集》，無卷數，直隸總督採進本"，入《經部・易類存目三》。提要云："是書皆訓釋文句，不及象數，大旨取朱子《本義》爲主，而附益以諸家之説，於吳璉《訂疑》、蔡清《蒙引》、姚舜牧《疑問》所引尤多，間亦附以己意。所注僅上、下兩經而無《繫辭》以下，蓋用程子本也。"

《中國古籍善本書目》未著録。除本館外，另中國科學院圖書館、山東省圖書館、中國臺灣大學圖書館等館亦有收藏。《四庫全書存目叢書》曾據中國科學院圖書館藏本影印行世，題"清康熙二十八年張拭刻本"，列入《經部》第二十九册。案：中國科學院圖書館藏本亦見有剜改痕迹，其剜改情況與本館此本同，當亦爲後印本也。

023
周易本義引蒙十二卷首一卷

T235　4104

《周易本義引蒙》十二卷首一卷，清姚章撰。清康熙三十四年（1695）陳鍾岳刻本。二册。框高18.9厘米，寬13.3厘米。半葉十行二十三字，小字雙行同，左右雙邊，黑口，雙魚尾（魚尾相向）。版心中鐫書名、卷次及"上經"或"下經""繫辭上傳""説卦傳"等。

卷端題"甬江仇滄柱先生鑒定；萊濰姚章青崖輯；安丘張貞杞園參"。書名葉分三欄，右題"甬江仇滄柱先生鑒定"，中題"周易本義引蒙"，左上題"萊濰姚青崖輯"，左下題"主静齋藏版，王美生、周子明梓"。

書首，首清康熙戊辰（二十七年，1688）嘉平月（十二月）仇兆鰲《周易本義引蒙序》。次康熙三十四年（1695）四月張貞《周易本義引蒙序》。次康熙乙亥（三十四年，1695）五月劉潢《周易本義引蒙序》。次未署年姚章《周易本義引蒙序》。次《周易引蒙總目》。次《周易引蒙卷之首》，包含《朱子圖書》《筮儀》《程子上下篇義》《朱子周易五贊》四項，末有按語云："章按：程子《上下篇義》、朱子《五贊》原不在《本義》之中，以其有關《易》理，故附於《圖説》《筮儀》之末焉。"次本文十二卷。每卷之末皆鐫有"男姚嗣恪賓菴校"字樣。各卷卷端所題"參"者頗有異，卷一、卷七同題"安丘張貞杞園參"，卷二題"萊陽周正方山參"，卷三、卷十同題"表侄劉以貴滄嵐參"，卷四、卷十一同題"同學王橚静齋參"，卷五、卷九同題"同學劉潢季水參"，卷六題"高密任坪坦公參"，卷八題"安丘馬石麟又陵參"，卷十二題"門人張在辛卯君參"。

姚章，字青崖，清山東濰縣（今山東濰坊）人。貢生，以授徒爲業，著有《周易本義引蒙》，餘事迹不詳。

此書撰作之緣起，據作者自序云："余成童時受壁經，十有八歲，改讀《易》。《易》之詮註，所閱不下數十家，質之《本義》，皆不甚合。然《本義》之妙，予亦未能深悉也。後得虚齋蔡先生《蒙引》，朝夕研窮，寢食於斯者有年，始悟《本義》之作，分析象占，字字句句，無一不自卦畫中來。《蒙引》真考亭之功臣哉！但辭語浩瀚，初學未易融通，每欲序其文義，斂繁就簡，以爲童蒙階梯，有志而未逮。乙卯冬，門人有講《易》之請，乃以《蒙引》爲宗，而衆家之書有相符會者，并爲採集，爲書十有二卷。越五年，庚申，講《易》郡城，取衆説而折衷之，增以論辨，復合《圖説》《筮儀》《上下篇義》《周易五贊》彙爲首卷。歲丁卯，表弟郭藜齋遊宦京師，託以就正太史滄柱仇

111

先生，先生謬爲許可，慨賜序文，且遺書諄諄囑付剞劂，顧力不能就。甲戌春，適鍾岳陳公江西給假歸，見此書而善之，遂唱率同人捐貲授梓。明年乙亥春始告竣事焉。噫！《易》理精微，安能窺其奧妙？此不過童蒙之一助耳，敢言知《易》哉？"此《序》述其書撰作之旨趣甚詳，且由此《序》所述，知此本始刻於清康熙三十三年（甲戌，1694），刻成於三十四年（乙亥，1695），倡議捐貲授梓者爲陳鍾岳。另書首劉潢《周易本義引蒙序》中亦謂"其演説經文，詮疏傳義，博采衆家之説，而獨折衷於《蒙引》"，"青崖恪守《蒙引》，上接程、朱《易》學之傳，而又通《蒙引》之義，以爲《引蒙》"。由此可見此書與明蔡清《易經蒙引》之密切關係。

此書卷首一卷，首行題"周易本義引蒙卷之首"。含"朱子《圖説》""筮儀""程子《上下篇義》""朱子《周易五贊》"等四項。卷首之末，有姚章按語，參見前述。

此書正文十二卷，每卷皆先頂格列《周易》經文或傳文，次低一格列朱熹《本義》，又低一格爲《引蒙》説解。説解之中，或引衆説，或自作釋。所引衆説，以明蔡清《易經蒙引》爲最夥，此即姚氏自序所謂"以《蒙引》爲宗"者也。其他所引，復及《周易傳義大全》中所載"隆山李氏"（宋李舜臣）、"雲峰胡氏"（元胡炳文）、"節齋蔡氏"（宋蔡淵）、"進齋徐氏"（宋徐幾）等諸説，以及元梁寅《周易參義》、明林希元《易經存疑》、明徐師曾《今文周易演義》、明鄭敷教《周易廣義》、清來爾繩《易經大全會解》等諸家之説。另姚章所作評釋，則加"章按"以別之，如卷一"周易上經"條之末，姚章云："章按：此段乃《易》之由來，今逐句詮解，則經傳之分，古《易》、今《易》之殊，初學可以開卷了然矣。"

此書以《蒙引》爲宗，主朱子《本義》以解《易》，仇兆鰲序謂："披讀數過，服其辭説不繁而意已醒豁，其亦可謂《蒙引》之功臣矣乎。"劉潢序謂："然則《引蒙》一書，謂其可與《本義》《蒙引》并傳於世也亦宜矣。"然此書終不免爲場屋用書之性質，姚氏自序云："噫！《易》理精微，安能窺其奧妙？此不過童蒙之一助耳，敢言知《易》哉？"雖屬自謙之辭，亦頗得其實。張貞序爲之辨云："或謂是編有資于場屋帖括者爲多，其于闡揚性道，尚隔一塵。不知經義之設，正以剖析前人未發之祕也。歷代以來，念六經之蘊深而難知，故取章句裁以爲題，敷陳詞旨，如一出于聖賢之言，其道之精微變化盡矣，特患備耳剽目之徒，傅會穿鑿，楦釀而叢脞，始僨背于大道耳。何若斯之擺落悠悠，研尋雅故，發皇蕩滌，煥然與《本義》同風。用以譚理，則洞前燭後，可以窺周孔之閫奧；用以爲文，則根茂實遂，可以挽輓近之頹靡。"對此書可謂推崇備至。

《續修四庫全書總目提要》收録尚秉和所撰此書提要，題“《周易本義引蒙》十二卷，康熙刊本”，提要云：“今觀其注，如解‘品物流行’云：‘品物得雲雨，形形色色如水之流而不息。’以‘流形’爲形容辭……他若説《訟·六三》‘或從王事无成’云：‘陰柔質弱，苟或出而從王事，亦无有成功。’則襲朱子之悮（誤）解，以成爲成敗，若是者尤多，皆无覺察。蓋自明初學者以胡廣之《周易大全》爲正宗，而《大全》以程、朱爲主體，不知象數爲何物，而鄉曲之士，見聞孤陋，幾不知程《傳》、《本義》、《大全》以外尚有其他《易》解，虚僞支離，無足怪也。”此以“見聞孤陋”“虚僞支離”評之，未免稍苛矣。

此本卷四葉四十八右面，鈐有紅、藍色長條形紙廠印記。

此書《四庫全書總目》《中國古籍善本書目》俱未著録。除本館外，另中國科學院圖書館亦有收藏。《四庫未收書輯刊》嘗據中國科學院圖書館藏本影印，題“清康熙三十四年陳鍾岳刻本”，收入第貳輯第壹册。另中國國家圖書館、上海圖書館、山東省圖書館、湖北省圖書館等館亦藏有清康熙刻道光二十三年（1843）姚鏞、姚鉽補刻印本。此外，武漢市民間收藏家“徐徐堂”主人藏有《周易本義引蒙》清稿本一部，半葉九行二十四字，卷端題“北海姚章輯”，書首有作者自序，末署“康熙辛酉清明日／古北海郡姚章題”，考辛酉爲康熙二十年（1681），則其本蓋係康熙二十年初成之清稿本也。

024

周易玩辭集解十卷首一卷（缺首一卷）

T235　4192

《周易玩辭集解》十卷首一卷，清查慎行撰。清乾隆十九年（1754）刻本。十册。缺首一卷。框高20.7厘米，寬16.2厘米。半葉八行十八字，小字雙行同，無直欄，四周雙邊，白口，單魚尾。版心上鐫書名，中鐫卷次及卦名。

卷端題“海寧後學查慎行”。

書首，首《參訂姓氏》。次《續訂姓氏》。次《參校宗族子姓》。次清雍正甲辰（二年，1724）三月查慎行序，未立標題，版心鐫“序”。次本文十卷，各卷之末，皆鐫有編次、校閲及覆校者姓名，編次者皆題“仁和受業門人沈廷芳”，校閲及覆校則各卷有異。卷一末題“仁和受業門人沈廷芳編次；嶍峨後學周於智校閲；安義後學詹易覆校”。

查慎行（1650—1727），本名嗣璉，字夏重，清浙江海寧人。康熙二十八年（1689），因涉洪昇《長生殿》國恤張樂事件遭革職，驅逐回籍，改名慎行，字悔餘，號他山，又號查田。晚年居初白庵，故又稱查初白。《清史列傳》卷七十一《文苑傳二》、《清史稿》卷四百八十四《文苑一》俱有傳。《清史稿》云："查慎行，字悔餘，海寧人。少受學黃宗羲，於經邃於《易》。性喜作詩，游覽所至，輒有吟詠，名聞禁中。康熙三十二年，舉鄉試。其後聖祖東巡，以大學士陳廷敬薦，詔詣行在賦詩。又詔隨入都，直南書房。尋賜進士出身，選庶吉士，授編修……充武英殿書局校勘，乞病還。坐弟嗣庭得罪，闔門就逮。世宗識其端謹，特許放歸田里。"慎行放歸後，尋卒，年七十八。著有《周易玩辭集解》《易說》《人海紀》《敬業堂詩集》《敬業堂詩續集》《敬業堂文集》等。清陳敬璋撰有《查他山先生年譜》，可參。

書首查慎行序云："慎行童而讀《易》，白首而未得其解也。則仍於聖人之辭求之，始而玩《卦辭》《爻辭》，繼而玩《象傳》，大、小《象辭》，務於聖人之辭，字字求著落詮釋。其求諸經文而不得，必先考之注疏，復參以諸儒之說，不敢偏徇一解，亦非敢妄立異同。平心和氣，惟是之歸。管窺蠡測，亦間附一二。"末署"雍正甲辰三月既望查慎行識，時年七十有五"由此可知其書名中"玩辭""集解"之取義。考查氏卒於雍正五年（1727），此序作於雍正二年（甲辰，1724），乃成於其晚年也。

湖北省圖書館藏本書首載有乾隆十七年（1752）沈廷芳題識，言及編次此書之事。另書末又載乾隆十九年（1754）成城《跋》，言及刻書事。本館此本未見沈廷芳題識及成城《跋》，以書內版本特徵與湖北省圖書館藏本同，故亦定爲乾隆十九年（1754）刻本。

此本共十卷，卷一至四《上經》，卷五至八《下經》，卷九《上繫傳》，卷十《下繫傳》至《序卦傳》。所釋先列經、傳之文，後加詮釋。查氏自序云："其求諸經文而不得，必先考之注疏，復參以諸儒之說，不敢偏徇一解，亦非敢妄立異同。平心和氣，惟是之歸。管窺蠡測，亦間附一、二。"由此可知其撰作之體例也。

本館此本缺卷首一卷。

此書《四庫全書》收錄，作者題"翰林院編修查慎行撰"，書首有卷首一卷，無沈廷芳題識及書末成城跋。《四庫全書總目》題"《周易玩辭集解》十卷，浙江巡撫採進本"，提要云："慎行受學於黃宗羲，故能不惑於圖書之學。卷首《河圖說》二篇……其言皆明白篤實，足破外學附會之疑。"又云："然其說經則大抵醇正而簡明，在近時講《易》之家，特爲可取焉。"

《中國古籍善本書目》著錄"《周易玩辭集解》十卷首一卷，清查慎行撰，清乾隆刻本"，載湖北省圖書館收藏。除本館外，另中國國家圖書館、上海圖書館、浙江圖書館等亦有收藏，惟多題"清乾隆十八年刻本"。

025

周易函書五十二卷附卜法詳考四卷

T235　4263

《周易函書》五十二卷附《卜法詳考》四卷，清胡煦撰。清乾隆胡氏葆璞堂刻本。三十冊。框高18.7厘米，寬14厘米。半葉十行二十四字，小字雙行同，四周雙邊，白口，單魚尾。

胡煦（1655—1736），字滄曉，號紫弦，清河南光山人。《清史稿》卷二百九十《列傳》七十七有傳，云："初以舉人官安陽教諭，治《周易》，有所撰述。康熙五十一年，成進士，散館授檢討。聖祖聞煦通《易》理，召對乾清宮，問《河》《洛》理數及卦爻中疑義，煦繪圖進講，聖祖賞之，曰：'真苦心讀書人也。'五十三年，命直南書房。上方纂《周易折中》，大學士李光地爲總裁，命煦分纂。尋命直蒙養齋，與修《卜筮精蘊》。五十七年，遷洗馬，與修《卜筮彙義》。轉鴻臚寺少卿。六十一年，遷光禄寺少卿，再遷鴻臚寺少卿，雍正元年，擢内閣學士……五年，擢兵部侍郎，兼署户部……八年，命直上書房，充《明史》總裁。九年，授禮部侍郎，旋以衰老奪官。十年，河東總督田文鏡劾煦長子孟基本邱氏子，冒姓，以官卷得鄉舉，下部議黜。乾隆元年，煦詣闕召見，命還原銜，復孟基舉人，賜其幼子季堂廩生。煦疾作，卒於京師……乾隆間，高宗詔求遺書，徵煦著作，時季堂官江蘇按察使，以煦著《周易函書》進。五十九年，特命追諡，諡文良。"著有《周易函書》《卜法詳考》《農田要務》《勾股算數》《淡寧三接始末》《葆璞堂文集》《葆璞堂詩集》等。清彭啓豐撰有《胡煦墓誌銘》（載李桓編《國朝耆獻類徵初編》卷七十一），清錢陳群撰有《誥授通議大夫晋贈資政大夫禮部左侍郎胡公神道碑》（見《香樹齋文集續鈔·誥》卷五）。事迹另見清楊殿梓總修《［乾隆］光山縣志》卷二十七《胡煦傳》、徐世昌《清儒學案》卷四十七《滄曉學案》等。

本館此本包含《周易函書約存》十八卷，《周易函書約註》十八卷，《周易函書別集》十六卷，另附《卜法詳考》四卷。據《周易函書約存》書首所載《周易函書總目》，其中含"《約存》十八卷""《約註》十八卷""《別集》十六卷"，知此乾隆葆璞堂刻本乃將《約存》《約註》《別集》三書合爲一書，統稱《周易函書》，故今定此書題爲"《周易函書》五十二卷附《卜法詳考》四卷"而不以三書分別題之也。以下就三書及所附《卜法詳考》分別述之。

（一）《周易書函約存》十八卷

此書十冊。版心上鐫"周易函書約存"，中鐫卷次及小題，下鐫"葆璞堂"。卷端題"禮部左侍郎胡煦述"。書名葉中題"周易函書約存"。

書首，首清乾隆五十九年（1794）十一月十七日上諭，次乾隆五十九年十一月十八日奏摺。次乾隆五十九年十二月初六日禮部奉旨贈胡煦謚號文良。次乾隆五十九年十二月初八日恭謝謚號奏摺。次謝恩摺。次乾隆三十七年（1772）十二月二十四日徵書謝摺。次《欽定四庫全書周易函書提要》。次《周易函書總目》。次《周易函書約存目録》。

本書卷首有三卷，正文十五卷，計十八卷，各卷之末皆鐫有“男季堂重校／孫鈺、鱗正字”字樣。又書首鐫有《欽定四庫全書周易函書提要》版心鐫有“葆璞堂”，可知爲乾隆間胡氏“葆璞堂”家刻本。文淵閣《四庫全書》本《周易函書約存》書首載有《凡例》，共十一則，末則云：“是書正集九十九卷，外集十九卷，共一百八十卷。因卷帙浩繁，無能悉付剞劂，先曾擇其要義，刻成《函書約》三卷。兹復重加訂輯，取《原圖》《原卜》《原爻》《原古》首傳之五十卷，約爲十五卷，而列初刻之三卷於首，合之得爲十八卷，名曰《約存》。取解釋經文之四十九卷，約爲十八卷，名曰《約注》。其外集《須知》《辨異》《約旨》三書仍另列于後，益以《原古》内《卜法詳考》四册，合得二十卷，名曰《別集》。統計五十六卷，合之爲《函書》全集，分之亦各成一書，以便觀覽。”案：此《凡例》雖冠於《周易約存》之首，當爲《周易函書》全集之《凡例》，故其末則乃有此説也。《函書》各書編刊之經過，頗多曲折，《四庫全書總目》提要中所言極詳，惟《美國哈佛大學哈佛燕京圖書館藏中文善本書志·經部》“清雍正刻本《周易函書別集》”條之書志中對《四庫總目》之説多所商榷，因二説之原書具在，兹不贅述。

《函書約存》，卷首分三卷，即卷首上《原圖約》、卷首中《原卦約》、卷首下《原爻約》。另正文十五卷，卷一至卷四《原圖》，卷五《原卦》，卷六至卷十五《原古》。

（二）《周易函書約註》十八卷

卷端題“禮部侍郎胡煦纂”，書名葉中題“周易函書約註”。書首有《周易函書約註目録》。中國臺北文海出版社《國學集要》影印本《周易函書約註》，於書名葉之後、《目録》之前，有《周易函書約註序》，末署“雍正七年八月朔旦胡煦序”，惟此《序》，《四庫全書》本則改題爲《周易函書約存序》，置於《周易函書約存》書首，末署“康熙五十六年丁酉五月朔旦光山胡煦序”，《四庫》本恐有誤也。本館所藏本《約註》無此《序》。

《約註》共十八卷，釋《周易》經、傳之文。各卷之末亦皆鐫有“男季堂重校／孫鈺、鱗正字”字樣，知版本同前書。

（三）《周易函書別集》十六卷

卷端題“禮部左侍郎胡煦著”。書名葉中題“周易函書／別集”。

書首有《周易別集弁語》，末署“雍正二年七月九日弁語”。此書各卷之末亦皆鐫有“男季堂重校／孫鈺、鏻正字”字樣，知版本同前二書。

此《別集》共十六卷，卷一至四爲《易學須知》、卷五至六爲《易解辨異》，卷七至十六爲《籌燈約旨》。

（四）《卜法詳考》四卷

卷端題“禮部左侍郎胡煦輯”。外封面，中題“卜法詳考”，“卜法詳考”右下小字題“經史考證”，下題“卷一”。

《卜法詳考》四卷，考《周易函書約存》書首所載《凡例》末則云：“其外集《須知》《辨異》《約旨》三書仍另列于後，益以《原古》內《卜法詳考》四冊，合得二十卷，名曰《別集》。”則《卜法詳考》四卷原在《周易函書別集》之中也。《四庫全書》收錄《周易函書》時，將《卜法詳考》析出，入《子部·術數類》中，且析爲八卷。此乾隆葆璞堂本《周易函書總目》中載“《別集》十六卷”（下含“《易學須知》三卷”“《易解辨異》三卷”“《籌燈約旨》十卷”），未列《卜法詳考》四卷，則《卜法詳考》四卷當已別出，不在《周易函書別集》中矣。本館此本所附《卜法詳考》四卷，每卷之末皆鐫有“男季堂重校／孫鈺、鏻正字”字樣，當與《周易函書》三書同時刊刻也。

《周易函書》此書《四庫全書》收錄，《四庫全書總目·經部·易類六》題：“《周易函書約存》二十四卷《約註》十八卷《別集》八卷，刑部尚書胡季堂家藏本。”提要評此書云：“煦研思《易》理，平生精力，盡在此書，其持論酌於漢學、宋學之間，與朱子頗有異同。”另此書所附《卜法詳考》四卷，《四庫全書》收入《子部·術數類》中，文淵閣本《四庫全書》析爲八卷，惟《四庫全書總目》仍作四卷，題“《卜法詳考》四卷，浙江吳玉墀家藏本”，提要云：“國朝胡煦撰。煦有《周易函書約註》，已著錄……舊附所纂《周易函書》中，考其所説，與解《易》之書，究爲不類，今別著錄於術數家焉。”案：《總目》題《周易函書約存》等書收錄所據之來源爲“刑部尚書胡季堂家藏本”，題《卜法詳考》之來源爲“浙江吳玉墀家藏本”，蓋提要初纂稿撰者非一，所據來源不同所致。然《卜法詳考》提要云“舊附所纂《周易函書》中”，知其所見本《卜法詳考》原亦在《周易函書》中，非單行之本也。

《中國古籍善本書目》著録“《周易函書約存》十八卷《約注》十八卷《別集》十六卷，清胡煦撰，清乾隆胡氏葆璞堂刻本”一種，載清華大學圖書館、中國人民大學圖書館、天津圖書館等十二館收藏。另又著録“《周易函書》

三十八卷首十二卷《別集》三卷，清胡煦撰，清胡氏葆璞堂抄本，存十六卷"一種，載南京圖書館收藏。本館此本，另中國臺北"中央研究院"傅斯年圖書館、中國臺灣大學圖書館等亦有收藏。

026
易學圖説會通八卷易學圖説續聞一卷

T235　4203

《易學圖説會通》八卷《易學圖説續聞》一卷，清楊方達撰。清乾隆復初堂刻本。六冊。框高21.5厘米，寬15厘米。半葉十一行二十二字，左右雙邊，黑口，單魚尾。版心中鐫書名及卷次。

楊方達，字符蒼（或作符倉），一字扶倉，清江蘇武進人。徐世昌《清儒學案》卷五十六《震滄學案》"震滄交游"中有傳，云："楊方達，字符倉，武進人。雍正甲辰舉人。閉户著書，絶干謁，鄉里重之。舉經學，不應，卒年七十九。"著有《周易輯説存正》《易説通旨略》《易學圖説會通》《易學圖説續聞》《尚書約旨》《尚書通典略》《春秋義補註》《正蒙集説》等，皆入《四庫全書總目·存目》中。事迹另參今人嚴文郁編《清儒略傳》第0991條。

此本含《易學圖説會通》《易學圖説續聞》二書，以下分別述之。

（一）《易學圖説會通》八卷

卷端題"後學武進楊方達述"。

書首，首清乾隆二年（1737）九月儲大文序，未立標題，版心鐫"易學圖説會通儲序"。次乾隆二年三月金德瑛序，未立標題，版心鐫"易學圖説會通金序"。次乾隆二年二月任啓運序，未立標題，版心鐫"易學圖説會通任序"。次乾隆三年（1738）七月楊方達自序，未立標題，版心鐫"自序"。次《纂引圖説姓氏》。次《凡例》，共十七則。次《例言》。次《易學圖説會通卷之一目録》，次行題"後學楊方達述"。下依次爲卷二至卷八《目録》，末題"易學圖説會通目録終"。次正文八卷，每卷之末皆鐫"男友潞、友涑挍字"字樣。

此書之撰作，楊方達於自序中云："間嘗尋繹宋、元經解及近代名家纂述，見其精研象數，或著爲圖，或著爲説，有裨《易》學者，類而録之。左圖右説，集成八卷，以備考鏡。是固承學之津梁，抑亦義趣之淵藪也。"序末署"乾隆三年歲次戊午七月既望日武進後學楊方達謹識"。由此可知其撰作之旨。其書名取《會通》之義者，《凡例》第二則云："圖纂歷代諸家似紛錯不一，然能觀其會通，則思過半矣。朱子嘗謂：'會而不通，則窒礙不可行；通而不會，亦不知許多曲折錯雜處。'元董季真合程、朱《傳》《義》并《遺書》《語録》，著《周易會通》，兹編亦竊比於董氏云爾。"由此可知其取名之由。

楊方達自序雖署乾隆三年（1738）七月，然序中未言及刊刻之事。中國科學院圖書館藏本書末載有是鏡所撰之後序，本館此本缺。後序未立標題，版心鐫"易學圖説會通後序"。是鏡於後序中云："吾郡楊子符蒼，有鑒於此，冥搜博討，探源竟委，纂成一書，衷以心得，凡八卷，曰《易學圖説會通》，一以象數之實約諸義理之精，是昔賢之所未盡合者而今始得會其歸也。"末署"乾隆三年歲次戊午央月陽湖晚學是鏡沐手拜跋"。案：是鏡此後序署乾隆三年央月（三月），其撰猶在楊方達自序（乾隆三年七月）之前，文中亦未言及刊刻事，則據楊方達自序、是鏡後序，尚無法判斷此書刊刻之年也。惟楊方達《易學圖説續聞》乃《易學圖説會通》之續補，其書之自序中云："至於《河圖》中五日月運行、天文、輿地、五行、物理雜説，有前刻所未及者，亦薈萃成編。"序末署"乾隆十有五年重九前一日"，據此知《易學圖説會通》之刊刻，必不晚於乾隆十五年（1750）也。又《易學圖説續聞》書名葉鐫"復初堂藏板"，此本《會通》雖未見書名葉，版式與《續聞》同，故定爲清乾隆復初堂刻本。

此書共八卷，各卷之内容依次爲"太極探原第一""圖書測微第二""卦畫明緼第三""變互廣演第四""筮法考占第五""律吕指要第六""外傳附證第七""雜識備參第八"。書首《例言》中，對各卷之主旨皆述其要，如首則"太極探原第一"下云："太虚无形，中涵動静。以一而神，是生絪緼。清濁浮沈，尊卑位正。老少陰陽，縱横卦定。對待流行，淵源性命。"

此書纂集前人有關《易》之圖及説，以説附圖，大抵以朱熹《周易本義》九圖爲主，而博採諸家，間附己論。書首《凡例》第六則云："是編圖爲主，説爲輔，故圖有目而説隨之。若説自成篇，仍列其目也。其載圖而無説者，圖可無煩乎解也。其載説而無圖者，存其説而義已見也。若採於原書者，則標爲'纂説'，若採於他書者，則標爲'附録'云。"此爲其纂集圖、説之體例也。又第十五則云："先儒經説，發明已備，尋繹之下，偶有一得，不揣鄙陋，謹附於末，以就正有道。"案：楊氏於諸家説之末，若有己見，則低一格，標"達按"以論之。又書中附載己説，則於其文標題下小字載"楊方達附"以别之。蓋其謙也。此外，楊氏撰作此書，嘗得是鏡校訂之助，《凡例》末則云："兹編校訂之助，是子仲明居多。是子潛心正學，志篤艱貞，嗜古窮經，尤深於《易》，著有《易象拾遺》《孝經圖頌》《聖學指南》《睎顔録》等書。編中僅登數則，不過因其參正及之，固未罄其藏也。"案：中國科學院圖書館藏本書末有是鏡後序，《凡例》所謂"是子仲明"即是鏡者也。是鏡（1693—1769），字仲明，號誠齋，學者稱象山先生。是鏡師事澄江楊斐文（字成章，號思齋），教以静坐讀書、專心爲己之學，遂棄舉業，授徒講學以終。著有《易象拾遺》《孝經圖頌》《聖學指南》《晞顏録》《道南學約》《雜卦圖説》等書。是鏡門人張敬立撰有《是仲明先生年譜》，書中"（乾隆）四年己未，先生四十七歲"條中載："與郡中楊孝廉符倉先生校正《周易》，往還書札尤夥。"足見是鏡助《會通》之校訂，與楊氏嘗多所商討也。

此書《四庫全書總目》著録，題"《易學圖説會通》八卷，江蘇巡撫採進本"，入《經部・易類存目四》。提要云："蓋專講先天之學，故前列周子《太極圖説》，後論《律呂八陣圖》，而不及乎辭占云。"

《中國古籍善本書目》未著録。除本館外，另北京師範大學圖書館、中國社會科學院圖書館等亦有收藏。另北京大學圖書館、上海圖書館等館藏有清雍正、乾隆間刻《楊符蒼七種》，其中亦含有此書。《四庫全書存目叢書》曾據中國科學院圖書館藏本影印行世，題"清乾隆復初堂刻本"，列入《經部》第四十册。

（二）《易學圖説續聞》一卷

清楊方達撰。清乾隆復初堂刻本。一册。行款同《易學圖説會通》。版心中鐫書名，下多鐫刻工名，間或無之。

卷端題"後學武進楊方達述"。書名葉分二欄，右題"武進楊符蒼輯"，左題"易學圖説／續聞"，左下題"復初堂藏板"。右下鈐"管窺蠡測"朱文長方印。

書首，首清乾隆十五年（1750）重九前一日楊方達自序，未立標題，版心鐫"易學圖説續聞自序"。次《易學圖説續聞目録》，次行題"後學武進楊方達述"。次正文一卷，卷末鐫有"男廷琮挍字"字樣。

楊方達自序中云："余前輯《圖説會通》，自太極以至卦爻，皆有合圖、分圖以發明次第，亦既詳哉其言之矣。兹復博采見聞，補所未備。祇因《易》道无窮，務使曲暢旁通，而各極其趣，固皆本乎卦爻之自然，非敢增損於其間也。學《易》者以分圖合全圖觀之，又以補圖説合前圖説觀之，通則俱通矣。至於《河圖》中五日月運行、天文、輿地、五行、物理雜説，有前刻所未及者，亦薈萃成編，非曰知新，要皆爲《易》之精藴有愈闡而愈明者也。"此序末署"乾隆十有五年重九前一日後學楊方達謹識"，然則《易學圖説會通》當刻於乾隆十五年（1750）之前，而此《易學圖説續聞》乃補《會通》之未備也。又《易學圖説續聞目録》之末，楊氏識云："是編隨聞隨筆，補前集所未備，而折衷羣説，間有改正添註，故不著所自出，惟説之全録者必載姓氏云。"此述其引前人説之體例也。

此書一卷，共含"圓圖左旋配節氣説""圓圖右轉生六十四卦説""圓圖六十四卦陰陽對待説"等三十二條。

刻工有"太峯""南公""東旭""凌公""景升""立羣"等人。

本館此本葉五十一右面，鈐有"吳義然號"朱文長方紙廠印記，文字四周
飾有花紋。此印記常見於乾隆年間印本中。

此書《四庫全書總目》著錄，題"《易學圖說續聞》一卷，江蘇巡撫採進
本，"入《經部·易類存目四》。提要云："方達既爲《易學圖說會通》，復自出
己意，成此編，凡三十二條。總不離陳摶之學。其後泛衍及於天文物理雜類諸
説，皆牽合比附，務使與《易》相通，荀卿所謂'持之有故，言之成理'者
歟？"案：楊氏《續聞》自序中云："兹復博采見聞，補所未備。"《目錄》後之
識語亦云："是編隨聞隨筆，補前集所未備，而折衷羣説，間有改正添註，故不
著所出，惟説之全録者必載姓氏云。"然則此書亦纂輯羣説而成，《四庫全書總
目》謂方達"復自出己意，成此編"，恐未得也。

《中國古籍善本書目》未著錄。除本館外，另北京大學圖書館、上海圖書館
等館藏有清雍正、乾隆間刻《楊符蒼七種》，中亦含有此書。

027
周易補註十一卷實踐録一卷易圖解一卷

T235　7623

《周易補註》十一卷《實踐録》一卷《易圖解》一卷，清德沛撰。清乾隆元
年（1736）至六年（1741）刻本。共十册。以下分別述之。

（一）《周易補註》十一卷

清乾隆六年（1741）刻本。九册。框高18厘米，寬13.9厘米。半葉九行二十
字，四周雙邊，白口，單魚尾。版心上鐫書名，中鐫卷次與上經或下經及卦名。

卷端首行，上題"周易補註"，下題"宗室德沛輯"。

書首有清乾隆六年（1741）十二月德沛《序》。

德沛（1688—1752），字濟齋，清宗室。《清史稿》卷二百十五《列傳二·諸
王一》有傳。傳云："德沛字濟齋，貝子福存子。雍正十三年，授鎮國將軍。以
果親王允禮薦，世宗召見，問所欲，對曰：'願厠孔廡分特豚之饋。'上大重之，
授兵部侍郎。乾隆元年，改古北口提督。二年，授甘肅巡撫……旋擢湖廣總督，
奏言：'治苗疆宜勸墾田，置學校，並諭令植樹。'四年，調閩浙總督……六年，
兼署浙江巡撫。七年，調兩江總督……八年，轉吏部侍郎。十二年五月，署山
西巡撫。十二月，擢吏部尚書。十三年七月，以疾解任。神保住既黜，上以德
沛操履厚重，特命襲爵，曾祖貝勒費揚武、祖貝子傅喇塔、父福存，並追封簡
親王。十七年，薨，謚曰儀。"著有《周易補註》《周易解》《易圖解》《實踐録》
《鰲峰書院講學録》等書。清袁枚撰有《簡儀親王德沛碑》（收入《碑傳集》第

一冊第二卷）。事迹另見李桓輯《國朝耆獻類徵初編》卷八十、蔡冠洛編《清代七百名人傳》第二冊第二編、方豪撰《中國天主教史人物傳・清代篇》等。

此書之作，德沛於《序》中云："或有問於予曰：'子以圖言《易》，圖果足以盡耶？'予曰：'曷爲其言盡也？圖以統《易》之蘊，《易》以發圖之藏，斯二者互相爲用，不容偏廢也。'曰：'若是，子解圖，曷可不註《易》也？'予曰：'予安敢註《易》耶？古之註者，無慮數百家，有《注疏》闢其蘙叢，有《傳義》達其康莊，而復有我 聖祖《折衷》以一其塗軌，同文化洽，中天經緯，燦然蝁然，嗚呼盡矣！何煩更贊一辭耶？'曰：'子不有註，曷以盡圖耶？'予唯唯，因憶予少嬰痼疾，數十年中，懸揭圖象，指陳卦畫，繙閲古人諸舊説，諦審而酌從其一，偶有會合，輒取學官今文讀本，字櫛句比，訓前詁後，不敢强圖以合經，亦不敢蔑經以叛圖，要以求盡其意而已。歲月既多，約齊其頁，定爲十有一卷。然性復淺鈍，不能髣髴王、孔、程、朱諸體例之繁而稱、簡而能該也。題曰《補註》，補讀本之未盡云爾。曰：'註必待子補之而後盡耶？'予曰：'《易》義之無盡，以鑽研而不厭，古人餘未盡之解，賴後人有必盡之心，予顧不以未達之辭罔意，不以未安之解誣經，亦惟求盡其不能盡者而已。'曰：'子何以云輯耶？'予曰：'衆説錯出，各有其能盡者，或博採其説，或引伸其旨，如出五等之瑞玉，輯而得其合也。予第輯古人以補古人，究非以自盡也。'曰：'曷不明著古人之得失而盡論之？'予曰：'徵引雜而正義晦，辨駁紛而群疑起，烏在其能盡也？詩言"袞職"，不美其無闕而美其能補，又不云乎"辭之輯矣"，予方懼和洽之未能而令紛雜耶？又以識予輯而補者之意無盡也。'曰：'請從子之《補註》，求子之《圖解》，庶有得于不强圖合經、不蔑經叛圖之旨，盡其互相爲用之妙，可乎？'予不獲辭，爰出而梓之，將以補《圖解》之未盡，非以盡《易》也。"據此《序》，知其所謂"補註"者，乃補"學官今文讀本"之未盡也。德沛《序》中又自解卷端題"宗室德沛輯"，其"輯"字之義。此外，據《序》中載"若是，子解圖，曷可不註《易》也"之言，可推知德沛《周易補註》之作當在《易圖解》之後，《續修四庫全書總目提要》中載柯劭忞所撰《易圖解》提要，力辨德沛撰《補註》在《圖解》之前，恐未必然也。

此書共十一卷，卷一至三釋"上經"，卷一釋《乾》至《訟》，卷二《師》至《蠱》，卷三《臨》至《離》。卷四至六釋"下經"，卷四釋《咸》至《益》，卷五《夬》至《歸妹》，卷六《豐》至《未濟》。卷七釋《繫辭上》，卷八《繫辭下》，卷九《説卦傳》，卷十《序卦傳》，卷十一《雜卦傳》。各卷皆先頂格列經文或傳文，其下低一格爲釋，不列程、朱《傳》《義》。如卷一《乾》卦初爻，先頂格列"初九，潛龍勿用"一行，次行低一格解云："初九者，卦下陽爻之名。凡畫卦自下而上，故以下爻爲初。陽數用九者，陽主進，陰主退，如春夏屬陽，秋冬屬陰。凡萬物春則生，夏則盛，此陽之進也。遇秋則收，冬則藏，此陰之退也。用九者，數止於十，陽極于九，從一進之於九，陽數之盡也。爻者言乎其變者也。何爲變？凡卦有所值之時位不同，則所處亦不能不變，如一人隨其所遇，而有處之之道也。故乾之初九，取象潛龍，蓋潛龍者，藏而未見之意。龍之爲物，屬陽而善變，陽盛則隨時而動，陰盛則隨時而蟄，所以屬陽而善變者此也。以卦之六畫言之，一、二于三才爲此道，以九居初，陽在下，故曰潛龍。潛龍，藏也。勿，禁止之辭，惟初故勿，非人禁而止之也。時既未通，待時可也。用非其宜，故曰勿用。此周公所繫之辭，以象一爻之吉凶也。"由此可略知其例也。

此書《四庫全書總目》未著録。《續修四庫全書總目提要》收録柯劭忞所撰此書提要，題："《周易補注》十一卷，自刻本。"提要云："德沛講求義理之學，甘汝來稱其主敬存誠，言動不苟，方苞稱其以養大體爲宗而實踐之，蓋篤實之儒，非空談性命者比，故其書發揮經義，簡切無枝蔓，雖曰'輯古人以補古人'，然實自抒心得，非勦説雷同者比也。惟《乾》'九四，或躍在淵'，《補注》曰：'儼然物矣，何亦不龍，去之以避嫌也。'按：'或躍'即謂龍躍，何嫌之可避？《屯》'初九，磐桓'，《補注》：'磐，大石。桓，大柱。'按：'磐桓'，不進貌，以聲爲義，何謂柱石？……凡此之類，皆不合於經義，雖以名儒之著作，亦不敢曲爲袒護也。"

《中國古籍善本書目》著録，題"《周易補註》十一卷，清德沛撰，清乾隆六年刻本"，載北京師範大學圖書館、遼寧省圖書館、山東省圖書館、湖北省圖書館等四館收藏。除本館外，另北京大學圖書館、天津圖書館、上海圖書館、南京圖書館、武漢圖書館等館亦有收藏。

（二）《實踐録》一卷

清乾隆元年（1736）刻本。半册（第九册後半）。框高19.1厘米，寬14厘米。半葉九行十七字，四周雙邊，白口，單魚尾。版心上鐫書名。

卷端無標題，起首有六行識語，云："爲學之道，先後不同，而取舍或異，然狂狷同見許於夫子，《中庸》則每曰難能。由此觀之，學者之趨嚮，實多過不及之患焉。余少讀儒書，莫知先務，偶於《孟子》論大體、小體一章稍有所得，遂躬行之，積三十年，實有益於身心，敢以伸于同好。"末署"德沛濟齋氏識"。正文之後，接《附録》，《附録》首行題"附録"，末題"乾隆元年六月上浣梓"，由此可知其刊刻之年。

本館所藏德沛所撰《易圖解》，書首有李鍇所撰《序》一篇，置於李紱、甘

汝來《序》之後，觀其内容，實當爲《實踐録》之序。《序》中云："濟齋夫子
爲親藩適胄， 天子近屬，然敦素行，業儒菲，經書不離側，尤嗜《易》，以爲
《易》者，包乾坤之蘊，窮神極變，未易測其方，迺謝人事，研精覃慮，積三十
年有所得，於是衍圖疏經，條暢厥旨而理洽道充，性命渾然，全其天成，雖古
君子，無以尚之。以薦任夏卿，掌邦政，推其所蘊蓄，一以至誠殫厥職，出處
蓋一致也。屬者，以其理之所由窮、道之所由入者，疏而出之，曰《實踐録》，
裁數千言，而變化流行，耳目心意，與夫天人之理，物我之介，豁然開朗，薪
析而藩决矣。至其小體、大體之辨，吉凶格志之論，清深閎暢，信非踐道之實
者不能及也。夫日月星辰繫乎天，明之者寡；仁義忠信具乎體，存之者鮮。夫
子既純一極之功，且復發藏抉奥，接脈周、程，以宣通聖賢之源，使人復其性
道，全厥體，其於聖世協君弼化之心，爲何如哉？"末署"乾隆元年夏六月同
江李鍇頓首拜題"。此《序》自"屬者，以其理之所由窮、道之所由入者，疏
而出之，曰《實踐録》"以下，皆論《實踐録》之事，知其當爲《實踐録》之
《序》而本館此本誤置於《易圖解》書首諸《序》之中也。《續修四庫全書》嘗
據中國國家圖書館藏乾隆元年刻本影印，此《序》亦置於《易圖解》書首，與
本館此本同。考中國臺北"利氏學社"出版《法國國家圖書館明清天主教文
獻》，其中第十二册收録德沛《實踐録》，亦爲清乾隆元年（1736）刻本。其本
書首載有李鍇《序》，雖《序》文之字體與正文有異，難遽斷爲原版之舊，然李
鍇此《序》乃《實踐録》之《序》，亦可得一佐證也。

此書推闡《孟子》大體、小體之說，述其踐行之心得，起首云："《學》
《庸》爲道統之本，性理之源，惟《孟子》發源繼本，能充其廣大，極其精微，
故欲極本窮源者，必自《孟子》以求《庸》及《學》也。"於《孟子》之說極爲
推崇。其下遂論述《孟子》大體、小體之義。又文中云："余亦有管窺風雲雷雨
之說，附録於後。"此書本文之後，另有《附録》，即指此也。《附録》之末，嘗
論及地震之預兆云："地震預兆有三：一曰井水無故而溷，沸滚上長，蓋下氣上
冲湧噴也。二曰雲細如線且長，久存不散，則空中必無微風，諸氣伏斂於地下
也……三曰或暖熱之後，忽遇驟寒，熱氣避外寒之攻，退縮地内也。"所論雖未
必合科學之理，亦可爲今地震研究者之參考也。

此書《四庫全書總目》《中國古籍善本書目》俱未著録。除本館外，另中國
國家圖書館，北京大學圖書館、清華大學圖書館等館亦有收藏，惟皆列入《子
部·儒家類》。

（三）《易圖解》一卷

清乾隆元年（1736）刻本。一册。框高19厘米，寬14厘米。半葉九行十七

字，小字雙行同，四周雙邊，白口，單魚尾。版心上鐫書名。中鐫圖名。

卷端題“德沛註釋”。

書首，首清乾隆元年（1736）五月李紱《序》。次乾隆元年（1736）端陽前一日甘汝來《序》。次乾隆元年（1736）六月李鍇《序》，此《序》當爲《實踐錄》之《序》，誤置於此，已如前述。次乾隆元年（1736）二月德沛《序》。次《伏羲八卦次序圖》。次《伏羲六十四卦次序圖》。次正文。

此書與《周易補註》皆爲德沛研《易》覃思之作，惟此書先刻於乾隆元年（1736），《周易補註》則刻於乾隆六年（1741）。德沛於《易圖解》之《序》云：“《易》之爲道，首冠六經，蓋天地之至理，四聖以傳心，非等閒能窺其藩籬、升其堂室也。故治《易》者數十百家，雖皆得其大凡，鮮能通其奧旨。迨後，宋儒諸子規矩前人，研覈至道，復爲講解，理明而道具，言簡而該通，已臻其妙也，又何加焉？惟是於羲、文諸圖多未詳註，豈以其易明而不必註釋耶？抑或留啓後人之精進揣摩耶？胡爲簡署而不詳載也？庚辰秋，無禄　先貝子即世，余小子少嬰痼疾，不堪爲國家任使，遂閉户讀書，首先《易》理，因思以宋儒諸子之賢，猶多未詳之語，益知斯道之大、斯道之難明也。乃掇拾補遺，别爲一書，以待識者就正焉。其羲、文諸圖，先儒署載，故倍加摩究，積三十年之久，僅有一得之愚，然是非當否，不敢稱焉。”案：《序》中所述“庚辰”爲康熙三十九年（1700），此年德沛之父鎮國公福存逝世，德沛開始學《易》，至乾隆元年（1736）《易圖解》付梓之年，已易三十六寒暑，故《序》中云“積三十年之久，僅有一得之愚”也。

此書總一卷，所解各圖皆先列圖，復頂格引《繫辭傳》之文，其下低一格作解。所列之圖計有《伏羲八卦次序圖》《伏羲六十四卦次序圖》《伏羲六十四卦方圓圖》《伏羲八卦圓圖》《文王八卦圓圖》《文王乾坤六子圖》《河圖》《洛書》等八圖。

李紱於《序》中論此書云：“少司馬德公，以天潢之貴，被服儒素，窮經三十年，取先天、後天諸圖及《河圖》《洛書》，一以《繫辭》釋之，縱橫貫穿，亹亹數千言，與紫陽以下天台董氏、玉齋胡氏諸説互相發明，而其發前人所未發者，十嘗八、九，使天下讀《易》者知《易》圖即《易傳》圖，固未可少也。其用功可謂勤，而於《易》圖可謂大有功矣。”又甘汝來之《序》亦云：“余攷古人爲學，左圖右書，矧《易》之興也，本於畫卦，畫即圖也。有是圖必有是義，然宋元以來諸賢所著圖説，無慮數十家，率多支離穿鑿，以蘄附合邵氏，故言人人異，亦言人人同，先生獨以夫子《繫辭》爲斷，而參以精思，研摩歲月，覺於古聖人畫卦演圖之意，若燭照數計，無毫髮疑，然後筆之於書。”二

《序》於德沛此書皆極加推崇。

此書《四庫全書總目》未著録。《續修四庫全書總目提要》收録柯劭忞所撰此書提要，題"《易圖解》一卷，自刻本"，提要中云："德沛於《易》圖用力甚深，研究細密，多先儒所未發。惟體會語氣，猶蹈講章之習，如謂'始作八卦，以通神明之德，以類萬物之情。曰於是始作，曰以通，曰以類，豈非先此不可以形求，而八卦始有形乎？'又謂'觀其語氣，其曰定矣！位矣！皆是一俯仰間見得道理，在在如是也'。以《易》蘊之宏深，而求諸語氣，其於周孔微言，豈有當乎？然研究先後天《河》《洛》諸圖，自李安溪外，無如德沛功力之深者，李紱稱其'縱橫貫穿，亹亹數千言，與紫陽以下天台董氏、玉齋胡氏諸説互相發明'，要不爲過譽也。"柯氏所論，可謂公允。

《中國古籍善本書目》著録"《易圖解》一卷，清德沛撰，乾隆元年刻本，清耆齡跋"一部，藏今中國國家圖書館。另又著録"《易圖解》一卷，清德沛撰，清抄本"一部，藏北京故宮博物院圖書館。《續修四庫全書》曾據中國國家圖書館藏本影印出版，題"清乾隆元年刻本"，收入《經部》第十九册。另海口市海南出版社亦曾據北京故宮博物院所藏清抄本影印出版，列入《故宮珍本叢刊》第003册。

本館所藏德沛三種著作，依登録號之次序爲《周易補註》《實踐録》《易圖解》。然《易圖解》書首李紱《序》之標題右下方鈐有"真州吳氏有福讀書堂藏書"朱文方印，下方復有墨筆書云："十本一函二元"字樣。據此可知此書出售之時，裝成一函，當以《易圖解》爲首，蓋以其書刻於乾隆元年（1736），時代最早故也。

鈐印有"真州吳氏有福讀書堂藏書"朱文方印，知嘗爲清吳引孫收藏。吳引孫生平參見前"006　萬充宗先生經學五書十九卷"條。

028

易篆八卷首一卷

T235　7933

《易篆》八卷首一卷，清陳法撰。清乾隆三十年（1765）刻光緒十四年（1888）補刻印本。六册。框高22厘米，寬13.9厘米。半葉十二行二十五字，左右雙邊，白口，單魚尾。版心上鐫書名，中鐫卷次。

目録題"黔中安平陳法定齋著"。書名葉分三欄，右題"黔南定齋先生著"，中題"易篆"，左題"敬和堂藏板"，欄上題"乾隆三十年刊"。

書首，首清光緒十四年（1888）八月陳希謙跋，未立標題，版心鐫"序"。

次乾隆二十七年（1762）天中節前二日陳弘謀《易箋序》。次未署年陳法序，未立標題，版心鐫"序"。次目録，首行題"定齋易箋"，次行題"黔中安平陳法定齋著"，版心鐫"目録"。

陳法（1692—1766），字世垂，又字聖泉，晚號定齋，清貴州安平（今貴州平壩）人。《清史稿》卷三百六《列傳九十三》有傳。傳云："法，字定齋，貴州安平人。康熙五十二年進士，自檢討官至直隸大名道。講學宗朱子，著《明辨録》，辨陸、王之失。蒞政以教養爲先，手治文告，辭意懇摯。既久，人猶誦之。"乾隆十年（1745），陳法任直隸大名道，是歲河決陳家浦，河道總督白鍾山被劾，陳法爲之辯解，被革職發配新疆，以子慶升呈懇爲父贖罪，得旨放歸。後主講貴山書院十八年而卒。陳法撰有《易箋》《明辨録》《河干問答》《敬和堂文稿》《醒心集》《内心齋詩稿》《猶存集》《定齋河工書牘》《塞外紀程》等書。事迹另參清唐鑑《清學案小識》卷八《安平陳定齋先生學案》、清陳田《陳定齋先生小傳》（見《黔詩紀略後編》）。

有關此書之撰作，書首陳法序云："《易》之爲教，雖曰精微，然道不外乎人倫日用，《易》所言者人事耳，術數之家，支離破碎，非聖人之本意。顧其言簡嚴，又因象數難明，諸家因文解義，未能契然有當于人心，余之病此久矣。閒中無事，究心數十年，時有劄記，不忍棄去，因加決擇，薈衍爲説。程子云：'解經不妨不同。'朱子尊信程子，而《本義》多與《傳》異，故今所解，與《傳》《義》異者頗多，同者亦敷暢厥旨，凡以明《易》旨。若如漢儒株守師法，黨同伐異，又豈昔賢之所許也乎？昔鄭康成爲《毛詩箋》，張茂先謂其不敢言註，只箋釋其不明者耳。故余于《易》亦云。"末署"黔中安平陳法定齋序"。陳法此序謂其書取名《易箋》，乃取法於鄭玄之《毛詩箋》，且引張華（字茂先，232—300）之説爲釋。今考晋張華《博物志》卷六《文籍攷》云："聖人制作曰經，賢者著述曰傳。鄭玄注《毛詩》曰《箋》，不解此意。或云：'毛公嘗爲北海郡守，玄是此郡人，故以爲敬。'"此處未見有"其不敢言註，只箋釋其不明者耳"之説。考鄭玄《六藝論》云："注《詩》宗毛爲主，毛義若隱略，則更表明；如有不同，即下己意，使可辨識也。"（《六藝論》原本今佚，此據唐陸德明《經典釋文·毛詩音義》所引）陳法蓋牽合《六藝論》之説與張華之説，遂有此論歟？

此本書名葉題"乾隆三十年刊"，然實是清光緒十四年（1888）補刻印本。書首所載陳希謙跋云："《易箋》八卷，先高祖定齋公纂，曾採入《四庫全書》。公崇祀鄉賢，生平經術、政績屢經合河孫文定公、桂林陳文恭公保薦，著作甚富，已刻者《易箋》《明辨録》《河干問答》《敬和堂文稿》《醒心集》《内心齋詩稿》《猶存集》各種,《河干問答》尤治河有用之書。板存京師,希謙筮仕河南幾三十載,久欲重印,力有未逮。乙酉擢衞輝守。今年兒子鶴翮赴京應試,命其檢查版籍,有漫漶殘缺者補刻完好,刷印裝訂,分爲兩函,俾流播　先人手澤。並多寄原籍黔中,以重鄉梓。版謹什襲珍藏,免再散佚。”此跋末署“光緒十四年戊子八月　日元孫希謙謹跋”。據陳希謙此跋,知此本乃陳法之玄孫陳希謙於光緒十四年據《易箋》乾隆三十年刻本加以補刻重印者也。

此書八卷,首一卷。首卷分“圖説”與“易論”二部分。“圖説”含十圖:河圖、八卦方位圖、洛書圖、文王卦位圖、太極遞生圖、六十四卦圓圖、橫圖、方圖、來氏圓圖、高氏采圖。《易論》含十四篇:論河圖、論河圖中數、論洛書、論文王卦位、論作易本源、論象數、論往來上下、論筮、論筮法、論占法、論象爻并傳、論四圖、讀易大旨、解易管見,另附“易要略”一篇。正文八卷,卷一《上經上》,卷二《上經下》,卷三《下經上》,卷四《下經下》,卷五《大傳上》,卷六《大傳下》,卷七《文言》,卷八《説卦》《序卦》《雜卦》。

此書之體例,先列《周易》經、傳,次作箋釋。經、傳由上而下,分四截排列。首《卦辭》,次《彖辭》,次《爻辭》,次《象辭》。《箋》文之末,另繫“大象”,并爲之釋。

《四庫全書總目》評此書云:“其書大旨以爲《易》專言人事,故《彖》《爻》之辭未嘗言天、地、雷、風諸象,亦並不言陰陽。考《震·象》言‘震驚百里’,即象《震》雷。諸卦《象》言‘利涉大川’,即象《坎》水。法所云‘《彖辭》不言象’者,未爲盡合。然其持論之大旨,則切實不支。”

葉德輝《郋園讀書志》卷一“《易箋》八卷,乾隆三十年家刻本”條,評云:“其書於程《傳》、朱《義》多所發明,亦有與之異義者,自序謂如鄭康成之箋《毛詩》,故名曰箋。據其所言,似是説經有家法者,及觀其全篇,殊不與《箋》例相合……蓋其持論,多出心得,於前人説《易》之書,未嘗博覽而有所擇取,故有得有失,不能粹然成一家之言。然黔方僻陋,學無師承,大輅椎輪,途軌賴以先闢。其後鄭珍、莫友芝輩接踵而起,卓然爲海内大師,則有開必先,不得謂非法提倡之功也。”

此本避“玄”“弘”等字諱,“玄”皆易爲“元”。

本館此本與陳法另一著作《明辯録》共爲一函。此本《明辯録》,據書末陳法之孫陳若疇跋文所述,乃刻於清嘉慶丙子(二十一年,1816),當屬《子部》,茲不細論。

此書《四庫全書》收録,《四庫全書總目》題“《易箋》八卷,山東巡撫採進本”,惟《四庫全書》本删去首卷,未録“圖説”及“易論”。

《中國古籍善本書目》著録"《定齋易箋》八卷首一卷,清陳法撰,清乾隆三十年敬和堂刻本"一種,載上海圖書館、齊齊哈爾市圖書館、湖北省圖書館、中山大學圖書館等四館收藏。另山東省圖書館、美國哈佛大學哈佛燕京圖書館等館亦有收藏。此書,民國間任可澄等編輯《黔南叢書》,曾收入第一集第二種,由貴陽文通書局出版發行,書名葉題"民國壬戌據臨桂陳氏刊本校印"。

029
和序堂易經貫一二十卷首二卷

T235　8105

《和序堂易經貫一》二十卷首二卷,清金誠撰。清乾隆和序堂刻本。二十二冊。框高18.8厘米,寬13.8厘米。半葉九行二十字,小字雙行同,四周雙邊,白口,單魚尾。版心上鐫"易經貫一"及部類,中鐫卷次及卦名,下鐫"和序堂"。

《元部》卷首卷端,上題"和序堂易經貫一略言",下題"金誠"。書名葉分三欄,右題"怡然甫閑存氏著",中題"易經貫一",左題"愛古堂藏板"。

書首,首清乾隆十六年(1751)十月陳世倌《陳相國序》。次乾隆十六年(1751)陽春日孫嘉淦《孫大司空序》。次乾隆壬申(十七年,1752)四月沈德潛《沈少宗伯序》。次乾隆辛未(十六年)五月張泰開《張少司空序》。次乾隆辛未(十六年)中秋之月秦蕙田《秦少司寇序》。次乾隆辛未(十六年)五月吳鼎《吳少司成序》。次乾隆壬申(十七年)季夏楊開鼎《楊侍御序》。次《和序堂易經貫一總目録》。次《和序堂易經貫一略言》,共六則,《略言》標題下題"金誠",《略言》第一則前有小序。

金誠,字閑存,號怡然子,清華亭(今上海)人。所著《談餘雜録自序》中云:"余小子自二歲而先父見背,賴先母葉,守貞撫養,至於總角。貧困不能就外傅,而即家受句講於先母紡織之餘。嗟嗟此時未知所謂學也。稍長,至舞象勻,識解義矣……余小子,遵母訓,二十四而遊於賓幕,涉於商賈。經十數年,三十三而母病歸侍。母終於雍正十年秋末。嗚呼!養不逮而母已亡,學未成而師已死,余小子重罪也夫。服滿,乏不能存,而復遊於外以廣我學,以謝母志。凡遇好談之客,與之談,有得,存其説,録以成帖,以就正於當世　有道君子,用規余小子格致誠正之非云爾。凡四卷,共計四十四首。"此《序》末署"時　乾隆五年歲次庚申之二月十二日花朝書"。乾隆五年(1740),金誠遊京師,入大學算法館爲學生,此《序》蓋撰於在京之時。趙國麟《談餘雜録序》云:"予兼攝太學之明年,有算法學金生者,以所著《雜録》謁予請訓,予携歸，未暇寓目，遲遲已久，偶於燈下覽之，見其推談今古，貫串天人，大而空冥寥廓，小而事物細微，無不畢至，識其肆力於學者博且篤也。"此《序》末署"乾隆五年嘉平月泰山趙國麟書"，由此知金誠於乾隆五年（1740）時在京師也。又金誠《和序堂易經貫一自敍》末署"乾隆己巳王正月元旦敍於燕臺客館之南牕"，然則乾隆十四年（1749）時金誠仍在京師也。金誠卒年未詳。著有《易經貫一》，内附《談餘雜録》四卷。另清顧彦於清咸豐七年（1857）刻《治蝗全書》四卷，其卷四嘗載金閑存《時疫論》，當即金誠之作也。

金誠此《易經貫一》，於乾隆十四年（己巳，1749）已成書，《元部·卷之首》載乾隆十四年（1749）正月金誠《和序堂易經貫一自序》，序末云："敍以及之，且盡所以成是書之意云。"知此年已成書矣。書首載乾隆十六年（1751）陳世倌、孫嘉淦、張泰開、秦蕙田、吳鼎諸《序》及乾隆十七年（1752）沈德潛、楊開鼎二《序》，然諸《序》皆未言及刻書事，故今定爲乾隆和序堂刻本。

此書分爲《元》《亨》《利》《貞》四部，《元部》四卷，《亨部》五卷，《利部》六卷，《貞部》五卷，共二十卷。另《元部》《亨部》復各有卷首一卷。本書之主體爲《亨部》至《貞部》，乃對朱子《周易本義》之增釋，其餘部分則爲讀《易》之輔助也。金誠在《和序堂易經貫一略言》第一則中云："是書所著者，皆《易》之迹象，所言者，皆《易》之常經，故名《易經》。而《易》之常經乃即天地之常，民物事爲之常也，變化動靜，无非因時就義以合常乎？朱子《本義》專以卜筮導之，亦所謂可使由之義耳。然理精辭括，難識其端，不得已而增釋之，雖累累多言，不敢溢一言於《易》之外也，讀者勿嗤其陋。"此解本書所以爲朱熹《周易本義》增義之由。又《略言》第二則云："《易》之有卦，无非顯托天地萬物變化之端以明道體之所在。《易》之有辭，无非所以註釋卦爻動變之意，以明其實用之所歸。後之儒者，略辭以言卦，則術數之學興，而理入於晦，故世風不淳而奸暴得以縱其惡；遺卦以言辭，則道學之名勝，而氣、數、象淪於无據，故人情莫定而刁巧得以甚其私。今合卦與辭而一之，而理、氣、象、數之互求，則天地之間，古今之際，一以貫之耳。學者從事於此，寧不能貫而一之乎？兹書故名爲《易經貫一》，是有望於後之君子。"此謂本書取名爲《易經貫一》，乃因其將"合卦與辭而一之，而理、氣、象、數之互求"，故天地之間、古今之際，可一以貫之耳。此外，《略言》第四則又云："理、氣、象、數四者，觀於圖書，則數獨顯；觀於卦爻，則象獨顯。且天地之間，舉目亦先見象而數隨之。然象之數易見，而氣之數則已隱，不知象因乎氣之消長，氣寓乎象之進退，其隱者可即於顯者推之耳。其所以然者，則謂之理。故象、爻之辭，亦似乎專於釋象，而愚之增釋於《本義》之末者，亦似乎專於求象也。蓋因象以求理、氣、數也。如理，則孔子之傳説獨詳，犧、文、周、孔，蓋以一貫之耳，學者求之，寧不謂之貫一乎？故名曰《貫一》。"凡此，皆作者自釋其書名爲《易經貫一》之含義。

此書《元部》之首，有《卷之首》一卷，版心鎸"易經貫一元卷之首"。《卷之首》包含《和序堂易經貫一總目録》、《和序堂易經貫一略言》、乾隆七年（1742）陽春月陸瓚沐《抄怡然子談餘雜録序》、乾隆五年（1740）二月金誠《談餘雜録自敍》、乾隆十四年正月金誠《和序堂易經貫一自敍》及《談餘雜録》四小卷，四十四則。金誠將《談餘雜録》附於《元部》之首，以爲端引，《例言》第五則云："《易》之包舉无遺物，學者先須於格物，故以《談餘雜録》附之卷首，以引其端，而後及於圖書，而後及於犧、文卦圖，而後及於象、爻之辭，而後及於孔子之《傳》。而反求之，斯理、氣、象、數明而《易》乃得。"案：金誠撰《談餘雜録》之由，詳於《談餘雜録自敍》，已見前述。又《元部》本文分四卷，每卷復分若干小卷，中含《易學問徑説》《程子易序》《周子太極圖説》《張子西銘》《河圖洛書會講》《文王卦象會講》《彖傳卦變圖會講》《啓蒙卦變會講》等項目，於《易》學重要文獻，或注之，或述之，或補之，以作爲《亨部》以下解《易》經、傳之基礎。

《亨部》五卷，首有《經傳文讀本》四小卷，爲《卷之首》，版心鎸"易經貫一亨卷之首"，列《周易》經、傳白文。《亨部》本文卷一至卷五卷端皆題"周易本義增釋"，乃對朱子《周易本義》之增釋，《亨部》五卷所釋爲《上經》部分。卷一之首，冠有《程子上下篇義》。

《利部》六卷，爲《周易本義增釋》之《下經》部分。《貞部》五卷，爲《周易本義增釋》之《繫辭傳》至《雜卦傳》部分。自《亨部》至《貞部》，可謂本書之主體。

金誠於《亨部》卷一《周易本義增釋卷之一》標題後，有小序云："理、氣、象、數之具於諸圖者，其精義微情，則備於經傳矣。夫經傳所指，或即乎事，或即乎物，或即乎時與位，隨所見而及焉。蓋无非理氣之所運，象數之所歸，此朱子《本義》之釋之者所以每不離乎理、氣、象、數而爲言也……然而經、傳之意渾而函，《本義》之説簡而括，好學之士猶難之，是以不揣鄙陋，前探圖書、犧畫之源，後參漢、宋儒先之業，上以驗之天道之自然，下以究之人心之所主，而盡剖經、傳之蘊藏，爲之增釋於《本義》之末，用資同志居恒之商確。雖非有當於文、周、孔子之所以爲教，亦庶幾卜筮推占之一助云。"此乃金誠述其增釋《本義》之由。

此書中《亨》《利》《貞》各部《周易本義增釋》之體例，首於經、傳下，列朱子《本義》之文，冠"本義"二字。其後或引他家之説，或加"愚按"二字以釋之。此外，朱子《本義》文中，或有雙行小注，注文或標"正解曰"，此乃引清丁鼎時、吳瑞麟所撰《周易本義正解》之文；或引他家之説爲注，如"李氏元量曰""都氏潔曰""胡氏庭芳曰"等。

此書《四庫全書總目》著録，題"《易經貫一》二十二卷，兩江總督採進本"，入《經部·易類存目四》。提要云："其大旨以程《傳》、朱《義》爲歸。"案：《易經貫一》書首沈德潛《序》云："怡然金子，幼而業之，長而通之，數十年工苦鑽研，爲著《易經貫一》二十二卷，思所以羽翼《折衷》而廣聖學。"蓋清聖祖於康熙五十四年（1715）詔李光地等修纂《周易折衷》二十二卷，其書以程《傳》、朱《義》爲主，而雜採諸家訓解之足以發明經義者以輔之。《折衷》已爲彼時解《易》之權衡，而金誠此書復爲《朱子本義增釋》，故沈德潛謂金氏"思所以羽翼《折衷》而廣聖學"也。

《中國古籍善本書目》著録"《易經貫一》二十二卷，清金誠撰，清乾隆和序堂刻本"，載清華大學圖書館、遼寧省圖書館、齊齊哈爾市圖書館三館收藏。此外，中國科學院圖書館、江蘇省立國學圖書館、中國臺灣大學圖書館、美國哈佛大學哈佛燕京圖書館等館亦有收藏。《四庫全書存目叢書》曾據中國科學院圖書館藏本影印行世，題"清乾隆和序堂刻本"，列入《經部》第四十一、四十二册。

030

周易述四十卷（原缺十九卷）

T235　5349

《周易述》四十卷（原缺十九卷），清惠棟撰。清乾隆二十四年（1759）至二十五年（1760）盧氏雅雨堂刻本。六册。框高18.2厘米，寬14.2厘米。半葉十行二十二字，小字雙行同，四周單邊，白口，單魚尾。版心中鐫書名及卷次，下鐫"雅雨堂"。

卷端題"元和惠棟集注并疏"。書名葉分三欄，右題"乾隆庚辰鐫"，中題"周易述"，左題"雅雨堂藏板"。

書首，首清乾隆戊寅（二十三年，1758）八月盧見曾《序》，《序》末有惠棟二子之識語，末署"己卯秋日男承緒、承尊謹識"。下又接另一識語，末署"承緒又識"。次《周易述目次》，標題次行題"元和惠棟編"。

惠棟生平已見前"010　省吾堂四種二十五卷"條。

惠棟此書主在發揮漢儒之《易》學。其書雖目録列四十卷，實爲未竟之作。

盧見曾《序》中云："吾友惠松崖先生，説《易》獨好述漢氏……今此編專以
荀、虞作主，而參以鄭康成、宋仲子、干令升九家諸説，蓋以漢猶近古，從荀、
虞以上溯朱子之源，而下袪王、韓異説之汩經者，其意豈不壯哉？……先生
六十後力疾撰著，自云三年後便可卒業，孰意垂成疾革，未成書而殁。今第如
其卷數刊刻之，不敢有加焉，懼續貂也。"又盧《序》後所附惠承緒、惠承萼之
識語云："先子研精覃思，於漢儒《易》學凡閲四十餘年，于乾隆己巳始著《周
易述》一書，手定爲四十卷，如《易微言》《易大義》《易例》《易法》《易正譌》
《明堂大道録》《禘説》俱以與《易》互相發明，故均列卷内。不謂書未成而疾
作，命不肖輩曰：'余之精力盡于此書，平時穿穴群經，貫串周秦漢諸子之説，
因得繼絶表微，于聖人作《易》本旨，庶乎有合，獨以天不假年，未能卒業爲
憾。今已脱藁者，惟《明堂大道録》及《禘説》兩種耳，下經尚缺十有四卦與
《序卦傳》《襍卦傳》，俱未脱藁，而《易微言》采輯十有七八，《易大義》止有
《中庸》一種，《易例》則龘有端緒，然皆隨筆記録，爲未成之書，知音者希，
真賞殆絶，汝其録而藏之，毋致迷失可也。'不肖泣而識之，不敢失墜。居盧時
收拾遺書，亟録副本，間有塗抹點竄不能辨識者，爲搜所引原書，覆加攷訂，
編輯成帙。會兩淮運使盧公以書來徵先子著作，將爲梓行，以惠學者。今年夏，
《周易述》二十卷先已刻竣，蓋距先子之殁已踰小祥矣。悲夫！遺書具存，手澤
未沫，謏劣如不肖，敢謂能讀父書？惟是趨庭之際，竊有所聞，繕寫校讎，庶
幾其職。且幸先子未竟之業得遇賞音，流傳問世，紹往緒而開來學，其在斯乎？
書既校畢，爰述遺命，而具誌其始末如此。己卯秋日，男承緒、承萼謹識。"其
下又接惠承緒另一識語云："是書運使盧公刻于寒江官舍，既成，未印行。壬午
秋，公懸車旋里，以書板見歸，篤終之義，古人所難。先是，己卯歲刻成二十
卷，公郵寄校讎，承緒與弟漢光（原注：'承萼'）分任其役。踰年，續刻《易
微言》二卷，邀承緒至署對勘，且以文字之役見委，凡兩寒暑。今板既攜歸，
復事校閲，而漢光弟下世已届三載矣。撫卷黯然，不能無雁行折翼之痛云。承
緒又識。"據盧見曾之《序》及惠棟之子兩識語所述，則於《周易述》刊刻之
時間及經過大致可知也。蓋惠棟卒於乾隆二十三年（戊寅，1758），所撰《周易
述》雖標四十卷之目，實未竟全書，其二子承緒、承萼爲之整理，録爲副本。
兩淮運使盧見曾爲之刻於寒江官舍。二十四年（己卯，1759）刻成二十卷，郵
寄承緒、承萼校讎。次年（庚辰，1760），又續刻《易微言》二卷，盧氏邀承緒
至官署司校讎之役且爲僚屬。其後至乾隆二十七年（壬午，1762），盧見曾辭官
歸鄉里，乃以版片贈歸承緒所有。據承緒第二則識語云："是書運使盧公刻于寒
江官舍，既成，未印行。壬午秋，公懸車旋里，以書板見歸。"又云："今板既

攜歸，復事校閱而漢光弟下世已屆三載矣。"然則此書版刻雖成於乾隆二十五年（1760），其印行已在二十七年（1762）承緒得版片復加校閱之後矣。

據書首《周易述目次》所列，此書若完足應有四十卷，包含《周易上經》卷一至四，《周易下經》卷五至八，《彖上傳》卷九，《彖下傳》卷十，《象上傳》卷十一、十二，《象下傳》卷十三、十四，《繫辭上傳》卷十五、十六，《繫辭下傳》卷十七、十八，《文言傳》卷十九，《説卦傳》卷二十，《序卦傳》《襍卦傳》卷二十一，《易微言》卷二十二、二十三，《易大義》卷二十四至二十六，《易例》卷二十七、二十八，《易法》卷二十九，《易正訛》卷三十，《明堂大道錄》卷三十一至三十八，《禘説》卷三十九、四十。惟其中有惠棟稿未成而原闕者五卷，即卷八、二十一、二十六、二十九、三十。又有稿成而盧氏未刻者十四卷，即卷二十四、二十五、二十七、二十八、三十一、三十二、三十三、三十四、三十五、三十六、三十七、三十八、三十九、四十。故實際刻成者僅二十一卷爾。本館此本内文僅至卷二十三《易微言》爲止，《易大義》以下則皆未刻。又卷八與卷二十一，皆鐫曰"全卷闕"。考書首盧見曾《序》後所附之兩識語，第一則惠承緒、惠承萼之識語中云："今年夏，《周易述》二十卷先已刻竣。"又次則惠承緒之識語中云："先是己卯歲刻成二十卷"，"踰年，續刻《易微言》二卷"。據《目次》及内文，《周易述》卷一至二十一爲釋《周易上經》至《襍卦傳》，其中卷八及卷二十一原闕，故僅刻十九卷，今兩識語皆言刻成二十卷，未知何故？或併盧見曾《序》及《目次》爲一卷而計之歟？

因惠棟此書闕略未完，其後惠棟弟子江藩著《周易述補》四卷以補之，凌廷勘爲之序。其書有嘉慶二十五年刻本，又收録於阮元編《皇清經解》卷一千一百六十六至一千一百六十九中。另清季李林松又作《周易述補》五卷，收入王先謙編《皇清經解續編》卷三百二至三百六中。

本館此本"玄"皆避諱缺末筆。

此書《四庫全書》收録，惟删去書首盧見曾《序》及惠承緒等所撰二則識語，使惠氏此書當年刊刻之背景未能昭顯，殊有未宜。又《四庫全書》本所録卷二十三《易微言下》僅至"純"條止，以下"辨精字義"至"精一之辨附"等二十條則皆未載。《四庫全書總目》題"《周易述》二十三卷，浙江吳玉墀家藏本"，提要云："其書主發揮漢儒之學，以荀爽、虞翻爲主，而參以鄭玄（寶三案：'玄'原避諱作'元'，今改正）、宋咸、干寶諸家之説，融會其義，自爲注而自疏之……其注疏尚缺下經十四卷及《序卦》、《雜卦》兩《傳》，蓋未完之書……棟能一一原本漢儒，推闡考證，雖掇拾散佚，未能備睹專門授受之全，要其引據古義，具有根柢，視空談説經者，則相去遠矣。"案：《四庫全書總目》題云

"《周易述》二十三卷"，乃就卷一《周易上經》至卷二十三《易微言下》而言之也。惟《總目》稱"其注疏尚缺下經十四卷及《序卦》、《雜卦》兩《傳》"，"缺下經十四卷"，文淵閣及文津閣《四庫全書》本書前提要皆作"缺下經第四卷"，考《四庫》本卷七卷端首行題"周易述卷七"，次行題"周易下經三"，卷八卷端首行題"周易述卷八"，次行題"全卷闕"。則所闕爲第八卷，即下經之第四卷，故提要稱"缺下經第四卷"也。《四庫全書總目》此處"十四"當爲"第四"之訛。金毓黻等編《文溯閣四庫全書提要》亦作"缺下經十四卷"，同《總目》之訛。

　　《中國古籍善本書目》未著録。除本館收藏外，另北京大學圖書館、天津圖書館、山東省圖書館、上海圖書館、南京圖書館、加拿大英屬哥倫比亞圖書館等亦有收藏。

031

碩松堂讀易記十六卷首一卷

T235 · 7220

　　《碩松堂讀易記》十六卷首一卷，清邱仰文撰。清乾隆三十三年（1768）刻本。十冊。框高17.5厘米，寬12.2厘米。半葉九行二十字，四周雙邊，白口，單魚尾。版心上鐫字數，中鐫書名、卷次及卦名。

　　卷端題"滋陽邱仰文輯"。

　　書首，首清乾隆庚寅（三十五年，1770）閏夏沈廷芳序，未立標題，版心鐫"沈序"。次乾隆庚寅（三十五年）閏五月胡德琳序，未立標題，版心鐫"胡序"。次乾隆三十五年"九日"（案：原文如此，"日"疑是"月"之訛）盛百二書後，未立標題，版心鐫"書後"。次乾隆三十二年（1767）邱仰文《碩松堂讀易記自序》。次《碩松堂讀易記卷首》，包括《凡例》《本義卦變圖解》《本義十九卦變後説》《漢儒傳易傳上》《漢儒傳易傳下》《上篇説》《下篇説》等項。次正文十六卷。

　　邱仰文（1696—1777），字襄周，號省齋，清山東滋陽（今山東省濟寧市兗州區）人。雍正十一年（1733）進士，歷官南充、定遠、保安等縣知縣。著有《碩松堂讀易記》《易舉業別記》《楚辭韻解》《省齋自存草》《碩松堂稿》等書。事迹見清陸燿撰《保安縣知縣邱君仰文墓志銘》（收入《碑傳集》卷百五）、《［光緒］滋陽縣志·鄉賢》等。清陳孝恪撰《兗郡論詩絕句》（見《養松堂遺詩》葉二十至二十一），中第七首詠"滋陽邱省齋大令仰文"，詩云："薄宦頻年塞上遊，秦風悲壯陝關秋。一編半屬民間事，又見舂陵續道州。"此詩道出邱仰

135

文爲官愛民之風範。又《皇朝經世文編》卷七十五《兵政六・保甲下》收錄邱仰文《論蜀嘓嚕狀》《再論嘓嚕狀》二文,知其身爲知縣,關心游民問題,深知民間之疾苦,可謂良吏。

此書爲邱氏紀錄其讀《易》所見、所思之作也。邱氏於《碩松堂讀易記自序》中云:"記者,記所見與所思也。見謂諸儒所説,思則吾心之辨是與非者,是橫渠張子云:'心有所開,即便箚記,不思則還塞之矣。'蓋記所開以便尋繹日新也。古人體認工夫,刻苦如此,故有心得。薛文清是其言,爰有《讀書録》之作。予質魯,性善忘,不記則塞,誠如張子言。於《易》童而習之,既涉獵者二十年,其要理宗程、朱,溯源於漢人,旁通宋、元諸儒,而下博其趣。日讀則有思,日思則有記,久而成帙。又以呂東萊有《讀書記》《讀詩記》,因以《記》名篇。"此述其書以《讀易記》名篇之由。另《序》末又云:"若夫假我數年,再有所見、再有所思,不妨另自爲記云。"末署"乾隆三十二年歲次丁亥花朝省齋邱仰文謹識",據此知乾隆三十二年(1767)二月時此書已完成。

本館此本無書名葉,考遼寧省圖書館及中國臺灣大學圖書館所藏同版之本皆有書名葉,書名葉中題"碩松堂讀易記",左題"本堂藏板",欄上題"乾隆戊子新鐫",據此知爲乾隆三十三年(1768)刻本。惟書首所載沈廷芳、胡德琳二序,皆署"乾隆三十五年庚寅",盛百二書後亦署"乾隆三十五年",三文皆在乾隆三十三年(1768)之後,當撰於此書付梓之後。故胡德琳序中云:"嶧山邱省齋先生初以名進士出宰于蜀,及余牽絲錦城,先生早以憂去,側聞其經術、文章、吏治,輒想見其爲人,思一讀其著述以爲快。後來山左,由歷下移牧任城,與通德之鄉密邇。先生不以爲無識,致所刊《讀易記》,屬爲之序。於案牘之暇,一卒讀焉。"此言"致所刊《讀易記》,屬爲之序",知胡德琳作序之時,書已刊成矣。

此本正文十六卷,卷首一卷,卷首及各卷之首皆載有目録,惟卷首與卷一之内容,前後疑有更動。考此本《碩松堂讀易記卷首》所列目録,列《凡例》《本義卦變圖解》《本義十九卦變後説》《漢儒傳易傳上》《漢儒傳易傳下》《上篇説》《下篇説》等七則,然《卷首》目録次葉,接《凡例》,其葉首行上題"碩松堂讀易記卷之一",下題"滋陽邱仰文輯",次行題"凡例"。此將《凡例》題爲"卷之一",與《卷首》目録所載歧異。又《卷首》中《漢儒傳易傳上》《漢儒傳易傳下》《上篇説》《下篇説》等四則,其版心皆鐫"卷之一",亦與《卷首》目録不符。疑此書刊刻時,原擬以《凡例》與《本義卦變圖解》至《下篇説》等七則共題爲"卷之一",後改題爲"卷首",因其改之未盡,故存此歧異之現象也。

此本卷一至卷十六皆有目録，冠於各卷之前，各卷目録首行題“碩松堂讀易記”，次行上題“滋陽省齋邱仰文著”，下題“男愛堂校字”，第三行題“卷之一”或“卷之二”等。案：此目録字體與正文不同，且其題“滋陽省齋邱仰文著”與各卷卷端題“滋陽邱仰文輯”有異，疑與正文非同時所刻，以其有“男愛堂校字”字樣推之，疑是邱仰文之子邱愛堂校字時補刻也。

此書正文共十六卷，所釋計：卷一《乾》至《蒙》，卷二《需》至《履》，卷三《泰》至《豫》，卷四《隨》至《觀》，卷五《噬嗑》至《復》，卷六《无妄》至《離》，卷七《咸》至《明夷》，卷八《家人》至《解》，卷九《損》至《姤》，卷十《萃》至《鼎》，卷十一《震》至《旅》，卷十二《巽》至《未濟》，卷十三、十四《繫辭上傳》，卷十五《繫辭下傳》，卷十六《説卦傳》至《雜卦傳》。各卷皆先頂格列經文或傳文，次低一格爲釋，不臚列程、朱《傳》《義》之文。

《續修四庫全書總目提要》收録尚秉和所撰此書提要，題“《碩松堂讀易記》十六卷，乾隆刊本”，提要中頗糾邱氏之失，末云：“蓋邱氏於《易》理甚疏淺，而自信頗堅，故其論説多浮泛不切也。”案：尚氏此論，似不免於酷評也。

本館此本，卷一之目録爲抄配。又卷首《凡例》，葉二十三右面及卷一葉五十六右面，皆見鈐有藍、紅色長條形之紙廠印記。

此書《四庫全書總目》未著録。《中國古籍善本書目》著録“《碩松堂讀易記》十六卷，清邱仰文撰，清乾隆三十三年碩松堂刻本”，載遼寧省圖書館、山東省圖書館二館收藏。此外，中國國家圖書館、中國科學院圖書館、南京圖書館、中國臺灣大學圖書館等館亦有收藏。山東大學出版社《山東文獻集成》嘗據此乾隆刻本影印行世，列入第三輯第一册中。

032

周易辨畫四十卷

T235　3332

《周易辨畫》四十卷，清連斗山撰。清乾隆四十年（1775）李士果刻本。八册。框高19.7厘米，寬13.9厘米。半葉十行二十一字，小字雙行同，左右雙邊，白口，單魚尾。版心上鎸書名，中鎸卷次及卦名。

卷端題“潁川連斗山叔度氏著”。書名葉分三欄，右題“潁川連叔度著”，中題“周易辨畫”，左題“本衙藏版”，欄上題“四庫館大總裁鑒定”。右下鎸有“不知老／之將至”墨文橢圓印。左上鈐有“欽定序文待頒”“周官精義即出”二朱文長方印。

書首，首未署年程景伊《周易辨畫序》。次清乾隆甲午（三十九年，1774）嘉平月（十二月）梁國治序，未立標題，版心鐫"序"。次乾隆三十九年十二月朱筠序，未立標題，版心鐫"序"。次乾隆乙未（四十年，1775）十二月秦潮序，未立標題，版心鐫"序"。次未署年沈業富序，未立標題，版心鐫"序"。次《周易辨畫目録》。次卷一正文前所附之《提綱》，首行題"周易辨畫"，次行題"提綱"，末署"乾隆三十七年八月朔潁川連斗山叔度氏謹識于王家嶺之七棗莊舍"。下鐫"男筥笠、簽策、竹簡同校"。末行鐫"金陵李士果梓"。

連斗山（1771—1832），字叔度，清安徽潁州（今安徽阜陽）人。阜陽縣學廩生，由廩貢授江寧府訓導，因疾告歸，後遂讀書鄉里。著有《周易辨畫》《周官精義》《左史合瞥》《醫學摘要》等。中國臺北"中央研究院"歷史語言研究所所藏明清史料"内閣大庫檔案"中有乾隆九年（1744）十一月十九日安徽學政介福奏摺稱："彙題歲考鳳、潁、泗二府一州舉報優行生員，潁州府學增生甯澍、附生韓文寵，阜陽縣學廩生連斗山，共三名，並未改操，學業尚需進修，毋庸遽請升入大學。"（登録號：072183—001）據此可知乾隆九年（1744）十一月時連斗山爲阜陽縣學廩生也。又《清史列傳》卷六十八《儒林傳下一·趙繼序傳》中云："同時潁州連斗山，字叔度，著有《周易辨畫》四十卷，其説專主卦畫立義，逐卦詳列互體，剖析爲微妙，頗有合於精理。又著有《周官精義》十二卷。"

連斗山此書撰於乾隆三十一年（1766）至三十七年（1772）間，凡十易稿，歷七年而後成。書首朱筠序中云："聞斗山初欲爲此書，以江寧學官之職頗倥傯，廼移疾去之。潁州府北十餘里有王家嶺，當一府高敞之處，卜立精舍於七棗莊，謝家事不問，其歲在丙戌之冬。發陳諸儒百氏之説，日夜翻披不肯休，凡十易草藁，至於壬辰，七年而後成。"由此可見其用功之勤。此書撰作之旨，朱筠序中云："乾隆壬辰冬，余以使者試潁士，得阜陽連君斗山所著《周易辨畫》四十卷讀之。其著書之旨，以爲孔子十翼所以明文王、周公之《象》、《彖》而已，周公之《象詞》、文王之《彖詞》所以明庖犧氏之畫而已，故以《辨畫》名其書。"此明連氏以《周易辨畫》名其書之由。又秦潮之序亦云："蓋先生此書，由傳以會辭，由辭以會卦，蘄於四聖人之畫、之辭，絲連繩貫而後已。而於漢、唐、宋、元、明諸儒詮説，復兼綜互勘，辨去其異，以求盡合於四聖人之旨而後已，此其用心可謂博而精矣。"

此本書名葉未鐫刊刻年月，惟書名葉左上鈐有"欽定序文待頒""周官精義即出"二朱文長方印。考今浙江大學圖書館藏有乾隆四十一年（1776）姑執縣署刻本《周官精義》，《周易辨畫》刊刻時《周官精義》既尚未刊行，則《辨畫》

之刻必不晚於乾隆四十一年也。又考書首秦潮序中云："今春，先生司訓太平，得亟見。其氣靜以和，其辭簡而確，蓋醇古篤學君子也。六月息暑少暇，手是書請序於余，曰：'某以老經生，嘗敝精力於此書，今蒙　聖朝采錄，竊不自揆，願得正定，以畀諸梓。'"此序末署"時乾隆乙未仲冬十有二日賜進士出身翰林院編修提督安徽學政秦潮拜手譔"。此序寫於乾隆四十年（乙未，1775）仲秋，序中述當年六月連斗山請序之言云"願得正定，以畀諸梓"，其時書尚未刻，即將付梓，則此書蓋刻於乾隆四十年也。

此書共四十卷，計卷一《乾》，附《提綱》，卷二《坤》，卷三《屯》《蒙》，卷四《需》《訟》，卷五《師》《比》，卷六《小畜》《履》，卷七《泰》《否》，卷八《同人》《大有》，卷九《謙》《豫》，卷十《隨》《蠱》，卷十一《臨》《觀》，卷十二《噬嗑》《賁》，卷十三《剝》《復》，卷十四《無妄》《大畜》，卷十五《頤》《大過》，卷十六《坎》《離》，卷十七《咸》《恒》，卷十八《遯》《大壯》，卷十九《晉》《明夷》，卷二十《家人》《睽》，卷二十一《蹇》《解》，卷二十二《損》《益》，卷二十三《夬》《姤》，卷二十四《萃》《升》，卷二十五《困》《井》，卷二十六《革》《鼎》，卷二十七《震》《艮》，卷二十八《漸》《歸妹》，卷二十九《豐》《旅》，卷三十《巽》《兌》，卷三十一《渙》《節》，卷三十二《中孚》《小過》，卷三十三《既濟》《未濟》，卷三十四《繫辭上傳上》，卷三十五《繫辭上傳下》，卷三十六《繫辭下傳上》，卷三十七《繫辭下傳下》，卷三十八《說卦傳》，卷三十九《序卦傳》《雜卦傳》，卷四十《輯圖》。在卷一正文之前，附有《提綱》。《提綱》末署"乾隆三十七年八月朔潁川連斗山叔度氏謹識于王家嶺之七棗莊舍"。下鐫"男筥笠、籤策、竹箭同校"，末鐫"金陵李士果梓"。案：此提綱署"乾隆三十七年八月"，即此書完成之際也。而《提綱》末鐫"金陵李士果梓"，知此書乃李士果所刊。

此書《四庫全書》收錄，其得收錄於《四庫全書》，乃因朱筠之薦。書首程景伊序云："《周易辨畫》一書，潁州連君斗山叔度氏所作也。歲癸巳，安徽學使者朱公竹均訪求遺書，曾以是書入　告。甲午歲經安撫咨送《四庫》館，時余奉命爲總裁官，因得見是書。"又朱筠序云"乾隆壬辰冬，余以使者試潁士，得阜陽連君斗山所著《周易辨畫》四十卷讀之……明年癸巳，輒以是本上應求書之詔，具疏以聞。"考癸巳爲乾隆三十八年（1773），此年朱筠以此書入告，甲午爲乾隆三十九年（1774），此年安徽巡撫將此書咨送《四庫》館，而得以被收錄《四庫全書》中。今比觀此刻本與《四庫全書》本，兩者文字間有差異，如《四庫全書》本《提綱》首有"看《易》當以象爲主"一句，此刻本則無。又《四庫全書》本將《提綱》獨立，置於卷一之前，版心題"周易辨畫提綱",刻本則於《周易辨畫目録》"卷一"下,注"附提綱",又於《提綱》版心鎸"卷一 提綱",乃以《提綱》附於卷一,與《四庫全書》本亦有異。另如《四庫全書》本卷一《乾》卦"乾,元、亨、利、貞"下,連斗山解云:"凡奇畫皆謂之乾,凡偶畫皆謂之坤,《乾》《坤》二卦,六畫皆奇、皆偶,故《乾》《坤》之名,均不易焉。《周易》取此兩卦,以冠一經之首,所謂《乾》《坤》爲《易》之門也。元、亨、利、貞,諸家多以四德爲解,蓋本《文言傳》分釋四字而爲言也。不知《文言傳》乃于《象傳》正文之外推廣,以發二卦之蘊,非占辭之正旨也。朱子以爲與諸卦一例,誠爲有識。但謂《卦辭》乃渾括一卦之義,而不能于辭意之間各得其所指,証之諸爻之辭,似覺其泛而不真。竊謂卦中之辭,必要與爻義對針,方无走失(原雙行小注:'諸卦放此')。"此段文字,刻本頗有歧異,"故《乾》《坤》之名,均不易焉"一句,刻本"均"作"仍";"不知《文言傳》乃于《象傳》正文之外推廣,以發二卦之蘊"一句,刻本"象傳"作"彖傳"。又"元、亨、利、貞,諸家多以四德爲解"至"必要與爻義對針,方无走失"一段,刻本見於後文"故又利貞"下,以雙行小注排列,末又有"諸卦皆然,兹于首卦特發其凡云"數語,皆見其異。前文已述及此刻本蓋刻於乾隆四十年(1775),然則乾隆三十九年(1774)安徽巡撫咨送《四庫》館者,當係此書未刊之稿,其後此書付梓時,尚有修訂,故刻本與《四庫》本乃有歧異也。《武漢圖書館館藏古籍善本書志》第一輯"周易辨畫四十卷"條中云:"今傳有乾隆四十年(1775)太平府學刻本,應即《四庫》著録之底本。"此謂刻本爲《四庫》本著録之底本,其説恐非也。

書中見避"玄""曆"等字。

《四庫全書總目》著録,題"《周易辨畫》四十卷,安徽巡撫採進本",提要云:"是書大旨謂一卦之義在於爻,畫有剛有柔,因剛柔之畫而立之象,亦即因剛柔之畫而繫以辭,其道先在於辨畫,故以爲名。末有《輯圖》一卷,則即朱子舊圖而畧爲損益之……蓋即爻論爻,乃能以《易》詮《易》,雖間有附會之失,而錯綜變化之本旨,猶可藉以參觀,固與高談性道以致惝怳無歸者尚較有實際焉。"

《中國古籍善本書目》著録"《周易辨畫》四十卷,清連斗山撰,稿本"一種,載武漢圖書館收藏。此乾隆四十年(1775)刻本則未著録。本館此本,另北京大學圖書館、復旦大學圖書館、上海圖書館、南京圖書館、浙江圖書館、湖北省圖書館、四川省圖書館等館亦有收藏。

鈐印有"梁溪池上草堂珍藏"朱文長方印。

033

周易象繹十卷首一卷

T235　4100

《周易象繹》十卷首一卷，清杜文亮撰。清乾隆五十三年（1788）刻本。四册。框高19.3厘米，寬13.2厘米。半葉十行二十六字，小字雙行同，左右雙邊，白口，單魚尾。版心上鎸"周易"，中鎸卷次及卦名。

卷端題"南豐杜文亮集註"。書名葉分三欄，右題"乾隆戊申年春鎸"，中題"周易象繹"，左題"寶田堂藏板"，左上鈐有"督學部院翁鑒定"一行朱字。

書首，首清乾隆乙巳（五十年，1785）劉焞《周易象繹序》。次乾隆五十三年（1788）仲春月杜文亮《序》。次《周易象繹卷之首》，包括《圖義》《筮法》《周易卦歌》《讀易綱領》等項。

杜文亮，字月峰，清江西南豐人。乾隆時貢生，久困於棘闈，以明經老，授徒講學以終。著有《周易象繹》。

此書撰作之旨，杜文亮於《序》中云："《周易》一書，言事則虛，而按理則實也……學《易》之士，察辭事於虛，探理象於實，而六十四卦紛紜錯雜，自了然於心目之間。《易》曰：'聖人設卦觀象，繫辭焉而明吉凶。'又曰：'君子居則觀其象而玩其辭。'然則《易》之所由作與學《易》之所自入，以心印心，豈有二道哉？亮初孤意冥搜，求其所謂象與義者，曾恍惚而屢廢。繼考儒先諸書，於足供採擇者不欲釋而未盡洽心也。伏讀　聖祖《御纂周易折中》及《御定周易述義》，尋繹既久，始知日月經天，爝火息明，而《易》中之緒論盡疑无不晰，而得所宗。嘻噫至矣！夫抉摘精深以歸要言，古人弗非也。亮慮古帙浩富，不便童蒙誦記，爰輯羣書而約之，志期於理暢辭明，遂不暇細分爲古人語與亮語也。經、傳各還三聖本旨，卦之前後括以大要，而錯綜互變，義類務通於全《易》，庶幾童蒙誦記不无小補，名之曰《周易象繹》，俾知即象求義，得聖人觀象玩辭之旨，可悉會其微，事虛理寔之隨在予人體究，蓋如此云。"由此可知其書之旨要。另書首劉焞《周易象繹序》亦云："此編悉宗　聖祖《周易折中》與御纂《周易述義》，融會貫通，釋卦位、卦序、卦辭而參之以互變、錯綜，大要義由象起，象以時彰，其啓人以尋繹者，亦不致增義於古人文字外。"劉氏所言頗得其要。

此書之刊刻，據書名葉題"乾隆戊申年春鎸"，則其刊於乾隆五十三年（戊申，1788）確然可知也。杜氏自序，末署"乾隆五十三年戊申仲春月杜文亮月峯氏序"，蓋《序》即撰於即將付梓之際。

此書卷首一卷，含《圖義》《筮法》《周易卦歌》《讀易綱領》諸項。正文十卷，卷一至三解《周易上經》，計卷一《乾》至《履》，卷二《泰》至《觀》，卷三《噬嗑》至《離》。卷四至七解《周易下經》，計卷四《咸》至《解》，卷五《損》至《井》，卷六《革》至《旅》，卷七《巽》至《未濟》。卷八《繫辭上傳》，卷九《繫辭下傳》，卷十《説卦傳》《序卦傳》《雜卦傳》。各卷皆先頂格列經或傳文，其下低一格作解。所釋融會前人之解，不標明出處，即《序》所謂："亮慮古帙浩富，不便童輩誦記，爰輯羣書而約之，志期於理暢辭明，遂不暇細分爲古人語與亮語也。"

《續修四庫全書總目提要》收録尚秉和所撰此書提要，題"《周易象義》十卷，乾隆刊本"，提要中云："今觀此書自序曰：'聖人觀象，繫辭焉以明吉凶。'又曰'君子觀其象而玩其辭'，故名曰《周易象義》，俾知象之與義，離之則莫得其解，合之則悉會其微，象與義並重，深得讀《易》本旨。"案：杜文亮此書名爲《周易象繹》，乃抽繹《周易》象義之意，尚氏撰作提要，誤載書名爲《周易象義》，所釋恐未當於作者之旨也。考《北京人文科學研究所藏書簡目》（北京人文科學研究所編，1938）中著録"《周易象義》十卷首一卷，清杜文亮撰，乾隆間刊本"一書，其書名亦誤作《周易象義》，兩者蓋有關聯。

此書《四庫全書總目》《中國古籍善本書目》俱未著録。孫殿起《販書偶記》卷一著録，題"《周易象繹》十卷首一卷，南豐杜文亮撰，乾隆戊申寶田堂刊"。此本除本館外，另中國科學院圖書館亦有收藏。

034

大易講義合參不分卷

X235　4608

《大易講義合參》不分卷，佚名撰。清抄本。三册。《上經》《下經》，半葉八行二十四字，小字雙行同；《上繫》以下，半葉十一行三十字，小字雙行同。

卷端題"大易講義合參"，未題撰者名。

本館此抄本之內容與《上海圖書館未刊古籍稿本》所收"《周易講義合參》二卷"同，惟上海圖書館藏本（以下簡稱"上圖本"）書首有《八卦取象歌》《河圖》《洛書》《伏羲八卦次序》《伏羲八卦方位》《文王八卦次序》等六圖，本館此本無。又上圖本書首《八卦取象歌》標題下及上經卷端"周易講義合參"標題下皆鈐有"惠棟之印"白文方印、"定宇"朱文方印二印，未題撰者名；本館此本卷端"大易講義合參"標題下鈐有"易印潄平"白文方印，亦未題撰者名。上圖本蓋因鈐有惠棟之印，書首又有佚名題識，稱"惠定宇先生著《周易本義辨證》既成，復著《周易講義合參》。今《辨證》已刊板行世，《合參》只有鈔本，而流傳亦希。此則先生之原稿。（下略）"故定爲惠棟撰。本館此本未題撰者名，而上圖本所謂"惠棟撰"之説又有可疑（詳下文），故定爲"佚名撰"。又此本避"玄""弘"字諱，不避"寧"字，其抄寫年月雖不能確定，觀其字迹、紙張，當爲清代抄本，故定爲"清抄本"。

此本未標卷次，分三册裝訂。册一爲《上經》，含《乾》至《離》；册二爲《下經》，含《咸》至《未濟》。二册各自標示葉次，不相聯貫。册三爲《繫辭傳》以下，含《上繫》十二章，《下繫》十二章，《説卦》十一章，《序卦傳》上、下二篇，《雜卦傳》一篇，此册未標葉次。上圖本題"二卷"，不知何據，本館此本則依實際情況，題爲"不分卷"。

此書釋《周易》經、《傳》，皆先大字列卦辭、爻辭，或《繫辭傳》等傳文，次雙行小字作解。書中不列朱熹《周易本義》等注文，説解直釋其義，亦不標示來源，蓋參合衆説以説解，故書名取名《合參》也。考其説解有採自朱熹《周易本義》者，如《上經·乾卦》卦辭："乾，元、亨、利、貞。"朱熹《本義》云："六畫者，伏羲所畫之卦也。一者，奇也，陽之數也。乾者，健也，陽之性也……'元、亨、利、貞'，文王所繫之辭，以斷一卦之吉凶，所謂彖辭者也。"此書解云："六畫者，伏羲所畫之卦。'元、亨、利、貞'，文王所繫之彖辭。一，奇也，陽之數也。乾，健也，陽之性也。"由此可見一斑。

上海圖書館所藏"《周易講義合參》二卷"，舊以爲清惠棟撰。今人莊民敬撰《〈周易講義合參〉疑義辨析》一文（刊《版本目錄學研究》第六輯，2015年6月出版），從《易》學主張、惠棟著作署名體例及惠棟著作鈐印方式等方面，考辨其本非惠棟之著作，應是惠棟之藏書。今以本館此本與上圖本相對照，此本書名作《大易講義合參》，上圖本作《周易講義合參》，書名略異。又此本《上繫》以下，行款爲半葉十一行三十字，小字雙行同，與《上經》《下經》半葉八行二十四字，小字雙行同，行款有異；上圖本則《上繫》爲半葉八行二十四字，小字雙行同，與其本《上經》《下經》相同，全書行款一致。然則此兩本行款有部分差異。另兩本在文字上亦間有差異，如《乾卦》卦辭："乾，元、亨、利、貞。"撰者解云："兩乾相承，純陽用事，有周流循環、運无停機之象。故四德渾然，相爲體用，而其行則由元達亨，復斂利以歸於貞。"末句"於"字，上圖本作"于"。再者，上圖本避"玄"字諱，"弘"字不避諱，本館此本則"玄""弘"皆避諱。由上述兩本差異之現象推之，上圖本之抄寫年代蓋早於本館此本，然此本當非抄自上圖本，乃各自有其來源也。上述莊文曾指出上圖本之內容與舊題宋朱長文所撰《易經解》有密切關聯，茲不贅述。考此本與上圖本皆未題作者姓名，亦可作爲上圖本非惠棟著作之佐證。

此書《四庫全書總目》未著録。《中國古籍善本書目》著録"《周易講義合参》二卷，清惠棟撰，稿本"，載上海圖書館收藏。

鈐印有"易印漱平"白文方印，知嘗爲易漱平收藏。易漱平爲易培基之女，李宗侗之妻，此書蓋易漱平襲自其父易培基，其後爲李宗侗出讓本館圖書之一。考一九六八年李宗侗亦嘗出讓一批善本圖書與中國臺北"中央研究院"傅斯年圖書館，今傅斯年圖書館藏有抄本一種，題"《增訂周易本義補》不分卷，明・蘇文韓撰，清・劉祈穀訂補，清乾隆間（1736—1795）鈔本"。書中鈐有"易印漱平"白文方印、"李宗侗藏書"朱文長方印，可知其本與本館此本《大易講義合参》同，皆爲易培基之舊藏也。

書　類

035

古文尚書十卷附尚書逸文二卷

T331　1100

《古文尚書》十卷，漢馬融、鄭玄注，宋王應麟撰集，清孫星衍補集。《尚書逸文》二卷，清江聲集，清孫星衍補集。清乾隆六十年（1795）孫氏刻本。共二册。

《古文尚書》十卷，框高17.2厘米，寬12.2厘米。半葉九行二十一字，小字雙行同，四周雙邊，白口，單魚尾。版心上鐫"古文尚書注"，中鐫卷次，下鐫"問字堂"。

卷端題"馬氏、鄭氏注，王應麟撰集，孫星衍補集"。書名葉分三欄，右題"漢馬氏、鄭氏注，宋王氏撰"，中題"古文尚書"，左題"乾隆乙卯年蘭陵孫氏刊"。

書首，首《古文尚書目次》。次未署年孫星衍《古文尚書馬鄭注序》。

馬融（79—166），字季長，東漢右扶風茂陵（今屬陝西興平）人。《後漢書》卷六十上《馬融列傳》第五十上有傳。馬融師京兆摯恂，博通經籍，恂奇融才，以女妻之。歷任校書郎中、武都太守、南郡太守等職。《後漢書》本傳云："融才高博洽，爲世通儒，教養諸生，常有千數，涿郡盧植、北海鄭玄，皆其徒也……嘗欲訓《左氏春秋》，及見賈逵、鄭衆注，乃曰：'賈君精而不博，鄭君博而不精，既精既博，吾何加焉？'但著《三傳異同說》。注《孝經》《論語》《詩》《易》《三禮》《尚書》《列女傳》《老子》《淮南子》《離騷》。所著賦、頌、碑、誄、書、記、表、奏、七言、琴歌、對策、遺令，凡二十一篇。"

鄭玄（127—200），字康成，東漢北海高密（今山東高密）人。《後漢書》卷三十五《張曹鄭列傳》第二十五有傳。傳云："玄少爲鄉嗇夫，得休歸，常詣學官，不樂爲吏，父數怒之，不能禁。遂造太學受業，師事京兆第五元先，始通《京氏易》《公羊春秋》《三統歷》《九章筭術》。又從東郡張恭祖受《周官》《禮記》《左氏春秋》《韓詩》《古文尚書》。以山東無足問者，乃西入關，因涿郡盧植，事扶風馬融。"玄游學歸里之後，客耕東萊，聚徒講學，弟子達數千人。黨錮之禍起，與同郡孫嵩等四十餘人俱被禁錮，遂隱修經業，潛心著述，終成大儒。後雖屢受辟舉，終不就。其學以古文經學爲主，而兼通今文經學，爲漢代經學之集大成者。《後漢書》本傳云："門人相與撰玄荅諸弟子問五經，依《論語》作《鄭志》八篇。凡玄所注《周易》《尚書》《毛詩》《儀禮》《禮記》《論語》《孝經》《尚書大傳》《中候》《乾象歷》，又著《天文七政論》《魯禮禘祫義》《六藝論》《毛詩譜》《駁許慎五經異義》《荅臨孝存周禮難》"，凡百餘萬言……鄭玄括囊大典，網羅衆家，删裁繁誣，刊改漏失，自是學者略知所歸"。清沈可培、今人王利器并撰有《鄭康成年譜》，俱可參。

王應麟（1223—1296），字伯厚，又字厚齋，學者稱深寧先生，南宋慶元府鄞縣（今屬浙江寧波）人。《宋史》卷四百三十八《儒林八》有傳。九歲通六經，淳祐元年（1241）舉進士。歷官西安主簿、揚州教授、太常博士、秘書郎、著作佐郎、徽州知州、秘書監、禮部侍郎兼中書舍人、尚書兼給事中等職。著有《深寧集》《玉堂類藁》《掖垣類藁》《詩考》《詩地理考》《漢書藝文志考證》《通鑑地理考》《困學紀聞》《玉海》《集解踐阼篇》《小學紺珠》《漢制考》等多種，事迹另參見《宋元學案》卷八十五《深寧學案》。

孫星衍（1753—1818），字淵如，又字伯淵，號季述，又號薇隱，清江蘇省陽湖縣（今江蘇常州）人。《清史列傳》卷六十九《儒林傳下二》、《清史稿》卷四百八十一《儒林二》俱有傳。少與同里楊芳燦、洪亮吉、黃景仁文學齊名，袁枚品其詩，曰"天下奇才"，與訂忘年交。星衍雅不欲以詩名，深究經史、文字、音訓，旁及諸子百家，皆心通其義。既從錢大昕遊，精研漢學。乾隆五十二年（1787）一甲二名進士，授翰林院編修，充三通館校理。歷官刑部主事、山東兖沂曹濟道、山東督糧道、權山東布政使等職。《清史列傳》云："星衍博極羣書，勤於著述。又好聚書，聞人家藏有善本，借鈔無虛日。金石文字，靡不考其原委。常病《古文尚書》爲東晋梅賾所亂，官刑部時，即集《古文尚書馬鄭王注》十卷，《逸文》二卷。歸田後，又爲《尚書今古文注疏》三十九卷。"所著有《周易集解》《夏小正傳校正》《明堂考》《爾雅廣雅古訓韻編》《魏三體石經殘字考》《孔子集語》《史記天官書考證》等多種，校刊有《岱南閣叢書》、《平津閣叢書》，均據善本，有資學藝。事迹另參清錢儀吉編《碑傳集》卷八十七、《國朝耆獻類徵初編》卷二百一十三等。

此書撰作之由，孫星衍於書首《古文尚書馬鄭注序》中云："《尚書》馬、鄭注十卷，題曰《古文尚書》，分三十四篇，序一篇，從馬、鄭；編第二十九，從古經。具載經文，用馬氏注《周禮》省學者兩讀之例。篇次、文字從馬、鄭本，皆見《釋文》《正義》諸書，不敢妄作。集注必載所采之書，兩書並見，從其備者。鄭氏受學于馬，二家本同，故兼錄之。不用王肅注，肅好亂經，且與鄭爲難也。後附《篇目表》及逸文二卷,《音義》二卷。敘曰:《書》有四而僞者二,亡者三……今所傳宋王應麟撰集《古文尚書》鄭氏注本,李君調元曾刊于蜀中,王光禄鳴盛作注,又加增補,漸無漏署。然王伯厚則不採馬注,鄭亦不備,又誤以《盤庚》‘優賢揚歷’爲《大誓》之文,以《柴誓》次《文侯之命》;光禄則博搜羣籍,連綴成文,或頗省改。且馬、鄭注亡于北宋,惟《太平御覽》引有數條,出前人所引之外,餘則展轉捃摭,非見全書,無煩採録。今之所集,非敢冀越前修,抄胥之勞,庶加致密。”又孫氏於此書所附《尚書逸文》之《敘》中云:“予校訂《尚書》馬、鄭注,蓋本王氏應麟之書,證以閻、惠兩君之説,參之王光禄鳴盛、江處士聲之著述,又質疑于王侍御念孫,復有張太使燮章、孝廉宗源助予討論。幸同志之不孤,猶冀來者之補其漏署也。”由上孫星衍所述,知此書旨在集《古文尚書》馬融、鄭玄注,爲輯佚之作。宋王應麟嘗集《古文尚書》鄭氏注,然不及馬融注,且所輯鄭注未備。孫氏乃本王應麟之書,更參之同代諸家之説,對《古文尚書》馬、鄭注加以校訂補集,故此書卷端題“馬氏、鄭氏注,王應麟撰集、孫星衍補集”也。

此本據書名葉題“乾隆乙卯年蘭陵孫氏刊”,知乃刻於乾隆六十年(乙卯,1795)。又書中版心下方鎸“問字堂”,問字堂乃孫星衍之堂號。

此書共十卷,卷一至三《虞夏書》,卷四《商書》,卷五至九《周書》,計卷一《堯典》,卷二《皋陶謨》,卷三《禹貢》《甘誓》,卷四《湯誓》《盤庚》《高宗肜日》《西伯戡黎》《微子》,卷五《泰誓》《牧誓》,卷六《洪範》,卷七《金縢》《大誥》《康誥》《酒誥》《梓材》,卷八《召誥》《洛誥》《多士》《無逸》《君奭》《多方》,卷九《立政》《顧命》《康王之誥》《柴誓》《呂刑》《文侯之命》《秦誓》。另卷十爲《書序》《馬鄭序贊殘文》,末接《尚書篇目表》。各篇皆先引《古文尚書》經文,次標“注”,“注”下列馬融、鄭玄注文,稱“馬曰”“鄭曰”。“馬曰”“鄭曰”之下,各以雙行小注載明所輯之出處,如“《釋文》”“《尚書正義》”“《周禮疏序》”等,此即書首孫星衍《古文尚書馬鄭注序》所謂“集注必載所采之書”者也。

此書卷十暨《尚書篇目表》之後,另附《尚書逸文》二卷。版式同《古文尚書》。版心上鎸“尚書逸文”,中鎸卷次,下鎸“問字堂”。

卷端題“吳江聲撰集,陽湖孫星衍補訂”。

江聲(1721—1799),字叔澐,又字鯨濤,號艮庭,清江蘇元和(今江蘇蘇州)人。《清史列傳》卷六十八《儒林傳下一》有傳。傳云:“七歲就傅讀書,問讀書何爲,師以取科第爲言,聲求所以進於是者。稍長,與兄笥共學,不事帖括……少讀《尚書》,怪古、今文不類,又疑孔《傳》非安國所爲。年三十五，師事同郡惠棟，得讀所著《古文尚書考》及閻若璩《古文尚書疏證》。年四十一，以棟既作《周易述》，搜討古學，乃撰《尚書集注音疏》，存今文二十九篇，以別梅氏所上二十八篇之偽造，取《書傳》所引《湯征》《泰誓》諸篇逸文，按《書序》錄入，又取《説文》、經、子所引《書》古文本字，更正秦人隸書及唐開元改易古文字之謬，輯鄭康成殘注及漢儒逸説，附以己見而爲之疏，以明其説之有本。以篆寫經，復三代文字之舊。凡四易稿，積十餘年而後成，共十二卷，説一卷。"生平不爲行、楷，與人筆札，皆作古篆，俗儒往往非笑之，而聲不顧也。""嘉慶元年，詔開孝廉方正科，江蘇巡撫費淳首舉聲，賜六品頂戴，四年，卒，年七十九。"江聲著有《尚書人注音疏》《論語竢質》《説文解字考證》、《六書淺説》《恒星説》《艮庭小慧》等書。事迹另參《碑傳集》卷百三十四、《國朝耆獻類徵初編》卷四百二十一、《清儒學案小傳》卷八、《清代樸學大師列傳》卷四等。

《尚書逸文》卷上之前，載有《尚書逸文敘》，標題次行題"賜進士及第刑部郎中前翰林院編修孫星衍撰"。《敘》中云："今録《尚書》逸文，兼用各書注義，釐爲上、下卷，附于廿九篇《書》之後。其有篇名可按，列於前；無篇名而稱'虞書'若'夏、商、周書'者次之；但稱'尚書'者又次之。不稱'尚書'而注義疑爲逸《書》與文似《尚書》者附焉。吾友江處士聲創例于前，搜輯之功，十得八、九，非予所敢襲美，故先著江名。惟江亦有疏失，其引《孟子》'號泣于旻天'，誤以公明高于父母之言爲本經……《漢書》引《書》云：'臣不作福、不作威，靡有後羞。'即用《洪範》之義，江皆重復列之，今悉更正。愚者之慮，庶幾可擇焉。"末署"乾隆六十年歲陽在旃蒙陰在單閼，其月斗指卯辰二臂之間，日值丙戌，撰于都門之孫公園寓邸"。此《敘》撰於乾隆六十年（1795），當即刊刻之際也。又此《尚書逸文》二卷乃基於江聲所輯而加以訂補，故卷端題曰"吳江聲撰集，陽湖孫星衍補訂"也。

此書二卷，皆列《尚書》逸文，下注明所輯出處，間有考訂。如卷上"《皋陶謨·虞夏書·虞書》下，載："予乘四載，水行乘舟，陸行乘車，山行乘檋，澤行乘軜。"下雙行小注云："《説文·木部》引'《虞書》曰'。按：今'予乘四載'下無此文，古人不應虛言'四載'，疑偽孔刪之，故以示異于真古文。"

據書首孫星衍《古文尚書馬鄭注序》中云："後附《篇目表》及《逸文》二卷，《音義》二卷"，則《尚書逸文》二卷之後，原當復有《音義》二卷，然此本則未見，書首《古文尚書目次》中亦未列《音義》二卷，未知何故。

此本避"玄""弦""曆"等字。

此書《四庫全書總目》《中國古籍善本書目》俱未著録。除本館外，中國國家圖書館、天津圖書館等館亦有收藏。孫星衍於嘉慶九年（1804）纂刻《岱南閣叢書》，嘗將此書收入《叢書》第三種。惟《岱南閣叢書》本，《尚書篇目表》由原第十卷之末移至書首，置於《古文尚書目次》之後，略有異也。

036
尚書註疏二十卷

T329　　1123E

《尚書註疏》二十卷，舊題漢孔安國傳，唐孔穎達疏，唐陸德明音義。明萬曆十五年（1587）北京國子監刻本。四冊。框高22厘米，寬15.2厘米。半葉九行二十一字，小字雙行同，左右雙邊，白口，單魚尾。版心上鑴"萬曆十五年刊"，中鑴"書疏"及卷次。

卷端首行題"尚書註疏卷第一，漢孔氏序，唐孔穎達疏"，第二至四行題"皇明朝列大夫國子監祭酒臣李長春／奉訓大夫司經局洗馬管司業事臣盛訥等奉／勑重校刊"。

書首有《尚書正義序》，題"唐孔穎達撰"。標題後第二至四行題"皇明朝列大夫國子監祭酒臣李長春／奉訓大夫司經局洗馬管司業事臣盛訥等奉／勑重校刊"。自第二卷至第二十卷，卷端次行則題"皇明朝列大夫國子監祭酒臣田一儁"，與首卷異。

孔安國，字子國，西漢魯國曲阜（今山東曲阜）人，孔子第十一世孫。《史記》卷百二十一《儒林列傳》中云："申公者，魯人也……弟子爲博士者十餘人，孔安國至臨淮太守。"劉宋裴駰《史記集解》云："徐廣曰：'孔鮒之弟子襄爲惠帝博士，遷爲長沙太傅，生忠，忠生武及安國。安國爲博士，臨淮太守。'"《史記》又云："孔氏有古文《尚書》，而安國以今文讀之，因以起其家。逸《書》得十餘篇，蓋《尚書》滋多於是矣。"另漢班固《漢書·藝文志》中云："古文《尚書》者，出孔子壁中。武帝末，魯共王壞孔子宅，欲以廣其宮，而得古文《尚書》及《禮》《記》《論語》《孝經》凡數十篇，皆古字也……孔安國者，孔子後也，悉得其書，以考二十九篇，得多十六篇。安國獻之，遭巫蠱事，未列于學官。"此爲史書中有關孔安國及古文《尚書》之記載，後人對孔安國得古文《尚書》事，頗多討論。

此本《尚書註疏》爲北監本《十三經註疏》之零種。有關此監本《十三經註疏》之刊刻，參前"012　周易兼義九卷音義一卷略例一卷"條所述。北監本乃明萬曆年間據李元陽刻本重雕。此本版心鑴"萬曆十五年刊"，今考《明實錄·神宗實錄》卷百八十五中載："（萬曆）十五年四月丁丑，國子監祭酒李長春等奏：‘《易經註疏》刊畢進呈。’上命留覽。”（據吳柏森等編《明實錄類纂・文教科技卷》，武漢市：武漢出版社，1992年）另《神宗實錄》卷百九十六又載：“十六年三月辛亥，國子祭酒田一儁奏：‘爲奏旨校刻《十三經註疏》，《尚書》先完，恭進御前。’命留覽。”（同前）據此可知，萬曆十五年（1587）乃此本《尚書註疏》始刻之年，其時李長春任國子監祭酒，故卷一卷端題奉勅重校者以“皇明朝列大夫國子監祭酒臣李長春”領銜，刊刻期間國子監祭酒由田一儁繼任，至刊刻完成已至萬曆十六年（1588），故此本從卷二至卷二十，卷端領銜者皆題“皇明朝列大夫國子監祭酒臣田一儁”，《明實錄》載萬曆十六年進《尚書注疏》者，亦稱國子祭酒田一儁也。

此書含舊題漢孔安國《傳》、唐孔穎達《疏》、唐陸德明《音義》，爲研究《尚書》之重要早期文獻資料，惟孔安國《傳》真僞問題之論辨，自宋代起已啓其端，至清閻若璩撰《尚書古文疏證》，孔《傳》之僞，益見分明。《四庫全書總目》論此書云：“舊本題‘漢孔安國傳’，其書至晉豫章内史梅賾始奏於朝。唐貞觀十六年孔穎達等爲之疏，永徽四年長孫無忌等又加刊定。孔《傳》之依託，自朱子以來遞有論辨，至　國朝閻若璩作《尚書古文疏證》，其事愈明。”有關孔《傳》真僞之考辨，論者已多，兹不贅述。

此書《四庫全書》收録，文淵閣、文津閣、文源閣諸庫本書前提要皆題“《尚書注疏》十九卷”，因其内文乃採用武英殿刻本，故分爲十九卷，卷末皆附有齊召南所撰之《考證》。惟《四庫全書總目》則著録云：“《尚書正義》二十卷，内府藏本。”其書名與卷數皆與庫本有異，提要内容亦不相同，此情況同於前述《周易兼義》，可參見。

《中國古籍善本書目》著録“《尚書註疏》二十卷，題漢孔安國傳，唐孔穎達疏，唐陸德明釋文，明萬曆十五年北京國子監刻《十三經註疏》本，傅增湘校並跋”一種，載中國國家圖書館收藏。另北監本《十三經註疏》諸館之存藏情形，參前“012　周易兼義九卷音義一卷略例一卷”條所述。

鈐印有“李宗侗藏書”朱文長方印，知爲李宗侗舊藏。李宗侗生平參前“012　周易兼義九卷音義一卷略例一卷”條。

037

書蔡氏傳旁通六卷

T333　7922

《書蔡氏傳旁通》六卷，元陳師凱撰。清康熙刻《通志堂經解》本。框高20厘米，寬15厘米。半葉十一行二十字，左右雙邊，白口，單魚尾。版心中鐫

"書傳旁通"及卷次，下右鐫"通志堂"，左鐫刻工名。

卷端題"後學東匯澤陳師凱撰"。

書首，首元至治元年（1321）四月陳師凱《書蔡傳旁通序》。次《蔡傳旁通引用書目》。次《蔡傳旁通卷目》。次《書蔡氏傳輯錄引用諸書》，其下又載《輯錄所載朱子門人姓氏》《纂註引用諸書》《纂註引用諸家姓氏》三項，末署"建安後學余安定編校"。次《蔡傳旁通隱字審音》。

陳師凱，字叔才，元江西都昌（今江西都昌）人。元危素（1303—1372）《危太僕文續集》卷五《元故都昌陳先生墓志銘》係爲元陳澔（1260—1341）所撰墓志銘，中云："今天子嚮儒學，素以非才，從講官之後，思薦先生，求其著書，置諸延閣，而先生没矣。先生之子師凱走書京師，以門人王元復之狀來請銘先生之墓。"由此可知，陳師凱乃陳澔之子。另《［同治］都昌縣志》卷九《人物志·理學·元》中云："陳師凱，字叔才，澔之子。究心理學，嘗纂述《書經蔡傳旁通》行於世。"師凱因籍都昌，都昌濱鄱陽湖。考《尚書·禹貢》云："東匯澤爲彭蠡，東爲北江，入于海。"鄱陽湖古名彭蠡，故《書蔡氏傳旁通》卷端題"後學東匯澤陳師凱撰"也。

此書撰作之由，據書首陳師凱《書蔡傳旁通序》云："書既有矣，凡一動一行一言，雖千萬世而一日矣。然《書》出於千萬世之前，而《書》讀於千萬世之後，則其一動一行一言又烏得而備知之？此朱、蔡師、弟子之所以不能不有《傳》也。《傳》既成矣，後之讀者將不能究朱子之所傳，不能領蔡氏之所受，又不能如其行輩之所講明，則雖有《傳》猶未能備知也，此鄱陽董氏之所以有《輯錄纂註》也。然其輯錄，特答問之多端，《纂註》又專門之獨見，初學於此，苟本傳尚未曉析，而乃游目廣覽，則茫無畔岸，吾誰適從？是董氏所纂乃通本傳以後之事，殆未可由此以通本傳也。此《旁通》之所以贅出也。"由此可明其撰作之由。此書旨在羽翼蔡《傳》，《序》中又云："嗟夫！《書》之有《傳》，如堂之階，如室之户，未有不由此而可以造其地也。然《傳》文之中，片言之嘖，隻字之隱，呻其佔畢之際，囁嚅而齟齬者，不爲無矣。況有所謂天文地理、律歷禮樂、兵刑龜策、河圖洛書、道德性命、職官封建之屬，未可以一言盡也。是以《旁通》之筆，不厭瑣碎，專務釋《傳》，固不能效《正義》之具舉，但值片言隻字之所當尋繹、所當考訓者，必旁搜而備錄之，期至於通而後止，俾初學之士，對本傳於前，置《旁通》於側，或有所未了者，即轉矚而取之左右，庶幾微疑易釋，大義易暢，乘迎刃之勢，求指掌之歸，吾見其有融會貫通之期，無囁嚅齟齬之患矣。"由此可見其撰作之旨。

本館所藏此本爲清康熙刻《通志堂經解》之零種，版心下皆鐫"通志堂"，每卷之末鎸"後學成德校訂"。《通志堂經解》之刊刻，據《經解》書首徐乾學《序》謂"經始於康熙癸丑，踰二年訖工"。據此乃始刻於康熙十二年（1673），竣工於十四年（1675）。然關文瑛《通志堂經解源流考》（見《通志堂經解提要》卷首）則云："始事於康熙十二年癸丑，告竣於康熙十九年庚申，凡七閱寒暑。"據此說，乃刻成於康熙十九年（1680），二者說異。今依《中國古籍善本書目》所著錄，題爲"清康熙刻《通志堂經解》本"。

此書諸家著錄皆作"六卷"，然考書首《蔡傳旁通卷目》首行云："蔡《傳》本六卷，今分爲十一卷。"蓋其書卷一分上、中、下，卷四分上、中、下，卷六分上、下，則實爲十一卷也。各篇未列經文，皆先摘録蔡《傳》文句，次作疏解。書稱《旁通》，所釋或訓解蔡《傳》之義，或闡述蔡《傳》注解之由，或明其訓解依據，或詳其所未足。如《舜典》："命汝作納言，夙夜出納朕命，惟允。"蔡《傳》："納言，官名。命令政教，必使審之，既允而後出，則讒說不得行，而矯偽無所託矣。敷奏復逆，必使審之，既允而後入，則邪僻無自進，而功緒有所稽矣。"《旁通》摘録"敷奏復逆"四字，釋云："'復逆'者，《周禮》云：'小臣掌三公及孤卿之復逆。'注疏云：'復是報白之義，逆謂上書。'"（卷一中，葉三十三）此釋蔡《傳》之義也。又如《舜典》："僉曰：'伯禹作司空。'"蔡《傳》："僉，衆也。四岳所領四方諸侯之在朝者也。"《旁通》摘録"僉，衆也。四岳所領四方諸侯之在朝者也"，釋云："舜問四岳，四岳止一人，而稱僉曰者，可知爲四岳所領諸侯之辭也。"（卷一中，葉二十一）此釋《傳》所解之由。又如《堯典》："克明俊德，以親九族。"蔡《傳》云："九族，高祖至玄孫之親。"《旁通》摘録"九族，高祖至玄孫之親"，釋云："此本安國及馬氏、鄭氏說，高祖一，曾祖二，祖父三，父四，己五，子六，孫七，曾孫八，玄孫九。"（卷一上，葉八）此明其說解所據也。又《洪範》："曰休徵：曰肅，時雨若；曰义，時暘若；曰晢，時燠若；曰謀，時寒若；曰聖，時風若。曰咎徵：曰狂，恒雨若；曰僭，恒暘若；曰豫，恒燠若；曰急，恒寒若；曰蒙，恒風若。"蔡《傳》："在天爲五行，在人爲五事。五事修，則休徵各以類應之，五事失，則咎徵各以類應之，自然之理也。然必曰某事得則某休徵應，某事失則某咎徵應，則亦膠固不適而不足與語造化之妙矣。"《旁通》摘録蔡《傳》上段文字，釋云："愚按：蔡氏既曰：'五事修，則休徵各以類應，五事失，則咎徵各以類應。'是其失得感應之條緒有不可紊者矣，然又以膠固不通而不足與語造化之妙者，是何言之相反也？此無他，蓋言理不可爽，事不可泥，以深懲漢儒穿鑿之弊，以解後世之惑耳。前言自然之應者，以其理有不可爽故也；後言膠柱不通者，以其事有不可泥故也。"（卷四中，葉三十六）此釋《傳》文之疑義也。又《梓材》："汝若恒越曰：我有師師，司徒、司馬、司空、尹、旅。曰：予罔厲殺人，亦厥君先敬勞，肆徂厥敬勞。肆往，姦宄、殺人、歷人，宥；肆亦見厥君事，戕敗人，宥。"蔡《傳》："此章文多未詳。"《旁通》摘錄"此章文多未詳"，釋云："新安胡氏曰：'蔡《傳》僅訓字而云多未詳，信當缺之。'愚以意解之云：汝若常言及曰：我固有官師爲師，三卿及正官之長及眾大夫，然必自曰：我不可厲虐殺人，亦以爲人上者，當率先恭敬勞來，故在下者無往而不恭敬勞來矣。惟其有欽恤之心、勞來之意，其用刑也，故於往日爲姦爲宄或殺人或歷人，皆宥之，故亦於見其君事而有毀傷人者，亦宥之。"（卷四下，葉十七）此補充蔡《傳》之未足也。蓋陳氏此書，乃爲指引初學者讀通蔡《傳》而撰，即《序》中所言"愚之所以云云而不避晉越者，非敢爲通人道也，爲初學小子費師説者設也"，由此知此書乃爲初學者而作也。

此書《四庫全書》收錄，《四庫全書總目》題"《書蔡傳旁通》六卷，兩江總督採進本"，提要云："元陳師凱撰。師凱家彭蠡，故自題曰'東匯澤'，其始末則不可得詳。"案：《總目》蓋不知陳師凱爲陳澔之子，家都昌，故云然。另提要又云："於名物度數，蔡《傳》所稱引而未詳者，一一博引繁稱，析其端委。其蔡《傳》岐（歧）誤之處則不復糾正，蓋如孔穎達諸經《正義》，主於發揮註文，不主於攻駁註文也。然不能以回護註文之故廢孔氏之疏，則亦不能以回護蔡《傳》之故廢師凱之書矣。知其有所遷就而節取所長可也。"案：四庫館臣以《旁通》比之孔穎達諸經《正義》，兩者之性質確有相近之處。然《旁通》雖"主於發揮註文，不主於攻駁註文"，其於蔡《傳》之訛誤處，仍時有訂正，非如四庫館臣所謂"不復糾正"也。如《舜典》："肇十有二州。"蔡《傳》云："及舜及位，以冀、青地廣，始分冀東恒山之地爲并州。"《旁通》摘錄《傳》文"始分冀東恒山之地爲并州"，釋云："東字誤，《夏官·職方氏》云：'正北曰并州，其山鎮曰恒山。'《朱子語類》云：'分冀州西爲并州。'今案《長安禹迹圖》及東坡《地理指掌圖》皆以并州在冀州之西。《通典》云：'并州左有恒山之險，右有大河之固。'則在冀之西明矣。"（卷一中，葉十六）此訂正《傳》文"東"字之誤也。《旁通》亦有言《傳》文之誤而歸諸傳寫之訛者，如《顧命》："東序西嚮，敷重豐席畫純，彫玉仍几。"蔡《傳》："豐席，筍席也。"《旁通》摘錄《傳》文"豐席，筍席也"，釋云："筍字必誤。下文'西夾南嚮'，自有筍席，此不應又訓豐席爲筍席也。據古註訓豐席爲莞，此筍席亦當爲莞席，傳寫誤也。"（卷六上，葉十七）此乃將《傳》文之誤歸於傳寫致訛。另《旁通》亦有不以《傳》訓爲是者，如《酒誥》："王若曰：明大命于妹邦，乃穆考文王，肇國在西土。"蔡《傳》云："穆，敬也。詩曰：'穆穆文王'是也……或曰：文王世次爲穆，亦通。"《旁通》釋云："新安陳氏曰：'案：昭穆之穆與《左傳》合，不易之論。以穆考爲穆穆之穆，則《詩》稱武王曰率見昭考，此昭字又如何訓耶？穆穆之證非也。'"（卷四下，葉十四）此引元新安陳櫟《尚書集傳纂疏》之説爲解，可見《旁通》實不贊同蔡《傳》引"穆穆文王"以説解"穆考"之義。由上所述，知《旁通》於蔡《傳》之訛誤處仍有所訂正，非如《四庫全書總目》所謂"其蔡《傳》岐（歧）誤之處則不復糾正"也。

刻工名有陶冶、周文啓、君仲、楊天爵、陳元、蔣荣、呂子、李立、陳子能、穆君、方惟、穆君侯、陳心甫、劉大超、王子荣、楊中、王相臣、范雲生、孫禎之、陳君矣、潘平矣、潘玉、陳和先、潘鄉矣等。

本館此本，卷四中，葉十一右面鈐有藍、紅色長條形紙廠印記，他館（如中國臺灣大學圖書館）所藏康熙刻本《通志堂經解》中亦屢見此類紙廠印記，此類印記多見於清康熙至乾隆間之印本中，可證此本爲康熙刻本《通志堂經解》之零種。

《中國古籍善本書目》著録"《通志堂經解》一百四十種一千八百六十卷，清成德編，清康熙通志堂刻本"一種，載首都圖書館、清華大學圖書館等十九館收藏。此《通志堂經解》中含有"《書蔡氏傳旁通》六卷"。另中國臺灣大學圖書館等館亦有收藏。此外，《中國古籍善本書目》又著録"《書蔡氏傳旁通》六卷，元陳師凱撰，清抄本"一種，載中國國家圖書館收藏。另中國臺北"國家圖書館"又藏有元至正五年（1345）建安余氏勤有堂刻本"《書蔡氏傳旁通》六卷四册"一部及"傳鈔元至正間建安余氏勤有堂刊本"一部。

038

書傳會選六卷

T334　7211

《書傳會選》六卷，明劉三吾等撰。明嘉靖趙府味經堂刻本。六册。框高19.8厘米，寬14.3厘米。半葉九行十八字，小字雙行同，四周雙邊，綫黑口，單白魚尾。版心上鎸"味經堂"中鎸書名及卷次。

卷端未題撰者名。

書首，首未署年孔安國《書序》，首行題"書序"，未題撰者名，次行起始稱"漢孔安國曰"。次未署年《書傳會選發端》，末云"今所引用先儒姓氏，定爲凡例於後"，後列凡例五則，第四則爲"所引先儒姓氏"，第五則爲"《會選》今儒姓氏"，末題"書傳會選姓氏畢"。此《發端》未署撰者名，然文中有"臣三吾備員翰林"句，知當爲劉三吾所撰。

劉三吾（1313—1400），初名如孫，字三吾，號坦齋，以字行。明茶陵（今湖南茶陵）人。《明史》卷百三十七《列傳》第二十五有傳。劉氏於元時嘗任静江路儒學副提舉。《明史》云："洪武十八年以茹瑺薦召至，年七十三矣。奏對稱旨，授左贊善，累遷翰林學士。時天下初平，典章闕略，帝銳意制作，宿儒凋謝，得三吾晚，悦之，一切禮制及三場取士法多所刊定。三吾博學善屬文，帝製《大誥》及《洪範注》成，皆命爲序。敕修《省躬録》《書傳會選》《寰宇通志》《禮制集要》諸書，皆總其事，賜賚甚厚……二十三年授晋世子經，吏部侍郎侯庸劾其怠職，降國子博士，尋還職……三十年偕紀善白信蹈等主考會試，榜發，泰和宋琮第一，北士無預者，於是諸生言三吾等南人，私其鄉。帝怒，命侍講張信等覆閲，不稱旨。或言信等故以陋卷呈，三吾等實屬之。帝益怒，信蹈等論死，三吾以老戍邊，琮亦遣戍。帝親賜策問，更擢六十一人，皆北士，時謂之'南北榜'，又曰'春夏榜'云。建文初，三吾召還，久之，卒。"著有《坦齋集》。劉氏工詩，清鄧顯鶴編《沅湘耆舊集》，收録其詩五十一首。

據《明實録·太祖實録》卷十一所載，明太祖嘗於洪武十年（1377）三月與羣臣論蔡沈《書傳》日月五星左旋説之失。又同書卷二百三十二載云："二十七年四月丙戌，詔儒臣定正宋儒蔡氏《書傳》，上觀蔡氏《書傳》日、月、五星運行與朱子《詩傳》不同，及其他注説與鄱陽鄒季友所論，間有未安者，遂詔徵大卜儒臣定正之……九月己酉，正蔡氏《書傳》成。初，詔徵國子博士錢宰等至，上語以正定《書傳》之意，且曰：'爾等知天象乎？'皆對以不知。上曰：'朕每觀天象，自洪武初有黑氣凝於奎璧，乃文章之府，朕甚異焉。今年春暮，其間黑氣始消，文運興矣。爾等宜考古正今，有所述作，以稱朕意。'乃命翰林學士劉三吾董其事，開局翰林院，正定是書……至是書成，凡蔡氏《集傳》得者存之，失者正之，又集諸家之説，足其未備。三吾等率諸儒上進，賜名曰《書傳會選》，命禮部頒行天下，賜諸儒宴及鈔，俾馳驛而還。"然則此書之修撰，起因於洪武十年（1377）明太祖與羣臣論蔡《傳》之失，其後於洪武二十七年（1394）四月，正式詔劉三吾等儒臣於翰林院開局正定《書傳》，凡五閲月而成也。

此書書首載劉三吾所撰《書傳會選發端》云："今天下車同軌、書同文、行同倫，當大德聖人在天子位之日，舉議禮制度考文之典，謂六經莫古於《書》，帝王治天下之大法莫備於《書》，今所存者僅五十八篇，諸儒訓註，又各異同。至宋九峰蔡氏本其師朱子之命，作爲《集傳》，發明殆盡矣。然其書成於朱子既殁之後，有不能無可議者，如《堯典》天與日、月皆左旋，《洪範》'相協厥居'爲天之陰騭下民，有未當者，宜考正其説，開示方來。臣三吾備員翰林，屢嘗以其説上　聞，　皇上允請，乃召天下儒士，倣石渠、虎觀故事，與臣等同校定之，凡蔡氏之得者存之，失者正之，旁采諸家之説，足其所未備。書成，賜名曰《書傳會選》。”由此益可知其書修撰之旨。

本館此本無書葉，版心鐫“味經堂”，與北京大學圖書館等館所藏“明嘉靖趙府味經堂刻本”同版，故版本據以定之。

劉三吾《書傳會選發端》“《會選》今儒姓氏”共列劉三吾、胡季安、門克新、王俊華、張美和、錢宰、許觀、張信、馬京、齊麟、景清、盧原質、張顯宗、戴德彝、高耀、定公静、王英、高讓、王子謙、張仕諤、傅子裕、俞友仁、何原銘、周惟善、趙信、周寬、王廷賓、唐棐、謝子方、洪初、萬鈞、熊釗、揭軌、張文翰、張師哲、解震、蕭尚仁、靳權、王允升、蕭子尚等四十人。然《明實録・太祖實録》卷二百三十二所載參與修撰諸臣則僅張美和、錢宰、靳觀、高讓、王子謙、張士諤、俞友仁、何原銘、傅子裕、周惟善、唐棐、周寬、趙信、洪初、萬鈞、王賓、謝子方、吳子恭、解震、熊釗、揭軌、蕭尚友、蕭子尚、王允升、張文翰、張思哲、宋麟、劉三吾等二十八人，其間頗有異同，且亦有疑係同一人而姓名略異者（如齊麟與宋麟、張仕諤與張士諤）。朱彝尊《經義考》以爲“蓋永樂中修《實録》，以許觀、景清等皆坐逆黨，因連類而删去之也”（卷八十七，葉二）。《四庫全書總目》則謂：“蓋永樂中重修《太祖實録》，其意主於誣惠宗君臣以罪，明靖難之非得已耳。其餘草草，非所注意，故舛謬百出，不足爲據。此書爲當時舊本，當以所列姓名爲定可也。”乃定以《書傳會選發端》所載爲是。

此書主對《尚書》蔡《傳》加以校訂，據《發端》所列凡例第一則云：“自《虞書》二典、三謨以下，每篇悉具。篇題、經例大書，《傳》例小書，只從原詁訓字起，如‘曰、奧、越通’之類。至於新引諸家之説，就録于下。復用蔡説，則圈以別之，從省也。”又云：“蔡《傳》有須易者，以他説易之，如《堯典》‘九族’則易以夏侯氏之説，民析、因夷及日月左行之類，皆用他説而去其文，即實也。”蓋其校定之原則即《發端》所謂“凡蔡氏之得者存之，失者正之，旁采諸家之説，足其所未備”。其旁采所及，據《發端》載“所引先儒姓氏”，計有孔安國、夏侯勝、王輔嗣、郭景純、孔穎達、張橫渠、蘇東坡、呂東萊、王新安、程伯圭、胡五峰、許月卿、林之奇、陳大猷、王應麟、鄒補之、陳櫟、陳經、金履祥、董鼎、胡旦等二十一家。然亦有書中引及而未載於《發端》者，如“虞書”篇題下引“夏氏僎曰”，《堯典》中引“陳氏祥道”是也。

此書除校定蔡《傳》外，書中又附入元鄒季友之《書傳音釋》以釋經、《傳》。顧炎武《日知録》卷十八“書傳會選”條評此書云：“每傳之下，繫以經文及《傳》音釋，於字音、字體、字義辨之甚詳。其《傳》中用古人姓字、古書名目，必具出處，兼亦考證典故，蓋宋、元以來諸儒之規模猶在，而其爲此書者，皆自幼爲務本之學，非緣八股發身之人，故所著之書雖不及先儒，而尚有功於後學。"對此書頗加推許。《四庫全書總目》云："以炎武之淹博絶倫，罕所許可，而其論如是，則是書之足貴，可畧見矣。"

此書《四庫全書》收録，惟《書傳會選發端》分爲兩篇，自"今所引用先儒姓氏，定爲凡例于後"，題爲《書傳會選序》，凡例五則，則題爲《凡例》。另《四庫》本《書序》置於《凡例》之後，亦與本館此本有異。《四庫全書總目》著録，題"《書傳會選》六卷，浙江朱彝尊家曝書亭藏本"。

《中國古籍善本書目》著録"《書傳會選》六卷，明劉三吾等撰，明趙府味經堂刻本"一種，載北京大學圖書館、清華大學圖書館等十五館收藏。此外，中國臺北"國家圖書館"、臺北"故宮博物院"等館亦有收藏。《中國古籍善本書目》又著録"明趙府味經堂刻本，清王紹蘭、蔡名衡跋"一部，載浙江圖書館收藏；另又著録"明初刻本"一種，載中國國家圖書館及西安市文物管理委員會二館收藏。

鈐印有"慎始基齋"朱文方印、"盧弼"朱文長方印二印。案：盧弼（1876—1967），字慎之，號慎園，湖北沔陽（今湖北仙桃）人。早年肄業於湖北經心、兩湖書院，受教於楊守敬、鄒代鈞。後留學日本早稻田大學，習政治經濟學。返國後曾任國務院秘書、平政院評事等職。一九二六年後，旅居天津，讀書著述，卒於天津。著有《三國志集解》《三國志集注補》《三國志職官禄》《三國志地理今釋》《慎園文選》《慎園筆記》《慎園吟草》等。曾助其兄盧靖收藏、編校、刊印《湖北先正遺書》《沔陽叢書》及《慎始基齋叢書》等。盧弼喜藏書，積達十餘萬卷，藏於"慎園"中，多明刻本及地方文獻。後迫於生計，藏書散出，今北京大學圖書館多有收藏。事迹參見李玉安、黄正雨撰《中國藏書家通典》。

039

書傳大全十卷圖一卷綱領一卷

T334　4208

《書傳大全》十卷《圖》一卷《綱領》一卷，明胡廣等輯。明刻本。十册。框高26.7厘米，寬18厘米。半葉十行二十字，小字雙行同，四周雙邊，黑口，雙魚尾（魚尾相向）。版心中鐫書名及卷次。

卷端未題撰者名。

書首，首《書傳大全凡例》，《凡例》共六則，第五則爲"引用先儒姓氏"，第六則爲纂修者銜名。次《書傳大全圖》。次《書説綱領》。次宋嘉定己巳（二年，1209）三月蔡沈《書集傳序》。次《書序》，首稱"漢孔安國曰"。書末有百篇《書序》，首行題"書序"，未署名。

胡廣生平參見前"016　周易傳義大全二十四卷"條。

此書爲明成祖永樂年間敕脩《五經大全》之一，其成書一如他經《大全》，亦多纂録元人《尚書》著作而成。《四庫全書總目》評云："其説雖不似《詩經大全》之全鈔劉瑾《詩傳通釋》、《春秋大全》之全鈔汪克寬《胡傳纂疏》，而實非廣等所作自纂。故朱彝尊《經義考》引吳任臣之言曰：'《書傳》舊爲六卷，《大全》分爲十卷，大旨本二陳氏。'二陳氏者，一爲陳櫟《尚書集傳纂疏》，一爲陳師凱《書蔡傳旁通》。"《四庫全書總目》此説，後人多從之。今人陳恆嵩撰《〈五經大全〉纂修研究》，參考今學者程元敏、林慶彰諸家之説，對《書傳大全》詳加考論，其結論謂："經過實際將《書傳大全》和董鼎《書蔡氏傳輯録纂註》、陳櫟《書蔡氏傳纂疏》、陳師凱《書蔡氏傳旁通》三書詳細比對，證實《書傳大全》是以董鼎《書蔡氏傳輯録纂註》爲底本進行修纂，有不足之處再採録陳櫟《書蔡氏傳纂疏》書中的經説來補充，而陳師凱《書蔡氏傳旁通》一書，《書傳大全》實際上是隻字片語都未參考。"此外，陳書中又論及《書傳大全》除採董鼎、陳櫟二家著作外，亦曾增補元吳澄、陳雅言等人之經説資料。陳恆嵩此論，可供參考。

本館此本，版式雖同内府刻本，然字體不類，當是重刻之本。又此本不避清諱，故定爲明刻本。

此書撰作之體例，據《凡例》第一則云："經文之下大書《集傳》，而以諸説分註於其後者，主蔡説也。不拘諸儒時世先後者，以釋經爲序也。以朱子冠諸儒之首者，《集傳》本朱子之意也。"第二則云："朱子於《書》，諄諄以闕疑爲言，今采用諸説，一以《集傳》爲準，遇有可疑處，諸説理有可通者，亦姑存之。"又第三則云："朱子之説，或有與蔡《傳》不合及前後説自相同異處，亦不敢遺，庶幾可備參考。其甚異者，則略之。至於諸家之説，或節取其要語，其有文勢辭旨未融貫處，則頗加鬭括云。"案：此書解《尚書》，以蔡《傳》爲據，而引諸説疏釋之，其所引諸儒之説不拘時世先後，而以朱子居先，此因蔡《傳》乃本其師朱子之意而作也。

此書雖墨守蔡《傳》之説，然所據董鼎、陳櫟二家著作，考證尚詳，《四庫全書總目》謂"是書在《五經大全》中，尚爲差勝"，蓋得其實。

本館此本書首《書傳大全圖》缺第二十四葉。又此本頗見斷版及漫漶之處，當係後印。

此書《四庫全書》收録，惟《四庫全書》本書名題爲《書經大全》。又其本書首，先《書説綱領》，次《書傳大全原序》，次《書傳大全圖説》，而無宋蔡沈《書集傳序》及書末之《書序》，與本館此本異也。《四庫全書總目》著録云："《書傳大全》十卷，通行本。"書名與《四庫》閣本所題異。

《中國古籍善本書目》著録此書多種，計 "《書經大全》十卷《綱領》一卷《圖》一卷，明胡廣等輯，明嘉靖七年書林楊氏清江書堂刻本，存九卷（一至五，九至十，《綱領》《圖》）"，載中國國家圖書館收藏；"《書經大全》十卷《綱領》一卷《圖》一卷，明胡廣等輯，明刻本"，載上海圖書館收藏；另又著録明刻本一種，載福建省圖書館及華東師範大學圖書館收藏；"《書經大全》十卷，明胡廣等輯，明嘉靖十一年書林劉氏明德堂刻本"，載南京圖書館收藏；"《書經大全》十卷，明胡廣等輯，明書林余氏興文書堂刻本（存四卷，一至四）"，載吉林大學圖書館收藏；"《書經大全》十卷，明胡廣等輯，明内府抄本（存一卷，九）"，載中國國家圖書館收藏。此外中國臺北 "國家圖書館" 藏有明内府刻本一部，美國哈佛大學哈佛燕京圖書館藏有明刻本一部，普林斯頓大學東亞圖書館藏有明初内府刻本（存卷二至十）一部。

鈐印有 "樹德堂記" 朱文方印、"李鏞嵩印" 白文方印、"□齋" 朱文方印、"述德堂圖書" 朱文方印等印。

040

尚書日記十六卷

T334　1143

《尚書日記》十六卷，明王樵撰。明萬曆十年（1582）于明照刻本。十六冊。框高20厘米，寬12.7厘米。半葉九行二十一字，小字雙行同，左右雙邊，白口，單魚尾。版心中鐫書名及卷次，下偶鐫刻工名。書首首葉版心下鐫 "閩人游文炳刊"，以下三葉鐫 "文"；卷一首葉版心下鐫 "閩人游文炳"，次葉鐫 "游文炳"，餘則未見刻工姓名。

卷端題 "金壇王樵著，于明照校閲，男肯堂編次"。

書首，首明萬曆壬午（十年，1582）季春于明照《尚書日記敘》。次《書例》，共七則。

王樵（1521—1599），字明逸，號方麓，明金壇（今屬江蘇常州）人。《明史》卷二百二十一《列傳》第一百九、《江南通志》卷百六十三《人物志·儒林一》俱有傳。《明史》云："王樵，字明遠，金壇人，父臬……樵舉嘉靖二十六年進士，授行人，歷刑部員外郎……遷山東僉事，移疾歸。萬曆初，張居正柄國，雅知樵，起補浙江僉事，擢尚寶卿……出爲南京鴻臚卿，旋因星變自陳，罷之。家居十餘年，起南京太僕少卿，時年七十餘矣。歲中再遷大理卿，尋拜南京刑部右侍郎。誠意伯劉世延主使殺人，樵當世延革任，尋就擢右都御史。給事中盧大中劾其衰老，帝令致仕。樵恬澹誠愨，溫然長者。邃經學，《易》《書》《春秋》，皆有纂述。卒，贈太子太保，諡恭簡。"明焦竑所撰《南京都察院右都御史方麓王公行狀》（見《澹園集》卷三十三）中云："公所著有《周易私録》《尚書日記》《詩考》《周官私録》《春秋集傳》《四書紹聞編》《讀律私箋》《考定周易參同契》《老子解》《王氏族譜》《宗約》《家訓》《遲菴府君年譜》《言行録》《方麓居士集》《戊申筆記》《紫薇堂劄記》《省往録》《鎮江府志》若干卷。"案：《江南通志》《行狀》皆載王樵字"明逸"，《明史》作"明遠"，恐誤。

于明照《尚書日記敍》述此書云："大鴻臚方麓王公，挺命世之姿，寄思深湛，潛心閫域，究極淵奧。既以占《尚書》起家，又其世業也。乃益研精是經，勒成茲帙，上自羲皇之紀，泊於稗官，即今世士大夫譚議，諸有當于經者輒參而收之，資考鏡焉。而超詣玄著，間啓新知，當其神注而獲，怳若親帝王之行事而代之論著也。蓋會理宗蔡氏，而旁蒐逮漢、唐，自有訓詁家，稱最詳且約者矣……公昔致山東政，歸而草本落成，家塾業已刊布矣。既再召留都，清曹多暇，芟煩舉要，遂爲定本，顧未有善刻也。余家自曾大父契玄公始業是經，著《中說》若干卷，以授大父素齋公，二公則公之外祖父（寶三案："外祖父"三字，原文如此）也。講磨秘旨，淵源殆有自焉。思以公之學，廣之四方，且以明吾壇經學之傳也。乃捐貲命諸剞劂人。"此《敍》末署"萬曆壬午季春之吉于明照撰"，由《敍》中云"乃捐貲命諸剞劂人"，知此本刻於萬曆十年（壬午，1582），出資者爲于明照，故卷端題"于明照校閱"。另《序》中又云："公昔致山東政，歸而草本落成，家塾業已刊布矣。既再召留都，清曹多暇，芟煩舉要，遂爲定本，顧未有善刻也。"知此本之前，王氏此書初稿已嘗於家塾刊刻，此本所刻則爲修訂之本。此本刊刻之後，王氏又另有增訂之本，參下文所述。

此書雖爲舉業而作，仍冀不囿於舉業而得經典之義理。王氏另著有《書帷別記》，於《書帷別記序》中嘗云："然科舉既未可廢，則業舉之言雖陋，無亦且導之，即所業而求諸義理，即所得而正學以言乎？予先年《尚書》有《記》，意頗在此，乃學者猶謂其不近於舉業，欲予更約言之，則又爲此編，誠能與《日記》相參考而熟玩焉。"推考當時學者所以謂《尚書日記》"不近於舉業"者，殆以其書內容繁博故也。此書《書例》第一則云："蔡氏傳經，體不得不簡，是編欲以羽翼之，故不厭詳，體各不同也。"其繁富之因，蓋由此也。

　　此書共十六卷，計卷一至四《虞書》，卷五至六《夏書》，卷七至八《商書》，卷九至十六《周書》。書中各卷皆不列《尚書》經文及蔡《傳》之文，而以劄記體爲之。考王樵《方麓集》卷二《尚書日記序凡例附》中云："敬援橫渠張子'不思還塞，輒復劄記'之法，但以自驗所進，日久成帙，遂編次之。"此謂其乃援宋張載劄記之法也。

　　此書說解《尚書》，以蔡《傳》爲宗，復旁引他說以參之，即于明照《序》所謂"蓋會理宗蔡氏，而旁蒐逮漢、唐"。王氏之解，或逕用蔡《傳》之說而未標示來源，如解《堯典》首句"曰若稽古帝堯"云："曰與粵通，《史記》稱堯、舜、禹皆云'粵若稽古'，用古文也。孔氏《尚書》始作'曰若稽古'……粵與越同，《史》《漢》越皆作粵，《周書》'越若來'，亦'粵若'之例也。"（卷之一，葉一）考蔡《傳》云："曰、粵通，古文作粵。'曰若'者，發語辭，《周書》：'越若來三月'，亦此例也。"可知王氏乃逕用《傳》說。又王氏《日記》或闡釋蔡《傳》，如蔡《傳》解《堯典》"欽明文思安安"句云："欽，恭敬也；明，通明也。敬體而明用也。"王氏釋云："其曰'敬體而明用'，此聖學傳心之秘，亦自程朱始發之。程子曰：'君子脩己以敬，聰明睿智皆由此出，以此事天饗帝。'朱子曰：'人之所以不聰不明者，止緣身心惰嫚，便昏塞了。'其解《太極圖說》曰：'敬則欲寡而理明'。嗚呼！此所以爲敬體而明用也與？蓋心學之要也。"（卷之一，葉二至三）此乃闡明蔡《傳》所言"敬體而明用也"之義。

　　此書除據蔡《傳》以詮解外，亦時引他說以補其未詳，《書例》第三則云："《書》以道政事，制度、事蹟有不可略者，采注疏及他家以備考。蔡《傳》及制度處，如《堯典》中曆象、《舜典》中璣衡、《禹貢》中地理，皆已詳悉。此外有未詳者，悉補之。事蹟有金氏《通鑑前編》一書，其說之有補於經義者，多采入。"書中多引"孔氏"（孔安國《傳》）、"正義"（孔穎達《正義》）、"金曰"（金履祥《資治通鑑前編》）者，蓋由此也。又釋義亦採眾說，《書例》第六則云："討論貴求其是，采輯不厭于廣。或定從一家，或兼存眾說，各有所謂也。"以《堯典》起始"曰若稽古帝堯"至"格于上下"一節爲例，王氏即引及劉安世、馬融、朱子、程子、金氏（履祥）、　真氏（德秀）、楊敬仲等諸家之說。書中所引，或以之闡明經義，或兼存眾說，其中亦有異於蔡《傳》之解者，如《堯典》："帝曰：咨！汝羲暨和。"蔡《傳》云："咨，嗟也。嗟歎而告之也。"又同篇："帝曰：疇咨入時登庸？"蔡《傳》云："疇，誰。咨，訪問也。"王氏《日記》云："許氏曰：篇中六咨字，'下民其咨'之咨訓嗟，愁怨之意，餘五字孔例訓嗟。蔡在'帝曰'下者則訓嗟，在'疇'下者訓訪問。《說文》曰：'謀事曰咨’，五咨皆謀訪之意，恐不必作兩訓，但從訪問之意，自有意，況古文皆作資。”（卷之一，葉二十四）此引元許衡之言，以爲《堯典》篇“帝曰：咨！汝羲暨和”之“咨”仍宜訓爲訪問之意，此則異於蔡《傳》之解也。

王氏此書，亦有彼此自相違異者，當亦兼存異説之意。如《堯典》：“乃命羲和，欽若昊天。”蔡《傳》云：“乃者，繼事之辭。”王氏解云：“乃者，繼事之辭。蓋史家記事之體，説一事了，又及一事，則以乃字起之，非謂堯之治至于萬邦時雍始有事于命羲和也。”（卷之一，葉七）此處依蔡《傳》爲説，以“乃”爲繼事之辭。然本節之末，《日記》於另條又云：“《春秋傳》曰：‘乃者，難辭。’王安石曰：‘乃者，繼事之辭。’今按：‘乃命羲和’與‘箕子乃言曰’俱當從難辭之例。”（卷之一，葉九）此則又以同文“乃”字爲難辭，顯與前説有異也。

本館所藏此本，書首于明照《尚書日記敘》缺第三葉。

此書《四庫全書》收録，題“《尚書日記》十六卷”。文淵閣、文津閣、文溯閣諸本書前提要皆同云：“其書乃樵自山東乞歸時所作，又有《書帷日記》一書（寳三案：當作‘《書帷別記》’，館臣誤稱），互相參證，晚年復手自增删，以《別記》附入，合爲一書。”考于明照刻本刊於萬曆十年（1582），書中有于明照《尚書日記敘》而無王樵自序。《四庫全書》本則無于明照《敘》，而書首有《尚書日記原序》，末署“萬曆乙未春三月丙子胐金壇王樵序”，乙未爲萬曆二十三年（1595），核對《四庫全書》本之内容，其本實爲王樵“晚年復手自增删，以《別記》附入，合爲一書”之本，與本館所藏此于明照刻本雖同題爲“《尚書日記》十六卷”，内容則有異也。

中國科學院圖書館、上海圖書館藏有“明萬曆二十五年蔡立身刻本”，其本内容同於《四庫》本，當即《四庫》本抄録之所據。又《四庫全書總目》著録云：“《尚書日記》十六卷，兩江總督採進本。”其提要與《四庫》本書前提要有異，中云：“前有李維楨《序》”，然考于明照刻本、《四庫全書》本皆未見李維楨《序》，惟清朱彝尊《經義考》卷八十九“王氏樵《尚書日記》”條嘗載録王樵自序及李維楨《序》。其所據來源待考。

《中國古籍善本書目》著録“《尚書日記》十六卷，明王樵撰，明萬曆十年于明照刻本”，載北京大學圖書館、中國人民大學圖書館等七館收藏。此本另中國臺北“國家圖書館”、中國臺北“中央研究院”傅斯年圖書館等亦有收藏。此外《中國古籍善本書目》又著録“明萬曆二十五年蔡立身刻本”“明萬曆二十五年蔡立身刻本，清丁丙跋”“明崇禎五年莊繼光重修本”等三種，兹不詳述。

書首鈐有“經鉏堂藏書”朱文方印，“經鉏（鋤）堂”爲清倪模之堂號，知此書嘗經倪模收藏。倪模（1750—1825），字迁存，號韭瓶，又號預掄，清安徽望江人。世居大雷岸，嘉慶四年（1799）進士，任鳳陽府學教授，期滿仍歸大雷岸，著書耕讀以終老。倪模藏書近十萬册，爲安徽之冠，藏書處名“江上雲林閣”，又曰“二水山房”。著有《經鋤堂書目》《江上雲林閣書目》《雙聲古訓》《導淮由天長合肥注江辦》《倪氏族約》《古今錢略》《迁存遺文》等。事迹參見《清儒學案》卷一百十五《秋農學案》。

041

書帷别記四卷

T334 1143.5

《書帷别記》四卷，明王樵撰。明萬曆王啓疆、王肯堂等刻本。二册。框高19厘米，寬12.5厘米。半葉十一行二十二字，四周單邊，白口，白單魚尾。版心上鐫書名，中鐫卷次，下鐫刻工名。

卷端題“前進士金壇王樵著；男啓疆、肯堂、干城、岳陞，姪孫秉鉞、秉銓校刊”。

書首有明萬曆甲申（十二年，1584）六月王樵《書帷别記序》。

王樵生平參見前“040 尚書日記十六卷”條。

書首王樵自序云：“宋和靖尹先生嘗云：‘孔子以來，道學屢絶，言語文字，去本益睽，是以先聖遺書雖以講誦而傳，或以解説而陋。’嗚呼！尹先生此言，天下之至言也。然先生之所謂陋者，似指當時説書而不得聖人之意者，猶未暇及夫所謂舉業者也。舉業之陋，日甚一日，至有全不爲義理而專爲應舉之計者，章擬而爲題，題擬而爲意，其所謂意者，未必經傳之意也。甚則外取講學參禪之餘緒以爲新意，致爲知德、知言者之所厭者久矣。然科舉既未可廢，則業舉之言雖陋，無亦且導之，即所業而求諸義理，即所得而正學以言乎？予先年《尚書》有《記》，意頗在此，乃學者猶謂其不近於舉業，欲予更約言之。則又爲此編，誠能與《日記》相參考而熟玩焉，於先聖之遺意，未必無所發明云。”由此《序》可知，此書作於《尚書日記》之後，比《日記》更爲簡約，以期更便於舉業參考。

考《尚書日記》有萬曆十年（1582）于明照刻本，則《書帷别記》成書當不早於此年。王樵《書帷别記序》末署“萬曆甲申六月丙午”，甲申爲萬曆十二年（1584），然則《别記》之作，僅在于明照刻《尚書日記》後二年。

王樵《書帷别記序》未言及刊刻之年，考王樵《方麓集》卷九《與仲男肯堂書三十五則》中嘗云：“寄趙陽谿丈書一封，《書帷别記》一部，可覓便速寄之。此老惓惓於吾家父子，交游中之真而不忘於久要者，汝可時時覓便一問其起居以報我。己丑除夕書。"考己丑爲萬曆十七年（1589），則此年之前，《書帷別記》當已刻成矣（此説參見《"中央研究院"歷史語言研究所傅斯年圖書館善本書志·經部》"《書帷別記》四卷四册"條所述）。又《方麓集》卷九同篇，另於萬曆十八年（1590）二月二十八日信中又云："《書記》因見素嫁女忙，不曾印得，待後印完，附景素或府基船上寄達。曾有書寄趙陽谿，已得寄否？"此信既言"印得""印完"，益可證前信所稱"《書帷別記》一部"當爲刻印本無疑。惟因未確知其刻年，故仍題"明萬曆王啓疆、王肯堂等刻本"。又此本刊刻之後，萬曆二十三年（1595）復有蔡立身刻本《尚書日記》，將《書帷別記》部分文字併入其中，成另一新本《尚書日記》，參見前條"040　尚書日記十六卷"所述。

此書共四卷，計卷一《虞書》，卷二上《夏書》，卷二下《商書》，卷三至四《周書》。書中各篇皆先摘録簡短經文爲題，次作論述。如《堯典》，首"放勳"，次"欽明文思安安"，次"允恭克讓"，標題下各作論述。其内容大體與《尚書日記》不相重複，而所論重點有異，俾便互相參考。如《堯典》"欽明文思安安"條，《别記》云："'欽明文思'四字，《書記》之説甚精，雖四德並言，而脈絡自相連，宜認得出。○四者皆本然之德，雖未涉事爲然。或者於'文'字亦欲指爲心中之文，則太泥矣。'文思'固皆出於心，然何嘗不於事上見？《書記》已明，兹不復贅。"（卷之一，葉一至二）此謂"《書記》已明，兹不復贅"即標示"相參"之義。另《五子之歌》篇題下，《别記》云："《書記》已詳，兹但録其可爲題目者。"（卷之二上，葉二十八）由此可知其所重。

此書因著重"近於舉業"，故常論《尚書》文字精妙之處及提示作文之要，如《堯典》"有鰥在下曰虞舜帝曰予聞如何"條云："古經文字真不可及，舜之履歷，只數字間盡其曲折，是鰥夫，是瞽子，父母兄弟各以一字見其所處之難克諧以孝，又以一字盡其善處之道，妙不容言。語簡意詳，在他人不費辭不能達意，縱有奇古，亦不脱史家風，無此典重也。此玩經與閲史之法也。"（卷之一，葉十一）此點出此段經文文字之妙。又如《大禹謨》"戒之用休董之用威勸之以九歌"條云："此皆有事實，已詳《書記》。但作文者須善融化，林欲不用實事，則没了聖人作用，人將謂戒、董止是幾句空言，如蘇威之五教矣。"（卷之一，葉三十五）此謂作文者須善融化，書中他處亦屢言之。

書中對《尚書日記》雖屢言"《書記》説得好"（卷之一，葉十一）、"《書記》意思好"（卷之一，葉十一）、"《書記》精徹"（卷之三，葉二十六）、"《書記》甚妙"（卷之三，葉六十四），然遇《書記》與蔡《傳》有異説時，則提醒讀者須從蔡《傳》。如《堯典》"我其試哉女于時"條云："'我其試哉'用蔡《傳》，不用《書記》説。"（卷之一，葉十二）此外對蔡《傳》説解未妥之處，則謂須爲其作疏通，如《堯典》"五玉三帛二生一死贄"條云："'五玉'蔡《傳》誤以爲五瑞，須替他周旋。"（卷之一，葉十七）凡此，皆具有舉業用書之明顯特色。

此書間載録歌訣，亦爲舉業之助，如《禹貢》中載有《九州山水歌》《貢物歌》《貢道歌》等，王氏於《九州山水歌》題下云："《禹貢》歌訣舊有之，而詞句鄙俚，殊不堪讀，今稍潤色之，少爲童蒙記誦之助。然學當熟讀經傳，則首尾自然貫通，教之歌訣，豈得已哉？ 學者慎之。"（卷之二上，葉十八）其用意甚明。

此書版心鎸有刻工及字數，然其情況頗不一致，如卷之一葉一鎸"無錫侯臣寫，黃安朝刻"，無字數，第二葉鎸"黃／四百"，第三葉鎸"金洲陳千瑞／四百五十八"，第十七葉鎸"三百四十二"，無刻工名。所鎸刻工有黃安朝、黃、陳千瑞、陳千培、陳、陳千祥、陳千城、張、陳伯、陳詳、本、培、陳伯道、耿、安等。

此書《四庫全書總目》著録，題"《書帷別記》四卷，浙江汪啓淑家藏本"，入《經部·書類存目二》。提要云："書前舊有萬歷甲申自序，見朱彝尊《經義攷》，此本不載，蓋偶失之。"由此知四庫館臣所見本書首無王樵自序。

《中國古籍善本書目》著録"《書帷別記》四卷，明王樵撰，明萬歷王啓疆、王肯堂等刻本"，載中國國家圖書館、天津圖書館收藏。另中國臺北"中央研究院"傅斯年圖書館、日本尊經閣文庫亦有收藏。《四庫全書存目叢書》曾據天津圖書館所藏本影印行世，題"明萬歷王啓疆等刻本"，列入《經部》第五十一册。

042

鎸彙附百名公帷中紫論書經講義會編十二卷

T334　5062

《鎸彙附百名公帷中紫論書經講義會編》十二卷，明申時行撰，明蔣方馨增輯。明萬歷四十三年（1615）蔣方馨刻本。八册。框高22.7厘米，寬12.4厘米。分上、下二欄，下欄高16.3厘米，半葉十二行二十四字；上欄高6.4厘米，半葉二十行十二字；無直欄，四周單邊，白口，單魚尾。版心上鎸"書經講義會編"，中鎸"虞書"或"夏書""商書""周書"及卷次。

卷端首行頂格題"鎸彙附百名公帷中紫論書經講義會編虞書卷之一"，下欄次行題"少師兼太子太師吏部尚書中極殿大學士申時行手授"，第三行題"甥李鴻，男用懋、用嘉，後學徐銓仝校訂"。

書首有明萬曆乙卯（四十三年，1615）蒲月（五月）蔣方馨《彙附百名公帷中綮論書經講意（義）會編小引》。

申時行（1535—1614），字汝默，號瑶泉，晚號休休居士，明長洲（今江蘇蘇州）人。《明史》卷二百十八《列傳》第一百六有傳。時行嘉靖四十一年（1562）進士，授修撰，歷左庶子，掌翰林院事。萬曆五年（1577）由禮部右侍郎改吏部。以文字受知張居正，以左侍郎兼東閣大學士入預機務。進禮部尚書兼文淵閣，累進少傅兼太子太傅、吏部尚書、建極殿大學士。張居正卒後，時行繼張四維爲内閣首輔，政務寬大。萬曆十九年（1591）因立儲事罷歸，四十二年（1614）卒於家，詔贈太師，諡文定。著有《書經講義會編》《召對録》《綸扉奏草》《賜閒堂集》《申文定公賜閒堂遺墨》等。

蔣方馨，明松江府（今上海）人，生平事迹不詳。輯有《鐫彙附百名公帷中綮論書經講義會編》《鐫張蘇兩大家四書講義合參》等書。

此書分上、下二欄，下欄爲申時行《書經講義會編》，上欄則是蔣方馨所增輯之"百名公帷中綮論"，故書名稱《鐫彙附百名公帷中綮論書經講義會編》。

本館所藏此本無申時行《序》，美國哈佛大學哈佛燕京圖書館藏本書首載有明萬曆二十六年（1598）申時行序，題《書經講義會編原序》。《序》中云："余羈丱而受博士《尚書》，是時吳中大師涉《尚書》以教者，董董一、二決疑問難，靡所傳習，余甚病焉。乃從書肆中徧求名人達士所爲疏解訓義及帖括制舉之文可以印證發明者，皆手自採録，積數十年至若干卷。既卒業，遂獲雋以去，而好事者謬有稱述，頗流傳四方。余既以詞臣久次橫經勸講，日侍 今上，於帷幄所進《尚書直解》，雖分日更撰，而余以頤經删訂爲多，今内府所刊《書經直解》者是已。蓋余向所採録，第以舉業從事，多尋章摘句，拘牽藝文，未能超然於章縫鉛槧羌稚筌蹄之習，而廣厦細旃之上直以闡發大旨，剖析微言，要在起沃 聖聰、敷陳理道，不爲箋疏制義所束縛。其簡切明暢有不待深思强索而昭然如發矇者。獨是書藏於樂（寶三案：《經義考》引作'禁'，當以'禁'爲是）中，惟閣臣講僚乃蒙 宣賜，學士大夫罕獲覯焉。余甥李漸卿鴻從余邸第得而讀之，因與懋、嘉兩兒共加衰輯，合余前所採録，共爲一編，於是《尚書》大義、論説、衍繹粲然備矣。徐文學衡卿氏，家世受《書》，謂是編不可無傳，欲付剞劂，公諸同志者，命之曰《書經講義會編》，而余爲之引其首。"末署"時 萬曆戊戌秋月朔日吳郡申時行書"。由此可知，申時行此《書經講義會編》乃合經筵所進《尚書直解》及早歲爲舉業時所録"疏解訓義及帖括制舉之文"而成之也。其首刻於萬曆二十六年（1598），刻者爲徐銓（字衡卿），故卷端所題校訂者列有徐銓之名。

　　本館此本爲蔣方馨之增輯本，書首蔣方馨《彙附百名公帷中縈論書經講意（義）會編小引》中云：“余所能憶者，垂髫之年，父師日以吳中申先生《會編》一書課余耳。父師課余者曰：‘……蓋自有《尚書》以來，經數千年而始得蔡《傳》，自專蔡《傳》以來，又經數百年而始得先生《會編》，豈先生《會編》一書，將與《尚書》並垂不朽者也。爾小子其識之也。’余領其言而爲之服習者有年……若夫百名公縈論者，彼豈余之不能執一以專，而通爲旁求馳騖之思？蓋名理原非一端，彼此何嫌互證？……茲余彙而附之，梓而新之之意也。”末署“萬曆乙卯蒲月之吉，雲間後學蔣方馨頓首拜譔”。由此可知蔣方馨乃就申時行《書經講義會編》增以百名公縈論，彙而刻之，而成此書，其刻在萬曆四十三年（乙卯，1615）。

　　此書共十二卷，計卷一至二《虞書》，卷三《夏書》，卷四至五《商書》，卷六至十二《周書》。各篇下欄皆首低二格列《尚書》經文，次頂格以白話語譯經文大意，次低一格闡釋經文內容。上欄乃蔣方馨所輯“百名公帷中縈論”，引錄諸家之說，如卷一《堯典》起首“曰若稽古帝堯”至“格于上下”一段，上欄共引錄“盧鉉卿曰”“湯義仍曰”“董思白曰”“袁了凡曰”“姚承菴曰”“張侗初曰”等六家之說。哈佛大學哈佛燕京圖書館所藏本書首載有蔣方馨所撰《紀彙刻百名公帷中縈論書經講義彙編大凡》共九則，本館此本無。《大凡》第三則中云：“邇來經學莫盛於金壇王氏，試取《日記》《要旨》等書讀之，真所謂無奇不備矣。而長水陸實府先生《傳翼》之刻，精研深入，又多發其未逮。三雄繼起，其殆鼎立而未可少讓者，故縈論中選王、陸之書爲最富。”此言其所引錄，以明王樵、王肯堂父子及陸鍵（字開仲，號實府）等三人爲最多。

　　本館所藏此本，卷一有佚名朱筆圈點，間有朱筆批語，如“如此著跡，有碍下文，不可從”（卷一，葉十一）、“强捏甚腐”（卷一，葉十七）、“訓不必拘”（卷一，葉二十二）等。另此本外封面裝裱用紙，上鎸有“雪慧大師　綠綺園聖經書”“雲苑省心齋主人識”等字樣。此紙應採自他書，與此本之內容無關。

　　《四庫全書總目》著錄，題“《書經講義會編》十二卷，江西巡撫採進本”，入《經部·書類存目一》。提要云：“是編乃時行官翰林直日講時所進，其說皆恪守蔡《傳》，務取淺近易明。”按：據申時行自序所言，《書經講義會編》乃合經筵所進《尚書直解》及早歲爲舉業時所錄“疏解訓義及帖括制舉之文”而成，《總目》僅言“官翰林直日講時所進”，似不够完足。

　　《中國古籍善本書目》僅著錄“《書經講義會編》十二卷，明申時行撰，明萬曆二十五年徐銓刻本”及“《新鍥書經講義會編》十二卷，明申時行撰，明刻本”二種，未及此《鎸彙附百名公帷中縈論書經講義會編》。此本除本館收藏

167

外，另復旦大學圖書館、湖南省圖書館、溫州圖書館等館亦有收藏。此《鐫彙附百名公帷中繁論書經講義會編》他館尚藏有不同版本，如美國哈佛大學哈佛燕京圖書館藏本，題"明書林楊春榮刻本"，其本上欄所引録諸名公説，與本館頗多不同，字體亦異，當非同版。他館所藏本異同情形，俟考。

鈐印有"中原世家"朱文方印、"□陽矢／粵□懷／藏書章"白文方印、"黼藻仁義"白文方印、"文學侍從之臣"朱文方印等。

043

重訂申文定公書經講義會編十二卷

T334　5062A

《重訂申文定公書經講義會編》十二卷，明申時行撰，明蔣方馨增輯，明張嘉和重輯。明崇禎三年（1630）三衢書林王應俊刻本。四册。框高22.2厘米，寬12.8厘米。分上、下二欄，下欄高16厘米，半葉十二行二十四字，上欄高6.2厘米，半葉二十行十二字。上、下欄皆無直欄，四周單邊，白口，單魚尾。版心上鐫"尚書講義會編"，中鐫"虞書"或"夏書""商書""周書"及卷次與篇名。

卷端首行題"重訂申文定公書經講義會編虞書卷之一"，以下分上、下兩欄，下欄題"男用懋、用嘉，孫紹芳較訂"。

書首，首明萬曆戊戌（二十六年，1598）秋月《書經講義會編原序》。次明崇禎庚午（三年，1630）正月張嘉和《贅言》。次《重刻申文定公書經會編附百名家要説·凡例》，共十則，末署"雲間後學蔣芳（方）馨原輯，長洲後學張嘉和重輯，三衢書林王應俊梓行"。次《尚書會編附説諸名公姓氏》，末署"長洲後學張嘉和纂較"。次《尚書會解採録古今要説書目》，未署名。次《尚書會編篇目》。次《唐虞夏商周譜系圖》等圖，末鐫"書經總圖全"五字。

申時行、蔣方馨生平參見前"042　鐫彙附百名公帷中繁論書經講義會編十二卷"條。

張嘉和，明長洲（今江蘇蘇州）人，生平事迹不詳，除重輯此書外，另撰有《皇明通紀直解》，輯有《名姝文璨》等書。

張嘉和於書首《凡例》第八則中云："蔣氏採用一刻，雞林少吾王氏已行字內矣。緣百名説，搜未及遍，兹刻余小子發先君潯溪枕中之秘。先君一生醉心經學，傳授及門，幾遍宇內，不啻伏勝口授於晁錯，凡名公疏意，珍之篋中者，無不徵而聘之。且先君子素與　文定公有意氣之雅，今因少吾王氏踵前盛舉，闡先賢之幽思，發大方之微旨，合爲孔壁之功臣，庶後學聞見益擴、耳目益新云爾。"又《贅言》中云："適雞林氏以《會編》行世已久，字跡模糊，擬新之以梨棗，而又慮止翻古本，不以新意參入，將令閱者對古人之衣冠而思錦機之新樣，便是文章家一缺陷事。不佞聆是語，已挑動本懷，因急發諸新説，嚴爲採録……集成而僭附《會編》之端，使天下知文定之説經也，如布帛、如菽粟，爲生人育命之元本。而新説之解經也，又如玉液、如金莖、如齊紈、如蜀綺，以辨等威，以別貴賤，胥是焉賴？是《會編》爲《尚書》家第一功臣，而此又無忝爲《會編》之功臣者也。"據張嘉和所述，知此刻乃因書林王氏欲以蔣方馨所輯《鐫彙附百名公帷中纂論書經講義會編》重刻印行，然又慮祇翻原刻，缺乏新意，張氏乃以蔣氏原輯爲本，更增以名家新説。故《凡例》之末題"雲間後學蔣芳（方）馨原輯，長洲後學張嘉和重輯，三衢書林王應俊梓行"，張氏《凡例》所稱"雞林少吾王氏"，蓋即書林王應俊也，惟《凡例》末所題"蔣芳馨"，當係"蔣方馨"之訛。又張氏所增名家新説，多承其父張濬溪平生所搜，《贅言》及《凡例》中皆嘗言之。

此本之體例，一如蔣方馨刻本，分上、下二欄，下欄爲申時行《書經講義會編》，上欄爲百名公新説，惟此本採用之《書經講義會編》，蓋係較晚之刻本。考蔣方馨萬曆刻本《鐫彙附名公帷中纂論書經講義會編》卷端題"甥李鴻，男用懋、用嘉，後學徐銓同訂"。此本卷端則題"男用懋、用嘉，孫紹芳較訂"。此本所據《書經講義會編》有申時行之孫申紹芳參與校訂，當爲較晚之本。又考蔣方馨刻本卷一《堯典》經文載爲"分命和叔宅朔方"（葉七），此"分"字爲"申"字之訛。張嘉和此本作"申命和叔宅朔方"已改正"分"字之誤。此本《凡例》首則云："《會編》一書，言即典謨，句即誥誓，不止鼓吹當今，實可永垂萬禩者也。故正文一遵原刻，並不增減隻字。"據所題卷端推之，其所據《書經講義會編》本，有申時行之孫申紹芳參與校對，當晚於蔣方馨所據徐銓校本也。

此本共十二卷，版式、體例與蔣方馨刻本同，惟版心卷次下增篇名爲異耳。此本上欄所引百名公之説，乃據蔣方馨原輯而略作增删，如卷二葉十四右面，蔣刻本引袁了凡、陳穎安二家之説，張氏此本則删去陳穎安而增楊復所之説。又同葉左面，蔣氏本引陸實府、王宇泰二家説，張氏此本則於陸實府前增列黄旨玄、王振子二説，皆見增删之跡。

本館此本，書首有佚名手録《欽定四庫全書總目》之《書經講義會編》提要，書内間有佚名朱筆圈點。書中缺卷一葉二十三至三十七，共十五葉。又内文屢見鈔補，計卷一，葉二十二；卷二，葉九、三十二、三十八、五十一；卷三，葉十一至十三，二十至二十一、二十八、三十四；卷六，葉二十至二十一、

二十七、二十九、七十一；卷七，葉二十八、五十八、六十一、七十四、八十一；卷八，葉二十一；卷九，葉二十九、三十九；卷十，葉四、二十七、二十九；卷十一，葉二十七、二十九。

此本避"恒"字諱，不避"燁""弘"等字，惟書首《贅言》葉四右面見鈐有藍色長條形紙廠印記，此印記常見於清代康熙至乾隆時期之印本中，故此本雖刻於明崇禎三年（1630），疑係後印之本。

《四庫全書總目》僅著録"《書經講義會編》十二卷"，未著録此本。《中國古籍善本書目》僅著録"《書經講義會編》十二卷，明申時行撰，明萬曆二十五年徐銓刻本"及"《新鍥書經講義會編》十二卷，明申時行撰，明刻本"二種，未及此本。本館此本，另中共中央黨校圖書館、中國臺北"國家圖書館"等館亦有收藏。

044
尚書要旨三十六卷

T334　1139

《尚書要旨》三十六卷，明王肯堂撰。明萬曆刻本。十八冊。框高22.5厘米，寬13.4厘米。半葉十行二十四字，四周單邊，白口，單魚尾，無直欄。版心上鐫書名，中鐫卷次。

卷端題"賜進士第翰林院國史檢討延陵王肯堂宇泰甫著"。

書首有未署年張汝蘊《序》。本館此本缺張《序》首葉及次葉右面，浙江圖書館藏本無缺，首行題"尚書要旨序"。

王肯堂（1549—1613），字宇泰，一字損仲，號損庵，自號念西居士，明金壇（今屬江蘇常州）人。王樵次子。《明史》卷二百二十一《列傳》第一百九有傳，附於王樵之後。傳云："舉萬曆十七年進士，選庶吉士，授檢討。倭寇朝鮮，疏陳十議，願假御史銜練兵海上，疏留中，因引疾歸。京察，降調，家居久之。吏部侍郎楊時喬薦補南京行人司副。終福建參政。肯堂好讀書，尤精於醫，所著《證治準繩》該博精粹，世競傳之。"王肯堂學識廣博，除究儒業外，亦精醫學，涉佛家唯識之學，并嘗與西方來華傳教士利瑪竇交往，討論曆算之學。著有《尚書要旨》《論語義府》《律例箋釋》《成唯識論證義》《證治準繩》《鬱岡齋筆塵》等書，輯有《古代醫統正脈全書》，今人輯有《王肯堂醫學全書》。

書首張汝蘊《尚書要旨序》中云："海內《尚書》家屈指金沙王氏，御史大夫方麓公所著有《日記》《別記》，業家持而户習之，而其仲子太史宇泰氏復以得之殫見洽聞者，研以深心，勒成《要旨》一編，大氐紹明家學，歸之羽翼武夷者也。余初從項憲副庭堅所見之，竊翩翩然喜爲武夷得一忠臣，而恨無從公之人人也。無何，獻邑徐令藉鈔之；已，復景州馬守藉鈔之。予慮其傳寫成譌，適太史從兄爾祝來守滄，就索元本，既得而闔屬守若令爭欲鋟諸梓。梓竣，問序不佞。不佞謂：今日之鐫，諸君毋亦眂爲學士家言、刺經訓故之用而敝帚之邪？予意不然。夫《書》以道政事，上下帝王可覆視也。寧惟學士家借以取青紫，如夏侯氏所云，一行爲吏，遂無復事哉？……試涉王氏編，其比經附義，揚榷道真，已足津梁承學，而博引冥搜，崇論竑議，又足爲用世者羔雁，故名曰《要旨》。夫經術、世務，不竝稱重哉？紹明經術，信要也，該洽世務，尤要之要也，窮是書之旨，則知非特學士家言矣……王氏諸儁，後先登高第，主盟詞壇，乃其按職踔絕，籍甚當時，固知著書釋義，特其素功，而引經剸決，緣飾吏治，其實際也。故曰是編非學士家言也。此予臆說，未知有當王氏旨不？而予暨諸君鐫書之意，則盡是矣。”《序》末署“天津兵使章丘張汝蘊謹序”，未署年月。考張汝蘊字子發，號逢源，明章丘（今屬山東濟南）人，萬曆八年（1580）進士，歷任東安縣、獻縣知縣，南京工部主事，戶部郎中出監天津倉，寧夏參議，陝西兵備副使等職，事迹見《［道光］章丘縣志》卷十一《人物下・仕績》。張汝蘊撰此《序》時，正以戶部郎中“欽差督理天津、河間等處糧儲”，同時亦兼職天津兵備道。故題“天津兵使”。據張氏此《序》所述，知《尚書要旨》在刊刻前已有抄本流傳，張氏先於項庭堅處得一抄本，時有借抄者，張氏慮其傳抄成譌，適王肯堂之從兄王堯封（字爾祝）來任滄州太守，張氏得以從王堯封處求得原本而付梓。據《［乾隆］滄州志》卷七《職官》所載，王堯封於萬曆二十七年（1599）至二十九年（1601）任滄州太守，則張氏作《序》及刊刻之年亦應在此二年間也。以年月未有明載，故仍爲“明萬曆刻本”。

　　王肯堂曾參與其父王樵《尚書日記》之編次及《書帷別記》之校勘，張汝蘊《尚書要旨序》謂《要旨》“大氐紹明家學”，誠不虛也。此書各篇皆分節，首列經文首、尾二句，次作說解，不列《尚書》全文，亦未列蔡《傳》文。如卷一《堯典》首節，列“曰若稽古帝堯　格于上下”，其下即接王氏解義。王氏此書大抵襲用王樵《尚書日記》《書帷別記》之說，而略有增益。其採二書之文，有明白標示者，亦有逕用其說或略作改易而不標明出處者。以《堯典》第二節“克明俊德　於變時雍”爲例，《要旨》曾三處引“《別記》云”，明標所出。然亦有僅云“堯之功大而無所不至，于此節見其實。夫聖人所謂功者，身修、家齊、國治、天下平而已矣。漢、唐之君，外身心而求事業，其所規爲建立于世者，方自以爲掀天揭地，而不知自聖賢處之百官萬務，金革百萬之衆，與飲水曲肱、樂在其中，萬變皆在人，其實無一事也”。此一大段文字，未標明出處，實爲王樵《尚書日記》中之語。又：此節中，《要旨》嘗云："昭明謂'畿内之民瑩然皎潔，無舊染之污'，亦是概説。袁先生謂'德無一豪之污'，是就一人説，似太過了。"此處引"袁先生"之説，爲《日記》《別記》二書所無。又云："時字，註作是字解，愚謂必如萬物生育于四時之中，而咸若其性，斯謂之時。"此解"於變時雍"之"時"，不從蔡《傳》之説，亦爲王肯堂所新增。

此書基本未脱舉業用書性質。《四庫全書總目》提要云："是書承樵所撰《尚書別記》，抄撮緒言，敷衍其説，以備時文之用。其經文較講義低二格，每節惟書首尾二句，亦如時文之式。"其説誠是。惟王氏所據其父之書，除《書帷別記》外，尚有《尚書日記》。書中稱"《別記》云"者，乃指《書帷別記》；另或稱"《書記》云"，或稱"《日記》云"者，則皆指《尚書日記》而言。《四庫全書總目》謂："是書承樵所撰《尚書別記》，抄撮緒言，敷衍其説。"蓋誤合王樵《尚書日記》與《書帷別記》二書爲《尚書別記》歟？

本館此本缺書首張汝蘊《尚書要旨序》葉一及葉二右面，另正文缺卷二十二葉十九左面；卷二十六葉十七；卷三十六，葉十四，葉十五左面等。又書中間有佚名朱筆圈點，偶亦有佚名朱筆校改或批語。校改之例，如卷一葉二右面第七行"由中而恭故曰性"句，"性"字校改爲"信"。又同葉第八行"人孰不知讓之矣"，"矣"字校改爲"美"。批語之例，如卷二十葉三右面，批云："有理，可從。"卷二十葉十右面，批云："就説多難興邦，亦不像幸武庚之叛以爲利。"卷二十一葉二十八右面"王曰嗚呼封敬哉至不汝瑕殄"標題上，批云："此卪（節）看《會編》諸書，心上不大明白，看至此才畧省。丙午十月十六日。"惜不知此爲何時之"丙午"年也。

此書《四庫全書總目》著録，題"《尚書要旨》三十卷，兩江總督採進本"，入《經部·尚書類存目二》。《中國古籍善本書目》著録"《尚書要旨》三十六卷，明王肯堂撰，明刻本"一種，載北京大學圖書館、南通市圖書館、浙江圖書館等三館收藏。除本館外，另日本尊經閣文庫亦有收藏。《四庫全書存目叢書》曾據浙江圖書館藏本影印行世，題"明刻本"，列入《經部》第五十一冊。

045

尚書揆一六卷

T334　2244

《尚書揆一》六卷，明鄒期楨撰，明鄒期相編。明萬曆四十四年（1616）刻本。六冊。框高20.9厘米，寬13厘米。半葉九行二十字，左右雙邊，白口，無魚尾。版心上鐫書名，中鐫卷次。

卷端題"錫山鄒期楨公寧父著；弟鄒期相公寅編"。加拿大英屬哥倫比亞大學圖書館藏本有書名葉，鐫"刻鄒公寧尚書揆一""錫山文行社藏板"，本館所藏本無書名葉。

書首，首明萬曆丙辰（四十四年，1616）仲冬安希范《尚書揆一序》。次"丙辰"冬杪周繼昌《尚書揆一題辭》。次萬曆丙辰（四十四年）冬季鄒期楨《敘揆一登梓始末》。次未署年鄒期相《附述仲兄文行社讀尚書九要》。另此本原有明高攀龍序，其殘葉於重新裝幀時，被置於書末末葉中，仍隱約可辨識。

鄒期楨（1567—1642），字公寧，學者稱經畬先生，明無錫（今江蘇無錫）人。清雍正高廷珍等重修《東林書院志》卷十一《列傳五》中載有錢肅潤所撰《鄒經畬先生傳》，另清光緒裴大中等所修《無錫金匱縣志》卷二十一《儒林》中亦有傳。《鄒經畬先生傳》云："先生姓鄒，名期楨，字公寧，無錫人。性至孝，讀書攻苦，年三十始爲郡諸生，屢舉不售，經年矻矻，揣摩制義，偶於羣書中得王文成集、薛文清《粹言》，愀然曰：'讀書有向上路，沾沾章句無爲也。'既從顧涇陽、高景逸兩先生講學東林，每學格致義，頗有所得。"《無錫金匱縣志》亦云："鄒期楨，字公寧，從攀龍學，每尋格至之義。嘗論靜坐，期楨曰：'調息亦頗有益。'攀龍不屑也，期楨然。既而讀心旨所論觀未發工夫，以是有得。"另《江南通志》卷一百六十三《人物志·儒林一》載吳桂林傳，兼及鄒期楨，云："同邑諸生鄒期楨，字公寧，亦從攀龍學，靜坐有得，時稱兩素衣先生。"期楨後講學授徒，弟子甚衆。《鄒經畬先生傳》云："其說書最解人頤，弟子日益以進，當其棲息玄宮，問字屢滿，斗室不能容，復他徙，徙之後又不能容，乃就文昌閣下闢二架軒以居之，度可容百五六十人，如是者歲率以爲常。特著'文行社約'三章以繩束之，諸負挾邪僻者匿影去。自是春秋二科，榜必有人，金門玉堂，聯鑣並進，壇坫之盛，前此未有……御史祈公彪佳巡按吳中，式其廬，不見，題匾額曰'理學真儒'。後舉賢良方正，復不出……壬午卒，年七十六，學者稱經畬先生。門人嚴等謚曰懿長先生。"著有《尚書揆一》《東林書院志》《一篔軒隨筆》《經畬遺集》《經畬遺稿》等書，末二種見《清代禁燬書目》。

此書撰作之背景，書首安希范《尚書揆一序》中云："往余延鄒甥公寧以訓居兒，先後八年所。公寧日坐塾舍，足不輕踰戶閾，課業之隙，日手一編不輟。余間從竊窺之，他所纂緝固甚富，而尤注意《尚書》之學……在《尚書》諸家，靡所不討悉，而於金沙王恭簡公二《記》尤所深嗜。且披夕採，掇精拮粹，彙錄成帙，膚語支辭，悉從汰削。余每閱而愛之，業令兒子手錄玩習。既別去五年，設函丈於玄宮，及門之士，歲月彌廣。授業諸生，請業是編，傳寫不給，謀付剞劂，以廣其傳。公寧益加訂覈，題曰《揆一》，以授之梓。"《序》末署"萬曆丙辰仲冬季望東皋野老安希范譔"。由安氏此《序》，知鄒期楨此書初稿乃成於其在安家課塾之時，而其付梓則在萬曆四十四年（丙辰，1616）也。又書首鄒期楨《敘揆一登梓始末》中云："諸友謬以爲然，謀登之梓，予遜謝不獲……是役也，校正則友人張玄燦氏，而始終預參訂者爲門人茹仲遠杏芳、華協之玄升、蔡繩美胤昌，餘聞而贊成者若干人，別列左方。"末署"時 萬曆丙辰冬季鄒期楨書於文行社之存存齋"。據此，此書刻於萬曆四十四年（1616）益明矣。

此書共六卷，計卷一《堯典》至《益稷》；卷二《禹貢》至《胤征》；卷三《湯誓》至《微子》；卷四《泰誓上》至《梓材》；卷五《召誥》至《立政》；卷六《周官》至《秦誓》。各篇皆僅標示某節，而不列經文及蔡《傳》文。如《堯典》首列"曰若稽古帝堯節""克明俊德節""乃命羲和節"等，鄒氏乃於各節之下爲釋。

安希范《序》謂鄒氏"在《尚書》諸家，靡所不討悉，而於金沙王恭簡公二《記》尤所深嗜"。又書首周繼昌《尚書揆一題辭》中亦云此書："大都原本於二《記》，間采之董華亭《新意》、胡竟陵《問業》、陸平湖《書翼》諸家而傅以己意。詳而不穢，簡而不略，深而不艱，顯而不蕪。"考明王樵撰有《尚書日記》《書帷別記》二書，卒後諡恭簡，故安希范《序》稱"王恭簡公二《記》"，周繼昌《題辭》亦稱"二《記》"，皆謂鄒氏《尚書揆一》多本於王樵此二書也。

除王樵二《記》之外，此書亦博採他家之説。鄒氏《敘揆一登梓始末》云："若夫涵濡九峯氏而旁暢之，抉天人性命之微，彙齊治均平之要，博綜六籍，貫串百家，則莫如王恭簡公，予蓋膾炙焉久矣，而苦於簡帙浩繁，則時時以朱墨乙之，久之，頗覺窺其大旨。而邇年與諸友説經，間有管窺，以及諸名家之説，旁搜博採，亦附入焉，期於會通而止。"其所徵引，以《堯典》起始"曰若稽古帝堯節"爲例，此書曾引及朱子、程子（頤）、蔡沈《傳》、金氏（履祥）、呂氏（祖謙）、楊敬仲等諸家之説，至如周繼昌《題辭》所提及之董其昌《尚書新意》、胡竟陵之《尚書問業》以及陸鍵之《尚書傳翼》等，書中亦屢有稱述。

此書本爲舉業之助而發，故其釋《書》多以蔡沈《傳》爲據，書中時見"依《傳》""《傳》精"之語。如《堯典》"曰若稽古帝堯節"即言"恭、讓依《傳》，根德性來"（卷之一，葉三）、"玩本文，上言'人時'，下言'東作''南訛''西成''朔易'，《傳》解'人時'謂'耕穫之候，凡民事早晚之所關。'……此《傳》解本文極精"（卷之一，葉七）。又《舜典》"舜曰咨四岳節"中云："此言'舜曰'，後方言'帝曰'，《傳》精矣"（卷之一，葉二十四），皆其例也。然鄒氏於其著作，并不以徒供舉業之用爲足，《敘撰一登梓始末》云："今之説經者，無非爲舉子業焉而已矣，章索其旨，字索其義，語索其脈，亦以不如是不能入舉業之解也。雖然，亦必以其心遡千百載之前，揖古人於一堂而直接其精神焉，然後可。蓋第以舉業家求之，摘句尋章，拘牽文義，每與古人之精神隔，經病而舉業亦病，脱落訓詁，直會古人之精神，則經之真面目顯而舉業直其緒餘爾……是且徒爲舉業已乎？抑欲洞見古人之精神也？……故愚竊謂禪讓、征誅，異局也，而奉天同；剖肝、陳範，異跡也，而殉節同；謹愆、和中，異政也，而化民同。融而求之，千蹊萬徑而總歸於一者，何也？則能真見古人焉故也。"鄒氏此處所述以洞見古人之真精神，"揖古人於一堂而直接其精神"爲解經之要，期使古今一揆，"千蹊萬徑而總歸於一"，此蓋其書取名《尚書揆一》之義也。

書首鄒期相所撰《附述仲兄文行社讀尚書九要》中，拈出讀《尚書》之九要爲："看《書》要融會""看《書》要識見""看《書》要精確""看《書》要虛明""看《書》要貫串""看《書》要考據""看《書》要婉到""看《書》要旁採"，并謂"蓋九要之所總，即揆一之所分。不悉其一，則九爲虛；不挈其九，則一亦不渙"，"已上九要，或得一堂面命，或得兩地書郵，或得于公會衆論之餘，或得于同行獨立之末。叮嚀片語，佩服終身"。此九要之説，亦可爲學者讀此書之助。

此書《四庫全書總目》著録，題"《尚書揆一》六卷，浙江汪啓淑家藏本"，入《經部·書類存目二》。《中國古籍善本書目》未著録。此書此本傳世罕見，除本館外，今僅知加拿大英屬哥倫比亞大學圖書館有藏。另北京大學圖書館藏有清鈔本，此鈔本卷首有清康熙庚戌（九年，1670）顧宸序、明萬曆丙辰（四十四年，1616）高攀龍序（題作《高宗憲先生原序》）及鄒期楨之孫鄒陞所撰《先大父讀尚書六要附述》等，而無明萬曆四十四年刻本所載之安希範《序》、周繼昌《題辭》、鄒期楨《登梓始末》、鄒期相《讀尚書九要》等文；又其卷端題"錫山鄒期楨公寧著；孫男陞編；門人顧宸修遠重訂"，可知此抄本乃出於清康熙顧宸所刻之重訂本。考此抄本書首顧宸序云："先生《揆一》一書，刻於萬曆丙辰，遠近購得其書，無不户誦家絃，以是發爲文章，俱矜名家，其受先生經、登上第、致通顯者，指不勝僂。鼎革以來，是書舊板半散佚於兵火、遷徙之中，海内思得其書，已不能復窺其全……因與先生之孫重訂而梓之，剞劂如其初。"末署"康熙庚戌桂月朔日受業門人顧宸脩遠氏敬題"。據此知清康熙九年（庚戌，1670）鄒期楨門人顧宸嘗加以修訂重刻。《四庫全書總目》提要云："前有高攀龍序，又有《讀尚書六要》，其孫陞所述也。"然則四庫館臣所據本爲清康熙刻本也。《四庫全書存目叢書》曾據北京大學圖書館藏清鈔本影印行世，題"清鈔本"，列入《經部》第五十三冊。

046

尚書集解十卷

T334 1924

《尚書集解》十卷，明孫繼有撰。明崇禎十年（1637）刻本。十冊。框高22厘米，寬12.3厘米。半葉九行二十四字，四周單邊，白口，無魚尾。版心上鐫書名，中鐫卷次。

卷端題"句餘恒叔甫孫繼有著"。

書首，首明崇禎丁丑（十年，1637）蒲月（五月）來礪之《尚書集解敘》。次《禹貢所載隨山濬川之圖》，此圖與《書傳大全》所附圖相同，當取自《大全》。

孫繼有，字恒叔，明浙江餘姚（今浙江餘姚）人。《明史》卷二百三十一《列傳》一百十九、《［光緒］餘姚縣志》卷二十三俱有傳。《明史》附於安希范傳後。萬曆十四年（1586）進士。曾任福建莆田知縣、南京刑部主事，以劾閣臣王錫爵，被謫邊，繼遭除名，廢於家。後復起用，終知府。安希范《天堂全集》卷四載有《送孫恒叔比部遠謫》一首，詩云："莫怨君恩薄，天王自聖明。官卑猶食祿，地遠尚全生。所願秉完節，無爲負令名。臨岐（歧）更攜手，商畧只躬耕。"可見二人交情之深厚。

書首來礪之《尚書集解敘》云："顧余自總角受經，即知有孫姚岑先生所著《尚書集解》。《尚書》解如《直解》《會編》《傳翼》《研習錄》《日記》諸書，種類不一，然求其晰義之精、取材之廣、賅博簡確，則無如是書者。先生爲余郡名公，萬曆丙戌進士，其生平行義，于《尚書》直身體力行，《集解》一書，特先生之緒餘，傳與不傳都無足以重先生，獨此書久而漸湮，即原本亦多訛舛，未免於《尚書》經有漏義焉。譬之醫家以良方療人疾，而一旦失傳，則世無良方。諸方不足貴也，余謂《尚書》經之《集解》，此療人良方，諸解可廢，此書斷不可廢，蓋不欲以不傳没却先生一段療世婆心也。爰漫爲訂正，幾費較讐，鳩工庀事，雖不敢曰先生之功臣，然天下之以制舉義應科者，饑渴先生之書而如獲至寶，家傳户習，誦説不衰，則于《尚書》經未必無補焉，於先生亦未必無少慰云。"此《序》末署"崇禎丁丑蒲月蕭然年家後學來礪之子玉父書"，《序》中既云"幾費較讐，鳩工庀事"，可知此本乃刻於崇禎十年（丁丑，

1637），蓋惜"此書久而漸湮，即原本亦多訛舛，未免於《尚書》經有漏義焉"。考日本東京前田育德會尊經閣文庫藏有此《尚書集解》萬曆刻本一部，則此書在萬曆時當已嘗有刻本，至崇禎時已漸稀見，故來礪之乃重加校訂梓行也。又來《序》云："雖不敢曰先生之功臣，然天下之以制舉義應科者，饑渴先生之書而如獲至寶。"由此可知此書之刻亦爲應科舉之需也。

此書共十卷，各篇皆分節先列經文，次作詮解。所解主蔡沈《傳》。其雖以"集解"爲名，然并未處處羅列衆說。以卷一起始標題"虞書"及《堯典》篇爲例，孫氏於釋"虞書"標題，僅引"夏氏曰"一說，此乃引宋夏僎之《尚書詳解》。另《堯典》所引及者依次亦僅蔡《傳》、"或云"、胡《傳》（胡廣《書傳大全》）、鄭玄《周禮注》、楊慈湖、王陽明等數家之說而已，其餘皆自作詮解，此頗異於一般"集解"之體例。

此書雖供舉業之用，以蔡《傳》爲據，然孫氏解《書》仍時有己見，且有明糾蔡《傳》之非者。如《堯典》："克明俊德，以親九族。九族既睦，平章百姓。百姓昭明，協和萬邦，黎民於變時雍。"蔡《傳》云："九族，高祖至玄孫之親，舉近以該遠，五服異姓之親亦在其中也。睦，親而和也。平，均。章，明也。百姓，畿內民庶也。昭明，皆能自變其德也。萬邦，天下諸侯之國也。黎，黑也。民首皆黑，故曰黎民。於，歎美辭。"孫氏《集解》云："九族以同姓言，不當兼五服異姓之親在內。天子尊嚴，與九族之親勢已殊隔，何云異姓？百姓與黎民不當分圻內、圻外，百姓者，百官族姓也，此正百官之事，和萬邦則圻內、圻外之民俱在內，此正萬民之事。'於變時雍'，'於'字不多見，只有'於帝念哉''於予擊石、拊石'二處，此俱在上面，可以作歎美詞也。或云：'黎民至相歎美聖德變而爲善。'亦是難解。不若直以'於'字解之，黎民於是變惡而時雍矣，此更直捷……《書》言'百姓'者四，蔡《傳》之解則二，'平章百姓''百姓如喪考妣'皆以民言；'百姓里居''百姓王人'則以臣言。百姓不應二解，以臣言者爲是。"（卷之一，葉四）此處孫氏明謂蔡《傳》解"九族""百姓""於"字等義非是，可見其非一味從蔡《傳》也。然《集解》於此節之末云："凡與《傳》異者，止備參考，於作文不可用。後皆傚此。"此則在提醒讀者，凡《集解》所釋異《傳》處，皆祇備參考，應科舉試時仍應依《傳》說，此頗見學術理想與現實之矛盾，惟此語是否爲孫氏原有，抑或校刻時所增，似難遽定。

孫氏此書解《尚書》，時見心學氣息，如解《堯典》首段"欽明文思安安"句云："欽、明、文、思，俱以心言，聖心全體渾然，本是一德，但就其中而分之，則常敬之心爲欽，常覺之心爲明，經緯條理，燦然于心爲文，神謀睿算，淵然于心爲思，則有四者之別。四者皆自然而然，無意于欽明而欽明，且不知

其所以欽明；無意于文思而文思，且不知其所以文思。"（卷之一，葉二）又解
《堯典》末段"烝烝乂，不格姦"句，引王陽明之説云："'烝烝乂，不格姦。'
本註説象'已進進于義，不至大爲姦惡'。舜徵庸後，象猶日以殺舜爲事，何大
姦惡如之？舜只是自進于義，以義薰蒸，不去正他姦惡。凡文過掩慝，此是惡
人常態，若要指摘他是非，反去激他惡性。舜初時致得要殺己，亦只是要象好
的心太急，此就是舜之過處。經歷過來，乃知功夫只在自己，不去責人，所以
致彼克諧。"（卷之一，葉十六）於此可見一斑。

此本首冊有逸名墨筆圈點，并間有批語。

此書《四庫全書總目》《中國古籍善本書目》俱未著録，傳世罕見。除本館
所藏此本外，今僅知日本東京前田育德會尊經閣文庫藏有萬曆刻本一部。本館
此本，飄零海外，彌足珍貴。

047
尚書葦籥五十八卷

T334　3643

《尚書葦籥》五十八卷，明潘士遴撰。明崇禎刻本。二十四冊。框高20.4厘
米，寬14.1厘米。半葉十行二十字，小字雙行同，左右雙邊，白口，單魚尾。
版心上鎸書名，中鎸篇名及卷次（二者并列，各鎸於右面及左面）。

卷端題"後學東海潘士遴輯著；古灣張振孫鑒定"。

書首，首未署年陳以誠《尚書葦籥序》。次明崇禎甲戌（七年，1634）春張
振孫《尚書葦籥序》。次崇禎癸酉（六年，1633）冬至潘士遴《尚書葦籥序》。
次《尚書葦籥凡例》，共五則，末署"踐恃居士識"。次《尚書篇目》，末有附
記，署"雪滿山中卧記"。《凡例》及《篇目》當皆爲潘士遴所撰。

潘士遴，字叔獻，號青蓮，又號踐恃居士，明烏程（今浙江吳興）人。朱
彝尊《經義考》卷九十一"潘氏士遴《尚書葦籥》"條載："鍾嶔立曰：'青蓮
潘氏，字叔獻，烏程人。天啓壬戌進士，授行人。崇禎初擢雲南道御史，尋謫
官福建鹽運司知事，稍遷大理寺副。著《尚書葦籥》，錫山高僉事世泰序之。"
士遴另亦嘗參與《烏程縣志》之修纂，有崇禎十一年（1638）刻本。

此書所以取名《尚書葦籥》者，陳以誠《尚書葦籥序》云："至公所以名篇
之義，託響中聲，橐籥衆律，則所謂黄鐘大呂之音，固非淫哇雜樂可以入而亂
大雅之座者，公真經聖、真人師也。"又潘士遴自序云："漢唐傳疏如赤子哇地
一聲，其于句字之前後左右聽其自鳴自止已爾。宋儒訓解如龍興雨而不雷，每
到巉巖陡絶處，句外字外，輒付一映。聖人保合太和，安所得與天心相見？昔

伊耆氏作樂，以土位中央，于陰陽爲冲氣，籥生黃鐘，于律呂爲中聲，始乎土鼓而中聲出，中乎蕢桴而中聲發，卒乎葦籥而中聲通，籥爲衆樂之先，震爲六子之首，萬物震躍而生生于和，堯舜禹湯文武即和即元，允執厥中，至仲尼而易之以仁，然不遽言仁也……律居陰以治陽，曆居陽以治陰，始動于子，參之于丑，得三而謹司葦籥，候大和元氣自至，漠然未兆，説法熾燃，或馮遠而取近，或自外而明内，或居中而擬正，奇之耦之，參之伍之，層層駁換，字字飛鳴。一中生氣，還滿乾元，橐籥從來譚經縣邈不能出者，突兀出之，依微汗漫，俏然神生，疾之則脱，緩之則泆然以逝，庶幾博學説約，知險知阻。赤子終日嗥而嗌不嗄，三才五六，參和一貫，以待後之學者，思之而後及也，得之而不過也。萬古執迷，一旦葦籥，獨見曉焉，知葦籥獨見曉焉，則其人聞道，其人聞道立地昭聖天子世，躋仁壽之化，賡颺太和，聖人拱揖而入删書之室矣。”考《禮記·明堂位》云：“土鼓蕢桴葦籥，伊耆氏之樂也。”鄭玄注：“籥如笛，三孔。伊耆氏，古天子有天下之號也。”孔穎達《正義》云：“葦籥者，謂截葦爲籥。”《正義》又云：“云‘伊耆氏，古天子有天下之號也’者，《禮運》云：‘伊耆氏始爲蜡。’蜡是報田之祭。按：《易·繫辭》，神農始作耒耜，是田起於神農，故説者以伊耆氏爲神農也。”又《隋書·曆律志》云：“傳稱黃帝命伶倫斷竹，長三寸九分，而吹以爲黃鐘之宫，曰含少。次製十二管，以聽鳳鳴，以別十二律，此雌雄之聲，以分律呂，上下相生，因黃鐘爲始。”此潘氏所謂“籥生黃鐘”也。潘氏爲《尚書》作解，欲契合聖人元和之氣，闡其幽微，得其真詮，如黃鐘大呂之音，可爲準繩，故名爲《尚書葦籥》也。此書浙江圖書館藏本有莫儼臯《敍》云：“先生皛績宏摹，炳朗震旦，行且大効，轉旋經術世務應手規恢，皆是編之所宣洩也。故黃鐘鼓籥，則天地之心立見，而元陽在宇宙間，是書闡乾元之秘，則元氣在寸靈，而雍熙皞皞之化直于斯世、斯民再見之，豈僅僅帖括之嚆矢而制舉義之梯航也耶？”其説雖不無溢美之辭，而此書乃爲舉業之用，亦可知也。本館藏本無此《序》。

此本書首陳以誠《尚書葦籥序》中云：“青蓮潘公著《尚書葦籥》，鋟成，出以示余，余受而讀之。”此言及《尚書葦籥》已刻成，惟此《序》未題年月，故未能確定其付梓之年。書首張振孫《序》、潘士遴《序》雖各題崇禎“甲戌”“癸酉”，然皆未述及刊刻事，故今定爲“明崇禎刻本”。

此書共五十八卷，各篇皆先解篇題，次釋經文。解經則逐節先列經文，而後作解。其解篇題，分析全篇章段，詮釋經文，亦每提示各節大義，頗具講章體式。

潘氏於《尚書葦籥凡例》中，標“遵王制”“追史筆”“徵典獻”“嚴妄删”“闡觀法”五事，其解經，多引漢、宋諸家之説，而折衷己見，蓋有集大成之意。潘氏於《尚書篇目》末附記云："《尚書》以五十八篇紹天統道，溯翼傳以尊經，則《葦籥》集大成焉，當仁不讓之義也。"《四庫全書總目》則評之云："是書大意欲囊括漢、宋諸儒而折衷以己見，然博引繁稱，厄言多而精理少，其《凡例》高自標置，謂'從來説經，非稽天之射，即無病之呻。《葦籥》指點虛實，筆光開洞真，可引人心氣，資人聰明。其經如經星之左旋，其緯如緯星之右轉，無可增減，無可讚宣'，'烟霞寶氣，結爲祥光瑞靄'，'萬古執迷，一旦《葦籥》獨見曉焉'云云，自古以來，著述之家未有誇誕至於如是者，其華而不實，亦可概見。"甚有譏貶之意。然考《尚書葦籥凡例》第五條"闡觀法"云："若説《書》不知語意引伸、開闔關竅，大抵非稽天之射，即無病之呻。"《四庫全書總目》引述，乃謂"從來説經，非稽天之射，即無病之呻"，恐有誣指之嫌。又《凡例》云："其經如經星之左旋，其緯如緯星之右轉。紆迴蒙繞處，正其神其境，切磋相赴處，逼真以經還經，規矩之出方圓也，無可增減，無可讚宣，略施句逗，以節澀口，槩不施圈，間有肯綮，烟霞寶氣，結爲祥光瑞靄，正如大地齊州一點，以待三隅。"此言"規矩之出方圓也，無可增減，無可讚宣，略施句逗，以節澀口"，蓋指《尚書》經文而言，非潘氏自誇，《總目》所指摘，亦非其實。推其書既旨在爲舉業之用，則自炫其長，以期受重視，亦難脱時代之風氣也。

本館此本卷三十二，葉十八之一至十八之二十，共二十葉，係補刻。

此書《四庫全書總目》著録，題"《尚書葦籥》二十一卷，兩江總督採進本"，入《經部・書類存目二》。提要云："目録止二十一卷，而分編則爲五十八卷，蓋以篇數爲子卷也。"考崇禎刻本《尚書篇目》標"虞書一卷計五篇""夏書二卷計四篇""商書三卷計十七篇""周書四卷計十三篇""周書五卷計八篇""周書六卷計十一篇"，其"篇目"乃沿襲宋代蔡《傳》以來之舊，所謂"一卷""二卷"者，乃"卷一""卷二"之意，四庫館臣不察，乃以爲係卷數而加總爲"二十一卷"，亦其疏也。崇禎本內文各篇版心皆標卷次，自卷一至卷五十八，具體可見。惟《明史・藝文志》著録"潘士遴《尚書葦籥》五十卷"，另朱彝尊《經義考》卷九十一著録"潘氏士遴《尚書葦籥》，五十卷，存"，并作五十卷，與崇禎本之五十八卷有異，惜未能知其詳。

《中國古籍善本書目》著録"《尚書葦籥》五十八卷，明潘士遴撰，明崇禎刻本"，載中國國家圖書館、旅大市圖書館、南京博物館、浙江圖書館等四館收藏。另日本内閣文庫、尊經閣文庫亦有收藏。《四庫全書存目叢書》嘗據浙江圖書館藏本影印行世，題"明崇禎刻本"，列入《經部》第五十三、五十四册。本館此本較諸浙圖本，浙圖本書首多高世泰《尚書葦籥序》、莫儼皋《敘》二序。

考朱彝尊《經義考》卷九十一載鍾嶔立之言，謂潘士遴"著《尚書葦篇》，錫山高僉事世泰序之"，則鍾氏所見本亦有高世泰《序》也。

048
書經註疏大全合纂五十九卷首一卷

T334　1434

《書經註疏大全合纂》五十九卷首一卷，明張溥纂。明崇禎刻本。十六冊。框高20.2厘米，寬14.6厘米。半葉八行十八字，小字雙行同，左右雙邊，白口，單魚尾。版心上鐫"書經"，中鐫卷數及篇名。

卷端題"明後學張溥纂"。

書首，首明崇禎九年（1636）正月張溥《書經註疏大全合纂序》。次孔穎達《尚書正義序》，未署撰者及年月。次宋嘉定己巳（二年，1209）三月蔡沈《書經集註序》。次《書經註疏大全姓氏》。次《書說綱領》，題"明後學張溥刪閱"。次《書經註疏大全合纂卷首》。次《書經圖》。

張溥（1602—1641），初字乾度，後字天如，號西銘，明蘇州太倉（今江蘇太倉）人。《明史》卷二百八十八《列傳》第一百七十六《文苑四》有傳。傳云："溥幼嗜學，所讀書必手鈔，鈔已，朗讀一過，即焚之，又鈔，如是者六、七始已……後名讀書之齋曰'七録'，以此也。與同里張采共學齊名，號'婁東二張'。崇禎元年，以選貢生入都，采方成進士，兩人名徹都下。已而采官臨川。溥歸，集郡中名士相與復古學，名其文社曰'復社'。四年，成進士，改庶吉士。以葬親乞假歸，讀書若經生，無間寒暑，四方嗷名者爭走其門，盡名爲復社。溥亦傾身結納，交游日廣，聲氣通朝右。所品題甲乙，頗能爲榮辱。諸奔走附麗者，輒自矜曰：'吾以嗣東林也。'執政大僚由此惡之。"崇禎九年（1636）張溥里人陸文聲，因輸貲爲監生，求入復社被拒，又嘗以事爲張溥所笞，因詣闕言："風俗之弊，皆原於士子，溥、采爲主盟，倡復社，亂天下。"時溫體仁柄國政，下所司議之，遷延久之。十四年（1641）五月八日卒於家，年四十歲，私謚曰"仁學先生"。《明史》及吳梅村（1609—1671）《復社紀事》皆謂張溥卒於家，清計六奇（1622—？）《明季北略》卷十九則載："昌時與張溥同爲畫策建功人。淮安道上張溥破腹，昌時以一劑送入九泉，忌延儒密室有兩人也，其忍心如此。"謂張溥被楊昌時毒害，其說不知何據。溥撰有《易經註疏大全合纂》《書經註疏大全合纂》《詩經註疏大全合纂》《四書註疏大全合纂》《春秋三書》《歷代史論三編》《萬寶全書》《七録齋集》等書，編有《漢魏六朝百三家集》。黃道周嘗撰張溥墓誌銘，另今人蔣逸雪撰有《張溥年譜》，并可參。

　　此書爲張溥《五經註疏大全合纂》之一，溥另有《易經註疏大全合纂》《詩經註疏大全合纂》等傳世。張溥於《易經註疏大全合纂序》中謂其慮經學之不能遽明，乃取《註疏》《大全》二書加以合纂。其《序》又云："又恐二書日遠而弗彰也，爲去其重複，標以異同，使讀者耳目清明，知所指嚮。夫適路者先問關梁，入室者先歷門庭，《註疏》《大全》亦五經之關梁、門庭也。"其纂輯《五經註疏大全合纂》之用意於此可知。

　　此本無書名葉，書首張溥《書經註疏大全合纂序》末署"崇禎九年正月　日後學婁東張溥序"，惟未言及刊刻事。考書中不避清諱，故定爲"明崇禎刻本"。然此本卷端題"明後學張溥纂"，以其題"明"，疑是清代印本。考美國哈佛大學哈佛燕京圖書館藏"《詩經註疏大全合纂》三十四卷《綱領》一卷《圖》一卷"，卷端亦題"明後學張溥纂"，其本書首《諸國世次圖》葉一右面見鈐有藍色長條形之紙廠印記，當爲清代印本，其本卷端所題相同，可以參證。

　　此書張溥《書經註疏大全合纂序》云："《漢書・儒林傳》言孔氏有《古文尚書》，孔安國以今文讀之。《唐・藝文志》有《今文尚書》，則玄宗詔衛包所改也。蓋漢所謂古文者，隸書，今文者，世所用俗字，然則後世所讀皆俗字《尚書》，即安國今文未見也。宋元諸儒言《尚書》可疑者不一，吳草廬《敍錄》特出伏氏二十八篇如舊，以明漢儒初傳，其晉世晚出之書則別見於後，揭曼石稱爲綱名目張，如禹治水。然五十九篇經序久定，復爲此更置，繇信之不真，則施改多故矣。宋代説《尚書》者，蘇子瞻而下，葉石林《書傳》、吳才老《裨傳》稱詳博，余所見僅蘇解，葉、吳二書，問之藏書家，多云無有，不已缺乎？蘇氏經解，朱子最稱《書傳》，以其駁正王氏新經者多，至解《胤征》《呂刑》《康王之誥》，尤前人所不逮，蓋信事易，信理難，信理易，信數難，此讀子瞻《書》、《易》之分也。朱子嘗欲作《書》説，弗果，門人請斷《書》句，亦弗果，其欲爲而不暇與？抑有疑而不敢爲與？俱不可知。然蔡氏《集傳》命於朱子、又多所是正，傳經大事，不輕託付，若仲默於《書》不深，朱子不當以此相屬，令朱子於《書》有疑，不欲自爲，以委仲默，則信者自取，疑者讓人，非聖賢公心也。後人見朱子不作《書》註，并仲默之書不能無疑，云《洪範》以後非蔡手筆，凡解經者，前過而信，後過而疑，即疑且信，亦存乎人，於書本身無與也。過信不擇謬妄，如三墳，衆知其僞，鄭夾漈猶云古文辭直非後人能爲。過疑而辨，則二帝、三王坦然明白之文，或尚譏其卑弱不類漢前，且詰曲聱牙者，既慮其齟齬而難讀，文從字順者，又謂其易讀而可疑，然則必如何而後謂之真《尚書》也？余間以意斷，大抵孔《傳》可謂之略，不可謂僞；

蔡《傳》當因其不及者而成之，勿舉其已定者苟而没之，此又讀諸經皆然，不第一《尚書》矣。"此略論漢、唐以來對《尚書》之註解及其得失，文末所云可謂張溥對孔、蔡二《傳》之基本觀點。

此書取《尚書註疏》與《書傳大全》二書合纂，以一篇爲一卷，分篇依註疏本五十八篇之舊，末卷爲"逸書"，故合爲五十九卷。各篇皆先列經文，次列孔《傳》，次陸德明《經典釋文》，次孔穎達《疏》，下接蔡氏《集傳》及《大全》。張氏所採《註疏》爲附釋音之本，故亦録列陸氏《釋文》也。

每篇之末，低二格，張氏臚列篇内《註疏》與《大全》之異，而未作評論。如卷一《堯典》篇末云："按《堯典》解異同：'曰若稽古帝堯'，《疏》云：'能順考校古道而行者，是帝堯也。'《集傳》則云：'曰、奧、越通，古文作奧、曰、若者，發語辭。稽，考也。史臣將敘堯事，故先言考古之帝堯者，其德如下文所云也。''安安'，《傳》云：'安天下之當安者。'《集傳》則云：'言其德行自然，無所勉強。'"此乃提其要，以助讀者之理解也。

此書書首《尚書正義序》《書經集註序》，乃襲《註疏》與《大全》之舊。《書説綱領》採自《大全》之《圖説》，惟《大全》原書爲前圖後説，此書則改爲上圖下説。另《書經註疏大全合纂卷首》，首行題"書經註疏大全合纂卷首"，次行題"尚書序"，第三行題"漢　孔安國傳"，内容爲孔安國《尚書序》，每節《序》後并列《釋文》、孔《疏》、蔡氏《集傳》。

本館藏此本，卷五十九僅至葉十八止，葉十九以後缺。

此書《四庫全書總目》未著録。《中國古籍善本書目》著録"《書經註疏大全合纂》三十四卷，明張溥撰，明末刻本"，載青島市博物館收藏。《美國哈佛大學哈佛燕京圖書館藏中文善本書志》云："《中國古籍善本書目》著録，然作三十四卷，或有誤。"本館此"五十九卷首一卷"本，另北京大學圖書館、浙江圖書館，美國哈佛大學哈佛燕京圖書館，日本内閣文庫、尊經閣文庫、愛知大學簡齋文庫等館亦有收藏。北京大學藏本書名葉鐫"吳門舒濂溪梓行"，愛知大學藏本則著録作"吳門寶翰樓刊本"。

049

深柳堂彙輯書經大全正解十二卷附深柳堂禹貢增删集註正解讀本一卷

T335　2341

《深柳堂彙輯書經大全正解》十二卷附《深柳堂禹貢增删集註正解讀本》一卷，清吳荃撰。清康熙二十九年（1690）孝友堂、贈言堂刻本。十二册。框高19.8厘米，寬13.2厘米。半葉十二行三十字，四周單邊，白口，單魚尾。版心上鐫"書經正解",中鐫卷次及"虞書""夏書""周書"等,下鐫"深柳堂"。《讀本》版心上鐫"尚書正解讀本"。

卷端題"九河劉訓夫、三晋馮懿生、秀州朱錫邕、安昌高紫虹四先生鑒定;丹陽吳荃蓀右彙輯"。書名葉分三欄,右題"丹陽吳蓀右先生彙解",中題"尚書正解",左方鐫有書坊四行告白:"《尚書》講義,坊刻雖多,佳編絕少,本坊敦請/先生參詳同異,斟酌簡繁,如集腋以爲裘,似煉花而成/蜜,通材見此,當令神智倍增,初學讀之,不患疑團未釋,/誠説經之寶鑑,亦制義之金針也,識者鑒諸。"左下題:"金閶孝友、贈言堂梓行。"本館此本此告白之末行模糊不可識,此據哈佛大學哈佛燕京圖書館所藏本補足。

書首,首清康熙戊辰(二十七年,1688)六月劉梅《壁經正解序》。次康熙二十九年(1690)孟秋吳荃《書經正解序》。次《凡例》,共九則,末署"蓀右氏題"。次《參閲同人姓氏》。次《深柳堂彙輯書經大全正解目録》。次《書經正解類題辯異》。次圖,版心鐫"書經正解圖",圖多採《書傳大全》之圖,另增列《九州田掌訣》《九州賦掌訣》《九州貢道歌》等圖訣及歌訣。

吳荃(?—1708),字蓀右,號江蘺,清江蘇丹陽人。《[光緒]重修丹陽縣志》卷十九《仕進》中有傳,傳云:"康熙庚辰進士,授新建令,三載,多德政。戊子,分校閲卷,過勞成疾,病革時,闔邑士民爲設醮祈禱,病殁,縞素七日,建祠祀之。"又同書卷三十五《書籍》載吳荃所著有《四書正講》《易經正講》《書經正講》《詩經正講》《深柳堂詩文集》等書。案:《縣志》所載吳荃諸書,《正講》皆當作《正解》。

此書編纂之由,據作者《書經正解序》云:"余少受《尚書》,自齠齔時循行句讀,頗粗識其大義所在,長而研經服習,涵泳優飫其中……今之説是經者多矣,惟申文定《會編》一書,學者奉爲指南,顧文定公當神宗朝,從容坐論,稱太平宰相,履豐席盛,凜乎有日中盈滿之懼焉。當時内閣進講有《直解》,辭約而長于諷諭,指隱而切于敷陳,原以備經筵、資啓沃,于經生家言未數數然也。後因廣之爲《會編》,綱舉目張,犁然若撥雲霧,而于諸家辨異參同析疑訂難之説多略而不收,揆之泰山不讓土壤、江海不擇細流之義,似有未合者。余用是不揣固陋,旁搜薈萃,輯爲《正解》一編,寒暑矻矻,兩閲歲而後告成事焉。雖不敢上擬昔賢宸告之猷,而示及門以質同志,爲舉業之筌蹄者,亦庶乎無脊所趨矣。"末署"旹 康熙二十九年歲次庚午孟秋上浣吳荃蓀右氏題於深柳堂"。由此《序》可知此書之編纂,旨在補明代萬曆申時行所撰《書經講義會編》一書之缺,以爲學子舉業之筌蹄。又:此書編成於康熙二十九年(1690),其時吳荃尚未登進士第也。

　　考吳荃於編撰《尚書正解》之前，已嘗於康熙十八年（1679）刊行《四書大全説約合參正解》十七卷，於康熙二十三年（1684）與姜文燦合撰刊行《詩經正解》三十卷首一卷，并可參本書志第189、071條。吳荃於此書《凡例》第一則中云："余年來鍵關蕭寺，授徒餬口，諸生各占一經，課讀之餘，僅得指陳大略，惟壁經爲余專業，鈎纂討論，頗具苦心。坊客因《四書》一刻謬爲同人許可，力請是編問世，辭之不獲，遂録付剞劂，仍顔曰《尚書正解》，從其舊也。"此謂此書取名《正解》，乃沿襲前《四書大全説約合參正解》《詩經正解》之舊也。又書首劉梅《壁經正解序》亦云："余耳吳子蔊右名久矣，己未校士三晉，於坊間得所著《正解》，累若干種，疏釋評論，既詳且確……戊辰夏，蔊右執《壁經正解》乞余序。"此《序》亦謂吳荃編撰《尚書正解》之前，已著《正解》"累若干種"。

　　此書書名冠"深柳堂"，深柳堂乃清姜文燦之別業。姜文燦、吳荃合著之《詩經正解》，書首載有康熙二十三年（1684）葛筠《詩經正解序》，中云："吾邑城南讀書處，曰'深柳堂'，清池數畝，環以高柳，垂陰池畔，盛夏無暑氣。深柳堂，姜氏別業也。同時諸友，姜子我英恭御、吳子蔊右、丁子柯亭輩，閉關謝客，自牖納飲食。"可知深柳堂乃姜氏別業，姜文燦（字我英，又字恭御）、吳荃、丁鼎時（字柯亭）等人讀書於此，故其著作乃題"深柳堂"也。惟考此書書首載劉梅《壁經正解序》、吳荃《書經正解序》，皆未冠"深柳堂"之名，又吳荃其他所撰《四書》《詩經》二《正解》，書名亦皆未冠"深柳堂"，然則此書稱《深柳堂彙解書經大全正解》，其特冠"深柳堂"三字，蓋書坊梓行時所加也。此本書名葉未鐫刊刻年月，惟左方告白末云："金閶孝友、贈言堂梓行"，今據吳荃《序》、《凡例》、書名葉等，定爲"清康熙二十九年（1690）孝友堂、贈言堂刻本"。

　　此書共十二卷，卷一至二《虞書》，卷三《夏書》，卷四至五《商書》，卷六至十二《周書》。其稱《正解》者，乃依蔡《傳》爲説，此因其爲科舉用書也。各篇皆有"全旨"，以明分段綱領。各節復有"合參""析講"，"合參"之前，先列蔡《傳》，并遵以爲釋，"析講"則間采先儒及時賢之説。吳氏《凡例》第三則云："每篇各有要旨綱領，固貴分明；逐段各有意義節目，亦須清晰。是編章旨分段，俱列於每篇之首，各節肯綮，分綴於申講之後，復於上下承遞處、語意歸重處、首尾照應處、字句關會處，毫不敢含混，學者潛心體玩之，不特書義瞭然，行文亦思過半矣。"又第四則云："蔡《傳》句疏字釋，如高、曾規矩，確不可移。集内合參，悉遵《傳》注，闡揚析講，間採先儒奧義及時賢精論，要取其識解卓然，足以發前人所欲發，非北轍南轅，兩相矛盾也。殊塗同歸，是在善會心者。"其體例由此可見。如《堯典》"克明俊德"節，吳氏於"析講"中引"真西山""袁了凡""王宇太""董思白"等人之説，即"間採先儒奧義及時賢精論"之例也。

書首《書經正解類題辯異》，乃列舉《尚書》中可能爲考題而字句相同或相近者，以備區別，如首行上列"庶績咸熙"下載"咨汝羲暨節"，第二行上列"庶績咸熙，分比三苗"，下載"三載考績節"。此以首行之"庶績咸熙"與第二行之"庶績咸熙，分比三苗"相對照，而各行下方所載，則明其文所在之節也。兩兩對照，同異可辨，以免混淆，亦爲舉子所需也。

書首之圖，多採自《書傳大全》，其中尤可注意者，有不見於《大全》之《九州田掌訣》《九州賦掌訣》，二者皆上列《掌圖》，下載其訣，如《九州田掌訣》之訣云："冀、兗、青、徐、雍、豫、梁、荆、揚，將此一句念熟，算法從左手中指中節起冀，將冀、兗、青、徐一路輪轉，順布九宮，至揚而止。"另又有《九州土色性歌》《九州貢賦歌》《九州貢道歌》等歌訣，無圖。如《九州土色性歌》云："冀白雍黃壤性齊，梁邦自古土青黎。豫州色雜墳壚下，青地白墳廣斥低。兗州黑墳徐赤埴，荆揚土淖共塗坭。"此等歌訣，雖無關學術，然可作爲研究科舉史之珍貴資料。

正文十二卷後附《深柳堂禹貢增删集註正解讀本》一卷，據《凡例》第六則云："余童時所習《禹貢》善本，得自金沙馮氏家傳，較集内增删蔡註更爲簡明精當。然欲刊落蔡《傳》，易以手抄，竊所未敢，故另梓一集，附於卷末，俾學者便於記誦云。"知此爲吳氏童時所習讀本，因其較《正解》之《禹貢》簡明，故附梓以便舉子之記誦。

吳氏所輯諸《正解》，當時必甚風行，以致屢受盜翻，吳氏於本書《凡例》中對此乃預作警告，《凡例》末則云："制義名選，如《録真》《文徵》《韓選》諸書，真足主持風氣，爲一代指南。余自安固陋，退舍已久，而坊刻仍厠賤譚，真贗不辨自明。獨《正解》一刻，遭翻板之刦，亥豕魯魚，貽悮（誤）非淺，苦綿力不能追論，實用心痗。兹編校讎既正，梨棗復工，倘利賈仍行盜翻，定當糾合同志，共剪螽蟊，幸無更蹈覆轍。"科舉用書廣受好評，因而"遭翻板之刦"，此現象亦可供研究明清出版史者之參考。

《續修四庫全書總目提要》載倫明所撰此書提要，題"《尚書正解》十二卷，康熙刊本"，提要中云："卷首附《禹貢正解》節本，以便誦讀。"案：吳荃於書首《凡例》第二則中云："故另梓一集，附於卷末。"本館此本《深柳堂禹貢增删集註正解讀本》亦附於卷末，倫明提要云"卷首附《禹貢正解》節本"，蓋偶疏也，抑其所見本乃置於卷首歟？

此書《四庫全書總目》《中國古籍善本書目》俱未著録。除本館外，中國國家圖書館、北京大學圖書館、中國科學院圖書館、美國哈佛大學哈佛燕京圖書館等館亦有收藏。

050
尚書埤傳十五卷首卷一卷書經考異一卷附録一卷

T335　2942

《尚書埤傳》十五卷首卷一卷《書經考異》一卷《附録》一卷，清朱鶴齡撰。清康熙刻本。四册。框高18.9厘米，寬14.4厘米。半葉十行二十二字，小字雙行同，四周單邊，白口，單魚尾。版心上鐫書名，中鐫卷次。

卷端題"吳江朱鶴齡長孺輯；宣城沈壽民眉生、崑山顧炎武寧人訂"。

書首，首清康熙癸丑（十二年，1673）正月朱鶴齡《尚書埤傳序》。次《尚書埤傳凡例》，共六則。次《書經考異》。次《尚書埤傳》首卷。正文十五卷，書末有《附録》一卷，首行題"尚書埤傳附録"，版心上鐫"尚書埤傳"，中鐫"末卷"。

朱鶴齡（1606—1683），字長孺，號愚庵，清江蘇吳江（今屬江蘇蘇州）人。《清史列傳》卷六十八《儒林傳下一》、《清史稿》卷四百八十《列傳》二百六十七《儒林一》俱有傳。《清史稿》云："朱鶴齡，字長孺，吳江人。明諸生，穎敏嗜學，嘗箋注杜甫、李商隱詩，盛行於世。鼎革後，屏居著述，晨夕一編，行不識途路，坐不知寒暑，人或謂之愚，遂自號愚菴……初爲文章之學，及與顧炎武友，炎武以本原相勗，乃湛思覃力於經注疏及儒先理學……年七十餘，卒。"著有《易廣義略》《尚書埤傳》《禹貢長箋》《詩經通義》《春秋集説》《讀左日鈔》《愚庵詩文集》等書。

此書撰作之由，朱鶴齡於《尚書埤傳序》中云："古文孔《傳》晚出，《書》義稍顯，孔穎達爲之疏，雖正二劉（原注：'焯、炫'）之失，未愜學者之心。求其條貫羣言，闡明奧旨，信無逾于仲默《集傳》者，但其意主於撥棄注疏，故名物制度之屬不能無訛，筆力視紫陽《易》、《詩》二《傳》，亦不多逮，識者不能無憾焉。考明初令甲，本宗注疏，蔡《傳》附之，後又以蔡《傳》未精，命儒臣劉三吾等博采諸説，參互考訂，名《書傳會選》，頒諸學宮。其後《大全》行而此書遂廢。又其後，制科專取蔡氏而《大全》亦庋高閣。白首窮經，仍訛踵陋，讀《禹貢》者，河渠遷改，眩若追風；陳《洪範》者，九數相乘，迷若辨霧。此以攻經生章句，猶隔重山，况望其酌古準今，坐而論，作而行，卓然稱有用之儒哉？余竊用慇嘆，此《埤傳》之所由作也。"此蓋因蔡《傳》

雖長於"條貫羣言，闡明奧旨"，然"名物制度之屬不能無訛"，自明代科試，《書》專用蔡《傳》之後，經生一味尊崇，"仍訛踵陋"而無異辭，朱氏深所憫嘆，故思對蔡《傳》加以訂補。

朱鶴齡於《尚書埤傳序》末署"康熙癸丑正月哉生魄松陵朱鶴齡長孺甫書"，知此書完成於康熙十二年（癸丑，1673）。惟《序》未言及刊刻事，此本又無書名葉，故定爲"清康熙刻本"。

此書名爲《尚書埤傳》者，主在訂補蔡沈《傳》之闕誤，其《凡例》首則云："經文不全解，故不全載。昔趙子常汸説《春秋》，有《杜氏補注》一書，專取杜《注》之闕略舛譌者訂正之。予此書實倣其體，學者先讀蔡《傳》，然後參觀此書，斯本末畢見矣。"由《凡例》此言，知朱氏撰《尚書埤傳》，乃倣元趙汸之《春秋左氏傳補注》一書之體例。趙汸訂補《左傳》杜預《注》之闕略舛譌，而朱氏則訂補蔡沈《尚書集傳》之闕誤，故名《尚書埤傳》。埤者，益也，"埤傳"猶"補傳"也。朱彝尊《經義考》卷九十二著録此書，書名作《尚書裨傳》，卷數作："十卷"，"埤"字作"裨"，字雖異，義則同也。

此書正文十五卷，計卷一《堯典》，卷二《舜典》，卷三《大禹謨》《皋陶謨》《益稷》，卷四至六《禹貢》，卷七《甘誓》《五子之歌》《胤征》《湯誓》《仲虺之誥》《伊訓》，卷八《太甲》《咸有一德》《盤庚》《高宗肜日》《西伯戡黎》《微子》，卷九《泰誓》《牧誓》《武成》，卷十《洪範》，卷十一《旅獒》《金縢》《大誥》《微子之命》《康誥》《酒誥》《梓材》，卷十二《召誥》《洛誥》《多士》，卷十三《無逸》《君奭》《蔡仲之命》《多方》《立政》，卷十四《周官》《君陳》《顧命》《康王之誥》，卷十五《畢命》《君牙》《冏命》《呂刑》《文侯之命》《費誓》《秦誓》。

此書體例，各篇皆先節録所欲釋之經文，其下爲解。如卷一《堯典》"曰放勳"條，解云："放，古倣字。孔《傳》：'言堯能放上世之功。'蘇《傳》：'放，法也。堯有可法之大功，曰放勳。'愚按：放本訓倣效，堯之大功爲萬世聖人立極，所謂堯有可法之大功也。蔡作'推而放之四海'，放，乃林少穎之説。"此處朱氏解"放勳"之"放"，引孔安國《傳》及蘇東坡《書傳》之説，釋爲"倣效"，而不從蔡《傳》，且指出蔡《傳》實本宋林之奇《尚書全解》之説。考朱氏於《序》中云："余之輯是書也，主詁義而兼及史家，臚羣疑而斷臆説，務求爲今適用之學，庶幾孔堂之金、石、絲、竹不盡至於銷沈磨滅云爾。"又《凡例》第二則云："漢、唐二孔氏，去古未遠，名物度數之學多得其真，蔡氏訓釋義理，迥出注疏之上，然稽古却疏。又一事而前後異解，往往有之。今備加剖析，取注疏爲主，參以諸儒之説。"此謂此書以詁義爲主，然亦兼及史家論説、事證，所採以注疏爲主，又參以諸儒之説。又《凡例》第四則，舉出蘇東坡、黃度等二十二家之《書》解，第五則言及"唐宋以來諸名家文集中其論説有與《書》義相證發者，多節鈔以備觀覽"，此皆在兼採之列也。此外，《凡例》第六則云："今人盡讀蔡《傳》，蔡《傳》實未易讀也。今於其難解處，特詮釋一、二。"然則，此書除訂補蔡《傳》之闕誤外，於蔡《傳》難解處亦有所詮釋，於讀者理解蔡《傳》，亦有裨益。

書首《凡例》之後，有《書經考異》一卷，標題下注云："經文主監版《注疏》"。卷末云："吳才老、王伯厚皆有《考異》，今因其本而廣之。所引皆兩漢以前之書，《史記》多删改經文，間有謬誤，故不全録。"此《考異》之經文乃以明北監本《尚書注疏》所載經文爲主，引兩漢以前古籍所載之《尚書》異文以爲考異，朱氏自言乃本宋吳棫、王應麟二家《考異》之書爲基礎而增廣之。其内容如《堯典》"平章百姓"條云："平，《史記》作便；後《漢書》班固引作辨，《注》引鄭玄云：'别也'。"此引《史記》《漢書》以考《堯典》"平"字之異文也。

《考異》之後，卷一之前有"首卷"，此卷分立"今文古文""删次""書序""孔傳""時世""文體"等六項，就《尚書》之相關問題，先引前人諸家之説，後間有按語以辨之。

正文卷十五之後，有《尚書埤傳附録》一卷，版心鐫"尚書埤傳　末卷"，蓋與"首卷"爲對稱也。《附録》包括"古文尚書逸篇""僞書""書説餘"等三部分。"古文尚書逸篇"乃就《尚書序》《吕氏春秋》《孔叢子》《墨子》《淮南子》《説苑》《史記》《漢書》《後漢書》《説文解字》《論衡》《白虎通》等書之記載，以考古文《尚書》逸篇之跡。"僞書"舉"《史記》引《湯誥》曰""《漢書·郊祀志》引《太誓》曰""鄭氏《詩箋》引《泰誓》曰"、"孔氏《詩疏》引《泰誓》曰""孔氏《書疏》：'《漢律歷志》引《康王》《畢命》《豐刑》曰'"等五則，辨其所引爲僞《書》。"書説餘"載唐孔穎達、宋葉夢得、蔡元定、王應麟、章如愚、王栢、元馬端臨等七人之《尚書》論説。

此書《四庫全書》收録，《四庫全書總目》題"《尚書埤傳》十七卷，浙江巡撫採進本"，此合《考異》一卷、《附録》一卷而計之，故稱十七卷也。《總目》提要云："是書前有《考異》一卷，辨經文同異，後有"逸篇""僞書"及"書説餘"一卷，大抵以孔《傳》爲真，故《史記》所載《湯誥》親受於孔安國者反以爲僞，所見未免偏僻。然中間《埤傳》十五卷，旁引曲証，亦多可採……要其詮釋義理而不廢考訂訓詁，斟酌於漢學、宋學之間，較書肆講義，則固遠勝焉。"以爲此書遠勝於坊間爲科舉而作之《尚書》講義一類著作。

朱彝尊《經義考》卷九十二著録，已見前述。

《中國古籍善本書目》未著録。除本館所藏外，另湖北省圖書館藏有寶翰樓藏板一部，中國國家圖書館藏有濠上草堂刻本一部，北京大學圖書館藏有題"清初刻本"一部，上海圖書館藏有抄本（存卷一至五、十一至十五）一部。日本中央大學圖書館藏有濠上草堂刻本一部。又此書著成之後，沈應瑞、潘耒、張尚瑗等嘗加以訂補，成《尚書埤傳補》二卷，書刻於康熙二十年（1681）。

鈐印有"倪模"白文方印、"預掄"朱文方印、"大雷經鉏堂藏書"白文方印、"倪模之印"、"家在元沙之上"朱文長方印等印，知嘗爲清倪模所收藏。倪模生平，參見"040　尚書日記十六卷"條。

051
書經要義六卷

T335　1119

《書經要義》六卷，清王建常撰。清雍正八年（1730）崇陽公署刻本。六册。框高19.8厘米，寬13.5厘米。半葉十行二十六字，小字雙行同，四周單邊，黑口，單魚尾。版心中鐫書名及卷次。

卷端題"關中渭埜王先生建常仲復手著；華邑後學張慄子慎校閲；男乃庚金聲訂梓；後學賈映奎聯伯、李作模效則正字"。書名葉分三欄，右上題"王仲復先生手著"，右下題"崇陽公署訂梓"，中題"書經要義"，左欄空白。

書首，首清雍正庚戌（八年，1730）四月張慄《書經要義序》。次雍正庚戌嘉平月（十二月）上官汝恢《書經要義序》。

王建常（1615—?），字仲復，號復齋，清陝西朝邑（今陝西大荔）人。《清史列傳》卷六十六《儒林傳上一》、《[乾隆]朝邑縣志》卷五俱有傳。《清史列傳》云："王建常，字仲復，陝西朝邑人。明贈刑部侍郎之寀從子。少失怙恃，事繼母以孝聞。年二十，爲諸生，已乃棄去，鋭意正學。顧炎武寓華下，慕之，數以疑義相質，見所著《律呂圖説》二卷，嘆曰：'吳中未有也！'……其學以主敬存誠爲功，窮理守道爲務。生平注意尤在《小學句讀記》四卷，以此爲入德之門。嘗自言：'年三十時遭國變，即謝絶世故，唉菶讀書。至年近八十，又值歲饑，或日不舉火，然泰然自得，未嘗啓口告人。蓋幸聞朱子述其師延平，之語。後同邑李元春稱建常氣節足維世風，理學足翼聖道，其純正在李容上云。"著有《太極圖集解》《書經要義》《詩經會編》《四禮慎行》《律呂圖説》《春秋要義》《大學直解》《論語輯説》《小學句讀記》《復齋録》《別録》《日記》《餘稿》等書。今人輯有《王建常集》。

　　張慄《書經要義序》云："仲復王先生閉户潛修，肆力於諸子百家之書，博覽乎往古近今之事，凡有所得，必書以記之。是書則晚年補集成稿。慄得是稿於己卯冬，次其前後，搜其闕署，同聯伯賈生、效則李生抄録脱稿，始得成編。"《續修四庫全書總目提要》收録倫明所撰此書提要，提要中云："卷首有張慄《序》，稱是書成於晚年，於己卯冬其得稿，次其前後，搜其缺略，始得成編。按：己卯，康熙三十八年也，時建常已前卒。又有上官汝恢《序》，同作於雍正庚戌，則刻書之年也。"案：張慄《序》末署"雍正庚戌夏四月乙丑"，另上官汝恢《序》亦署"庚戌嘉平之月"，皆在雍正八年（1730），若張慄得此書於康熙三十八年（1699），距其作《序》之年已三十年，似不合情理。疑張慄《書經要義序》此云："慄得是稿於己卯冬"，"己卯"當是"己酉"之誤，己酉，雍正七年（1729）也。考清高佐廷、傅燮鼎等纂修《［同治］崇陽縣志》卷六《職官・知縣》載："張慄，字子慎，陝西華陰人，舉人，雍正丙午任。勤於治事……調武昌縣。"下接云："林日煜，號東來，福建寧德人，進士，雍正庚戌由武昌調任。"由此可知，張慄乃於雍正四年（丙午，1726）至八年（庚戌，1730）間任崇陽知縣，蓋張慄於雍正七年（己酉，1729）冬得賈映奎（字聯伯）、李作模（字效則）之協助，整理王建常《尚書要義》初稿，至雍正八年脱稿付梓，故張慄、上官汝恢二《序》皆題"庚戌"也。參與此書刊刻校訂之事者，尚有王建常之子王乃庚，由卷端題"男乃庚金聲訂梓"可知也。王建常與張慄皆爲陝西人，二者或有鄉里之情。另此本書名葉題"崇陽公署訂梓"，其刻當在張慄任崇陽知縣期間，故由張慄作《序》，且卷端冠"校閲"之稱。由以上所述，故定此本爲"清雍正八年（1730）崇陽公署刻本"。

　　此書共六卷，卷一《虞書》，卷二《夏書》，卷三《商書》，卷四至六《周書》。此書所論以《尚書》及蔡《傳》爲據，然不條録經、《傳》之文。各條逐就所欲闡釋之經、《傳》字、句加以論述。如《堯典》首條，王氏論云："書中第一箇聖人是堯，堯之德第一箇字是欽，欽者敬也，能敬便能明，惟明故文章著見而意思深遠，可見本領只在這箇欽字上，而《集傳》謂一經之全體亦不外是，一言以蔽之矣。"（卷一，葉一）此乃論《堯典》首節自"曰若稽古帝堯"至"文思安安"之義，尤强調"欽"字在全經之重要性。此書内容之特色，張慄《序》中云："先生於曆法必別其孰是孰非，而以湯若望爲的，示人以知所宗也。於《禹貢》九州，必明指之曰某州即今某某處，某州即今某某處，今日之江河所經、所注即在某某處，與當日之《書傳》不同，蓋以滄桑之變無常，而非大禹之錯訛也。至若《洪範》統言九疇之體用，分詳九疇之經義，列自然之次序，極當然之徵應，是皆天然不易之理，而非聖人有安排布置之勞也。及言欽、言敬、言誠、言性天、言禮樂政刑，鬼神兆民，有疑似者必詳辨之，錯悮（誤）者必正之，理之未足者反覆言之，而不厭其繁。《傳》之已明者約畧舉之，而不嫌其疏。凡以發前人所未發，可以補蔡《傳》之不足，而爲文公朱子之功臣也歟？"另《續修四庫全書總目提要》收錄倫明所撰此書提要，題"《書經要義》六卷，雍正庚戌刊本"，提要中亦云："所采都宋以下諸儒之說，間亦有所辨正，而究以朱子爲歸。"由二家之論，可知其梗概。

此書《四庫全書總目》《中國古籍善本書目》俱未著錄。此本除本館外，另中國國家圖書館、中國科學院圖書館等亦有收藏。《續修四庫全書》嘗據中國國家圖書藏本影印行世，題"清雍正崇陽公署刻本"，列入《經部》第四十三册。

052

尚書口義六卷

T335　7294

《尚書口義》六卷，清劉懷志撰。清乾隆八年（1743）大梁書院刻本。四册。框高18.6厘米，寬12.9厘米。半葉九行二十字，小字雙行同，左右雙邊，白口，單魚尾。版心中鐫書名及卷次。

卷端題"武强劉懷志貞儒纂；後學通海趙城亘興校訂，新安呂瀍曾宗則參校"。

卷首，首清乾隆八年（1743）五月趙城《序》。次同年七月党士伸跋，未立標題，末署"癸亥秋七月士伸謹跋"。次"尚書口義凡例"，共八則，末署"孫潔識"。次"尚書口義校閱及門姓氏"，末有劉自潔識語。次"尚書口義篇目"。

劉懷志（1625—1686），字貞儒，清武强（今河北武强）人。清李澄中撰有《贈中書舍人劉君墓誌銘》（見《白雲村文集》卷三），中云："君諱懷志，字貞儒，姓劉氏，真定武强人……素工文，五入鄉闈，不售，乃課其二子，共讀書樓上，不另與人事接……丙辰歲，長君成進士，官内閣中書舍人……甲子冬，上南巡，推恩封君徵仕，即如舍人官……康熙丙寅十月，以疾卒於家，得年六十有二。娶張氏，繼娶邵氏，俱封孺人。子男二人：謙，舍人君也；次誠，戊午舉人。"又清翟慎行等纂修《［道光］重修武强縣志》卷八《人物志·義行》中載："劉懷志，字貞儒，邑弟子員……五入棘闈，每蹶，無怨言，讀書如故……卒年六十二，康熙年祀鄉賢。長子謙，丙辰進士，官左都御史。次誠，戊午舉於鄉，署蔚縣學博。孫自溥，壬午舉人；自潔，翰林編修。"案：劉懷志之長子劉謙（1645—1728），字益侯，號思齋，康熙十五年（1676）進士，歷任內閣中書舍人，禮部主事、員外郎、郎中，鴻臚寺少卿，通政司通政使，工部右侍郎、都察院左都御史等職。爲官以清廉聞，康熙帝特御書"廉平堂"匾額及對聯賜之。事迹見《［道光］重修武强縣志》卷八《人物志·宦蹟》。考《［道光］重修武强縣志》卷七《選舉志·封廕》中載："劉懷志，生員，以子謙貴，誥封通奉大夫工部右侍郎。"劉懷志因其子劉謙之子劉自潔任大梁書院山長而得封"通奉大夫工部右侍郎"銜，另其所著《尚書口義》亦因劉謙之子劉自潔任大梁書院山長而得以付梓也。

此書刊刻之緣由，據趙城《序》云："乙未春闈，城受知於　大總憲武强劉益侯夫子，官京師時，常侍几席，因得見　太夫子貞儒先生所纂《尚書口義》，句解字釋，中貫之以文理，使讀者一目了然，固讀《尚書》者之寶筏也……將付剞劂，而夫子捐館，城亦宦遊吳楚中，間屏歸田里者數載，通門世好，滇南冀北，相隔萬里，未暇詢此書曾付梨棗否也。乾隆五年，城任豫藩，八年，先生文孫恒叔太史來爲大梁書院山長，攜有是書底稾，城曰是固嚮所奉爲讀《尚書》之寶筏者，不可不亟爲鐫板行世以導後學之迷津，爰敘校讎始末，因以見我夫子立朝，德業伯仲禹、皋、伊、呂者，其源蓋有自云。"此《序》末署"乾隆八年歲次癸亥夏五，門下後學通海趙城序"。考趙城（1685—1759），字亘輿，清通海（今雲南通海）人，據中國臺北"中央研究院"歷史語言研究所藏"內閣大庫檔案"第062777號載，趙城於乾隆五年（1740）至十年（1745）曾任河南布政使，故此《序》中云："乾隆五年，城任豫藩"也。乾隆八年（1743），趙城仍在河南布政使任內，故得助成此書之刻。另書首《尚書口義校閱及門姓氏》末，劉自潔之識語云："歲癸亥，潔以當事聘，謬居講席，與諸生約，首重經學，諸生唯唯受教。顧諸生業《尚書》者，率守時下講章，潔既病其支蔓，授以部頒之書，書生又苦浩繁，因思由淺入深，而後可以由博反約。迺出《口義》以示，蓋潔家多業《尚書》，是　先大父司空所手著，而　先君子總憲公置家塾中以訓子弟者也。諸生受而讀之，頗喜其文從字順，不煩言而義明，而党生士伸、孟生曙輒倡先抄寫，諸子亦皆更互傳誦，手不停披。是時提調書院事者，方伯通海趙公亘輿先生也。先生受業於　先總憲公之門，誘進後學，孜孜不倦。隨以此書付之剞劂，而屬祥符縣學博呂子力園董其事。維時党、孟諸生亦分任校讎，力園則詳加考訂，而亘輿先生是正，凡三閱月而刻成。嗚呼！先大父與　先君子手澤猶存，析薪負荷之任，潔懼弗能勝也。是舉也，亘輿先生發潛闡幽，不惟諸生業是經者識從入之途，而先世之傳亦庶幾不墜厥緒云。乾隆癸亥夏五，文林郎原任翰林院編修，大梁書院山長不肖孫潔謹識。"由此知此書乾隆八年（1743）刻於河南大梁書院，時劉懷志之孫劉自潔任大梁書院山長，而董其事者爲祥符縣學博呂瀠曾（字宗則，號力園），大梁書院書院諸生党士伸、孟曙等分任校讎之役。因河南布政使趙城有助成之功，故卷端列"校訂"之名也。

又因劉謙曾任都察院左都御史，故趙城《序》稱爲"大總憲"，劉自潔識語稱之爲"先君子總憲公"。另劉懷志嘗受封"通奉大夫工部右侍郎"銜，故劉自潔稱之爲"先大父司空"也。

此書所以取名《口義》者，《凡例》首則云："是書名以《口義》，蓋本朱子《四書訓蒙口義》之意，便初學也。"其書悉遵蔡《傳》之説，《凡例》第二則云："是書意義尊悉蔡《傳》，其周《誥》、殷《盤》，或有補蔡氏所未逮者，然毫無所牴牾也。"

此書分六卷，計卷一《虞書》，卷二《夏書》，卷三《商書》，卷四至六《周書》。《凡例》第五則云："虞、夏、商、周俱遵蔡氏分爲六卷，而各卷之篇又自爲次第，則倣盧陵朱氏子由《尚書句解》之例，非創也。"書内各篇以大字書經文，小字爲注以貫串之，"不更書經文於前，亦不更書蔡氏註"（《凡例》第三條）。如《堯典》起首之《口義》云："（史臣將敘堯事乃説）曰若稽古（之）帝堯（遂贊之）曰放勳（堯之功大而無所不至也然功本于德）欽（而恭敬）明（而通明）文（章著見意）思（深遠皆出于天性自然）安安（而無勉强其見爲行實則）允（有其）恭克（能爲）讓（故其）光（輝莫揜）被（及）四表（之遠）格于上下（之間所謂放勳者如此而放勳之實何如惟帝堯）。"（賓三案：括號内爲劉氏之注，原以雙行小字排列）其貫串經文而爲説，以便初學，體例頗異於他書。至於篇内爲求講貫，亦不再分節。

本館此本各册皆有朱筆圈點，間有逸名墨筆或朱筆批語。書首趙城《序》首葉右面下半部殘缺約三分之一，左面末二行皆缺末字。

《四庫全書總目》著録，題"《尚書口義》六卷，浙江巡撫採進本"，入《經部・書類存目二》。提要云："是書於經文之内注小字以貫串之，大旨悉遵蔡《傳》而衍以通俗之文，以便童蒙。凡蔡《傳》所謂錯簡者，俱移易經文以從之，凡蔡《傳》所謂衍文者，則徑從删薙，可謂信《傳》而不信經矣。"案：《尚書口義》書首《凡例》第七則云："《武成》篇遵蔡氏考定，不更書古文。其衍文如《舜典》'夒曰於'之類，亦俱不贅書，便誦讀也。"此書爲便誦讀，故從《傳》而改經，其爲舉業之用，故不得不然也。

《中國古籍善本書目》著録，題"《尚書口義》六卷，清劉懷志撰，清乾隆八年大梁書院刻本"，載北京市西城區圖書館、上海圖書館、天津圖書館三館收藏。另北京大學圖書館、中國科學院圖書館、中國臺灣大學圖書館亦有收藏。《四庫全書存目叢書》嘗據上海圖書館藏本影印行世，題"清乾隆八年大梁書院刻本"，列入《經部》第五十七册。

053
尚書約旨六卷尚書通典略二卷

T335　4203

《尚書約旨》六卷《尚書通典略》二卷，清楊方達撰。清乾隆十八年（1753）刻本。四冊。框高19.3厘米，寬14厘米。半葉十行二十字，小字雙行同，左右雙邊，黑口，單魚尾。版心中鐫書名及卷次。一函四冊，前三冊爲《尚書約旨》，後一冊爲《尚書通典略》，兹分別述之。

（一）《尚書約旨》六卷

卷端題“後學武進楊方達述”。書名葉中題“尚書約旨”。

書首，首清乾隆十八年（1753）三月楊方達自序，未立標題。次《尚書約旨例言》，共八則。次《尚書約旨目》。各卷之末皆鐫有“男廷琮校字”字樣。

楊方達生平，參見前“026　易學圖説會通八卷易學圖説續聞一卷”條。

楊方達於自序中云：“夫説《書》亦難矣，微而先聖、後聖心法之傳，顯而二帝、三王大經之治，上而天文歷數，下而地理山川，以及洪範九疇之屬，靡所不備，今欲博綜而條貫之，難矣。況語多聱牙，字多淵奧，九峰尚有未詳，諸儒解又各別，而欲折中以取其的，抑又難已。故説《書》者不難于説之詳，而難于説之約。詳則可以兼收，約則要歸一致，蓋非博無以爲約之地，非約亦無以爲博之歸也……達也少習《尚書》，長而縱覽于註疏、經解諸書，殊患其泛濫而無歸也。竊有志于約之一言，返而沈潛反復於經傳之言以求其至當，而未敢自安，唯願以由博反約之功與天下共證之也。若夫明辨之力，存乎其人，學者不以此爲井蛙之見而棄之，則善矣。”作者於此明其書取名《約旨》之義，楊氏蓋欲“返而沈潛反復於經傳之言以求其至當”“以由博反約之功與天下共證之”，故作此書也。

此書分六卷，五十八篇。各篇皆先列《尚書》經文，次加説解，間亦羅列前人之説。篇目及己説之下偶有雙行小注。《例言》第一則云：“《書》存五十八篇，仍舊本也。目分六卷，遵蔡氏也。不録小序，本朱意也。訓以正解，明經義也。攷以通典，補傳註也。”此書重在説解《尚書》，以明經義，故謂“訓以正解，明經義也”。至於名物典故，則另於《尚書通典略》中明之，本書不復多加詮釋，故此言“攷以通典，補傳註也”。《例言》第三則云：“蔡《傳》受意于朱子，而其中亦有不甚詳明者，有不合先儒理解者，爰博觀諸經註疏，洎宋、元經解及近代名公經説，而以鄙見折衷其義，或訂詁於正解之中，或闡明于通典之内，閲者必參觀而始見也。”楊氏此書，説解雖大體依蔡《傳》，然書中不列《傳》文，其訓釋亦間有與蔡《傳》異者。如《舜典》：“二十有八載，帝乃殂落，百姓如喪考妣，三載，四海遏密八音。”蔡《傳》云：“喪，爲之服也。遏，絕。密，静也。八音，金、石、絲、竹、匏、土、革、木也。言堯聖德廣大，恩澤隆厚，故四海之民，思慕之深至於如此也。《儀禮》，圻内之民爲天子齊衰三月，圻外之民無服。今應服三月者，如喪考妣；應無服者，遏密八音。”楊氏《約旨》解云：“三載，通百姓、四海言之。此言思慕之情，非言喪服之禮也。堯之時，豈有所謂方喪三年者？然情至義起，是亦禮之所宜也。古者民無姓，此‘百姓’當作百官族姓，至四海，則言四海之民矣。”（卷一，葉十四至十五）此處所解，即與蔡《傳》異。考《堯典》：“九族既睦，平章百姓。”孔安國《傳》云：“百姓，百官。”蔡沈《傳》云：“百姓，畿内民庶也。”蔡《傳》既解《堯典》“百姓”爲“畿内民庶”，於《舜典》“百姓如喪考妣”之“百姓”雖不復出解，然由其引《儀禮》“圻内之民”云云，知所解亦同於《堯典》也。楊氏《約旨》云：“古者民無姓，此‘百姓’當作百官族姓。”顯然不依蔡《傳》之釋。又謂此處不宜以喪服之禮解之，亦在規蔡説也。再者，《例言》云：“或闡明于通典之内”，此謂《尚書》中之名物典故，將另於《尚書通典略》中明之，如《堯典》“帝曰：咨汝羲暨和，朞三百有六旬有六日，以閏月定四時成歲，允釐百工，庶績咸熙”條，楊氏於説解之末，注云：“氣盈朔虛，詳見《典略》。”即其例也。

此書《例言》第四則云：“是編正解有未盡脱講章舊句者，蓋其言皆有所本，既確切精當，自可採入，與傳註並垂，不必言自己出而以創獲爲工也。”據此知《約旨》之説，亦有採自前人講章之成文舊句者。又《例言》第六則云：“坊間射利，每將各經删節全文，略加旁注，以爲舉業家秘本，不惟獲罪聖賢，抑亦遺害初學。　御旨煌煌，經術爲根柢之學。邇年來以經解取士，鄉會試不出擬題，不拘忌諱。苟非淹貫全經，何以號真才而稱　明旨？兹編雖不爲舉業筌蹄，亦未始非承學之津梁云爾。”楊氏此謂《約旨》雖不專爲舉業而作，然仍“未始非承學之津梁”，蓋以爲亦可爲科考之助也。

（二）《尚書通典略》二卷

卷端題“後學楊方達述”。書名葉分三欄，右題“武進楊符蒼輯”，中題“尚書通典略”，左題“復初堂藏板”。

書首，首清乾隆癸酉（十八年，1753）八月顧棟高《尚書通典略敘》。次乾隆十八年（1753）三月楊方達自序，未立標題。次《尚書通典略例言》，共八則。次《尚書通典略目上卷》，題“後學武進楊方達述”。次《尚書通典略目下卷》，題同上卷。次正文上、下二卷。上卷之末，鐫“男廷琮挍字”，下卷之末，鐫“男廷琮挍字／吳門王九成寫稿”。

此書楊氏自序之末，署“乾隆十有八年三月幾望後學楊方達識”，與《尚書約旨》同，兩書刊刻之時間蓋相近也。據《四庫全書存目叢書》影印"中國科學院圖書館藏清乾隆本"，顧棟高《尚書通典略敍》之後，尚有"附來書"一通，題"癸酉六月"，本館所藏本未載此札。考此"來書"，指癸酉六月顧棟高致楊方達之書信。中云"杪春，邵上兄寄到尊著數種，發函讀之，真足羽翼經傳，恨筋力就衰，不能登堂面質，悵快無似。目下又承示《書傳通典略》，足徵學問精進，老而彌篤，容留敝架，盡日力讀之。俟秋涼大駕辱臨，當面頌也。《春秋大事表》久欲呈教，因刷印尚遺一小册，亦到此時拜呈。耑此奉復，溽暑，伏祈自愛。"考癸酉爲乾隆十八年（1753），此信寫於乾隆十八年六月，而信中云："目下又承示《書傳通典略》"，蓋此時《通典略》甫刻成，故楊氏乃刷印一部乞序於顧棟高。顧氏信中云："容留敝架，盡日力讀之。"若爲稿本，恐不便久留也。顧氏之《敍》，署"癸酉八月上浣五日"，則《敍》乃成於此年八月五日，《敍》中云："其間有不合者，容俟面相質證，究極其義之歸。"則作《敍》之時，兩人仍尚未會面也。

《尚書通典略例言》第八則云："采輯典故，難入正講，恐文氣不貫，且詳略不均，故另爲一編，請質于四方博雅君子。"楊氏以《約旨》爲正講，而另撰《通典略》爲一編者，因若將名物典故錄入，"恐文氣不貫，且詳略不均"也。至於探求典故之必要，楊氏自序云："《尚書》，唐、虞、夏、商之史也，自聖人定之則爲經，雖非編年，而以道政事，典章制度，綱紀秩然，然而時代荒渺，文獻難徵，辭旨淵奧，末由明晰，賴有註疏，蠶叢獨闢，厥功鉅矣。宋儒繼出，義理昭明，而典章未備。自九峰蔡氏《集傳》書成，典故與義理並著，後有作者，弗可及矣。惟是五帝殊時，不相沿樂，三王異世，不相襲禮，雖曰損益可知，而以周禮斷虞制，當亦有不能盡合者與？善乎！黃元鎮之言曰：'求帝王之心易，而考帝王之事難。'此《通典略》之由作也。"此外，此書不求該備而稱"略"者，楊氏自序又云："略雖止此數十條，而帝王之大經大法已可考見，若好古博雅君子，有能推而廣之，補註疏之闕，析九峰之疑，則將由此而通天地之情，極古今之變，會義理于一心，而綜典故于千古，寧僅曰'略'焉已乎？"此其撰作之意也。

本書分上、下二卷，上卷含"百篇書目"等三十八條，下卷含"惟元祀十有二月"等三十八條。每條皆首立條目，下作考論。考論或自作論説，或引他人之説，或於他人之説下復作案語。《例言》第一則云："兹編于孔、蔡所未詳者，間或旁通其義，而酌取其中，豈曰能精？亦惟輯其略焉已爾。"又第三則云："蔡氏傳經，兹編意在翼《傳》，故倣昔人以經解經之例，而制多旁通，然不敢摭掇荒誕雜聞，有乖經學也。"惟楊氏雖曰此書意在翼《傳》，然其論説，亦間有與蔡《傳》異者，如卷上"虞書"條，楊氏云："典、謨皆謂之'虞書'者，蓋《堯典》雖言堯事，而自'疇咨'以下，實爲禪舜張本。《舜典》載受終之事，則堯、舜二帝常相終始，堯之事即舜之事也。三謨等篇，亦舜時事，故均曰'虞書'。見舜上承于堯，下授于禹，三聖授受，無二道也。蔡氏以爲《堯典》本虞史所作，故曰'虞書'，則《舜典》以下，當曰'夏書'，而乃曰'虞書'，此可見非聖人不能定也。聖人一因一革，自有權衡，豈徒據史氏以爲書者耶？"即其例也。

楊氏此書，力主今本孔《傳》非僞，卷上"尚書今文古文考"條，謂孔安國："承詔爲五十九篇作《傳》，會誣蠱事起，《傳》成，藏之私家，世弗得而見也……其賈逵之訓、馬融之傳、鄭玄之解，皆非真古文，而杜預註《左傳》、韋昭註《國語》、趙岐註《孟子》，有引用古文二十五篇者，皆曰'逸書'，道其實也。至東晉豫章内史梅賾，受孔《傳》古文於臧曹，遂奏上其書而施行焉，自是人人知有古文。"同條中，楊氏又引陳第、李光地、雷鋐、陸瓏其諸家之説，皆主孔《傳》古文爲真。又顧棟高在《尚書通典略敍》中，亦云："《尚書》有今、古文，論者多以古文之文從字順而疑其爲僞。試思二《典》及《禹貢》雖無註釋，亦易曉，何嘗無今文？而周《誥》、殷《盤》，佶屈聱牙，何嘗非古文哉？蓋紀事多出於史臣秉筆，如後世詞臣撰内、外制之類，雖百世可通行，而《盤庚》三篇，第爲告諭殷民之詞，《大誥》及《多士》《多方》，爲訓飭邦君、御事及洛邑頑民之詞，當日口相授受，詞諄義複，多雜土音，史臣不敢增飾一字，如後世語録，故易世後便難解，而漫以此分古、今文，別《尚書》真僞，此兒童之見也。余從事《尚書》四十年，博覽深思，所篤信不疑者如此。頃讀楊子所著，則與余合者過半，竊自喜人心之同然。"顧氏於《敍》中，特標舉此點，蓋因楊氏之觀點與己同調也。

本館所藏此"《尚書約旨》六卷《尚書通典略》二卷"本，二書版心皆未見刻工名，又《尚書通典略》顧棟高《敍》後未見"附來書"，中國科學院圖書館、中國臺灣大學圖書館等館所藏二書版心皆鐫有刻工名，顧棟高《敍》後有"附來書"。本館此本版心未見刻工名，疑係後印。

此《尚書約旨》《尚書通典略》二書，《四庫全書總目》分別著録，皆入《經部・尚書類存目二》。"《尚書約旨》六卷"提要云："是書大略墨守蔡《傳》，依文訓義，間有與蔡《傳》異者，亦僅鑽研語氣，未能考證其失。故所著《凡例》亦自謂未脱講章舊局。"另於"《尚書通典略》二卷"提要中評其書有"泥古而不徵今"與"知今而不稽古"之弊，末云："蓋典制之學與義理之學南轅而北轍也久矣。"

　　《中國古籍善本書目》著録，題“《尚書約旨》六卷《尚書通典略》二卷，清楊方達撰，清乾隆刻本”，載中國人民大學圖書館及東北師範大學圖書館二館收藏。此外，中國科學院圖書館、中國臺灣大學圖書館等館亦有收藏。另北京大學圖書館、上海圖書館，日本京都大學圖書館等館藏有清雍正、乾隆間武進楊氏復初堂刻本“《楊符蒼七種》四十九卷”，中亦含有此二書。《四庫全書存目叢書》嘗據中國科學院圖書館藏本影印二書行世，題“清乾隆刻本”，列入《經部》第五十九册。

　　鈐印有“壽銘長年”朱文方印、“丁氏家藏”朱文方印、“槃谿寓目”白文方印、“勤業書屋珍藏”白文長方印、“黃山丁氏”朱文方印等印。

054

愛日堂尚書註解纂要六卷

T335　2332

　　《愛日堂尚書註解纂要》六卷，清吳蓮撰。清乾隆十九年（1754）愛日堂刻本。五册。框高20.2厘米，寬14.6厘米。半葉九行十七字，小字雙行同，左右雙邊，白口，單魚尾。版心上鐫“虞書纂要”或“夏書纂要”“周書纂要”等，中鐫卷次及篇名，下鐫“愛日堂”。

　　卷端題“平陵史貽直鐵崖先生鑑定；豐溪吳蓮余嘉甫纂輯”。書名葉分三欄，右題“平陵史鐵崖先生參訂”，中題“尚書註解／纂要”，左下題“愛日堂藏板”，欄上題“乾隆甲戌年新鐫”。左下鈐有“文章／千古事”朱文長方印。

　　書首，首清乾隆十五年（1750）仲春唐綏祖《書經纂註序》。次乾隆二年（1737）七月史貽直《書經纂註序》。次未署年張璨跋，未立標題，版心鐫“跋”。次《尚書編目》。次《例言》，共六則，末署“乾隆甲戌歲正月既望愛日堂主人敬識”。

　　吳蓮，字余嘉，清江都（今屬江蘇揚州）人。《［乾隆］江都縣志》卷二十三《人物·文學》有傳，云：“吳蓮，字余嘉。幼孤，奉孀母苦志力學，補諸生，食餼，以文章知名，四方負笈從遊者甚衆。垂老，膺歲薦，惟以著書教子孫爲事。有《愛日堂文集》《玉井詩詞》若干卷。子高佐、志祖俱歲貢生，志祖另有傳。”另同卷亦載吳蓮子吳志祖之傳，稱：“吳志祖，字立先，爲名諸生，敦行執義，弟歿，撫其孤，有成……子四，顓孫、登賢、書餘，亦有聲。”

　　吳蓮此書，撰成後未刊而卒，稿存於家，至其孫吳顓孫（字軼張）、吳康孫（字紹釗）始爲之刊行。書首張璨之跋中云：“《書經纂註》一部，唐、虞一卷，夏一卷，商一卷，周三卷，乃新安前輩吳公余嘉先生手輯也。先生以積學名儒老於錦帶，所著《愛日堂文集》甚夥，茲書乃其中一帙也。書成未及授梓而卒，故其書前無自敍，卷首又未設凡例，其孫名康孫字紹釗者藏其書凡五十年矣，以璨爲其姻家好友，出以見示，乃藁本耳。讀之，見其簡括精當，凡九峰所注，詳明紛雜之中，特爲撮其大旨，以定指歸，令讀者眉目瞭然，雖佶屈聱牙如殷《盤》、八《誥》者，可開卷而得其綱領，洵迷津之指南、後學之寶筏也。因抄謄工繕，以爲家珍。適紹釗以先人苦心手澤，恰值其難兄孝廉軼張來漢，昆季謀付雕板，以廣其傳，更屬璨校正譌誤。既卒業，因嘆前輩名賢，苦心稽古，嘉惠後學如此，而軼張、紹釗又能上承祖志，力爲流傳，後先濟美，豈非顯揚之盛事乎？因喜而書其補凡例之後。"末署"湖南後學張璨敬跋"，由此跋知吳蓮此書之稿本由其孫吳康孫（字紹釗）藏存數十年，後康孫與其兄顥孫（字軼張）謀付剞劂，而張璨則爲任校正之務。張璨此跋未屬年月，考書名葉題"乾隆甲戌新鐫"，則此本乃刻於乾隆十九年（甲戌，1754）也。書首有《例言》六則，末署"乾隆甲戌歲正月既望愛日堂主人敬識"，此《例言》乃康孫等所補，故其第五則云："予祖父專肆《尚書》，《纂要》之輯，歷經四世，讀者無不效其一得。"可知爲康孫等所撰，其題"乾隆甲戌歲正月既望"，即在付梓之前，而張璨跋當撰於《例言》既成之後也。又考前述《[乾隆]江都縣志・吳志祖傳》中稱："弟歿，撫其孤，有成……子四，顥孫、登賢、書餘，亦有聲。"吳志祖所撫者蓋即吳康孫（字紹釗）。吳顥孫（字軼張）爲吳康孫堂兄，故前述《纂要》張璨之跋謂："適紹釗以先人苦心手澤，恰值其難兄孝廉軼張來漢，昆季謀付雕板以廣其傳。"此以"難兄"稱之，亦可見兩人情意之深厚也。

另書首二《序》乃乾隆二年（1737）及十五年（1750）史貽直、唐綏祖前後二湖北巡撫應吳康孫等所請爲本書所作之《序》。史貽直《序》云："茲余奉　命總制楚北，康孫適居漢之沔口，以余爲先世夙好，與其兄顥孫一日捧此書問序於余，蓋將付之梓人，以廣其傳。"此《序》末署"乾隆二年秋七月上澣之九日平陵史貽直拜題"。又唐綏祖《序》云："乾隆己巳，余撫楚北，康孫適僑居漢陽之沔口，因捧此書問弁言於余。"此序末署"乾隆十五年仲春吉日同里後學唐綏祖拜書於湖北撫署之清嘯軒"。二《序》中對吳蓮其人及其著作皆有所敍述，并可參考。

此書分六卷，卷一《虞書》，卷二《夏書》，卷三《商書》，卷四至卷六《周書》。各篇皆先頂格列經文，次低一格雙行小字作解，不列蔡《傳》之文，亦不載《書序》。説解每先標指意，次作詮釋。《例言》第四則云："是輯名《纂要》者，凡以洞中肯綮，要語不煩，無庸旁參互證，而組織成文，井然不紊，服習之下，便於口誦心維也。"又第一則云："茲輯於逐段清晰中提綱絜領，脉絡貫通，既不患其冗離，亦不失之掛漏，研經之子，實於此爲捷徑焉。”書中説解，以蔡《傳》爲宗，而融通諸説以爲解。《例言》第二則云：“講經自必宗註也，然必截講章、《集傳》爲二，未免有瞻上顧下之虞。兹惟據註，融徹解明，其合於註者，雖繁必登；背於註者，雖美不録。”由以上所述，可知此書之梗概。

本館此本有佚名朱筆圈點。

此書《四庫全書總目》著録，題“《尚書註解纂要》六卷，湖北巡撫採進本”，入《經部·書類存目二》。提要云：“是書融會蔡沈《集傳》之義，每節之下先標指意，而各隨文句詮釋之，無所考正。”提要所述甚簡。

《中國古籍善本書目》未著録。除本館收藏外，另中國國家圖書館、北京大學圖書館、清華大學圖書館、中國科學院圖書館、吉林社會科學院圖書館、湖北省圖書館等館亦有收藏。《四庫全書存目叢書》嘗據湖北省圖書館藏本影印行世，題“乾隆十九年愛日堂刻本”，列入《經部》第六十册。其本書首二《序》，史貽直《序》在前，唐綏祖《序》在後，次序與本館此本不同。

055
晚書訂疑三卷

T335　2113

《晚書訂疑》三卷，清程廷祚撰。清抄本。二册。半葉九行二十字。

卷端題“新安程廷祚撰”。首册外封面有朱筆手書“丁亥七月朔日駿公挍一過”一行七字，下鈐“駿公校勘”白文方印。

書首，首末署年程廷祚序，未立標題。次接《篇目》。自清乾隆刻本始，諸家刻本程廷祚序之前，尚有未署年清惠棟《晚書訂疑序》，此抄本無惠棟《序》。

程廷祚（1691—1767），初名默，字啓生，號綿莊，又號青溪居士，清上元（今江蘇南京）人。《清史列傳》卷六十六《儒林傳上一》、《清史稿》卷四百八十《儒林一》俱有傳。《清史稿》云：“程廷祚，字啓生，上元人。初識武進惲鶴生，始聞顔、李之學。康熙庚子歲，塈南游金陵，廷祚屢過問學。讀顔氏《存學編》……於是力屏異説，以顔氏爲主，而參以顧炎武、黄宗羲。故其讀書極博，而皆歸於實用。乾隆元年，舉博學鴻詞，至京師，有要人慕其名，囑密友達其意，曰：‘主我，翰林可得也。’廷祚拒之，卒報罷。十六年，上特詔舉經明行修之士，廷祚又以江蘇巡撫薦，復罷歸。卒，年七十有七。著《易通》六卷，《大易擇言》三十卷，《尚書通議》三十卷，《清溪詩説》三十卷，《春秋識小録》三卷，《禮説》二卷，《魯説》二卷。”程廷祚另撰有《青溪文集》《青溪文集續編》。事迹另參清程晉芳撰《綿莊先生墓誌銘》（《勉行堂文集》卷六）、清陳作霖撰《金陵通傳》卷二十九、《國朝耆獻類徵初編》卷四百二十。

程廷祚於書首序中云："《尚書》今所謂古文者，最爲晚出，然自隋唐至前宋，無人言其可疑，至吳才老、朱晦菴，始起而議之。厥後元吳幼清爲《纂言》，明郝仲輿著《辨解》，焦弱侯訂古本，皆刊落二十五篇而弗録，或亦失之過矣……蓋晚書之可疑，在于來歷不明，而諸儒不能言其所以然，致使議論沸騰，能發之而不能定也。近代蕭山毛氏爲《古文尚書冤辭》，徵引甚博，力闢先儒之論，志存矯枉，而復失之過。余曩曾爲文以正之矣，而未盡也。今復爲《晚書訂疑》三卷，以質諸好古之君子云。"案：由程氏此序，知其書乃爲駁正毛奇齡之《古文尚書冤辭》而作。又考唐孔穎達《尚書正義序》云："古文則兩漢亦所不行，安國注之，寔遭巫蠱，遂寝而不用。歷及魏、晋，方始稍興，故馬、鄭諸儒，莫覩其學……但古文經雖早出，晚始得行。"程氏此書書名所謂"晚書"者，乃用孔穎達之説，指古文《尚書》也。

此書分三卷，卷上含《史漢載古文尚書之由》《古文之名以字體訓詁不以篇章》《安國十六篇不傳》《二漢尚書之學》《安國註論語之證》《許氏説文之證》《隋志與正義之誣》《東晋不見有晚書》《晚書見於宋元嘉以後》《南北二史之證》《安國自序之謬》《孟子所見之武成尚存》等十二篇；卷中含《書序》《辨尚書古文疏證》；卷下含《雜論晚書二十五篇》，并附録"今古文尚書授受源流"。附録題"附今古文尚書授受源流"，下有識語云："愚著《訂疑》既畢，見新鐫秀水朱氏《經義攷》載此源流，喜其詳明，辨論復多與愚書相發，因附録焉。"案：此附録乃載録朱彝尊《經義考》卷二百八十四《承師四》中之《尚書》部分，程氏間加己見，則冠"愚案"以別之。

此抄本書首《篇目》及内文所列，卷中包含《書序》與《辨尚書古文疏證》兩篇，然自乾隆刻本始，諸家刻本篇目及内文，卷中則僅含《書序》一篇，無《辨尚書古文疏證》篇。考諸家刻本卷中之末云："閻氏《疏證》，愚別有辨，見《清溪存稿》。"此謂其對於閻若璩《尚書古文疏證》之論辨，已見於《清溪文稿》，故以"別見"方式述之。此抄本於《書序》篇之後接有《辨尚書古文疏證》一篇，篇題下注云："後改入《青溪文稿》。"又篇題前有一段文字云："《訂疑》定本別有一段，録於後，刻者如仍存《疏證辨》，則後一段可去。辛巳歲記。"據此可推，此抄本當仍保存比乾隆刻本更早期之面貌。

《續修四庫全書總目提要》收録江瀚所撰此書提要，題"《晚書訂疑》三卷，《經解續編》本"，提要云："廷祚少時見毛奇齡《古文尚書冤詞》，作《冤冤詞》以攻之。其後乃著《晚書訂疑》以推拓其説。是書在閻若璩、惠棟之後，其訂古文《尚書》之疑，猶能別出手眼。"

此抄本避“玄”“胤”等字諱，皆缺末筆。首册外封面有朱筆手書“丁亥七月朔日駿公挍一過”一行十一字，下鈐“駿公校勘”白文方印。史上名家有清吳偉業（1609—1672），字駿公，號梅村，然吳偉業所處之丁亥歲爲清順治四年（1647），此時程廷祚尚未出生，知此抄本之校者“駿公”非吳偉業也。

此書《四庫全書總目》未著錄。《中國古籍善本書目》著錄“《晚書訂疑》三卷《今古文尚書授受源流》一卷，清程廷祚撰，清乾隆三餘書屋刻本，葉德輝跋”一種，載杭州大學圖書館（今浙江大學圖書館）收藏。另中國國家圖書館亦藏有清乾隆刻本一部。此外，北京大學圖書館、中國科學院圖書館藏有道光二十七年（1847）刻本。北京大學圖書館又藏有清抄本一部，書末有佚名朱筆題云：“同治十年太歲辛未秋七月，借戴子高所藏吳氏鈔本校閱一過。”另《晚書訂疑》亦曾被刻入《皇清經解續編》《聚學軒叢書》《金陵叢書》中。《續修四庫全書》嘗據中國國家圖書館藏本影印行世，題“清乾隆刻本”，收入《經部》第四十四册。

056
古文尚書攷二卷

T110　9619

《古文尚書攷》二卷，清惠棟撰。清乾隆五十七年（1792）宋廷弼刻本。一册。框高17.6厘米，寬13.3厘米。半葉十行二十一字，左右雙邊，白口，單魚尾。版心上鐫書名，中鐫卷次。

卷端題“東吳惠棟定宇譔”。本館此本無書名葉，中國國家圖書館、美國哈佛大學哈佛燕京圖書館、柏克萊加州大學東亞圖書館等館所藏本有書名葉，書名葉分三欄，右題“惠松崖先生纂”，中題“古文尚書攷”，左上題“乾隆五十七年刊”，左下題“讀經樓定本”。

書首，首清乾隆十五年（1750）四月沈彤《古文尚書攷序》。次乾隆壬子（五十七年，1792）三月錢大昕序，未立標題，版心鐫“序”。中國國家圖書館藏本書末載有乾隆五十七年（1792）正月宋廷弼跋，未立標題，版心鐫“跋”，本館此本無此跋。

惠棟生平參見前“010　省吾堂四種二十五卷”條。

惠棟撰作此書之時間，據卷上之末“附閻氏若璩《尚書古文疏證》”起首之序云：“予少疑後出古文，年大來，文理未進，未敢作書指斥。甲寅夏秋間，偶校九經注疏，作疑義四條，辨《正義》四條，繼又作古文證九條，辨僞書十五條，又先後續出兩條，共爲一卷。其二十五篇，採摭傳記，兼錄其由來，藏篋衍數年矣。"考惠棟生於康熙三十六年（1697），卒於乾隆二十三年（1758），則此處所稱"甲寅"當爲雍正十二年（1734），此年夏、秋間，惠棟因校九經注疏，因而有《古文尚書攷》中各文之作也。

至於此書之刊刻，據書首錢大昕之序云："（前略）此千四百餘年未決之疑，而惠松崖先生（寳三案：'生'原訛作'先'，今改正）獨一一證成之，其有功於壁經甚大。先是，太原閻徵士百詩，著書數十萬言，其義多與先生闇合，而於《太誓》猶沿唐人《正義》之誤，未若先生之精而約也。今士大夫多尊崇漢學，實出先生緒論。其所撰述，都次第刊行，獨是編伏而未出。頃宋生子尚得之江處士艮庭許，亟梓而傳之，而屬序於予。"另中國國家圖書館所藏本書末有乾隆五十七年（1792）正月宋廷弼之跋云："孔氏《古文尚書》二十四篇亡，而僞古文二十五篇出。自孔穎達曲護二十五篇，反以二十四篇爲張霸所作，由是二十五篇厠聖經而竝行，无疑之者。至宋之吳才老、朱晦翁以及元之吳艸廬，明之郝京山等，雖皆疑之，而不得真古文要領，終於疑信參半。吾鄉惠松崖先生閱《尚書正義》而得其閒，灼然知二十四篇爲孔氏古文，則二十五篇之爲僞，明矣。于是僎《古文尚書攷》二卷，上卷證明其僞，下卷盡發其標（剽）竊之根原，彼作僞之情形无能隱遁矣。既而，見閻百詩《古文尚書疏證》，以爲先得我心，助我張目者，故棄中閒採閻説焉……是書出，而後之讀《尚書》者，庶不爲僞古文所惑矣，爰刊行之，以成先生嘉惠來學之意。"由錢大昕序及宋廷弼之跋，可知宋廷弼乃於江聲（字叔澐，號艮庭，1721—1799）處得惠棟《古文尚書攷》之稿，因而於乾隆五十七年（1792）加以刊行，并求序於錢大昕也。

此書分上、下二卷，上卷標立條目，辨證梅氏《古文尚書》之僞。惠棟於卷上之首云："今世所謂古文者，乃梅頤（賾）之書，非壁中之文也。頤（賾）采摭傳記，作爲古文，以給後世，後世儒者靡然信從，於是東晉之古文出，而西漢之古文亡矣。孔氏之書，不特文與梅氏絶異，而其篇次亦殊。愚既備著其目，復爲條其説于左方，以與識古君子共證焉。"上卷所立條目，計有"孔氏《古文尚書》五十八篇""鄭氏述古文逸書二十四篇""辨《正義》四條""證孔氏逸書九條""梅氏增多古文二十五篇""辨梅氏增多古文之謬十五條""辨《尚書》分篇之謬"等七目。末又有"附閻氏若璩《尚書古文疏證》"一目，惠棟於此目起首序云："癸亥春，於友人許得太原閻君《古文疏證》，其論與予先後印合，大氐後出古文，先儒疑者不一，第皆惑于孔冲遠之説，以鄭氏二十四篇爲僞書，遂不得真古文要領，數百年來，終成疑案耳。閻君之論，可爲助我張目者，因采其語附于後。其博引傳記、逸書，別爲一卷，亦兼附閻説，後之學者詳焉。"案：此述卷末附列閻若璩《尚書古文疏證》説之緣由，并謂下卷亦同。此書下卷，依梅氏僞古文各篇之次序，考覈其作僞來歷，揭發其剽竊之根源。故下卷皆先標篇目，次列僞《古文尚書》經文，於經文下以雙行小字辨其作僞之迹。下卷中各處亦間附閻説，已如上述。

本館藏本此書原收録於《省吾堂四種》中，與惠棟《九經古義》十六卷、《周易本義辯證》五卷、顧炎武《五經同異》三卷、萬斯同《石經考》一卷等四書共爲一函。因其非蔣光弼省吾堂所刻書，與其他四書不類，故今特予別出敘述。

此書《四庫全書總目》未著録。《中國古籍善本書目》著録“《古文尚書考》二卷，清惠棟撰，清竹因書塢抄本，清李文藻校並跋”“《古文尚書考》二卷，清惠棟撰，清乾隆五十九年李谿亭抄本，清李谿亭校並録邵晉涵、任大鶴校跋”二種抄本，皆藏於山東省博物館。此乾隆五十七年刻本，除本館外，另中國國家圖書館、上海圖書館、南京圖書館、吉林社會科學院圖書館、美國哈佛大學哈佛燕京圖書館、柏克萊加州大學東亞圖書館等館亦有收藏。《續修四庫全書》嘗據中國國家圖書館藏本影印行世，題“清乾隆五十七年宋廷弼刻本”，列入《經部》第四十四冊。另中國國家圖書館亦藏有乾隆三十四年（1769）李文藻抄本一部。又：《古文尚書攷》此書後亦曾被刻入《皇清經解》《昭代叢書》等叢書中。

書中鈐有“光緒初書歸黃縣王氏海西閣”白文方印。此書原與惠棟《九經古義》等四書合函，題“省吾堂四種”，各書皆鈐有此印。海西閣主人王守訓之生平，參見“010 省吾堂四種二十五卷”條。

057

尚書後案三十卷尚書後辨一卷

T335　1165

《尚書後案》三十卷《尚書後辨》一卷，清王鳴盛撰。清乾隆四十五年（1780）王氏禮堂刻本。八冊。框高22.9厘米，寬15.7厘米。半葉十四行三十字，小字雙行四十五字，四周單邊，綫黑口，單魚尾。版心中鐫書名及卷次。

卷端題“東吳王鳴盛學”。書名葉分三欄，右題“東吳王氏學”，中題“尚書後案”，左上題“尚書後辨附”，左下題“禮堂藏版”，欄上題“乾隆庚子秋鐫”。

書首，首末署年王鳴盛序，未立標題，版心鐫“尚書後案序”。次《尚書後案目》，題“東吳王鳴盛學”，目之末，題“尚書後辨附”，下列《尚書後辨》之目。次《尚書後案采取鄭馬王注書目》，末載“右通計抄撮羣書經史子集共一百三十一部"。

王鳴盛（1722—1798），字鳳喈，號西莊、禮堂，晚號西沚居士，清江蘇嘉定（今屬上海）人，《清史列傳》卷六十八《儒學傳下一》、《清史稿》卷四百八十一《儒林二》俱有傳。《清史列傳》云："王鳴盛，字鳳喈，江蘇嘉定人。幼從長洲沈德潛受詩，後又從惠棟問經義，遂通漢學。乾隆十九年一甲二名進士，授翰林院編修。二十三年，大考，翰詹第一，擢侍講學士，充日講起居注官。二十四年，充福建鄉試正考官。尋擢内閣學士，兼禮部侍郎銜。坐濫支驛馬，左遷光禄寺卿。丁内艱，遂不復出……嘉慶二年，卒，年七十六。"著有《尚書後案》《尚書後辨》《周禮軍賦説》《十七史商榷》《蛾術編》《耕養齋詩文集》《西沚居士集》等書。清錢大昕撰有《西沚先生墓誌銘》（見《潛研堂文集》卷四十八），今人黄文相撰有《清王西莊先生鳴盛年譜》，俱可參。

《尚書後案》撰作之由，書首王鳴盛序云："《尚書後案》何爲作也？所以發揮鄭氏康成一家之學也……予徧觀羣書，搜羅鄭《注》，惜已殘闕，聊取馬、王、傳、疏益之，又作'案'以釋鄭義。馬、王、傳、疏與鄭異者，條析其非，折中于鄭氏。名曰《後案》者，言最後所存之案也。至二十五篇，别爲《後辨》附焉。嘻！草創于乙丑，予甫二十有四；成于己亥，五十有八矣。寢食此中，將三紀矣。又就正于有道江聲，乃克成此編。"此序末署"東吳王鳴盛鳳喈"，未題年月，觀序中謂此書"成于己亥"，己亥爲乾隆四十四年（1779），則序蓋即作於此年。此書之刊刻，據書名葉題"乾隆庚子秋鐫"，則此書乃刻於乾隆四十五年（1780），即稿成之次年也。

王鳴盛序中所謂："又就正于有道江聲，乃克成此編。"今考孫星衍《平津閣文稿》卷下《江聲傳》中云："江聲，字叔澐，號艮庭……年四十一，始爲《尚書》之學，病貞觀時爲諸經《正義》，自《詩》《禮》《公羊》外，皆取晋人後出之注，而漢儒專家師説反不傳。惠徵君既作《周易述》搜討古學，聲亦撰《尚書集注音疏》，存今文二十九篇，以别梅氏所上二十八篇之僞造……時王光禄鳴盛撰《尚書後案》，亦以疏通鄭説、考究古學爲書。延聲至家，商定疑義，始以行世焉。"王鳴盛序所謂"就正于有道江聲"，當即指延江聲至家，商定疑義之事也。

《尚書後案》共三十卷，前二十九卷釋今文《尚書》二十九篇，末卷釋《尚書序》、鄭康成《書贊》、馬融《書傳序》、王肅《書注序》等。其二十九卷，計卷一至四《虞夏書》，卷五至九《商書》，卷十至二十九《周書》。今文《尚書》篇目之分合，王鳴盛於序中云："《書》本百篇，秦火後伏生傳今文三十四篇，孔安國得壁中古文，增多二十四篇，餘四十二篇亡矣。三十四篇即二十九篇：

《堯典》一，《皋陶謨》二，《禹貢》三，《甘誓》四，《湯誓》五，《盤庚》六，《高宗肜日》七，《西伯戡黎》八，《微子》九，《太誓》十，《牧誓》十一，《洪範》十二，《金縢》十三，《大誥》十四，《康誥》十五，《酒誥》十六，《梓材》十七，《召誥》十八，《洛誥》十九，《多士》二十，《無逸》二十一，《君奭》二十二，《多方》二十三，《立政》二十四，《顧命》二十五，《費誓》二十六，《呂刑》二十七，《文侯之命》二十八，《秦誓》二十九。伏書本二十八，《太誓》別得之民間，和于伏書，故二十九。安國得古文，以今文讀之，又于其中分《盤庚》《太誓》各爲三，分《顧命》爲《康王之誥》，故三十四也。"《尚書後案》前二十九卷即以序中所述二十九篇，一篇爲一卷也。

　　《尚書後案》旨在發揮鄭玄一家之學，已見前述王鳴盛之自序。此書各篇皆頂格首列經文，經文後低一格列"鄭曰""馬曰""王曰"《傳》曰"《疏》曰"諸説，末加"案曰"以論之，亦有"案曰"之後復加"又案曰"者。經文之下時有雙行小注，引《經典釋文》、《尚書疏》、《説文解字》諸説爲注，間加案語辨之。"鄭曰""馬曰""王曰"諸説，有者列之，無者闕之，未必具列，諸説下有雙行小注，明其輯佚來源。"案曰"辨鄭、馬、王、《傳》、《疏》諸説之同異，多以發明鄭學爲宗。

　　《尚書後案》所附《尚書後辨》一卷，乃辨晋人所僞造之二十五篇《古文尚書》。王鳴盛於《尚書後案》自序中云："孔安國得壁中古文，增多二十四篇……但諸家祇注三十四篇及百篇之《序》，增多者無注，至晋又亡。好事者別撰增多二十五篇，内有《太誓》，故于三十四篇删去《太誓》，又分《堯典》之半充《舜典》，《皋陶謨》之半充《益稷》，改爲三十三篇，并撰孔《傳》，蓋出皇甫謐手云……至二十五篇，分别爲《後辨》附焉。"《尚書後辨》所辨之内容，計有"辨孔安國《序》""辨孔穎達《序》""又辨卷首《疏》""辨陸德明《釋文》"《史記·儒林傳》"《漢書·藝文志》""劉歆傳""儒林傳"《後漢書·杜林傳》"賈逵傳""鄭玄傳""馬融傳""儒林傳""許慎《説文》自序""慎子冲上書"《三國志·王朗傳》"《隋書·經籍志》"《舊唐書·經籍志》"《新唐書·藝文志》"等條目，以及自《舜典》至《冏命》等二十五篇僞《古文尚書》。"辨孔安國《序》"諸條皆先列其文，下標"辨曰"以辨之。《舜典》至《冏命》諸篇則先列經文，次列"《傳》曰"，偶亦列"《疏》曰"，末加"辨曰"以辨其僞。"辨曰"之後，亦有復加"又辨曰"者。

　　王鳴盛此書，論者評價不一，譽之者，如此書刊行後，同邑錢塘（1735—1790）《溉亭述古録》卷一有《寄王西莊先生書》，中云："前年謁先生於吳門，得讀所著《尚書後案》，時卒卒未獲盡一紙。今年冬，兒子自故鄉攜此書至金陵，始略涉其涯涘。喟然興歎，後世談《尚書》，不宗鄭氏則已，宗鄭氏，則先生闡古文之僞、闡康成之微，援據博而別擇精，遠出孔仲達《正義》之上，千載而下，非先生是歸而誰歸與？"又清周中孚《鄭堂讀書記》卷九"《尚書後案》三十卷《後辨》一卷，原刊本"條中云："蓋自趙松雪、吳草廬分今、古文以後，至此始有定本。由是江艮庭、段茂堂、宋半塘暨孫淵如師諸家，接踵而起，先之者，西沚此書是也，厥功偉矣。"此皆極加推崇。然亦有評其失者，如咸豐間王劼著《尚書後案駁正》，其書首識語云："漢人不見孔《傳》，題曰'古文'，一時之誤。今鄭學並尊爲真古文，而變置孔壁增多伏生二十五篇於外，作《後辨》如王西莊者，譬入魔趣，不辨昏曉。"又於上卷謂《尚書後案》於播弄篇卷之外，更有"疑傳記所引有不合者爲失真""誣傳記所引之有合者爲綴輯""刪改史傳以就己說""舞文騁辯以亂群書"等四謬，其所糾彈，可謂酷矣。又如清皮錫瑞《經學通論》中亦云："(《後案》)主鄭氏一家之學，是爲專門之書。專主鄭，故不甚采今文，且間駁伏生，亦未盡善。"蓋諸家抑揚，仍不免涉及孔《傳》真僞及今、古文家爭議之立場也。

《續修四庫全書總目提要》收錄江瀚所撰此書提要，題"《尚書後案》三十卷，原刻單行本"，提要云："經營二十餘年，自謂存古之功與惠氏《周易述》相埒。然孫星衍輯古文《尚書》馬、鄭注，謂鳴盛博搜羣籍，連綴成文，或頗省改，蓋有不滿之辭……墨守鄭學，而不顧文義之安，得無與徐遵明同譏乎？"江瀚於《後案》亦頗有微詞。

本館所藏此本，《後案》卷一有佚名朱筆圈點。又書中見鈐有長條形藍、紅色紙廠印記及"吳正裕號""惠亭何記"等長方形紅色紙廠或紙商印記。

此書《四庫全書總目》《中國古籍善本書目》俱未著錄。此本除本館收藏外，另中國國家圖書館、北京大學圖書館、中國科學院圖書館、華東師範大學圖書館、中國臺灣大學圖書館、中國臺北"故宮博物院"、中國香港中文大學圖書館、美國哈佛大學哈佛燕京圖書館、普林斯頓大學東亞圖書館，日本東京大學東洋文化研究所等多館亦有收藏。《續修四庫全書》嘗據華東師範大學圖書館藏本影印行世，題"清乾隆四十五年禮堂刻本"，收入《經部》第四十五冊。另清道光間，阮元輯刻《皇清經解》，曾將此書收入卷四百零四至四百三十四。

058

書傳鹽梅二十卷

T335　4304

《書傳鹽梅》二十卷，清黃文蓮撰。清乾隆五十二年（1787）刻本。六册。

框高20.3厘米，寬15.1厘米。半葉十行二十四字，左右雙邊，白口，單魚尾。版心上鐫書名，中鐫卷次及篇名。

卷端題"上海黃文蓮輯"。書名葉分三欄，右題"上海黃芳亭著"，中題"書傳鹽梅"，左題"乾隆丁未鐫"。

書首，首清乾隆四十二年（1777）黃文蓮《書傳鹽梅序》。次《書傳鹽梅凡例》，共八則。次《書傳鹽梅目錄》，末有黃文蓮識語，署"丁酉冬月上海黃文蓮謹識"。

黃文蓮（1730—1790），字芳亭，號星槎，清上海（今上海）人，籍江蘇華亭。《清史稿》卷四百八十五《文苑二》有傳，文甚簡，云："文蓮，字芳亭，上海人。官知縣，有《聽雨集》。"文蓮乾隆十五年（1750）舉人，授安徽歙縣教諭。丁母艱，起補全椒縣學教諭。後任沁陽縣知縣，在官清廉，立誓不妄取民一錢，有"黃青天"之名。移署唐縣，沁陽民爭之，遂回任沁陽，卒於官。今中國臺北"中央研究院"歷史語言研究所藏明清史料"內閣大庫檔案"中有河南巡撫兼提督穆和藺題本一件，內稱："今據署布政使陳奉兹詳稱，沁陽縣知縣黃文蓮因患痰症，醫治不痊，於乾隆伍拾伍年柒月初捌日在任病故等情，詳報前來，臣覆查無異相，應據題謹具題聞。"據此知其卒年。黃文蓮工詩，與王鳴盛、王昶、趙文哲、吳泰來、錢大昕、曹仁虎等相唱和，時稱"吳中七子"。著有《書傳鹽梅》《老子道德經訂注》《聽雨樓詩稿》等書。另又曾參與《河間縣志》《唐縣志》之修纂。事迹另參《［嘉慶］松江府志》卷五十九《古今人物傳十一》。

此書黃文蓮《序》末署"乾隆四十二年歲次丁酉孟冬之月，星槎黃文蓮芳亭書於全椒學署"，知此《序》撰於乾隆四十二年，時黃氏任全椒縣教諭。據書名葉所題，此書刻於乾隆五十二年（丁未，1787），距作《序》之時，已歷經十年。書刻於黃氏卒前三年，蓋在沁陽縣知縣任內。

此書撰作之動機及其書名之取義，據黃氏《書傳鹽梅序》云："《尚書》文字最古，漢唐來注家以百數。東坡《書傳》作於海南，潁濱謂其推明上古之絶學，多先儒所未達。朱子亦亟稱其佳，而惟病其簡。九峰《集傳》後出，學者翕然宗之。蘇氏之書，《玉海》第紀卷數，且云大半排王氏説。其他注家，或條舉一、二而全文罕載。椒邑江茂才永建，喜藏書，歿而無嗣，卷軸散軼。丙申秋，出俸錢易其完帙，獲讀是書，蠚然有當於心。間有未純，其議論自闢，筆力自勝，東坡所謂'後有君子，當知我'者，伯厚猶淺之乎言之。文蓮嘗以暇日校蘇、蔡異同，並縱觀漢、唐、宋、元、明諸儒之成説，舉五十八篇之文，熟讀沈思，以考定其得失。凡有疑義，或從蘇，或從蔡，或仍孔注，或取他氏説，或竟抒臆見，非敢標新立異，惟務理順心安。蘇氏之傳《説命》曰：'鹽梅，和而不同者也。'文蓮之名是編也，竊取斯義云爾。"由此可知，黄氏撰此書，乃緣於乾隆四十一年（丙申，1776）獲得原藏於椒縣江永建之東坡《書傳》，因而校蘇《傳》與蔡《傳》之異同，并及於漢、唐以下諸儒之成説。考《尚書・説命》："若作酒醴，爾惟麴糵。若作和羹，爾惟鹽梅。"東坡《書傳》云："麴糵、鹽梅，和而不同者也。"黄氏自謂其書名爲《尚書鹽梅》，乃取義於東坡此《傳》，蓋言雖雜用諸家，較其同異，仍有所甄別是非，非一味調和也。

此書共二十二卷，計卷一《堯典》，卷二《舜典》，卷三《大禹謨》《臯陶謨》，卷四《益稷》，卷五《禹貢》，卷六《甘誓》《五子之歌》《胤征》，卷七《湯誓》《仲虺之誥》《伊訓》《太甲上》《太甲中》《太甲下》《咸有一德》，卷八《盤庚上》《盤庚中》《盤庚下》《説命上》《説命中》《説命下》《高宗肜日》《西伯戡黎》《微子》，卷九《泰誓上》《泰誓中》《泰誓下》《牧誓》《武成》，卷十《洪範》，卷十一《旅獒》《金縢》《大誥》《微子之命》，卷十二《康誥》《酒誥》，卷十三《梓材》《召誥》《洛誥》，卷十四《多士》《無逸》，卷十五《君奭》《蔡仲之命》《多方》，卷十六《立政》《周官》《君陳》，卷十七《顧命》《康王之誥》，卷十八《畢命》《君牙》《冏命》，卷十九《呂刑》，卷二十《文侯之命》《費誓》《秦誓》。

此書取《尚書》五十八篇之文釋之，皆首載《序》文、經文，下列蘇、蔡二《傳》及諸家之注以釋之，間下己意。其體例，據《凡例》第五則云："編内首列蘇《傳》全文，蔡《傳》另爲一行，或有辨論，即於蔡《傳》下用'謹案'二字，如援引他説，則用'謹考'二字，有所折衷，則又用'今案'二字。亦有蘇《傳》後另一行，逕用'謹案''謹考'起者。間或蘇、蔡二《傳》經宋、元、明人辨論，頗極允愜，則但採其説，不復加案。"至於書中錄蘇《傳》與蔡《傳》之文，據《凡例》第三則云："今蘇氏《書傳》，學者罕見原文，故另作一行全載。蔡《傳》即户習家藏，且多與蘇《傳》相同處，謹倣陳壽翁《纂疏》例，畧從删節。"又《凡例》第四則云："是編凡蘇無《傳》而蔡有《傳》者，錄之。蘇《傳》義有未盡而蔡《傳》特詳明者，採之。蔡《傳》與蘇《傳》不相合者，兩存其説，以衷一是。或蘇、蔡解俱未的，則博考馬、鄭、王三家之説，二孔氏之注、疏及宋、元、明諸人之論而採擇其優。至管窺所及，偶有創解，未敢自是，聊以質疑。"此爲此書引書之大概也。

此書揭示蘇《傳》，冠於蔡《傳》之前，并校論其異同、是非，其於蘇《傳》有標舉之功，且非一味曲從蔡《傳》者流。然黄氏不信孔氏古文爲僞作，《目錄》末，黄氏之識語云："吳氏棫第疑孔書文從字順而已，趙氏孟頫始詆其作僞。吳氏澄復以平弱卑緩斥之。愚謂：讀古文者，但求諸詞氣之間，不無可疑。顧其多言紀綱道德，經緯人事，非漢儒所能偽撰。惟是壁藏數百年，科斗文豈無爛簡及難字不可屬讀者？意孔氏修飾其辭，故皆文從字順……近來學人，不求心得，而好鷗張，凡與今文不合者，概從屏棄，并謂孔《傳》亦是偽書，愚未敢從也。”《續修四庫全書總目提要》載孫海波所撰此書提要，頗斥黃氏“以古文爲可信”之謬。

本館此本《凡例》共二葉，裝訂錯誤，第二葉錯在第一葉之前。又《目録》二葉，第二葉亦錯在第一葉之前。

此書《四庫全書總目》未著録。《中國古籍善本書目》著録“《書傳鹽梅》二十卷，清黃文蓮撰，清乾隆五十二年刻本，清黃世綬跋”一種（存卷一至十一），載中山大學圖書館收藏。本館此本，另中國國家圖書館、北京大學圖書館、清華大學圖書館、中國科學院圖書館、復旦大學圖書館、浙江圖書館、遼寧省圖書館，美國普林斯頓大學東亞圖書館等多館亦有收藏。《四書未收書輯刊》嘗影印行世，題“清乾隆五十二年刻本”，收入第叁輯第肆冊中。

鈐印有“書直白金三百兩”朱文長方印、“洪氏藏書萬卷”白文方印、“清俸買來手自校，子孫讀之知聖道，鬻及借人爲不孝。唐杜暹句”朱文方印。案：此印第二句“子孫讀之知聖道”，同於宋歐陽脩《澠水燕談録》卷六所引。另宋周煇《清波雜志》卷四所引杜暹句，則作“子孫讀之知聖教”。

059

尚書釋天六卷

T377　7111

《尚書釋天》六卷，清盛百二撰。清乾隆三十九年（1774）任城書院刻本。四冊。框高19.5厘米，寬14.3厘米。半葉十一行二十二字，小字雙行同，四周雙邊，白口，單魚尾。版心中鐫書名及卷次。

卷端題“秀水盛百二秦川”。

書首，首清乾隆十八年（1753）孟冬盛百二《自序》。次乾隆庚辰（二十五年，1760）五月朱休承後序，未立標題，版心鐫“尚書釋天後序”。書末有劉鳳翥跋，未立標題，版心鐫“尚書釋天跋”，末署“七月既望，門人劉鳳翥識於書院之學海樓”。次“校閱姓氏”，共列“朱桂年”等七十四人。

盛百二（1720—？），字秦川，號柚堂，清浙江秀水（今浙江嘉興）人。《清史列傳》卷六十八《儒林傳下一》有傳，云：“乾隆二十一年舉人。官山東淄川知縣，爲政靜而不擾，簡而有要，聽訟不多言而人自服。查覈歷城、濟陽災户，了了無遺，能吏莫之及。然素無宦情，在官一年，以憂去，遂不仕。少讀書穎悟，於天文、句股、律呂、河渠之學，必研其故……晚居齊、魯間，主講山棗、桌城書院十數年，多有成就。"著有《尚書釋天》《柚堂筆談》《淄硯錄》《觀錄》《問水漫錄》《增訂教稼書》《柚堂文存》《皆山閣吟稿》等書。盛氏喜藏書，其中不乏宋、元、明本，藏書處有"春草堂""皆山閣""惜芬書屋"等，參見李玉安、黃正雨著《中國藏書家通典》。

　　盛氏著此書之動機，蓋因感於前人對《尚書》中曆象星辰之法所釋時有未安，故有此書之作。其《自序》云："間嘗不揣愚昧，取書中之涉於歷象者，以《集傳》爲主，旁採諸書而疏正之。其於《傳》義未諧，所宜剖析者，則以蒙説附綴其際。至若緯書之荒唐，史志天官、歷説之蕪穢，直者迂之，明者晦之，數家之言，轉相傅會，一簡之內，首尾乖違，乃術士惑人之故習。竊據所知，爲之詳辨，書分六卷，名曰《釋天》。其相與往復商榷者，則果堂沈丈彤、潘子尊嶽也。"又其甥朱休承之後序云："舅氏柚堂先生，性不能章句而好深思遐想，凡圖書、樂律、河渠以及古今學術之分合、治術之升降，無不究心。又曾與校先太史《經義考》，其中'師承'一門（賓三案：《經義考》卷二百八十一至二百八十五，題作'承師'）脱簡處多所補訂。嘗以《尚書》之《禹貢》山川，有胡氏之《錐指》集其大成，惟歷象、日月、星辰、璣衡之法制，未有專書發明其理，於是殫五年之力，以蔡《傳》爲主，集經史百家中西之論著，反覆參考，訂僞辨訛，發微闡奧，成《釋天》一書。不特本書之旨快然無疑，即他經註傳之幽晦者，無不旁通曲暢，比之王伯厚《六經天文編》，殆有過之。"由以上二文所述，可知此書撰作之緣起。

　　案：朱休承，字伯承，朱彝尊四世孫。乾隆十八年（1753）舉人，官陝西城固知縣。由朱休承後序，知盛百二亦嘗參與《經義考・承師》刊刻時校補之役也。

　　此書之刊刻，據盛氏門人劉鳳翥於跋中云："柚堂先生《尚書釋天》初名《管窺》，恐或與古有同者，遂改今名。始於乾隆己巳，成於癸酉，而二十年來得間復以時修改。甲午春，先生來主任城講習，因得受而讀之，力請付梓，以惠後學。及開雕未半，得李子冠翼大翰嶺南書，云已刊於羊城。李子，秀水人，從先生受《書》者也。先生欲中止，羣謂板在南方，搆求不易，仍請始終成之，以慰學者之望。三閱月而工畢。恐兩本並行，字句偶有同異，啓後人之疑。翥亦與校讐之役，因附數言於卷尾。"考甲午爲乾隆三十九年（1774），知此書乃於此年刻於任城書院。本館所藏本無書名葉，另中國科學院圖書館、美國哈佛大學哈佛燕京圖書館等館所藏本有書名葉，分三欄，右題"乾隆甲午夏"，中題

"尚書釋天"，左題"任城書院開雕"，所題與劉鳳翥跋文所述正合。另據劉跋，知李大翰在羊城（今廣州）亦另有刻本，刊刻時間與任城書院刻本相近。今《續修四庫全書》據華東師範大學圖書館藏本影印，其本書名葉左下題"李氏開雕"，其本僅有盛百二《序》，而無朱休承後序與劉鳳翥跋，當即是劉跋所謂李大翰刻於羊城之本。惟劉《跋》云："及開雕未半，得李子冠翼大翰嶺南書，云已刊於羊城。"雖未明言李氏刻本刊刻之年月，以理推之，當不早於乾隆三十九年（1774）太多，否則盛氏應早有所聞。《續修四庫全書》題李氏刻本云："據華東師範大學圖書館藏清乾隆十八年刻本影印"，所言"乾隆十八年刻本"，蓋即據盛氏作序之年定之，恐有未妥。

此書共六卷，卷一至卷三釋《堯典》，卷四釋《舜典》，卷五釋《胤征》，卷六釋《洪範》。其書之内容，如盛氏《自序》所言："取書中之涉於歷象者，以《集傳》爲主，旁採諸書而疏正之。其於《傳》義未諧，所宜剖析者，則以蒙説附綴於其際。"其體例則先出《尚書》經文某節，次列蔡沈《傳》文，次引諸家之説，末附盛氏按語。如《堯典》首條，首標"乃命羲和節"，次列"羲氏、和氏主歷象授時之官"《傳》文。下引"孔氏安國《傳》""孔氏穎達《正義》""顧氏炎武《日知録》"三家之説，末爲"百二按"之按語。此書徵引極博，以卷一爲例，先後曾引及《尚書》孔安國《傳》、孔穎達《正義》、顧炎武《日知録》、朱熹《朱子語類》、《御纂性理經義》、《御製歷象考成》、"王氏安石曰"、梅文鼎《歷學源流》、段成式《酉陽雜俎》、張載《正蒙》、《元史・歷志》、"沈氏彤曰"、鄒淮《歷書》、陸德明《經典釋文》、呂祖謙《書説》、《欽定傳説彙纂》等書，徵引之外，又時加剖析訂訛，所論可謂精詳。

此書卷六之末載有《補遺》，《補遺》之末有盛氏之按語云："按：三十年前，余于《陸清獻年譜》知桴亭先生有《九道辨》，至今始得見之，真如披雲霧矣。然間有未盡之處，録其全文，稍爲剖析，以附於《釋天》之後，且欲以廣其傳也。"（卷六，葉三十）其所載乃明儒陸士儀（1611—1672）之《九道辨》，文中間有按語，即是盛氏"稍爲剖析"之文。此《補遺》僅見於此本，前述《續修四庫全書》影印李氏刻本則無之，可見此《補遺》當爲乾隆十八年（1753）稿成之後，迄乾隆三十九年（1774）任城書院刻本開雕之前，盛氏所補列也。此書既有李氏、任城書院二種刻本，當以後者經盛氏後訂之本爲佳。

《續修四庫全書總目提要》收録江瀚所撰此書提要，題"《尚書釋天》六卷，學海堂本"，提要云："是書釋《尚書》《堯典》《舜典》《洪範》三篇，百二算學雖用西法，其論置閏，仍主以此餘日置閏月於其間，然後四時不差而歲功得成……皆頗守舊，於理自通。惟篇末附顧祖禹《方輿紀要・分野考》，殊爲蛇足。"案：江瀚所據爲清阮元學海堂刻《皇清經解》本，其本卷六之末附有《補遺》，《補遺》之末載"分野附"，同於此乾隆三十九年（1774）任城書院刻本。江瀚評書末所附《分野考》爲蛇足。惟《尚書釋天》所論實包括《尚書》中《堯典》《舜典》《胤征》《洪範》四篇、諸本皆同，江瀚提要稱"是書釋《尚書》《堯典》、《舜典》、《洪範》三篇"，而未及《胤征》，蓋疏漏爾。

此本避"玄""弦""炫""胤""曆"等字。

此書《四庫全書總目》及《中國古籍善本書目》俱未著録。本館所藏此任城書院刻本，另中國國家圖書館、清華大學圖書館、中國科學院圖書館、中國臺北"中央研究院"傅斯年圖書館、美國哈佛大學哈佛燕京圖書館等館亦有收藏。此外羊城李氏刻本，南京圖書館、華東師範大學圖書館、蘇州圖書館、中國臺灣大學圖書館等館有藏。《續修四庫全書》曾據華東師範大學圖書館所藏羊城李氏刻本影印行世，題"清乾隆十八年刻本"，列入《經部》第四十四册。其本書名葉分三欄，右欄空白，中題"尚書釋天"，左題"李氏開雕"。另考蘇州圖書館及中國臺灣大學圖書館所藏本，其版本同於羊城李氏刻本，然書名葉則皆右題"乾隆甲午夏"，中題"尚書釋天"，左題"任城書院開雕"，此當係書坊取任城書院刻本之書名葉鐫而冠於羊城李氏刻本之首以欺讀者耳目，讀者不可不慎。蘇州圖書館題其本作"乾隆三十九年年壬成書院刻本"，中國臺灣大學圖書館題其本作"清乾隆甲午（三十九年，一七七四）任城書院刊本"，蓋皆失察也。

060

尚書㕥注音疏十二卷卷末一卷外編一卷

T335　3145

《尚書㕥注音疏》十二卷卷末一卷外編一卷，清江聲撰。清乾隆四十九年（1784）至五十八年（1793）刻本。十二册。框高17.5厘米，寬13.3厘米。半葉大字十行十四字，中字二十一字，小字雙行二十一字，左右雙邊，白口，單魚尾。版心上鐫篇名，中鐫書名及卷次。

卷端首行題"堯典第一"，其下分別題"虞夏書一""唐書""尚書一""尚書㕥注音疏卷一""江聲學"。書名葉分二欄，右大字題"尚書㕥注／音疏"，左下題"近市居藏版"，左上鐫"疏通知／遠而不誣"墨文長方印。

書首，首《募刊尚書小引》，末署"乾隆四十九年歲在焉逢執徐則余月癸巳江聲纂"。署名之後又鐫有識語，末署"乾隆五十八年歲在昭陽赤奮若畢陬月丁酉朏江聲記。時年七十有三"。次《尚書總目》。本文十二卷之後，有卷末一卷，外編一卷。

江聲生平參前“035　古文尚書十卷附尚書逸文二卷”條所述。

此書撰作之緣起及其過程，江聲於“卷末”《尚書亼注音疏述》中云：“聲竊愍漢學之淪亡，傷聖經之晦蝕。于是幡閱羣書，搜拾漢儒之注，惟馬、鄭、王三家僅有存焉。外此則許慎之《五經異誼》載有今文、古文家説，然其書已亡，所存厪見。它如伏生之《尚書大傳》則體殊訓注，間有解詁而已。爰取馬、鄭之注，及《大傳》《異誼》，參酌而緝之，更傍采它書之有涉于《尚書》者以益之。其王肅《注》與晚出之孔《傳》，本欲勿用，不得已始謹擇其不謬于經者，間亦取焉。皆以己意爲之疏，以申其誼，然僅得什之三、四也。自重光大荒落之秋，以迄元弋敦牂之冬，成《堯典》《咎繇謨》《禹貢》《甘誓》《湯誓》諸篇，暨百篇之敍。至《盤庚》，則以漢注絶少而中輟者久之。既念一匱之覆，終不足以發古誼、存絶學，乃復以己見搜討經誼，精覈詁訓，又自柔兆閹茂之夏，迄彊圉大淵獻之夏，周一歲而成《盤庚》以後二十餘篇之注，并前所緝者亦重加釐正，其亡篇之遺文有散見它書者，則并其原注采之，各隨其篇第而傅厠其間。其无篇名者，總列于後。爲書十卷，并百篇之敍一卷，逸文一卷，凡十二卷，而疏則猶未皇（遑）也。將更須三載，庶幾卒業矣乎。若夫幽莠亂苗、武夫類玉，必區別而斥之。蓋袪異端、闢衺説，所以尊聖經也。紹前哲，開來學，莫大于是，聲雖不敏，敢不力焉？是爲述。”末署“乾隆三十有二年歲在彊圉大淵獻相月乙丑胐粵五日巳巳江聲譔既旁生霸粵六日癸未疏訖”。此《述》之後，又有《尚書亼注音疏後述》云：“古人之文，古人之常言也，道之于口，聞者靡不知，筆之于書，讀者靡不解，无庸傳述爲也。乃音以方俗而殊，言以古今而異，或一字而解多涂，或數名而同一實，聖賢懼後學之河漢前言也，于是《爾雅》有作，而故訓興焉。兩漢諸儒或據之以解羣經，繇（由）是傳注迭興而經誼賴以明矣。于時風氣醇古，語雖達而未詳，意雖擒而未罄，後之學者，欲爲引伸其説，故自南北朝以至唐初，誼疏迭出，而傳注又賴以證明矣。凡此，皆後人疏前人之書，未有己注之而即己疏之，出于一人手者；有之，自唐明皇帝之《道德經注疏》始。吾師惠松崖先生《周易述》，融會漢儒之説以爲注，而復爲之疏，其體例固有自來矣。聲不揆檮昧，綜覈經傳之訓故，采摭諸子百家之説與夫漢儒之解以注《尚書》，言必當理，不敢衒奇，誼必有徵，不敢欺世，務求愜心云爾。顧自唐宋以來，漢學微甚，不旁證而引伸之，毖不以爲孟浪之言，奚以信今而垂後？則疏其弗可已也矣。歲在彊圉大淵獻之六月，《尚書亼注》始成，擬更三載而成疏，乃距今昭陽大荒落之五月，六周寒暑而卒業焉。唯曰庶無負昔聞之師説云爾。敢竊比先師之《周易述》，睎附箸述之林哉？

聲又述纂疏之意云。"末署"乾隆三十有八年歲在昭陽大荒落皋月既望粵三日丙子江聲纂并疏。五十七年涂月壬申重書"。結合此二《述》及書首《募刊尚書小引》所載，大約可得知，江聲此書體例乃做其師惠棟之《周易述》，惠書之體例即"融會漢儒之説以爲注，而復爲之疏"。《尚書亼注音疏》之撰作，先完成"亼注"，而後作"疏"。亼注部分，起筆於乾隆二十六年（辛巳，1761），完成於三十二年（1767）六月。亼注完成之後，江聲原擬以三年時間成疏，然遲至乾隆三十八年（1773）五月，始畢事。書成之後，至乾隆五十八年（1793）而此書刻成，其時江聲已年七十三矣。書首《募刊尚書小引》末，乾隆五十八年（1793）江聲之識語中云："自興工以來，九年于茲矣。九年之中，資或不繼，輒竭己力以補續者約有六之一焉。凡用銀四百五十兩，然後得成此刻。不敢忘諸君子樂成人美之德，故詳識之。"由此知此書自乾隆四十九年（1784）興工付梓，至五十八年（1793）刻成，前後九年，亦已艱矣。據識語中所述，其嘗捐資贊刊者，有王昶（述闇）、畢沅（弇山）、段玉裁（茂堂）、嚴蔚（豹人）、鈕樹玉（匪石）、黃丕烈（蕘圃）等二十餘人，共用銀四百五十兩，所費洵不貲也。

　　此書分十二卷，計卷一至三《虞夏書》，卷四《商書》，卷五至十《周書》，卷十一《尚書敍》，卷十二《尚書逸文》。卷一至十，各篇皆首列經文，經文之下有雙行小字，或標示音切，或考訂異文。次以單行中字列注，次以雙行小字列疏。江聲於卷一"尚書亼注音疏卷一"標題下疏云："亼，三合也，讀若集。注者，箸也。亼合先儒之解并己之意並注于經下，所以箸明經誼，故曰《亼注》。字有數誼，則彼此異音，初學難辨，爲之反切以發明之；解有微恉，而證據不詳，後學莫信，爲之引伸以疏通之，故曰《音疏》。"此解其書名《亼注音疏》之由，由此亦可知其書之大要也。如卷一《堯典》首句，江聲先列經文"粵若稽古帝堯曰放勳"。經文下以雙行小字釋云："粵，爰伐反，《正義》本作曰，茲從薛季宣《書古文訓》本。放，弗往反。勳，許云反。"此標明反切，且解經文作"粵"之所據。其次列"注"云："鄭康成曰：'稽，同；古，天也。言能順天而行之，與之同功。'馬融曰：'堯，謚也，翼善傳聖曰堯。放勳，堯名。'聲謂：堯，名也；放勳，堯氏，若黃帝僬軒轅、顓頊僬高陽之類是。"此引鄭玄、馬融二家之注，并附己意，以明經義。其次作"疏"云："鄭《注》見《正義》。先鄭司農注《周禮·小宰》職云：'稽猶計也，合也。'《説文》曰部云：'同，合會也。'則稽、同皆有合誼，故云：'稽，同。'"此説明所輯鄭《注》之出處，并疏解鄭玄釋"稽"爲"同"之由。江聲於下"疏"中又云："案：《大戴禮·五帝德》篇：'宰我曰：'請問帝堯。'孔子曰：'高辛之子也，曰放勳。'不言'名曰放勳'，而馬云'放勳，堯名'者，《史記·五帝本紀》云：'帝堯者，放勳。'又云：'帝舜者，名曰重華。’堯偶放勳，猶舜之偶重華，既重華是名，故遂以放勳爲堯名也。云‘聲謂’者，陳己説于先儒之注下，必自名以識別之，不敢混殽先儒之誼，取法鄭君注《周禮》輒偶某謂也。”由此可知其體例之梗概也。卷十二之末，有尾題“尚書𠆥注音疏卷十二終”，次行署“乾隆五十四年歲在屠維作噩涒月二十日辛未書畢，是夕立春，時年六十有九，江聲識”。

此書卷十二之後，又有“卷末”一卷，其中包括《尚書補誼》九條，《尚書續補誼》五條，《附識寫尚書誤字》一條，《尚書𠆥注音疏述》《尚書𠆥注音疏後述》等。江聲於《尚書補誼》之首，識云：“余纂《尚書𠆥注音疏》既成，刊即過半，諸同人閲之，輒或相況（貺）以誨言，足以匡余之不逮。余不能追改既刊之版，爰緝爲《補誼》若干條，綴于卷後云。”末署“上章閹茂之歲，則涂之月十三日己未江聲識，時年七十”。又《尚書續補誼》之首，識云：“余《尚書》告成後，頗有滲漏，乃纂《補誼》數條，傅于卷後。既刊印矣，兹又獲聞所未正者，復爲續補，爲于以知學問无竟功，安知不復有遺誼耶？昭陽赤奮若之歲窒相之月六日丁酉江聲又識，時年七十有三。”另“附識寫尚書誤字”標題下，江聲識云：“余寫《尚書》，所用《説文》乃徐鉉本，有從徐鉉而誤者，承段君若膺教而始知，不能追改，恐詒誤後學，故附識于此。”此《尚書補誼》《尚書續補誼》及《附識寫尚書誤字》皆爲對此書已刊版而知其誤者作勘誤也。此外，《尚書𠆥注音疏述》及《後述》二文，乃述此書撰作之緣起及其歷程，已如前述。

“卷末”之後，又有“外編”一卷，載《尚書經師系表》。其中分“今文家”與“古文家”二系以述之，各有表以佐之。另未能確考其爲今文家或古文家者以及兼綜今、古文之學者則列於卷之末。

此本經文及《注》《疏》皆以篆文爲之，所據篆字乃據徐鉉本《説文解字》。江聲好古，然讀者識讀不易，其後阮元纂刻《皇清經解》，乃改以楷書刻之，收入卷三百九十至四百零三中。惟《皇清經解》本删去書首《募刊尚書小引》。

《續修四庫全書總目提要》收錄江瀚所撰此書提要，題“《尚書集注音疏》十二卷《周書經師系表》一卷，原刻本”，提要云：“凡經文、注、疏皆以古篆書之。（原注：‘案：段玉裁《古文尚書撰異》，其自序有云：好尚新奇之輩，至今有集古篆繕寫之《尚書》。似即譏江氏。’）原刻有篆書、真書兩本。是書辨《泰誓》最詳核，多閻氏、惠氏所未及。”案：江瀚言“原刻有篆書、真書兩本”，不知何據，其所謂“真書”本，豈指《皇清經解》本歟？否則何以未見諸家著錄有乾隆間《尚書𠆥注音疏》之楷書單行本？又江瀚著錄“《周書經師系表》一卷”，“周”字當爲“尚”字之誤。

此書《四庫全書總目》未著錄。《中國古籍善本書目》著錄“《尚書𠆥註音

疏》十二卷末一卷外編一卷，清江聲撰，清乾隆五十八年江氏近市居刻本，清
謝章鋌跋"一種，載武漢圖書館收藏。此乾隆五十八年近市居刻本，除本館外，
另中國國家圖書館、中國科學院圖書館、天津圖書館、上海圖書館、湖北省圖
書館、中國臺北"中央研究院"傅斯年圖書館，加拿大英屬哥倫比亞大學圖書
館，日本東京大學圖書館等多館亦有收藏。此外，湖南省圖書館藏有清何紹基
校點本。《續修四庫全書》曾據湖北省圖書館藏本影印行世，題"清乾隆五十八
年近市居刻本"，列入經部第四十四冊。另《皇清經解》卷三百九十至四百零三
亦收入此書，改以楷書刻版。

　　鈐印有"曉筠校過"朱文方印、"揚州虹如父薛成琳印"朱文長方印、"高
郵薛氏珍藏"朱文方印、"太守之章"白文方印、"薛印成榮"白文方印、"曉筠
父"白文方印、"揚州薛成琳虹如父印信"朱文長方印、"得心應手"朱文方印、
"虹如"朱文方印、"虹如"朱文橢圓印等印。案：薛成榮，字曉筠，清江蘇無
錫人，曾任知府，工篆隸。薛成琳，字虹如，薛成榮之弟，工人物畫。今傳世
有"卍字窠並題識"書法作品一件，大字篆書"卍字窠"三字，題識云："書巢
曲折，儼成卍字，卍字出佛經，非中土文字也。余不佞佛，有感于佛之心胸，
亦可作清夜捫懷之警，爰以書窠銘曰'卍字窠'，懸於座右。曉筠篆、虹如識。
光緒五年春。"由此知薛氏兄弟係光緒間人。此件作品嘗於北京匡時國際拍賣公
司2015年夏季拍賣會中拍賣，今則不知歸於何處。

061

禹貢匯疏十二卷圖經二卷神禹別録一卷

T345　4212

　　《禹貢匯疏》十二卷《圖經》二卷《神禹別録》一卷，明茅瑞徵撰。明崇禎
刻本。十冊。框高20.2厘米，寬14.9厘米。半葉九行二十字，小字雙行同，四
周單邊，白口，單白魚尾。版心中鐫"禹貢疏"及卷次（鐫於右、左二面各一
行，如"禹貢／疏一"）。

　　卷端題"吳興茅瑞徵纂并箋；男胤京、胤武仝訂"。中國臺北"國家圖書
館"藏本有書名葉，分二欄，右二行大字題"茅五芝先生輯／禹貢匯疏"，左鐫
有三行告白云："此集稿凡四易，旨撮百家，乃經世之宏裁，非師心之囈語／
也。　　先生著述甚富，而此集尤關經術，遂先刻以問世，觀／寶春山，當自得
之。"左下題"浣花居藏板"。本館此本無書名葉。

　　書首，首明崇禎壬申（五年，1632）季夏申紹芳《禹貢匯疏序》。北京大學
圖書館所藏本申紹芳《序》之前，尚有明崇禎壬申（五年）仲秋茅瑞徵《禹貢

匯疏序》，本館此本無。次《禹貢匯疏目録》。次《凡例》，共十三則。次《禹貢考畧》。次《圖經》上、下二卷，上、下圖經之首皆有目。正文十二卷之後，又有《神禹別録》一卷。

茅瑞徵，字伯符，自號“苕上愚公”“澹樸居士”“清遠居士”，明歸安（今浙江吳興）人。清朱彝尊《静志居詩話》卷十六云：“茅瑞徵，字伯符，歸安人。萬曆辛丑進士。除泗陽縣，調黄岡，擢兵部主事，歷郎中，終南京光禄寺卿。卒，贈大理寺卿，有《澹樸齋集》。”茅瑞徵著有《虞書箋》《禹貢匯疏》《萬曆三大征考》《皇明象胥録》《東夷考畧》《東事答問》《五芝紀事》《明末啓禎遺事》《澹泊齋集》等書。

此書撰作之緣由，茅瑞徵於《禹貢匯疏序》中云：“《禹貢》一書，乃昔神禹開闢天地，經緯六合，另出手眼，非比尋常尺幅可鑿空揣摩而盡也。自司馬子長作《河渠》《平準》二書，而班孟堅之徒兼志《地理》《溝洫》《食貨》，竝倣《禹貢》遺意，縱横結構而架律簡嚴，去古史遠矣。漢、唐兩孔氏《註疏》，原本山川，頗得其概，而三江、九江，悉屬影響。至宋蔡氏捃摭諸家之説，深心訂定，多出先儒意表。然援引證據，未能曲暢，而學一先生，無取博綜，間考蘇端明《書傳》，意解各殊。及參以《大全》諸儒論著，問難鋒起。因從誦讀之餘，凡關《禹貢》疑義，信手摘録，爰採羣碎，彙爲全書，而益神往禹之明德，於今猶在天壤間也。”《序》末署“崇禎壬申仲秋吳興澹樸居士茅瑞徵題於浣花居”（本館此本無此《序》，所述《序》文據北京大學圖書館藏本所載），此《序》末署“崇禎壬申仲秋”。另書首申紹芳《禹貢匯疏序》末亦署“壬申季夏閩觀察使門下士申紹芳薰沐謹序”。二《序》皆撰於崇禎五年（1632），雖未言及付梓事，因不避清諱，且卷端作者題“吳興茅瑞徵纂并箋”，未題“明”字，故定爲明崇禎刻本。

此書分十二卷，九州各一卷，導山一卷，導水一卷，“九州攸同”至末爲一卷。每卷首列經文，其下先載漢孔安國《傳》及唐孔穎達《疏》，各冠以“傳”“疏”字。《傳》《疏》之下，以明代以前諸家之説附焉。次列箋釋，首冠“箋”字，以抒己見；明朝名公論著，附於其後。書首《凡例》第一則云：“是集以漢孔氏《傳》、唐孔穎達《疏》爲主，惟删其繁稱及舛誤者，標題括以‘傳’‘疏’二字。”第二則云：“蘇長公《書傳》頗多發明，別標‘蘇傳’二字，餘兼採《大全》諸家之説。其蔡《傳》自當孤行于世，間有訂定摘録之。”又第三則云“《傳》《疏》《大全》外，諸儒引證論著有超然獨解先獲我心者，並行摘録。”此爲其匯集明代以前諸説之大要也。“箋”説則述己見，且附載明代名公之論。《凡例》第七則云：“管窺蠡測，偶攄一得，別標‘箋’字。其　本朝名公論著，亦附于其後。”又第八則云：“近時講義充棟，率事沿襲，間近支離，不能殫錄。唯鄭端簡公《古今言》、金壇王心麓先生《日記》，有裨經世，吾師胡伯玉先生《雅言》，時多獨解，並行纂入，仍標某氏，以別潁門之學。”案：鄭曉（1499—1566），字窒甫，謐端簡，著有《古言》《今言》；王樵（1521—1599），字明逸，號方麓，著有《尚書日記》（參前“040 尚書日記十六卷”條）；胡瓚，字伯玉，著有《尚書過庭雅言》。茅氏《凡例》中謂明代諸家講義之作，採自鄭曉、王樵、胡瓚三家之作爲多。惟王樵號方麓，《凡例》中云“金壇王心麓先生《日記》”，“心”疑爲“方”之訛。

書首《禹貢考略》，略考歷代有關《禹貢》之著作，如晋《禹貢地域圖》十八篇、晋摯虞《畿服經》一百七十卷、宋田告《禹元經》三卷、宋孟先《禹貢治水圖》一卷、宋傅寅《禹貢集解》等書。另又有《圖經》二卷，上卷二十四圖，乃沿用明鄭曉《禹貢圖説》之原圖加以考定，下卷二十四圖，則茅氏所補輯也。《凡例》第十二則云：“鄭端簡公舊有圖經，今稍爲訂正，增入京都河源并歷代地圖、本朝漕河總圖，爲《圖經》上、下篇。”另書末有《神禹別錄》一卷，《凡例》末則云：“諸家所述禹跡，曼衍難以盡據，而上考千古，寧過而存之，爰訂爲《別錄》。”

此書《四庫全書總目》著錄，題“《禹貢匯疏》十五卷，兩淮鹽政採進本”，入《經部·書類存目二》。提要云：“書作於崇禎壬申，多借以抒寫時事……蓋其志不在解經也。然徵引浩繁而無所斷制，動引及天文分野，未免泛濫。至其附錄一卷，盡摭雜家之言，侈談靈異，則非惟無與於經義，亦無關於時事矣，豈説經之體哉？”

《中國古籍善本書目》著錄，題“《禹貢匯疏》十二卷《圖經》二卷《別錄》一卷，明茅瑞徵撰，明崇禎刻本”，載中國國家圖書館、北京大學圖書館、中央人民大學圖書館、上海圖書館、天津圖書館、南京圖書館、浙江圖書館等館收藏。此外，此本中國科學院圖書館、中國臺北“國家圖書館”，日本内閣文庫、日本東京大學圖書館、京都大學圖書館等館亦有收藏。《續修四庫全書》及《四庫全書存目叢書》皆據北京大學圖書館藏本影印，皆題“明崇禎刻本”。惟北京大學圖書館藏本書首茅瑞徵、申紹芳二《序》之後，又有黃承昊《跋》，末署“檇李門人黃承昊謹跋”，考此《跋》亦見於茅瑞徵所撰《虞書箋》之末，文中云：“師□博攷異同，精邃真贋，乍出名山之藏，首訂典謨，徐理國門之懸，旁采《貢》《範》。”當非《禹貢匯疏》之跋，疑係後印時增入。又北京大學圖書館藏本，卷二葉八右面，見鈐有藍、紅色長條形紙廠印記，此類印記屢見於清代康熙至乾隆間之印本中，故疑北京大學圖書館所藏本蓋係崇禎刻版而後印之本也。

鈐印有"泰和蕭敷政蒲邨氏珍藏書籍之章"白文長方印、"一經堂珍藏"白文方印、"子孫寶之"朱文方印、"北垣居士"朱文方印、"郭氏一經山房藏書印"白文方印、"觀顏珍藏"朱文長方印等印。案：蕭敷政，字蒲村（或作蒲邨），先世原籍江西泰和，入籍湖南湘潭，居長沙。富藏書，藏書處名"遐觀樓"。光緒二十五年（1899）嘗刻鄉賢著作《劉槎翁文集》《劉槎翁詩集》。又中國臺北"國家圖書館"藏本《禹貢匯疏》鈐有"泰和蕭敷政蒲邨氏珍藏"朱文方印，知其本亦嘗爲蕭敷政收藏。今蕭氏所藏同書二部，一散在北美，一在中國臺北，亦可慨嘆也。

062

禹貢錐指二十卷圖一卷附平成頌一卷

T345　4232

《禹貢錐指》二十卷圖一卷附《平成頌》一卷，清胡渭撰。清康熙四十年（1701）胡氏漱六軒刻四十四年（1705）增補印本。十二冊。框高18.7厘米，寬14.9厘米。半葉十一行二十一字，小字雙行三十一字，左右雙邊，白口，單魚尾。版心中鐫書名及卷次，下鐫"漱六軒"。

卷端題"德清胡渭學"。書名葉分三欄，右題"康熙乙酉孟夏"，中題"禹貢錐指"，左題"草莽臣胡渭恭進"。

書首，首清康熙四十四年（1705）閏四月胡會恩"紀恩"，未立標題，版心鐫"禹貢錐指紀恩"。次康熙四十四年夏五月李振裕序，未立標題，版心鐫"禹貢錐指李序"。次未署年徐秉義序，未立標題，版心鐫"禹貢錐指徐序"。次略例，共二十八則，未立標題，版心鐫"禹貢錐指略例"，末署"康熙辛巳夏五德清胡渭（原注：'元名渭生，字朏明，一字東樵'）敬述於御河舟次"。次禹貢圖，未立標題，版心鐫"禹貢圖"，圖前有序，圖共四十七幅，圖後鐫有識語，末署"壬午仲秋月幾望東樵山人識"，本館此本"識"字殘缺，據他館藏本補。

胡渭（1633—1714），初名渭生，字朏明，自號東樵山人，清浙江德清人。《清史列傳》卷六十八、《清史稿》卷四百八十一《儒林二》并有傳。《清史稿》云："胡渭，初名渭生，字朏明，德清人。渭年十二而孤，母沈，攜之避亂山谷間。十五爲縣學生，入太學，篤志經義，尤精輿地之學。嘗館大學士馮溥邸。尚書徐乾學奉詔修《一統志》，開局洞庭山，延常熟黃儀、顧祖禹、太原閻若璩及渭分纂。渭著《禹貢錐指》二十卷，圖四十七篇……又撰《易圖明辨》十卷，專爲辨定《圖》《書》而作……又撰《洪範正論》五卷……渭經術湛深，學有根柢，故所論一軌於正。漢儒傅會之談、宋儒變亂之論，掃而除焉。康熙四十三年，聖祖南巡，渭以《禹貢錐指》獻行在，聖祖嘉獎，御書'耆年篤學'四大字賜之，儒者咸以爲榮。五十三年，卒，年八十有二。"胡渭另著有《大學翼真》七卷。

此書撰作之由，據"略例"首則云："昔大司寇崑山徐公奉　敕纂修《大清一統志》，館閣之英，山林之彥，咸給筆札以從事。己巳冬，公請假歸里，上許之，且令以書局自隨。公於是僦舍洞庭，肆志蒐討，湖山閒曠，風景宜人。時則有無錫顧祖禹景范、常熟黃儀子鴻、太原閻若璩百詩，皆精於地理之學。以渭之固陋，相去什伯，公亦命繙閱圖史，參訂異同。二、三素心，晨夕羣處，所謂'奇文共欣賞，疑義相與析'者，受益弘多，不可勝道。渭因悟《禹貢》一書，先儒所錯解者，今猶可得而是正；其以爲舊跡湮没，無從考究者，今猶得補其罅漏。而牽率應酬，未遑排纂。歲甲戌，家居，嬰子春之疾，偃息在牀，一切人事謝絕，因取向所手記者，循環展玩，撮其機要，依經立解，章別句從，歷三暮乃成。釐爲二十卷，名曰《禹貢錐指》。案：《莊子·秋水》云：'用管闚天，用錐指地。'言所見者小也。禹身歷九州，目營四海，地平天成，府脩事和之烈，具載於此篇。彼方跐黃泉而登太皇，始於玄冥，反於大通，而吾乃規規然求之以察，索之以辯，是亦井龜之見也夫。其不曰'管闚'，而曰'錐指'者，《禹貢》爲地理之書，其義較切也。"由"略例"所述，知此書乃發端於徐渭受徐乾學之邀與修《大清一統志》之時。至康熙三十三年（甲戌，1694）胡氏歸里後，始正式著手撰作此書，經三年而書成。其取名《禹貢錐指》者，乃用《莊子·秋水》之典故也。

此書始刻之年，據"略例"末則云："己卯，余復入　帝城，謁大司徒吉水李公，以《禹貢錐指》就正。公覽之，喜曰：'是書博而不雜，精而能賅，不惟名物殫洽，兼得虞、夏傳心之要，出以問世，誰曰不宜？'余附牆而謝。今春，公寓書天津，以示劉侍御西谷先生。先生一見稱賞，謂從來所未有，復於李公，序而行之，誠異數也。嗟乎！積病無憀（瘳），終日仰面看屋梁，著書當時，聊代萱蘇，今迺重災梨棗，訤（原注：'音令'）痴符之誚，其能免乎？"末署"康熙辛巳夏五德清胡渭（原注：'元名渭生，字朏明，一字東樵'）敬述於御河舟次"。辛巳爲康熙四十年（1701），此時胡渭云："今迺重災梨棗"，乃指刊刻之事。又略例所稱"吉水李公"，乃指李振裕（1642—1709），江西吉水人，時任禮部尚書，故胡氏謂之"大司徒"。又"劉侍御西谷先生"乃指劉灝（1662—1712），字波千，號西谷，陝西涇陽人，時任監察御史，巡按長蘆鹽政（鹽運使治在天津）。另此書他館所藏本書首除康熙四十四年（1705）李振裕序外，尚有康熙四十年李振裕另一序，序末云："余用是序而行之，質於世之修學好古者。"又李振裕撰《胡朏明七十壽序》，中云："先生之書，有《禹貢錐指》《洪範正論》《易圖明辨》《周易揲方》《三易雜占法》及其他數百卷，而《錐指》一書，尤生平精力所注，余既爲序而刻之以行世。會歲壬午六月，先生壽屆七十，令子万騰應試京師，夙游吾門，摳衣再拜，請爲文以壽。"（《白石山房文集》卷十七）壬午爲康熙四十一年（1702），此《七十壽序》稱"余既爲序而刻之以行世"，然則《錐指》於康熙四十年時當已開雕。然《錐指》中，《禹貢》圖後之識語云："右《禹貢》圖四十七篇，皆余所手摹也。"末署"壬午仲秋月幾望東樵山人識"，可知至《禹貢》圖刻成時，已至康熙四十一年矣。

　　《禹貢錐指》刻成之後，嘗由查昇奏呈康熙帝。李振裕康熙四十四年《禹貢錐指》序云："處士德清胡渭著《禹貢錐指》二十卷，其書先聖之功臣而後學之津筏也。今乙酉春，振裕校書　內庭，與禁直諸臣從容言：天子崇尚經學，搜求遺逸，若是書者，豈可令伏而不見？查學士昇尤重其典核，乃以其書奏呈，上覽而善之。三月，南巡狩，駐蹕吳郡，渭親齎是書并所撰《平成頌》一篇，恭詣　行宮以獻，上復稱善。且令宣至南書房，賜饌，賜御書詩、扇及扁額。"康熙皇帝賜胡渭御書詩、扇及扁額之事，詳見書首胡會恩之"紀恩"。又《平成頌》亦附於此書之末，惜本館所藏本《平成頌》文未完足，末有缺葉。考胡會恩"紀恩"云："《洪範》未脫藁，《禹貢》已有成書，鋟以問世。　上方表章六經，内廷燕閒，問當世有潛心經學、著述可傳者否？侍講學士臣查昇以《禹貢錐指》進，上覽而嘉之。"然則康熙四十四年春，查昇以《禹貢錐指》奏呈之時，其書當先已刊成矣。今本館所藏本載有胡會恩"紀恩"、康熙四十四年李振裕序及胡渭所撰《平成頌》等，又書名葉題"康熙乙酉孟夏"，則此本當爲康熙四十四年（乙酉）孟夏之增補印本也。此外，此本版心鐫"漱六軒"，考胡渭之父胡公角，字端叔，明天啓四年（1624）舉人，著有《漱六軒稿》，則胡渭"漱六軒"之稱當襲自其父也。

　　此書共分二十卷，卷一自"禹敷土"至"奠高山大川"。卷二自"冀州"至"島夷皮服，夾石碣石入于河"。卷三自"濟、河惟兗州"至"浮于濟漯，達于河"。卷四自"海岱惟青州"至"浮于汶，達于濟"。卷五自"海岱及淮惟徐州"至"浮于淮、泗，達于河"。卷六自"淮海惟揚州"至"沿于江海，達于淮、泗"。卷七自"荆及衡陽惟荆州"至"浮于江、沱、潛、漢，逾于洛，至于南河"。卷八自"荆河惟豫州"至"浮于洛，達于河"。卷九自"華陽黑水惟梁州"至"入于渭，亂于河"。卷十自"黑水西河惟雍州"至"織皮：崑崙、析支、渠搜，西戎即敘"。卷十一上自"導岍及岐，至於荆山，逾于河"至"至于陪尾"。卷十一下自"導嶓冢，至于荆山"至"至于敷淺原"。卷十二自"導弱水，至于合黎"至"入于南海"。卷十三上釋"導河積石，至于龍門"，附《附論河源》。卷十三中之上，自"南至于華陰"至"至于大伾"。卷十三中之下，自"北過降水，至于大陸"至"同爲逆河，入于海"。卷十三下《附論歷代徙流》。卷十四上自"嶓冢導漾，東流爲漢"至"東爲北江，入于海"。卷十四下自"岷山導江，東別爲沱"至"東爲中江，入于海"。卷十五自"導沇水，東流爲濟，入于河"至"又北東入于海"。卷十六自"導淮自桐柏"至"東入于海"。卷十七自"導渭自鳥鼠同穴"至"又東北入于河"。卷十八自"九州攸同"至"成賦中邦"。卷十九自"錫土田"至"聲教訖于四海"。卷二十釋"禹錫玄圭，告厥成功"。

此書各卷皆首頂格列《禹貢》經文，次低一格列孔《傳》、孔《疏》、鄭《注》等諸家之説爲集解，集解之末加"渭按"以融貫之。又集解之後，復低一格以爲考辨。"略例"第二則云："經下集解，亞經一字，首列孔《傳》、孔《疏》，次宋、元、明諸家之説。鄭康成《書注》，間見義疏及他籍，'三江'一條，足稱祕寶。司馬貞注《夏本紀》、顏師古注《地理志》，其説與穎達相似，故不多取。蔡《傳》較劣，其本師《文集》、《語録》所言《禹貢》山水，如龍門、太行、九江、彭蠡等説，亦不能善會其意而有所發明，況其他乎？採擷寥寥，備數而已。至若語涉《禹貢》而實非經解，如《通典》之類，亦或節取一、二句，雖係經解，却不成章。並以己意融貫，綴於其末，用'渭按'二字別之。"此言此書所採集解之例也。又"略例"第三則云："集解之後，發揮未盡之意，又亞一字。二孔、蔡氏並立于學官，入人已深，其中有差謬者，既不採入集解，于此仍舉其辭而爲之駁正。諸家之説，得失參半者，亦必細加剖析，使瑕瑜不相掩。"此爲此書考辨之體例也。

書首有圖一卷，凡四十七幅。圖前有序，末有識語，識語首云："右《禹貢》圖四十七篇，皆余所手摹也。凡九州之疆域，山海川流之條理，原隰陂澤之形勢，及古今郡國地名之所在，八方相距之遠近，大略粗具，而獨恨晉圖既亡，諸地記道里之數，無以得準望遠近之實也。"

書末附《平成頌》一卷及胡渭自記康熙四十四年夏四月於吳郡謁聖祖，進《平成頌》及《禹貢錐指》之情形。惟本館此本此文末有缺葉，未完足。

此書《四庫全書》收録，惟其本無書首胡會恩"紀恩"及李、徐諸序，書末未附《平成頌》。《四庫全書總目》題"《禹貢錐指》二十卷圖一卷，浙江巡撫採進本"，提要云："宋以來，傅寅、程大昌、毛晃而下註《禹貢》者，數十家，精核典贍，此爲冠矣。"推崇備至。惟提要亦指出胡渭此書有"陵谷遷移，方州分合，數十年内，往往不同，渭欲於數千載後，皆折衷以定一是"、"'九江'一條，堅守洞庭之説，不思九江果在洞庭南，則經當曰：'九江孔殷，江漢朝宗於海'矣"等之缺失，謂"千慮一失，殆不屑闕疑之過乎"？提要末云："他若河水不知有重源，則由其時西域未平，無由徵驗。又所引酈道元諸説，經、注往往混淆，則由傳刻舛訛，未覩善本，勢之所限，固不能執爲渭咎矣。"胡渭之後，亦有補正《禹貢錐指》者，如清姚變《胡氏禹貢錐指勘補》、清丁晏《禹貢錐指正誤》等書。

此本避"玄""炫"等字，不避"弘""曆"等字。

《中國古籍善本書目》著録此書"清康熙漱六軒刻本"之批點本二種，一爲"清劉傳瑩批點"本，藏湖北省圖書館；一爲"清陳澧批點"本，藏廣東省湛江市圖書館。本館此本，另中國國家圖書館、北京師範大學圖書館、上海圖書館、南京圖書館、中國臺北"故宮博物院"、中國臺北"中央研究院"傅斯年圖書館，美國哈佛大學哈佛燕京圖書館、普林斯頓大學東亞圖書館，日本東京大學東洋文化研究所、京都大學人文科學研究所等多館亦有收藏。另阮元輯刻《皇清經解》，亦嘗刻入卷二十七至四十七中。

鈐印有"武昌柯逢時收藏圖記"朱文方印。案：柯逢時（1845—1912），字懋修，號遜庵、巽菴、息園等，清湖北武昌（今屬湖北鄂州）人，清光緒九年（1883）進士，十二年（1886）授翰林院編修。歷任江西按察使、湖南布政使、江西布政使、廣西巡撫、貴州巡撫、户部右侍郎、"督辦八省膏捐"大臣等職。辛亥革命前，授浙江巡撫，未赴任，居武昌，組織武昌保安社，自任社長。民國元年（1912）卒。事迹參見民國乙卯（四年，1915）劉淇撰《清尚書衔督辦各省土稅大臣開缺浙江巡撫原户部右侍郎柯公家傳》（2007年7月柯逢時孫柯孟陶加注本）。柯氏喜藏書、著書、刻書，官餘搜羅善本古籍極多，曾購得裘文達、李嘉續等人之舊藏，藏書達數萬册，藏書樓名"柯家山館"。卒後，其藏書半流入日本，部分由其後裔捐獻中南圖書館（今湖北省圖書館），部分散於海内外，本館此本即其中之一。倫明《辛亥以來藏書紀事詩》"柯逢時"條，詩云："柯家山館半成荒，百簏縑緗看過江。記聽中丞違俗語，好書堪讀不堪藏。"自注云："武昌柯巽菴中丞逢時，富藏書。歿後，二子各得其半。其次子不克守，歲丁卯，邃雅齋以萬二千金得之，多至百簏，無宋元本，大抵四部中重要而切用者。中丞嘗言：'刻書之佳劣，不在梓民，而在校者，苟能精校，便是佳本。'云云。見《緣督室日記抄》。"

063

禹貢會箋十二卷禹貢山水總目一卷圖一卷

T345　2900

《禹貢會箋》十二卷《禹貢山水總目》一卷圖一卷，清徐文靖撰。清乾隆十八年（1753）趙弁刻本。四册。框高18.9厘米，寬13.1厘米。半葉九行二十字，小字雙行同，四周雙邊，白口，單魚尾。版心上鎸書名，中鎸卷次。

卷端題“當塗徐文靖位山箋；高淳趙弁文冕訂”。書名葉分三欄，右題“當塗徐位山手輯”，中題“禹貢會箋”，左題“志寧堂藏板”。書名葉上方鈐有“欽定御覽”朱文橢圓大印，惟印色不佳，且有出油現象。

書首，首清乾隆十八年（1753）十月趙弁《序》。次乾隆十八年冬至徐文靖《禹貢圖序》。次《禹貢會箋凡例》共十則，未署名。次《禹貢山水總目》，題“當塗徐文靖位山箋；高淳趙弁文冕訂”。次《禹貢會箋圖目次》。次圖，諸圖之下有“考”或“説”。次正文十二卷。

徐文靖（1667—？），字位山，清當塗（今安徽當塗）人。《清史稿》卷四百八十五《文苑二》有傳。傳云：“徐文靖，字位山，當塗人。父章達，以孝義稱鄉里。文靖務古學，無所不窺，著述甚富，皆援據經史。雍正改元，年五十七，始舉江南鄉試。侍郎黃叔琳典試還朝，以得三不朽士自矜，蓋指文靖及任啓運、陳祖范也。乾隆改元，試鴻博，不遇。詹事張鵬翀以所著《山河兩戒考》《管城碩記》進呈，賜國子監學正。十七年，徵經學，入都。會開萬壽恩科，遂與試，年八十六，以老壽賜檢討，給假歸。卒，年九十餘。其所著又有《周易拾遺》《禹貢會箋》《竹書統箋》諸書。”案：徐文靖所著書，除《清史稿》所述外，另撰有《皇極經世考》《天文考異》《志寧堂稿》等書。袁枚（1716—1797）《隨園詩話》曾載文靖所撰《語助七字詩》《湖居三十詠》等詩。

此本刊刻之始末，據書首趙弁《序》云：“當塗徐位山先生，鴻才博學，著述等身，康熙壬辰歲所纂有《禹貢會箋》凡十二卷，以《禹貢》聖人之經，苟非績累前聞，旁蠡衆説，賞析奇疑，毫無繆誤者，何敢輕以問世，故所刻有《山河兩戒考》《管城碩記》《竹書紀年統箋》共六十餘卷，久已進呈 御覽，風行寓内，而是書藏之巾箱垂四十二年，而未肯示人。庚午春，安徽巡撫衛保舉經學，奏稱：‘立品端方，淹貫經史，雖年踰八旬，現在著書立説精神尚健。’辛未，應 詔入都，壬申 恩科特授檢討第一，給假旋里，時年八十有八矣，燈下猶蠅頭細書，不需璆鏡。爰出從前之《禹貢會箋》逐一讐校。如《山海經》之雷澤在吳西，舊誤以爲《禹貢》之雷夏。禹初封虹爲夏伯，在江淮南，地饒產翟，爲夏翟，舊承《周禮·注》以染夏爲采名……如此類者，不可枚舉，皆發前人所未發，其有功于翼經者何如？余夙景仰先生之爲人，雅重其湛深經術，洵可稱立言不朽。勉力授梓，公諸同好，以爲後學之司南。”《序》末署“乾隆十八年陽月上澣淳溪後學趙弁文冕頓首拜序”。由趙弁此《序》，可知《禹貢會箋》初稿成於康熙五十一年（壬辰，1712），至徐氏晚年重加讐校之後，始於乾隆十八年由趙弁爲之梓行，故卷端題“高淳趙弁文冕訂”也。另徐文靖於《禹貢會箋凡例》之末則亦云：“趙君文冕以明經考授縣佐，好古嗜學，蓄書甚多，一時名下士無不延引講習，賞析奇疑。家淳溪，距余舍丹陽湖沚僅二十餘里，且素有親道，因得以文字往來。余年近九旬，閒居無事，檢舊簏得《禹貢會箋》十二卷，郵請是正，承雅誼，捐資命工，立加剞劂。余垂老而不能藏拙者，趙君意也。謂是編可與問世，藉以爲後學司南，則余何敢？”又《禹貢圖序》之末，署云：“乾隆十八年歲次癸酉仲冬長至日八十九叟位山徐文靖自識”，然則此書刊刻時，徐氏已年八十九矣。

此書分十二卷，正文之前又有《禹貢山水總目》一卷，圖暨圖説一卷。書中各卷，於經文之下皆先引蔡《傳》，再續作箋釋。博據諸説，而斷以己意。考《凡例》第三則云：“‘會箋’取四海會同之義，蓋雜採經傳子史九流百家，支分派別，悉會于一，猶百川岐（歧）流汊港，悉會于海，使有所歸也。”此言其書取名《會箋》之義。又《凡例》第五則云：“是編主于駁正疑誤，故列蔡《傳》于前，是者可之，不是者否之，要皆各有證發，寧可得罪於先賢，不敢貽誤於後學，漸至白日塵昏、聖經蕪穢也。”此述其對蔡《傳》之態度。另《凡例》第七則，先引述胡渭《禹貢錐指》所論《尚書》孔安國《傳》非出自西漢人手筆之説，末云：“此等考證，真發前人所未發，《會箋》中不敢勦襲雷同，而又不忍爲割愛，故列于此。”由此可知徐氏對孔《傳》真、僞之看法。

此本每卷之末，皆鐫有“男榮樞參注／孫曠、奭校字”字樣，然則書中時見雙行小注，其注蓋有出自徐文靖之子徐榮樞之手者。

此書《四庫全書》收録，惟《四庫全書》本刪去書首趙弁《序》，又改原書徐文靖《禹貢圖序》爲《禹貢會箋原序》。考《禹貢圖序》之末云：“余竊有志而未逮，顧已爲《禹貢會箋》一書，又何能已于圖也？爰列圖若干于前，并以圖説附注之，稍訂其譌誤如此。”則此《序》乃《禹貢圖》之序，《四庫》本標爲《禹貢會箋原序》，恐非宜也。又原書《禹貢山水總目》，《四庫》本改題“禹貢會箋卷首；翰林院檢討徐文靖撰；山水總”，其“山水總”下漏抄“目”字，亦其疏也。《四庫全書總目》題“《禹貢會箋》十二卷，安徽巡撫採進本”，提要云：“蓋説《禹貢》者，宋以來棼如亂絲，至胡渭《錐指》出，而摧陷廓除，始有條理可按。文靖生渭之後，因渭所已言而更推尋所未至，故較之渭書，益爲精密，蓋繼事者易有功也。惟信《山海經》《竹書紀年》太過，是則僻於好古，不究真僞之失耳。”

此書《中國古籍善本書目》未著録。此本除本館外，另中國科學院圖書館、中國臺灣東海大學圖書館等館亦有收藏。

064

禹貢譜二卷

T345　1134

《禹貢譜》二卷，清王澍撰。清康熙刻本。一册。框高19.8厘米，寬13厘米。半葉九行二十字，四周單邊，黑口，雙魚尾（魚尾相向）。版心中鐫書名、卷次及州名。

卷端題"禹貢譜卷上"。中國人民大學圖書館藏本有書名葉，題"金壇王若霖編""積書巖藏板"，本館此本無書名葉。

書首，首毛乾乾《序》，末署"丁亥天中節匡山同學弟毛乾乾拜識。"次王澍《自序》，末署"丁亥夏六月朔金壇王澍篛林書"。次考定、校訂者姓氏，首行題"禹貢譜"，次行以下題"金壇王澍篛林考定；校訂門人：武進莊濬濬川、宣焯德輝、張顯德宜、張應璽觀宸、莊渭渭熊、汪掄柱中立，休寧金碩評衡士、金碩鈞立民、金碩鍾扶清，仁和金德鋐韻文"。版心鐫"姓氏"。次《禹貢譜次序》，版心鐫"禹貢譜目錄"。

王澍（1668—1743），字篛林（又作"若林"），號虛舟，清金壇（今屬江蘇常州）人。《清史列傳》卷七十一《文苑傳二》、《清史稿》卷五百三《列傳》二百九十《藝術二》俱有傳。《清史稿》云："王澍，字若林，號虛舟，江南金壇人。績學工文，尤以書名。康熙五十一年進士，入翰林，累遷户科給事中。雍正初，詔以六科隸都察院。澍謂科臣掌封駁，品卑任重，儻隸臺臣，將廢科參，偕同官崔致遠、康五端抗疏力爭。世宗怒，立召詰之，從容奏對，上意稍解，遂改吏部員外郎。越二年，告歸，益耽書，名播海内。摹古名搨殆徧，四體並工。"又《清史列傳》云："乾隆元年，被命啓官，以疾不赴。四年，卒，年七十二。"著有《禹貢譜》《大學本文》《大學古本文》《大學困學録》《中庸本文》《中庸困學録》《集程朱格物法》《集朱子讀書法》《白鹿洞規條目》《淳化秘閣法帖考證》《古今法帖考》《竹雲題跋》《虛舟題跋》等書。

此書之作，王澍於書首《自序》中云："昔先曾祖王父退士先生作《尚書逆志》，獨詳此書，不執己見，消息一隨乎經，亦猶行禹之志而已矣。澍之爲此譜也，先九州，次導山、導水，次山川，次田賦，而終之以弼服。"案：王澍之曾祖父王振綱嘗撰有《尚書逆志》一書，王澍自謂其撰《禹貢譜》，"消息亦一隨乎經，亦猶行先曾祖王父之志而已矣。"蓋嘗受其曾祖父所撰書之啓發也。考王澍《自序》末署"丁亥夏六月朔金壇王澍篛林書"，丁亥應爲康熙四十六年（1707），王澍於康熙五十一年（1712）成進士，則其撰作此書尚在成進士之前。又書首毛乾乾《序》末署"丁亥天中節匡山同學弟毛乾乾拜識"，此《序》亦撰於康熙四十六年。惟毛、王二《序》皆未言及刻書事，考此本避"玄"字，不避"貞""曆"字，故定爲"清康熙刻本"。

此書分上、下二卷，共四十圖。計卷上：冀州疆界第一，冀州貢道第二，兗州疆界第三，兗州貢道第四，青州疆界第五，青州貢道第六，徐州疆界第七，徐州貢道第八，揚州疆界第九，揚州貢道第十，荊州疆界第十一，荊州貢道第十二，豫州疆界第十三，豫州貢道弟十四，梁州疆界第十五，梁州貢道第十六，雍州疆界第十七，雍州貢道第十八，導岍及岐第十九，西傾朱圉第二十，嶓冢岷第二十一。卷下：導弱水第二十二，導黑水第二十三，導河第二十四，導江導漾第二十五，導沇第二十六，導淮第二十七，導渭第二十八，導洛第二十九，九州山川第三十，九州田賦第三十一，賦法升降第三十二，九州全譜第三十三，甸服第三十四，侯服第三十五，綏服第三十六，要服第三十七，荒服第三十八，五服總圖第三十九，釋同第四十。圖前附《禹貢》經文，圖中有説，其有考訂，則首冠"按"字。又"九州田賦"圖之後，嘗引其曾祖父"退士先生"之説，蓋出於王振綱《尚書逆志》也。

此本避"玄"字諱，不避"貞"、"曆"字。

此書《四庫全書總目》著録，題"《禹貢譜》二卷，浙江巡撫採進本"，入《經部・書類存目二》。提要云："是書各著經文於前，而附圖於後，州爲二圖，一言疆界，一言貢道。導山、導水及山川、田賦亦各有圖，凡四十圖。大抵皆本蔡《傳》而參以諸家之説。"所述頗爲簡要。

《中國古籍善本書目》著録"《禹貢譜》二卷，清王澍撰，清康熙四十六年積書巖刻本"一種，載北京大學圖書館、中國人民大學圖書館、北京師範大學圖書館、湖北省圖書館等十館收藏。本館此本，另美國哈佛大學哈佛燕京圖書館亦有收藏。《四庫全書存目叢書》嘗據湖北省圖書館藏本影印行世，題"清康熙四十六年積書巖刻本"。案：湖北省圖書館所藏本考定、校訂者姓氏題"金壇王澍篛林、錢塘金詢于堯考定；校訂門人：錢塘汪掄柱中立、休寧金碩評衡士、仁和金德鋐韻文"。其本考訂者多金詢一人。另其本書首毛乾乾《序》中"而篛林王君《禹貢譜》之所爲獨先務也"一句，作"而王、金兩君《禹貢譜》之所爲獨先務也"，知其本當爲後印本也。又中國臺灣"中央研究院"傅斯年圖書館亦藏有康熙刻後印本一部，其本考定、校訂姓氏題"金壇王澍篛林、錢塘金詢于堯考定；校訂門人：錢塘汪掄柱中立、休寧金碩評衡士、金碩鈞右衡、金碩鍾扶清、仁和金德鋐韻文"，所題又與湖北省圖書館藏本略異，蓋有不同時期之後印本。詳參《美國哈佛大學哈佛燕京圖書館藏中文善本書志・經部》（葉七十五）、《"中央研究院"歷史語言研究所傅斯年圖書館善本書志・經部》（葉六十二至六十三）。

鈴印有"積學齋徐乃昌藏書"朱文長方印、"南陵徐乃昌校勘經籍記"朱文長方印，知曾爲清代徐乃昌收藏。徐乃昌生平參前"011 稻香樓雜著六種七卷"條。另又鈴有"樓觀滄海日，門對浙江潮"朱文方印、"口口山房"朱文方印等二印。

065

禹貢彙覽四卷總論一卷

T345　1534

《禹貢彙覽》四卷《總論》一卷，清夏之芳撰。清乾隆十二年（1747）夏杏春刻補修本。四册。框高16.1厘米，寬12.4厘米。半葉九行二十字，左右雙邊，白口，雙魚尾（魚尾相向）。版心上鐫書名，中鐫卷次。

卷端題"高郵夏之芳學"。書名葉分三欄，右題"高郵夏筠莊先生輯"，中題"禹貢彙覽"，左題"積翠軒藏板。"

書首，首清乾隆十年（1745）九月夏之芳《自序》。次乾隆丁卯（十二年，1747）二月王步青《序》。次《禹貢彙覽總論》，題"高郵夏之芳學"。次《禹貢彙覽凡例》，共九則。

夏之芳，字荔園，號筠莊，清江蘇高郵人。清雍正元年（1723）癸卯恩科進士，充南書房，以御試第一入史館，尋轉諫垣。歷官河南道御史。雍正六年（1728），任巡臺御史兼學政，以澄敘官方、振興文教爲己任。秩滿，留任一年，於雍正八年（1730）離臺。在臺主歲、科兩試，敬慎明敏，輯其中佳文，成《海天玉尺編》二集，又著有《理臺末議》《臺灣雜詠百韻》《臺灣記巡詩》等。夏氏另撰有《禹貢彙覽》，編有《漢名臣言行録》等書。事迹參見湯熙勇《清代巡臺御史夏之芳的事蹟》（《臺灣史研究論文集》）、唐一明《清代巡臺御史傳略及詩録》（《史聯雜誌》第十三期）等。

此書之撰作，據書首夏之芳《自序》云："昔鄭漁仲有言：'《禹貢》一書，深於道者也。'芳嘗三復斯編，墨守孔《疏》、蔡《傳》，無得於中。年來，潛心究玩，參之桑《經》、酈《注》，以求其合，知明德之功，於斯爲極。至若税斂之政，不外土田、土貢之物，悉關戎祀粟米之征，準以甸服，而始知鄭氏之言誠有得於《禹貢》者。暇時不揣譾陋，因會萃羣書，闓爲證明，輯成數卷，顏曰《彙覽》，以見是書之成，非一人、一家之學也。剿説雷同，固所弗取，而於前人之説，力事攻訐，則亦心竊非之。"末署"夏之芳識。乾隆十年歲在乙丑九月下浣。"由此可知其書撰作及命名之由。又王步青《序》云："夏君侍御筠庄，爲余同年友，鑽研經史，廢食忘寐，而於《禹貢》一書尤洞穴貫穿，窮端竟委，不乞靈於舊注，亦不立意牴牾，輯爲《彙覽》四卷，折其异同，務期至當。使讀是書者一展卷而瞭如指掌，真《禹貢》之功臣，後學之津筏也。夏君政事、文章，朝野瞻仰，乃年未五十即養親告歸，以著述自任，良由志行卓越，故其書亦精覈過人。今年春，其嗣子孝廉杏春將以此付梓，乞文於余。余雖經學淺薄，而料是書之必行於世，得以附名不朽也，故樂爲之序。"末署"乾隆丁卯二月金壇年愚弟王步青頓首拜撰"。案：王步青此《序》云："今年春，其嗣子孝廉杏春將以此付梓，乞文於余。"則此書蓋由夏之芳之子夏杏春於乾隆十二年（丁卯，1747）所刻也。惟本館此本《凡例》葉三，卷二葉三十一、三十二，卷三葉十三、十四等皆爲補刊，故題爲"清乾隆十二年（1747）夏杏春刻補修本"。

此書《凡例》之前，有《禹貢彙覽總論》一卷，分"九州治水總論""九州土色性田賦總論""九州書法總論""導山導水總論"四節。考《凡例》第五則云："是書綱領，具載《總論》。"由此知此《總論》，旨在揭示全書之綱領。

此書分四卷，卷一自"禹敷土，隨山刊本，奠高山大川"至"浮于淮、泗，達于河"。卷二自"淮海惟揚州"至"織皮：崑崙、析支、渠搜，西戎即敘"。卷三自"導岍及岐，至于荆山，逾于河"至"導沇水，東流爲濟……又北東入于海"。卷四自"導淮自桐柏，東會于泗、沂，東入于海"至"禹錫玄圭，告厥成功"。各卷皆先列經文，次作説解，所解多引諸家之説。《凡例》首則云："《禹貢》自《注》《疏》而外，各家解詁，不無牴牾參差。本書參考博載，總依《欽定書經傳説彙纂》爲主。至所載各條，俱於經義注畢，另文恭録。"案：此書説解雖參考博載，然總以康熙帝敕撰之《欽定書經傳説彙纂》爲依歸。又書中有於條末載"御案曰"者，即録《欽定書經傳説彙纂》之説也。

此書引書之體例，《凡例》第二則云："引用各書，如《山海經》、《水經注》、遊征記、地理志、各省郡縣志及先儒註釋，其採録全文者，悉標書名、人名於首，惟節取數言暨融貫諸家解義以成文者，不便瑣載，故名曰《彙覽》，以見非一家之私言云爾。"此釋其書名《彙覽》之由。

此書之詮解，有其次第。《凡例》第五則云："是書綱領，具載《總論》。至注文先後次第之別，如篇名下兩段，前段言以'貢'命名之義；後段言一篇之大旨。敍九州，則於一州之下，詳攝形勢。如冀州以河爲主，先於河之所經、所入、所受備言大略，後方逐句詳釋經文，末及各家之通論、餘論。逐節、逐段亦然。此是書之大概也。"此其詮解之大概。又各條説解之末間或加圈，圈之後多考異文，兼辨字形、句讀等。

此書彙萃衆説，然對孔《傳》、孔《疏》及蔡《傳》之説則未特予回護、曲從。《凡例》第四則云："習《禹貢》者，多本二孔之《注》、《疏》、蔡氏之《集傳》，取其有裨舉業。然發明頗少，滲漏實多。兹編於疵謬處曾經 欽定指駁者，如‘九江孔殷’，舊説謂九江之在尋陽；‘厥土青黎’《注》舊説訓‘黎’爲‘小疏’之類，悉遵改正，庶談經者有所折衷而不失云。”案：此亦指出此書説解以《欽定書經傳説彙纂》爲依歸之義也。

《續修四庫全書總目提要》收録江瀚所撰此書提要，題“《禹貢彙覽》四卷，乾隆十年刻本”。案：江瀚蓋據夏之芳《自序》所署之年，故題爲“乾隆十年刻本”，然實當依王步青《序》，作“乾隆十二年刻本”也。另江瀚提要云：“是編以《書經傳説彙纂》爲主，如‘九江孔殷’，舊説謂九江在尋陽；‘厥土青黎’，舊説訓‘黎’爲‘小疏’之類，並經依改，實亦未能盡合也。大抵古今箋注，各家長短互見，非古是今者，其失也妄；薄今榮古者，其弊也偏，折衷允當，詎易言哉？……‘導河積石’一節，論河之利害，頗中肯綮，而‘導淮’一節，以其生居澤國，見聞較確，故尤言之鑿鑿耳。”

此本“玄”字避諱作“元”。

此書《四庫全書總目》《中國古籍善本書目》俱未著録。除本館外，另中國國家圖書館、北京大學圖書館、南京圖書館、浙江圖書館、中國科學院圖書館，美國哥倫比亞大學東亞圖書館，加拿大英屬哥倫比亞大學圖書館等多館亦有收藏。《四庫未收書輯刊》嘗據中國科學院圖書館藏本影印行世，題“清乾隆積翠軒刻補修本”，收入第叁輯第伍册。中國科學院圖書館藏本其修補現象與本館此本同，惟其本《總論》在《凡例》之後爲異耳。

066

洪範正論五卷

T362　4243

《洪範正論》五卷，清胡渭撰。清乾隆四年（1739）胡紹芬刻本。四册。框高18.7厘米，寬14.7厘米。半葉十一行二十一字，小字雙行同，左右雙邊，白口，單魚尾。版心中鐫書名及卷次。

卷端題“德清胡渭學”。書名葉中題“洪範正論”一行。

書首，首未署年胡渭自序，未立標題，末署“德清胡渭”。次乾隆己未（四年，1739）孟冬魯曾煜《序》。次乾隆己未（四年）孟冬胡紹芬《序》。

胡渭生平參見前“062　禹貢錐指二十卷圖一卷附平成頌一卷”條。

此書之作，據書首胡渭自序云：“《洪範》一書，如日月之麗天，有目者所共覩，而間有晦盲否塞者，則先儒之曲説爲之害也。五事本於五行，庶徵本於五事，不過以雨、暘、燠、寒、風之時不時，驗貌、言、視、聽、思之敬不敬，而漢儒《五行傳》專主災異，其所言貌之不恭厥極惡等事，固已乖矣，而又推廣言之，曰妖、曰孽、曰痾、曰痾、曰眚、曰沴，復援《春秋》及漢事以實之，以瞽史矯誣之說亂彝倫攸敘之經，害一也。《洛書》之本文具在《洪範》，劉歆之言非妄，而宋儒乃創爲白黑之點、方圓之體、九十之位，則書也而變爲圖矣。且謂《範》之理可通於《易》，故劉牧《易數鉤隱》以九位爲《河圖》，十位爲《洛書》，而蔡元定兩易其名，害二也。《洪範》元無錯簡，而宋儒任意改竄，移庶徵'王省惟歲'以下爲五紀之傳，移皇極'斂時五福'至'其作汝用咎'及'三德惟辟作福'以下並爲五福、六極之傳，害三也。愚爲是解，非敢撥棄舊詁而逞吾臆見也，去其不正者，以就其正者，而聖人之意得矣。自甲申迄己丑，芟繁補闕，辨誤析疑，纂成五卷，名之曰《洪範正論》。"胡渭謂前人之説《洪範》，有三害，今作《正論》，乃欲"去其不正者，以就其正者，而聖人之意得矣"。其撰此書之時間，乃始自康熙甲申（四十三年，1704）至己丑（四十八年，1709）而成。然其付梓，則遲至乾隆四年（1739）曾姪孫胡紹芬始爲之校刻。考書首胡紹芬《序》云："曾叔祖東樵公邃於經學，著述甚富，於《尚書》尤爲專家。所註釋凡二種，曰《禹貢錐指》，曰《洪範正論》。《錐指》已善本流傳，而《正論》尚弄篋衍，學者有不及津逮之感，是子孫之責也……先王父嘗諏刻《正論》矣，緣司寇事繁，頷頷乎難之。先大夫遠宦馳驅，亦未遑授剞氏。芬猥以弇鄙，監司豫州，重念《正論》一書，終秘家塾，非公之志，亦非余祖、余父之志也。爰寓書諸叔氏，釐訂字畫，重加裒輯，綴緒《禹貢》之後，俾成完書……抑謝靈運《述祖德》詩云：'清塵竟誰嗣？明哲時經綸。'今先人手澤具在，經綸未墜，誰嗣之歟，芬與諸叔氏尤不敢不用以共勖也。因謹誌簡首如此。"末署"乾隆己未孟冬曾姪孫紹芬拜手敬序"。由此《序》，知此本乃胡紹芬於乾隆四年（己未，1739）所校刊也，故每卷之末皆鎸有"曾姪孫紹芬校刻"字樣。

此書分五卷，卷一自"惟十有三祀，王訪于箕子"至"九曰：嚮用五福，威用六輯"。卷二自"一、五行"至"睿作聖"。卷三自"三、八政"至"五曰：歷數"。卷四自"五、皇極"至"僻民用僭忒"。卷五自"七、稽疑"至末。各卷皆先頂格列《洪範》經文；次低一格舉孔安國《傳》、孔穎達《正義》或蘇軾、蔡沈、真德秀、黃度、吳澄、王充耘等諸家之説，次低二格以釋論。其所論，或述前人之説而從之，或舉前人之説而駁之，即胡渭自序所謂"去其不正者，以就其正者"之義也。如卷一"王乃言曰：'嗚呼！箕子！惟天陰騭下民，相協厥居，我不知其彝倫攸敘'"條，胡渭先引孔《傳》、《正義》、真德秀、王充耘諸家之説，次作釋論。論中嘗引顧炎武《日知録》解"彝倫"之義而無駁，蓋從之也。又嘗

233

引宋呂祖謙、宋陳大猷、明王樵諸家之説而駁之。其駁呂、陳二家之説云:"《東萊書説》云:'武王豈真不知哉?云不知者,蓋真正聖學之無窮也。'東齋《集傳》云:'彝倫指洪範九疇,竊意箕子在商,潛心九疇之學。殷滅,武王恐其學不傳,故訪而問之,且託於不知以發其言。'渭按:二説皆非,聖人至誠無僞,豈有既已知而陽爲不知之理?蓋天道無形無聲,其陰騭下民之意既不可知,而周官外史所掌三皇、五帝之書及左史倚相之所讀,當時具在,却無如九疇之明備者,故武王以問箕子,箕子以天道之示人,莫顯於《洛書》,而禹之所第尤爲明備,故特舉以告武王,要非武王意中先有一九疇而故廋辭以探取之也。許白雲云:'武王惟知箕子之有道,未必豫知箕子有《洪範》之傳。'此説最妙。"此處胡渭駁呂祖謙、陳大猷二家解"不知"之非,而謂許謙(1270—1337,字益之,號白雲山人,著有《讀書叢説》)之説最妙,由此可知其體例之梗概。

此書《四庫全書》收錄,惟《四庫》本僅載胡渭自序,題云"原序",未載魯曾煜、胡紹芬二序。《四庫全書總目》題"《洪範正論》五卷,浙江巡撫採進本",提要云:"大指以禹之治水本於九疇,故首言鯀堙洪水,繼言禹乃嗣興,終言天乃錫禹,則《洪範》爲體,而《禹貢》爲用,互相推闡,其義乃彰。然主於發明奉若天道之理,非鄭樵《禹貢》、《洪範》相爲表裏之説,惟以九州次序分配五行者比也……蓋渭經術湛深,學有根柢,故所論一軌于理,漢儒附會之談,宋儒變亂之論,能一掃而廓除焉。"於此書極加推崇。

《中國古籍善本書目》著錄"《洪範正論》五卷,清胡渭撰,清乾隆四年胡紹芬刻本,清李遇孫、錢泰吉跋"一種,載中國國家圖書館收藏。本館此本,另北京大學圖書館、天津圖書館、上海圖書館、復旦大學圖書館等館亦有收藏。惟《北京大學圖書館藏古籍善本書目》著錄作"清乾隆四年(1739)漱六軒刻後印本耆學齋藏板"。

鈐印有"南陵徐乃昌校勘經籍記"朱文長方印、"積學齋徐乃昌藏書"朱文長方印、"乃昌校讀"朱文方印等印,知曾爲徐乃昌收藏。徐乃昌生平參前"011 稻香樓雜著六種七卷"條。

詩　類

067

詩集傳二十卷詩序辨説一卷詩傳綱領一卷詩圖一卷

T431　2943A

《詩集傳》二十卷《詩序辨説》一卷《詩傳綱領》一卷《詩圖》一卷，宋朱熹撰。明正統十二年（1447）司禮監刻本。六册。框高22.7厘米，寬16.5厘米。半葉八行十四字，小字雙行十九字，四周雙邊，黑口，雙魚尾（魚尾相隨）。版心中鐫“詩傳”及卷次。

卷端首行題“詩卷之一”，次行題“朱熹集傳”。

書首，首宋淳熙四年（1177）十月朱熹《詩傳序》。次《詩序辨説》一卷，首行題“詩序”，次行題“朱氏辨説”，下有《大序》《小序》，末題“詩序”。次《詩傳綱領》一卷，首行題“詩傳綱領”，次行題“朱氏”，末題“詩傳綱領畢”。次《詩圖》一卷，未立標題，共二十圖，末題“詩圖畢”。

朱熹生平參見前“013　周易傳義十卷”條。

朱熹爲《詩經》作注，前後屢經改易，今所見《詩集傳》，乃朱子晚年改定之本。《朱子語類》卷八十《詩一·論讀詩》中載朱熹之説云：“某向作《詩》解文字，初用《小序》，至解不行處，亦曲爲之説。後來覺得不安，第二次解者，雖存《小序》，間爲辨破，然終是不見詩人本意。後來方知，只盡去《小序》，便自可通，於是盡滌舊説，詩意方活。”知其解《詩》，於《毛詩序》之態度，數經轉折，亦影響其説解内容。又朱熹於宋孝宗淳熙九年（1182）爲呂祖謙《呂氏家塾讀詩記》所作之序中云：“此書所謂‘朱氏’者，實熹少時淺陋之説，而伯恭父誤有取焉。其後歷時既久，自知其説有所未安，如‘雅鄭’‘邪正’之云者，或不免有所更定，然伯恭父反不能不置疑於其間，熹竊惑之。方將相與反復其説以求真是之歸，而伯恭父已下世矣。”由此知《呂氏家塾讀詩記》中所引朱熹之説，乃朱熹早期之見解，即尊尚《詩序》時期之作。今本《詩集傳》書首有《詩傳序》，末署“淳熙四年丁酉冬十月戊子新安朱熹書”，清丁晏《詩集傳附釋》云：“《詩傳序》，序後題‘淳熙四年丁酉’，淳熙，宋孝宗年號。《朱子年譜》：丁酉四十八歲，《易本義》《詩集傳》皆成於是年。朱鑒《詩傳遺説》載：‘此爲舊序，乃先生丁酉歲用《小序》解《詩》，後乃盡去《小序》。'王懋竑《年譜考異》云：'朱子明云舊序，則後來《集傳》不用此序也。《集傳》蓋有綱領則無序，序乃舊序，此時仍用《小序》，後來改訂，遂除此序。言：自邶而下，國之治亂、人之賢否，有是非邪正之不齊。又云：善者師之，而惡者改焉。則亦不純用《小序》，但不斥言《小序》之非，而雅、鄭之辨亦略而未及。以《讀詩記》後序及《讀桑中》篇考之，其爲舊序無疑。編文集者既不注明，而《大全》遂冠此篇於《綱領》之前，坊刻並除《綱領》而止載舊序，其失朱子之意益遠矣。'"《四庫全書總目》此書提要中亦云："卷首自序作於淳熙四年，中無一語斥《小序》，蓋猶初稿，序末稱'時方輯《詩傳》'，是其證也。"由前人所論，可釋今本書首《詩傳序》與内文不甚切合之疑。

此本爲明正統十二年司禮監刻本。中國臺北"國家圖書館"所藏同版，書首有司禮監刊序，末署"正統十二年五月初三日"，本館此本無刊序。

此本共二十卷，計卷一至八《國風》，卷九至十五《小雅》，卷十六至十八《大雅》，卷十九《周頌》，卷二十《魯頌》《商頌》。各篇皆逐章先列經文，次作集傳，詩末標篇題及章句。讀音以雙行小字標於經文之下，或用反切，或標直音，或標所叶之音。每篇各章皆標示賦、比、興所屬，更有標示如"賦而比""賦而興""比而興""賦而興又比"者，與毛《傳》僅於首章"獨標興體"（《文心雕龍・比興篇》語）異也。另《詩集傳》揭示詩旨，或於首章之下發之，或於篇末章句之下述之，無定律也。

此本書首《詩傳序》後，有《詩序辨説》《詩傳綱領》《詩圖》各一卷。別館藏本，其次序或作《詩傳綱領》《詩圖》《詩序辨説》，或作《詩圖》《詩傳綱領》《詩序辨説》，頗不一致。南宋陳振孫《直齋書録解題》卷二著録"《詩集傳》二十卷《詩序辨説》一卷"，解題云："朱熹撰。以大、小《序》自爲一編，而辨其是非。其序《呂氏讀詩記》，自謂：'少年淺陋之説，久而知其有所未安。'或不免有所更定。今江西所刻晚年本，得於南康胡泳伯量，校之建安本，更定者幾什一云。"據此知南宋刻本《詩集傳》，《詩序辨説》一卷已附之。至於《詩傳綱領》《詩圖》何時附入《詩集傳》中，尚無定論，兹不詳述。《詩序辨説》旨在辨《毛詩》《大序》《小序》之誤。《詩傳綱領》共三十八則，乃朱熹論《詩》之重要理論。《詩圖》包含《思無邪圖》《四始圖》《正變風雅之圖》《詩有六義之圖》《靈臺辟廱之圖》《皋門應門圖》《泮宮圖》《大東總星之圖》《七月流火之圖》《豳公七月風化之圖》《冠服圖》《衣裳圖》《佩用之圖》《禮器圖》《樂器圖》《雜器圖》《車制之圖》《六月元戎圖》《秦小戎圖》《兵器服圖》等二十圖。此《詩圖》涉及四始、六義，《風》《雅》正變，星象、宮室，冠服、衣裳，禮、樂、雜器，車服、兵器等内容，可作爲讀《詩》、解《詩》之參考。

此書爲宋代《詩經》學之代表作。明何喬新（1427—1502）云："宋歐陽氏、王氏、蘇氏、呂氏，於《詩》皆有訓釋，雖各有發明，而未能無遺憾，自朱子之《傳》出，三百篇之旨粲然復明。"（朱彝尊《經義考》卷一百八"朱子熹《毛詩集傳》"條引）自元代延祐定科舉法，《詩經》主以朱熹《詩集傳》爲程式，其影響後代至爲深遠。

此書《四庫全書》收錄，惟所收爲八卷本。《四庫全書總目》題"《詩集傳》八卷，通行本"，提要云："宋《志》作二十卷，今本八卷蓋坊刻所併。朱子註《易》凡兩易稿，其初之《易傳》，宋《志》著錄，今已散佚，不知其説之同異。註《詩》亦兩易稿，凡呂祖謙《讀詩記》所稱'朱氏曰'者，皆其初藁，其説全宗《小序》，後乃改從鄭樵之説，是爲今本……蓋五經之中，惟《詩》《易》讀習者十恒七、八，故書坊刊板亦最夥，其輾轉傳訛亦爲最甚，今悉釐正，俾不失真。"

本館此本，外封面有手書"6V N659"字樣，知原爲芝加哥紐伯瑞圖書館（Newberry Library）之舊藏。

《中國古籍善本書目》著錄此本，題"《詩集傳》二十卷《詩序辨説》一卷《詩傳綱領》一卷《詩圖》一卷，宋朱熹撰，明正統十二年司禮監刻本"，載北京大學圖書館、北京師範大學圖書館、中國科學院圖書館等三十館收藏。另《中國古籍善本書目》又載同本清丁丙跋一種，載南京圖書館收藏。本館此本，另中國臺北"國家圖書館"、中國香港中文大學圖書館等館亦有收藏。

鈐印有"通德舊家"白文方印。

068

詩傳大全二十卷綱領一卷圖一卷詩序辨説一卷

T434　4208

《詩傳大全》二十卷《綱領》一卷《圖》一卷，明胡廣等輯；《詩序辨説》一卷，宋朱熹撰。明刻本。十二冊。框26.8厘米，寬17.8厘米。半葉十行二十二字，小字雙行同，四周雙邊，上下黑口，雙魚尾（魚尾相向）。版心中鐫"詩傳大全"及卷次。

卷端題"詩傳大全卷之一"，未題撰者名。

書首，首《凡例》，共七則，第六則爲"引用先儒姓氏"，第七則爲纂修者銜名，版心皆鐫"詩傳大全凡例"，末題"詩傳大全凡例畢"，共五葉。本館此本闕前二葉，僅存"引用先儒姓氏"後半葉及纂修者銜名。次宋淳熙四年

（1177）十月朱熹《詩傳序》。次《詩傳綱領》一卷。次《詩傳大全圖》一卷。次《詩序辨説》一卷，首行題"詩序"，次行題"朱子辨説"。

胡廣生平參見前"016　周易傳義大全二十四卷"條。朱熹生平參前"013　周易傳義十卷"條。

此書亦爲明成祖永樂年間胡廣等奉敕所修《五經大全》之一，其修撰過程參見前"016　周易傳義大全二十四卷"條，不復贅述。本館所藏此本，舊目定爲明永樂十五年（1417）内府刻本，今考中國臺北"國家圖書館"及中國臺北"中央研究院"傅斯年圖書館皆藏有"明内府刊本"，本館此本與之比對，雖版式相同，然字體明顯有異，知當非内府刻本，因其不避清諱，故定爲明刻本。

此書主在羽翼朱熹《詩集傳》，其成書亦如他經《大全》，多纂録元代《詩經》著作而成。《四庫全書總目》此書提要論云："自北宋以前，説《詩》者無異學，歐陽修、蘇轍以後，別解漸生，鄭樵、周孚以後，争端大起。紹興、紹熙之間，左右佩劍，相笑不休。迄宋末年，乃古義黜而新學立，故有元一代之説《詩》者，無非朱《傳》之箋疏。至延祐行科舉法，遂定爲功令，而明制因之。廣等是書亦主於羽翼朱《傳》，遵憲典也。然元人篤守師傳，有所闡明，皆由心得，明則靖難以後，耆儒宿學，畧已喪亡。廣等無可與謀，乃剽竊舊文以應詔，此書名爲官撰，實本元安成劉瑾所著《詩傳通釋》而稍損益之，今劉氏之書尚有傳本，取以參校，大約於其太冗蔓者畧刪數條，而餘文如故，惟改其中'瑾案'二字爲'劉氏曰'，又劉書以《小序》分隸各篇，是書則從朱子舊本，合爲一篇，小變其例而已。顧炎武《日知録》、朱彝尊《經義考》並抉摘其非，陳啓源《毛詩稽古篇》但責廣等採劉瑾之説太濫，猶未究其源也。"此四庫館臣沿襲清顧炎武、朱彝尊諸人之説，謂胡廣等乃"剽竊舊文以應詔"，又謂《詩傳大全》實僅"本元安成劉瑾所著《詩傳通釋》而稍損益之"，極貶低其價值。至提要末云："其書本不足存，惟是恭逢　聖代，考定藝文，既括千古之全書，則當備歷朝之沿革，而後是非得失釐然具明。此書爲前明取士之制，故仍録而存之，猶《小學類》中存《洪武正韻》之例云爾。"今人楊晉龍撰《詩傳大全來源問題探究》一文（刊於林慶彰、蔣秋華主編《明代經學國際研討會論文集》，中國臺北"中央研究院"中國文哲研究所，1996年），對《詩傳大全》之取材來源詳加考論，并檢討《四庫全書總目》之説，楊文之結論云："根據以上實際的比對和分析，現在可以比較肯定的説《詩傳大全》的真正來源是：以劉瑾《詩傳通釋》爲底本，再採録羅復《詩經集傳音釋》的'音釋'及'名物圖'、曹居貞《詩義發揮》的少數解説、朱善《詩經解頤》的解説、及《皇（明）朝郡邑志》的明代地名。"楊文所考，確實有據，有助於對此書之認識。

此書共二十卷，分卷依朱《傳》原書，各卷各篇皆先頂格列經文，次低一格列朱熹《集傳》，《傳》文下以雙行小字引諸家之說爲釋。經文及《傳》文下有音釋，或用反切，或採直音，兼標叶音。考他館所藏明內府刻本，書首《凡例》第一則云：“是經一以朱子《集傳》爲主，《通釋》所采諸家之說，與朱《傳》相矛盾者去之，庶無惑於學者。其朱子《語類》《文集》暨諸家之論，有所發明者，今皆增入。”又第二則云：“諸儒之說，不拘世次先後，一以解經爲序。其有郡號者，則加以別之；有不可考者，直書某氏而已。”由此可知其體例。

書首有《綱領》一卷、《詩序辨說》一卷，皆引諸家之說，雙行小字爲解。另有《詩傳大全圖》一卷，含“思無邪圖”“四始圖”“正變風雅之圖”……等圖。考《凡例》第四則云：“名物等圖，一依廬陵羅氏所集；‘諸國世次’及‘作《詩》時世圖’，一依安成劉氏，存之以備觀覽。”由此可知《書傳大全》中所載之圖，乃來自元羅復《詩經集傳音釋》及元劉瑾《詩傳通釋》二書所集，當非朱熹《詩集傳》舊本所原有。

本館此本書首《凡例》缺前二葉，卷五缺一至五葉。多處字迹模糊，并有斷版現象，疑是晚印之本。

此書《四庫全書》收錄，題《詩傳大全》，惟其本無《凡例》及《圖》。《四庫全書總目》著錄，題“《詩經大全》二十卷，通行本”。其書名作《詩經大全》，與《四庫》本有異。

《中國古籍善本書目》著錄“《詩傳大全》二十卷綱領一卷圖一卷，明胡廣等輯；《詩序辨說》一卷，宋朱熹撰。明永樂十三年內府刻本”一種，載中國國家圖書館、上海圖書館等九館收藏。此明永樂內府刻本，另中國臺北“國家圖書館”、中國臺北“中央研究院”傅斯年圖書館、美國哈佛大學哈佛燕京圖書館等館亦有收藏。《中國古籍善本書目》另又著錄“明嘉靖元年建寧書戶劉輝刻本”“明嘉靖二十七年宗文堂刻本”“明刻本”“明德壽堂刻本”“明詩瘦閣刻本”“明內府抄本”等多種版本，茲不細述。

069

毛詩鄭箋纂疏補協二十卷附詩譜一卷

T434　7656

《毛詩鄭箋纂疏補協》二十卷，明屠本畯撰；《詩譜》一卷，漢鄭玄撰。明萬曆二十二年（1594）程氏玄鑒室刻本。十二册。框高21.7厘米，寬13.9厘米。半葉十行二十字，左右雙邊，白口，單魚尾。版心上鐫卷名，中鐫書名及卷次，下鐫“玄鑒室”。

卷端首行，上題"毛詩鄭箋卷之一"，下題"國風"。次行題"周卜商子夏敘；漢趙人毛萇傳；北海鄭玄箋"。第三行題"明甬東屠本畯纂疏補協；江都陸弼、歙程應衢校"。

書首，首未署年唐孔穎達《毛詩正義序》。次未署年漢鄭玄《詩譜序》一卷。中國科學院圖書館藏本《毛詩正義序》前有《毛詩鄭箋序》，末署"萬曆甲午夏六月望新都程應衢撰"，本館此本無此《序》。

屠本畯（1542—1622），字田叔，號豳叟，明鄞縣（今屬浙江寧波）人。清陳田《明詩紀事》卷二十八云："本畯，字田叔，鄞人，尚書大山子，以蔭授刑部檢校，遷太常典簿，歷南禮部郎中，出爲兩淮運同，改福建，遷辰州知府，有《屠田叔詩草》。"同書又引《甬上耆舊集》云："田叔官太常典簿，因撰《太常典錄》，記國家郊祀大典，時比諸唐王涇《郊祀錄》、宋文彥博《大饗明堂記》。生平喜讀書，至老尚手一卷，人曰：'老矣！奚自苦？'田叔曰：'吾于書，飢以當食，渴以當飲，欠伸以當枕席，愁寂以當鼓吹，未嘗苦也。'起生壙于甬上，撰狀及表，自稱憨曰先生，一時詞家俱奉爲祭酒。"畯著有《毛詩鄭箋纂疏補協》《楚辭協韻》《離騷草木疏補》《三史統》《太常典錄》《田叔詩草》、《崔氏春秋補傳》雜劇、《山林經濟籍》《閩中海錯疏》《海味索引》《閩中荔枝譜》《野菜箋》《茗笈》等書。事迹見清曹溶《明人小傳》，清陳田《明詩紀事》，清朱彝尊《明詩綜》《静志居詩話》，清錢謙益《列朝詩人小傳》，張美翊、屠可全等纂修《甬上屠氏宗譜》等。屠氏所著《閩中海錯疏》《閩中荔枝譜》《野菜箋》諸書，今人尤爲看重，推崇其在海洋動物學、植物學方面之價值。

此本之刊刻，據中國科學院圖書館藏本書首所載程應衢《毛詩鄭箋序》云："至若毛、鄭之失，間一有之，推者、詆者，不妨爲忠臣，但毋爲酷吏已爾。孔氏之疏，汗漫無涯，四明屠先生纂而附之，足資學者漁獵，厥功茂矣。復爲補叶，引羽諧宮，斯又《詩》苑之滄浪，而吟壇之瀑布乎？余小子舞勺之年，受《詩》經師，稍涉涯涘。出交廣陵陸先生，望洋而嘆，始知河源。先生以詩名天下，其源出於三百篇，謂余《毛詩鄭箋》，説《詩》航葦，因附築氏，以公同志。"此《序》末署"萬曆甲午夏六月望新都程應衢撰"，知乃刻於明萬曆二十二年（甲午，1594）也。又此書卷端題"明甬東屠本畯纂疏補協；江都陸弼、歙程應衢校"，據此知程《序》所謂"陸先生"乃指陸弼，而程應衢之刻此書，即由陸弼之推介也。考程氏另又刻有《梵網經心地品菩薩戒義疏發隱》五卷，美國普林斯頓大學東亞圖書館有藏。有關程氏之刻書，另參劉尚恒《明清徽商的藏書與刻書》所述。

此書分二十卷，計卷一至卷八《國風》，卷九至十五《小雅》，卷十六至十八《大雅》，卷十九至二十《三頌》。書首附東漢鄭玄所撰《詩譜》一卷，其內容包含《詩譜序》《周南召南譜》《邶鄘衛譜》《王城譜》《鄭譜》《齊譜》《魏譜》《唐譜》《秦譜》《陳譜》《檜譜》《曹譜》《豳譜》《小大雅譜》《周頌譜》《魯頌譜》《商頌譜》等，皆僅有文字而無譜表，實爲《詩譜》總序及《風》《雅》《頌》各譜之分序也。此《詩譜》諸序，《毛詩注疏》中皆載之，唐孔穎達《正義》且爲之疏，屠本畯蓋録自《毛詩注疏》也。

此書卷端雖題“毛詩鄭箋卷之一”，其內容實包含《毛詩》之經文及《序》《傳》《箋》也。另又纂録孔穎達《毛詩正義》之部分《疏》文，并補入《詩經》各篇詩韻之叶音改讀，故卷端題“明甬東屠本畯纂疏補協”，“協”即“叶”也。諸家書目多載此書之書名爲《毛詩鄭箋纂疏補協》，乃爲之擬題，非取自卷端之題名也。清朱彝尊《經義考》卷一百十四著録“屠氏本畯《毛詩鄭箋》，二十卷，未見”。朱氏以《毛詩鄭箋》名之，即有異稱也。屠氏長於動、植物之學，故其所纂《疏》文多偏重草、木、鳥、獸等名物之訓釋。又此書首録《毛詩正義序》及鄭玄《詩譜》，書中又載經文及《序》《傳》《箋》文字，且纂録《疏》文，則屠氏此書蓋取自《毛詩注疏》以成書也。

屠氏“補協”，多採朱熹《詩集傳》中之叶音，然亦間有駁正朱《傳》讀音者。如《召南・騶虞》首章：“彼茁者葭，壹發五豝，于嗟乎騶虞。”朱熹《集傳》云：“（虞）叶音牙。”屠氏“補協”云：“虞舊叶牙，非。按：此結句耳。《麟趾》結句既不叶，則《騶虞》結句亦不當叶。下放此。”（卷一之二，葉十七）此不從朱説者也。另屠氏對宋人叶音之説亦有所批評。如《小雅・角弓》第五章：“老馬反爲駒，不顧其後。如食宜饇，如酌孔取。”朱熹《集傳》云：“（駒）叶去聲。”“（後）叶下故反。”屠氏“補協”云：“畯按：舊本駒之叶據，后（後）之叶下顧者，彼以二音欲叶之，以合饇、取耳。蓋饇音飫，取音娶故也。今政（證）之諸古韻，駒並無叶據，後並無叶下顧者，但叶胡故者侯字耳。假令後字可叶，則后、厚、垕、郈等字將盡可叶矣，雖盡南山之竹不足爲其書，窮萬籟之音不足爲其韻，豈是理哉？知其説也，則舊叶之妄、宋儒之倔僵，不辯而明矣。畯今以駒、饇二字不叶，而以後、取二字叶之，庶幾上、下之韻自通也，識者正之。”（卷十五，葉八）此攻宋儒之叶韻舊説也。

此書《四庫全書總目》未著録。《續修四庫全書總目提要》收録倫明所撰此書提要，題“《毛詩鄭箋》二十卷，萬曆甲午刊本”，提要云：“卷首有程應衢《序》，次孔穎達《毛詩正義序》，次鄭玄《詩譜序》，但所録《傳》《箋》，字有譌脱，纂《疏》但詳名物。所補協音，自陳第發明本音後，已無有用之音矣。”案：屠氏所補協音，以今之古韻知識衡之，雖多不合繩墨，然可據以推考明人之叶韻觀，於中國聲韻學史之研究，仍有其文獻價值。

《中國古籍善本書目》著錄，題"《毛詩鄭箋纂疏補協》二十卷，明屠本畯撰；《詩譜》一卷，漢鄭玄撰。明萬曆二十二年玄鑒室刻本"，載中國科學院圖書館、上海圖書館、華東師範大學圖書館等十館收藏。另中國臺北"國家圖書館"、美國國會圖書館、日本內閣文庫等亦有收藏。《四庫未收書輯刊》嘗據中國科學院圖書館藏本影印行世，題"《毛詩鄭箋補協》二十卷附《詩譜》一卷，明萬曆二十二年玄鑒室刻本"，列入第壹輯第肆冊。

鈐有"吳"朱文圓印、"式芬之印"白文方印，知曾爲清吳式芬收藏。吳式芬（1796—1856），字子苾，號誦孫，清山東海豐（今山東無棣）人。道光十五年（1835）進士，歷任翰林院編修，國史館協修，江西南安、建昌、臨江等府知府，直隸布政使，貴州布政使，陝西布政使，鴻臚寺卿，提督浙江學政，內閣學士等職。爲清代著名金石收藏家、藏書家。著有《捃古錄》《捃古錄金文》《封泥考略》《陶嘉書屋鐘鼎彝器款識目錄》《雙虞壺齋日記八種》《陶嘉書屋詩賦》等書。事迹參見清彭蘊章撰《內閣學士吳公墓志銘》（見《歸樸龕叢稿》卷四）、清葉恭綽編《清代學者象傳》第二集等。另又鈐有"廣野"朱文方印，印主不詳。

070
詩經疏畧八卷

T435　1439

《詩經疏畧》八卷，明張沐撰。清康熙十四年（1675）張氏敦臨堂刻本。八冊。框高19.5厘米，寬14.2厘米。半葉九行十七字，小字雙行同，四周雙邊，白口，單魚尾。版心上鐫書名，中鐫"風""雅""頌"各類別，下鐫國別或什別。

卷端首行，上題"國風卷第一"，下題"張沐疏畧"。書名葉分三欄，右題"上蔡張仲誠著"，中題"詩經疏畧"，左題"敦臨堂藏板"，欄上題"康熙十四年鐫"。

書首有清康熙十四年（1675）七月張沐《詩經疏畧序》。

張沐（1630—1712），字仲誠，號起庵，清河南上蔡人。《清史列傳》卷七十四《循吏傳一》、《清史稿》卷四百七十六《循吏一》俱有傳。《清史稿》云："張沐，字仲誠，河南上蔡人。順治十五年進士。康熙元年，授直隸內黃知縣。縣苦賦役不均，沐令田主自首，不丈而清。嚴行十家牌法，奸宄歛迹……沐爲政務德化，令民各書'爲善最樂'四字於門以自警，著《六諭敷言》，俾人各誦習，反覆譬喻，雖婦孺聞之，莫不欣欣嚮善。五年，坐事免。

十八年，以左都御史魏象樞薦，起授四川資陽縣……既抵任，值吳三桂據瀘州，相去數百里，羽檄如織。城中人户不滿二百，沐入山招撫，量爲調發，供夫驛不缺。滇事平，以老乞休。沐自幼勵志爲聖賢，初官内黄，講學明倫堂，請業恒數百人……及在資陽，供億軍興之暇，猶進諸生誨導不倦。退休後，主講汴中，兩河之士翕然歸之，多所成就。年八十三，卒。"張沐除任内黄、資陽兩縣知縣外，曾主講天中書院（河南汝南）、嵩陽書院（河南登封）、游梁書院（河南開封府），又曾參與《上蔡縣志》《開封府志》《河南通志》之編纂。所著有《五經疏畧》《孝經疏畧》《四書疏畧》《爲學次第》《圖書秘典一隅解》《溯流史學鈔》《六諭敷言》《道一録》《學道六書》《童經》《通俗女兒經》《張氏家譜》《前川樓文集》《前川樓詩集》等書。事迹另參嚴文郁編《清儒傳略》第0695條。

　　此書爲張沐所撰《五經疏畧》之一，且爲五經中最先撰著刊刻者。有關此書撰作之緣由，張沐在書首《詩經疏畧序》中云："況《風》《雅》《頌》之體制，賦、比、興之吟詠，原欲晦其意，不欲顯其辭，美刺之實，寓之《序》耳，猶夫《春秋》之隱約，原以寓懲勸而不明也，作《傳》而明焉。孟子曰：'《詩》亡然後《春秋》作。'則六義、四始之中，居然有襃功論罪之嚴，又不僅平辭和調，以温厚鳴性情之正已也。故《詩》不可無《序》，猶《春秋》不可無《傳》。沐數載游泳夫《詩》，求孔子、孟子之説不可得也，則瘟瘻以求夫《序》，恍然若以告我，而欲疏其畧。適有西川之役，滯于道路，憩于曲江、清泉之間，勉創筆墨，一遵古《序》，列以冠篇，庶幾舊章不墜，後學得以循是而求，有得於孔子、孟子之云也。今又閲跋涉、歷著蔡，及五溝之涯。顛頓病苦之中而成之，因以爲記。"末署"康熙十四年乙卯七月十一日丁酉，後學著蔡張沐識"。由此《序》知張沐此書乃欲以《毛詩序》爲依歸以解《詩經》，《序》末云："顛頓病苦之中而成之，因以爲記。"則此書當成於康熙十四年作《序》之時，時張沐已自直隸内黄縣免官，而尚未任四川資陽縣令，於顛沛困頓之際，仍勉力著書，情可嘉也。

　　此本書名葉題"康熙十四年鐫""敦臨堂藏板"。考張沐所著《溯流史學鈔》，首卷載有《敦臨堂録》，知"敦臨堂"乃張沐之堂號，然則此本乃康熙十四年張沐之自刻本也。前此，張沐已嘗於康熙十一年（1672）刊刻《孝經疏畧》一卷，書名葉亦題"敦臨堂藏板"，其書本館有藏，參後"165　孝經疏畧一卷"條。

　　此書共八卷，計卷一至四《國風》，卷五至六《小雅》，卷七《大雅》，卷八《周》《魯》《商》三頌。各篇皆首列篇題，篇題下以小字載章句。次列《毛詩序》。次列詩文。次以雙行小字爲釋。不載毛《傳》、鄭《箋》、朱《傳》等注文。所標章句，多從毛氏舊説，偶亦有改從朱《傳》者，如《大雅・生民》詩題下釋云："毛氏分章不同，今從朱《傳》，俱以'誕'字起章爲安。八章，四章章十句，四章章八句。"（卷七，葉二十五）

　　張沐釋《詩》，一遵《詩序》，以爲《序》得《詩》意之真。《周南・關雎・序》末，張沐釋云："《序》本詩人自題其作詩之意，採風時並採之，不失其事。國史，或卿大夫，或士君子，能文者皆曰國史，史者文也，國史即詩人也。故《序》非一世一人之所爲，其文體等齊者，或亦孔子序《詩》時略加編纂。獨此首《序》，中間備道全詩意義，文復渾摯奧古，確係孔子之筆，非他人所能者，其首文則原題也。"（卷一，葉三）又《小雅・六月・序》末，張沐云："按此《序》，非孔子不能爲也。據此解前二十二詩，各有精義，無不畢當。舍此作解，皆淺劣矣。"（卷五，葉三十二）張沐謂《序》爲詩人自題其作詩之意，間又有孔子手筆，故可遵從，其尊《序》之態度至爲明顯。此書訓釋，多本毛《傳》、鄭《箋》之解，然亦有另作新解者，如《鄭風・丰》首章："子之丰兮，俟我乎巷兮。"毛《傳》云："丰，豐滿也。"張沐《疏畧》云："丰，標致也。親迎，男子導女于前，而使望以從之，如樹標其致丰然也。"（卷三，葉二十五）又《秦風・蒹葭》末章："蒹葭采采，白露未已。"毛《傳》云："采采猶萋萋也。"張沐《疏畧》云："采采，秋色已老而可采也。"（卷四，葉七）張沐亦有依朱《傳》之説而不從毛者，如《小雅・伐木》次章："伐木所所，釃酒有藇。"張沐解"所所"爲"許許"，云："許許，衆舉大木之聲。"（卷五，葉九）此用朱《傳》之解也。張沐此書既一本《詩序》爲釋，又不全依《毛詩注疏》舊説，其間不免於曲從、附會之解。《四庫全書總目》評云："其説以《小序》爲主而亦時有異同，大抵調停前人之説而參以臆斷。如'平王之孫，齊侯之子'既不用舊説，又不用春秋王姬之説，乃訓'平'爲'等'，謂：'唐棣本不同於桃李而華如桃李，王之孫本不齊於侯之子，今觀其車服則等王之孫以齊於侯之子。'以附會《序》中'不繫其夫，下王后一等'之説，於經義殊爲乖刺，亦何取乎宗《小序》也？"《總目》所評是也。

　　此書解《序》之義間亦有可議者，如《周南・麟之趾・序》云："《麟之趾》，《關雎》之應也。關雎之化行，則天下無犯非禮，雖衰世之公子，皆信厚如麟趾之時也。"張沐釋云："觀此《序》意，二《南》詩有後世人作，孔子序之置此。"（卷一，葉十六）張沐謂"二《南》詩有後世人作"者，蓋因《序》言"雖衰世之公子"故云然。考《毛詩》家解《詩》，有《風》、《雅》正、變之説，以盛世所作之詩爲正，亂世所作之詩爲變，《周南・麟之趾》屬正《風》，且爲文王之詩，而《序》中乃云："雖衰世之公子，皆信厚如麟趾之時"，孔穎達《正義》引《鄭志》中鄭玄答張逸之問云："衰世者，謂當文王與紂之時，而周之盛德關雎化行之時，公子化之，皆信厚與禮合。"知鄭玄解"衰世"爲商之衰世也。《毛詩》家釋《序》，有其完整之詮解系統，張氏《疏畧》據《麟之趾·序》而推"二《南》詩有後世人作"，殊不合《毛詩》之解《詩》系統也。

此書《四庫全書總目》著録，題"《詩經疏畧》八卷，河南巡撫採進本"，入《經部·詩類存目二》。《中國古籍善本書目》著録"《五經四書疏略》一百四十四卷，清張沐撰，清康熙十四年至四十年敦臨堂刻本"，其中含有"《詩經疏略》八卷"，載清華大學圖書館收藏。本館此本另天津圖書館、山東圖書館、復旦大學圖書館等館亦有收藏。《四庫全書存目叢書》嘗據清華大學圖書館藏本影印行世，題"清康熙十四年至四十年菁蔡張氏刻《五經四書疏略》本"，列入《經部》第七十三册。另《歷代詩經版本叢刊》亦收録此本影本，入第二十一册。

071
詩經正解三十卷首一卷

T435　8509

《詩經正解》三十卷首一卷，清姜文燦、吳荃撰。清康熙二十三年（1684）深柳堂刻本。十二册。框高20.6厘米，寬13.5厘米。半葉十二行三十字，中字單行，小字雙行同，四周單邊，白口，單魚尾。版心上鎸書名，中鎸卷次及"國風""小雅""大雅""三頌"等類名，下鎸"深柳堂"。

卷端題"丹陽姜文燦我英、吳荃蓀右彙輯；門人潘宗垣紫臨、談象蕙孝洊全校；男姜朝烈承武、吳之璋章玉仝閲"。書名葉，右題"丹陽姜我英、吳蓀右兩先生彙輯"，中題"詩經正解"，左方鎸有六行告白云："《毛詩》講義，言人人殊，士子明經，茫無宗主，本坊敦請／姜、吳兩先生彙輯衆説，融貫新裁，恪循／功令之頒行，依傍紫陽之傳註，無義不析，奚啻皎若列星？／有蘊必宣，直可功同寶筏。操觚應制，固當奉作指南；詩／苑詞壇，亦宜遵爲玉律。誠希世之奇珍，當窗之佳玩也。／初學通材，各置一編于案頭，其所裨益，良復不淺。"欄上鈐有"侍御許青嶼先生鑑定"一行紅字。右下鈐有"翻印千里必究"朱文長方印。

書首，首清康熙甲子（二十三年，1684）二月過于飛《詩經正解序》。次《凡例》，共十六則，末署"丹陽姜文燦我英識"。次《同訂姓氏》。次"首卷"一卷，此卷首録多篇《詩經》相關文獻，包括《大序》《漢申培詩説》《孔叢子》《左傳季札論樂》《蘇老泉詩論》《朱考亭詩雅鄭不同部》《風雅頌之體不同》《王十朋策問》《詩所以宣民情》《朱考亭風雅隨時而升》《朱考亭詩至夫子而復舊》《詩有正變美刺》《朱考亭詩樂》《論篇章散亡先後失序》《朱考亭詩者古之樂》《朱考亭詩之教》《呂東萊詩之傳授》《袁黃詩學源流》《逸詩》《宋存標序》《雜錄》《全詩總論》《風雅頌總説》《風雅正變》《賦比興説》《文心雕龍比興》《劉勰比興》《論樂歌》《論詩序》《朱子辨序説》《湛若水詩小序論》《説詩要論》等文；次《類題辨異備覽》；次《字韻辨異》；次《正悮（誤）》；次《詩經字畫辨疑》；次《詩經字體辨疑》；次《詩圖世次圖》；次《詩圖時世圖》；次《深柳堂詩經圖考目錄》，題“丹陽姜文燦我英輯訂”；次圖考；次《深柳堂詩經人物考》，題“丹陽姜文燦我英氏輯訂”；次《詩經篇目》；次《詩經目次歌訣》。此卷葉數相連，第一葉及第三葉版心尚見鎸有“首卷”字樣，知自爲一卷也。次宋淳熙四年（1177）十月朱熹《詩經集註序》。次《詩經正解》正文三十卷。

姜文燦，字我英，號玉封，清江蘇丹陽人。《［光緒］重修丹陽縣志》卷首載“康熙二十二年重修丹陽縣志職名”，中列有“生員姜文燦”，知姜氏於康熙二十二年（1683）時爲生員，曾參與重修《丹陽縣志》，其他仕履不詳。清黎世序（1772—1824）所輯《練湖志》卷九《賦詠》曾收錄姜氏詩《練湖曲》《湖亭載酒》《秋日湖上》三首。又《［光緒］重修丹陽縣志》卷三十九《書籍》中載姜氏所著書有《易經正解》《詩經正解》《左傳彙解》《杜詩集註》《陶園詩集》等。

吳荃生平見前“049 深柳堂彙輯書經大全正解十二卷附深柳堂禹貢增删集註正解讀本一卷”條。

此書爲舉業用書，其撰作之緣由，清葛筠《詩經正解序》中述之極詳。此《序》不見於今諸館所藏康熙二十三年深柳堂刻本，而見於日本安政五年（清咸豐八年，1858）由菅野侗校訂，江户奎暉閣木活字印行之《詩經正解》書首。葛筠《序》云：“吾邑城南讀書處，曰‘深柳堂’，清池數畝，環以高柳，垂陰池畔，盛夏無暑氣。深柳堂，姜氏別業也。同時諸友，姜子我英恭御、吳子蓀右、丁子柯亭輩閉關謝客，自牖納飲食，予與賀子天山鄉居，時一過從。諸子習他經者相半，獨予與我英、蓀右幼習《毛詩》。案頭揣摩，各有厄言爲獨得之秘。及蓀右改習《尚書》，予亦改麟經，曩嘗誦習，半廢棄於殘編斷簡中矣……蓀右既有《四書正解》一書問世，不脛而走天下矣，坊客并以《詩經正解》請諸我英以及蓀右二子，謀於予，議各出所錄爲白璧之合。予皇然謝不敏，以讓之。二公枕中之藏，上有雲氣，至今日而始出也，豈偶然哉……蓀右又有《春秋正解》，不次告成，麟經，吾業也，又將起而序之。”末署“康熙甲子二月望後二日瑯琊葛筠題於深柳堂”。案：據日本安政五年（1858）木活字本保存葛筹此《序》，知康熙本原書乃刻於清康熙二十三年（甲子，1684）。又由葛筹此《序》知"深柳堂"者乃姜文燦之別業，即姜文燦、吳荃、丁鼎時諸人準備舉業時讀書之處。《詩經正解》刊刻之前，吳荃已曾刊行《四書正解》一書，因其暢銷風行，故坊客乃又請姜文燦、吳荃續刊《詩經正解》也。

另姜文燦於此書《凡例》中述及此書成書之過程，《凡例》第十四則云："是書起自己未之春，成於癸亥之冬，不特諸家講本翻閱無遺，即六經子史以及時令天文、山川疆域、祀典食貨、服飾器用、宮室人物之類，見之他書者，靡不旁搜博考，目營手給，孜孜矻矻，五年於兹。録成數本，爲子弟及門課業。予友葛子柬之、賀子天山輩，最後振鷺，過夫子謬加許可，攜而質之海内名賢，頗無非剌者。于是坊友童仲旭諸人，堅索付梓，非予初意也，或藉是就正有道，知必有以教我。"又第十五則云："吳子蓀右之登賢書也，雖由《尚書》，然葩經夙所肄習，說《詩》最深，兹編討論潤色，功非淺鮮。蓀右不自居功，而列予名于右。然蓀右先有《四書正解》行世，兹書仍用其名，即專謂吳子之書也可。"由姜文燦所述，知此書用力五年始成，而吳蓀右有討論潤色之功，故二人并列彙輯之名。另知葛《序》所謂"坊客"者，乃童仲旭諸人，即出資刊刻此書之書坊業者也。又考吳荃所撰《四書大全說約合參正解》十七卷，於康熙十八年（1679）刊行，姜氏謂《詩經正解》之撰，始於康熙己未（十八年），成於癸亥（二十二年，1683），其乃繼《四書正解》而作，故亦沿用《正解》之名也。

此書爲舉業用書，故其解經以朱熹《詩集傳》爲依歸。《凡例》首則云："本講悉依朱《傳》，是謂正解。雖各家講本，剖析精詳，非無新奇可喜之論。然與《註》不合則爲別解，不敢妄爲採輯。間有所取，亦姑置之圈外，示學者所宗在彼不在此也。"由此知其書取名《詩經正解》之義。首卷所録《大序》《說詩要論》《類題辨異備覽》《深柳堂詩經圖考》《深柳堂詩經人物考》《詩經目次歌訣》等資料，皆備舉子參考。《凡例》第十則云："兹書不特解釋經文已也，凡說《詩》之法，讀《詩》之訣，四始六義之説，大小《序》之辨，詩樂之論，字韻之異，體畫之疑，寫經之訛，朱註援引解説之誤，以及若篇、若歌訣、若類題辨異諸刻，俱學者所宜究心，雖不及盡登，並採其要録之，列於卷首焉。"此可見作者之用心。

此本分爲三十卷，計卷一至十《國風》，卷十一至二十《小雅》，卷二十一至二十六《大雅》，卷二十七至三十《三頌》。各篇皆先列《傳》、《序》、"全旨"，次逐章列《詩經》經文，經文下首列朱《傳》，次有"合參""析講"等。詩末標章句，章句下亦首載朱《傳》之文，次引他説以説解。考書中各篇篇首所列之《傳》文乃僞《子貢詩傳》,《凡例》第三則云:"六經惟《詩》難解,自紫陽註定,舉業者咸宗之。然漢、唐以來,多依《小序》,即朱《傳》亦間遵其説。兹特與端木氏《詩傳》並列于首,雖非操觚家斗杓,亦説《詩》者之津梁也。"案:姜氏以傳世之僞《子貢詩傳》爲真,雖受當時學術風氣之影響,恐非宜也。另書中所謂"全旨""析講""合參"者,《凡例》第二則云:"通詩有通詩之旨,各章有各章之旨。通詩之旨,則總一篇之意而釋之,謂之'全旨'。各章之旨,則析各章之意而釋之,謂之'析講'。全旨一遵紫陽詩柄,不敢矛盾,而于析講則必句疏字解,發奧剖疑,使讀《詩》者不涉疑團,而《詩》之義蘊亦無不彰明較著。且於'析講'之前列以'合參','合參'者,合諸家之解釋而參以己意者也。于是有總領,有過遞,有收繳,悉依詩人風韻音響,順文成章,三者具備,如入荒林而啓蒙翳,讀者庶一見朗然矣。"此外《凡例》第六則又言及:"《毛詩》講義如林,何所適從? 兹書一以江晉雲先生之《衍義》爲主,參之衆説,附以臆見,折衷去取之間,畧盡苦心矣。"有關詩中比、興之説,《凡例》第七則謂:"諸講非不詳明,惟楊、顧《説約》,審辨不遺餘力,是書多採之。"然則知此書採據,乃以明江環(字晉雲)之《詩經闡蒙衍義集註》爲主,而比、興之説則以明顧夢麟纂述、楊彝參訂之《詩經説約》採據爲多也。書中所引朱《傳》以外諸説,兹以《周南·關雎》爲例,計有"豐城朱氏"(朱善《詩經解頤》)、"方山"(薛應旂)、"微言合參"、"文公語録"、"通解"、"大全"、"麟士"(顧夢麟《詩經説約》)、"盧文子"、"嚴緝"(宋嚴粲《詩緝》)、"鄭箋"(此處所引之文實爲《經典釋文》,誤爲"鄭箋",辨見下)、"慶源輔氏"(宋輔廣《詩童子問》)、"雙峰饒氏"(饒魯《詩經講義》)、"前漢外戚傳"(《漢書》)、"後漢皇后紀"(《後漢書》)、"廖鳴吾"(名道南,1494—1548)、"湛若水"(1466—1560)等,由此可見其徵引之富。

此書爲舉業而撰,其解經大體不出朱《傳》矩矱,然書中徵引時人及前人論《詩》之語,頗有不顯於世者,隻言片語,雖或出於制義、時論,亦可爲探討明、清《詩》學之一助。《凡例》第五則云:"制義、時論,剖析字句,論斷人事,最多發明。是書或録其全篇,或採其數語,非敢濫登,期于廣義云爾。"書中所引及人士,如黄幼玄、吳崇愚、葉臺山、黄東葵、微玄、王兆熊、沈平齋、何確齋、顧東江、朱叔熙、羅孝可、劉上玉、陳式甫、鄒臣虎、周以寧、陳聚岡、趙任甫、彭魯叔、喬君求、陳淡夫、倪玉汝、馮爾廣、詹熊子、楊伯祥、鄧潛谷、楊維斗等,其論《詩》之語,説雖不全,乃藉此書而得以流傳。

然姜氏此書引述舊説,亦有偶誤者,如《周南·關雎》篇末章句下,載云:"鄭《箋》:'舊解云:三百一十一篇詩,並是作者自爲名。'"案:此説乃《附釋音毛詩注疏》《關雎·序》"《關雎》，后妃之德也"下所附《經典釋文》之語，姜氏一時失察，乃誤以爲鄭《箋》之文。

此本避"玄""弦"字。

此書《四庫全書總目》著録，題"《詩經正解》三十卷，江蘇周厚堉家藏本"，入《經部·詩類存目二》。提要云："是書首爲《詩經字畫辨疑》；次爲天文、輿地、服飾、禮樂、器具、車馬、兵制圖考；次爲姓氏、草木、禽獸、鱗介諸考。大抵襲《六經圖》及《名物疏》諸書而爲之。其訓釋亦頗淺易。"對此書所評甚簡。

《中國古籍善本書目》著録，題"《詩經正解》三十三卷，清姜文燦、吳荃撰。清康熙二十三年深柳堂刻本"，載東北師範大學及山東省圖書館收藏（後者爲殘本）。《中國古籍善本書目》題爲"三十三卷"，與本館此本及《四庫全書總目》作"三十卷"有異，其異待考。本館此本，另中國國家圖書館、山東師大圖書館、復旦大學圖書館等亦有收藏。《四庫全書存目叢書》曾據復旦大學圖書館藏本影印行世，題"清康熙二十三年深柳堂刻本"，列入《經部》第八十册。《歷代詩經版本叢刊》第二十二册亦收録復旦大學藏本影本。此外，北京大學圖書館、遼寧圖書館、上海圖書館、中國臺灣大學圖書館、日本大阪府立中之島圖書館等館亦藏有日人菅野侗校訂《詩經正解》三十三卷，安政五年（清咸豐八年，1858）江户奎暉閣木活字本。其本分卷爲卷一至十二《國風》，卷十三至二十二《小雅》，卷二十三至二十九《大雅》，卷三十至三十三《三頌》。其本乃據中國刻本校訂，以木活字印行，然則豈《毛詩正解》果有三十卷本與三十三卷本之異歟？待考。

072

詩經集成三十一卷詩經圖考一卷

T435　4294

《詩經集成》三十一卷《詩經圖考》一卷，清趙燦英撰。清三樂齋刻本。二十册。框高20.2厘米，寬13.2厘米。半葉十三行三十一字，小字同，四周單邊，白口，單魚尾。版心上鐫書名，中鐫卷次及篇名。

卷端題"朱熹集傳；毘陵趙燦英殿颺彙輯；及門諸子訂正"。書名葉分三欄，右題"毘陵趙殿颺先生編輯"，中題"詩經集成"，左方鐫有四行告白云："先生《四書集成》一編，風行海内，本坊以　先生專習《毛詩》，復懇／彙纂是書，一以傳註爲指歸，不襲纂疏之參錯。有疑必析，何／異聚腋爲裘？無美不宣，奚啻釀花成蜜？誠《詩》苑之金科，而葩／壇之玉律也，識者珍之。　金陵三樂齋刊刻。"

書首，首清康熙二十九年（1690）八月趙燦英《序》。次宋淳熙四年（1177）十月朱熹《詩經集註序》。次《詩經集成例言》，共十則，末署"曲水園殿颺氏識"。次《詩經圖考》一卷，首有《詩經圖考總目》；圖末鐫"毗陵奇賞齋繪，整肅堂書"，末題"詩經圖考"。

趙燦英，字殿颺，一字恬養，清江蘇武進人。歲貢生，居鑒湖，自號鑒湖釣叟。著有《詩經集成》《四書集成》等書。《［乾隆］武進縣志》卷八《選舉·貢生·國朝》中載"康熙間"有"趙燦英，府庠"。

此書撰作之由，趙氏於《序》中云："余纂《四書集成》既行，謬爲海内同志所許可，于是四方好學者復欲得余諸經講義而觀之。余思東魯一大聖人，爲萬世垂教，始取六經而纂修删定焉。宋代大儒紫陽朱夫子于《四書集註》外僅註《毛詩》，余何人也？敢妄談經解乎？然余觀世所傳諸經講解，紛紜不一，未愜厥心，而《毛詩》尤甚。甚至有獨信《詩傳》《詩序》而與朱子大相牴牾者。夫聖門七十二子中，惟商與賜稱善言《詩》，而端木氏《詩傳》與卜子《詩序》亦不無異同。竊疑二子同受教于聖門，未必其不侔若是也。漢代説《詩》者有齊、魯、毛、韓，厥後三家竝廢，獨宗毛、鄭，迨宋朱夫子《集傳》出而《詩》始獲其指歸焉……余之纂是編也，悉宗朱子《集傳》，即旁及諸家論説，亦必以不背傳註者存之，庶于作《詩》者之心或不至大相刺謬云爾。"又卷首《詩經集成例言》末則云："余生平授徒課子，恪守聖賢遺訓，年來兼事丹黃，其于《四書》、群經講義，多所究心，每見善本，不憚手録，彙成全篇。甲子春，始以《四書集成》問世，幸爲海内名賢所推許。至於《詩經》講義，博采衆論，參以己意，折衷去取，倍費苦心。藏篋已十餘年，坊友請登梨棗，亦以《集成》名篇，從公好也。"由此二文可知趙氏於康熙二十三年（甲子，1684）曾出版《四書集成》，頗受好評，故又於康熙二十九年刊行《詩經集成》，仍以《集成》爲名。二書皆爲舉業用書，故此書《序》中云："余之纂是編也，悉宗朱子《集傳》。"

中國科學院圖書館藏本，書名葉題"康熙二十九年新鐫""金陵陳君美梓行"，并鈐有"觀成堂藏版翻印必究"朱文長方印，故其本題爲"清康熙二十九年金陵陳君美刻本"。本館此本卷六，葉十一、十二皆有斷版現象；卷七葉七右面上方邊框有破損痕迹，中國科學院圖書館藏本同有此現象，知二者當爲同版。惟本館此本卷七葉三十七左面有漶漫現象；卷七，葉三十八右、左兩面皆有斷版痕迹，中國科學院圖書館藏本則無此現象，則本館此本當爲較晚印之本。又此本不避"玄""絃""弦"字，疑非康熙二十九年原刻本，因書名葉有"金陵三樂齋刊刻"字樣，今據書名葉題爲"清三樂齋刻本"。

此書分三十一卷，計卷一至十五《國風》，卷十六至二十三《小雅》，卷二十四至二十六《大雅》，卷二十七至三十一《三頌》。各篇皆先述其詩之"全旨"，次列經文及朱熹《集傳》，次有趙氏所撰之"串講"和"疏解"，末附章句。所謂"串講"者，書首《詩經集成例言》第四則云："是編于白文、傳註之外，即有串講，此體會詩人語吻而使詞意聯貫者也。其説或參諸坊本講義之言，或採諸先正名篇之語，而竊以己意折衷裁度于其間，務使語意宛然，或未必無少補于舉業也。"又"串講"之後，繼以"疏解"。"疏解"之中或各章各作"疏解"，或二章併爲"合解"（如《周南·漢廣》二、三章），或數章作一"總解"（如《周南·麟之趾》全詩三章合爲總解）。趙氏於《例言》第五則云："串講之後，又有疏解，分輯諸儒之説要，擇其義蘊之醇深者載之前，採其議論之宏博者列之後，參同辨異，總期與朱註相發明，庶知詩人之修辭撰句非無意也。"其引前人之説者，如《周南·葛覃》末章作者引"徐敬弦""劉安成""輔慶源""朱豐城""（顧）麟士"等諸家之語，即其例也。"疏解"之末，趙氏間錄舉業名篇作爲附錄。《例言》第六則云："疏解之末，間附舉業名篇，並採評語，非贅也，亦以當今觀講義者，原欲使書理爛熟于胸中，發爲文章，上追美乎懷葛東江之風範，次不失乎東崖卧子之興致而已。"如趙氏於《周南·關雎》末章"疏解"之末云："附錄'參差荇菜'兩章查詩繼文一首并文評，以資觀覽。"（卷一，葉六）又《葛覃》第二章"疏解"之末，趙氏云："附錄'服之無斁'一句俞鐸文，并載文評，以資觀覽。"（卷一，葉九）皆其例也。

本館此本卷二葉三十五左面缺。卷六、八、九、十、十六、十八、二十二、二十三、二十四、二十六、三十一等卷末鐫有寫工名，計有"金陵陳元明"（或作"上元陳元明"）、"金陵于珂臣"、"金陵陳翰章"等。

此書《四庫全書總目》著録，題"《詩經集成》三十卷，江蘇周厚堉家藏本"，入《經部·詩類存目二》。提要云："是書成於康熙庚午，大旨爲揣摩場屋之用，故首列朱子《集傳》，次敷衍語氣爲串講，串講之後爲總解，全如坊本高頭講章。至總解之後益以近科鄉、會試墨卷，則益非説經之體矣。"案：此書諸家藏本皆著録爲"三十一卷"，《四庫全書總目》作"三十卷"不知何故，蓋誤記也。

《中國古籍善本書目》未著録。本館此三樂齋刻本，另北京大學圖書館、清華大學圖書館等館亦有收藏。此外，中國科學院圖書館、復旦大學圖書館、湖北省圖書館等館所藏本題"康熙二十九年金陵陳君美刻本"。《四庫全書存目叢書》曾據中國科學院圖書館藏本影印行世，題"康熙二十九年金陵陳君美刻本"，列入《經部》第七十四册。

073

詩經通義十二卷

T435　2932

《詩經通義》十二卷，清朱鶴齡撰。清雍正三年（1725）濠上草堂刻本。六册。框高20厘米，寬14.3厘米。半葉十行二十五字，小字雙行同，四周單邊，白口，單魚尾。版心上鎸書名及卷次。

卷端題"松陵朱鶴齡輯"。書名葉分三欄，右題"朱長孺先生輯"，中題"詩經通義"，左題"濠上草堂梓行"。

書首，首未署年朱鶴齡《詩經通義序》。次清雍正三年（1725）季秋張尚瑗《序》。次《詩經通義凡例》，共十則。次《考定鄭氏詩譜》，末鎸有未署名識語云："鄭氏《詩譜》不可廢，歐陽公已言之矣。朱子一切不用，恐非子輿論世之旨。但今本《注疏》《大全》所列者，十五國及《雅》《頌》俱各分時代先後，與歐陽公所云'國譜旁行'者不合，蓋非鄭《譜》之舊也。今倣《史記》年表體，合爲一圖，庶令學者便于觀覽云。"次《古今諸儒姓氏》。

朱鶴齡生平參前"050　尚書埤傳十五卷首卷一卷書經考異一卷附録一卷"條。

朱氏力主《詩序》不可廢，又有感於《詩序》受後代之淆亂，故矢志撰作此書。朱氏於書首《詩經通義序》中云："毛《傳》可黜而《序》不可黜，黜《序》則無以爲説《詩》之根抵（柢）……語云：'冢尺雖斷，可定鐘律。'《序》爲《詩》之冢尺也尚矣。一汩於康成之膠滯，再汩於紫陽之斥排，將聖人所謂'主文譎諫''厚人倫、美教化'，以至於'動天地，感鬼神'者，其終晦昧湮没而不可求已乎。余不敏，竊主古義而參諸家，於《序》之不可易而可信者，爲疏明之；其牴牾不可信者，則詳辨之。要以審定可否、綜核異同，使積蔽羣疑，涣若冰釋，庶通經之一助云爾。"由此可知其撰作之主旨。又此書之所以名《詩經通義》者，《詩經通義凡例》首則云："'通義'者，通古《詩序》之義也。蓋《序》乃一詩綱領，必先申《序》意，然後可論毛、鄭諸家之得失。'後《序》'多漢儒附益者，今取歐、蘇、呂、嚴諸説爲之辨正，錯簡譌字亦詳訂焉。"其書取名之義，據此可知。

此書之付梓，已於朱氏殁後四十餘年，書首張尚瑗《序》云："先生著書滿家，少陵、義山詩集箋註，家弦户誦。既乃厭棄辭章，肆力經術，《埤傳》《左鈔》先後授梓，獨《通義》一書，屢經更定，又卷帙頗重，計貲爲難，逡巡審慎，而先生業已謝世閲四十餘年……歲庚子冬暮，瑗自豫章院歸，徧陳五經傳疏，并庋藏所有諸家言，臚列其是非同異，從先生兩孫借觀《通義》藏稿，五十年前函丈點筆情景，恍然負牆，敬爲之序。越五載乙巳，其次孫泰興、廣文、士玉刻《通義》書成，爰於舊序增益數語，表刻此書之因。士玉篤嗜經術，庶能紹其家學者。”此《序》末署“雍正三年季秋朔日受業門人張尚瑗拜書，年七十”。考此《序》撰於雍正三年（乙巳，1725），中云：“乙巳，其次孫泰興、廣文、士玉刻《通義》書成，爰於舊序增益數語，表刻此書之因。”知此本乃刻於雍正三年也。

此書分十二卷，計卷一至五《國風》，卷六至八《小雅》，卷九至十《大雅》，卷十一至十二《三頌》。各篇皆先列經文，經文下以雙行小字作注。《序》文列於經文之後。《序》文之後，低一格以單行爲“通義”。末標章句，章句下若有辨説，亦以雙行小字爲之。朱氏將《序》文置於經文之後，乃受明郝敬之影響。《凡例》第三則云：“古本皆標《序》于經文之前，後儒遂以《詩序》若今之詩題。余謂：《序》所以明作者之意，非先有《序》而後有詩也。郝仲輿本移《序》從經，最爲得體，今從之。”朱氏此説，雖似有理，然變古太過，恐非宜也。

朱氏雖尊《序》，然以《序》首句爲“古《序》”，首句以下爲“後《序》”，《凡例》首則云：“‘通義’者，通古《詩序》之義也。蓋《序》乃一詩綱領，必先申《序》意，然後可論毛、鄭諸家之得失。‘後《序》’多漢儒附益者，今取歐、蘇、呂、嚴諸説爲之辨正，錯簡譌字亦詳訂焉。”又第四則云：“‘古《序》’最簡，毛、鄭訓多不明，鄭尤躊駁，故爲後儒所排。”此分《序》爲“古《序》”“後《序》”，固前有所承，宋、明學者已多有論述，非朱氏獨創之見。惟此書於諸篇《序》義，對前人之説，仍多有論辨。

朱氏對“後《序》”中之可議者，時加辨證，如《周南·關雎·序》末云：“是以《關雎》樂得淑女以配君子，憂在進賢，不淫其色。哀窈窕、思賢才，而無傷善之心焉，是《關雎》之義也。”朱氏《通義》云：“‘憂在進賢，不淫其色。’下二章之意已明，‘哀窈窕’以下，語近繁雜，嚴華谷疑漢時經師所傅益，或然耳。朱子亦云：‘《序》所言哀樂淫傷，都非本旨。’”此引宋嚴粲《詩緝》之説，謂“哀窈窕”以下爲漢代經師所附益。

朱氏亦有糾前人之誤讀《序》文者，如《周南·螽斯·序》：“《螽斯》，后妃子孫衆多也。言若螽斯，不妒忌，則子孫衆多也。”朱氏《通義》云：“按：此《序》‘言若螽斯’句斷，下乃推言子孫衆多者由后妃不妒忌故也。鄭康成誤讀，以‘螽斯不妒忌’爲句。夫螽斯，微蟲，何以知其不妒忌乎？歐陽永叔譏

《序》文顛倒，蓋亦誤讀之耳"。此謂鄭玄、歐陽修誤讀《序》文。考鄭玄於《螽斯》首章 "螽斯羽，詵詵兮" 下箋云："凡物有陰陽情慾者，無不妬忌，維蚣蝑不耳，各得受氣而生子，故能詵詵然衆多。后妃之德能如是，則宜然。"朱氏謂鄭玄此注乃誤讀《序》"若螽斯不妒忌" 爲句也。

朱氏於經文下，以雙行小字爲注。《凡例》第六則云："經文下夾注，多引毛、鄭及《正義》語，而加以折衷。宋、元以來諸家之説，必取其合于古義者。"又，書中對朱熹《詩集傳》之文，"今海内家傳户習，故此書不重引其文，只略詮詩中大意。惟諸儒説有異同者，別白之；舛謬者，針砭之"（《凡例》第五則）。

朱氏此書之義例，多有取裁自宋呂祖謙《呂氏家塾讀詩記》及嚴粲《詩緝》者，《凡例》第七則云："東萊《讀詩記》，極爲宋人所推，華谷《詩緝》，其次也。此書義例，多取裁焉。"然朱氏解《詩》，亦有不同於前人而另立新説者。如《邶風·簡兮·序》："《簡兮》，刺不用賢也。衛之賢者仕于伶官，皆可以承事王者也。"朱氏《通義》云："此詩極稱碩人才藝堪爲王臣，見衛之不用爲可刺，而因有思于西方之盛王。'西方美人' 即《序》所謂 '王者'，蓋言如此碩人，安得遇西周盛王而承事之耶？東萊云：'詩嘆碩人之賢……"彼美人兮，西方之人兮" 指碩人也。嘆美其真西周之人而非今世之人也。江左之人喜言中朝名臣，亦此意也。' 説亦通。朱子謂：'賢者仕于伶官，有輕世肆志之心，若自譽而實自嘲。' 非也。既稱賢者，豈以輕世肆志爲心乎？魯仲連、東方朔之流，春秋時無此等人物。"案：此朱氏於呂東萊《讀詩記》、朱熹《集傳》之外，別立新説也。

此書所用叶音，多取朱熹《集傳》所叶，然仍有依陳第或顧炎武之説者。《凡例》第十則云："《詩·釋文》止有音反而不甚詳，陸氏所謂 '古人韻緩，不煩改字' 者也。朱子始取吳才老韻叶《詩》，然不盡依用。萬曆間，陳季立氏謂古字本有古音，與後代不同，不必改叶。吾友顧寧人氏引申其説，又謂沈約四聲不當以律古人之詩。二家援証精博，可信從無疑矣。但細覈《集傳》所叶之音，與二家考正者無甚相遠，而四聲不用，則平、上、去、入通爲一音，入聲轉韻，初學多不曉。故今仍用《集傳》所叶（原注：'叶下之音，吾友楊旭所補'），但易爲讀某反、某切，而平、上、去、入，槩不分注，庶幾三百篇之文，讀之諧協，復無以今音律古詩之失（原注：'《集傳》中有不當叶、不必叶者，今悉去之'）。"此爲此書叶音之體例也。

此書於每詩之末，標有章句。《凡例》第九則云："毛、鄭與歐、蘇、呂、嚴諸本，所分章句，各有異同，今一以《集傳》爲正。"然《通義》於《集傳》

之章句，仍偶亦有駁辨者，如《召南・騶虞》詩末標章句云："《騶虞》，二章，章三句。"《通義》於章句下雙行小注云："'于嗟乎'三字爲與'虞'叶，當作章四句。"案：《通義》此處"爲"下疑脱"句"字，朱氏蓋謂《騶虞》二章皆當以"于嗟乎"爲句，"乎"與下"騶虞"之"虞"爲韻，如此則每章應爲"四句"而非"三句"也。

本館此本"玄""絃""弦"等字皆缺筆避康熙帝諱。卷一葉三，卷四葉三，卷六葉六，卷八葉四十一，共四葉爲抄補。又卷三葉一左面首行有三字爲墨丁，文淵閣《四庫全書》本作"陳啓源"三字，惟《四庫》本此三字字迹與他處有異，疑爲後補也。

此書《四庫全書》收録，惟《四庫》本書首無朱鶴齡《詩經通義序》，張尚瑗《序》則改題爲《詩經通義原序》。又卷端題"吳江朱鶴齡撰"。《四庫全書總目》題"《詩經通義》十二卷，浙江汪啓淑家藏本"，提要云："其《凡例》九條，及考定鄭氏《詩譜》，皆具有條理……鶴齡與陳啓源同里，據其自序，此書蓋與啓源商榷而成，又稱啓源《毛詩稽古編》專崇古義，此書則參停於今、古之間，稍稍不同。然《稽古編》中屢稱'已見《通義》，兹不具論'。則二書固相足而成也。"案：《詩經通義》書首《凡例》共十條，提要云"其《凡例》九條"，蓋誤數也。又提要稱"據其自序，此書蓋與啓源商榷而成"，考朱鶴齡《詩經通義序》未見此言，考朱鶴齡爲陳啓源《毛詩稽古編》所撰之《序》中嘗云："余向爲《通義》，多與陳子長發商榷而成，深服其援據精博。近乃自成《稽古編》若干卷，悉本《小序》、注疏，爲之交推旁通。餘書猶參停今、古之間，長發則專宗古義。"提要所謂"據其自序"，蓋指此也。然則提要所述，恐未確當。

《中國古籍善本書目》著録"《毛詩通義》十二卷首一卷附録一卷，清朱鶴齡撰，手稿本，清陳鍾英跋"一種，載上海圖書館收藏。另中國國家圖書館藏有"清海源閣藏舊抄本"一部，復旦大學圖書館藏有"清初抄本"一部，中國臺北"中央研究院"傅斯年圖書館藏有"清雍正間鈔本"一部。本館所藏此本，另上海圖書館、復旦大學圖書館等亦有收藏。

鈐印有"倪模"白文方印、"預搶"朱文方印、"大雷經鋤堂藏書"白文方印，知曾爲倪模收藏。倪模生平參前"040　尚書日記十六卷"條。另又有"式珪鑑賞圖書"朱文長方印、"金印式珪"白文長方印、"虁齋"白文長方印、"玉屏山樵金式珪之印"朱文長方印，知亦曾爲金式珪收藏。金式珪，清青浦（今屬上海）人，著有《鳳棲山房稿》。清楊芳燦（1753—1815）等撰《芙蓉山房師友尺牘》中收有金式珪致楊芳燦書一通。

074

詩經啴鳳詳解八卷圖説一卷

T435　7954

《詩經啴鳳詳解》八卷《圖説》一卷，清陳抒孝撰，清汪基增訂。清嘉慶十六年（1811）三多齋刻本。五册。框高21.4厘米，寬13厘米。上下分三欄，上欄高1.4厘米，中欄6.9厘米，下欄13.1厘米。半葉上欄小字十八行三字，中欄小字十八行十六字，下欄大字九行二十五字，小字雙行同；左右雙邊，白口，單魚尾。版心上鎸"詩經啴鳳"，中鎸卷次，下鎸"三多齋"。

卷端上欄題"備考"；中欄首行題"詩經啴鳳詳解附標題"，第二至四行題"太史吳新亭先生閲定；新昌陳抒孝百先輯著；星源汪基敬堂增訂"。下欄首行上題"詩經繹傳卷之一"，下題"陳抒孝纂録"。書名葉分三欄，右上題"新昌陳百先先生輯解；江乘汪敬堂先生增訂"，中題"詩經啴鳳詳解"，左下題"三多齋梓行"，欄上鈐有"嘉慶十六年重鎸"七字，字迹已磨損泛白，然仍隱約可見。右下鈐有"圖説詳載"橢圓長型印記，亦隱約可見。另別本書名葉左上鈐有五行告白，本館此本字迹亦已模糊殆盡。

書首，首清雍正十一年（1733）十月吳啓昆《序》。次《詩大序》及朱熹《詩經集傳序》，分置上、下兩欄，上欄爲《詩大序》，下欄爲《詩經集傳序》。次《例言》，共十一則，《例言》之末，低一格鎸有汪基識語。次《圖説》一卷，《圖説》首有書名葉，右上題"雍正乙卯夏月"，中題"圖説"。

陳抒孝，字百先，清浙江新昌人，著有《詩經繹傳》。汪基，字方鎦，又字方湖，號敬堂，又號警齋，清婺源（今江西婺源）人，著有《詩經啴鳳詳解》，編有《三禮約編》《古文啴鳳》等書。考美國哈佛大學哈佛燕京圖書館藏有清雍正十三年（1735）汪氏鋤經齋刻本《四書典林》一部，其書卷端題"婺源江永慎修新編；同邑汪基方鎦參定；及門諸子校閲"。書名葉右題"星源江慎修編"。由此可知汪基當係婺源人，與江永同邑。

此書乃汪基以陳抒孝《詩經繹傳》爲基礎加以增訂，復增附"備考"而成，由書坊三多齋定名爲《詩經啴鳳詳解》加以梓行。汪基於《例言》末之識語中云："新昌陳氏《詩》解，三多齋徵稿繕寫久矣，特簡多脱誤。歲癸丑，力屬較正，乃爲訂其缺略，益所未備。質之姻長吳翁，參諸慕巖仲氏，久始竣事。坊友以余補葺加勞，仍舉名古文選本者顔之。越二年乙卯授梓，爰本其初輯著之例，而參附余增訂之意，且以示有待于將來者如此。敬堂汪氏識。"案：汪基嘗編有《古文啴鳳》一書，其增訂陳氏《詩經繹傳》之後，三多齋仍依《古文啴鳳》之例而名爲《詩經啴鳳詳解》也。至於汪氏所增訂之處，據書首吳啓昆之《序》云：“吾姻汪子方湖以增訂陳氏《詩》解相質，余按陳氏所輯，釋經已明，標題且富，可爲大、小試之助，而汪子重探秘書，出遺篋，益所不逮，猶復徵蒐備考，斟酌圖説，特加該博，雖謂之《詩》學大成可也。”由此可推書中“備考”部分，當係汪基增附，《圖説》部分，亦經由汪基增訂，他本《圖説》書名葉左下鎸有“敬堂訂梓”四字（本館此本未見），可以參證。此外正文之中欄中亦可見汪基增訂之迹，如《周南·卷耳》末章“陟彼砠矣，我馬瘏矣，我僕痡矣，云何吁矣”，中欄載云：“汪氏庭訓云：‘多方以求望見君子，而終之以一歎，有發乎情、止乎義之意。’”此處引“汪氏庭訓”之説。考書首吳啓昆《序》中云：“汪子家世治《詩》，自其先　太傅登原公著《讀詩學略》，其説疊見今《欽定傳説彙纂》中。　高大父濬源公相繼以《詩經》成名進士，尊人沐滄先生口授札記庭訓汪子兄弟者，亦多見詩人意思。”然則汪基書中所謂“汪氏庭訓”者，當即引其父之説也。

　　《例言》末汪基之識語云：“歲癸丑，力屬較正……越二年乙卯授梓。”據吳啓昆《序》末署“雍正癸丑冬姻弟新亭吳啓昆題於謝墩別墅”，可知汪基所云“乙卯”，即爲雍正之乙卯年，故知此書乃初刻於雍正十三年（乙卯，1735）。此書因係舉業用書，自雍正始刻之後，屢經重鎸，今所見有乾隆二十七年（1762）、三十五年（1770）三多齋刻本，乾隆四十六年（1781）文秀堂刻本，嘉慶十六年（1811）三多齋刻本，道光二十九年（1849）三益堂刻本，光緒十八年（1892）文英堂刻本，光緒三十四年（1908）三元堂刻本等。本館此本書名葉鈐有“嘉慶十六年重鎸”字樣，雖字樣模糊，仍可辨識，另又鎸有“三多齋梓行”五字，知爲清嘉慶十六年三多齋刻本。此本刊刻雖在乾隆之後，因其爲三節本，書中內容及版式皆極特殊，故仍收録以備參考。

　　此書分八卷，計卷一至三《國風》，卷四至五《小雅》，卷六至七《大雅》，卷八《三頌》。書中分三欄，下欄載陳抒孝《詩經繹傳》，中欄列各詩全旨及標擬題目并附訓解，上欄爲“備考”。其下欄及中欄部分當係陳書所原有，汪基乃就中欄之內容加以增訂，復增列上欄之“備考”。考吳啓昆《序》中云：“余按陳氏所輯，釋經已明，標題且富，可爲大、小試之助。”所謂“標題且富”，乃指中欄之內容而言，由此可推陳書原來之形式當是分爲上、下二欄，即是“詩經啫鳳詳解”此書上、中、下三欄之中、下二欄。《例言》中每稱“上簡”，乃指陳氏原書之上欄，即是《詩經啫鳳詳解》此書中欄部分也。

　　下欄陳抒孝《繹傳》，各篇皆先頂格列《詩經》經文及節録朱熹《傳》文，次低一格以釋之，首標“講”字。講章內容大抵依朱《傳》之義爲説。《例言》首則云：“是書正解以朱子《集傳》爲宗，有《集傳》未經疏解詳悉者，乃參用他説，或尋其緒而爲之補釋，要使明白了當，庶免另搜解説之煩。"又第三則云："講章例下經、傳一格，以示別。"可知講章即指下欄之"講"也。

上欄"備考"當爲汪基增訂時所加。《例言》第九則云："《詩經》所咏，人地已衆，其所取材尤廣，雖若緒餘，亦關理要。況《詩》有連章叠詠，但以一、二事物示別者，試院分舉命題，研求不豫，何由屬思著筆？故外附'備考'，用資觀覽。"其備考之意可見。

《續修四庫全書總目提要》收錄倫明所撰此書提要，題"《詩經啑鳳詳解》八卷，雍正癸丑刊本"，提要云："書爲舉業而設，每頁分上、中、下簡。下簡題曰《繹傳》，所解以朱子《集傳》爲宗，未詳者乃參用他説，或尋其緒而爲之補釋……中簡題曰《詳解》，專講作意，分篇旨、章旨、句旨。上簡題曰《備考》，詳於名物典故。卷端別有圖説。"案：倫明此言"每頁分上、中、下簡"，其不言"欄"而言"簡"，蓋有受書中汪基《例言》之影響。然《例言》第五則、第九則所謂"上簡"，實指書中之中欄而言，已如前述。倫明提要中述"下簡""上簡"之内容，其稱呼易與《例言》之説相混淆，恐未宜也。

此書《四庫全書總目》《中國古籍善本書目》俱未著錄。除本館此本外，另徐州師範大學圖書館藏有乾隆三十五年（1770）三多齋刻本，天津圖書館藏有道光二十九年（1849）三益堂刻本，中國國家圖書館、北京大學圖書館并藏有光緒十年（1884）有益堂刻本及光緒十三年刻善成堂印本，北京大學圖書館及日本京都大學人文科學研究所并藏有清蘇州掃葉山房刻本。另此書因載有《詩經》各篇之"全旨"，故亦有改易書名加"備旨"者，今見有同治己巳（八年，1869）三益堂刻《詩經備旨啑鳳詳解》，以及光緒乙未（二十一年，1895）"書業德"新鐫《重校詩經啑鳳備旨》等。《歷代詩經版本叢刊》曾據光緒三十四年（1908）三元堂刻本影印行世，其本書名葉題"欽定詩經啑鳳備旨"，其加"欽定"二字，實無據也。

075

讀詩質疑三十一卷卷首十五卷附經文考異補一卷李氏詩所摘録一卷

T435　6429

《讀詩質疑》三十一卷卷首十五卷，清嚴虞惇撰；《經文考異補》一卷，清沈淑撰；《李氏詩所摘録》一卷，清嚴有禧輯。清乾隆嚴有禧刻本。十二册。框高20.1厘米，寬14.7厘米。半葉十一行二十二字，小字雙行同，左右雙邊，白口，單魚尾。版心上鐫書名，中鐫卷次及類別（如"卷一國風周南"）。

卷端題"常熟嚴虞惇學"。中國國家圖書館藏本有書名葉，題"繩武堂藏板”，本館所藏此本無書名葉。

書首，首清乾隆甲子（九年，1744）正月黃叔琳《讀詩質疑序》。次《讀詩質疑目錄》。次嚴有禧進書奏摺。次未署年《朱子詩經集傳序》。次未署年《孔氏毛詩正義序》。次未署年《鄭氏詩譜序》。次《讀詩質疑卷首》十五卷，卷首第十五卷末附沈淑《經文考異補》一卷。次正文三十一卷，第三十一卷末附嚴有禧輯《李氏詩所摘録》一卷。

嚴虞惇（1650—1713），字寶成，號思庵，清江蘇常熟人。《清史列傳》卷七十一《文苑傳二》、《清史稿》卷四百八十四《文苑一》俱有傳。《清史列傳》云：“嚴虞惇，字寶成，江蘇常熟人。康熙三十六年一甲二名進士，授翰林院編修。虞惇生有異稟，九經、三史，幼即成誦。官翰林，館閣文字，多出其手。己卯科場獄興，虞惇子、姪連售，試官蟠與宸英皆其同年友，用是罣史議，鐫級，閒居數年。聖祖南巡閱河，虞惇迎駕毗陵，獻詩十章，温旨召問，賜御書一幅。旋起補國子監監丞，轉大理寺寺副……四十八年，充四川鄉試副考官。五十二年，充湖廣鄉試正考官，皆稱得人。累遷至太僕寺少卿。五十二年，卒，年七十四。”案：《清史列傳》謂嚴虞惇“卒，年七十四”，然據清楊繩武撰《皇清誥封中憲大夫太僕寺少卿嚴思菴先生墓表》（見《嚴太僕先生集》書末附）載：“先生生于順治庚寅五月二日，卒于康熙癸巳三月二十一日，年六十有四。”則當作“卒，年六十四”爲是。嚴虞惇著有《易經提要》《讀詩質疑》《通鑑提要》《文獻通考詳節》《思庵閑筆》《嚴太僕先生集》等書。事迹另見《［光緒］常昭合志稿》卷二十六《人物志五·耆舊·國朝》。

嚴有禧（1694—1766），字厚載，號葦川，清江蘇常熟人，嚴虞惇之孫，嚴鋆之子。雍正元年（1723）進士，曾任河南知縣、山東知府、山東登萊青道、河南按察使、湖南按察使等官，著有《漱華隨筆》《東萊紀略》《刑鑒》《淫鑒》《戒得録》《延緣存稿》等書，事迹見《［光緒］常昭合志稿》卷二十六《人物志五·耆舊·國朝》。

沈淑（1702—1730），字立夫，又字季和，號頤齋，清江蘇常熟人。雍正元年（1723）進士，選庶吉士，授翰林院編修。雍正四年（1726）辭官奉母歸養，杜門著書。雍正八年（1730）卒，年二十九。著有《周官翼疏》《經玩》二書。方苞撰有《沈編修墓誌銘》（《望溪先生文集》卷十）。事迹參見《［光緒］蘇州府志》卷一百《人物》二十七、《［光緒］常昭合志稿》卷二十六《人物志五·耆舊·國朝》等。

此書撰作及刊刻之由，書首黃叔琳《讀詩質疑序》云：“昔者，吾友嚴太僕思菴，六經各有述作，於《詩》尤盡心焉。旁羅遠紹，研精覃思，虛衷以索之，稽實以按之。起卜氏之廢疾，鍼鄭氏之膏肓，發朱氏之墨守，嘘三家之烟燼，而不令其泯滅，如製裘而集千狐之腋也，如發覆而覩天地之全也。自有《詩》傳以來，殆未有體大而能精如此者也……公之孫有禧將梓以行世，來請序。余謭陋，何足以序是書？然甚欲附名以傳於後，用綴狂瞽之言於簡端。"末署"乾隆甲子正月既望北平年弟黄叔琳拜撰"。案：黄叔琳此《序》撰於乾隆甲子（九年，1744）正月，《序》中既云"公之孫有禧將梓以行世，來請序"，則此時僅"將梓"而尚未付梓也。考書首嚴有禧之進書奏摺中云："臣祖先臣嚴虞惇，由康熙三十六年一甲第二名進士，由翰林院編修歷官太僕寺少卿，平生留心經學，著有《讀詩質疑》四十六卷，藏諸篋衍，四方傳寫，臣用刻之家塾。欣逢　聖主同文之會，適值微臣入　覲之期，伏思臣祖是書以備芘經箋疏傳注參酌異同，或有可採，爲此繕摺，並敬謹裝訂，共十六本，分上、下二函，賫赴宮門，隨摺恭　進，伏冀　天恩俯賜留覽，曷勝感激悚惕之至。謹　奏。"此摺之末又載云："乾隆十二年三月十九日奏事傳出，奉　旨：'書留了，嚴有禧賞緞二疋，貂皮二張，欽此。'"嚴有禧於乾隆十二年上奏進書，奏中稱"臣用刻之家塾"，據此知至遲於乾隆十二年此書已刻成矣，而主刊刻之事者爲嚴虞惇之孫嚴有禧。今此本因未能定其確切付梓之年月，故定爲"清乾隆嚴有禧刻本"。

此書正文三十一卷，計卷一至十五《國風》，卷十六至二十三《小雅》，卷二十四至二十六《大雅》，卷二十七至三十一《三頌》。正文前有卷首十五卷，其卷目俱載於《目録》中，依次爲"列國世譜""國風世表""詩指舉要""讀詩綱領""删次""六義""大小序""詩樂""章句音韻""訓詁傳授""經傳逸詩""三家遺説""經傳雜説""詩韻正音""經文考異"等項，所論爲《詩經》學諸問題及對三家《詩》遺説之輯佚、對《詩經》異文之稽考等。卷首第十五《經文考異》之後，附有清沈淑所撰《經文考異補》一卷，題"後學沈淑輯"，乃補嚴氏《經文考異》所未足。

此書正文三十一卷，《四庫全書總目》論其内容及體例云："其正經則《國風》爲十五卷，《小雅》爲八卷，《大雅》爲三卷，而每卷析一子卷，《頌》爲五卷。大旨以《小序》爲宗而參以《集傳》，其從《序》者十之七、八，從《集傳》者十之二、三，亦有二家皆不從而虞惇自爲説者。每篇之首，冠以（寶三案：'冠以'二字，《總目》原作'自爲'二字，涉上而訛，今據文淵閣本書前提要改正）《序》文及諸家論《序》之説。每章之下，各疏字義，篇末乃總論其大旨與去取諸説之故，皆以推求《詩》意爲主，頗畧於名物訓詁，亦不甚引據考證。"案：嚴氏此書推尊《毛詩序》之説，然亦未全以《序》文爲盡當。卷首七《大小序》末云："虞惇按：《詩序》之作，説者不同……梁蕭統《文選》載《毛詩序》，自'關雎，后妃之德也’至‘是《關雎》之義也’世所稱《大序》《小序》合爲一篇，題曰‘卜子夏’，則其爲子夏作無疑。其諸篇之《序》，首句以下容或有毛公及衛宏所附益者，大約《隋書經籍志》與康成之説得之……至朱子則直謂《序》之首句已不得詩人之本意，而肆爲妄説，此又譎譋詆諏之語，未敢以爲信然矣。”嚴氏辨《序》説之非，大抵在糾其首句以下之失。如卷一《周南·葛覃·序》云：“《葛覃》，后妃之本也。后妃在父母家，則志於女功之事，躬儉節用，服澣濯之衣，尊敬師傅，則可以歸安父母，化天下以婦道也。”嚴氏論云：“虞惇按：詩述既爲后妃之事，非言在父母家也。《序》語煩贅，蓋説《詩》者附益之。”此以《序》語“后妃在父母家”以下爲不可信。

　　嚴氏此書，因尊《詩序》，故亦連帶崇毛、鄭之《傳》、《箋》而屢抑朱《傳》。其卷首第十《訓詁傳授》云：“（前略）鄭氏作《毛詩箋》。孔氏作《正義》，專申毛、鄭之旨。宋朱子《集傳》始盡斥毛、鄭而獨申臆解，六百年來學者非夫子弗道也。蓋毛、鄭之廢久矣，然考其淵源、師友之所自與夫儒先論撰之説，毛公之《詩》不謂之源於子夏不可也。故今列諸家授受之次第於以志其盛而惜其衰。”又於卷三《邶風·柏舟·序》下論云：“朱子於《詩序》一概抹摋，獨出臆見於千載之下，竊恐非孔子‘信而好古’之義，而適自蹈於憑虛鑿空之譏。不揣固陋，畧爲疏通證明，不敢曰毛、鄭之功臣，亦未必非朱子之諍臣也矣。”惟嚴氏從毛、鄭處固多，亦非一味佞之，如卷二《召南·草蟲》篇末嚴氏論云：“虞惇按：毛、鄭以‘大夫妻’爲在塗之女，憂心不當夫，恐被出而歸宋，亦非詩本義。既云‘大夫妻’，其非在塗之女可知。鄭引男女觏精解‘觏止’之‘觏’，尤屬附會，今削之。”此評毛、鄭之非也。另嚴氏亦有並譏毛、鄭、朱之非者，如卷二《召南·摽有梅》篇末云：“虞惇按：《摽有梅》，男女及時之詩也。如毛、鄭説，首章喻時衰，二章、三章喻衰落又甚，乃是男女失時之詩矣……《集註》云‘賦也’，亦非是。”考嚴氏此書名曰《讀詩質疑》，其所質疑者，首爲朱《傳》之可疑處，次則對毛《傳》、鄭《箋》之失亦有所駁辨，故《四庫全書總目》謂其“大致皆平心靜氣，玩味研求於毛、朱兩家，擇長棄短，非惟不存門户之心，亦併不涉調停之見”。然觀其全書，大體仍以崇毛、鄭爲多，蓋釋《詩》既以《詩序》爲宗，則不得不然也。此外，嚴氏對宋、元儒者説經之非亦時有批評，如卷二《召南·小星》議洪邁《容齋隨筆》之失云：“凡後儒説經，撥棄《箋》《傳》，好立異説，皆此類也。畧舉此以例其餘。”又《召南·野有死麕》篇末云：“魯齋王柏氏有《二南相配圖》，黜《何彼襛矣》爲《王風》、《野有死麕》爲淫詩，而白雲許謙氏又以此爲鄭、衛之《風》，皆非聖無法，六經之蟊賊也。并附論於此云。”然則此等《詩》説亦在嚴氏“質疑”之列也。

此書卷末附有《李氏詩所摘録》一卷，末鐫嚴有禧識語云："先大父《質疑》一書，彙萃諸家之説，參以己見，經數十寒暑而成，其矜慎持擇，即紫陽亦不敢附和，實爲《詩》學之大成。 安溪先生《詩所》後出，當時蓋未之見，小子肄業之餘，取其與 先大父及諸儒先之説足相發明者，敬採數條附於卷後，猶 先大父之志也。"末署"乾隆癸亥桂月孫男有禧謹識"。案：癸亥爲乾隆八年（1743）。又考李光地（1642—1718），字晋卿，號厚庵，又號榕村，清福建安溪人，學者稱"安溪先生"，著有《詩所》八卷。嚴有禧此卷乃摘録李光地《詩所》中與《讀詩質疑》足相發明者數條，首冠"李氏曰"，後低一格嚴有禧略作案語。如首條"關雎章"，於李氏説後，案云："此與先大夫'后妃求淑女'之説相合，而發明更廣。"即其例也。

此書《四庫全書》收録，惟四庫本無書首黃叔琳《序》、《目録》、嚴有禧進書奏摺、朱子《序》、孔穎達《正義序》、鄭玄《詩譜序》及卷首第十五末所附沈淑《經文考異補》、卷末《李氏詩所摘録》等。《四庫全書總目》題"《讀詩質疑》三十一卷附録十五卷，江蘇巡撫採進本"，提要云："（前略）皆以推求《詩》意爲主，頗畧於名物訓詁，亦不甚引據考證……又《申培詩説》，出自豐坊，其中多剽竊朱《傳》之義，而虞惇反謂朱《傳》多引申培，亦殊失考。然大致皆平心静氣，玩味研求，於毛、朱兩家，擇長棄短，非惟不存門户之心，亦併不涉調停之見。核其所得，乃較諸家爲多焉。"案：《總目》提要評此書誤信《申培詩説》之失，其説是也。又云"核其所得，乃較諸家爲多焉"，亦不爲過。考嚴氏此書卷首第十三《三家遺説》、第十五《經文考異》等臚列今文三家《詩》遺説及異文，正文考論《詩》篇亦時及三家《詩》義，其於清代三家《詩》之研究，可謂導夫先路，有其貢獻。本書卷首第十五之末附有沈淑《經文考異補》一卷，另嚴虞惇之從曾孫嚴蔚撰有《詩考異補》（參見本書志下文第078條），皆繼嚴氏之作而更爲補之也。

嚴氏此書偶或誤以《毛疏注疏》中所附《經典釋文》之語爲鄭《箋》或《正義》者。如卷一《周南・關雎・序》下云："鄭氏曰：'三百一十一篇詩，並是作者自爲名。'"又卷三釋《邶風・谷風》"毋逝我梁，毋發我笱"句云："孔《疏》引《韓詩》云：'發，亂也。'"二處所引，實皆陸德明《經典釋文》之語，嚴氏蓋失察也。

本館此本間有墨筆圈點及眉批。

《中國古籍善本書目》著録，題"《讀詩質疑》三十一卷首十五卷，清嚴虞惇撰，末一卷，清嚴有禧輯，清乾隆繩武堂刻本"，載中國國家圖書館、復旦大學圖書館收藏。此本除本館外，另北京大學圖書館、中國科學院圖書館、上海圖書館、南京圖書館、浙江圖書館、湖北省圖書館、蘇州圖書館等多館亦有收藏，惟版本著録頗不一致。另上海圖書館又藏有抄本一部。

鈐印有"魯留臨□□氏"朱文長方印。

076

毛詩明辨録十卷

T435　3152

《毛詩明辨録》十卷，清沈青崖撰。清乾隆十三年（1748）毛德基刻本。四册。框高16.7厘米，寬12.4厘米。半葉九行十九字，左右雙邊，白口，單魚尾。版心中鐫書名及卷次。

卷端題"秀水後學沈青崖艮思父著"。書名葉題"毛詩明辯／録"五字。

書首，首未署年盛元珍序，未立標題，版心鐫"盛序"。次清乾隆己巳（十四年，1749）二月桑調元序，未立標題，版心鐫"桑序"。次乾隆辛酉（六年，1741）沈青崖《毛詩明辨録序》。次正文十卷。書末有乾隆戊辰（十三年，1748）秋毛德基跋，未立標題，版心鐫"後跋"。

沈青崖（1692—？），字艮思，號愚舟（或作寓舟），清浙江秀水（今浙江嘉興）人。雍正癸卯（元年，1723）舉人。歷任內閣中書、內閣侍讀、戶部貴州司郎中、陝西糧道、西安糧監道、延綏道、河南開歸道等職。著有《周易明辨録》《毛詩明辨録》《春秋三傳明辨録》《綱目尚論篇》等書，并曾與修《［雍正］陝西通志》《［乾隆］重修肅州新志》等。事迹參見清沈德潛編《清詩別裁集》卷二十七、清徐世昌輯《晚晴簃詩匯》卷六十五所述傳略。沈清崖生年，諸家文獻未載，考《雍正朝朱批引見單》記雍正七年（1729）十一月，沈青崖蒙雍正帝引見，載云："沈青崖，順天府大興縣人，年三十八歲，由廩生中雍正元年癸卯恩科舉人。"據雍正七年沈青崖年三十八歲逆推，蓋生於康熙三十一年（1692）也。另又可知沈青崖原籍當爲順天府大興縣。

此書撰作之由，沈青崖於書首《毛詩明辨録序》中云："秦火以後，齊、魯諸儒收拾斷簡，各立門戶，亡慮數十家，而今之傳者，獨萃於毛氏，以其能依《詩序》而不爲野獲耳。夫言發於此而可通於彼則不窒，義見其小而可該其大則不拘，夆陋執泥之說，固不可與言《詩》，然諸家異同，不啻枘鑿，吾不知白虎未經論定之先，其聚訟糾紛更何如也？自考亭夫子《集傳》以來，學《詩》者咸衷於一。我朝彙纂一編，以朱子《集傳》爲主而附引諸儒之說以折其中。蓋朱子之裁正《小序》者不少，而《小序》之爲《詩》學津梯已二千餘年，莫之有易，未可盡非，故仍附卷末以待學者之尋繹，取攜於此可以仰窺聖學之權衡焉。青嘗於吟咏之餘，合觀其大鳴、小鳴，凡得其平而鳴者多正，不得其平而鳴者多變。舉倫理之大端，勤蟲魚之小物，以古人之摯誼，觸後世之深情，傳注之功尚矣，然學於章句之中，超於義類之外，思之所入，隨在有獲，可以不關於彼此而齊物於小大，寧僅自怡而已？因著《明辨錄》十卷，姑爲彙編之塵羹土飯，以惠子弟，詎云有當於興觀群怨而能仰裨於至治乎？"《序》末署"乾隆辛酉秀水沈青崖自序"，則此《序》乃撰於乾隆六年（辛酉，1741）。或謂沈氏此書乃於獄中所作，沈德潛編《清詩別裁集》卷二十七述沈青崖之生平云："字艮思，浙江秀水人，雍正癸卯舉人，官至開歸道。家艮思以監司任軍儲，有掎摭之者，繫獄幾數年，上知其冤，釋之，仍官監司，以議論正直爲大吏彈劾，復去官，始終以不善諂曲被禍者也。在獄時，著有《五經明辨錄》《綱目尚論編》，多前人未發及正前人缺略者。"考《清史稿》卷二百九十七《列傳》八十四《查郎阿傳》云："（乾隆）三年，奏劾肅州道黃文煒、軍需道沈青崖等侵帑，並及於義徇庇，遣左都御史馬爾泰會鞫論罪。"時沈青崖任肅州軍需觀察，沈德潛所言繫獄之事當指此。沈德潛謂青崖《五經明辨錄》《綱目尚論編》成於獄中，不知何據。另《毛詩明辨錄》書末毛德基跋中云："先生撰著等身，俱成甘蘭羈困之際，如《易》《詩》《春秋三傳》各有《明辨》，《通鑑綱目》則有《尚論編》，並能闡□精奧，提挈綱領，出入於漢、唐、宋諸大儒。"案：毛德基此跋謂《周易明辨錄》諸書"俱成甘蘭羈困之際"，其語義不甚明晰，或與繫獄之事有關。

此書之刊刻，書末毛德基跋云："寓舟先生與家大人同官甚久，每稱其握蘭省署，稍暇即手一編，洎督糈邊陲，因地核事，因今證古，不以政務鞅掌而弛所學，迄於今將二十年矣……歲丙寅，膺　特達之知，出守章貢，□□□□（寶三案：此四字，本館此本缺損，以他館所藏本校之，當是'道由吳門'。下同）過訪家大人，把臂言歡，基亦得侍聆緒□，□□（論，未幾）擢任中州觀察，胥江言別，留示此編，基方□□□□（趨庭聞訓），紬繹深思，多所裨益。然不敢秘之枕中，□□（遂謀）剞劂，以公共好……爰於工竣，聊志梗槩云。"末署"乾隆戊辰秋仲古吳世姪毛德基□（拜）跋"。由毛德基此跋知此書於乾隆十三年（戊辰，1748）秋已刻成矣。另書首桑調元序云："沈使君艮思，學贍而思勤，于經史並有著撰，而《毛詩明辨錄》先板行，屬序於予，予受而讀之。"此序末署"乾隆己巳二月錢唐桑調元書"，己巳爲乾隆十四年（1749），則印行時已在刊成後次年矣，今此本仍定爲"乾隆十三年（1748）毛德基刻本"。此外，中國科學院圖書館藏本，書首有沈德潛序，未立標題，版心鐫"沈序"，序末署"乾隆庚午仲秋歸愚沈德潛題"，本館藏本未見此序。考庚午爲乾隆十五年（1750），則此序蓋係後加。惟沈德潛此序之内容，又見於王鳴盛《西莊始存稿》卷二十四，題《毛詩明辨録序》，兩者文字略有異，如沈序起首稱“家艮思觀察好學深思，宦游之暇，惟事纂述，《易》《詩》《春秋三傳》各有《明辨録》，予既總序之矣”。王鳴盛《序》則作“秀水艮思觀察好言經義，宦遊之暇，惟事纂述，《易》《詩》《春秋三傳》各有《明辨録》”。又序之末，沈序云：“予雖老，猶將取向之總序其端者，一一爲之專序焉。”王《序》則作：“予雖檮昧，猶將一一爲之專序焉。”推此二文之關係，疑沈序即由王鳴盛代筆，故其文又收入王鳴盛之集中也。

　　此書共十卷，卷一至二爲《綱領》，分題《綱領一》《綱領二》。卷三至五《國風》，卷六至八《小雅》，卷九《大雅》，卷十《三頌》。《綱領一》論述采詩、六義、正變、篇名、分章、語助等《詩經》學諸問題，對傳統《風》《雅》正變之説頗多批判。《綱領二》論述《詩經》叶韻及賦、比、興等内容，大抵依循朱子之説。

　　卷三至十，採札記體形式辨析《風》《雅》《頌》諸篇之詩文。各卷皆先立一標題，其下論辨之。如卷三《國風一》論《周南》《召南》二《風》，共立“關雎”“葛覃”“師氏”“卷耳”“寘彼周行”“陟彼崔嵬三章”“螽斯”“桃夭”“兔罝”“武夫”“漢唐”“駒”“麟趾”“蘩”“草蟲”“宗室牖下”“召伯”“行露”“室家不足”等條目。

　　此書大體以《毛詩》《序》《傳》《箋》《疏》之説解與朱熹《詩集傳》相較，析論其優劣得失，期得《詩經》之真詮。沈氏所論雖不專主一家，然多右朱《傳》而左毛、鄭，如卷三論《邶風·終風》云：“毛、鄭、孔皆以此詩爲州吁而作，蔣氏悌生、郝氏敬皆從之。漢、唐儒不過因其列在《燕燕》之後故云然耳。然細玩味，首章‘顧我則笑’，二章‘惠然肯來’，末章‘願言則懷’俱非母子之詞，春秋時非所生之子而上烝者多矣，莊姜賢夫人，豈不知遠嫌而作此詩哉？斷以朱子改正爲莊公賦者爲是。”此以朱《傳》改正毛、鄭舊説爲是也。故桑調元之序，謂沈氏此書“大旨發明朱子之《集傳》，特詳意思名通，不執一見。朱子雖不主大、小《序》，而菁英要靡不搴掇，是《録》亦羅其元（玄）要，罔有缺訛，其洵不爲毛、鄭佞臣而多於前功矣乎”。惟書中雖多從朱子《集傳》之解，然亦有訂朱者，如卷三《周南·卷耳》，朱《傳》據《本草》以爲“即今蒼耳子”，沈氏則云：“考蒼耳子葉大如掌，與《廣雅》言‘形如鼠耳’者不合，與陸《疏》‘葉似胡荽’者亦不合也。又蒼耳莖粗如指，與細莖蔓生亦不合。且蒼耳草結實如棗核，有刺，其葉不可食，未可信《本草》也。”此不從朱《傳》之解。又如卷七《小雅·小旻》“如彼築室于道謀”條，謂：“《集傳》章句，從古授受，豈敢異議？然‘如彼築室’當爲一句，‘于道謀是用’爲一句，言如彼築室者，惟道路之謀是用，有不敗其成者乎？潰字當作潰敗解。"此處自出新句讀，不從朱《傳》也。另沈氏間亦議論張橫渠、蘇轍、呂祖謙、輔廣、嚴粲、范處義、劉瑾、熊朋來、朱公遷、鄒泉、沈守正、郝敬、馮復京等宋、元、明人說《詩》之是非。

沈氏此書，明辨毛、鄭與朱《傳》解《詩》之異同是非，雖自言"思之所入，隨在有獲"，然其中亦難免有窒礙之論，如卷五《豳風・七月》"八月剝棗"，毛《傳》云："剝，擊也。"沈氏論之云："'剝，擊也。'棗之熟者，擊之始落，然剝之字義只應訓落而擊寓其中，不應竟訓剝爲擊也。古人用字之妙，曰食，曰亨，曰剝，曰穫，曰爲，曰斷，曰叔，曰采，曰薪，字字用之切當。"此未知解"剝"爲"擊"，當係讀"剝"爲"扑"，沈氏蓋疏於訓詁也。又如論卷七《小雅・正月》"燎之方揚，寧或滅之？赫赫宗周，褒姒威之"句，云："孔《疏》音註云：'《字林》：威，武劣反。《說文》威從火戍聲，火死于戍。'釋滅、威二義甚當。"此處所引孔《疏》，實爲注疏本中所附《經典釋文》之音義，沈氏誤認爲孔《疏》，亦失察也。

本館此本避"玄"字諱。卷六葉十右面鈐有"葉榮豐號"紙廠印記，左面鈐有藍、紅色長條形紙廠印記；卷四葉二十四右面及卷七葉十八右面皆鈐有淡藍色紙廠印記，可作爲此本乃乾隆時所刻印之佐證。另此本卷末毛德基跋一葉，右面左上角及左面右上角皆有缺損，部分文字已不可見。

此書《四庫全書總目》《中國古籍善本書目》俱未著錄。此本除本館外，另中國國家圖書館、北京大學圖書館、中國科學院圖書館、上海圖書館、南京圖書館、湖北省圖書館、中國香港中文大學圖書館等多館亦有收藏。《四庫未收書輯刊》曾據中國科學院圖書館藏本影印行世，題"清乾隆毛德基刻本"，列入第貳輯第陸册。其本有乾隆庚午（十五年）沈德潛序，然書末無毛德基跋。另《歷代詩經版本叢刊》亦曾影印出版，列入第二十八册。

鈐印有"珊瑚閣珍藏印"朱文長方印，知曾爲清百齡收藏。百齡（1748—1816），字菊溪，張氏，清漢軍正藍旗人。乾隆三十七年（1772）進士，歷任山西學政、江南道監察御史、湖南按察史、雲南布政使、廣西巡撫、廣東巡撫、兩廣總督、刑部尚書、兩江總督等職。嘉慶二十一年（1816）卒，諡文敏。著有《守意龕集》。室名有"珊瑚閣""守意龕"等。事迹見《清史列傳》卷三十二、《清史稿》卷三百四十三。傅增湘《藏園群書題記續集》卷三"影宋本離騷跋"條中云"卷首鈐'珊瑚閣'印爲納蘭容若，則此本或爲納蘭氏所摹寫歟？"後人據傅氏此說，遂多以爲鈐有"珊瑚閣珍藏印"者爲納蘭容若舊藏。今考納蘭容若卒於清康熙二十四年（1685），此《毛詩明辨錄》刻於乾隆十三年（1748），而鈐有此印，當可證"珊瑚閣珍藏印"非納蘭容若之藏印也。另參見張一民《納蘭性德藏書中的鈐印》（"劍鋒冷然的博客"2009年4月30發文）。

077

詩貫十四卷首三卷

T435　1484

《詩貫》十四卷首三卷，清張敘撰。清乾隆二十年（1755）杜甲刻本。六册。框高18.2厘米，寬12.6厘米。半葉九行二十五字，小字雙行同，左右雙邊，白口，單魚尾。版心上鐫書名，中鐫卷次及篇名。

卷端題"婁江張敘著"。書名葉右題"詩貫定／本"，左下題"續艸堂藏板"。

書首，首清乾隆乙亥（二十年，1755）仲秋杜甲序，未立標題，版心鐫"序"。次乾隆丙子（二十一年，1756）孟冬王延年序，未立標題，版心鐫"序"。次《詩貫總目》。次乾隆十八年（1753）長至後五日張敘《詩貫自述》。

張敘（1690—1775），字鳳岡，又字濱璜，清江蘇鎮洋（今江蘇太倉）人。《［民國］鎮洋縣志》卷九《人物一·古今人傳》中有傳，云："張敘，字濱璜，父文華，見州志。敘舉雍正十年舉人。乾隆元年舉博學鴻詞、十六年舉經學，皆報罷。二十六年以耆年宿學賜國子監學正。生平沈潛理學，穿穴經奧，名重公卿間，前後主講潞河、蓮池、白鹿諸書院，成就人才甚衆。會開四庫館，當事以所著《易貫》《詩貫》二書進呈，收入提要總目，卒年八十六。"另同書卷十一《藝文》載張敘所著有《易貫》《詩貫》《詩經發微》《孝經精義》《經序録》等書。張敘生卒年參見江慶柏編《清代人物生卒年表》。

此書之作，據張敘《詩貫自述》云："六經言性，《詩》獨言情，情非性也，而非情則性亦枯槁而不靈，寂滅而無有矣……惟然而《詩》爲言情之作者，不獨十五《國風》也，二《雅》、三《頌》之播朝廷、達郊廟、格天祖、和神人，皆此一情之曲邑而旁通、潛孚而昭揭也。故言情而性命道教在其中，即六經之理一以貫也，詩之用其神矣……此《詩》之一經，比他經爲尤難讀歟？然而無難也，我亦自有其情也。天不變則情不滅，人不絕則情不隔，詩人止此一情，爲之往復，我何難就此一情與之委蛇？孟子謂'不以文害詞，不以詞害志，以意逆志，是爲得之'者，以情求情之謂也。夫以情求情，則前而千古，後有萬年，近自一室之中，遠而至於六合之外，果有二情乎哉？"由此可知，此書其取名《詩貫》者，蓋欲以"情"貫《詩》之理也。

張敘《詩貫自述》又云："漢唐以來，惟朱子《集傳》爲能除荒剔蠹，使人遊於康莊。然於詩人之情蓋亦未盡得之。宋、元而下不論也。榕村李氏作《詩

267

所》，獨多創解，能補朱《傳》所未備矣，而變《風》、變《雅》仍屬皮相，《魯頌》美僖不免失實。其正《風》《雅》《頌》得者爲多，而文義節奏之間不皆符合於自然焉。其韻叶則據顧寧人《詩本音》，較朱《傳》用吳才老《韻譜》者爲勝。然《詩》主咏歌，即未有無韻者，顧氏乃以唐韻律古音而謂《詩》有無韻之篇，其然豈其然乎？敘自弱冠，有《詩義發微》及《詩音集成》之作，後隨棄去，四十年來已三易稿矣。今夏無事，反覆之而別有會心，爰取戊辰所定《詩貫》舊本改訂之，凡七閱月而竣，亦期不失詩人之情云爾，非故爲立異也。"由此《述》可知，張敘乃有感於清李光地《詩所》能補朱《傳》所未備，然《詩所》雖獨多創解，仍未盡當，故張敘復有此《詩貫》之作也。又張敘早年撰有《詩義發微》《詩音集成》等稿，後乃棄去，則此《詩貫》中當已包羅前二書之成果矣。又此《詩貫自述》末署"乾隆十八年癸酉長至後五日婁江張敘題於蓮池書院"，據此知此書定稿於乾隆十八年，其時張敘正主講直隸蓮池書院。

此書由杜甲刊刻，書首杜甲序云："鳳岡先生主講潞河，著《孝經精義》，識者謂剖疑抉奧，劃然開明，前此所未有也。余得而讀之，信然。刺潞時，先生適在都門，因復延登講席，公餘接聞緒論，每能破從來沿襲之譌而實深得乎人心之所不言而同然，故彌可寶爾。乙丑歲，乃移講保陽之蓮池，余旋亦歷官兩浙，隔闊者六、七年所。及調守瀛洲（州），以事赴省，得快晤於荷香、槐蔭間，則羣經皆有述造，而《詩貫》《易貫》且已勒爲定本矣。因倩人先錄其《詩貫》歸，其確鑿不刊，與《孝經》解署同，而簡當粹精，徵其所養益邃已……瀛洲（州）本毛公傳《詩》地，余既羽立書院，諸生多欣然索抄《詩貫》者，爰命工鑴木，用廣厥傳，惜未及錄其《易貫》而並刻之云。"此序末署"乾隆乙亥仲秋朔日邘上同學弟杜甲序"。案：杜甲於乾隆十二年（1747）由通州知府移任浙江寧波知府，再移紹興知府。後又於乾隆二十年（1755）移任直隸省河間府知府，瀛州爲河間府之古地名，故杜甲序中云"及調守瀛洲（州）"也。杜甲任河間知府時，張敘正主講蓮池書院，杜甲赴省城時，與張敘會面，乃倩人抄錄《詩貫》定稿以歸，其後遂於同年（二十年）仲秋加以刊行也。故此本定爲"清乾隆二十年（1755）杜甲刻本"。

此書正文十四卷，卷一之前又有卷首上、中、下三卷，卷上爲《詩說》，卷中爲《詩本旨》，卷下爲《詩音表》。《詩音表》又分爲一、二，故或有題卷首爲四卷者，然考《詩音表》一與二，其版心皆題"卷首下詩音表"，且葉數相連，不別爲二，故今仍以一卷視之，題卷首爲三卷。卷首上《詩說》之始，張敘序云："《詩貫》既成，第循次讀之，而三百篇之義理意趣可以豁然言下矣。然經之大概綱領，與夫舊說之離合異同，當先見端倪以扼其要，爰就平日與學者講論所及，條而列之，得十二篇，録之於首，以當是書之凡例可也。”其下列《周詩説》《詩史説》《思無邪説》《倫物説》《編詩説》《詩序逆推説》《中葉無詩説》《六義説》《大小序説》《詩傳説》《詩音説》《古音説》等十二篇，揭示其《詩》學觀點。卷首中《詩本旨》之首，張敘亦序云：“古《詩》無題，學者一開卷時未免茫然莫辨。《小序》每以一語提明其旨，使人心目朗然，體制本佳，惜其説之支離牽挽而不得詩人之本旨也。余既統論其義於各篇之首，因復撮其大概於卷端，如三百篇之目次然，以便學者之尋討云爾，非敢謂別作一篇《小序》也。”其下乃各以數語述各篇之旨，如《周南·葛覃》篇云：“《葛覃》，后妃率嬪御以成絺綌也。言告師氏，對嬪御也。”卷首下包含《詩音表》一與《詩音表》二，首亦有序，文長不録。

　　正文十四卷，計卷一至五《國風》，卷六至十《小雅》，卷十至十二《大雅》，卷十三至十四《三頌》。各篇皆首論詩旨；次列經文，經文下標音讀；次作詮釋，末附章句。其釋義或就一章作解，或合二章作解，或就全詩爲釋。書中不載《毛詩序》、毛《傳》、鄭《箋》及朱《傳》文。

　　每篇之首，論詩旨，先做《毛詩序》形式自作一段文字，下加一圓圈而後論之。如首篇《周南·關雎》，首云：“《關雎》，后妃求淑女以共内職也。四始皆尚賢，《關雎》求賢於内也，《鹿鳴》，文王求賢于外也，故《大雅》《頌》之首皆曰‘濟濟多士’，文王之德之至尤驗於作人、造士之無方也。讀《關雎》而知文王之刑于有素矣。○此篇仍當爲后妃求賢之作，《序》義本精，但立文拙耳。朱《傳》改爲宮人頌美后妃，雖本匡衡，按之本文，未見明確。‘窈窕’二字，自騷、賦、古詩以來皆作形容虛活字，今欲於此句中包盡后妃聖德，不免費力推廓而究竟未有頓著處也。何如作求賢解，則此詩句句是求賢之誠、好賢之篤，而后妃之賢自見……又此下二篇皆后妃自作，斷無反以宮人所作超冠篇首之理，則朱《傳》雖佳，未可爲定論矣。”張敘論《關雎》詩旨，未從朱《傳》之説，然又謂“《序》義本精，但立文拙耳”，可見本書不全依《毛詩序》或朱《傳》以爲説也。

　　張敘此書釋《詩》，特重求其“情”，即書首《詩貫自述》所謂以情貫《詩》之理也。如《關雎》詩末“《關雎》三章”下論云：“詩以言情，情之至者，性命道德在其中矣。十五國之情，不出哀、樂二端，惟此爲哀之正而樂之和，故以爲《風》詩之冠，而十五《國風》之或合或離，皆準此爲斷也。以爲頌美后妃，則須於哀、樂外另推出不淫、不傷來，何如照舊説爲后妃求賢，則所謂‘不淫’‘不傷’者，即於哀、樂得之而有餘哉！”此點出“詩以言情”“十五國之情，不出哀、樂二端”，并以此議朱《傳》之不可從，即其例也。

　　此書釋《詩》，斟酌《毛詩序》舊說與朱《傳》之是非，對李光地《詩所》之說亦有所檢討，故《詩貫自述》特提及李氏《詩所》也。如卷二《邶風·栢舟》篇首（案："栢"字依原文，下同）張敘論云："《栢舟》，衛莊姜傷不遇也。○《序》謂仁人不遇，朱子則以爲婦人不得於夫，又疑爲莊姜詩。今案：下《綠衣》《燕燕》《日月》《終風》《序》本謂莊姜詩，《擊鼓》則州吁詩。朱子未以爲信，而定《燕燕》爲莊姜詩、《擊鼓》爲州吁詩。然《燕燕》之爲莊姜詩可信，則《栢舟》《綠衣》亦可信矣。《擊鼓》之爲州吁詩可徵，則《日月》《終風》亦可徵矣。惟榕村則悉空其人而不指實，欲以存西周之《風》，然《詩》之編次，聖人蓋自有深意，不專以世次歲月作編年紀事體也。《風》首《關雎》，而以二《南》爲正經，若在後人，定以《王風》次之矣，今反係以三《衛》與二《南》作反對，豈拘拘年月世次之謂哉？……首篇朱子謂婦人不得於夫者，此婦人即莊姜無疑也。"案：《毛詩序》云："《柏舟》，言仁而不遇也。衛頃公之時，仁人不遇，小人在側。"朱《傳》不從《序》說，謂："婦人不得於其夫，故以柏舟相比……《列女傳》以此爲婦人之詩，今考其辭氣卑順柔弱，且居變《風》之首，而與下篇相類，豈亦莊姜之詩也歟？"此即以《柏舟》爲婦人不得於其夫之詩，又疑此婦人爲莊姜也。張敘此論，不從《毛詩序》說，又謂《柏舟》定爲莊姜詩無疑，另又述及李光地《詩所》所言不指實爲何人之說而評之也。

　　書首王延年序謂此書用心最苦者有二：一曰"朱《傳》"，一曰"叶韻"。且論云："鳳岡謂朱子亦就字句疑似多有未定之詞，李文貞公《詩所》固朱子之功臣，而按文索義，究亦未盡帖，然講論總期至當不易，要以化其偏見之私而已。"又謂："書中《詩》音、古音二說，實足發明先儒而補從前之所未備者已。"今人張民權著《清代前期古音學研究》（北京：北京廣播學院，2002年），書中第二章"張敘《詩貫》及其古音研究"，於《詩貫》在清代古音研究之成就與意義有所論述。

　　本館此本避"玄""弘""丘"等字。又卷首中，葉二十六左面；卷首下，葉十七左面見鈐有藍、紅色長方形條紋；卷五，葉十八左面見鈐有藍色長方形條紋，皆爲紙廠印記也。

　　此書《四庫全書總目》著録，題"《詩貫》十八卷，浙江吳玉墀家藏本"，入《經部·詩類存目二》。提要云："是書首載《詩說》一卷，《詩本旨》一卷，《詩音表》二卷，後按經文次序爲之註釋，凡十四卷。頗多與朱子異同，如以《關雎》爲后妃求賢之詩，義本《小序》而遂謂此篇並下二篇皆后妃自作。又以《駉》篇爲美伯禽而非頌僖公……其說皆不免於牽合。且各篇訓釋已詳經文之下，而又傚《小序》之體例別爲《本旨》一卷，冠之於前，於體例亦傷繁贅也。”案：《四庫全書總目》計此書卷首爲四卷，又併正文十四卷計之，故題爲十八卷也。

《中國古籍善本書目》著録，題“《詩貫》二十六卷，清張敘撰，清抄本”，載復旦大學圖書館收藏。此抄本作二十六卷，與本館此本有異。本館所藏此本，另中國國家圖書館、北京大學圖書館、清華大學圖書館、南開大學圖書館、南京圖書館、湖北省圖書館、浙江圖書館等多館亦有收藏。《四庫全書存目叢書》嘗據南開大學圖書館藏本影印行世，題“《詩貫》十四卷首四卷，清張敘撰，南開大學圖書館藏清乾隆刻本”，列入《經部》第七十八册。

078
詩考異補二卷

T413　6444

《詩考異補》二卷，清嚴蔚撰。清乾隆嚴氏二酉齋刻本。一册。框高20.8厘米，寬14.7厘米。半葉十二行二十一字，小字雙行同，左右雙邊，白口，單魚尾。版心上鐫書名及卷次，下鐫“二酉齋”。

卷端首行題“詩考異補上”，次行以下爲嚴蔚序，共九行，皆低一格，末署“東吳嚴蔚”。

書首，首未署年王鳴盛《詩考異［補］序》。次清乾隆四十九年（1784）十二月江聲《詩考異補敍》。

嚴蔚（？—1795），字豹人，清江蘇吳江（今屬江蘇蘇州）人，諸生。與盧文弨、錢大昕、黃丕烈等爲友，錢大昕《潛研堂詩續集》卷六録有《嚴豹人移居城東次西莊韻二首》。嚴蔚喜藏書，其藏書處名“二酉齋”。盧文弨《吳江嚴豹人二酉齋記》云：“於所居之右得爽塏潔静可以爲精舍者三楹，乃遷廿年以來所著録庋閣其中，以昔人相傳藏書之處有大酉、小酉也，遂顏之曰‘二酉齋’。”（《抱經堂文集》卷二十五）由此可知其“二酉齋”取名之由來。著有《詩考異補》《三禮約編》《春秋内傳古注輯存》《石墨考異》等書。今人黃裳《來燕榭讀書記》曾著録“《續詞苑叢談》十卷，長洲嚴蔚豹人編輯，手稿本”一書，爲未刊之作。

此書撰作之由，嚴蔚於卷端“詩考異補上”標題後之序中云：“宋王厚齋嘗采羣書中引用《韓詩》《魯詩》《齊詩》與《毛詩》異者，并他家異文及逸《詩》，作《詩考》一卷，其用心可謂勤矣。惜蒐羅未富，尚多挂漏，曾伯祖思菴先生實甚好古，留心經學，歸田後撰《讀詩質疑》四十六卷，内《考異》一

271

卷，蓋亦廣王氏之意而爲之者也。蔚夙承家學，頗饒異聞，有在厚齋所未收而先生所失錄者，不忍聽其遺忘，依次補入，可見《毛詩》異文散見於古帙者尚多有之，所望信古君子補其未備，則蔚所厚幸也。東吳嚴蔚。"案：嚴虞惇（1650—1713，字寶成，號思庵）嘗撰《讀詩質疑》一書（參見前第075條），其書三十一卷，並卷首十五卷，故嚴蔚稱"《讀書質疑》四十六卷"也。《讀書質疑》卷首第十五爲《經文考異》，乾隆嚴有禧刻本已附有沈淑所撰《經文考異補》一卷，今嚴虞惇之曾從孫嚴蔚又撰《詩考異補》以補《經文考異》之未備。嚴虞惇書中并未明言其師法宋代王應麟之《詩考》，故嚴蔚此序謂"内《考異》一卷，蓋亦廣王氏之意而爲之者也"，其言"蓋"字，即是推測之辭也。嚴蔚述《詩考異補》所補之內容爲"有在厚齋所未收而先生所失錄者，不忍聽其遺忘，依次補入"，即補入《詩考》《經文考異》二者所未收之《詩經》異文也。另江聲《詩考異補敍》云："故周秦間傳記諸子及兩漢諸儒引《詩》輒與毛異……南宋王厚齋采輯其異文作《詩考》，國朝嚴思閣先生纂《讀詩質疑》四十六卷，内有《考異》一卷，蓋就王書而增廣之者。今思閣之從曾孫豹人者，好學敏求，多聞淹貫，讀其族曾王父之《毛詩考異》，嫌其未備，從而補之。"此《敍》謂嚴蔚此書乃補其曾伯祖《考異》之未足。然王鳴盛序此書則云："嚴生豹人，年少俊才，篤志窮經，踵厚齋、思菴兩家，爲之輯補，誠足以備參訂，扶衰緒矣。"此謂嚴蔚"踵厚齋、思菴兩家，爲之輯補"蓋泛言之也。

　　此本刊刻之時間，因未見書名葉，且王鳴盛、江聲、嚴蔚諸序皆未言及刻書事，故尚難質言。惟此書王鳴盛序，末署"進士及第通議大夫光祿卿前史官王鳴盛西莊氏題，時年六十有四"。此序雖未題年月，其年可得而考。王鳴盛於二年後又爲嚴蔚另一著作《春秋内傳古注輯存》作序（未立標題、版心鎸"春秋王序"），序中云："嚴生豹人，安貧樂道，篤志嗜古，作《春秋内傳古注輯存》，漢人家法，藉此不墜……《周易》有李鼎祚、王應麟所輯，《尚書》有予所輯，漢學略具梗概，惟《左傳》未有輯本。予曩者序生所輯齊、魯、韓三家《詩》，曾反覆低回屬望之，生果能踐此言，再有此輯。"此序末署"丁未仲春西莊老史王鳴盛題，時年六十有六"。考丁未爲乾隆五十二年（1787），往前推二年，王鳴盛爲《詩考異補》作序時，年六十四，當係乾隆五十年（1785）也。《詩考異補》蓋於付梓前請王鳴盛作序，故王序以再輯《春秋左傳》古注殷切囑望，以王氏《春秋内傳古注輯存》序推之，《詩考異補》之刻當不晚於乾隆五十二年。此本爲二酉齋所刻，由版心鎸"二酉齋"可知，以其刊刻之年未明確，今定爲"清乾隆嚴氏二酉齋刻本"。

此書分上、下二卷，上卷《國風》，下卷《小雅》《大雅》《三頌》。

此書之體例，各篇或先列《考異》原文，再補充他條異文，或原《考異》通篇無説，而嚴蔚新補之，如《周南‧卷耳》，原《考異》無説，《考異補》即新補"我馬虺隤"及"我姑酌彼金罍"兩處之異文。其所補者，皆以"補"字加方框標示之，以與《考異》區別。此外亦有嚴蔚就《考異》原文加以補充或修正者，則於原文之下加"蔚按"以別之。如《周南‧桃夭》，《考異》云："桃夭：《釋文》：'夭，《説文》作枖，木少盛貌。'"嚴蔚於原文下以雙行小字補云："蔚按：又女部引《詩》曰：'桃之媄媄。媄，女子芙貌，从女芙聲。'"（卷上，葉二）此引《説文》之又文以補之也。又如《小雅‧十月之交》，《考異》云："讒口嚻嚻：《釋文》：'《韓詩》作嗸嗸。'劉向引《詩》亦作嗸嗸。"嚴蔚於原文下云："蔚按：《釋文》引《韓詩》作嗸嗸，此引从口，恐是筆譌。"（卷下，葉五）此處修正原文之説，而推以爲筆譌之故。今考單行本《經典釋文》各本此處作"嗸嗸"，而注疏本所附《釋文》則作"嗸嗸"，嚴虞惇《考異》當據注疏本所附《釋文》以言之，故謂"《釋文》：'《韓詩》作嗸嗸'"，恐非筆誤也。又如《邶風‧谷風》，《考異》云："匍匐救之：《家語》《檀弓》並作'扶服救之'。"嚴蔚云："蔚按：《家語》是王肅偽造，思菴公所采，外尚有數條，蔚概不敢録入。"（卷上，葉四）此處嚴蔚不以《家語》之資料爲可信，蓋委婉以訂《考異》之失也。

嚴蔚此書所補，一如《考異》原文，大體仍屬簡略，然間亦有論述較詳者，如《鄭風‧溱洧》嚴蔚補云："溱與洧，方涣涣兮：《説文解字‧水部》：'潧水出鄭國，从水曾聲。《詩》曰：潧與洧，方涣涣兮。'潧，刻本作溱，據《説文》，溱水出桂陽臨武入匯。溱水與鄭無涉，學者仍譌襲舛，無有從而釐正者，此曷已故？不讀《説文》耳。涣涣，《釋文》引《説文》云作汎汎，案：《説文》亦作涣涣，且汎與蕑、觀不叶，陸氏譌也。《韓詩》作洹洹，《漢書‧地理志》作灌灌。"（卷上，葉九）此處辨正《説文》刻本及《經典釋文》之訛，其説甚辨。此書刊刻於乾隆年間，學者若欲探討清代對三家《詩》之研究，此書具有參考價值。

《續修四庫全書總目提要》收録倫明所撰此書提要，題"《詩考異補》二卷，乾隆三十九年刊本"，提要云："按：應麟《詩攷》集經傳子史及《説文》《爾雅》所引與《毛詩》字句殊者，併爲一編，分齊、魯、韓三家，各自爲類，蔚則依經次序總録其與毛異者，而不拘於三家。其後范家相之《三家詩拾遺》、馮登府之《三家詩異文疏證》，依應麟例也；黄位清之《詩異文録》，依蔚例也。而蔚亦不能無所遺，不若黄氏搜集之備。惟亦有黄氏所未及者，如'汝墳'一條，'南澗之濱'一條，'蔽芾'一條……他若'宜鑒於殷，駿命不易'二句、

'矢其文德，協此四國'二句、'商邑翼翼，四方之極'二句，黃氏止采一句，而遺其他，不若是書之全，殆未見是書也。惟是本多有譌字，如'陳錫哉周'，'哉'誤'載'，'不吳不敖'，'敖'誤'傲'之類，則刊者之失校也。"案：倫明題其所見本爲"乾隆三十九年刊本"不知何據？考此乾隆刻本書首江聲序，末題"乾隆卅有九年"，倫明蓋誤讀"卅"爲三十也。

本館所藏此本避"玄""弦"等字諱。

此書《四庫全書總目》未著録。《中國古籍善本書目》著録"《詩攷異補》二卷，清嚴蔚撰。清乾隆四十九年二酉齋刻本，清李富孫校"一種，載上海圖書館收藏。本館此本另中國國家圖書館、北京大學圖書館、中國科學院圖書館、復旦大學圖書館、南京圖書館、中國臺北"中央研究院"傅斯年圖書館、美國哥倫比亞大學東亞圖書館等多館亦有收藏。《四庫未收書輯刊》嘗影印行世，題"清乾隆二酉齋刻本"，收入第叁輯第陸册。另《歷代詩經版本叢刊》亦曾影印此本，列入第三十三册中。

鈐印有"振綺堂兵燹後收藏書"朱文方印、"汪子用藏"白文方印，知曾爲清汪曾唯收藏。案：汪曾唯，字子用，號夢師，清浙江錢塘（今浙江杭州）人。附貢生，曾任湖北咸豐、石首等縣知縣。事迹參見陳玉堂編著《中國近現代人物名號大辭典（續編）》。汪曾唯爲錢塘藏書世家"振綺堂"第五代主人。振綺堂藏書被咸豐十年（1860）、十一年（1861）太平天國兵禍，散亡殆盡（或謂乃汪氏族人爲亂後喪葬之需而賤價變賣，參踪訓國《振綺堂書厄真相考》），《振綺堂書目》書末光緒十二年（1886）汪曾唯跋云："杭城兩遭兵燹，散佚殆盡。"汪曾唯於咸豐兵燹後所收之書，則鈐此"振綺堂兵燹後收藏書"印也。另書中又鈐有"積學齋徐乃昌藏書"朱文長方印，知又曾爲徐乃昌所藏。徐乃昌生平參見前"011　稻香樓雜著六種七卷"條。又有"子剛經眼"朱文方印，知又曾爲今人顧子剛收藏。考顧子剛（1899—1984），上海市人，畢業於上海聖約翰大學史學系。曾任天津南開學校英文教員，後任職於清華大學圖書館、北平北海圖書館、國立北平圖書館。1951年任北京圖書館閱覽部主任，1956年受聘爲副研究員，1973年自北京圖書館退休。1984年12月逝世。生平事迹參見趙愛學、林世田撰《顧子剛生平及捐獻古籍文獻事迹考》（《國家圖書館學刊》2012年3期，2012年6月出版）。顧子剛生前曾於不同時期多次向北平圖書館、北京圖書館捐獻大量珍貴古籍，其中如明余光、余揚撰"《春秋存俟》十二卷，明弘光元年文來閣刻本"一書，鈐有"國立北平圖書館收藏"朱文方印、"永寶用之顧子剛贈"朱文長方印、"子剛經眼"朱文方印等三印，由此可證"子剛經眼"乃顧子剛之藏書印。本館另藏"《禮記日録》三十卷《圖解》

一卷"一書，亦鈐有此印。

079

詩經逢原十卷

T435　4204

《詩經逢原》十卷，清胡文英撰。清乾隆刻本。四册。框高17.2厘米，寬14.1厘米。半葉九行十八字，小字雙行同，左右雙邊，白口，單魚尾。版心上鐫書名及小題（如周南、召南），中鐫卷次。

卷一卷端題"詩經逢源總論"。卷二卷端首行題"詩經逢原卷二"，次行題"周南關雎故訓傳第一陸氏原文"，第三行題"武進胡文英繩崖甫輯"。

卷一，首清乾隆五十一年（1786）十月胡文英《序》。次《詩經逢原總目》。次《詩經逢原總論》。次《詩經逢原發凡》，共十四則。次《詩經逢原篇目》。次卷二，解《詩》篇正文。

胡文英，字繩崖，清江蘇武進人，生平事迹不詳。據《"中央研究院"歷史語言研究所藏明清史料》乾隆五十五年（1790）三月十四日户部尚書暫署吏部尚書巴延三題奏，胡文英曾任高陽縣（今河北保定）知縣，因病於乾隆五十五年解任回籍調理。所著有《詩經逢原》《詩考補》《詩疑義疏》《詩疏補遺》《毛詩通議》《吳下方言考》《莊子獨見》《屈騷指掌》等書。

胡氏撰作此書，取名《詩經逢原》者，有探本之意。胡氏於《序》中云："屈《騷》之源于三百篇，史遷言之而人不敢以注《騷》者注《詩》，以《詩》有四家，各持一説也。《毛詩》晚出，集三家之所長，而去其艱澀，故人競趨毛第……朱子懲習《詩》者之崇己守殘，博采諸家，一洗陋習，然猶泥于淫奔之説。吕東萊、嚴坦叔，馬端臨諸人，又據《序》而揚鑣，學《詩》者益增岐（歧）途之惑。夫《騷》之所愛，美人香草，即《詩》之好色不淫；《騷》之所嫉，鄙固偷樂，即《詩》之怨誹不亂。史公雖不注《詩》，而其探本之論，要不可易已。"胡氏此處拈出以注《騷》之法注《詩》，當即是其《逢原》之最根本處。另胡氏於卷一《總論》中亦云："《國風》之體，與《騷》無異，故史公贊《離騷》曰'《國風》好色而不淫'，謂辭如好色而寓意非淫也。繼乎《騷》者，如十九首，多以女子寓意。讀《騷》者不以佚女、美人爲實境，讀十九首者不以倡家女、蕩子婦爲實事，反以《國風》之玉女、室家爲實字，何深于視《騷》及十九首，而淺于視《國風》也？"（卷一，葉十一至十二）所言亦此意也。

胡氏於卷一《序》末，署"乾隆五十一年歲次丙午十月上浣武進胡文英繩崖氏識"，《序》中未言及刻書事，又未見書名葉，無以斷其刊刻之確切年月。

惟此本避"玄""弦""畜""蓄""燁"等字諱，書中又見鈐有藍、紅色長條形圖案紙廠印記，此屢見於康熙至乾隆間之古籍印本中，故今定此本爲"清乾隆刻本"也。

此書共十卷，卷一含《序》《總目》《總論》《發凡》《篇目》。卷二至五《國風》，卷六至七《小雅》，卷八至九《大雅》，卷十《三頌》。其以《序》《總目》《發凡》等爲卷一而不稱"卷首"或"首卷"，自卷二以下釋《詩經》本文，此頗異於同時代之他書也。

卷一《總論》論《詩》之傳授，毛《傳》、鄭《箋》、孔《疏》、《釋文》、《爾雅》、《說文》等書與解《詩》之關係以及《風》《雅》《頌》、賦、比、興諸義等問題。胡氏謂《毛詩序》爲後漢衛宏所作，《總論》云："范氏《後漢書・衛宏傳》'因作《毛詩序》'，玩一'因'字，可見前乎此者，《毛詩》未有序也……然《伐柯》《九罭》，異詩而同一序，屬王、幽王，隔世而皆一衛武公，其謬誤類多如此。但其中有漢儒口傳《詩》義，未可全棄者，茲列《序》及《集傳》而參以諸說，瑕瑜互見，俾讀者自爲擇執云。"（卷一，葉三至四）由此可見其對《毛詩序》所持之觀點。

《總論》中胡氏又謂今本《毛詩傳》之作者爲馬融，故卷二之後，每舉《毛傳》之文而稱"《馬傳》"。《總論》云："范氏《衛宏傳》：'馬融作《毛詩傳》。'范氏在康成鄭氏之後，于經典大書，豈敢苟且捨《毛氏傳》而稱《馬氏傳》耶？即如《葛覃》詩：'害澣害否？'《傳》直云：'曷，何也。'毛氏豈敢顯易聖經之'害'字爲'曷'字，又非毛自與毛立異？又《小雅・車轄》詩，《傳》云：'慰，安也。'《釋文》云：'慰，怨也。本或作慰，安也，是馬融義。'《疏》稱孫毓載《毛傳》云：'慰，怨也。'則今所載《詩傳》是馬氏所作，無疑義矣。"（卷一，葉四至五）案：胡氏此說，雖似有新意，實不可信。考《經典釋文・序錄》云："後漢鄭衆、賈逵傳《毛詩》，馬融作《毛詩注》，鄭玄作《毛詩箋》。"又載云："馬融《注》十卷。"自注："無下袟。"據《經典釋文》所載，則馬融所作乃《毛詩注》，非《毛詩傳》，陸德明且親見其上袟十卷之本，設若今《毛詩傳》即馬融所作，則其與陸氏所見馬融《注》必多合，陸氏竟未言之，其不可信一也。《周南・葛覃》："害澣害否？歸寧父母。"《毛傳》："害，何也。"《傳》文"害"字，宋小字本、清重刻宋相臺岳氏刻本、清阮元江西南昌府學刻本并作"害"，明閩本、監本、汲古閣本作"曷"，此《傳》文"害"字，有版本上之差異（參阮元《毛詩注疏校勘記》），胡氏引之，亦不足以爲據也。

此書自卷二至卷十，分釋《詩》篇。各篇皆首於篇題下先列《毛詩序》、朱熹《集傳》之說，次則或引他說，或標己說，或先引他說，復加己說，以此釋詩旨也。所引他説，如卷二《關雎》《葛覃》引李光地《詩所》，《樛木》引《詩貫》，《鵲巢》引《左傳》，《采蘩》引《禮記·樂記》，《行露》引呂祖謙《呂氏家塾讀詩記》，《小星》引《易林》，《野有死麕》引《毛詩李黃集解》，皆其例也。

　　篇題之後，皆先頂格分章列《詩經》本文（單章者則不分章），次於各章低一格以雙行小字作解，間有“附考”，末附章句。釋義或取舊説，或自作新釋。如解《關雎》首章：“關關雎鳩，在河之洲。窈窕淑女，君子好逑。”云：“關關，鳥聲。關雎，未詳。或曰：高陽土名黎雎，黃黑色。河洲，周地東表大河，河旁有洲也。窈窕，深曲貌，謂深藏不市也。《疏》云：‘淑女已爲善稱，則窈窕宜爲居處。’蓋巖穴幽深，每多賢哲也。君子，文王也。好，如‘《國風》好色而不淫’之好。逑，急也，聚也。”（卷二，葉四）舉此可見其一斑。

　　胡氏解《詩》，喜以六書之義求之，或證以音聲相通之理，然其中不免有穿鑿之説。如《關雎》：“參差荇菜，左右流之。”胡氏於“附考”云：“《爾雅·釋文》：‘荇，音杏，本亦作莕。《詩》云：參差荇菜。《説文》作莕。’又張參《五經文字》：‘莕、荇二同，並音杏。’《集韻》及司馬溫公《類篇》並載莕、荇、莕，同作一字。攷《釋文》，則《説文》原本作莕，今本《説文》‘莕或從行’乃李陽冰所改，徐氏昆仲未搜《爾雅·釋文》、《五經文字》，故未論及。《五經文字》不載‘荇’字者，見此爲隸省，非本字也。《集韻》《類篇》並載此三字，亦雅俗共賞之意。此字會意，取草行水中，若無水則草不能行，非六書之義。”（卷二，葉四）另胡氏於卷一《通論》中亦嘗言及《爾雅·釋文》此例，可見其頗重視此説。然考“荇”爲菜名，其字形僅取上形下聲，上以艸表義，下以行表音，即所謂“形聲字”者也。若此，則其表聲之字，或作“杏”，或作“行”，或又另加義符作“洐”，皆《詩經》流傳過程中傳本文字之孳乳現象，本無足異。胡氏必執“莕”字爲本字，取草行水中之義，恐爲穿鑿之論。又如釋《邶風·柏舟》“日居月諸，胡迭而微”句，謂：“居與雞同音，《五音集韻》‘雞，籀文日字’，是日字象形，日中有雞也。”（卷三，葉二）考“居”古韻屬“魚”部，“雞”古韻屬“佳”部（古韻分部依王力先生之説），本不同韻，胡氏謂“居與雞同音”，亦昧於古音之理也。

　　胡氏於《序》中標舉“以注《騷》者注《詩》”之法，故其釋《詩》，每有異於前人之論。如胡氏解《周南·桃夭》《漢廣》《召南·鵲巢》諸篇之“于歸”，皆以爲比喻。《桃夭》篇題下，胡氏云：“周公敷政南國，無所不宜，民悅其道，因以桃夭爲比而賦之。”又云：“古人託物寫意，皆有遠致遙情，如古詩《行路難》，意在行道難；陶淵明《桃源記》，意在道之源流，不知有漢，何有魏晉？寓言秦焚《詩》《書》，遂失道之源，漢儒尚不能得其源流，魏晉何有？杜少陵《題桃樹》：‘貪人食，滿眼花。’亦從此詩發源。衛《序》泥‘于歸’字，以爲‘國無鰥民’，視如喜新婚之祝辭，毋乃太淺乎？此詩‘于歸’，與《漢廣》詩‘于歸’、《鵲巢》詩‘于歸’皆有深意，其《行露》《摽有梅》《野有死麕》俱誤‘于’就字面言之，遂致王魯齋、許白雲諸儒誤以《野有死麕》爲淫奔之詩，因其源不真，則其流愈遠也。”（卷二，葉九至十）胡氏又於《桃夭》首章“桃之夭夭，灼灼其華。之子于歸，宜其室家”下釋云：“夭夭，柔立貌。灼灼，盛也。華以喻敷化，于歸以嫁喻周公駕之所至也。”（卷二，葉十）另於《漢廣》第二章“翹翹錯薪，言刈其楚。之子于歸，言秣其馬。漢之廣矣，不可泳思。江之永矣，不可方思”下注云：“于歸以喻駕，言周公駕至，雖爲執鞭，所欣慕也。”（卷二，葉十三）胡氏類此之解，以爲可以“逢原”，然《國風》本爲閭巷歌謠，未必諸篇、諸詞皆具有深意，胡氏此解，雖曰“《詩》無達詁”，終難免穿鑿之弊。

胡氏於此書中，屢考《詩經》異文，可爲讀《詩》之一助。然其説偶見訛誤，如《召南・行露》首章：“厭浥行露，豈不夙夜？謂行多露。”胡氏首於“厭浥行露”下注云：“《釋文》作‘厭挹行暮’。”其下又釋云：“厭挹，藏貌。行暮，喻陰行善。夙夜，盡忠于殷也。”（卷二，葉六）案：胡氏謂《釋文》“厭浥行露”作“厭挹行暮”，其説非也。考單行本《經典釋文・毛詩音義上》先出“浥”字，下釋云：“本又作挹，同，於及反，又於脅反。厭浥，濕意也。”其下又出大字“夜莫”，釋云：“本又作暮，同，忙故反，又亡博反。《小星》詩同。”（葉七）據此知《釋文》所據本《毛詩》經文仍作“厭浥行露，豈不夙夜？謂行多露”，惟《釋文》另舉出異本“浥”有作“挹”者。又《釋文》所據本《箋》文有“夜，莫”二字，故陸德明爲《箋》文“夜，莫”作解，謂莫字“本又作暮”。惟今注疏本諸本并無此箋文“夜，莫”二字，《釋文》所據本有異文。胡氏蓋據注疏本所附《釋文》讀之，未考單行本《釋文》，遂易生誤讀，故有此“《釋文》作‘厭挹行暮’”之誤説也。

《續修四庫全書總目提要》收錄江瀚所撰此書提要，題“《詩經逢原》十卷，乾隆刻本”，提要云：“篇中尤多異解，如《汝墳》謂：‘周公循汝墳以布化，賢人喜之，賦《汝墳》。’君子及父母皆指周公。而《鵲巢》《采蘩》《草蟲》《采蘋》諸篇，則俱以爲美召公，並‘季女’亦以喻賢臣釋之……但就二《南》觀之，其游談無根，已不勝僂指矣。”江瀚對此書頗多批評，末謂“似此穿鑿附會，實經之蠹，豈特無當于詩義哉？”

本館此本避“玄”“弦”“畜”“蓄”“燁”等字。又卷六葉三十一右面鈐有朱文長方印記，左面鈐有藍、紅色長條形圖案印記，皆爲紙廠印記也。

此書《四庫全書總目》《中國古籍善本書目》俱未著錄。此本除本館外，另中國國家圖書館、中國科學院圖書館、復旦大學圖書館、南京圖書館亦有收藏。《四庫未收書輯刊》嘗據中國科學院圖書館藏本影印行世，題"清乾隆刻本"，列入第貳輯第陸册。

080
毛詩通説二十卷首一卷補遺一卷

T435　2130

《毛詩通説》二十卷《首》一卷《補遺》一卷，清任兆麟撰。清乾隆映雪艸堂刻本。十册。框高17.2厘米，寬12.2厘米。半葉九行十九字，小字雙行同，左右雙邊，下綫黑口，單魚尾。版心上鎸"詩通説"，中之右面鎸《詩經》卷次，左面鎸册數及葉次。各卷首葉版心下方右面鎸"經笥堂"（偶有未鎸者）。

卷端首行，上題"國風周南召南第一"，下題"詩通説一上"。次行題"武原任兆麟文田學"。書名葉分三欄，右題"宫詹錢竹汀師鑒定"，中題"毛詩通説"，左上題"吳郡任兆麟學"，左下題"映雪艸堂鎸"。

《首》一卷，復分上、下。《首》上爲《序録》，首行上題"序録"，下題"毛詩通説首上"，第二、三行題"武原任兆麟文田學；從子璋秉之參"。《序録》首清乾隆四十九年（1784）季春任兆麟序；次"録"，載《説經諸家姓氏書目》；次"目"，載此書卷目。《首》下爲《略説》，首行上題"略説"，下題"毛詩通説首下"，次行題"任兆麟學"。次正文二十卷。卷二十之後，有《補遺》一卷，首行題"詩通説補遺"，次行題"任兆麟學"。《補遺》後有"後敘"二則，首乾隆己酉（五十四年，1789）仲春江珠《毛詩通説後敘》。次未署年沈纕《書心齋先生詩通説後》。二文版心皆鎸"後敘"。

任兆麟，字文田，號心齋居士，又號林屋山人、虎阜山樵等，清江蘇震澤（今屬江蘇蘇州）人。《清史列傳》卷六十八《儒林傳下一》有傳，云："兆麟，原名廷麟，字文田，震澤籍。太學生，嘉慶元年，舉孝廉方正，以侍養辭。祖德成，字象先；父思謙，字純仁，俱諸生，有學行……兆麟承家學，博聞敦行，又從長洲褚寅亮、彭紹升游。自經傳子史、音韻古籀，及詩古文，皆穎悟解脱，心契其妙，爲王鳴盛、錢大昕所重……嘗闢蓮涇精舍，祀尹和靖，立教規，講經義經世之務。以宋以後説《詩》者異同雜糅，集周迄隋諸家之説不背於《序》者，爲《毛詩通説》二十卷。以《春秋》三《傳》缺一不可，輯唊、趙、程、張諸家説有禆三《傳》者，爲《春秋本義》十二卷。又著《夏小正注》四卷，《尸子附録》四卷，《孟子時事略》《孝經本義》《小爾雅注》《弟子職注》《聲音表》《古樂譜》《石鼓文集釋》各一卷……又以課授生徒，編録三代、兩漢之書，爲《述記》四卷。其詩文曰《有竹居集》，凡十三卷。"案：任兆麟之生年不詳，考任兆麟爲其妻張允滋（字滋蘭，號清溪，1756—？）《清溪詩藁》所作之《敘》中云："辛卯，伯舅父寶田師爲主媚事。"辛卯爲乾隆三十六年（1771），其時張允滋甫十六歲，任兆麟殆亦爲弱冠適婚之年，又任大椿（1738—1789）爲任兆麟之族兄，任大椿生於乾隆三年（1738），兆麟之生必不早於此年，然則任兆麟之生年亦約略可推其大概也。又任兆麟另又著有《林屋詩稿》，與妻張允滋共編《吳中女士詩鈔》，又嘗參與《[乾隆]虎阜志》之編纂。

此書撰作之由，據《首》上《敘録》任兆麟序中云："南渡而降，説《詩》者日繁，異同雜糅，卒莫能定于一，兆麟肄業之暇，心竊病之。頃者，游于尺木彭先生之門，閒以學《詩》爲請。先生言：'《詩》之爲教深矣、微矣，顧學者將由門而入，則必以《序》爲宗，爲其近古而可徵也。予嘗欲集孔子以來百家之説其言不背于《序》者爲一書，已發其端而未竟也。子其成之！'因出往時手録數十條以授兆麟。迺退偕從子璋，博攷經傳諸子之文，起周迄隋，上下千餘年，而三百篇之恉略備。乃請彭先生删其不合者，成書二十卷，名曰《毛詩通説》。昔孔氏之門，首以《詩》爲教，或有得于一言，夫子即亟與之，蓋其難若此。兆麟何人，敢議斯事，謹誦所聞，以廣《傳》《箋》之所未及，庶幾他日旁推交通，或有契于深微之恉，非兆麟之能也，彭先生之教也。"序末署"乾隆四十九年季春月朔"。據此序知任氏此書乃受尺木先生之教而爲之者。考尺木先生即彭紹升（1740—1796），字允初，號尺木，又號二林，晚號知歸子，江蘇長洲（今江蘇蘇州）人。父彭啓豐，官至兵部尚書，兄彭紹觀，亦以文學官於朝。據紹升之子彭希萊所撰《二林府君述》云："幼聰穎，年十六，爲諸生。明年丙子舉於鄉，又明年丁丑捷南宫，越四年辛巳補應殿試，列二甲，歸。班詮選，選期已屆，不赴，以名進士終於家。"（見彭文杰編纂：《彭氏宗譜》卷七，北京：中國社會科學院歷史研究所圖書館，1986年。）紹升初習儒學，後與薛起鳳（1734—1774）、汪大紳（1725—1792）游，乃轉好佛學，三十四歲時，受菩薩戒於蘇州華藏菴聞學禪師，法名"際清"。乾隆四十九年（1784）父喪後，即閉關"文星閣"，不復與聞家事，亦嘗於杭州、蘇州深山習静，嘉慶元年（1796）卒，年五十七。著有《一行居集》《二林居集》《觀河集》《測海集》《居士集》《善女人傳》《净土聖賢録》《念佛警策》等書。任氏此序撰於乾隆四十九年（1784）季春，而文中言"頃者，游于尺木彭先生之門，閒以學《詩》爲請"，則其起意爲此書，乃在彭紹升閉關"文星閣"之前不久也。又據此序所述，此書之撰，尚有任兆麟之侄任璋一同參與，下文詳論。

　　此本之刊刻，因書名葉未鐫刊刻年月，任兆麟序亦未言及付梓事，尚難質言其刊刻之年。今考書末江珠所撰《毛詩通説後敘》，末署“乾隆己酉仲春”，己酉爲乾隆五十四年（1789），則此書之刻，當不早於此年也。惟此本避“玄”“炫”“燁”“胤”“弘”等字，蓋刻於乾隆時也。又此本各卷首葉版心鐫“經笥堂”，而書名葉題“映雪艸堂鐫”，今依書名葉，題作“清乾隆映雪艸堂刻本”。

　　此書《首》下《略説》，列《尚書·虞書》至隋王通《文中子》間，諸家有關《詩經》之論説，間下案語。其中較可注意者，乃任氏主張“孟子序《詩》”。《略説》葉六，先列“司馬遷曰：‘孟子序《詩》’”云云，其下云：“兆麟按：世傳子夏作《詩序》之説，始見王肅《家語·注》，當以《史記·孟子列傳》正之。”另任氏於《首》上之序中亦云：“自孔子删《詩》，授之子夏，孟子序之，迨秦廢而失其宗。”此乃以《詩序》爲孟子所作，頗異於前人之論。

　　此書共二十卷，計卷一至八《國風》，卷九至十五《小雅》，卷十六至十八《大雅》，卷十九至二十《三頌》，其中卷一、三、四、五、六、二十又分上、下，卷七、卷十九又分上、中、下。惟此書又保留《毛詩故訓傳》原三十卷之分類，而與《毛詩通説》并列，故每卷卷端皆上題《詩經》卷次，下題《通説》卷次，如第一卷上題“國風周南召南第一”，下題“詩通説一上”；第二卷上題“國風召南第二”，下題“詩通説一下”；第三卷上題“國風邶鄘衛第三”，下題“詩通説二”，餘不具舉。

　　書中所釋各篇皆不載《詩》文，僅標詩篇篇名，下首列《詩序》，次列“起周迄隋”諸家“其言不背于《序》者”，以廣《傳》《箋》之未及。除列諸家説外，書中間有案語，案語或稱“兆麟案”（惟《首》下及卷一上“案”作“按”），或稱“璋案”（同上），然以“兆麟案”爲多。考《首》上任氏序中云“迺退偕從子璋，博攷經傳諸子之文”，蓋以任兆麟主其事而任璋襄助之也。書中偶亦有僅書案語而未標爲誰案者，如《秦風·蒹葭·序》下有案語云：“余嘗三復《蒹葭》之詩，曰：‘其周之遺民，以王室之東，思而不克矣乎？’既讀李氏子德著，蓋已先我言之。”（卷六下，葉四）此雖未標案者名，當係任兆麟之案語也。然書中另尚見有標“肇域案”之案語十一條（見於前二十卷者十條，《補遺》一條），此“肇域”當指陸肇域（1726—1800），字豫齋，清江蘇長洲（今江蘇蘇州）人，爲唐代陸龜蒙第三十四世孫，官至州同。陸肇域於乾隆四十八年（1783）創甫里先生（陸龜蒙）祠於虎丘，又構小園於旁，曰“西谿別墅”。乾隆五十五年（1790）陸肇域擬重修《虎阜志》，延任兆麟至西谿別墅共爲編纂，一年告成，於乾隆五十七年（1792）付梓。任兆麟與陸肇域熟識，其引陸説入書，本是尋常之事，然任氏序中竟無一語及之。又考此本中“肇域”

二字，數處皆顯見剜改痕迹，豈初刻時未標"肇域案"而署爲"兆麟案"，其後乃剜改之歟？兹特識之以俟知者。

此書各篇皆先列《詩序》，後引諸家之説以參之，頗有助於參考。惟任氏所列，偶或自違其體例，如任序自序既言其書之宗旨乃遵尺木先生"欲集孔子以來百家之説其言不背于《序》者爲一書"之教，"以廣《傳》《箋》之所未及"，然於《王風·黍離》，先列《序》説云："《黍離》，閔宗周也。周大夫行役，至于宗周，過故宗廟宮室，盡爲禾黍，閔周室之顛覆，彷徨不忍去而作是詩也。"其後則又列曹植之説云："曹植曰：'昔尹吉甫信後妻之讒，殺孝子伯奇，其弟伯封求而不得，作《黍離》之詩。'（原注：'本集'）"（卷四上，葉二）曹植之説蓋採今文三家《詩》之義，顯與《毛詩》説不合，任氏列其説於《序》下，恐違其體例也。

此書間嘗引其父、師及前輩之説，如《小雅·天保》案語中引"家君子（原注：'復生先生，諱思謙'）"之説（卷九，葉十一），《大雅·皇矣》案語中云"聞諸尺木師曰"（卷十六，葉十八）。又《補遺》中兩引惠棟校相臺岳氏刊本之情形，（葉三、葉八）由任氏所引，得保存清人説《詩》之麟爪。

任氏嘗將其所擬《補亡詩》六首，録入此書，其所擬雖未必合乎古風，然可爲後世研究《補亡詩》者提供寶貴資料。任氏於《小雅·由儀》之案語中云："余嘗擬《補亡詩》六篇，倣應嗣寅氏所推七音法，譜以今律，偕同學唱和之。樂由中出者也，以和其聲，以平其心，悠然如有所會焉，恍然如有所覩焉，其成周之盛乎？舉鄉飲之禮者，或有取焉。"（卷十，葉三）其下即列其所擬《補亡詩》六首之詩文與章句。任氏此案語及《補亡詩》六首，亦見於其所著《有竹居集》卷二，惟文字稍有異，可作對比研究。

此書書末載有江珠《毛詩通説後敘》及沈纕《書心齋先生詩通説後》二文。考今傳世有乾隆五十四年（1789）刻本《吳中女士詩鈔》，其書乃由任兆麟之妻張允滋（字滋蘭，號清溪）選録，而由任氏閲定完成者。其集收録吳中張滋蘭、張芬、陸瑛、李嬿、席蕙文、朱宗淑、江珠、沈纕、尤澹仙、沈持玉等十位女士之詩（兼及詞）。任兆麟《吳中女士詩鈔敘》云："戊申冬，選録《清溪詩蘽》竟，携質吾師竹汀錢先生，先生許其詩格清拔，爲正一、二字，亟寓書仁和汪韌菴兵部，編入《擷芳集》矣。清溪曰：'滋素不善詩，實藉同學諸女士之教，其可弗彙萃一編以行世乎？且志一時盛事也。'因檢篋衍中先後惠示並酬贈之什，於吳中得九媛，各録一卷，請余閲定焉。"末署"乾隆五十四年歲在己酉五月朔日桐里艸堂書"。此《敘》之年正與江珠爲《毛詩通説》作《後敘》之年同。蓋江珠與沈纕皆爲任氏之妻張允滋之密友，亦時向任氏請教詩藝，故有此二後敘也。據《吳中女士詩鈔》書首之作者簡介云："江珠,字碧岑,號小維摩,國子生藩妹。受業余處士蕭客之門,著《清藜閣集》。""沈纕,字蕙孫,一字散華,號玉香僊子,戊子舉人祁門訓導起鳳女,進士清瑞姪女,著《翡翠樓詩文集》。"今載之,以供讀者參考,亦藉以明任氏與江珠、沈纕間之關係。

《續修四庫全書總目提要》收錄江瀚所撰此書提要,題"《毛詩通説》三十卷《補遺》一卷,乾隆間刊本",提要云:"是書簡端題曰:'宮詹錢竹汀先生鑒定',其自序則稱'游於尺木彭先生之門,間以學《詩》爲請,先生言:'《詩》之爲教深矣、微矣,顧學者將由門而入,則必以《序》爲宗,爲其近古而可徵也。'故其言《詩》多主《序》説,蓋守其師傳……且每篇皆備列諸儒之論,而實罕所闡明。其謂'《淇奧》,正心修身之賢君也;《定之方中》,中興之令辟也;《考槃》,遯世無悶之君子也;《北門》,盡職安貧之忠臣也……'是則空言説經,殊不類潛研堂弟子矣。"案:任兆麟此書分二十卷,明見於《首》上《序録》中之篇目,江瀚所見本爲乾隆刻本,當亦如是,而題爲"三十卷",蓋誤以書中所列《詩經》卷數爲《毛詩通説》之卷數也。

本館所藏此本避"玄""炫""燁""胤""弘""丘"等字,書中第一、二、九、十九等冊有佚名朱筆圈點,間見以朱筆改正誤字者。

此書《四庫全書總目》未著録。《中國古籍善本書目》著録"《毛詩通説》二十卷《首》二卷《補遺》一卷,清任兆麟撰,清乾隆映雪草堂刻本,徐恕批校"一種,載湖北省圖書館收藏。其著録爲"《首》二卷",當因《首》分上、下,故以二卷計之,非有異也。本館此本,另中國國家圖書館、北京大學圖書館、中國科學院圖書館、復旦大學圖書館等館亦有收藏。《四庫未收書輯刊》嘗據中國科學院圖書館藏本影印行世,題"清乾隆映雪草堂刻本",收入第貳輯第陸冊。另《歷代詩經版本叢刊》第三十三冊亦收録此本影本,題"清乾隆四十九年映雪草堂刻本"。

鈐印有"德壽壽長"朱文方印、"授經樓藏書記"朱文方印,知嘗爲晚清藏書家沈德壽收藏。案:沈德壽(1862—1934),字長齡,號藥庵,別號瘋民,清浙江慈溪人。祖父沈延鏊由慈溪至德清縣新市鎮設"沈泰源藥棧行",沈德壽少居慈溪縣沈師橋,十九歲遷居新市鎮,從宋世滋習文。沈德壽後繼承藥棧家業,喜藏書,以盈利所得搜書,積至三萬餘卷。曾於慈溪沈師橋建"抱經樓"以貯之,編有《抱經樓藏書志》六十四卷。藏書處又有"授經樓""百幅庵"等。沈氏卒後,書亦散出。生平參見陳師范撰《沈藥庵先生壙志》。另又鈐有"積學齋徐乃昌藏書"朱文長方印,知亦嘗爲徐乃昌收藏。徐乃昌生平參見前"011 稻香樓雜著六種七卷"條。

081

詩經拾遺十六卷

T413　4916

《詩經拾遺》十六卷，清葉酉撰。清乾隆刻本。四册。框高18厘米，寬14.5厘米。半葉十行二十一字，小字雙行同，四周雙邊，白口，單魚尾。版心上鐫書名，中鐫卷次及小題（如周南、召南、小雅等）。

卷端題"桐城葉酉著"。中國國家圖書館所藏本有書名葉，書名葉分三欄，右題"桐城葉書山著"，中題"詩經拾遺"，左題"耕餘堂藏板"，本館此本無書名葉。

書首，首未署年葉酉《序》。次《詩經拾遺目録》。次《詩經拾遺凡例》，共四則。次《詩經總説》，末題"桐城葉酉學"。

葉酉，字書山，號花南、花楠，清安徽桐城人。《清史列傳》卷七十二《文苑傳三》有傳，云："葉酉，字書山，安徽桐城人。乾隆元年，由國子生薦舉博學鴻詞。四年，成進士，改翰林院庶吉士，散館授編修，充三《禮》館纂修官。九年，充河南鄉試副考官。十二年，提督貴州學政。十七年，提督湖南學政。洊陞至左庶子，以事降補編修……酉與沈德潛、袁枚同舉詞科，又爲鄉會試同年友，枚嘗以德潛善詩、酉善説經，尤所心喜。罷官後，居石頭城下，花欄水窗，婆娑翰墨，與枚益以文字相親。"著有《易經補義》《詩經拾遺》《春秋究遺》等書。另據《[道光]桐城續修縣志》卷十五《人物志・儒林》中載："葉酉，字書山，號花南……迨退歸，兩江制軍延請主講鍾山書院十餘年，樂育人才，門人多掇巍科，成偉器……卒，年八十一。"知葉酉嘗主講鍾山書院十餘年。考清儲麟趾於乾隆四十一年（1776）所撰《懷寧葉氏宗譜序》中嘗云："花南與予昔同班聯於中書省十餘年，時教益，協恭寅畏，共相砥礪，今其年皆老矣。"（參見甲乙撰《懷寧葉氏宗譜序小考》，《安慶晚報》2007年12月24日）可知乾隆四十一年時葉酉尚在世。又清馬其昶撰有《姚編修、葉庶子傳》（見《廣清碑傳集》卷八），并可參。

此書撰作之由，葉酉於書首《序》中云："《毛詩》自鄭、孔《箋》《疏》之後，説者無慮數十家。及朱子作《集傳》，於溫柔敦厚之教，已闡發無餘蘊矣，尚有遺之可拾乎？蓋《詩》有作《詩》者之意，有聖人編《詩》之意。作《詩》者之意，《風》不過善者美而惡者刺，即《雅》《頌》諸什，亦義係乎一王一事而止。若聖人編《詩》之意，則上下數百年，世運之盛衰、王道之興壞以及有周一代創垂之始終，大略胥於是乎見焉，故詩人作《詩》之意可以字句求，而聖人編《詩》之意則每於無字句處，若故發難端以示人，俾得致其思於先後參錯之際，是固毛、鄭之所未及詳，並程、朱之所置弗道者，此《拾遺》之所爲作也。”由此可知其撰作之旨在闡發聖人編《詩》之意。此書既以發明聖人編《詩》之意爲主旨，故特重《詩經》中各篇次第之義，且謂聖人編《詩》有正編、餘編、附編之別。《序》又云：“蓋聖人之編《詩》也，有正編，有餘編，有附編，而其意之不可以字句求者，則惟在正編，其餘編、附編特各有所取而不忍其没焉者耳。學者誠能辨其孰爲餘編，孰爲附編，而專以正編求聖人之意，則聖人之意固直白顯著而無不可解矣。然使非沈潛反覆取其篇次之相比者而區劃之，爲一一尋其齟齬之迹而得其支節之所聯屬與其脉絡之所灌輸，雖欲辨其孰爲餘編，孰爲附編，昭昭然如黑白之不爽也，豈可得哉？”作者全書之綱領，此序蓋已明揭之矣。

此本之刊刻，因葉酉《序》未署年月，未能定其確切付梓時間。因此書《四庫全書總目》已著録，《安徽省呈送書目》載“《詩經拾遺》二本”，《兩江第一次書目》載：“《詩經拾遺》，桐城葉酉著，二本。”則此書於乾隆時當已刊刻矣。又上海圖書館所藏本，因書名葉鐫有“耕餘堂藏版”，故題爲“清乾隆耕餘堂刻本”，然本館所藏此本，書首《詩經總論》自第一葉第四行“聖人之意可見矣”以下，與上海圖書館藏本有大段差異，正文則同版無異，然則兩者必有一本爲後改之本。今校其異同，本館此本時代似在前，俟考。本館此本因無書名葉，故定爲“清乾隆刻本”。

此書共十六卷，計卷一至三《國風》，卷四至九《小雅》，卷十至十二《大雅》，卷十三至十六《三頌》。其間各卷篇幅之多寡，頗不均匀。書首《詩經拾遺凡例》第四則云：“凡書分卷，不過計紙數之多寡，欲其厚薄之匀稱而已。兹獨不計紙數之多寡者，蓋做《學》《庸》分章之法以分卷，不徒欲其厚薄之匀稱也，學者詳之。”由此可知其分卷之理念。

此書各卷皆僅列《詩經》篇題，不載詩文及《序》、《傳》、《箋》、朱《傳》等，於篇題下低一格論之。若於《詩》中某章有所發明，則低篇題一格標某章，復低一格以論之。《凡例》首則云：“此書總以發明聖人編《詩》之意爲主，故特標《詩》題于前而爲指其端緒，以見聖人編次先後之所以然。其于《詩》詞則畧之，即偶有發明，亦止標第幾章，而其詞不復詳載，以本非是書之所重故也。”

葉酉論《詩》，謂有正編、附編、餘編之別，此爲此書之基本觀點。此本書首《詩經總説》起首云：“聖人編《詩》之意，總從治亂盛衰、天下大局勢起見，但看《衛風》首莊姜諸詩，而衛武年代最先，其詩反編在後，則聖人之意可見矣。既得聖人編《詩》之意，則其例便可一覽而盡。蓋《詩》有爲政教陵夷之所見端，而治亂盛衰遂由之以判者、乃聖人編《詩》之意之所在也，故爲正編。否則無關于天下大局勢，而爲聖人之所不忍没者，因各以其類分繫于每篇之後，爲附編。其不合類者，則零碎收拾，置之卷末，爲餘編。此與後人之編次詩、古文者，大略相彷彿，豈有甚深難解之義哉？"（葉一，上海圖書館藏本文字有異，不具録）。葉酉釋其所謂"正編"之詩，每謂"蓋聖人編《詩》之意如此"（卷二，葉十）、"此聖人編《詩》之意也"（卷二，葉十六）。甚至分別《詩》意與編《詩》之意，如《邶鄘衛上・谷風》下論云："《小序》：'刺夫婦失道，衛人化其上，淫于新昏而棄其舊室，夫婦離絶，國俗傷敗焉。'朱子駁之云：'亦未見化其上之意。'按《詩》意與聖人編次之意不同，《詩》本無化其上之意，而聖人編次于《匏有苦葉》之後，則此意未可謂無。蓋時多苟進干禄之人，其俗自日進于薄惡而不自知也。"（卷二，葉七）此外，其所謂"附編"之例，如《邶鄘衛上・燕燕》下云："聖人編《衛風》，而首録《柏舟》《緑衣》《日月》《終風》四篇者，總以著莊公之不能齊其家也。此詩並無刺莊公語，本屬可删，因其詩温柔敦厚，聖人不忍其没也，故附編于此。然不附于《終風》詩後而附《緑衣》後者，《緑衣》怨莊公惑于嬖妾，戴嬀亦妾也，故類以及之。此後凡附編，義皆倣此。"（卷二，葉三）又"餘編"之例，如《邶鄘衛中・載馳》下云："此詩所以編在此者，與《泉水》編在《簡兮》後同義……《衛風》至此已終，其非風化凌夷之所見端，又有不能的知其爲衛詩者，則概于三卷置之，所謂'餘編'也。"由以上所舉可知葉酉所謂"正編""附編""餘編"之體例。

葉酉於《凡例》第三則云："凡詮解《詩》詞，大都皆補朱《傳》之所未備，雖所見未必盡是，而決不敢有一毫與古人争勝之意，止求即乎此心之安而已。"案：書中每以《毛詩序》、毛《傳》、鄭《箋》之説與朱《傳》較論其是非，并參引前人之説，所引尤以李光地《詩所》爲多。蓋李光地《詩所》"獨多創解，能補朱《傳》所未備"（清張敘《詩貫自述》語，參前第077條）。而葉酉則有意議論朱《傳》、《詩所》二家之是非也。葉酉或從李説，如《陳風・月出皎兮》下云："安溪疑此亦靈公詩，極確。"（卷二，葉四十一）又如《小雅・節南山・三章》下云："安溪李氏曰：'末乃呼天愬之，言天何不悲憫斯民，使斯人在位以窮匱我衆乎？'按：此解較朱《傳》似勝，當從之。"（卷六，葉一）另或從朱《傳》而駁李説，如《陳風・東門之池》下云："安溪李氏謂語意與前篇相類，恐亦賢者之詩。按：前篇'豈其娶妻，必齊之姜？'語意自佳，'縞衣綦巾'可云'彼美叔姬'耶？當從朱《傳》無疑。"（卷二，葉四十）又或併朱《傳》、李説皆不從之，如《小雅・車舝》下云："朱《傳》以此爲燕樂新昏之詩，然如'德音來括'及'令德來教'等語，俱不似稱頌女子者。安溪亦覺其不安，乃以'季女'爲喻賢人。然末章'覯爾新昏'語又不似。反復求之，疑是諸侯當來朝之時，娶于王朝之卿士而天子賜以燕飲之詩。《大雅·梁山》篇所謂‘韓侯取妻’，殆即其人與？”（卷八，葉二）此葉酉不從二氏而自立新説也。

《四庫全書總目》著録，題“《詩經拾遺》十三卷，安徽巡撫採進本”，入《經部·詩類存目二》。提要云：“是書專以《詩》之次第立説，分正編、附編、餘編，不取《小序》，併不取《左傳》，以季札觀樂所列諸國不足信，而斷以‘左氏失之誣’一語……又以《雅》《頌》分什爲毛、鄭之可笑，而分合其篇數，別爲編次。蓋漢以來相傳之古經，自酉而一變其例矣。”案：《四庫全書總目》所著録爲十三卷，與乾隆刻本作十六卷有異，不知何故。又提要言“蓋漢以來相傳之古經，自酉而一變其例矣”，雖未深責，然《四庫全書總目》僅將此書列於“存目”中，則似未以其法爲佳也。惟此書中屢見對經文之校勘，如《陳風·衡門》“首章”下云：“石經‘樂飢’樂字作瘵，即療字也。朱《傳》：‘玩樂而忘飢’，經文本無忘字，似屬添出，石本較是，當緣省寫之誤。”（卷二，葉四十）又《大雅·下武》下云：“‘下武’當作‘大武’，傳寫誤耳。”（卷十，葉五）又此書於經文之訓亦間有新解，如《唐風·葛生》下云：“既曰‘予美亡此’，則當曰‘誰與共處？’而乃曰‘誰與獨處’，于文不順，‘與’當音餘，與《檀弓》‘誰與哭者’語同，言其夫既不在此矣，此獨處者誰哉？反顧自傷之辭，嘆其爲一弱女子耳，奈何竟隻身無拖也？”（卷二，葉三十五）此等資料皆可做爲研究清代《詩經》學之文獻。

本館此本避“玄”“丘”字諱。

《中國古籍善本書目》未著録。此本除本館外，另中國國家圖書館、北京大學圖書館、中國科學院圖書館、上海圖書館、復旦大學圖書館、遼寧圖書館等館亦有收藏。《四庫全書存目叢書》嘗據上海圖書館藏本影印，題“清乾隆耕餘堂刻本”，列入《經部》第七十九册。

鈐印有“經耡堂藏書”朱文方印、“家在元沙之上”朱文長方印，知曾爲清倪模收藏。倪模生平參前“040　尚書日記十六卷”條。

082

六家詩名物疏五十五卷

T480　3220

《六家詩名物疏》五十五卷，明馮復京撰。明萬曆博物齋刻後印本。五册。框高21.4厘米，寬12.8厘米。半葉九行十九字，四周單邊，白口，單白魚尾。有眉欄，欄高2.2厘米，中刻音讀。版心上鐫“詩名物疏”，中鐫卷次，下間鐫刻工及字數。

卷端題"海虞馮復京嗣宗輯著"。書名葉左方題"鐫六家詩經名物疏",左下題"同邑陳／則興識",欄上題"常熟馮嗣宗輯著",其餘空間自右而左鐫有八行告白云:"六家《詩》者,漢申公《魯詩》、轅固《齊詩》、韓嬰《韓詩》、／毛公《毛詩》、鄭玄《詩箋》,此古之列學官者也;朱子《集傳》,／此今代列學官以取士者也。其經、傳中名物若天／地山川、禮樂器用、艸木鳥獸等類,不勝紛賾,學者／或未洞悉。吾友馮嗣宗氏學窮二酉,功勵三餘,／旁採古今凡經、史、子、集有關六家者,彙爲一編,上以／羽翼聖經,下以嘉惠來學,誠藝林之秘寶也。不佞／親授付梓,買者須認博物齋原板,幸無忽焉。"

書首,首未署年葉向高《六家詩名物疏敘》。次明萬曆乙巳(三十三年,1605)季秋申時行《六家詩名物疏序》。次萬曆乙巳(三十三年)九日焦竑《詩名物疏序》。次未署年王道《六家詩名物疏序》。次《六家詩名物疏敘例》,共十則,末署"海虞後學馮復京識;友人陳三吾校"。次《六家詩名物疏卷目》。另書名葉之後,葉向高《敘》之前,有佚名墨筆抄錄《四庫全書總目》此書之提要一葉,題"欽定四庫全書揔目"。

馮復京(1573—1622),字嗣宗,明江蘇常熟人。明末錢謙益《馮嗣宗墓誌銘》中云:"君諱復京,世爲常熟人。國初戍懷遠衛。高祖諱玘,官御史,弘治中疏請歸故籍。祖諱梁,父諱覺,皆不仕。妻盛氏,生三男:子舒、偉節、知十。天啓二年卒,年五十。君強學廣記,不屑爲章句小儒,少而業詩,鈎貫《箋》《疏》,嗤宋人爲固陋,著《六家詩名物疏》六十卷。"(《牧齋初學集》卷五十五)馮復京所著《明常熟先賢事略》卷十六有《自敘》一篇,中云:"生而善病,早失恃,煢煢孤生。十歲頌《詩》《書》,十五旁涉百氏,與太原顧君伯欽名大章、其弟大韶字仲恭、廬江何潤德字仲容者相切磋舉子之文,立清圓真正之法,名曰'野語',以干有司,半知半不知,惟伯欽已改轍去,而三人俱老諸生不悔也。"(中國臺北"國家圖書館"藏清大樹堂抄本)知馮氏以諸生(秀才)終老也。著有《六家詩名物疏》《説詩譜》《明右史略》《明常熟先賢事略》《馮氏族譜》《遵制家禮》《蠛蠓集》《説詩補遺》等書,并曾與修《[萬曆]常熟縣儒學志》。

此書撰作之由,馮氏於《明常熟先賢事略》卷十六《自敘》中云:"少而業《詩》,痛宋儒之妄也,慨然曰:'興、觀、群、怨,意逆者各自得之,鳥獸草木,可不辨而知乎?'乃撮片言以立要,遠宇宙而爲博,著《六家詩名物疏》五十四卷。"又於《六家詩名物疏敘例》末則云:"少習是經,旁通諸籍,少究指歸,因緣互證。爰抽腹笥,以示門人。久之,時術之徒,編綴成集;問字之客,用傳好事。非有心於著述,致未純於體例,譌謬良多,挂漏不免,將來涉者,倘加補正,則甚幸云。"由此可知其撰作緣起。

　　此書刊刻之年，書首申時行、焦竑二《序》雖皆署“萬曆乙巳”，然皆未言及刻書事，故尚難質言。另中國臺北“國家圖書館”所藏“明萬曆乙巳王文昌校刊本”，焦竑《序》之後，尚有莊毓慶《六家詩名物疏序》，末署“萬曆乙巳季秋朔日錦田莊毓慶書于金陵公署”，此《序》本館此本未見，然其中亦未言及刊刻事。今考本館此本書名葉之告白中云：“不佞親授付梓，買者須認博物齋原板，幸無忽焉。”左下方題“同邑陳則興識”。另書首《六家詩名物疏敘例》之末，題“海虞後學馮復京識；友人陳三吾校”。卷一、卷六、卷十三之下題“友人陳三吾則興羼提室校正”，卷十四、二十二、二十五、三十八、五十、五十一、五十二、五十四之末，題“陳三吾校”。又卷五末題“友人金憲祖校于敦説堂”、卷二十七末題“金憲祖校”，卷九、二十八末題“王文昌校”，卷十題“在兹閣”，卷十一末題“校於在兹閣”，卷十九末題“門人周明臣校”，卷四十、四十二末題“弟述京校”，卷四十九末題“門人龔允升校”。由此可推此本蓋由陳三吾（1557—1609，字則興）、王文昌、周明臣、金憲祖、馮述京、龔允升等人所校，而由博物齋刊行也。其中陳三吾用力最多，當是主其事者，故書名葉中告白云“不佞親授付梓”。考錢謙益《陳則興墓志銘》云：“君諱三吾，字則興，少孤貧，爲諸生……少夢前身爲寒山寺僧，每避不入寺。己酉春，舟過寺門，友人強之登焉，入亡僧之室，窗舸布幅宛如所夢，詢其卒之日，則君以生，意慘然不懌而出，遂以是年四月卒，年五十三。”（《牧齋初學集》卷五十七）己酉當萬曆三十七年（1609），陳三吾既卒於萬曆三十七年，則此本之刊刻，必不晚於此年也。惟此本卷八，葉一右面及葉十七右面皆見鈐有墨色長條形紙廠印記，此屢見於清代康熙至乾隆間之印本中。又此本中有四葉爲鈔補，多處字迹有磨損現象，且取與中國臺北“國家圖書館”藏“明萬曆乙巳王文昌校刊本”相校，本館此本書首無莊毓慶《序》、《引用書目》、《提要》三卷等，當爲後印之本，故題爲“明萬曆博物齋刻後印本”。

　　此書之所以取名爲《六家詩名物疏》者，書首王道《六家詩名物疏序》云：“吾友馮嗣宗博學善著書，少稟庭訓，尤長於《詩》，嘗稱曰：‘古者齊、魯、毛、韓之《詩》，並列學官，至唐初著《疏》，專取毛、鄭，識者已病其隘，況今并去毛、鄭而獨存朱子之一家乎？獨存朱《傳》，而不知朱《傳》之源，則并其一家亦亡，故必合六家而後可與言《詩》也。又必合五家而後可以讀朱《傳》也。《詩》之本旨，《小序》未必盡信，更之則又自專，無容復議爲也。朱子之解字，悉本《爾雅》，如‘居居、究究，仇仇’之類，異於古注者二、三處耳，亦無煩別訓也。惟名物多種，古注或語焉而不詳，朱子或辨之而未核，不容不合而論之，曲而證之。’乃輯爲《名物疏》一書。其意以名物既審，則詩人之托意屬詞亦思過半矣。六家並存，則諸説之同異得失亦可互參矣。"又馮氏於《敘例》第三則中云："漢世説《詩》者，齊、魯、毛、韓分鑣立驅，洎乎鄭《箋》續綴，毛説孤行，朱《傳》晚成，學官牏立。古今名家，不越乎此。其詁中名物詮釋如左，雖三氏淪亡，而羣書錯引，固可得而備論也。其他如歐之《本義》，王之《新説》，蘇、呂、錢、董諸家，雖式存遺牒，未列學官，各矧新奇，無煩翰墨。"案：馮氏此書乃輯齊、魯、韓三家《詩》遺説及毛《傳》、鄭《箋》、朱《傳》等六家對《詩經》名物之訓詁，并廣引經、子、史、文集中之相關論説，附以己論，以成此《六家詩名物疏》也。其取此六家者，以皆嘗列於學官故也。惟書中不取《詩序》之説，《敘例》第四則云："篇首《小序》，或云西河手牏，或云國史編題，甚則高子加其枝指、衛宏成其蚍足，既非古經，故不存今疏。"馮氏以《詩序》非古經，故不列之。

此書共五十五卷，計卷一至三十一《國風》，卷三十二至四十七《小雅》，卷四十八至五十一《大雅》，卷五十二至五十五《三頌》。各卷依《詩經》之篇目爲序，先標篇名，次標詩中之名物爲條目，其後録《爾雅》以下諸家説解爲疏，條末或附有馮氏考辨之語，則另起一行，加"按"字以别之。《敘例》第七則云："詩人詠物，據謠俗以屬篇，先哲解經，緣師門而聚訟，所以種類紛揉，訓故蹴駁。予不揆檮昧，輒附管窺，庶或助錦帶之揮塵，解青衿之疑網。若離經畔正，逞己葢人，乃是木零捐本，狐斃忘丘，既篤論之攸譏，良予心之所懼也。"

馮氏此書，取六家之訓詁以疏《詩經》名物，不專朱《傳》，而謂"必合五家而後可以讀朱《傳》也"，其蓋欲合觀漢、宋説《詩》大家之名物訓詁，并較其異同得失，以免陷於隘也。故書中屢見辨毛、朱之得失，如卷十六《衛風·碩人篇》"庶士"條，先列毛、朱之説云："毛云：'齊大夫送女者。'〇朱云：'謂勝臣。'"其下馮氏云："按《左傳》云：'凡公嫁于敵國，則下卿送之。'于時齊、衛爲敵國，則毛云'送女者'，下卿也。朱云'勝臣'，勝臣者，將送之名。古者嫁女于諸侯，必有勝臣，伊尹爲有辛氏勝臣，百里奚爲秦穆公夫人勝于秦是也。送女既卿，不得言士，卿止一人，不得言庶，朱義爲長。"即其一例也。

馮氏此書，對時人忽視《注疏》屢有批評，如卷六《召南·羔羊篇》"羔"條下，馮氏之按語云："羔裘，古之禮服……朱子以私臆説《詩》云：'大夫燕居之服。'其釋《檜風》'羔裘逍遥'又云：'諸侯朝服。'彼此自相矛盾矣。羔裘必用黑者，衣、裘同色，裼既用緇，則羔必是黑。或云：'羔取其有禮，黑取其合道，以道行禮，以禮成道，先王之所尚也。'自宋人不考古，喜變先儒之説，故羅願以爲羔裘用白素絲，亦因羔裘之色，此皆戲論。今人束《注疏》於高閣，但習朱《傳》，幾不知燕服、朝服之别與羔裘爲何色矣。"由此亦可見馮氏合觀“六家”之旨也。又此書或考釋三家《詩》之説，如卷五十五《商頌·長發篇》“旆”條，馮氏論《長發》“爲下國綴旒”句云：“按：《禮記·注》引《詩》作‘爲下國畷郵’，郵謂民之郵舍，言湯爲下國諸侯在畷民之處，使不離散。所引《齊》《魯》《韓》三家之説也。”此可謂清人考釋三家《詩》之先河。

　　本館此本刻工有趙、少、云、岩、尤、罗、梅、潘、子叙、刘、坡、季、朱、行、仲、邦、大、見、周、所、子等。卷十二葉十四，卷二十九葉十六，卷三十四葉三，卷四十五葉十四等四葉爲抄補。又卷八葉一右面及葉十七右面皆鈐有墨色長條形紙廠印記。另書首《敘例》末之尾題“六家詩名物疏敘録終”，“敘”字缺損下半，“録”字全損爲空白。

　　此書《四庫全書》收録，文淵閣《四庫全書》書前提要題“詩名物疏”，提要云：“臣等謹案：《詩名物疏》五十五卷，明馮復京撰。”文津閣本、文溯閣本同。《四庫全書總目》著録，題“《六家詩名物疏》五十四卷，内府藏本”，提要云：“明馮應京撰。應京字可大，號慕岡，盱眙人。萬曆壬辰進士，官至湖廣總按察使僉事，事迹具《明史》本傳。”案：《四庫全書總目》誤題作者爲“馮應京”，今學者如瞿勉良《板刻質疑》、馬肇選《四庫館臣的一則錯誤》、徐超《六家詩名物疏》等辨之已多，兹不贅述。又其著録此書爲五十四卷，亦與《四庫》本及刻本不合。《總目》提要又云：“其徵引頗爲賅博，每條之末，間附考証。如‘被之僮僮’，鄭《箋》以被爲髮髢，《集傳》以爲編髮，應京則據《周禮·追師》謂‘編則列髮爲之，被則次第髮長短爲之，所謂髮髢’，定《集傳》之誤混爲編……凡此之類，其議論皆有根柢，猶爲徵實之學者。惟所稱六家乃謂齊、魯、毛、韓、鄭《箋》、朱《傳》，則古無是目，而自應京臆創之，以非宏旨所繫，亦姑仍其舊名焉。”此處《總目》提要批評馮氏“六家”取名之不當，然謂“以非宏旨所繫，亦姑仍其舊名焉”，故仍題“六家詩名物疏”。然諸庫本書前提要則謂“惟所稱六家乃謂齊、魯、毛、韓、鄭《箋》、朱《傳》，則古無是名，而自復京臆創之，且毛、鄭本屬一家，析而爲二，亦乖于傳經之支派。要其大端可取，固無庸以一眚掩也。”庫本提要并未如《總目》提要以爲“六家”之目無關宏旨，故庫本此書之書名乃改題爲《詩名物疏》，無“六家”二字。

　　《中國古籍善本書目》著録此書二種，一題“《六家詩名物疏》五十五卷提要三卷，明馮復京撰，明萬曆刻本”，載中國國家圖書館、北京師範大學圖書館、復旦大學圖書館等十四館收藏；另一題“《六家詩名物疏》五十五卷，明馮復京撰，明萬曆刻本”，載北京大學圖書館、中國人民大學圖書館、中國科學院圖書館等十館收藏。中國臺北“國家圖書館”藏有二部，一部題爲“《六家詩名物疏》五十五卷附提要三卷三十三册，明萬曆乙巳（三十三年，1605）王文昌校刊本。”

其本與本館藏本同爲萬曆刻本，惟書首多莊毓慶《序》、《引用書目》、《提要》三卷。此萬曆刻本另中國臺北"中央研究院"傅斯年圖書館，日本國會圖書館、内閣文庫、静嘉堂文庫、東京大學東洋文化研究所等館亦有收藏。中國臺北"國家圖書館"另一部題《六家詩名物疏》五十五卷二十册，明萬曆乙巳（三十三年，1605）刊范彦雍修補本。"其本書名葉題"重挍刻馮嗣宗先生六家詩名物疏"并鐫有二行告白云："此書久不印行，漸至刓失，今重加挍補，遂爲完／者，須認博物齋原板勿惧。范彦雍識。"以書名葉内容及其避"校"字推之，當係天啓間范彦雍據萬曆博物齋刻本修補印本。其本無《提要》三卷。中國臺北"中央研究院"傅斯年圖書館、中國香港中文大學圖書館，美國哈佛大學哈佛燕京圖書館、普林斯頓大學東亞圖書館，加拿大英屬哥倫比亞大學圖書館，日本東京大學綜合圖書館、愛知大學圖書館等館亦藏有此范彦雍修補印本。

083

詩識名解十五卷

T480　5192

《詩識名解》十五卷，清姚炳撰。清康熙刻本。四册。框高18.5厘米，寬14.4厘米。半葉九行二十字，小字雙行同，四周單邊，白口，單魚尾。版心上鐫書名，中鐫卷次及篇名。

卷端題"錢唐姚炳彦暉著"。中國國家圖書館藏本有書名葉，分三欄，右題"錢唐姚彦暉著"，中題"詩識名解"，左題"聽秋樓藏板"，左下鈐"聽秋樓"白文方印。本館此本無書名葉。

卷首，首清康熙戊子（四十七年，1708）中春彭始搏《詩識名解序》。次康熙丁亥（四十六年，1707）首冬毛奇齡《詩識名解序》。次康熙戊子（四十七年）中春姚際恒序，未立標題，版心鐫"序"。次《詩識名解目録》，題"錢唐姚炳彦暉著"。次《詩識名解例言》，共十三則，題"錢唐姚炳彦暉著"。

姚炳，字彦暉，清浙江錢塘（今浙江杭州）人，爲姚際恒（1647—1715）之侄，生平事迹不詳。考彭始搏於康熙四十七年撰《詩識名解序》，中稱："今春試武林，得錢唐姚生炳制舉文，芊眠豐蔚，殊有賦心文筆。"此《序》末署"康熙戊子中春上浣詹事府右春坊右諭德兼翰林院修撰浙江督學使者南陽彭始搏題于武林公署"。武林爲杭州舊稱，浙江學使署即在杭州府學之東，知康熙四十七年彭始搏主院試，姚炳即爲考生之一。另清徐珂（1869—1928）《清稗類鈔·植物類·銀杏》載："雍正時，杭州報國寺有銀杏樹，錢塘姚彦暉副貢炳嘗詠之。"據此知姚炳科考曾至"副貢"且雍正時猶在世也。姚炳著有《詩識名解》《蒣溪集》等書。

　　姚炳此書，書首彭始搏、毛奇齡、姚際恒三《序》雖各撰於康熙四十七、四十六、四十七年，然此書之成當早於此數年。考毛奇齡《續詩傳鳥名卷》卷首序云：“弱冠，從伯氏論《詩》，作《毛詩序傳》成，值順治五年王師下西陵，亂兵掠書倉，作紙甲衣去，《傳》失其半。越六年，而怨家發墨篋，則盡槧之出走，所記祇得《國風省篇》《毛詩寫官記》《詩札》三種，餘沈沈矣。康熙乙酉，相距六十年，予束歸草堂，鄰人吳氏曾録予《傳》末鳥名卷，而其人已死，有子，儒者也，懷殘卷返予，而紙濾編絶，文亦脱落，無所用。會錢唐姚彦暉攜所著《詩識名解》請予爲序，其書甚審博，讀而有感，予乃踵前事，藉及門之近居者莫子晴川、張子風林各爲予捉筆，取殘卷而重理之，并列朱《註》于行間，且辨且正，名之曰《續詩傳鳥名卷》。”案：乙酉當康熙四十四年（1705），然則姚炳此書之撰成當在此年左右，且其書對毛奇齡之重理《續詩傳鳥名卷》亦嘗有影響。又姚際恒所撰《詩經通論》書首自序署“康熙四十四年乙酉冬十月新安首源姚際恒識”，其書“卷前”《詩經論旨》之末云：“作是編訖，姪炳以所作《詩識名解》來就正，其中有關《詩》旨者，間採數條，足輔予所不逮，則又不徒如予以上所論也，深喜家學之未墜云。”由此亦可知《詩識名解》蓋於康熙四十四年時已完成。故姚際恒於康熙四十七年爲《詩識名解》撰序時云：“從子炳蚤年著《詩識名解》成，請正於予。”此當指康熙四十四年之事也。

　　書首彭始搏《詩識名解序》云：“今春試武林，得錢唐姚生炳制舉文，芊眠豐蔚，殊有賦心文筆。比來謁，進所爲詩賦如干卷，又以爲匪特留心風雅，其於三百篇奧咋似有深造焉者。既而閲其《詩識名解》，始歎其學術有原，而益信余前言之不謬也……今生作是《解》，類族辨物，廣據而精核之，又能於其中原情討義，舉作者微旨一一若探喉而出，抑且正譌糾謬，務得其真，雖與昔人相齟齬，弗顧也。”又毛奇齡《詩識名解序》云：“錢唐姚子彦暉，生秉異才，嗣其世父首源之學，與其兄魯思俱以經生高等，發明經術。其所著不一名，而彦暉于説《詩》之餘，就夫子所言，分勒鳥、獸、草、木爲四部，合十有五卷，題之曰《詩識名解》。其考據之博，辨析之細，雖名物而義行其間，比類所及，必與六藝相證明。然且因名責實，舉漢魏諸儒所廣稽而參辨者，皆一一櫟理而刊定之，誠《箋》《傳》後一要書也。”二家之序對姚炳此書名物考據之精博，皆極加贊美，且謂“又能於其中原情討義”“雖名物而義行其間”，即言此書之考《詩經》名物，非僅爲考據，且可藉以通經義也。另姚際恒序中云：“從子炳蚤年著《詩識名解》成，請正於予。予發而讀之曰：‘從子亦猶行古之道也。’《爾雅》兼釋諸經，子單釋《詩》名物，皆不及經義，非猶行古之道與？雖繁簡不同，以古今勢異，不能不爾。然使《爾雅》、毛《傳》傳經一途不至中絶，不亦可嘉哉！今約其要旨，厥善有三：一曰研經。經之亡也，由於箋註，今日又必以論説救之，救之不即得，則姑假名物以通之，其亦可也……一曰博物……一曰寫情。”姚序對此書之價值亦極加肯定。序末姚際恒又云：“是書初名《多識篇》，往朱竹垞太史爲予言，明閩林君光朝先有其書，予未之見，因屬更今名，避雷同也，併及之。”由此可知姚炳此書原名《多識篇》，因受其叔父姚際恒之建議，改爲《詩識名解》，以避免與前人之書同名也。案：明人林兆珂（字孟鳴）著有《毛詩多識篇》七卷，朱彝尊《經義考》卷一百十五著録，兆珂莆田人，姚際恒蓋誤記爲林光朝也。

此書彭始摶、毛奇齡、姚際恒三《序》，及姚炳《例言》皆未言及刊刻事，他館所藏本書名葉鐫有“聽秋樓藏板”，本館此本無書名葉，姑定爲“清康熙刻本”。

此書共十五卷，計卷一至三《鳥部》，卷四至六《獸部》，卷七至十二《草部》，卷十三至十五《木部》。每部所釋之名，依《詩經》篇次爲序，并連類及之，姚炳《詩識名解例言》第六則云：“兹於鳥獸艸木，悉依《詩》前後序列，覽者按文索義，綱舉目張，要於經學有助，豈徒玩物云爾哉？”如《鳥部》始“鳩”，下首釋“雎鳩”。註曰：“《周南・關雎篇》。”次釋《召南・鵲巢篇》之“鳩”，《衛風・氓篇》之“鳩”，《曹風・鳲鳩篇》之“鳲鳩”。又連類及於《小雅・四牡篇》之“雎”，《小雅・小宛篇》之“鳴鳩”，《大雅・大明篇》之“鷹”，《小雅・采芑篇》之“隼”，《秦風・晨風篇》之“晨風”等。他處類此。

姚氏解名物，時兼及《詩》義，《例言》首則云：“愚於辨物之後，間多説《詩》，辨物者什四，説《詩》者什六，不敢淫於其末也。後世有言《詩》者，或亦足爲揚扢之一助云。”如卷一《鳥部》解《衛風・氓篇》之“鳩”，兼釋及“于嗟鳩兮，無食桑葚”之義云：“葚味最甘，鳩喜食則不厭，猶私情易溺，士女耽樂則不自禁，惟其如是，是以爲戒耳。《傳》謂鳩食葚過則醉而傷其性，夫《詩》第言‘無食’而已，未嘗言‘無過食’也，因過食以至醉，因醉以至傷性，皆是添足。”又同卷解“黃鳥”，釋及《小雅・緜蠻篇》之“緜蠻黃鳥”云：“《傳》釋‘緜蠻’爲小鳥貌，於義不可解。《集傳》以爲鳥聲。何玄子分釋之，謂其聲之微細不絶如緜，而鳥語不可與人解又似蠻也。然罵聲圓滑可人，故有雙柑斗酒之聽，若南蠻鴃舌，何足入高人之耳而以是爲好音誣，所謂愈解則愈鑿，不可通矣。”此即辨物兼及説義也。

姚炳此書辨析名物，大體以《爾雅》爲宗，《例言》第三則云：“六經注釋最古者，無過《爾雅》一書，其於《詩》較他經尤備，蓋爲周、秦間儒者所作，奧辭博義，近古罕及……兹編折衷百家，大要以是書爲宗。”至於《爾雅・注》

則主取郭璞、鄭樵二家，《例言》第四則云："愚於《爾雅》專引二家，雜參樊、孫諸舊説，糾異證同，要以求名物之真得《風》《雅》之旨而已。"另《説文解字》中若有與《爾雅》相異者，姚氏亦每加辨正，即《例言》所謂"兹精加釐核，多糾正《説文》"，此乃因姚氏以爲"夫《爾雅》作於周、秦，《説文》出於安、和之世，溯厥源流，高下審矣。加以秦隸紛雜，末俗相沿，實多譌謬"，故以《爾雅》之解爲上。

此書解物論《詩》，對於歷代《詩經》之傳注、論説亦時加援引析評，《例言》第十二則云："余於辨物論《詩》，凡傳、箋、疏、注及宋、元、明暨　本朝論説，有奇識異義，並采簡端。"尤其對於其世父姚際恒之《詩經通論》屢加引述，推爲卓識，蓋《例言》末則所謂"家學淵源，不敢忘所自"也。

此書《四庫全書》收録。惟《四庫》本無書前彭、毛、姚三《序》，於讀者對此書之瞭解，頗有未足。《四庫全書總目》題《詩識名解》十五卷，浙江巡撫採進本"，提要云："此書亦以鳥、獸、草、木分列四門，故以多識爲名，其稍異諸家者，兼以推尋文義，頗及作《詩》之意爾。然孔子言'鳥、獸、草、木'，本括舉大凡，譬如史備四時，不妨以春、秋互見，炳乃因此一語，遂不載蟲、魚，未免近高叟之固。其中考証辨駁，往往失之蔓衍……然核其大致，可取者多，固宜畧其蕪雜，採其菁英焉。"

《中國古籍善本書目》著録《詩識名解》十五卷，清姚炳撰，清丁氏八千卷樓抄本"，載南京圖書館收藏。本館此本，另中國國家圖書館、北京大學圖書館、清華大學圖書館、中國科學院圖書館、福建師範大學圖書館等亦有收藏。此外，此本又有嘉慶二十二年（1817）校修本，天津圖書館、復旦大學圖書館、南京圖書館等館有藏。

鈐印有"經鉏堂藏書"朱文方印、"家在元沙之上"朱文長方印，知嘗爲清倪模收藏。倪模生平參前"040　尚書日記十六卷"條。

084

毛詩名物圖説九卷

《毛詩名物圖説》九卷，清徐鼎撰。清乾隆三十六年（1771）刻本。四冊。框高22.1厘米，寬15.2厘米。分上、下二欄，上欄爲標題及圖，高8.5厘米，下欄爲圖説，高13.6厘米。下欄半葉十四行二十字，四周單邊，白口，單魚尾。版心上鐫書名，下鐫卷次及卷名（如"鳥""獸"等）。

卷端題"吳中徐鼎實夫輯"。書名葉分三欄，右題"吳中徐實夫輯"，中題

"毛詩名物圖説"，左題"辛卯冬鐫"。

書首，首清乾隆辛卯（三十六年，1771）子月（十一月）徐鼎《毛詩名物圖説序》。次《毛詩名物圖説發凡》，共七則。次《毛詩名物圖説總目》。

徐鼎，字實夫，又字峙東、時東，號雪樵（或作雪橋）、南州叔子，清江蘇吳縣（今屬江蘇蘇州）人。徐世昌等編《清儒學案》卷一百九十七《諸儒學案三》有傳，云："徐鼎，字峙東，一字實夫，號雪橋，吳縣人。乾隆中優貢生，穎敏好學，早歲即聲溢里鄘。曹文恪秀先督學江蘇，每試輒列第一。薩誠恪載撫吳時，延課其子，甚加敬禮。生平於《毛詩》致力最久，嘗取《詩》中鳥、獸、蟲、魚、草、木諸品，圖其形狀，博採諸家注釋，詳列於下，復加按語，以證明之，成《毛詩名物圖説》九卷，頗有裨於《詩》學。善畫山水。著有《鷁雲館詩文集》（原注：'參《墨香居畫識》《蘇州府志》'）。"

此書撰作及刊刻之由，徐鼎於書首《毛詩名物圖説序》中云："先君子以經書遺子，易簀命之曰：'願爾曹作通儒足矣！'時年幼，謹佩之弗忘。長暑敬菴研窮《易》理，多所闡明，裒然成集矣。余丁束髮時，兄授以《毛詩》三百篇，輒遇耳目聞見之物，忻然有所得，迺欲博考名物，蒐羅典籍，往來書肆，不憚煩，不揆檮昧，編而輯之，閲二十年矣。尤恐於格致多識之説未精詳也，凡釣叟邨農、樵夫獵戶，下至輿臺皁隸，有所聞必加試驗而后圖寫，即分註釋於下。異同者一之，窒礙者通之，煩碎者削之，謬訛者正之，穿鑿附會者汰之，止欲於物辨其名，於名求其義，得詩人類取託詠之旨而后安。比年來，家居教授，從游者衆，賴諸子相與贊成。時余在中丞幕府，忝居講席，與同學究經義，出示斯編，則見卷首有歸愚沈師手書'名物一書，傳世之學'數語，即首肯曰：'先生何不壽諸梨棗，以公同好？'嗣又爲坊間請梓，因分爲九卷，標之曰《名物圖説》。其他禮、樂、冠、裳、車、旂諸圖，後續梓行。先之鳥、獸、蟲、魚、艸、木者，猶《詩》之始《國風》而終《雅》《頌》也。"《序》末署"時　乾隆辛卯子月朔，吳中徐鼎序清德堂之西齋"。案：辛卯爲乾隆三十六（1771），《序》中云："時余在中丞幕府，忝居講席。"《清儒學案》本傳謂："薩誠恪載撫吳時，延課其子，甚加敬禮。"考《清史稿》卷三百二十五《薩載傳》載乾隆三十四年"擢江蘇布政使，仍兼織造。三十五年，署巡撫"。又云："三十七年，真除江蘇巡撫。"然則徐鼎撰此《序》時，仍在薩載（？—1786，謚誠恪）幕府中爲其子之師也。

此本書名葉題"辛卯冬鐫"，當即刻於乾隆三十六年，《序》中云："嗣又爲坊間請梓，因分爲九卷，標之曰《名物圖説》。其他禮、樂、冠、裳、車、旂諸圖，後續梓行。"由此知此本爲坊刻本。惟《柏克萊加州大學東亞圖書館中文古籍善本書志》載其館藏本"封面題'吳中徐實夫輯毛詩名物圖説／辛卯冬鐫'"，亦爲乾隆三十六年刻本。然又謂："按此書初印本封面左下鐫有'遺經書屋藏板，近文齋刷行'十一字。此本爲稍後印本，封面係重刻。"（葉十二）此説蓋有所據，録之以供參考。又今中國國家圖書館藏有徐鼎《毛詩名物圖考》稿本一部，其本目録雖殘損不全，仍可見除刻本之内容外，另尚有禮器、樂器、雜器、兵器、冠服、衣裳、佩用、車制、元戎圖、定星圖、十五國風地理圖……等目，然稿本中所見，或有目而無圖與説，或有説而無圖，或有圖而無説，或有圖而説甚簡，當爲草創時期之手稿，然由此稿本亦可證徐鼎另確仍有禮、樂、冠、裳諸圖待刊，惟日後是否續有刊行，則不可知矣。

此書分九卷，卷一《鳥》，卷二《獸》，卷三《蟲》，卷四《魚》，卷五至七《草》，卷八至九《木》。各卷之首有卷目，版心鐫"目"。目之後依次爲解，上圖下説，故書名謂之《圖説》也。圖之上方標名稱，右方標名物所出之篇名，左方標同物之異稱。

此書所釋《毛詩》名物，或有同物異名，或有同名異物，頗易混淆，徐鼎於《發凡》第二則中云："集中有一物重出者，不復圖説。有同物異名者，如《葛覃》'黃鳥'，《東山》言'倉庚'；《周南》'螽斯'，《七月》言'斯螽'，無圖而有説，即附其末。有同名異物者，如《鵲巢》之'鳩'爲鵠鵴，《氓》之'鳩'爲鶻鳩；《將仲子》之'杞'爲杞柳，'南山有杞''在彼杞棘'爲梓杞，'集于苞杞''言采其杞''隰有杞桋'爲枸檵；與《澤陂》之'蒲'爲蒲艸，入草類，'不流束蒲'爲蒲柳，入木類，各分圖説。"由此可見其體例。如卷一"倉庚"附於"黃鳥"圖，"鴻"附於"雁"圖，皆標曰"同"，不復另立一圖，以其同物異名也。又如卷六《草中》收《陳風·澤陂》"彼澤之陂，有蒲與蕑"之"蒲"，另卷八《木上》又另列《王風·揚之水》"揚之水，不流束蒲"之"蒲"，因其一爲草類，一爲木類，故分圖也。

此書圖説所釋，徵引極廣，《發凡》第四則云："齊、魯、韓《詩》既亡，《毛傳》孤行，自漢、唐諸子，分道揚鑣，洎乎紫陽，薈粹羣言。兹編博引經、傳、子、史之外，有闡明經義者，悉捃拾其辭，他若讖緯諸書，概實不録。"如卷一首條"雎鳩"中，徐氏引及《爾雅》、郭璞《爾雅·注》、師曠《禽經》、陸璣《毛詩草木鳥獸蟲魚疏》、"徐鉉曰"、嚴粲《詩緝》、杜預《春秋左傳注》等相關材料。此外，在徵引諸説之後，徐氏若有考辨，則加"愚按"以論之。《發凡》第五則云："貉不踰汶，鸜鵒不踰濟，狐不渡江，而南橘不越江，而非地氣使然也。先儒生長其間，各陳方土之言，不少異同之説。余釐訂采詩之地，衷之土音，正其譌，闕其疑，用'愚按'以備參攷。"如"雎鳩"條，於諸説之下，徐鼎云："愚按：《毛傳》'摯而有別'，《列女傳》云：'未見乘居而匹處。'蓋生有定偶，交則雙翔，別則異處，好在洲渚，其色黃，其目深，云鵰類如鷗似鷹者，皆謂摯鳥。摯鳥之性不淫，取以方淑女之德。又據《通志》云：'鳧類，多在水邊，尾有一點白，故楊（揚）雄謂白鷢。'但白鷢似鷹而非鳧。《釋鳥》'雎鳩，王鳩''楊鳥，白鷢'各一種。朱《傳》亦云：'水鳥，狀類鳧鷖。'若錢氏《詩詁》爲杜鵑，或謂似鴛鴦者，並謬。"（卷一，葉一）此辨正前人以鳧類、杜鵑、鴛鴦等解"雎鳩"之誤。

《續修四庫全書總目提要》收錄江瀚所撰此書提要，題"《毛詩名物圖説》九卷，乾隆辛卯坊刻本"，提要云："是編所輯名物，真圖於上，分別注釋於下……大率據《山海經》暨唐、宋《本草》，或有未備，考州郡圖志，諏之土人，其用力不可謂不勤。然如鳳、麟、騶虞，莫覩其狀，雖有流傳，終難據信。《葛覃》'黃鳥'可云倉庚，而《伐木》'鳥鳴嚶嚶'第泛言鳥鳴，未必定是黃鳥。《旄丘》'流離'，陸璣疏曰：'梟也。關西謂之流離，大則食其母。'今俗呼梟爲猫頭鳥，圖殊不似。《野有死麕》之'庬'，犬之多毛者也，《盧令》之'盧'，田犬也，異名同物，殆近重出……要其部分班列，便於觀覽，固可爲多識之一助焉爾。"

此本避"玄"字。

此書《四庫全書總目》未著録。《中國古籍善本書目》著録"《毛詩名物圖説》九卷，清徐鼎撰，稿本"一種，載中國國家圖書館收藏。案：中國國家圖書館所藏此稿本，當爲《毛詩名物圖説》未成書前之稿本，考其目録及内容，應有十卷，實不僅九卷，《中國古籍善本書目》蓋據乾隆刻本之卷數題之，恐未宜也。另中國臺北"國家圖書館"亦藏有"舊鈔繪本"一部，九卷四册。本館此本，另北京大學圖書館、中國科學院圖書館、天津圖書館、上海圖書館、湖北省圖書館、蘇州圖書館，美國哈佛大學哈佛燕京圖書館、柏克萊加州大學東亞圖書館、普林斯頓大學東亞圖書館，日本京都大學人文科學研究所等多館藏亦有收藏。《續修四庫全書》曾據湖北省圖書館藏本影印行世，題"清乾隆三十六年刻本"，列入《經部》第六十二册。另中國詩經學會編《詩經要籍集成》，曾影印中國國家圖書館藏稿本，題"清三余（餘）齋稿本"，列入第二十七册。

085

草木疏校正二卷

T480 4126

《草木疏校正》二卷，清趙佑撰。清乾隆白鷺洲書院刻本。二册。框高21

厘米，寬14.8厘米。半葉九行二十字，小字雙行同，四周雙邊，白口，單魚尾。版心上鐫書名及卷次。

卷端題“仁和趙佑學”。書名葉分三欄，右題“仁和趙鹿泉校正”，中題“毛詩草木鳥獸蟲魚疏”，左題“白鷺洲書院雕版”。

書首，首清乾隆四十四年（1779）三月趙佑《草木疏校正自敘》。次《跋》，末署“辛亥正月”，未署名，依内容知係趙佑撰。

趙佑（1727—1800），字啓人，號鹿泉，清浙江仁和（今浙江杭州）人。乾隆十七年（1752）進士，改庶吉士。散館，授翰林院編修。歷充主考官，諸道監察御史，督江西、安徽、福建、順天學政。官終都察院左都御史。著有《詩細》《草木疏校正》《清獻堂集》。事迹參清李元度《國朝先正事略》卷四十二《文苑類》。

趙佑於撰作此書之前，已嘗撰《詩細》一書，後又取元陶宗儀《説郛》本《毛詩草木鳥獸蟲魚疏》及明毛晋《毛詩草木鳥獸蟲魚疏廣要》中之陸《疏》加以校正，以成此書。趙佑於書首《草木疏校正自敘》中云：“陸璣《毛詩草木鳥獸蟲魚疏》二卷，元陶宗儀載在《説郛》。及明末，毛晋爲之廣要，入《津逮秘書》。今世現行，唯此二本。以校陸德明、孔穎達、邢昺、鄭樵、羅願，衆家所引，皆具其中，有引未及盡者，可藉以補其闕、正其譌。亦有明見諸引而此亡之者，蓋非完書。陶本舛錯脱棄特多，毛本較善，然於陶本之失，仍未能悉加釐正也……二卷中，于《詩》名物甚多未備，編題先後復不依經次，疑本作者未成之書，久而不免散佚，好事者爲就他書綴緝，間涉竄附，痕迹宛然。則《總目》所謂後世失傳，不得其真者，然并以其附經釋誼，窘於采獲，似非通儒所爲，又過。爰取二本異同，校以諸家別録而是正之。凡應改定題目、增訂文字、可疑之處，悉附見於本文中，率以《詩》《爾雅》疏、《釋文》爲之主，并繫之案。至毛氏所論得失，自有《廣要》在，如‘唐棣’‘常棣’，已與予《詩細》適合，不暇復論，間有贅及，讀者亦可覽而知所裁也。”由此可知此書撰作之旨趣。

趙佑《草木疏校正自敘》末署“乾隆四十四年己亥三月”。《自敘》後，復有一《跋》，末署“辛亥正月”，考辛亥當乾隆五十六年（1791），此《跋》雖未署名，由其内容，可知爲趙佑自撰。《跋》中云：“湖州丁進士杰小山（原注：‘一號小疋’）篤志古學，勤於考訂。嘗從明人《續百川學海》中録出陸氏《詩疏》，詳加校讎，亦不遺毛氏《廣要》本，爲之補正缺謬，系以跋語，一再斷其非陸氏元書，後人掇拾成之……予故稔小山名，當己亥序《校正》時，君方在京，已有成編，而未相識也。比己酉，來豫章，九月廿五日，小山自歙來投翁覃溪,適覃溪與予交代,已成行。予乃款之院東軒,行李無多,所攜新、舊書籍,種數特夥,言動甚恂愿。試與縱談古今,輒觥觥不能已,大指宗漢魏而稍涉唐,於宋便不少雌黃……既而,姚鐵松中丞延課其嗣。小山見予舊著經說各種,尤以《陸疏校正》與其所輯多相入者,攜去別鈔一本,加點勘焉。分綴硃墨於其上,所以爲予益者甚勤。蓋予爲是稿,初僅數月畢功,良不無疎略,惟'宛彼鳴鳩'條嘗經孫侍御志祖頤谷爲予稍一參證,既收之以志朋友之善。又于役南北,無暇覆詳,藉小山力,居然適願,即此可見小山之學之博,意之誠,與頤谷皆非苟雷同者。故今復就所綴,別以'丁云',補見各條中,屬外甥陳震亨合鈔存之,而識諸尾,自可與丁君之書各不相揜也云爾。"此《跋》述丁杰(1738—1807)爲此書初稿點勘校訂之過程,又述及孫志祖(1737—1801)曾爲書中"宛彼鳴鳩"一條提供修正意見之事,由此可知此書中標"丁云""孫按"之由來與含義。此《跋》云"屬外甥陳震亨合鈔存之,而識諸尾",則其《跋》當在書末,本館此本置於《自敘》之後,蓋錯置也。考《跋》中云:"比己酉,來豫章。"己酉當乾隆五十四年(1789),此年六月趙佑充江西鄉試正考官,旋授江西學政,其前任學政即翁方綱(字覃溪,1733—1818),故趙佑《跋》中云:"九月廿五日,小山自歙來投翁覃溪,適覃溪與予交代,已成行。"趙佑任江西學政三年,於乾隆五十七年(1792)擢都察院左都御史調安徽學政。此《跋》撰於乾隆五十六年正月,正值趙佑任江西學政期間。此本書名葉題"白鷺州書院雕版",白鷺州書院位於江西吉安,其刊行江西學政之著作,極爲自然,雖書名葉未題刊刻年月,蓋即刻於趙佑作《跋》之年。因未見明確文獻記載,故仍題爲"清乾隆白鷺洲書院刻本"。

此書分上、下二卷,趙氏於《目錄》之後加案語云:"《說郛》不爲目錄,唯分上、下卷,草、木:上,鳥、獸、蟲、魚:下,末爲四家《詩》授受四篇。《廣要》自以所廣較繁,因就上、下復分爲上、下,而仍不易二卷之本來,爲之目錄,唯末四篇不入目,今爲補之……若其中題之失實,文之誤竄,以《詩》《爾雅》疏所引校之,隨在皆是,茲故存毛本之目而復隨文略加釐正于後。"可知此書分上、下二卷,乃仍陶氏《說郛》本之舊,而目錄則依毛本,另補"魯詩、齊詩、韓詩、毛詩"等四家《詩》授受四篇之目。

趙氏此書,其於陸《疏》文字有所校補者,乃於本文下以小字作注;若有討論,則於文後另行低一格加案語以論之。如卷下"關關雎鳩"條,此書列陸《疏》本文云:"雎鳩,大小如鷗,深目,目上骨露出,幽州人謂之鷲。而揚雄、許慎皆曰:白鷖,似鷹,尾上白。"趙氏於"大小如鷗"下注云:"陶本、毛本作'鳩',毛注以作'鷗'爲誤,非。"又於"目上骨露出"下注云:"《詩》

《爾雅》疏無'出'字。"於"幽州人謂之鷧"下注云："《爾雅·疏》作'鷺'。"又於"而揚雄、許慎皆曰：白鷢，似鷹，尾上白"下注云："十四字《詩》《爾雅》疏皆有之，陶本、毛本脱，今補。"此爲趙氏校正陶、毛二本陸《疏》之情形。其後趙氏又加案語云："案：五鳩總名鳩，析言之則有雎鳩、鳲鳩等名，不得混言'如鳩'，《詩》《爾雅》疏並作'大小如鷗'，是。而《朱子語録》言'狀如鳩，差小而長'，誤耳。豈以《氓》詩食桑葚之鳩、《小宛》之鳴鳩，單言鳩者爲正鳩，而'雎鳩'如之乎？不思《鵲巢》亦單言鳩，舊皆爲鳲鳩，《氓》與《小宛》之鳩，乃鶻鳩，今斑鳩，即《爾雅》之鶻鵃，亦二字名者。自鳩、鷹常互相化，後世名物失考，無從細别，徒以大爲鷹，小爲鳩，海蓋稱之。然雎鳩有鵰鶚之稱，《禽經》以爲魚鷹，必不得小于斑鳩，何《廣要》誤據訛本而反以'如鷗'爲誤也？'鷺'諸家説所罕及，獨見此《疏》，《詩·疏》同之，唯《爾雅·疏》作'鷺'，蓋因郭《注》述毛《傳》'摰而有别'之語，遂以致誤。鷺即摰字，是言鳥性，非鳥名，亦刊校之失。'而揚雄'以下云云，兩《疏》文同，顯然陸《疏》元文，蓋兼採以傳疑，微有不然之意，考陸《疏》者，莫知其當補也。"（卷下，葉三至四）此乃對校補之根據及理由加以論述。

趙氏除一般之校正《疏》文外，對陶、毛二本之題或所闕之疏亦有所校補，如卷上"緑竹猗猗"題下注云："毛本題爲'菉'，非，當依《詩》本文。"（卷上，葉九）又卷上"言采其薇"題下注云："陶本、毛本俱有題無文，版漫滅也。今據《詩·疏》補。"（卷上，葉十五）此乃補二本所闕之《疏》文。又如卷上"浸彼苞蓍"題之右上，注云："補"，其下補《疏》文"蓍，似藾蕭，青色，科生"八字，并注云："《易·説卦·釋文》引《毛詩草木疏》云。"（卷上，葉二十一）此則并補題與《疏》文也。此外如卷上原題"爰有樹檀"條，趙氏校正其疏文，并改題爲"無折我樹檀""隰有六駁"二條。其案語云："案：此條舛謬特甚，蓋合《鄭風》'無折我樹檀'及《秦風》'隰有六駁'二《疏》而誤竄爲一，其'下章'云云，益無頭緒，今依《詩·正義》參以《釋文》所引，析爲二條，録存之。所改正題一，補題一。"（卷上，葉二十三）另改題之例尚有多處。

此書考據精審，頗具乾嘉考證學風。其中如辨陸《疏》在郭《注》之前及疑陸《疏》原乃作者未成之書，説皆確當。又趙氏屢據"例"以爲考論之標準，如卷上"梓椅梧桐"題下注云："當依《詩》本文作'椅桐梓漆'。"又於《疏》文末案云："案：《疏》題皆全書經文，不應此獨變例作'梓椅梧桐'。《爾雅》：'椅，梓。'《疏》引《詩·鄘風》云'椅桐梓漆'，陸璣云云，則此題當依經改正，但闕言漆耳。"（卷上，葉二十一）又卷下"魚麗于罶魴鱧"條："鱧，鯇也。似鯉，頰狹而厚。《爾雅》曰：'鱧，鮦也。'許慎以爲鯉魚。"趙氏云："案：'鱧，鯇'《爾雅》經文，'鮦也'乃'鱧'下《注》文。陳氏《解題》所謂陸《疏》有引郭《注》者，其以此耶？然考陸氏之述舊説，必舉其人，無緣獨懨于郭璞，陳氏疑陸在郭後，但見陸《疏》引郭《注》，不察郭《注》取陸《疏》。凡引注文而直繫以本書大名，多由文字脱誤，恐'《爾雅》曰：鱧，鮦也'，鮦字正是鯇字，而首句'鯇也'之鯇乃鮦字。"（卷下，葉十七）舉此二處，以見趙氏依"例"論證之特色。

本館此本避"玄""燁""弘""曆"等字。又《跋》文葉一左面"以視楊慎、毛奇齡、■■■諸人，未嘗不與異趣也。""毛奇齡"以下三字爲墨丁，蓋有所隱諱也。

此書《四庫全書總目》未著録。《續修四庫全書總目提要》收録二篇此書提要，一爲江瀚撰，題"《毛詩草木疏校正》二卷，乾隆間刊本"。另一爲倫明撰，題"《陸氏詩草木鳥獸蟲魚疏校正》二卷，清獻堂全編本"。《中國古籍善本書目》著録此書四種，其一題"《草木疏校正》二卷，清趙佑撰，清乾隆白鷺洲書院刻本"，載中國國家圖書館、北京大學圖書館、復旦大學圖書館、南開大學圖書館等八館收藏。其二題"《草木疏校正》二卷，清趙佑撰，清乾隆刻本，清諸可寶跋"，載上海圖書館收藏。其三爲"清乾隆四十八年桂馥家抄本，清桂馥校並跋"，其四爲"清道光二十八年周學濂抄本，清周學濂跋"，二種并中國國家圖書館收藏。《續修四庫全書》嘗據復旦大學圖書館藏本影印行世，題"清乾隆白鷺州書院刻本"，列入《經部》第六十四冊，其本無趙佑《跋》。

鈐印有"光□首聘之書"白文長方印、"子翔"朱文長方印、"□衡之章"朱文方印等印。

086

詩經叶音辨譌八卷

T470 7220

《詩經叶音辨譌》八卷，清劉維謙撰。清乾隆三年（1738）壽峯書屋刻本。六冊。框高18.8厘米，寬14.6厘米。半葉八行十九字，小字雙行同，四周單邊，白口，單魚尾。版心上鐫書名，中鐫卷次，下鐫"壽峯書屋"。

卷端題"雲間劉維謙讓宗編次；門人張卿雲慶初、〔張〕景星恩仲同校"。書名葉分三欄，右題"雲間劉讓宗編次"，中題"詩經叶音辨譌"，左題"壽峰書屋藏板"，欄上題"乾隆戊午秋鐫"。

書首，首未署年郭嗣齡《序》。次清乾隆戊午（三年，1738）黄之雋《序》。

次乾隆戊午（三年）四月顧天成《序》。次未署年張棠《序》。次未署年劉維謙《自序》。次《及門肄習姓氏》。次《詩經叶音辨譌目次》。

　　劉維謙，字讓宗，又字友萍，號雙虹半士，清江蘇婁（今上海松江）人。《[乾隆]婁縣志》卷二十六《人物傳七·國朝》中有傳，云：“劉維謙，字讓宗，邑諸生。性戇直，敦古道，讀書精考覈，下筆不肯苟同於人。居郡城南，有二橋映帶，顏其室曰‘雙虹小圃’……年六十餘，歿。著有《詩經叶音辨譌》行世。”劉維謙另尚著有《楚辭叶音》。又清王應奎（1683—約1759）《柳南續筆》卷一“吟詩墮水”條載云：“劉維謙，字讓宗，華亭人。乾隆五年秋日，從西湖歸，月夜於錢塘棲道中得句云：‘犬吠孤村月，蛩吟兩岸秋。’獨坐船頭，朗吟不輟，久之，寂然，已墮水矣。遇有救者，得不死。好事者爲作《月夜墮水圖》，題詠甚夥。劉生平精於韻學，自謂得不傳之秘，著有《詩經叶音辨譌》十卷。”案：清順治十三年（1656）析華亭縣西北部置婁縣，婁縣與華亭縣同城而治，皆屬松江府。蓋因婁縣原出於華亭縣，故王應奎稱劉維謙爲“華亭人”。又“雲間”爲華亭之古稱，故《詩經叶音辨譌》之卷端及書名葉皆題“雲間”也。

　　此書撰作之由，劉維謙於《自序》中云：“予少習《毛詩》，竊怪朱子據吳才老《韻補》以叶三百，而彼此不能盡符，久之，端委洞徹，始知兩人互有得失，存其是，去其非，間以己意參和而刊改之，凡易稿數次而後成。”又云：“精研義蘊，剖析毫芒，破世俗之乖離，正前人之錯誤，以七音爲綱，四等爲目，清濁爲權衡，開合爲門戶，雖義、倉復起，斷然不易者，此學士大夫之元聲也。不得元聲而拋置本位，則旁見側出而至於千里之謬，皆根於此。予之大聲疾呼，俾有耳者共聞之，慎勿以吾言爲瞋而可。”其著書之宗旨由此可見。

　　此本刻於乾隆三年（1738），謀其事者爲張卿雲、張景星兄弟，書首顧天成（1671—1752）《序》云：“讓宗與予，同學則居先，論姻戚輩行則居後……屢困塲屋，略無怨尤，授經於清河家有年矣，皋比未嘗易坐，士以太僕爲知人，而克家子亦善承先志也。向作《叶音辨譌》一書，久塵篋衍。去年右臂適作楚，懼筆墨之廢而慮其書之弗傳也，出諸案，更訂之。慶初昆仲因爲師謀付剞劂，告成有日矣。”此《序》末署“乾隆戊午夏四月顧天成撰”。考《[嘉慶]松江府志》卷五十八《古今人傳十》中載：“張棠，字南暎，婁縣人，集子。康熙三十五年舉人，官戶部員外郎，遷刑部郎中，出知桂林府……雍正八年，朝廷以蘇松水道淤塞，大發帑金，開濬吳淞江故道，復請助銀三萬。世宗憲皇帝嘉獎，特授太僕寺少卿。年七十三卒。子卿雲，字慶初，以諸生貢成均，後積捐至運同，以母老不謁選，與弟景星友愛無間，撫甥葬師，爲里推爲長者。景星，字二銘，候補主事，性長厚，喜賓客……卒年七十六。”另清沈大成撰有《朝議大夫都轉鹽運使司運同樓静張君墓碑》，中述張卿雲（字慶初，一字樓静）之家世、生平極詳。張棠（字映宸，一字南暎，號吟樵）嘗延劉維謙館其家，張卿雲、張景星從而受業。乾隆三年卿雲、景星兄弟乃爲其師刊行此書也。此本書名葉題"乾隆戊午秋鐫"，戊午爲乾隆三年，又各葉版心鐫"壽峯書屋"，故題爲"清乾隆三年（1738）壽峯書屋刻本"。

此書卷一之前，冠有文及圖，共七篇，分別爲《三十六字母總論》《毛詩叶音辨譌凡例》《等子圖》《分隸字母總音》《音叶互異彙辨》《叠韻雙聲》《顧亭林音學》《毛西河古今通韻》《字典》等。卷一至卷八爲正文，卷八末有劉氏門生張澤埠、王永祺、張卿雲、張景星四人之跋文。

正文共八卷，計卷一至三《國風》，卷四至五《小雅》，卷六至七《大雅》，卷八《三頌》。書中不列《詩經》經文，各篇皆首列全篇韻字，於叶音字下雙行小字加注。韻字後標"韻"及"辨"二目，"韻"釋各章之韻及叶韻現象，"辨"者，辨諸家叶韻之説。其徵引、論辨所及，除宋吳棫、朱熹二家之外，尚有明陳第《毛詩古音考》、豐慶《魯詩世學》、呂介孺《韻鑰》、顧麟士《毛詩説約》、徐光啓《毛詩六帖》及清顧炎武《詩本音》、毛奇齡《古今通韻》等書。所採以顧炎武《詩本音》爲多，而不全遵其説。卷首《顧亭林音學》中云："近來音韻之學，亭林顧氏、西河毛氏，其最著者也。然較其淺深疎密，則顧之賢於毛也遠甚。此書多半依傍《詩本音》，亦不敢遵奉太過，攻其瑕正所以護其瑜也。"

另劉氏對毛奇齡之説則頗多批評，在卷首《毛西河古今通韻》中云："吳棫《韻補》，是非參半，而毛氏攻擊太深，恐非持平之論。且字母、等法乃範圍不過之準，而毛氏毫無所得，不尋其端，不竟其委，而徒騁才辨，譬猶汎濫無歸之水而已。"書中對毛奇齡之説時有批駁。

此書對於研究清代前期之古音學，有其文獻價值。黃之雋於《序》中云："自顧氏作《本音》而《詩》可不叶而自叶，自劉氏作《叶音辨譌》而《詩》有一定之叶而無餘叶，其理同。學者緣是可以詠《詩》，可以審音，可以識字，其效同。"頗加贊揚。然《四庫全書總目》則僅將此書入存目，評價不高。提要云："古音之學自宋吳棫而晦，自明陳第乃漸明，國朝顧炎武諸家闡發其旨，久有定論。維謙欲刱爲異説，以駕乎前人之上，反以吳棫爲是，陳第爲非，業已黑白倒置，而又以等韻三十六字母牽合古音。夫等韻所別爲今音，而《詩》三百篇則古音，音隨世變，截然不同，維謙乃執後以繩前，是何異執行草偏旁而釋倉頡、古籀之篆文哉？"今人張民權撰《清代前期古音學研究》一書，論及劉維謙此書，以爲："總結劉氏古韻研究的得失，那就是古音觀念守朱熹'叶音'之説爲其陋，而在《詩經》韻例分析和音釋方面，糾正前賢之失爲其所得。

尤其是在對待顧炎武與毛奇齡古音説上，態度鮮明，實際上也是弘揚了顧炎武古音學説。他對顧炎武《詩本音》正確之處維護，錯誤之處進行修正，可謂是《詩本音》的諍臣。"（葉二百七十三）張氏此説可供參考。

　　本館此本避"玄""絃""胤""弘"等字。卷首《叠韻雙聲》葉一至三爲抄補（葉三左面末二行空白未抄），缺葉四至六；《顧亭林音學》葉一至二爲抄補（僅抄至葉二右面末二行），缺葉二左面至葉四。另卷首《總論》葉五左面鈐有藍、紅色長條形紙廠印記，内含一不全之文字，疑是"吳"之中間部分；又卷七，葉六右面鈐有藍色長條形之紙廠印記。

　　《四庫全書總目》著録，題"《詩經叶音辨訛》八卷，通行本"，入《經部·小學類存目二》。《中國古籍善本書目》著録"《詩經叶音辨譌》八卷，清劉維謙撰，清乾隆三年壽峰書屋刻本，清焦循跋"一種，載武漢圖書館收藏。本館此本，另中國國家圖書館、北京大學圖書館、天津圖書館、上海圖書館、復旦大學圖書館、南京圖書館、蘇州圖書館、中央民族大學圖書館、中國臺北"中央研究院"傅斯年圖書館等多館亦有收藏。《四庫全書存目叢書》嘗據中央民族大學圖書館藏本影印行世，題"清乾隆三年壽峰書屋刻本"，列入《經部》第二一九册。惟其本書首張棠《序》後，又有劉維謙另一序，未立標題，版心鎸"自序"，序末署"乾隆三年歲在戊午秋日華亭劉維謙謹書"。其文版心未鎸"壽峯書屋"四字，蓋係壽峯書屋版成之後所加刻也。

087

詩外傳十卷

T412　4564C

　　《詩外傳》十卷，漢韓嬰撰。明崇禎毛氏汲古閣刻《津逮秘書》後印本。四册。框高19.4厘米，寬14.4厘米。半葉九行十九字，左右雙邊，白口，無魚尾。版心上鎸"詩外傳"，中右面鎸卷次、左面鎸葉次，下鎸"汲古閣"。

　　卷端首行題"詩外傳卷之一"，次行題"漢燕人韓嬰著"。

　　韓嬰，《史記》卷一百二十一《儒林列傳》、《漢書》卷八十八《儒林傳》俱有傳。《漢書》云："韓嬰者，燕人也。孝文帝時爲博士，景帝時至常山太傅。嬰推《詩》人之意，而作内、外《傳》數萬言，其語頗與齊、魯間殊，然歸一也。淮南賁生受之，燕、趙間言《詩》者由韓生……武帝時，嬰嘗與董仲舒論於上前，其人精悍，處事分明，仲舒不能難也。後其孫商爲博士。"有關韓嬰之卒年，《史》《漢》皆未明載，今人賴炎元《韓詩外傳考徵》云："韓嬰卒年，《漢書》未詳。《夏侯始昌傳》云：'自董仲舒、韓嬰死後，武帝始得始昌，甚重之。'《五行志》云：'太初元年十一月乙酉，未央宮柏梁臺災。先是，大風發其屋，夏侯始昌先言其災日。'太初元年，夏侯始昌已見用於武帝，韓嬰之卒，當在此之前，其確定年月，史無可考。"其説蓋是。

《韓詩外傳》爲漢代今文三家《詩》著作中唯一傳於世者。《漢書·藝文志》云："漢興，魯申公爲《詩》訓詁，而齊轅固生、燕韓嬰皆爲之傳。或取《春秋》，采雜説，咸非其本義，與不得已，魯最爲近之。三家《詩》皆列於學官。"此爲有關漢初三家《詩》之敍述。另《漢書·藝文志》著録《韓故》三十六卷、《韓内傳》四卷、《韓外傳》六卷、《韓説》四十一卷等《韓詩》著作以及其他《魯詩》、《齊詩》之著作，然今除《韓詩外傳》尚存之外，其他漢代三家《詩》著作皆已亡佚，僅由後人之輯佚而得其片斷。宋歐陽修《崇文總目敍釋·詩類》云："三家并立學官，而毛以後出，至平帝時始列于學。其後馬融、賈逵、鄭衆、康成之徒，皆發明毛氏，其學遂盛。魏晉之間，《齊》《魯》之《詩》廢絶，《韓詩》雖在而益微。故毛氏獨行，遂傳至今。韓嬰之書，至唐猶在，今其存者，十篇而已。《漢志》嬰書五十篇，今但存其《外傳》，非嬰傳《詩》之詳者。"（見《歐陽文忠公集》卷一百二十四）《漢書·藝文志》載"《韓外傳》六卷"，今所傳《韓詩外傳》則爲十卷。《四庫全書總目》論云："《漢書·藝文志》有'《韓故》三十六卷''《韓内傳》四卷''《韓外傳》六卷''《韓説》四十一卷'，歲久散佚，惟'《韓故》二十二卷'，《新唐書》尚著録，故劉安世稱嘗讀《韓詩·雨無正篇》，然歐陽修已稱'今但存其《外傳》'，則北宋之時，士大夫已有見、有不見。范處義作《詩補傳》，在紹興中，已不信劉安世得見《韓詩》，則亡在南、北宋間矣。惟此《外傳》，至今尚存，然自《隋志》以後，則較《漢志》多四卷，蓋後人所分也。"

本館所藏此本，爲明崇禎間毛晉汲古閣所刻《津逮秘書》之零種。惟此本書首無《韓嬰小傳》，書末無毛晉跋語，又卷九葉十四左面鈐有墨色長條形紙廠印記，此爲清代康熙至乾隆間印本之特徵，故此本蓋係後印之本。有關《韓詩外傳》版刻之源流，今人屈守元《韓詩外傳箋疏·凡例》第四則中云："《韓詩外傳》之有刻版，始於宋慶歷中（原注：'見《容齋續筆》卷八'）當時既無好本，刊者又有所雌黄。創痏滋多，實基於此。及今宋刻既亡，世傳惟重元本。元本乃至正十五年海岱劉貞刊于嘉興路儒學者。自元入明，遞有修補。訖嘉靖、隆慶之際，猶在摹印……明代諸刻：嘉靖時則有蘇州蘇獻可'通津草堂'本、沈辦之'野竹齋'本（原注：'沈本即蘇本重印'）、濟南薛來'芙蓉泉書屋'本，萬歷時則有新安程榮《漢魏叢書》本、錢塘胡文焕《格致叢書》本，天啓時則有杭州唐琳"快閣"藏書本，崇禎時則有虞山毛晉汲古閣《津逮秘書》本。

毛刻出於蘇、沈；程、胡、唐諸刻皆本之薛氏。"據此可知毛晋汲古閣本版刻之所據。

此本十卷，各卷各條多先雜引古事古語，再證以《詩》詞。《四庫全書總目》云："其書雜引古事古語，證以《詩》詞，與經義不相比附，故曰《外傳》。所采多與周、秦諸子相出入，班固論三家之《詩》，稱其'或取《春秋》，采雜說，咸非其本義'，殆即指此類歟？"又清陳澧《東塾讀書記》卷六論《韓詩外傳》云："《漢書·藝文志》云：齊、韓《詩》或取《春秋》，采雜說，咸非其本義（原注：'采雜說，非本義，蓋專《外傳》言'）。今本《韓詩外傳》有元至元十五年錢惟善《序》，云：'斷章取義有合於孔門商、賜言《詩》之旨。'澧案：孟子云：'憂心悄悄，慍于群小，孔子也。'亦外傳之體。《禮記》《坊記》《中庸》《表記》《緇衣》《大學》引《詩》者，尤多似《外傳》，蓋孔門學者皆如此。其於《詩》義洽熟於心，凡讀古書，論古人、古事，皆與《詩》義相觸發，非後儒所能及（原注：'《韓非》有《解老篇》，復有《喻老篇》，引古事以明之，即外傳之體，其《解老》即内傳也'）。"二家所釋"外傳"之義，可供參考。另今傳本《韓詩外傳》恐有闕文，非漢代之舊。《四庫全書總目》云："是書之例，每條必引《詩》詞，而未引《詩》者二十八條，又'吾與汝'一條，起無所因，均疑有闕文。李善注《文選》引其'孔子升泰山觀易姓而王者七十餘家'事及'漢皋二女'事，今本皆無之，疑並有脱簡。"《總目》所論是也。

此書《四庫全書》收録，《四庫全書總目》題"《韓詩外傳》十卷，通行本"。《四庫全書》將《韓詩外傳》收録於《經部·詩類》之末，作爲"附録"，《四庫全書總目》云："案：《漢志》，《韓詩外傳》入《詩類》，蓋與《内傳》連類及之。王世貞稱《外傳》引《詩》以證事，非引事以明《詩》，其說至確。今《内傳》解《詩》之說已亡，則《外傳》已無關於《詩》義，徒以時代在毛萇以前，遂列爲古來說《詩》之冠，使讀者開卷之初即不見本旨，於理殊爲未協，以其舍《詩類》以外無可附麗，今從《易緯》《尚書大傳》之例，亦別綴於末簡。"由此可知《四庫全書》將此書置於《詩類》"附録"之由。

《中國古籍善本書目·經部》著録此書元、明、清刻本暨清人跋、校本多種，另《叢部》著録毛晋汲古閣《津逮秘書》全帙一種及清人校、跋殘本五種。其中全帙本及清惠棟校本皆包含《韓詩外傳》此本。《津逮秘書》全帙本中國國家圖書館、北京大學圖書館、中國人民大學圖書館等四十七館收藏，惠棟校本復旦大學圖書館收藏。

鈐印有"風樹亭藏書記"朱文長方印，知嘗爲今人易培基收藏。考易培基（1880—1937），字寅村，號鹿山，湖南善化（今湖南長沙）人。畢業於湖南方言學堂，早年曾留學日本，加入同盟會。回國後，曾任黎元洪秘書，湖南高等師範學堂、長沙師範學校教師，湖南省立第一師範學校校長，教育總長，故宮博物院院長等職。後因"故宮盜寶案"，蒙冤去職，移居天津，轉至上海法租界。一九三七年九月病逝於上海，年五十七。生平事迹參見徐友春主編《民國人物大辭典》等。因易培基出生故居位於長沙南門外白沙井楓樹亭，故其用箋印有"風樹亭"三紅字，藏書印有"風樹亭藏書記"、"風樹亭收兩漢六朝碑志"等印。另又鈐有"李宗侗藏書"朱文長方印，知又曾爲李宗侗收藏。李宗侗爲易培基女婿，此書當即由易培基傳至李宗侗，再轉讓入本館者也。李宗侗生平參前"012　周易兼義九卷音義一卷略例一卷"條。

088
韓詩外傳十卷序説一卷補逸一卷

T412　4564

《韓詩外傳》十卷，漢韓嬰傳；《序説》一卷《補逸》一卷，清趙懷玉輯。清乾隆五十五年（1790）趙氏亦有生齋刻本。一册。框高18.3厘米，寬13.2厘米。半葉十行二十一字，小字雙行同，左右雙邊，白口，單魚尾。版心中鐫書名及卷次。

卷端首行題"韓詩外傳卷第一"，次行題"漢燕人韓嬰著"。書名葉分三欄，右題"乾隆五十五年校刻"，中題"韓詩外傳"，左題"亦有生齋藏板"。外封面書籤手書"趙校韓詩外傳，丁未正月得於淮上／味青題籤"。

書首，首清乾隆五十五年端午日盧文弨序，未立標題，版心鐫"韓詩外傳盧序"。次乾隆五十五年五月趙懷玉《校刻韓詩外傳序》，標題次行題"内閣中書舍人趙懷玉譔"。次《韓詩外傳舊序》二篇，首篇末署"至正十五年龍集乙未秋八月曲江錢惟善序"，次篇末署"濟南陳明撰"。次序説一卷，未立標題，版心鐫"韓詩外傳序説"。序説之末鐫"江寧劉文奎、[劉文]楷鐫字"。正文十卷，卷十後有《補逸》一卷，卷端題"韓詩外傳補逸"。

《韓詩外傳》撰者韓嬰，生平參前"087　詩外傳十卷"條。

《序説》《補逸》輯者趙懷玉（1747—1823），字億孫、映川，號味辛、收庵，清江蘇武進人。《清史列傳》卷七十二《文苑傳三》、《清史稿》卷四百八十五《文苑二》俱有傳。《清史列傳》云："趙懷玉，字億孫，江蘇武進人。户部尚書申喬四世孫。乾隆三十年春，高宗純皇帝四巡江浙，懷玉奉賦行在。四十五年，復南巡，召試，賜舉人，授内閣中書。出爲山東青州府海防同知。署登州、袞州知府。丁父憂歸，遂不復出。李廷敬延葺《宋遼史詳節》，阮元、伊秉綬復延葺《揚州圖經》。後主通州石港講席六年，諸生極愛戴之。性坦易，胸無城府，嘗自言不敢好名爲欺人之事，不敢好奇爲欺世之學……詩與孫星衍、洪亮吉、黄景仁齊名，時稱‘孫洪黄趙’。著有《亦有生齋文集》五十九卷，《續集》八卷。”另著有《生齋詩鈔》《雲溪樂府》。

此本書名葉題“乾隆五十五年校刻”“亦有生齋藏板”，考“亦有生齋”爲趙懷玉之齋名，故此本定爲“清乾隆五十五年（1790）趙氏亦有生齋刻本”。趙懷玉於書首《校刻韓詩外傳序》中云：“《漢志》：‘《韓詩内傳》四卷，《外傳》六卷，《故》三十六卷，《説》四十一卷。’《隋志》厪有内、外《傳》，《内傳》益以《薛氏章句》爲二十二卷，《外傳》析爲十卷。今《内傳》已佚，閒散引於諸書，嘗欲仿朱子之意，寫爲一書，卒卒苦未能就。若《外傳》篇目合之，《隋志》則固居然足本也。自明以來，屢有鋟本，惟虞山毛氏較善，而譌脱亦復不免。既取數本參校，其别見諸子與此相出入者，亦疏證於下。譌者正、脱者補，義得兩通者，並列焉。甒學罣漏，無以自信，未敢示人也。歲戊申，餘姚盧弓父先生來主吾郡講習，洽聞舉遺，日以表章周、秦、兩漢之書爲事，丹黄讎勘，一字弗苟。過從之暇，偶及是書。先生出手定本見示，嚴核博綜，略無遺憾。乃取向所參校者改竄而坿益之，於是未敢自信者，藉可質之於世矣。”又盧文弨序此書云：“齊、魯、韓三家《詩》，雖皆失傳，而唐人經義及類書所援引，唯韓獨多，其《内傳》亦僅見一、二，若《外傳》固未亡也。《漢志》本六篇，《隋志》則析而爲十，非有所坿益也。其得流傳至今者，豈非以文辭贍逸，爲人所愛玩故哉？顧傳本雖多，而譌脱亦往往相似。吾友武進趙舍人味辛，既取數本校之，又取其與諸書相出入者參互考證，擇其是者從之，其義得兩通，則仍而不革，慮其損真也。又諸書所引，亦尚有出於此書之外者，復爲之博綜以繫於後，蓋自有雕本以來，至今日而譌者正、脱者補，閲者咸稱快焉。余呕慫恿付梓，公諸同好，因綴數言於簡端。”據此二序，知趙氏校刻此書，嘗參考盧文弨之校勘成果。又清孫星衍《孫氏祠堂書目·内篇》卷一著録“《韓詩外傳》十卷”趙懷玉校刊本，下云：“又《補逸》一卷，盧文弨輯，趙懷玉刊。”然則此書末所附《補逸》一卷，當亦多得自原盧文弨所輯也。

此書校刻《韓詩外傳》本文，而列校語於本文之下，趙氏《序》中謂“既取數本參校”。考其校語中嘗引及之本，先後計有“毛本”“通津草堂本”“程本”“胡本”“林本”“元本”“唐本”等。其中“通津草堂本”爲明嘉靖間蘇州蘇獻可所刊，“程本”爲明萬曆間新安程榮《漢魏叢書》本，“胡本”爲明萬曆間胡文焕所刻《格致叢書》本，“唐本”爲明天啓年間杭州唐琳“快閣藏書”本，“毛本”爲明崇禎間毛晋汲古閣刻《津逮秘書》本，“林本”則不知何指。至於趙氏所稱“元本”者，當指明嘉靖中沈辨之“野竹齋”本，而趙氏誤以沈本爲元刻也。如書中卷五“造父，天下之善御者矣”條，“《詩》曰：‘周雖舊邦，其命維新。’文王亦可謂大儒已矣”句，趙氏校語云：“‘其命維新’下，本或有‘可謂白矣謂’五字，元刻無，毛本同。”（卷五，葉四至五）今考中國國家圖書館所藏元至正十五年嘉興路儒學刻明修本《韓詩外傳》，此處有“可謂白矣謂”五字，知非趙氏所據之“元刻”，然沈辨之“野竹齋”本此處正無此五字，蓋趙氏誤沈本爲元刻也。又卷四“傳曰：誠惡惡知刑治本”條，“惟誠感神”句下，趙氏校語云：“‘惟’，舊作‘彼’，今從元本。”（卷四，葉十四）考中國國家圖書館所藏元本此處作“彼”，不作“惟”，然沈本正作“惟”，蓋趙氏亦誤沈本爲元刻也。孫星衍《孫氏祠堂書目・內篇》卷一、莫友芝《邵亭知見傳本書目》卷二等，著錄沈辨之“野竹齋刊本”，皆誤以爲元刻，葉德輝《書林清話》卷五“明人刻書之精品”條中云：“沈辨之，名與文，明嘉靖間人，藏書家多誤以爲元刻。”（葉五）趙懷玉及盧文弨校勘《韓詩外傳》之際，蓋皆嘗參校沈本，而誤以爲元刻，故稱“元本”也。

趙氏此本，刻於乾隆五十五年，次年又有周廷寀撰《韓詩外傳校注》，二書先後付梓，其後光緒間吳棠“望三益齋”遂合二書爲一以刊行。吳棠序云：“《韓詩外傳》十卷，向以虞山毛氏爲最，然其書訛脫甚多，并《韓詩》異文悉改從毛，古義、古音，大懼迷晦。乾隆中武進趙氏懷玉有校本，新安周氏廷寀有注本，二書之出，先後一年，兩不相見，故所校各有同異，遂各有得失。周氏以《大戴記》《呂覽》《列女傳》《說苑》《新序》等書校本文，間用己意疏之；趙氏復刺《選・注》《初學記》《御覽》援引本文各條，補其闕略，正其訛謬，撲塵掃葉，功誠有過於周氏。然如顧千里據元槧本，辨改‘白’爲‘伯’之失，則徑改舊本，亦不能無流弊也。茲以周氏本爲主，采趙氏校語臚列於下，字句之異同，考證之詳略，均兩載之，不加論斷，在學者善讀之而已。至所據各書，字句亦多不合，蓋周據者多舊本，趙據者多　國朝名人校定本，大槩如是，無滋疑也。”吳棠此序論趙、周二家校本之特色，可供參考。惟其中言“然如顧千里據元槧本，辨改‘白’爲‘伯’之失，則徑改舊本，亦不能無流弊也”，所述略失其真，參見下文所述。

本館此本避“曆”“丘”字。卷四末葉鈐有藍、紅色長條形紙廠印記。

趙懷玉校刻本《韓詩外傳》，《四庫全書總目》未著錄。《中國古籍善本書目》著錄三種“清乾隆五十五年趙氏亦有生齋刻本”之校、跋本，一爲“清許瀚校”，載中國國家圖書館收藏；一爲“清楊沂孫批並跋”，載南京圖書館收藏；一爲“清龔橙校”，載上海圖書館收藏。本館此本，另北京大學圖書館、中國科學院圖書館、遼寧省圖書館、湖北省圖書館等館亦有收藏。《歷代詩經版本叢刊》曾據趙本影印，題 "韓詩外傳校正" "據清乾隆五十五年亦有生齋校刻本影印"，列入第二十八冊。考其本版心鐫 "亦有生齋校正本"，本館此本版心無此字樣；又其本正文之後，《韓詩外傳補逸》之前，復有《韓詩外傳校補》一卷，由此知其本與本館所藏此本非同本也。又考其本所附《韓詩外傳校補》所校 "卷三" 首行云："故用不靡財足以養其生：元本 '以' 作 '其'。顧云：'其疑共，讀爲供。'愚按下文，當作 '以'，'其' '共' 皆誤。"（葉一）此引顧廣圻據 "元本" 所作之校語。今中國國家圖書館所藏 "元至正十五年嘉興路儒學刻明修本" 此處正作 "其"，且此至正十五年刻本書首有顧廣圻識語，顧廣圻必曾寓目，可知顧廣圻所據之 "元本" 當即是此至正十五年刻本也。顧氏之識語末署 "乙卯九月，澗蘋顧廣圻書"。乙卯當乾隆六十年（1795），而趙懷玉校本《韓詩外傳》初刻本刊於乾隆五十五年（1790），知《韓詩外傳校補》一卷當出於初刻之後，《歷代詩經版本叢刊》所據本既有《校補》一卷，而題 "據清隆五十五年亦有生齋校刻本影印"，恐非宜也。又前文所述清吳棠序，對趙刻本有 "然如顧千里據元槧本，辨改 '白' 爲 '伯' 之失，則徑改舊本，亦不能無流弊也" 之評，此所謂 "顧千里辨改" 云云，亦見於《校補》之中，非初刻本之文，知吳棠所據趙本，當即是有《校補》一卷之本，非初刻本也。此外，《校補》 "卷二" 第三條云："顏如渥赭：沈辨之野竹齋元本作 '丹'。"（葉一）此處趙氏稱沈辨之 "野竹齋" 本爲 "元本"，亦可爲前文推測趙氏誤 "野竹齋" 本爲 "元本" 之證也。

　　鈐印有 "石華藏書，子孫永寶，鬻及借人，是皆不孝" 朱文方印、"許印喬林" 白文方印、"石華" 朱文方印，知嘗爲清許喬林收藏。許喬林（1775—1852），字貞仲，號石華，祖籍安徽，生於四川，長於海州板浦（今屬江蘇連雲港）人。嘉慶十二年（1807）舉人，曾任郁州書院山長、山東平陽縣知縣等。著有《球陽瑣語》《弇榆山房詩略》《弇榆山房筆談》等書。另又鈐有 "余印嘉錫" 白文方印、"季豫" 朱文方印，知又嘗爲近人余嘉錫收藏。余嘉錫（1884—1955），字季豫，號狷庵、狷翁，祖籍湖南武陵（今常德），生於河南商丘。光緒二十七年（1901）中舉人，入京爲吏部文選司主事，旋因父喪回湖南常德。辛亥革命後，自號狷庵，館於清史館總裁趙爾巽家，并審閱《清史稿》。先後任教於輔仁大學、北京大學、中國大學、民國大學、北京女子師範大學等校，爲著名目錄學家，曾兼任輔仁大學文學院院長，當選爲中央研究院院士。著有《四庫提要辨證》《目錄學發微》《古書通例》《世說新語箋疏》《余嘉錫論學雜著》等書。事迹參見王語歡《余嘉錫學術年譜》（2013年度黑龍江大學碩士論文）。

禮　類

周　禮

089

周禮十二卷

T522　8203F

　　《周禮》十二卷，漢鄭玄注，唐陸德明釋文。明嘉靖潘恩刻萬曆十六年（1588）潘允端印本。六册。框高20.6厘米，寬13.5厘米。半葉八行十七字，小字雙行同，四周雙邊，白口，雙魚尾（魚尾相向）。版心中鐫“禮”及卷次，下鐫刻工。有書耳，鐫篇名。

　　卷端首行題“周禮卷第一”，次行上題“天官冢宰第一”，下題“鄭氏註”。

　　書首有《周禮目録》。中國科學院圖書館藏本書首有明萬曆戊子（十六年）潘允端《刻周禮題辭》，本館此本無。

　　鄭玄生平參前“035　古文尚書十卷附尚書逸文二卷”條。陸德明生平參見“012　周易兼義九卷音義一卷略例一卷”條。

　　此本據中國科學院圖書館藏本書首潘允端《刻周禮題辭》所述，乃潘恩所刻，其子潘允端於明萬曆十六年所印。考其版式，潘恩蓋據元相臺岳氏荆谿家塾本重刻。《無錫市圖書館藏榮氏善本書目》嘗著録云：“《周禮》十二卷，漢鄭玄註，唐陸德明釋文，明嘉靖潘恩覆相臺岳氏荆谿家塾本萬曆十六年潘允端印本。”所載當即與本館此本同版。

　　此書書名雖題“《周禮》”，實含東漢鄭玄《註》及唐陸德明《經典釋文·周禮音義》，惟《釋文》僅録釋音而未及釋義。

　　《周禮》古稱《周官》，《漢書·景十三王傳》云：“獻王所得書，皆古文先秦舊書：《周官》《尚書》《禮》《禮記》《孟子》《老子》之屬，皆經傳説記，七十子之徒所論。”又《漢書·藝文志》云：“《周官》經六篇”，班固自注：“王莽時劉歆置博士。”東漢荀悦《漢紀》云：“劉歆奏請《周官》六篇（寶三案：原作‘十六篇’，‘十’字疑衍，今删）列之於經，爲《周禮》。”又唐陸德明《經典釋文·序録》亦云：“王莽時，劉歆爲國師，始建立《周官》經，以爲《周禮》。”是劉歆始更名爲《周禮》。《周禮》或以爲周公所作，《周禮·天官·冢宰》：“惟王建國。”鄭玄《注》云：“周公居攝而作六典之職，謂之《周禮》。”鄭玄謂《周禮》

312

爲周公所作，此説影響後世甚巨，然亦有不從此説者，宋代學者張載、程頤、蘇轍等疑《周禮》不盡爲周公之書，有後人增入之語。清代以來，疑之者尤衆，頗多議論。錢穆著有《周官著作時代考》一文（收入《兩漢經學今古文平議》），主張《周禮》當成於戰國晚葉，學者多從其説。

自劉歆奏請立《周禮》於學官之後，《周禮》之傳授不絶，於是有《周禮》訓解之作。唐陸德明《經典釋文·序録》云："王莽時，劉歆爲國師，始建立《周官》經，以爲《周禮》。河南緱氏杜子春受業於歆，還家以教門徒，好學之士鄭興父子等多往師之。賈景伯亦作《周禮解詁》。"又《後漢書·儒林列傳》云："中興，鄭衆傳《周官》經，後馬融作《周官傳》，授鄭玄，玄作《周官注》。"鄭玄爲《周禮》作注，乃在前人之基礎上爲之，遂得集其大成。唐賈公彥《周禮疏·序周禮廢興》中云："故鄭玄序云：'世祖以來，通人達士大中大夫鄭少贛名興，及子大司農仲師名衆，故議郎衛次仲，侍中賈君景伯，南郡太守馬季長皆作《周禮》解詁。'又云'玄竊觀二、三子之文章，顧省竹帛之浮辭，其所變易，灼然如晦之見明，其所彌縫，奄然如合符復析，斯可謂雅達廣覽者也。然猶有參錯，同事相違，則就其原文字之聲類，考訓詁、捃秘逸。謂二鄭者，同宗之大儒，明理于典籍，牬識皇祖大經《周官》之義，存古字，發疑正讀，亦信多善，徒寡且約，用不顯傳于世。今讚而辨之，庶成此家世所訓也。'"由此可明鄭玄注《周禮》之背景。鄭玄此《周官序》，全文今已佚，由賈《疏》徵引而得保留其片斷。又鄭玄《周禮注》中屢引鄭司農（鄭衆）、鄭大夫（鄭興）、杜子春等人之説，亦藉此可考見鄭《注》與前人解詁之異同。鄭玄《注》成，諸家逐漸式微，鄭《注》獨行於世，影響後世甚爲深遠。

此本鄭玄《注》後有釋音，以小圈隔開，此乃原爲唐陸德明《經典釋文》中之《周禮音義》，後人抽取之以附入鄭《注》之下，惟《經典釋文》原兼釋音、義，此本則僅取釋音部分。

此本共十二卷，《天官》《地官》《春官》《夏官》《秋官》《考工記》各分上、下二卷。書首《周禮目録》載"卷第一／天官冢宰上""卷第二／天官冢宰下""卷第三／地官司徒上""卷第四／地官司徒下"……等。惟內文卷端則題"周禮卷第一／天官冢宰第一""周禮卷第二／天官冢宰下""周禮卷第三／地官司徒第二""周禮卷第四／地官司徒下"等等。

本館此本，卷一缺第二葉，卷十缺第三十五葉，他處并有多處殘損。卷一葉一至十六，版心未見刻工名。又書中卷一有六處佚名朱筆批校字迹。

《四庫全書總目·經部·禮類》之首，著録"《周禮注疏》四十二卷，內府藏本"，未著録此《周禮》經注本。

此本《中國古籍善本書目》著録，題"《周禮》十二卷，漢鄭玄注，唐陸德明釋文，明潘恩刻萬曆十六年潘允端印本"，載中國國家圖書館、北京大學圖書館、中國科學院圖書館等十一館收藏。《中國古籍善本書目》另又著録此本"清陳舒跋"本、"清彭藴璟校點、葉德輝跋"本各一種，分藏南京圖書館與上海圖書館。此外，中國臺北"故宫博物院"亦藏有此本一部，題"明覆刻元相臺岳氏刊本"。

鈐印有"李宗侗藏書"朱文長方印，知曾爲李宗侗收藏。李宗侗生平參前"012　周易兼義九卷音義一卷略例一卷"條。

090

周禮六卷

T521　5983

《周禮》六卷，明秦鑌訂正。明崇禎十三年（1640）秦氏求古齋刻《九經》本。四册。框高14.8厘米，寬10.1厘米。半葉十三行二十四字，四周雙邊，白口，無魚尾。分上、下二欄，上欄高1.3厘米，刻音切；下欄高13.5厘米，刻《周禮》經文。版心上鐫書名，中鐫小題（如天官冢宰），下右面鐫卷次，左面鐫葉次。

卷端首行題"周禮卷之一"。

書首，首賈公彥《序周禮廢興》，惟本館此本缺首葉，自第二葉始。次《周禮篇目》。

此本爲"《九經》五十一卷附四卷，明崇禎十三年（1640）秦氏求古齋刻本"之零種。本館另存有此刻本"《九經》五十一卷附四卷（缺附二卷）"一部，參見前"001　九經五十一卷附四卷（缺附二卷）"條。惟零種此本卷端首行題"周禮卷之一"，下未見"錫山秦鑌訂正"字樣，疑是後印之本。

此書共六卷，計卷一《天官冢宰第一》，卷二《地官司徒第二》，卷三《春官宗伯第三》，卷四《夏官司馬第四》，卷五《秋官司寇第五》，卷六《冬官考工記第六》。

此本卷一有四處逸名朱筆批語。另書中屢見佚名之朱筆校改，如卷五《司盟》："司盟掌盟載之灋……既盟，則爲司盟共祈酒脯。"此處有朱筆將"共祈酒脯"之"祈"校改爲"其"。又如卷六《弓人》："鬻膠欲角而水火相得。"朱筆將"角"改爲"埶"。卷四《大司馬》："車徒皆譟，徒乃弊，致禽饁獸于郊，入獻禽以享烝。"朱筆於"致禽饁獸于郊"之"致"上，增一"乃"字。

鈐印有"王印士禎"白文方印、"吳翌鳳枚庵氏珍藏"朱文方印，知嘗爲清王士禎、吳翌鳳收藏。王士禎（1634—1711），原名士禎，字子真，一字貽上，號阮亭，又號漁洋上人。清山東新城（今山東桓臺）人。順治十五年（1658）進士，曾任揚州推官、禮部主事、刑部尚書等職。著有《漁洋山人精華錄》《池北偶談》《居易錄》《漁洋詩集》《帶經堂集》等多種。王氏卒後，世人爲避雍正帝諱，稱之爲王士正，乾隆帝賜名士禛，并追謚文簡。吳翌鳳（1742—1819），字伊仲，號枚庵，一作眉庵，別號古歡堂主人。祖籍安徽休寧，僑居江蘇吳縣（今屬江蘇蘇州）。嘉慶時諸生。曾任湖南瀏陽南臺書院山長。著有《遜志堂雜抄》《懷舊集》《卯須集》《吳梅村詩集箋注》《與稽齋叢稿》等多種。吳翌鳳爲藏書家吳銓之後代。翌鳳篤好典籍，家貧無力多購，往往借抄，曾因抄書過度，目以成疾。遇有善本，不惜典衣購置。晚年建書屋曰“歸方舫”“古歡堂”“古香樓”“歸雲草堂”等，編有書目《古歡樓經籍略》。藏書事迹參李玉安、黃正雨著《中國藏書家通典》。另又鈐有“李宗侗藏書”朱文長方印，知亦爲李宗侗舊藏。此外又鈐有“磊闇所見”白文方印、“嘉”白文方印、“棟”朱文方印，印主不詳。考美國國會圖書館所藏抄本明岳岱撰《陽山誌》三卷，中亦鈐有“磊闇所見”印。

091

周官禮注十二卷

T522　8203E

《周官禮注》十二卷，漢鄭玄注。清乾隆五十一年（1786）殷氏一得齋刻本。八冊。框高19.4厘米，寬13.4厘米。半葉九行二十二字，小字雙行同，左右雙邊，白口，單魚尾。版心上鐫書名，中鐫小題，下鐫“一得齋校本”。

卷端首行，上題“天官冢宰弟（第）一”，下題“周官禮注卷一”。次行題“漢鄭氏注”。書名葉分三欄，右題“乾隆丙午”，中題“周官禮注”，左題“揚州殷盤銘載校刊”。

書首，首未署年《漢鄭氏序》，版心鐫《周官禮序》。次《周官禮目錄》，標題次行題“漢鄭氏注”。

鄭玄生平參前“035　古文尚書十卷附尚書逸文二卷”條。

殷盤，字銘載，清江蘇揚州人，生平事迹不詳。

此書共十二卷，六官各分爲二卷。書中載《周禮》經文及鄭玄《注》文，惟殷盤此刻本鄭《注》之下，間以雙行小字附載後人之説以釋之。以卷一爲例，計載“朱子”“賈公彦”“魏氏校”“葉氏時”“邱氏濬”“王氏應電”“鄭氏伯謙”“王氏與之”“李氏斠”“魏氏了翁”“魏氏莊渠”“横渠張氏”“王氏志長”“劉氏”“鄧氏元錫”“王氏昭禹”“李氏叔寶”“易氏袚”“陳氏祥道”“郝氏仲輿"等二十家之說。

　　此本《四庫全書總目》《中國古籍善本書目》俱未著錄。除本館外，另中國國家圖書館、北京大學圖書館、南京圖書館等亦有收藏。今人王鍔編《三禮研究論著提要》（增訂本），著錄"《周官鄭注》，清殷盤撰"一書，釋云："《江蘇藝文志·揚州卷》載之，今存佚不詳。"（葉一百九）王氏據《江蘇藝文志》著錄，而未見原書，故題此書爲"清殷盤撰"，恐非宜也。

092
周禮句解十二卷

T525　2950

　　《周禮句解》十二卷，宋朱申撰。明萬曆三十二年（1604）梅守峻刻本。八册。框高23.2厘米，寬16.4厘米。半葉九行二十字，小字雙行同，四周雙邊，白口，單魚尾。版心中鐫書名及小題。

　　卷端題"魯齋朱申周翰"。

　　書首，首明萬曆甲辰（三十二年，1604）梅守峻《鐫周禮句解序》。次《周禮句解總目錄》。

　　朱申，宋人，事迹不詳。《四庫全書總目》此書提要中云："申事迹無考，里貫亦未詳。按：《江西通志》有朱申，字繼顯，宋太學生。又李心傳《道命錄》有淳祐十一年新安朱申序，其結銜題'朝散大夫知江州軍州兼管內勸農營田事'，似爲二人，不知此書誰所著也。"案：據《周禮句解》卷端所題，知作者朱申字周翰，號魯齋，餘則不詳。

　　此本爲明萬曆三十二年梅守峻刻本，書首梅守峻《鐫周禮句解序》云："《周禮》一書，周官（公）致太平之書也……余偶代匱攝三秦學政，一日索是書觀焉。索之膠庠中，無以應；索之書肆中，無以應。若曰：是非習耳習目之書也。噫嘻！孰是布帛菽粟而曾口體之弗嘗知。因更索之他邑，乃得《句解》，遂授之剞劂氏，俾家握靈蛇而戶傳荆璧，抑余嘉惠後學之區區一念云爾。"此《序》末署"萬曆甲辰九日　欽差整飭潼關等處兵備陝西布政司參政攝按察司提學副使事宛陵梅守峻題於在茲院"，由此知此本乃萬曆三十二年（甲辰）梅守峻任"陝西布政司參政攝按察司提學副使事"時所刻。梅氏《序》中未言刊刻所據之本，考萬曆之前，有明成化四年（1468）孫世榮刻本《校正詳增音訓周禮句解》十二卷，其本半葉十行二十三字，黑口，書首有伍福《序》；另又有明嘉靖三十五年（1556）蔡揚金刻本《周禮句解》十二卷，其本半葉八行十八字，書首有陳儒《序》。然梅氏此本爲半葉九行二十字，又無伍福、陳儒等《序》，蓋非據上述二本重刻也。

此書六官各分上、下，共十二卷。書中於《周禮》經文句下爲解，故稱《周禮句解》。其解多據《周禮注疏》爲之，亦有另作解者。《四庫全書總目》論此書之内容云：“逐句詮釋，大晷根據《注疏》，義取簡約。其中所見有與《注疏》異者，若《太宰》之職：‘五曰賦貢’，鄭《注》曰：‘賦，口率出泉也。貢，功也。九職之功所税也。’是書則易之曰：‘賦，税也。貢，獻也。’有力主《注疏》而曲爲引証者，若《大司徒》：‘諸公之地，封疆方五百里以下。’則堅守《注》中‘半爲附庸’之説，而不執《孟子》《王制》以疑《周禮》……雖循文詁義，無大發明，而較之竄亂古經、橫生新義者，猶不失謹嚴之義。惟序官乃經文之綱領，申以其無假詮釋，遂削而不載，頗乖體要，是則因陋就簡之失矣。”由《總目》所論，可知此書内容之大要。惟朱申此書，頗多僅列經文而無解者，如卷十一《鮑人》職，竟全文皆無解，豈係未竟之書歟？

此本解義之下，間有音訓，被釋之字加方圍以識之。如卷一《天官·冢宰》：“惟王建國，辨方正位，體國經野，設官分職，以爲民極。乃立天官冢宰，使帥其屬而掌邦治。”“使帥其屬而掌邦治”下解云：“邦治謂總六官之職也。天官其屬六十，冢宰帥之而掌邦治焉。帥音率。屬音蜀。治去聲。凡方欲治之者，係活字，皆平聲。已治、政治等，係死字，皆去聲。後可以意求之。”考唐陸德明《經典釋文·周禮音義上》釋“掌邦治”之“治”云：“直吏反。《注》‘邦治’、下‘治官’皆同。”又陸德明於“帥”“屬”二字皆無釋。由此可知此本所附音釋，非據陸德明《經典釋文》也。案：明成化四年孫世榮刻本書名題《校正詳增音訓周禮句解》，又清陸心源《皕宋樓藏書志》卷六著録“《校正詳增音訓周禮句解》十二卷，明初刊本，馬笏齋舊藏。宋魯齋朱申注釋”一部。另明嘉靖三十五年蔡揚金刻本則仍題《周禮句解》。疑此書中音訓蓋係後人所加，非朱申原有，故或題爲《校正詳增音訓周禮句解》。惟附音訓之本或仍沿用朱申原書舊名，故仍稱《周禮句解》也。

本館此本間有佚名朱筆校改之處，如卷六《春官·大祝》：“凡大禋祀、肆享、祭示，則執明水火而號祝。”《句解》云：“祭祀，祭天神。肆享，祭宗廟。祭示，祭地祇也。”此處《句解》“祭祀，祭天神”上“祭”字當爲“禋”之誤，佚名乃逕以朱筆塗改“祭”爲“禋”，其所校是也。《四庫全書》本此處亦誤作“祭”。另亦間見佚名以朱筆或墨筆於書中天頭處注記讀音者，如卷三《地官·鼓人》：“凡軍旅，夜鼓鼜。”佚名於天頭朱筆書云：“鼜音戚。”又卷九《秋官·野廬氏》：“若有賓客，則令守涂地之人聚㯕之。”佚名於天頭墨筆書云：“㯕音託。”皆其例也。

此書《四庫全書》收録，《四庫全書總目》題"《周禮句解》十二卷，浙江范懋柱家天一閣藏本"。

《中國古籍善本書目》著録"《周禮句解》十二卷，宋朱申撰，明嘉靖三十五年蔡揚金刻本"，載上海圖書館、遼寧省圖書館、東北師範大學等六館收藏。另又著録同版"清丁丙跋"本一部，載南京圖書館收藏。《中國古籍善本書目》又著録"明刻本"二種，分藏中國國家圖書館、天一閣文物保管所（今天一閣博物館）等館。此外，又著録"《校正詳增音訓周禮句解》十二卷，宋朱申撰，明成化四年孫世榮刻本，清陳鱣跋"一部，載中國國家圖書館收藏。另又著録"《校正詳增音訓周禮句解》十二卷"之"明刻本""清道光二十一年蔣氏別下齋抄本，清許光清校並跋""清抄本，清丁丙跋"等本，分藏上海圖書館、中國國家圖書館、南京圖書館等館。本館所藏此萬曆三十二年梅守峻刻本，另中國國家圖書館、美國普林斯頓大學東亞圖書館等亦有收藏。

鈐印有"顧印祖禹"白文方印、"景范"朱文方印，知嘗爲清顧祖禹收藏。顧祖禹（1631—1692），字復初，一字景范（或作景範），生於江蘇無錫，明亡隨父隱居常熟虞山。顧柔謙（1605—1665）之子。《清史稿》卷五百一《列傳》二百八十八《遺逸二》中云："祖禹，字復初。柔謙精於史學，嘗謂：'《明一統志》於戰守攻取之要，類皆不詳山川，條列又復割裂失倫，源流不備。'祖禹承其志，撰《讀史方輿紀要》一百三十卷，凡職方、廣輿諸書，承譌襲謬，皆爲駁正……創稿時年二十九，及成書，年五十矣。寧都魏禧見之，歎曰：'此數千百年絶無僅有之書也。'……徐乾學奉敕修《一統志》，延致祖禹，將荐起之，力辭罷。後終於家。"顧祖禹卒於無錫城東宛溪，學者稱宛溪先生。另又鈐有"某（梅）侶"白文梅子形印、"傲山樓珍賞圖書之印"，印主不詳。

093

讀禮疑圖六卷

T647 2444

《讀禮疑圖》六卷，明季本撰。明嘉靖刻本。六册。框高18.3厘米，寬13厘米。半葉十行二十一字，左右雙邊，白口，單魚尾。版心中鐫"禮疑"及卷次。

卷端題"會稽季本編著"。

書首，首明嘉靖戊申（二十七年，1548）八月季本《讀禮疑圖序》，次《讀禮疑圖目録》。

季本（1485—1563），字明德，號彭山，明會稽（今浙江紹興）人。正德十二年（1517）進士，授建寧府推官。朱宸濠反，季本自請往守，後召拜監察御史。謫揭陽縣主簿，遷弋陽知縣。轉蘇州同知，升南京禮部郎中。時與鄒守益相聚講學，守益被黜，連及季本，謫判辰州，尋同知吉安，升長沙知府。因鋤擊豪强過當，乃罷歸。載書寓居禹迹寺二十餘年，講學著作，寒暑無間。著有《易學四同》《詩説解頤》《讀禮疑圖》《廟制考義》《樂律纂要》《律呂別書》《春秋私考》《四書私存》《孔孟圖譜》《説理會編》《著法別傳》等書。季本少師王文轅，後師事王陽明。事迹見黄宗羲《明儒學案》卷十三《浙中王門學案三》、張元忭《季彭山先生傳》（《不二齋文選》卷五）、蕭良朝、張元忭等撰《紹興府志》卷四十二《人物志·理學》等。

　　季本撰此書，以爲《周禮》一書，有可疑之處。書首季本《讀禮疑圖序》云：“蓋《周禮》之書，成於戰國之士，中間多雜邪世之制、迂儒之談，而非由大本以行達道者也。當漢武時，其書始出，衆儒共排其非，至林孝存則曰：‘末世瀆亂不驗之書’，何休則曰：‘六國陰謀之書’，庶亦可謂知言矣。”《周禮》既成於戰國之士，非周公遺典，故季本就其中可疑者，爲圖旁引以辯證之。《序》又云：“予於三《禮》儀文，未能悉舉，惟以布縷粟米力役之征皆切於民而禮之大者也。往年從政，習於功利之見，而用意過深。晚而思之，則皆《周禮》之餘智也。故即平日之所疑者，爲圖旁引以辯證之，而一以《孟子》爲主焉……書凡六卷，其前三卷，疑圖具在，見禮意焉。其後三卷，則上敘孟子之言以明本原，下評歷代之事以備考云。”據此可知其書取名《周禮疑圖》之由。此《序》末署“嘉靖戊申歲秋八月既望會稽季本序”，乃撰於嘉靖二十七年（戊申，1548），時季本六十四歲，在罷官之後，故《序》中稱“晚而思之”也。又此《序》未載及付梓之事，此本又無書名葉可據考其確切刊刻年月，故題“明嘉靖刻本”。

　　此書分六卷，卷一至三爲《疑圖》主體，卷四至六述《疑圖》之本原及參考。卷一計有《尺圖》《今田小於古田圖》等十九圖；卷二計有《天子國中圖》《王畿千里郊野圖》等六圖；卷三計有《鄉圖》《遂圖》等十七圖及“鄉職”之論。卷四首題《禮圖本原》，引《孟子》之言以述之。前有序云：“三代之治功，至周大成，然壞於春秋戰國，泯滅殆盡，至併其籍而不存。重以《周禮》雜衰世之事，附迂儒之言，富國强兵之説行，而先王之法亂，益甚矣。惟孟子猶能言其大畧，則《讀禮疑圖》之所本也，故備述之。”次有《禮圖參考》，序云：“先王之法，壞於春秋戰國，至秦而蕩廢盡矣。漢初去古未遠，興復何難？而因循秦舊，不爲遠圖，民無恒産，百度皆非，是以未及百年，法已盡弊。但其始年，政依寬大，猶有先王之遺意焉。故文、景繼之，亦成富庶……末世英雄，雖有損益，抑又不及漢矣。故述漢初兵農所由，稍加論敍，以其近古，猶能存什一於千百焉。自漢以後，大畧可見矣。蓋於《讀禮疑圖》亦有足相發明者，故名其篇曰《參考》，而分爲田制、軍制二類云。"此下至卷六皆爲《禮圖參考》。

本館此本，書首《讀禮疑圖序》有佚名朱筆圈點。另卷三及卷六有數葉近版心處有殘損現象。

《四庫全書總目》著録，題"《讀禮疑圖》六卷，兩江總督採進本"，入《經部・禮類存目一》。提要云："是書辨論《周禮》賦役諸法，祖何休、林孝存之説，以爲戰國策士之所述。前三卷以其疑《周禮》者爲圖辨之，後三卷依據《孟子》立斷，因及後代徭役、軍屯之法，論其得失。大旨主於輕徭薄賦，其意未嘗不善，其説亦辨而可聽。然古今時勢各殊，制度亦異，有不得盡以後世情形推論前代者。至其牽合《魯頌》'公車千乘，公徒三萬'，則欲改《小司徒》'四井爲邑，四邑爲丘，四甸爲縣，四縣爲都'之文，謂'四當作五'，又增'四都爲同'一語，則更輾轉竄亂矣。蓋本傳姚江之學，故高明之過，末流至於如斯也。"案：《總目》提要此引《周禮・春官・小司徒》之文，"四邑爲丘"下，疑脱"四丘爲甸"一句也。

《中國古籍善本書目》著録，題"《讀禮疑圖》六卷，明季本撰，明嘉靖刻本"，載中國國家圖書館、北京大學圖書館、中國社會科學院歷史研究所、復旦大學圖書館等四館收藏。另中國臺北"故宮博物院"亦有收藏。《四庫全書存目叢書》曾據北京大學圖書館藏本影印，題"明嘉靖刻本"，列入《經部》第八十一冊。

094

注釋古周禮五卷考工記一卷

T527　3231

《注釋古周禮》五卷《考工記》一卷，明郎兆玉撰。明天啓郎氏堂策檻刻本。四冊。框高20.9厘米，寬13.8厘米。半葉九行二十字，小字雙行同，四周單邊，白口，無魚尾。版心上鐫"古周禮"，中鐫卷次，下鐫"堂策檻"。眉欄鐫評註。

卷端題"明郎兆玉完白注釋；友萊自本茂叔參閲；男郎斗金公宣糾謬"。

書首，首明天啓柔兆攝提格（丙寅，六年，1626）張堯翼《古周禮序》。次《序周禮廢興》，題"唐賈逵公彥撰"。次宋王安石《周禮舊序》。次元吳澄《三禮敘録》。次明孫攀《古周禮釋評舊敘》。次明徐常吉《古周禮闕冬官辨》。以上五文皆未署年。次未署名《注疏名儒》。次《注釋古周禮凡例》，共九則，末署“堂策檻主人識”。次未署名《周禮奇字》，文末低一格，識云：“《訓雋》云：五官多奇字；字，形也。《考工記》亦多奇字；字，義也。《考工記》之字，義奇而妥，用之綴文則適；五官之字，形奇而僻，用之綴文則陋。説者謂此書本出於劉歆之家，而歆嘗學奇字於揚雄，以此竄入，非當時之故文也。洪景盧嘗辨之，豈以前聖之簡易而有此形也哉？夫惟《考工記》尚矣。”

郎兆玉（？—1626），字完白，號明懷，又號無類生，明浙江仁和（今浙江杭州）人。萬曆四十一年（1613）進士，歷任上蔡知縣、奉政大夫、直隸淮安府同知等職。著有《注釋古周禮》《墨子評》《無類生詩集》等書。清吳慶坻著《蕉廊脞録》卷六《郎兆玉墓磚刻地券文》條中載云：“江干徐村，俗所稱九龍頭者，美國教士設之江學堂。丙辰春，拓地建築，掘得一古墓，有二棺；又銅像一，作壽星騎鹿狀；瓷盃二；磚刻地券文一。文凡十五行者，首行順刻，次行逆刻，以後各行皆然，顛倒讀之。文近俚而語絶詭異，謬託於仙鬼之説，蓋全仿南漢馬十二娘地券之文。王定叔拓以見示，録之以廣異聞。文曰：‘惟大明國浙江杭州府仁和縣義同坊二圖土地范明大王祠下，居住信士郎斗金、奎金、壁金，有父親郎兆玉，别號明懷，賜進士第，奉政大夫，直隸淮安府同知。於天啓六年六月十四日戌時，往九仙山採藥，忽遇大仙，賜酒三杯，酩酊一夢，不還。就憑白鶴仙指引，用九萬九千九百九十九貫文，買到皇天后土王真龍福地一穴，坐落錢塘縣定北五圖徐村土名顯聖陽三位夫人祠下……今具六至，明白給付，與明懷翁爲萬年陰宅……自安葬之後，福蔭科甲聯芳，位登台鼎，子孫榮盛，永保千秋。此券。天啓七年七月二十一日申時。立券人：皇天后土王（押）。’”案：存世衣物疏、買地券中屢見以“酒醉物故”作爲死亡之諱稱（參見范常喜撰《鄭孫買地券“酒醉”補議》，《中國國家博物館館刊》2012年第三期），據此郎兆玉墓磚刻地券文所述，知郎兆玉乃卒於明天啓六年（1626）六月十四日也。

天津圖書館所藏同版，書首有郎兆玉《注釋古周禮弁言》，本館此本無《弁言》。據《弁言》中云：“後世讀《周禮》者，謂詳制度而遺道化，嚴職守而闊略於人主之身。或以爲黷亂，或以爲陰謀，使姬公精意泯没千載。余曰：曷怪諸公之爲？《周禮》由（猶）唐之有貞觀、顯慶禮也，未見諸行事而豫擬爲它日之用，其間省文有之，兼官有之，舉其大經者有之，詁師小生妄訾非古，宜邪？不邪？……余腐心久之，迤廣涸逞（往）牒，愽（博）摭群咨，并《考工》之纖屑，冥微周所弗晰。手披之下，庚命兒子糾譌釐舛，以授殺青。竊自附於少顓、仲師之痏者，而周官威儀，翼翼星日，庶黷亂、陰謀諸喙，無爲後學酖也。”末署“天啓丙寅人日武林無類生郎兆玉譔”。丙寅當天啓六年（1626），由此《弁言》所述，可見郎氏欲闡明古《周禮》之用心。

此本書首張堯翼《古周禮序》，末署"天啓柔兆攝提格"，則此《序》係撰於天啓丙寅（六年，1626）也。又他館藏本書首郎兆玉《注釋古周禮弁言》末署"天啓丙寅人日"，則此《弁言》乃撰於天啓六年正月七日。另第六卷之首，《考工記奇字》末有郎兆玉識語，末署"丙寅午日堂策檻主人識"，則此識語乃撰於天啓六年五月五日。據前文所考，郎兆玉卒於天啓六年六月十四日，《弁言》中雖言"手披之下，庚命兒子糾譌釐舛，以授殺青"，即便天啓六年正月時已付梓，然至當年六月十四日是否已畢工，尚難確知，故仍題"明天啓郎氏堂策檻刻本"。

此書共六卷，前五卷卷端各題"注釋古周禮卷一""注釋古周禮卷二""注釋古周禮卷三""注釋古周禮卷四""注釋古周禮卷五"。第六卷卷端題"注釋古周禮考工記"。第六卷，首有未署名《古周禮訓雋舊敍》。次《考工記序》，首句云："沙隨程氏迥曰"。次未署年郭正裕《敍考工記》。次《考工記奇字》，末有識語云："按：作書之灤，大都不越象形、會意、諧聲，自河、洛既剖，書契肇興，吾烏知非古道其常而今不徵其異也虖？故《考工》一書，尚屬近古，其字多音迥義殊，姑摘其尤者，特爲拈出，庶俾覽者無或眩于形似耳。雖然，醉書殷甲子，時作晉書秋，是又好奇而癖者也。抱懷古之深情者，請于是記乎問之。"末署"丙寅午日堂策檻主人識"。案：丙寅當天啓六年，午日爲五月五日，考郎兆玉卒於天啓六年六月十四日，則此識語乃撰於其卒前月餘日也。

郎氏此書所以特標"古周禮"者，欲以還《周禮》之舊，以別於前人之改本。《注釋古周禮凡例》第一則云："是經，攷《漢·藝文志》，元闕《冬官》，後儒那掇五官，妄爲增補，弗從。"《四庫全書總目》提要云："是書謂之《古周禮》者，自別於俞庭椿諸人之改本也。"其説是也。郎氏此書經文雖宗鄭玄注本，亦略有調整，《凡例》第二則云："經文悉宗鄭康成元本，至五官之屬，移弁各官之首，另爲標目，以便觀覽。"注釋多抄撮舊文，間有標明來源者，如卷一起首，注"周禮"二字云："朱氏申曰：'周成王幼，周公攝政，制禮作樂，以致太平，及歸政之日，因典章文物之盛，著爲六典，實周家一代之禮云。'"又"天官冢宰第一"下，引"何氏曰"，皆其例也。《凡例》第三則云："漢唐注疏，不無異同，今參攷諸家，益所未備，釐所未安。或有釋異句殊，如《夏官·節服氏》之類，義可相發者，特存注中以備攷。"又第四則云："注釋自朱周翰《句解》行世，宣城孫士龍嗣爲補輯，雖若串珠，終成碎玉。今總櫽正文，櫽括細註，務使全經微義一覽瞭然。"知其不採用朱申《周禮句解》之形式，而將注文以雙行小字置於整段經文之後也。此外，書中眉欄多載郎氏對經文之考正，《凡例》第七則云："考正經文，或折衷傳註，或引証他經，俱標題楮額，以資互印。"所言即指書中眉欄之評註也。

　　本館此本，書首《注疏名儒》中，有佚名以墨筆頗多增補，如於唐"孔穎達字仲達，孔子裔"下增"陸德明"三字，於宋"李覯字太伯，盱江人"下增"劉敞字原父，清江人，有註"、"劉彝字執中，長樂人"下增"劉恕字道原，南康人，有説"、"林之奇字少穎，三山人，號拙齋"下增補"陸佃字農師，説見禮記解"等，又"李叔叔"三字，校改爲"李叔寶"。另《注釋古周禮凡例》之末，有同筆迹墨筆增補一則云："經中每段每節關切字眼前後異文，如題意所屬，或一字、二字、三四字，另加一圈以標明，目便讀者玩味。"又第六卷之首《考工記奇字》之末，郎兆玉識語之首，有同筆迹墨筆增補"郎完白曰"四字。以此等現象推之，此收藏者蓋有意增補重刻此本歟？此外，此本卷一、二，間有佚名朱筆圈點，卷二《地官》序官葉四、卷五《秋官》葉五十三，皆爲同筆迹之抄補。

　　此書，《四庫全書總目》著録，題"《古周禮》六卷，兩淮馬裕家藏本"，入《經部・禮類存目一》。提要云："是書謂之《古周禮》者，自別於俞庭椿諸人之改本也。其註皆抄撮舊文，罕能通貫，然暖暖姝姝，守一先生之言，視他家之變亂古經，與其妄也，寧拘矣。"

　　《中國古籍善本書目》著録，題"《注釋古周禮》五卷《考工記》一卷，明郎兆玉撰，明天啓郎氏堂策檻刻本"，載中國國家圖書館、清華大學圖書館、北京師範大學圖書館等二十五館收藏。另美國哈佛大學哈佛燕京圖書館、日本東京大學東洋文化研究所等館亦有收藏。《四庫全書存目叢書》嘗據天津圖書館藏本影印行世，題"明天啓郎氏堂策檻刻本"，入《經部》第八十三册。本館此本與天津圖書館藏本雖爲同版，仍有歧異之處，天津圖書館本書首有郎兆玉《注釋古周禮弁言》，本館此本無。然本館此本書首有明張堯翼《古周禮序》、唐賈公彦《序周禮廢興》、宋王安石《周禮舊序》、元吳澄《三禮敘録》、明孫攀《古周禮釋評舊敘》、明徐常吉《古周禮闕冬官辨》、《注疏名儒》、郎兆玉《注釋古周禮凡例》、《周禮奇字》，另第六卷之首有《古周禮訓雋舊敘》、《考工記序》、郭正裕《敘考工記》、《考工記奇字》等，天津圖書館藏本則皆無也。

　　此本諸家書目皆題"明天啓郎氏堂策檻刻本"，然各卷卷端皆鎸"明郎兆玉完白注釋"，雖其版心下方鎸有"堂策檻"，然若刻印於明天啓間，似不當題"明"，是不能無疑也。

　　鈐印有"計炳之印"朱文方印、"丙文"白文方印。

095

周禮輯義十二卷

T528　8438

《周禮輯義》十二卷，清姜兆錫撰。清雍正九年（1731）寅清樓刻《九經補註》本。六冊。

此本爲清姜兆錫“《九經補註》八十七卷”之零種，版本及内容參見前“007　九經補註八十七卷”條。

此本間有朱筆圈點，另間有朱筆及墨筆批語。又卷二葉三右面鈐有藍、紅色長條形紙廠印記。

096

周禮節訓六卷

T528　4321

《周禮節訓》六卷，清黄叔琳撰。清雍正十年（1732）古音堂刻本。六冊。框高18.6厘米，寬14.4厘米。半葉九行二十字，左右單邊，白口，單魚尾。版心上鐫書名，中鐫卷次，右下鐫“古音堂”。

卷端題“北平黄叔琳崑圃編輯；平湖張奕樞今涪、［張］在璣鳳敂校”。各卷所題校者不一，卷二題“平湖張廷璇義傳、［張］在衡玉齊校”，卷三題“平湖張景陽開三、［張］龍光韓風校”，卷四題“華亭姚培謙平山、餘姚邵昂霄子政校”，卷五題“長洲周駿泗傳、吳江周道隆學濂校”，卷六題“平湖張奕樞今涪、［張］在璣鳳敂校”。又各卷之末皆鐫有“男登賢雲門、登穀挹辛校字”字樣。

書首有《凡例》，共五則。

黄叔琳（1672—1756），字崑圃，又字宏獻，號金墩，晚號守魁，清大興（今屬北京）人，《清史列傳》卷十四、《清史稿》卷二百九十《列傳》七十七俱有傳。康熙三十年（1691）一甲三名進士，歷任翰林院編修、翰林院侍讀、提督山東學政、鴻臚寺少卿、刑部右侍郎、吏部左侍郎、浙江巡撫、山東按察使、詹事府詹事等職。博聞强識、富藏書，與方苞友，方苞治諸經，叔琳皆與之商榷。著有《硯北易鈔》《詩統説》《周禮節訓》《夏小正傳注》《史通訓故補註》《文心雕龍輯注》《硯北雜録》《硯北叢録》《養素堂詩文集》等。清陳兆崙撰有《詹事府詹事加侍郎銜刑部右侍郎黄公叔琳墓誌銘》，戈濤撰有《黄崑圃先生傳》（皆見《碑傳集》卷六十九），并可參。

此書原當有黄叔琳之自序，然館藏此本無序。今存清乾隆三十一年（1766）刻本，姚培謙重訂之《周禮節訓》六卷，書首載《周禮節訓原序》，末署“雍正辛亥十二月黃叔琳序"，據此《序》所述，可知《周禮節訓》撰作及刊刻之緣由。《序》云："經之有三《禮》也，《周禮》其大綱，《儀禮》其節目，《禮記》爲義疏。義疏設科，而大綱與節目不與。聖經之興廢，其亦有時乎？今《周禮》雖不立學官，而我　皇上因心作則，稽古出治，所以允釐乎百工，經緯乎萬端者，一準周公制太平之迹，學士大夫、經生小子誠於是書講明而切究焉，則考古即所以知今也，宗經即所以遵　王也。叔琳屏居無事，課兒子讀，己亦藉以溫習舊業，爰薈萃先儒成說，旁採時賢新義，掇其菁英，薙其繁複，參互考訂，間附愚管，名爲《周禮節訓》。當湖張子今涪昆季見之，以爲有裨初學，輒付開雕。"末署"雍正辛亥十二月黃叔琳序"。考辛亥當雍正九年（1731），由黃氏此序，可知其撰作之由，且知此書始由張奕樞（字今涪）兄弟爲之刊刻也。案：張奕樞，字今涪，又字披西，清浙江平湖人，雍正諸生。工詞，著有《紅螺詞》《芳莊詞》。張廷璇、張在璣、張在衡等乃張奕樞之弟也。又本館此本無書名葉，中國科學院圖書館所藏同版有書名葉，題"雍正壬子夏鐫""養素堂藏版"，且鈐有"養素堂"朱印。考養素堂乃黃叔琳之堂號，據此書名葉所載，可知《周禮節訓》乃開雕於雍正十年（壬子，1732）。惟本館此本及他館所藏同版，版心下方右面鐫"古音堂"，則初刻時蓋由古音堂司刊刻歟？抑此本乃古音堂之重刻本？疑不能明，姑仍依舊目題"清雍正十年（1732）古音堂刻本"。

　　此書共六卷，六官各爲一卷，每官之末有"附論"。此書之內容，據黃氏自序，係"薈萃先儒成說，旁採時賢新義，掇其菁英，薙其繁複，參互考訂，間附愚管"。其書名稱《周禮節訓》者，乃因所解有所刪節，非全書。書首《凡例》第一則云："凡選刻《左》《國》《史》《漢》者，每取全篇任意刪薙，最屬妄庸所爲，況可施之經典乎？祇以是書爲科舉所不用，誦習者稀，若不稍節其繁碎難讀者，初學益望而畏之，不能終卷，非敢於明犯不韙也。"此述其不得不作刪節之由。又此書每官之末皆附有"附論"，《凡例》第二則云："五經命題，有功令遵用之傳註，至先儒所持異議，可以互參短長者，惟真實窮經之士博覽而精擇之，舉子或無暇於此矣。茲經解詁，既不限於功令，則自鄭《註》、賈《疏》，下逮時賢之說，俱好學者所當究心也。謹採其議論精詳者附每官之後。"此述其"附論"採擇之由。另《凡例》第五則云："宋儒之說，王東巖《訂義》爲備，元明人之說，王志長所集者爲詳，其他刪註，病在專趨簡便而中多漏義。茲本除繁去複，或合異而折厥中，或兼存諸說以俟考。敢云經笥之要刪？聊備兔園之一冊云爾。"書中訓釋，或逕用鄭《注》、賈《疏》等諸家之解而不標明出處，或引述前人之說，如"黃氏日抄云""魏莊渠曰""葉氏曰"

等，或加案語以斷之，其情況非一。

此本間有佚名朱筆及墨筆圈點。卷一卷端標題上有佚名朱筆識云："乙丑年正月十八日讀起"，惟不知此"乙丑"當何年也。

《四庫全書總目》著錄，題"《周禮節訓》六卷，編修勵守謙家藏本"，入《經部·禮類存目一》。提要云："是編名曰《節訓》，蓋節錄而訓釋之也。經文既非完本，所輯註文又皆不著名氏，觀其自序，蓋家塾私課之本，故其《凡例》亦曰'聊備兔園之一册云'。"

《中國古籍善本書志》著錄，題"《周禮節訓》六卷，清黃叔琳撰，清雍正十年古音堂刻本"，載華東師範大學圖書館收藏。此外，中國國家圖書館、中國科學院圖書館、上海圖書館、湖北省圖書館等館亦有收藏。

《四庫全書存目叢書·經部》第八十五册，曾影印"《周禮節訓》六卷"一書行世，題"（清）黃叔琳撰，復旦大學圖書館藏清乾隆三十一年刻本"。今考此乾隆三十一年刻本，其卷端題"北平黃崑圃先生原本；雲間姚培謙鱸香重訂，同里王永祺恒齋參閱"，實爲姚培謙重訂之本，非黃叔琳雍正原本也。據其本姚培謙之自序云："特是書未爲功令所頒習，兼以節目煩密，初學撫卷徬徨，輒畏苦去之，繇此帖括家從事節縮，苟便呫嗶，坊本相沿，紊亂襍出，惟前輩少宰北平先生《節訓》一編，薈萃先儒解詁，間附心裁，曾授舍親張子今涪昆仲付刊，僕亦與校訂，爲藝苑篋中之秘久矣。但《節訓》指點一、二，譬如化工潤物成材者，自不煩言而渙然意釋，初學則未易及此。爰從枕葄餘閒，節採上均姜氏《輯義》與先生之旨相發明者，句疏而字解之，存諸家塾，聊狗子弟誦習之便，爲行文一助云。"可知姚培謙此重訂本書名雖仍題爲《周禮節訓》，其内容實乃節採清姜兆錫（字上均）所撰《周禮輯義》書中之文而成，其文字内容及體例與黃叔琳原本頗異，宜視爲二書。今《四庫全書存目叢書》所收，乃據乾隆三十一年姚培謙重訂本影印，而書末所附《總目》提要則爲四庫館臣爲黃叔琳原本《周禮節訓》所撰之提要，兩者乃相胡越，實有未當也。

097

周禮折衷六卷

T528　4332

《周禮折衷》六卷，清胡興栝撰。清乾隆晚翠堂刻本。六册。框高19厘米，寬13.4厘米。半葉九行二十字，小字雙行同，四周雙邊，白口，單魚尾。版心上鐫書名，中鐫卷次、六官名及分職名，下鐫"晚翠堂"。

卷端題"漢鄭玄康成甫註，唐賈逵公彥甫疏；楚衡後學胡興栝毅川重訂"。

書首，首清乾隆己未（四年，1739）嘉平月（十二月）黃澍綸《周禮折衷序》。次《增訂周禮註疏小引》，末署“胡興銓再識”。次康熙辛丑（六十年，1721）如月（二月）胡興銓《周禮折衷序》。

胡興銓，字毅川，清湖南衡人。曾任教於湖南長沙府攸縣（今湖南株州），著有《周禮折衷》。其餘事迹不詳。

此書雖名爲《周禮折衷》，惟書首黃澍綸《周禮折衷序》之後，接有《增訂周禮註疏小引》，中云：“是書苦無完本，獨有鄭、賈《註疏》行世，二公爲功《周禮》不少，惜其版久磨滅，魯魚亥豕，複句脫簡，直令閱者心煩目眩。予不揣荒陋，取《周禮註疏》原本，刪繁就簡，補闕訂訛。大約以鄭《註》爲宗，參用賈《疏》暨諸儒名論，又以鄙見辯正數條，別爲‘增註’，讀者瞭然心目，或於是書不無小補云爾。”末署“胡興銓再識”。案：此書每卷之卷端皆題“漢鄭玄康成甫註，唐賈逵公彥甫疏；楚衡後學胡興銓毅川重訂”，又書中又見有“增註”之例，正合《增訂周禮註疏小引》所言，疑此書蓋初名《增訂周禮註疏》，後改名《周禮折衷》也。

胡興銓於書首《周禮折衷序》中述此書撰作之緣起云：“我　國家制科取士，霞蔚雲烝，文治日隆隆起，　特命儒臣彙纂群書，檢校百家，囊括萬有，燦如日月經天，沛如江河行地，郁郁乎大觀也哉！予於是書校讐甫就，顔之曰《周禮折衷》。蓋惟折衷於朱子之論，乃能不失玄（寶三案：‘玄’字原避諱作‘元’，今復原）公創垂深心，亦庶以備大史氏輶軒之採云爾。”《序》末署“峕康熙歲次辛丑如月中澣之吉湘東胡興銓題於晚翠堂”。考胡氏所謂“折衷於朱子之論”者，此《序》前文嘗云：“作者之謂聖，述者之謂明，非聖而作必妄，非明而述輒謬，六經皆然，獨《周禮》一書，歷漢、唐、宋以訖元、明，而是是非非，判若方柄圓鑿之不相入，要未有能折衷而持其平者……善乎朱子之言曰：‘《周禮》廣大精密，非聖人不能作，在當時行之亦不能盡，後有作者，雖復損益可也。’夫是謂之折衷而持其平者乎？世儒不咎述者之不明，並疑作者之非聖，俾《周禮》一書，紛紛供人口實，豈不悖哉？”案：此書本是對《周禮註疏》之校讎增訂，而胡氏乃名之曰《周禮折衷》，所謂“蓋惟折衷於朱子之論，乃能不失玄公創垂深心”。其書取名之意，由此可以得知。

此本諸《序》未言及刊刻事，又無書名葉可斷其刊刻年月，館藏舊目題“清乾隆己未（4年，1739）”，蓋據書首黃澍綸《序》文所署之年以定之，恐未必是。考書中避“玄”字諱，姑題爲“清乾隆晚翠堂刻本”。

此書分六卷，六官各爲一卷，卷之首有“目録”，列序官之文。卷五《秋官目録》後有《摘周禮奇字》，卷六之首有《考工記奇字》。各卷皆先列《周禮》

經文，其下增損鄭《註》之文，標曰"註"。若有採賈《疏》者，則標"疏"或"釋"。另胡氏有出己見者，則標曰"增註"。又書中間亦引用"諸儒名論"，則標曰"丘氏曰""何氏曰"等。此外又有標"集註"者，乃融合諸家注説以釋之。"增註"與"集註"皆以墨底白文標示。

黃澍綸《周禮折衷序》中云："衡湘胡君毅川，學問高朗，涵養深醇，教誨攸邑，諸生咸蒸於道。精研此書，題曰《折衷》，知其滿腔天理，早已爛熟，無所夭閼，故發凡起例，俾此書焕然冰釋，猶辰宿之麗天。"據黃澍綸此序，知胡氏嘗教學於湖南長沙府攸縣，則此書之作，蓋爲備生徒研讀《周禮》之用，故所採鄭《註》、賈《疏》頗加簡練，以求易讀。此書於《周禮》之解，多本《註》《疏》，故無多創發，胡氏偶有己見，則於"增註"中表之，如卷一《天官・冢宰》："惟王建國，辨方正位，體國經野，設官分職，以爲民極。乃立天官冢宰，使帥其屬，以掌邦治，以佐王均邦國。"鄭《註》於經文"王"字之義未特予闡釋，賈《疏》云："王者臨統無邊，故首稱'惟王'，明事皆統之於王。"胡氏則於"增註"中云："首尊王，大一統也。冢宰以下，皆佐王治邦國，天下有道則禮樂征伐自天子出也。經文辭繁不殺，六卿分職，各帥其屬，其體統均也。君自天立，官自君立，無非共天位，治天職，食天禄，示不敢私也。循名責實之意深矣。"案：此處胡氏乃闡發《周禮》"惟王建國"句，以爲其中含有"首尊王，大一統"之義。惟此本各卷卷端題"唐賈逵公彦甫疏"，此以《周禮疏》之作者爲唐賈逵字公彦，考兩《唐書》《儒學傳》并未言賈公彦名逵，此説蓋附會也。

此本避"玄"字諱，缺末筆。書中間有佚名朱筆圈點。

此書《四庫全書總目》《中國古籍善本書目》俱未著録。《北京師範大學圖書館中文古籍書目》著録"清康熙六十年（1721）晚翠堂刻本"一部，所題刊年蓋據書首胡興粦《序》所署年月，恐非。另《湖南圖書館古籍綫裝書目録》著録此書多部，或題"清乾隆5年（1740）刻本，晚翠堂藏板"，或題"清晚翠堂刻本"，或題"清刻本"，其版本異同待考。又其目録另載有"清同治5年（1866）尚德堂刻本"及"清楊文盛刻本"各一部，則爲晚刻之本。

098

周官塾訓六卷

T528　2632

《周官塾訓》六卷，清魯鴻輯。清乾隆四十七年（1782）刻本。四册。框高18厘米，寬14厘米。半葉八行二十字，左右雙邊，白口，單魚尾，無直欄。版心上鐫書名，中鐫六官名。眉欄及行間鐫有小字訓註。

卷端首行題“周官塾訓”，次行題“盱江魯鴻厚畬甫輯”，第三行題“受業族孫肇熊校字”。書名葉分三欄，右題“乾隆四十七年鐫”，中題“周官塾訓”，左題“從之書屋藏板”，右下鈐有“寶田齋發兌”朱文長方印。

書首，首清乾隆壬寅（四十七年，1782）六月魯鴻《序》。次《周官塾訓目錄》，本館藏本此葉《目錄》爲抄補。

魯鴻（1722—1789），字遠懷，號厚畬，清江西新城（今江西黎川）人。姚鼐（1731—1815）撰《河南孟縣知縣新城魯君墓表》云：“君諱鴻，字遠懷，乾隆癸未科進士，爲河南沈丘、滎澤、孟縣知縣。君少讀書，慕古人行蹟，思效於實用。其在職重鄉約，長必慎擇清謹畏法者，而稍禮貌之，又重獎其尤善者。告上誠下，一以忠信，故事舉而民不擾，下情達而上官樂從……其時上官亦多知君賢，然十年居河南，終不見拔，君亦厭吏事，遂援例入貲，當得府同知，因離任遽返。返則誘進後進，稱善如不及。著《四禮通俗》以率鄉人……乾隆五十四年冬，君卒。”（《惜抱軒文集》卷十一）著有《周官塾訓》《四禮通俗》《春秋意測》《厚畬初稿》《厚畬詩稿》等書。徐世昌（1855—1939）編《晚晴簃詩匯》，曾收魯鴻詩二首，并附有事迹簡介，可參。

此書編撰之由及輯錄所據，可從魯鴻自序中得知。魯鴻於《序》中云：“鴻少從　先君子受經，首《易》，次《詩》《書》《小戴記》，次《春秋》內、外《傳》，顧未嘗及《周官》。比長，竊喜讀之，而《註》《疏》煩衍，撫卷徬徨，久之，更博覽儒先議論，乃稍得其條理，顧念難爲初學言也。邇年，課兒輩，手自纂輯爲旁訓，俾讀者心目交注，可不煩言而解。而旁訓所不能盡者，復註於其下，其古今聚訟紛如者，折衷之以成一是。藏諸家塾，未敢以示人也……我　國家經學昌明，彬雅輩出，而望溪方氏尤憚心是經，茲編大半以爲據依，而旁採他家，間附管見，掇其菁英，而芟其繁蕪，期於有條有理，而於道大適，庶幾先儒以爲運用天理爛熟之書者，猶可得其大意。屬浙水胡豫堂先生視學吾鄉，以經術造士，於是經尤惓惓焉。友人因請付諸梓，以便學者肄習，爰敍其緣起，以識於端。”此《序》末署“乾隆壬寅六月既望，盱黎魯鴻自序”。壬寅爲乾隆四十七年（1782），與書名葉題“乾隆四十七年鐫”正合，知此書刻於乾隆四十七年，而《序》亦作於此年也。另《序》中所言“浙水胡豫堂先生”者，乃指清胡高望（1730—1798）。高望字希呂，號豫堂，浙江仁和（今浙江杭州）人，乾隆二十六年（1761）進士。歷任翰林院編修、翰林院侍讀、詹事府詹事、禮部侍郎、工部侍郎、兵部侍郎、吏部右侍郎、督察院左都御史等職，另嘗提督湖北、江西、江蘇等地學政。事迹參見清李桓輯《國朝耆獻類徵初編》卷九十五。據中國臺北“中央研究院”歷史語言研究所藏《內閣大庫檔案》第105394號記載，胡高望於乾隆四十五年（1780）至四十八年（1783）提督江西學政，與魯鴻《序》中所言正合。

此書共六卷，六官各一卷。書中載《周禮》經文，於經文旁以小字作解，一段經文之下，復以雙行小字作注，即魯鴻《序》所謂"手自纂輯爲旁訓，俾讀者心目交注，可不煩言而解。而旁訓所不能盡者，復註於其下，其古今聚訟紛如者，折衷之以成一是"者也。《序》又謂其訓、注所據，大半採自方苞之作。今考方苞撰有《周官集注》十二卷、《周官析疑》三十六卷、《考工記析疑》四卷、《周官辨》一卷等書，魯鴻《塾訓》所據乃方苞《周官集注》一書。如《天官·冢宰》："惟王建國，辨方正位，體國經野，設官分職，以爲民極。"《塾訓》於"建"字旁解云："立也"，於經文下注云："辨東西南北之方，以正左祖、右社、面朝、後市之位。體國中之廣狹，以經野外都邑郊關溝涂之界。設六官之屬而分以職事。皆所以安民生、定民志，而使遵王之道，所謂爲之極也。"此以"立"解"建"以及雙行小注，全文皆同於方苞之《周官集注》。另《周官塾訓》又於"體"旁解云："體量"，於"經"旁解云"經畫"，此則《周官集注》所無，即魯氏所謂"間附管見"者也。此外，如《天官·冢宰》云："以八灋治官府，一曰官屬，以舉邦治；二曰官職，以辨邦治；三曰官聯，以會邦治；四曰官常，以聽官治；五曰官成，以經邦治；六曰官灋，以正邦治，七曰官刑，以糾邦治；八曰官計，以弊邦治。"方苞《周官集注》云："官法，《小宰》職所謂'以法掌祭祀朝覲會同賓客之戒具'也。"《周官塾訓》則於"官灋"下注云："疑當作敍。"此亦不採方苞之說也。

此書六卷，各卷卷端所題校者不一，卷一題"受業族孫肇熊校字"，卷二至六，校者依次爲"肇光""肇光""嗣光""嗣光""緝光"。

此本書首《周官塾訓目錄》爲抄補，卷一有佚名朱筆圈點。書中避"曆"字諱。

此書《四庫全書總目》《中國古籍善本書目》俱未著錄。除見天津三品堂拍賣有限公司曾於2011年夏季藝術品拍賣會拍賣此書外，尚未見他家館藏著錄，蓋屬罕見之本也。

099

周禮會通六卷

T528 4241

《周禮會通》六卷，漢鄭玄注，清胡翹元纂輯。清乾隆五十二年（1787）凝暉閣刻本。六册。框高19.1厘米，寬14厘米。半葉八行二十二字，小字雙行同，四周雙邊，白口，單魚尾。版心上鐫書名，中鐫卷次及六官名。眉欄及行間鐫評註。

卷端題“漢鄭氏註；胡翹元恭纂輯”。中國科學院圖書館藏本有書名葉，分三欄，右題“豫章胡澹園纂輯”，中題“周禮會通”，左題“凝暉閣藏板”，欄上題“乾隆五十二年鐫”。本館此本無書名葉。

書首有未署名《讀周禮緒言》，共九則。次正文六卷。書末鐫有乾隆五十二年（1787）七月胡永壽識語。

胡翹元（？—1787），字羽堯，又字澹園，清江西樂平人。乾隆二十六年（1761）進士。歷任翰林院編修、江南道監察御史、廣東鄉試副考官、光祿寺少卿、戶科掌印給事中、陝西道御史、刑科給事中、鴻臚寺少卿、山東學政等職。著有《易研》《詩繹》《書經輯要》《周禮會通》《儀禮會通》《禮記會通》《［江西婺源］清華胡氏勳賢統譜》等書。徐珂《清稗類鈔》卷一《幕僚類》“延請幕友有期限”條，曾載：“乾隆丙申，御史胡翹元奏稱：‘各衙門延請幕友，定以五年更換，並不准延請本省人及鄰省五百里以內者。’得俞旨，通行各省。”另外事迹參見《［光緒］江西通志》卷一百六十三《列傳》三十、清朱汝珍輯《詞林輯略》卷四、蘇樹藩編《清朝御史題名錄》等。

此書刻於胡翹元臨終之年，據書末胡永壽之識語云：“於戲！是書付梓未半，而家君遽逝，壽以樗材，際茲苦旅，昏闇益甚，曷克繼承先志？事既不敢中輟，而行期又促，不浹旬而板藏，魚豕之訛，未盡讐校，願識者賜鑒焉。《周禮》外，家君仍有手訂《易研》《詩繹》《書經輯要》《禮記、禮儀會通》以及《離騷》《文選》《道德經》《參同契》《杜詩》諸書，壽愧弗能藏讀，諸俟他日次第剞劂，庶精神不終淪沒，而罪慝少有所寬耳。”末署“乾隆五十二年七月望日男胡永壽謹識。”據胡永壽此識語，知此本刻於乾隆五十二年。

此書六卷，六官各一卷，每卷之前皆有“總論”及“目録”，《天官冢宰目録》之後有《周禮古字》，列《周禮》古字與今字相對照。各官之總論，論一官之大要，并解叙官次第之義。胡氏於《天官冢宰目録》之末，載云：“陳氏曰：‘凡六官叙官之法，義有二，一則以義類相從，謂宮正、宮伯同主宮中事，膳夫、庖人、內外饔同主造食，如此者皆是類聚，故連類叙之。二則次叙六十官，不以官之尊卑爲先後，皆以緩急爲次第，故宮正等士官在前，內宰等大夫官在後。’”此引宋陳傅良（1141—1203）之説以明《周禮》六官叙官之義法也。

此書各卷皆大字列《周禮》經文，雙行小字以釋之，卷端題“漢鄭氏註；胡翹元恭纂輯”，明其乃依鄭玄《註》爲説，故其注文中有直用鄭《註》之説者，多未特別標明出於鄭《註》。此外，注中頗引前儒之解，則載明姓氏，以避攘善。另若有胡氏己意，則加“謹按”二字以述之。《讀周禮緒言》末則云：“引用各家詮釋載明姓氏，不可攘爲己有。如鄭康成説，去古未遠，考核精確，故信而有徵。其不可解者，亦以意會之，不宜守己自封，蓋人之薄今而榮古也，有由來矣。"

《續修四庫全書總目提要》收録吳廷燮所撰此書提要，題"《周禮會通》六卷，乾隆五十二年凝暉閣刊本"，提要云："書首無序，有《緒言》，文繁約舉大概……而經文亦有入注者，如《春官・小宗伯》下：'凡祭祀賓客，以將贊祼，詔相祭祀之小禮'等文，皆入注。至'大裁執事禱祠于上下神祇，王崩大肆'等文亦同之。蓋宋人忌諱國恤之意，亦以制藝決所不用。凡移經文入注者，似此非一，此與《緒言》云删小宰六官等目者，皆有詆經改經之嫌，均不合。"案：吳氏此處所述，對《周禮會通》之體例，恐有未明。考《讀周禮緒言》首條云："《周禮》各官，先提綱，次列目次及其餘事，所謂官聯者也。分之則爲六官，合之則有五禮，譬如宋桷槮櫨，積散木以成巨室，此有所施，彼有所承，缺一不可者也。學者習科舉，將軍禮、喪禮一槩删去，則無以得先王之意矣。然人之學力有限，必泛覽而失其宗，勉强記誦，掩卷茫然，則何如獨記其精粹者之爲得也。是編于有官之聯事處，概行補入，從其詳而不從其略，重聖經也。"案：清代科舉考試中，《周禮》有部分内容（如：關於軍禮、喪禮部分）不出現於考題中，故《周禮》舉業用本每將此部分删去，以求簡要。胡氏此書認爲删去此部分雖有現實之考量，然此舉將失《周禮》官聯之整體性，故"是編于有官之聯事處，概行補入"，即書中出現注文中之"經"也。胡氏於補入注文中之經文，皆首標"經"字以明之。

胡永壽於書末之識語中言及因此書付梓未半，而其父遽逝，彼時"既不敢中輟，而行期又促，不浹旬而板藏，魚豕之訛，未盡讐校。"今觀此本，確頗有失校之處，如卷一至卷五，卷端皆題"周禮會通卷幾"，惟卷六之卷端僅題"周禮會通"四字，殊不一致。又如卷一《天官總論》，末署"澹園胡翹元恭擬"，卷二《地官總論》，末未署名，卷三《春官總論》、卷四《夏官總論》、卷五《秋官總論》、卷六《冬官總論》皆署"樂平胡翹元恭擬"，亦未統一。此外，如卷一《天官・宮正》經文："辨外内而時禁，稽其功緒，幾其出入。"此處"稽其功緒"下闕"糾其德行"一句；又同官經文"凡邦之事蹕，宮中、廟中則執燭"句下注文云："㉓大喪，則授廬舍，辨其親疏貴賤之屬。"此處注文中所載經文，其句末"屬"字乃"居"字之訛，亦失校也。

本館此本卷二缺第三十五葉，書中夾有一黄色長方形紙條，上手書"卷二缺第三十五頁，因無書，故未補"，蓋書商所寫。又此本六册皆有佚名朱筆圈點。

此書《四庫全書總目》《中國古籍善本書目》俱未著録。除本館外，中國國家圖書館、北京大學圖書館、中國科學院圖書館、上海圖書館、湖北省圖書館，美國普林斯頓大學東亞圖書館，日本東洋文庫、東京大學東洋文化研究所、一橋大學圖書館等館亦有收藏。《四庫未收書輯刊》曾據中國科學院圖書館所藏本影印行世，題“清乾隆五十二年凝暉閣刻本”，列入第壹輯第伍冊。

100

周官禄田考三卷

T544　3172

《周官禄田考》三卷，清沈彤撰。清乾隆十五年（1750）刻十六年（1751）校印本。一冊。框高19厘米，寬14厘米。半葉十一行二十一字，小字雙行同，左右雙邊，白口，單魚尾。版心上鐫書名，中鐫卷次。

卷端題“吳江沈彤著”。書名葉大字雙行題“周官禄田／考”，第二行下小字題“果堂藏板”。

書首，首清乾隆庚午（十五年，1750）冬月沈德潛序，未立標題，版心鐫“序”。次未署年惠棟序，未立標題，版心鐫“序”。次未署年常熟陳祖范、常熟王峻、長洲陳格、震澤沈闇、同邑（吳江）潘昶、陳鑑等題詞，皆未立標題，版心鐫“題詞”。次未署年徐大椿、沈彤書後，皆未立標題，版心鐫“書後”。

沈彤（1688—1752），字冠雲，號果堂，清江蘇吳江（今屬江蘇蘇州）人。《清史列傳》卷六十八《儒林傳下一》、《清史稿》卷四百八十一《儒林二》俱有傳。《清史列傳》云：“沈彤，字冠雲，江蘇吳江人。自少力學，以窮經爲事，貫串前人之異同，折衷至當。乾隆元年，薦舉博學鴻詞，報罷。與修三《禮》及《一統志》，書成，授九品官。以親老歸……彤性至孝，親殁，三年中不茹葷、不內寢。居恒每講求經世之務。所著《保甲論》，其後吳德旋見之，稱爲最善云。十七年，卒，年六十五。”著有《尚書小疏》《周官禄田考》《儀禮小疏》《春秋左傳小疏》《保甲論》《氣穴考略》《内經本論》《果堂集》等書。事迹另參清惠棟《沈君彤墓誌銘》、陳黃中《沈徵君傳》、沈廷芳《徵士文孝沈先生墓誌銘》（皆見《碑傳集》卷一百三十三）等。

此書分上、中、下三卷，卷下之末，鐫有沈彤之識語，識語接於卷下正文之末，低二格云：“余著此書，起乾隆七年之春，其正文三篇甫畢而心疾作，疾已，又他有修纂。至十三年季秋乃能爲問答發明之，凡得五十一條而書成。友人顧君肇聲與徐君靈胎欲推廣窮經致用之義，請版行之，余遜謝不敢當。既復念此書固專考周家之禄，然其他均平天下之大經，連類推闡者亦不少，而凡法與數間，皆灼然美意之存矣，苟明其法數以得其意，而即本其意以行其法數，則雖時異乎古，而或潤澤之、或變通之，亦自可無所不宜。然則此書殆不無小補於治道，而正可以質世之究心經濟者乎？遂以復於二君，二君乃互勘而付諸梓人。時十五年冬也，彤又書。"由沈彤此識語，知此書乃刻於乾隆十五年冬，書首沈德潛序署云："乾隆庚午冬月"，庚午亦即乾隆十五年也。

本館所藏此本，乃乾隆十六年（1751）之校印本，其卷下尾題"周禮禄田考卷下"之後，鐫有"辛未六月覆校刊修并記"字樣，其後又有跋文（未立標題，版心題"重校跋"）云："此書既印行，觀者且疑且信。自度於義法無不得，而數猶稍有參差，屢思覆覈而心疾時發，請正於明算者，亦皆苦其繁委，即又將印行，乃力疾從事，於官爵散數，覈以前所爲官爵人數表，於田數、禄數覈以前所存田禄算法，而復以官爵田禄參校其總散之數，三日乃畢。凡其間譌舛衍脱，即並刊修。惟《秋官》下士本百九十七人，誤少四人，徒本二千有二十八人，誤出《掌客》二十人，誤少十人。《夏官》徒本千九百四十四人，誤多四人，總數、食數因而并誤者十餘件，刊修則每行字數贏縮難齊，又其誤於禄食大體無害，故且仍之，異時有重刻此書者據本數通覈而刪正焉，斯完善矣。表與書人數並依明嘉靖本，方書之成，友有執葛本《掌客》'胥二人，而徒三十'以難'胥一、徒十'之説者，余即於《秋官》徒中出三十人，改三作二，別爲《掌客》之徒，補問答一條解之，遂改合前後各數而不復以表讎對，故生此二誤。其他誤，俱由寫者，而余亦未之能正，老且病，則益善忘也。果有重刻者，《掌客》之徒問答條當去其前一難而稍改後二難，續《條狼》條之末。乾隆十六年六月晦日彤書。"又：此跋文之次行，又低一格鐫云："《官爵》篇下士《秋官》百九十三人當改三爲七，凡萬九千五百有七人當改'有七'爲'一十一'……後序'凡得五十一條'當去'一'字。七月朔又記。"據此可知此本乃沈彤於乾隆十六年（1751）年六、七月間重校之印本也。

此書分上、中、下三卷，上卷《官爵數》，中卷《公田數》，下卷《禄田數》。各卷皆先有正文以述法數，後低一格自爲問答以發明之。此外，沈彤於"書後"中云："惠君定宇之序余《周官禄田考》并讀者法數未該之疑而解之矣。既有疑每篇之問答與其所類及，已詳官爵篇之補正經文可已……凡是書所定法數，其端固本於康成，而亦多《註》《疏》所未及，使問答諸條不推極其義而盡其類，則所以定是法數者不明不固而不足爲世所采用，故必至無可推而後已，而繁漫不計也……昔劉原父撰《春秋權衡》，始出，多有疑之者，乃以其不能讀而自爲序以解之。余非敢效原父也，念定宇之序，且欲疑者之共曉其義例以究窮是書，而吾乃使其終於疑而不與聞聖人之大法，則吾之著是書何爲哉？故復自解而書其後。"此沈彤自述，以解讀者之疑也。

此書《四庫全書》收録，《四庫全書總目》題：“《周官禄田考》三卷，浙江巡撫採進本。”提要云：“自歐陽修有‘《周禮》官多田少，禄且不給’之疑，後人多從其説，即有辨者，不過以攝官爲詞。彤獨詳究周制，以與之辨，因撰是書，分《官爵數》《公田數》《禄田數》三篇。凡田爵禄之數不見於經者，或求諸《注》，不見於《注》者，則據經起例，推闡旁通，補經所無，乃適如經之所有。其説精密淹通，於鄭、賈《注》、《疏》以後，可云特出。”四庫館臣對此書極加推崇，故録入《四庫全書》之中。另《四庫全書總目》提要中雖亦舉出沈書有“稍有牴牾者”數條，然末云：“然其百慮一失者，僅此三、四條耳，亦可云湛深經術者也。”仍給予極高評價。惟文淵閣本《四庫全書·周官禄田考》書前提要文末則云：“歷來攻《周禮》爲僞者，不止一家，惟‘官多田少’之説猝難置辨，得彤此書，遂決千古之疑，頗爲有功於經典。惟此數條，乃其千慮之一失，故附著之，俾論者有所考焉。”其行文略有不同。

《四庫全書》收録此書，刪去書首諸序、題詞、書後等。又卷三之末僅載沈彤乾隆十五年識語而未及乾隆十六年之《重校跋》，則《四庫》本所據疑係乾隆十五年之初印本也。另阮元編《皇清經解》，亦將此書收録於卷三百十六至三百十八中，其本亦刪去書前諸序、題詞及書後，然卷三百十八之末載有沈彤乾隆十五年識語及十六年《重校跋》，當即據重校本刊刻也。惟《皇清經解》既重刻此書，然仍沿沈彤原本之舊，未依沈彤《重校跋》中所祈：“果有重刻者，《掌客》之徒問答條當去其前一難而稍改後二難，續《條狼》條之末”之願也。

《中國古籍善本書目》著録“《周官禄田考》三卷《釋骨》一卷，清沈彤撰，清抄本。清孔繼涵校，鄧邦述跋”一種，載中國國家圖書館收藏。本館此本，另中國國家圖書館、中國科學院圖書館、中國人民大學圖書館、天津圖書館、湖北省圖書館、中國臺北“中央研究院”傅斯年圖書館，美國哥倫比亞大學東亞圖書館等館亦有收藏。

鈐印有“積學齋徐乃昌藏書”朱文長方印，知嘗爲徐乃昌收藏。徐乃昌生平參前“011　稻香樓雜著六種七卷”條。

儀　禮

101
經禮補逸九卷

T556　3143

《經禮補逸》九卷，元汪克寬撰，清吳書升、汪明杰仝訂。清乾隆三十七年

（1772）仰魯堂刻本。四冊。框高19.4厘米，寬13.5厘米。半葉九行二十字，小字雙行同，四周單邊，白口，單魚尾。版心上鐫書名，下鐫"仰魯堂"。

卷端題"祈門汪克寬環谷著；後學吳書升、族裔汪明杰仝訂"。書名葉分三欄，右題"乾隆壬辰年鐫"，中題"經禮補逸"，左題"仰魯堂藏版"。右下鈐"馬記"朱文橢圓印。

書首，首未署年汪克寬《經禮補逸序》。次明洪武二年（1369）八月曾魯《經禮補逸序》。次明弘治十年（1497）十二月程敏政《經禮補逸跋》。次清乾隆三十七年（1772）吳書升跋，未立標題，版心鐫"跋"。次乾隆壬辰（三十七年）汪起璐跋，未立標題，版心鐫"跋"。次明嘉靖十七年（1538）孟秋姚淶《重刊經禮補逸述》。次清乾隆三十七年冬月徐曇《重刻經禮補逸述》。次《經禮補逸例言》，共八則，末署"後學吳書升識"。正文九卷，末附《經禮附說》，全書之末，鐫"族裔汪起璐校字"。

汪克寬（1301—1372），字德輔，又字德一、仲裕，號環谷，元祈門（今安徽祈門）人。《明史》卷二百八十二《儒林一》有傳，云："汪克寬，字德一，祈門人。祖華，受業雙峰饒魯，得勉齋黃氏之傳。克寬十歲時，父授以雙峰問答之書，輒有悟。乃取《四書》，自定句讀，晝夜誦習，專勤異凡兒。後從父之浮梁，問業於吳仲迂，志益篤。元泰定中，舉應鄉試，中選。會試以答策忼直見黜，慨然棄科舉業，盡力於經學……四方學士，執經門下者甚衆。至正間，蘄、黃兵至，室廬貲財盡遭焚掠。簞瓢屢空，怡然自得。洪武初，聘至京師，同修《元史》。書成，將授官，固辭老疾。賜銀幣，給驛還。五年冬，卒，年六十有九。"著有《易經程朱傳義音考》《詩經集傳音義會通》《周禮類要》《經禮補逸》《春秋胡傳附錄纂疏》《春秋作義要訣》《春秋諸傳提要》《左傳分紀》《六書本義》《通鑑綱目凡例考異》《環谷集》等書。

此書撰作之緣起，汪克寬於《經禮補逸序》中云："自樂亡而經行於世惟五，《易》《詩》《書》《春秋》雖中不無殘闕，而未若《禮》經甚焉。然三百、三千不傳，蓋十之八、九矣。朱子嘗攷定四經，謂三《禮》體大，未易緒正，晚年惓惓是書，未就而歿，遂爲萬世缺典，克寬伏讀而加惋惜焉。世之三《禮》所傳，曰《周禮》，曰《儀禮》，曰《禮記》，其實《禮記》乃《儀禮》之傳，《儀禮》乃《周禮》之節文，而三《禮》之要，則在乎吉、凶、軍、賓、嘉五禮之別也……今攷於《儀禮》、《周官》、大小《戴記》、《易》、《詩》、《書》、《春秋傳》、《孝經》、《家語》及漢儒紀錄，凡有合於《禮》者，各著其目，列爲五禮之篇，名曰《經禮補逸》。"又明曾魯於《經禮補逸序》中云："六籍之闕也久矣，而《禮》爲甚。漢興，區區掇拾於秦火之餘，而淹中古經旋復散失，所存者十有七篇而已。

《周官》雖後出，而《司空》之篇竟莫得補，二《戴》所傳，又往往雜以秦漢之記，然則學者之欲覩夫成周三千、三百之目之全，固亦難矣。宜乎其學之寥寥而莫講也。雖以韓子之賢，尚苦難讀而謂於今誠無所用，矧他人哉？至宋慶歷、元祐（寶三案：此本作'佑'，據他本改）諸儒，先後慨然有志於復古，及朱子乃始斷然謂《周禮》爲《禮》之綱，《儀禮》其本經，而《禮記》其義疏，於是創爲條目、科分，臚列出入經傳，補其遺闕，以爲王朝、邦國、家鄉學《禮》，而《喪》《祭》二禮則以屬門人黃氏，其有功於學者甚大。然其書浩博，窮鄉晚進，有未易以遽究者。祈門汪先生德輔父，間嘗因其成法，別爲義例，以《吉》、《凶》、《軍》、《賓》、《嘉》五《禮》之目會稡成書，名曰《經禮補逸》，辭約而事備，讀者便焉。"觀此二《序》，則汪氏著書之旨可瞭然矣。

此書分九卷，卷一至四《吉禮》，卷五至六《凶禮》，卷七《軍禮》，卷八《賓禮》，卷九《嘉禮》。五禮皆各分條目，先列相關之文，後低一格，冠"愚案"以論之。所載諸文，間亦以雙行小字注之。此本書首載有清吳書升所撰《經禮補逸例言》，其第一則云："先生是書本朱文公《儀禮經傳通解》分家鄉、邦國、王朝之意，又別爲義例，以《吉》、《凶》、《軍》、《賓》、《嘉》五《禮》爲綱，綜貫三《禮》及他書所載之繫于禮者，秩其條目，與綱相附，誠攷禮者之典要也。"又第五則云："篇中'愚按'皆先生論《禮》之言，或緣成説而暢其指，或駁正前人未當而自發新意。"《例言》其餘諸條，另言及重刻、訂正之體例。

此書撰成後迭有刊版，今存世者有明弘治十年（1497）汪漳、汪洪刻本，明嘉靖十七年（1538）姚濂刻本及清康熙納蘭成德《通志堂經解》刻本等。此本爲乾隆三十七年吳書升、汪明杰據明嘉靖姚濂刊本重校刻本。吳書升於書首之跋文中云："校《經禮補逸》畢，乃取先生年譜按之。是書成於元至正四年，序而行之者臨江曾侍郎魯，與先生同聘修《元史》者也。在明洪武二年先生没後，歷百年書遂散佚不全，至弘治十年購求原本校正跋卷尾者，同郡程尚書敏政也，而邑令韓公伯清重梓以行。自此閲弘、正兩朝纔四十年，邑令姚公濂又復序述重刊，蓋是書之刻凡三易矣，迄今垂百年。姚本幸存，板藏於先生族裔湘潭仰魯堂內，闕三十一簡，汪君宜中鈔録補入，俾成完書。歲丙戌，命其叔嗣起璐從予學，遂獲覩焉。然前無卷數目録，字畫訛省，似未經校勘之書，欲重刊，以事牽，遂擱。竊歎先生邃于經學，所著述近十種，當時若虞道園、宋潛溪、汪巢深諸老皆爲作序，惟《春秋》《禮》刊行，今　欽定《春秋》《周官》《儀禮》，多採先生之説，而是書以《周官》吉、凶、軍、賓、嘉五禮爲綱，《儀禮》《禮記》各從其類，參《易》、《書》、《詩》、三《傳》及《孝經》、《家語》等書，若綱有條，如肉貫串，洵可云薈三《禮》之精華，成百世之典要已。但憾先生原刻本不可見，而篁墩程氏手校之本亦復無存，兹本僅留一跋與曾、姚兩《序》，明府説巖徐公覽是書而忻然序之，書升承與校讐之役，何敢苟簡從事，爰取經傳，詳加勘討，爲之首以篇目，令觀者易於檢閱。"末署"乾隆三十七年嘉平月同邑後學吳書升謹識於爪雪山房"。另汪起璐跋亦云："璐自束髮受書，即知韓溪族祖前朝有環谷先生，理學名賢也……所著書刻版攷存，而是書之版尚幸轉徙于吾家。先世父魯齋雲谷公暨家大人珍之，中間缺篇，覓本鈔補。丙戌春，璐從吳先生遊，曾携書就館，慫恿復梓，未果。今 邑侯徐父師重爲之序，爰屬校讐于吳先生，敦促剞劂。遂向家大人商之，出貲鳩工，開雕于十月中旬，迄十二月下澣而工告竣。"末署"歲在元黓執徐族裔後學起璐敬跋"。據吳、汪二跋，知此本乃據汪克寬後裔汪宜中仰魯堂所藏姚漙刻版補闕讐校重刻，故書名葉題"仰魯堂藏版"，刊刻之年即在乾隆三十七年（壬辰，1772），故書名葉題"乾隆壬辰年鐫"也。又此本之刻，祈門縣令徐曇之促成，實具關鍵因素，據書首徐曇《重刻經禮補逸述》云："祈門先儒環谷汪先生《經禮補逸》凡九卷，舊板遺闕，其族裔汪君宜中與子起璐重謀付梓，商言於曇。曇受而讀之……會奉 諭旨，購訪遺書，爰促剞劂，以竣其事。竊喜汪氏能守禮崇義，而起璐者從吳君蕢秀遊，吳，績學士也，請以校讐商之。"案：此書刻於乾隆三十七年，原擬以應朝廷纂修《四庫全書》購訪遺書之命，惜《四庫全書》雖收録汪氏《經禮補逸》一書，終未採用此乾隆刻本也。考《四庫全書總目》著録"《經禮補逸》九卷，兩淮馬裕家藏本"，提要中云："程敏政《篁墩集》有書是書後曰：'環谷汪先生著書凡十餘種，先生既没，悉被一人竊去，攘爲己書，《經禮補逸》一編，尤號精確，乃百計購得之，其原本雖被改竄，然有附麗而無刊補，真贗之迹，曒然甚明。先生元（竇三案：此避玄字，故作元）孫文彙等力圖刊布，因爲手校，且摹先生之像於編首，別爲附録一卷'云云。此本有附録闕文、行狀之類，而無其像，亦無敏政此跋，或後人別得改竄之本刻之歟？以其元人舊帙，議論尚不失醇正，姑存以備一家焉。"四庫館臣謂其所據本"有附録闕文、行狀之類，而無其像，亦無敏政此跋"。考乾隆刻本及嘉靖姚漙刻本皆無"附録"一卷，而有程敏政《跋》，知《四庫》本非據乾隆刻本或姚漙刻本以抄録也。

克寬此書，用功實勤，清吳書升跋稱其"洵可云薈三《禮》之精華，成百世之典要已"。然《四庫全書總目》評云："克寬究心道學，於禮家度數，非所深求，於著書體例，亦不甚講。如每條必標出典，是矣，乃一類之中，條條連綴書之，合爲一篇，文相屬而語不屬，遂參差無緒。又此書實考典文，非考故事，乃多載《春秋》失禮之事，雜列古制之中，如'祠禮'之昭公十五年：'有事於武宮''嘗禮'之桓公十四年：'壬申，御廩災。乙亥，嘗。'……皆失禮之尤，乃臚列其文，不置一語，不幾使讀者謂古禮當如是乎？"案：《總目》所評此書體例第一項之失，乾隆重刊本已嘗察之，而略加改善。吳書升《經禮補逸例言》第七則云："原板引用諸書，通行寫去，並未標識，今加一方筐，'愚按'二字亦然，使有眉目，一見瞭如。"此舉已可使此書之引書情況稍清眉目。至於書中多載失禮之事，臚列其文，而不置一語，確爲一失。

本館此本避"玄""弘"字。

此書《四庫全書》收錄，其所據本乃明弘治刻本之系統而略有異，已如前述。《中國古籍善本書目》著錄"《經禮補逸》九卷，元汪克寬撰，《附錄》一卷，明弘治十年汪璋、汪珙等刻本"一種及同版清丁丙跋本一種（卷五至九配清抄本）。另又著錄"《經禮補逸》九卷，元汪克寬撰，明嘉靖十七年姚濂刻本"一種。本館此乾隆刻本，《中國古籍善本書目》、《中國古籍總目》、王鍔《三禮研究論著提要》皆未著錄。

鈐印有"子梧"朱文長方印。

102

儀禮易讀十七卷

T558　7272

《儀禮易讀》十七卷，清馬駉撰。清乾隆二十年（1755）萬以敦、彭元瑋刻本。四冊。框高21.3厘米，寬14.5厘米。分上、下二欄，上欄高7.7厘米，下欄高13.6厘米。下欄半葉九行二十字，小字雙行同；上欄小字雙行，十八行十五字；左右雙邊，白口，單魚尾。版心上鐫書名，中鐫卷次，下鐫"悅六齋藏板"。

卷端題"山陰馬駉德淳輯；同學詹國瑞輯五、金尚濂友蓮參校"。書名葉分三欄，右題"寧化雷翠庭、天台齊息軒兩先生鑒定"，中題"儀禮易讀"，左題"山陰縣學藏板"，欄上題"乾隆乙亥年冬鐫"，左下鈐有"尺木堂"白文方印。

書首，首清乾隆乙亥（二十年，1755）仲冬雷鋐《序》。次乾隆甲戌（十九年，1754）仲夏齊召南序，未立標題，版心鐫"序"。次乾隆二十年仲冬萬以敦序，未立標題，版心鐫"序"。次乾隆乙亥（二十年）仲冬月彭元瑋序，未立標題，版心鐫"序"。次乾隆二十年仲冬李志魯《跋》。次《儀禮易讀凡例》，共十三則，末署"馬駉謹識"。次《朝廟總圖》《堂門總圖》《堂室側圖》《堂室正圖》《天子諸侯堂室圖》《大夫士堂室圖》《門圖》等七圖，末鐫云："右圖七，皆依《儀禮》《釋宮》署具其概，詳見《朱子全集》及楊氏《儀禮圖》。"次《儀禮易讀目錄》。

馬駉，字德淳，清浙江山陰（今浙江紹興）人。山陰縣諸生。著有《儀禮易讀》《禮經先路》《碩果録》等書，生平事迹不詳。考中國臺北"國家圖書館"藏馬駉撰《禮經先路》舊抄本（存五卷），"卷之首"有馬駉所撰《弁言》，末署"乾隆十七年一月……會稽馬駉自識于悦六齋中"，由此可知"悦六齋"爲馬駉之齋名。

馬駉此書脱稿於乾隆辛酉（六年，1741），至乾隆二十年始克付梓。馬駉於《儀禮易讀凡例》第十二則中云："駉研究是經者，四十餘年，至辛酉仲冬已脱稾，誠慮見聞孤陋，未敢自信，復就正于　錢塘桑弢甫先生，乃得廣搜諸家之説。其門人　嘉興盛庸三先生所注《冠》《昏》二禮，剖析尤精，駉更得所折衷焉。一字之師，終身北面，不敢忘所自也。"又第十三則云："駉于是編，手録數册，第欲藏之家塾，何敢輕以問世？甲戌春，本學　李兒峯師深加嘆賞，爲代呈于　督學寧化雷公暨　少宗伯天台齊公，皆蒙許可，而　山陰邑侯萬君亟捐俸付梓，　會稽邑侯彭君復捐俸以助。暨我同學諸友，互相校讐，以共勸其成。則是役也駉僅效一得之愚，而　大人先生之獎許及諸友之贊成，是則駉之厚幸也夫。"馬駉所述雷、齊二氏之許可，見於書首雷鈜、齊召南二序。另山陰縣令萬以敦、會稽縣令彭元瑋之捐俸以成其刻，尤足感人。而此書之刻，其最大之推手則爲山陰縣學司諭李志魯（字兒峯）也。書首山陰縣知縣萬以敦序云："馬生以是家塾課其弟子，題之曰《易讀》。夫馬生患讀者之難，手定是書，爲禮經嚆矢，其期於世，寧有既乎？廣文李君，好古力學士也，以其書來，余亟賞之，捐資之半，慫慂授梓。會稽令南昌彭君，家學淵源，嗜古尤篤，聞余之刻是書也，復捐貲成之，凡五閲月而竣。點勘之功，則李君爲多。"由此可知此書刊刻之始末。考此書付梓時，馬駉已年逾八十，《儀禮易讀凡例》第十三則云："甲戌春，本學　李兒峯師深加歡賞。"又書首李志魯《跋》云："馬君德淳，山陰老諸生也。魯秉鐸是庠，初至時，馬君來謁，年已八十矣……馬君家貧無子，内行淳篤，有古人之風。魯於是書之成而竊幸其可以不朽矣。"末署"時乾隆二十年歲次乙亥仲冬山陰學司諭吳興李志魯兒峰氏跋"。然則此書刻成，馬駉已年八十一矣。又此本諸家書目或據版心題"悦六齋刻本"，或據書名葉題"山陰縣學刻本"，今則據出資者，題爲"清乾隆二十年（1755）萬以敦、彭元瑋刻本"。

此書共十七卷，計《士冠禮第一》《士昏禮第二》《士相見禮第三》《鄉飲酒禮第四》《鄉射禮第五》《燕禮第六》《大射儀第七》《聘禮第八》《公食大夫禮第九》《覲禮第十》《喪服第十一》《士喪禮第十二》《既夕第十三》《士虞禮第十四》《特牲饋食禮第十五》《少牢饋食禮第十六》《有司徹第十七》。另書首有《朝廟總圖》《堂門總圖》等七圖以供參照。書中分上、下二欄：下欄列《儀禮》經文，并於字句間以小字填加數語以充足順暢文意。如卷一《士冠禮》起首經文云：“士冠禮，筮于廟門，主人玄冠朝服、緇帶、素韠，即位于門東，西面。”今以小括號標示馬駧所加之小字，《易讀》此處云：“士（將加冠于首之）冠禮，（必先于二月上旬）筮（旬內日）于（禰）廟（之）門（外），主人（服）玄冠（布衣素裳之）朝服，緇（色之繒）帶，素（色之韋）韠，即位于門東，西面（以待事）。”此種方式可使初學者開卷瞭然，不畏其難。上欄則加音注，以便參考，如此段經文之上欄，《易讀》注云：“筮音誓，廟古廟字。主人，將冠者之父若兄也。朝音潮，下同。韠音畢，蔽膝也。朝服謂之韠，祭服謂之韍。西面，面向西也，後‘東面’（寶三案：原書‘面’誤刻作‘南’，今改正）、‘北面’仿此。”馬駧曾自言此種“高頭講章”及傍訓添注之方式雖嫌鄙陋，然實便於初學。《凡例》第十一則云：“前世經、傳皆各自爲書，至馬、鄭諸儒，以傳附經，已失古意。若近日高頭講章及傍訓添注諸書，頗嫌鄙陋，然實便于學者之誦習。是編亦以經文難讀，顧惟於字句間稍加數字，以順適其文，有難解者，另注數語於上方，欲人開卷瞭然，不得已，仍踵斯，求人重而自任輕，讀者諒諸。”蓋馬駧爲便於初學，不得不採用此體例，故名其書曰《易讀》也。

本館此本，卷一至卷四有佚名朱筆圈點，間有朱筆添加日文訓點記號，如“キたれ”、“キれ”等，當出於日人之手。

此書《四庫全書總目》著錄，題“《儀禮易讀》十七卷，浙江巡撫採進本”，入《經部·禮類存目一》。提要云：“是編刻於乾隆乙亥，於經文諸句之中略添虛字聯絡之，以疏通大意，又仿高頭講章之式，彙諸說於上方，大約以鄭《注》、賈《疏》爲主而兼採元敖繼公《集說》、明郝敬《集解》及近時張爾岐《句讀》諸書，間亦參以己意。”提要所述，可謂精要。

《中國古籍善本書目》未著錄。此本另清華大學圖書館、天津圖書館、南京圖書館、上海圖書館、浙江圖書館、美國哈佛大學哈佛燕京圖書館等館亦有收藏。另東北師範大學圖書館藏有清嘉慶二年（1797）潯溪大酉堂刻本一種。《四庫全書存目叢書》嘗據清華大學圖書館藏本影印行世，題“清乾隆二十年山陰縣學刻本”，列入《經部》第八十八冊。

鈐印有“真州吳氏有福讀書堂藏書”朱文方印，知曾爲清吳引孫收藏，吳引孫生平參見前“006　萬充宗先生經學五書十九卷”條。

103
儀禮經注疏正譌十七卷

T575　8163

《儀禮經注疏正譌》十七卷，清金曰追撰，清張式慎校。清乾隆五十三年

（1788）張式慎刻本。四冊。框高16.8厘米，寬12.2厘米。半葉八行十七字，小字雙行同，左右雙邊，黑口，雙魚尾（魚尾相向）。版心中鐫"儀禮正譌"及卷次。

卷端題"嘉定金曰追著；受業張式慎校"。書名葉分三欄，右題"嘉定王光禄先生鑒定"，中題"儀禮正譌"，左上題"群經正譌／全書嗣刻"，左下題"肅齋家塾藏板"，欄上題"乾隆戊申新鐫"。

書首，首清乾隆五十二年（1787）孟冬之月王鳴盛《儀禮經注疏正譌序》。次乾隆丁未（五十二年）孟冬月張式慎《儀禮經注疏正譌後序》。次《儀禮經注疏正譌例言》，共八則，標題次行署"嘉定金曰追著；受業張式慎校"，次《儀禮經注疏正譌目録》，署名同上。

金曰追（1737—1781），字對揚，號璞園，清江蘇嘉定（今屬上海）人。《清史列傳》卷六十八《儒林傳下一》、《清史稿》卷四百八十一《儒林二》俱有傳，皆附於王鳴盛之後。《清史列傳》云："金曰追，字對揚，亦嘉定人。諸生。受業王鳴盛，深於九經《正義》，每有疑譌，隨條輒録，先成《儀禮注疏正譌》十七卷。阮元奉詔校勘《儀禮》石經，多采其説。"著有《十三經注疏正譌》。

王鳴盛《儀禮經注疏正譌序》述此書撰作及刊刻之緣起云："本朝以實學造士，于是經術大昌，崑山顧氏絳著《九經誤字》，考校正十七篇經文凡若干條，佗若濟陽張爾岐之《句讀》、山陰馬駉之《易讀》，校正經文及注若干條，然猶未免有漏略者。吳江沈彤之《小疏》則惟校《冠》《昏》《喪》三篇，餘皆未暇及。且疏者所以解經及注也，而此數家者皆未詳校及此，猶或不無遺憾焉。吾鄉金子，名曰追，號璞園，研究實學，好古而具深識，其于九經《正義》，旁及《孝經》《論語》《孟子》《爾雅》，精心讐校，竝有成書，統名之曰《十三經注疏正譌》，就中《儀禮正訛》十七卷，尤爲完備，以視諸家所得，不啻增而數倍之，其有功于經，豈淺鮮哉？……自唐中世，下至明季，治經能務實者絶少其人，若顧氏、張氏、馬氏、沈氏，可謂務實矣，其書已鏤板，傳播于世矣。佗姑未暇具論，即以顧氏所校經之正文與璞園所校參觀之，如《士昏禮》一篇，'主人'至'答拜'節：'主人拂几授挍'，'挍'當改'校'。'饌于'至'皆蓋'節：'葅醢四豆'，'葅'當改'菹'。'女從'至'其後'節：'被穎黼'，'穎'當改'纇'。'席于北牖下'節，'牖'當改'墉'。'命之'至'宗事'節：'命之辭曰'，'辭'字衍。此五條皆顧氏之所未及，而璞園得之，其佗可知矣。然則雖謂自鄭、賈以後，讐勘此經者，璞園爲首，庸奚不可邪？"此處王鳴盛對金曰追之《儀禮經注疏正譌》給予極高之評價，認爲其書之成就在顧炎武、張爾岐、馬驌、沈彤諸家所著之上，一者因以上諸家皆僅校《儀禮》經、注，而未及疏文。再者，金氏此書校勘所獲，較諸家爲多。其下王鳴盛《序》又述金氏此書刊刻之始末云："丁酉秋，璞園曾以此編質予，明年戊戌夏，艸艸題數行而歸之，意未盡也。越四年，璞園卒，祝予之歎，惘乎有餘悲焉。張子式慎，字德華，吾鄉名士也，夙昔受經于璞園，既補諸生，學使者按試，輒列前茅，文譽日鵲起，乃謀刻其師之遺書，復奉以就正于予，予年衰目眊，嘉德華嗜學，能成其師之美，輟數日功，復爲審覈一周。會吾門有費生士璣，亦篤志窮經，適館于予家，因相與商訂，又改補十餘事，而今而後，此經其可以毫髮無遺憾矣哉！刻既竣，予遂詳序其緣起如此。"由王鳴盛《序》所述，知金氏此書曾經王鳴盛審覈，另費士璣亦嘗參與改補十餘處。

另張式慎《儀禮經注疏正譌後序》亦述校刻此書之原委云："璞園先師，潛心經術，而不欲以高睨大談，別樹赤幟，惟實事求是，孰讀而詳校之。欲作《十三經注疏正譌》，先託始于《儀禮》……厥後徧校群經，略皆卒業，而用力之精密仍未有過于《儀禮》者。先師既没，式慎奉遺藁，敬謹弆藏，毋敢失墜。分命小胥謄寫副墨，《儀禮》則手録之，勒成全帙。嗚呼！師之没，于今六年矣，追維昔日下榻寒齋，式慎偕昆季輩，親侍左右，負劍辟耳之餘，所得于口講指畫者甚備，今者訓言在耳，音塵遼邈，車過腹痛，泫然不知涕之何從也。幸而遺書在篋，實有可傳，儻不謀付剞劂以壽世，徒藉管城子、楮記室，猝致散逸，何以慰先師于地下哉？方今通經學古，惟有光禄王先生爲士林所共推重，式慎爰舉以商之先生。先生曰：'子欲刻子師之書，甚善，顧璞園用力于《儀禮》最密，子盍以是先之乎？'式慎曰：'唯唯。'先生既加鑒定，又覆視補正數事。殺青斯竟，遂登諸棗木。"張式慎此《後序》謂金曰追"昔日下榻寒齋，式慎偕昆季輩，親侍左右"，蓋金曰追嘗館於張式慎家，此書書名葉題"蕭齋家塾藏板"，"蕭齋"當即張家之齋名也。又張式慎以《儀禮經注疏正譌》先付剞劂，他經正譌則將俟日後續刻，故書名葉題"群經正譌／全書嗣刻"，亦與《後序》之説相符也。

此書共十七卷，計卷一《士冠禮》，卷二《士昏禮》，卷三《士相見禮》，卷四《鄉飲酒禮》，卷五《鄉射禮》，卷六《燕禮》，卷七《大射儀》（《目録》注云："今本脱'儀'字"），卷八《聘禮》，卷九《公食大夫禮》，卷十《覲禮》，卷十一《喪服經傳》（《目録》注云："今本無'經傳'二字"），卷十二《士喪禮》，卷十三《既夕禮》（《目録》注云："今本脱'禮'字"）卷十四《士虞禮》，卷十五《特牲饋食禮》，卷十六《少牢饋食禮》，卷十七《有司》（《目録》注云："今作'有司徹'"）。書中各卷皆經文標起止，而以所校之經、注、疏字句列於下。《儀禮經注疏正譌例言》第四則云："録中經、注、疏並校，若但標其脱譌之句而不載明某經某處，則檢對殊難，若全載經文，則浩繁無既。兹特仿唐、宋《正義》舊例，于每節經文僅標起止各二字，而以所校經、注、疏著明于下，庶不爲覆閲者病焉。"至於所校經、注、疏之排列方式，《例言》第五則云："凡經文有脱譌，則頂格書一'經'字，而旁注異同脱誤，然後列經文于下。注則于次行低一格標一'注'字，疏則于又次行低兩格標一'疏'字，而旁注異同脱誤，然後列注文、疏文于下。至于辨譌之語，則不論經、注、疏，皆低三格寫，以便識別。"所述頗爲明晰。

金氏此書校勘所據，主要以朱熹《儀禮經傳通解》爲主，又參以他書。《例言》第二則云："自戊子後，即從事于《注疏》全書，每讀一經，有疑誤處，隨條輒録，故《爾雅》《毛詩》《禮記》《孝經》《論語》《孟子》校十之七、八，《左傳》《尚書》校十之四、五，《周禮》《周易》《公羊》《穀梁》校十之二、三，皆未能徧考舊本。唯《儀禮》一經，得專據朱子《通解》爲主，而附之以楊氏《圖》、敖氏《説》、元陳鳳梧、明鍾人傑兩鄭《注》本，于近賢中，又參以吳江沈氏、山陰馬氏諸説，故視他經，差可依據。"另對於《注疏》舊刊本之參校，金氏自謂其未得見宋、元刻本，《例言》第三則云："《注疏》本之流傳于世者有五……其實宋版《注疏》，余求之數年，未嘗覓得一種，而《儀禮》則并元板亦未見焉。故此録專以《通解》爲主。若建本及毛氏本皆承監刻之舊，而其誤更多，讀經疏者當先考之萬歷（曆）監本，然後更訂建本、毛本之譌。"由此知其所參考之《儀禮注疏》本，乃以明萬曆之北京國子監本爲最古。

此書校勘《儀禮》之經、注、疏，所獲較顧炎武、張爾岐、馬駉、沈彤諸家爲豐，故王鳴盛《序》頗加推重，然因金氏未得見宋、元《注疏》舊刻，以朱熹《儀禮經傳通解》爲主要根據，故所校終不及盧文弨、阮元諸家之精。清周中孚《鄭堂讀書記》卷四"《儀禮正譌》十七卷，肅齋家塾刊本"條評云："（此書）凡經、注及疏，一字一句之異同，必博加考定，歸於至當，以云'正譌'，誠不虛也。顧《通解》於賈《疏》往往有移易其前後者，後之所見，乃前之所删，璞園專依朱子爲正，忘賈《疏》前文之所有，而遽以後文爲脱去，輒以《通解》補之，兹益其誤。其他亦有一、二爲朱子所增成者，宋本、各家本皆無之，而亦據以補入，如此正譌，恐其譌終不能盡正矣。蓋璞園於宋、元《注疏》刊本從未寓目，雖用力精密，萬不及後來盧抱經之《詳校》、阮雲臺師之《校勘記》矣。後之治《儀禮》者，舍此而求盧氏、阮氏可也。"周中孚謂金氏《正譌》萬不及盧、阮二家之校，其説固是矣，然盧文弨《儀禮詳校》屢參金氏之説，又阮元《儀禮注疏校勘記序》後所附《引據各本目録》中"儀禮詳校”條下云：“盧文弨著。多採諸家之説，《記》中所俑‘金曰追《正譌》’，即本諸此。”知金氏前行之功，仍不可没。《續修四庫全書總目提要》中收録胡玉縉所撰《儀禮經注疏正譌》之提要，引述王鳴盛、周中孚二家之評論，復加檢討，歸結云：“總之，曰追未見宋、元各舊本，根據薄弱，遠不逮盧文弨《詳校》、阮元《校勘記》之精，而所校有與宋、元本闇合者，亦未可竟廢。”其説可謂公允。

本館此本，卷三、卷四，間見佚名朱筆批語，如卷三《士相見禮第三》：“經誤字：若嘗爲臣者”條，金氏校云：“‘嘗’今誤作‘常’，依《唐石經》改正。”（葉二，右面）佚名朱筆批云：“案：《疏》文不誤。”“楊氏《儀禮圖》亦作‘嘗’。”是其例也。

此書《四庫全書總目》未著録。《中國古籍善本書目》著録，題“《儀禮經注疏正譌》十七卷，清金曰追撰，清乾隆五十三年肅齋家塾刻本”，載北京大學圖書館、上海圖書館、復旦大學圖書館等三館收藏。此本另中國科學院圖書館、中國人民大學圖書館、湖南圖書館，美國哈佛大學哈佛燕京圖書館，日本京都大學人文科學研究所等館亦有收藏。《續修四庫全書》曾據復旦大學圖書館藏本影印行世，題“清乾隆五十三年張式愼刻本”，列入《經部》第八十九册。另孫殿起《販書偶記》卷二載此書有清咸豐甲寅（四年，1854）宜稼堂重刊本。光緒間王先謙編刻《皇清經解續編》，亦嘗收録此書。

禮　記

104
禮記集註十卷

T586　7936

《禮記集註》十卷，元陳澔撰。明建邑書林張裔軒刻本。十册。框高19.6厘米，寬12.8厘米。半葉十行十八字，小字雙行同，四周雙邊，白口，單魚尾。版心中鎸篇名及卷次。

卷端首行題“禮記集註卷之一”，次行題“後學東匯澤陳澔著”。書名葉分三欄，右、左二欄大字題“柏臺校正官／板禮記集註”，中欄小字題“建邑書林張裔軒繡梓”，欄上題“新贊堂”。

書首，首元至治壬戌（二年，1322）良月（十月）陳澔《禮記集註序》。次《禮記集註凡例》，共五則。

陳澔（1261—1341），字可大，號雲住，又號北山叟，元江西都昌（今江西都昌）人。祖父陳炳，宋淳祐四年（1244）進士，治《禮》學。父陳大猷，宋開慶元年（1259）進士，曾任從政郎、黄州軍判官，著有《尚書集傳會通》，亦習《禮》。陳澔入元後隱居不仕，承父、祖之業，講學著述，曾於都昌建雲住書院講學，又嘗應邀至廬山白鹿洞書院講學二年。著有《禮記集説》，另《全元文》收有陳澔《夫子石刻象記》一文。陳澔生年，學者有宋景定元年（1260）與二年（1261）二説，今據元危素所撰陳澔墓誌銘（見《危太樸文續集》卷五）、錢大昕《疑年錄》卷二所載，定爲宋景定二年（1261）。又陳澔爲都昌人，都昌濱鄱陽湖，鄱陽湖古稱彭蠡，故此書卷端題“東匯澤陳澔”，乃用《尚書・禹貢》典故，其子陳師凱《書蔡氏傳旁通》，卷端亦題“東匯澤陳師凱”，參前“037 書蔡氏傳旁通六卷”條。有關陳澔之事迹，另參《宋元學案》卷八十三《雙峯學案》、《［同治］都昌縣志》卷九《人物志・理學》等。

陳澔於《禮記集註序》述其撰作之由云：“前聖繼天立極之道，莫大於禮；後聖垂世立教之書，亦莫先於禮……《儀禮》十七篇，戴《記》四十九篇，先儒表彰《庸》《學》，遂爲千萬世道學之淵源。其四十九篇之文，雖純駁不同，然義之淺深同異，誠未易言也……先君子師事雙峰先生十有四年，以是經三領鄉書，爲開慶名進士，所得於師門講論甚多，中罹煨燼，隻字不遺。不肖孤僭不自量，會萃（賓三案：‘萃’，此本原訛作‘卒’，今據他本改）衍繹，而附以臆見之言，名曰《禮記集註》，蓋欲以坦明之説，使初學讀之，即了其義，庶幾章句通則蘊奥自見，正不必高爲議論而卑視訓故之辭也。書成，甚欲就正于四方有道之士，而衰年多疾，遊歷良艱，姑藏巾笥，以俟來哲。治教方興，知禮者，或有取焉，亦愚者千慮之一爾。”末署“旹 至治壬戌良月既望後學東匯澤陳澔序”。據陳澔此序，其父陳大猷曾師事南宋饒魯（1193—1264，字伯與，號雙峰），於《禮記》亦嘗有著述，然遭火災而隻字未存，陳澔承其事，乃會萃衍繹衆説，附以己見，而成此書。

此書原名《禮記集説》，傳世之本多作此題，本館此本題爲《禮記集註》，《序》文中亦作“名曰《禮記集註》”，蓋因坊刻而書林改易之也。又《禮記集説》傳世有十六卷本、十卷本、三十卷本，而今所見題作《禮記集註》者多爲十卷本，且以坊刻爲主，知此當爲書林繡梓之系統也。《中國古籍善本書目》著錄“《禮記集註》十卷，元陳澔撰，明萬曆三十四年張裔軒刻本”一種，刊刻之年定爲“明萬曆三十四年”，不知何據。今考此本書名葉僅見“建邑書林張裔軒繡梓”“新豔堂”等字樣，而未著年月，他處亦無可據以判斷刊刻年月之確證，故姑題爲“明建邑書林張裔軒刻本”。

此書書首有《禮記集註凡例》五則，首則題“校讎經文”，列校勘所據諸本，計有“蜀大字本”“宋舊監本”“興國于氏本”“盱郡重刊廖氏本”“建本註疏”“南康經傳通解”等六種。次則題“援引書籍”，計列“漢鄭氏註”“唐孔氏疏”……等三十九種。第三則題“註說去取”，云：“凡名物度數據古註、《正義》，道學正論宗程子、朱子。精義詳盡，則泛取諸家；發明□□（寶三案：本館此本此處缺損二字），則足以己意。”第四則題“音文反切”，云：“義同古註，則依陸氏《釋文》；發明新義，則各據諸家。”第五則題“章句分段”，云：“俗本古註章斷皆圈，□□□（缺損三字）疏及蜀本、廖本古註皆不圈。”由《凡例》所述，可知此書之大略體例。

此書共十卷，計卷一《曲禮上》《曲禮下》，卷二《檀弓上》《檀弓下》，卷三《王制》《月令》，卷四《曾子問》《文王世子》《禮運》，卷五《禮器》《郊特牲》《內則》，卷六《玉藻》《明堂位》《喪服小記》《大傳》《少儀》《學記》，卷七《樂記》《雜記上》《雜記下》，卷八《喪大記》《祭法》《祭義》《祭統》《經解》，卷九《哀公問》《仲尼燕居》《孔子閒居》《坊記》《表記》《緇衣》《奔喪》，卷十《問喪》《服問》《閒傳》《三年問》《深衣》《投壺》《儒行》《冠義》《昏義》《鄉飲酒義》《射義》《燕義》《聘義》《喪服四制》。另《中庸》《大學》二篇，因已列《四書》，有朱子章句，故不復釋。全書各篇皆首列《禮記》經文，次以雙行小字爲集注，集注中多引諸家之說，末附“音註”。如卷一《曲禮上》起首：“《曲禮》曰：毋不敬，儼若思，安定辭，安民哉！”陳氏《集注》計引“朱子曰”“范氏曰”“程子曰”“劉氏曰”諸說，其末“音註”云：“毋，與無通，下同。冠，去聲。遠，去聲。”音註之對象包含經文及陳氏《集註》中所引諸家之文。此本之“音註”皆冠以“音註”二字，外加雙邊長方圍以示區別。

清朱彝尊《經義考》卷一百四十三評此書云：“按：自漢以來，治小戴之《記》者，不爲不多矣，以公論撰之，自當用衛氏《集說》取士，而學者厭其文繁，全不寓目。若雲莊《集說》直兔園冊子耳，獨得頒於學官，三百餘年不改，其於度數品節，擇焉不精，語焉不詳，禮云禮云，如斯而已乎？”於陳澔此書頗有貶意。

《四庫全書》收錄此書，文淵閣本《四庫全書》書前所附提要，承朱彝尊之說，云：“其書衍繹舊聞，附以己見，欲以坦明之說取便初學，而於度數品節，擇焉不精，語焉不詳，後人病之。”文津閣本、文瀾閣本《四庫全書》書前提要亦同，惟《四庫全書總目》中此書之提要則頗有差異，中云：“初延祐科舉之制，《易》《書》《詩》《春秋》皆以宋儒新說與古注疏相參，惟《禮記》則專用古注疏，蓋其時老師宿儒猶有存者，知《禮》不可以空言解也。澔成是書，又在延祐之後，亦未爲儒者所稱。明初始定《禮記》用澔註，胡廣等修《五經大全》，《禮記》亦以澔註爲主，用以取士，遂誦習相沿。蓋說《禮記》者，漢、唐莫善於鄭、孔，而鄭《註》簡奧，孔《疏》典贍，皆不似澔註之淺顯。宋代莫善於衛湜，而卷帙繁富，亦不似澔註之簡便。又南宋寶慶以後，朱子之學大行，而澔父大猷師饒魯，魯師黃榦，榦爲朱子之壻，遂藉考亭之餘蔭，得獨列學官……澔所短者，在不知禮制當有證據，禮意當有發明，而箋釋文句，一如註《孝經》《論語》之法，故用爲蒙訓則有餘，求以經術則不足。朱彝尊《經義考》以兔園册子詆之，固爲已甚，要其說亦必有由矣。特禮文奧賾，驟讀爲難，因其疏解，得知門徑，以漸進而求於古，於初學之士，固亦不爲無益。”《總目》之論，可謂公允，其與《四庫》閣本書前提要之差異，亦值得注意。

本館此本有佚名墨筆圈點及批語。又卷三末，葉八十三左面殘缺。

清朱彝尊《經義考》卷一百四十三著錄云：“陳氏澔《禮記集說》三十卷，存。”《四庫全書》收錄，題爲“《禮記集說》十卷”。《四庫全書總目》題爲“《雲莊禮記集說》十卷，通行本”，提要云：“元陳澔撰，澔字可大，都昌人，雲莊其號也。是書成於至治壬戌，朱彝尊《經義考》作三十卷，今本十卷，坊賈所合併也。”案：據明錢士昇撰《南宋書》、《［同治］都昌縣志・人物志》、《江西通志》等書所載，陳澔之號應爲“雲住”，後世乃誤爲“雲莊”也。

《中國古籍善本書目》著錄陳澔《禮記集說》十六卷本八種，三十卷本十六種，十卷本十種。另又著錄《禮記集註》十卷本八種。此張裔軒刻本《禮記集註》，《中國古籍善本書目》著錄云：“《禮記集註》十卷，元陳澔撰，明萬曆三十四年張裔軒刻本”，載河南省圖書館收藏。本館所藏此本，書名葉未見刊刻年月，未能遽定爲萬曆刻本。又卷九尾題作“新刊校正禮記集註卷之九終”，其他各卷尾題皆無“新刊校正”字樣，則此卷蓋又爲晚出補刊者也。另此本陳澔《禮記集註序》之末有“音註”，云：“按：本傳，陳澔，宋末都昌人，傳（博）學好古，淹貫經史、諸子百氏之書，盡必推究，不樂仕進，教授鄉閭，學者尊稱爲雲莊先生。元至治中，潛心《禮》學，所著有《禮記集註》行于世。”此音註稱引陳澔本傳，則當爲陳澔之後所增也。

105

禮記集說大全三十卷

T587　4208

《禮記集說大全》三十卷，明胡廣等輯。明刻本。二十册。框高26.9厘米，高18.1厘米。半葉十行二十二字，小字雙行同，四周雙邊，黑口，雙魚尾（魚尾相向）。版心中鐫書名及卷次。

卷端題"禮記集説大全卷之一"，未題撰者名。

書首，首《禮記集説大全凡例》，共四則，第二則爲"陳氏集説舊例"，第三則爲引用諸儒姓氏，第四則爲纂修者銜名，版心皆鐫"禮記集説大全凡例"。次《禮記集説大全總論》，未署名。次未署年陳澔《禮記集説序》。

胡廣生平參見前"016　周易傳義大全二十四卷"條。

此書亦爲明成祖永樂年間胡廣等奉敕所修《五經大全》之一，其修撰過程參見前"016　周易傳義大全二十四卷"條，兹不復贅述。本館所藏此本，舊目定爲明永樂十三年（1415）司禮監刻本，今考其版式雖與中國國家圖書館、中國臺北"國家圖書館"等所藏明內府刻本相同，然字體明顯有異，知當非明內府刻本，以其不避清諱，故定爲"明刻本"。

此書解《禮記》，以元陳澔《禮記集説》爲宗，復增補宋、元儒者之説而成。書首《禮記集説大全凡例》首則云："今編以陳氏《集説》爲宗，諸家之説有互相發明及足其未備者，分註于下，不合者不取。"故此書之體例，先頂格列《禮記》經文，次低一格列陳澔《集説》，惟未標《集説》之名。其增補宋、元諸儒之説，則雙行列於《集説》文末，標"某氏曰"。

《禮記集説大全》之修纂，一如他經，前人頗議其攘竊成書之弊，《四庫全書總目》"《禮記大全》三十卷"提要中云："明胡廣等奉敕撰。以陳澔《集説》爲宗，所採掇諸儒之説凡四十二家。朱彝尊《經義考》引陸元輔之言，謂'當日諸經《大全》皆攘竊成書以罔其上，此亦必元人之成書，非諸臣所排纂'云云，雖頗涉隣人竊鈇之疑，然空穴來風，桐乳來巢，以他經之蹈襲例之，或亦未必無因歟？"今人陳恆嵩於其所著《〈五經大全〉纂修研究》中，對《禮記集説大全》中所引宋、元儒説詳加比對其來源，其結論以爲："就《禮記集説大全》的實際取材來源而言，經過詳加核對，仔細比對，實際上，《禮記集説大全》當係以宋衛湜《禮記集説》一書爲本進行删削損益而成。在《禮記集説大全》全書所徵引的二一二一條宋元經説疏文中，與衛湜《禮記集説》書上完全相同者共有二〇七條，約佔全書疏文的百分之九十四點六三，而纂修者自行增補者僅有一一四條，佔全書疏文的百分之五點三七。"據陳恆嵩此研究之結果，可知《禮記集説大全》主要乃以元陳澔《禮記集説》爲解經之宗，復據宋衛湜《禮記集説》之内容删削損益，以增補宋、元諸儒説而成。因宋、元諸儒説以雙行小字列於陳澔《禮記集説》之末，其性質遂形同疏文。

此書共三十卷，計卷一《曲禮上》，卷二《曲禮下》，卷三《檀弓上》，卷四《檀弓下》，卷五《王制》，卷六《月令》，卷七《曾子問》，卷八《文王世子》，卷九《禮運》，卷十《禮器》，卷十一《郊特牲》，卷十二《內則》，卷十三《玉藻》，卷十四《明堂位》，卷十五《喪服小記》，卷十六《大傳》《少儀》，卷十七《學記》，卷十八《樂記》，卷十九《雜記上》，卷二十《雜記下》，卷二十一《喪大記》，卷二十二《祭法》《祭義》，卷二十三《祭統》《經解》，卷二十四《哀公問》《仲尼燕居》《孔子閒居》，卷二十五《坊記》、《中庸》（朱子《章句》），卷二十六《表記》，卷二十七《緇衣》《奔喪》《問喪》，卷二十八《服問》《間傳》《三年問》《深衣》《投壺》，卷二十九《儒行》、《大學》（朱子《章句》）、《冠義》、《昏義》、《鄉飲酒義》，卷三十《射義》《燕義》《聘義》《喪服四制》。

本館此本，卷七葉一，卷八葉十三、十四有斷版現象。另卷一間有佚名朱圈。

此書《四庫全書》收錄。文淵閣本、文津閣本、文溯閣本皆題作"《禮記大全》三十卷"。《四庫全書總目》著錄，題"《禮記大全》三十卷，少詹事陸費墀家藏本"。

《中國古籍善本書目》著錄"《禮記集説大全》三十卷，明胡廣等輯"七種，依次爲"明初刻本""明嘉靖九年安正堂刻本""明嘉靖三十九年安正堂刻本""明德壽堂刻本""明刻本""明刻本""明刻本，清徐時棟跋"，分藏於上海圖書館、遼寧省圖書館、中山大學圖書館、故宮博物院圖書館等館。另又著錄"《張翰林校正禮記大全》三十卷，明胡廣等輯，明張瑞圖、沈正宗校正"兩種，一題"明刻本"，藏浙江圖書館及重慶市圖書館；一題"明刻本，清丁丙跋"，藏南京圖書館。此外，中國臺北"國家圖書館"藏有"《禮記集説大全》三十卷"明內府刊本、明建刊本各一部，"《張翰林校正禮記大全》三十卷"明坊刊本一種。中國臺北"中央研究院"傅斯年圖書館藏有"明刊本"一部。

106

禮記集説大全三十卷（存卷一至十二）

T587　4208（2）

《禮記集説大全》三十卷，明胡廣等輯。明刻本。存卷一至十二。九冊。

此本與前"105 禮記集説大全三十卷"爲同版，惟書中有斷版及漶漫之處，當係後印之本。存卷一至十二，共十二卷，又卷一缺首葉。

鈐有"李宗侗藏書"朱文方印，知爲李宗侗舊藏。另又鈐有"定陽郡"白文長方印、"張氏□□"朱文方印、"張氏□光"朱文方印等印。

107

禮記日録三十卷圖解一卷

T587　4242

《禮記日録》三十卷《圖解》一卷，明黃乾行撰。明嘉靖三十四年（1555）鍾一元刻本，十二册。框高20.9厘米，寬14.3厘米。半葉十一行二十五字，小字雙行同，四周雙邊，白口，單魚尾。版心上鐫書名，中鐫卷次。

卷端題“閩福寧玉巖黃乾行著”。

書首，首末署年《晦庵朱文公先生乞修三禮奏劄》。次宋紹定戊子（元年，1228）正月楊復《楊信齋先生儀禮圖序》。次明嘉靖乙卯（三十四年，1555）正月鍾一元《讀禮經日録序》。次明嘉靖戊戌（十七年，1538）黃乾行《禮記日録編成初稿引》。次明嘉靖丁未（二十六年，1547）孟秋黃乾行《禮記日録引》。次《圖解》一卷。東北師範大學圖書館藏本，書末有鄭鼇跋，僅存末半葉，末署“後學菊江鄭鼇頓首拜書”，本館此本無此跋。

黃乾行，字玉巖，明福建福寧（今福建霞浦）人，嘉靖三十二年（1553）進士，官至重慶府知府，著有《禮記日録》。

此書撰作之緣起，據黃氏《禮記日録編成初稿引》云：“‘日録’何？讀是經也，日有所得，則録之於其端也。‘編成’何？録之之多，則條其篇章，次其先後，便覽也。‘初稿’何？非定論也，改而正焉，有待也。夫讀是經也，典籍有稽，則録之；師友有聞，則録之；家世有傳，則録之；心思所到，則録之；備遺忘也，詎意成編哉？然見聞日廣，考正日詳，思慮日深，是以記載日增，是故删煩就簡，去短集長，是編之成，吾無意焉爾。夫總其成之以三歲，其功速，然本其録之於累年，其功深，千慮之中，能無一得乎？”此序末署“嘉靖戊戌夏六月望日”，則此書初稿乃成於明嘉靖十七年（戊戌，1538）也。初稿完成之後，又屢經修改。黃氏於《禮記日録引》中云：“乾行幸趨庭訓，得聞學《禮》，亦嘗病其連篇累牘，失紀無綱，用是條其日録，庸識管窺，書凡八帙，歲月研窮，復覺凡鄙，迺購三《禮》《注疏》、《通解》、《纂言》、《圖解》以暨諸凡經、史、諸儒議論之有及於禮經者，采輯而載編之。其或經文、《注疏》有於義理未安而思惟不徹者，則直辨爲疑經而不敢妄爲之説，參互考訂，以成初志。爲書若干萬言，以竢就正四方有道之士。”此《引》寫於“嘉靖丁未孟秋”，時爲嘉靖二十六年（丁未，1547），則離初稿編成，已逾九年矣。其後至嘉靖三十四年（1555），得鍾一元之助，終得付梓。

此本之刊刻，據書首鍾一元《讀禮經日録序》云：“年兄黃玉巖先生，父師授受，禮學淵源，生平精力所得，手輯經義一禎，謙曰《日録》，秘之久矣。近以是掇科第，拜京秩，遂膺　寵命，相禮衡藩。竣事之暇，慨然嘆曰：'仕以明經，經以淑世，是録也，苟不公之士類，亦隘矣。'迺取便道還家，謀于太初子，以鋟其傳。余亦幸際　明時，叨受職守，竊願學夫禮樂之事者，況于先生義居伯仲，能不樂觀厥成乎？爰捐俸若干，以襄其事。又以弁首見屬。予惟先生是録之作，足以紹續前休，搜擴未發。讀是經者，玩而得之，其宏模邃蘊，瞭然心目間。"此《序》末署"甞　嘉靖乙卯春王正月之吉，　賜進士出身奉訓大夫知福寧州事，年生秀水鍾一元頓首敘"。由此可知此本乃刻於明嘉靖三十四年（乙卯，1555），出資者乃福寧州知州鍾一元。《序》中所稱"謀于太初子，以鋟其傳"，以鍾一元之名推之，"太初子"蓋即鍾一元之號也。

此書書首載有《圖解》，此乃採自宋楊復之《儀禮圖》。黃氏於《圖解》之末識云："按：《禮》經六義篇皆宜有圖以發明之，但楊信齋圖已詳悉，更不可加，所恨者，此書少有，其板寡傳，而學者未易得見爾。楊信齋，福寧人，蓋鄉先賢也，嗣當鋟梓以與四方同志者共之云。"黃氏此謂楊復之圖已詳，不可復加，然其書學者未易得見，故附載書首，與《日録》併梓之以供讀者參考。

此本共三十卷，計卷一《曲禮上》，卷二《曲禮下》，卷三《檀弓上》，卷四《檀弓下》，卷五《王制》，卷六《月令》，卷七《曾子問》，卷八《文王世子》，卷九《禮運》，卷十《禮器》，卷十一《郊特牲》，卷十二《内則》，卷十三《玉藻》，卷十四《明堂位》，卷十五《喪服小記》，卷十六《大傳》《少儀》，卷十七《學記》，卷十八《樂記》，卷十九《雜記上》，卷二十《雜記下》，卷二十一《喪大記》，卷二十二《祭法》《祭義》，卷二十三《祭統》《經解》，卷二十四《哀公問》《仲尼燕居》《孔子閒居》，卷二十五《坊記》，卷二十六《表記》，卷二十七《緇衣》《奔喪》，卷二十八《服問》《間傳》《三年問》《深衣》《投壺》，卷二十九《儒行》《冠義》《昏義》《鄉飲酒義》，卷三十《射義》《燕義》《聘義》《喪服四制》。其中卷十四《明堂位第十四》，雖録其目而闕釋，黃乾行解云："案：此篇爲美周公而作，言其生則踐天子之位，建不世之功；没則用天子之禮樂，備歷代之制，故魯以侯國而用王禮焉，周公故也。然豈未聞周公以冢宰攝政，而孔子'魯之郊禘，周公其衰'之語乎？陳氏既知其繆，則宜斷以大意而闕之爲疑經可也。諸儒之辯詳矣，今不悉，學者詳之，謬自見矣。"案：元陳澔《禮記集説》中已多載諸家辨《明堂位》爲謬之説，黃乾行此《日録》則進而主張宜"闕之爲疑經"，故不爲之釋也。書首黃氏《禮經日録引》中云："其或經文、《注疏》有於義理未安而思惟不徹者，則直辨爲疑經而不敢妄爲之説。"即指此也。

此書各篇皆頂格首列《禮記》經文，次低一格爲解。經文或録全文，或標起止及節數。《四庫全書總目》此書之提要中評云："今觀其書，割裂《周禮》《儀禮》，散綴於《禮記》之中，不復別識，與朱子《經傳通解》之例已大相剌謬。又以小學、故實竄入經文，混合爲一，尤爲龐雜。其註或一節附論一篇，或十餘節附論一篇，多牽引道學語録，義皆膚廓。"由《總目》所述，可知此書之大要。

本館此本有缺葉，計缺《圖解》葉四十八，卷十二葉五、六，卷二十四葉三十五，卷二十九葉四十八等。

《明史》卷九十六《志》第七十二《藝文一》中載："黄乾行《禮記日録》四十九卷"。又清朱彝尊《經義考》卷一百四十五著録："黄氏乾行《禮記日録》四十九卷（原注：'一本三十卷'），存。"據此可知，傳世《禮記日録》有四十九卷與三十卷兩種版本。

《四庫全書總目》著録，題"《禮記日録》三十卷，浙江巡撫採進本"，入《經部·禮類存目二》。提要云："明黄乾行撰。乾行，字玉巖，福寧人，嘉靖癸未進士。"案：據朱寶炯、謝沛霖編《明清進士題名碑録索引》所載，黄乾行爲明嘉靖三十二年（1553）癸丑科進士，又《禮記日録》書首鍾一元《讀禮經日録序》撰於嘉靖三十四年，《序》中謂黄乾行"近以是掇科第，拜京帙"，亦可證黄乾行爲嘉靖三十二年進士，《四庫全書總目》謂黄氏爲嘉靖癸未（二年，1523）進士，不知何據，其説恐非也。

《中國古籍善本書目》著録此書兩種，其一題"《禮記日録》三十卷《圖解》一卷，明黄乾行撰，明嘉靖三十四年鍾一元刻本"，載北京大學圖書館、東北師範大學圖書館、蘇州市圖書館、上海圖書館等館收藏。另一種題"《禮記日録》十四卷《圖解》一卷，明黄乾行撰，清初抄本"，載杭州大學圖書館（今浙江大學圖書館）收藏。《四庫全書存目叢書》曾據東北師範大學圖書館藏本影印行世，題"明嘉靖三十四年鍾一元刻本"，列入《經部》第八十九册。

鈐印有"子剛經眼"朱文方印，知嘗爲顧子剛收藏。顧子剛生平參前"078　詩考異補二卷"條。另又鈐有"梓谿李紅珍藏"朱文方印。

108

禮記通解二十二卷讀禮記一卷

T587　4244

《禮記通解》二十二卷《讀禮記》一卷，明郝敬撰。明萬曆四十四年（1616）郝千秋、郝千石刻《九部經解》本。六册。框高21.8厘米，寬14.5厘米。半葉十行二十一字，四周單邊，上白口，下綫黑口，單魚尾。版心上鎸書名，中鎸卷次，下右面鐫篇名，左面鐫刻工名。

卷端題"郝敬解"。

書首，首《讀禮記》一卷，首行題"禮記通解"，次行題"京山郝敬著；男千秋、千石校刻"，第三行題"讀禮記"，共十三則。次《禮記通解卷目》。

郝敬（1558—1639），字仲興，號楚望，明直隸京山（今湖北京山）人。《明史》卷二百八十八《文苑四・李維楨傳》末，附云："邑人郝敬，字仲興。父承健，舉於鄉，官肅寧知縣。敬幼稱神童，性跅弛，嘗殺人繫獄。維楨，其父執也，援出之，館於家，始折節讀書，舉萬曆十七年進士。歷知縉雲、永嘉二縣，並有能聲。徵授禮科給事中，乞假歸養。久之，補戶科，數有所論奏……坐事，謫知江陰縣。貪污不檢，物論皆不予，遂投劾歸，杜門著書。崇禎十二年卒。"著有《周易正解》《尚書辨解》《毛詩原解》《周禮完解》《儀禮節解》《禮記通解》《春秋直解》《論語詳解》《孟子說解》，合稱《九部經解》，又稱《郝氏九經解》。另又著有《四書攝提》《四書制義》《史記瑣瑣》《山草堂集》等書。事迹另參清余廷燦（1729—1798）撰《郝京山先生傳》（見《存吾文稾》葉一百十三至一百十六）。惟余氏於《傳》末云："然《明史》不爲先生立傳，《文苑》《儒林》兩無位置，或出史官一時之私乎？予因蒐輯先生軼事，以補史乘之遺，以紀經學之盛。"案：《明史・文苑四》郝敬附於李維楨傳後，余氏蓋失察也。

此書爲郝敬所著《九部經解》之一，郝敬於所著《周易正解》之首，冠有《敍九部經解》，中云："予蚤歲受《詩》成進士，三試爲宰，再補諫官，而十年之內兩黜考功。子云：'誦《詩》三百，授之以政，不達。'予甚惡焉。甲辰歲，遂棄官隱，一畝之宮，僻在荒郊，衡門長掩，永日無事，乃取經籍課誦。久之，訓詁外微有新知，苦性鹵，隨筆備忘，前後涉九經，分九解，集九部，乃銓九敍。敍曰：……《禮》家之言，雜而多端，迂者或戾於俗，而亡者未覩其全。蓋書非一世一人之手，而道所損所益之權。訓詁之士，鑿以附會；理學之家，割以別傳。辭有醇駁，義無中邊，舉一隅則矛盾，觀會通則渾全。作《禮記通解》部第五……書成，通爲卷一百六十五，爲解一百六十七萬言，起草於乙巳之冬，卒業於甲寅之春。越六年己未，殺青斯竟。"末署"大明萬曆四十七年歲次己未孟夏郝敬自敍"。由此可知郝氏《九部經解》起草於萬曆乙巳（三十三年，1605），完稿於萬曆甲寅（四十二年，1614）。《九部經解》中各經刊刻之時間先後不一，如《周易正解》始刻於萬曆乙卯（四十三年，1615），至《九部經解》全書之刻成，已至於萬曆己未（四十七年，1619）矣。

此本《禮記通解》刊刻之年代，據復旦大學圖書館、湖北省圖書館、美國哈佛大學哈佛燕京圖書館等藏本，書末（卷二十二尾題之後）皆鐫有"時萬曆丙辰季冬京山郝氏刊刻"，當刻於明萬曆四十四年（丙辰，1616）。本館此本與之同板，又書首《讀禮記》次行題有"京山郝敬著；男千秋、千石校刻"字樣，故定爲"明萬曆四十四年（1616）郝千秋、郝千石刻本"。惟本館此本書末卷二十二，葉三十七（即末葉）左面闕損，未見"時萬曆丙辰季冬京山郝氏刊刻"字樣。又此本書中屢見剜改或空字現象，疑是後印之本。

　　此書首有《讀禮記》一卷，共十三則，述讀《禮記》之心得。如首則云："《禮》家言雜而多端，學者須靈鏡獨照，然後可以觀古人陳蹟。苟無高明豁達之見，耳食訓詁，隨人短長，則逐處成滯矣。"

　　正文共二十二卷，計卷一《曲禮上》，卷二《曲禮下》，卷三《檀弓上》，卷四《檀弓下》，卷五《王制》，卷六《月令》，卷七《曾子問》《文王世子》，卷八《禮運》《禮器》，卷九《郊特牲》，卷十《內則》，卷十一《玉藻》，卷十二《明堂位》《喪服小記》《大傳》《少儀》，卷十三《學記》《樂記》，卷十四《雜記上》《雜記下》，卷十五《喪大記》，卷十六《祭法》《祭義》《祭統》，卷十七《經解》《哀公問》《仲尼燕居》《孔子閒居》《坊記》，卷十八《中庸》，卷十九《中庸下》，卷二十《表記》《緇衣》《奔喪》《問喪》《服問》《間傳》《三年問》《深衣》《投壺》《儒行》，卷二十一《大學》，卷二十二《冠義》《昏義》《鄉飲酒義》《射義》《燕義》《聘義》《喪服四制》。他家解《禮記》，多因《中庸》《大學》列《四書》中，已有朱熹《章句》，故不復釋，然郝敬此書，於《中庸》《大學》則仍解之。郝氏於卷十八《中庸第三十一》之首，解云："此篇聖門約禮之教，傳心之典也。先儒取以別爲一書，師説相承久，而鄙意小有出入，故言之不覺冗瑣。今併附左方，以俟明道君子裁削焉。"又卷二十一《大學第四十二》之首，解云："此篇亦先聖傳心要典，禮學之統宗，世以與《中庸》各爲一書獨行。今依古本合解，而鄙見晷殊，故言覺煩瑣，姑併存以俟明道君子正焉。"其解二篇之意可知。

　　書中解《禮記》各篇，皆先頂格列《禮記》經文，次低一格作解，不列注文。如卷一《曲禮上第一》起首列經文"曲禮曰：毋不敬，儼若思，安定辭，安民哉！"其下解云："此四語爲四十九篇之綱，禮之本也。聖人所謂'脩己以安人'，安百姓者，其道不外此。毋，禁止辭，隨事隨處皆當禁止其怠慢之心，勿敢不敬，其容貌端莊，儼然若心有所思。內志惺惺，貌與心符，所謂'正顏色，斯近信也'。多言損志，又當安定舒徐，言不妄發，如此則內齊明而外恭默，心正身脩，時措咸宜，君子所以篤恭而天下平也，有不能安民者哉？禮之體約而功博如此。"由此可見其例之一斑。郝氏解《禮》，謂三《禮》當以

《禮記》爲正，《讀禮記》第二則中云："先儒推《周禮》《儀禮》以爲經，欲割《記》以爲傳。夫三書皆非古之完璧，而《周禮》尤多揣摩，雜以亂世陰謀富强之術；《儀禮》枝葉繁瑣，未甚切日用，惟此多名理、微言、天命、人性易簡之旨，聖賢仁義中正之道，往往而在。如《大學》《中庸》兩篇，豈《周官》《儀禮》所有？故三《禮》以《記》爲正，今之學官，守此程士，良有以也。"又前儒解《禮記》，多以鄭玄《注》爲宗，然郝敬此《通解》，於鄭《注》則未敢輕信，每多指摘。《讀禮記》第十一則云："鄭康成解《禮》，多强作，俗士詫爲辯博，小有異同，輒云：'學問未到康成地，焉敢高聲議漢儒？'夫議論前人長短，非也；議論前人所議論道理文字，何傷？今據四十九篇中解説謬者，畧舉之……他如此類，不可枚舉。必若世儒謂學問不及鄭則一切朦朧，不敢聲説，承迷習醉，何時而已？"由此可知其對鄭《注》之態度。

本館此本刻工有良、还、廢、人、中、文、云、友、上、目、立等。又書中屢見剜改及空字之現象，間有黏貼改正者，如卷十九，葉七十左面第五至八行："佛氏焉敢與聖人言同異？粵自孔子、子思時，佛未興也，學者但多言語文字，未聞性與天道，故子思述性道，而佛晚出，拾聖人唾涎自文。"其中"敢"字上貼一紙條，書"可"字，又"但""晚"二字顯爲剜改。考復旦大學圖書館、湖北省圖書館藏本此處"敢"字鑴"可"恰與黏貼紙上所書同。又彼二館藏本"但"字有塗抹之迹，"晚"字亦爲剜改。同版諸本間之異同及印刷先後，尚有待詳考。

《四庫全書總目》著録，題"《禮記通解》二十二卷，浙江汪啓淑家藏本"，入《經部・禮類存目二》。提要云："言《禮記》者，當以鄭《注》爲宗，雖朱子掊擊漢儒不遺餘力，而亦不能不取其《禮》註，蓋他經可推求文句，據理而談，三《禮》則非有授受淵源不能臆揣也。敬作此注，於鄭義多所駁難，然得者僅十一、二，失者乃十之八、九……大抵鄭氏之學，其間附會讖文以及牽合古義者，誠不能無所出入，而大致則貫串群籍，所得爲多。魏王肅之學，百倍於敬，竭一生之力與鄭氏爲難，至於僞造《家語》以助申己説。然日久論定，迄不能奪康成之席也。敬乃恃其聰明，不量力而與之角，其動輒自敗，固亦宜矣。"提要右鄭之態度及對郝敬之批判，由此可見。

《中國古籍善本書目》著録"《郝氏九經解》一百七十五卷，明郝敬撰，明萬曆四十三年至四十七年郝千秋、郝千石刻本"，載復旦大學圖書館、湖北省圖書館收藏。另又著録同版"清丁丙跋"一種，載南京圖書館收藏。以上《郝氏九經解》兩種，《禮記通解》皆在其中。《禮記通解》此本，另北京大學圖書館、中國人民大學圖書館、美國哈佛大學哈佛燕京圖書館等館亦有收藏。《四庫全書存目叢書》嘗據湖北省圖書館藏本影印行世，題“明萬曆四十三至四十七年郝千秋郝千石刻《郝氏九經解》本”，列入《經部》第九十一至九十二冊。

鈐印有“棟亭曹氏藏書”朱文長方印，知嘗爲清曹寅收藏。曹寅（1658—1712），字子清，號荔軒，又號棟亭，《清史列傳》卷七十一《文苑傳二》、《清史稿》卷四百八十五《文苑二》俱有傳。《清史列傳》云：“曹寅，字子清，漢軍正白旗人。父璽，官工部尚書。寅官通政使、江寧織造，兼巡視兩淮鹽政。性嗜學，校刊古書甚精，嘗刊《音韻五種》及《棟亭十二種》。”著有《棟亭詩鈔》《詩鈔別集》《文鈔》《詞鈔》，《棟亭書目》等，又嘗奉敕校刻《全唐詩》、《佩文韻府》。另參見後“249　曹棟亭五種六十五卷”條。

109
新刊禮經搜義二十八卷

T587　8932

《新刊禮經搜義》二十八卷，明余心純撰。明三衢書林舒石泉、王少山刻本。八冊。框高21.8厘米，寬14.8厘米。半葉十二行二十六字，四周雙邊，間有左右雙邊者，白口，單魚尾。版心上鐫“禮經搜義”及卷次，中鐫篇目。

卷端首行題“新刊禮經搜義卷之一”，未題撰者名。書名葉分三欄，右、左二欄大字題“鐫楚黃余會魁／禮經搜義講義”，中欄小字題“三衢書林舒石泉、王少山仝梓”。

書首，首明萬曆壬辰（二十年，1592）仲秋鄒觀光《禮經搜義序》。次未署年黃洪憲《禮經搜義序》。次未署年袁黃《禮經搜義序》。次萬曆己亥（二十七年，1599）孟冬余心純《自敍》。次有著者、校者、輯者題名葉，首行題“新刻禮經搜義全編”，次行題“壬辰會魁敬若甫葵明余心純著”，第三行以下題“座師太史太承季道統、選部大澤鄒觀光同裁；同年文魁濟齋劉道、社友文魁念南王同大、文魁思南王同晋、文魁完衷黃宗聖、進士我雲吳士瑞、文魁心南王同謙同校；門人文魁環中汪應節、解元寓庸汪元極、庠生會甫奚所蘊、庠生遵甫嚴師道、弟庠生大若余心泰、姪庠生六貞余謙同輯”。

余心純，字敬若，又字葵明，明湖北黃岡（今湖北黃岡）人。萬曆二十年（1592）進士，歷任懷寧知縣、嘉善知縣，著有《禮經搜義》。清朱彝尊《經義考》卷一百四十五“余氏心純《禮經搜義》”條載：“顧湄曰：‘心純，字葵明，黃岡人，萬曆壬辰進士，授懷寧知縣，再補嘉善知縣，卒。’”另據《［光緒］嘉善縣志》卷十四《選舉》知余氏於明萬曆二十六年（1598）至二十八年（1600）任嘉善縣令。

此書撰作及刊刻之由，余心純於《自敍》中云："《禮經搜義》，余不穀未第時搜古今説《禮》家義，記之以成編者也。藏諸篋笥舊矣，何敢付剞劂爲木災？矧漢、唐末，二、三大儒且不免雌黃云：'鄭祖讖緯，孔乏兼收，熊背本經，皇甫乖正義。'余何人斯，敢置喙於其間？第六籍惟《禮》最繁浩，訓故家人操一議，臆見紛挐，殊難衡決，不穀深慨於中，以故蒐集群言，稍加參訂，有當於心者輒筆之，綜博爲約，直省諸負笈者繙閲苦耳。迺　座師選部鄒公惓惓屬梓，仍灑鴻製冠篇端。比以筮仕皖衝，不遑校正，然成命具在，義弗敢辭。且家弟大若暨門下舊游士環中汪生輩，亦頻致尺一，相趣不置，遽出而授之書賈周氏，傳益訛舛。無何，讀禮山中，又善病，不任筆削，恒懼貽大方噱。頃補武塘，僻在海壖，簿領之暇，得肆力是編。復印證于　葵陽黃太老師及　了凡袁公，咸冠以名言，示爲可傳。爰是捐俸飜刊於内省署中。雖然，亦藉是以就正海内諸業禮經者。"此《自敍》末署"萬曆己亥孟冬上浣之吉　賜進士第壬辰會魁楚黃岡余心純敍并書"。由此《敍》所述，可知余心純於萬曆二十年（1592）進士及第後，任懷寧知縣，曾以《禮經搜義》交由書賈周氏刊刻，此爲《禮經搜義》之初刻本。此本書首當僅有鄒觀光一《序》。然此本訛誤甚多，余氏頗思修訂而未果。萬曆二十六年（1598）余氏調任浙江嘉善知縣，嘉善於明宣德五年（1430）設置，以魏塘爲縣治，魏塘又名武塘，故余氏《自敍》中稱："頃補武塘"。余氏任嘉善知縣後，始將舊本加以校訂，又得嘉善黃洪憲、袁黃二《序》，乃於萬曆二十七（己亥，1599）在嘉善署中翻刻此書，此爲《禮經搜義》之第二次刻本也。惟本館此本，據書名葉所題，乃三衢書林舒石泉、王少山合梓之本，且書中版式或四周雙邊，或左右雙邊，頗不一致。又書中各卷卷端所題亦見參差，或題"新刊禮經搜義"（計卷一至七，卷十一至十二，卷十七至二十），或題"新刻禮經搜義"（卷十四至十六，卷二十一至二十八），或題"禮經搜義"（卷八至十，卷十三），考此本不避"玄""貞"字諱，當爲明代書林爲舉業之需而修補重刻之本，非黃氏萬曆二十七年嘉善署刻之本也。故今定爲"明三衢書林舒石泉、王少山刻本"。

此書共二十八卷，計卷一《曲禮上》《曲禮下》，卷二《檀弓》，卷三《王制》，卷四《月令》《文王世子》，卷五《禮運》，卷六《禮器》，卷七《郊特牲》，卷八《内則》，卷九《玉藻》，卷十《明堂》，卷十一《大傳》，卷十二《少儀》，卷十三《學記》，卷十四《樂記》，卷十五《雜記》，卷十六《祭法》，卷十七《祭義》，卷十八《祭統》，卷十九《經解》，卷二十《哀公問》，卷二十一《仲尼燕居》，卷二十二《孔子閒居》，卷二十三《坊記》，卷二十四《表記》，卷二十五《緇衣》，卷二十六《深衣》《投壺》，卷二十七《儒行》，卷二十八《冠義》《昏義》《鄉飲酒》《射義》《燕義》《聘義》。各篇皆首標《禮記》經文，次作釋義。經文不列全文，僅標起首之文及節數，如卷一《曲禮上》，首標"曲禮曰毋　一節"，以下依次標"曲禮曰毋　三節""敖不可長　一節""賢者狎而　一節""安安　一句"……等。其"曲禮曰毋　一節"下，余氏釋云："此舉君子修身之要，以明禮之本意。禮主於敬，始之'無不敬'，啓學禮之趨，終之'安民哉'，要學禮之極，全要体註禮之本意看。毋者，禁詞也，'毋不敬'以存心之主一不放言，'儼若思'是敬者之容貌，凡人有思索則寧神定氣，自爾容貌儼然，無思而若有思也。'安定辭'是敬者之辭氣。安者，從容不急躁，定者，堅確不二、三也，皆是心之無不敬處，故三句平中見綱領，摠之，修己以敬，所以体禮之本於身也。'安民'只論箇理，非實去安民。註'足以'二字最妙，即修己以安百姓意，'哉'字有咏歎味，蓋上三句都是脩己，與民無與，但能如此，以敬存心持身，則視天下無衆寡、無大小、無敢慢，其於天下之人，一以敬心處之，而苟有裨於民者，自知之明、處之當，無一事不得其宜，無一物不得其所，故曰'足以安民而禮之用行矣'。"此乃釋《曲禮上》"曲禮曰：毋不敬，儼若思，安定辭，安民哉！"一節之義。舉此一節，以見本書説義體例之一斑。

　　鄒觀光《序》中云："敬若與予同以禮出上海衡渚潘先生門，予先敬若成進士十有三年，而受事南宮，敬若始以是經衰然舉首。古之爲學者三年而通一經，敬若不啻倍之，故其於《禮》也，繭絲踰精，絶韋坊久，下帷辟專，解頤逐辨，所授業高足弟子無不取上第去，海内想望帳中之秘，願從予受懸書蓋久，而始胠篋出《搜義》示予，其言曰：'吾始困心衡慮，以我窮經而未能信也。既而研精覃神於一先生之言而未能信也。吾求之名家，吾求之古人，吾又求之汗棟之藏，又求之壁穴之遺，務以摘抉異同，觀晢離合而庶幾若有啓予者矣。'嗟乎！良工心獨苦哉！"此處鄒氏述余心純撰《禮經搜義》用心之苦。另黃洪憲《序》中云："余在講幄時，　上命徹《貞觀政要》而講《禮》經，因與二、三學士先生訂諸家説，譔次講章，而訓故浩繁，紛拏難決，獨近世姑蘇徐伯魯氏《集註》，字訓句釋，博洽而精核，説者謂其可列學官肄太常也。逮余請告歸田，楚葵明余公來宰武塘，得閲其所謂《禮經搜義》也者，蓋取鎔經義，獨擄心裁，間搜説《禮》諸家而發明其義。大都爲博士制舉作，故不屑屑於字訓句釋而惟提要纂玄，闡明精意。諸篇中有缺而不録者，有略而不盡録者。至於郊社宗廟，以和神人；朝覲聘問，射鄉燕享，以善交際；慎終追遠，以伸孝敬；宮室車騎，玉帛冠裳鼎爵，以別器用；選俊造進，以興賢能；庠序膠學，以育英才；絃誦羽籥，以脩齒冑；先王之制，所爲取法乎天地、觀變於陰陽、效順於四時五行、秩敍乎三綱五常者，靡不揭其要而明其義。大概伯魯之《集註》詳於訓故，故浩汻而不爲繁；公之《搜義》，主於會要，故檢括而不爲略，均之有功於《禮》經者也。"黄氏此《序》指出《禮經搜義》"大都爲博士制舉作，故不屑屑於字訓句釋而惟提要纂玄，闡明精意。諸篇有缺而不録者，有略而不盡録者"等特色。

本館所藏此本有佚名朱筆圈點，另又有墨筆圈點及批語，批者偶署名"敬業"。卷十四末葉，右面抄録五行文字，末署"壬午季夏，録唐張彪詩話記事"，左面録八行文字，末署"壬午十一月十八日，燈下録。敬業"。卷二十二之末，録詩一首云："一死縣來對一生，了知迷悟不多争。如何滿地栽荆棘，白日青天没路行。"末題"壬午小春有感"。又卷二十四，葉二十三左面眉欄有十八行批語，其起首四行云："敬業云：'貽以樂利，樂也，而非逸居無教。'"考"壬午"計有明崇禎十五年（1642）、清康熙四十一年（1702）、乾隆二十七年（1762）、道光二年（1822）、光緒八年（1882）等年，今無以定其年代，"敬業"其人俟考。

此書清朱彝尊《經義考》卷一百四十五著録，題云"余氏心純《禮經搜義》二十八卷，存"。《四庫全書總目》未著録。《中國古籍善本書目》著録"《新刊禮經搜義》二十八卷，明余心純撰，明萬曆二十七年自刻本"，載中國科學院圖書館、河北大學圖書館二館收藏。另中國國家圖書館亦有收藏。

《續修四庫全書總目提要》收録吳廷燮所撰此書提要，題"《禮經搜義》十四卷，原刊本"，提要云："《明史・藝文志》載'余心純《禮經搜義》二十八卷'，此本卷數僅有十四卷，或有闕佚，亦未可知。"案《經義考》所載爲二十八卷，本館此本亦爲二十八卷，則吳氏所據十四卷本，當有缺佚。考《北京人文科學研究所藏書目録》（民國二十七年五月北京人文科學研究所編印）著録"《禮經搜義》十四卷，明余心純撰，明萬曆二十七年刊本"。北京人文科學研究所藏書之搜集乃爲撰寫《續修四庫全書總目提要》之用，然則吳廷燮所據十四卷本，當即《北京人文科學研究所藏書目録》所著録之本也。原"北京人文科學研究所"藏書今多庋藏於中國科學院圖書館，今目驗中國科學院圖書館所藏本，實爲二十八卷本，然僅存前十四卷，缺後十四卷，目録題作"《新刊禮經搜義》十四卷"，蓋有誤也。

110

閣紅螺説禮三十三卷

《閣紅螺説禮》三十三卷，明閣有章撰。明崇禎九年（1636）刻本。四册。

框高19.7厘米，寬14厘米。半葉九行十八字，小字雙行同，左右雙邊，白口，單魚尾。版心中鐫"説禮"及卷次。

卷端題"古揚閻有章含卿輯并著；男臺生非臺、晋生昭晋參較"。

書首，首明崇禎甲戌（七年，1634）許遂《閻紅螺説禮序》。次崇禎九年（1636）三月閻有章《説禮自敍》。次《説禮凡例》，共四則，末署"二分明月菴主人謾識"。次《閻紅螺説禮目録》。次《説禮姓氏》。

閻有章，字含卿，號紅螺，明江都（今江蘇江都）人。祖閻士選（1551—1616），字立吾，萬曆八年（1580）進士，歷任萊州府知府、邵武府知府、山東按察使、山西右布政使等職，著有《禮記指南》。父閻汝梅，字和陽，崇禎四年（1631）進士，歷官陽穀縣知縣、刑部主事，事迹見《浙江通志》卷一百五十八《人物志》。閻有章生平事迹不詳，明許遂《閻紅螺説禮序》稱："乃今之善説《禮》者，爲閻紅螺氏。紅螺家世顯曲臺，聲稱籍甚，文章氣誼，宇内所宗……余少從同邑龔太史先生游，太史固業《禮》，余蓋從之執經問大義焉。然紅螺自恨爲先生所網羅士，既雋乃更抑之，維時甚不偶哉！"則閻有章之仕途蓋不遇也。《［同治］臨武縣志》卷二十九《職官二·武秩》載明朝末有"閻有章：署指揮參事"，惟其人爲武官，蓋與紅螺非一人。

閻有章撰作此書，主在補《禮記》陳澔《集説》之不足，其内容有承自祖、父者，閻氏《説禮自敍》中云："先王父斷指此書，確爲聖經，非《儀禮》《周禮》可同，識者韙之。至陳註載在令甲，猶禮例之有會典，吾儕第當採摭以尊經，豈可掊擊以背註？況以苦記憶之實，而托工掊擊之名，木面石心，能無汗沚？先王父曾述舞勺時，了無師承，日取陳註點定，思已過半，其年棘試，四題無訛。家大人踵事增華，於陳註所未剖析者，即筆一、二語白文之上，余陰識於中。紙窻編輯，删註率祖，解經從父，前者樹果，後者享實，摘噉之際，舌腑爲快。"又書首《説禮姓氏》首二行即列"祖閻士選立吾甫授删／父閻汝梅和陽甫授解"，由此可知，此書中删訂陳澔《禮記集説》之處，乃承其祖所爲，而對《禮記》之析解，則遵從其父之説，所謂"删註率祖，解經從父"也。

此本未見書名葉，無可據以斷其刊刻年代。考書首許遂《閻紅螺説禮序》末署"崇禎甲戌閉關之日毘陵社盟弟許遂仁百父題"，甲戌爲崇禎九年（1636）。又閻有章《説禮自敍》末署"崇禎九年三月望日江都後學閻有章題於二分明月菴"。二《序》中雖未述及付梓事，然此本避明僖宗"由校"之"校"，不避清代"玄""貞"等字諱，蓋即刻於明崇禎九年也。

此書共三十三卷，計卷一《曲禮上》，卷二《曲禮下》，卷三《王制》，卷四《月令》，卷五《文王世子》，卷六《禮運》，卷七《禮器》，卷八《郊特牲》，卷九

《内則》，卷十《玉藻》，卷十一《大傳》，卷十二《少儀》，卷十三《學記》，卷十四《樂記》，卷十五《祭法》，卷十六《祭義》，卷十七《祭統》，卷十八《經解》，卷十九《哀公問》，卷二十《仲尼燕居》，卷二十一《孔子閒居》，卷二十二《坊記》，卷二十三《表記》，卷二十四《緇衣》，卷二十五《深衣》，卷二十六《投壺》，卷二十七《儒行》，卷二十八《冠義》，卷二十九《婚義》，卷三十《鄉飲酒》，卷三十一《射義》，卷三十二《燕義》，卷三十三《聘義》。據書首《閻紅螺説禮目録》所載，閻氏將此書中三十三卷分爲《元集》《亨集》《利集》《貞集》四集，《元集》卷一至四，《亨集》卷五至十，《利集》卷十一至十七，《貞集》卷十八至三十三。《目録》於《貞集》之後又列有"嗣刻"，計包括：《檀弓上》《檀弓下》《曾子問》《明堂位》《喪服小記》《雜記上》《雜記下》《喪大記》《奔喪》《問喪》《服問》《間傳》《三年問》《喪服四制》等篇，此爲《閻紅螺説禮》尚未刻入之篇，待未來續刻者也。另"嗣刻"之後，又列有"朱子集註"一項，下列《中庸》《大學》二篇。此因朱熹已爲《中庸》《大學》作註，故《説禮》中不復釋，僅將此二篇列於目録之末。書首《説禮凡例》首則云："字句係晦菴先生已訓者不載，蓋陳註悉本晦菴，先輩虛牧如此。讀是經者未有不先從四子書入者也，故不載。"所言即指此也。

此書各卷皆頂格先列《禮記》經文。經文之末，小字雙行加音注。其下換行低一格作解，不列鄭玄注，亦不列陳澔《集説》之文。如《曲禮上》開端，首列經文"曲禮，曰：毋不敬。（寳三案：此處標點從閻氏所釋，參見下文）儼若思，安定辭，安民哉！"經末載音注云："毋與無通。"其下閻氏説解云："'曲禮'二字讀，'曰毋不敬'爲句，與'曰思無邪'語氣相類，'毋不敬'是靜存極功。'儼若思'二句，分明把容色、辭氣指他心裡的敬出來。'安民'只重理説，君子舍容辭更有何者與民相交接流貫處？'欽哉！肅哉！惟民之义哉！'語意即是如此。彼以效言者固非，即以感化言者亦非。'哉'字可玩，有嘆美意在。"舉此一例，可見一斑。

此書所載經文，皆全載而不删。《説禮凡例》第三則云："見坊間所行《摘註》《導窾》等書，每於本經任意芸薙，是大罪過。邇來，士子哆口六經，自居博洽，乃本經先無完膚，疎陋可醜，孰愈於此？余勸後學，若苦此經之繁，寧改習他經，切勿如緇、黄二流，第爲求食計，不顧二師本末也。"閻氏因不滿當時士子不讀全經之陋，故此書於經文皆載其全也。

此書於陳澔《集説》，僅補其不足，而不背其義。《説禮凡例》末則云："談經諸名家有專宗徐註者，有獨疏己意者，不知《禮記》陳註與《四書》朱《註》等，今朱經如日中天，此註豈容汶汶？且遵王之制，竊附爲下不倍之義。即余見地，亦有與陳先生多所異同，當另成一書，名曰《推陳集》。"此明此書不背陳註之旨，蓋因功令所依故也。閻氏謂其見解亦有與陳澔相異處，然當另成一書，名曰《推陳集》，故此《説禮》則不載此類見解也。

許遂於《閻紅螺説禮序》中，對閻氏此書頗加稱許，《序》中云："乃今之善説《禮》者，爲閻紅螺氏，紅螺家世顯曲臺，聲稱籍甚，文章氣誼，宇内所宗……其書令人心目俱了，而大率補陳澔氏，非撫前人者類，益以便後進之習讀，可不謂精乎？"頗見推重。

本館此本避"校"字。第一册眉欄屢見佚名朱筆批語，間亦有朱筆批語加於閻氏説解之旁者。

此書《四庫全書總目》未著録，《中國古籍善本書目》著録於《經部·禮類·三禮總義》，題"《閻紅螺説禮》三十三卷，明閻有章撰，明崇禎九年閻氏二分明月菴刻本"，載南京圖書館、廣西師範大學圖書館收藏。案：此書雖題《説禮》，實爲對《禮記》一書之説解，當列於《經部·禮類·禮記》中，《中國古籍善本書目》蓋偶誤耳。另孫殿起《販書偶記》卷二將此書列於《三禮總義類》，亦誤也。清朱彝尊《經義考》將此書著録於卷一百四十六《禮記九》，其録是也。惟《經義考》所載爲三十二卷，不知何據。另《明史》卷九十六《藝文一》著録云："閻有章《説禮》三十一卷。"其作三十一卷，卷數亦與本館此本有異也。沈津《中國珍稀古籍善本書録》曾收録本館此本，其文可參。

111

禮記説義纂訂二十四卷

T587　4246

《禮記説義纂訂》二十四卷，明楊梧撰。清康熙十四年（1675）楊昌齡等刻本。十六册。高19.9厘米，寬14.4厘米。半葉十一行二十二字，左右雙邊，下綫黑口，單魚尾。版心上鎸書名，中鎸卷次。

卷端題"陝西涇陽楊梧鳳閣著；兄楠龍棟定；姪昌齡三開、紹齡七來，男延齡九如，孫惺慧益較"。

書首，首清康熙乙卯（十四年，1675）春杪蔡方炳《禮記説義纂訂序》。次康熙十四年夏四月梁鈜《禮記説義纂訂序》。次康熙十四年秋八月慕天顏《禮記説義纂訂序》。次康熙十四年九月繆慧遠《禮記説義纂訂序》。次《青州郡丞楊鳳閣先生傳》（原注："載《涇陽縣志》"），末署"都察院左都御史合肥龔鼎孳撰"。次《參正挍助姓氏》（原注："以時日先後爲次"）。次康熙十四年冬日楊昌齡《刻禮記説義纂訂記略》。次丙申（順治十三年，1656）冬十月錢謙益《禮記

363

説義纂訂原序》。次順治丙申（十三年）重九日楊廷鑑《禮記説義纂訂原序》。次順治十三年七夕前二日楊梧《禮記説義纂訂自序》。次《凡例八則》。次《禮記説義纂訂目録》。

楊梧（1586—1658），字鳳閣，一字嶧珍，號念劬，明陝西涇陽（今屬陝西咸陽）人。萬曆四十年（1612）舉人，後累舉進士不第。崇禎十二年（1639），與侄兒楊昌齡同赴春試，復不第，得官青州府同知。官未踰月，上官廉其能，委攝郡事，郡大治。再署沂水邑篆。崇禎十五年（1642），因坐疏防，議鐫秩（降職），遂告歸不起。入清，有司屢薦，終弗應，順治十五年（1658），卒於家。事迹見書首龔鼎孳撰《青州郡丞楊鳳閣先生傳》。另清錢謙益嘗撰《楊鳳閣壽宴序》（見《有學集》卷二十三）并可参。

此書撰作之時間，據楊梧《禮記説義纂訂自序》云："歲乙未，昌姪司理吳門，相依數月，分袂言旋。山川發其情思，友朋益其見聞。精未銷亡，目能細書，因扃閉山房，取三《禮》註疏諸本，博參彙考，訂以管見，於以匯衆流而定兩岐（歧）。起於乙未五月，迄丙申端陽，脱藁二十四卷，名曰：《禮記説義纂訂》。"知其稿成於順治十三年（丙申，1656）五月也。其時，楊梧之侄楊昌齡任蘇州府司理，爲之付梓，然因官司纏身，其事遂中廢。後至康熙十四年（1675），楊昌齡得還清白，始再校刻此書，以償宿願。楊昌齡《刻禮記説義纂訂記略》中云："順治丙申，先叔父春秋七十一矣，閉户經年，著成此書，其苦心爲人處，經學、制舉，取之咸宜。昌方待罪蘇理，請其藁來，東南諸公，無不交口謂當行世，虞山宗伯、南昌少宰及吾家静山三先生賜以序言，業付梨棗。是冬，昌得罪故人，致煩白簡，對簿遷延，此事遂爾中廢。遭逢　世祖、　今上明目達聰，兩淮陳奏，還我清白。嗟乎！昌兄弟少孤，賴叔父撫之成立，備極劬勞。兵火蕩析，菽水不繼，仕有時乎？爲貧非得已也。乃迎養一載，徒間關以勤。叔父其著此書，百十餘萬字，皆出一手，昌不能分升斗之禄，傭書代匱，而清明强固之身，且緣不肖之罣議，憂傷以終，十年來無地自容，冀續刻此書，少抒遺恨。北門終竇，且日鬮其口於四方，每言及此，不禁泣數行下也。會有同鄉親友梁公仲林、慕公鶴鳴、解公蘭石、房公慎菴，仁人孝子，倡鳩貲將伯之議，一時新舊知交，人有同心，或贈君子之言，或損仁者之粟，或樂於參閱，或分任校讎，經營浹歲，剞劂告竣。先叔父一生心血，庶不至草腐烟消，九原有知，實應銜載，故敬列姓字，略記始末，使天下知　諸君子表章經學、哀憐不肖之盛德。"案：此本書首有康熙十四年（1675）蔡方炳、梁鉉、慕天顏等序，即康熙十四年刊刻時，諸家所撰之序。另書首又載順治十三年（1656）錢謙益、楊廷鑑《禮記説義纂訂原序》，即順治十三年初次謀刻時所撰之序也。惟據楊昌齡《刻禮記説義纂訂記略》所述，順治十三年當尚有"南昌少宰"一序，今此本則未見矣。另據楊昌齡《記略》，康熙十四年之刊刻，其倡議鳩貲者，有梁鋐（字仲林）、慕天顔（字鶴鳴）、解幾貞（字蘭石）、房廷禎（字慎庵）等人，并見於書首《參正校助姓氏》中。

此書共分二十四卷，計卷一至二，《曲禮》上、下；卷三至四，《檀弓》上、下；卷五，《王制》；卷六，《月令》；卷七，《曾子問》《文王世子》；卷八，《禮運》；卷九，《禮器》；卷十，《郊特牲》；卷十一，《内則》；卷十二，《玉藻》；卷十三，《明堂位》《喪服小記》《大傳》；卷十四，《少儀》《學記》；卷十五，《樂記》；卷十六，《雜記》上、下，《喪大記》《祭法》；卷十七，《祭義》；卷十八，《祭統》；卷十九，《經解》《哀公問》《仲尼燕居》；卷二十，《孔子閒居》《坊記》；卷二十一，《表記》；卷二十二，《緇衣》《奔喪》《問喪》《服問》《間傳》《三年問》《深衣》《投壺》；卷二十三，《儒行》《冠義》《昏義》；卷二十四，《鄉飲酒義》《射義》《燕義》《聘義》《喪服四制》。《禮記》原有四十九篇，其中《中庸》《大學》因已採入《四書》之中，故本書未釋此二篇，其餘四十七篇則完整未删。書首《凡例八則》首則云："兹編除《中庸》《大學》，於四十七篇一體發明，未敢删節。"蓋未若坊間專爲舉業而作之删節本也。

此書撰作之體例，《凡例八則》第二則云："《禮記》之有陳註，集五十餘家之説，自宋以來，世人宗奉，猶《四書》之朱《註》。兹編以陳註爲主，註中略者詳之，不當者正之，註既明備，竟從闕省，意在遵註，初非遺經。若經、註久有定本，自應單行，不須復載。"知此書以元陳澔之《禮記集説》爲主。又其中節段之區分，《凡例八則》第三則云："兹編中間節段，多從蜀本、廖本，參以《註疏》。少不同者，已意附見。"至於各篇之説解，第四則云："講語先總論大旨，次依文訓義，辭取顯明，理本正大，其事須攷據、意有未盡者，用'按'字或'一説'字備續於後。至於折衷衆説，決定從違，頗費苦心，藉質同學。"以上所述，此書之體例，略可知矣。又此書之撰作時間雖僅一年，實薈萃楊梧五十餘年對《禮記》一書之用心，第五則云："兹編自成童以至白首，慘憺經營，五十餘年，稟之師授，參之諸家，其書其人，亦云衆矣。擷拾菁華，渾忘所自，大率同乎人者八、九，異乎人者一、二，標其出處，徒滋紛雜，即有一得之愚，亦從'按'與'一説'之例，非敢勦説揚己，實欲刊落繁文，以便觀覽。"此明書中引用他人意見不標出處之故也。

本館此本書首《青州郡丞楊鳳閣先生傳》標題次行見鈐有藍色長條形紙廠印記。

　　清朱彝尊《經義考》卷一百四十六著録，題"楊氏《禮記説義》，未見"，下載録汪琬序一文。此僅載"楊氏"，未題其名，且書名作"《禮記説義》"，不作"《禮記説義纂訂》"，另又未載卷數，蓋因未親見其書也。

　　《四庫全書總目》著録，題"《禮記説義集訂》二十四卷，浙江吳玉墀家藏本"，入《經部・禮類存目二》。其所題書名作"集訂"，不作"纂訂"。提要云："是書不載經文，但如時文題目之式，標其首句，而下註曰幾節。大旨以陳澔《禮記集説》、胡廣《禮記大全》爲藍本，不甚研求古義。如鄭《注》説'曾子弔於負夏'一條，謂'填池當作奠徹'，胡氏銓謂'池以竹爲之，衣以青布，所謂池視重霤者。填者，縣也，魚以貫之，謂將行也'。與鄭大異，而此書但云'填池當作奠徹'，不言本自康成，亦不復考訂同異……凡此之類，不可勝數。蓋鈔撮講章，非一一採自本書，故不能原原本本，折衷衆説之得失也。"案：四庫館臣所論固是，惟此書所釋，不明標出處，《凡例》已言之矣。又此書之作，於舉業所用之外，實亦寓有作者復興經學之苦心，如楊梧《禮記説義纂訂自序》中云："近代專工應制之業，家有摘録，人矜秘本，而廢棄二《禮》，删削《喪》《祭》，科舉原以明經，吾懼《禮》之亡於科舉也。不揣固陋，擬著一書，上窮淵源，下廣發揮。"由此可知其著書之用心。又錢謙益《禮記説義纂訂原序》亦云："先生所撰著《禮記説義纂訂》一書，久秘帳中，司理公欲謀殺青以公同學，問序於予，予因得卒業，然後知先生之精詣深造，勃窣理窟，非僅資帖括、媒青紫已也。"亦贊其不僅止於帖括之學也。

　　《中國古籍善本書目》著録"《禮記説義纂訂》二十四卷，明楊梧撰，清康熙十四年楊昌齡等刻本"，載中國國家圖書館、清華大學圖書館、上海圖書館、上海辭書出版社圖書館、湖北省圖書館等五館收藏。另美國哈佛大學哈佛燕京圖書館亦有收藏。《四庫全書存目叢書》嘗據中國國家圖書館藏本影印行，題"清康熙十四年楊昌齡等刻本"，列入《經部》第九十三册。惟《存目叢書》本，書首諸序及《青州郡丞楊鳳閣先生傳》《參正校助姓氏》《凡例》《目録》等皆闕，實非完善之本也。又本館此本，與哈佛燕京圖書館藏本相較，書首所載序文亦頗有參差，本館此本康熙十四年諸序在前，順治十三年諸序在後，哈佛燕京圖書館藏本則反之。又本館此本有康熙十四年蔡方炳、梁鋐二序，哈佛燕京圖書館藏本無。然哈佛燕京圖書館藏本有康熙十四年汪琬、徐乾學、解幾貞三序，本館此本則無。另哈佛燕京圖書館藏本書首有書名葉，題"關中楊鳳閣先生著，禮記説義纂訂，本衙校刻"，書名葉又鈐有"板暫寄金閶蓮華庵許人税印""澹寧堂""志在經明行修"等印。本館此本則無書名葉也。

112
大戴禮記十三卷

T622 4523

《大戴禮記》十三卷，北周盧辯注。清乾隆二十三年（1758）盧氏刻《雅雨堂叢書》本。二冊。框高18厘米，寬14.3厘米。半葉十行二十一字，小字雙行同，四周單邊，白口，單魚尾。版心上鐫書名，中鐫卷次，下鐫“雅雨堂”。

卷端題“周尚書右僕射范陽公盧辯注”。書名葉分三欄，右題“乾隆丙子鐫”，中題“大戴禮”，左題“雅雨堂藏板”。

書首，首清乾隆戊寅（二十三年，1758）長至日盧見曾序，未立標題。次宋淳熙乙未（二年，1175）九月韓元吉序，未立標題。次元至正甲午（十四年，1354）十二月鄭元祐序，未立標題。次清乾隆丁丑（二十二年，1757）孟夏戴震《戴校大戴禮記目錄後語》。次乾隆庚辰（二十五年，1760）十二月盧文弨《跋》。《跋》後載校語十二則。次《校定大戴禮凡例》，共十三則。次《大戴禮記目錄》。

盧辯，字景宣，北周范陽郡涿縣（今河北涿州）人。《周書》卷二十四《列傳第十六》、《北史》卷三十《列傳第十八》俱有傳。《周書》云：“盧辯，字景宣，范陽涿人。累世儒學，父靖，太常丞。辯少好學，博通經籍，舉秀才，爲太學博士。以《大戴禮》未有解詁，辯乃注之。其兄景裕爲當時碩儒，謂辯曰：‘昔侍中注《小戴》，今爾注《大戴》，庶纂前修矣。’及帝入關，事起倉卒，辯不及至家，單馬而從。或問辯曰：‘得辭家不？’辯曰：‘門外之治，以義斷恩，復何辭也？’孝武至長安，授給事黃門侍郎，領著作……尋除太常卿、太子少傅。魏太子及諸王等，皆行束脩之禮，受業於辯。進爵范陽公，轉少師……累遷尚書右僕射。世宗即位，進位大將軍。帝嘗與諸公幸其第，儒者榮之。出爲宜州刺史。薨，配食太祖廟庭。”另盧辯嘗爲北周太祖宇文泰依《周禮》定六官之制，《周書》本傳又云：“初，太祖欲行周官，命蘇綽專掌其事，未幾而綽卒，乃命辯成之。於是依《周禮》建六官，置公、卿、大夫、士，並撰次朝儀，車服器用，多依古禮，革漢、魏之法，事立施行。”

《大戴禮記》，相傳爲西漢戴德所輯。舊本有注，不題注者姓名，宋朱熹《儀禮經傳通解》引之，稱爲鄭玄注，然注內引及譙周、孫炎、宋均、王肅、范甯、郭象等魏、晉人之說，知非鄭玄之注。宋王應麟《困學紀聞》指爲北周盧辯注，後人多從之，乃爲定論。《大戴禮記》盧辯《注》，傳世有元、明、清刻本多種，本館此本爲《雅雨堂叢書》之零種，乃清盧見曾（1690—1768）據盧文弨（1717—1796）及戴震（1724—1777）之校本刊刻而成。盧見曾於書首序云：“余家召弓太史於北平黄夫子家借得元時刻本，以校今本之失，十得二、三，注之爲後人刊削者，亦得據以補焉。又與其友休寧戴東原震泛濫群書，參互考訂，既定而以貽余。夫以戴書盧注經千百年後，復有與之同氏族者爲之審定而發明之，其事蓋有非偶然者，因亟授諸梓。"此序末署"乾隆戊寅長至日後學德州盧見曾序"，戊寅爲清乾隆二十三年（1758），此當爲此本付刻之年。其刊刻歷經兩年始竣工，清盧文弨《跋》云："吾宗雅雨先生思以經術迪後進，於漢、唐諸儒説經之書，既遴得若干種，付剞劂氏以行世，猶以《大戴》者孔門之遺言，周元公之舊典多散見於是書，自宋、元以來諸本日益訛舛，馴至不可讀，不可不是正以傳諸學者。知文弨與休寧戴君夙嘗留意是書，因索其本，并集衆家本，參伍以求其是，義有疑者，常手疏下問，往復再四而後定。凡二年始竣事，蓋其慎也如此……刻成覆閱，又得數事，今附見於後。"此《跋》末署"乾隆庚辰十二月朔日盧文弨識"。庚辰爲清乾隆二十五年（1760），《跋》中既云"凡二年始竣事""刻成覆閱"，知二十五年爲刻成之年也。此本書名葉題"乾隆丙子鐫"，丙子爲乾隆二十一年（1756），此必不可據，考書首戴震《戴校大戴禮記目録後語》中云："是書自漢迄今，注獨此一家，而脱誤特多。余嘗訪求各本，得舊本五，參互校正。今春正月，盧編脩召弓以其校本示余，又得改正數事。"此《後語》末署"乾隆丁丑孟夏月戴震記"，丁丑爲清乾隆二十二年（1757），此年正月戴震始得見盧文弨校本以改正數事，則盧見曾必不得於乾隆二十一年即據盧、戴之校本以開雕也。今據諸序、跋，定爲"清乾隆二十三年（1758）盧氏刻《雅雨堂叢書》本"。

此書共十三卷，三十九篇，計卷一《主言》第三十九，《哀公問五義》第四十，《哀公問於孔子》第四十一，《禮三本》第四十二；卷二《禮察》第四十六，《夏小正》第四十七；卷三《保傅》第四十八；卷四《曾子立事》第四十九，《曾子本孝》第五十，《曾子立孝》第五十一，《曾子大孝》第五十二，《曾子事父母》第五十三；卷五《曾子制言上》第五十四，《曾子制言中》第五十五，《曾子制言下》第五十六，《曾子疾病》第五十七，《曾子天圓》第五十八；卷六《武王踐阼》第五十九，《衛將軍文子》第六十；卷七《五帝德》第六十二，《帝繫》第六十三，《勸學》第六十四；卷八《子張問入官》第六十五，《盛德》第六十六；卷九《千乘》第六十八，《四代》第六十九，《虞戴德》第七十，《誥志》第七十一；卷十《文王官人》第七十二，《諸侯遷廟》第七十三，《諸侯釁廟》第七十三；卷十一《小辨》第七十四，《用兵》第七十五，《少閒》第七十六；卷十二《朝事》第七十七，《投壺》第七十八；卷十三《公冠》第七十九，《本命》第八十，《易本命》第八十一。其中共二十九篇有注，十四篇無注。案：唐孔穎達《禮記正義》疏"禮記"標題云："《六藝論》云：

'今禮行於世者，戴德、戴勝之學也。'又云：'戴德傳《記》八十五篇'，則《大戴禮》是也。'戴勝傳《禮》四十九篇'，則此《禮記》是也。"然則《大戴禮記》原有八十五篇，至後代則頗有殘闕省複。《四庫全書總目》"《大戴禮記》十三卷"提要云："漢戴德撰。《隋書·經籍志》曰：'《大戴記》十三卷，漢信都王太傅戴德撰。'《崇文總目》云：'《大戴禮記》十三卷，十五篇，又一本三十三篇。'《中興書目》云：'今所存止四十篇。'晁公武《讀書志》云：'篇目自三十九篇始，無四十三、四十四、四十五、六十一，四篇，有兩七十四。'而韓元吉、熊朋來、黃佐、吳澄並云兩七十三。陳振孫云兩七十二。蓋後人於《盛德》第六十六別出《明堂》一篇爲六十七，其餘篇第或至《文王官人》第七十一改爲七十二，或至《諸侯遷廟》第七十二改爲七十三，或至《諸侯釁廟》第七十三改爲七十四，故諸家所見不同。"由《四庫全書總目》提要所述，可見諸家所見之歧異。雅雨堂此刻，乃據盧文弨、戴震之校本，其篇目之考論，參見戴震《戴校大戴禮記目錄後語》，茲不贅述。

此本載《大戴禮記》及盧辯《注》，書中校定者對《記》文及《注》文如有考訂，則加"案"字以別之，另《注》文中若有可考訂爲後人校勘之語混入者，則加圈以區隔。戴震《校定大戴禮凡例》第二則云："此書有注者止二十四篇，其餘十五篇無注，但間有校正字句異同之處，相其文義，實出於近代人所爲，不類本注，今皆加一圓圍於上以別之。至愚意偶有附識者，則加一'案'字，庶皆不與舊注相混。"又第三則云："舊本注中間雜校讐之詞與注相混而又失其句讀，如《保傅篇》注云：'小學謂庠門師保之學也。'舊本於'師'字下有'庠門一作虎闈'六字，此明是校書者筆記於旁而鈔書者遂誤以爲注之本文，又不知'師'字非句絶也。凡若此類，今皆釐正，附於注末，加一圓圍以別之。"

本館此本"玄"字避諱缺末筆，貞字不避。又書中間有字迹漫漶而以描紅填補者，尤以第二册卷九至十三爲多見。

此書《四庫全書》收錄，《四庫全書總目》題："《大戴禮記》十三卷，江西巡撫採進本。"提要云："是書正文併注，訛舛幾不可讀，而《永樂大典》內散見僅十六篇。今以各本及古籍中攟引《大戴記》之文參互校訂，附案語於下方。"案：《四庫全書》本與此雅雨堂刻本篇卷皆同，惟卷一《主言》作《王言》，《哀公問五義》作《哀公問五儀》則有異也。

《中國古籍善本書目》著錄"《大戴禮記》十三卷，漢戴德撰，北周盧辯注，清乾隆二十三年盧見曾刻《雅雨堂叢書》本"之校本共六種，分別爲"清戴震校""清朱彬校並錄清朱筠、王念孫、王引之、汪中、劉台拱等校""清朱駿聲批校""清楊沂孫批校並跋""清朱學勤校""清朱學勤校"，分藏於中國國家圖書館（前二種）、浙江圖書館、南京圖書館、上海圖書館（末二種）等館。本館此本爲乾隆二十三年刻《雅雨堂叢書》之零種，本館另藏有《雅雨堂叢書》全帙一部，其本所收《大戴禮記》書名葉分三欄，僅中題"大戴禮"，右欄及左欄空白，書名葉當係後刻。另北京大學圖書館、首都圖書館、中國人民大學圖書館、中國臺灣大學圖書館、中國香港大學馮平山圖書館，美國柏克萊加州大學東亞圖書館，加拿大多倫多大學東亞圖書館等多館亦皆藏有《雅雨堂叢書》，惟多係增修後印本。

113

夏小正傳註一卷

T633　8173

《夏小正傳註》一卷，漢戴德傳，宋金履祥注，清張爾岐輯定，清黃叔琳增訂，清顧鎮參校。清乾隆黃氏養素堂刻本。一册。框高15.8厘米，寬11.3厘米。半葉九行十八字，小字雙行同，左右雙邊，白口，單魚尾。版心上鐫"夏小正"，下鐫"養素堂"。字體爲寫刻體。

卷端首行題"夏小正；戴德傳；金履詳（祥）註"，第二、三、四行題"濟陽張爾岐稷若輯定；北平黃叔琳崑圃增訂；海虞顧鎮備九參校"。

書首，首未署年張爾岐《原序》。次清乾隆十年（1745）黃叔琳《序》。次《凡例》，共三則。

金履祥（1232—1303），字吉父，號仁山，宋蘭溪（今浙江蘭溪）人。《元史》卷一百八十九《儒學二》有傳。初受學於王柏，後受學於何基。宋恭帝德祐元年（1275），朝廷以迪功郎、史館編校起之，辭弗就，主講釣台書院。宋亡，屏居金華仁山下，著書講學，諄切無倦，許謙、柳貫皆出其門。著有《尚書註》《夏小正傳註》《大學章句疏義》《論語集註考證》《孟子集註考證》《通鑑綱目前編》等書。

張爾岐（1612—1678），字稷若，號蒿庵，清山東濟陽（今屬山東濟南）人。《清史列傳》卷六十八、《清史稿》卷四百八十一《儒林二》俱有傳。《清史稿》云："張爾岐，字稷若，濟陽人。明諸生。父行素，官石首縣丞，罹兵難，爾岐欲身殉，以母老止。順治七年，貢成均，亦不出。遜志好學，篤守程、朱之説……所居敗屋不修，藝蔬果養母，集其弟四人，講説三代古文於母前，愉愉如也。妻朱，婉娩執婦道，勸爾岐勿出。取《蓼莪》詩意，題其室曰'蒿庵'，遂教授鄉里終其身。"著有《周易説略》《尚書直解》《詩經説略》《儀禮鄭注句讀》《夏小正傳註》《弟子職註》《春秋傳義》《老子説略》《蒿庵集》《蒿庵閒話》等書。

黃叔琳，生平參見"096　周禮節訓六卷"條。

顧鎮（1720—1792），字備九，清江蘇常熟人。《清史列傳》卷六十八《儒林傳下一》載："顧鎮，字備九，江蘇常熟人。乾隆三年舉人。十五年，大學士蔣溥以經學薦，十九年成進士，補國子監助教，遷宗人府主事，以年老乞歸……歸後主講金臺、白鹿、鍾山書院，誨誘不倦。兼工古文，同年友袁枚時就講業。天性孝友，父歿水漿不入口，恩從子、寡嫂甚摯。卒，年七十三。"著有《虞東學詩》《支谿小志》《錢法考》《虞東文錄》等書。事迹另參《[同治]蘇州府志》卷一百一《人物二十八》。

此書爲清黃叔琳據宋金履祥注、清張爾岐輯定之本而加以增訂。張爾岐在《原序》中云："《大戴禮記》《夏小正》第四十七，其書重複，頗難讀。朱子始覺其爲經、傳參和所致，乃簡別之，錄附《儀禮》。仁山金氏履祥作《通鑑綱目前編》，據朱子所定，系夏禹元年正月下，而爲之註，與戴《傳》多異同。愚竝錄《傳》、註，庶幾得失互行自見。俯愧寡昧，不能折衷，姑以俟諸君子。"此張爾岐述其輯定之所據。另黃叔琳於《序》中言增訂之由云："（前略）顧大戴既爲之傳，與《小正》本文合而爲一，自漢訖唐無異。至宋儒朱子《儀禮通解》始特標本文而別出之。蓋自唐一行創立《大衍》，考訂前譌，如《小正》中南門正參中則旦，皆一一推步測驗，而仁山金氏又廣稽博引，以補戴《傳》所未及。宋西山蔡氏及前輩張氏爾岐亦各有考證得失，辨析疑義之處，似無待後人之補綴矣。然往往各述所聞，各是所見，至或以《小正》一書爲子夏所譔。或以蜮鳴爲射工、菽糜爲菽麋，麋爲獻麋……則所記有可疑者又不少也。余不揣譾陋，薈萃諸注，復加參酌。竊以爲二《典》所載，敬授人時，璿璣齊政，其大者也。《竹書紀年》：'夏后元年正月頒小正'，其小者也。何小乎爾？以所載多訓民之事，故小也。士生三代後之後，掇拾於煨燼之餘，幸得三代之全書而卒讀之，以視嗜奇好古諸君子，披荊撥霧而探索之者，其勞逸爲何如也？旁搜冥討，辨晳奇疑，雖未敢自負博雅之林，而所藉以詮品前脩，津梁後學者，或庶幾管闚蠡測，爲高深之一助乎？"此《序》末署"旹　乾隆十年歲在旃蒙赤奮若清和既望北平黃叔琳崑圃氏序"。由此《序》可知，黃叔琳此本乃在金履祥、張爾岐諸注之基礎上所增訂，即所謂"薈萃諸注，復加參酌"者也。

此本版心下方鎸有"養素堂"三字，養素堂爲黃叔琳之堂號。書首黃叔琳《序》雖署"乾隆十年"，然未及刊刻事，另又無書名葉可供判斷鎸刻年月，故題爲"清乾隆黃氏養素堂刻本"。

黃叔琳於《凡例》第一則述其增訂所據之注本及其更易之處云："《夏小正》

一卷，戴氏傳，元金仁山別爲之注，濟陽張稷若輯合傳、注，附以己説，今用張氏本。其注與傳文重出者，於義無取，槩從删薙。又注應在經下者，如辨音、正字之類，張本併列傳後，特別出之，繫於經下。”又第二則述其於注解增訂之凡例云：“凡注義與傳違異者，張氏既有論説，愚更折以臆聞，并備録諸家之説，參異証同，以求其是。或舊無訓釋，輒以鄙意增補，悉用‘按’字區別，不敢與前輩相混。”至於諸本經、傳句讀及文字異同之校定，《凡例》第三則云：“經、傳中句讀離合、文字魚魯，諸本互有異同，略依朱子所定，擇其義理優長者，定爲正文。仍注他本作某或某本連某字作句，以俟博雅者更審正焉。”

此書全一卷，《夏小正》經文頂格鑴刻，戴氏《傳》低一格，標“傳曰”二字。經、傳下之注皆雙行小字。金履祥之註，標“註曰”；張爾岐之説，標云：“張氏曰”；黃叔琳增訂之注則加“按”字以別之。如正月經文“農緯厥耒”句，下列戴傳云：“傳曰：‘緯，束也。束其耒云爾者，用是見君之亦有耒也。’”傳文之下載雙行小注云：“註曰：‘古者立春，先時命農大夫咸勸農，因束田器也。’張氏曰：‘爲將耕，故修耒。’按：農，農官也，農束厥耒，置之於參、保、介之御間是也。季冬已令民修耒耜矣，至是緯之。蓋古斲木爲耜，揉木爲耒，後人以鐵爲耜。耒、耜二物，至此合之。《月令》：‘天子親載耒耜’，知君亦有耒也。”案：黃叔琳解“農緯厥耒”之“農”爲農官，與張爾岐云：“爲將耕，故修耜”，以農爲農夫，顯有異也。

此書《四庫全書總書目》著録，題“《夏小正註》一卷，編修勵守謙家藏本”，入《經部・禮類存目二》。提要評云：“國朝黃叔琳撰……其中如改‘種黍菽縻’作‘菽縻’，而下‘菽縻（寶三案：‘縻’武英殿刻本原作‘縻’，据浙本改）’作‘菽縻’……以匽爲蟬，以納卵蒜爲二物，皆與舊説不同。至鳴蜮傳中屈造之屬，引《淮南子》‘鼓造’之文，謂爲蝦蟆，則牽合甚矣。”

《中國古籍善本書目》著録“《夏小正傳註》一卷，宋金履祥撰，清張爾岐輯定，清黃叔琳增訂，清乾隆十年黃氏養素堂刻本”，載中國國家圖書館收藏。此外，中國科學院圖書館及四川省圖書館并藏有此書另一版本，其本卷端“金履詳註”上有“宋”字，無“海虞顧鎮備九參校”一行。又其本書首順序，先黃叔琳《序》，次張爾岐《原序》，又有《夏小正附録》，録清臧玉林“考異”二則，末題“右二則見臧玉林《經義序説》”。又書末尾題下鑴有“學山園張氏／校宋正本”雙行小字。再者，書中字體爲匠體字，與養素堂刻本之寫刻體亦有異。其本，中國科學院圖書館題爲“清學山園張氏校刊本”，《四庫全書存目叢書》據四川省圖書館藏本影印行世，題“清乾隆刻本”，收入《經部》第一〇三册。案：本館所藏此黃氏養素堂刻本與學山園張氏校刊本，卷端“張履祥”，祥字皆訛爲"詳",則兩本間似有關聯。

鈐印有"禮培私印"白文方印、"掃塵齋積書記"朱文方印,知嘗爲民國藏書家王禮培收藏。王禮培(1864—1943),字佩初,號南公,一號潛虛老人,湖南湘鄉人。清光緒十九年(1893)舉人,二十九年(1903)進士。曾任湘鄉學堂監督,支持維新變法,後流亡日本,入帝國大學研習法政,并加入同盟會。辛亥革命後回國,曾任河南大學教授。王氏喜藏書,與湘籍藏書家葉德輝相酬唱,事迹參見李玉安、黃正雨撰《中國藏書家通典》。倫明《辛亥以來藏書紀事詩》"王禮培"條云:"京曹得暇訪書叢,王、郭同年志亦同。三百二編無力間,最難忘是宋雕龍。"另又鈐有"征之藏弄"朱文長方印,印主不詳。

114
夏小正集解四卷

T633　3872

《夏小正集解》四卷,清顧問撰,清乾隆五十七年(1792)刻本。一冊。框高16.5厘米,寬13.5厘米。半葉九行十九字,小字雙行同,左右雙邊,白口,單魚尾。版心上鐫書名,中鐫卷次。

卷端題"高郵顧問纂"。書名葉分三欄,右題"乾隆壬子新鐫",中題"夏小正集解",左題"桐陰書屋藏版"。

書首,首《夏小正集解例言》,共四則,末署"桐陰再識"。次《夏小正集解總目》,總目之末,有識語,末署"乾隆甲辰秋九月,高郵顧問識"。次《先儒注釋姓氏》。次正文四卷。書末鐫有"弟名、鴻校勘"字樣。

顧問,號桐陰,清江蘇高郵人。嘗以授徒爲業,餘生平事迹不詳。著有《夏小正集解》。另清閻若璩撰有《四書釋地》,顧問嘗加以重編,題《校正四書釋地》。

此書撰作之由,顧問於《夏小正集解總目》末之識語中云:"往歲課徒里塾,及門中有受業《小正》者,苦其文字簡古,裒集群書,勉爲之注。藁未就,喜得北平黃先生本,讀之,融會傳注,博採旁搜,頗稱該洽。第考證中不無傅會,訓釋音義,間又依附農師。予因重加攷訂,經則折衷朱子《儀禮通解》,傳則就正金氏《通鑑前編》。論辨既夥,存逸各半,非故以矛刺盾也。藉先輩之成書,示後學以正義,芟繁就簡,參異證同,崑圃氏其許我乎?自惟學殖疎蕪,妄加點竄,楚固失,齊亦未得也,又焉用此覆瓿爲?"末署"乾隆甲辰秋九月,高郵顧問識"。案:甲辰爲乾隆四十九年(1784),知此書成於此年。顧問謂此書乃就黃叔琳之《夏小正傳註》重加攷訂,"經則折衷朱子《儀禮通解》,傳則就正金氏《通鑑前編》"。又此書雖撰成於乾隆四十九年，然書名葉題"乾隆壬子新鐫"，知乃刻於乾隆五十七年（壬子，1792）也。

此書以三個月爲一卷，凡四卷。其書之體例，《夏小正集解例言》第三則云："自大戴氏作傳，北周盧辯注失傳，宋關、傅、朱子注署甚，仁山載入《通鑑前編》，始爲之注。近人張萯菴、黃崑圃復博引廣稽，補所不逮。今遵黃氏訂本，凡不戾於經、傳者，悉錄其舊。間有附會、穿鑿之處，如以鞠爲黃星、以爽爲爽鳩，或削或辨，非好爲異同也。"此言其考訂所據之本。又第四則云："采輯注說，既多用黃氏本，其參以臆見者，悉從各經《注疏》中摘出，旁及《說文》《廣韻》諸書，或有不及詳書目者，以便覽，非掠美也。"書中經文頂格鐫刻，傳文低一格，注文低二格，皆大字；經、傳下之注文則雙行小字。注中引金履祥之注，稱"金氏曰"，引張爾岐之說，稱"張氏曰"，引黃叔琳之說，稱"黃氏曰"，顧問考訂之文，或直述其說，或冠"問案"二字。

顧問此書，名《夏小正集解》，除集前人之說外，對前人注解不妥處，亦頗有駁辨，如卷一"傳曰：何以謂之《小正》，以小著名也"條下，注云："金氏履祥曰：'《小正》者，紀候之書，謂之小，則固非其大也……'黃氏叔琳曰：'《竹書紀年》，夏后氏帝禹元年正月朔，頒《小正》，即是書。舊傳或云子夏作，謬也。'問案：《竹書紀年》作'頒夏時於邦國'，《小正》或夏時之一端也。《夏小正》一卷，見《隋·經籍志》，《大戴記》之篇名。戴氏作傳，與正文合。宋宣和時山陰傅氏崧卿仿《左氏春秋》，列正文於前，而附以傳。其謂自朱子始別出者，亦誤。"此處一則訂正黃叔琳"《竹書紀年》，夏后氏帝禹元年正月朔，頒《小正》"之文，謂原文實作"頒夏時於邦國"，故補充云："《小正》或夏時之一端也。"另顧問又訂金履祥說之誤，考黃叔琳《夏小正傳注》中引金履祥之注云："戴德作傳，與正文合，朱子《儀禮》別出之。"顧問此書雖省去金履祥此段注文，然於案語中則指出"列正文於前，而附以傳"乃始自宋傅崧卿之注，且言"其謂自朱子始別出者，亦誤"，此乃針對金履祥之注而發也。

另顧問駁黃叔琳注說爲鑿之例，如卷三"爽死"條，傳曰："爽也者，猶疏也。"顧氏注云："舊說：'爽，爽也，草名，蓋夏枯草之屬。'董仲舒云：'葶藶死於盛夏，欸冬花於嚴寒。'爽亦感陰氣而死者歟？黃氏疑爲爽鳩，殺鳥取其死者祭之，因曰爽死，則鑿矣。"案：黃叔琳於《夏小正傳注》"爽死"條下注云："按：爽死，疑即《左傳》之爽鳩，時多殺鳥，取其死者而祭之，因曰'爽死'，以記時也。或曰：爽，爽也，草名，蓋夏枯草之屬。"此處顧問仍從舊說之解，以爽爲草名，且評黃說爲鑿。

《續修四庫全書總目提要》收錄胡玉縉所撰此書提要，題"《夏小正集解》

四卷，乾隆五十七年敬業堂刊本"。胡氏評此書之得失，頗爲詳實，如謂"其自爲訓解，如'囷有見杏'云：'有牆曰囷'，與《説文》口部'囷'篆解合。'鷹則爲鳩'，引《周禮‧羅氏》鄭《注》：'變舊爲新'之義，亦頗切合。'采芸'引《爾雅翼》'七里香'，'杝桃'引陸游所説小桃（原注：'案：見《老學菴筆記》'），'昆小蟲'引《月令》：'蟄蟲咸動'，皆極明確。'攝桑'謂'葉始出而尚合'蓋從《釋木》'葉晝聶'悟出，已開孔廣森《大戴禮補注》之先。"此論其佳處也。然其他又如胡氏評云："惟'農緯厥耒'，以'農'爲農官，則'厥'者，明是厥農夫，蓋即《詩‧七月》所謂'三之日于耜'……以'農率均田'爲農亦農官，則傳明言農夫，安得强釋爲典農之夫？《月令‧疏》云：'田率，田畯'，實不足據。以'采芸'舊注'芸似邪蒿可食'爲關氏《注》，則《初學記》卷三已引之，唐人安得引宋人注？"此則糾其失也。然胡氏結論云："然此皆小失，無累大體。其書本爲課徒而作，不可謂非初學之津梁矣。"對此書之價值仍給予肯定。

此書《四庫全書總目》《中國古籍善本書目》俱未著録。此本另中國國家圖書館、北京大學圖書館、中國科學院圖書館、南京圖書館、湖北省圖書館等館亦有收藏。《四庫未收書輯刊》嘗據中國科學院圖書館藏本影印行世，題"清乾隆五十七年敬業堂刻本"，收入第叁輯第捌册。考其本書名葉分三欄，右題"乾隆壬子新鎸"，中題"夏小正集解"，左題"敬業堂藏版"。比對其版本，與本館所藏爲同版，版框間有缺損處，皆同。蓋皆乾隆五十七年（1792）刻版，而爲不同時期之印本，故兩者書名葉皆有"乾隆壬子新鎸"字樣，而一題"桐陰書屋藏版"，一題"敬業堂藏版"。又據書中《例言》之末，署"桐陰再識"，則"桐陰書屋"蓋係顧問之書齋名，本館所藏此本書名葉題"桐陰書屋藏版"蓋較敬業堂藏版爲早印也。又：中國國家圖書館另藏有清抄本一部，鄭振鐸《西諦書目》嘗載之。

鈐印有"積學齋徐乃昌藏書"朱文長方印，知嘗爲清徐乃昌收藏。徐乃昌生平參前"011　稻香樓雜著六種七卷"條。

三禮總義

115

新刊三禮考註六十四卷綱領一卷

T646　2331

《新刊三禮考註》六十四卷《綱領》一卷，舊題元吳澄撰。明刻本。二十册。

框高 17.7 厘米，寬 12.2 厘米。半葉十一行二十四字，四周雙邊，黑口，雙魚尾（魚尾相隨）。

卷端首行題"新刊三禮考註卷之一"，次行題"元翰林學士臨川吳澄考定"，第三行，上題"周禮"，下題"翰林脩撰吉豐羅倫校正"。

書首有《綱領》一卷，首行題"新刊三禮考註"，次行題"周禮綱領"，以下含《周禮綱領》《儀禮綱領》《禮記綱領》三部分，末題"三禮考註綱領畢"。另中國臺北"國家圖書館"藏明成化九年（1473）謝士元刻本，書首尚有明成化九年七月羅倫《三禮考註序》、明成化九年七月謝世元《三禮考註跋》、元吳澄《三禮考註序錄》、明楊士奇《三禮考註跋》、明夏時正《求校三禮考註書》，書末尚有明成化九年夏時正《書新刊三禮考註後》，本館此本皆無。

此書舊題"元吳澄撰"，然清朱彝尊《經義考》、《四庫全書總目》、清周中孚《鄭堂讀書記》等皆斷爲後人偽託。朱彝尊《經義考》卷一百六十四著錄"吳氏澄《三禮考註》六十四卷，存"。朱彝尊考云："按：艸盧先生諸經解各有敘錄，余購得《周官禮》，乃先生孫當所補，其餘《儀禮》則有逸經，《戴記》則有《纂言》，今所傳《三禮考注》，以驗對先生之書，論議、體例多有不合，其爲晏氏偽託無疑。"又《四庫全書總目》提要云："舊本題元吳澄撰。其書據《尚書・周官》篇以改《周禮》六官之屬，分《大司徒》之半以補《冬官》，而《考工記》別爲一卷。《儀禮》十七篇爲正經，於大、小《戴記》中取六篇爲《儀禮》逸經，取十五篇爲《儀禮》傳，別有《曲禮》八篇。然澄作《尚書纂言》，不信古文，何乃據《周官》以定《周禮》？即以澄《三禮敘錄》及《禮記纂言》考之，所列篇目亦不合，其經義混淆、先後矛盾者，不一而足。虞集作澄墓誌、宋濂《元史》澄本傳，皆不言澄有此書，相傳初藏廬陵康震家，後爲郡人晏璧所得，遂掩爲己作。經楊士奇等抄傳改正。然士奇序及成化中羅倫校刻序，皆疑其爲璧所作，則當時固有異論矣。士奇又言：'聞諸長老，澄晚年於此書不及考訂，授意於其孫當，當嘗爲之而未就。'朱彝尊《經義考》言曾購得當所補《周官禮》，以驗今書，多不合。又張爾岐《蒿菴閒話》曰：'愚讀《儀禮》，偶得吳氏《考注》，其《注》皆採自鄭、賈，往往失其端末，其不用鄭、賈者四十餘事，惟《少牢》篇《尸入正祭》章補出"尸授祭肺"四字，爲有功於經，餘皆支離之甚。草廬名宿，豈應疎謬至此？……何物妄人，謬誣先儒至此？'云云。然則是書之偽，可以無庸疑似矣。"另清周中孚所論亦從《經義考》及《總目》之説，茲不贅述。

此本，本館舊目題"疑爲成化九年（1473）謝士元後刊本或翻刻本"。今考此本重刊所據來源非一，非全據成化九年謝士元刻本重刊。此本卷一卷端首行題"新刊三禮考註卷之一"，此同於中國臺北"國家圖書館"藏明嘉靖七年（1528）詹氏進賢堂刻本，然進賢堂刻本次行題"翰林學士臨川吳澄考定／翰林脩撰吉豐羅倫校正"，本館此本則第二、三行題"元翰林學士臨川吳澄考定／翰林脩撰吉豐羅倫校正"，與進賢堂刻本有異，當爲重刊之本也。又此本《儀禮考註》十七卷，卷次自爲起訖，不與《周禮考註》相連。《儀禮考註》卷一卷端首行題"重刊儀禮考註卷之一"，第二、三、四行題"元翰林學士臨川吳澄考定／翰林脩撰吉豐羅倫校正／同文書院閩中李廷臣校正"，可知此部分乃據明正德同文書院李廷臣刻本重刊也。《儀禮考註》卷十七之後，接《儀禮傳》部分，其卷端首行上題"新刊三禮考註卷之二十四"，下題"元翰林學士臨川吳澄考定"。次行上題"儀禮傳"，下題"翰林脩撰吉豐羅倫校正"。第三行上題"冠義第一"，下題"建昌知府長樂謝士元重校刊行"。此部分至《三禮考註》卷三十八止。此外，《禮記考註》部分共十卷，其卷次亦自爲起訖。其首卷卷端首行題："新刊三禮考註卷之一"，第二、三行題"元翰林學士臨川吳澄考定／翰林脩撰吉豐羅倫校正"，其後接"新刊三禮考註"卷二至五，然自卷六至卷十，卷端則題"三禮考註"，無"新刊"二字。由此可見此本重刊所據本來源之多樣也。又此本書首所載目録與内文頗有歧異，亦見此本版本之駁雜。

本館所藏此本有多葉抄補，如《新刊三禮考註》卷三十一葉二，《重刊儀禮考註》卷十一葉二十一、二十二，《三禮考註》卷三十四葉十三、十四等。

此書《四庫全書總目》著録，題"《三禮考注》六十四卷，兩淮馬裕家藏本"，入《經部・禮類存目三》。《中國古籍善本書目》著録"《三禮考註》六十四卷《序録》一卷《綱領》一卷，元吳澄撰，明成化九年謝士元刻本"一種及同版清丁丙跋本一種。另又著録"《吳文正公三禮考註》六十四卷《序録》一卷《綱領》一卷，元吳澄撰，明末吳伯禧、吳大可等刻本"及"《三禮攷註》十卷《序録》一卷《綱領》一卷，元吳澄撰，明萬曆三十八年董應舉刻本"各一種。其中"明成化九年謝士元刻本"載中國國家圖書館、北京大學圖書館、北京師範大學圖書館等十館收藏。《四庫全書存目叢書》嘗據北京師範大學圖書館藏本影印，題"明成化九年謝士元刻本"，列入《經部》第一〇三册。另《北京圖書館古籍珍本叢刊》亦曾據其館藏本影印行世，列入第一册。此外，中國臺灣大學圖書館藏有明焦竑、謝兆申校本一種，書中鐫有焦竑及謝兆申之校語。

鈐印有"子京家藏"朱文長方印。

116

三禮編繹二十六卷

T647　1218

《三禮編繹》二十六卷，明鄧元錫撰。明萬曆三十三年（1605）史繼辰等刻清初印本。十六册。框高21.6厘米，寬14.7厘米。半葉十行二十一字，小字雙行同，四周雙邊，白口，無魚尾。版心上鎸書名及卷次。

卷端題"盱後學鄧元錫著"。

書首，首明萬曆乙巳（三十三年，1605）首春饒景曜《刻三禮編繹序》。次《刻校三禮編繹姓氏》。次萬曆初元（元年，1573）七月鄧元錫《三禮編繹序》。次諸儒訓經者姓氏，未立標題，首有鄧元錫識語云："鄧元錫曰：聖經猶天象，然古注疏蓋推步家，豈必盡天而各有所明，不可廢，以因用測天也……其諸儒訓經者姓氏，則各標于本經篇端。"

鄧元錫生平，參見前"002　五經繹十五卷"條。

此書撰作之由，書首鄧元錫《三禮編繹序》中云："'三禮'本古《曲禮》、《儀禮》、《周禮》而名。古經必有記，記經所未備若異由者，今世所傳《周禮》《儀禮》《禮記》稱三《禮》，則相沿誤也……余讀《禮》，手錄《曲禮》《少儀》《内則》《玉藻》諸篇，敦本實、致微眇、約身理家可服存者，爲《曲禮經》上篇，其非日用習行若古今異宜，難施行者，爲下篇。經記缺，錄《表記》《坊記》《緇衣》語精實，於經通者附焉。其《儀禮》本古經爲經，經有義見《戴記》者，類附經爲傳，傳錯見他記中者，摭取之爲外記。凡經十七篇，傳七篇，記各附其篇終。《周禮》故五篇，近儒取五官聯近《冬官》者，迴互更定，以爲《冬官》未嘗亡也，然何從質是之也？經所存終遠也，故《周禮經》仍五篇，《工記》類附通記後自爲篇。匪曰詮訂，庸便誦服云。"此《序》末署"明萬曆初元秋七月盱黎川後學鄧元錫書謹撰"。由此知鄧氏《三禮編繹》稿乃成於萬曆元年（1573），而其所謂之"三禮"，非等同於世所稱《周禮》《儀禮》《禮記》也。另書首饒景曜《刻三禮編繹序》亦云："盱江鄧汝極先生，静觀縣解，得其精深，乃合《曲禮》《儀禮》《周禮》爲一編，而申之以己意，曰'繹'。先《戴記》之《曲禮》，次《儀禮》經、記，次《周官》《考工》。其《戴記·檀弓》而下，暨《家語》《孝經》《大戴禮》，各以《儀禮》曲、冠、婚、喪、祭、鄉射、相見之類，附于篇末。散言泛論不可附者，又題之曰《禮記》，以綴《周禮》之後，共二十六卷。"由此亦可知鄧氏此書所謂《三禮編譯》之意涵。

此本之刊刻，據饒景曜《刻三禮編繹序》中云："是編也，遺藁發自王民法帳中，范原易偕劉公白閱而卒業，並欣謂異寶，足爲學士家指南，遂謀所以志不朽，屬景曜訂校，爲從臾成之。各捐貲以供梨棗。將就鋟，而原易以遷閩左轄行。會史應之還任，董其成。諸君子委序於余，余不敏，僭述其大致若此，以章鄧先生廣屬末學之意云。"末署"萬曆乙巳首春提督浙江學校布政使司右參議兼按察司僉事進賢饒景曜撰"。由此知此本刻於萬曆乙巳（三十三年）也。考鄧元錫卒於萬曆二十一年（1593），則此書付梓時，鄧氏已逝，故饒《序》中稱"遺藁"也。又此本校刻、捐貲諸人之姓氏，列於書首《刻校三禮編繹姓氏》中，與饒《序》相對照，可知饒氏所謂"王民法"即"浙江按察司副使盱江王一言"，"范原易"即"浙江布政司右布政使新安范淶"，"劉公白"即"浙江按察司按察使斠鄩劉庚"，"史應之"即"浙江布政司左布政使平陵史繼辰"，而董其成者乃史繼辰也。惟此本雖據饒《序》所述，題爲"明萬曆三十三年（1605）史繼辰等刻本"，然書中卷端所題頗見參差，如卷一至三題"盱後學鄧元錫著"，卷四題"明盱郡鄧元錫著"，卷五題"明盱郡鄧元錫繹"，卷六題"明盱郡鄧元錫編"，卷七至十題"明盱郡鄧元錫著"，卷十一以下題"盱郡鄧元錫著"。若此本果爲萬曆三十三年初刻印本，卷端所題不應如此參差，且不宜特於卷四、五、六、七、八、九、十諸卷之卷端冠"明"字。又考此本不避"玄""胤""曆"等字，故疑乃清初之補刻印本也。

　　鄧元錫另撰有《五經繹》十五卷，其中收《三禮編繹》四卷，彼四卷本《三禮編繹》乃簡鍊二十六卷本而成。王重民《中國善本書提要》云："《三禮編繹》二十六卷，十二冊（北大），明萬曆間刻本……按是書先有《經繹》本，僅四卷；此本後刻，注解較《經繹》本加詳矣。"按：王說非也。另參前"002　五經繹十五卷"條所述。

　　此書共二十六卷，計卷一至卷三《曲禮》，卷四至十《儀禮》，卷十一至十七《周禮》，卷十八至二十六《禮記》。各卷皆頂格大字列經文，雙行小字作注，注中間引前人之解。經文後低一格接鄧氏之說釋，冠"繹曰"二字。

　　此本不避清諱。書末卷二十六第二十六葉右、左二面上端皆略有缺損，有佚名墨筆填補，然字迹拙劣，又多任意妄補，疑係書賈所爲。

　　《四庫全書總目》著録，題"《三禮編繹》二十六卷，兩淮鹽政採進本"，入《經部·禮類存目三》。提要云："是編以'三禮'爲名，而實非歷代相傳之三《禮》。一曰《曲禮》，以《禮》經所載雜儀細曲者爲經，以《表記》《坊記》《緇衣》爲記。二曰《儀禮》，以十七篇爲經，以《射義》諸篇爲記。三曰《周禮》，以《周官》爲經，而《考工記》《大戴禮》《家語》及《禮記》諸篇不可分入《曲禮》者，皆彙列於後爲記……昔俞庭椿首亂《周禮》，儒者所譏。朱子作《儀禮經傳通解》，雖列附《禮記》，而仍以《儀禮》爲主，不過引經證經，至吳澄《禮記纂言》始刪削其文，顛倒其次。貢汝成因而更定三《禮》，彌爲變亂紛紜，已大乖先儒謹嚴之義。至元錫此書，則非惟亂其部帙，併割裂經文，移甲入乙，別爲標目分屬之，甚至採掇他書，臆爲竄入，古經於是乎蕩盡矣。非聖人而刪定六籍，不亦異乎？"

《中國古籍善本書目》著録，題"《三禮編繹》二十六卷，明鄧元錫撰，明萬曆三十三年史繼辰、饒景曜等刻本"，載中國國家圖書館、北京大學圖書館、北京師範大學圖書館等十一館收藏。另中國臺北"國家圖書館"，美國國會圖書館、哈佛大學哈佛燕京圖書館，日本內閣文庫等亦有收藏。《四庫全書存目叢書》嘗據北京大學圖書館藏本影印行世，題"明萬曆三十三年史繼辰等刻本"，列入《經部》第一〇九册。案：北京大學圖書館此本，各卷卷端題名亦頗有參差，與本館此本同版，亦非萬曆之初刻印本也。

117
三禮述註七十一卷

T648　4494

《三禮述註》七十一卷，清李光坡撰。清乾隆八年（1743）至三十二年（1767）李氏清白堂刻本。三十二册。框高19.9厘米，寬13.3厘米。半葉八行二十二字，小字雙行同，四周單邊，白口，單魚尾。版心下鎸"清白堂"。

書名葉分三欄，右題"安溪李茂夫先生著"，中題"三禮述註"，左題"清白堂藏版"。

此書含《周禮述註》《儀禮述註》《禮記述註》三書，以下分別述之。

（一）《周禮述註》二十四卷

此書十册。版心上鎸"周禮述註"，中鎸卷次，下鎸"清白堂"。

卷端上題"周禮卷第一"，下題"李光坡述註"。別本有書名葉，題"乾隆八年癸亥鎸，安溪李茂夫先生著，周禮述註，清白堂藏"，本館此本無書名葉。

書首，首清康熙甲申（四十三年，1704）十一月李光坡《周禮述註序》。次凡例，共三則，未立標題，版心鎸"凡例"，末署"坡又識"。次《刊刻凡例》，共六則，未署名。次李光坡"恭紀"，未立標題，版心上鎸"恭紀"，前爲"御書亭"圖，後爲圖記，末署"臣李光坡恭紀"。次李光坡像，右上鎸"茂夫先生小像"。次《引用姓氏》。次《周禮述註目録》。次本文二十四卷。書末有《周禮述註後跋》，末署"乾隆八年癸亥冬臘月既望四男鍾份謹跋"，末行鎸"族孫榮衷刻"。又卷五、十、十六、十九、二十二、二十四之末，鎸有"男鍾份攷訂校梓"字樣。

李光坡（1651—1723），字耜卿，號茂夫，又號皋軒。清福建安溪人。《清史列傳》卷六十七《儒林傳上二》、《清史稿》卷四百八十《儒林一》俱有傳。《清史稿》云：“李光坡，字耜卿，安谿人，大學士光地之弟也。生五歲，與伯叔兄弟俱陷賊壘，既脫難，後受學家庭，宗尚宋儒及鄉先正《蒙引》《存疑》諸書。次第講治《十三經》、濂、洛、關、閩書，旁及子、史。質不甚敏，以勤苦致熟……光坡家居不仕（實三案：‘仕’，點校本誤作‘仁’，今改正）康熙四十五年，入都，與其兄光地講貫。著《性論》三篇……光地嘗論東吳顧炎武與光坡皆數十年用心經學，精勤不輟，卓然可以傳於後云。光坡天性至孝，父病篤，炷香焚掌叩天以祈延壽，病果愈。及舉孝廉方正，有司將以光坡應選，而光坡寢疾矣。卒，年七十有三。”著有《三禮述註》《離騷注》《皋軒文編》等書。

　　此書之撰作，據李光坡《周禮述註序》云：“坡昔者年及壯，始治《周禮》，患其難讀，因求解於今人之所爲註者，亦復惘然。後受《註疏》以卒業，畧知詁釋，而宏綱微言則元兄先後是正。丙寅春，使類所聞以爲編，於是本述《註疏》，搜索儒先，以相發明，更以愚見次其先後，脩成《周禮述註》若干卷，可繕寫。”此序末署“康熙甲申十有一月既朔三日李光坡序”，知光坡受其兄李光地之命，於康熙二十五年（丙寅，1686）始撰此書，至四十三年（甲申，1704）成，前後費時近二十年。

　　至於此書之刊刻，則已至乾隆八年（1743）。書末載有李鍾份撰《周禮述註後跋》云：“康熙丙寅歲，父年三十六，於是根柢《註疏》，博採先儒經解，衷以己意，撰次成衾，猶未敢自信，凡十餘脫稾，至甲申，閱十九載而後訂本，自序列於編端，名曰《周禮述註》……乙未秋，伯父假歸　陛辭，蒙　聖恩御書‘道通月窟天根裏，人在清泉白石間’特贈父光坡。丙申歲，與伯父家庭講論禮書，凡鄉族有吉凶嘉禮，必指父言曰：‘宜問禮於識禮者。’是年，父脩《禮記述註》，三載成。又註《儀禮》，至壬寅冬告成，均以《述註》名書。父訓份兄弟曰：‘吾寒素，書成未能問世，善藏吾稾，或土苴可棄，抑後溲勃可收，則宣城梅公所云存與不存不關刻與不刻也。’我　皇上龍飛元年，命經學大臣總裁纂脩三《禮》，知父有遺書，移文福建謄鈔送館，時份備員刑曹，謹將家藏抄本呈館，以備采録……今父歿已二十年，兄弟五人，僅份在矣，爰是先刻《周禮述註》，以公寰宇……所有親知，於父書有微勞者，悉分類附名卷首，不敢專美焉。時乾隆八年癸亥冬臘月既望四男鍾份謹跋。”據汪份此《跋》，知李光坡《周禮述註》《儀禮述註》、《禮記述註》三書，於康熙六十一年（壬寅，1722）時已全部完成，然至乾隆八年（癸亥，1743）始由其四男李鍾份先將《周禮述註》二十四卷付梓，其餘二書則尚未能刻也。又《周禮述註》書首《引用姓氏》之末，附有“編次”“彙稿”“書草”“攷證”“攷證校梓”“音釋”“校對”“收掌""督梓"等各項工作擔當者姓名，此即李鍾份《後跋》中所云"所有親知，於父書有微勞者，悉分類附名卷首"者也。

此書分二十四卷，計卷一至五《天官冢宰》；卷六至十《地官司徒》；卷十一至十六《春官宗伯》；卷十七至十九《夏官司馬》；卷二十至二十二《秋官司寇》；卷二十三至二十四《冬官考工記》。書中經文頂格大字，換行則低一格。李氏《述註》之文，雙行小字，置於所註經文之下，所引《注疏》及前人之説，標明"註曰""疏曰"或某人曰，皆以小圈隔開，以示區別，其下己見，則稱"坡謂"。另如有申説，則於其官之末，低一格雙行小字設爲問答以釋之。李光坡於凡例第二則云："依朱子註例，但解本文者居先，總論者居後，不分別世代爲次。"又第三則云："或時集串《註疏》并愚見者，即不復識別。"此乃自述其詮釋之體例也。

書首有"御書亭"圖及紀，版心鎸"恭紀"二字，李光坡紀云："臣光坡屢蒙　天語注問，康熙五十四年八月伯兄宰臣光地　假歸　陛辭，恭蒙　皇上特恩賜聯，感泣之私，不能自已。恭紀八韻，以彰　盛典。"末署"臣李光坡恭紀"。"御書亭"圖中即載康熙帝所賜對聯，文曰："道通月窟天根裏，人在清泉白石間。"李氏於書首冠此圖及紀，以誌殊榮也。又李氏因康熙帝所賜此聯，故名其堂曰"清白堂"。

《四庫全書總目》評此書云："其書取《注疏》之文，刪繁舉要，以溯訓詁之源，又旁採諸家，參以己意，以闡制作之義。雖於鄭、賈名物度數之文多所刊削，而析理明通，措詞簡要，頗足爲初學之津梁……光坡此書，不及漢學之博奧，亦不至如宋學之蔓衍，平心静氣，務求理明而詞達，於説經之家，亦可謂適中之道矣。"館臣於此書頗加稱許。

（二）《儀禮述註》十九卷

此書八册。版心上鎸"儀禮述註"，中鎸卷次及篇名，下鎸"清白堂"。

卷端上題"儀禮卷第一"，下題"李光坡述註"。書名葉分三欄，右題"安溪李茂夫先生著"，中題"儀禮述註"，左題"清白堂藏版"，欄上題"乾隆三十二年丁亥鎸"。

書首，首清康熙辛丑（六十年，1721）十一月李光坡《儀禮述註序》。次康熙庚辰（三十九年，1700）李光坡《附授長兒瓊儀禮跋》。次《儀禮述註目錄》。別本《目錄》前有"御書亭"圖及紀、"茂夫先生小像"，本館此本無。

此書之撰作，據《周禮述註》書末李鍾份《周禮述註後跋》云："丙申歲，與伯父家庭講論禮書……是年，父脩《禮記述註》，三載成。又註《儀禮》，至壬寅冬告成，均以《述註》名書。"知《儀禮述註》始撰於康熙五十七年（戊戌，1718）《禮記述註》修成之後，至康熙六十一年（壬寅，1722）完成，乃三書中最後修成者。至於此書之刊刻，據書名葉，知刻於乾隆三十二年（丁亥，1767），晚於《周禮述註》二十餘年矣。

此書共十九卷，計卷一《士冠禮》，卷二《士昏禮》《士相見禮》，卷三《鄉飲酒禮》，卷四至五《鄉射禮》，卷六《燕禮》，卷七至八《大射儀》，卷九至十《聘禮》，卷十一《公食大夫禮》《覲禮》，卷十二至十三《喪服》，卷十四《士喪禮》，卷十五《既夕》，卷十六《士虞禮》，卷十七《特牲饋食禮》，卷十八《少牢饋食禮》，卷十九《有司徹》。

此書體例大體同《周禮述註》，惟《周禮述註》經文之音讀置於《述註》文末，《儀禮述註》則標於《述註》起首，另《儀禮述註》於所引《註》文及前人之説，亦間加釋音讀。

《四庫全書總目》評此書云："是書取鄭《注》、賈《疏》總撮大義，而節取其詞，亦間取諸家異同之説，附於後……三《禮》之學，至宋而微，至明殆絶，《儀禮》尤世所罕習，幾以爲故紙而棄之。注其書者，寥寥數家，即郝敬《完解》之類，稍傳於世者，大抵影響揣摩，橫生臆見。蓋《周禮》猶可談王、霸，《禮記》猶可言誠、敬，《儀禮》則全爲度數節文，非空詞所可敷演，故講家每避之而不道也。光坡此編，雖瑕、瑜互見，然疏解簡明，使學者不患於難讀，亦足爲説《禮》之初津矣。"

（三）《禮記述註》二十八卷

此書十四册。版心上鎸"禮記述註"，中鎸卷次及篇名，下鎸"清白堂"。

卷端上題"禮記卷第一"，下題"李光坡述註"。書名葉分三欄，右題"安溪李茂夫先生著"，中題"禮記述註"，左題"清白堂藏版"，欄上題"乾隆三十二年丁亥鎸"。

書首，首清康熙戊子（四十七年，1708）李光坡《禮記述註序》，《序》後附李光坡讀《禮記》札記四則。次李光地贈詩三首并李光坡識語。次《禮記述註目録》。別本《目録》前有"御書亭"圖及紀、"茂夫先生小像"，本館此本無。

此書之撰作，據《周禮述註》書末李鍾份《周禮述註後跋》云："丙申歲，與伯父家庭講論禮書……是年，父脩《禮記述註》，三載成。"知此書始修於康熙五十五年（丙申，1716），至五十七年（戊戌，1718）修成。又《禮記述註》書首李光地贈詩三首之後李光坡之識語亦云："今書成而兄殁矣。"考李光地卒於康熙五十七年（1718），識語所言時間亦相合。然書首李光坡所撰《禮記述註序》，末署"康熙戊子清溪李光坡謹序"，戊子爲康熙四十七年（1708），據此則李光坡之撰《禮記述註》，於康熙四十七年（1708）早已起草矣。

書首載李光地贈詩三首，末題"四弟生日得詩三章贈且期之／伯兄厚庵"，版心鐫"詩識附"。其後有李光坡之識語云："丁亥仲春，坡在京師，伯兄壽以三詩，而曰：'所註《周禮》，欲序而刻之，但數處能再引落，使其辭約，更得分章提節，尤便覽觀。今當南歸，非旬日可訂，至家徐爲之。'是詩姑見大意。又十年，丙申，兄抵里，因問，報曰：'固數脩如命。'兄曰：'子方有事《禮記》，併成，可謀授梓。'今書成而兄歿矣。奉讀遺詩，隕涕薰心，謹挂經端，以識兄惓惓所以終始之意。"案：李光地本期光坡《禮記述註》書成，併《周禮述註》謀而刻之，惜李光地於康熙五十七年（1718）逝世，二書未克付梓，故《周禮述註》至乾隆八年（1743）始克先刻，而《禮記述註》《儀禮述註》二書更遲至乾隆三十二年（丁亥，1767）方得梓行。《禮記述註》書名葉題"乾隆三十二年丁亥鐫"，可知其與《儀禮述註》皆刻於乾隆三十二年（1767）也。

此書共二十八卷，計卷一《曲禮上》，卷二《曲禮下》，卷三《檀弓上》，卷四《檀弓下》，卷五《王制》，卷六《月令》，卷七《曾子問》，卷八《文王世子》，卷九《禮運》，卷十《禮器》，卷十一《郊特牲》，卷十二《內則》，卷十三《玉藻》，卷十四《明堂位》《喪服小記》，卷十五《大傳》《少儀》《學記》，卷十六《樂記》，卷十七《雜記上》，卷十八《雜記下》，卷十九《喪大記》，卷二十《祭法》《祭義》，卷二十一《祭統》《經解》，卷二十二《哀公問》《仲尼燕居》《孔子閒居》，卷二十三《坊記》《中庸》《表記》，卷二十四《緇衣》《奔喪》，卷二十五《問喪》《服問》《間傳》《三年問》，卷二十六《深衣》《投壺》《儒行》，卷二十七《大學》《冠義》《昏義》《鄉飲酒義》，卷二十八《射義》《燕義》《聘義》《喪服四制》。

李光坡於《禮記述註序》中云："諸經《註疏》，共最《禮記》，朱子教學者看《註》、看《疏》自好，然文字浩汗，班、史謂'說五字之文至二、三萬言'者，蓋漢、唐講師之體爾也。又與諸經連部合梓，價重，匹士不能皆有，即有而讀之，亦何得於制舉？故是書不講殆千年矣。宋末有陳氏《集說》，學者喜其便，祧《註疏》而崇焉。明初爲之《大全》，裦然列於太學。坡始受之，竊病其未盡，及讀《註疏》，又疑其未誠……今者，不量其力，本述《註疏》，朱子之教也。陳氏雜合《註疏》、諸儒爲文，或仍之，或以《註疏》增其未備，損其枝辭，標'《集說》曰'，從其實也。凡諸篇皆妄，次第爲之條理。童而習，白首而脩，尊所得於遺經者，以施於子弟，切磋究之，爲就正之資，而非敢曰有得也。"其書之體例，由此可知。又《禮記述註》經文音讀標於《述註》之首，同於《儀禮述註》。

《四庫全書總目》評此書云："是編成於康熙戊子。前有自序云：'始讀陳氏

《集説》，疑其未盡；及讀《註疏》，又疑其未誠.'……其論可謂持是非之公心，掃門户之私見，雖義取簡明，不及鄭、孔之賅博，至其精要，則亦略備矣."案：《四庫全書總目》稱此書"成於康熙戊子"，乃據李光坡《禮記述註序》序末所題之年爲説，未符其實.《禮記述註》實乃完成於康熙五十七年（戊戌，1718），已見前文所述.此提要之撰者，蓋未見前述李鍾份所撰《周禮述註後跋》，故有此誤也.

本館此本《三禮述註》，避"玄""弦""弘""丘"等字.

李光坡《三禮述註》中三書，《周禮述註》始刻於乾隆八年（1743），《儀禮述註》《禮記述註》俱刻於乾隆三十二年（1767），中間相隔二十餘年.《四庫全書》將三書分別收録，惟《四庫全書》所録三書皆無音讀，亦無"御書亭"圖及紀、"茂夫先生小像"等，另《周禮述註》無"凡例"、《刊刻凡例》、李鍾份《周禮述註後跋》等，頗失其真.

《中國古籍善本書目》著録，題"《三禮述註》七十一卷，清李光坡撰，清乾隆八年、三十二年清白堂刻本"，載清華大學圖書館、福建師範大學圖書館、中山大學圖書館等館收藏.另南京圖書館、湖北省圖書館、復旦大學圖書館、中國科學院圖書館，美國哈佛大學哈佛燕京圖書館、柏克萊加州大學東亞圖書館，日本内閣文庫等亦有收藏.

鈐印有"李氏藏書"右朱左白方印、"冬涵"朱文方印、"冬涵閲過"朱文方印，知嘗爲清藏書家李毓恒收藏.李毓恒（1830—1891），字冬涵，號勉齋，清山東濟寧人.性淡泊，不求仕進，喜藏書與抄書.撰有《惜陰書屋書目》《勉齋讀書記》.編有《濟寧李氏·墨亭叢書六十四種》（清抄本，今藏中山大學圖書館）.李氏藏書後部分歸於藏書家徐坊歸樸堂，徐坊藏書散出後，傅增湘曾得李氏舊藏數種.李氏事迹參見李玉安、黄正雨撰《中國藏書家通典》.

118

參讀禮志疑二卷

T648　3124

《參讀禮志疑》二卷，清汪紱撰.清乾隆三十六年（1771）王廷言刻本.二册.框高20厘米，寬13.8厘米.半葉十行二十二字，小字雙行同，左右雙邊，白口，單魚尾.版心上鐫書名及卷次.

卷端題"婺源後學汪紱".

書首，首清乾隆三十六年（1771）秋八月洪騰蛟序，未立標題，末署"乾隆三十六年辛卯秋八月望日後學洪騰蛟書於栖碧山房"，葉末左下方鐫有"吴門穆大展局刻"一行七字.次未署年洪騰蛟撰《汪雙池先生小傳》.

　　汪紱（1692—1759），初名烜，字燦人，號雙池，又號敬堂，清婺源（今江
西婺源）人，《清史列傳》卷六十七《儒林傳上》、《清史稿》卷四百八十《儒林
一》俱有傳。《清史列傳》云：“汪紱，初名烜，字燦人，安徽婺源人。諸生。
少稟母教，八歲，四子書、《五經》悉成誦。家貧，父淹滯江寧，紱侍母疾累
年，十日未嘗一飽。母歿，紱走詣父，勸之歸。父曰：‘昔人言家徒四壁，吾
壁亦屬人，若持吾安歸？’叱之去。紱乃之江西景德鎮，畫盌傭其間，然稱母
喪，不御酒肉。後漂泊至閩中，爲童子師。乃授學浦城，從者日進。聞父歿，
一慟幾殆，即日奔喪，迎櫬歸。紱自二十後，務博覽，著書十餘萬言，三十後
盡燒之。自是凡有述作，凝神直書，自《六經》下逮樂律、天文、地輿、陣
法、術數，無不融暢，而一以宋五子之學爲歸……生平著述，恥於自炫，多藏
巾笥……乾隆二十四年卒，年六十八。子思謙，增生，以毀卒。同邑余元遴，
傳其學。”著有《易經詮義》《尚書詮義》《詩經詮義》《禮記章句》《禮記或問》
《參讀禮志疑》《樂經律呂通解》《樂經或問》《春秋集傳》《孝經章句》《四書詮
義》《理學逢源》《立雪齋琴譜》《醫學纂要探源》《大風集》等多種，後人輯有
《汪雙池先生叢書廿八種》。清朱筠所撰《婺源縣學生汪先生墓表并銘》中云：
“先生生平不爲應試學，然嘗以制義教弟子。年五十餘，諸兄弟強之試，受知于
故禮部侍郎筠，座師滿州嵩壽公持其卷曰：‘是當焚香煎茶讀之。’自是文詞稍
稍稱于人，然竟死無知其學者。”（見《笥河文集》卷十一）事跡另參清洪騰蛟
《汪雙池先生小傳》、清余龍光編《汪雙池先生年譜》等。

　　清陸隴其撰有《讀禮志疑》六卷，汪紱此書乃汪氏讀《讀禮志疑》而旁參
己說，故稱《參讀禮志疑》。此書卷上之首，載有汪紱所撰序言云：“稼書先生
之讀《禮》也，凡有疑義，必考悉於《注疏》而不敢遺，非不憚煩，蓋不如是
不敢安，讀經求實得也……然則稼書先生之志不可尚歟？愚是以喜讀其書而時
或旁參一說焉。謂疑有同心，亦復識之，且欲爲世之好異而畏煩者告也。”其撰
書之用意可見。

　　此書刊刻之緣由，洪騰蛟於書首之序中云：“陸公清獻《讀禮志疑》一
編，取漢、唐以來諸家之說，考其異同，判其得失，厥功甚偉。吾邑汪雙
池先生讀而好之，復爲之解糾紛之緒而闡未發之覆。如《周禮》郊天牲玉之
屬，與圜邱各殊，司士治朝之位，與《曲禮》互異，前儒所不能詳者，先生
一一析之，而且象緯律歷，靡不精研，故言之鑿鑿而皆得其要領。此固不足
以窺先生禮《學》之全，然已度越諸子矣。先生高第余秀書欲令讀者本末了
然，爰引陸氏原文，冠於各條之首。會騰蛟遊吳，携之篋衍，友人王太守顧
亭，慨然爲之板行……先生於學無不通而粹然一出於正，亦清獻一流人物，

第窮鄉樸學，知者或鮮，姑附舊擬小傳於後，以諗世之能讀其書者。"案：序中云："先生高第余秀書欲令讀者本末了然，爰引陸氏原文，冠於各條之首。"據此知汪氏原稿當僅係札記之體，未附陸書原文，至付梓時，汪紱之學生余秀書始引陸隴其《讀禮志疑》原文置於各條之首，以便讀者本末了然。考余元遴（1724—1778）字秀書，一字藥齋，《清史列傳》《清史稿》皆附傳於汪紱之後。朱筠《婺源縣學生汪先生墓表并銘》中盛贊汪紱身後著作得傳，多賴余氏之力。《清史列傳》云："余元遴，字秀書，諸生。家貧，讀書，躬行樵汲，少有志爲己之學，究心經義及宋五子書。後師事紱，得聞爲學要領，著《庸言》四卷，皆克治身心、考驗自得之語……紱父子殁，經紀其喪，迎其妻江，養於家，復力寫遺書，獻之督學朱筠，卒賴以傳。乾隆四十三年卒，年五十五。又著有《詩經蒙説》《畫脂集》。"

又洪騰蛟此序中云："會騰蛟遊吳，携之篋衍，友人王太守顧亭，慨然爲之板行。"由此知乾隆三十六年（1771）《參讀禮志疑》此書之刻，實由王顧亭出資版行。考王顧亭（1725—1807），名廷言，清姚鼐《惜抱軒文後集》卷八載有《中憲大夫順德府知府王君墓誌銘》，中云："君諱廷言，字顧亭，婺源王氏平陽府同知諱文德之子，係選縣丞諱士鏡之孫，兩世皆贈中縣大夫。君才通曉世事，而性清遠，喜文章，耽禪悦，嘗仕爲河曲州知州矣，又晋順德府知府矣，兩地皆有政聲名跡，而在順德值歲饑，君於公帑振救之外，又自出財以施貸，所全者甚衆，上官尤稱之，以爲賢，將更薦舉而君以目疾不痊，遂請告去官，始家婺源之漳溪，遷居饒州，既乃定居於江寧之西南郊……所著有《自娱草》若干卷。嘉慶十二年正月四日卒，年八十三。"考王廷言出資刊刻汪紱《參讀禮志疑》一事，除見於洪騰蛟序之外，他處文獻亦得參見，如余元遴《染學齋詩集》（原名《畫脂草》）卷二收有《寄謝王顧亭太守》一詩，中云："先師書等身，五緯列寒芒。惜哉委樗材，陸氏莊已荒。君獨壽棗梨，不脛傳四方。"余氏於"不脛傳四方"下自注云："君曾開雕汪雙池師《參讀禮志疑》行世。"又此詩末四句云："萬笏天平山，遥遥遠相望。蘇州亦有雲，意欲凌風翔。"余氏於"遥遥遠相望"句下注云："君時寓吳中"，可知此書刊於蘇州，與洪騰蛟序中所云："會騰蛟遊吳，携之篋衍，友人王太守顧亭，慨然爲之板行。"正可參證也。又此書之刻，乃出穆大展局刻工之手，洪騰蛟序文之末，鑴有"吳門穆大展局刻"七字，可知剞劂所司。總上所述，此書應題"清乾隆三十六年（1771）王廷言刻本"爲當。本館此本無書名葉，別館所藏同版之本，有書名葉，題"乾隆辛卯秋鑴／栖碧山房藏板"考書首洪騰蛟序，末署"乾隆三十六年辛卯秋八月望日後學洪騰蛟書於栖碧山房"，據此知栖碧山房爲洪騰蛟居處。此蓋因洪騰蛟主其事，故刻成後，板藏於洪氏栖碧山房，或竟是後印時所加，亦未可知，《中國古籍善本書目》題爲“乾隆三十六年栖碧山房刻本”，恐未適宜。考洪騰蛟（1726—1791），字鱗雨，號壽山，婺源人，乾隆十五年（1750）舉人，嘗以置閏法及經學、理學諸疑質於汪紱，紱報書言爲學之概甚悉，騰蛟欲往執贄，未行而紱歿。《清史列傳》《清史稿》并附傳於汪紱後，王廷言之弟王友亮（1742—1797）《雙佩齋文集》卷三載有《洪君壽山傳》。

此書分上、下二卷，先頂格列陸隴其《讀禮志疑》之文，次低一格列汪紱之參説。如卷上第四則，陸隴其《志疑》云：“《士喪禮》上、下二篇止有主人拜賓之文，而於柩、於重、於奠皆未嘗拜，至《士虞禮》設饌後始言‘主人再拜稽首’，自虞以前豈經文畧而不言歟？抑主哀不主敬而不拜歟？賓之弔、奠、賵、贈亦皆不言拜。”汪氏參云：“喪禮急遽，初喪尤甚，虞禮以前，皆不言拜，蓋不拜也，與吉反也。”此解喪禮虞禮前不言拜之由，即其例也。

此書，《四庫全書》收録，惟《四庫》本書首無洪騰蛟序及洪撰《汪雙池先生小傳》。《四庫全書總目》題“《參讀禮志疑》二卷，編修勵守謙家藏本”。提要於此書雖亦有所批評，然末云：“又謂大夫士廟亦當有主，與《通典》所載徐邈及清河王懌之議相合。如斯之類，亦多深得經義，固可與隴其之書並存不廢也。”

《中國古籍善本書目》著録，題“《參讀禮志疑》二卷，清汪紱撰，清乾隆三十六年栖碧山房刻本”，載内蒙古自治區圖書館、遼寧省圖書館、安徽省徽州地區博物館、湖北省圖書館等四館收藏。另北京大學圖書館、中國臺灣大學圖書館等館亦有收藏。案：《北京大學圖書館藏古籍善本書目》著録此本，題“《參讀禮志疑》二卷，清汪紱著，清乾隆三十六年（1771）王廷言蘇州刻本”。其所題當較《中國古籍善本書目》爲當。又《中國古籍善本書目》著録此書，接在清陸隴其“《讀禮志疑》六卷”之後，其次序先於清李光坡“《三禮述註》七十一卷”。今考李光坡長於汪紱，《三禮述註》之刊刻又在《參讀禮志疑》之前，故今將此書著録於《三禮述註》之後。

119

禮箋三卷

《禮箋》三卷，清金榜撰。清乾隆五十九年（1794）方起泰、胡國輔刻後印本。二册。框高18.9厘米，寬14厘米。半葉十行二十一字，小字雙行同，左右雙邊，下黑口，單魚尾。版心上鐫書名，中鐫卷次及篇目。

　　卷端首行題"九賦九式"，未題撰者名。書名葉分三欄，右題"歙金氏學"，中題"禮箋"，左題"游文齋藏版"。

　　書首，首清乾隆五十九年（1794）八月朱珪《序》。次嘉慶三年（1798）五月姚鼐《序》。次序目，首行題"禮箋"，次有金榜序，末署"歙金榜"。序目之末有乾隆甲寅（五十九年）嘉平月（十二月）方起泰、胡國輔識語。序目共四葉，版心鐫"序目"，第四葉末行鐫"黃仰朱鐫"。

　　金榜（1735—1801），字藥中，又字輔之，號檠齋，清安徽歙縣人。《清史列傳》卷六十八《儒林傳下一》、《清史稿》卷四百八十一《儒林二》俱有傳。《清史稿》云："金榜，字輔之，歙縣人。乾隆二十九年召試舉人，授內閣中書，軍機處行走。三十七年一甲一名進士，授翰林院修撰。散館後，養疴讀書不復出，卒於家。師事江永，友戴震，著《禮箋》十卷，刺取其大者數十事爲三卷，寄朱珪，珪序之，以爲詞精義核。榜治《禮》最尊康成，然博稽而精思，慎求而能斷。嘗援《鄭志》答趙商云：'不信亦非，悉信亦非。'曰：'斯言也，敢以爲治經之大法。'故鄭義所未衷者必糾正之，於鄭氏家法不敢誣也。"事迹另參清吳定《翰林院修撰金先生榜墓志銘》（《紫石泉山房文集》卷十）、清張惠言《祭金先生文》（《茗柯文編》四編）、清惲敬《翰林院庶吉士金君華表銘》（《大雲山房文稿》二集，卷四）等文。

　　此書撰作及書名取義之由，金榜於書首序目之首，序云："榜幼承義方，治《禮》宗鄭氏學，長而受學於先師江慎修先生，遂窺禮堂論贊之緒。其間采獲舊聞，或擿秘逸，要于鄭氏治經家法不敢誣也。昔鄭氏箋《詩》云：'注《詩》宗毛爲主，毛義若隱畧，則更表明；如有不同，即下己意，使可辨識也。'《禮箋》之名，蓋首其義。"末署"歙金榜"。案：鄭玄於《六藝論》中述其作《毛詩箋》之宗旨云："注《詩》宗毛爲主，毛義若隱畧，則更表明；如有不同，即下己意，使可辨識也。"《六藝論》原書今佚，此語見於唐陸德明《經典釋文·毛詩音義》所引。金榜自謂其書取名爲《禮箋》，乃取法於鄭玄之《毛詩箋》，即所謂"要于鄭氏治經家法不敢誣也"。

　　此書之刊刻，書首序目之末，方起泰、胡國輔之識語云："金檠齋先生所著《禮箋》凡十卷，其書未寫定，祕不以示人。癸丑冬，以髀病臥床褥間，因刺取其犖犖大者數十事，錄寄大興朱大中丞。大中丞既爲之敘，泰等竊見遠近承學之士願覯先生書者眾矣，輒不揆樗昧，將此帙依經叙錄，釐爲三卷，校刊之，資省覽焉。"末署"乾隆甲寅嘉平月同邑後學方起泰、胡國輔謹識。"又序目末行鐫"黃仰朱鐫"。由此可知此本乃由方起泰、胡國輔於乾隆五十九年（甲寅，1794）爲之釐定校刊，刻工爲黃仰朱。惟此本書首有嘉慶三年（1798）姚鼎《序》，則姚《序》當爲後印時所加也。臺北"中央研究院"傅斯年圖書館所藏同版《禮箋》，書首載朱珪《序》、金榜自序，而無姚鼎《序》，其本蓋爲乾隆五十九年之刊印本。

此書分三卷，各卷復分條目，計卷一"九賦九式"等十五條，附"漢地理志分置郡國考"一條；卷二"金奏肆夏"等十七條；卷三"旬之外曰遠某日，旬之內曰近某日"等十六條。各條首載條目，次列經文，次列鄭《注》，次冠"箋云"，以述己見。

此本避"玄"字諱，皆改爲"元"。

此書《四庫全書總目》未著録。《中國古籍善本書目》著録"《禮箋》三卷，清金榜撰，清乾隆五十九年方起泰、胡國輔刻本"一種，載中國國家圖書館、清華大學圖書館、復旦大學圖書館等八館收藏。另又著録"《禮箋》三卷，清金榜撰，清乾隆五十九年方起泰、胡國輔刻嘉慶三年印本，清孫詒讓批"一種，載溫州市圖書館收藏。本館此本，另華東師範大學圖書館亦有收藏。《續修四庫全書》嘗據華東師範大學圖書館藏本影印行世，題"清乾隆五十九年方起泰、胡國輔刻後印本"，收入《經部》第一〇九册。

通　禮

120

五禮通考二百六十二卷總目二卷首四卷附讀禮通考一百二十卷

T648　5946

《五禮通考》二百六十二卷總目二卷首四卷，清秦蕙田撰，七十二册；附《讀禮通考》一百二十卷，清徐乾學撰，二十四册。清乾隆秦氏味經窩刻本。

此《五禮通考》與《讀禮通考》各爲一書，以下分别述之。

（一）《五禮通考》二百六十二卷總目二卷首四卷

清秦蕙田撰。框高18.5厘米，寬14.7厘米。半葉十三行二十一字，小字雙行三十一字，左右雙邊，白口，單魚尾。版心上鎸字數，中鎸書名、卷次及"圜丘祀天"等門類名。

卷端題"内廷供奉禮部右侍郎金匱秦蕙田編輯；太子太保總督直隸右都御史桐城方觀承同訂；國子監司業金匱吴鼎、直隸按察司副使元和宋宗元參校。"書名葉分三欄，右題"讀禮通考附"，中題"五禮通考"，左題"味經窩藏板"。

書首，首未署年清方觀承序，未立標題，版心鎸"五禮通考序"。次未署年秦蕙田自序，未立標題，版心鎸"五禮通考序"。次《五禮通考凡例》，共十四則。次《五禮通考總目上》《五禮通考總目下》，兩者標題後皆題“經筵講官刑部尚書兼理樂部大臣協理國子監算學前禮部右侍郎金匱秦蕙田編輯；太子太保總督直隸兼管河道提督軍務兼理糧餉都察院右都御史桐城方觀承同訂”。

秦蕙田（1702—1764），字樹峯，號味經，清金匱（今江蘇無錫）人。《清史列傳》卷二十、《清史稿》卷三百四《列傳》九十一俱有傳。《清史稿》云：“秦蕙田，字樹峯，江南金匱人……乾隆元年一甲三名進士，授編修，南書房行走……蕙田累遷禮部侍郎，丁本生父憂，服將闋，命仍起禮部侍郎。二十二年，遷工部尚書，署刑部尚書。二十三年，調刑部尚書，仍兼領工部，加太子太保……二十九年，以病乞休，上不允，再請，上命南還謁醫，不必解任。九月，卒於途，諡文恭。”著有《周易象義日箋》《五禮通考》《味經窩類稿》等書。事迹參見清錢大昕撰《光禄大夫經筵講官太子太保刑部尚書秦文恭公墓志銘》（見《潛研堂文集》卷四十二）。

秦蕙田撰作此書，自草創至完成，前後共三十八年，又得多人襄助、參訂，始克成書。秦氏於自序中述此書由草創迄成書，其間歷經數個階段。初爲青年草創階段，秦氏序云：“歲甲辰，年甫逾冠，偕同邑蔡學正宸錫、吳主事大年、學士尊彝兄弟爲讀經之會……迺於禮經之文，如郊祀、明堂、宗廟、禘嘗、饗宴、朝會、冠昏、賓祭、宮室、衣服、器用等，先之以經文之互見錯出、足相印証者，繼之以《註疏》諸儒之牴牾訾議者，又益之以唐宋以來專門名家之考論發明者，每一事一義，輒集百氏之説而諦審之……半月一會，問者、難者、辨者、答者，迴旋反覆，務期愜諸己，信諸人，而後乃筆之箋釋，存之考辨。如是者十有餘年，而斐然漸有成帙矣。”此讀經之會，所研成果，乃此書撰作發軔之端也。次一階段則爲秦氏出仕入京，任編修，後遷禮部侍郎，奉命校閲禮書時期。秦氏云：“丙辰通籍，供奉　内廷，見聞所及，時加釐正。乙丑　簡佐秩宗，奉　命校閲禮書，時方修《會典》，　天子以聖人之德，制作禮樂，百度聿新。蕙田職業攸司，源流沿革，不敢不益深考究。”此時期，秦氏因任禮部侍郎，受命校閲禮書，故聞見益廣，對纂修《五禮通考》助益頗多。次一階段乃乾隆十二年（1747）、十三（1748）間秦氏丁父憂，讀徐乾學《讀禮通考》，始依徐書定《五禮通考》體制。秦氏序云：“丁卯、戊辰，治喪在籍，杜門讀《禮》，見崑山徐健菴先生《通考》，規模、義例具得朱子本意，惟吉、嘉、賓、軍四禮尚屬闕如，惜宸錫、大年相繼徂謝，乃與學士吳君尊彝陳舊篋、置抄胥，發凡起例，一依徐氏之本，並取向所考定者，分類排輯，補所未及。”此言“發凡起例，一依徐氏之本”，可知徐氏《讀禮通考》體例對秦氏《五禮通考》影響之鉅。次一階段，乃秦氏服闋後繼續撰作此書，以迄完成，其間曾得多人襄助及參校。秦氏云：“服闋後，再任容臺，徧覽典章，日以增廣。適同學桐山宜田領軍，見而好之，且許同訂。宜田受其世父望溪先生家學，夙精三《禮》，郵籤往來，多所啓發，并促早爲卒業，施之剞氏，以謚同志。德水盧君抱孫、元和宋君愨庭，從而和之。戊寅，移長司寇，兼攝司空，事繁少暇，嘉定錢宮允曉徵實襄參校之役。辛巳冬，爰始竣事，凡爲門類七十有五，爲卷二百六十有二。自甲辰至是，閲寒暑三十有八，而年亦已六十矣。”此謂“辛巳冬，爰始竣事”，則此書乃完成於乾隆二十六年（辛巳，1761），秦氏序末僅稱“是爲序。金匱秦蕙田”，未署年月，以内容推之，此序蓋即撰於乾隆二十六年也。

有關此書之初刻年代，今復旦大學圖書館藏有《五禮通考》味經窩初刻試印本一部，王欣夫跋語謂刻於乾隆十八年（1753），《中國古籍善本書目》亦著録爲“清乾隆十八年秦氏味經窩刻本”。今人張濤撰有《關於味經窩本〈五禮通考〉的刊印年代》一文（刊於《中國典籍與文化》2011年2期，2011年9月出版），已駁初刻試印本刻於乾隆十八年説之非，且主張當刻於乾隆二十六年（1761）前後，其説可從。至於本館此本乃味經窩修訂後之通行本。考清盧文弨《抱經堂文集》卷十八《復秦味經先生校勘〈五禮通考〉各條書（甲申）》中云：“日承尊諭，以所著《五禮通考》雖已刊刻完竣，未即行世，恐其中或有參錯不及細檢處，須及今改訂爲善……謹就其中尚有可參酌者數事，輒疏左方呈覽，伏乞恕其狂瞽。或有一、二采擇，不勝幸甚。主臣。”此信所陳十五事，對照初刻試印本與修訂後之通行本，其被採用者五，未被採用者七，酌情採用未盡改者三，然則此修定本之勘定完成，必在乾隆二十九年（甲申，1764）之後也。惟秦蕙田卒於乾隆二十九年（1764）九月，此通行本修訂之完成，是否在秦氏生前，尚難遽斷。詳參上引張濤《關於味經窩本〈五禮通考〉的刊印年代》及《述〈五禮通考〉之成書》（刊《學灯》2010年第2期［總14期］，2010年4月出版）二文。

此書共二百六十二卷，另前有卷首四卷。正文計卷一至一百二十七《吉禮》，卷一百二十八至二百一十九《嘉禮》，卷二百二十至二百三十二《賓禮》，卷二百三十三至二百四十五《軍禮》，卷二百四十六至二百六十二《凶禮》。卷首一、二爲《禮經作述源流》上、下，卷三、四爲《禮制因革》上、下。《五禮通考凡例》首則云：“至近代崑山徐氏乾學著《讀禮通考》一百二十卷，古禮則倣《經傳通解》，兼採衆説，詳加折衷。歷代則一本正史，參以《通典》《通考》，廣爲搜集，庶幾朱子遺意。所關經國善俗，厥功甚鉅，惜乎吉、嘉、賓、軍四禮，屬草未就。是書因其體例，依《通典》五禮次第編輯，《吉禮》如干卷，《嘉禮》如干卷，《賓禮》如干卷，《軍禮》及《凶禮》之未備者如干卷，而《通解》内之王朝禮別爲條目，附于《嘉禮》，合徐書而《大宗伯》之五禮古今沿革、本末源流、異同失得之故，咸有考焉。”此爲此書之大體也。

此書五禮共分七十五門類，遍採經傳注疏、史志紀傳及先儒異説、累朝奏議等，詳其沿革本末、異同得失，末附秦氏按語，稱“蕙田案”，間亦載方氏、宋氏案語，稱“觀承案”“宗元案”。

此書《吉禮》卷帙獨多，《凡例》第六則云：“《吉禮》爲五禮之冠。《記》曰：‘禮有五經，莫重于祭。’唐、虞，伯夷典三禮，《周官》大宗伯掌天神、地祇、人鬼之禮，第兩郊、七廟，遺文缺微……他如服冕、牲牢、樂舞、器數，岐（歧）説益紛，幾千年間，廢興創革，往往莫之適從。兹編于經傳搜集無遺，冀以補綴萬一。至先儒論説及累朝奏議，亦廣爲採取，較之《通典》《通考》，詳畧懸殊，卷帙亦獨多於他禮。”

《四庫全書總目》論此書云：“凡爲類七十有五，以‘樂律’附於《吉禮》‘宗廟制度’之後；以天文、推步、句股、割圓，立《觀象授時》一題統之；以古今州國都邑山川地名，立《體國經野》一題統之，並載入《嘉禮》，雖事屬旁涉，非五禮所應該，不免有炫博之意，然周代六官總名曰禮，禮之用，精粗條貫，所賅本博，故朱子《儀禮經傳通解》於‘學禮’載鐘律詩樂，又欲取許氏《説文解字序》説及《九章算經》爲《書數篇》而未成，則蕙田之以類纂附，尚不爲無據。其他考證經史，原原本本，具有經緯，非剽竊餖飣、挂一漏萬者可比，較陳祥道等所作，有過之無不及矣。”

他館所藏此乾隆味經窩刻通行本，書首除方觀承、秦蕙田二序外，首尚有乾隆十八年（1753）蔣汾功序，本館此本無。另本館此本有多處爲抄配，如卷首一，葉三、葉十四；卷二百六十葉七等。另此本卷二葉十二右面；卷十葉九右面；卷五十八葉十五左面；卷二百五十一葉十二右面等處，皆見鈐有藍、紅色長條形之紙廠印記。

此書《四庫全書》收録，入《經部·禮類》。《四庫全書總目》著録，題“《五禮通考》二百六十二卷，江蘇巡撫採進本”。《中國古籍善本書目》著録“《五禮通考》二百六十二卷目録二卷首四卷，清秦蕙田撰，清乾隆十八年秦氏味經窩刻本。清秦蕙田、盧文弨、姚鼐校，王大隆跋”一種，藏復旦大學圖書館。另又著録“《五禮通考》二百六十二卷，清秦蕙田撰，清抄本”一種，亦藏復旦大學圖書館。本館此本，另北京大學圖書館、中國科學院圖書館、南京圖書館、中國臺北“中央研究院”傅斯年圖書館，美國哈佛大學哈佛燕京圖書館，日本東京大學東洋文化研究所等多館亦有收藏。

（二）《讀禮通考》一百二十卷

清徐乾學撰。框高18.8厘米，寬14.8厘米。半葉十三行二十一字，小字雙行三十一字，左右雙邊，白口，單魚尾。版心上偶鐫字數，中鐫書名及卷次，下偶鐫刻工名。

卷端題"經筵講官禮部左侍郎兼翰林院學士教習庶吉士充　大清會典一統志副總裁明史總裁徐乾學"。

書首，首清康熙三十五年（1696）夏四月朱彝尊序，未立標題，版心鐫"讀禮通考序"。次康熙三十五年夏五月徐樹穀序，未立標題，版心鐫"讀禮通考序"。次《讀禮通考凡例》，共十二則。次《讀禮通考引用書目》。次《讀禮通考目錄》。

徐乾學（1631—1694），字原一，號健庵，清江蘇崑山人。《清史列傳》卷十、《清史稿》卷二百七十一《列傳》五十八俱有傳。《清史稿》云："徐乾學，字原一，江南崑山人。幼慧，八歲能文。康熙九年，一甲三名進士，授編修。十一年，副蔡啓僔主順天試，拔韓菼於遺卷中，明年魁天下，文體一變。坐副榜未取漢軍卷，與啓僔並鐫秩調用。尋復故官，遷左贊善，充日講起居注官。丁母憂歸，乾學父先卒，哀毀三年，喪葬一以禮，及母卒，如之。爲《讀禮通考》百二十卷，博采衆說，剖析其義。服闋，起故官。充《明史》總裁官，累遷侍講學士……二十四年，召試翰詹諸臣，擢乾學第一，與侍讀韓菼、編修孫岳頒、侍講歸允肅、編修喬萊等四人并降敕褒獎賞賚。尋直南書房，擢内閣學士，充《大清會典》《一統志》副總裁，教習庶吉士……二十六年，遷左都御史，擢刑部尚書。二十七年，典會試……三十年，山東巡撫佛倫劾濰縣知縣朱敦厚加收火耗論死，并及乾學嘗致書前任巡撫錢珏庇敦厚。乾學與珏俱坐是奪職……三十三年，諭大學士舉長於文章學問超卓者，王熙、張玉書等薦乾學與王鴻緒、高士奇，命來京修書。乾學已前卒，遺疏以所纂《一統志》進，詔下所司，復故官。"著有《讀禮通考》《歷代宗廟考》《輿地備考》《輿地紀要》《資治通鑑後編》《傳是樓書目》《憺園集》《虞浦集》《詞館集》《碧山集》等書。事迹另參清韓菼撰《資政大夫　經筵講官刑部尚書徐公行狀》（《有懷堂文藁》卷十八）。

書首朱彝尊、徐樹穀二序，述此書撰作及初刻之過程甚詳。朱彝尊序云："刑部尚書崑山徐公居母憂，讀《喪禮》，撰《通考》一書，再期而成。尋於休沐之暇，瀏覽載籍，又增益之，凡一百二十卷。摭采之博，而擇之也精；考據之詳，而執之有要。此天壤間必不可少之書也……公歸田後，開雕是書，彝尊因勸公并修吉、賓、軍、嘉四禮，庶成完書。公喜劇，即編定體例，分授諸子，方事排纂，而公逝。又二年，先以刊完《喪禮》行世。彝尊夙承公命作序，至是乃書其大略，若全書綱要，公發凡起例已詳言之，後之覽者可以見公用力之勤也。"此序末署"康熙三十有五年夏四月幾望，秀水朱彝尊序"。又徐樹穀序云："先大夫《讀禮通考》草創於康熙丁巳，時居王母顧大夫人之憂，憫喪禮之流失，邪説溺人，寖以成俗，舊典棄而不講，臨時注眉，多不遵禮。乃蒐討古今喪紀因革廢興之由，分別部居，先經史，次群籍，而近世名公碩儒之議論亦附載於其後，更以己意疏通證明，俾疑義盡析，蓋閲十有餘年，三易槀迺成，猶未敢以爲無憾而即安也。時復與朱太史竹垞、萬季野、顧伊人、閻百詩諸君子商榷短長，博綜器數，量度人情，斟酌繁簡，務期不悖於古而可行於今，凡一百二十卷。歲庚午，予告歸里，頻罹憂患，精力耗減，喟然曰：‘此身後之書，冀過此以往，更有所得，今已憊，度不能復進於是矣。　聖上方以孝治天下，錫類興仁，萬世一時，微臣出此書以風海内，使民德歸厚，亦轉移風俗之助也。’遂付剞劂。又以五禮尚闕其四，而凶禮如荒、弔、禬、恤之目亦未備，因編定體例，命樹穀兄弟次第排纂。厥功未及什之二、三，而遽遭大故。樹穀兄弟輩寢伏草土間，奄奄視息，一切世事都廢，尋念先大夫《讀禮通考》一書，不可以中輟，因使訖工，再期而始脱板。”此序末署“康熙三十五年夏五月男樹穀敬識”。由朱、徐二序，可知此書草創於康熙十六年（丁巳，1677）至康熙三十五年（1696）始正式脱板行世。

今存世有康熙三十五年（1696）刻本，北京大學圖書館、復旦大學圖書館、上海圖書館等有藏。其本版心上鐫字數，中鐫書名及卷次，下鐫刻工名，本館所藏此本雖版式同於康熙三十五年刻本，然版心之字數、刻工名多未見，僅存少數痕迹，當係重刻之本，而少數字數、刻工名乃剜而未盡者也。此本附於秦蕙田《五禮通考》之後，一併行世，故《五禮通考》書名葉中題“五禮通考”，右上題“讀禮通考附”，即謂此也。惟書名葉左下雖題“味經窩藏板”，當指《五禮通考》一書，《五禮通考》初行時是否即附《讀禮通考》，抑或日後重印時始附入，尚難遽斷。今傳世乾隆通行本《五禮通考》亦有未附《讀禮通考》者，則其初恐未附也。惟本館此本《五禮通考》與《讀禮通考》二書，皆見鈐有藍、紅色長條形紙廠印記，此印記屢見於乾隆年間之古籍中，則二書蓋爲乾隆間同時所印。

此書共一百二十卷，其類有八，《讀禮通考凡例》首則云：“是書之作，大綱有八，一曰喪期，則以《儀禮·喪服篇》爲主，而凡古今之論服制者皆附見焉……爲卷者二十有九。一曰喪服，古今五服制度及變除次第，有圖有表，爲卷者八。一曰喪儀節……爲卷者四十有四。一曰葬考，凡葬次、葬法以及祭墓，而歷代山陵之制，亦以類而從，爲卷者十有三。一曰喪具……爲卷者六。一曰變禮……爲卷者七。一曰喪制……爲卷者十有一。一曰廟制……爲卷者二。總得百有二十卷，而古今之喪禮略備矣。”此爲其内容之大要。

此書詳引歷代經、史、子、集中與喪禮有關之文獻，末附徐氏案語，則稱“乾學案”，書首所附《讀禮通考引用書目》，計六四八種，所引可謂博矣。《凡例》第四則云："是編之中，上自王朝，下迄民俗，前自三古，後迄於今，凡簡籍中所載有及於喪禮者，無不採入，自知繁而鮮要，然意主備考，則其說不可不博云。"至如其引書之體例，《凡例》第八則云："是編之中，採列諸家之說，本以歷代前後爲次第，而說取類從，義貴條貫，不無前後錯置者。程子、張子、朱子之說，例用大字以別之。或其說有未盡合者，或義止訓詁者，亦用小字。諸家之說，例用小字，間有事關典制者，亦用大字。至於膚見臆說，敢用大字，意取標顯，極知僭妄，故低四格以示貶抑，觀者原之。"

《四庫全書總目》評此書云："於《儀禮》《喪服》《士喪》《既夕》《士虞》等篇及大、小《戴記》則倣朱子《經傳通解》，兼採衆說，剖析其義。於歷代典制則一本正史，參以《通典》及《開元禮》《政和五禮》《新儀》諸書。立綱統目，其大端有八……喪期歷代異同則有表，喪服暨儀節、喪具則有圖，縷析條分，頗爲詳備。蓋乾學傳是樓藏書甲於當代，而一時通經學古之士如閻若璩等亦多集其門，合衆力以爲之，故博而有要，獨過諸儒。乾學又欲并修吉、軍、賓、嘉四禮，方事排纂而歿。然是書蒐羅富有，秦蕙田《五禮通考》即因其義例而成之，古今言喪禮者，蓋莫備於是焉。"

此書《四庫全書》收錄，入《經部·禮類》。《四庫全書總目》著錄，題"《讀禮通考》一百二十卷，江蘇巡撫採進本"。《中國古籍善本書目》著錄"《讀禮通考》一百二十卷，清徐乾學撰，稿本"一種，藏中國國家圖書館。另北京大學圖書館、復旦大學圖書館、天津圖書館、上海圖書館等館藏有清康熙三十五年（1696）徐氏刻本。本館此本，另上海圖書館亦有收藏。

121

昏禮通考二十四卷首一卷

T561　5634

《昏禮通考》二十四卷首一卷，清曹庭棟撰。清乾隆十八年（1753）刻本。八冊。框高18.4厘米，寬13.7厘米。半葉十行二十字，小字雙行同。左右雙邊，白口，單魚尾。版心上鐫書名，中鐫卷次。

卷端題"嘉善曹庭棟輯"。書名葉分三欄，中題"昏禮通考"，左右皆空白無字。

書首，首清乾隆十九年（1754）中春之月曹庭棟《昏禮通考例說》。次《昏禮通考目録》。次《昏禮通考卷首》。

曹庭棟（1700—1785），字楷人，號六圃，又號慈山居士，清浙江嘉善人。曹庭棟自著年譜《永宇溪莊識略》卷六《識閱歷》"康熙五十六年十九歲"條云："四月科試，學使新安汪公録入嘉興府庠，嗣是，赴省試者十。"曹氏屢赴省試不第，乾隆元年（1736）舉孝廉方正，不就，潛心著述。清郭則澐《十朝詩乘》卷七云："曹六圃明經，嘉善人。中年絶意仕進，著述等身。所居東園，累土數丈，環植花木，以奉母，名曰慈山，且以自號。坐榻穿而復補，晏如也。"著有《易準》《昏禮通考》《孝經通釋》《菁説》《菁測》《逸語》《琴學》《老老恒言》《産鶴亭詩集》等。曹氏《老老恒言》紀録養生心得，且身體力行，卒年八十六。事迹參曹氏自撰年譜《永宇溪莊識略》卷六《識閲歷》及《清儒學案》卷二百一《諸儒學案七》。

本館收藏此本，書名葉未鐫刊刻年月，考《永宇溪莊識略》卷六《識閲歷》"乾隆十五年五十二歲"條中云："是冬，著《昏禮通考》始。"又"乾隆十八年五十五歲"條云："自庚午歲纂輯《昏禮》，既易其稾，又抄清本，書可盈尺，俱手自録之。初冬卒業，隨命梓。"據此可知《昏禮通考》始撰於乾隆十五年（1750），至十八年（1753）冬，清稿成，隨即付梓，知乃於十八年付刻也。書首曹庭棟《昏禮通考例説》末署"乾隆十九年中春之月既望慈山曹廷棟書於六圃茅屋"，蓋刻成於乾隆十九年（1754）仲春，曹氏爲之撰《例説》也。

此書撰作之由及其體例，曹庭棟於書首《昏禮通考例説》中云："昏與喪爲人道之始終，皆禮之大者，而言禮家往往詳於喪而略於昏，故喪禮有專書而昏禮獨闕焉。棟年來園居，杜門參訂三《禮》，因於諸經中有關昏禮者，摘采其文，節引疏解，備録現行定制，并蒐史傳及羣言雜説以廣。自天子至於庶人，遞詳昏禮始末，推及變禮雜儀。分條類聚，薈萃爲編。四閲歲、三易稾而卒業，題曰《昏禮通考》，凡以表彰 聖經，宣揚 國制爲主，而於稽古之中，益凜從今之義，謹以現行定制，集爲一卷，冠於簡首，上以昭 天家大婚之重，俾薄海内外咸仰 隆儀，下之使世俗嫁娶，知守成規，不敢踰僭。禮所不及，法以維之，律令並著於篇。定制而外，采諸往籍，另爲二十四卷，別其條目，則有六十。"此述其撰作之由及書中内容。至於其引據及採擇之例，《例説》中又云："引經文以爲據者，十居其九。其間有借用，如卜昏，經無其文，借用《冠禮》筮儀之類是也。有複見，如經云納采用鴈，見於納采篇，複見於用鴈篇之類是也。他如《家語》《大戴記》，雖不列諸學官，而所載無非往聖昔賢之明訓，采録其文，例得與諸經並列焉。若歷代之儀節不同，諸家之議論各異，鉅細弗遺，雅俗畢舉，皆以資言禮者之考鑒。至於異俗禮，如高麗、倭國之類，雖明載史傳，無與齊民之要，概不參入。全書體例，大畧如斯。"此言其採用經文、《孔子家語》《大戴禮記》等古籍之例，并明言不參用韓、日異俗之禮。除採擇往籍之外，書中亦有曹氏案語，《例説》又云："其中有以鄙言案其下者，或釋文義，或審是非，或參同異，不拘一格，要以酌古準今，期於無弊，非敢獨出己見，擅加論斷也。"此則自述其案斷之例。

此書卷首一卷，題爲《今制昏禮》，引《大清會典》之文，以明清代現行之制，即《例説》中所謂"凜從今之義"也。正文分二十四卷，每卷各含若干條目，合計共六十條。如卷一含"昏禮原始""媒氏"二條，卷二含"主昏""議昏"二條，卷三含"同姓不昏""尊卑不昏""中表通昏"三條，是其例也。各卷各條，經文頂格排列，其餘古籍低一格排列，曹氏案語則低四格排列，首冠"庭棟案"。又各條目中引據之文，經書書名雙框，其他古籍書名加單框，置於引文之首，以爲區別。

此書《四庫全書總目》著録，題"《婚禮通考》二十四卷，浙江巡撫採進本"，入《經部·禮類存目三》。提要評云："是編詳考婚禮，冠以《大清會典》《大清律例》，不入卷數，尊　功令也。其下乃博考故實，以類編次，然核其體例，多有未合。夫'通'有二義，一則自天子達於庶人，通乎上下者也；一則自先王以迄後世，通乎古今者也。既考婚禮，則當以貴賤各爲門目，知等威之所別，古今各著沿革，知異同之所自；復各考核典文，釐爲子目，以理其緒；而後以變禮、俗禮、非禮別彙於後，以備其全，庶乎源委秩然，足資考證。廷棟此書，採摭雖富，而端緒糅雜，所分子目，不古不今，第十四卷至以'粧資'爲一門，此於古居何禮也？'媒氏'一門，載索忱占冰下人語、韋固見老人月下檢書，是直類書，非通禮矣。"《總目》指出此書有"採摭雖富，而端緒糅雜，所分子目，不古不今"之弊。

《中國古籍善本書目》著録"《昏禮通考》二十四卷首一卷，清曹庭棟撰，清乾隆刻本"，載清華大學圖書館收藏。此外，上海圖書館、浙江圖書館亦有收藏。《四庫全書存目叢書》據浙江圖書館藏本影印行世，題"清乾隆十九年刻本"，列入《經部》第一一五册。

鈐印有"徐乃昌讀"朱文方印、"南陵徐乃昌校勘經籍記"朱文方印等印，知嘗爲清徐乃昌收藏。徐乃昌生平參前"011　稻香樓雜著六種七卷"條。又有"吳丙湘校勘經籍印"朱文方印、"式古訓齋藏書"白文方印，知嘗爲民國吳丙湘收藏。吳丙湘（1874—1930），字鏡潭，安徽合肥人。初入清朝武衛前軍隨營學堂修業，後任隨員、東三省轉運局提調、再入直隸屬淮軍營務處。光緒二十六年（1900）隨袁世凱赴山東省，宣統三年（1911）任山東省巡警道兼山東警衛隊馬步營統領。辛亥革命後，歷任京師警察廳總監、總統府秘密偵查處主任、京師行政局局長、安徽省省長等職。事迹參章伯鋒主編《北洋軍閥》。另又鈐有"求其放心"方印，已被抹紅塗蓋，印文尚依稀可識。

雜　禮

122

四禮初稿四卷

T660　3923

《四禮初稿》四卷，明宋纁撰。清康熙四十年（1701）宋氏刻本。一冊。框高18.8厘米，寬12.7厘米。半葉八行十八字，小字雙行同，四周單邊，白口，單魚尾。版心中鐫"初稿"及卷次，下鐫篇名。

卷端題"商丘宋纁栗菴輯"。書名葉分三欄，中題"四禮初稿"，左、右皆空白無字。

書首，首明萬曆癸酉（元年，1573）九月宋纁《四禮初稿原序》。次《總目》，首行題"四禮初稿"，次行題"總目"。

宋纁（1522—1591），字伯敬，號栗菴，又號栗亭，明商丘（今河南商丘）人。《明史》卷二百二十四《列傳》第一百十二有傳。傳云："宋纁，字伯敬，商丘人。嘉靖三十八年進士。授永平推官。擢御史，出視西關，按應天諸府。隆慶改元，再按山西……萬曆初，與張居正不合，引疾歸。居正卒，廷臣交薦，以故官撫保定……十四年遷户部尚書……纁爲户部五年，值四方多災，爲酌盈虛，籌緩急，奏報無需時，上下賴之。而都御史吳時來以吏部尚書楊巍年老求去，忌纁名出己上，兩疏劾，纁因杜門乞休，帝不許。及巍去，卒以纁代之。巍在部，不能止吏奸，且遇事輒請命政府。纁絶請寄，獎廉抑貪，罪黜吏百餘人，於執政一無所關白。會文選員外郎缺官，纁擬起鄒元標。奏不下，再疏趣之。大學士申時行遂擬旨切責，斥元標南京。頃之，以序班盛名昭註官有誤，時行劾奏之。序班劉文潤遷詹事府録事，時行又劾文潤由輸粟進，不當任清秩。時殿閣中書無不以貲進者，時行獨爭一録事，纁知其意，五疏乞休。福建僉事李瑁言：'時行庇巡撫秦燿，而纁議罷之。仇主事高桂，而纁議用之。以故假小事齮齕，使不得安其位。'帝不納瑁言，亦不允纁請。無何，纁卒官。詔贈太子太保，諡莊敬。"著有《四禮初稿》《古今藥石》《荒政輯略》等書。事迹另參明沈鯉撰《政大夫吏部尚書贈太子太保諡莊敬栗菴宋公纁墓誌銘》（見《國朝獻徵録》卷二十五）。

此書撰作之由，宋纁於書首之《序》云："禮之衛人，甚於城郭，人顧自棄於禮者，豈以禮爲非是而不貴耶？蓋儀文周詳，人苦其難，因其難而遂禮之廢也，豈獨齊民已哉？然則指途導軌，莫若就簡删繁。余嘗有志，未暇，萬曆癸酉春，得告歸，攝藥餌餘閑，乃彙諸家禮書，參互考訂。先求制作之源，次及條件節目之詳。其間窒礙難行及有不安於心者，則斟酌變通，謬加損益，期不失乎禮之本義，簡要易從焉而已。然皆據一時之見，未敢遽以爲是也，故以《初槀》名焉。"《序》末署"萬曆癸酉九月既望栗菴宋纁識"。據此《序》，知宋氏撰作此書，經始於萬曆元年（癸酉，1573）春，至同年秋九月而書成。其所著乃"彙諸家禮書，參互考訂。先求制作之源，次及條件節目之詳"，而以不失禮之本義"簡要易從"爲的。其意蓋欲就冠、昏、喪、祭四禮，就簡删繁，以爲世之執禮者之參考。

本館所藏此本書名葉未題刊刻年月，書首宋纁《序》亦未言及刻書事，舊目題爲晚明刻本。惟此本書首宋纁《序》題作"四禮初稿原序"，知當爲重刻之本，故稱宋《序》爲"原序"。《四庫全書存目叢書》曾據上海圖書館藏本影印行世，題"清康熙四十年宋氏刻本"，本館此本與之同版，姑從上海圖書館所題。惟上海圖書館藏本卷四末鐫有尾題，上題"四禮初稿卷四終"，下題"吳縣沈翰較字"，本館此本此行被裁去，未見此尾題。

此書共四卷，卷一《冠禮》，卷二《昏禮》，卷三《喪禮》，卷四《祭禮》。各卷皆自撰禮文及注語，以大字爲經，雙行小字爲注。卷三《喪禮》附有《鈔尺式》《帳目帛握手帛式》《結帛式》三圖。卷四《祭禮》附有《祠堂三閒設爲四龕圖》《祠堂一閒總爲一龕圖》《時祭設位之圖》《大宗小宗圖》四圖。

本館此本避"玄"字諱，"曆"字不避。書首《總目》末行、卷二葉六左面、卷三葉十九左面後半、卷四葉十二左面末行等均被裁去。

《四庫全書總目》著録，題"《四禮初稿》四卷，江蘇巡撫採進本"，入《經部・禮類存目三》。提要論云："是編分《冠》《昏》《喪》《祭》四禮，畧仿古經詞句而統用後世之法。如適子冠於阼，古制也，纁以爲今制南面爲尊，長子、宗子皆宜西向以避父、祖與賓。《昏》有六禮，今合納采、問名爲一，請期、納幣爲一，與《家禮》所删併者不同，大都以意爲之也。"

《中國古籍善本書目》未著録。本館此本，另上海圖書館亦有收藏。另山東大學圖書館藏有清雍正十一年（1733）陳弘謀刻本，華東師範大學圖書館、重慶市圖書館藏有乾隆二十五年（1760）潮陽鄭之僑輯刻《鄭氏叢刻》本。《中國古籍總目》載中國科學院圖書館藏有明萬曆間刻本，上海圖書館藏有明天啓四年刻本，北京大學圖書館、天津圖書館藏有乾隆三十八年博雅堂刻本，大連圖書館、遼寧大學圖書館藏有清嘉慶六年寶寧堂刻本，中國國家圖書館藏有清抄本等，其異同待考。《四庫全書存目叢書》曾據上海圖書館藏本影印行世，題"清康熙四十年宋氏刻本"，列入《經部》第一一四册。

樂　類

123

樂律全書四十九卷

T6703　2944

　　律學新説四卷

　　樂學新説一卷附樂經古文一卷

　　算學新説一卷

　　律呂精義内篇十卷外篇十卷

　　操縵古樂譜一卷

　　旋宮合樂譜一卷

　　鄉飲詩樂譜六卷

　　六代小舞譜一卷

　　小舞鄉樂譜一卷

　　二佾綴兆圖一卷

　　靈星小舞譜一卷

　　聖壽萬年曆二卷

　　萬年曆備考三卷

　　律曆融通四卷附録一卷

　　《樂律全書》四十九卷，明朱載堉撰。明萬曆鄭藩刻增修本。二十二册。框高25.9厘米，寬20厘米。半葉十二行二十五字，四周雙邊，黑口，雙魚尾（魚尾相向）。

　　書首有墨筆手書《樂律全書總目》。

　　朱載堉（1536—1610），字伯勤，號句曲山人、九峰山人。明宗室鄭恭王朱厚烷嫡子，出生於河南省懷慶府河内縣（今河南沁陽），爲明仁宗第二子鄭靖王朱瞻埈之後，明太祖朱元璋九世孫。《明史》卷一百十九《列傳》第七《諸王四·仁宗諸子》中云：“厚烷自少至老，布衣蔬食。世子載堉篤學有至性，痛父非罪見繫，築土室宮門外，席藁獨處者十九年。厚烷還邸，始入宮。萬曆十九年，厚烷薨。載堉曰：‘鄭宗之序，盟津爲長。前王見溺，既錫諡復爵矣，爵宜歸盟津。’後累疏懇辭。禮臣曰：‘載堉雖深執讓節，然嗣鄭王已三世，無中更理，宜以載堉子翊錫嗣。'載堉執奏如初，乃以祐橏之孫載璽嗣，而令載堉及翊錫以世子、世孫祿終其身，子孫仍封東垣王。二十二年正月，載堉上疏，請宗室皆得儒服就試，毋論中外職，中式者視才品器使。詔允行。明年，又上曆算歲差之法，及所著《樂律書》，考辨詳確，識者稱之。卒諡端清。"另撰有《律呂正論》、《律呂質疑辨惑》《嘉量算經》《瑟譜》《醒世詞》等書。事迹另見明王鐸《鄭端清世子賜葬神道碑》（《［康熙］河内縣志》卷五《藝文・碑記下》）、阮元《疇人傳》卷三十一等書。

　　此編含書十四種，共四十九卷。本館此本，《操縵古樂譜》書首《總論樂以人聲爲主》之後，載有明萬曆三十四年（1606）七月九日朱載堉"進律書奏疏"，中云："謹以所撰《律呂精義》壹部計陸冊、《律學新説》壹部計陸冊、《樂舞全譜》壹部計捌冊，裝潢成帙，共參函，鎖鑰袱全，專差右長史李德齋捧隨本　進獻以　聞，伏候　勅旨。"由此可知，朱載堉乃將《律呂精義》内、外篇歸爲一書，《律學新説》歸爲一書，《操縵古樂譜》以下諸譜合爲《樂舞全譜》一書。三者統以"律書"稱之。又據《聖壽萬年曆》書首所載明萬曆二十三年（1595）六月十九日朱載堉"進曆書奏疏"中云："鄭世子臣載堉謹　奏爲恭　進曆書上祝　萬壽，敬陳愚見，以仰俾　盛典萬一事……爲此具本，將臣昔年所撰《律曆融通》肆卷《音義》壹卷并臣近年新撰《聖壽萬年曆》貳卷《萬年曆備考》參卷，共爲拾冊，裝潢成帙，暨　表文壹通，專差右長史關志拯隨本齎捧上　進，謹具奏　聞，伏候　勅旨。"由此知朱氏乃將《律曆融通》、《聖壽萬年曆》、《萬年曆備考》等三書統稱爲"曆書"也。本館所藏此本爲明萬曆鄭藩刻增修本。以下將十四種書依序分别述之。

　　（一）《律學新説》四卷

　　卷端首行題"律學新説卷之一"，次行題"鄭世子臣載堉謹撰"。書首有明萬曆十二年（1584）正月鄭載堉《律學新説序》。卷一之首有朱載堉識語。書末有附錄，題《律學四物譜序》。

　　朱氏於《律學新説序》中云："《虞書》曰：'協時、月，正日；同律、度、量、衡。'又曰：'詩言志，歌永言，聲依永，律和聲，八音克諧，無相奪倫，神人以和。'又曰：'予欲聞六律、五聲、八音，在治忽，以出納五言，汝聽。'夫《虞書》一卷之中致意於律者三焉，此王政之大端，律呂之本原也……今蔡氏以爲律本者不過此三言，而其失非小，故不可以不辨，此《律學新説》之所由作也。"又卷一起首載堉之識語云："臣自壯年以來，始見韓邦奇、王廷相及何瑭等所著樂書，略有省焉。乃曰：古樂、今樂，蓋不甚相遠也。慨生之既晚，不獲與前輩同遊，雖有一得之愚，無憑質問……聊述愚見數篇，刻而傳之，以俟方來具眼之士，或有可取焉。"由以上所述，可知其撰作《律學新説》之由。

此書分爲四卷，各卷復分題論之。如卷一含"律吕本源第一""約率律度相求第二""密率度相求第三""密率求方積第四""密率求圓冪第五、"密率求周徑第六""造律第七""吹律第八""立均第九""論準徽與琴徽不同第十""論大陰陽小陰陽第十一""論有變音無變律第十二"等十二項。卷二總題"審度篇第一之上"，卷三總題"審度篇第一之下"，卷四總題"嘉量篇第二"。二、三、四卷亦皆有分題。

卷四之後，載有《律學四物譜序》，作爲附録，首行標"附録"，下雙行小注云："舊藁原有，正本則無，今依原本續增，附於此卷之末。"次行題"律學四物譜序"，《序》末有識語云："《四物譜》原藁文煩而考據詳密，後乃删煩摘要，更名曰《律學新説》，成書以進。校其原藁，特十分之一耳。兹因暇日，重校原藁，見此序文，不忍棄去，是故續刊，附於末簡，使覽者知作書初意。"案：《律學四物譜序》末云："嘗撰《黍譜》《度譜》《量譜》《權譜》，各卷帙不等，總若干萬言，今摘其要，合爲一書，名曰《律學新説》，而以所問、所答冠其篇云。"知所謂"四物譜"者，乃指"黍譜""度譜""量譜""權譜"也。朱氏乃先撰《四物譜》，後乃删繁摘要，更名曰《律學新説》。而由此處朱氏之識語云"是故續刊，附於末簡"，知此本乃增修之本也。

（二）《樂學新説》一卷附《樂經古文》一卷

卷端首行題"樂學新説"，次行題"鄭世子臣載堉謹撰"。卷首有朱氏識語云："臣謹案：漢時竇公獻古樂經，其文與《大司樂》同，然則《樂經》未嘗亡也。《周禮註疏》曰：'大司樂，樂官之長，掌六樂、六舞等事，而在《春官·宗伯》者，以其宗伯主禮，禮、樂相將，是故列職於此。'臣考諸《舜典》，亦然。近世好異者，妄編《周禮》，改屬《地官·司徒》，誤矣。"案：朱氏以爲《樂經》未嘗亡，《樂經》即今《周禮·春官·大司樂》文。本書乃就《大司樂》文加以疏解，間附圖譜，名曰《樂學新説》。篇末附入《後漢書》"鞮鞻氏掌四夷之樂與其聲歌，祭祀則歠而歌之，燕亦如之"一段及《新唐書》"唐德宗貞元中，南詔異牟尋遣使詣劍南西川節度使韋皋，言欲獻夷中歌曲，且令驃國進樂……其聲曲不隸於有司"一段，朱載堉釋云："已上二段，蓋即《周官》'韎師''旄人'及'鞮鞻氏'所掌夷樂之遺意歟？故附載於篇末。"

此本《樂學新説》正文之前，附有《樂經古文》一卷，未立標題，版心鐫"樂經古文"。文末有雙行小注云："'大司樂'至此，皆《周禮》經文，共計二千一百三十二字。"中國國家圖書館藏本，《樂經古文》則附於《樂學新説》正文之後。

（三）《算學新說》一卷

卷端首行題"算學新說"，次行題"鄭世子臣載堉謹撰"。卷首有朱氏識語云："臣所撰《新說》凡四種，一曰《律學》，二曰《樂學》，三曰《算學》，四曰《韻學》。前二者，其書之本原；後二者，其書之支派，所以羽翼其書者也。夫算學之有書，其亦舊矣，謂之'新說'何也？且如周徑、冪積、相求之類，舊則疎而新則密；平方不用商除，立方不顯廉法之類，舊則繁新則簡；舊以句股爲末，專明九章，新以勾股爲首，專明律曆，此其異也。餘則文雖小異，要亦殊途同歸者也。"

此書一卷，首載《初學凡例》，共含"常數""大數""小數""平方積""立方積""平積""立積"等項。其下以問答方式論算學，凡十二問。

書末鐫"萬曆參拾壹年捌月　初參日刻完"一行。

（四）《律呂精義內篇》十卷《外篇》十卷

卷端首行題"律呂精義內篇卷之一"，次行題"鄭世子臣載堉謹撰"。

書首首明萬曆丙申（二十四年，1596）正月鄭載堉《律呂精義序》。次參考書目，未立標題，起首云"律書參考本朝書目，開列于後。"

書首朱載堉《律呂精義序》云："《律呂精義》乃臣父之遺志而臣愚所述也。分爲《內》《外》二篇，《內篇》主聲數者爲本，《外篇》主辨論者爲末。雖則祖述前賢，師法往古，然非宋已來律家常談也……茲奉　明詔，徵取律書，謹將舊藁删潤以獻。愚見淺陋，理有未然，伏候　聖裁，不勝幸甚。"末署"萬曆丙申正月朔日鄭世子臣載堉稽首頓首謹序"。

此書《內篇》十卷，《外篇》十卷，各卷之下皆立標題爲説。《律呂精義序》云："除係曆法者，別著成書外，係律法者，亦著成書，名曰《律呂精義》。其內篇之目曰：'總論造律得失第一''不宗黃鍾九寸第二''不用三分損益第三'，'不拘隔八相生第四''不取圍徑皆同第五''新舊法參校第六''新舊律試驗第七''候氣辨疑第八''旋宮琴譜第九''樂器圖樣第十''審度第十一''嘉量第十二''平衡第十三'。外篇之目有八，其大槩皆古今樂律雜説而爲辨論附焉。"由此可知其書內容之梗概。

（五）《操縵古樂譜》一卷

卷端首行題"操縵古樂譜"，下雙行小注云："雜篇申明上文叮嚀反復之意，故不厭其文義重出。"次行題"鄭世子臣載堉編述"。

書首有序，未立序名，版心鐫"操縵古樂譜序"。首行題"總論樂以人聲爲主"，題下有雙行小注云："此乃一書要是，故大書之。"

本館此本，書首《總論樂以人聲爲主》之後，《操縵古樂譜》卷端之前，載有萬曆三十四年七月九日鄭載堉"進律書奏疏"，奏疏中云"原爵鄭世子臣載堉謹 奏爲遵奉 欽依進獻書籍、述家學、成父志，敬陳樂律鄙見，仰裨 盛典萬一事……爲此具本，謹以所撰《律呂精義》壹部計陸册、《律學新説》壹部計陸册、《樂舞全譜》壹部計捌册，裝潢成帙，共參函，鎖鑰袱全，專差右長史李德齋捧隨本 進獻以 聞，伏候 勅旨。"此疏所述，以《律呂精義》居首，則"進律書奏疏"似當置於《律呂精義》之前，本館此本置於《操縵古樂譜》書首，恐失次也。另中國國家圖書館藏本則無此疏。

此書一卷，述操縵古樂譜。起始《古傳諸般操縵》中云："操縵指法，或添或減，或斷或連，千變萬化，板眼不差，皆操縵也。《周禮》所謂'六樂，音聲之節'，《儀禮》所謂'間若一者重節'，《禮記》所謂：'樂也者，節也，君子無節不作。'古人所重在節奏，即今俗呼板眼者是也。"又云："臣謹按："操縵蓋曲名，操之爲言持也；縵之爲言緩也。操持歌聲，令極緩慢，《虞書》所謂'歌詠言，聲依永'是也……人皆知歌永言而不知其節奏，苟無節奏，雖名爲永，實非永也。夫節奏者，俗呼板眼是也。"又《論學樂先學操縵》云："《學記》云'不學操縵，不能安弦；不學博依，不能安詩。'古人學樂之要在此，顧讀者未達耳，今詳解之。夫操之爲言持也，縵之爲言緩也，謂持歌聲使之緩也。又操乃操演之操，縵乃緊縵之縵，謂演習之，不許緊也。此操縵二字之義也。《周禮·笙師》：'掌教縵樂'，謂此樂也。"由此可知朱載堉此書所論"操縵"之義也。

此書載"虞廷賡歌"之譜，其文詞句云："股肱喜哉，元首起哉，百工熙哉。元首明哉，股肱良哉，庶事康哉。元首叢脞哉，股肱惰哉，萬事墮哉。"典出《尚書·益稷》。

（六）《旋宮合樂譜》一卷

卷端首行題"旋宮合樂譜"，次行題"鄭世子臣載堉謹撰"。

卷首有序，未立序名，版心鎸"旋宮合樂譜序"。首行題"總論復古樂以節奏爲先"。

此書載《詩經·關雎》之譜，其詩句云："關關雎鳩，在河之洲。窈窕淑女，君子好逑。參差荇菜，左右流之。窈窕淑女，寤寐求之。求之不得，寤寐思服。悠哉悠哉，輾轉反側。參差荇菜，左右采之。窈窕淑女，琴瑟友之。參差荇菜，左右芼之。窈窕淑女，鍾鼓樂之。"卷末云："謹按：虞廷賡歌，三百篇之權輿也；《周南·關雎》，三百篇之元首也。學詩、學樂，當自此始，故載二篇全譜，俾學者肄習焉。"又云："右乃建子月黃鍾調旋宮譜也。其大呂以下十一調，琴瑟指法已載《律書》第三册中，八音節奏，放此推之，兹不悉載。"

（七）《鄉飲詩樂譜》六卷

卷端首行題“鄉飲詩樂譜卷一”，次行題“鄭世子臣載堉謹撰”。

書首有序，未立序名，版心鐫“鄉飲詩樂譜序”。首行題“總論鄉飲有磬無鍾”。

此書共六卷，述鄉飲、鄉射二禮之詩樂譜。書中對舊説，間有所辨正，如卷一於“弦歌鹿鳴”“弦歌四牡”“弦歌皇皇者華”譜後，載有“辯三笙一和舊以和爲小笙非是”“辨笙詩六篇舊謂有聲無辭亦非”二條辨説。又卷四起首云：“所謂‘合樂’者，如堂上歌《關雎》，則堂下亦奏《關雎》以合之；如堂上歌《鵲巢》，堂下亦奏《鵲巢》以合之，此之謂合樂也。舊説：如堂上歌《關雎》，則堂下奏《鵲巢》以合之，此不達之論也。”

（八）《六代小舞譜》一卷

卷端首行題“六代小舞譜”，次行題“鄭世子臣載堉謹撰”。

書首有序，未立序名，首行題“總論學古歌舞以永轉二字爲衆妙之門”。

此書一卷，述六代小舞譜。書首《總論學古歌舞以永轉二字爲衆妙之門》中云：“古者天子用八佾，至士用二佾，皆有佾數，庶人無佾數，獨一人以舞可也。《家語》子路援戚而舞及老萊子斑衣而舞，皆一人以舞也。《周禮·樂師》：‘掌教國子小舞。’所謂‘小舞’者，豈異於大舞哉？以其無佾數，獨一人以舞，故謂之小舞耳。或云：年幼十三已上教之，至二十，然後教以大夏等大舞。大舞支派別立名號，以教年小者爲小舞。”又卷端起始有“六代小舞別名”，中云：“雲門別名帗舞（原注：‘武’），咸池別名人舞（原注：‘文’），簫韶別名皇舞（原注：‘文’），大夏別名羽舞（原注：‘文’），大濩別名旄舞（原注：‘武’），大武別名干舞（原注：‘武’）。臣謹按：古六舞惟人舞有圖焉，宜推廣之，爲學舞法。”

（九）《小舞鄉樂譜》一卷

卷端首行題“小舞鄉樂譜”，次行題“鄭世子臣載堉謹撰”。

書首有序，未立序名。首載《總論學樂學舞孰先》，次載《總論小舞鄉樂名義》。

此書一卷，述小舞鄉樂譜。書首《總論小舞鄉樂名義》中云：“《儀禮》有云：‘遂合鄉樂，若舞則勺。’勺，小舞也。《内則》所謂‘十三舞勺’是也。鄉樂，二《南》也，《詩序》所謂‘用之鄉人焉’是也。”

（十）《二佾綴兆圖》一卷

書首有《宋儒朱熹論舞大略》，文末有雙行小注云：“説見《經世·大訓》。”

此書一卷，述二佾綴兆圖。

（十一）《靈星小舞譜》一卷

卷端首行題"靈星小舞譜"，下有雙行小注云："凡教小兒舞者，皆名小舞。"次行題"鄭世子臣載堉謹撰"。

書首載云："御製《五倫書》載我　太祖諭禮部臣曰：'朕思古人之樂所以防民欲，後世之樂所以縱民欲，其故何也？古樂之詩章，和而正；後世之歌詞，淫以奢。古樂之律呂，協天地自然之氣；後世之律呂，出人爲智巧之私，天時與地氣不審，人聲與樂聲不比，故雖以古之詩章，用古之器數，亦乖戾而不合，陵犯而不倫矣。手擊之而不得心，口歌之而非出於志，人與樂判然爲二，欲以動天地、感鬼神，豈不難哉？然其流已久，救之甚難，卿等宜究心於此，庶幾可以復古人之意。'"其下有雙行小注云："臣載堉曰：古今論樂者衆矣……臣著樂書，不取埋管、驗氣等術，性欲復古人之意。南風樂而不淫，秋風哀而不傷，故附靈星舞後，竊比述而不作，信而好古，庶幾可以復古人之意云。"

此書一卷，述靈星小舞譜。

（十二）《聖壽萬年曆》二卷

卷端首行題"聖壽萬年曆卷之一"，次行題"鄭世子臣載堉謹撰"。

書首，首明萬曆二十三年（1595）六月十九日朱載堉進"《律曆融通》四卷《音義》一卷、《聖壽萬年曆》二卷、《萬年曆備考》三卷"奏疏。次載同日朱載堉獻書進表。奏疏云："鄭世子臣載堉謹　奏爲恭　進曆書上祝　萬壽，敬陳愚見，以仰俾　盛典萬一事……爲此具本，將臣昔年所撰《律曆融通》肆卷《音義》壹卷并臣近年新撰《聖壽萬年曆》貳卷、《萬年曆備考》參卷，共爲拾册，裝潢成帙，暨　表文壹通，專差右長史關志拯隨本　奉上　進，謹具奏　聞，伏候　勑旨。"末署"萬曆貳十參年陸月拾玖日鄭世子臣載堉"。次進表云："鄭世子臣載堉謹以臣昔年所撰《律曆融通》肆卷附《音義》壹卷并臣近年新撰《聖壽萬年曆》貳卷、《萬年曆備考》參卷，共爲拾册，裝潢成帙，奉　表進呈者，伏以正日協時，聖帝重法天之治，和聲同律，明君隆經世之規，職掌雖在于臣工，　指畫實出於　廊廟。萬邦作式，四海承休……臣干冒　天威，無任激切屏營之至，謹奉　表上　進以　聞。"末署"萬曆貳拾參年陸月拾玖日鄭世子臣載堉謹上表"。由朱載堉所上"奏疏"，知朱氏乃以《聖壽萬年曆》《萬年曆備考》《律曆融通》等三書合稱爲"曆書"也。

《聖壽萬年曆》二卷，各皆分立標題以述。卷一含"步發斂第一""步朔閏第二""步日躔第三""步晷漏第四"，卷二含"步月離第五""步六道第六""步交食第七""步五緯第九"，第八則未見。

（十三）《萬年曆備考》三卷

卷端首行題"萬年曆備考卷之一"，次行題"鄭世子臣載堉謹撰"。

此書共三卷，各卷皆立標題以考論。卷一含"諸曆冬至考"及附録三條。卷二含"二至晷景考"及附録二十條。卷三含"古今交食考"。

書末載明萬曆二十三年（1595）十一月一日左長使謝廷訓、右長史關志拯進書啓及同月二十一日呈送曆書副本至禮部文。其後又有附録。

（十四）《律曆融通》四卷《附録》一卷

卷端首行題"律曆融通卷之一"，次行題"鄭世子臣載堉謹撰"。

書首有《律曆融通序》，題"鄭世子臣載堉謹撰"，末署"萬曆九年正月吉日序"。

正文四卷後有附録一卷，首行題"律曆融通附録"，次行題"鄭世子臣載堉謹撰"，第三行題"音義"。

此編四卷，卷一"黄鐘曆法上"，凡五篇；卷二"黄鐘曆法下"，凡四篇；卷三"黄鐘曆議上"，凡十二篇；卷四《黄鐘曆議下》，凡二十四篇。

附録一卷爲"音義"，乃爲《律曆融通》一書之文字標釋音義，如解"律曆融通序"内之"僧一行"云："俗姓張氏，法名一行，詳見《大藏經・神僧傳》。行字讀作去聲。"

此編之末，載有十册各册字數及用紙張數，且有十册總字數及用紙張數。如"第壹册計壹萬貳千伍百參拾伍字紙貳拾玖張""第貳册計玖千肆百捌字紙貳拾貳張""拾册共計拾萬伍千貳百貳拾字紙貳百肆拾伍張"。末署"右謹奏　聞，萬曆貳拾參年陸月拾玖日鄭世子臣載堉"。最末一行又有雙行小字云："原稿張數如此，新增附録在外。"案：據前引萬曆二十三年六月十九日朱載堉奏疏云："共爲拾册，裝潢成帙。"知此處所載字數及用紙張數乃《聖壽萬年曆》《萬年曆備考》《律曆融通》等書之字數與用紙張數，非指《樂律全書》四十九卷之全部也。

此編《四庫全書》收録。《四庫全書總目》題"《樂律全書》四十二卷，浙江巡撫採進本"，提要云："是書萬歷間嘗進於朝。《明史・藝文志》作四十卷。今考此本所載凡書十一種，惟《律呂精義》内、外篇各十卷，《律學新説》四卷，《鄉飲詩樂譜》六卷，皆有卷數，其《樂學新説》《算學新説》《操縵古樂譜》《六代小樂譜》《二佾綴兆圖》《靈星小舞譜》《旋宮合樂譜》七種則皆不分卷，與《藝文志》所載不符，疑史誤也。載堉究心律數，積畢生之力以成是書，卷帙頗爲浩博，而大旨則盡於《律呂精義》一書……江永著《律呂闡微》一書，專解載堉之法。永最深悉算術，而猶不能得其立法之意，餘可知矣。"案：《四庫全書》本所收凡十一種四十二卷，與本館此四十九卷本相較，乃少《樂經古文》一卷，《小舞鄉樂譜》一卷，《聖壽萬年曆》二卷，《萬年曆備考》三卷，《律曆融通》四卷《附錄》一卷等，知《四庫全書》所據本與本館此本非同本也。惟諸家書目於《樂律全書》所含種數與卷數之區分，亦間有歧異。

《中國古籍善本書目》著錄“《樂律全書》三十九卷，明朱載堉撰，明萬曆鄭藩刻本”一種，載清華大學圖書館、中國社會科學院文學研究所、上海辭書出版社圖書館等十三館收藏。另又著錄“《樂律全書》四十九卷，明朱載堉撰，明萬曆鄭藩刻增修本”一種，載首都圖書館、北京大學圖書館、清華大學圖書館等四十二館收藏。四十九卷本比三十九卷本多出《聖壽萬年曆》二卷、《萬年曆備考》三卷、《律曆融通》四卷《附錄》一卷等三書。另中國臺北“國家圖書館”、中國臺北“中央研究院”傅斯年圖書館亦藏有四十九卷本各一部，中國臺灣大學圖書館藏有殘本（存六種）一部。

鈐印有“安昌孫氏靜觀室考藏章”朱文長方印、“仲穌過目”朱文方印二印。

124

御製律呂正義上編二卷下編二卷續編一卷（存御製律呂正義上編二卷）

T6730　3213

《御製律呂正義上編》二卷《下編》二卷《續編》一卷，清允祿、允祉等撰。清雍正內府刻本。存《上編》二卷。五冊。框高20.6厘米，寬14.5厘米。半葉九行二十字，四周雙邊，白口，單白魚尾。版心上鐫書名，中鐫卷次及標題名。

卷端題“御製律呂正義上編卷一”。

允祿（1695—1767），原名胤祿，號愛月主人，清康熙帝之第十六子。《清史列傳》卷二《宗室王公傳二》中有傳。傳云：“康熙六十一年十一月，任內務府總管。雍正元年二月，命爲博果鐸後，襲封和碩莊親王。二年十一月，掌宗人府事。七年二月，任正紅旗漢軍都統……今上御極，命總理事務兼掌工部，食親王雙俸。王承聖祖仁皇帝指授，精於天文、算法，預修《數理精蘊》，至是充增修《七政時憲書》總裁，又修《律呂正義後編》，御製序稱其貫徹樂義。乾隆二年十二月，以總理事務得優敘，賜一奉恩鎮國公，並允王請以承澤裕親王曾孫鈕赫襲……三十二年二月，薨，年七十有二，諡曰恪。”

允祉（1677—1732），原名胤祉，清康熙帝第三子，《清史稿》卷二百二十《列傳》七《諸王六》有傳，傳云：“誠隱郡王允祉，聖祖第三子。康熙二十九七月，偕皇太子詣古魯富爾堅嘉渾噶山行宮，上命先還。三十二年，闕里孔廟成，命偕皇四子往祭。凡行圍、謁陵，皆從。三十五年，上親征，允祉領鑲紅旗大營。三十七年三月，封誠郡王。三十八年，敏妃之喪未百日，允祉薙髮，坐降貝勒，王府長史以下譴黜有差……聖祖邃律曆之學，命允祉率庶吉士何國宗等輯律呂、算法諸書，諭曰：'古曆規模甚好，但其數目歲久不合。今修曆書，規模宜存古，數目宜準今。'五十三年十一月，書成，奏進。上命以律呂、曆法、算法三者合為一書，名曰《律曆淵源》……五十九年，封子弘晟為世子，班俸視貝子……雍正二年，弘晟得罪，削世子，為閒散宗室……八年二月，復進封親王。五月，怡親王之喪，允祉後至，無戚容。莊親王允禄等劾，下宗人府議……與其子弘晟皆論死。上命奪爵，禁景山永安亭，聽家屬與偕，弘晟仍禁宗人府。十年閏五月，薨，視郡王例殯葬。乾隆二年，追諡。"

此書為清康熙帝敕撰《御製律曆淵源》中三種之第二種，《御製律曆淵源》書首載清雍正元年（1723）十月雍正帝《御製律曆淵源序》云："我　皇考聖祖仁皇帝，生知好學，天縱多能，萬機之暇，留心律曆算法，積數十年，博考繁賾，搜抉奧微，參伍錯綜，一以貫之。爰　指授莊親王等率同詞臣，於大内蒙養齋編纂，每日　進呈，　親加改正，彙輯成書，總一百卷，名為《律曆淵源》。凡為三部，區其編次。一曰《曆象考成》，其編有二，上編曰《揆天察紀》，論本體之象，以明理也；下編曰《明時正度》，密致用之術，列成立之表以著法也。一曰《律呂正義》，其編有三，上編曰《正律審音》，所以定尺、考度、求律本也。下編曰《和聲定樂》，所以因律製器，審八音也。續編曰《協均度曲》，所以窮五聲二變，相和相應之源也。一曰《數理精蘊》，其編有二，上編曰《立綱明體》，所以解《周髀》、探《河》《洛》、闡幾何、明比例。下編曰《分條致用》，以線、面、體括《九章》，極於借衰割圜求體，變化於比例規比例數借根方諸法，蓋表數備矣。"末署"雍正元年十月朔敬書"。由此知此《御製律呂正義》為《御製律曆淵源》中之一種也。另雍正帝《序》後又接列纂修者職名，首云："雍正二年五月十七日奉　旨開載纂修編校諸臣職名，承　旨纂修：和碩莊親王臣允禄、和碩誠親王臣允祉（下略）。"據此知領銜纂修者乃允禄、允祉也。

《美國哈佛大學哈佛燕京圖書館藏中文善本書志・子部》"1203　清雍正刻本御製律曆淵源"條中云："按，此書實為楊文言所纂。楊文言即道聲，武進人，精算法，始入《明史》館修曆志，旋由陳夢雷引進誠府編書。聖祖嘗譽三阿哥算法甚精，即得楊之力。此書告成，道聲即歿（原注：'參見《古今圖書集成》附録雍正上諭'）。"（葉九百七十一）其說可供參考。

本館此本《御製律呂正義》僅存《上編》二卷，缺《下編》二卷及《續編》一卷。

　　《上編》名爲《正律審音》，內分二卷，卷一含《黄鐘爲萬事根本》《黄鐘理數》《黄鐘轉生律呂》《黄鐘律分》《定黄鐘縱長體積面羃周徑》《定律呂之長損益相生》《定律呂之積損相生》《度量權衡》《審定十二律呂五聲二變》《審定十二律呂高低字譜》《十二律呂同徑倍半生聲應五聲二變》《黄鐘加分減分比例同形得聲應十二律呂》等篇，卷二含《明管音絃音全半應聲之不同》《明管律絃度五聲二變取分之不同》《明絲樂絃音不可以十二律呂之度取分》《定絲樂絃音清濁二均之度分》《旋宫起調》《絃音旋宫轉調》等篇。

　　此書避“絃”字諱。

　　此書《四書全書·經部·樂類》收録，《四庫全書總目》題“《御定律呂正義》五卷”，提要云：“康熙五十二年　聖祖仁皇帝《御定律歷淵源》之第三部也。凡分三編，上編二卷，曰《正律審音》，以發明黄鐘起數及縱長體積面幕周徑律呂損益之理，管絃律度旋宫之法。下編二卷，曰《和聲定樂》，以明八音制器之要，器各有圖有説，而於各篇之中詳考古今之同異。《續編》一卷，曰《協均度曲》，則取波爾都哈兒國人徐日升及壹大里呀國人德禮格所講聲律節奏，證以經史所載律呂宫調諸法，分配陰陽二均字譜，亦有圖有説。”

　　《中國古籍善本書目·經部·樂類》著録“《律呂正義上編》二卷《下編》二卷，清允祉等撰，清康熙内府銅活字印本”一種，載北京故宫博物院圖書館收藏。又著録“《律呂正義上編》二卷《下編》二卷《續編》一卷，清允祉等撰，清康熙内府銅活字印本”一種，載北京師範學院圖書館、遼寧省圖書館二館收藏。另又著録同書“清雍正内府銅活字印本”“清雍正内府刻本”兩種版本，載前者北京故宫博物院圖書館收藏，後者中國國家圖家館、北京師範大學圖書館等七館收藏。

　　《中國古籍善本書目·子部》又著録“《御製律歷淵源》一百卷，清允禄、允祉纂修，清雍正二年内府刻本”一種，中含“《御製歷象考成上編》十六卷《下編》十六卷《表》十六卷，《御製律呂正義上編》二卷《下編》二卷《續編》一卷，《御製數理精藴上編》五卷《下編》四十卷《表》八卷”等三書，載北京故宫博物院圖書館、遼寧省圖書館等六館收藏。此本另美國哈佛大學哈佛燕京圖書館、日本京都大學人文科學研究所等館亦有收藏。

125
樂律表微八卷

T6730　4206

　　《樂律表微》八卷，清胡彦昇撰。清乾隆二十八年（1763）沈孟堅刻本。四册。框高 19.5 厘米，寬 14 厘米。半葉十行二十四字，小字雙行同，左右雙邊，白口，單魚尾。版心上鐫書名，中鐫卷次。

卷端題"樂律表微卷之一"。書名葉分三欄，右題"乾隆壬午仲春　原任山東定陶縣知縣臣胡彦昇恭進"，中題"樂律表微"，左題"耆學齋藏板"。

書首，首清乾隆癸未（二十八年，1763）嘉平月（十二月）戚振鷺序，未立標題。次未署年沈孟堅序，未立標題。次《樂律表微目録》。次"例"，共六則，未立標題，版心鐫"例"，末署"乾隆乙亥歲季夏德清胡彦昇述於清溪書院"。

胡彦昇（1696—1784），字國賢，又字竹軒，清浙江德清人。胡渭之子。《清史列傳》卷六十八《儒林傳下一》、《清史稿》卷四百八十一《儒林傳二》俱有傳，皆附於胡渭傳後。《清史列傳》云："彦昇，字竹軒。雍正八年進士，授刑部主事，改山東定陶縣知縣。以開釋冤獄被劾，按察使黃叔琳勸使自檢舉，彦昇曰：'官不足惜，獄實冤，願終雪之。'叔琳密訪，果如彦昇言。彦昇曰：'獄已雪，又何求？'不俟開復而歸，杜門著書。於樂律尤有心得……所著《樂律表微》八卷，凡《度律》二卷、《審音》二卷、《製調》二卷、《考器》二卷，多糾正古人之謬。又著《春秋説》《四書近是》《叢書要録》。"事迹另參《［嘉慶］德清縣續志》卷八《人物》。

書首戚振鷺序云："同年竹軒先生，博極群書，尤肔樂律……庚戌通籍南宫，後余與竹軒分宦南、北，無由合并者幾三十年。迨辛巳之春，翠華南幸，余被放旋里，竹軒亦自豫遄歸，同迎道左。竹軒跪進一編，署曰《樂律表微》。　上命宣付内館并　賜庫緞二端，一時傳爲榮遇。余始得受其副本而卒讀之，乃益歎三十年前，燈前月下，玉瑁金徽，竊嘗聆聽其緒餘而猶未竟其指歸也。既幸窺全豹，殊慮傳鈔之不廣，而同年研圃使君，慨分清俸，登之梨棗，鋟成而問序於余。余深慶兹書之遭得以上呈　乙覽，而又嘉研圃使君之能公諸同好，垂之無窮也，遂不辭而書其後。"末署"癸未嘉平年愚弟戚振鷺拜識"。案：此序云："而同年研圃使君，慨分清俸，登之梨棗，鋟成而問序於余。"考癸未爲乾隆二十八年（1763），知此書刻成於乾隆二十八年也。又考沈孟堅，字賦亭，號研圃，亦德清人，與胡彦昇、戚振鷺俱爲雍正八年進士，故戚序稱沈孟堅爲"同年"。又乾隆二十八年時，沈孟堅任江蘇江寧府知府，故戚序稱沈氏爲"研圃使君"。因此書之刻乃由沈孟堅出資爲之，故定爲"清乾隆二十八年（1763）沈孟堅刻本"。

此書分八卷，計卷一《度律上》，卷二《度律下》，卷三《審音上》，卷四《審音下》，卷五《製調上》，卷六《製調下》，卷七《攷器上》，卷八《攷器下》。胡彦昇於書首"例"首則中云："謹因朱子《禮書·鍾律篇》，參以史志及諸儒之説，而附臆見于後，其總目有四，一度律，二審音，三製調，四攷器，各分上、下卷，名曰《表微》，亦言其志云爾。”

書中避“弦”“絃”“弘”等字諱。

此書《四庫全書》收録，惟《四庫》本未載書首戚振鷺、沈孟堅序及《樂律表微目録》，亦未載胡彥昇所撰之“例”。《四庫全書總目》題“《樂律表微》八卷，浙江巡撫採進本”，提要云：“是書凡《度律》二卷，《審音》二卷，《製調》二卷，《考器》二卷，多糾古人之謬……在近代講樂諸家，猶爲有所心得者也。”

《中國古籍善本書目》著録“《樂律表微》八卷，清胡彥昇撰，清乾隆二十八年刻本”一種，載北京大學圖書館、清華大學圖書館、華東師範大學圖書館等五館收藏。另又載“《樂律表微》八卷，清胡彥昇撰，清抄本”一種，載北京故宮博物院圖書館收藏。另中國臺北“中央研究院”傅斯年圖書館、美國哈佛大學哈佛燕京圖書館等館亦藏有乾隆二十八年刻本，美國國會圖書館亦藏有抄本一部。

鈐印有“張堯倫印”朱文方印、“黎潔心印”朱文方印二印。

126

琴旨二卷

T6771　1141

《琴旨》二卷，清王坦撰。清乾隆王氏素堂刻本。四册。框高19.4厘米，寬14.2厘米。半葉九行二十字，小字雙行同，左右雙邊，白口，單魚尾。版心上鐫“琴旨”，中鐫卷次及篇名。

卷端首行題“琴旨上卷”，次行題“南通州王坦吉途著”。書名葉分三行，右題“通州王吉途著”，中題“琴旨”，左題“素堂藏板”。

書首，首未署年程夢星《琴旨序》。次未署年畢夢魁《琴旨序》。次清乾隆丙寅（十一年，1746）嘉平月（十二月）王坦《琴旨自序》。次《琴旨目録》。次正文二卷。書末有王坦《琴旨自跋》，未署名。

王坦，字吉途，清南通州（今江蘇南通）人。《江蘇通志》卷一百六《藝術七·通州》云：“王坦，字吉途，通州人。讀書有心得，不囿於古。善詩，尤精音律。父公捷嘗語坦曰：‘琴家立調命名，多與古謬。’坦精思闡發，遂得其宗。琴律失傳久矣，坦傳述絕學，直造精微，所撰《琴旨》二卷，足補《樂經》之闕。書入中秘，廁之《經部》。焦循以坦與三十二經師之列，蓋藝進乎道也。”
案：王坦爲通州人，通州於明朝原屬南直隸揚州府，至清雍正二年（1724），升格爲江蘇省通州直隸州，爲有別於直隸順天府通州（今北京市通州區），俗稱南通州，故《琴旨》卷端題"南通州王坦"也。

書首王坦《琴旨自序》述此書撰作之緣起及經過云："余弱冠受琴於先君子，始命以習其器，繼則導以窮其理，且曰：'後世琴家立調命名，多與古謬，慎勿蹈其誤。以無累之神，御有道之器，意可會，言不可傳也。惟小子之善悟而已。'余謹奉教，茫然未得其津涯，而又不敢復請也。怦怦於心，歷有年所。自先君子卒後，予挾琴走四方，有善琴者即與之往復質証，卒未得一當。歸而假藏書家樂律諸本，上自周秦、兩漢，下迄元明，多所研究。大底統論律呂之義，於琴制總無定説。而'隋廢旋宮'一語，自唐迄今，無有易之者，惟《管子・地員編》有審音之法，班氏《白虎通》有'絲爲離音'之義，兩説奧衍，罕知其解。余反覆潛玩，沉思累日夜，以五聲之數覈其理，然後悟一絃之爲徵也。至若取徵定分，三絃獨下一徵，旋宮轉調之處，亦皆有心得，引而伸之，觸而長之，爲論爲辨，爲説爲圖，五易寒暑，編成，得三萬餘言……予佩服先訓，闡墜緒於微茫，審元音於淆混，自謂差異於穿鑿附會者流，請以俟諸知音之君子。"《序》末署"乾隆丙寅嘉平上浣素堂王坦"，由此可知王坦《琴旨》於乾隆十一年（丙寅）十二月已成書矣。至於此本之刊刻，書首程夢星《琴旨序》中云："東海王子吉途，工於琴者也。甲子冬來遊邗上，出所著《琴旨》一書眎余……余雅好琴，然親其器，未晰其理，愧不能辨証其當否以暢其旨歸。揚之同人，見其書，多擊節嘆賞，欲爲之梓以問世，余亦慫恿其成。意當世必有好學深思、精通樂律之人，考訂而傳播之。"末署"香溪程夢星"。又畢夢魁《琴旨序》亦云："丁卯孟春，通州王吉途先生，不遠數百里，訪予於潤，予維先生以琴聞於當世久矣，亟請鼓數曲，指法、音節，蒼然逼古。與談律呂諸書，無不貫徹通曉。既而出所著《琴旨》相示，分條別類，展卷瞭然……余既喜得交於先生，且幸千古絶業自先生發之，是宜急付之梓以行世，而復爲之序云。"末署"南徐弟畢夢魁起徵氏撰"。考此二《序》，程夢星《序》云："甲子冬來遊邗上，出所著《琴旨》一書眎余。"甲子爲乾隆九年（1744），畢夢魁《序》亦云："丁卯孟春……既而出所著《琴旨》相示。"丁卯爲乾隆十二年（1747）。而程《序》云"欲爲之梓以問世"，畢《序》云"是宜急付之梓以行世"，知乾隆九年、十二年時，《琴旨》一書尚未付梓也。本館此本書名葉題"素堂藏板"，又王坦《自序》末署"素堂王坦"，知"素堂"爲王坦之堂號。又王坦《自序》、程《序》、畢《序》皆未言及明確之刊刻年月，蓋刻於畢《序》後不久。再者，此本書末鈐有藍、紅色長條形紙廠印記，此爲康熙至乾隆間古籍印本之特徵，故此本定爲"清乾隆王氏素堂刻本"。

此書分上、下二卷，各卷皆分篇論述，篇中或有附圖，或有附歌。上卷含《五聲數論琴（原注："有圖"）》《一絃尚徵（原注："有圖"）》《三準當徵不當徽之別（原注："有圖"）》等九篇，下卷含《旋宮轉調（原注："有圖"）》《闢轉絃繁謬（原注："外調轉絃式轉絃歌附"）》《立體爲用辨》等八篇。每篇皆首標篇目，下作論述。篇末若有附圖或歌者，則於題目中標示。

本館此本不避"絃"字，蓋因私家刻書避諱不嚴故也。另書末《琴旨自跋》其葉左面鈐有藍、紅色長條形紙廠印記，中含一文字之殘形，蓋爲"記"字。

此書《四庫全書總目》收録，入《經部・樂類》。《四庫全書總目》題云："《琴旨》二卷，兩江總督採進本。"提要云："自來言琴律者，其誤有五……惟《御製律呂正義》一書，考定詳明，發古人之所未發。坦作是書，一一本《正義》之旨，而反復推闡……於《正義》諸圖説尤能精思闡發，在近時言琴諸家，可謂不失其宗者矣。"對王坦《琴旨》此書，頗加肯定。惟《四庫全書》本未録書首程夢星《琴旨序》、畢夢魁《琴旨序》、王坦《琴旨自序》、《琴旨目録》及書末王坦《琴旨自跋》，又其本書首另冠有乾隆帝《御製乙卯重題朱載堉〈琴譜〉並命入〈四庫全書〉以示闢識事》及附録《内廷翰林等攷據琴譜指法按語》。

尤可注意者，《四庫全書》本中對王坦《琴旨》原文嘗有改動，《四庫全書》本卷下《有詞無詞説》篇之末，四庫館臣注云："謹案：此條原文泥'笙詩無詞'之説，誤以'無詞之譜'爲是，又拘於俗工指法，誤疑一字一彈之不成聲，不知　欽定《中和韶樂》正一字一彈，全遵古制，而　御題朱載堉《樂書》諸篇，於古樂、俗樂尤剖析詳明，謹推衍　聖訓，爲改正其文，俾後世無惑焉。"今考本館所藏此本《有詞無詞説》篇，其文與《四庫》本大異，正保存未被删改前之面貌。如中云："若但取古人之詞，一字配以一聲，如趙彦肅所傳《十二詩譜》者，本未見其必然。""且三百篇中，笙詩六篇本無詞。"本館此本，他館收藏不多，世間罕見流傳，今得以保存王坦《琴旨》原貌，亦足珍貴。

《中國古籍善本書目》著録"《琴旨》二卷，清王坦撰，清乾隆十一年素堂刻本"，入《子部・藝術類・樂譜》，載上海圖書館收藏。案：《琴旨》此書，主在闡述律呂，《四庫全書總目》云："（前略）惟　《御製律呂正義》一書，考定詳明，發古人之所未發。坦作是書，一一本《正義》之旨，而反復推闡。"《四庫全書》將此書收録於《經部・樂類》之末，考《四庫全書總目・樂類》小序云："今區別諸書，惟以辨律呂、明雅樂者仍列於經，其謳歌末技，弦管繁聲，均退列《雜藝》《詞曲》兩類中。"又《樂類》之末云："今所採録，多以發明律呂者爲主。"故今仍從《四庫全書》之分類，列入《經部・樂類》中。

此本除本館外，另上海圖書館、日本東京大學東洋文化研究所亦有收藏。

127

文廟樂舞全譜二卷附録一卷

T4679　1123

《文廟樂舞全譜》二卷《附録》一卷，清孔繼汾輯。清乾隆三十年（1765）刻本。一册。框高17厘米，寬13.4厘米。半葉九行十九字，左右雙邊，上下大黑口，雙魚尾（魚尾相隨）。版心中鎸"文廟樂譜"或"文廟舞譜"。

卷端題"欽頒　文廟樂譜"。書名葉中題"文廟樂舞全譜"，左右皆空白無字。

孔繼汾（1721—1786），字體儀，號止堂，清山東曲阜人，孔子六十九代孫，衍聖公孔傳鐸第四子。乾隆十二年（1747）舉人。十三年（1748），乾隆帝初幸曲阜祭孔，繼汾引駕，并講《中庸》稱旨，授内閣中書補户部廣西司主事，後入選軍機處行走，官至户部主事。乾隆四十九年（1784）因編撰《孔氏家儀》，被族人孔繼戊告發篡改《大清會典》，謫戍新疆伊犁，經其子孔廣森借貸贖出後，乃雲遊四方，五十一年（1786）卒於杭州。著有《闕里文獻考》《闕里祭儀録》《孔氏家儀》《文廟樂舞全譜》《行餘詩草》等書。

此書包含《欽頒樂譜》一卷，《欽頒舞譜》一卷，另《附録》一卷。因未見全書之總題，兹依書名葉題書名爲《文廟樂舞全譜》。書末有孔繼汾之跋，未立標題，版心鎸"跋"。跋中云："昔我　聖祖仁皇帝，聰明天亶，心契律原，審度比數，悉破陋儒沿襲謬悠之説，更協鐘律宮均，造爲樂器，薦之郊廟，施於朝廷，頒降闕里。偉哉！制作之精，往代莫比。至於宮商字譜，未及議也。當是時，凡樂之隸太常者，得老協律郎高萬霖，感　聖皇創制之意，將舊譜合四乙等字改用上尺工，以配今律。其隸和聲署者，循而未改。闕里廟廷，則亦用今器奏舊樂焉。舊樂仲呂爲宮，用仲呂、林鐘、南呂、黄鐘、大蔟、清黄鐘六鐘於笛應上尺工合四六等字，今編架無清鐘，遇應擊清黄鐘者，借用正黄鐘猶之可也，今黄鐘應笛之四字，乃學奏者不通律，乃强以合字應之，此必不諧矣。恭遇我　皇上中和建極，率　祖攸行，樂理、樂施兼通而條貫之，發明　聖祖《律歷淵源》一書，要歸實用。爰置樂部，正詩歌、審字譜、稽器數、辨等差，博採衆議，斷自　宸衷。於是朝祭享燕之間，與夫軍容凱奏雅頌，靡弗得所。乾隆八年，頒直省，春秋釋奠樂，又以闕里故事四時釋奠樂部奏明增填冬夏宮譜頒發，俾肄業焉。十二年秋，太常寺協律郎張樂盛等來教今樂，臣繼汾恐鈔譜字易訛舛，敬録付刊，便樂生等隨時誦習。會明年春，　聖駕將臨，張協律以新製舞譜多俯仰之容，足有勾起勢，肄之弗熟，懼貽隕越，因借用太學舞譜教之。竊謂闕里樂章既不與太學同，舞亦宜有異。且煌煌大樂，於昭萬年，闕里稱秉禮之鄉，首當率循惟謹。近乃得　《欽定律呂正義後編》，敬取所載太學舞譜與現肄者對勘，又微有不同，恐張協律所授者，或未盡如成式也。因自請宗子留心更正，宗子曰：'沿訛滋謬，誠非所以昭律度、嚴妥侑也。比者蒙賜鎛鐘特磬，金聲玉振，備大全矣，尤宜詳慎釐正，以鳴我國家之盛。'乃出新譜進樂生肄之。臣繼汾忝列聖裔，幸沐休和，不勝忭舞。爰依《律呂正義》內圖譜，敬繪合刊，成《樂譜》一卷，《舞譜》一卷。緣樂章中字，曲阜人多訛讀，謹逐加音釋，與《樂縣舞佾圖》《旋圖聲字圖》及闕里舊有之鼓譜、導引樂譜，別爲一卷，附錄於後，而志其顛末云。"此跋末署"乾隆三十年孟冬上浣臣孔繼汾恭跋"，知此本乃刻於乾隆三十年（1765）也。

　　此書首爲《欽頒文廟樂譜》一卷，卷首有乾隆十一年（1746）三月二十五日和碩莊親王允禄等人所上之奏議。次《欽頒文廟舞譜》一卷。《樂譜》《舞譜》之末，皆鎸有"承德郎原任户部廣西清吏司主事臣孔繼汾敬刊"。另有《附錄》一卷，包含《樂縣舞佾圖》《御製律呂正義四仲月律旋宮配聲字圖》《轉班鼓譜》《導引樂譜》《歌章音釋》等。《歌章音釋》之末，載"承德郎原任户部廣西清吏司主事孔繼汾敬錄"。本館所藏此本，與《闕里祭儀錄》六卷共爲一函，蓋因皆爲孔繼汾之著作故也。惟此《文廟樂舞全譜》刻於乾隆三十年（1765），早於《闕里祭儀錄》（案：《闕里祭儀錄》刻於乾隆三十四年），且其版式，半葉九行十九字，雙魚尾，與《闕里祭儀錄》之半葉二十行二十字，單魚尾有異，知非同一時期刊刻之著作。今獨出敘述，不作爲《闕里祭儀錄》之附錄。《闕里祭儀錄》六卷（含《闕里儀注》三卷、《劻儀糾謬集》三卷），另入《史部》書志。

　　此書《四庫全書總目》《中國古籍善本書目》俱未著錄。除本館外，另中國國家圖書館亦有收藏。《歷代文廟研究資料彙編》曾據中國國家圖書館藏本影印行世，題"《欽頒文廟樂譜》一卷，清乾隆間（一七三六——一七五九）刻本"。案：其本內容依序爲和碩莊親王等奏議、《附錄》、《欽頒文廟樂譜》、《欽頒文廟舞譜》、孔繼汾跋，則書中《樂譜》《舞譜》《附錄》俱全，題爲"《欽頒文廟樂譜》一卷"，恐非宜也。

海外中華古籍書志書目叢刊

美國芝加哥大學圖書館
藏中文古籍善本書志 經部 下

張寶三 著

國家圖書館出版社

春秋類

左　傳

128

春秋經傳集解三十卷附春秋名號歸一圖二卷

T713　4188B

《春秋經傳集解》三十卷，晋杜預注，明穆文熙輯評；附《春秋名號歸一圖》二卷，後蜀馮繼先撰。明萬曆十五年（1587）劉懷恕刻《春秋戰國評苑》本。十六册。框高24.6厘米，寬14.6厘米。分上、下二欄，上欄高3.9厘米，下欄高20.7厘米。下欄半葉九行二十字，小字雙行同。上欄鐫評語，半葉小字十八行六字，無直欄。全欄四周雙邊，白口，單魚尾。版心上鐫"左傳"及卷次，下鐫刻工名。

下欄卷端題"晋當陽侯杜預註；明吏部考功員外穆文熙編纂，兵部左侍郎石星校閱；河南道監察御史劉懷恕參閱，江西道監察御史沈權同閱"。

首册外封面書籤題"春秋戰國評苑　齊"，第二册以下各册，外封面書籤所題"春秋戰國評苑"下，依序各題"聖""廣""淵""明""允""篤""誠""和""惠""慈""宣""懿""肅""共""忠"等字。

書首，首明萬曆十五年（1587）仲秋劉懷恕《春秋戰國評苑序》。次杜預《春秋序》，未署名。次《東坡指掌春秋列國圖》，未署名。次《春秋列國東坡圖説》，未署名。次《諸侯興廢》，未署名。次《春秋提要》，未署名。次《春秋名號歸一圖上》《春秋名號歸一圖下》，未署名。卷三十之末有杜預《後序》，未署名。

杜預（222—285），字元凱，晋京兆杜陵（今陝西西安）人。《晋書》卷三十四《列傳第四》有傳。杜預祖杜畿，曾任魏尚書僕射。父杜恕，曾任幽州刺史。預博學多通，明於興廢之道。司馬昭當政時，杜預娶司馬昭之妹爲妻，起家拜尚書郎，襲祖爵豐樂亭侯。其後歷任鎮西長史、河南尹、秦州刺史、鎮南大將軍都督荆州諸軍事。太康元年（280），因平吴有功，進爵當陽縣侯。太康五年（285）閏十二月，朝廷徵命爲司隷校尉，加位特進。杜預卒於道，享年六十三，追贈征南大將軍、開府儀同三司，謚曰"成"。著有《春秋經傳集解》《春秋釋例》《春秋盟會圖》《春秋長曆》《女記讚》等。

穆文熙（1532—1617），字敬甫，明東明（今山東東明）人。明嘉靖四十一年（1562）進士，歷任工部郎中、尚寶寺寺丞、吏部考功司員外郎、廣東按察使、兵部侍郎等職。著有《左傳國語鈔評》《春秋戰國評苑》《國概》《四史洪裁》《七雄策纂》《逍遥園集》《文浦玄珠》《百將提衡》等書。事迹另參見《東明縣志》卷六《人物志》。

馮繼先，五代後蜀人，著有《尚書廣疏》《尚書小疏》《春秋名號歸一圖》等書，餘事迹不詳。

此書爲明劉懷恕所刻《春秋戰國評苑》中三書之首。劉懷恕於書首《春秋戰國評苑序》中云：“明興三百年來，太平日久，人文鬱邑，始而攻習《史記》，繼而因《史記》復欲攻《左傳》《國語》《國策》，而吾友少春穆君乃爲《左傳國語鈔評》《七雄策纂》，文士以爲便，無不家藏而人誦之，若珙璧然。然旨略既析，又欲思觀全書，時或聚而語之曰：‘安得穆君復留意於此乎？余歸而語穆君，君乃歸然出一函示余，余發視之，則三全書也。評品盡乎始終，句截悉成篆段，手墨淋漓，簡牘欲穿，自題其首曰《春秋戰國評苑》。余錯愕嘆曰‘先生苦心哉！’乃受而讀之，不數日而三書始末燎然目中，無復浩繁之艱。乃於穆君乞得之，攜至維揚付梓，以公同好。而鹽法沈公見而佳賞，亦分梓《國策》一籍。梓完而余捴題其首曰：‘往者余好覽載籍而苦其多端，及知三書之古，又苦從入無門，將謂此生與兹集絶矣，乃今《評苑》一出，提品千條，詞旨精當……’至其所自爲詩文《逍遥園集》二十卷，文詞高古，正與三書相表裡，是用並梓以傳。”末署“萬曆十五年仲秋之吉河南道御史東明劉懷恕頓首書”。由劉懷恕此《序》知《春秋戰國評苑》乃劉懷恕於萬曆十五年（1587）任河南道御史時所刻，另江西道御史沈權亦分任《評苑》中《戰國策》之刊刻。因劉懷恕、沈權二人爲之刻《春秋戰國評苑》，故《春秋經傳集解》此本卷端題“河南道監察御史劉懷恕參閱，江西道監察御史沈權同閱”也。

此書共三十卷，計卷一《隱公》，卷二《桓公》，卷三《莊公》，卷四《閔公》，卷五至七《僖公》，卷八至九《文公》，卷十至十一《宣公》，卷十二至十三《成公》，卷十四至十九《襄公》，卷二十至二十六《昭公》，卷二十七至二十八《定公》，卷二十九至三十《哀公》。文分上、下二欄，下欄爲《春秋經傳集解》，包含《春秋》經文、《左傳》、杜預《集解》及唐陸德明《經典釋文·左傳音義》。上欄爲穆文熙《評苑》，多輯諸家評語，所輯依序計有孫應鰲、汪道昆、穆文熙（或稱“穆大公”“穆子”）、胡氏、呂氏（或稱“呂祖謙氏”“呂東萊”）、朱氏、公羊子、穀梁子、顔鯨、凌約言、劉懷恕、真西山、張九一、汪元臣、張鹵、杜氏等人之評。

此本爲明萬曆十五年（1587）劉懷恕所刻《春秋戰國評苑》中之《左傳》部分。後萬曆二十年（壬辰，1592）鄭以厚光裕堂嘗加以重刻，與本館此本非同本。今復旦大學圖書館、東北師範大學圖書館所藏萬曆二十年鄭以厚光裕堂刻本《春秋戰國評苑》之末，鐫有鄭以厚之識語云："《春秋左傳評苑》《國語評苑》《戰國策評苑》《增補評註明世文宗》《合併太史文華博議》，是五書，本堂敦請名士精校之，以爲兒輩舉業之一助耳。書成而識者佳悅之，皆曰不當私也，故梓之，公之四方，與同志者共也。志青雲者，幸其鑒之。"末署"萬曆壬辰秋月望雲鄭以厚謹識"。此《春秋左傳評苑》等書，皆纂輯名家評語，以爲舉業之助，有其現實需求，故屢加重刻也。

本館此本，外封面有手書"N629"字樣，知原爲芝加哥紐伯瑞圖書館（Newberry Library）之舊藏。此本版心下方鐫刻工名，計有吳洪、蕭椿（或作肖春）、經、彭元、劉榮、魏用、用、順、密、林時、陳潘、潘如、玉朱、林玉時、王才、志、江、祥、李机、張淮、良、明、彭心、杭、彭中、林朱、付賣、付、張、李元、約、李文、礼、邦祥、祥邦、洪仁、江潮、林桂、付机、吳仁、韓祥、付汝亮、林良、陶器、明源、韓彥、囯用、徐、趙應選、李方、楊祥、肖夆、潘維鶴、奉、明文、陳經等人。

《四庫全書總目》著録，題"《左傳國語國策評苑》六十一卷，江蘇巡撫採進本"，入《子部·雜家類存目十一》。提要云："明穆文熙編。文熙有《七雄策纂》，已著録。是編凡《左傳》三十卷，《國語》二十一卷，《戰國策》十卷。《左傳》用杜預《註》、陸德明《釋文》，而標預名不標德明之名。《國語》用韋昭《註》、宋庠《補音》。《戰國策》用鮑彪《註》，參以吳師道之補正。均略有所刪補，非其原文。蓋明人凡刻古書，例皆如是。謂必如是，然後見其有所改定，非徒翻刻舊文也。其曰《評苑》者，蓋於簡端雜採諸家之論云。"案：四庫館臣所據本乃將《左傳》《國語》《戰國策》三書之《評苑》合爲一書，故稱《左傳國語國策評苑》，與本館所藏此本外封面書籤題爲《春秋戰國評苑》有異也。

《中國古籍善本書目》於《經部·春秋類》著録"《春秋經傳集解》三十卷，晋杜預撰，明穆文熙輯評。《春秋名號歸一圖》二卷，蜀馮繼先撰。明萬曆十五年劉懷恕刻《春秋戰國評苑》本"，載清華大學圖書館、北京師範大學圖書館等十一館收藏。另又著録"明萬曆十六年世德堂刻本"一種，載河南省圖書館、湖北省圖書館二館收藏。本館此本，另中國臺北"國家圖書館"亦有收藏。此外，復旦大學圖書館、東北師範大學圖書館等館藏有明萬曆二十年（1592）鄭以厚光裕堂刻本，《四庫全書存目叢書》嘗據以影印，題"明萬曆二十年鄭以厚光裕堂刻本"，列入《子部》第一六三册。考鄭以厚光裕堂刻本，每半葉十一

行，與本館此劉懷恕萬曆十五年刻本半葉九行不同，又光裕堂刻本下欄卷端題
"晋當陽侯杜預經解；宋魯齋朱申周翰傳釋；明吏部考功員外郎穆文熙編纂，明
瑞岡顧梧芳起鳳校正；太子少保工部尚書石星重校，河南道監察御史劉懷恕參
校；江西道監察御史沈權同校，武林張文燿重校；武夷彭楝重閲，崇安李春輝
同閲"。所題與劉懷恕萬曆十五年刻本亦有異，知非同一版本也。

129
呂東萊先生左氏博議六卷

T715　6630.1

《呂東萊先生左氏博議》六卷，宋呂祖謙撰，明陶珽輯，明宋鈇校。明崇禎
刻本。二册。框高20.5厘米，寬13.9厘米。半葉九行十九字，小字雙行，四周
單邊，白口，無魚尾。版心上鐫"東萊博議"，中鐫卷次。眉欄鐫評語。

卷端題"黄巖陶珽稺圭父彙輯；仁和宋鈇聖錫父較定"。

書首，首《東萊博議序》，末署"壬申春日黄巖陶珽識"。次未署年瞿景淳
《東萊博議敘》。次未署年呂祖謙《東萊博議自敘》。次《凡例》，共四則。次《呂
東萊先生左氏博議目録》。

呂祖謙（1137—1181），字伯恭，世稱東萊先生，宋婺州（今浙江金華）人。
《宋史》卷四百三十四《儒林四》有傳。傳云："呂祖謙，字伯恭，尚書右丞好
問之孫也。自其祖始居婺州。祖謙之學本之家庭，有中原文獻之傳……初，蔭
補入官，後舉進士，復中博學宏詞科，調南外宗教。丁内艱，居明招山，四方
之士爭趨之。除太學博士。時中都官待次者例補外，添差教授嚴州，尋復召爲
博士兼國史院編修官、實録院檢討官……父憂免喪，主管台州崇道觀。越三年，
除秘書郎、國史院編修官、實録院檢討官……遷著作郎，以末疾請祠歸……詔
除直秘閣。時方重職名，非有功不除，中書舍人陳騤駁之。孝宗批旨云：'館
閣之職，文史爲先。祖謙所進，採取精詳，有益治道，故以寵之，可即命詞。'
騤不得已，草制。尋主管冲祐觀。明年，除著作郎兼國史院編修官。卒，年
四十五。謚曰成。"著有《古周易》《周易音訓》《周易繫辭精義》《東萊書説》
《呂氏家塾讀詩記》《少儀外傳》《春秋左氏傳説》《春秋左氏傳續説》《左氏博
議》《兩漢精華》《歷代制度詳説》《麗澤論説集録》《東萊呂太史文集》《皇朝文
鑑》《古文關鍵》等書。事迹另參宋祖儉《呂太史壙記》（見《東萊呂太史文集》
附録）、今人杜海軍撰《呂祖謙年譜》等。

陶珽（1576—1635），字紫闐（或作"葛闐"），號不退，又號稺圭，自稱天
台居士。明雲南姚安（今雲南姚安）人，原籍浙江黄巖（今浙江省台州市黄巖

區）。明萬曆三十八年（1610）進士，歷任刑部四川司主事、大名府知府、隴右道副使、遼東兵備道、武昌兵備道等職。有詩才，與邢侗齊名，又交袁宏道、董其昌、陳繼儒等人，時以詩文唱和。著有《閬園集》《六十家文選》，又曾刻《續説郛》《徑山藏》等書。生平事迹參《［民國］姚安縣志》卷二十七《人物志》之三《鄉賢》、《［康熙］雲南通志》卷二十一《人物·鄉賢》等。今人茶志高、溫燎原撰有《〈續説郛〉作者陶珽生平事迹輯考》（《内江師範學院學報》2013年第1期），可參。

此書撰作之緣由，書首呂祖謙《東萊博議自敍》中云："《左氏博議》者，爲諸生課試之作也。始予屏處東陽之武川，仰林俯壑，出户而望，因盡無來人。居半歲，里中稍稍披蓬藋從予遊。譚餘語隙，波及課試之文，予思有以佐其筆端，乃取《左氏》書理亂得失之蹟，疏其説于下，旬儲月積，浸就編帙。諸生歲時休沐，必抄真楮中，解其歸裝無虛者，並舍淵黨，復從而廣之。曼衍四出，漫不可收。客或咎予之易其言，予徐應之曰：'子亦聞鄉隣之求醫者乎？深痼隱疾，人所羞道而諱稱者，揭之大塗，惟恐行者不閲，閲者不播，彼豈靦然忘恥哉？德欲蓄而病欲彰也。予離羣而索居有年矣，過而莫予輔也，跌而莫予挽也，心術之差、見聞之誤而莫予正也，幸因是書而胸中所存所操，所識所習，毫愆髮謬，隨筆呈露，舉無留藏，又幸而假課試以爲媒，借逢掖以爲郵，徧致于諸公長者之側，或矜而鐫，或愠而讁，或侮而譙，一語聞則一病瘳，其獲不既豐矣乎？傳愈博而病愈白，益愈衆，于予也奚斁？'遂次第其語以諗觀者。凡《春秋》經旨，檗不敢僭論，而枝辭贅喻，則舉子所以資課試者也。"末署"東萊呂祖謙伯恭敍"。由此《敍》可知東萊此書乃就《左傳》加以議論，"爲諸生課試之作"，故言"凡《春秋》經旨，檗不敢僭論，而枝辭贅喻，則舉子所以資課試者也"。呂氏撰作此書之時間，據《四庫全書總目》所論，當成於宋孝宗乾道四年（1168）呂氏居母喪期間。

此本爲明陶珽輯評之本，陶珽於書首《東萊博議序》中云："余既評鍾伯敬《史懷》而行世矣，復謀所以通古於今者……東萊呂先生家傳文獻，學有淵源，當時退居東陽，以進勉後來爲己任，故所著有《博議》一書，先生亦自題之爲舉子課試之資。今讀其文，粹然大儒，而論必衷於正道，脩身、治世，兩無忝焉。先生殆亦爲當時砭救焉耳，而顧自云播其病以求療於諸公長者，則先生之托指可知矣……余所以慨慕於伯恭先生，而漫爲之廣其指，其亦自揭其深痼隱疾云爾。"據陶珽此《序》，知其評《東萊博議》乃在評明鍾惺所著《史懷》之後。今傳世有明末刻本《史懷》十七卷，其卷端題"竟陵鍾惺伯敬父述；滇南陶珽稺圭父評；仁和宋鉞聖錫父、漢陽李國木喬伯父、虎林江之淮道行父全較"。彼評本《史懷》，由陶珽評，宋鉞等校，與《呂東萊先生左氏博議》此書由陶珽輯評，宋鉞校，情況類似，可見二者關係之密切。考陶珽此《東萊博議序》末署"壬申春日黃巖陶珽識"，此"壬申"當爲明崇禎五年（1632），惟《序》中未言及刊刻事，今據書中避明熹宗"由校"之名，"校"字作"較"，又未避清諱，故定爲"明崇禎刻本"。

又陶珽所輯此書，書首載有明瞿景淳（1507—1569）之《東萊博議敘》，《敘》云："是編之傳，東萊自敘之詳矣，顧梨棗日久，不無魯魚亥豕之訛，不佞詳加評品，重梓以傳。"今考山東省圖書館藏有《精選東萊呂先生左氏博議句解》十六卷，著錄云："宋呂祖謙撰，明瞿景淳選，明刻本。十行廿二字，白口，四周雙邊。"陶珽所輯此書，當以瞿景淳之《精選東萊呂先生左氏博議句解》爲基礎，又加以增刪重整重刻，故卷數、版式皆與瞿氏《句解》有異。瞿本十六卷，半葉十行二十二字，陶本則六卷，半葉九行十九字。

宋晁公武《直齋書録解題》、《宋史・藝文志》、元馬端臨《文獻通考》皆載《東萊博議》爲二十卷，今傳世則有二十五卷、十六卷、十二卷、六卷等差異，當因增注、增評或精選、刪減之故也。本館此本分六卷，計卷一《鄭莊公共叔段》至《鄭太子忽辭昏》共十六篇，卷二《詹父以王師伐虢》至《王賜虢公晉侯玉馬》共十四篇，卷三《鬻拳兵諫》至《楚滅弦黃》共十三篇，卷四《楚文王寵申侯》至《子圉逃歸》共十三篇，卷五《魯卑邾不設備》至《宋蕩意諸》共十四篇，卷六《楚范山請圖北方》至《孫公歸父言魯樂》共十六篇。

此陶珽輯評之本，於舊本有所調整改正。書首所載《凡例》第一則云："《博議》一書，其文前後辨論，俱有關係，最宜通篇熟讀，舊本句解其下，不獨礙目，并其旨趣俱若格格不屬，今悉改正，殊覺誦覽爽然。"第二則云："東萊立論，以聖賢爲宗，其行文惟求達意，不尚深辭，且議論皆《春秋》之事，又非訓末學可知，加以膚淺之註，轉屬贅疣。今惟一、二隱僻之事，釋之篇末，以備稽考，其餘在人口耳者，悉爲刪去。"第三則云："名賢評點甚夥，不能具載，惟彙輯其着脉當理者，標于上，以識異代同心云爾。"此所述爲其改正舊本之處，例如不於本文之下載句解，刪去膚淺之注，僅"一、二隱僻之事，釋之篇末，以備稽考"等。

此書之體例，各篇首列標題，如卷一首篇標題爲《鄭莊公共叔段》；次列"出處"，即載《左傳》原文；次列"主意"，即提綱挈領説明《博議》對此篇傳文之論旨。如卷一首篇"主意"云："終篇以莊公用心之險立説，謂莊公陷叔段于罪而斃之，猶釣者之誘魚、獵者之誘獸，其用心之險，至于舉朝舉國墮其計，天下後世受其欺，可謂險之至矣。只一險字作終篇血脉。"次呂祖謙所撰

《博議》文，末引某家之説義。如此篇之末云："唐荊川曰：以漁獵影出莊公之至險，真擒王手。"另或有於篇末載"釋義"，即書首《凡例》第二則所謂"一、二隱僻之事，釋之篇末，以備稽考"者也。又：此書眉欄鑴有評語，或出評者姓名，或僅載評語。如《博議》首篇文云："莊公之用心亦險矣，莊公之心，以謂亟治之則其惡未顯，人必不服；緩治之則其惡已暴，人必無辭，其始不問者，蓋將多叔段之罪而斃之也。"此文之眉欄鑴云："茅鹿門曰：'字字誅心。'"此載明茅坤之評也。又同篇《博議》文云："哀莫大于心死，而身死亦次之。"此文眉欄鑴云："'哀莫大于心死'出《莊子・齊物論》。"此明"哀莫大于心死"之出典，然未著爲何人之評。

《四庫全書》收録，《四庫全書總目》題"《詳註東萊左氏博議》二十五卷，浙江巡撫採進本"。提要云："書凡一百六十八篇，《通考》載作二十卷，與此本不同。蓋此本每題之下附載左氏傳文，中間徵引典故亦暑爲注釋，故析爲二十五卷……楊士奇稱別有一本十五卷，題曰《精選》，黃虞稷稱明正德中有二十卷刊本，今皆未見。坊間所鬻之本僅十二卷，非惟篇目不完，併字句亦多妄削，世久不見全書。"由此可知《四庫》所據本爲二十五卷本。

《中國古籍善本書目》著録"《增註東萊先生左氏博議》二十五卷，宋呂祖謙撰，宋刻遞修本，存十卷（一至十）""《精選東萊呂先生左氏博議句解》十六卷，宋呂祖謙撰，元刻本""《精選東萊呂先生左氏博議句解》十六卷，宋呂祖謙撰，明瞿景淳輯，明刻本"等宋、元、明刻本及抄本共十八種，其中有二十五卷、十六卷、十二卷、八卷、六卷等不同分卷。其所著録"《呂東萊先生左氏博議》六卷，宋呂祖謙撰，明陶珽輯，明崇禎刻本"即此本，載北京大學圖書館、安徽省圖書館、福建省圖書館三館收藏。案：此本另中國臺北"國家圖書館"亦有收藏。

鈐印有"尚友齋印"白文方印、"慶善字叔美印"白文方印、"叔美經眼"朱文長方印，知曾爲清毛慶善所收藏。考毛慶善（？—1852），字叔美，清江蘇吳縣（今屬江蘇蘇州）人。諸生。王昶入室弟子。工韻語，精書畫鑒賞。繼室顧蕙（字畹芳，一字紉秋，號墨莊）工詩善畫。毛氏嘗得明項聖謨（字孔彰，號易庵）所畫《尚友圖》，因名其齋曰"尚友齋"。又得清初王武（1632—1690，字勤中，號忘庵）所畫《東禪寺折枝紅豆花圖》，特顔其居曰"紅豆書樓"。著有《菰谷偶抄》《湖海詩人小傳》等。事迹參見清潘安璜《須静齋雲煙過眼録》（清宣統三年潘氏家刻本）、《江蘇藝文志・蘇州卷》第二分册。另又鈐有"風樹亭藏書記"朱文方印，此爲易培基之藏書印，知當亦爲李宗侗得之其岳父易培基，而轉讓入藏本館者也。易培基生平參見前"087　詩外傳十卷"條。

130

名公註釋左傳評林三十卷

T717　4440

《名公註釋左傳評林》三十卷，晋杜預釋注，宋朱申續注，明歐陽東鳳批評，明李茂識編次。明萬曆刻本。十册。框高21厘米，寬13.8厘米。每卷首葉右面八行十九字，小字雙行同；左面及次葉以下，半葉九行十九字，小字雙行同。四周單邊，白口，單魚尾。版心中鐫卷次，下鐫刻工名及字數。

卷端題"晋元凱杜預釋註，宋周翰朱申續註，明後學潛江歐陽東鳳批評；明後學檇李陸吉參訂，明後學昭易黃大成校正，明後學昭易李茂識編次。"

書首，首杜預《春秋左傳序》。次《東坡指掌春秋列國圖》。次《春秋列國東坡圖説》。次《春秋提要》。次《宗周列國世系》。次《評林姓氏》。次正文三十卷。書末有未署年李茂識《春秋左傳評林後跋》。

朱申生平參前"092　周禮句解十二卷"條。

歐陽東鳳，字千仞，明潛江（今湖北潛江）人。《明史》卷二百三十一《列傳》第一百十九有傳。傳云："歐陽東鳳，字千仞，潛江人。年十四喪父，哀毀骨立。母病嘔血，跪而食之。舉於鄉，縣令憫其貧，遺以田二百畝，謝不受。萬曆十七年成進士，除興化知縣……屢遷南京刑部郎中，擢平樂知府……税使横行，東鳳力抗之，以才調常州。布帷瓦器，胥吏不能牟一錢，擒奸人劇盜且盡。憲成董講學，爲建東林書院。居四年，謝事歸。起山西副使，擢南京太僕少卿，並辭不就。卒於家。"事迹另參清張可立修《興化縣志》卷五《名宦列傳》。

此書載《左傳》傳文及注釋，又輯諸家之評，稱"某某曰"，另載歐陽東鳳之批評，稱"鳳按"。編次者李茂識於書末《春秋左傳評林後跋》中云："左史之列於學宮也，人人奉爲羔雁矣，然未聞吮其髓奥、嚌其薌腴者，得無以魚魯豕亥之淆其粗，摩研編訂之迷其精，故學者各持鉏耰白挺，望敵而靡耳，誰建旗鼓而登作者之壇耶？余　先君子參軍公，雅志典墳丘索，其校閲錄鍥，竪標士林者業已數十種矣。方儗蒐獵百家以爲左氏羽翼，而志竟不果。兹　歐陽父母以鴻碩來蒞是邦，其所揮灑唾咳，蓋津津鼓吹丘明者，後出笥本畀邑諸文學，評隲注解靡不各陟其巔。諸文學讀之，若登瑯琊五都而覩璣組也，若奏《韶箾》《濩武》而聆絶響也，若涉滄溟澗湃而乘寶筏也，若躋峥嶸崒崔而得級梯也。同志者儦帽憑凝一於斯籍，則遭辰遲時，展采攄繪，當之者有不茅旌鸞弓以迓顔，行而孰敢負戈戟以方馳者乎？敬授剞劂氏，用以風雲來學，且以上繼先君子之志云爾。淮南玄朗李茂識謹跋。"李茂識此《跋》稱"歐陽父母以鴻碩來蒞是邦"，據清張可立修《興化縣志》卷六《職官》中所載，歐陽東鳳乃於明萬曆十七年（1589）至二十二年（1594）間任江蘇興化縣令。李《跋》又云："其所揮灑唾咳，蓋津津鼓吹丘明者，後出笥本际邑諸文學，評隲注解靡不各陟其巔"，"敬授剞劂氏，用以風雲來學"。然則此書乃歐陽東鳳所撰輯，而由李茂識爲之梓行，故卷端標"明李茂識編次"，其刊刻之時間當在萬曆十七年（1589）至二十二年（1594）之間也。惟本館此本書首《評林姓氏》中"陳與郊，號寧宇""劉曰寧，號雲嶠"，二"寧"字皆避道光皇帝諱作"寧"，然書中三十卷正文不避"寧"字。又《評林姓氏》共二葉，其版心刻工鐫"雇"而未載字數，與他處作"顧云"且載有字數有異，知此《評林姓氏》二葉當爲清嘉慶以後所補刻，由此推之，此本雖刻於明萬曆，疑爲清代之印本也。

此書書首載杜預《春秋左傳序》《東坡指掌春秋列國圖》《春秋列國東坡圖說》《春秋提要》《宗周列國世系》等。

此書共三十卷，計卷一《隱公》，卷二《桓公》，卷三《莊公》，卷四《閔公》，卷五至七《僖公》，卷八至九《文公》，卷十至十一《宣公》，卷十二至十三《成公》，卷十四至十九《襄公》，卷二十至二十六《昭公》，卷二十七至二十八《定公》，卷二十九至三十《哀公》。各卷皆首頂格大字列《傳》文，小字雙行列注文。注文用晋杜預《集解》及宋朱申《春秋左傳詳解句解》。《傳》文後頂格條列諸家評語，各條皆冠"某曰"。諸家評語後低一格載明歐陽東鳳按語，冠"鳳按"二字。兹以卷一隱公元年"鄭伯克段于鄢"一節爲例。《左傳》傳文及杜《注》之末，載有"李滄溟曰""甘義麓曰"二評，又有"鳳按"，計有三家評語。首載："李滄溟曰：莊當姜氏欲之之時，寂無一語以諫其母，至其與段逆謀既露而誓之，寧爲子道哉？然未幾而悔，又從潁（穎）考叔之言，而母子如初，猶不罹怙終之惡耳。"其二載："甘義麓曰：考叔之悟莊公，人以錫類稱之，似矣。竊謂母子、兄弟，其類一也，既全其母子，而兄弟之倫已殘，何名爲錫類哉？"其三載："鳳按：武姜之逆愛叔段，不自分也。鄭兵伐段而奔共國，實姜氏於城潁（穎），此國事爲重，非不孝也。"案："李滄溟"者，據本書書首《評林姓氏》所載："李攀龍，號滄溟。"知爲明代李攀龍也。又"甘義麓"者，《評林姓氏》云："甘雨，號義麓。"知爲明代甘雨也。依《評林姓氏》所列，本書所引及之評者，計有宋代呂祖謙、真德秀、朱申，明代楊慎、鄒守益、唐順之、李攀龍、李春芳、楊守魯、王世貞、宗臣、王宗沐、姜寶、王錫爵、耿定向，石星、王鼎爵、穆文熙、盛訥、孫繼皋、陳與郊、曾象乾、甘雨、張我續、劉懷恕、丁此呂、李廷機、鄒德溥、劉曰寧、歐陽東鳳、宗名世等三十一人。

此書版心下鐫刻工及當葉字數，間亦有無刻工及字數者。所鐫刻工名計有：

雇云、雇林、雇、余、奉孟、奉文、王宇、余武、余劉、張、劉守、劉張、潘左、李、王、王孟、李元、卜云、潘、張自、余同、柴林、小江、江、劉自、小左、左、王川、明、張孟、王孟自、小川、高雇、自、高玉、徐小、雇高、高巳、徐云、劉高、陶見、高梁、王孝、談、梁、蔣、共、陳、張王、張宇、王張、共見、見共、孝、守自、高鳴、王江、孟巳等。又卷一有佚名朱筆圈點。另卷十二葉二十九爲缺葉，以空白黃色紙代之。

此書《四庫全書總目》《中國古籍善本書目》俱未著録，國内、外圖書館罕見收藏。除本館外，另日本前田育德會"尊經閣文庫"亦有收藏，目録題"晋杜預釋註，宋朱申續註，明歐陽東鳳批評，明李茂識編次，明版，30冊"。

鈐印有"南陵徐乃昌校勘經籍記"朱文長方印、"積學齋徐乃昌藏書"朱文長方印，知曾爲清徐乃昌收藏。徐乃昌生平參前"011　稻香樓雜著六種七卷"條。另又鈐有"醉騷居"朱文長方印，印主待考。

131
春秋左傳屬事二十卷

T717　2431

《春秋左傳屬事》二十卷，明傅遜撰。明萬曆十三年（1585）日殖齋刻本。七冊。框高20.9厘米，寬14.8厘米。半葉十行二十字，小字雙行同，左右雙邊，白口，單魚尾。版心上鐫書名，中鐫卷次，下鐫"日殖齋梓"。"日殖齋梓"四字上方，間見刻工名。

卷端題"吳郡後學傅遜纂并註評"。

書首，首末署年王世貞《春秋左傳屬事序》。次明萬曆十三年（1585）初夏傅遜《春秋左傳屬事序》。次《纂春秋左傳屬事凡例》，共十六則。次《春秋左傳屬事目録》，《目録》末鐫有萬曆乙酉（十三年）仲夏傅遜識語。次正文二十卷。書末有萬曆乙酉（十三年）中秋傅遜《春秋左傳屬事後序》，又有萬曆乙酉（十三年）秋九月朔日潘志伊《春秋左傳屬事後叙》。

傅遜，字士凱，清太倉（今上海）人。《［光緒］嘉定縣志》卷十九《人物志四·文學》有傳，傳云："傅遜，字元（實三案：'元'當是'士'之誤）凱，萬曆乙亥歲貢，歷嵊縣訓導、建昌教諭，終周藩長史。儀觀甚偉，治《左氏春秋》，善論古今成敗，師事崑山歸有光，文辭不及而持論嘗屈其師。倭寇圍崑山，遜縋城出詣軍府告急，竟得解圍。"著有《春秋左傳屬事》《春秋左傳屬事古字奇字音釋》《春秋左傳註解辨誤》等書。

此書撰作之由，書首傅遜《春秋左傳屬事序》中云："自司馬子長變古法以爲紀傳、世家等言，而後之作史者，卒不能易。名編年者，雖自荀悦以後，無慮四十家而書多不存，事無通會。至宋司馬文正始粹一千三百六十二年之事以爲《通鑑》，而趙興智滅，實上以接《左氏》襄子慈智伯事。建安袁氏復因之以纂《紀事本末》，使每事成敗始終之迹，一覽而得，讀史者咸便而葆之。遂嘗欲祖其法以纂《左傳》事，而先師歸熙甫謂當難於《通鑑》數倍。遂頗悟其旨，取王敬文本，蔵而成焉。懼其事繁紊且遺也，故於諸國事各以其國分屬而仍次第之。於時王道既衰，伯圖是賴，故以伯繼周，而凡夷夏盛衰，離合大故，皆使自爲承續而不列於諸國之中。以其文古，須註可讀，元凱好之，自謂成癖，而其集解乃多紕繆疎畧。或《傳》文未斷而裂其句以爲之註，如防川介山，失其奇勝，且意義亦難於會解。遂故竟其篇章而總用訓詁於後，并參衆説、酌鄙意，僭爲之釐正焉。又讀胡身之註《通鑑》，時有評議，以發明其事之得失，輒慕而效之。其是非或不大誖於聖人而微蘊亦因以少見。遂少好讀史，兹《傳》雖以釋經，而與後之言經者多牴牾難合，故經不能强明而獨就其文辭，視以古史，妄纂兹録，名曰《春秋左傳屬事》，頗自謂得古人讀史之遺意，有助於考古者之便云。"案：《左傳》本編年體，傅遜此書則以紀事本末體重新纂輯《傳》文，復加注與評。《四庫全書總目》提要稱此書"倣袁樞紀事本末之體，變編年爲屬事，事以題分，題以國分，《傳》文之後各驪括大意而論之，於杜氏《集解》之未安者，頗有更定，而凡《傳》文之有乖於世教者，時亦糾正焉"。所述極爲扼要。

傅遜纂輯此書，乃有所本，前述傅遜《春秋左傳屬事序》中嘗云："取王敬文本，蔵而成焉。"又書首《春秋左傳屬事目録》之末，有傅遜識語云："始遜執友　今璽丞王敬文、府判王正平二昆共創爲此纂，甫半而同以計偕行，遜取其草更益而畢之，以正　今兵侍顧公子韶、憲副徐公子羽、學憲王公家馭、最後　內閣王公元馭，四公皆幼習此，徵予必盡《傳》事，且曰：'使讀是編而不必更讀《傳》，不尤愈乎？'遜遂繁其目而悉焉，似有磔裂叢沓之病。然《傳》文無二、三句遺矣。覽焉當自知。萬曆乙酉歲仲夏日傅遜謹識。"據此則此書之草創者除王敬文外，尚有其弟王正平，二人因赴京會試而中輟此書之纂作，遜因而"取其草更益而畢之"，由此可知傅遜之撰作此書，乃前有所本也。

此本之刊刻，實賴多人之力以助成之。書末南康府知府潘志伊《春秋左傳屬事後叙》中云："往歲余以遷補，與諸同籍聚晤京邸，有謂：'袁仲樞《通鑑紀事本末》可便覽讀，而上有《左傳》，恨無有如其法而列之前者。'余曰：'某曾讀《宋學士集》，有《左傳始末》敘文，又近世毘陵唐荊川氏亦有此纂。'時璽丞王敬文曰：'宋學士所敍，藏諸　秘府，某等未之見，荆川所纂，事頗不全，又少註難讀，余向年有志纂之，未竟，會將計偕，以授吾同門傅遜氏，渠因更張附益之。國以次敍，事以國分，先後相續，巨細相維。《傳》事既羅之無漏矣，又將杜氏《集解》變其體裁而革其訛謬，余詳讀一、二卷，及其辯誤精覈，必傳無疑。此真足以列《紀事本末》之前矣。'余聞而心識之，惜未獲即覯其書也。去歲秋杪，傅君適補建昌學諭，甫及參謁，余因詢得前書，與王敬文所語符，遂諷令鋟之板，以廣所傳。傅諭云：'雅有此志，而詘於力。'會建昌陳令縱臾之，且捐俸以資之，始既　巡道施公聞而贍成之，余亦微有濟焉……既訖工，持以請叙於余。"此《叙》末署"萬曆乙酉秋九月朔日守匡廬松陵潘志伊撰"。又傅遜《春秋左傳屬事後序》中亦云："因圖付梓，遂濫叨兵憲施公、郡守潘公、邑令陳侯腆賜。刻工一集，事不容緩，其中訛舛，能必無乎？"考萬曆十三年（乙酉）時潘志伊任南康府知府，故《後叙》末署"守匡廬"，匡廬爲廬山之舊名。據潘《叙》，傅遜於萬曆十二年秋末任建昌縣學諭，建昌縣爲南康府之屬縣，傅遜謁潘志伊，後乃得諸人之助而刊刻此書也。潘《叙》稱"既訖工"，知乃刻成於萬曆十三年。

此書二十卷，卷一《周》，卷二至六《伯》，卷七至十《魯》，卷十一至十二《晋》，卷十三《齊》，卷十四《宋》，卷十五《衛》，卷十六《鄭》，卷十七《秦》，卷十八《楚》，卷十九《吳楚》，卷二十《楚吳、越》。各國之下復分題，即《四庫全書總目》所謂"事以題分，題以國分"也。每段《傳》文之末，據杜預《集解》總括爲注，然於杜《註》則或仍或革，且另有《辨誤》二卷以正其失。書首《纂春秋左傳屬事凡例》第七則云："此編本爲明達者之資，故多總括其意以註，而於字句，或畧焉以待觀者之自悟，悟而得之，則得之於心也固。"又第九則云："凡註，或仍或革，於必然無疑者，則直解其中，不復致辨。其有疑似難析，古制難辨，必須詳考乃定、深思方得者，則於去取創見之際，俱不敢苟，故另爲《辨愄（誤）》二卷，以求正於博雅。其或無可考據，思之不得者，則並存其説以并求正焉。"傅遜於《凡例》中告知讀者另尚有《春秋左傳註解辨誤》二卷之作。另傅遜於《春秋左傳屬事》此書《傳》文之末，除加注之外，間有評議，乃以小圈或大圈以隔之。《凡例》第十一則云："《左氏》好以成敗論人，凡於生死治亂之先，必預爲徵兆而後以事爲應驗，固有未盡然者，先儒譏之以誣，當矣。然於世教有補，故皆因焉。而有悖倫傷化之極者，不得已而畧評數語於中以明大義。凡評議，仍用小圈以別於訓註。總評於後者，則用大圈。"其大圈、小圈之別可知矣。

據《凡例》所載，傅遜另尚撰有《古字奇字音釋》及圖。《凡例》第十五則云："《傳》中多古字通用及奇字難識，或以一字屢見，若悉爲音釋，似覺太繁，故另分部音釋，附於《辨悞（誤）》之前。"又第十六則云："《傳》中有三代器名，以形不明，故義亦難解，今皆考而圖其形，並爲好古之一資。"《辯誤》《音釋》及圖之内容另詳下篇所述。

傅遜此書，變《左傳》編年之體而爲紀事本末體，又爲之注、評，其用力蓋亦勤矣。明王世貞於書首《序》云："執杜氏以治《左氏》，十而得八，執傅氏以治《左氏》，十不失一。且也，爲杜而《左》者難，爲傅而《左》者易，故夫傅氏者，左氏之慈孫而杜氏之諍臣也。"其譽之甚高。又《四庫全書總目》評云："遜嘗自云：'《傳》中文義，頗竭思慮，特於地理殊多遺憾，恨不獲遍蒐天下郡縣志而精考之。'又云：'元凱無漢儒不能爲《集解》，遜無元凱不能爲此註。'其用心深致，推讓古人，勝於文人相輕者多矣。"推崇之意，亦可見矣。

此書《四庫全書》收録，惟《四庫》本於書首傅遜自《序》"故以伯繼周，而凡夷夏盛衰，離合大故，皆使自爲承續"一段，爲避諱，將"夷夏"剗改爲"盛衰"二字，遂成"而凡盛衰盛衰，離合大故"，頗晦文義。又書末傅遜《春秋屬事後序》中"稍後獲交　今兵侍顧公觀海、刑侍王公鳳洲與其弟學憲麟洲公，更友學憲陳霽巖公"。《四庫》本乃作"稍後獲交今兵侍顧公觀海、刑侍王公鳳洲與其弟學憲陳霽巖公"。漏抄數字，遂不符傅遜原意矣。

《中國古籍善本書目》將《春秋左傳屬事》與《音釋》《辨誤》等著録爲一條，題"《春秋左傳屬事》二十卷《古字奇字音釋》一卷《春秋左傳註解辨誤》二卷《辨誤補遺》一卷《古器圖》一卷，明傅遜撰，明萬曆十三年日殖齋刻本"，載北京大學圖書館、清華大學圖書館、北京師範大學圖書館等十二館有藏。另中國臺北"國家圖書館"、中國臺北"中央研究院"傅斯年圖書館亦有收藏。此外《中國古籍善本書目》又著録此本之遞修本數種，另參見下篇討論，兹不詳述。

鈐印有"澹明藏書"白文方印、"往日崎嶇還記不"白文方印（寶三案：此句出蘇軾《和子由澠池懷舊》，蘇詩原作"往日崎嶇還記否"）、"玩古齋"朱文方印、"聽雨讀書"朱文方印、"𩬊＝"朱文橢圓印、"熟讀深思"白文長方印、"淡明"白文方印等印。

132
春秋左傳屬事古字奇字音釋一卷春秋左傳註解辯誤二卷補遺一卷古器圖一卷

T717　2431

《春秋左傳屬事古字奇字音釋》一卷《春秋左傳註解辯誤》二卷《補遺》一

卷，明傅遜撰；《古器圖》一卷，明傅凝之輯。明萬曆日殖齋刻本。共一冊。此含《音釋》《辯誤》《古器圖》三書，以下分別述之。

（一）《春秋左傳屬事古字奇字音釋》一卷

此書框高20.9厘米，寬14.8厘米。半葉十行二十字，小字雙行同，左右雙邊，白口，單魚尾。版心上鎸"春秋左傳屬事"，中鎸"音釋"，下鎸"日殖齋梓"。

卷端首行題"春秋左傳屬事古字奇字音釋"。古字音釋正文之前，有序云："古字轉聲假借通用者多，今爲釋，解其槩，觀者臨文可以自悟，其習用衆知者不及。或即於本音轉調者不音，有字可音者直音，無字可音者反切。"另奇字音釋正文之前，亦有序云："字學久稱難精，筆畫稍異，音聲頓殊，意義大別。今於傳中所載者皆考析以釋，觀者詳焉。"古字音釋之後，有《補遺》，標題下注云："古字、奇字同此。"卷末尾題載"春秋左傳屬事古字奇字音釋終"。此卷之後，下接《春秋左傳註解辯誤》。

傅遜於《春秋左傳屬事》書首《凡例》第十五則云："《傳》中多古字通用及奇字難識，或以一字屢見，若悉爲音釋，似覺太繁，故另分部音釋，附於《辨悞（誤）》之前。"由此可知傅遜之本意即是將《古字奇字音釋》附於《辨誤》之前。惟《四庫全書總目》於"《左傳註解辨誤》二卷"一書之提要中云："前有《古字奇字音釋》一卷，乃《左傳屬事》之附錄，裝緝者誤置此書中，頗淺陋，無可取。"其説恐非也。杜澤遜《四庫存目標注》已嘗摘《四庫全書總目》其説之誤。

此《音釋》一卷，版式與《春秋左傳屬事》同，當亦刻於萬曆十三年也。

（二）《春秋左傳註解辯誤》二卷《補遺》一卷

此書框高20厘米，寬14.5厘米。半葉八行十八字，小字雙行同，左右雙邊，白口，白單魚尾。版心上鎸"左傳註解辯誤"，中鎸卷次，下鎸"日殖齋梓"。

卷端首行題"春秋左傳註解辯誤卷之上"，卷上尾題載"春秋左傳註解辯誤卷之上終"。惟卷下卷端及尾題則"辯誤"皆作"辨誤"。卷下之後有《補遺》一卷，卷端題"春秋左傳註解辯誤補遺"，標題後有序云："遜既作《辯誤》兩卷，以所註全本呈今　內閣王公荊石，蒙改正數條示教，已見註中，不敢攘其美，復自改前註數條，并爲《補遺》見此。"

此書諸家書目著録，多題爲"《春秋左傳註解辨誤》"，此明萬曆日殖齋刻本則題作"《春秋左傳註解辯誤》"，今依此本卷端所題書名叙述。

據潘志伊《春秋屬事後叙》云："去歲秋杪，傅君適補建昌學諭，甫及參謁，余因詢得前書，與王敬文所語符，遂諷令鋟之板，以廣所傳。傅諭云：'雅有此志，而詘於力。'會建昌陳令縱臾之，且捐俸以資之，始既　巡道施公聞而贍成之，余亦微有濟焉……既訖工，持以請叙於余。"此《叙》末署"萬曆乙酉秋九月朔日守匡廬松陵潘志伊撰"，據此知《春秋左傳屬事》乃刻於明萬曆十三年（乙酉，1585）。惟《春秋左傳註解辯誤》二卷當刻於此之前，故版式與《屬事》不同，且《辯誤》初刻後，傅遜又爲之作《補遺》也。考《春秋左傳註解辯誤》書末有萬曆十二年（1584）春顧天埈及金兆登二人所撰後序，未立標題，版心鐫"後序"。金兆登序云："登母氏伯兄士凱父，敦節礪，虓古矯俗，以故志不獲讎，分訓剗谿，親朋咸慮其嶽嶽難諧也。既聞三薦於 朝矣。登深歎 三公知人惟哲，而舅氏之志亦非必不可讐也。復將杜武庫解《左氏傳》而更之，詳析衆説是非之原，名曰《辨誤》，不余愚稗而示教，使題識焉。"此序末署"萬曆壬午應天舉士愚甥金兆登頓首書，甾甲申春二月之五日也"。又顧天埈之後序中云："今春，以《左傳註解辯愩（誤）》見視，其弘深精覈，非世所儗。"此序末署"皇明萬曆甲申仲春中旬門生顧天埈頓首謹識"。此二序皆撰於萬曆十二年（甲申，1584）二月。今中國臺北"國家圖書館"藏有"《春秋左傳註解辨誤》二卷《補遺》一卷《古字奇字音釋》一卷附《古器圖》一卷，五冊"一種，題"明萬曆癸未（十一年，1583）吳郡傅氏日殖齋原刊本"。據《"國家圖書館"善本書志初稿·經部》稱此本："首冊封面扉葉，前半葉大字題'春秋左傳註解辨誤'，其下小字雙行'附補遺古器圖古字奇字音釋'，後半葉牌記'萬曆癸未年春／傅氏日殖齋梓'。卷首有萬曆癸未（十一年，1583）傅遜序，音釋有萬曆甲申（十二年，1584）顧天埈及金兆登後序。"（葉一百六十八）案：據中國臺北"國家圖書館"所藏本之書名葉，可知《春秋左傳註解辯誤》乃刻於萬曆十一年（癸未）春，則書末金兆登、顧天埈二篇後序，皆題萬曆十二年（甲申）二月撰，蓋撰於刻成之後也。

（三）《古器圖》一卷

傅凝之輯。框高20.9厘米，寬14.8厘米。半葉十行二十字，小字雙行同，左右雙邊，白口，單魚尾。版心上鐫"古器圖"，下鐫"日殖齋梓"。

卷端未立標題，首《冠圖》。圖末有傅凝之之識語二則，首則云："世稱圖書、圖籍，古人左圖右書，蕭相國入秦，收圖籍以佐漢定天下，則圖之爲重均矣。大父常云：'諸古器皆先聖賢創造，其形不可不考而思其義。向年與雲間莫雲卿先生遊書肆，有宋刻《五經器圖》，雲卿得之，頗悔。'兹以《傳》文'藻率鞞鞛'與'反正爲乏''戟其手'，舊註皆誤且不明。又《爾雅》：'廣充幅長尋曰旐，繼旐曰斾。'與《周禮》《小雅》各殊。遂命凝之考其圖而刻之此。然大斾形製竟無考。舊藏《考古圖》《博古圖》不攜以行，故於他器亦尚有闕焉，俟按二圖而足之。"末署"時萬曆乙酉重九日稺孫凝之謹識"。此則識語之次行，低一格又載另一識語云："丙戌春，歸自建昌，檢二圖，益器十有三，或一器有數形者，比（寶三案："比"疑是"此"之譌）止刻其一。"末署"凝之再識"。識語後有尾題"古器圖畢"。據傅凝之此二識語可知，凝之爲傅遜之孫，承其祖父之命而輯此《古器圖》。其首則識語末署"時萬曆乙酉重九日"，版式又同於《春秋左傳屬事》，則此《古器圖》之初刻當與《春秋左傳屬事》同時，皆在萬曆十三年也。惟據傅凝之次則識語，知凝之於萬曆十四年（丙戌，1586）返鄉後，又據家藏《考古圖》《博古圖》增刻十三器，則此本乃萬曆十四年之增補刻本也。考此本葉一至十二載《冠圖》《衣裳圖》《佩用圖》等十五圖，末云："以上皆依《五經圖》，與《考古》《博古》圖不同。"第十三葉則載《甂》《挈壺》《瓠》等十三器，則此葉即增刻者也。

本館此本《古器物》之識語，別館藏本"凝之"或作"凞之"，"益器十有三"作"益器十有五"（見中國臺北"國家圖書館"等藏本），另《四庫全書總目》"《左傳注解辨誤》二卷"一書之提要中云："後附《古器圖》一卷，則其孫熙之所彙編。"其字又作"熙之"，頗有歧異，俟考。

《四庫全書總目》著錄"《左傳注解辨誤》二卷，江蘇巡撫採進本"，入《經部・春秋類存目一》。提要云："明傅遜撰。遜撰有《左傳屬事》，已著錄。是編皆駁正杜預之《解》，間有考證，而以意推求者多，視後來顧炎武、惠棟所訂，未堪方駕。前有《古字奇字音釋》一卷，乃《左傳屬事》之附錄，裝緝者誤置此書中，頗淺陋無可取。後附《古器圖》一卷，則其孫熙之所彙編，亦勦襲楊甲《六經圖》，無所考訂也。"案：四庫館臣所據本《左傳注解辨誤》，亦是前附《古字奇字音釋》一卷，後附《古器圖》一卷，同於本館所藏此本，惟提要稱《古字奇字音釋》置於前乃裝緝者誤置，其説有誤，辨已見前文。

《中國古籍善本書目》將《辨誤》等三書與《屬事》合題，載云："《春秋左傳屬事》二十卷《古字奇字音釋》一卷《春秋左傳註解辨誤》二卷《辨誤補遺》一卷《古器圖》一卷。"并著錄版本多種，計有"明萬曆十三年日殖齋刻本""明萬曆十三年日殖齋刻十七年重修本""明萬曆十三年日殖齋刻十七年二十六年遞修本""明萬曆十三年日殖齋刻十七年二十六年遞修本，清丁丙跋"等版本，分藏於北京大學圖書館、清華大學圖書館、中國國家圖書館、蘇州市圖書館、南京圖書館等館。另中國臺北"中央研究院"《傅斯年圖書館善本書志・經部》著錄"《春秋左傳屬事》二十卷《古文奇字音釋》一卷，六冊，明傅遜撰，明萬曆十三年（1585）自刊本"及"《春秋左傳註解辯誤》二卷《補遺》一卷附《古器圖》一卷，二冊。明傅遜撰；附明傅凝之彙編，明萬曆十一年（1583）自刊十三（1585）、十四年（1586）遞修本"各一種。中國臺北"國家圖書館"《"國家圖書館"善本書志初稿·經部》著録"《春秋左傳註解辨誤》二卷《補遺》一卷《古字奇字音釋》一卷附《古器圖》一卷，五冊。明萬曆癸未（十一年，1583）吳郡傅氏日殖齋原刊本"一種，另又載"另一部"一種。

《春秋左傳註解辩誤》一書，《續修四庫全書》嘗據湖北省圖書館藏本影印行世，題"明萬曆十三年日殖齋刻本"，列入《經部》第一一九冊。另《四庫全書存目叢書》嘗據清華大學圖書館藏本影印行世，題"明萬曆日殖齋刻本"，列入《經部》第一一九冊。惟二者所印行皆僅收《辩誤》及《補遺》，而未及《古字奇字音釋》與《古器圖》，實有未足。

鈐印有"何日不思君"白文方印。

133

左傳事緯十二卷左傳事緯前書八卷

T718　7272

《左傳事緯》十二卷《左傳事緯前書》八卷，清馬驌撰。清康熙刻本。二十冊。框高18.6厘米，寬14.1厘米。半葉九行二十二字，小字雙行同，左右雙邊，白口，單魚尾。版心上鎸書名，中鎸卷次。眉欄鎸評語。

卷端題"濟南馬驌宛斯編論；弟馬光幼實、馬駉端斯全閱。"

書首，首《左傳事緯例畧》，含"正書例"七則，"前書例"八則，共十五則，末署"攬茞齋主人謹識"。次《左傳事緯前書目録》，標題次行題"攬茞齋編次"。次《左傳事緯目録》，標題次行題"攬茞齋編次"。

馬驌（1621—1673），字宛斯，一字聰御，清山東鄒平人。《清史列傳》卷六十八《儒林傳下一》、《清史稿》卷四百八十一《儒林二》俱有傳。《清史稿》云："驌，字宛斯，鄒平人。順治十六年進士，除淮安府推官。尋推官議裁，補靈璧（竇三案：點校本'璧'原誤作'壁'，今改正）縣知縣。蠲荒除弊，流亡復業。康熙十二年，卒於官。年五十四。士民奉祀名宦祠。驌於《左氏》融會貫通，著《左傳事緯》十二卷，附録八卷，所論有條理，圖表亦考證精詳……四十四年，聖祖命大學士張玉書物色驌所著書，令人至鄒平購板入內府。"著有《左傳事緯》《繹史》《十三代瑰書》等書。事迹另參清施閏章撰《靈璧縣知縣馬公墓志銘》（《學餘堂文集》卷十九）。

本館此本無書名葉，亦無序、跋，無可據以考其刊刻年月。中國臺北"中央研究院"傅斯年圖書館藏本與本館同版。《傅斯年圖書館善本書志·經部》載："《左傳事緯》十二卷《前書》八卷，二十四冊。清馬驌撰，清康熙間（1662—1722）刊本。"述云："《例略》未言鎸刻事。《[道光]濟南府志》卷五十四云：

'刻《繹史》甫成，得疾卒。子承遺志，爲鐫《事緯》《瑰書》，卷帙浩大，未能版行……是書刻於身後，校勘未精。'因書中避諱玄字，不避丘、胤、弘、曆、寧等字，作清康熙間刊本。"（葉一百七十三）案：此説可從，今據之，定爲"清康熙刻本"。

此書含正書十二卷，《前書》八卷，《前書》在前，正書在後，各有目録。《前書》八卷，卷一載晉杜預《春秋左傳序》《春秋長曆論》《後序》，唐孔穎達《春秋正義序》，馬驌《左丘明小傳》等；卷二至四《左氏辯例》；卷五《左傳圖説》；卷六《覽左隨筆》；卷七《春秋名氏譜》；卷八《左傳字釋》。此《前書》八卷置於正書之前，其性質有如"總論"或"綱領"。馬氏於書首《左傳事緯例畧》"前書例"第一則云："讀《春秋》者，異説紛紜，漢唐以還，不下數百家，唯杜氏自號'左癖'，能成一家之言，特取其《序》以壓卷，而孔《序》次之，孔氏尊杜者也。"此述《前書》卷一首列杜預、孔穎達《序》之由。又第二則云："丘明列傳，舊史所無，兹采綴一、二遺事，用補馬遷之闕。"案：《前書》卷一《左丘明小傳》題"濟南馬驌補撰"，知此傳爲馬驌所著，據《例畧》所云，馬氏乃欲補《史記》未爲左丘明立傳之闕憾也。又"前書例"第三則云："左氏立例，有發凡，有新意，前後互明，最稱條悉。自公、穀生異同之見，胡氏成帖括之學，左例遂置不講。兹爲推而論之，凡三十有一篇，名曰《左氏辯例》。"第四則云："舊有東坡輿圖，雜入宋地，諸侯年表，止例數國。宋人發微圖説，詳畧失宜而剞劂錯譌，復涒觀覽。今立六圖，世系二十有一，竝著公姓、卿族、地輿、度量、廣狹，詳誌山川、年表，備列諸國，各標大事。其帝派、天官、職官，則愚意所增也，名曰《左傳圖説》。"第五則云："左氏碎金屑玉，披覽彌新，學識博通，文字工絶。曝日之暇，隨覽隨鈔，積而成帙，名曰《覽左隨筆》。"第六則云："杜氏《名號歸一圖》，久失讐挍，不無顛倒誤謬。兹另爲一式，分國別氏，指掌瞭然，名曰《春秋名氏譜》。"末則云："六書不明，豕亥致紊，附以《左傳字釋》，用爲考訂之助焉。"以上諸則，馬氏述《前書》中《左氏辯例》《左傳圖説》《覽左隨筆》《春秋名氏譜》《左傳字釋》諸篇撰作之旨也。

正書十二卷，以事爲類，共一百零八篇，以史事發生之先後爲序。每卷各事皆先立標題，下頂格列《左傳》文，文中各節以小節標示《春秋》魯公之年，各年間空一字以爲區别。文末低一格附馬氏之論。《左傳事緯例畧》"正書例"第一則云："舊文傳麗于經，年、時、月、日以相繫維也。易編年爲敍事，篇目一百有八，將令讀者一覽即解，且無遺忘之病。"又第五則云："事統于篇，年紀易紊，故每年必隔一字書之。年之首事，則蒙本文，大書某年，餘則分注某年，不使傳文疊出。"案：本館此本，年之首事，乃以雙行小字書某年，不作大書，似非原本之舊。又第六則云："篇末贅以愚論，未敢言文，旁集諸家，雜采傳記，無庸附會僻説，折衷一歸于正大，期于發明經傳而止。"此述其文末論説之體例也。

此本《左傳事緯》正書，眉欄附有評語，"正書例"末則云："簡端碎評，意之所寄，偶拈一二，以誌賞事之節目，亦爲標額。濫評一概不收。"又《左傳事緯例畧》於"正書例"（七則）、"前書例"（八則）之後，又列有"發凡言例◎""例不稱凡 ○""變例新意 ﻝ""事斷 ━""文斷 ﹂"等標示符號之例，此等符號乃施於書中《傳》文之旁。

《四庫全書總目》評此書云："三傳之中，左氏親觀國史，事迹爲真，而褒貶則多參俗議。公羊、穀梁二家，得自傳聞，記載頗謬，而義例則多有師承。《朱子語録》謂'左氏史學，事詳而理差；公、穀經學，理精而事謬'。蓋篤論也。驌作是書，必謂左氏義例在公、穀之上，是亦偏好之言。然驌於左氏實能融會貫通，故所論具有條理。其圖表亦皆考證精詳，可以知專門之學，與涉獵者相去遠矣。"

本館所藏此本正書卷七葉二十一爲抄補。又《前書》卷二《目録》葉一右面、正書卷八葉十右面、葉十一右面等三處，皆見鈐有藍、紅色長條形紙廠印記，此常見於康熙至乾隆間之印本中。

此書《四庫全書》收録，《四庫全書總目》題"《左傳事緯》十二卷《附録》八卷，山東巡撫採進本"。惟《四庫》本抄録時以正書十二卷在前，《前書》八卷在後，又删去眉欄評語及原本馬驌在《左傳》上所標示之符號，頗失其真。考《四庫全書總目》及文淵閣、文津閣諸閣書前提要皆云："是書取《左傳》事類，分爲百有八篇，篇加論斷，首載晋杜預、唐孔穎達序論及自作邱明小傳一卷，《辨例》三卷（實三案：閣本提要作'三卷'，乾隆武英殿刻本《總目》誤作'一卷'），《圖表》一卷，《覽左隨筆》一卷，《名氏譜》一卷（實三案：'《名氏譜》'，《總目》誤作'《名字譜》'），《左傳字奇》一卷（實三案：'奇'字，閣本提要與《總目》並同，當爲'音'之訛），合《事緯》爲二十卷。"此既言"首載"云云，知《四庫》所據底本應是《前書》在前，同於本館此本也。又清朱彝尊《經義考》卷二百八著録此書，載："馬氏驌《春秋事緯》二十卷，存。"述云："按：馬氏《春秋事緯》凡十二卷，前有《序》、《傳》一卷，《辨例》三卷，《圖説》一卷，《覽左隨筆》一卷，《春秋名氏譜》一卷，《左傳字音》一卷。"則朱彝尊所見亦《前書》在前也。又考本館此清康熙刻本《左傳事緯前書》內文題作"《左傳字釋》"，然《左傳事緯》書首《左傳事緯前書目録》則題作"《左傳字音》"，故朱彝尊引作"《左傳字音》"也。

《中國古籍善本書目》著録，題"《左傳事緯》十二卷《前書》八卷，清馬驌撰，清康熙刻本"，載上海圖書館、湖北省襄陽地區圖書館二館收藏。

此書傳世尚有多種版本，如北京大學圖書館、天津大學圖書館、美國普林斯頓大學東亞圖書館藏有清乾隆四十九年（1784）重刻本（懷澄堂藏板）。另《函海》中收有清乾隆李調元輯刊道光李朝夔重修補刊本。此外又有清道光二十六年（1846）管慶祺據嘉慶九年（1804）刻本重印本，《左傳研究文獻輯刊》曾據管本影印行世，列入第十六至十九册。

134

左傳統箋三十五卷

T718　8445

《左傳統箋》三十五卷，清姜希轍撰。清康熙刻本。十二册。框高20.5厘米，寬14厘米。半葉九行二十一字，小字雙行同，四周單邊，白口，單魚尾。版心上鐫書名，中鐫卷次及十二公各謚號。

卷端題"會稽姜希轍定庵父集注"。書名葉分三欄，右題"會稽姜定庵先生輯"，中題"春秋左傳杜林統箋句解"，左題"尺木堂梓行"，左下鈐有"尺木堂"白文方印。欄上鈐有白文圓印，印文無法辨識。

書首，首清康熙十五年（1676）孟夏李之粹《序》。次康熙丙辰（十五年）姜希轍《左傳統箋序》。次《左傳統箋凡例》，共四則。次《春秋左傳序》，標題次行題"晋杜預元凱譔"。

姜希轍（？—1698），字二濱，號定庵、兩水亭，清浙江會稽人。《清史稿》卷二百八十二《列傳》六十九有傳，傳云："姜希轍，字二濱，浙江會稽人。明崇禎間舉人。順治初，除溫州教授。五年，以瑞安知縣缺員，令暫攝。鄭成功兵來犯，攻城，希轍督民守，遇事立應。援至，破成功兵齊雲江上。九年，遷直隸元城知縣。畿北饑，流民至者日以萬計。逃人令方嚴，民慮溷入爲累，輒拒不予食。希轍令察非逃人，使墾縣中荒田，田闢，饑民以活。善決獄，民稱之。十五年，授工科給事中……康熙元年，考滿，内陞，回籍待缺。九年，詣京師，復授户科都給事中……遷順天府丞，遭父喪歸。十七年，授奉天府丞。乞養母歸。三十七年，卒於家。"著有《左傳統箋》《兩水亭集》。事迹另參清毛奇齡撰《奉天府丞前禮科都給事中姜君希轍行狀》（《碑傳集》卷五十四）。

此書撰作之由，姜希轍《左傳統箋序》中云："近代三尺童子，無有不言《左氏》者矣，然今人之習《左氏》，則與古殊。古人習之以通經義，今人習之以資文筆。夫釋經者，單辭簡缺，義乃不周，若但以文焉而已，則將握其美瑾，置其小璣，吐其山膚，味其雋永，斯于別擇取舍之術，未嘗不工，故欲引學者而踐盲史之津涯，非有所存汰不可。且二氏文雖近古，嘗自抉其指歸，往往條暢之言多于險仄；《左氏》都有斷崖絕阮，跬步之內，恒使軌躅俱窮，故箋注之所須，尤亟于他傳也。假使《左氏》而僅列其本文，學者以意懸解，或且失其句讀，烏能尋文曉暢，領其旨趣哉？爰自張蒼、賈誼之屬，即有訓詁，時代遼遠，寢以漫滅，今則問所爲服虔、鄭衆、劉子駿、賈景伯、許惠卿、潁子嚴之說，皆無可攷，何況前古？或曰杜元凱預集諸說而綜其長，故名《集解》，有杜注則諸說皆不亡，嗣後孔穎（穎）達踵事增修，至林堯叟而益以大備，咸稱《左氏》忠臣焉。及宋，又有魯齋朱申爲之句解，辭雖俚俗，而幼學得之，迎機入會，無復艱苦之患。惜其不譜作者之大較，悉舉敘述之篇，眉睫畢具而啼笑可親者，委而棄之，獨存論說，此于修詞之要則得矣，乃事之纖曲，略而不詳，更何由見其體象物情、工倕造化也哉？余復取而益之，以備《左氏》之極觀，而于諸訓詁，又芟其蕪穢，歸于典則，庶幾詳略得所，觀者無憾，斯以取適于後學，非欲與于作述之林也。"又《左傳統箋凡例》第三則云："先儒《左》注，劉、賈並轡于前，許、潁競爽于後，杜氏擇此四家，折衷同異，更得孔穎（穎）達疏義而加詳。林氏又復補其缺略。《左傳》之義，無可復加矣。魯齋朱氏《句解》，要不外乎諸儒之說，而循文衍義，便于幼學。今取杜氏、孔氏、林氏之義而兼收朱氏之辭，使讀者開卷洞然，不煩苦索而已。"另李之粹《序》亦云："余惟註疏《左氏》者，代不乏人，而杜、林合解，盛傳藝苑，然而大義雖標，間多闊略。朱魯齋句分字晰，又隣於淺膚而不得指歸，竟謂釋《左氏》者無全璧可也。定庵深得《春秋》之旨，於是裒杜、林之所長，而益以孔穎（穎）達之增華、文魯齋之訓詁，而斷以己意之獨裁。經義孔彰，微言必晰，令丘明數千年之面目犁然復睹，始無媿於釋《左氏》矣。定庵不欲自秘其傳，公之天下，而顏之曰《統箋》，蓋言集諸家之說，而得其大成，猶夫《春秋》之意也。"由上所述，可知姜氏撰作之意也。

此本刊刻之年代，本館舊目題"清康熙15年（1676）"，《中國古籍善本書目》著錄"《左傳統箋》三十五卷，清姜希轍撰，清康熙十五年刻本"，諸家書目多同於此。考此本書首李之粹《序》，末署"時 康熙十五年歲次丙辰孟夏上浣之吉年眷弟李之粹拜題於兩浙郵署之清風堂"，又姜希轍《左傳統箋序》末署"康熙丙辰歲古越姜希轍撰"，諸家書目著錄爲"清康熙十五年刻本"，蓋據此也。今考李之粹《序》末云："自定庵讀《禮》東山，而亂臣賊子稱戈拒命，間閭編戶，不知《春秋》之法以討之也。當亟布此編，使天下之曉然知君父之不可犯，而脅從歸義，志士敵愾，未必不賢於十萬師矣。是則定庵之心，余又心定庵之心，爲之敬弁其端。"此言"自定庵讀《禮》東山"，知康熙十五年李之粹作《序》之時，姜希轍乃在會稽居父喪期間，故得請浙江驛傳道李之粹爲之作《序》也。然李之粹此《序》僅言"當亟布此編"，未言及付梓事。又姜希轍《左傳統箋序》亦未言及刊刻事，故據此二《序》，似難遽斷其刻於康熙十五年也。本館此本，書名葉題"尺木堂梓行"，書名題"春秋左傳杜林統箋句解"，與書中卷端題"左氏統箋"有異。因書名葉未題刊刻年月，姑定爲"清康熙刻本"。

此書共三十五卷，計：卷一，《隱公》；卷二，《桓公》；卷三，《莊公》；卷四，《閔公》；卷五至八，《僖公》；卷九至十，《文公》；卷十一至十二，《宣公》；卷十三至十五，《成公》；卷十六至二十二，《襄公》；卷二十三至三十一，《昭公》；卷三十二至三十三，《定公》；卷三十四至三十五，《哀公》。乃以宋朱申《春秋左傳詳節句解》爲基礎加以增删，又益之以晋杜預、唐孔穎達、宋林堯叟等之解，故名曰《統箋》。其卷數即同於朱申《春秋左傳詳節句解》也。

此書僅載《左傳》文而不載《春秋》經文，亦同於朱書。《左傳統箋凡例》第二則云："是刻欲宗《左氏》之文，意不在釋經，故經文不載，但存編年，以次先後。"此外，此書所録《傳》文，有原朱書所無者，則增以己解。《凡例》第四則云："所録《傳》文，倍于朱氏，故于《句解》所有者，以前儒準朱氏；于《句解》所無者，以鄙見輔前儒，雖集古人之長，必從獨見之合。"

本館此本，間有佚名朱筆圈點，書中偶有缺字，亦有佚名朱筆填補。又書中卷九葉一右面及卷二葉十四右面皆鈐有藍、紅色長條形紙廠印記。

此書清朱彝尊《經義考》卷二百八著録云："姜氏希轍《春秋左傳統箋》二十五卷，存。"其卷數作"二十五卷"，不知何故。

《四庫全書總目》著録，題"《左傳統箋》三十五卷，浙江汪啓淑家藏本"，入《經部·春秋類存目二》。提要云："此書循文衍義，所據者特杜預、林堯叟、孔穎達三家，參以朱申《句解》。其所引證，又皆不標所出，猶沿明季著書之習。"

《中國古籍善本書目》著録"《左傳統箋》三十五卷，清姜希轍撰，清康熙十五年刻本"，載山東省圖書館、中山大學圖書館二館收藏。此外，中國科學院圖書館、中國人民大學圖書館、上海圖書館、南京圖書館、西南師範大學圖書館等館亦有收藏。《四庫全書存目叢書》嘗據中國科學院圖書館藏本影印行世，題"清康熙十五年刻本"，列入《經部》第一三一册。惟其本書首僅姜希轍《左傳統箋序》，而無李之粹《序》。另英國倫敦大學亞非學院藏有乾隆五十八年

（1793）刻本一部，爲清韓友一增注本。

鈐印有"尚職印誌"白、朱方印（"職""誌"字朱文，餘爲白文）、"吳郡石里里顧氏家藏"朱文方印。

135

左氏條貫十八卷

T718　5641

《左氏條貫》十八卷，清曹基撰，清張兼、張典參訂。清康熙刻後印本。四冊。框高17.6厘米，寬13.2厘米。半葉九行二十一字，小字雙行同，四周單邊，白口，單魚尾。版心上鎸書名，中鎸卷次及國別。眉欄鎸注。

卷端題"長洲曹基德培編次；門人張兼念凌、［張］典懷鞠參訂"。書名葉分三欄，右題"曹德培編次"，中題"左氏條貫"，左題"新鎸原板／翻刻必究"，欄上題"必讀定本"。書名葉上方鈐有"志在春秋"朱文圓印。

書首，首清康熙壬辰（五十一年，1712）中秋日曹基序，未立標題，版心鎸"序"。次未署年張兼、張典附跋，未立標題，版心鎸"附跋"。次《例言》，共九則，末署"玉坡老人基自識"。《例言》之末，低一格鎸四行曹基識語，末署"玉坡又書"。次《備考》。次《纂要》。次《左氏條貫總目》。每卷之末，鎸有"男官賀校字"字樣。

曹基，字德培，號玉坡，清長洲（今江蘇蘇州）人。生平不詳，以教授爲業，著有《左氏條貫》。

此書撰作之由，據曹基自序云："傳《春秋》者五家，《鄒》《夾》已散佚不可考，今存者獨《左氏》與《公》《穀》三家耳。自漢以後，持論各安所尚……蓋學《左》每詘《公》《穀》，學《公》《穀》往往詘《左》，勢固然也。要而論之，惟啖、趙氏合三家所長，務以通經爲主，庶幾知所輕重。蓋左氏親見聖人，而公、穀又皆子夏之高弟，其立說自各有據依，後人未可以臆見輕爲軒輊，固無俟馬融、馮伉著《三傳異同》，劉兆爲三《傳》調人也。第《左氏》原本，以事繫日，後先懸隔，檢括殊苦其煩。因仿《國語》之例，分國類敘，聯絡首尾，而仍不失編年之舊，以便披覽。其《公》《穀》之辭，義可采者，亦因事附見焉。"又《例言》末則云："《左傳》爲舉業先資，而讀本每失之太略，因爲手輯是編，極知割裂成書，見譏於大雅君子，然以備家塾之誦習，則庶幾或有取焉。"由此知曹基此書採《左傳》之文，"仿《國語》之例，分國類敘，聯絡首尾，而仍不失編年之舊，以便披覽"，以備家塾之誦習，亦將以爲舉業之助也。

曹基之前，明人孫范亦嘗著《左傳分國紀事本末》一書，然曹基以爲其書未善。《左氏條貫》書首《例言》之末，有曹基之識語云："編是書甫竟，見前明孫匡儀名范有《左傳分國紀事本末》一書，是能先得我心者，但嫌其提頭處太多，甚至另爲標目，不敘於編年之下者，終失聯絡本意，則余是編之作，尤覺完善云。玉坡又書。"據曹基"編是書甫竟"之語，則其撰此書之前，當尚未見孫書也。

此書付梓前由曹基弟子張兼、張典爲之參訂。張兼、張典之附跋中云："兼輩侍先生久，凡風簷雨館，雪案螢窗，以及花之晨，月之夕，竊見先生手一編，咿唔不輟，時復會心，若將挹古人於千載之上，晤言一堂者，以故矻矻孜孜，几席間丹黄校讐，幾無寧晷，迄於今，年已七十餘矣，而耄而好學如此，即徐廣之歲讀五經一遍，不是過也……其爲文也，原本經史而折其衷，獨出風裁，自成一格，不屑拾人牙慧，雖著述等身，重自矜惜，不欲示人。兹《左氏條貫》一書，兼輩以爲便於課誦也，力請付諸剞劂，以公同好，因發篋衍，再加參訂，得一十八卷，仍爲志其緣起云。"考張兼、張典此跋未署年月，惟跋中云："迄於今，年已七十餘矣，而耄而好學如此。"又云："力請付諸剞劂，以公同好。"則其書初刻當在曹基七十餘歲之時，惜曹基之生平不詳。書首曹基序，末署"康熙壬辰中秋日玉坡曹基書"，此序撰於康熙五十一年，然未言及刊刻事。又此本書名葉僅載"新鐫原板／翻印必究"，亦未明載刊刻年月。今考此本正文中避"玄"字諱，"胤"字或避或不避，"弘"字、"寧"字不避諱。惟書首"附跋"及《纂要》中見避"寧"字，作"寧"，故定爲"清康熙刻後印本"。

此書正文之前有《備考》一卷，載周及魯、鄭、衛、齊、宋、秦、晉、楚、吳、越、曹、蔡、虞、虢、紀、邾、陳、許等國之姓、爵及立國始末。又有《纂要》一卷，載"周十二王""魯十二公""鄭"……等諸國世次。正文仿《國語》之例，分國類敘，全書十八卷，計：卷一，周；卷二至四，魯；卷五至六，鄭；卷七，衛；卷八，齊；卷九，宋；卷十，秦；卷十一至十四，晉；卷十五至十六，楚；卷十七，吳、越；卷十八，曹、蔡、虞、虢、紀、邾、陳、梁、許、潞。曹基於《例言》第七條云："列國諸事，雜見於十二公之編年，前後錯綜，繙閱殊難。兹爲取裁《國語》之例，先標每國於首，凡事之係於其國，悉爲編入，使一國之始末，開卷了然，而其事之介乎兩國者，此取則彼刪，可以參考而得。"又第八條云："當時一百二十四國，其見於《春秋》者，亦寥寥矣，蓋弱小之邦，多見并於强大，故事亦僅見。今即其事之相屬者，隨所屬之國附載，其絶不相蒙者，另列於後。"此書各卷皆首標國名，其下引《左傳》之文，依時間先後敘事之始末，文中以小字注明所歷《春秋》之年，對本文亦間有簡注。文末附《公羊傳》或《穀梁傳》之文，即曹氏自序所謂"其《公》《穀》之辭，義可采者，亦因事附見焉”者也。另眉欄亦間有注語，載其事所屬之周王或國君及其相關事迹等。

《續修四庫全書總目提要》載張壽林所撰此書提要，題“《左氏條貫》十八卷，康熙五十一年壬辰刊本”，提要云：“今考其書，取《左氏》傳文，挨年順月，分屬各國，以國統事，以事繫日，分列排比，條理秩然，使讀者無披檢之勞。而各國之事，始終畢見，纂輯之功，誠有足多。又其紀事雖宗《左氏》，然於《公》《穀》之辭義可採者，間亦因事附見，以備讀者之參考，其法尤善。”極見推崇。

本館此本卷三葉四右面、卷四葉二十二右面、卷十三葉一右面三處，皆見鈐有藍、紅色長條形紙廠印記。

此書《四庫全書總目》未著錄。《中國古籍善本書目》著錄“《左氏條貫》十八卷，清曹基撰，清刻本，清丁晏批注並跋”一種，載中國國家圖書館收藏。另湖北省圖書館、美國普林斯頓大學東亞圖書館、日本京都大學文學部圖書館等館亦有收藏。《續修四庫全書》曾據湖北省圖書館藏本影印行世，題“清康熙五十一年致和堂刻本”，列入《經部》第一二一冊。此影印本未見書名葉，“致和堂刻本”之説，不知何據。其本卷十一葉二右面亦見鈐有紙廠印記，與本館藏本現象同，惟其本書首《備考》在《例言》之前，則與本館此本有異。考中國國家圖書館藏本有書名葉，分二欄，右題“長洲曹德培編次”，左題“分國左傳／條貫”，左下題“聚古堂梓”，欄上題“盧文子先生原本”。美國普林斯頓大學東亞圖書館藏本同，日本京都大學文學部圖書館藏本目錄亦載“聚古堂”。聚古堂刻本與本館此本之關聯及同異，待考。

136

文章練要左傳評十卷

T718　1139

《文章練要左傳評》十卷，清王源撰。清刻本。十冊。框高19.9厘米，寬14.6厘米。半葉九行二十二字，小字雙行同，左右雙邊，白口，雙魚尾（魚尾相隨）。版心上鐫“文章練要”，中鐫“六宗左傳一”，下鐫卷次。

卷端首行題“文章練要卷之一”，第二至五行題“大興王源評訂；潁州甯世簪全閲；歙縣程城參正”，第六行題“左傳一”。書名葉分三欄，右上題“王或庵先生評訂”，右下題“居業堂藏板（‘板’字原缺損，據他館藏本補）”，中題“左傳”，左鐫二行告白云：“文章練要，先生所訂有六宗、有百家，此六宗之首。／其下孟子、莊子、楚辭、戰國策、史記暨百家嗣出。”

書首，首未署年程城《文章練要序》。次未署年王源《左傳評序》。次《左傳評凡例》，共十二則。次《文章練要左傳評目録》。

王源，字崑繩，號或庵，清大興（今屬北京）人。《清史稿》卷四百八十《列傳》二百六十七《儒林一》有傳。傳云："王源，字崑繩，大興人。兄潔，少從梁以樟游，以樟談宋儒學，源方髫齓，聞之不肯首，唯喜習知前代典要及關塞險隘攻守方略。年四十，游京師，或病其不爲時文，源笑曰：'是尚需學而能乎？'因就試，中康熙三十二年舉人。或勸更應禮部試，謝曰：'吾寄焉爲謀生計，使無詬厲已耳！'崑山徐乾學開書局於洞庭山，招致天下名士，源與焉。於儕輩中獨與劉獻廷善……獻廷殁，言之輒流涕。未幾，遇李塨，大悦之，曰：'自獻廷殁，豈意復見君乎！'塨微言聖學，源聞之沛然，因持《大學辨業》去，是之。塨乃爲極言顏元明親之道，源曰：'吾知所歸矣。'遂介塨往博野執贄元門，時年五十有六矣。後客死淮上。所著《平書》十卷，文集二十卷。"王源另著有《文章練要》，其文集名《居業堂集》。

書首程城《文章練要序》述此書撰作及刊刻之緣由云："《文章練要》，王或庵先生所訂也，分六宗、百家。六宗曰《左傳》，曰《孟子》，曰《莊子》，曰《楚辭》，曰《戰國策》，曰《史記》。百家之類三：《公》《穀》《管》《韓》諸家，一也；《漢書》以下諸史，二也；漢、魏諸名家集，三也。六朝而下，不與焉。簡練精要，以爲規矩準繩；詳而說之，以盡乎文之變无方也、无體也；變而通之，盡乎神也，自來文章家未嘗有。天將使先生盡抉其秘以覺人乎？先生嘗謂六經者，文之祖；六宗者，别子爲祖而各立門户以爲宗，百家不能出六宗範圍，六宗不能出六經範圍，而究莫出乎一陰一陽不可測之道……城幸得觀《文章練要》於先生，欲公之天下，而全書浩繁，未能梓，先刊其《左傳》十卷行世……兹刻之後，行將與同志盡刊六宗并百家之全，使斯道焕然光昭乎今古，造物其忌焉否乎？吾又不知斯世之幸、不幸何如矣。"末署"後學程城序"。由程城此《序》，知《左傳評》此書乃王源《文章練要》中之第一種，《文章練要》全書包含六宗及百家兩大項，六宗含《左傳》《孟子》《莊子》《楚辭》《戰國策》《史記》等六書，百家則又分爲三類。程城述王源之説，謂六經乃文章之祖，别子爲宗，以《左傳》等六書爲文章之六宗，而《公》《穀》《管》《韓》至漢、魏諸名家集則爲文章之百家也。程城《序》云："城幸得觀《文章練要》於先生，欲公之天下，而全書浩繁，未能梓，先刊其《左傳》十卷行世。"由此知程城所刊僅《左傳評》十卷。然此《序》未署年月，無法據以定刊刻之年月。考大連圖書館藏有"《文章練要公羊傳》不分卷、《文章練要穀梁傳》不分卷"，《文章練要公羊傳》卷首有程茂序云："或庵先生所評《文章練要》，《左傳》爲六宗之首,《公》《穀》爲百家之首……先生《左傳》,余叔風衣既已刊行,今茂復刊此本,而述先生之言,弁之卷端。"末署"康熙丙申九月後學漣水程茂識"。丙申爲康熙五十五年(1716),程茂序既言"先生《左傳》,余叔風衣既已刊行",則知《文章練要左傳評》至遲於康熙五十五年之前已刊行矣(參見杜澤遜《四庫存目標注》"《或庵評春秋三傳》無卷數"條)。考程城,後易名嗣立,字風衣,號篁村,康熙間諸生,乾隆時舉鴻博,不就。程茂,字蕙江,爲程城之姪,故程茂序稱"余叔風衣"也。

今諸館所藏"居業堂藏板"《文章練要左傳評》,著錄頗多歧異,如《四庫全書存目叢書》影印北京師範大學圖書館藏本,題"清康熙居業堂刻本",惟《武漢圖書館館藏古籍善本書志》第一輯著錄與北京師範大學圖書館同版,則題作"清雍正間刻本"。本館此本書名葉與北京師範大學圖書館藏本同,惟北師大藏本卷端作"潁州甯世簪、桐城戴名世全閱",本館此本則作"潁州甯世簪全閱",此乃爲避戴名世諱而刪去其名。又此本字體與北師大藏本細部仍有差異(如"與"之字形),蓋是重刻之本,因無確切刊刻年月,姑定爲"清刻本"。另山東師範大學圖書館、美國普林斯頓大學東亞圖書館等館藏有乾隆九年(1744)刻本,其本書名葉題"乾隆九年重鐫""文章練要左傳真本""居業堂梓行"。其本則爲乾隆九年居業堂重刻之本也。

程城《文章練要序》中嘗謂《文章練要》乃"簡練精要,以爲規矩準繩"。《左傳評》爲《文章練要》之第一種,乃從文章觀點對《左傳》所施之評點。書首《左傳評凡例》第七則云:"評語皆抉作者之意,知其意而後知其章法,知其章法而後知文之所以妙皆枯心嘔血而得之者。非若近人,徒贊其如何好、如何好,而毫無得于古、毫無益于今者比也。"又第九則云:"捴評于後,又細評于中,唯恐有負良工苦心微言妙緒。"此可見其評點之用心也。另第十二則云:"文有主意,有眼目,其段落有大小,其序事有案、有結;其詞語有精彩、有閒情、有點綴、有句法、有字法,俱一一標出。凡主意用雙鈎'══',眼目用大圈'○',大段落用大畫'▬',小段落用半畫'▬',案用聯虛點'ᵒᵒᵒ'或單虛點'ᵒ',精彩與奇變處用聯圈'○○○',次單圈'○',閒情、點綴、句法用聯點'、、、',字法用雙點'、、'。"此爲其具體評點所施之符號也。

此書十卷,計含卷一《隱公》《桓公》《莊公》,卷二《閔公》《僖公》,卷三《僖公》《文公》,卷四《文公》《宣公》,卷五《成公》《襄公》,卷六至七《襄公》,卷八至九《昭公》,卷十《昭公》《定公》《哀公》。每卷皆分篇,各篇標示題目。《左傳》文中有細評,篇末有總評。《左傳評凡例》首則云:"《左傳》編年之書,每年按時、月雜記列國之事,無分題、分篇之體,但有段落耳。其以經爲題，無經即以其事爲題者，後人所爲也。然段即可爲篇，欲論文必分篇而章法乃易見，且擇而取之，故不得不從時以便讀者，要亦無悖于古耳。"此即述其分篇之意。

此書《四庫全書總目》著録，題"《或庵評春秋三傳》，無卷數，江西巡撫採進本"，入《經部・春秋類存目二》。提要云："是書本名《文章練要》，分六宗、百家，六宗以《左傳》爲首，百家以《公羊傳》《穀梁傳》爲首。然六宗僅《左傳》有評本，百家亦惟評《公羊》《穀梁》二《傳》而已。經義、文章，雖非兩事，三《傳》要以經義傳，不僅以文章傳也。置經義而論文章，末矣！以文章之法點論而去取之，抑又末矣！真德秀《文章正宗》始録《左傳》，古無是例，源乃復沿其波乎？據其全書之例，當歸《總集》，以其僅成三《傳》，難以'集'名，姑仍附之《春秋類》焉。"案：四庫館臣指出王源此《文章練要》若依全書之例，當歸《集部・總集類》，如宋真德秀之《文章正宗》然，然因《文章練要》僅成三《傳》，故附於《經部・春秋類》爾。今考中國國家圖書館、美國哈佛大學哈佛燕京圖書館俱藏有"《文章練要孟莊合刻》十卷，清雍正八年（1730）居業堂刻本"一種，又孫殿起《販書偶記》卷十二著録有《文章練要莊子評》六卷，則《文章練要》除三《傳》外，其他《孟子評》《莊子評》亦嘗有成書梓行。程茂於《文章練要公羊傳》序中云："既請先生所評六宗、百家之全讀之。先生曰：'余評之素矣，然未得間，鮮成書也，今且從事焉。'乃未數月而先生逝。於戲！天其靳六宗、百家之全也乎？先生令嗣隆川耳先生之言而續先生之業者也，出先生《公》《穀》評本讀之，《公》《穀》之神傳又如斯也。先生《左傳》，余叔風衣既已刊行，今茂復刊此本，而述先生之言，弁之首端。"然則王源於《孟子評》《莊子評》蓋素有存稿，卒後乃由其子王隆川整理成書而後得以刊行歟？

此書《中國古籍善本書目》未著録。本館此本，中國國家圖書館亦有收藏。另北京師範大學圖書館藏有"清康熙居業堂刻本"，武漢圖書館、臺北"國家圖書館"藏本題"清雍正間刻（刊）本"。另中國國家圖書館、清華大學圖書館、美國普林斯頓大學東亞圖書館等館藏有清乾隆九年居業堂刻本。《四庫全書存目叢書》嘗據北京師範大學圖書館藏本影印行世，題"清康熙居業堂刻本"，列入《經部》第一三九册。

137
左傳經世鈔二十三卷

《左傳經世鈔》二十三卷，清魏禧評點，清彭家屏參訂。清乾隆十三年

（1748）刻本。十六册。框高19.4厘米，寬14.1厘米。半葉九行二十一字，小字雙行同，無直欄，左右雙邊，白口，單魚尾。版心上鎸書名及十二公紀元年次，中鎸卷次及小題。眉欄鎸評語。

卷端題"寧都魏禧冰叔評點；夏邑彭家屏樂君參訂"。書名葉分三欄，右題"寧都魏叔子評點／夏邑彭樂君參訂"，中題"左傳經世鈔"，左題"本衙藏版"。

書首，首未署年魏禧《左傳經世自敍》。次《凡例》，共七則。上海圖書館所藏同版，書首另有清乾隆十三年彭家屏《左傳經世鈔敍》，《凡例》之後又有《左傳經世鈔目録》，本館此本并缺。

魏禧（1624—1681），字冰叔，一字凝叔，號裕齋，學者稱勺庭先生，清江西寧都人。《清史列傳》卷七十《文苑一》、《清史稿》卷四百八十四《文苑一》俱有傳。《清史稿》云："魏禧，字冰叔，寧都人……禧兒時嗜古，論史斬斬見識議。年十一，補縣學生。與兄際瑞、弟禮及南昌彭士望、林時益，同邑李騰蛟、邱維屏、彭任、曾燦等九人爲易堂學。皆躬耕自食，切劘讀書，'三魏'之名徧海内……年四十，乃出遊……康熙十八年，詔舉博學鴻儒，禧以疾辭。有司催就道，不得已，昇疾至南昌就醫，巡撫昇驗之，禧蒙被卧稱疾篤，乃放歸。後二年卒，年五十七。妻謝氏，絶食殉。"著有《左傳經世鈔》《日録》《魏叔子文集》等書。

彭家屏（1692—1757），字樂君，號青原，清河南夏邑人。《清史稿》卷三百三十八《列傳》一百二十五有傳。傳云："彭家屏，字樂君，河南夏邑人。康熙六十年進士，授刑部主事，纍遷郎中。考選山西道御史，外授直隸清河道。三遷江西布政使，移雲南，再移江蘇。以病乞罷。"乾隆二十二年（1757），因"文字獄"下獄，被賜死，含冤自盡。事迹另參《［民國］夏邑縣志》卷六《人物志·宦蹟》。

此書舊由清魏禧評注刊刻，後經清彭家屏增訂，重加梓行。魏禧《左傳經世自敍》云："禧少好《左氏》，乃遭變亂，放廢山中者二十年，時時取而讀之。若於古人經世大用《左氏》隱而未發之旨，薄有所會，隨筆評註，以示門人。竊惟《左傳》自漢、晋至今歷二千餘年，發微闡幽，成一家之言者，不可勝數，然多好其文辭篇格之工，相與論議而已。唐崔日用工《左氏》學，頗用自矜，及與武平一論三桓、七穆，不能對，乃自憮曰：'吾請北面。'徐文遠從沈重質問《左氏》，久之，辭去曰：'先生所説，紙上語爾。'禧嘗指謂門人學《左氏》者就令三桓、七穆口誦如流，原非所貴，其不能對，亦無足憮，此蓋博士弟子之務，非古人讀書之意。善讀書者，在發古人所不言而補其未備，持循而變通之，坐可言，起可行，而有效，故足貴也。"由此可見魏禧撰此書之由。另别本書首所載彭家屏《左傳經世鈔敍》中云："余得其書讀之，選擇精慎，議論証據馳騁上下古今，其大旨見於自序。公餘之暇，偶有所觸，間綴數語於後。原有《凡例》，亦稍爲增訂。因舊刻僅九卷，且日久漸就漫漶，迺從其孫溪得全本，重爲剞劂，成完璧焉。"《敍》末署"乾隆十三年歲在戊辰望後夏邑彭家屏書於西江官署之石翠山房"。案：乾隆十三年，彭家屏時任江西布政使，魏禧爲江西寧都人，故彭家屏得閱魏禧之書并爲之增訂。又據《敍》云，《左氏經世鈔》原刻僅九卷，彭家屏乃從魏禧孫魏溪處得二十三卷全本而"重爲剞劂"，對書中《凡例》亦有所增訂。考書首《凡例》第二則中云："舊抄本中尚有一、二涉于選《左》餘緒者，兹槩從删。"然則彭氏《敍》中所謂"迺從其孫得全本"者，當爲抄本也。

此書專取《左傳》中有關世務之事而評論之，共二十三卷，計：卷一，《隱公》；卷二，《桓公》；卷三《莊公》《閔公》；卷四至六，《僖公》；卷七，《文公》；卷八，《宣公》；卷九至十，《成公》；卷十一至十五，《襄公》；卷十六至二十，《昭公》；卷二十一，《定公》；卷二十二至二十三，《哀公》。各卷各事皆先標篇目，次列《左傳》原文，末附評論。《左傳》大書，下有雙行小注，眉欄載評語。此書不載《春秋》經文，《凡例》第一則云："《左傳》每篇應各冠以經文，蓋經，綱也；《傳》，目也。程子謂以經可證《傳》之誤。第是編評論《左傳》僅三百餘篇，分冠以經，恐有割裂罣漏之嫌。細玩篇内，嚴邪正，別賢奸，無不與聖人筆削之意大相發明，則《左傳》之全本在是，而經之全體亦可類推矣。"此釋不載經文之由。

彭氏對魏禧原本增訂之處，於《凡例》中嘗有説明，如《凡例》第二則云："向來評《左傳》者，多不論事而論文，然論文者僅資學人之咀茹，何如論事者開拓萬古之心胸。是編專主論事，原取其有關於世務。舊抄本中尚有一、二涉于選《左》餘緒者，兹槩從删，俾知經世之大猷，不得視爲古文之糟粕。"又第三則云："杜、林合註，舊爲讀《左》善本，然切實了當，林不得與杜並。原編訓釋，多取二家，而倒置錯雜處頗多，兹則分杜先、林後，仍各刊姓氏以別之，庶不失古人遺意。"案：魏禧原本訓釋多取自合晉杜預、宋林堯叟二家注解之《春秋左傳杜林合註》而有錯雜之處，彭家屏增訂則特別加以區分，杜在先、林在後，書中注解有以方圍標"杜"者即杜預注，標"林"者即林堯叟注也。

本館所藏此本缺書首彭家屏《左傳經世鈔敍》及《左傳經世鈔目録》。又書名葉左欄"本衙藏板"旁有鉛筆注記云："據人文書目係乾隆十三年刻本。"

此書《四庫全書總目》《中國古籍善本書目》俱未著録。清朱彝尊《經義考》卷二百八著録："魏氏禧《左氏經世》三十卷，未見。"下載魏禧自序。《經義考》所載作"三十卷"，與彭家屏《左傳經世鈔敍》中所言"舊刻僅九卷"及彭氏從魏淶取得之全本爲二十三卷皆有異。《續修四庫全書總目提要》收錄楊鍾羲所撰此書提要，題"《左傳經世鈔》二十三卷，乾隆戊辰刻本"。提要評此書，稱其"議論到地"。

此本除本館收藏外，另上海圖書館、北京大學圖書館、中國科學院圖書館、中國臺灣大學圖書館等館亦有收藏。《續修四庫全書》嘗據上海圖書館藏本影印行世，題"清乾隆刻本"，列入《經部》第一二〇册。

另復旦大學圖書館、中國臺灣大學圖書館、中國香港中文大學圖書館等館又藏有書名葉題"聯墨堂藏板"者一種，其本半葉八行二十字，字體、行款與乾隆十三年刻本皆有異，且書首彭家屏《左傳經世鈔敍》末未鈐"古之方伯"白文方印、"清原山人"墨文方印、"彭印家屏"白文方印、"樂君氏"墨文方印諸印，當爲較晚刻之本。拙作《紙廠印記在清代中文善本古籍版本鑑定之運用》一文，對此已有考述，茲不細論。

鈐印有"一劍游人"白文方印、"嘉樂堂"朱文方印二印。

138
讀左補義五十卷卷首二卷

T718　8491

《讀左補義》五十卷《卷首》二卷，清姜炳璋撰，清毛昇增參。清乾隆三十八年（1773）刻四十七年（1782）重校本。十六册。框高20.2厘米，寬14厘米。分上、下二欄，下欄高17.5厘米，半葉十一行二十三字，小字雙行同；上欄高2.7厘米，小字雙行五字。左右雙邊，白口，單魚尾。下欄版心上鐫書名，中鐫卷次及十二公各諡號。上欄鐫評語。

卷端題"四明姜炳璋輯；受業毛昇增參；男埭、埴校"。書名葉分三欄，右題"四明姜白巖輯"，中題"讀左補義"，左題"三益堂藏板"，欄上題"進呈御覽採入四庫全書"。

書首，首清乾隆三十三年（1768）余月（四月）姜炳璋《讀左補義序》。次未署年錢維城《序》。次未署年張嗣益《序》。次乾隆二十九年（1764）孟夏彭啓豐《序》。次《刻讀左補義例言》，共六則，末署"受業毛昇謹識"。次《讀左補義目錄》。次"參閱姓氏"，計分"同學參閱姓氏""後學參閱姓氏""門人參閱姓氏""後學挍閱姓氏"等四項，版心鐫"參閱姓氏"。次《卷首》二卷。次正文五十卷，書末有尾題，上鐫"讀左補義卷五十終"，下鐫"壬寅歲重校正"。

姜炳璋（1709—1786），字石貞，號白巖，清浙江象山人。《清史列傳》

卷六十八《儒林傳下一》有傳。傳云："姜炳璋，字石貞，象山人。乾隆十九年進士，官石泉縣知縣。少博通經史，爲諸生時，督學雷鋐按郡，試以'兩漢總論'，炳璋授筆抒二千餘言，浙東西徧傳誦焉。其説經篤實近裏，恪守先儒，語必有據。"姜氏於官石泉知縣後，又任江油、江浦等縣知縣。六十歲後歸鄉，講學金華、鄞縣等地。著有《周易通旨》《詩序廣義》《詩經提綱》《周禮提綱》《讀左補義》《歷朝紀元考》《石泉縣志》《象山縣志》《尊鄉集》《白巖山人詩文集》等書。事迹另參《[民國]象山縣志》卷二十五《先賢傳四》。

　　此書撰作之緣由，彭啓豐於書首《序》中云："左氏之傳《春秋》，以經爲綱，而《傳》爲之目，無《傳》則綱舉而目不張，《傳》之所以輔經也。左氏學於聖人，發明聖經之旨而不失聖人垂訓之義，故三《傳》皆有功於《春秋》而素臣則獨推左氏。漢、魏以來，學左氏者，劉、賈之後，繼以服、杜，至隋而杜獨行，服義遂微。杜蓋以例釋《左》，其説有正例、變例、非例之分，而爲例之情又有五，自是言經、《傳》者鮮不循其涯涘矣。姜子白巖，獨以爲聖經無例，左氏之言例從舊史氏也，杜氏舍其義而專言例，以致是非或謬於聖人，非左氏傳經之義也。爰作《讀左補義》一書，因《傳》以釋經，援經以立義，發其微於博記之中，會其神於文字之外。"此述姜氏撰作之意甚明。

　　姜氏撰作此書，前後歷十餘年始成。毛昇《刻讀左補義例言》第三則云："是書起事於乾隆丙子二月，至丁丑五月中輟。先生初有事於《詩經》，脫稿未經抄謄，復加訂正，至己卯竣事。庚寅，理《春秋》舊業，祇（祇）有總評，未遑及註疏也。癸未，掌教蘭江書院，示諸同志，次君埴侍，因抄其總論若干卷，就正芝庭、稼軒兩師，皆謂自有傳以來，未有此，趣卒業。因命隨傳釋之，而附評論於後。甲申，先生謁選入　都，長嗣埭從，得蜀之石泉縣，此書置行篋中。至邑，百廢俱舉，暇則談經，長君復取前稿續鈔，凡註中有按字者，皆先生指授而兩嗣手録者也。就稿購書人繕寫，遂有清本焉。戊子，先生謝病歸象山，過郡，昇力贊此書之成。明年，奉先生居越之山寺，先生寢食其中，增删稿本，時張百斯先生相過從商榷。明年至昇家，同人重集，又易稿，至壬辰而書成。"考此書自乾隆二十一年（丙子，1756）起稿，至三十七年（壬辰，1772）而書成，其間共歷時十六年矣。

　　此本之刊刻，據毛昇《刻讀左補義例言》末則云："是書初意藏諸家塾，昇以爲先生十餘年之精力萃於此書，自當嘉惠後學，諸同志遂伙（佽）助開雕，至癸巳而竣事。"由此可知乃刻成於乾隆三十八年（癸巳，1773）。惟本館此本書末第五十卷尾題，上鐫"讀左補義卷五十終"，下鐫"壬寅歲重校正"，知爲乾隆四十七年（壬寅，1782）之重校本也。

此書《卷首》分《綱領上》《綱領下》二卷，《綱領上》首有序（未標序名）云："春秋書法，有義有例，有定者義也，故定、哀之微辭即隱、桓之大義。無定者例也，故隱、桓之定例，非閔、僖之成法。左氏，魯史也，其所稱凡例，前史所傳，於作《傳》時復即事而類推之，使學者考見其得失，而但於敍事中發明聖人之義也。史官之例者五，因約署指數，以例其餘。"以下即舉出"西周舊典""東遷後列國相沿之例""魯史自相傳受之例""春秋霸國更定之例""魯君臣私定之例"等五例及其例證。《綱領下》之首亦有序（未標序名）云："讀《傳》者莫不曰：'左氏之《傳》，史家之宗也，馬得其奇，班得其雅，韓得其富，歐得其婉，有其一體，皆赫然文名於後。'而抑知《傳》非文也，傳聖人之經也。文極其工，正以發撝經義為工；《傳》非史也，傳聖經之義也，事極其備，正以闡明經義為備。貌取而遺其神，可乎？綜其十有二善，臚列於篇，非敢謂已盡乎《左氏》也。學者因是而類伸之，則《左氏》之善有不能更僕者，亦讀《左》者之一助也。"其下列出"躬承聖教""親見策書""尊王重霸""寢兵息民""羽翼大經""表裏論語""屬辭比事""文緩旨遠""善善從長，惡惡從短，故其辭多恕""言有不驗，事有未詳，故其說非誣""小疵而大醇""闡幽而微顯"等十二善及其例證。蓋姜氏於《卷首》先闡述有關《左傳》之例及《左傳》之善，以為全書之綱領也。

此書正文共五十卷，計卷一至二《隱公》，卷三至四《桓公》，卷五至六《莊公》，卷七《閔公》，卷八至十三《僖公》，卷十四至十六《文公》，卷十七至十九《宣公》，卷二十至二十三《成公》，卷二十四至三十二《襄公》，卷三十三至四十三《昭公》，卷四十四至四十六《定公》，卷四十七至五十《哀公》。各卷皆分上、下二欄，下欄列經、《傳》之文，文下有注，文末有總評。上欄列評語。經、《傳》下之注解多採用杜預《集解》，亦兼用他說。毛昇《刻讀左補義例言》首則云："《讀左補義》一書，吾師闡發先賢釋經之義，意詳辭簡，其中用杜者什之六、七。先生嘗曰：'杜《解》精確處，一字一珠，任後人更張百變，細按終不可易，故用之獨多。杜所未明，採之孔《疏》；《疏》所未顯，採之諸說，或稱某氏，或稱某書。友朋相遇，輒為商榷，一言之贈，亦著由來。諸說未明，補以己說，用按字別之。其不載姓氏者，皆杜解也。'"由此可知其注解之所自。

此書上欄所附評文之語，乃毛昇所撰。毛昇《刻讀左補義例言》第五則云："詳義署文，是書之旨，恐學者專以文求而義為之掩也。昇謂使絕不言文，無以厭讀《左》者之心，請用評文之語，細書其端，如選家例，何如？先生曰：'吾

老矣，而有志，而其爲之。'昇勉承師命，因稽之諸選，質之同人，參以己說，
閒有餘文剩義，亦時補綴之，而折衷於先生。時汪友素山，出其尊人雨亭先生
思溥《左評》相示，融會馮天閑、周聘侯二家之長，書中多所採用。鈔成，先
生喜曰：'是亦讀《左》者應有之事也。'"案：本書上欄評文中屢稱"汪云"
者，即汪思溥之《左評》也。

此書《四庫全書總目》著錄，題"《讀左補義》五十卷，浙江巡撫採進
本"，入《經部・春秋類存目二》。提要云："是書欲破説《春秋》者屈經從例之
弊。謂《春秋》無例，《左傳》所言之例皆史氏之舊文，其凡有五：一曰西周舊
典，二曰東遷後列國相沿之例，三曰魯史自相傳授之例，四曰霸國更定之例，
五曰魯君臣私定之例。杜預所謂凡例，皆周公之禮經，變例皆聖人之新意者，
未爲定論。其援據頗典博，參考亦頗融貫。然謂史氏相沿有此五例，左氏遂據
以推測聖經，可也。謂《春秋》全因五例之舊文，則聖人直録魯史，不筆、不
削，何以云'其義竊取'？何以云'知我、罪我，其惟春秋乎'？觀襄公二十年
《傳》，甯殖曰：'名藏在諸侯之策，曰：孫林父、甯殖出其君。'而經書'襄公
十四年夏四月己未，衛侯出奔齊'，是亦不盡用策書之明證矣。所註用杜《解》
者十之六、七，兼採他説，并參以己意，亦頗簡潔。而《傳》後必附以説，簡
端又冠以評，或論事，或論文，如坊選古文之例，殊非註經之體也。"案：四庫
館臣贊揚此書"其援據頗典博，參考亦頗融貫"、注解"亦頗簡潔"等，至於此
書"《傳》後必附以説，簡端又冠以評，或論事，或論文"之體例，四庫館臣
則不以爲然，評其"殊非註經之體也"，蓋因此而僅入存目也。

《中國古籍善本書目》未著録。此乾隆四十七年重校本，另上海圖書館亦有
收藏，書名葉題"右文堂發兑""同文堂藏板"，《四庫全書存目叢書》曾據以
影印行世，題"清乾隆刻本"，列入《經部》第一四三冊。另北京大學圖書館、
南京圖書館、中國科學院圖書館等藏有原刻本，書名葉題"三多堂藏板"，《續
修四庫全書》曾據以影印行世，題"清乾隆三十八年刻本"，列入《經部》第
一二二冊。此外，諸家書目尚載有道光、同治、光緒等多種刻本，不具録。

139

春秋左傳彙輯四十卷

T718　2390

《春秋左傳彙輯》四十卷，清吳炳文輯。清乾隆四十八年（1783）刻本。
二十四冊。框高14.9厘米，寬11.1厘米。半葉九行二十二字，小字雙行同，四周
雙邊，白口，單魚尾。版心上鐫書名，中鐫卷次及門類。眉欄鐫《春秋》紀年。

卷端題"歙西吳炳文梓園甫摘録"。中國科學院圖書館所藏同版,有書名葉,分三欄,右題"乾隆癸卯夏日",中題"春秋左傳彙輯",左題"南麓軒藏板"。本館此本無書名葉。

書首,首清乾隆四十二年(1777)正月侍朝序,未立標題,版心鐫"序"。次《例言》,共十三則,版心鐫"凡例"。本館此本《例言》缺首葉(兩面)。次《春秋左傳彙輯目録》。

吳炳文,字梓園,清徽州歙西(今安徽歙縣)人。因徽州古名新安,故書首侍朝序稱"新安吳梓園先生"。侍朝序謂吳氏"好讀書,夙有聲譽,來遊京師,一見如平生驩。乙未夏,延至邸舍,課猶子業。丙申,設書局,資襄贊焉"。乙未爲乾隆四十年(1775),丙申爲乾隆四十一年(1776),其餘事迹則不詳。著有《春秋左傳彙輯》。今傳世有清嘉慶刻本《新編雷峰塔傳奇》,書首有"芝山吳炳文"序,末署"嘉慶十有一年歲在丙寅仲秋之月,作此於西湖官署之夢梅精舍"。此"芝山吳炳文"與撰作《春秋左傳彙輯》之"歙西吳炳文",是否爲同一人,未能確知,俟考。

書首侍朝序云:"著書非難,著書而有益於實用者難。《左氏》一編,注釋編纂者不下數十百家,而以魏叔子《左傳經世》爲宗,以其所見者大,而有益於實用也。其次,詞章之學,分門別類,使學者開卷瞭然,隨所取擇,挹注不窮,厥功懋焉,向惟宋東萊呂氏有其書,惜所傳弗廣,操觚之士,良用爲憾,蓋書闕有間矣。今天子右文稽古,憫海内末學專己守殘,眇見寡聞之陋也,爰出中秘所藏,更詔求天下遺書,廣開《四庫全書》館,分命儒臣編纂校讐,次第進御,以備觀覽。擇其尤者,録爲《薈要》,特蒙恩旨,總校其事。自愧讁薄,才淺迂疎,不克推廣聖天子嘉惠士林之至意,爰咨訪名流經學淹貫者,與之鉤稽校録。更覓善本,參互考訂。自拜命至今,一易寒暑,而功將竣,皆同人之力也。新安吳梓園先生,好讀書,夙有聲譽,來遊京師,一見如平生驩。乙未夏,延至邸舍,課猶子業。丙申,設書局,資襄贊焉。因得盡窺其素抱,益知其爲篤志之士。暇日,出其《左傳分類》一書示余,余讀之,井井如也,其意蓋師東萊之意而爲之者,而有益於舉業,則用心良苦矣。學者讀此書而知爲有本之文章,更由此讀魏叔子之《左傳經世》而進爲有用之事業,則豈不美哉?余爲序其顛末,兼請壽之剞劂氏。"末署"時 乾隆四十二年歲次丁酉春正月既望 賜進士出身 特授翰林院庶吉士前國子監監丞海陵侍朝拜撰"。案:侍朝此序撰於乾隆四十二年(1777),序中云:"暇日,出其《左傳分類》一書示余。"又云:"余爲序其顛末,兼請壽之剞劂氏。"然則吳炳文此書原當名《左傳分類》也。又據中國科學院圖書館藏本書名葉題"乾隆癸卯夏日""南麓軒藏板",知此本乃刻於乾隆四十八年（1783），則侍朝作序之年此書未立即付梓，至乾隆四十八年始鏤版，距侍朝作序時已數年矣。

吳氏於《例言》首則，述其書之内容云：“《左氏》豔而富，昔人所稱。豔則可讀而知，富必條析乃見。宋呂東萊先生所撰《左傳類編》善矣（原注：‘書六卷，分十九門，宋陳氏振孫《書録解題》載之’），然其書迄今坊間少覯，予師其意，輯爲是編，爲門亦一十有九，爲類四百六十有奇，卷分四十，上自天文、地理，下至昆蟲、草木，無所不該，特未知有當於先賢之旨否也？”此謂其書師意於呂祖謙之《左傳類編》，亦分十九門，四百六十餘類。惟吳氏似未見呂祖謙原書，故云：“特未知有當於先賢之旨否也。”

此書取《左傳》之文，分門別類，輯爲十九門，四百六十餘類，共四十卷。計卷一《天文門》，卷二《輿地門》，卷三至六《人才門》，卷七至十《統緒門》，卷十一至十四《倫常門》，卷十五至十六《人品門》，卷十七至二十一《國事門》，卷二十二《人事門》，卷二十三至二十五《典禮門》，卷二十六《音樂門》，卷二十七至二十九《文辭門》，卷三十至三十三《武備門》，卷三十四《飲食門》，卷三十五《忠烈門》，卷三十六《五行門》，卷三十七《貨寶門》，卷三十八《宮室門》，卷三十九《服物門》，卷四十《物類門》。《例言》第二則述其分類之體例云：“《左傳》之文，有言約而備者，有辭博而麗者，故或一事而兼數門，或一語而統數類，則兼收並録，不厭其繁。或委婉以曲暢，或浩瀚以稱雄，則累幅連行，不唯其簡。其詳畧互異，去取不同。以全文不能多載，各隨其類而摘録。”《傳》文之外，本書亦兼採《春秋》經文，《例言》第三則云：“《傳》所以明經，是編兼採經文，參互列入，首冠‘經’字以別之，不敢背經也。經下接書《傳》者，則空一字，使展卷瞭然。”此外，經、《傳》文下或有注釋或音讀，《例言》第十三則云：“注釋俱宗杜氏，謹摘其精要者，注於本門之下，偶參他説，則標明某某。至截去前後文或其人、其地、其事間有不明者，則注以數字，使文義顯然。字音亦主陸氏《釋文》，而注其要者于字下，以從簡便。”以上所述，爲本書體例之大要。

此書《四庫全書總目》未著録。《續修四庫全書總目提要》收録張壽林所撰此書提要，題“《春秋左傳彙輯》四十卷，乾隆四十八年癸卯刊本”。提要云：“今核其書，雖排比事類，欲發比事屬事之旨，然割裂繁碎，彌難尋檢。分列類目，亦頗傷龐雜……且《左傳》分類彙録之作，自宋以來，不乏其書，炳文非不知也，乃必爲此屋下之屋，其又奚取焉？”對此書頗有微辭。案：吳氏撰此書，本爲學子舉業之助，故侍朝序云：“其意蓋師東萊呂氏之意而爲之者，而有益於舉業，則用心良苦矣。”又吳氏於《例言》首則中云：“宋呂東萊先生所撰《左傳類編》善矣，然其書迄今坊間少覯，予師其意，輯爲是編。”蓋呂祖謙《左傳類編》，至吳氏之時，坊間少覯，學子得之不易，故吳氏需再輯此書也，張壽林所評，恐未免酷矣。

本館所藏此本，書首《例言》缺首葉。又卷七葉五十三右、左兩面皆鈐有藍、紅色長條形圖案。卷九葉七右面鈐有藍、紅色長條形圖案及“本”字之片段，左面天頭鈐有“吳正裕號”朱文長方印，地腳鈐有藍、紅色長條形圖案及“廠”字之片段。此皆紙廠印記之殘留也。另中國臺灣大學圖書館所藏本，亦見鈐有“吳正裕號”朱文長方印，地腳鈐有藍、紅色長條形圖案，當爲同時期之印本。

《中國古籍善本書目》未著録。除本館外，另北京大學圖書館、中國科學院圖書館、湖北省圖書館、中國臺灣大學圖書館等館亦有收藏。《四庫未收書輯刊》嘗據中國科學院圖書館藏本影印行世，題“清乾隆四十八年南麓軒刻本”，列入第肆輯第伍至陸冊。

140
春秋内傳古注輯存三册

T718　6444

《春秋内傳古注輯存》三册，清嚴蔚輯。清乾隆五十二年（1787）嚴氏二酉齋刻本。今合裝一册。框高17厘米，寬13.2厘米。半葉十行二十一字，小字雙行同，左右雙邊，白口，無魚尾。版心上鐫書名，中鐫卷次，下鐫“二酉齋”。

卷端首行，上題“春秋内傳古注輯存”，下題“上册”。次行題“東吳嚴蔚豹人”。書名葉分四欄，右題“王西莊先生鑒定”，中二欄題“春秋内傳／古注輯存”，左欄下題“二酉齋臧（藏）板”，左上鈐有“外傳古注輯存嗣出”一行紅字。

書首，首王鳴盛序，未立標題，版心鐫“春秋王序”，末署“丁未仲春西莊老史王鳴盛題，時年六十有六”。次《例言》，共九則。

嚴蔚生平見前“078　詩考異補二卷”條。

此書名《春秋内傳古注輯存》，“春秋内傳”者，謂《左傳》也。“古注”指漢儒之舊注，“輯存”則顯示本書爲輯佚之作。嚴蔚於《例言》首則云：“蔚居貧多暇，采録群經《正義》及《史記》《後漢書》《三國志》注及唐人類部諸書所引内傳漢注，共得如干條，雖非全書，然嘗鼎一臠，足知正味，學士勿以缺而不完，庋諸高閣。”又王鳴盛《序》云：“嚴生豹人，安貧樂道，篤志嗜古，作《春秋内傳古注輯存》，漢人家法，藉以不墜。此書出，彼杜氏之苟駁前師、鄉壁虛造者，尚能以惑人哉？……生性謙，未敢定從一家，要其輯之本意，原欲定從服氏，服注殘闕，故不得不兼取賈逵。賈注又殘闕，故不得不兼取劉歆、鄭興及興子眾。而諸注又不全，不得不旁取以益之，掇拾鳩聚，遂至數家。”由嚴蔚《例言》及王鳴盛《序》中所述，可明此書之性質及其輯佚所據。

此本書首王鳴盛序，末署“丁未仲春西莊老史王鳴盛題，時年六十有六”。考丁未爲乾隆五十二年（1787），此本之刊刻當接近王鳴盛作序之時，故定爲“清乾隆五十二年（1787）二酉齋刻本”，辨見下文。

此書內容共分三册，以隱、桓、莊、閔、僖五公爲上册，文、宣、成、襄四公爲中册，昭、定、哀三公爲下册。《例言》末條云：“何劭公注《公羊》，以昭、定、哀爲所見之世，文、宣、成、襄爲所聞之世，隱、桓、莊、閔、僖爲所傳聞之世。顏安樂以襄二十一年孔子生後即爲所見之世，其説未允。蔚今《古注》分爲三册者，蓋主何氏説也。”可知其分册所據乃依何休之説。又此書實分三册，未標卷別，諸家書目多題爲“三卷”，以一册爲一卷，恐未符其實。

本書所輯《春秋左傳》漢儒古注，各條皆首列《春秋》經文或《左傳》傳文，次列注文，注文之末以小字雙行注明所輯之出處。如上册隱公元年，首列“經元年春王正月”，下列注：“服虔云：孔子作《春秋》，於春每月書王以統三王之正。”注下標云：“《正義》。”考《例言》第五則云：“諸書所引漢注，即於注下注明書名，庶便檢核……曰‘正義’者，孔氏本經《正義》也。他經《正義》，則標明某經《正義》以別之也。”據《例言》所述可知，此條所載服虔注文乃輯自唐代孔穎達等所修撰之《春秋左傳正義》也。注下除標示所輯出處外，間有嚴蔚案語，則加“蔚案”以別之。如上册莊公十二年經“宋萬弒其君捷”下載：“賈氏云：《公羊》《穀梁》曰接。”注下首標“《公羊疏》”，謂其輯自《公羊疏》。其下又載：“蔚案：今本《穀梁》亦作捷，蓋未得爲元本也。”此處嚴蔚案語乃據賈逵注之説，以論漢人所見《穀梁》經文“捷”字當作“接”，今本《穀梁》經文同於《左傳》之經文，亦作“捷”，蓋非漢人所見《穀梁》經文原本之貌也。

清代乾嘉學者輯論《春秋左傳》賈、服舊注，惠棟《左傳補註》已啓其端，其後有余蕭客之《古經解鉤沉》、王謨之《漢魏遺書鈔》及嚴蔚此書等繼之，再經陳鱣、洪亮吉、李貽德諸人之努力，乃逐漸蔚爲風氣，故此書在清代《春秋左傳》舊注輯佚史上有其重要意義，值得學者探討。再者，嚴蔚此書存世有兩種版本，一爲初刻本，一爲增補本，由兩種版本之比較，可看出嚴蔚部分觀念之改變。以下對兩種版本略作考述。

本館所藏此本爲初刻本，其行款已如上述。另南京圖書館藏有“清乾隆二西齋刻本"一部，其本半葉十行二十字，與本館此初刻本半葉十行二十一字有異，且其書中字體多據小篆字形楷定，知非同一版本。另就内容考之，兩本亦繁、簡有别。南京圖書館本書前載錢大昕、王鳴盛、盧文弨三《序》，其中錢、盧二《序》爲初刻本所無。錢《序》末署"乾隆丁未重陽後三日竹汀錢大昕書於婁東書院西齋"，盧《序》末署"乾隆五十有二年歲在丁未五月杭東里人盧文弨序於鍾山書院之須友堂"，二《序》所署年月皆晚於王《序》之"丁未仲春"。書中所輯古注内容，南京圖書館本亦較初刻本爲多。

必知本館所藏此本爲初刻本，而非南京圖書館本（以下簡稱"南圖本"）之删節本者，其證有三。其一，初刻本王鳴盛《序》云："生性謙，未敢定從一家，要其輯之本意，原欲定從服氏，服注殘闕，故不得不兼取賈逵。賈注又殘闕，故不得不兼取劉歆、鄭興及興子衆。"可知王鳴盛所見本録有劉歆注。考初刻本録有劉歆注，且其《例言》第二則云："《漢書·劉歆傳》云：'歆校秘書，見古文《春秋左氏傳》，大好之，從尹咸、翟方進受《左氏》，質問大義。'又云：'歆治《左氏》，引傳文以解經，轉相發明，由是章句義理備焉。'《後漢書·鄭衆傳》云：'衆從父受《左氏春秋》，作《春秋難記》《條例》。'唐陸氏《釋文》亦云然。兩家古注亡佚久矣，蔚今捃拾子駿所傳《五行》，仲師之注《周官》，間有引徵經傳，轉相發明，訓釋字義，亦足旁通。雖劉、鄭之注，别有所屬，然據史傳所稱，兩君俱有《傳》注，即謂此注爲《傳》注，孰云不可？"然南圖本則未見劉歆注，但存鄭衆注，且《例言》此則亦未見於南圖本中之《例言》，知乃增補時删去輯自《漢書·五行志》之劉歆説，然王鳴盛《序》則不便改動，以致南圖本中王《序》所述内容與内文扞格之情形。其證之二，南圖本録有輯自《太平御覽》之漢人古注，此爲初刻本所無。考初刻本《例言》首則云："蔚居貧多暇，采録群經《正義》及《史記》《後漢書》《三國志》注及唐人類部諸書所引内傳漢注，共得如干條。"此處嚴蔚僅言"唐人類部"，初刻本輯佚所據亦僅及唐徐堅等所纂《初學記》而未及宋人類書。考南圖本既見有輯自宋代所編《太平御覽》者，知其乃增補之本也。惟南圖本所載此則《例言》，其文字仍襲初刻本作"唐人類部"，未增"宋"字，以致與内文不相對應，蓋一時疏漏。又南圖本所載盧文弨《序》中亦云："東吳嚴子豹人，其治經也深，懲專幾守殘之陋，而於《左氏》用功尤深，始灼見杜氏之弊，有違禮傷教者，有肆臆妄説者，慨然思漢人之舊，於是凡唐人《正義》及《史》《漢》《三國》舊注與夫唐、宋人類書所引，綜而輯之。"此處盧《序》既云"唐、宋人類書"，知其所見之本當已是輯有《太平御覽》之增補本矣。其證之三，南圖本有輯自《水經注》之"京相璠"古注，且引及惠棟之説，此并爲初刻本所無。考南圖本《例言》第八、九二則未見於初刻本中。其第八則云："賈氏《周禮》《儀禮》兩疏，援引《傳》注，不稱作者姓氏，不能定其誰何。及以它書覆對，則皆服誼居多，惠松厓先生概作服《注》。"又第九則云："時京相璠著《土地名》三卷，書闕無傳，其逸乃時時見於它典籍。蔚佔畢之下，攟拾殘璣，附於賈、服之後，間加考索，知賢於杜氏居多。"考惠棟著有《左傳補注》一書，表彰賈、服《注》，且提倡據《水經注》以輯京相璠《春秋土地名》等書，嚴蔚此書，南圖本既引惠棟之說，又據《水經注》以輯京相璠古注，則當因嚴氏於初刻刊行之後，方見惠棟《左傳補注》，其後遂據惠說於增補本補入京相璠之注歟？復考盧文弨《序》謂嚴蔚此書"賈、服兩家之外，若王肅之注、孫毓之異同略、京相璠之《土地名》，雖已立佚，偶得一、二言之於它說者，亦不忍棄也"。此復可證盧氏作《序》時所見爲錄有京相璠注之增補本也。綜上三證，則南圖本爲增補本，殆無可疑。其增補之時間當在王鳴盛作《序》之後，盧文弨作《序》之前，亦即乾隆五十二年（丁未，1787）仲春與五月之間，其時間實甚爲短促也。

由上所述，知本館所藏此初刻本，當刻於乾隆五十二年五月盧文弨作《序》之前，可定爲"乾隆五十二年二酉齋刻本"。至於增補本，其確切刊刻時間雖不能定，然亦不至於太晚。考盧文弨所撰《吳江嚴豹人二酉齋記》中云："臘前，余過平望，去嚴子所居僅十里，欲順訪焉而叩其齋中之所藏者，舟人誑余以一舍之程，有難色，故不果，然嚴子所校之《左傳正義》及所梓之《左氏》賈、服《注》則既見之而伏其精矣。虎豹之異於犬羊，不即一毛可辨乎？"（《抱經堂文集》卷二十五）盧氏所言嚴蔚"所梓之《左氏》賈、服《注》"，當即指《春秋內傳古注輯存》此書。盧氏於"吳江嚴豹人二酉齋記"標題下題作年"戊申"，則此記乃作於乾隆五十三年（戊申，1788），據此，增補之刻必不晚於乾隆五十三年也。

本館所藏此本，偶有佚名朱筆校改，如中冊宣公二年《傳》文"公嗾夫獒爲"條，朱筆校改"爲"作"焉"（中冊，葉十三）。又如襄公二十五年《傳》文"執簡以往"下載"服注云"，朱筆於"注"旁添一"氏"字（中冊，葉四十三），并其例也。

此書《四庫全書總目》未著錄。《中國古籍善本書目》著錄"《春秋內傳古注輯存》三卷，清嚴蔚撰，清乾隆二酉齋刻本，清臧禮堂校"，載北京大學圖書館收藏。其本乃清臧禮堂據增補本所作之校本。本館所藏此初刻本，另中國國家圖書館、北京大學圖書館、清華大學圖書館、復旦大學圖書館、華東師範大學圖書館、福建省圖書館等亦有收藏。此外南京圖書館、復旦大學圖書館、吉林大學圖書館、吉林省社會科學院圖書館、北京大學圖書館（不全）等藏有增補本。《續修四庫全書》嘗據南京圖書館藏本影印行世，題"清乾隆二酉齋刻本"，列入《經部》第一二三冊。

鈐印有"朱伯□印"白文方印、"書直白金三百兩"朱文長方印、"洪氏藏書萬卷"白文方印、"清俸買來手自校，子孫讀之知聖道，鬻及借人爲不孝。唐杜暹句"朱文方印等印。

公 羊

141

春秋公羊經例比六卷

T744　2902.1

《春秋公羊經例比》六卷，清佚名輯。稿本。六冊。各冊行款、字迹不一，半葉或十二行或十行，每行字數亦不一。

卷三卷端首行題"春秋公羊經例比卷三"，次行題"來例比"。卷四卷端首行題"春秋公羊經例比卷四"，次行題"來歸例比地"。另卷一未立標題；卷二外封面標"春秋公羊經例比卷二"，卷端則僅標"春秋公羊經比"，未標卷次。另書中又數見僅標"春秋公羊經例比"，未標卷次者。蓋此本爲未完成之稿本，故卷端之卷次或空白待補。

第一冊，外封面左方題"春秋公羊經例比卷一"，右方題各例之名稱，其右半部已殘損，僅存"求、獻、歸物、會、葬、覿／用、立、崩、薨、卒、葬"二行。第二冊，外封面左方題"春秋公羊經例比卷二"其餘空白，未載例名。第三冊，外封面左題"春秋公羊經例比卷三"，其餘空白，未載例名。第四冊，外封面左題"春秋公羊傳例比卷四"，右方題各例名稱，計："殺克殺也戕生焚烝嘗禘田卜躋有事／出奔孫築外館壞毀新作遷救至城來聘來朝目璧假成亂取納物送致女至自會伐居閏朔肆大省平稅舍中軍"等。第五冊，外封面左題"春秋公羊經例比卷五"，右方題各例名稱，計有"伐會伐"至"大去襲"等六行，不具錄。第六冊，外封面左題"春秋公羊經例比卷六"，右方題"全卷定哀在此／納執遷滅入叛敗績救侵圍至自取／次于用災會大蒐弒出奔來朝盟蒞于殺／如放城築新作得盜竊郊從祀平墮異薨卒歸葬"等。

《禮記·經解》云："屬辭比事，《春秋》教也。"此書以《公羊傳》所附《春秋》經文爲主，就其相同或相近之文句分類排比，輯爲《經例比》，故書名曰《春秋公羊經例比》。經文之後，列《公羊傳》暨何休《注》文，間載徐彦《疏》文。此書六册，各册外封面雖依次標有"卷一""卷二""卷三""卷四""卷五""卷六"字樣，然其中體例、行款、字迹，頗不統一，當爲未成書之稿。如第一册以行草字體書寫，每半葉十二行，每行字數不一，無直欄，卷端未立標題。第二册以楷書書寫，每半葉十行，行二十字，卷端首行題"春秋公羊經例比"，外封面題"春秋公羊經例比卷二"。然内文中又出現含有標題作"春秋公羊經卷三""春秋公羊經例比卷四"之内容。另此書中亦有其例歸屬前後不一之現象，如第三册外封面題"春秋公羊經例比卷三"，首葉題"春秋公羊經例比目録"，其下列"納幣""逆""送致""歸于""媵""來""來歸""至自如會于饗遇來朝入覿執""孫""卒""薨""賵襚喪考""葬"諸例，此以"來歸"例歸於卷三，然第二册又見有一卷，卷端首行題"春秋公羊經例比卷四"，次行題"來歸例比地"，此則又以"來歸"例歸於卷四。另卷三目録所列"歸于"例，又見於第二册卷二首葉，此葉卷端首行題"春秋公羊經例比"，次行題"歸于大夫世子諸侯"。由此同一例分別歸於不同卷中之現象推之，此當爲未完成之稿本，尚待整理統一。

此書第一册首葉鈐有"易印漱平"白文方印及"文廷式章"白文方印二印，易漱平爲故中國臺灣大學歷史系教授李宗侗之妻，易培基之獨生女，知此書爲易培基之舊藏，後歸易漱平、李宗侗所有。據錢存訓《留美雜憶——六十年來美國生活的回顧》第四章中所述，芝加哥大學曾於一九六〇年代購入李宗侗舊藏古籍約兩百餘册，此書當即其中之一。蓋因所購入圖書中另有文廷式手稿本四種五册（含《旋江日記》一册、《知過軒隨録》二册、《晋書補逸》一册、《經義叢刊續編》一册），而此書中鈐有文廷式章，故本館舊目遂題此書作者爲文廷式。今考此稿本中之字迹，無論行草體或楷體，皆與《旋江日記》等四種文廷式稿本字迹不同，其行草體與文氏字迹雖外貌近似，然"者"字、"年"字等筆勢、結構全然不同，當非出於文式之手。又考文廷式現存著作、日記、隨筆中皆未提及嘗撰有《春秋公羊經例比》一書，惟《純常子枝語》卷中嘗云："余嘗欲爲群經撰句例一書，惜匆匆未暇也。"據文廷式光緒二十一年（1895）致于式枚函中云："自去年以來，隨時所録，已有《純常子枝語》積至九册。"則至光緒二十年文廷式雖嘗有心"爲群經撰句例一書"，實則尚匆匆未有餘暇也。考文廷式卒於光緒三十年（1904），自光緒二十年至三十年間，文氏生活動盪不安，似少有可能撰作《春秋公羊經例比》稿也。

此書第五册，外封面左題"春秋公羊經例比卷五"，右方題"伐""會伐""師還"……諸例。首葉爲目録，第二葉爲一紙書名葉，右題"光緒玖年夏"，中題"春秋通例"，左題"兩湖書院集"。另有朱筆改正"通例"二字云：

"更名經例比。"據此書名葉所題推之，此稿本蓋係兩湖書院所輯，後歸文廷式收藏。考兩湖書院爲湖廣總督張之洞於光緒十六年（1890）在武昌創建，然此第五册書名葉却題"光緒玖年夏"，此年兩湖書院尚未創建，未明其故。又此稿本中數見"藻按"字樣，如第一册"文公元年春王正月後書"下，載云："藻按：文公以上，所傳聞之世例也。"則此本字迹非一，蓋出於多人所輯，然輯者中當有一人名字含有"藻"字，誌之以俟後考。

此稿本除本館外，同書未見他館收藏。

鈐印有"文廷式章"白文方印、"易印漱平"白文方印二印，知曾爲文廷式、易漱平等收藏。文廷式（1856—1904），字道希，號芸閣，又號純常子、羅霄山人等，清江西萍鄉人，出生於廣東潮州。少長嶺南，爲陳澧入室弟子。光緒十六年（1890）進士，授翰林院編修，升任翰林院侍讀學士，兼日講起居注官。文廷式志在濟世，遇事敢言。中日甲午戰爭事起，文廷式力主抗擊，上書請罷慈禧太后生日慶典、召恭親王參大政及奏劾李鴻章"昏庸驕蹇、喪心誤國"等。光緒二十一年（1895），《馬關條約》簽定之後，文廷式支持康有爲組織"强學會"於北京。二十二年（1896）遭御史楊崇伊參劾，被革職逐出北京。戊戌政變後，清廷密電訪拿，遂出亡日本。二十六年（1900）夏回國，與容閎、嚴復、章太炎等人，參加唐才常召開之"國會"。同年七月，唐才常"自立軍"起義失敗後，清廷下令嚴拿。此後數年間，文廷式顛沛流離，往來於萍鄉、上海、南京、長沙之間，光緒三十年（1904）卒。著有《中興政要》《聞塵偶記》《純常子枝語》《雲起軒文録》《雲起軒詞鈔》《知過軒隨録》等多種。文廷式富藏書，所藏校本、抄本極多，有《永樂大典》百餘册、彭兆蓀《全上古三代秦漢三國六朝文》手稿、《范石湖詩集》等罕見之本。事迹參見清胡思敬撰《文廷式傳》、湯志鈞撰《戊戌變法人物傳稿》卷四等。

穀 梁

142

春秋穀梁註疏二十卷

T774　4132C

《春秋穀梁註疏》二十卷，晋范甯集解，唐楊士勛疏，唐陸德明音義。明嘉靖李元陽刻後印本。八册。框高19.8厘米，寬13.1厘米。半葉九行二十一字，小字雙行同，四周單邊，白口，無魚尾。版心中鐫"穀梁疏"及卷次。下鐫刻工名。

卷端首行，上題 "春秋穀梁註疏隱公卷第一"，中雙行小字題 "起元年／盡三年"。次行題 "晋范甯集解"，第三行題 "唐楊士勛疏"。

書首有《春秋穀梁傳序》，首行題 "春秋穀梁傳註疏"，次行題 "晋范甯集解"，第三行題 "唐楊士勛疏"，第四行上題 "春秋穀梁傳序" 五字，下雙行小字列疏語。末有尾題，載 "春秋穀梁傳集解序終"。

范甯（339—401），字武子，晋南陽順陽（今河南淅川）人。徐、兗二州刺史范汪之子，《後漢書》作者范曄之祖父。《晋書》卷七十五《列傳》第四十五《范汪傳》附有《范甯傳》，《傳》云："甯，字武子。少篤學，多所通覽。簡文帝爲相，將辟之，爲桓溫所諷，遂寢不行……溫薨之後，始解褐爲餘杭令……在職六年，遷臨淮太守，封陽遂鄉侯。頃之，徵拜中書侍郎。在職多所獻替，有益政道……王國寶，甯之甥也，以諂媚事會稽王道子，懼爲甯所不容，乃相驅扇，因被疏隔。求補豫章太守。帝曰：'豫章不宜太守，何急以身試死邪？'甯不信卜占，固請行……初，甯之出，非帝本意，故所啓多合旨。甯在郡又大設庠序，遣人往交州採磬石，以供學用，改革舊制，不拘常憲。遠近至者千餘人，資給衆費，一出私禄。"惟江州刺史王凝之上表，稱范甯"肆其奢濁，所爲狼籍"，"甯若以古制宜崇，自當列上，而敢專輒，惟在任心"。《傳》又云："詔曰：'漢宣云："可與共治天下者，良二千石也。"若范甯果如凝之所表者，豈可復宰郡乎？'以此抵罪。子泰時爲天門太守，棄官稱訴。帝以甯所務惟學，事久不判。會赦，免……既免官，家於丹楊，猶勤經學，終年不輟。年六十三，卒于家。"著有《春秋穀梁集解》。

楊士勛，兩《唐書》俱無傳。《四庫全書總目》云："士勛始末不可考，孔穎達《左傳正義序》稱與故四門博士楊士勛參定，則亦貞觀中人"（見 "《春秋穀梁傳註疏》二十卷" 提要）其說可參。惟清柳興恩《穀梁大義述》卷十七《述經師》"楊士勛" 條嘗云："今案：僖二十有七年：'同盟于幽'，《疏》引先師劉炫，則士勛者，劉光伯之徒也。"柳氏此謂楊士勛爲隋劉炫弟子，今學者或有從之者。然考唐代經疏中屢見以 "先師" 稱往昔之經師者，如孔穎達《禮記、少儀·正義》中云："先師馬融、干寶等更云……"由此可知楊士勛雖稱 "先師劉炫"，未必爲劉炫之弟子也。

陸德明生平參前 "012　周易兼義九卷音義一卷略例一卷" 條。

此本爲李元陽（1497—1580）於明嘉靖年間以監察御史巡福建時所刻《十三經註疏》之一，世稱閩本，或稱李元陽刻本。考李元陽於嘉靖十五年（1536）以監察御史巡福建，十八年（1539）因上疏直言而被貶爲荆州知府，則此版之刻必在此數年間也。惟今中國臺北 "國家圖書館" 所存李元陽刻本《十三經註疏》，其中《春秋左傳註疏》首卷首行下鐫有“明御史李元陽、提學僉事江以達校刊”字樣。另美國哈佛大學哈佛燕京圖書館所藏李元陽刻本隆慶二年（1568）重修本《十三經註疏》，其中《春秋左傳註疏》卷二十二至三十亦可見“明御史李元陽、提學僉事江以達校刊”字樣。由此可推知李元陽刻本《十三經註疏》各經卷端應皆鐫有“明御史李元陽、提學僉事江以達校刊”字樣，今本館此本未見此十五字，當係後印之本而剗去也。

此書包含《春秋》經文、《穀梁傳》、晋范甯《集解》、唐賈公彦《疏》及唐陸德明《經典釋文·春秋穀梁音義》等五部分，李元陽刻本乃據元刻明修十行本重刻，然改每半葉十行爲九行，且卷端將“監本附音春秋穀梁注疏隱公卷第一”刪去“監本附音”四字，改爲“春秋穀梁註疏隱公卷第一”。

書首有晋范甯《春秋穀梁傳序》及楊士勛疏語。范甯此《序》先述孔子作《春秋》之由，次論三《傳》之得失，其後述撰作《集解》之緣由云：“升平之末，歲次大梁，先君北蕃迴軫，頓駕于吳，乃帥門生、故吏、我兄弟子姪，研講六籍，次及三《傳》。《左氏》則有服、杜之《注》，《公羊》則有何、嚴之訓，釋《穀梁》傳者雖近十家，皆膚淺末學，不經師匠，辭理典據既無可觀，又引《左氏》《公羊》以解此《傳》，文遇違反，斯害也已。於是乃商略名例，敷陳疑滯，博示諸儒同異之説。昊天不弔，大山其頹，匍匐墓次，死亡無日。日月逾邁，跂及視息，乃與二三學士及諸子弟各記所識，并言其意，業未及終，嚴霜夏墜，從弟彫落，二子泯没，天實喪予，何痛如之。今撰諸子之言，各記其姓名，名曰《春秋穀梁傳集解》。”

今存文獻中，未見楊士勛自言其作《疏》之由，然楊士勛既曾參與《春秋左傳正義》之纂修，則其撰《春秋穀梁傳疏》，當亦嘗受參與修撰《五經正義》之影響。清周中孚《鄭堂讀書記》卷十“《春秋穀梁傳注疏》二十卷，武英殿刊《十三經註疏》本”條中云：“然自六朝迄唐初，從無爲《穀梁》作義疏者，楊氏本與孔冲遠等預修《左傳正義》，既成，復自以己意創爲是疏，分肌擘理，刊削繁言曲説，較各經疏家，亦爲文清義約，爲《穀梁》者，未有能過之者也。”案：周中孚謂“自六朝迄唐初，從無爲《穀梁》作義疏者”，又謂楊士勛乃“以己意創爲是疏”，其説恐非。考楊《疏》中有前後體例不一之現象，且其所引“舊解”中有屬義疏之體者，凡此皆可證楊士勛爲《春秋穀梁傳疏》，亦當如《五經正義》之修撰，乃前有所承，非楊氏自創也。楊《疏》在唐時，本單行，俗稱“單疏本”。宋代楊《疏》嘗有單刻，至南宋時始與經注合刻而成注疏本。至南宋十行本又將陸德明《經典釋文》中之音義附入注疏本中，而有《監本附音春秋穀梁注疏》之本。此李元陽刻本書名雖未標“附音”，其中仍含有陸德明《經典釋文・春秋穀梁音義》之文。音義之文以"○"與范甯《集解》隔開，且採雙行小字。

此本分二十卷，乃仍十行本之舊。計：卷一至二《隱公》，卷三至四《桓公》，卷五《莊公》，卷六《莊公》《閔公》，卷七至九《僖公》，卷十至十一《文公》，卷十二《宣公》，卷十三至十四《成公》，卷十五至十六《襄公》，卷十七至十八《昭公》，卷十九《定公》，卷二十《哀公》。各卷皆經文大字單行，不標"經"字，《傳》文大字單行，首標"傳"字（白文黑底）。范甯《集解》中字單行，首標"註"字（白文黑底）；注下或接陸德明《音義》，以"○"區隔，小字雙行。楊士勛《疏》文小字雙行，先標起止，次以"釋曰"開始爲疏。疏文前冠"疏"字（白文黑底）。

清周中孚《鄭堂讀書記》卷十"《春秋穀梁傳注疏》二十卷，武英殿刊《十三經注疏》本"條，評范甯《集解》云："所援漢、魏、晋各家之説甚詳，其于是非亦少公矣。非若杜元凱一切申《傳》，汲汲然不敢異同也。"另《四庫全書總目》評楊士勛《疏》云："其書不及穎達書之賅洽，然諸儒言《左傳》者多，言《公》《穀》者少，既乏馮（憑）藉之資，又《左傳》成於衆手，此書出於一人，復鮮佐助之力，詳畧殊觀，固其宜也。"

刻工有：余暹、張七郎、江元真、程亨、袁璉、陳佛榮、余廷深、尤共三、吳闊、鄭記保、劉伕壽（或作「伕壽」）、陸四、熊山、江毛答、周記清、周仕榮、余再得、熊希、熊昭、程通、陳才、陳永勝、陸文清、張景郎、羅爾興、蔡順、劉旦、王烏、毛一、王富、葉毛双、周富生、吳永成、葉双、曾福林、葉順、余元珠、三榮、李清、陳鐵郎、虞福貴、余浩、葉再友、張、張錢、虞福祐、劉佛保、黃禄、王良、李文英、李仕琚、余通、余天進、葉旋、吳道元、熊田、鄒文元、陸仲興、朱舒、黃道祥、劉碧郎、陸富郎、葉伯應、劉順、曾椿、吳興利、楊添友、江鼻、江永厚、艾毛、陸榮郎、陸榮、葉得、余大目、周甫、余記安、王廷輝、王泗、王文、吳八、吳友、范朴、周富壽、葉招、余元朱、黃興、謝元林、天錫、張二、張元降、楊餘芳、朱明、吳友八、詹妳祐、黃祥、葉毛、周亨、貞、王茂、陸仲達（仲達）、余宗、黃寶、陸馬、余立等。

此本偶見缺葉，如第三冊，卷六缺葉十四；第七冊，卷十五缺葉一；第八冊，卷二十葉二十三以下缺。另偶見補版者，如第一冊，葉十五、葉十六框高僅19.5厘米，當係補版。又全書有佚名朱筆圈點，偶有校語。第三冊，卷七之末有朱筆題"甲子夏六月九日一通朱"一行十字。

此書《四庫全書》收錄，惟其本所據爲清乾隆四年（1739）刊刻之武英殿本。《四庫全書總目》著錄云："《春秋穀梁傳註疏》二十卷，內府藏本。"

《中國古籍善本書目》著録“《十三經註疏》三百三十五卷，明嘉靖李元陽刻本”，中含《春秋穀梁註疏》二十卷，載上海圖書館、浙江圖書館、杭州大學圖書館、四川省圖書館、重慶市圖書館等館收藏。另《中國古籍善本書目》又著録南京圖書館藏有清丁丙、丁中立跋李元陽刻本一部及陝西西北大學藏有“明嘉靖李元陽刻隆慶二年重修本”一部。案：中國臺北“國家圖書館”亦藏有李元陽刻本一部，美國哈佛大學哈佛燕京圖書館亦藏有隆慶二年重修本一部。

鈐印有“風樹亭藏書記”朱文長方印、“李宗侗藏書”朱文長方印二印，知嘗爲易培基、李宗侗收藏。易培基生平參前“087 詩外傳十卷”條；李宗侗生平參前“012 周易兼義九卷音義一卷略例一卷”條。

143
春秋穀梁註疏二十卷

T774　4132B

《春秋穀梁註疏》二十卷，晋范甯集解，唐楊士勛疏，唐陸德明音義。明萬曆二十一年（1593）北京國子監刻本。三册。框高23.2厘米，寬15厘米。半葉九行二十一字，小字雙行同，左右雙邊，白口，單魚尾。版心上鎸“萬曆二十一年刊”，中鎸“穀梁註疏”及卷次。

卷端首行，上題“春秋穀梁註疏隱公卷第一”，中雙行小字題“起元年／盡三年”，下題“晋范甯集解，唐楊士勛疏”。第二、三、四行題“皇明朝列大夫國子監祭酒臣曾朝節／承德郎右春坊右中允管司業事臣劉應秋等奉／勅重校刊”。

書首有《春秋穀梁傳序》，首行上題“春秋穀梁傳註疏”，中題“晋范甯集解”，下題“唐楊士勛疏”。第二、三、四行題同卷一卷端。

此本爲明萬曆北京國子監刻本《十三經註疏》之零種。北京國子監於萬曆十四年（1586）起至萬曆二十一年（1593），據李元陽本重刻《十三經註疏》，世稱“北監本”，此《春秋穀梁註疏》爲其中之一，刻於萬曆二十一年（1593）。北監本《十三經註疏》各經校勘者不一，此《春秋穀梁註疏》據各卷卷端所題，知爲曾朝節、劉應秋等人所校刊。

此北監本依李元陽本重刻，格式亦大抵同李元陽本，惟范甯《集解》改爲小字，列於每行之右側，另所標“傳”“註”字由白文黑底改爲黑字外圍加圈，“疏”字則改爲黑字外圍加方框。此外，北監本各經《註疏》皆於版心上方鎸刊刻時間，如此本《春秋穀梁註疏》，於版心鎸“萬曆二十一年刊”，其特徵極爲明顯。

《中國古籍善本書目》著錄"《十三經註疏》三百三十五卷，明萬曆十四年至二十一年北京國子監刻本"，載北京清華大學圖書館、上海圖書館、復旦大學圖書館等十四館有藏。另中國臺北"國家圖書館"亦有收藏。

鈐印有"李宗侗藏書"朱文長方印，知亦爲李宗侗舊藏。李宗侗生平參前"012　周易兼義九卷音義一卷略例一卷"條。

春秋總義

144
春秋王霸列國世紀編三卷

T2526.9　4418

《春秋王霸列國世紀編》三卷，宋李琪撰。清康熙刻《通志堂經解》本。一冊。框高19.7厘米，寬15厘米。半葉十三行二十三字，小字雙行，左右雙邊，白口，雙魚尾（魚尾相隨）。版心中鐫"春秋列國世紀"及卷次，下右面鐫"通志堂"，左面鐫刻工名。

卷端題"春秋王霸列國世紀編卷第一"，未題撰者名。

書首，首元至正乙酉（五年，1345）八月周自得《春秋王霸列國世紀編序》。次宋嘉定辛未（四年，1211）七月李琪《春秋王霸列國世紀編自序》。次《春秋王霸列國世紀編目錄》。

李琪，宋吳郡（今江蘇蘇州）人。清朱彝尊《經義考》卷一百九十一"李氏琪《春秋王霸列國世紀編》"條云："黃虞稷曰：'琪字孟開，吳郡人，仕國子司業。'"《四庫全書總目》則謂"琪字伯開，吳郡人，官國子司業"。或謂字"孟開"，或謂字"伯開"，未知孰是。又書首周自得《春秋王霸列國世紀編序》中稱"竹湖李氏"，"竹湖"蓋是李琪之里居。餘事迹不詳。

此本爲清康熙刻《通志堂經解》之零種，故版心下鐫"通志堂"，每卷之末鐫有"後學成德校訂"字樣。此本書首有周自得所撰《春秋王霸列國世紀編序》，《序》中云："余童習是經，初得竹湖李氏所著《王伯列國世紀》，讀之，不無拆裂經文之疑。既觀其分王伯之行事，具世系之本末，於治亂興衰之際，復序而論之，讀者一目而洞徹原委，則極歎前輩之讀書不苟如此。聞手抄以示同志。今廬陵羅中行以家藏善本梓而傳之，斯文必盛行於世，學者由是而會經傳之大全以探筆削之深意，則未必非通經之一助云。"《序》末署"至正乙酉歲八月壬子朔渝川後學周自得序"。周自得此《序》撰於元憲宗（順帝）至正五年（乙酉，1345），去李琪稿成之日已一百三十四年。據周自得此《序》所述，其爲之作《序》之本乃元至正間羅中行據家藏善本而付梓，則此元刻本當即通志堂本刊刻之所據也。有關《通志堂經解》刊刻之時間，參前"037　書蔡氏傳旁通六卷"條，茲不復贅述。

李琪於《自序》中云："琪少竊妄意敍東周十有四王之統，合齊、晋十有三伯之目，舉諸侯數十大國之系，皆世維之紀，不失全經之文，略備各代之實。每紀之後，序其事變之由，得失之異，參諸傳之紀載，以明經之所書，雖若詳而不遺於事，豈能精而有合於理？初學問津，或有取焉。若夫《春秋》微旨奧義，則不在是，深於經者固自知之也。"此述其撰作之體例及重點。至於其撰作之時間，《自序》又云："此編作於辛亥之冬，列國諸紀，礲括未竟，懼其條目破碎，援筆輒止。諸老先生每索此書，無以復命。猶子韶爲之補續其未成，猥加整比，越二十年，甫爲全書。非敢以示學經者，姑存其藁於家塾云。"《序》末署"嘉定辛未秋七月甲子吳郡李琪序"。考此《自序》撰於南宋寧宗嘉定四年（辛未，1211），李琪謂此書起稿於辛亥之冬，即南宋光宗紹熙二年（1191），至嘉定四年（1211）恰歷二十年也。又由《自序》知此書乃由李琪之侄李韶所續成。

此書《四庫全書》收錄，《四庫全書總目》題云"《春秋王霸列國世紀編》三卷，浙江范懋柱家天一閣藏本"，提要云："其書成於嘉定辛未，以諸國爲綱，而以《春秋》所載事蹟類編爲目，前有序，後有論斷。第一卷爲王朝及霸國，霸國之中，黜秦穆、楚莊而存宋襄，又於晋文以下，列自襄至定十君，而特附以魯。二卷爲周同姓之國，而特附以三恪。三卷皆周異姓之國，而列秦、楚、吳、越於諸小國後。所論多有爲而發，如譏晋文借秦抗楚、晋悼結吳困楚，則爲徽宗之通金滅遼而言；譏紀侯隣於讐敵而不能自強，則爲高宗之和議而言，其意猶存乎鑒戒。至於稱魯已滅之後，至秦、漢猶爲禮義之國，則自解南渡之弱；霸國之中，退楚莊、秦穆，而進宋襄，則自解北轅之恥。置秦、楚、吳、越於諸小國後，則又隱示抑金尊宋之意。蓋借《春秋》以寓時事，署與胡安國《傳》同，而安國猶堅主復讐之義，琪則徒飾以空言矣。流傳已久，姑録以備一家，且以見南宋積削之後，士大夫猶依經託傳，務持浮議以自文，國勢日頹，其來漸矣。存之亦足示炯戒也。"四庫館臣所論，可謂語重心長矣。惟《總目》謂此書各卷目之體例爲"前有序，後有論斷"，實則各目之首有一簡略之叙述，然不標"序"名，事迹之末，始稱"序……曰"而論之，即周自得《序》中所謂"於治亂興衰之際，復序而論之"者也。如卷"（一）王世紀"前有一段文字曰："周自武王克商建國，傳世十二，平王東遷爲東周始王。平王四十九年當隱元年，敬王三十九年當哀十四年，由平迄敬，凡十有四世。二百四十二年爲《春秋》始末……周政終乎《春秋》，《春秋》已降，末造矣。周之不亡者猶二百餘年，豈非《春秋》既作、人紀復存之驗？"另事蹟之末，則稱"序《王世紀》曰"云云，即其例也。

本館此本，刻工有范震生、栢君、陳子能、関召、雍堯之、周文啓、蔣荣臣、蔣荣、陳元、方惟、尓公……等。另卷一葉九右面鈐有藍色長條形圖案，卷一葉十九右面鈐有紅色圓印片段及藍色長條形圖案，皆爲紙廠印記也。案：中國臺灣大學圖書館所藏清康熙刻本《通志堂經解》，亦見鈐有相似紙廠印記，當爲同時之印本。

《中國古籍善本書目》著錄"《通志堂經解》一百四十種一千八百六十卷，清成德編，清康熙通志堂刻本"一種，載首都圖書館、清華大學圖書館、上海圖書館等十九館收藏。此《通志堂經解》中含有《春秋王霸列國世紀編》。此康熙刻本《通志堂經解》，另中國人民大學圖書館、中國臺灣大學圖書館，美國哈佛大學哈佛燕京圖書館，日本國會圖書館、内閣文庫等館亦有收藏。《通志堂經解》另有清康熙刻乾隆補刻印本及清同治十二年（1873）鍾謙鈞粵東書局重刻本。

鈐有"生齋臺灣行篋記"朱文方印，此印爲故中國臺灣大學中文系臺静農教授爲李宗侗所製之印（參見2011年11月23日至12月31日，臺灣大學圖書館舉辦"臺静農先生手稿書畫展—臺大近代名家手稿系列展之三"之展品），知此書亦爲李宗侗舊藏圖書之一。李宗侗生平參前"012　周易兼義九卷音義一卷略例一卷"條。

145

春秋師説三卷附録二卷

T691　4832

《春秋師説》三卷《附録》二卷，元趙汸撰。清康熙趙吉士校刻本。二册。框高17.9厘米，寬13.6厘米。半葉十一行二十一字，左右雙邊，白口，單魚尾。版心上鐫書名，中鐫卷次。

卷端題"新安趙汸子常編定；後裔吉士恒夫校刊"。

書首，首元至正戊子（八年，1348）八月趙汸《春秋師説題辭》。次接目次，未立標題。自《春秋師説題辭》至目次，版心皆鐫"序目"。正文分上、中、下三卷，卷下後有《附録》二卷。《附録上》收宋黃澤所撰《思古吟十章併序》及宋吳澂所撰《六經辨釋補注序》《易學濫觴春秋指要序》二文。《附録下》收趙汸所撰《黃楚望先生行狀》。《行狀》之末，署"至正十有二年十有一月朔學生新安趙汸狀"。《行狀》末次行低一格接元金居敬識語，未立標題，未署名及年月。末有尾題，鐫"春秋師説附録下終"。

趙汸（1319—1369），字子常，號東山，元安徽休寧（今安徽休寧）人。《明史》卷二百八十二《儒林一》有傳。傳載：趙汸“生而資稟卓絕，初就外傅，讀朱子《四書》，多所疑難，乃盡取朱子書讀之。聞九江黃澤有學行，往從之游。澤之學，以精思自悟爲主。其教人，引而不發。汸一再登門，乃得六經疑義千餘條以歸。已，復往，留二歲，得口授六十四卦大義與學《春秋》之要。後復從臨川虞集游，獲聞吳澄之學。乃築東山精舍，讀書著述其中。雞初鳴輒起，澄心默坐，由是造詣精深，諸經無不通貫，而尤邃於《春秋》……當是時，天下兵起，汸轉側干戈間，顛沛流離，而進修之功不懈。太祖既定天下，詔修《元史》，徵汸預其事。書成，辭歸。未幾卒，年五十有一。學者稱東山先生”。著有《周易文詮》《春秋師説》《春秋集傳》《春秋屬辭》《春秋左氏傳補注》《春秋金鎖匙》《東山存稿》等書。事迹另參《新安文獻志》卷七十二元詹烜所撰《東山趙先生汸行狀》。

此書乃趙汸述其師黃澤有關《春秋》之説，故題曰：《春秋師説》。趙汸於書首《春秋師説題辭》中云：“黃先生所著經説，曰：《六經辨釋補注》，曰：《翼經罪言》，曰《經學復古樞要》等，凡十餘書，所舉六經疑義共千有餘條，其篇目雖殊，而反覆辨難，使人致思以求失傳之旨，則一而已……汸自弱冠即往拜先生于九江，時先生年已七十有九，口授學《易》《春秋》致思之要，具有端緒，而顓愚不敏，往來館下數歲，無千慮之一得焉。既而於《春秋》大旨，一旦若發蒙蔽，急往請益，比至則先生捐館矣。乃即前諸書中，取凡爲《春秋》説者，參以平日耳聞，去其重複，類次爲十有一篇，分三卷，題曰：《春秋師説》。汸誠愚不敏，其敢自畫於斯？慨思微言，蓋將没身而已。”此《題辭》末署“歲至正戊子八月幾望，門人新安趙汸敬題卷端”，則《春秋師説》之成乃在元惠宗（順帝）至正八年（戊子，1348）也。又此書除《春秋師説》三卷之外，又有《附錄》二卷，則爲趙汸之門人金居敬校定時所增入。金居敬於《附錄》末之識語中云：“《春秋》趙氏《集傳》十五卷、《屬辭》十五卷、《左氏傳補注》十卷、《師説》三卷，皆居敬所校定。始資中黃先生以六經復古之説設教九江，嘗謂近代大儒繼出，而後朱子《四書》之教大行，然《周易》《春秋》二經實夫子手筆，聖人精神心術所存，必盡得其不傳之旨，然後孔門之教乃備。每患二經，學者各以才識所及求之，苟非其人，雖問弗答，其所告語，亦皆引而不發，姑使自思，是以及門之士，先能信從領會者，而當世君子亦莫克知之，唯臨川吳文正公獨敬異焉。趙先生始就外傅，受《四書》，即多疑問。師答以初學毋過求，意殊不釋，夜歸別室，取《朱子大全集》《語類》等書讀之，如是者數年，覺所疑漸解，慨然有負笈四方之意。乃往九江見黃先生，稟學焉，盡得其所舉六經疑義千餘條以歸，所輯《春秋師説》蓋始於此……及《春秋》本旨既明，乃悟文王據羲皇之圖以爲後天卦序，採夏、商之《易》以成一代之經，蓋與孔子因魯史作《春秋》無異，然後知黄先生所謂《周易》《春秋》經旨廢失之由有相似者蓋如此，故以《思古吟》等篇及《行狀》附于《師説》之後，庶幾方來學者有所感發云爾。"據金居敬此跋，知趙汸《春秋集傳》《春秋屬辭》《春秋左氏傳補注》《春秋師説》諸書，皆嘗經金居敬校定，且《春秋師説》書末《附録》二卷即金氏所增入也。又金居敬此跋之末，《通志堂經解》本及《四庫全書》本皆有"學生金居敬謹識"七字，本館此本則無。

此本無書葉，據卷端題"新安趙汸子常編定；後裔吉士恒夫校刊"，知爲清趙吉士校刊本。趙吉士《清史稿》卷四百七十六《循吏一》有傳，傳稱吉士"順治八年舉人。康熙七年，授山西交城知縣……治交城五年，百廢俱舉，内遷户部主事，監揚州鈔關，擢户科給事中。忌者劾其父子異籍，被黜。尋補國子監學正。四十五年，卒，祀交城名宦祠"。知趙吉士卒於康熙四十五年（1706），則此本之刻，當不晚於此年，故定爲"清康熙趙吉士校刻本"。惟本館此本屢見墨丁及一葉之中數行殘版之現象，疑爲後印之本。

此《春秋師説》分上、中、下三卷，乃趙汸載録其師黄澤之《春秋》論説。每卷皆先標列篇目，其下復分條論説。所列篇目，計卷上："論《春秋》述作本旨""論魯史策書遺法""論三《傳》得失"，卷中："論漢唐宋諸儒得失"，卷下："論學《春秋》之要""經旨舉略""主正月辨""魯隱公元年不書即位義""諸侯娶女立子通考""《春秋》指要"等十一篇。卷下"《春秋》指要"之末，署"資中黄澤書"。

《附録》上卷爲黄澤所撰《思古吟十章併序》，《思古吟十章》之首有序，十章之末，接列元吳澄所撰之《六經辨釋補注序》《易學濫觴春秋指要序》二文。《附録》下卷載《黄楚望先生行狀》，末署"至正十有二年十有一月朔學生新安趙汸狀"。

此書《四庫全書》收録，《四庫全書總目》題"《春秋師説》三卷，兩江總督採進本"。提要云："汸常（賓三案：文淵閣、文津閣書前提要俱作'嘗'）師九江黄澤，其初一再登門，得六經疑義十（賓三案：'十'字，浙本《四庫全書總目》及文淵閣《四庫全書》本書前提要皆同。考四庫館臣此蓋據《明史》趙汸本傳之文爲説，'十'疑爲'千'字之訛）餘條以歸，已，復往，留二載，得口授六十四卦大義與學《春秋》之要，故題曰《師説》，明不忘所自也。汸作《左傳補注序》曰：'黄先生論《春秋》學，以左丘明、杜元凱爲主。'又作澤《行狀》，述澤之言曰：'説《春秋》，須先識聖人氣象，則一切刻削煩碎之説自然退聽。'又稱：'嘗考古今禮俗之不同，爲文十餘通，以見虛詞説經之無益。'蓋其學有原本，而其論則持以和平，多深得聖人之旨。"

此書朱彝尊《經義考》卷一百九十八著録，題"《春秋師説》三卷，存"。另清康熙納蘭成德編《通志堂經解》亦收録此書。考《四庫全書》本無趙汸《春秋師説題辭》及序目，《通志堂經解》本及本館此本則有。

《中國古籍善本書目》著録"《春秋師説》三卷《附録》二卷，元趙汸撰，元至正二十四年休寧商山義塾刻明弘治六年高忠重修本"一種，載中國國家圖書館、清華大學圖書館、中國社會科學院歷史研究所等八館收藏。另又著録同版清韓應陛跋本及清丁丙跋本各一種，分藏上海圖書館與南京圖書館。本館所藏此康熙趙吉士校刻本，另北京大學圖書館、南京圖書館亦有收藏。

鈐印有"積學齋徐乃昌藏書"朱文長方印，知曾爲清徐乃昌收藏。徐乃昌生平參前"011　稻香樓雜著六種七卷"條。

146
春秋經傳闕疑四十五卷

T691　8211

《春秋經傳闕疑》四十五卷，元鄭玉撰，清鄭于蕃校。清康熙五十年（1711）鄭肇新初刻鄭于蕃重校刻本。十册。框高 18.3 厘米，寬 14.7 厘米。半葉十行二十一字，左右雙邊，白口，雙魚尾（魚尾相向）。版心上鎸"春秋闕疑"，中鎸卷次。

卷端題"新安鄭玉纂集；裔孫于蕃校梓"。

書首，首元至正十五年（1355）九月鄭玉序，未立標題，版心鎸"序"。次未署名《元史忠義傳》。次未署年汪克寬撰《鄭師山先生行狀》。

鄭玉（1298—1358），字子美，學者稱師山先生。元徽州歙（今安徽歙縣）人。《元史》卷一百九十六《忠義四》有傳。傳稱鄭玉"幼敏悟嗜學，既長，覃思六經，尤邃於《春秋》，絶意仕進，而勤於教，學者門人受業者衆，所居至不能容。學者相與即其地構師山書院以處焉……至正十四年，朝廷除玉翰林待制、奉議大夫，遣使者賜以御酒名幣，浮海徵之。玉辭疾不起……玉既不仕，則家居，日以著書爲事"。至正十七年（1357）明兵入徽州，鄭玉被囚，以不事二姓，自縊而死。著有《周易纂註》《春秋經傳闕疑》《師山集》等書。事迹另參《春秋經傳闕疑》書首元汪克寬《鄭師山先生行狀》、《［民國］歙縣志》卷七《人物志·儒林》等。

此書撰作之由，書首鄭玉自序中云："嗚呼！夫子集群聖之大成，《春秋》見夫子之大用……在當時，游、夏已不能贊一辭。至于三家之傳，《左氏》雖若詳於事，其失也誇；《公》《穀》雖或明於理，其失也鄙。及觀其著作之意，則若故爲異同之辭，而非有一定不可易之説。兩漢專門名家之學，則又泥于災祥徵應而不知經之大用。唐宋諸儒，人自爲説，家自爲書，紛如聚訟，互有得失。程子雖得經之本旨，惜無全書。朱子閒論事之是非，又無著述。爲今之計，宜博採諸儒之論，發明聖人之旨。經有殘闕，則考諸《傳》以補其遺；《傳》有譌舛，則稽諸經以證其謬，使經之大旨，粲然復明於世，昭百王之大法，開萬世之太平，然後足以盡斯經之用。”此爲鄭玉撰作此書之動機。

此書取名爲“闕疑”及其義例之由來，鄭玉於自序又云：“聞不自揆，嘗因朱子《通鑑綱目》之例，以經爲綱，大字揭之於上，復以《傳》爲目，而小字疏之於下。敘事則專於《左氏》，而附以《公》《穀》，合於經者則取之；立論則先於《公》《穀》，而參以歷代諸儒之説，合於理者則取之。其或經有脱誤，無從質證，則寧闕之，以俟知者，而不敢强爲訓解。《傳》有不同，無所考據，則寧兩存之，而不敢妄爲去取……程子謂：‘《春秋》大義數十，炳如日星。’豈無可明之義？朱子謂：‘起頭一句“春王正月”，便不可解。’固有當闕之疑。玉之爲是書也，折衷二説而爲之義例。”據此可知此書名爲《春秋經傳闕疑》之含義，且知鄭氏撰此書，嘗受到宋代程頤、朱熹二家之影響。又據鄭玉自序所言，其書原稿中當有大字，小字之別，今所見刻本中則皆無別矣。

本館此本，乃鄭玉之族孫鄭肇新於康熙五十年（1711）初刻，其後又經鄭于蕃重加校刻之本。本館所藏無跋文，中國臺灣大學圖書館所藏同版書末有鄭肇新跋文，中云：“十一世伯祖子美公，學者稱師山先生，當元之末，著《春秋闕疑》四十五卷，稿藏於家，未經授梓，四方學者雖知有其書，以無板本，購鈔不易。始余求得稿本，中闕者十三卷，未爲全書。既而，族孫經學以其父旻所藏全本來歸，蓋嘉靖中宗人獻文所手録者。得之，喜不自勝，思廣其傳，因急付之削氏。念是書之成已三百餘年，展轉收藏，皆在族人之所，幸未至於零落，則先公精神所寄，必嘿庇其間，而宗人後先鈔傳護惜之功，俱有不可没者。刻成，爰識其歲月大端如此。若夫先公致命大節，則具於《元史》；生平行履之詳，則見於同郡汪環谷先生所爲狀中，可無贅云。”末署“康熙辛卯九月歙鄭肇新謹識”。據鄭肇新此跋所述，知此書初刻於康熙五十年（辛卯，1711），刊刻所據爲鄭獻文所録之抄本，今中國國家圖書館、清華大學圖書館等館尚藏有此鄭肇新刻本。另清朱彝尊《經義考》卷一百九十七著録“《鄭氏玉春秋經傳闕疑》三十卷，存”一書，其下録有鄭玉自序及“裔孫獻文後序”，鄭獻文後序中云：“《闕疑》者，先世祖師山所集也……臨卒，以《闕疑》屬門人王友直播行之，而不克荷。又遭族氏内相搆怨，其書日晦，雖有達者，亦不爲意。嗚呼！

豐城之劍，非雷煥不能知；荊山之璞，遇卜和而後爲寶。自公至今，二百餘年，始一見之家居，不啻如獲拱璧。然遺亡數卷，搜求半載，偶於宗人笥中得録爲全書。噫！亦難矣。顧以傳寫脱誤，字意舛訛，文也不肖，嘗竊病之。趨庭之暇，參互考正，求合義焉。"案：朱彝尊所見本爲三十卷，異於鄭肇新刻本之四十五卷，又鄭獻文此後跋，未見於鄭肇新刻本，《經義考》所載，當非康熙五十年之鄭肇新刻本。

本館所藏此本，卷端題"新安鄭玉纂集；裔孫于蕃校梓"。據張秉倫等主編《科技集粹·源遠流長的新安醫學》（安徽重要歷史事件叢書8）第一三五葉所載，鄭于蕃生於康熙三十三年（1694），卒於乾隆五十年（1785），當康熙五十年鄭肇新刊刻《春秋經傳闕疑》之際，鄭于蕃僅十餘歲，恐未能擔任校梓之事，則本館此本當係鄭于蕃對於鄭肇新刻本之重校刻本。考此本卷二十一，葉一、二；卷二十二，葉一、二；卷二十四，葉一、二；卷四十四，葉九等處，版心皆鐫有"天游堂"字樣，即爲其據鄭肇新刻本重刻之遺跡。又中國臺灣大學圖書館藏本有書名葉，右題"元鄭師山先生著"，中題"春秋經傳闕疑"，左題"滋樹堂藏板"，本館此本與中國臺灣大學藏本爲同版，書名葉雖缺，當亦爲滋樹堂藏板也。

此書共四十五卷，計卷一至二《隱公》，卷三至五《桓公》，卷六至十一《莊公》，卷十二《閔公》，卷十三至十八《僖公》，卷十九至二十一《文公》，卷二十二至二十四《宣公》，卷二十五至二十七《成公》，卷二十八至三十三《襄公》，卷三十四至三十九《昭公》，卷四十至四十二《定公》，卷四十三至四十五《哀公》。

此書《四庫全書》收録，《四庫全書總目》題"《春秋經傳闕疑》四十五卷，浙江鮑士恭家藏本"。提要評云："大抵平心静氣，得聖人之意者爲多……其論皆洞達光明，深得解經之要。故開卷周正、夏正一事，雖其理易明，而意有所疑，即闕而不講，慎之至也。昔程端學作《春秋本義》等三書，至正中，官爲刊行，而日久論定，人終重玉此書，豈非以玉之著書主於明經以立教，端學之著書，主於詆《傳》以邀名，用心之公、私，迥不同哉？"

清周中孚《鄭堂讀書記》卷十著録，題："《春秋經傳闕疑》四十五卷，樹滋堂刊本。"論云："《四庫全書》著録，倪氏、錢氏補元《志》、朱氏《經義攷》俱載之。朱氏作三十卷，蓋尚據其傳鈔本也。"案：周氏所録，題"樹滋堂刊本"，蓋因其所見本有書名葉題"滋樹堂藏板"而云然，惟誤"滋樹堂"爲"樹滋堂"。然則周氏所見本當亦爲鄭于蕃之重校刻本也。

《中國古籍善本書目》著録"《春秋經傳闕疑》四十五卷，元鄭玉撰，明師山書院抄本"一種，載中國國家圖書館收藏。另又著録同書"清康熙五十年鄭氏天游堂刻本"一種，載中國國家圖書館、清華大學圖書館、湖北省圖書館、華南師範大學圖書館等四館收藏。本館所藏此鄭于蕃重校刻本，另中國臺灣大學圖書館、美國哈佛大學哈佛燕京圖書館、日本京都大學人文科學研究所等館亦有收藏。

鈐印有"真州吳氏有福讀書堂藏書"朱文方印，知嘗爲近代藏書家吳引孫收藏。吳引孫事迹見前"006 萬充宗先生經學五書十九卷"條。

147
春秋集傳大全三十七卷春秋序論一卷春秋二十國年表一卷諸國興廢説一卷春秋列國東坡圖説一卷東坡指掌春秋列國圖一卷

T693 4208

《春秋集傳大全》三十七卷《春秋序論》一卷《春秋二十國年表》一卷《諸國興廢説》一卷《春秋列國東坡圖説》一卷《東坡指掌春秋列國圖》一卷，明胡廣等輯。明刻本。框高27厘米，寬17.9厘米。半葉十行二十二字，小字雙行同，四周雙邊，黑口，雙魚尾（魚尾相向）。版心中鐫書名及卷次。

卷端首行題"春秋集傳大全卷之一"，未題撰者名。

書首，首《春秋集傳大全凡例》，共四則，第三則爲"引用先儒姓氏"，末則爲纂修者銜名，版心皆鐫"春秋集傳大全凡例"。次《春秋序論》一卷，含"胡氏傳序""綱領""總論"三項。次《春秋二十國年表》一卷。次《諸國興廢説》一卷。次《春秋列國東坡圖説》一卷。次《東坡指掌春秋列國圖》一卷。

胡廣生平參見前"016 周易傳義大全二十四卷"條。

此書亦爲明成祖永樂年間胡廣等奉敕所修《五經大全》之一，其修撰過程參見前"016 周易傳義大全二十四卷"條，兹不復贅述。本館所藏此本，舊目定爲明永樂十五年（1417）内府刻本。今考其版式雖與中國國家圖書館、中國臺北"國家圖書館"等所藏明内府刻本相同，然字體明顯有異，知當非明内府刻本。以其不避清諱，故定爲"明刻本"。

此書主在羽翼宋胡安國《春秋傳》，其修撰以元汪克寬《春秋胡氏傳纂疏》爲底本加以增損而成。《春秋集傳大全凡例》首則云："紀年依汪克寬《纂疏》例。"次則云："經文以胡氏爲據"，第三則云："諸傳以胡氏爲主。"《四庫全書總目》評云："《元史・選舉志》載延祐科舉新制，始以《春秋》用胡安國《傳》定爲功令，汪克寬作《春秋纂疏》，一以安國爲主，蓋尊當代之法耳。廣等之作是編，即因克寬之書，稍爲點竄。朱彝尊《經義考》引吳任臣之言曰：'永樂中敕修《春秋大全》，纂修官四十二人，其發凡云：紀年依汪氏《纂疏》，地名依李氏《會通》，經文以胡氏爲據，例依林氏，實則全襲《纂疏》成書，雖奉敕纂修，實未纂修也。朝廷可罔、月給可糜、賜予可邀，天下後世詎可欺乎？'云云，於廣等之敗闕，可謂發其覆矣。"

本館所藏此本，卷六葉三十八及卷十二葉二十一皆爲補版。又，書中有佚名朱筆圈點。

此書《四庫全書》收録。文淵閣本、文津閣本、文溯閣本皆題作"《春秋大全》三十七卷"，惟武英殿本、浙本《四庫全書總目》皆題作"《春秋大全》七十卷，内府藏本"。作"七十卷"，蓋誤題也。

《中國古籍善本書目》著録"《春秋集傳大全》三十七卷《序論》一卷《春秋二十國年表》一卷《諸國興廢説》一卷，明胡廣等輯，明永樂内府刻本"一種，載中國國家圖書館、遼寧省圖書館、西北大學圖書館、廣西師範大學圖書館收藏。《中國古籍善本書目》另又著録"明嘉靖九年安正堂刻本""明嘉靖九年安正堂刻十一年劉仕中安正堂印本""明隆慶三年鄭氏宗文書堂刻本""明萬曆三十三年書林余氏刻五經本""明刻本""明刻本，清丁丙跋""明德壽堂刻本""明崇禎刻本""明末刻本"等多種版本，兹不細述。

148

春秋孔義十二卷

T693　0240

《春秋孔義》十二卷，明高攀龍撰。明崇禎刻清乾隆七年（1742）華希閔劍光閣修補《高子全書》本。二册。框高20厘米，寬14.8厘米。半葉九行十九字，四周單邊，白口，單魚尾。版心上鐫書名，中鐫卷次。

卷端題"梁溪高攀龍著；後學秦塏編輯；男世儒、世學、世寧參訂"。書名葉分三欄，右題"明高忠憲公手輯"，中題"春秋孔義"，左題"劍光閣藏版"。

書首有明崇禎庚辰（十三年，1640）春仲高世泰《春秋孔義序》。

高攀龍（1562—1626），字存之，又字雲從，號景逸，明無錫（今江蘇無錫）人。《明史》卷二百四十三有傳。傳云："高攀龍，字存之，無錫人。少讀書，輒有志程、朱之學。舉萬曆十七年進士，授行人。"後歷任廣東揭陽添注典史、光禄丞、光禄少卿、太僕卿、刑部右侍郎、左都御史等職。天啓六年（1626）被宦官魏忠賢陷害，不願受辱，自沈於水，年六十五。崇禎初，贈太子少保、兵部尚書，諡忠憲。著有《周易孔義》《春秋孔義》《高子遺書》等書。事迹另參明計六奇《明季北略》卷二、明華允誠《高忠憲公年譜》。

此書未見作者自序、凡例等，惟書首高世泰《春秋孔義序》中云："大圭呂氏以爲六經之不明，諸儒穿鑿害之，而《春秋》爲尤甚。將去其甚，奈何？在引之乎近爾。引之乎近者何也？《公》《穀》近乎文定，《左氏》近乎《公》《穀》，孔子近乎《左氏》也。此我伯父忠憲公有《周易孔義》之書，不已，而有《春秋孔義》之書也。伯父生平性廉節介，疾惡如仇，然宅衷寬易，不爲深噉可喜之論，故權衡四《傳》，悉稟尼山，凡經無、《傳》有者，不敢信也；經有、《傳》無者，不敢疑也。其文簡，其意覈，有嚴正之義焉，有忠恕之仁焉，有闕疑之慎焉……仍顏以《孔義》者，何也？欲誦法孔子者不失爲聖人之徒也。"又《四庫全書總目》述此書云："是書斟酌於《左氏》、《公羊》、《穀梁》、胡安國四家之《傳》，無所考證，亦無所穿鑿，意在以經解經，凡經無、《傳》有者不敢信，《傳》無、經有者不敢疑，故名曰《孔義》，明爲孔子之義而非諸儒之臆説。"由此二説，可知此書撰作及取名《孔義》之由。

此書之刊刻，據書首高世泰《春秋孔義序》云："儼海秦先生，倡明辨絶，嘉異來兹，懼經教之漸淪，忿末學之放失，既捐貲板《周易孔義》，復續板《春秋孔義》。伯父有志，得先生而言益章。"此《序》末署"崇禎庚辰春仲"。據高世泰此《序》，知此《春秋孔義》乃由秦塤出資版行，在此書之前秦塤已嘗刊刻高攀龍所著之《周易孔義》。考秦塤字器新，號儼海，無錫人，明天啓二年（1622）進士，嘗官澤州知州。依高世泰《序》所述，則崇禎十三年（庚辰，1640）仲春時，《春秋孔義》當已刻成矣。惟本館此本乃清華希閔（1672—1751）乾隆七年（1742）修補印本《高子全書》之零種。華希閔，字豫原，號劍光，亦無錫人，閣名"劍光閣"，故此書書名葉左題"劍光閣藏版"。又此本爲乾隆印本，故書名葉乃題"明高宗憲公手輯"，若爲崇禎時印本，當不必題"明"也。《高子全書》書首有乾隆七年華希閔序，可據以知其印行年代。

此書共十二卷，以《春秋》十二公，一公各爲一卷。每卷皆逐年首列《春秋》經文，次低一格釋經義。所釋斟酌於《左氏》、《公羊》、《穀梁》、胡安國四家之《傳》及諸家之説，間有標示徵引來源者，如"程子曰""左氏曰""汪氏曰""噉氏曰""穀梁曰""何休曰""張氏曰""胡氏曰""趙氏曰""京房曰""家氏曰""黃震氏曰""王氏曰""吳氏曰""劉向曰""季氏曰""邵氏寶曰""李氏曰"等。

本館此本，偶見有損版、斷版之現象，另亦間有補版之迹。

此書《四庫全書》收録，惟《四庫》本書首無高世泰《春秋孔義序》。《四庫全書總目》題"《春秋孔義》十二卷，浙江汪啓淑家藏本"。提要評云："雖持論稍拘，較之破碎繳繞、橫生異議，猶説經之謹嚴者矣。"今人張高評撰有

《高攀龍〈春秋孔義〉初探——以“取義”爲例》一文，謂高氏此書揭示孔子作《春秋》所“竊取之義”，其大旨計有“謹本源”“著幾微”“察世變”“正名實”“崇禮義”“尊王攘夷”“勸善懲惡”等七項，可參看。

朱彝尊《經義考》卷二百五著録“高氏攀龍《春秋孔義》十二卷，存”一種，下載“兄子世泰序”一文。考高世泰《序》中稱高攀龍爲“伯父”，則朱彝尊謂世泰爲攀龍兄子，恐非宜也。另《經義考》卷二百二又著録“李氏攀龍《春秋孔義》十二卷，未見”一種，《四庫全書總目》論云：“考李攀龍惟以詩名，不以經術見，其墓誌、本傳亦不云嘗有是書，豈諸家書目或有以攀龍之名同，因而誤‘高’爲‘李’者，彝尊未及考核，誤分爲二歟？”案：《總目》所論蓋是。

《中國古籍善本書目》著録“《春秋孔義》十二卷，明高攀龍撰，明崇禎十三年秦塯刻本”，載中國國家圖書館、中國科學院圖書館、福建省圖書館等三館收藏。國家圖書館出版社《中華再造善本·明代篇·經部》曾據其館所藏“明崇禎十三年秦塯刻本”影印行世。本館此本爲明崇禎刻清乾隆七年（1742）華希閔劍光閣修補印本《高子全書》（八種）之零種，《高子全書》此本南開大學圖書館、山東師範學院圖書館、湖北省圖書館、中山大學圖書館、復旦大學圖書館等館有藏。

149

春秋胡傳翼三十卷

T693　8562

《春秋胡傳翼》三十卷，明錢時俊撰。明刻清印本。六册。框高19.7厘米，寬15厘米。半葉十行二十一字，小字雙行同，四周單邊，白口，無魚尾。版心上鐫書名及卷次，中各鐫十二公諡號，下方僅卷一，葉一右面鐫“陶一霖寫”，左面鐫“陳尚詠刻”，葉二以下版心未鐫寫工及刻工名。卷一版心未鐫字數，卷二間鐫字數，卷三以下皆鐫字數。

卷端題“明後學海虞錢時俊用章甫輯”。

書首，首明萬曆辛亥（三十九年，1611）孟夏金學曾《春秋胡傳翼序》。次辛亥（萬曆三十九年）夏四月錢謙益《春秋胡傳翼序》。次載杜預《左氏傳序》、何休《公羊傳序》、范甯《穀梁傳序》、程頤《程子傳序》、胡安國《胡氏傳序》等序文。次萬曆辛亥（三十九年）翁憲祥《胡傳翼序》。次《春秋胡傳翼凡例》，共十則，《凡例》末有識語，末署“萬曆歲在辛亥夏四月海虞後學錢時俊識于武林之水衡官舍”。次《春秋胡傳凡例》，共十三則。次《春秋正經音訓》。

　　錢時俊，字用章，號仍峰，明常熟（今江蘇常熟）人，侍御史錢岱（字汝瞻，1541—1622）之子，錢謙益（1582—1664）之姪。萬曆三十二年（1604）進士。清朱彝尊《經義考》卷二百六"錢氏時俊《春秋胡傳翼》三十卷"條載："陸元輔曰：'仍峰錢氏，常熟人，萬曆甲辰進士，授工部主事，歷郎中，終湖廣按察副使。'"今江蘇省蘇州市張家港市塘橋鎮金村有錢時俊墓。著有《春秋胡傳翼》。

　　金學曾《春秋胡傳翼序》云："使君錢先生業世青緗《春秋》家，夙稱龍象。茲取《大全》一書，陶汰而斟酌之，上自三《傳》，下迄諸子百家，繁蕪者芟，精覈者存，他如外傳及箋疏與胡《傳》相發明者，亦附見錯出，令人開卷洞了。其於康侯，如車之輔，如鳥之翮，真可相御而行者矣。"又翁憲祥《胡傳翼序》云："余邑侍御錢汝瞻先生，以《詩經》名家，而長公用章好《春秋》，又以《春秋》起家矣。頃被　命視榷武林，行清能高特聞，而居恒閉衙齋讀《春秋》，不異經生時也。憶余從用章同硯席，治《春秋》，未嘗不切磋究之，而用章獨攻苦博雅自命。每謂余曰：'《春秋》取士，本康侯顥矣。《春秋》，化工也，故程叔子曰：觀百物然後見化工之神。《左氏》識國史，備事詞，《公》《穀》多精裁，諸家饒義疏，即康侯亦曷嘗不淵源鎔冶，而《大全》一書則我　文皇帝所以廣屬學官者，又非不犁然具也。經生家苦灝瀚，一切庋置而枯守，其康侯安在屬辭比事乎？屬辭則經緯錯綜，比事則牽合傅會，如獄吏抱成牘舍律例，傳一人之爱書而下上其手，亦見其迫窘詰屈而證佐幾窮哉！且也縱橫貫穿，商略典據，吾落其材而取其實用，以經世華國，鼓吹休明，其言文，其行遠，豈有外焉有味乎？《春秋》三《傳》束高閣，獨抱遺經究終始。"蓋譏之也。夫欲究終始，則惡能束三《傳》矣？今獨不得牴牾康侯，如會稽之《私考》、新安之《屬辭》等書，盍姑刪訂《大全》，蒐精簡要，以翼康侯、便承學，庶幾佐化工於備物乎？'余謝不敏而心領之，日承乏浙閩兩闈間，往往以此求士，蓋周旋罔墜用章教也。頃辱函其所輯《胡傳翼》际余曰：'是僅脫稿武林公署者，二十年相訂之素盟，豈他人所得敚乎？'余喜而卒業，用章真信人，且歎其精勤之久，至居官視榷而心手不置也……是書成，其助申　功令，以嘉惠後學，寧有既哉？"由以上二序，可知此書撰作之緣起與大要。

　　本館此本無書名葉可據以判斷其刊刻年月，另書首金學曾《序》僅言"適錢先生《胡傳翼》成，徵序于余"。錢謙益《序》亦僅言"余姪水部用章氏輯《春秋胡傳翼》成，不佞讀而嘆曰：（下略）"。二《序》雖皆撰於明萬曆三十九年（1611），然皆未言及刊刻事，似難遽斷爲萬曆刻本，以其不避清諱，故定爲"明刻本"。惟本館此本卷五葉十二右面鈐有墨、紅色長條形紙廠印記，且卷端題"明後學海虞錢時俊用章甫輯"，著一"明"字，疑此本係清代之印本，故題爲"明刻清印本"。

此書共三十卷，其分卷情形同胡安國《傳》。此書取名之義，錢氏在《春秋胡傳翼凡例》第一則中云："胡氏作《傳》，雖出創獲，而發明源委，多本之先儒。非文定，不能集諸家大成；非諸家後先傳註，亦何以翼成不刊之典，傳於來者？故是編總命之曰《胡傳翼》云。"至於其書之體例，《凡例》第二則云："國朝制科宗胡《傳》，故是編以胡《傳》爲主，凡三《傳》、諸子、百家與胡《傳》相發明者，悉爲採録。"第四則云："《春秋》事實，悉本左氏，其後公、穀二子各據奧義，遂與左氏並列爲三。今取其正傳不悖胡氏者，與夫事足採用者，俱單行大書，繫于正經之下，而仍冠以'左傳''公羊''穀梁'等字，其餘諸子、百家則以'註疏'字冠之，俱雙行細書，繫胡《傳》下，示統于一。"案：《春秋胡傳翼》書中，先列《春秋》經文，次選列《左傳》《公》《穀》之不悖胡《傳》及事足採用者。次列胡《傳》。以上皆單行大書。另引諸家之説，雙行小字注於胡《傳》之下，冠以"註疏"之稱以輔翼之，蓋如漢、唐注疏中疏之於注也。此外，此書又有"互見""別見""附録""音註"等體例，俱詳見《凡例》所述。

《續修四庫全書總目提要》收録張壽林所撰此書提要，題："《春秋胡傳翼》三十卷，萬曆三十九年刊本。"提要云："今核其説，雖主胡《傳》，並採《公》《穀》二《傳》附會之論及諸家深刻嚴酷之説，從而鍛鍊之，不免拘例説經之失。然其間於《左傳》之事蹟，亦所不廢，其論三家，謂左氏據簡策以敍事，公、穀據事以言義，三者不可偏廢，若捨事蹟而言義例，則如獄吏捨佐證而判是非，烏見不牽合附會也？其説亦不失爲持平之論……惟《春秋》一書，古今聚訟，胡氏《傳》曲爲之解，已多牴牾，是編更引諸家臆斷之論以輔翼之，重複糾結，未免治絲益棼之嫌。"

本館此本卷十九葉十八，卷二十六葉二十七，卷二十七葉十七，皆爲抄配。另卷二十四葉五十五，卷二十六葉二十五，卷三十葉二十三，皆重出一葉。卷五葉十二右面，鈐有墨、紅色長條形紙廠印記。又第六册，卷二十七、二十九兩卷，間有佚名朱筆圈點。

此書，清朱彝尊《經義考》卷二百六著録，題"錢氏時俊《春秋胡傳翼》三十卷，存"，下載錢謙益《序》及陸元輔語。《四庫全書總目》未著録。《中國古籍善本書目》著録云："《春秋胡傳翼》三十卷，明錢時俊撰，明萬曆刻本。"載北京大學圖書館、山東省圖書館、常熟市圖書館等三館收藏。另中國臺北"中央研究院"傅斯年圖書館亦有收藏。《"中央研究院"歷史語言研究所傅斯年圖書館善本書志·經部》題："《春秋胡傳翼》三十卷，十冊。明錢時俊撰，明末刊本。"述云："序文未言鐫刻事，然寫工陶一霖見明天啓六年至崇禎四年間（1626—1631）刻《嘉興藏》，刻工陳尚詠亦見萬曆三十九年浙江按察司刊《敬由編》，故此本作明末刊本。"（葉一百九十二）

此本書中夾有一長方形紙條，右上鐫"寶墨樓藏書"，中手書"春秋胡傳翼"五字，左方題"共六冊　函"（"六"字手書，餘鐫刻，"册"與"函"間空白），由此知此書入本館之前，嘗經"寶墨樓"收藏。

150

春秋衡庫三十卷附録三卷備録一卷

T693　3240

《春秋衡庫》三十卷《附録》三卷《備録》一卷，明馮夢龍撰，明張我城參。明天啓刻清修補印本。十冊。框高19.8厘米，寬13.2厘米。半葉十行二十字，小字雙行同，四周單邊，白口，單魚尾（卷一葉一至八，卷五等爲單白魚尾，其餘爲單黑魚尾）。版心上鐫書名，中鐫卷次。眉欄鐫音義。

卷端題"馮夢龍輯；張我城參"。

書首，首明天啓五年（1625）九月李長庚《春秋衡庫序》。次《發凡》，共十則，題"古吳後學馮夢龍述"。次《附録·前一》。次《附録·前二》。次《附録·前三》。正文三十卷，第三十卷後有《備録》一卷。《附録》及《備録》皆題"馮夢龍輯；張我城參"。別館所藏同版，《備録》後有周應華《跋春秋衡庫》，本館此本無。

馮夢龍（1574—1646），字猶龍，又字公魚、子猶，耳猶，號龍子猶、墨憨齋主人、茂陵野史、吳下詞奴、顧曲散人、绿天館主人等，明長洲（今江蘇蘇州）人。《［光緒］蘇州府志》卷八十一《人物八》載："馮夢龍，字猶龍，才情跌宕，詩人麗藻，尤明經學。崇禎時以貢選壽寧知縣。"案：馮夢龍於明崇禎三年（1630）補貢生，四年（1631）破例授丹徒訓導，七年（1634）升任福建壽寧知縣。十一年（1638）秩滿離任，歸隱鄉里，爲明代著名小説家、劇作家。著有《麟經指月》《春秋衡庫》《春秋定旨參新》《四書指月》《甲申紀事》《中興偉略》《喻世明言》《警世通言》《醒世恒言》《新列國志》《增補三遂平妖傳》《古今譚概》《墨憨齋定本傳奇》等多種，後人編有《馮夢龍全集》。

一九九三年六月上海古籍出版社出版《馮夢龍全集》，其中第三至四冊所收《春秋衡庫》影印本，題"明刻本"。其本與本館此本同版，其本書末有周應華《跋春秋衡庫》一文，文中云："吾師猶龍氏，才高殖學，所著多爲世珍，而麟經尤擅崇門，《指月》既行，嗣有《衡庫》，蓋其說本于齊仲父，'衡'喻精審，'庫'喻廣儲，儲之廣，審之精，神而明之，在君一心，故以天子之禮當之，而《春秋》，天子之事也，百王之法度，萬事之準繩，衡之、庫之，於是乎在。然則讀《春秋》者，何可以不知衡庫？知衡不知庫，跛而畫也；知庫不知衡，盲而波也。吾師茲輯，主以經文，實以《左》《國》，合以《公》《穀》，參以子史，證以他經，斷以胡氏，輔以羣儒，刪繁取精，針鋒不失，可謂衡矣。採實兼華，字句不漏，可謂庫矣。衡而且庫，二百四十二年之行事，前源後委，聯如貫珠，甲是乙非，炳如列燭，可謂善讀《春秋》矣。"末署"楚黃門人周應華頓首謹跋"。由周氏此跋，可知馮夢龍此書取名《春秋衡庫》之含義。惟本館所藏此本缺此跋。

另書首李長庚《春秋衡庫序》中亦云："每思　國朝明經初指，非以隱癖傲士，欲輯一書，備載近代各家之題，採加評定，而馮猶龍氏《指月》一刻，先余同然。又《大全》中諸儒所說，有與胡相發明者，有愈於胡氏者，其他蕪雜可少刪芟，而諸書有與《春秋》相關者，合增刻爲一書，猶龍氏近復以《衡庫》出矣。猶龍氏才十倍於余，是二書出，爲習《春秋》者百世之利也。"《序》末署"時天啓五年九月楚黃友人李長庚撰"。案：馮夢龍先已有《麟經指月》之刻，後又作此書，皆爲習舉業者而作。故李長庚《序》中讚云："是二書出，爲習《春秋》者百世之利也。"

此本無書名葉，未能據以斷其刊刻年月。《北京大學圖書館藏古籍善本書目》著錄《春秋衡庫》兩種，其一題"《春秋衡庫》三十卷《備錄》一卷，明馮夢龍輯，明天啓五年（1625，序）吳縣葉昆池刻本（原注：'有朱筆眉批'）十冊"。北京大學此本與本館藏本爲同版，惟其本有書名葉，書名葉鐫有閶門葉昆池刻書告白，共五行一百二十三字。其本另又鈐有"能遠居"朱印。《北京大學圖書館藏古籍善本書目》蓋即據書首天啓五年李長庚《序》及書名葉昆池刻書告白，而定其本爲"明天啓五年吳縣葉昆池刻本"也。今考本館此本及北大本，卷一，葉一至八及卷五全卷，版心爲單白魚尾，與他處版心作單黑魚尾有異，當因補版所致。又書首《發凡》題"發凡十則"，然其下所列凡例共十二則，當是有所增訂，非舊刻原貌。又本館此本卷二葉四左面，鈐有藍色長條形圖案之紙廠印記，北大本卷二葉七右面及卷二十七葉十七右面等處亦見有藍色長條形圖案紙廠印記。此類紙廠印記屢見於清代康熙至乾隆間之印本中。由上所述現象推之，本館此本及北大本當係清代之補修印本也。又李長庚《序》雖撰於天啓五年，然《序》中未言及刻書事，未遽斷此本必刻於是年，故本館此本姑定爲"明天啓刻清修補印本"。

　　此書正文前有《附錄》三卷，首卷首行，上題"春秋衡庫附錄前一"，下題"馮夢龍輯；張我城參"，次行題"各傳序畧"，以下列《胡傳序畧》（題"胡安國著"）、《左傳序畧》（題"杜預著"）、《穀梁傳序畧》（題"范甯著"）、《程子傳序畧》（題"程頤著"）等四文。次卷首行，上題"春秋衡庫附錄前二"，下題"馮夢龍輯；張我城參"，次行題"兩周事考春秋以前事"，以下列《祭公諫征犬戎》《密康公以色亡》等十三文。第三卷首行，上題"春秋衡庫附錄前三"，下題"馮夢龍輯；張我城參"，次行題"列國始末"，其下列周、魯、齊、晉、宋、陳、杞、秦、楚、吳、徐、越、鄭、衛、蔡、曹、邾、小邾、莒、許、紀、滕、薛、虞、虢、北燕等國之立國始末。正文卷三十之後，有《備錄》一卷，首行上題"春秋衡庫備錄"，下題"馮夢龍輯；張我城參"。以下備錄哀公十四年至二十七年之史事，取材自《左傳》《國語》《禮記》《史記》等書。

　　正文共三十卷，計卷一至三《隱公》，卷四至六《桓公》，卷七至九《莊公》，卷十《閔公》，卷十一至十三《僖公》，卷十四至十五《文公》，卷十六至十八《宣公》，卷十九至二十《成公》，卷二十一至二十三《襄公》，卷二十四至二十六《昭公》，卷二十七至二十八《定公》，卷二十九至三十《哀公》。

　　此書乃供舉業參考之用，故經文之外，全錄胡《傳》而附以《左傳》《公》《穀》等傳及《春秋大全》中諸儒議論之可與胡《傳》相發明者。書首《發凡》第一則云："經錄全文，雖空月，不敢擅削，示尊經也。"又第二則云："是經孔氏權書，游、夏不能贊一詞，況其下乎？　國初頒《大全》於學宮，使士子以意逆志，隨所取裁，猶不失窮經之遺意。其後胡氏孤行，而文定之《春秋》，未必尼山之《春秋》矣。予不揣，竊欲倣朱子《四書集註》之例，廣搜百家之説，採其切中情理、不涉穿鑿附會者，定爲正註；其説可相參者，附之圈外；名曰《權書揣摩》，庶幾彙羣儒之精神，備一經之羽翼。奔走多難，尚未脱稿。兹編一以功令爲主，故胡氏全錄，即偶節一二，亦多崩弑等傳，或複詞贅語，舉業所必不用者，不然，寧詳毋略，不敢啓後學苟且之端也。"案：馮氏自言嘗有心倣朱子《四書集註》體例，彙集羣説，撰成《權書揣摩》一書，然其書尚未脱稿。《春秋衡庫》此書則係舉業用書，故仍全錄胡《傳》以爲據，胡《傳》皆另起一行低經文一字，首標"胡"字。另《左傳》《國語》《公羊》《穀梁》則不全載，接於經文之下，空一字以別之，首標"左"或"左國"或"公羊"或"穀梁"等字。《發凡》第四則云："《左》《國》《公》《穀》，原係聖經之按，先按後斷，故載於胡氏之前。四傳不同者，分載之，大同小異者，合載之。文雖不同，而事實可相貫者，連載之。見於一傳者，偏載之。"又第七則云："採用諸書，各標出處，止離經文一字，省紙也；較胡《傳》低一字，遵時也；字俱大字，便覽也。"

此書經文、胡《傳》及《左》、《國》、《公》、《穀》等文皆大字，另則引《詩》《書》《禮記》《周禮》《家語》《穆天子傳》《晉乘》《楚檮杌》《吳越春秋》《管子》《晏子》《韓非子》《呂覽》《韓詩外傳》《史記》《文獻通考》《通典》、朱子《纂要》、陳氏《括例》《事義考》、季氏《私考》《春秋屬辭》等書（以上參見《發凡》第六則）及《春秋大全》中諸家説爲注，以雙行小字注於經文及各傳文之下。此外，眉欄間有音注，《發凡》第十則云："一字非甚難識者不音，義非甚難通者不解。其音解悉列上方，不使與補注相混。"

本館所藏此本，卷二十葉四十二左面及葉四十三全葉缺，另書末《備錄》缺葉二十二、二十三。卷二十七葉二十二左面有佚名朱筆圈點。此外，卷二葉四左面，鈐有藍色長條形圖案紙廠印記，已如前述。

此書《四庫全書總目》著錄，題"《春秋衡庫》三十卷，浙江吳玉墀家藏本"，入《經部·春秋類存目一》。此書爲舉業用書，四庫館臣於此類書籍多無好評，故此書僅列入《存目》。提要評云："其書爲科舉而作，故惟以胡《傳》爲主，雜引諸説發明之。所列《春秋》前事、後事，欲於經所未書、《傳》所未盡者，原其始末，亦殊沓雜。"

《中國古籍善本書目》著錄"《春秋衡庫》三十卷《附錄》三卷《備錄》一卷，明馮夢龍撰，明天啓五年刻本"，載首都圖書館、北京大學圖書館、北京師範大學圖書館等二十一館收藏。另又著錄天一閣文物保管所（今天一閣博物館）藏有"明天啓五年刻本，清應紀奉批注"一種。本館此本，另中國臺北"國家圖書館"、中國臺北"中央研究院"傅斯年圖書館等館亦有收藏。《四庫全書存目叢書》曾據北京大學圖書館藏本影印行世，題"明天啓五年刻本"，列入《經部》第一二三册。另上海古籍出版社影印出版《馮夢龍全集》，其中第三至四册亦收錄《春秋衡庫》。書首"影印説明"云："《春秋衡庫》，又名《別本春秋大全》，三十卷，明刻本。"所據亦爲明天啓刻本。

此書另有題爲《春秋大全》之本，蓋坊賈爲射利而據天啓刻本《春秋衡庫》篡改書名及版心等處而成，今美國哈佛大學哈佛燕京圖書館、斯坦福大學圖書館等館有藏。《四庫全書總目·經部·春秋類存目一》除著錄"《春秋衡庫》三十卷，浙江吳玉墀家藏本"外，另緊接又著錄"《別本春秋大全》三十卷，內府藏本"一種。提要云："是書雖以《春秋大全》爲名，而非永樂中官修之原本。其體例惟胡安國《傳》全錄，亦間附《左傳》事迹以備時文捃摭之用。諸家之説則僅畧存數條。其凡例有云：'《大全》中諸儒議論，儘有勝胡氏者，然業已宗胡，自難並收以亂耳目。'是不亦明知其謬而爲之歟？"案：《四庫全書總目》載此《別本春秋大全》三十卷，其所據本當同於哈佛大學哈佛燕京圖書館、斯坦福大學圖書館等館之藏本。惟四庫館臣將"《春秋衡庫》三十卷"與"《別本春秋大全》三十卷"二書分別著録，提要中全未指出二者間之關係，似未能達到"辨章學術，考鏡源流"之效。

此外北京大學圖書館、哈佛大學哈佛燕京圖書館等館又藏有《增定春秋衡庫》一種，卷端題"馮夢龍輯；余璟參"。其爲增訂《春秋衡庫》之本，内容可參見《美國哈佛大學哈佛燕京圖書館藏中文善本書志·經部》，兹不復贅述。

151

麟旨定十二卷

T693　7912

《麟旨定》十二卷，明陳于鼎撰，明張我城參，明史順震等校。明崇禎刻本。六册。框高21.6厘米，寬14.6厘米。半葉九行二十八字，小字雙行同，四周單邊，白口，無魚尾。版心上鐫書名，中鐫各十二公謚號。

卷端首行題"麟旨定"，未題卷次。次行題"陽羨陳于鼎爾新著；古吳張我城德仲參；平陵史順震爾長較（較字闕末筆）"。書名葉分三欄，右題"姚李戴三先生鑒定"，中題"陳太史麟旨定"，左鐫有書坊六行告白云："經學異同，久成聚訟，怪題杜撰，有如捉風。闈中之射覆無憑，／愍下之鑿空彌甚。痛心此道，日有狂瀾。爾新太史兹刻，遍／採群倫，依傳折衷，丹鉛數年，訂成定本。近復參補　現聞太／史秘旨，蔚爲大觀，行且入奏／　大庭，頒行天下，俾主司命題從此畫一，是亦千秋快事也。願學／是經者，著眼無忽。"末行下方題"板藏鵲起軒"。告白下方鈐有一白文方印，字迹難識。

書首有明崇禎庚午（三年，1630）相月（七月）陳于鼎《序》。南京圖書館藏同版書首另有崇禎辛未（四年，1631）張我城《小引》暨《鑒定參閱名公姓氏》，本館此本缺。

陳于鼎（1600—1661），字爾新，號實庵，又號南山逸史，明宜興（今江蘇宜興）人。十一歲童子試中秀才。曾遊閩，漳州參將鄭芝龍聘爲家塾師，教其子鄭森（即鄭成功）。崇禎元年（1628）戊辰科進士，選翰林院庶吉士，授編修。弘光時，官左春坊左庶子掌院事。清兵渡江，陳于鼎降清，任弘文館編修，因事受累革職，定居鎮江。順治十六年（1659），鄭成功兵臨鎮江，陳于鼎與知府戴可進等計議迎降，後鄭成功兵敗，陳氏於順治十八年（1661）被解往北京處決。著有《麟旨定》，雜劇《半臂寒》《長公妹》《中郎女》等，另嘗批點《北西廂》。事迹參見清顧予成《翰林院左春坊左庶子陳公墓表》（見柳詒徵編《里乘》

第一輯)、《［嘉慶］增修宜興縣舊志》卷七、清徐鼒《小腆紀傳》卷六十三等。

陳于鼎於書首《序》云："有謂'他經尊經，《春秋》獨尊傳'者，非也。稟鵠傳註，無敢以意爲腹背，它經莫不然，奚獨吾經也？題有單，亦猶之乎尊經爾。單而外，有傳有合有比，則併尊傳而非矣。噫！誰生厲階而且操觚得雋，靡不畫一守之也。得無以吾經所載，事不過會盟侵伐，義不過筆削褒誅，而況其行文也？繩尺稍寬，毫鋒易肆，三傳綺列，牙慧堪資，倘舉題復爾，蘭徑擇便而營者必走若騖。於是用傳語爲題，師其意而仍兒以經，如藏闔（龜）射覆，蓋欲繁擾其途，示難于它經也。嘻！過矣。然或懸定本于國門，勿令戶造臆逞，則焚膏繼晷，雖煩賾可窮，學人猶得以其心力餘閒，闚尼父、康侯言外傳心之旨。迺浸淫及今，題以意起，日煩日晦，母可脫，影可射，甚而事顇（類）可牽合，則旁主《左氏》，家秘靈珠，人矜獨授，切切耳語曰：'崇攻某經者某地，獨載某題者某編。'不亦私且譎之甚乎？是經本自中天日月之書而翻爲魅魃一世之書矣，良可痛也。以故風簷迅忽中僥倖記憶，信手搦毫，主司喜其造準，急收之勿失，無暇更繩其工拙，如戊午南闈與甲子淛（浙）闈之首題，至今胡盧士口，一則合題廢而揣摩者煢想，一則題面錯而各主者並售。嗟乎！何不以明白正大菟弋衆尤，而以晦昧僻塞迷離豪杰也？不佞于鼎，竊有感焉。取汗牛充棟諸刻暨安成、楚黃、會稽諸未梓抄本，一一紬繹之，哀集三年，畧有次第，其明正者奉爲璿衡，即支離破碎者，亦不遽芟，迓期與天下共謫其謬，恐學人詫所未見，妄意爲罣漏耳。客見而快之，請急行以惠薄海士。余曰：不佞魯人也，衷衆衡獨題無剩解，其何敢尸以爲功？若云漢、渚、江、沱，共匯一川，俾窮年矻矻者無浮查汎梗之嗟，即行千萬里，可一簏庋之，不復煩副車之載，虞五篋之亡，是則微有所効云爾。抑余更有冀焉。曩與二三同志，下帷窮經，互相矢曰：'吾儕爲是經，手繭目蒿若此，莫如纂一善本，僭爲評騭，孰應出，孰應刪，異日昂首天衢，其乞靈　帝語，頒之學官，著爲令甲，今而後，學人得甦其旁騖亂營之力，畢効于抽秘騁妍，將吾經逢年諸牘不以雄奇奏技，則以峻潔標長，寔較它經爲杰出，顧不快歟？'颺言于　廷，日幾幾焉以俟之也。是役也，參酌較正，張子德仲，其勞獨多，而鄭子逸少、史子爾長、陳子明伯，冀其早竣，更佐殺青，蓋均有憭于經學之蕪漫而思欲削棘就夷，啓晦庚明者。余因得藉手以告成事。"末署"旹　崇禎庚午相月良日題，陽羨陳于鼎"。此書乃陳氏"取汗牛充棟諸刻暨安成、楚黃、會稽諸未梓抄本"之《春秋》題加以編輯，以爲舉子應試參考之用，而助其編輯者，有張我城（字德仲）、鄭之槃（字逸少）、史順震（字爾長）、陳允昌（字明伯）等人。案：本書各卷之首，除題"陽羨陳于鼎爾新著"之外，每題"古吳張我城德仲參"，又各卷或題"平陵史順震爾長較"（《隱公》卷）、"海陵陳允昌明伯較"（《桓公》卷）、"□□鄭之槃逸少較"（《宣公》卷）等，可印證《序》中之説。

又陳于鼎撰此書，曾參考明姚希孟之作，南京圖書館所藏同版，書首載有張我城所撰《小引》（本館此本缺），《小引》中云："《麟旨定》者，陳爾新氏所手定也。麟者，聖人之瑞也。聖王在上，麟遊於郊；聖王不作，故作《春秋》……爾新氏於諸説靡所不收，而又取衷于我　現聞師。其言曰：'明正者，以應功令；支離破碎，則期與天下共摘其謬。'欲使學人收旁營之力，滙於體研本旨。"考姚希孟（1579—1636），字孟長，號現聞，生於明萬曆七年（1579），萬曆四十七年（1619）舉進士，爲庶吉士，天啓時授檢討，纂修《神宗實録》。崔呈秀著《天鑒録》，列姚氏爲東林黨人。崇禎時，遭温體仁之忌，貶爲南京少詹事，崇禎九年（1636）卒。事迹具《明史》卷二百一十六。另張我城《小引》又云："爾新家學淵源，今辛未孟兄復以壁經拔幟南宮矣。由堯、舜、文，以迄孔子，自有比合可傳可經，奚獨一《春秋》哉？颺言於　庭，頒學宮、著令甲，日可竢也。予不敏，未能參末議一、二，獲觀成事，與有厚幸矣。"案：張我城此《小引》，末署"崇禎辛未仲春花命日"，辛未爲崇禎四年（1631），此年陳于鼎之兄陳于泰（1596—1649）高中辛未科殿試狀元，此前，陳于鼎已於崇禎元年（1628）中戊辰科進士，故《小引》謂"今辛未孟兄復以壁經拔幟南宮矣"。

南京圖書館藏本，書首《小引》之後，復有《鑒定參閱名公姓氏》（本館此本缺），共列鑒定參閱者九十三人，其中前三人爲李紹賢（印渚）、戴東旻（還初）、姚希孟（孟長），考此本書名葉右欄題"姚李戴三先生鑒定"者，即指此三人也。

本館此本，書名葉未題刊刻年月，另陳于鼎《序》末署"峕　崇禎庚午相月良日題"，亦未及刊刻事。以書中避明僖宗朱由校諱，"校"字改作"較"，而不避清諱，故定爲"明崇禎刻本"。

本館此本《莊公》卷，葉二十六缺。又《僖公》卷，編目錯置於《宣公》卷之後。另書中有佚名朱筆圈點，偶見以朱筆校正書中訛字。此外，此本書中夾有一片長條黄色綿紙，上手書三行文字："12.春秋麟旨定／八册／文滙閣"，知乃"文滙閣"經銷之書，原係八册，今本館所藏則改裝爲六册矣。

《四庫全書總目》著録，題"《麟旨定》無卷數，浙江汪啓淑家藏本"，入《經部・春秋類存目一》。提要云："是書成於崇禎庚午，以麟字代《春秋》字，命名已陋，又但標擬題，各以一破題爲式而署爲詮釋於下，即在舉業之中，亦爲下乘矣。"案：自明代萬曆以降，《春秋》舉業之書，書中具"麟"字者，實不少見。如張杞撰《麟經統一編》十二卷、鄒德溥撰《鄒翰林麟經真傳》十二卷、余敷中輯《春秋麟寶》六十三卷、馮夢龍撰《麟經指月》十二卷、金兆清撰《麟指嚴》四卷、夏元彬撰《麟傳統宗》十三卷、吳希哲撰《麟旨明微》十二卷、劉侗撰《麟經新旨》二十卷、佚名撰《麟經指南》等，皆是也。陳于鼎此書之取名，亦當受其時風氣之影響。惟四庫館臣對明代《春秋》舉業之作，每持貶抑之態度，《四庫全書總目・經部・春秋類存目二》之末云："今檢校遺書，於明代説《春秋》家，多所刊削，庶不以科舉俗學晦蝕聖經之本旨云爾。"《總目》既評此書"即在舉業之中，亦爲下乘矣"，而得列入《存目》，亦已幸矣。

《中國古籍善本書目》著録"《麟旨定》十二卷，明陳于鼎撰，明崇禎刻本"，載上海圖書館、南京圖書館二館收藏。《四庫全書存目叢書》嘗據南京圖書館藏本影印行世，題"明崇禎刻本"，列入《經部》第一二四册。今以本館此本與南京圖書館藏本校之，雖爲同版，仍頗有差異。如南圖本書首有張我城《小引》、《鑒定參閲名公姓氏》，然無崇禎三年陳于鼎《序》。本館此本有陳于鼎《序》，而缺《小引》及《鑒定參閲名公姓氏》。又如南圖本《隱公》卷葉三，左面第十行云："擅立薄恩者皆紀首以示戒焉〇題面不佳應删"，本館此本無"〇題面不佳應删"一句。又如南圖本《襄公》卷，葉五十八左面第六行有文字，本館此本則空白。另南圖本《襄公》卷之卷末缺一葉，最末爲二個半葉，且二個半葉内容相似而版式不同，一爲十行，一爲九行，本館此本則無此現象。據上述諸點推之，本館此本與南圖本當係不同時期之印本。

鈐印有"□遠居"朱文方印。

152

春秋四家五傳平文四十一卷首一卷附春秋提要二卷

T695　1322

《春秋四家五傳平文》四十一卷首一卷，明張岐然輯，明吳漢翃參閲；附《春秋提要》二卷，明虞宗瑶輯。明崇禎十四年（1641）君山堂刻清印本。四十八册。框高20.5厘米，寬14.6厘米。半葉九行十九字，小字雙行同，四周單邊，白口，單魚尾。版心上鐫"春秋五傳"，中鐫卷次及各十二公諡號。《春秋提要》版心上鐫"春秋提要"，中鐫卷次。

卷端題"明仁和張岐然秀初手輯；錢塘吳漢翃舉遠參閲"。書名葉右題"張秀初手輯"，下鈐"圖攷備載"一行紅字。中題"合刻春秋四家／五傳平文"，下鈐"君山堂藏書記"朱文方印。左題"左傳杜註，國語韋註，公羊何註，穀梁范註，胡氏全傳，君山堂梓"，"胡氏全傳"下鈐有"□氏記"白文方印。書名葉上方鈐有朱文龍紋圓形圖案。

書首，首未署年張岐然《春秋四家五傳平文序》。次未署年吳漢翃《序》。次《凡例六則》，末署"舉遠氏識"。次《春秋四家五傳平文目次》。次杜預《左氏傳序》。次韋昭《國語解序》。次何休《公羊傳序》。次范甯《穀梁傳序》。次未署名《胡氏傳序》。次未署名《程氏傳序（原注："附錄"）》。次未署名《春秋五傳綱領》。次《春秋諸國興廢説》，標題次行題"林堯叟音註括例始末"。次《春秋提要卷上》，次行題"錢塘虞宗瑤仲皞手輯"。次《春秋提要卷下》，次行題同上。次未署名《春秋筆削發微圖》。次未署名《春秋名號歸一圖卷上》《春秋名號歸一圖卷下》。次未署名《春秋二十國年表》。次《春秋四家五傳平文卷首》，題"明仁和張岐然秀初手輯；錢塘吳漢翃舉遠參閲"。

張岐然（1600—1664），字秀初，明錢塘（今浙江杭州）人。明黃宗羲撰有《張仁菴先生墓誌銘》，云："君諱岐然，字秀初，叢林稱爲仁菴禪師……考懋官，妣黃氏，副使寓庸汝亨之女。仁菴起孤童，便能力學，虞德園淳熙嗟歎，以女字之。是時寓庸、德園，皆有文名，鄉邑後來之秀，如聞子將、嚴印持、忍公、丁夢佳、馮儼公、邵玄泆多出其門。仁菴以外孫館，甥相與爲友。聞見既非流俗，更廣之而爲'讀書社'，則江道闇、道信、嚴子岸、顧斐公、虞大赤、仲皞、……幾盡一鄉之善……國變後，寄跡僧齋。後四年己丑，抽簪落髮。又三年壬辰，始受衣拙，出世於皋亭山之顯靈。住顯靈者四年，吳山雪居者三年，北郭正等者二年，揚州慶雲者三年。凡四座道場……甲辰七月三日，卒於慶雲，年六十五。"（《黃宗羲全集第十册·南雷詩文集上》）另黃宗羲《思舊録》亦云："張岐然，字秀初，武林人。讀書深細，其讀三《禮》，字比句櫛，宮室升降，器皿位設，皆所不遺。音樂則自製十二律管，考驗合否。區田則入山中與老農種植。亂後嗣法三峰。蜀僧潭石，作《五宗救》，半出于秀出，欲申三峰之屈。然其言有失倫者，人皆笑之。"著有《春秋四家五傳平文》《春秋止亂》《大學古本辨繹義》等。今人季學原撰有《張岐然事迹考》（文刊《文獻》季刊1990年第2期），可參。

虞宗瑤，字仲皞，明錢塘（今浙江杭州）人。明禮部員外郎虞淳熙（字澹然，號德園，1553—1621）之子。著有《春秋提要》。張岐然爲虞淳熙之壻，與虞仲皞有姻親關係，又同爲"讀書社"社友，兩人曾共著《春秋止亂》，見張岐然《春秋四家五傳平文序》。

此書之作，張岐然《春秋四家五傳平文序》中云："《記》曰：'《春秋》之失，亂。'屬辭比事而不亂者，深于《春秋》者也。余嘗與虞子仲皞，泛覽《春秋》七十二家之旨，蓋鮮有不亂者。及觀近日經生家之説，尤可訕笑，殆不復可謂之《春秋》，又不止于亂矣。究其弊，率起不平心以參諸家，而過尊胡氏，久之，習讀者惟知有胡氏《傳》更不知有他氏矣。又久之，習讀者惟從胡《傳》中牽合穿鑿，并不知有經矣……今習讀者惟知有胡氏，不知其有《春秋》，此所謂亂之極也……夫有所過而偏任之，非平也。《詩》曰：‘神之聽之，終和且平。’凡思持天下之平者，非和未有能平者也……今治《春秋》，求不離經，雖欲不參合衆家不可得矣。參合衆家，雖欲不根本三《傳》，不可得矣。然而三《傳》注疏之書，苦其不并也，抑又憚煩；《大全》諸儒之説，苦其不平也，抑又患複。輒與吾友舉遠氏合三《傳》而存其註，取胡氏而平其文，又附以左氏之外傳焉……余向期與虞子博采諸家，存其合者而間附己意，名曰《春秋止亂》。虞子逝而未之成也。今先以四家五傳之平文，平我學士家之心，而後出余所與先友夙夜商榷之書，以就正焉。”此述其輯《春秋四家五傳平文》之緣由，此書乃與其友吳漢翀（字舉遠）共著也。此外，張岐然又嘗與虞宗瑤（字仲皜）共撰《春秋止亂》一書，惜因虞氏之卒而尚未成書，故先以《春秋四家五傳平文》公諸於世。

此外吳漢翀於書首《序》中亦云：“我友秀初氏，憫末學之失，立名教之坊，六經之書，俱有發明，而經世之志，尤加悱惻。故《春秋》之業，非所崇習，而晳疑標致，較諸家獨詳。笥中著述有《春秋止亂》一書，徧取前賢之説，虛中審定，採其精，剔其瑕，意已足者，仍其舊文，疑未析者，附以私説，一難一解，覽者無不愜情。但事多駁古，不敢苟發，遂與予共業南屏，訂定此本，以先天下，題曰：《平文》，亦欲使學者每讀一經，即朗然見五傳之全異……故始於庚辰孟夏，卒於辛巳仲秋，閲月十六而《平文》之書以成，用公世之習讀是經者，肆志其中，以窺古人之全。”此《序》謂《平文》之作，始於庚辰孟夏，成於辛巳仲秋，核諸二人之生平，當即始於明崇禎十三年（庚辰，1640），而完成於崇禎十四年（辛巳，1641）也。又考書首《凡例六則》第三則中云：“秀初復有《止亂》一書，備采其精，已備棃續布，茲不混載，以滋障蔽。”又第五則云：“《提要》一書，舊僅編目，未備全旨。茲乃亡友仲皜虞子所比屬也。仲皜鴻材篤學，爲吾社所夙宗……予庚辰携笈仙里，始得晝夜相接。去夏聞予輩究心《春秋》之義，踔躍語余曰：‘我于此中竭數年精力，發古人未破之疑者，什已六、七，但投之奚囊，錯綜未質。今當盡却俗務，勒爲一説，贊子成事。’不料美業未終，人琴俱逝，先布此帙，使四方知吾黨留心經學之端。然後取其所就緒者，與秀初別成一書，以求證有道也。”此《凡例六則》末署“遠舉氏識”知《凡例》當爲吳漢翀所撰。《凡例》此則述書首所附《春秋提要》二卷之來源，既言“先布此帙”，則此《春秋四家五傳平文》當於崇禎十四年書成後即付梓公諸於世也。據書名葉題“君山堂梓”，知由君山堂所刻。

489

惟本館所藏此本，其卷首及卷一之卷端皆題 "明仁和張岐然秀初手輯；錢塘吳漢翃舉遠參閱"，若書印於明代，似不必題 "明"。又此本卷六葉三十七右面，卷十七葉三十六右面，卷三十五葉四十右面等三處，皆見鈐有藍、紅色長條形紙廠印記，此爲清代康、雍、乾年間印本常見之特徵，疑此本乃清代之印本，故定爲 "明崇禎十四年（1641）君山堂刻清印本"。

此書卷首之前，有杜預《左氏傳序》、韋昭《國語解序》、何休《公羊傳序》、范甯《穀梁傳序》、胡安國《胡氏傳序》、程頤《程氏傳序》及《春秋五傳綱領》、《春秋諸國興廢説》、《春秋提要》、《春秋筆削發微圖》、《春秋名號歸一圖》、《春秋二十國年表》等附錄，皆備讀者之參考。《凡例六則》第四則云："古稱博覽，圖、書並貴，沿及後世，俗學相承，四海形執，昧其東西。一人氏號，分爲爾我，源流既惑所從，始終遂失其統。知有書，幾不知有圖矣。以此言學，實可嗤笑。今盡取古今圖説，若輿地，若氏族，若年表，及興廢始終總例之類，盡行考輯，彙成一帖，後之覽者，不獨郡國名蹟、稱謂異同之處，參考不訛，一深求之，將行師據險之略，亦且瞭然指掌間矣。"又《春秋提要》二卷，乃虞宗瑤所撰，見前所述。

此書卷首一卷，録《國語》中周穆王、恭王、厲王、宣王、幽王等之相關事迹。另本文共四十一卷，計：卷一至三《隱公》，卷四至六《桓公》，卷七至十《莊公》，卷十一《閔公》，卷十二至十六《僖公》，卷十七至十九《文公》，卷二十至二十二《宣公》，卷二十三至二十五《成公》，卷二十六至三十《襄公》，卷三十一至三十六《昭公》，卷三十七至三十八《定公》，卷三十九至四十一《哀公》。各卷皆首頂格列《春秋》經文，其下低一格并列《左傳》、《國語》、《公羊》、《穀梁》、胡《傳》等傳文，經傳之下，以雙行小字各載杜預、韋昭、何休、范甯等注。《凡例六則》首則云："書名《平文》者，平其文也。《大全》於胡《傳》之文特大書之，以示宗胡，今胡氏所長不能度越三家，其佳處與之頡頏亦足矣，故絜其文平之。四傳者，舊文，予特增而五，《左氏》不合外傳不全也。夫先河後海，或委或源，兹雖矯往，未過其正矣。"此處解釋書名《平文》之義，即謂將胡《傳》與三傳平等視之，不專崇胡《傳》。又《凡例》謂此書增《國語》以成 "四家五傳" 者，因若僅有《左傳》而不合外傳《國語》，則不全也。又此書所列五傳中，《左傳》下列杜預《注》，《國語》下列韋昭《注》，《公羊》下列何休《注》，《穀梁》下列范甯《注》，惟胡《傳》之下則不列疏釋，《凡例六則》第三則云："傳以註經，而註復加註，流愈支，文愈隱，實可慮也。三《傳》既非訓詁之例，無註便不易讀，故存其簡要者一家。若胡氏一傳，已在三《傳》之中致其條貫之意，此下似可無煩疏釋。"此解胡《傳》

之下不復列疏釋之由。

本館此本版心下方間鐫有"君山堂"三字,如卷首《春秋提要》卷下首葉;《春秋筆削發微圖》卷上首葉及卷下首葉;正文卷一至四十一各卷首葉。又各卷卷端雖多題"明仁和張岐然秀初手輯;錢塘吳漢翃舉遠參閱",然亦間有異者,如卷十三卷端題"仁和張岐然秀初手輯;張芬子漸參閱";卷十五卷端題"明仁和張岐然秀初手輯;錢塘陳淏子爻一參閱";卷十六卷端題"仁和張岐然秀初手輯;張菜子漸參閱"。其卷十三作"張芬",卷十六作"張菜",字又歧異。

此書《四庫全書總目》著錄,題"《春秋五傳平文》四十一卷,內府藏本",入《經部·春秋類存目一》。提要云:"其書采《左傳》、《公羊傳》、《穀梁傳》、胡安國《傳》,而益以《國語》,《國語》亦稱《春秋外傳》,故謂之'五傳'。曰'平文'者,明五傳兼取,無所偏重之義也……岐然指陳流弊,可謂深切著明,故其書皆參取四傳以救胡《傳》之失,雖去取未必盡當,要其鍼砭俗學,破除錮習,於《春秋》不爲無功。惟五《傳》皆具有成編,人所習誦,不待此刻而傳,故取其衛經之意而不複錄其書焉。"案:《四庫全書總目》雖肯定此書有"鍼砭俗學,破除錮習"之功,然因"五《傳》皆具有成編,人所習誦,不待此刻而傳"。故僅將此書著錄於《存目》之中,而《四庫全書》則未抄錄此書也。

《中國古籍善本書目》著錄"《春秋四家五傳平文》四十一卷首一卷《春秋五傳綱領》一卷《春秋諸國興廢說》一卷《春秋筆削發微圖》一卷《春秋名號歸一圖》二卷《春秋二十國年表》一卷,明張岐然輯。《春秋提要》二卷,明虞宗瑤輯。明崇禎十四年君山堂刻本",載北京大學圖書館、清華大學圖書館、中國人民大學圖書館等八館收藏。《四庫全書存目叢書》嘗據清華大學圖書館藏本影印行世,題"明崇禎十四年君山堂刻本",列入《經部》第一二八至一三〇冊。本館此本與清華大學圖書館藏本爲同版,惟本館此本當爲清代印本,已如前述。

153

春秋志在十二卷

《春秋志在》十二卷,清來集之撰,清來豹雯、來龍雯校訂。清順治來氏倘湖小築刻本。二冊。框高18.1厘米,寬13.8厘米。半葉九行十八字,四周單邊,白口,無魚尾。版心上鐫書名,中各鐫十二公諡號,下鐫"倘湖小築"。

卷端題"蕭山來集之元成甫著;男來豹雯、來龍雯較訂"。書名葉分三欄,右題"來元成先生著"，中題"春秋志在"，左題"倘湖藏板"。

書首，首清順治壬辰（九年，1652）孫廷銓《春秋志在序》。次未署年吳邦臣《春秋志在序》。次未署年查繼佐《春秋志在序》。次未署年林日宣《春秋志在敘》。次"歲在重光亶安"（辛卯，順治八年，1651）余月（四月）何文煒《春秋志在敘》。次順治壬辰（九年）寒食前一日毛奇齡《弁言》。

來集之（1604—1682），原名鎔，字元成，號倘湖，明蕭山長河（今屬浙江杭州）人。明崇禎十三年（1640）進士，歷任安慶府推官、兵科給事中、太常寺少卿等職。南明弘光朝，馬士英欲招爲門下，固辭不就。清康熙十七（1678）年，薦博學鴻儒科，拒而不仕。隱居倘湖之濱，潛心著述。著有《易圖親見》《卦義一得》《讀易隅通》《春秋志在》《四傳權衡》《倘湖樵書》《南行載筆》《南行偶筆》《倘湖詩》《倘湖詩餘》《倘湖遺稿》及雜劇《秋風三疊》《雨紗劇》等書。上海圖書館藏清光緒二十六年（1900）會宗堂木活字本《蕭山來氏家譜》卷四載有來集之撰《倘湖先生自志墓誌銘》、清毛奇齡撰《明中憲大夫太常寺少卿倘湖來君墓碑銘》、清來鴻瑨撰《明太常寺少卿兵科給事中倘湖來公傳》，并可參。

書首孫廷銓《春秋志在序》云："我友來子，初以《尚書》冠浙，隨以《春秋》聯雋南國并禮闈。已而棄去制科之説，湛精覃恩，更爲論著，獨成一書。其意頗異乎四家，蓋以諸儒之説，可以理裁；聖人之旨，難斷例拘。其或經有微文，前後互見，爲《傳》所未發者，則表而出之。其有經意顯白，本無義例，而《傳》好爲曲説，以致失實滋疑者，則辨而正之。其有此《傳》所引，而彼《傳》或殊；此《傳》所進，而彼《傳》或退之，排扺紛紜，樊然淆亂，則折中而求其必合。皆比經發義，錯《傳》成文，綴以世史，附以新意。著爲百有八篇，號曰《春秋志在》，蓋言聖人之志之所在也。"又毛奇齡《弁言》亦云："元成受《尚書》，以《尚書》選冠十一州多士，既乃棄去，學《春秋經》，遂以《春秋經》應天子明詔，服官政，日以《春秋》見諸行事，迄今十餘年，服臺夫須，乃復旦晚取《春秋》已事爲之權衡，迄有成説，弁之曰《志在》，誠志在也。昔夫子曰：'吾志在《春秋》。'夫子唯不得有爲于春秋，故存其志焉。"據此可知來氏著書之背景。

此本版心鐫"倘湖小築"，因書首載有孫廷銓《春秋志在序》，署"順治壬辰"，又載有毛奇齡《弁言》，署"壬辰寒食前一日"，本館舊目蓋據此而定爲順治九年（壬辰，1652）刻本。然考此二文并未言及刻書事，則順治九年是否已付刻，尚難質言，姑定爲清順治倘湖小築刻本。惟此本吳邦臣《序》葉一右面；何文煒《敘》葉一右面；卷五葉三右面；卷五葉四右面等多處皆鈐有紅色長條形紙廠印記，此類印記屢見於清康熙至乾隆間之印本中，故疑係後印之本。

此書共十二卷，以《春秋》一公爲一卷。每卷首冠目錄，目錄後擇列《春秋》經文及《左傳》傳文，繼而論之。全書共計一百零八篇。來集之議論之後，每低一格載張湛生、查伊璜（繼佐）、來元啓（來集之弟）之附評。

此書清朱彝尊《經義考》卷二百七著錄，題"來氏集之《春秋志在》十二卷，存"，下錄"孫廷銓序"。考本館所藏此本，孫《序》末署"順治壬辰益都年弟孫廷銈題"，下鈐"孫廷銈印""枚先氏"二墨文方印，疑此"銈"當係"銓"之誤。考清王士禎（1634—1711）《孫文定公傳》云："公孫氏，諱廷銓，字道相，別字沚亭，青州益都人……崇禎十二年鄉試，明年舉禮都，賜同進士出身。"（《帶經堂集》卷七十九）又《清史稿》卷二百五十《列傳三十七》云："孫廷銓，初名廷鉉，字枚先，山東益都人。明崇禎進士。"由此可知當作"孫廷銓"也。

《四庫全書總目》《中國古籍善本書目》俱未著錄。除本館外，另清華大學圖書館、中國科學院圖書館、南京圖書館、湖北圖書館等館亦有收藏。清華大學圖書館、南京大學圖書館所藏本，乃將來集之所撰《易圖親見》一卷、《卦義一得》二卷、《讀易隅通》二卷、《春秋志在》十二卷、《四傳權衡》一卷等五書合爲一書，題曰"《來子談經五種》十八卷"。

鈐印有"陸進私印"白文方印、"師澹古齋藏書"朱文長方印二印。

154

春秋地名攷略十四卷

T703　0244

《春秋地名攷略》十四卷，清高士奇撰。清康熙刻清王松疇、高三祝補刻本。六冊。框高18.2厘米，寬13.8厘米。半葉十行十九字，小字雙行同，四周單邊，白口，單魚尾。版心上鐫書名，中鐫卷次及國名。

卷端首行題"春秋地名攷略卷之一"，次行題"日講官起居注詹事府少詹事兼翰林院侍講學士臣高士奇"。書名葉分三欄，右題"錢塘高詹事著"，中題"春秋地名攷畧"，左題"清吟堂藏板"，欄上題"經進原本"。

書首，首清康熙二十六年（1687）十月徐乾學序。次未署年朱彝尊序。次康熙二十七年（1688）仲冬高士奇自序。以上三序皆未立標題。次《凡例》，共四則。次《春秋地名攷畧目錄》，目錄次行題"日講官起居注詹事府少詹事兼翰林院侍講學士臣高士奇"。

高士奇（1645—1703），字澹人，號江村，又號瓶廬，清順治二年（1645）出生於浙江餘姚樟樹鄉高家村（今浙江省慈溪市匡堰鎮高家村），順治十八年

（1661）入籍錢塘（今浙江杭州），補杭州府學生員。《清史列傳》卷十、《清史稿》卷二百七十一《列傳》五十八俱有傳。《清史稿》云："高士奇，字澹人，浙江錢塘人。幼好學能文，貧，以監生就順天鄉試，充書寫序班。工書法，以明珠薦，入内廷供奉，授詹事府録事。遷内閣中書，食六品俸，賜居西安門内。康熙十七年，聖旨降敕，以士奇書寫密諭及纂輯講章、詩文，供奉有年，特賜表裏十匹、銀五百。十九年，復諭吏部優敘，授爲額外翰林書院侍讀，充日講起居注官，遷右庶子。累詹事府少詹事……二十七年，山東巡撫張汧以齎銀赴京行賄事發，逮治，獄辭涉士奇。會奉諭誡勿株連，於是置弗問……上命解任，仍領修書事。二十八年，從上南巡，至杭州，幸士奇西溪山莊，御書'竹窗'榜額賜之。"後因左都御史郭琇之劾，士奇休致回籍。《清史稿》又云："三十三年，召來京修書。士奇既至，仍直南書房。三十六年，以養母乞歸，詔允之，特授詹事府詹事。尋擢禮部侍郎，以母老未赴。四十二年，上南巡，士奇迎駕淮安，扈蹕至杭州。及回鑾，復從至京師，屢入對，賜予優渥……尋遣歸，是年卒於家。"著有《毛詩講義》《春秋講義》《春秋地名攷略》《左傳紀事本末》《江村銷夏録》《金鰲退食筆記》《天禄識餘》《塞北小鈔》《三體唐詩補注》《苑西集》《高文恪公四部稿》四十一種等書。

　　此書撰作之緣起，據書首高士奇自序云："《春秋》傳心之史，所重者明王道，正人心，誅亂臣，討賊子，是是非非，以一字爲褒貶，其義例至精，其意指極微。至于地名之同異，往往毫釐千里，讀其書如冠帶之國不知其都邑何在，王地洛邑相近而殊名，故絳、新田屢遷而非昔；楚丘之紛紛聚訟；郊郢之譌爲郢中。歷代之沿革變遷所繫非細，豈可以聖人之大經漫曰不求甚解耶？乙丑夏四月，臣奉　命總裁《春秋講義》，因于纂紀之暇，博搜諸書而參攷之，取《春秋》二十會盟之國爲綱，各以其當時封境所屬，隨地標名，詳其原起，條其興革。諸小國則編年附綴之。其類削入他國者，則從其初，不從其後。其有沿譌承誤者，必折衷以歸于一是，一展卷而知當日之某地某名即今日之某名某處，發懷古之幽情，敬備　聖明之顧問。若曰羽翼經傳，則臣何敢焉？"另朱彝尊序亦云："今天子命儒臣編纂《春秋講義》，於是錢塘高學士充總裁官，既編成，經　進矣，又廣采方志，以餘力輯《春秋地名攷》十四卷。"由此可知其撰作之由。惟《四庫全書總目》此書提要云："是編乃康熙乙丑士奇奉　敕撰《春秋講義》，因考訂地理，併成是書奏　進。據閻若璩《潛邱劄記》稱：'秀水徐勝敬可，爲人作《左傳地名》訖，問余成公二年鞌之戰。'云云，則實士奇倩勝代作也。"

　　據書首高士奇自序，此書成於康熙二十七年，時高氏任"日講官起居注詹事府少詹事兼翰林書院侍講學士"，此本之刊刻當隔此不久。考書中避"玄""炫""弦"等字諱，然不避"貞""弘""曆"等字，可訂爲康熙刻本。惟此本卷二、卷十三之末鎸"寶芸堂王松疇補刊"，又卷三、卷十、卷十三之末鎸"來孫三祝補栞"。考清潘衍桐輯《兩浙輶軒續錄》卷三十八載："高三祝，字藏庵，平湖人，一諤弟，道光癸卯舉人。"（此資料參見《"中央研究院"歷史語言研究所傅斯年圖書館善本書志·經部》葉一百九十九）高三祝爲高士奇之六世孫，則其補刊當已至道光年間。又高三祝補刊作"栞"，寶云堂王松疇補刊作"刊"，兩者用字不同，蓋非同一時期之補刊，故本館此本定爲"清康熙刻清王松疇、高三祝補刻本"。

此書分國類聚爲考，共十四卷，計：卷一，周；卷二，魯；卷三，齊；卷四至五，晋；卷六，鄭；卷七，衛；卷八至九，楚；卷十，宋、陳、蔡、邢；卷十一，秦、吳、越、徐、巴；卷十二，曹、虞、虢、邾、莒、杞、紀、許、滕、薛、小邾、北燕；卷十三至十四，諸小國。諸國排列之次第，據《凡例》第一條云："列邦境壤相參，分國類聚則易于解悟。首周，尊王也。次魯，宗國也。甥舅之國，齊爲首；懿親之封，晋、衛、鄭爲大，又次之。三恪之大者，宋也，地居中國之要樞，惟陳、蔡，又次之。秦以西垂之長；吳、越、徐、巴與楚俱僭王，皆《春秋》所謹者，又次之。他如邢、曹、虞、虢、邾、莒、杞、紀、許、滕、薛、小邾、北燕，其分地亦時紀于《春秋》，雖小國僻遠，亦以類附之……餘諸小國，隨見經之先後，編年次之于後。"

各國考訂之體例，乃首列國名，其下先敘都城及遷都之所，次考地名。《凡例》第二則曰："王都及各國之都，必列于首，曰都于某地，遷國又列一條曰：遷于某地。其都但據春秋時現在，如周之王城、成周，晋之絳、新田是也。至如春秋以前始封建都之地，有見于經、《傳》者，如周之駘、幽、岐、豐，晋之唐、曲沃，亦相次以揭於前而殊其標目以別之。"至於考訂地名則先以大字標示地名，其下小字作注，《凡例》第四則云："茲編每一地名之下，先錄本文，次詳杜註，然後以先儒註疏及各史志傳參考之。"注文中若高氏有所考按，則隔以小圈，冠"臣謹按"以論之。如卷一，周"瓦屋"條下云："隱八年：'宋公、齊侯、衛侯盟于瓦屋。'杜注：'周地。'○臣謹按：《傳》稱'會于溫，盟于瓦屋'，瓦屋距溫當不遠，故杜《注》言'周地'也。或言東昌府濮州觀城縣四十里有瓦屋城，即三國會處，去溫甚遠，不可從。"即其例也。

《四庫全書總目》評此書云："其書以《春秋》經、《傳》地名分國編次，皆先列國都、次及諸邑，每地名之下皆先列經文、《傳》文及杜預《注》，而復博引諸書，考究其異同，砭正其疎舛，頗爲精核。惟時有貪多炫博，轉致瑣屑者。

如魯莊公作臺，臨黨氏，遂立‘黨氏臺’一條，殊於地理無關。又如晉以先茅之縣賞胥臣，遂立‘先茅之縣’一條，既不能指爲何地，但稱‘猶云蘇忿生之田’，則亦安貴於考耶？是則過求詳備之失也。”

此書《四庫全書》收錄，惟删去《春秋地名攷畧目録》，又卷端作者題爲“詹事府少詹事高士奇撰”。《四庫全書總目》著録云“《春秋地名考畧》十四卷，浙江巡撫採進本”。《中國古籍善本書目》著録“《春秋地名考略》十四卷，清高士奇撰，清康熙刻本，清李慈銘跋”一種，藏中國國家圖書館。

本館所藏此補刻本，另蘇州圖書館、中國臺北“中央研究院”傅斯年圖書館、日本東京大學文學部圖書館亦有收藏。另中國國家圖書館所藏康熙刻本，賈貴榮、宋志英輯《春秋戰國史研究文獻叢刊》曾據以影印行世，其本無“寶芸堂王松疇補刊”“來孫三祝補梓”字樣，書名葉右上題“江邨高詹事著”，與本館此本題作“錢塘高詹事著”有異，又其本書名葉欄上無“經進原本”字樣。案：高士奇號江村，祖居浙江餘姚，錢塘爲其本籍。據此書高士奇自序云：“敬備　聖明之顧問”，則刻成之時尚未進獻朝廷，其書名葉無由題“經進原本”，知中國國家圖書館藏本蓋近於原刻也。

鈐印有“積學齋徐乃昌藏書”朱文長方印、“南陵徐乃昌校勘經籍記”朱文長方印，知嘗爲近代藏書家徐乃昌所收藏。徐乃昌生平參前“011　稻香樓雜著六種七卷”條。

155

春秋管見四卷卷首一卷

T695　6144

《春秋管見》四卷卷首一卷，清瞿世壽撰。清乾隆香緑居刻本。四册。框高19.2厘米，寬14.3厘米。半葉十行二十五字，小字雙行同，四周單邊，白口，單魚尾。版心中鎸書名及卷次，下鎸“香緑居”。書分二欄，上欄鎸干支，下欄鎸正文。天頭有音注。

卷端首行題“春秋管見”，次行題“虞山後學瞿世壽脩齡”。

書首，首未署年陳祖范《春秋管見序》。次清康熙三十一年（1692）二月瞿世壽《自敍》。次《凡例》，共三十六則。次世系圖，共有《周世系圖》及魯、蔡、衛、晉、曹、滕、鄭、吳、宋、齊、陳、楚、莒、許、邾、越等十六國之世系圖。次《春秋年譜》，版心中鎸“春秋年譜”，下鎸“香緑居”。世系圖版心皆鎸“春秋管見”。

瞿世壽，字脩齡，號江湖散人，室名“香緑居”，清虞山（今屬江蘇常熟）

人，嘗官藍田。著有《春秋管見》《客愁吟》《香綠居雜文》等書，另曾參與
《[浙江]東陽陳氏宗譜》之編纂。餘事迹不詳。

瞿世壽《自敍》云："余幼失學，寡昧無聞，弱冠後棄舉子業，思究經義，
遭家多難，又乏師承，廿載望洋，茫無依據。年四十二，薄遊閩南，喜得《春
秋》三《傳》善本，厥後自閩而燕、自燕而豫而魯，搜羅請乞，又得漢、宋諸
儒經解數十種。早晚尋繹，印證經文，砂際淘金，木尚鑽燧，謬因一得，著爲
《春秋管見》四卷。七年之間，稾凡三易。竊謂官牆數仞，幸得其門。五十遊秦，
旅寓藍田官舍。藍爲嘉禾阮不巖先生舊治，生先歿後（原注："甲子十月，先生
卒于官'），遺編散失，舍中覆瓿壓壁之物，皆其畢生精血所成，雖痛惜之，而
無可如何也。忽檢廢簏，得書數本，係先生批校《春秋》五《傳》，丹黃塗乙，
手澤猶新，次其卷秩，止闕昭公二十一年至三十二年一本。亟取而補綴殘蠧，
整頓裝潢，詳其意義，迥別塵詮，始悟聖經本極廣大，諸儒以狹小窺之；本極
通達，諸儒以固必泥之；本極平常，諸儒以穿鑿釋之，故詮解愈多，經義愈晦。
更嘆余數年心力，摠爲窠臼所拘，閒出新硎，亦未暢豁。千秋論定，尚不堪與
諸儒同鵠射侯，欲上窺聖人之奧，其可得乎？因取舊本之合於經者，疏通證明
之；局於例者，芟彝蘊崇之，四閱春冬，稿又二易，雖爝火螢光，稍堪流照，
然非先生導其前路，萬難遵彼周行，後海先河，淵源有自，聊爲敍述，以志不
諼。時康熙三十一年歲次壬申仲春二月生魄後四日也。"另陳祖范《春秋管見序》
中云："近代烏程嚴氏開正，最能貫穿事實以求經義，一掃支離膠葛之説，今又
得吾邑瞿氏脩齡修補嘉禾阮不巖藁木爲《春秋管見》。二書互有詳畧，歸趣頗同，
合而觀之，向來疑義，十可八、九釋矣。嚴書經錢牧齋、何義門論定，世多有
之；兹集尚湮晦于塵蠹間，其後人將謀開雕，屬爲之序。"據此二序，知瞿世壽
撰作此書，當有承自阮不巖者，惟阮氏原稿已不可見，無以考核承襲之述。又
陳祖范此《序》未署年月，未能確定撰於何年。考《清稗類抄》云："陳祖范，
字亦韓，亦字見後，常熟人。雍正癸卯舉人，未及殿試。乾隆辛未，薦舉經學，
特賜國子監司業銜"。又《吳郡名賢圖傳讚》卷二十云："公姓陳，諱祖范……
乾隆十五年，詔內外大臣薦舉經明行修之士，交章列薦。明年，上命閣部大臣
于所舉中核其名實允孚者，得四人，公居首，其三人則無錫顧棟高、金匱吳鼎、
介休梁錫璵也。皆授國子監司業，以老不任職，與棟高皆在家拜受新命。又三
年，卒于家，年七十九。"據此而推，陳祖范蓋生於康熙十五年（1676），卒於
乾隆十九年（1754），當瞿世壽於康熙三十一年（1692）撰《春秋管見》之《自
敍》時，陳祖范尚十餘歲，且未中舉，當無由爲之作《序》。又考陳祖范《序》
中云："兹集尚湮晦于塵蠹間，其後人將謀開雕，屬爲之序。"則此書付梓時，

瞿世壽已殁，乃由其後人爲之刊刻，且請陳祖范作《序》，然刊刻時間當不晚於乾隆十九年（1754）陳祖范之卒也，故定本館此本爲"清乾隆香緑居刻本"。

書首《凡例》共三十六則，乃述《春秋》經之凡例，非言《春秋管見》其書撰作之凡例也。如第一則云："不書即位是不行即位之禮。"第二則云："周王改時，故子月書春，不是以夏時冠周月。"第三則云："會盟是行會禮而盟，及盟是不行會禮而盟，不可拘内、外爲主之例。"第四則云："王之稱天與否，史有詳畧，夫子因之，不于此著褒貶。"皆釋《春秋》之例。

正文分四卷，然各卷卷端不題卷次，而於版心見之。計隱公、桓公、莊公、閔公爲卷一，僖公、文公、宣公爲卷二，成公、襄公爲卷三，昭公、定公、哀公爲卷四。各卷皆頂格首標《春秋》經文，次低一格爲論，論說中或引三《傳》之文，或引前儒之説。如隱公元年"夏五月，鄭伯克段于鄢"條，瞿氏論云："鄭伯因姜氏再請，不便再違，故使段居京，謂斯時即欲殺弟，似乎過刻。然其生平行事，純用機心（原注：'六年，宋、魯有隙，即來渝平。桓元年，倩魯弒君，桓位未位，即假許田'），弟兄骨肉之間，不圖善全之道而待其斃，故《春秋》惡之，不奔段（原注：'段實奔共'）而書'克'，紀其實（原注：'段將襲鄭，鄭伯以車二百乘伐之'），亦誅其心也。東萊呂氏曰：'克不可用于弟，弟非當克之人，故書克而不稱弟。'《左氏》謂：'段不弟。'《穀梁》謂：'段失弟子之道，故不言弟。'然則陳招稱弟（原注：'昭八年，書：陳侯之弟招殺陳世子偃師'），豈盡弟道者乎？"此以"不奔段，而書'克'，紀其實，亦誅其心也"釋《春秋》"鄭伯克段于鄢"之意，而不從呂祖謙之説也。

書中天頭或標音注，如隱公二年"無駭帥師入極"條，首標《左氏》經文："無駭帥師入極。"經文下，注云："駭，《穀梁》作侅，後同。"又天頭鐫云："侅，音該，又音亥，非常也。"即其例也。

瞿氏對前人泥例説經之病，頗不以爲然。如隱公二年"鄭人伐衛"條，瞿氏云："廩延之取，鄭既報伐其南鄙矣，今又伐之，必欲斬其母弟之肆而後已，故《春秋》惡之，書'人'，遠也，所傳聞之世不同，不必是微者侵伐之義。有謂：'聲罪致討曰伐，無名行師曰侵'者，七年：'公伐邾。'豈討罪乎？僖四年：'齊侯侵蔡。'豈無名乎？有爲（謂）：'輈曰侵，精曰伐'者，僖二十八年，晉侯侵曹，至執其君，豈止潛師掠境乎？文元年，衛人伐晉，意在求和，豈能深入乎？有謂：'苞人民、毆牛馬曰侵，斬樹木、壞宮室曰伐'者，僖四年，齊侯侵蔡、伐楚，不戰而服，何嘗苞民毆畜、斬木壞宮乎？汪氏曰：'侵、伐二字，皆當時行師之名，義之是非，繫乎事之得失，不以此爲褒貶也。'旨哉斯言！可起從來泥例説經之錮疾。"此舉元汪克寬之言以矯歷來泥例説經之弊也。

此書《四庫全書總目》《中國古籍善本書目》俱未著録。朱彝尊《經義考》卷二百八著録云："瞿氏世壽《春秋管見》十三卷，存"，下載瞿氏自序。《經義考》所録，作"十三卷"，與本館此本作"四卷"，卷數有異。另中國臺北"國家圖書館"藏有瞿世壽《春秋管見》八卷四册一部，清陳鍾英抄本，卷端題"春秋管見卷一"，天頭書云："鍾英曰：元書未有卷數，今始定爲八卷。"此抄本較本館所藏此刻本，内容稍略，當爲較早之面貌。另《美國哈佛大學哈佛燕京圖書館藏中文善本書志·經部》載"清稿本春秋年譜"一部，述云："《春秋年譜》不分卷，清瞿世壽撰。稿本。二册。紅格，半頁十九行，四周單邊，白口，單魚尾。版心中刻'春秋年譜'，版心下刻'香緑居'。前有康熙三十一年瞿世壽自序；《凡例》三十六則；《春秋世系圖》……按，此本有兩人筆蹟。今暫按原著録作稿本，蓋因其用瞿氏'香緑居'稿紙書寫瞿氏自序也。參見沈津《書城挹翠録》。然細審之，自序并未言及編撰名曰《春秋年譜》之書，反倒是與《春秋管見》有關。及檢閱《經義考》，方知此文果爲'瞿世壽《春秋管見》十三卷'之自序。以瞿氏《春秋管見》自序，移冠瞿氏'《春秋年譜》卷首'，宜非瞿氏自爲。如是，則其爲稿本亦可疑矣。"（葉一百三十六至一百三十八）又云："自序末有墨筆描摹印章三方，曰'臣世壽''修齡''江湖散人'。"（葉一百三十七）案：哈佛大學哈佛燕京圖書館所藏本"清稿本春秋年譜"，持與本館此刻本相校，諸多特徵皆相符，本館此刻本瞿氏《自敘》末亦鐫有"臣世壽""修齡""江湖散人"等三印，疑哈佛燕京圖書館所藏稿本中之瞿世壽《自序》《凡例》《春秋世系圖》等部分實爲抄本，即抄自此刻本也。

鈐印有"篤素堂張曉漁校藏圖籍之章"朱文長方印，知嘗爲清代藏書家張師亮收藏。案：張師亮（1828—1887），字筱漁，又字曉漁，清安徽桐城人，張廷玉六世孫。咸豐六年（1856）進士。曾任南昌府豐城縣知縣、南昌府督糧同知等職。室名有"篤素堂""養雲石山房"。喜藏書，藏書印有"篤素堂張曉漁校藏圖籍之章""皖南張師亮筱漁氏校書於篤素堂""張曉漁校藏圖籍之章""桐山張筱漁手抄校秘籍""養雲石山房珍藏書籍""篤素堂藏書""皖桐張氏師亮之印"等。事迹參見李玉安、黄正雨撰《中國藏書家通典》。

156

春秋義十五卷卷首一卷

T695　1943

《春秋義》十五卷卷首一卷，清孫嘉淦撰，清俞燾編訂，清王仁民、何夢篆等校。清雍正刻本。六冊。框高18厘米，寬11.9厘米。半葉九行二十四字，左右雙邊，白口，單魚尾。版心上鐫書名，中鐫卷次。

卷端題"合河孫嘉淦錫公著；海陵俞燾爲光編訂；受業關中王仁民子庶、白門何夢篆耕遲仝校"。

書首有清雍正三年（1725）孟冬孫嘉淦《自敘》。次《春秋義卷首》。次正文十五卷。

孫嘉淦（1683—1753），字錫公，號懿齋，又號靜軒。清山西興縣人。《清史列傳》卷十五、《清史稿》卷三百三《列傳》九十俱有傳。《清史稿》云："孫嘉淦，字錫公，山西興縣人。嘉淦故家貧，耕且讀。康熙五十二年，成進士，改庶吉士，授檢討。世宗初即位，命諸臣皆得上封事。嘉淦上疏陳三事：請親骨肉，停捐納，罷西兵。上召諸大臣示之，且曰：'翰林院乃容此狂生耶？'大學士朱軾侍，徐對曰：'嘉淦誠狂，然臣服其膽。'上良久笑曰：'朕亦且服其膽。'擢國子監司業。雍正四年，遷祭酒，命在南書房行走。六年正月，署順天府府尹。丁父憂，服未闋，召還京，仍授府尹。進工部侍郎，仍兼府尹、祭酒。十年，調刑部侍郎，尋兼署吏部侍郎……十二年，命署河東鹽政。十三年八月，高宗即位，召嘉淦來京，以侍郎候補。九月，授吏部侍郎。十一月，遷都察院左都御使，仍兼吏部。"嘉淦於乾隆朝，歷任刑部尚書、吏部尚書、直隸總督、太子少保、湖廣總督、宗人府府丞、左副都御史、兵部侍郎、工部尚書等職。乾隆十八年（1753）十二月卒，年七十一，諡文定。嘉淦爲官清廉，居官立八約，用以自戒，其八曰："以清費廉取"。著有《春秋義》。

本書撰作之由，據作者《自敘》云："《春秋》，編年之史也，紀列國之事，明一代之禮，立萬世之防，故曰：'我欲託之空言，不如見之行事之深切著明也。'又曰：'其事則齊桓、晋文，其文則史，其義則丘竊取之矣。'由此觀之，文因舊史，特因事以見義也。然而會、盟、侵、伐不言其故，事有不詳，義無由見，傳者憒焉，乃區區於日月、名氏、爵號之間，本無義而强鑿之，宜其輾轉牴牾而難通也……夫《春秋》者，孔子作之以教後世也，顧乃闕其事而不詳，隱其義而不著，以待後人之射覆乎？且設三《傳》不作，《春秋》其奚用焉？淦自束髮讀書，心竊疑之。因盡去諸《傳》，手錄經文，沈潛反覆，亦已有年，而後乃今若有所見矣。夫會、盟、侵、伐不言其故者，非不言也，不待言也。記曰：'屬辭比事，《春秋》教也。'事前有辭，事後有辭，比而屬之，始終本末具在焉。但使尋其起止，通其脉絡，則二百四十年國政之原委、邦交之離合、君卿之賢否、制度之沿革，如絲之綸，如珠之貫……因不揣固陋，爲之詮釋，義不盡用諸儒，事不盡用諸《傳》，即經以考事，即事以見義，使天下後世曉然知經本甚明，無借於《傳》，於凡例、褒貶之外，別有以得聖人之心，而一代之禮與萬世之防，自玩索而有得焉矣。"由孫氏《自敍》可知，此書撰作之方即是"義不盡用諸儒，事不盡用諸《傳》，即經以考事，即事以見義"，循《禮記・經解》所謂"屬辭比事，《春秋》教也"之說，就《春秋》之辭，"尋其起止，通其脉絡"而不受制於前儒褒貶、凡例之羈絆也。

本館此本無書名葉，無以據考其刊刻年月。書首孫嘉淦《自敍》末署"雍正三年孟冬上浣之吉合河孫嘉淦題於姑執署中"，然《敍》中未言及付梓事。《中國古籍善本書目》著錄爲"清雍正三年刻本"，蓋即據孫嘉淦《自敍》定之也。考民國二十七年（1938）五月北京人文科學研究所編印《北京人文科學研究所藏書簡目》著錄"《春秋義》十五卷，清孫家淦撰，雍正間刊本"一部，題爲"雍正間刊本"似較合宜，兹從之，題爲"清雍正刻本"。

此書正文之前，有卷首一卷，題"春秋義卷首"。次行題"總論"二字，下列孔子、孟子、《禮記》、莊子、文中子、周子、邵子、張子、程子、朱子、康侯胡氏、夾漈鄭氏、東萊呂氏、新安汪氏、朴卿呂氏、積齋程氏、若晦黃氏共十七家之説，其末有識語云："右總論《春秋》之旨，'天下有道'一章，孔子自敍也。其餘諸家，各抒所見，其大旨皆不謬於聖人，學者得其門而入焉，去褒貶、進退之例，遵屬辭比事之教，聯絡經文，得其肯綮，則一代之事，始終具見，而微文大義，不辨而自明矣。"此摘録諸家之説，以揭示其書立論之旨。所謂"去褒貶、進退之例，遵屬辭比事之教"，即其書之根本要義也。如録朱子之説云："《春秋》正誼明道，貴王賤霸，尊君抑臣，内夏外夷，乃其大義。以爵氏、名字、日月、土地爲褒貶之類，如法家之深刻，乃傳者之鑿説。""聖人所經，不過直書其事而義自見。"又録呂大圭（朴卿）之説云："學《春秋》者必知夫子未嘗以禮樂賞罰之權自任，而後可以破諸儒之説；必先破以日月爲例與夫以名氏、爵號爲褒貶之説，而後可以得《春秋》之旨。"孫氏將此等説法，列於總論，作用即如其書之綱領。

此書分十五卷，計卷一《隱公》，卷二《桓公》，卷三至四《莊公》，卷五《閔公》，卷六《僖公》，卷七《文公》，卷八《宣公》，卷九《成公》，卷十至十一《襄公》，卷十二至十三《昭公》，卷十四《定公》，卷十五《哀公》。各卷皆先列《春秋》經文，下釋其義。其釋義不從前人褒貶、進退之例，而依屬辭比事之法，如隱公二年"鄭人伐衛"條下，孫氏釋云："明往曰伐，暗往曰侵，不言戰，衛服也。凡書侵伐者，皆惡之。會、盟、侵、伐，不言其故者，故已明也。《記》曰：'比事屬辭，《春秋》教也。'比而屬之，事可知矣。元年三月而爲蔑之盟，則即位求好可知也。王賵仲子而爲宿之盟，則位未定而求援可知也。春會戎而秋及戎盟，復修戎好可知也。鄭伯克段，間無他事，而伐衞必段故焉可知也。一二兄弟，不能和協，使鬩其口於四方，又極之於所往，則甚矣。故曰：'《春秋》甚幽而明，無傳而著。'"此條所釋，可見孫氏運用"屬辭比事"以解《春秋》之實例。又如桓公三年"春正月，公會齊侯于嬴"條，孫氏釋云："不書王，闕文也。隱之冊多誤，桓之冊多闕，或闕王，或闕時，或闕月，非義也。"此以闕文解《春秋》經文桓公"正月"之上多無"王"字之現象，而不若前儒或謂其中寓有孔子褒貶之微言大義也。

孫氏《春秋義》梓行之後，至乾隆間有楊芳達著《春秋義補註》爲之補註，楊芳達於《春秋義補註序》云："合河先生有《春秋義》一書，文類《公》《穀》而義出心裁，一洗凡例之陋，無事穿鑿而自得聖人屬辭比事之旨，可以救四《傳》之偏而發程、朱所未發，是亦學者之指南針也。達從友朋間借觀此書，心大善之，今哲人云逝，其中尚有數處志欲質疑而不可得。不揣謭陋，妄爲增汰，要皆參用儒先成說，以補其所未備，訂其所不同。亦祇體先生之虛衷而折衷之，非敢謂有功於前哲也。"又《春秋義補註》書首《梗概》第三則云："朱子《四書集註》有宋時刻本，與今傳本不相同者，其刻成復易，可想見好學無窮。今聞合河《春秋》板已自燬，雷翠庭先生云：'余親見合河先生晚年殊不滿于此書。'其亦昔賢精益求精之意與？茲編意主私淑而理必折衷，原本中不可易者仍之，其可節者汰之，間有一說未盡者，參衆說而增補之，或附鄙見而引伸之。凡以體經義而竟合河未竟之志也。然末學淺見，豈敢混入名賢之疏義乎？故標明增案以別之。"案：楊芳達《序》寫於乾隆十九年（1754），此時孫嘉淦已卒一年，楊氏《春秋義補註·梗概》云："今聞合河《春秋》板已自燬。"其所聞不知何據。又引雷鋐（字翠庭）所述孫嘉淦晚年殊不滿其書之言，蓋皆旨在增強其補註孫書之理由也。

此書《四庫全書總目》著錄，題"《春秋義》十五卷，山西巡撫採進本"，入《經部·春秋類存目二》。提要云："嘉淦以《春秋》一書，比事屬辭，經本甚明，無藉於《傳》。乃盡去各《傳》，反覆經文，就事之前後，比而屬之，尋其起止，通其脈絡，其事俱存，義亦可見。至日月、名氏、爵諡之間，則不復爲之穿鑿。然大抵以《公羊》'常事不書'之說爲根本，於《春秋》本旨，未能盡愜。後自覺其失，旋燬其板，此猶其初刊時所印行云（原注：'語詳楊方達《春秋義補注》條下'）。"

《中國古籍善本書目》著錄："《春秋義》十五卷，清孫嘉淦撰，清雍正三年刻本。"載山西圖書館收藏。此本另中國科學院圖書館、中國國家圖書館亦有收藏。《四庫全書存目叢書》嘗據中國科學院圖書館藏本影印行世，題"清雍正三年刻本”，列入《經部》第一四〇册。

鈐印有“伯塨”白文方印、“鶴巢藏書”朱文方印、“翁堂”朱文方印，知嘗爲清劉伯塨收藏。考劉伯塨，字鶴巢，號詩橋，又號翁堂，清直隸永清（今河北永清）人。道光二十五年（1845）進士，歷任廣西林縣知縣、隰州知州等職。著有《霜柯亭詩稿》《鶴巢詩集》《翁堂先生詩稿》等。事迹參見清徐世昌《晚晴簃詩匯》卷一百四十七。另又鈐有“百城侯”白文方印、“味經堂藏書”朱文方印、“口不絶唫手不停批”白文方印、“梧邨”朱文方印、“志君”白文方印等印。

157
春秋識小録初刻三書九卷附一卷

T695　2113

《春秋識小録初刻三書》九卷附一卷，清程廷祚撰。清乾隆八年（1743）刻本。三册。框高17.8厘米，寬13.7厘米。半葉九行二十字，小字雙行同，四周單邊，白口，無魚尾。

此編含《春秋職官考略》《春秋地名辨異》《左傳人名辨異》三書，總名爲《春秋識小録初刻三書》。書首有總序二篇，首爲清雍正壬子（十年，1732）夏四月王步青《春秋識小録初刻三書序》，次未署年周大璋《春秋識小録初刻三書序》。二《序》版心皆鐫“總序”。另中國國家圖書館及美國哈佛大學哈佛燕京圖書館藏本，二《序》之前，尚有乾隆三年（1738）劉吳龍序一篇，未立標題，版心鐫“總序”。本館此本無劉序。

書名葉分三欄，右題“上元程廷祚啓生著”，中題“春秋識小録初刻三書”，左上題“職官考略、地名辨異、人名辨異”，左下題“三近堂藏板”。哈佛大學哈佛燕京圖書館藏本書名葉欄上題“乾隆八年新鐫”，本館此本無。

程廷祚生平參見前“055　晚書訂疑三卷”條。

王步青於《春秋識小録初刻三書序》云：“上元程子啓生，今之博物君子也，讀古人書，其大者既講求義法，得其指歸，下至一名一物，亦必辨析舊聞，證明同異，嘗撰《春秋識小録三書》，于列國職官，採《左氏傳》與《周禮》相疏證，而地理之沿革、名氏之錯陳，各爲辨異，若指掌然。非其潛心好古，細大不捐，奚以至是？”又周大璋《春秋識小録初刻三書序》亦云：“程子啓生，懷拔俗之姿，窮經致用，所嗜尤似征南。曩于《左氏傳》蓋嘗分部就班，發其奧窔，勒爲成書，名曰《識小録》，而所謂職官考略暨地名、人名辨異者，即其中之三書焉。孔子之論學《詩》也，興、觀、羣、怨、事父、事君而外，以資多識，不廢草木鳥獸之名，蓋學者之讀書，如漁獵于山海，然盡其大而亦不遺其細，啓生之爲此書，兼大小而識之也矣，識小云乎哉？"案：程氏雖自謙其三書爲"識小"之録，王、周二《序》則稱其"細大不捐""兼大小而識之"，以此讚之也。

美國哈佛大學哈佛燕京圖書館藏本書名葉欄上題"乾隆八年新鐫"，本館此本書名葉未見此六字。考本館此本與哈佛燕京圖書館爲同版，故據題爲"清乾隆八年（1743）刻本"。以下就三書分別述之。

（一）《春秋職官考略》三卷

卷端首行題"春秋職官考略卷上"，次行題"上元程廷祚撰次"。書首有華亭黃之雋序、燕山邵泰序、錫山華希閔序、虞山陳祖范序及程廷祚自序，皆未署年、未立標題。次有目録，計分：卷上《數國共有之官》，卷中《一國自有之官》，卷下《晋軍政始末表》。華希閔序云："吾友金陵程子啓生，取《春秋》列國官名與《周禮》異同者，悉本《註疏》，標而出之，使讀者開卷瞭如，其用不獨在讀《左》，而兼在周、秦升降之故。異于周者，莫如晋、楚，楚無論矣，晋，姬姓國也，變若是棘哉？三晋分而秦并六國矣，跡其分職而見微知著，亦論世之資也。"又程廷祚自序云："説者以《周禮》爲周公未行之書，然考《春秋》傳，列國官多與《周禮》合者，則其説亦未盡然也。但《周禮》爲王朝之制，其時頒于列國者，必有異同而不能無改，于東遷之後，其詳不可得聞，豈不惜哉？……史家自孟堅表百官，紹述至今，沿革彬彬焉，而獨春秋之時無有，余竊義取漢史，書採《左氏》，爲《職官考略》三卷，而證其合于《周禮》者，以待好古者論定云。"此書共三卷，卷上《數國共有之官》，各官皆首標官名，次述《周禮》之制，次分國採《春秋》、《左傳》、杜預《注》、孔穎達《正義》諸説爲考。卷中《一國自有之官》首標官名，分國爲考。卷下《晋軍政始末表》乃列表依時代之先後，載晋國軍政之發展始末。其卷末鐫有程氏識語云："按：晋軍政凡八變。自莊十六年，王命曲沃以一軍爲晋侯，藐然小國也。其後閔元年，自作二軍，一變也。僖二十七年，作三軍，復大國之舊，二變也。明年，增置三行，蓋晋欲置六軍而避其名，故曰三行也。僖三十一年，罷三行而爲上、下新軍，號爲五軍，四變也。文六年，舍二新軍而復三軍，五變也。成三年，始作六軍，晋至是僭王而無忌矣，六變也。成十六年，罷上、下新軍而爲四軍，七變也。襄十四年，舍新軍，復三軍，八變也。僭王之舉，興廢任意，晋之戴周，亦徒以空名耳。然襄十四年之復三軍，非有志于成國之禮，以新軍無帥，不得已而舍之，豈自知其僭越哉？及暮年權歸執政，范、中行氏見逐，于時晋僅有四卿而三家分晋之勢成矣，僭禮之咎，宜至于此，故備著于篇。"此以晋有六軍爲僭王之舉，因僭禮之咎，終至三家分之，程氏云："僭禮之咎，宜至于此，故備著于篇。"則其特著此卷之深意，亦可見矣。

（二）《春秋地名辨異》三卷附《晋書地理志證今》一卷

卷端首行題"春秋地名辨異卷上"，次行題"上元程廷祚撰次"。書首首程廷祚自序，未立標題，版心鐫"自序"，末署"上元程廷祚"。次目録，未立標題，版心鐫"目"。目録中分三卷，計：卷上，一地二名、一地三名、一地四名；卷中，二地一名；卷下，三地一名、四地一名、五地一名，又《晋書地理志證今》附於卷下之末。書首程廷祚自序云："地理沿革，古者靡得而稱，春秋則不可憚述矣……《春秋》之中，有一地數名者，有數地一名者，異同未析，每多混淆。夫兩漢之際，劉昭以爲稱號糾紛；南北之時，沈約以爲巧曆莫算，蓋謂沿革之難詳也。余采舊説，爲《春秋地名辨異》，以著沿革所自始，而世運之污隆亦從可觀焉。"其書體例乃每條先列地名，次引《春秋》經、《傳》之文以辨異同。例如卷上《一地二名》"鄢、鄢陵"條，首云："隱元年：'鄭伯克段于鄢。'（原注：'鄭地。杜曰：潁川鄢陵縣'）"次云："成十六年：'鄭、楚戰于鄢陵。'（原注：'襄十三年，楚子疾，告大夫曰：不穀不得，而亡師于鄢'）"此程氏謂鄢與鄢陵爲一地而二名也。又卷下《三地一名》"鄢"條下，首云："鄭地：隱元年：'鄭伯克段于鄢。'"次云："水名：'楚屈瑕伐羅，及鄢，亂次以濟。'"末云："楚地：昭四年：'楚滅賴，遷賴于鄢。'十三年：'王沿（沿）夏，將欲入鄢。'"此謂《春秋》有同名爲"鄢"，而實爲三地也。此書卷下之末，附《晋書地理志證今》一卷，前有小序云："釋地之書，當時則易曉，後世則難通。杜氏之釋《春秋》，晋代郡縣也，而今之視晋，猶晋之視春秋矣。余取《晋書·地理志》，凡《集解》所徵引者，悉證以今日所在，以通杜氏之説。至《集解》中有太康以前地理，與《志》不合，或書作于平吳之先，或《志》有脱誤，以俟知者。"此卷先列《漢書·地理志》中之地名，次證以清代之名，如"汲郡"之下云："朝歌：在今衛輝府淇縣東北。共：今衛輝府輝縣。林慮：今彰德府林縣。修武：今懷慶府屬縣。"

（三）《左傳人名辨異》三卷

卷端首行題"左傳人名辨異卷上"，次行題"上元程廷祚撰次"。書首首程廷祚自序，未立標題，版心鐫"自序"。次目録，未立標題，版心鐫"目"。目録中分三卷，計：卷上，周、魯、晋；卷中，齊、宋、鄭、衛；卷下，楚、秦、陳、蔡、曹、邾、莒、吳、紀、虢、州。程廷祚自序云："幼名，冠字，五十以伯仲，死諡，周道也……《左傳》于一人之身而名號錯陳，一篇之中而判若甲乙，創矣而不經，華矣而弗則，由古以來未有也，左氏一家之例也。作《左傳人名辨異》。"其書分國爲考，先列一人之不同名稱爲目，下以小注引《春秋》

經、《傳》之出處爲證。如卷上《周》"一人兩稱"首條列"祭伯，一稱祭公"，"祭伯"下注云："隱元年經。""一稱祭公"下注云："桓八年經。○凡曰某年，記始見也。其同此稱而再見者，不録。後放此。"

《春秋識小録》此編，《四庫全書總目》評云："是書凡《春秋職官考畧》三卷，《春秋地名辨異》三卷，《左傳人名辨異》三卷（實三案：二'異'字，武英殿版《總目》皆訛作'義'，今據文淵閣本書前提要改）。其考職官，首爲《數國共有之官》，次爲《一國自有之官》，皆分列排纂，凡與《周禮》異同者，一一根據《注疏》爲之辨證，頗爲精核。末爲《晋軍政始末表》，序晋軍八變之制，而詳列其將佐之名，又以御戎、戎右附表於後，亦皆整密。惟置諸國而獨詳晋，則未知其例云何也？其考地名，首爲地同而名異，次爲地異而名同，末爲《晋書地理志證今》，以杜預注《左傳》皆用晋代地名故也。其辨人名，自一人二名，以逮一人八名者，皆彙列而分注之，大致與《春秋名號歸一圖》互相出入，而較爲簡明。雖似與經義無關，然讀經、讀《傳》者，往往因官名、地名、人名之舛異，於當日之事迹不能融會貫通，因於聖人之褒貶不能推求詳盡。如胡安國之誤執季孫，横生異論；毛奇齡之附會尹氏，牽合正經者，蓋有之矣，則廷祚是書，固讀《春秋》者所當知也。"對程氏之書，頗加推崇，然於程氏《春秋職官考略》卷下置《晋軍政始末表》之深意，似尚未能深知也。另清中孚《鄭堂讀書記》卷十一亦評此編云："其于官名、地名、人名之異同、舛誤，皆推求詳盡，視馮氏《名號歸一圖》祇及人名而無官名、地名者，此則較爲備矣。唯其獨表晋軍始末，而不及諸國，仍屬缺典，則何如顧氏《大事表》諸國之爲備也。即所附《晋志證今》，以通杜氏之説，亦不及顧氏之詳云。每種之前皆有自序，而于卷首失標總名，僅見之目録中，亦屬不合。"

此編《四庫全書》收録，題作"《春秋識小録》九卷"，以三書併爲九卷，卷一至三《春秋職官考略》，卷四至六《春秋地名辨異》，卷七至九《左傳人名辨異》，《晋書地理志證今》附於卷六，不另計卷。《中國古籍善本書目》未著録。另叢書如《藝海珠塵》《金陵叢刊》《金陵叢書》《叢書集成初編》等亦嘗收録。此本除本館收藏外，另中國國家圖書館、上海圖書館、湖北省圖書館、中國科學院圖書館、中國社會科學院歷史研究所圖書館、上海社會科學院圖書館、吉林省社會科學院圖書館、山西省祈縣圖書館、中國臺北"中央研究院"傅斯年圖書館、美國哈佛大學哈佛燕京圖書館等館亦有收藏。惟諸館多題作"三近堂刻本"。賈貴榮、宋志英輯《春秋戰國史研究文獻叢刊》曾據中國國家圖書館藏本影印行世。

鈐印有"武昌柯逢時收藏圖記"朱文方印、"柯逢時印"白文方印，知曾爲清柯逢時收藏。柯逢時生平參見"062　禹貢錐指二十卷圖一卷附平成頌一卷"條。又鈐有"慈谿畊餘樓藏"朱文長方印、"馮氏辨齋藏書"朱文方印，知曾爲清末馮祖憲收藏。考馮祖憲，號辨齋，清浙江慈溪人，清末金融家、藏書家，事迹參見鄭偉章《文獻家通考》。另又鈐有"孝孟攷定金石圖籍"朱文方印、"治害樓藏書印"朱文方印、"沈氏家藏圖書"朱文方印、"雲間沈氏藏書"白文長方印等印。

158
春秋大事表五十卷春秋輿圖一卷附録一卷

T701　3840

《春秋大事表》五十卷《春秋輿圖》一卷《附録》一卷，清顧棟高撰。清乾隆十三年（1748）至十四年（1749）顧氏萬卷樓刻後印本。十五册。框高21.4厘米，寬15厘米。半葉十一行二十五字，四周單邊，白口，無魚尾。版心上鐫書名，中鐫卷次及篇目，下鐫"萬卷樓"。

卷端首行題"春秋時令表卷一"，次行題"錫山顧棟高復初輯"，第三行題"婁山受業□□□□□參"（案：此本五字有剜去痕迹，同版別本作"吳光裕益斾"）。書名葉分三欄，右題"錫山顧復初輯"，中題"春秋大事表"，左題"萬卷樓藏板"，欄上題"乾隆十三年新鐫"。

書首，首乾隆帝御製詩二首，末署"乾隆壬申新春御筆賜司業顧棟高"。次清乾隆十三年（1748）八月顧棟高《春秋大事表總叙》。次方苞書一通，未立標題，版心鐫"方書"，末署"苞頓首"。次乾隆戊辰（十三年）臘月（十二月）蔣汾功序，未立標題，版心鐫"蔣叙"。次乾隆己巳（十四年，1749）楊椿序及書一通，皆未立標題，版心各鐫"楊序""楊書"。次乾隆丁卯（十二年，1747）嘉平月（十二月）楊繩武序，未立標題，版心鐫"楊序"。次乾隆十三年二月華希閔叙，未立標題，版心鐫"華叙"。次《凡例二十條》。次《春秋綱領》。次《春秋大事表目録》，題"錫山顧棟高復初篡輯；同學諸子參訂"。次《鑒定校閱姓氏》。次《讀春秋偶筆》。

正文五十表之後，有《春秋輿圖》一卷，卷端題"錫山顧棟高復初著；金匱華淞半江定"。書名葉分三欄，右題"錫山顧復初著"，中題"春秋輿圖"，左題"萬卷樓藏板"，欄上題"乾隆十四年新鐫"。《春秋輿圖》之後，又有《附録》一卷，中録顧棟高《輯春秋大事表竟漫爲長歌繫其末》及華師道《答復初先生柬》五通等。《附録》末鐫"姪孫重泰校字"及"吳門王堂九成氏書；錫山何允安子厚氏鐫"字樣，後者外加長方細框。案：顧氏此書各卷卷末所題"校字"

者非一，如卷一之末題“男炳校字”，卷二、七、八之末題“孫重壽校字”，卷三、四、五、九之末題“孫重光校字”……《附錄》之末題“姪孫重泰校字”等。

顧棟高（1679—1759），字震滄，又字復初，號左畬，清江蘇無錫人。《清史列傳》卷六十八《儒林傳下一》、《清史稿》卷四百八十《儒林一》俱有傳。《清史稿》云：“顧棟高，字震滄，無錫人。康熙六十年進士，授內閣中書。雍正間，引見，以奏對越次罷職。”乾隆十五年，特詔內外大臣薦舉經明行修之士，所舉四十餘人，惟陳祖范、吳鼎、梁錫璵、顧棟高四人，論者謂名實允孚焉。《清史稿》又云：“尋皆授國子監司業。棟高以年老不任職，賜司業銜。皇太后萬壽，棟高入京祝嘏，召見，拜起令內侍扶掖。棟高奏對，首及吳敝俗，請以節儉風示海內，上嘉之。陛辭，賜七言律詩二章。二十二年，南巡，召見行在，加祭酒銜，賜御書‘傳經耆碩’四字。二十四年，卒於家，年八十一。”著有《尚書質疑》《毛詩類釋》《春秋大事表》《大儒粹語》等書，纂有《淮安府志》。

顧棟高撰此書之緣由，據《春秋大事表總叙》云：“憶棟高十一歲時，先君子靜學府君手抄《左傳》全本授讀，曰：‘此二十一史權輿也，聖人經世之大典，於是乎在，小子他日當志之！’年十八，受業紫超高先生，時先母舅霞峰華氏方以經學名世，數舉《春秋》疑義與先生手書相辨難，竊從旁飫聞其論而未心識其所以然。二十一，先君見背，讀《儀禮·喪服》，旁及《周官》《戴記》，而於《春秋》未暇措手。年二十七、八，執筆學爲古文，始深識左氏文章用意變化處，而嗤近日所評提掇照應者爲未脱兔園習氣，然於先君提命之旨及兩先生所往復辨論者，未之及也。雍正癸卯歲，蒙　恩歸田，謝絶勢利，乃悉發架上《春秋》諸書讀之，知胡氏之《春秋》多有未合聖心處……用是不揣愚陋，覃精研思，廢寢與食。家貧客遊，周歷燕、齊、宋、魯、陳、衛、吳、楚、越之墟，所至訪求《春秋》地理。足所不至，則詢之遊人過客、輿夫厮隸。乃始刱意爲表，爲目五十，爲卷六十有四。首列《時令表》，明商、周皆改時改月，以正胡氏及蔡氏《書傳》之非。於《吉禮表》詳列十二公即位或不書即位，明夫子當日皆是據實書，以正‘聖人以天自處，貶削君父’之謬。列《朔閏》及《長歷拾遺》二表，以補杜氏之《長歷》，而《春秋》二百四十二年之時日屈指可數……既著《敍論》百餘首，復口號以便學者之記誦。蓋余之於此，泛濫者三十年，覃思者十年，執筆爲之者又十五年，始知兩先生於此用心良苦。先母舅霞峰先生博稽衆説，無美不收，高先生獨出心裁，批郤導窾，要皆能操戈入室，洞徹閫奥，視宋儒之尋枝沿葉，拘牽細碎者，蓋不啻什伯遠矣。余小子鈍拙無似，得藉手以告其成，以無負先君子提命之旨與兩先生衣被沾溉、耳濡目染之益。謹述其緣起，以識於首簡，命之曰《春秋大事表》云。"由此可知其撰作此書之緣起。

顧氏撰作此書，前後歷時十五年，可謂竭盡心力矣。《凡例二十條》第十九條云："是編凡爲目五十，經始于雍正甲寅，斷手于乾隆戊辰，歷十五年，隨手輯成，不拘次序。家貧客遊，假館恒在千里外，文成輒識其處。又中間十八項曾經失去，重復輯録，最後乃得敍論數十首。故所志干支，前後不無顛倒，文義閒多重複。"案：今書中見有多處識記撰作之時間及處所，如《春秋列國疆域表》後所附《春秋時楚豫章論》之末，有識語云："余作此論，實當乾隆之四年，時假館九江大孤山堂，旅中乏書，未能博稽載籍，第反覆就《左氏傳》臆斷，頗矜獨得，然亦未敢自信。踰年歸里，索宛溪氏《方輿紀要》讀之……因閱宛溪氏之説，借爲余證，而又廣其所未及如此。乾隆五年八月上浣三日，復初氏又識。"知此論乃始作於乾隆四年（1739）也。又：顧氏撰作此書，亦嘗得多人協助，始克完成。《凡例二十條》末條云："余于是編，備極苦心，亦藉諸賢之力，《氏族》《世系》《官制》三表，則輯于華師道；《朔閏》一表，則經始于華生緯而師道訂成之。十二圖則華半江一人之力；參校不憚再三則同里沈生峀瞻及鹽城夏生瀛、山陽楊生日炳之力爲多。將伯之助，深爲銘感，不敢忘也。"案：華師道名玉淳，字師道，乃顧棟高母舅華學泉（字天沐，號霞峰）之從孫，華摰亨（字子宏，號韋軒）之子。本書《附録》中載録華師道《答復初先生柬》五通，對《春秋大事表》之內容提出極多建議，對此書之成，助力尤多。

此本爲寫刻本，書末《附録》之末鐫有"吳門王堂九成氏書；錫山何允安子厚氏鐫"字樣，外加長方細框，知寫者爲王堂，而刻工爲何允安也。又據書名葉所題，此本始刻於乾隆十三年（戊辰，1748），《春秋輿圖》則刻於乾隆十四年（己巳，1749）。清程晉芳《勉行堂文集》卷四《書〈春秋大事表〉後》中嘗云："方癸亥、甲子間，先生館於余家，余親見其著稿，稿成輒舉以示余，時尚未嘗得其半也。及戊辰、己巳間，遂有成書，又舉以畀余。"其説可相參證。然此本書首載有乾隆帝御製詩二首，末署"乾隆壬申新春御筆賜司業顧棟高"，考壬申爲乾隆十七年（1752），則此二詩當爲日後所增，以示榮寵，則此本乃乾隆十七年（1752）以後之印本也。又此書版心鐫"萬卷樓"，書名葉題"萬卷樓藏板"，考書首所附楊椿致顧棟高書末云："序文附到，辭義膚謬，恐未足用。秋間天氣稍涼，買舟南下謁先生於萬卷樓中，彼時再罄餘衷，領先生教益未晚也。"據此知"萬卷樓"係顧棟高之樓號。故定此本爲"清乾隆十三年（1748）至十四年（1749）顧氏萬卷樓刻後印本"。

此書名《春秋大事表》，其所收録，據《凡例二十條》首條云："是編名《大事表》，凡《春秋》之無關於天下之故者皆不録。如交兵止七表，其餘如鄭、衛、陳、宋諸國之兵争，則不載；遊觀及備四時皆不載。"可知其取捨之標準。此書之内容，《總叙》稱"爲目五十，爲卷六十有四"。《凡例二十條》第十九條亦云："是編凡爲目五十"。書首《春秋大事表目録》中載有目次内容。考所謂"爲目五十"者，乃指《春秋時令表》《春秋朔閏表》《春秋長歷拾遺表》等五十表，以一表爲一卷，自卷一至卷五十，共五十卷。惟其中《春秋朔閏表》又分爲四小卷，稱"卷二之一""卷二之二""卷二之三""卷二之四"；《春秋列國犬牙相錯表》又分爲三小卷；《春秋列國都邑表》又分爲四小卷；《春秋列國山川表》又分爲二小卷；《春秋卿大夫世系表》又分爲二小卷；《春秋賓禮表》又分爲二小卷；《春秋三傳異同表》又分爲四小卷；總分卷計之，則爲六十四卷，故云"爲卷六十有四"也。除五十表之外，本書尚有《春秋輿圖》及《附録》。另五十表，各有叙，間有後叙或論、辨、説、考等。又《春秋列國地形險要表》之後附有《春秋列國地形口號》；《春秋嘉禮表》之後附有《春秋五禮源流口號》，以七言絶句之形式出之。據《總叙》云："既著叙、論百餘首，復編口號，以便學者之記誦。"其作用乃在幫助學者之記誦。

《四庫全書總目》評此書云："是書以《春秋》列國諸事，比而爲表……考宋程公説作《春秋分紀》，以傳文類聚區分，極爲精密，刊板久佚，鈔本流傳亦罕，棟高蓋未見其書，故體例之間，往往互相出入。又表之爲體，昉於周譜，旁行斜上，經緯成文，使參錯者歸於條貫。若其首尾一事，可以循次而書者，原可無庸立表，棟高事事表之，亦未免繁碎。至參以七言歌括，於著書之體亦乖。然條理詳明，考證典核，較公説書實爲過之。其辨、論諸篇，皆引據博洽，議論精確，多發前人所未發，亦非公説所可及。"案：《總目》雖對書中"事事表之，亦未免繁碎"及《春秋列國地形口號》等"參以七言歌括，於著書之體亦乖"等有所微辭，然對此書仍稱其"條理詳明，考證典核""引據博洽，議論精確，多發前人所未發"，可謂推崇備至。另清周中孚《鄭堂讀書記》卷十一亦評云："論高而事核，兼有文人、學人之長。理不悖于儒者，而又不失之迂，讀《春秋》者，可以知所折衷矣。"

此書《四庫全書》收録，題"《春秋大事表》五十卷《附録》一卷《偶筆》一卷《輿圖》一卷"，惟《四庫全書》删去書首乾隆帝御製詩、《總叙》、方苞書、蔣汾功序、楊椿序及書、楊繩武序、華希閔序、《凡例二十條》、《春秋綱領》等，使讀者未能據以得知顧氏撰作此書之緣起與凡例，殊有未當。

《中國古籍善本書目》未著録。此本另湖北省圖書館、蘇州圖書館、中國臺北"中央研究院"傅斯年圖書館、美國哥倫比亞大學東亞圖書館等亦有收藏。
此乾隆萬卷樓刻本，日後屢經重雕，如同治十二年（癸酉，1873）山東尚志堂
刻本、光緒十四年（戊子，1888）陝西求友齋重刻本。另清王先謙編《皇清經
解續編》，亦收録此書，據萬卷樓本刊刻。1975年臺北市廣學社印書館曾據尚
志堂刻本影印行世。

　　鈐印有"伯弓生平篤好"朱文方印、"新建裘文弨字伯弓藏書之印"朱文方
印、"曾在裘伯弓處"白文方印、"伯弓戊午以前所得"朱文長方印、"新建裘文
弨藏書"朱文長方印，知曾爲裘文弨所藏。裘文弨（1890—1976），字伯弓，江
西新建（今屬江西南昌）人，清乾隆名臣裘曰修（1712—1773）之後裔。早年
畢業於青島大學。曾任職於交通部，抗戰期間於重慶執教。後返北京，任職材
料工業部。1956年應聘至長春東北人民大學歷史系任教，東北人民大學後改爲
吉林大學，曾在吉林大學圖書館特藏室作古籍鑒定工作。爲著名版本學家，書
畫鑒賞家。著有《裘伯弓手稿》，未發表。張伯駒（1896—1982）編著《春游瑣
談》，中收有裘文弨文十三則，可參看。另又鈐有"賢者而後樂此"朱文長方
印、"强作解事"白文方印。

159
春秋經傳類求十二卷

T695　1923

　　《春秋經傳類求》十二卷，清孫從添、過臨汾撰，清吳禧祖校。清乾隆
二十四年（1759）吳禧祖刻本。十二册。框高20.8厘米，寬15厘米。半葉十二
行三十四字，左右雙邊，白口，單魚尾。版心上鐫書名，中鐫卷次及類目。

　　卷端題："常熟孫從添石芝、長洲過臨汾東岡纂輯；歙縣吳禧祖惺夫校定。"
書名葉分三欄，右題"沈歸愚先生鑒定"，中題"春秋經傳類求"，左上題"孫
石芝、過東岡纂輯"，左下題"舊名堂藏板"。

　　書首，首清乾隆己卯（二十四年，1759）十月沈德潛《春秋經傳類求序》。
次乾隆丁丑（二十二年，1757）八月陳撰《春秋經傳類求序》。次乾隆己卯
（二十四年）王南珍《春秋經傳類求序》。次《春秋經傳類求自述》，末署"添、
汾謹識"。次《春秋列國圖説》，其性質如同凡例，共四十六則，標題次行題
"宋眉山蘇軾子瞻著"。次《春秋經傳類求同校姓氏》。次《春秋經傳類求目録》。

　　孫從添（1702—1772），字慶增，號石芝，清江蘇常熟人。縣諸生。善醫術，
用藥出人意表，婦孺呼之曰"孫怪"。喜藏書，常與同郡藏書家相互參閱善本，
校勘異同。著有《春秋經傳類求》《藏書紀要》《上善堂宋元版精抄舊抄書目》

《活人精論》《石芝遺話》等書，事迹參見《［光緒］常昭合志稿》卷三十二。

過臨汾，號東岡，清長洲（今江蘇蘇州）人。史志無傳。書首陳撰《春秋經傳類求序》中云："東岡之大父筠谷纂脩蘇州府暨吳縣、長洲、崇明四學志，筠谷之兄振鷺有《清華堂文選》行世，而評選《古今文覺》斯家無錫字商侯者，於筠谷亦兄弟行也。至今稱毘陵、姑胥之先輩，必及三君子，實皆源流乎先世成山先生之家學。先生爲有明聞人，所著《分省人物考》流傳海內，余奇愛之。然則過氏自先生以歷商侯兄弟，世以纂書名家，殆頡頏乎江左青箱之學矣。"據此可知過臨汾家學之淵源。

沈德潛《春秋經傳類求序》述此書撰作之旨趣及刊刻之緣由云："蘇子瞻《春秋論》有云：'當時之簡牘既亡，其詳不可得而聞矣，然以類而求之，或亦然歟？'旨哉言乎！此《經傳類求》一書之所自來也。夫六藝經傳以千萬數，以言乎《春秋》，則千五百年，以名爲傳者，《左氏》《公羊》《穀梁》《騶氏》《夾氏》而外，秉觚牘、焦思慮以爲論、註、疏、說者，無慮千百。夫不盡見其書，而欲折其是非，不能也。即盡見其書而欲折其是非，亦非學者所得率然而爲之也……《騶》《夾》二氏不傳，惟《左》《公》《穀》立於學官。宋儒胡氏撰《春秋傳》，間有異同，大較要不離於《左》《公》《穀》三家之說。自頒行科舉成式以來，《春秋》主此四《傳》，非謂學者限於所至，蓋即此四《傳》所牴牾者類而求之，以究乎聖經之所在，庶少有畔岸之可趨焉。孫子石芝、過子東岡，按經文及四《傳》、杜、林等註，分類纂輯，間有一事而分入幾類者，亦有一類而復分幾門者，寧詳勿略，寧繁勿簡，爲類百有二十，爲卷一十有二，文百有餘萬。而吳惺夫苑卿又慮其轉相纂録，不無舛訛、闕漏之失也，於是又爲之校勘而訂定之，使經、《傳》類集，粲然在目，學者攷《傳》以據經，依經以證《傳》，精微眇以存其意，通倫類以貫其理，夫然後而求所謂千百年論、註、疏、說之書，則百家騰躍，終入環內，明體而達用，或不悖乎聖人之大道，又何必別爲異論曲說以紛紛汩汩乎其間哉？古人謂綴輯聖人遺書，庶不致浪度歲月，然則三子之成是書，殆非易易，而惺夫更授梓以行世，非有心嘉惠後學者，其誰能之？"此《序》指出，此書名《春秋經傳類求》，乃取自蘇軾《春秋論》之說。又此書由孫從添、過臨汾合著，吳禧祖校定，且由吳禧祖付梓行世，沈德潛此序撰於乾隆二十四年（1759），已言及刻書事，則當即刻於此年，故定爲"清乾隆二十四年（1759）吳禧祖刻本。

又陳撰《春秋經傳類求序》述此書撰作之經過云："吾友過東岡與孫石芝纂成《春秋類求》一書，蓋以經、《傳》分類彙録，由是而循序求夫義理之大要也。余交東岡在乾隆辛酉歲，此書已成大半，入其室，見經籍滿案，濡首其間，輒寫輒讀，大抵營饘粥、對賓客而外，日惟求此，不汎涉他事，至今年而書成，距辛酉又十七年矣。"案：此《序》撰於乾隆二十二年（丁丑，1757），知《類求》成於乾隆二十二年，其刊刻則在二年之後矣。又辛酉爲乾隆六年（1741），此時《經傳類求》已成大半，則其撰作之起始，當更早於此也。

此書將《春秋》經文、《左傳》、《公羊》、《穀梁》、胡安國《春秋傳》及杜預注、林堯叟注等分類纂録，共分爲十二卷，一百二十類。其類目繁多，如卷一有慶祥、災荒、怪變、感召、術數、崇信、瀆慢等七類；卷二有昏姻、朝聘、會盟、爵命、輿服、饗射等六類。各類皆先列"書法"，後列"事類"，事類之下復分"經""傳"二部分。書首《春秋經傳自述》首則云："《春秋》當以類而求之，本於蘇氏之説，而朱子亦云此經固當以類例相通，是以此書專於按類纂録，無論經、傳、註，凡有一句、一字可以分類者，悉分類。"又第二則云："程子曰：'《春秋》一句即一事，是非便見於此。'故每類前列書法，後載事類，而事類之下復載書法，似前綱而後目。"第三則云："事類分經、傳二類，前列經，後列傳。有經無傳者，入經類；有經、有傳者，以傳入經類；有傳無經者，入傳類。"至於"傳"之範圍界定，第四則云："左氏、公羊、穀梁、胡氏，皆傳也，而杜、林等註有發傳所未發者，亦並入傳類。"此外，此書事類歸分之體例繁多，如"經有一句而各本互異者""經有一句數義者""經有一字兩義者""經有一事兼數義者""經有數句而各本互異者""經有一事踰時者""經有一事踰年者""經有一句而各傳詳略互異者""經有一事而各傳互異者""經有一事而傳、註詳略互異者"，凡此，皆依其異，分別列入各事類中，正沈德潛《序》所謂"寧詳勿略，寧繁勿簡"也。

此書《四庫全書總目》著録，題"《春秋經傳類求》十二卷，兩江總督採進本"，入《經部·春秋類存目二》。提要云："是書始刻於乾隆己卯，取《春秋》三《傳》及胡安國《傳》，分爲一百二十門，每門前列書法，後載事類，事類之中又自分經、傳。其《自述》謂本於蘇軾'《春秋》當以類求'一語，雖亦欲發比事屬詞之旨，然割裂繁碎，彌難尋檢。卷首列《春秋諸國圖説》一篇，亦取之蘇軾《指掌圖》，不知《指掌圖》後人贋作，非軾書也。"案：《總目》所評，可謂中肯。

《中國古籍善本書目》未著録。此本除本館收藏外，另中國科學院圖書館、清華大學圖書館、中國人民大學圖書館、東北師範大學圖書館、吉林省社會科學院圖書館、上海圖書館、南京圖書館、湖北省圖書館、華中師範大學圖書館、美國哈佛大學哈佛燕京圖書館、加拿大英屬哥倫比亞大學亞洲圖書館、英國倫敦大學亞非學院圖書館等亦有收藏。惟諸家書目多題爲舊名堂刊本。《四庫全書存目叢書》嘗據中國科學院圖書館藏本影印行世，題"清乾隆二十四年吳禧祖刻本"，列入《經部》第一四四冊。

鈐印有"嶽葵珍藏"白文方印。

160

春秋困學録十二卷

T695　4234

《春秋困學録》十二卷，清楊宏聲撰。清乾隆三十九年（1774）楊氏尊五堂刻本。十二冊。框高18.3厘米，寬14.2厘米。半葉九行十八字，小字雙行同，左右雙邊，白口，單魚尾。版心上鐫書名，中鐫卷次。

卷端題"柏鄉楊宏聲著"。書名葉分三欄，右題"乾隆甲午新鐫"，中題"春秋困學録"，左題"尊五堂藏板"。

書首，首未署年勞宗發《春秋困學録序》。次清乾隆三十一年（1766）長至日楊宏聲《春秋困學録自序》。次《春秋綱領》。

楊宏聲，字維鏞，清柏鄉（今河北柏鄉）人。《〔民國〕柏鄉縣志》卷六《人物》中云："楊宏聲，字維鏞，乾隆辛未科進士。任江南金山知縣，凡錢糧、火耗、詞訟、具結等陋規，革除殄盡。令城鎮鄉村皆大書明太祖治天下四要規於通衢……政論餘暇則聚諸生講學論文，孳孳不倦，士民歌頌其德。其所著有《春秋困學録》《尊五堂文集》等書行世。所收藏古書、古帖尤多，殆舉循吏、儒林、文學而兼擅其長者也。洵可謂北方豪傑之士矣。"

此書撰作之由，楊氏於《春秋困學録自序》云："宏聲少貧賤，家無藏書，習舉子業，惟左氏及胡氏耳，後遊學京師，然後得《公》《穀》監本讀之。既而又得程子及蘇氏《傳》。其餘數十百家，皆賴　聖祖《欽定春秋傳說彙纂》見之。《彙纂》詳明該備，如集衆腋爲裘，其偶有兩說皆通者，並存之以備參考；又所引諸家，攻辨雖明，而聖人書法本意，猶有引而未發，此欲窮經之士深思而自得之也。於是困心衡慮，攻苦其中，十有二年，今歲夏五始脫藁，可繕寫。迨秋九月，奉憲頒發《御纂春秋直解》於金山縣署，伏而讀之，閎深簡栗，大義炳而微言昭，發明經旨，如化工之肖物，先聖、後聖，若合符節，豈非尼山摻（操）筆即知今日有神契耶？《春秋》爲後世王者而脩，信不誣也。日月出則爝火息，此藁不當復存，顧書名《困學》，亦如何休、范甯爲《公》《穀》之學，初不敢當傳註，其於尊王正分、討逆彰善大旨無謬，則陸、啖諸儒之後，或可參一末座。"此《序》末署"乾隆三十一年歲次丙戌長至日柏鄉楊宏聲自序"，又《序》中云："今歲夏五始脫藁，可繕寫。"知此書稿成於乾隆三十一年。另《序》中又云："迨秋九月，奉憲頒發《御纂春秋直解》於金山縣署，伏而讀之。"則楊氏作此《序》時，乃在金山縣知縣任上也。

據《自序》所述，楊氏撰此書，前後費時十二年，可謂攻苦其間矣。書中所引諸家之説多經由康熙帝敕編之《欽定春秋傳説彙纂》中而見之。乾隆三十一年夏，稿成，其年秋，乾隆帝敕編之《御纂春秋直解》頒至金山縣署，楊氏於《序》中自言，因已有《直解》行世，則己所著書原可廢，然既名其書爲《春秋困學録》，"亦如何休、范甯爲《公》、《穀》之學，初不敢當傳註，其於尊王正分、討逆彰善大旨無謬，則陸、啖諸儒之後，或可參一末座"。此爲其自謙之言，亦以自期也。另書首勞宗發《春秋困學録序》亦云："柏鄉楊君宏聲，北方理學士也。研窮經義，尤致力於《春秋》。自成進士後，需次家居，綜古今之説《春秋》者數十百家，博觀而約取之。參考十二公之時與勢，以盡其變，比論二十一史之人與事，以求其通，而要皆恪遵夫　御纂之大旨。探其精微，而衷諸至當……楊君之爲此書也，家居探索者數年，迨官金山，公餘編輯，又六年而卒業。用功之專且久如此，故其言粹然悉當於理，顔曰《春秋困學録》。"此所言楊氏撰作背景，亦可參見。

楊宏聲《自序》撰於乾隆三十一年，然本館所藏此本書名葉右上題"乾隆甲午新鐫"，知刻於乾隆三十九年（甲午，1774），已在作《序》後之八年。別館藏本或有題作"乾隆刻本"或"乾隆三十一年刻本"者，蓋皆因其本無書名葉可據以判斷也。又此本書名葉左題"尊五堂藏本"，考楊宏聲著有《尊五堂文集》，可知"尊五堂"爲楊宏聲之堂號。再者，此本《自序》之末，鐫有"吳郡張若遷刻"一行六字，知刻工爲張若遷。考張若遷爲乾隆時江蘇刻工，其所刻他書尚有清任兆麟撰《綱目通論》、清彭方舟《吳郡甫里志》、清顧宗泰撰《月滿樓甄藻録》、清金廷炳《唧遠樓詩稿》、清袁棟撰《書隱叢説》《玉田樂府》等多種，可謂及於經、史、子、集各部。

此書書首《春秋綱領》，摘録孔子、孟子、莊周、王通、周子（周敦頤）、朱熹等人有關《春秋》之論説。正文分十二卷，計：卷一《隱公》，卷二《桓公》，卷三《莊公》（元年至二十二年），卷四《莊公》（二十三年至三十二年）、《閔公》，卷五《僖公》，卷六《文公》，卷七《宣公》，卷八《成公》，卷九《襄公》（元年至二十年），卷十《襄公》（二十一年至三十一年）、《昭公》（元年至八年），卷十一《昭公》（九年至三十二年），卷十二《定公》《哀公》。各卷皆先頂格大字列《春秋》經文，次行低一格以雙行小字釋之。經文之下亦間有雙行小字注語。

《續修四庫全書總目提要》收有楊鍾羲所撰此書提要，題"《春秋困學録》

十二卷，乾隆三十九年刻本”，提要云：“是書大旨本朱子‘《春秋》一經爲王道正其紀綱’之語，於《公》《穀》及程氏《傳》、蘇氏《傳》研究較深，雖所引諸家之説，不出《欽定春秋傳説彙纂》，而於尊王正分、討逆彰善之旨，批郤導竅，參考時勢，比論史事，以求其通……多明道正誼之言，自比於啖、趙諸儒，亦得失心知者矣。”

此書《四庫全書總目》《中國古籍善本書目》俱未著録。除本館收藏外，中國科學院圖書館、天津圖書館、四川大學圖書館、中國臺北“中央研究院”傅斯年圖書館、美國哈佛大學哈佛燕京圖書館等館亦有收藏。

161
春秋筆削微旨二十六卷

T695　7228

《春秋筆削微旨》二十六卷，清劉紹攽撰。清乾隆刻本。八册。框高18.2厘米，寬13.6厘米。半葉十行二十字，四周雙邊，白口，單魚尾。版心上鐫“春秋微旨”，中鐫卷次。

卷端題“三原劉紹攽集註”。

書首有清乾隆十九年（1754）六月劉紹攽《自序》。

劉紹攽，字繼貢，號九畹，清陝西三原人。《清史列傳》卷六十七《儒林傳上二》有傳，云：“劉紹攽，字繼貢，陝西三原人。雍正十一年拔貢生。時交河王蘭生以李光地高弟，視學關中，舉紹攽博學鴻詞，親老未就……尋以朝考第一，出爲四川知縣，補什邡縣，調南充，以艱歸。服闋，授山西太原縣。大計卓異引見，賜蟒衣内緞，調陽曲，告歸。紹攽博學通明，所至以經術飾吏治，遇災振郵，全活無算。歸里主蘭山書院，多所造就。”著有《周易詳説》、《周易觀象》（稿本）、《書考辦》、《二南遺音》、《春秋通論》、《春秋筆削微旨》、《四書凝道録》、《學韻紀要》、《衛道篇》、《皇極經世發明》、《九畹古文》、《九畹續集》等書，纂有《三原縣志》。

此書撰作之由，劉氏於《自序》中云：“《春秋》者，貶損皆當世君臣，陸德明謂‘隱其書而不宣，所以免時難也。’黄楚望謂：‘哀公十四年，西狩獲麟，孔子始修《春秋》，明年，子路卒。又明年，孔子卒。則是此書成，得年歲間而孔子歿也，當時門弟子見者必少。’以故《公羊》《穀梁》不無舛繆，矧下焉者乎？‘《春秋》三傳束高閣，獨抱遺經究終始。’韓退之爲盧仝言也，而啖、趙、陸、孫諸人，遂各以意解説，其大要總歸於褒貶而已，苐所謂書名、書字、書爵、書人者，或通於此，窒於彼，且其文苟例密，出入無準，晦庵朱子遂謂

'直書其事而是非自見'，則又董狐、南史之所優爲，何必孔子而亂臣賊子始懼乎？天子狩於河陽，於史當曰：'晉侯召王'，今《史記》書'晉侯召王於溫'，詎非當時之實録？而《春秋》不然，亦可見其化裁因心，不盡史氏之紀載矣。予幼學此，初亦服膺朱子之言，獨隱無正，桓無王，王不稱天，齊桓、晉文於此書爵，於彼書人，以及失地之君，有名有不名，列國之大夫，有官有不官，豈但直書其事而已乎？……因探討四《傳》，涉歷百家，反而沈潛於比事屬辭之間，而有以識其所以然之故。蓋凡即位、崩、薨、卒、葬、朝、聘、會、盟，常典所必載也，隨其邪正而加褒貶焉。祭祀、婚姻、賦稅、軍旅、蒐狩，國之大事，亦常事也，唯不合禮者乃增損其文，以寄褒貶焉。若夫慶瑞災異、執殺奔放、逃歸納立，亦非常之事，史策必載，鑑戒所存，因之加褒貶，以見義焉。褒貶者，經世之大法，聖人爲天下萬世計，至深遠也，然後嘆司馬子長聞於董生所謂貶夾矛、退諸侯、討大夫，程子所謂：'《春秋》大義數十，炳如日星。'其微詞奧義，時措時宜，爲智足以知聖人也，惜未有成書。唐、宋諸家，率見其偏，未攬其全，《春秋》所以日晦，而不得與《易》道並著也。愚者一得，擬成一家之言，顧以饑驅，弗獲卒業。辛未秋，出宰晉陽，簿書期會，此志亦頹唐矣。癸酉春仲夜夢到一署，殿閣峥嶸，牲牢酒醴，髣髴丁祭，一偉丈夫冠冕，牽余衣而語曰：'尼山嫡嗣，胡不洴宗祀？'余逡巡而寤，喟然曰：'是何兆耶？其《春秋》之謂與？'厥明從事，迄於秋，七閱月而竣，覆校之，至甲戌初夏甫脱稿，即量移首邑，心勞力耗，不復能親筆研，而是編已成，殆有天焉。夫夢幻空華，儒者不道，而《周禮》有掌夢之官，大人有占夢之法，夢見周公、夢奠兩楹，鬼神所通，我夫子固不諱言之也。用述簡端，以志是編之緣始。乾隆十九年歲次甲戌夏六月，劉紹攽書於陽曲官舍。"劉氏此《序》寫於陽曲知縣任内，《序》中述其早年習《春秋》，亦服膺朱子所謂《春秋》乃"直書其事而是非自見"之言，其後乃悟《春秋》實有褒貶之法，"因探討四《傳》，涉歷百家，反而沈潛於比事屬辭之間，而有以識其所以然之故"，"褒貶者，經世之大法，聖人爲天下萬世計，至深遠也"。《序》末述一夢以誌此書脱稿之緣始，亦劉勰《文心雕龍·序志》"齒在踰立，則嘗夜夢執丹漆之禮器，隨仲尼而南行"之比也。

　　書首劉紹攽《自序》雖署"乾隆十九年"，然《自序》中未言及刻書事。又：本館此本無書名葉，考中國國家圖書館藏本有書名葉，分三欄，右題"劉九畹先生著"，中題"春秋微旨"，左題"劉傳經堂藏板"，其僅題"劉傳經堂藏板"，亦未鑴刊刻之年月，故今定爲"清乾隆刻本"。

　　此書卷之一，前半爲總述，分爲"總論""褒貶""予奪""書爵""書名”“日月”“附論長歷”七項，爲全書綱領。後半接隱公元年《春秋》經文，前後葉數相連，不若一般體例以總述部分別置於書首，極爲特殊。全書分二十六卷，計卷一至二《隱公》，卷三至四《桓公》，卷五至七《莊公》，卷八《閔公》，卷九至十二《僖公》，卷十三至十四《文公》，卷十五至十六《宣公》，卷十七至十八《成公》，卷十九至二十《襄公》，卷二十一至二十三《昭公》，卷二十四至二十五《定公》，卷二十六《哀公》。

此書各卷，皆先列《春秋》經文，後作論解。每年之首，以雙行小字注干支及周王紀元於《春秋》經文之上。

書中於孔子《春秋》筆削微旨，時多發揮，如桓公在位十六年，經文於元年、二年、十年、十八年載“春王正月”，於九年載“春”而無王及月，其餘十一年皆載“春正月”而無王，對於此經文無“王”之現象，晉杜預《春秋左傳集解》以爲“王不班歷”之故，隋劉炫《左傳述義》以爲闕文之故，頗有異説。劉紹攽此書，於卷三桓公三年“春正月”條下解云：“《春秋》無王者一百有八，以下不書正月，不得書王。桓書正月而無王，此孔子特筆也。元年有王，程子謂：‘正桓公之罪。’二年有王，謂：‘正宋督之罪。’此沿《穀梁》之説而曲爲之辭。獨不思桓五年，鄭伯射王中肩，十有一年，祭仲逐鄭世子忽，罪孰有大於是，何不書王以正之？古者諸侯喪畢，以士服見天子，天子賜之黻冕圭璧，然後服，歸設奠於祖廟然後臨諸臣。元年、二年未免喪，非朝見之期，猶冀其有王也。至是三年喪畢，而侈然自恣，內弒其君，外成人之亂，弱天子而不受命，豈復有王法哉？十二公中，唯桓公爲最惡，故特去王以示義焉。十年有王者，數之終也，天運一週，爲時而紀。十八年有王者，桓公至是而終，彼雖無王，而王法卒長存於天壤，非桓之所能無也，故桓終而王法不與俱終焉。此其義精仁熟，斷自聖心，所謂‘游、夏不能贊一詞’者也。世儒概以爲闕文，失之遠矣。”此謂《春秋》十二公中，唯桓公爲最惡，故孔子“特去王以示義焉”，以此一例，可見其書之一斑。

《四庫全書總目》著錄，題“《春秋筆削微旨》二十六卷，陝西巡撫採進本”，入《經部·春秋類存目二》，提要云：“是編採《公》《穀》二傳附會之説與孫、胡諸家臆斷之論，彙爲一書，而更以己意穿鑿之。大旨惟以名字、日月爲褒貶，而掊擊《左傳》尤力。其説謂《左氏》不過敍事，於經義毫無發明，不知有事迹而後有是非，有是非而後有褒貶，但據書字爲褒矣，其所以褒之故，紹攽能研求其字而知之乎？但據書人爲貶矣，其所以貶之故，紹攽能研求一人字而知之乎？如宰咺賵惠公、仲子爲貶，設無《左傳》，由何知仲子爲妾而貶之？齊高子來爲褒，設無《左傳》，何由知爲高傒存魯而褒之？幸藉《傳》而知其事，又諱所自來，以《傳》爲不足據，是何異迷途之人藉人爲導，得途之後，鞭其人而逐之乎？"《總目》於劉氏"大旨惟以名字、日月爲褒貶，而掊擊《左傳》尤力"頗有微詞，故僅將其列入《存目》也。

《中國古籍善本書目》著録"《春秋筆削微旨》二十六卷《春秋通論》六卷，清劉紹攽撰，清乾隆刻本"，載清華大學圖書館收藏。另中國國家圖書館、中國科學院圖書館、東北師範大學圖書館等館亦有收藏。《四庫全書存目叢書》據東北師範大學圖書館藏本影印行世，題"清乾隆刻本"，列入《經部》第一四二册。此東北師範大學藏本，據杜澤遜《四庫存目標注》云："乾隆十九年六月自序。封面刻'劉傳經堂藏板'六字。《存目叢書》據以影印。北圖分館、清華大學、中共中央黨校等亦藏此刻。"中國國家圖書館藏本書名葉亦題"劉傳經堂藏板"，當與東北師大藏本同版。今考本館所藏此本，與東北師大藏本有數處歧異，如本館此本卷一總述之末，有"附論長歷"一項，而東北師大本無。又如東北師大本，卷一葉二十，右面第一行作："（程子謂商正已）絕，周正未逮，故只言一月。"第二行空一行，本館此本則作："（程子謂商正已）絕，周正未逮，故只言一月，見劉質夫記明道先生語。"共多出十字，且延續至第二行。惟此多出之十字，其上被以白紙蓋貼，然其字迹仍可辨識。由此推之，本館所藏此本雖與東北師大藏本爲同版，東北師大之"劉傳經堂藏板"疑係較晚印之本也。

鈐印有"臣印海寰"白文方印、"鏡宇"朱文方印二印，知嘗爲清呂海寰收藏。呂海寰（1842—1927），字鏡宇，號惺齋，清山東掖縣（今山東萊州）人。清同治六年（1867）舉人。歷任江蘇省常鎮通海道、蘇松臺道、駐德國公使兼荷蘭公使、工部尚書、督辦津浦鐵路大臣等職。光緒三十年（1904）創立"上海萬國紅十字會"，爲中國紅十字會創會之始。民國時期曾擔任中央政府高級顧問。著有《奉使金鑒》《庚子海外紀事》等書。《近代人物年譜集刊》（國家圖書館出版社，2011年出版）中收有呂海寰年譜，可參。

162

春秋集義五十八卷卷首一卷卷末二卷

T695　2374

《春秋集義》五十八卷卷首一卷卷末二卷，清吳鳳來撰。清乾隆五十四年（1789）吳氏小草廬刻本。二十册。框高21厘米，寬14.9厘米。半葉十行二十一字，小字雙行同，四周單邊，上下粗黑口，單魚尾。版心中，右鐫紀元（如隱公元年），左鐫卷次。

卷端題"浦陽吳鳳來九成氏學"。書名葉分三欄，右題"大司馬畢秋帆先生鑒定"，中題"春秋集義"，左題"小草廬藏板"（"小草"二字略有殘損，據他館所藏同版本補）。左下鈐有"延陵九成氏□□"朱文方印（末行殘）。

書首，首清乾隆五十四年（1789）五月畢沅序，未立標題，版心鎸"序"。次《凡例》，共十二則。次卷首一卷，含《春秋集義目録》《引用姓氏》《同業姓名》《春秋集義綱領》。次正文五十八卷，下接卷末上、下二卷。

吴鳳來（？—1799），字君擘，號九成，又號紫庭，清浙江浦江人。乾隆二十五年（1760）庚辰科進士。歷任廣西岑溪縣知縣，廣西西隆州、東蘭州、象州知州等職。著有《春秋集義》《小草廬文稿》等書。事迹參見"華夏吴氏網"。

書首畢沅序此書云："《春秋集義》五十八卷，《綱領》一卷，《姓氏圖》一卷，吾友象州知州浦江吴君之所著也……當元之季，吴淵穎先生負文學重名，以《春秋》領鄉薦，今其遺説，世或不傳。象州爲淵穎裔孫，蚤歲與予同舉於禮部。英年氣鋭，遇事敢爲，然崇尚儒術，誠篤不欺，同人以是愛而敬之。筮仕廣西，明慎折獄，豪猾潛蹤，四民樂業，一時頌曰'神君'。退食之暇，愛好文藝，未嘗一日去書不觀，而於是經尤勤。既去官主講鄴下，宿留祥符、江夏，舟車南北，編摩不輟，迄用有成。仕優而學，長大而好書，於象州見之矣。抑君子之學，期於有用也？象州年力方強，當事諸公知其才略治行，而樂爲之推轂，異日以經術飾吏事，董仲舒、雋不疑之治迹將於象州望之。然則是書也，固非徒博士一家之學受授於講堂者也。若其編録之體，著述之意，已於《凡例》詳之，故不復云。"此序末署"乾隆五十四年五月鎮洋畢沅書"，時畢沅任湖廣總督。畢沅此序蓋撰於《春秋集義》付梓之際。考書首《凡例》第十二則云："此書專爲初學之嚆矢，未足污通人之目也。且自丙午至己酉，自粤而楚而豫，復反楚，僕僕舟車，僅取童年讀本而增損成卷耳。兹狥同人之請，赧顔付梓，蓋滋之愧云。"丙午爲乾隆五十一年（1786），此年吴鳳來在象州任上；己酉爲乾隆五十四年（1789），《凡例》既云："赧顔付梓"，則此書乃於乾隆五十四年付梓，時吴氏在楚，故請同年友人湖廣總督畢沅爲之序也。同版他館所藏本，畢沅序之後，復有于鼎序（未立標題，版心鎸"序"），中云："歲丙午，余視學西粤，得見九成吴老先生於桂林，讀其所著《春秋集義》，博採古今儒者之説而條貫之……亟命子若姪録而珍之，且將謀諸梓人以加惠於諸生。未幾，是秋先生攜稿北行，余慕是書之詳以精也，愧先生之既余未有以報也。爰書是以爲贈，先生其勿私爲家藏哉！"此序末署"乾隆五十一年秋七月，廣西督學使者年家眷弟于鼎書"。則于鼎此序乃撰於乾隆五十一年（1786）吴氏將離象州之時，其時《春秋集義》已稿成，然尚未刊刻，其後於五十四年（1789）在楚地乃得付梓也。又本館此本第三、六、八、十一、十二、十三、十四、十五諸册之卷端下，皆鐫有"延陵"橢圓白文墨印、"鳳來"墨文方印、"小艸廬經義"白文墨方印等三印，由此推之，小草廬當爲吳氏之室名，故其文稿名《小草廬文稿》也。此本書名葉左下題"小草廬藏板"，即由吳氏付刻而板藏之也。

此書卷首有《綱領》三篇，列舉古今諸家論《春秋》之説。"綱領一"標題下注云："此篇論《春秋》經傳源流。"下列班固、杜預、陸德明、啖助、歐陽修、鄭樵、朱子、呂大圭、馬端臨、吳澂等十家之論。"綱領二"標題下注云："此篇論《春秋》大旨經傳義例。"下列孟子、莊周、公羊高、董仲舒、司馬遷、范甯、王通、孔穎達、啖助、趙匡、周子、邵子、程子、胡安國、汪藻、朱子、呂祖謙、饒魯、呂大圭、洪興祖、汪克寬、吳澂、程端學、劉永之、鄧元錫、陸樹聲等二十六家之論。"綱領三"標題下注云："此篇論傳注得失及讀《春秋》之法。"下列杜預、荀崧、范甯、歐陽修、邵子、程子、劉安世、晁説之、胡安國、胡寧、朱子、晁公武、郝經、虞集、章潢（以上論傳注得失）、程子、邵子、張子、楊時、李侗、朱子、陸深（以上論讀《春秋》之法）等二十二家之論。此《綱領》三篇，提供學者研究《春秋》之豐富資料。

此書正文五十八卷，計卷一至四《隱公》，卷五至九《桓公》，卷十至十五《莊公》，卷十六《閔公》，卷十七至二十四《僖公》，卷二十五至二十八《文公》，卷二十九至三十二《宣公》，卷三十三至三十七《成公》，卷三十八至四十四《襄公》，卷四十五至五十二《昭公》，卷五十三至五十五《定公》，卷五十六至五十七《哀公》，卷五十八《附錄經傳》。各卷皆依年月列《春秋》經文及《左傳》、《公羊》、《穀梁》、胡安國《傳》等傳文，末附"集義"。經傳下，間有注語，另經、傳之旁，附有批語及圈點。"集義"乃集諸家之説以釋之，吳氏於書首《凡例》第六則云："書名《集義》，非妄參臆説也，但欲學者易於成誦，須字順而文從，故先儒之自成一説者，皆以'某氏曰'集之，其衆説之大同者，約爲數語以集之，敢掠美哉？期于明其義耳。"另有關書中之批點及圈點，《凡例》第十則云："三《傳》本以釋經，而後來作者恒奉爲文詞之祖，故錄有明以來批點，以爲操觚者之一助。"第十一則云："文刻圈點，明季陋習也。然標明眉目，爲初學頗稱有益，故一概從俗，知必爲達士所嗤。"知此書之作，主爲取便初學。

卷末二卷，上卷含《列國次世》及《春秋便考圖》，圖之首有《春秋便考圖説》云："先正有云：讀經史須知經濟規爲，利害得失處，其大要全在輿圖，輿圖不明，雖依文會意，終如面牆。爲《春秋》而不悉其國都形勢之所在，則二百四十二年中朝聘會盟，侵伐滅入，雖意度其是非，究不克了然心目也。東坡《列國指掌圖》，最爲明晰，然按之今之地輿，率多今昔異名，尚煩考證，兹既照長公一百二十四國之名，著其受姓封爵，核其疆域，附諸今日府州縣所，仍爲圖如左。列名省府州爲之綱，間麗數大國以指其目。其間小國之難以悉載者，亦可因府州之定在，想象而如見其處，此亦初學考訂之一助云爾。”其下列《春秋便考圖》共三圖。

卷末之下《氏族圖》，本爲清陳厚耀所著，吳鳳來將其附刻於此。吳氏於《氏族圖小引》云：“左圖陳曙峯先生諱厚耀之所作也。因氏族譜之舛訛，本孔氏《正義》，旁參諸經傳註，圖爲一帙，王雪樵先生所稱：‘如聚米爲山，數螺於掌，沾丐後學，非細者也。’謹依原本，刻於卷末以備考訂之資。先生著書甚富，《春秋》一經，猶有《長歷》六卷、《左傳地名》四册，惜旅次難覓原刻，無以公諸同好，姑俟諸他日云。浦陽後學吳鳳來識。”案：陳厚耀（1648—1722）字泗源，號曙峯，清江蘇泰州人，康熙四十五年（1706）進士，歷任蘇州府學教授、内閣中書、翰林院編修、國子監司業、翰林院修撰等職。著有《春秋長歷》《春秋戰國異辭》《通表》《春秋世族譜》《借根方算法》《算法纂法總綱》《八線根表》等書。《春秋集義》卷末下卷《氏族圖》因係吳氏據陳厚耀原本附刻於卷末，故其版式與《春秋集義》他卷不同。

此本避“玄”“鉉”“弦”“泓”等字諱。書中卷五十七葉一爲抄補，又此抄補葉之前，誤將卷七葉一重複錯置於此，因而缺卷五十七葉一，故抄補之也。

《續修四庫全書總目提要》收録楊鍾羲所撰此書提要，題“《春秋集義》五十八卷《綱領》一卷《圖說便考》二卷，乾隆五十四年小草廬刻本”，提要云：“是書務通經旨，不廢傳亦不盡重傳，經、傳更相發明，博採古今之説而條貫之，本《欽定御纂直解》之旨而詳明之，大略如杜諤《會義》，兼録評點，以便初學。末附圖説……以視諸暨胡序《春秋簡融》專爲科舉考試紺珠之用者，爲遠勝矣。”

此書《四庫全書總目》《中國古籍善本書目》俱未著録。除本館收藏外，清華大學圖書館、北京師範大學圖書館、中國人民大學圖書館、中國科學院圖書館、中國臺北“中央研究院”傅斯年圖書館，美國哈佛大學哈佛燕京圖書館，日本内閣文庫等亦有收藏。《四庫未收書輯刊》曾據中國科學院圖書館藏本影印行世，收入第貳輯第拾壹册。中國科學院藏本書首有于鼎序而無畢沅序及《同業姓名》。本館所藏本無于鼎序。

163

春秋究遺十六卷

T695 4916

《春秋究遺》十六卷，清葉酉撰。清乾隆刻本。六册。框高17.8厘米，寬

14.5厘米。半葉十行二十一字，小字雙行同，四周雙邊，白口，單魚尾。版心上鐫書名，中鐫卷次及十二公各諡號。

卷端題"桐城葉西著"。書名葉分三欄，右題"桐城葉書山著"，中題"春秋究遺"，左題"耕餘堂藏板"。

書首，首未署年葉西《序》，《序》末鐫"江寧顧晴崖鐫"一行六字。次《春秋究遺目録》。次《春秋究遺凡例》，共八則，末署"桐城葉西學"。次《春秋究遺總説》，共二十六則，末署"桐城葉西學"。次《春秋比例》，末署"桐城葉西編"。

葉西生平參見前"081　詩經拾遺十六卷"條。

此書撰作之由，葉西於《序》中云："余游於　望溪先生門有年矣，雍正八、九年間，嘗舉《春秋》疑義數則質之　先生，　先生爲一一剖析以相示，自是每見輒得聞所未聞。今世所行　先生《通論》《直解》二書，大半皆予向所得之口授者也。碌碌詞垣，端居多暇，誠不自揆，竊念是經晦塞已久，掃除廓清之功，安知不在今日？于是尋繹舊聞，參以管見，支疏節解，不敢憚勞。經始於乾隆十一年冬，因循荏苒，閲十餘寒暑而後成書。雖未必盡當聖意，而就經釋經，一切傅會穿鑿之説，或不至爲所牽引。昔昌黎韓氏嘗以'抱遺經而究終始'稱玉川子，且謂其束三《傳》於高閣。余固惟經是信者，故今以《究遺》名吾書焉……余反覆經文，其所得於《春秋》者如此，雖事實不得不考諸《傳》，然往往據經以難《傳》，必不泥《傳》以解經，即謂束之高閣可也。惜未及就正於吾　師爾。"案：此《序》云："經始於乾隆十一年冬"、"閲十餘寒暑而後成書"，則書成於乾隆二十餘年也。惟《序》中未言及刊刻之事，書名葉亦未題鐫刻年月，僅知刻工爲江寧顧晴崖（見葉西《序》末所鐫），姑從舊目，題爲清乾隆刻本。又據《序》所述，此書名爲《春秋究遺》，其取義乃源自韓愈《贈盧仝》詩中"《春秋》三《傳》束高閣，獨抱遺經究終始"句也。

書首《春秋總説》二十六則，總述有關《春秋》之論説，性質若解經之綱領。其説有異於前儒者，如第七則云："《史記》載聖人之言曰：'我欲載之空言，不若見諸行事之深切著明。'蓋謂是非只據理而言則虛而無實，不若就當時諸侯所行之事而斷其是非，以垂教于天下後世，爲更犁然易曉也。先儒誤會文義，竟以作《春秋》爲聖人自己所行之事，豈不可笑？"另亦有葉氏自得之見，如第十則云："語足以盡之，一曰：心胸大；二曰：義理精；三曰：文法妙。"

《春秋總説》之後，次有《春秋比例》，以條舉《春秋》之例。《比例》首有小序云："《春秋》有一定之例，諸家之所以橫生異議，隨處窒閡而不可通者，皆坐不知其例故耳。又多爲三《傳》之例所誤……然欲明《春秋》之義者，要當即一定之例求之，蓋義必得其間而後有可致吾思之處，間不生於同而生于異，明明乎一定之例而于其彼此異同之間有所據以相印而其間乃出。既得其間，由是沈潛反覆，融會貫通，覺千端萬緒皆有天造地設之妙，斯筆削之義因文以見而一切支離附會之論自無所容其喙矣。例凡若干條，每一條下各有其文之不合例者若干條。爰彙爲《春秋比例》一編，弁諸首。"案：葉氏此編，各條皆先舉《春秋》定例，其下復列"變例""異文""特文""闕文""隱文"等項及經文實例。葉酉於書首《春秋究遺凡例》末則云："《春秋比例》一編，鄙意欲補從來說經者之所未備。蓋必理清頭緒，而後可以斬斷葛藤。天下不乏好學深思之士，當不河漢余言。"由此可知其纂輯《春秋比例》之用意。

《春秋究遺》正文十六卷，計：卷一《隱公》，卷二《桓公》，卷三至四《莊公》，卷五《閔公》，卷六至七《僖公》，卷八《文公》，卷九《宣公》，卷十《成公》，卷十一至十二《襄公》，卷十三至十四《昭公》，卷十五《定公》，卷十六《哀公》。各公之首皆冠有"紀元"（未立標題，版心鐫"某公紀元"，如隱公鐫"隱公紀元"）。各卷各公，首頂格標《春秋》經文，次低一格爲論解。論解中或首載《左傳》之文，《凡例》第六則云："凡事之緣起，有節錄《左氏傳》不增易一字者，則標一'傳'字于上，若《傳》文先後參錯，或頭緒繁多，不能備載，只以數語括之者，則不標'傳'字。"《左傳》之外，《究遺》亦屢引《公羊傳》、《穀梁傳》、胡安國《傳》、杜預《左傳》注、啖助、程子、張洽等諸家之説以議論之，亦間引其師方苞之論而有所從違。《凡例》第七則云："吾師望溪先生《通論》皆發從前人所未發，其爲功于經學甚大。惜先生精力全注于三《禮》之學，于《春秋》則大綱雖舉，而節目未詳。今悉爲綴緝完備，頗有與　先生異同處，亦由　先生先闢其門徑而承學之士特因其説而加審焉。若謂青出于藍，則吾豈敢？"葉氏引方苞之説，其例如卷二，桓公八年春正月"天王使家父來聘"條，葉氏云："家父，杜《註》以父爲字，望溪先生以爲名。王朝之大夫稱名，例也，但古未有以一父字爲名者，殆家父二名，如禄父、行父之類歟？"此處葉酉即不從方苞之説也。

本館此本避"炫""弦""泓""弘""丘"等字諱。

此書《四庫全書》收録，惟《四庫》本删去書首葉酉《序》，卷端題作"左庶子葉酉撰"。另原乾隆刻本各公之首皆冠有"紀元"，《四庫》本無。《四庫全書總目》題"《春秋究遺》十六卷，安徽巡撫採進本"，提要云："是編多宗其師方苞《春秋通論》而稍有從違……於胡《傳》苛刻之説及《公》《穀》附會之例，芟除殆盡，於《左氏》亦多所糾正，乃往往併其事迹疑之。如開卷之仲子，謂惠公違禮再娶，以嫡禮聘之，可也，西必據此謂諸侯可再娶，則衛莊公於莊姜見在，復娶於陳，陳之厲嬀有娣戴嬀，其正名爲嫡可知，亦將據以爲諸侯之禮可並建兩嫡乎？……然大致準情度理，得經意者爲多。其凡例中所謂‘變例’‘特文’‘隱文’‘缺文’之説，亦較諸家之例爲有條理。統核全書，瑕固不掩其瑜也。”

《中國古籍善本書目》未著録。此本除本館收藏外，另中國科學院圖書館、北京大學圖書館、蘇州圖書館、中國臺灣大學圖書館、中國臺北“中央研究院”傅斯年圖書館等館亦有收藏。

孝經類

164

孝經大全二十八卷首一卷附孝經詩一卷孝經或問三卷孝經翼一卷

T817　6623

《孝經大全》二十八卷首一卷附《孝經詩》一卷《孝經或問》三卷，明呂維祺撰；《孝經翼》一卷，明呂維祜撰。清康熙二年（1663）呂兆璜、呂兆琳刻本。六册。框高18.9厘米，寬14.7厘米。半葉九行十七字，小字雙行同，左右雙邊，白口，單魚尾。版心上鐫書名，中鐫卷次。

卷端題“明新安呂維祺箋次”。書名葉分三欄，右題“呂明德先生纂註”，中題“孝經大全”，左上題“内附或問”，左下題“本衙藏板”。

書首，首清康熙癸卯（二年，1663）除夕前二日王昊《序》。次康熙七年（1668）四月計東《孝經大全序》。次明崇禎戊寅（十一年，1638）端月（正月）呂維祺《孝經大全序》,《序》末鐫“男兆璜、兆琳重梓”。次《進孝經表》。次《孝經大全義例》，共七則。天津圖書館藏同版《孝經大全義例》後有《古今羽翼孝經姓氏》，本館此本無。次《孝經大全目錄》。次《孝經大全》卷首一卷，正文二十八卷。次《孝經或問》三卷。次《孝經翼》一卷。次《孝經詩》一卷。書末有康熙二年（1663）九月呂兆琳《刻孝經大全後跋》。

呂維祺（1587—1641），字介孺，號豫石，又號明德，明新安（今河南新安）人。《明史》卷二百六十四《列傳》第一百五十二有傳。明萬曆四十一年（1613）進士，歷任兖州推官、吏部主事、考功員外郎、太常少卿、南京户部右侍郎、南京兵部尚書等。崇禎十四年（1641），李自成攻洛陽，維祺分守北城，城破被執，不屈遇害，年五十五，贈太子少保。著有《孝經本義》《孝經大全》《孝經或問》《音韻日月燈》《聖賢像贊》《存古約言》《四體約言》《明德堂文集》《呂豫石集》等。事迹另參《明儒學案》卷五十四《諸儒學案下二》。

此《孝經大全》爲明呂維祺於崇禎年間纂注，而其子呂兆璜、呂兆琳於清康熙二年（1663）付梓。書首王昊《序》云：“《孝經大全》者，西雒太傅忠節呂公所輯而嗣君孝芝、敬芝爲排纘其先人之遺言槧版行世者也。”呂維祺於《孝經大全序》中述其撰作之由云：“愚既著《孝經本義》已，復櫛比諸家之同異，潛玩孔、曾之心傳，久之，興而歎曰：大哉！聖人之言孝也，其言近而旨遠，其守約而施博，其理至廣大而淵微，至神奇而平易，其文至暢達而精約，至參錯變化而脉絡貫通，前後照應，非天下至聖，其孰能與於斯也？慨秦熖既灰，諸儒羽翼《孝經》者殆數百家，而今古分壘，争勝如讎。嘗考今古所異，不過隸書、蝌蚪，字句多寡，於大義奚損？且夫正緣互異，愈徵真傳，苟能體認，皆存至理，而諸儒多以其意見自爲家，卑者襲謅舛，高者執胸臆，如長孫江翁、韋昭、王肅、虞翻、劉炫之流，論者蠭起，互有出入。孔《傳》既亡，鄭説無徵，唐註浮譾，邢《疏》繁蕪，學士搖搖，莫知所宗。迨夫涑水《指解》，紫陽《刊誤》，庶幾學者之津筏，而疑非定筆。他如董廣川、程伊川、劉屏山、范蜀公、真西山、陸象山、釣滄子、宋景濂、羅近溪諸君子，亦各有所發明，而或鮮詮釋。又如吳臨川、董鄱陽、虞長孺、蔡弘甫、朱申、周翰、孫本、朱鴻諸家，各有詮註行于世，亦似有功闡翼。然或是古非今，分經列傳，牽合附會，改易增減，亦失厥旨……愚幼志此經有年，及鵲署歸省，始捃摭群書，淹貫折衷，時欲任此，顧未敢爾。意謂海内必有人焉，先得我心者，遲迴十載，跂望稍孤，於是更不敢不自任。會以視南廥之明年，食足人悦，鞅掌小暇，不揣狂僭，下鍵脱草，成《本義》若干卷。又四年，成《大全》若干卷，冠以《義例》《羽翼引證姓氏》《節略》若干卷，附以孔曾論孝、曾子孝言、曾子孝行、曾子論贊及宸翰、人告、述文、紀事、識餘若干卷，蓋欲明孔子作經之意，爲明王以孝治天下而發其義理，節次皆有本領條貫。大哉！非天下之至聖，其孰能與於斯乎？豈諸儒可以其意見自爲家者？然諸儒之説，亦有雅正淵閎、可發聖藴，可裨治理，可互存就質者，皆取節焉。乙亥履端，業擬繕寫，爲表上之，會以　恩放歸田，不果。深山之暇，間節原草，多加箋訂，而《孝經或問》成，尚有續著《衍義》《圖説》《外傳》等若干卷，俱藏諸笥，以訓子弟、及門之士云爾。敢曰闡聖言於將湮，扶名教於幾衰，提良知於未死，足爲導忠孝、翼德教、正人心之一助哉？"《序》末署："明崇禎戊寅端月元日，原奉勑參贊機務南京兵部尚書伊雒豫石吕維祺齋沐焚香告備于　天，而書於雒社之明德堂。"戊寅爲崇禎十一年（1638）。據吕氏此《序》，可知其撰作《孝經本義》《孝經大全》《孝經或問》等書之動機及過程。案：《序》云："會以視南廥之明年，食足人悦，鞅掌小暇，不揣狂僭，下鍵脱草，成《本義》若干卷。"考吕氏於明崇禎三年（1630）任南京户部右侍郎，總督糧儲，即此《序》所謂"視南廥"，其明年爲崇禎四年（1631），此年撰成《孝經本義》。《序》又云："又四年，成《大全》若干卷。"則《孝經大全》初稿乃成於崇禎八年（1635）也。又此年本擬將《本義》《大全》等書繕寫進呈崇禎皇帝，然因"大計拾遺，言官復劾他事，遂除名"（《明史》本傳），由此而未果。其後吕氏歸田，對舊稿又有所修訂。另又撰成《孝經或問》《孝經衍義》《孝經圖説》《孝經外傳》等書。此《序》撰於明崇禎十一年（1638），則諸書之成，當不晚於此年也。

呂氏於崇禎十一年諸書稿成之後，次年曾將其著作進獻崇禎皇帝。此書書首《進孝經表》中云："原任參贊機務南京兵部尚書臣呂維祺恭以所撰《孝經本義》二卷、《大全》二十八卷、《或問》三卷，謹奉　表稱進者。"又云："蓋東山歸省之時，已加箋訂，更於南庚視政之暇，謬效編摩。《本義》初成，《大全》繼纂……兩書業告成於乙亥，《或問》復詳辯乎戊寅。"考乙亥爲崇禎八年，戊寅爲崇禎十一年，此《表》中所述，正可與《序》相證。

本館所藏此本，乃呂維祺之子呂兆璜、呂兆琳於清康熙二年（1663）所刻，而任其事者，主要爲維祺次子兆琳。呂兆琳於書末《刻孝經大全後跋》中云："《孝經》乃先　太傅苦心潛究，躬行實踐之書也……以故，苦心二十餘年，其於經文奉之如神明師保，一字不敢增減移易，此《本義》《大全》《或問》所由纂註也。殆先太傅以身殉義，遭遇兵燹，不肖兄弟，每奉是書避亂於河之南北，僅不絶如綫。琳以己亥謬叨一第，急欲　廷對進呈，頒行是書，顧逡巡未敢。伯氏每貽書相戒以夙興未忝之義，且謂《孝經》未行，深有日湮之慮。自先太傅手註《孝經》而芝十八莖生於庭，乃甲午，於今新安、青要諸山又芝草徧生。意者，孔子二千載之精神以待　聖王之闡翼躬行，必有爲之叶應者耶？遂於癸卯之秋梓於淮上。"此跋署"康熙二年癸卯九月既望不肖男兆琳敬述"。考呂兆琳於清順治十六年（己亥，1659）舉於鄉，即《後跋》所謂"以己亥謬叨一第"也。其後，兆琳又於順治十八年（1661）中進士第，然遲至康熙八年（1669）始任陝西西鄉縣縣令，故康熙二年（1663）呂兆琳刊刻此書時，尚未任官也。呂兆琳之事迹參見呂履恒撰《先府君行狀》（《中州先哲傳・名臣》）、劉青黎《呂御史兆琳傳》（收入《碑傳集》卷五十二）等。

此書含《孝經大全》二十八卷，卷首《孝經節略》一卷，末附《孝經詩》一卷，《孝經或問》三卷。另附有呂維祺之弟呂維祜所撰《孝經翼》一卷。

《孝經大全》卷首爲《孝經節略》，據《孝經大全義例》首則云："其首卷《節略》十二條，附註四十四條，皆記孔、曾之言及諸儒格言、《漢書藝文志》等書，庶《孝經》本旨大義展卷便已瞭然。"

《大全》正文二十八卷，卷一至十三載《孝經》經文及箋釋。卷十四，孔曾論孝；卷十五，曾子孝言；卷十六，曾子孝行；卷十七，曾子論贊。卷十八至二十八爲《表章通考》，分爲"宸翰""入告""述文""紀事""識餘"等五項。

《大全》卷一至十三，載《孝經》經文，并加箋注及疏釋，仿明永樂胡廣等所纂《五經四書大全》之體例，惟《五經四書大全》宗主一家之注，復加疏釋，呂氏則融會舊注而不專主一家，另又删取諸家之論説爲之疏釋，間附己意。《孝經大全義例》第四則云：“《孝經本義》，訓詁字義，發明章旨，其説已備。今復集諸家之論，或闡玄微，或辨疑似，或廣義類，或採引證，或詳節目。大抵先以先儒醇正之説爲主，以闡明孔、曾之心傳爲要，間附己意以訂之，庶於孔子作經之意，或有小補。”其所載《孝經》經文以世所通行傳自漢代顔芝之十八章本爲據，然僅於章末標章次而不列題名，《孝經大全義例》第二則云：“《孝經》章第題名皆後人爲之，非孔、曾之舊也。劉向始比較今、古文，定一十八章，唐玄宗時儒臣集議，重加商量，始定《開宗明義》等題名。今以卷帙既多，不宜統同無别，倣《中庸》體例，仍爲十八章，删去題名，以存大雅。”

《大全》卷十四至十七記孔、曾論孝，曾子孝言，曾子孝行，曾子論贊等内容，各卷之首，呂氏皆有小序以述其旨。卷十八至二十八爲《表章通考》，分“宸翰”“入告”“述文”“紀事”“識餘”五項，惟此本第卷二十《入告·疏》中載呂維祺於崇禎十二年之《進呈孝經疏》《敬陳表章疏》《再陳表章疏》《三陳表章疏》《四陳表章疏》《五陳表章疏》《補陳表章孝經四翼疏》《七陳表章疏》諸篇，此乃康熙二年（1663）呂兆璜、呂兆琳兄弟刊刻時增入，非呂維祺於崇禎時進獻《孝經大全》時所原有。考此本《孝經大全》卷二十之末鑴有呂兆璜之識語云：“《入告》之後，附以進呈奏疏。原進呈《大全》，合《節畧》《大全通考》共二十八卷，今增以《入告》奏疏，合《節畧》卷首，共有二十九卷。男兆璜敬識。”由此可知卷二十爲康熙刻本所增入。《大全》卷十四以後，皆在補《節畧》所未盡，《孝經大全義例》末則云：“後附孔、曾論孝及曾子孝言、孝行、論贊四卷，以見孔門傳授心法皆在此經。末及‘宸翰’‘入告’‘述文’‘紀事’‘識餘’等卷，蓋《節畧》所未盡者，學者潛心詠玩，庶孔、曾傳孝心法，昭然盡明於天下後世，而後儒紛紛之疑，斷斷之説，皆涣然冰釋矣。”

《大全》所附《孝經詩》一卷，本館此本置於《孝經翼》之後，《刻孝經大全後跋》之前，天津圖書館藏本置於《孝經大全》卷二十八之後，當以天津圖書館藏本爲是。《孝經詩》載崇禎八年（乙亥，1635）、十一年（戊寅，1638）、十二年（己卯，1639）三歲呂維祺所撰與《孝經》著作有關之詩以紀事，共十首。崇禎八年《孝經詩》，序云：“崇禎乙亥元日，《孝經本義》成，箋次《大全》，作《圖説》，恭紀。”十一年詩，序云：“戊寅元日，復訂《孝經本義》《大全》，作《序例》《孔曾論孝》等卷成。又紀。”十二年詩，序云：“己卯九月十七日，進呈《孝經》，有旨謂有裨治理，命所司較正詳備具奏。喜而賦此。”此十首詩之序及詩作内容，皆有助於讀者對《孝經大全》之瞭解。

《孝經或問》三卷，乃呂維祺於撰《孝經本義》《孝經大全》後所繼作。呂氏於《孝經或問引言》中云：“孔子述而不作，其作《孝經》也，蓋繼往開來，調元贊化之書……愚敬信此經，如天地神明父母師保，二十年苦心玩索，沈潛反覆，或晨夕焚香，恭誦數過，久之，始敢作《本義》《大全》，二書既成，乃與學者日講究之，力行之，而學者尚紛紛多狃舊見，半昧宗指。愚於是不敢不作《或問》，所以明大意、揭宗傳、辯真偽、闢附會、詮章旨、析疑似而末尤拳拳於表章之實、道統之傳也。其爲卷凡三，綱凡六十有五，目凡百十有二。”其書分三卷，每卷分若干綱，綱有標題，如“論孔子作孝經之意”“論《孝經》獨稱經”“論五經不可無《孝經》”“論志在《春秋》、行在《孝經》”等。每綱之下則或一問或二問或多問，而以“或問”起，下接“曰”以答之，凡一百十二問。呂氏《孝經或問引言》謂《或問》所述：“有前有未言而訂補者，有前所已言而重申者，言之不足而再言之，而詳言之，而屢言、重言之。”蓋亦在補《本義》《大全》之不足。

《孝經翼》一卷，呂維祺弟呂維祜撰。呂維祜，《明史》卷二百六十四附於呂維祺傳後，云：“弟維祜，字泰孺，由選貢生爲樂平知縣者也。至是解職歸，亦抗節死。贈按察僉事。”本館此本，卷端首行題“孝經翼”，次行題“明新安呂維祜著”。“孝經翼”下有雙行小字云：“先生之弟吉□公與先生輯録《大全》，又作《孝經翼》，□□《或問》之義。”此本此處殘三字，天津圖書館藏本同。考呂維祜字泰孺，又字吉孺，此處“吉”字之後當是“孺”字。此《孝經翼》一卷論《孝經》之義，凡十九條，不標條目。如第二條云：“身，動物也，見異而遷，故曰立。道，定理也，待人而行，故曰行。行道所以立身也，故下文止曰‘終於立身’。”案：此在釋《孝經》第一章“立身行道，揚名於後世，以顯父母，孝之終也。夫孝，始於事親，中於事君，終於立身”之義也。

此書未附維祺所撰《孝經本義》二卷。《孝經本義》當另成一書。《續修四庫全書總目提要》載倫明所撰“《孝經大全》二十八卷《孝經或問》三卷附《孝經翼》一卷，康熙二年刊本”一書之提要云：“按是書原缺《本義》二卷，蓋付刊時已失之。”另《美國哈佛大學哈佛燕京圖書館藏中文善本書志·經部》“清康熙刻本孝經大全”條則謂《孝經大全》卷一至十三乃“經文下訓詁字義，發明章旨，先次行低格録其《孝經本義》之説，復接雙行夾注，集諸家之論，間附己意以訂之”。此謂《孝經本義》已被録於《孝經大全》卷一至十三之《孝經》注中。今考呂維祺《進孝經表》中明言所進者包括“《孝經本義》二卷，《大全》二十八卷，《或問》三卷”，則《本義》二卷當與《大全》二十八卷各自爲書，《大全》中之《孝經》注蓋融合舊注爲之，當非録自《本義》也。至於康熙二年呂兆璜、呂兆琳兄弟刻《孝經大全》時，僅以《孝經或問》三卷附入，而未附《孝經本義》，是否其時《孝經本義》已佚失，抑或另行刊刻成書，因無確據，尚難質言。

倫明撰此書提要，評云："其書全仿永樂《大全》之例，故亦以《大全》爲名……按：維祺之學，兼有程朱、陸王，冉覲祖《孝經詳說》頗譏之。然綜觀其書，十三卷以上，純粹居多，十四卷以下，搜羅亦備。《孝經翼》一卷，乃其弟維祜撰，亦所以輯錄《大全》《或問》之義也。維祜字吉孺，選貢生，官樂平知縣，城破殉難，時稱呂氏二烈。一門忠節，重其人益重其書矣。"

此書《四庫全書總目》未著錄。朱彝尊《經義考》卷二百二十九著錄："呂氏維祺《孝經本義》二卷，未見。《孝經大全》二十八卷，存。《孝經或問》三卷，存。《孝經衍義》，存。"下載呂維祺《孝經大全》自序。由朱彝尊之著錄，知其雖著錄《孝經本義》二卷，然題云"未見"，已未見其書矣。

《中國古籍善本書目》著錄"《孝經大全》二十八卷首一卷《或問》三卷，明呂維祺撰；《孝經翼》一卷，明呂維祜撰。清康熙二年呂兆璜等刻本"，載中國社會科學院近代史研究所、文化部文學藝術研究院、故宮博物院圖書館、天津圖書館、南開大學圖書館、湖南省圖書館等六館有藏。除本館外，另中國科學院圖書館、北京大學圖書館，美國哈佛大學哈佛燕京圖書館、西雅圖華盛頓大學圖書館等亦有收藏。《續修四庫全書》曾據天津圖書館所藏本影印行世，題"清康熙二年呂兆璜等刻本"，列入《經部》第一五一冊。

本館此本書名葉左下題"本衙藏板"，哈佛大學哈佛燕京圖書館藏本則題"夢月巖藏板"。考夢月巖爲呂維祺之出生地，明天啓元年（1621）呂維祺回新安省親，爲緬懷其母之恩德，遂在新安橫山夢月巖其母產己之處修建祠堂，取名"夢月祠"。其後，夢月巖成爲新安呂氏後人思親懷祖之象徵，呂維祺之孫呂履恒名其詩集曰《夢月巖詩集》。參見余子愚撰《夢月巖：呂氏家族的精神寄托》（《洛陽晚報》，2014年12月23日）。惟哈佛大學哈佛燕京圖書館所藏此本無《孝經或問》三卷、呂維祜撰《孝經翼》一卷及書末《刻孝經大全後跋》，當非完本。又《續修四庫全書》影印天津圖書館藏本，其書名葉左下題"修業堂藏板"，又與本館此本及哈佛燕京圖書館藏本有異，知此本蓋曾多次刷印也。

165

孝經疏畧一卷

T856　1339

《孝經疏畧》一卷，清張沐撰。清康熙十一年（1672）張氏敦臨堂刻本。一冊。框高18厘米，寬12厘米。半葉七行十五字，小字雙行同。四周雙邊，白口，雙魚尾（魚尾相向）。版心上鐫書名，下鐫“敦臨堂”。

卷端首行，上題“孝經疏畧（原注：‘古本’）”，下題“上蔡張沐註”。書名葉分三欄，右題“上蔡張仲誠著”，中題“孝經疏畧”，左題“敦臨堂藏板”，欄上題“康熙十一年鐫”。

書首有清康熙十一年（1672）孟冬張沐《孝經疏畧敍》。

張沐生平，參見前“070　詩經疏畧八卷”條。

張沐除此書外，另撰有《五經四書疏畧》一百四十四卷，《中國古籍善本書目》著錄“《五經四書疏略》一百四十四卷，清張沐撰，清康熙十四年至四十年敦臨堂刻本”，載清華大學圖書館收藏。此《五經四書疏畧》各經刊刻時間不一，最早者爲《詩經疏畧》，刻於康熙十四年（1675），已見前收錄。最晚者爲《禮記疏畧》，刻於康熙四十年（1701）。此《孝經疏畧》不在“五經四書疏畧”中，乃刻於康熙十一年（1672），猶早於《詩經疏畧》，可謂張沐諸經《疏畧》之最先成者。

張沐於書首《孝經疏畧序》述此書撰作之由云：“《中庸》以順父母、翕兄弟爲高遠之行登，孔子遂亟稱舜之大孝，武、周之達孝，發明其説，義亦可見矣。及與哀公論政，推本於仁，仁者人也，親親爲大，豈不又明其重也哉？獨以如是之道，古無專文以昭垂巨典，不能無憾。故孔子與參也，反覆盡言，用成此册，或爲是與？後世業已尊奉爲經，而奈何鮮有體行者哉！其書，舊有古文、今文之異，孔安國之《傳》、鄭康成之《註》，紛紛失所是非。迄晦菴朱子，別爲經傳，删改幾處，又於分章各標題目，雖學者便之，似未浹洽。近得讀古本《孝經》，不分章，爲不失一篇之義，而又有不便觀覽者。用是畧分章次，以便其讀，俾聯屬者，自可見焉。非曰無疑，以庶幾其近之云爾。”案：張沐自言其得讀古本《孝經》，此本《孝經》不分章，雖不失其一篇完整之義，但不便於讀者觀覽，因而爲之區分章次，明其章旨，并略作疏解，此即其《孝經疏畧》之所由作也。

此本書名葉題“康熙十一年鐫”，知刻於康熙十一年。又敦臨堂爲張沐之堂號，此本版心鐫“敦臨堂”，書名葉題“敦臨堂藏板”，知爲張沐自刻，故定爲“清康熙十一年（1672）張氏敦臨堂刻本”。

此書分爲十三章，自“仲尼閒居，曾子侍坐”至“復坐，吾語女”爲第一章，張氏標云：“右第一章，開陳道德，以歸於孝。”自“身體髮膚，受之父母”至“無念爾祖，聿修厥德”爲第二章，張沐標云：“右第二章，申明孝之義。”自“子曰：‘愛親者，不敢惡于人。’”至“曾子曰：‘甚哉！孝之大也。’”爲第三章，張沐標云：“右第三章，申明德本之義。”自“子曰：‘夫孝，天之經也。'"至"《詩》云：'赫赫師尹，民具爾瞻。'"爲第四章，張沐標云："右第四章，申明教生之義。"自"子曰：'昔者明王以孝治天下也。'"至"《詩》云：'有覺德行，四國順之。'"爲第五章，張沐標云："右第五章，申明民用和睦，上下無怨之義。"自"曾子曰：'敢問聖人之德，無以加于孝乎？'"至"其政不嚴而治，其所因者本也。"爲第六章，張沐標云："右第六章，覆明德本教生，在於愛敬。"自"子曰：'父子之道，天性君子之義。'"（寶三案：張沐注云："天性君臣之義，六字爲句。"此從其斷句。詳後）至"《詩》云：'淑人君子，其儀不忒。'"爲第七章，張沐標云："右第七章，覆明誠愛誠敬，以見德本教生之實。"自"子曰：'孝子之事親，居則致其敬。'"至"非聖者無法，非孝者無親，此大亂之道也。"爲第八章，張沐標云："右第八章，覆列事親之條例，以明愛敬之實事。"自"子曰：'教民親愛，莫善于孝。'"至"非至德，其孰能順民如此其大者乎？"爲第九章，張沐標云："右第九章，申明至德要道之義。"自"子曰：'昔者明王，事父母孝。'"至"《詩》云：'自西自東，自南自北，無思不服。'"爲第十章，張沐標云："右第十章，覆明至德要道之極致。"自"子曰：'君子之事親孝，故忠可移于君。'"至"嚴父嚴兄，妻子臣妾，猶百姓徒役也。"爲第十一章，張沐標云："右第十一章，申明揚名後世，以顯父母之義。"自"曾子曰：'若夫慈愛恭敬，安親揚名。'"至"中心藏之，何日忘之？"爲第十二章，張沐標云："右第十二章，明有爭親之義。"自"子曰：'孝子之喪親也'"至"死生之義備矣，孝子之事親終矣。"爲第十三章，張沐標云："右第十三章，明喪葬祭，以見孝有事死之道。"以上爲其分章之大要也。

此書之體例，大字頂格列《孝經》經文，張沐注語低一格，小字雙行列於一段經文之後，不逐句爲釋。每章之後，標"右第某章"，下載章旨。

《孝經》自來有今文、古文之別，宋朱熹取古文《孝經》分爲經一章，傳十四章，刪舊文二百二十三字，南宋以後，爲《孝經》作注者，頗沿用朱子此本，如元董鼎《孝經大義》是也。張沐謂朱子之本"雖學者便之，似未浹洽"，故就所得古本加以分章作注。其首章經文起首云："仲尼閒居，曾子侍坐"即是古文本文字，不若今文本作"仲尼居，曾子侍"也。考《四庫全書》中《古文孝經孔氏傳》書後所附《古文孝經宋本》，其本亦不分章，以校張沐《孝經疏畧》之經文多同，惟《四庫》本首章起首云："仲尼閒居，曾子侍坐，子曰：'參！先王有至德要道，以順天下。'"《疏畧》本無"參"字。又《四庫》本下文另章"非先王之法言，不敢道"，《疏畧》本"不敢道"作"不敢言"。凡此之類，蓋傳世古文《孝經》傳本間文字仍有歧異也。

張沐此書，名爲《疏畧》，所釋簡要，如首章"仲尼閒居"至"女知之乎"，張沐注云："得于身心謂德，通于天下謂道。"又"曾子避席曰：'參不敏，何足以知之？'子曰：'夫孝，德之本也，教之所由生也。復坐，吾語女。'"張沐注云："德本，故爲至德。教生，故爲要道。"由此可見一斑。張沐所注，間有異於前人之説者，如其所分第七章："子曰：父子之道，天性君臣之義，父母生之，續莫大焉。"張沐云："'天性君臣之義'六字爲句。養其父母日嚴，是父子之道，天性中原自有君臣之義，人非父母生則已，既父母生之，此日嚴之義，便已繼續，不能斷絶，故續莫有大於此也。"考朱子《孝經刊誤》云："（前略）至'君臣之義'之下，則又當有斷簡焉，今不能知其爲何字也。"以爲此處"君臣之義"下當有闕文。另今文本《孝經》作"父子之道，天性也，君臣之義也。父母生之，續莫大焉"，張沐《疏略》讀"天性君臣之義"爲句，雖具新義，恐未妥當。

本館此本，與館藏張沐著《四書疏畧》之第二函共函，置於《四書疏畧》第九册之後，自成一册，登録號：C73189。考此《孝經疏畧》實自爲一書，其刊刻時間亦與《四書疏畧》之康熙二十八年（1689）異也。

此書《四庫全書總目》《中國古籍善本書目》俱未著録。除本館外，另中國科學院圖書館亦有收藏，收入"《張仲誠遺書十八種》一百九十三卷"中。

166
孝經内外傳五卷孝經正文一卷

T818　4405

《孝經内外傳》五卷《孝經正文》一卷，清李之素輯。清康熙五十九年（1720）李焕刻本。五册。框高19厘米，寬13.3厘米。半葉九行二十二字，四周雙邊，白口，單魚尾。版心上鐫"孝經内傳"或"孝經外傳"，中鐫卷次，下鐫"寶田山莊"。

卷端首行題"孝經内傳卷之一"，次行題"楚黄李之素定庵編輯"。

書首，首清康熙五十四年（1715）五月鄒士璁《序》。次康熙五十九年（1720）九月王思訓《序》。次康熙庚子（五十九年）仲冬俞鴻圖《孝經内外傳序》。次康熙六十年（1721）馮詠序，未立標題，版心鐫"馮序"。次康熙十五年（1676）葭月（十一月）李之素自序，未立標題，版心鐫"序"。次《孝經正文》一卷，標題首行題"孝經正文"，次行題"楚黄李之素定庵述"。次《朱子孝經刊誤》。次"孝經内傳"卷之一、"孝經外傳"卷之二至五。書末有六跋，皆未立標題，版心皆鐫"後跋"。六跋，首丙申（康熙五十五年，1716）董昌期跋。次康熙庚子（五十九年）初夏王御政跋。次未署年吴雯炯跋。次未署年李廷庸跋。次康熙庚子（五十九年）三月李焕跋。次康熙庚子（五十九年）冬李焞跋。

李之素（？—1712），字雲山，號定庵，清麻城（今屬湖北黃岡）人。《［民國］麻城縣志前編》卷九《耆舊志一·文學》中載：“李之素，字雲山，歲貢生。山居積德讀書，動静必由禮義，堪爲後學式。著有《省身輯要》二十二卷、《孝經内外傳》六卷等書行世。子焕，成進士。”《孝經内外傳》書末吳雯炯後跋云：“先生所著《家塾警言》以及《玉田》《寶藏》《雲湖》諸集，俱關聖道人心，久已家傳户誦。”由此可知李之素尚撰有《家塾警言》等書。之素仕途不顯，以授徒爲業。《孝經内外傳》自序中云：“余自丙午春迄今，更十秋，凡三歷西席，所教皆童子也。”又鄒士璁《序》云：“憶余總角，時與 李雲山先生同硯席，共起居。歲甲子，予忝捷楚闈。戊辰，入中秘，留滯京華，與先生隔別累載，每自故鄉來者，輒問訊近況，知授徒於白臬、雁臺間。”另書末李之素之次男李焞跋云：“壬辰冬， 先君見背。”由此可知其卒於康熙五十一年（壬辰，1712）。長子李焕，康熙五十五年（1716）任江西南康知縣。次子名焞。

此書撰作之由，據李之素自序云：“程知庵先生宦歸林下，余每接其緒論，言言皆龜鑑而大旨惟以不離乎孝者近是。一日，先生謂余曰：‘孝道甚大，古人之言孝行、行孝者甚多，惜乎散見於羣書而未嘗立一傳，吾每欲傳之以示後學，而無如精神倦於筆硯何！’余曰：‘吾忝爲弟子師而敢以後學煩先生哉？’於是乎竊取先生之意，本《孝經》而内、外傳之。《内傳》採孝子之嘉言，《外傳》採孝子之實行，合正文，凡六卷，閱二載而成，質諸知庵，知庵欣然曰：‘是可以梓矣，子其圖之！’”由此可知，李之素之撰《孝經内外傳》，乃嘗受同邑程知庵之啓發。另李氏自序又云：“或起謝曰：‘……然取《孝經》而内外傳之，亦有説乎？’余曰：‘有。孔子云：“我志在《春秋》，行在《孝經》。”《春秋》莫大於尊王，《孝經》莫大於嚴父，則《孝經》之重於天壤間也，與《春秋》並。左氏取《春秋》而内、外傳之，今《左傳》三十卷，《春秋》之内傳也；《國語》二十一篇，《春秋》之外傳也。詞不必與《春秋》類，而無不與《春秋》相發明焉。余之傳《孝經》而卷分内、外也，亦猶是焉爾。’”由李氏此言，可知其《孝經内外傳》取義之由。

李氏此書，自序撰於康熙十五年（丙辰，1676），序中云：“合正文，凡六卷，閱二載而成，質之知庵。”則康熙十五年時，初稿當已完成。然其刊刻，則於李之素卒後。李之素長子李焕於後跋中云：“先君子教讀寶田山莊，生平以孝爲首重，不獨謂求忠臣必於孝子之門，蓋五倫百行不本於孝，其他皆僞也。不孝焕趨庭之下，未能一一遵奉，常自抱愧，今 先君子棄養且十年矣，曾記易簀時呼焕兄弟命之曰：'吾生平著述無多，惟《孝經内外傳》數卷乃心力所萃，誠教孝之良書也，汝曹其身體而力行之，他日儻能梓之以公天下，是又在兒之善繼述也。'焕與弟含淚跪受，即什襲藏之，曾幾何時，音容宛在而手澤徒存。丙申，筮仕南康，春露秋霜，已四閲烝嘗，至今讀'子欲養而親不逮''祭而豐，不如養之薄'諸語，未嘗不椎胸頓足，涕淚交流也。所賴南康民淳訟簡，政事之暇得與梓人商厥（剛）梨棗，歷今五載告竣，未敢云能讀　父書，或藉以慰　先君子在天之靈而逭不孝之罪於萬一也乎。旹　康熙庚子春三月長男焕謹識於蓉江官署。"考庚子歲爲康熙五十九年（1720），時李焕任江西南康知縣，縣治在蓉江，故跋末署"蓉江官署"，知此書乃於康熙五十九年刻成於南康，其版心鐫"寶田山莊"者，蓋因寶田山莊乃李之素教讀之所，李焕鐫之以誌其本也。

此書内、外傳之前，載《孝經正文》一卷，各章首列章題，如首章題"開宗名義章第一"；次頂格載《孝經》經文；次低一格，略作疏釋。《孝經正文》後，附《朱子孝經刊誤》。

《孝經内傳》一卷，輯録歷代有關"孝"之嘉言，每條皆首頂格列嘉言，言末以小字標示出處；次低一格，加以詮解，詮解中每引前人之説以釋。此卷所引嘉言，其來源有《易・乾卦》、《易・家人卦》、《易・繫辭》、《書・舜典》、《書・伊訓》、《書・康誥》、《書・酒誥》、《詩・國風》、《詩・小雅》、《詩・大雅》、《禮記・曲禮》、《禮記・檀弓》、《禮記・内則》、《大戴禮》、《左傳》、《論語》、《學庸》、《孟子》、《尚書大傳》、《韓詩外傳》、《孔子家語》、《莊子》、《荀子》、《素履子》、《吕覽》、《漢文帝養老詔》、《漢武帝養老詔》、陳忠《論喪服疏》、荀爽《對策》、《忠經》、《晋書》、《南北史》、《隋書》、《唐書》、《宋史》、劉子翬《曾子論》、《元史》、《明史》、方孝孺《孝經解序》、《陳眉公秘笈》、《日省録》等。

《孝經外傳》四卷，載歷代孝子之孝行，四卷之卷端各題"孝經外傳卷之二""孝經外傳卷之三""孝經外傳卷之四""孝經外傳卷之五"，乃以"孝經外傳卷之二"接上"孝經内傳卷之一"也。卷之二所載人物自虞、夏至隋，卷之三自唐至宋，卷之四自元至明，卷之五專載女性。各卷皆先列時代，次以孝行者爲標題，次頂格載其孝行，直述其事，未標示所出。如卷之二"虞"首條"大舜"下，李氏述云："舜父瞽瞍頑，母嚚，弟象傲，皆欲殺舜，舜順適不失子道，耕於歷山，耕者讓畔；陶於河濱，器不苦窳；漁於雷澤，漁者分均。年五十猶嬰兒慕。帝堯聞之，事以九男，妻以二女，遂讓天下。"

本館此本，間有佚名朱筆圈點。

此書《四庫全書總目》《中國古籍善本書目》俱未著録。此本另中國科學院圖書館、浙江圖書館等館亦有收藏。《續修四庫全書》嘗據浙江圖書館藏本影印行世，題"清康熙五十九李焕寶田山莊刻本"，列入《經部》第一五二册。案：本館此本與浙圖藏本爲同版，惟浙圖本將書末吳雯炯、王御政二跋置於書首俞鴻圖《孝經内外傳序》之後、李之素自序之前，另浙圖本又缺書末李廷庸、李焯二跋，則不若本館此本之完整也。

167

孝經集註一卷

T818　3240

《孝經集註》一卷，清世宗胤禛撰。清雍正内府刻本。一册。框高18.6厘米，寬14.1厘米。半葉九行十八字，小字雙行同，四周雙邊，白口，單魚尾。版心上鐫書名。

卷端首行題"孝經集註"，未題撰者名。

書首有《御製孝經序》，末署"雍正五年十二月初三日"。

清世宗雍正帝（1678—1735），愛新覺羅氏，諱胤禛，清聖祖第四子。《清史稿》卷九《本紀九·世宗本紀》云："生有異徵，天表魁偉，舉止端凝。康熙三十七年封貝勒。四十八年封雍親王。六十一年十一月，聖祖在暢春園不豫，命代祀圜丘。甲午，聖祖大漸，召於齋宮，宣詔嗣位。聖祖崩。辛丑，上即位，以明年爲雍正元年。"雍正帝在位十三年，於雍正十三年（1735）八月崩，年五十八。廟號世宗。由第四子寶親王弘曆繼位，是爲乾隆帝。《清史稿》評雍正帝云："聖祖政尚寬仁，世宗以嚴明繼之。論者比於漢之文、景……帝研求治道，尤患下吏之疲困，有近臣言州縣所入多，宜釐剔。斥之曰：'爾未爲州縣，惡知州縣之難？'至哉言乎！可謂知政要矣。"惟雍正朝屢興文字獄，頗受後人批評。

雍正帝《御製孝經序》云："《孝經》者，聖人所以彰明彝訓，覺悟生民……自昔聖帝哲王，宰世經物，未有不以孝治爲先也。恭惟　聖祖仁皇帝纘述　世祖章皇帝遺緒，詔命儒臣編輯《孝經衍義》一百卷，刊行海内，垂示永久，顧以篇帙繁多，慮讀者未能周徧。朕乃命專釋經文，以便誦習。夫《孝經》一書，詞簡義暢，可不煩注解而自明。誠使内外臣庶，父以教其子，師以教其徒，口諷其文，心知其理，身踐其事；爲士大夫者能資孝作忠，揚名顯親；爲庶人者，能謹身節用，竭力致養家庭，敦於本行，閭里胥嚮於淳風，如此則親遜化成，和氣薰蒸，躋比户可封之俗，是朕之所厚望也夫。"末署"雍正五年

537

十二月初三日"。由此可知，此書乃因雍正帝有感於康熙帝時詔儒臣所編《孝經衍義》一百卷"篇帙繁多，慮讀者未能周徧"，故命臣下"專釋經文，以便誦習"，而成此《孝經集註》一卷。蓋雍正帝認爲《孝經》一書，重在踐履，且"《孝經》一書，詞簡義暢，可不煩注解而自明"也。

此本無書名葉，書首雍正帝《御製孝經序》末署"雍正五年十二月初三日"，惟《序》中未及付刻事，茲依《中國古籍善本書目》所載，題爲"清雍正內府刻本"。

此書一卷，載《孝經》十八章經文及注。各章皆先列章題，次列經文，章題及經文下以雙行小字爲注。經下之注文，首列音切，次以"○"間隔，下載注解。其注乃融會舊注爲説，不標示來源出處，故名爲《集註》也。

此書《四庫全書》收録，惟文淵閣本、文津閣本書前所附提要與《四庫全書總目》所載提要内容有詳略及文字上之差異。閣本提要所述較略，《總目》提要所述較詳。閣本提要云："臣等謹案：《孝經集註》一卷，世宗憲皇帝御纂。雍正五年製序頒行。我朝 列聖相承，宏敷孝理，故於是經闡發尤備。 世祖章皇帝既爲之註，復有《衍義》之輯，而 聖祖仁皇帝纘成之。本末條貫，義無遺藴。世宗憲皇帝慮其篇帙浩富，或未能家喻户曉，乃命約爲此註，專釋經文，以便誦習，而詞顯暢，俾讀者賢愚共曉。其體例悉仿朱子《四書章句集註》爲之，洵萬古説經教孝之至極矣。"《四庫全書總目》題"《御纂孝經集注》一卷"，提要云："雍正五年 世宗憲皇帝御定。《孝經》書止一卷，而虞淳熙稱：作傳注者自魏文侯以下至於唐、宋，有名可紀者凡九十九部，二百二卷。元、明兩代不預焉。其書雖歲久多佚，近時曹庭棟《孝經通釋》所引，尚於唐得五家，宋得十七家，元得四家，明得二十六家，國朝得十家。然宋以前遺文緒論，傳者寥寥。宋以後之所説，大抵執古文以攻今文，又執朱子《刊誤》以攻古文，於孔、曾大義微言反視爲餘事，注愈多而去經愈遠。 世宗憲皇帝以諸注或病庸膚，或傷蕪雜，不足闡天經地義之理，爰 指授儒臣，精爲簡汰，刊其糟粕，存其菁華。仿朱子《論語孟子集注》之體纂輯此編，凡斧藻羣言，皆 親爲鑒定。與 世祖章皇帝御注並發明聖教，齊曜儀璘。蓋我 世祖章皇帝四海會同，道光纘緒，我 世宗憲皇帝，九重問視，禮備承顏，孝治覃敷，臚驩萬國，以 聖契聖，實深造至德要道之原，故能衡鑒衆論，得所折衷，於以建 皇極而立人紀，固非儒生義疏所能比擬萬一矣。"案：閣本提要所述，大抵據雍正《御製孝經序》爲説，故於述《孝經衍義》之後，接謂"世宗憲皇帝慮其篇帙浩富，或未能家喻户曉，乃命約爲此註，專釋經文，以便誦習"。《四庫全書總目》則謂"世宗憲皇帝以諸注或病庸膚，或傷蕪雜，不足闡天經地義之理，爰 指授儒臣，精爲簡汰，刊其糟粕，存其精華。仿朱子《論語孟子集註》之體纂輯此編"，其故意淡化雍正皇帝嫌《孝經衍義》篇帙繁多，因而命儒臣纂《孝經集註》之緣由，似有政治上避免搆禍之慮也。又閣本提要及《四庫全書總目》提要均提及《孝經集註》之體例乃仿朱熹《四書章句集註》也。

此書《四庫全書》收錄，書名題 "《御纂孝經集註》"。《中國古籍善本書目》著錄 "《御纂孝經集註》一卷，清世宗胤禛撰，清雍正內府刻本"，載北京故宮博物院圖書館、遼寧省圖書館收藏。此本另南京圖書館亦有收藏。案：本館此本卷端及版心皆鐫 "孝經集註"，故書名仍以題《孝經集註》爲宜。

鈐印有 "光緒初書歸黃縣王氏海西閣" 白文方印，知嘗爲清海西閣王守訓收藏。王守訓生平參前 "010　省吾堂四種二十五卷" 條。

四書類

論 語

168

論語註疏解經二十卷

T935　2264B

《論語註疏解經》二十卷，魏何晏集解，宋邢昺疏，明李長春等重校。明萬曆十四年（1586）北京國子監刻本。二冊。框高23.4厘米，寬15.1厘米。半葉九行二十一字，小字雙行同，左右雙邊，白口，單魚尾。版心上鐫“萬曆十四年刊”，中鐫“語疏”及卷次。

卷端題“魏何晏集解，宋邢昺疏；皇明朝列大夫國子監祭酒臣李長春等奉勑重校刊”。

書首有《論語註疏解經序》，標題次二行題“皇明朝列大夫國子監祭酒臣李長春等奉／勑重校刊”。此《序》内容實爲魏何晏等人之奏進《論語集解》序，每段《序》文後附邢昺《疏》，雙行小字，《疏》文前冠“疏”字。

何晏（？—249），字平叔，魏南陽宛（今河南南陽）人。東漢末大將軍何進之孫，曹操之養子。《三國志》卷九《諸夏侯曹傳第九》中云：“晏，何進孫也。母尹氏，爲太祖夫人。晏長于宮省，又尚公主，少以才秀知名，好老莊言，作《道德論》及諸文賦著述凡數十篇。”何晏於魏文帝、魏明帝時不顯，齊王芳在位，曹爽秉政，何晏黨附曹爽，歷官散騎侍郎、吏部尚書、侍中。正始十年（249）“高平陵之變”，何晏與曹爽同被司馬氏誅殺。

邢昺（932—1010），字叔明，宋曹州濟陰（今山東曹縣）人。《宋史》卷四百三十一《儒林一》有傳。傳云：“太平興國初，舉五經，廷試日，召升殿講《師》《比》二卦，又問以群經發題，太宗嘉其精博，擢九經及第，授大理評事，知泰州鹽城監，賜錢二十萬。”太宗朝，歷任國子監丞、尚書博士、水部員外郎、金部郎中等職。真宗即位，歷任司勳郎中、國子祭酒、刑部侍郎、工部尚書、禮部尚書等職。大中祥符三年（1010）卒，贈左僕射。另《宋史》嘗載邢昺：“咸平初，改國子祭酒。二年，始置翰林院侍講學士，以昺爲之。受詔與杜鎬、舒雅、孫奭、李慕清、崔偓佺等校定《周禮》《儀禮》《公羊》《穀梁》《春秋傳》《孝經》《論語》《爾雅》義疏。及成，並加階勳。”另又撰有《禮選》二十卷。

　　此本爲明萬曆北京國子監所刻《十三經註疏》之零種，北京國子監於萬曆十四年（1586）至二十一年（1593）據李元陽刻本重刻《十三經註疏》，世稱北監本。此《論語註疏解經》爲其中之一，據版心所鎸，知刻於萬曆十四年。本書志已著録北監本《春秋穀梁註疏》二十卷，參前所述。

　　書首何晏等《序》云："漢中壘校尉劉向言：'《魯論語》二十篇，皆孔子弟子記諸善言也。'太子太傅夏侯勝，前將軍蕭望之、丞相韋賢及子玄成等傳之。《齊論語》二十二篇，其二十篇中，章句頗多於《魯論》，琅邪王卿及膠東庸生、昌邑中尉王吉皆以教授。故有《魯論》，有《齊論》。魯共王時，嘗欲以孔子宅爲宫，壞，得古文《論語》。《齊論》有《問王》《知道》，多於《魯論》二篇，《古論》亦無此二篇，分《堯曰》下章'子張問'以爲一篇，有兩《子張》，凡二十一篇，篇次不與齊、魯《論》同。昌侯張禹本受《魯論》，兼論齊說，善者從之，號曰'張侯《論》'，爲世所貴。包氏、周氏章句出焉。古《論》唯博士孔安國爲之訓解，而世不傳。至順帝時，南郡太守馬融亦爲之訓説。漢末，大司農鄭玄就《魯論》篇章考之齊、古，爲之註。近故司空陳群、太常王肅、博士周生烈，皆爲義説。前世傳授師説雖有異同，不爲訓解，中間爲之訓解，至于今多矣，所見不同，互有得失，今集諸家之善，記其姓名，有不安者，頗爲改易，名曰《論語集解》。光禄大夫關内侯臣孫邕、光禄大夫臣鄭冲、散騎常侍中領軍安鄉侯臣曹羲、侍中臣荀顗、尚書駙馬都尉關内侯臣何晏等上。"邢昺《疏》解末段云："正始中，此五人共上此《論語集解》也。"據此《序》，知《集解》乃何晏與孫邕、鄭冲、曹羲、荀顗等人所共成，後世則多獨稱何晏。《四庫全書總目》"《論語義疏》十卷"條中云："書前有奏進《論語集解》序，題'光禄大夫關内侯孫邕、光禄大夫鄭冲、散騎常侍中領軍安鄉亭侯曹羲、侍中荀顗、尚書駙馬都尉關内侯何晏'五人之名。《晋書》載鄭冲與孫邕、何晏、曹羲、荀顗等共集《論語》諸家訓詁之善者，義有不安，輒改易之，名《集解》，亦兼稱五人，今本乃獨稱何晏……殆晏以親貴，總領其事歟？"又清周中孚《鄭堂讀書記》卷十二，"論語集解義疏十卷"條中亦云："前有奏進《集解》序，末稱孫邕、鄭冲、曹羲、荀顗、何晏等上，其止稱何晏者，殆晏總領其事，亦如賈、孔、邢《疏》之例也。"由此可知《論語集解》撰者獨標"何晏"之由。

　　邢昺《疏》之撰作，宋王應麟《玉海》卷四十一《藝文》"咸平孝經論語正義"條云："至道二年，判監李至請命李沆、杜鎬等校定《周禮》、《儀禮》、《穀梁傳》疏及別纂《孝經》、《論語》正義，從之。咸平三年三月癸巳，命祭酒邢昺代領其事，杜鎬、舒雅、李維、孫奭、李慕清、王焕、崔偓佺、劉士元預其事，凡賈公彥《周禮》、《儀禮》疏各五十卷，《公羊》疏三十卷，楊士勛

《穀梁》疏十二卷，皆校舊本而成之，《孝經》取元行冲《疏》，《論語》取皇侃《疏》，《爾雅》取孫炎、高璉《疏》，約而修之，又二十三卷。四年九月以獻，賜宴國子監，進秩有差，十月九日，命杭州刻板。"又同書"咸平論語正義"條引《中興書目》云："《論語正義》十卷，翰林侍講學士邢昺等撰。咸平中頒其書。於章句訓詁名器事物之際詳矣。"可知此《論語》疏乃北宋真宗咸平三年（1000）邢昺等據梁皇侃《論語義疏》"約而修之"而成，亦成於眾手也。

此本經文大字單行，《集解》小字單行靠右，首冠"註"，黑字，外加圈圍；《疏》小字雙行，先標起止，下以"正義曰"起釋，疏文前冠"疏"，黑字，外加方圍。此疏文標起止及"正義曰"等字，乃注、疏合刻時，所遺留單疏本之痕迹也。

何晏等所撰《論語集解》，保存漢魏間孔安國、包咸、周氏、馬融、鄭玄、陳群、王肅、何晏等諸家訓解，雖未臻完備，亦足珍貴，爲歷代解讀《論語》之重要基石。邢昺《疏》以南朝梁皇侃《論語義疏》爲據加以刪削而成，《四庫全書總目》評云："今觀其書，大抵翦皇氏之枝蔓而稍傅以義理，漢學、宋學茲其轉關。是《疏》出而皇《疏》微，迨伊、洛之說出，而是《疏》又微。故《中興書目》曰：'其書於章句訓詁名物之際詳矣。'蓋微言其未造精微也。然先有是《疏》，而後講學諸儒得沿溯以窺其奧，祭先河而後海，亦何可以後來居上遂盡廢其功乎？"案：皇侃《論語義疏》清代自日本回傳中國之後，學者多崇皇《疏》而卑邢《疏》，清周中孚則以爲二家不可偏廢，《鄭堂讀書記》"《論語注疏》二十卷"條云："自是《疏》出而皇《疏》微，久之，遂佚。今皇《疏》從日本傳于中土，好古者復舍邢而就皇。然兩家如伯主、亞旅，宜通力以治田，不得妄分軒輊也。"

此書《四庫全書》收錄，惟書名作《論語正義》。《四庫全書總目》題云："《論語正義》二十卷，內府藏本。"

此本爲明萬曆十四至二十一年北京國子監刻本《十三經註疏》之零種，其存藏情形，同前北京國子監刻本《春秋穀梁註疏》，茲不復贅述。

鈐印有"易印漱平"白文方印、"李宗侗藏書"朱文長方印二印，知亦爲易培基舊藏，復傳與其女易漱平及其婿李宗侗，復轉讓入藏本館者也。

169
鄉黨圖考十卷

T943　3133

《鄉黨圖考》十卷，清江永撰。清乾隆三十九年（1774）刻本。四冊。框高

19厘米，寬14厘米。半葉九行二十五字，小字雙行同，左右雙邊，白口，單魚尾。版心上鎸書名，中鎸卷次、卷目及小題，下鎸刻工名。

卷一卷端首行題"鄉黨圖考卷之一"，次行題"圖譜"。卷二卷端首行題"鄉黨圖考卷之二"，次行空白，第三行題"新安江永慎修著；及門諸子編次"，第四行空白，第五行題"聖蹟"。書名葉分三欄，右題"新安江慎修編"，中題"鄉黨圖考"，左題"潛德堂藏板"，欄上題"乾隆甲午年鎸"。

書首，首清乾隆二十一年（1756）季夏江永自序，未立標題，版心鎸"自序"。次《例言》，共七則，末署"慎修氏識"。次《鄉黨圖考目錄》，標題次行以下題"新安江永慎修著；及門諸子編次；姪孫仁秀德泉、南金貢三，受業弟纘承仰康、姪德求孔林，男逢辰斗環，孫錦波雲瞻校梓"。

江永（1681—1762），字慎修，清婺源（今江西婺源）人。《清史列傳》卷六十八《儒林傳下一》、《清史稿》卷四百八十一《儒林二》俱有傳。《清史稿》云："江永，字慎修，婺源人。爲諸生數十年，博通古今，專心《十三經注疏》，而於三《禮》功尤深……嘗一至京師，桐城方苞、荊谿吳紱質以《禮》經疑義，皆大折服。讀書好深思，長於比勘，明推步、鐘律、聲韻……乾隆二十七年，卒，年八十二。弟子甚衆，而戴震、程瑤田、金榜尤得其傳。"著有《禮經綱目》《周禮疑義舉要》《禮記訓義擇言》《深衣考誤》《律呂闡微》《春秋地理考實》《鄉黨圖考》《古韻標準》《四聲切韻表》《河洛精蘊》《推步法解》《近思錄集注》《慎齋文鈔集》等多種。事迹另參戴震《江慎修先生事略狀》（《戴東原全集》卷十二）、錢大昕《江先生傳》（《潛研堂文集》卷三十九）、王昶《江慎修先生墓誌銘》（《春融堂集》卷五十五）等。

江永於書首自序，述其撰作之由云："經籍包絡三才，制度名物特其間一支一節。四子書《鄉黨》一篇，稍涉制度名物，亦千百之十一，從來爲制義者，往往難之。有明一代，流傳之文體固淳質，實類捉襟見肘，有能舉典不忘祖者，伊誰歟？我　朝經學遠軼前明，數十年前，淹通之才輩出，專家之業皆可傳遠，經學至爲糾紛，著述家得其大者遺其細，如宮室、衣服、飲食、器用，皆未暇數之，況爲制舉業者志在弋獲，憚於尋源，諸經涉獵皮毛，挂一漏萬，或爲《鄉黨》制義，爲窶陋、爲餖飣、爲紕繆，往往不免，毋謂《鄉黨》之文非經學淺深之左券也。予既選《擇雅》一帙，欲其花萼附根榦，復輯《鄉黨圖考》十卷，自聖蹟至一名一物，必稽諸經傳，根諸《注疏》，討論源流，參證得失，宜作圖譜者，繪圖彰之，界畫表之。竊謂　國家以經學鼓勵四方，固欲學者治經毋鹵莽、毋滅裂，爲《鄉黨》一篇尋源，亦經學之一隅耳。爰序其端，質諸世之邃於經且健於文者。"序末署"乾隆二十有一年季夏月新安江永序，時年七十有六"。江永有感於《論語・鄉黨篇》中涉及名物制度，爲制義者往往難之，清代前賢治經學者，對於宮室、衣服、飲食、器用等尚未暇細究，故撰此《鄉黨圖考》一書，言"爲《鄉黨》一篇尋源，亦經學之一隅耳"，謂此當亦有助於經學者也。

此本書名葉題"乾隆甲午年鐫"，知爲乾隆三十九年（甲午，1774）刻本。又此本書名葉題"潛德堂藏板"，考江永著《善餘堂文集》一卷，中有《潛德堂記》，據此知"潛德堂"乃江永之堂號也。

此書共分十卷，計：卷一《圖譜》，卷二《聖蹟》，卷三《朝聘》，卷四《宮室》，卷五《衣服上》，卷六《衣服下》，卷七《飲食》，卷八《器用》，卷九《容貌》，卷十《雜典》。書名曰《鄉黨圖考》者，蓋謂有圖、有考，非謂爲圖作考也。又書首《例言》第六則云："諸制度不必皆《鄉黨》所有，事有相關，亦兼考之。會通其全，乃能悉其曲折。"

卷一《圖譜》。江永於書首《例言》首則云："孔子先世及紀年及制度名物，當爲圖譜以顯。圖譜正未易言，《史記》《家語》《闕里志》《歷聘》《紀年》《年譜》諸書，參錯不一，當加考核，以審從違。他書所繪制度、器服諸圖，多本宋初聶崇義《三禮圖》，往往與經繆戾，訛以傳訛，鮮能訂正……茲爲《圖譜》一卷，務求精核，頗異他圖云。"此卷，首《孔子先世圖》，次《孔子年譜》，次《諸侯宮寢朝廷廟社圖》《天子外朝圖》《諸侯治朝燕朝圖》……諸圖，有圖有表，可謂詳矣。

卷二《聖蹟》。《例言》第二則云："考《鄉黨》，自聖蹟始，昔人《備考》諸書，不擇是非，叢雜鈔入，事非其年，年無其事，不能參互考訂，是直鈔胥耳……爲先聖輯事蹟，固非可草草也。"此卷包括"先世考""始生至爲委吏乘田考"等十目，皆先引古書相關事迹之記載，下加"按"字爲考。

卷三《朝聘》，包括"通考諸侯相朝聘""諸侯相朝考"等十三目。卷四《宮室》，包括"朱子儀禮釋宮""通考天子諸侯三朝"等十一目。《例言》第三則云："《朝聘》爲一卷，聘事詳考其始末。《宮室》爲一卷，以朱子《儀禮釋宮》爲本，徧考古人宮室制度，并辯大夫士東房西室之非。"

卷五《衣服上》，包括"始制衣服考""冕考"等十目。卷六《衣服下》，包括"深衣考""飾考"等二十一目。《例言》第四則云："《記》云：'不學雜服，不能安禮。'可知古人亦以學雜服爲難。《衣服》分上、下二卷，冠弁冕服之制，三裘褐襲之制，考之尤詳。"

卷七《飲食》，包括"始爲飲食考""通考食味調和"等二十九目。卷八《器用》，包括"車通考""車輪考"等八目。卷九《容貌》，包括"容通考""色容考"等十七目。卷十《雜典》，包括"鄉黨考""上大夫下大夫考"等十八目。《例言》

第五則云："《飲食》一卷，詳及纖悉。《器用》一卷，詳車制度。《注疏》有誤解，後人有誤釋、誤圖者，辯之。《容貌》《雜典》各一卷。《鄉黨》一篇具備。"

此書稽考所據，大抵以《注疏》爲主，《注疏》若有未當，亦加以辨正。《例言》末則云："自講章時文之學盛，而《注疏》之學微，游談無根，其弊也久。前明諸鉅公名手，於毛、鄭、賈、孔之言，蓋有終身未一寓目者，觀其著述與其時藝，即可窺其底裏。是書引經稽典，必以《注疏》爲主，後儒之説附之，《注疏》有未當，乃參考而明辨之，此窮經之方也。"江永此處强調，此種據《注疏》以稽考之法，方爲治經之正途。

本館此本，卷七《飲食考》，葉三十三爲抄補。每卷版心或有刻工名，或無之。刻工名計有：吳率功（吳、率功、率、功）、赤文（赤、文）等。

《四庫全書總目》著録，題"《鄉黨圖考》十卷，安徽巡撫採進本"，提要云："是書取經傳中制度名物有涉於《鄉黨》者，分爲九類，曰圖譜，曰聖蹟，曰朝聘，曰宮室，曰衣服，曰飲食，曰器用，曰容貌，曰雜典，考核最爲精密，其中若深衣、車制及宮室制度，尤爲專門，非諸家之所及。間有研究未盡者……然全書數十百條，其偶爾疎漏者，不過此類，亦可謂邃於三《禮》者矣。"另清周中孚《鄭堂讀書記》卷十三"《鄉黨圖考》十卷，潛德堂刊本"條亦云："乾隆丙午江南鄉試，以《鄉黨》篇命題，士子主慎修説者皆得中式，由是海内知重其書矣。"二者皆極推重此書。惟《鄉黨圖考》卷四《宮室》，首列"朱子《儀禮釋宮》"之文，江永於題下注云"按：朱子晚年修禮書，此作篇，通考古人宮室之制。今録其全文，加以註釋，有未備者補之，有當詳考者別考於後。"周中孚《鄭堂讀書記》則指出："案：慎修未見《永樂大典》，但據坊本《朱子文集》，故不知《釋宮》爲李如圭撰。"此蓋亦江永聞見之限也。

此書《四庫全書》收録，惟乾隆刻本書首江永自序未立標題，《四庫》本則增題"《鄉黨圖考序》"。又序文末所署"乾隆二十有一年季夏月新安江永序"下，刻本原有"時年七十有六"六字，《四庫》本則删去。另刻本書首有《鄉黨圖考目録》，《四庫》本無。

《中國古籍善本書目》著録"《鄉黨圖考》十卷，清江永撰，清乾隆三十八年潛德堂刻本，清鄭文焯校並跋；《訂譌》一卷，清王焕雲等撰。清抄本"一種，載浙江圖書館收藏。案：中國科學院圖書館、上海圖書館、湖北省圖書館、加拿大多倫多大學東亞圖書館等館皆著録有"清乾隆三十八年潛德堂刻本"，蓋因其本書名葉題"潛德堂藏板，乾隆癸巳年鐫"，癸巳爲乾隆三十八年（1773），故據以定之也。本館此本書名葉則鐫"潛德堂藏板，乾隆甲午年鐫"，有異。此外，各圖書館尚見多種乾隆刻本，如中國國家圖書館藏本，書名葉題"致和堂梓行，乾隆丁未年重鐫”，丁未爲乾隆五十二年（1787）。又中國香港中文大學圖書館藏本，書名葉題“澹德堂藏板，乾隆丁未年鐫”，此亦爲乾隆五十二年刻本，惟題“澹德堂藏板”，與中國國家圖書館藏本所題有異。另天津圖書館藏本，書名葉題“金閶書業堂梓行，乾隆癸丑年重鐫”，癸丑爲乾隆五十八年（1793），則爲乾隆五十八年刻本也。

孟 子

170

載詠樓重鐫硃批孟子二卷

T961　4932

《載詠樓重鐫硃批孟子》二卷，舊題宋蘇洵評，清沈李龍較閱。清康熙三十三年（1694）載詠樓刻本。二册。框高20.4厘米，寬14.6厘米。半葉九行二十字，小字雙行同，無直欄，四周單邊，白口，單魚尾。版心上鐫“蘇評原本”，中鐫卷次（如“上孟”）。眉欄及行間鐫評語。

卷端題“眉山蘇洵老泉氏原本；西湖沈李龍雲將氏較閱”。書名葉大字題“重鐫蘇老泉／批評孟子”二行，二行中間小字鐫“遵依監本／點畫無訛”二行紅字，下鈐“本衙藏板”白文方印。欄上鐫“康熙三十三年刊”七紅字。

書首有清康熙三十三年（1694）孟春沈心友《重鐫蘇評孟子序》。

蘇洵（1009—1066），字明允，號老泉，宋眉州眉山（今四川眉山）人。《宋史》卷四百四十三《文苑五》有傳。傳云：“蘇洵，字明允，眉州眉山人。年二十七始發憤爲學，歲餘舉進士，又舉茂才異等，皆不中。悉焚常所爲文，閉户益讀書，遂通六經、百家之説，下筆頃刻數千言。至和、嘉祐間，與其二子軾、轍皆至京師，翰林學士歐陽脩上其所著書二十二篇，既出，士大夫爭傳之，一時學者競效蘇氏爲文章……宰相韓琦見其書，善之，奏于朝，召試舍人院，辭疾不至，遂除祕書省校書郎。會太常修纂建隆以來禮書，乃以爲霸州文安縣主簿，與陳州項城令姚闢同修禮書，爲《太常因革禮》一百卷。書成，方奏未報，卒。賜其家縑、銀二百，子軾辭所賜，求贈官。特贈光禄寺丞，敕有司具舟載其喪歸蜀。”著有《諡法》《嘉祐集》等。事迹另參宋歐陽修《故霸州文安縣主簿蘇君墓誌銘并序》（《歐陽文忠公集・居士集》卷三十四）、宋曾鞏《蘇明允哀辭》（《南豐先生元豐類稿》卷四十一）等。

沈李龍，字雲將，清仁和（今浙江杭州）人。精醫術，著有《食物本草會纂》。沈李龍子沈心友，字因伯，清戲曲名家李漁（1611—1680）之女壻。沈心友曾請王蓍、王概、王泉兄弟繪製《芥子園畫傳》，又曾與李漁合編《四六初徵》。

沈心友《重鐫蘇評孟子序》云："眉山老泉氏無書不讀，獨沈酣于孟夫子之書，蓋知六經之外無文章，而六經之中，上承百代聖賢之道統，下開百代後學之文章，惟孟夫子之書易爲啓發，遂細爲評定，俯示後學，不取書於書而取書於慧，研究於字句之中而神明于字句之外，令人讀之而知先秦兩漢唐宋百家之文章莫不由孟夫子之書而出，則是書不僅爲聖賢道統淵源之書，而爲後學文章鼻祖之書也。嗟乎！善讀書者難，善著書者更難，評著今人之書難，評著古先聖賢之書更難。眉山老泉氏不以爲難，取孟夫子之書而丹黄評定，以教二子，由一家而天下，由一時而百世，遂將家傳户誦、童而習之之書讀之如啓名山之藏、得未曾有之秘，快心賞目，難以言喻。"此對蘇評《孟子》極爲推崇。《序》又云："予總角時，先大人雲將公即詳爲較閲，命心友旦夕誦讀，手澤猶存。當今　聖主右文，人才輩出，奇書秘輯，莫不風行，詎可令是書秘爲己有，不以行世耶？急授諸梓，以彰老泉氏及先大人教授兒曹之意云爾。"由此知此本乃沈心友據其父沈李龍校閲之本而加以刊刻，故卷端題"西湖沈李龍雲將氏較閲"。沈心友《序》末署"岢　康熙三十三年歲次甲戌孟春西湖後學沈心友克菴氏謹識"，又書名葉題"康熙三十三年刊"，知此本刻於康熙三十三年也。

此書雖題蘇洵評，然自明、清以來，頗議其僞。朱彝尊《經義考》卷二百三十三著録"蘇氏洵《孟子評》一卷，存"，其下載："孫緒曰：'相傳批點《孟子》爲蘇老泉筆，然其批語内却引洪景盧語，景盧後老泉六十七年，傳者未之察也。'"案：孫緒此語見所著《無用閒談》中，收録於《説郛續》卷十八之一。孫緒爲明正德中人。另《四庫全書總目·經部·四書類存目》著録"《蘇評孟子》二卷，兵部侍郎紀昀家藏本"，提要云："舊本題宋蘇洵評。考是書宋《志》不著録，孫緒《無用閒談》稱其論文頗精，而摘其中引洪邁之語在洵以後，知出依託，則正德中是書已行矣。此本爲康熙三十三年杭州沈李雲所校，其子心友刻之，然無所謂洪邁語者，豈經緒指摘，故削之以滅蹟耶？抑併非孫緒所見之本，又僞本中之重僞耶？宋人讀書，於切要處率以筆抹，故《朱子語類·論讀書法》云：'先以某色筆抹出，再以某色筆抹出。'呂祖謙《古文關鍵》、樓昉《迂齋評注古文》亦皆用抹，其明例也。謝枋得《文章軌範》、方回《瀛奎律髓》、羅椅《放翁詩選》始稍稍具圈點，是盛於南宋末矣。此本有大圈，有小圈，有連圈，有重圈，有三角圈，已斷非北宋人筆。其評語全以時文之法行之，詞意庸淺，不但非洵語，亦斷非宋人語也。"案：《總目》論斷此書爲後人僞託蘇洵之名而作，其説可從。惟《總目》云"此本爲康熙三十三年杭州沈李雲所校”，考此本卷端題“西湖沈李龍雲將氏較閱”，沈心友《序》中亦云“予總角時，先大人雲將公即詳爲較閱”，然則校閱者乃沈李龍字雲將者，四庫館臣蓋一時失察，混名與字，遂成“沈李雲”也。

此書卷端未題卷次，版心分鐫“上孟”“下孟”，故定爲二卷。上卷之末，題“蘇評原本上孟終”。上卷包括《梁惠王章句》上下、《公孫丑章句》上下、《滕文公章句》上下，下卷包括《離婁章句》上下、《萬章章句》上下、《告子章句》上下、《盡心章句》上下。

此本以墨色載《孟子》本文，文下間以雙行小字列音讀，不載趙岐《注》。另行間及眉欄以朱色載蘇洵評語，行間又有各種朱色圈記，故書名謂“硃批”也。如上卷《梁惠王章句上》首章，“孟子見梁惠王”句旁，評云：“一句截住。”“王曰：‘叟不遠千里而來，亦將有以利吾國乎？’”句旁加雙圈，評云：“婉切。”“孟子對曰：‘王何必曰利？亦有仁義而已矣。’”句，“仁義”旁加單圈，“王何必曰利”旁加雙圈，評云：“直諫。”另於上方眉欄評云：“此篇皆引君以當道，得進諫之體。”舉此一例，以見一斑。

此書《四庫全書總目·經部·四書類存目》著錄，已見前述。《中國古籍善本書目》著錄“《蘇老泉批點孟子》二卷，題宋蘇洵批點，明萬曆四十一年程開祐刻本”“《批點孟子書》二卷，題宋蘇洵批點，明紀五常刻本”“《孟子》二卷，題宋蘇洵批點，明刻本”“《孟子》二卷，題宋蘇洵批點，明崇禎刻本”“《孟子》七卷，題宋蘇洵批點，明刻本”等五種，未著錄此康熙刻本。此本除本館收藏外，另南京圖書館、湖北省圖書館等館亦有收藏。《四庫全書存目叢書》據濟南市圖書館藏本影印，題“清康熙三十三年載詠樓刻本”列入《經部》第一五四冊。然考其本版心鐫有“慎詒堂藏板”字樣，實爲清嘉慶元年（1796）重刻本也。美國哈佛大學哈佛燕京圖書館藏有清嘉慶元年刊本一部，其書名葉尚存，題“嘉慶元年重鐫，慎詒堂藏板”，可資對照，參見《美國哈佛大學哈佛燕京圖書館藏中文善本書志·經部》二百十葉。

171

七篇指略七卷附孟子字學考一卷

T961　1102

《七篇指略》七卷附《孟子字學考》一卷，清王訓撰。清康熙十二年（1673）金陵繆氏刻本。四冊。框高18.6厘米，寬13.7厘米。半葉九行二十字，小字雙行同，左右雙邊，白口，單魚尾，無直欄。行間鐫圈點。版心上鐫書名，中鐫卷次。眉欄鐫評語。

卷端題"北海後學王訓敷彝手定"。書名葉分三欄，右題"王悔齋先生著"，中題"七篇指略"，左上題"點畫俱依監本附字學考"，左下題"金陵繆氏梓行"。

書首，首清康熙癸丑（十二年，1673）七月宋繼澄《七篇指略序》。次康熙十二年立秋日王訓《七篇指略敘》。次《七篇指略凡例》，共六則，末署"訓謹識"。正文七卷之後，附《孟子字學考》一卷。

王訓（1614—1683），字敷彝，一字念泉，號晦齋，清安邱（今山東安丘）人。《安邱新志》卷十九《文苑傳》載："王訓，字敷彝，岞山里人。少讀書一目不忘。年十六，失怙，不問家人生計，專以學問爲事……順治乙酉、丙戌聯捷，成進士，授萬全令。俗健訟，諸生不自愛者結黨相證援，對簿抵賴，法不得行。訓命設筆札於堂，凡赴質者必先課其文藝，訟乃息。己丑，姜瓖變起，全晉揭竿，萬全失守，掛吏議二年始歸里，發藏籍寢食其中，無異爲諸生時。尤嗜讀《左》《國》《史記》及唐宋八家，補缺訂譌，勾貫箋疏，若質古人於几榻而抗論也。邑志創自馬中丞，積八十年未有續者，訓蒐訪遺文，網羅故典，使百年文獻缺而復傳，稱良史焉。卒，年七十。著有《學庸思辨録》《七篇指略》《晦齋全集》諸書。張杞園狀其行，曹實銘其墓。"另著有《二酉彙删》。

此書撰作之由，王訓《七篇指略敘》云："六經、四子，聖賢載道之書，不得作文字觀也，然文不足以盡道，而道非文則蔑由傳。仲尼曰：'文王既没，文不在兹乎？'蓋文之所在，道之所寓也……孟子聖亞孔子，而以浩然之氣發爲蘦如之辭，運規矩於無形，妙方員於莫尚，洄化工之文哉！獨怪今之學者，率知遵守紫陽，窮其義理，至於文之操縱抑揚，緩急絶續，虛實淺深，起伏廻合之情，頓挫奔逸之勢，紫陽所心知而未暇及者，棃置而弗論……昔老泉蘇氏有《孟子》批本行世，今觀其書，不能大有所闡發，或好事者爲之，非當時手澤乎？近世李卓吾亦有《四書》批本，然其人狂誕，豈能潛心於聖賢之文哉？亥冬大雪，隔絶人事，兀坐荒齋，重讀《孟子》七篇，務緣辭以通其意，溫故知新，隨得輒録，寢食凡再週年。丹鉛已四易棄，名曰《指略》，雖於《孟子》之辭、之意皆不敢自謂有當，然由户而入室，謂《孟子》之文在是，即孟子之道亦未必不在是，何不可也？繕寫既成，適遭橫逆，案無完帙，而七篇獨中副車。余懼其久而再逸也，因勉付剞劂，以質當世之高明，竝俟後之賢人君子。"此《敘》末署"康熙十有二年歲在癸丑立秋之日"，《敘》中既言"因勉付剞劂"，則刊刻即在此年也。又據書名葉題"金陵繆氏梓行"，知刻者乃金陵繆氏，故定爲"清康熙十二年（1673）金陵繆氏刻本"。

此書共七卷，以《孟子》一篇爲一卷。各卷皆先刻《孟子》本文，下作評釋。所釋或在句下，或在節後，每章之後俱有總評，眉欄亦間有評語。《孟子》本文行間鐫圈點。所採《孟子》之分節，皆依朱子《集註》，《七篇指略凡例》首則云：“此書分節，悉依晦翁章句，蓋學者童而習之，省覽頗便。”又書中不做義理闡釋，祇釋文法，《凡例》第二則云：“七篇義理，晦翁《集註》已詳，無容再贅。今但作文字讀，觀其如何發端？如何申洗？如何轉換？如何照應收煞？約略指點，而大意隱隱呈露。”書中對《孟子》之理會，間有異於朱子者，《凡例》第三則云：“此書以理會本文爲主，與朱《註》稍殊者，百中間有一、二，非敢倍晦翁，乃所以尊子輿氏也。”

此書《孟子》本文旁鐫有王訓所加之圈點，王訓在《凡例》第四則中，對於所施圈點之符號及意義所言甚詳，《凡例》云：“頭腦指趣、關目照應之類，或用重圈‘◎’，或用陰圈‘•’，其喫緊則用大圈‘○’，精華則用中圈‘o’，文采則用點‘、’，敘次傳神、過接及疊句、疊字則用尖圈‘ᐱ’，提挈、對待、事實則用雙抹‘＿＿’，大截則用鈎‘乚’小截則用畫‘一’，欲學者開卷燎然，可望而知。”此類符號之說明，可作爲研究中國傳統評點學之材料。

本書七卷之末，另附《孟子字學考》一卷，《凡例》末則云：“某字係某聲、某音、某反，朱子俱載本文下，今不更及，獨摘其易混者，附諸卷末。”所言即此《孟子字學考》也。此卷分“一字獨用”“一字間用”“二字竝用”“二字互用”“二字不得通用”等五類，皆先大字列所考之字，下以雙行小字作解，如“一字獨用”中云：“信：作伸，不從申。”（“作伸，不從申”雙行小字）；“二字竝用”項中云：“莩、殍：塗有餓莩。野有餓莩。用其二而民有殍。”（自“塗有餓莩”至“民有殍”，雙行小字）即其例也。

宋繼澄《七篇指略序》述此書云：“百世之師，孟子真其人也。讀其書者，程朱而下，發明盡義，後之誦習之儒，稍知研索，皆能舉其槩，蓋昭如日星矣。乃若句明字晰，即文法證理道，於文之變化，理之淺深，無不一一指掌，未有如王子敷彝之是編者。蓋敷彝之積有靜業久矣，聖學宗旨，文士英華，皆探求有得，其得日深，故著之於篇者，無不特出乎敷彝所見之義，而亦無不實獲乎孟子當時之意也。後之學者，受是編而由繹之，上者明道，次者能文，豈不有功前哲，垂示無窮哉？以視蘇氏老泉之於《孟子》，則吾敷彝久土苴之矣。”案：宋繼澄著有《四書正義》二十卷，亦深於《四書》講義者也，此《序》對王訓此書頗加推崇。

本館所藏此本，卷四，葉一、二；卷五，葉二十、二十一、二十二、二十三、二十四、二十五右面等皆爲抄配。

此書《四庫全書總書目》未著錄。《中國古籍善本書目》著錄“《七篇指略》

七卷，清王訓撰，清康熙十二年刻本”，載山東省圖書館收藏。此本另北京大學圖書館、吉林大學圖書館、中國科學院圖書館，美國柏克萊加州大學東亞圖書館，日本大阪大學總圖書館亦有收藏。惟柏克萊加州大學藏本書名葉與本館相校，其本多“王珽上珍藏板”六字，《柏克萊加州大學東亞圖書館中文古籍善本書志》云：“按此本流傳極稀，《中國古籍善本書目》僅著録山東省圖書館藏有康熙十二年刻本，未附《字學考》，未知是否同版。王訓與金陵繆氏關係不詳，頗疑此非康熙十二年原本。”案：柏《志》編者疑其館所藏非康熙十二年金陵繆氏之原刻本也。

172

孟子讀法附記十四卷

T968　7220

《孟子讀法附記》十四卷，清周人麒撰。清乾隆四十九年（1784）刻本。六册。框高17.9厘米，寬13厘米。半葉八行二十二字，左右雙邊，白口，單魚尾，無直欄。版心上鐫書名，中鐫卷次。眉欄鐫評。

卷端首行題“梁惠王篇第一上”未題撰者名。書名葉分三欄，右題“乾隆甲辰年梓”，中題“孟子讀法附記”，左題“保積堂藏板”。

書首有清乾隆四十七年（1782）立冬日周人麒《序》。書末有乾隆四十九年（1784）三月程鳳謏跋，未立標題，版心鐫“跋”。

周人麒（1705—?），字次游，又字晴岳，號月江，別號衣亭，清天津人。周人麒《孟子讀法附記·序》末署“乾隆四十七年立冬日七十八老人衣亭周人麒自序”，據此推之，當生於清康熙四十四年（1705），其卒年不詳。乾隆四年（1739）進士，選庶吉士。十年，授檢討。據《孟子讀法附記》書末程鳳謏跋所述，周人麒於乾隆二十九年（1764）至三十五年（1770）曾受順德知縣之聘，主講龍岡書院七年。又謂周人麒著有《四書大全拾遺》《五經講義》《館閣存稿》等書（參下文）。今傳世尚有《周衣亭譚易》《周衣亭先生禮記精選》二書抄本，前者藏天津圖書館。

周人麒於書首《序》云：“余十七歲時，受業於津城洪師之門，師於授經之餘，偶及《孟子》文法，意豁如也。嗣是留心搜討，凡遇前輩、時賢之論及《孟子》文藝者，輒手録之，間有管見，亦附記於後。經今六十餘年矣。但臥痾海濱，無從就正，寡聞尠見，彌用自愧云。”由此《序》所述，可知其撰作之緣起及經過。

此本之刊刻，書末程鳳謏之跋云：“吾師天津　周太史衣亭先生，篤志屬行，中年歸里，富於著述，尤樂誘掖後學，諄諄不倦。歲甲申，順德太守館陶耿公聘主龍岡書院，至庚寅，凡七年，遯幸列門墻，因得遍讀師書，于經書則有《四書大全拾遺》《五經講義》，外此，若古文詩賦以及名家之制藝俱有評點定本。其所自爲書，有《館閣存稿》并詩文集，並未行世。　先生生平與諸生論文，最喜譚《孟子》，有所見即筆諸書，書成，分爲十四卷。遯等嘗請剞劂以公同志，　先生欿不自足，遂不果。越十餘載，歲癸卯，津同門諸友千里致書與順郡同人，力謀刊布，且請先刻《孟子》，　先生念同人踴躍之意，允所請，而命遯董其事，遯愧且喜，以今年公車來京師，付諸梓人，共費白金一百三十七兩有奇。是役也，倡刊者，天津諸友，捐貲者，順郡諸友，而遯以譾陋乃得與于校讐之列，快覩是書之得以傳于無窮，而其餘諸書又可其次第行世，是豈遯一人之私幸歟？因綴數言于後。”末署“峕乾隆四十九年歲次甲辰春三月南和受業程鳳遯敬跋于長安邸舍”。此跋述此本刊刻之始末甚詳。考此書名葉題“乾隆甲辰年梓”，與程鳳遯跋所署年歲正合，知刻於乾隆四十九年也。又程氏此跋謂“共費白金一百三十七兩有奇”，此書共十四卷，而刊刻所費如此，爲清乾隆四十九年北京刻書費用留下珍貴之史料，亦極可寶貴也。

　　此書十四卷，以《孟子》七篇各分上、下二卷。各卷皆先頂格列《孟子》原文，原文旁加圈點及小字批語，眉欄有評語。次低一格載前人、時賢及其師洪天錫之説，引其師之説，標“洪師曰”。次低二格附載己見。如卷一《梁惠王篇第一上》第三章，先列《孟子》“梁惠王曰：寡人之於國也，盡心焉耳矣”至“王無罪歲，斯天下之民至焉”。其次載“王白子”“任翼勝”“王介山”“李立侯”四家之説，末載己見云：“此章大旨，從來講家多看重‘罪歲’二字，細看來，梁王並無罪歲之意，孟子亦並無責他罪歲之意。梁王之意不過自恨其不富庶耳，何嘗有罪歲之意乎？……‘謹庠序之教’句最重，‘申之’句，就上句中抽出言之耳。近日作者，往往抛却‘庠序’句，是知‘孝悌’句與‘頒白’句相關，而不知‘庠序’句與‘頒白’句相關也。立侯之説甚妥。”是其例也。

　　《續修四庫全書總目提要》收錄倫明所撰此書提要，題“《孟子讀法附記》十四卷，乾隆四十九年刊本”，提要云：“卷首有人麒自序，後有門人程鳳遯跋。所謂‘讀法’，仍用單點、單圈、密圈等作標識，行間、書眉偶着評語，不出批讀時文習套。其‘附記’則參引諸家之説，並參己見，於文法與章旨反覆推闡，惟不作句解字釋，以已詳朱子《集註》，無庸贅引也。惟‘得行道’及‘離妻之門’兩章，援引極博，以《集註》未及詳也。按：孟子生于戰國，所論辨者未脱策士機鋒，而藉以明堯舜周孔之道，其語言之妙與理義之精，並時無偶。後人玩索，淺者見淺，深者見深，人麒折衷羣言，於舊解及朱《注》之不妥者，多有訂正，顯豁爽快，非他講章所可並論也。"案：倫明述此書之内容，分"讀法"與"附記"兩部分，恐未必當。考書首周氏《序》云："余十七歲時，受業於津城洪師之門，師於授經之餘，偶及《孟子》文法，意豁如也。嗣是留心搜討，凡遇前輩、時賢之論及《孟子》文義者，輒手録之，間有管見，亦附記於後。"此處所謂"文法""文義"者，皆與讀法有關，故此書名《孟子讀法附記》，蓋指對《孟子》讀法之附記，非以"讀法"與"附記"並列爲二也。

此書《四庫全書總目》《中國古籍善本書目》俱未著録。除本館收藏外，另中國國家圖書館、北京大學圖書館、中國科學院圖書館、天津圖書館、湖北省圖書館等亦有收藏。《四庫未收書輯刊》嘗據中國科學院圖書館藏本影印發行，題"清乾隆四十九年保積堂刻本"，列入第肆輯第柒册。其本與本館此本同版，惟缺書末程鳳藂跋。

本館此本第一册之末，夾有一紙，爲"富晋書社"圖書編目稿單，上載此書之書名、著者、刊本、紙類等内容，編目單左下印有"富晋書社編目稿"七紅字，知此書乃由富晋書社售出也。

鈐印有"真州吳氏有福讀書堂藏書"朱文方印，知曾爲清末吳引孫所收藏。吳氏卒後，其藏書由富晋書社收購，此書亦爲其中之一，今飄洋過海，入藏本館，亦可慨也。吳引孫生平，參見"006 萬充宗先生經學五書十九卷"條。

173

孟子四考四卷

T968　　7203

《孟子四考》四卷，清周廣業撰。清乾隆六十年（1795）周氏省吾廬刻本。二册。框高19.7厘米，寬14.2厘米。半葉十行二十三字，小字雙行同，左右雙邊，白口，單魚尾。版心上鐫書名，中鐫卷次及小題。

卷端首行題"孟子逸文考"，次行題"海寧周廣業述"。書名葉分三欄，右題"乾隆乙卯夏鐫"，中題"孟子四考"，左題"省吾廬藏版"。

書首，首清乾隆五十五年（1790）六月朱珪序，未立標題。次乾隆乙巳（五十年，1785）七月吳省欽《孟子四考序》。次乾隆四十六年（1781）周廣業《孟子四考敘》。正文四卷，卷四之末鐫"姪勳元、勳伊，男勳懋、勳常同校字"。書末，首載未署年朱珪《書孟子四考後》，次乾隆六十年十一月周廣業跋，未立標題。

周廣業（1730—1798），字勤圃，號耕厓，清浙江海寧人。乾隆四十八年（1783）舉人。早年喪父，以教授生徒奉母養弟。後受薦主講安徽廣德復初書院，并主修《廣德州志》。周廣業富藏書，藏書樓名"聽雨樓"。著有《讀易纂言》

《孟子四考》《經史避名彙考》《石經紀略》《季漢官爵考》《循陔纂聞》《寧志餘聞》《蓬廬聞鈔》《耕厓初稿》《耕厓詩稿》《蓬廬詩文集》等多種。事迹參見清吳騫《周耕厓孝廉傳》(見《愚谷文存》卷十)。

　　此書撰作之緣起，書首周廣業《孟子四考敘》云："廣業七歲讀《孟子》，齔曉字訓，時塾本爲《集注》，見有用趙氏說者，心竊識之。長治制義，泛覽《語類》《大全》諸書，始知《章句》肇自邠卿，及讀《題辭》，又知有《外書》四篇，曰《性善》《辨文》《說孝經》《爲正》。既而搜討經史，涉獵子流，中所稱《孟子》，往往爲《內篇》所無，是逸文也。其與《內篇》錯出者，是異本也。並考而錄之。注家盛於宋，後獨推趙爲古，而各書所載注文實不止趙，則又知有鄭、劉、綦毋之注，亦考而存之。凡此皆無所疑者也。以疑義言之，則如爵祿、封建、井田、學校之制，與《周官》《戴記》同異甚多，見於《注疏》可考。趙氏謂漢文時《孟子》嘗置博士，迄今五經通義得引以明事，何當日虎觀讀經，寧雜採緯書而終不一及《孟子》也？……然此類經先儒論定，縱有未盡，初無甚害，可概闕如。惟紀年、卜宅、游宦數者，關亞聖之行藏，作全書之眉目，一誤則無所不誤，雖欲蓄疑焉不得。於是覃思竭慮，復作《出處時地考》，合前爲四，遂名《孟子四考》。嗟乎！幼童而守一藝，艾齒而後能言，行自傷己，溝愚僻處，無所取裁，其是否正未敢知也。每考之首，各爲序意，茲特記其緣起云。"《敘》末署"乾隆四十六年歲次辛丑六月朔日海寧周廣業書於黎照書屋"。然則此年《孟子四考》當已成書矣。又書末周廣業之跋文亦云："藁凡六、七易，辛丑春，有定本，可繕寫。"亦可參證。

　　此書撰稿之過程及刊刻始末，周氏於書末跋文云："是《考》薈蕞之初，蓋在己丑、庚寅閒，時《寧志餘聞》已成，《動植小志》甫脫藁，聞鮑君渌飲有藏本《意林》，亟借鈔之，校訂注補，頗費時日。先是，與崔表弟應榴纂刻《關帝徵信編》，久迺訖工，又嘗考定季漢官爵。乙未後，始專意焉。藁凡六、七易，辛丑春，有定本，可繕寫。自惟淺尠，不敢示人。仁和翟晴江先生方輯《孟子條考》，從友人丁君小疋處鈔得謬見採錄。甲辰春，攜之都門，就正丹陽吉渭厓先生、大興翁覃溪先生、南滙吳白華師，幸皆進教之，吳師并賜以序，蓋意在獎成也。丁未，南旋，復正諸餘姚盧抱經先生，多所指示。第四卷本名《疑義考》，吳師以是卷皆考正里居、世系、出處，易爲《仕止》，覃溪先生謂加'時地'二字更該括，至是抱經先生兼取之，題曰《出處時地》，師亦謂然。時大興朱石君先生視學吾浙，暇日進謁，懇求削正，復蒙寄示序及書後各一篇，祇誦之下，茅塞頓開。竊念末學卮言，雖不至見棄有道，然終未敢自信。會遊桐汭，藏之行篋者五年，當開雕郡志時，剞氏知有是書，亟請授梓，未之許也。今春復以爲言，兒子勳懋進曰：'大人於是書積數十年勞瘁，或不自惜，竊觀參訂諸公，各罄心力，似未可虛糜也。'喟然諾之，復賴華亭王鶴村、涇縣吳霽川兩先生相與是正，六月而竣。每覆閱一過，明知疎謬不少，苦不能自舉，對之顏汗而已。至先後參校者，歙縣程君易疇瑤田、績谿方君茶山體、餘姚盧君匏廬文韶、仁和沈君嵩門景熊、蔣君東橋師鑰、梁君處素履繩、海寧吳君槎客騫、錢君淥窗馥。寫校原藥者，門人沈堯明俊、王拱樞星、羅旅相星聯、查儀高筠。校刻則院諸生王羹遇文琴、李見如賓、周錦如夢霞。"案：此書自乾隆三十四（己丑，1769）、三十五年（庚寅，1770）間開始起草，至四十六（辛丑，1781）稿成，其後復經多位名家參校指瑕，始於乾隆六十年（乙卯，1795）付梓，前後歷二十餘年，亦可謂勤苦矣。又此本書名葉題"省吾廬藏版"，考上海圖書館藏有周廣業《季漢官爵考》稿本一部，書中鈐印有"省吾廬"朱文長方印、"耕厓"朱文長方印、"周廣業印"白文方印、"蓬廬"白文長方印等，可知"省吾廬"爲周廣業室名之一也。

此書共四卷，卷一《逸文考》，卷二《異本考》，卷三《古注考》，卷四《出處時地考》。各卷正文之前皆有序。書首朱珪序述此書之内容云："海寧周君耕厓，博學嗜古，兼綜諸家，於孟子之學，致力尤邃，著《孟子四考》一書，首曰《逸文考》，博采諸書之不在七篇内者，比陳心叔所錄，不啻倍之。次曰《異本考》，刺取諸家所引以較今本異同，又有宋、足利諸本參訂之。次曰《古注考》，以諸本較今趙《注》之訛，又裒集劉熙、綦毋邃注甚多。次曰《出處時地考》，以《史記》爲不盡可據，因排齊、梁、滕、薛等國遊歷先後以解應劭、衛嵩諸家之聚訟焉。又校注《章指》《篇敘》，蓋至是始還舊觀矣。"此所述《孟子四考》各卷内容，極爲精要。案：朱珪此序，實爲阮元所代筆。書末朱珪《書孟子四考後》云："予在杭時，海寧周孝廉耕厓以其所著《孟子四考》示予校勘，比予將行，來索，則爲僕人誤束諸書簏矣。及到京都，耕厓屬蘇生琳趣此藥甚迫，已托阮編修元爲予作題辭應之。然鄙意本欲有所質於周君，故復申之。"由此可知本書何以書前有朱珪序，書後又有朱珪《書孟子四考後》之故。

此書四卷，卷端首行各題"孟子逸文考""孟子異本考""孟子古注考""孟子出處時地考"。各卷正文前皆有序。正文首列所輯得之正文，下雙行小字注明出處暨考釋。如卷一《孟子逸文考》首列輯自《荀子·性惡篇》者三條，第一條載："孟子曰：'今之學者其性善。'"下釋云："《荀子·性惡篇》，下同。"又第二條載："孟子曰：'今人之性善，將皆失喪其性故也。'"下釋云："詹道傳《孟子集注纂箋》引，脱喪字。"第三條云："孟子曰：'人之性善。'"下釋云：'此句兩見。皇甫湜《孟子荀子言性論》亦引之，見姚鉉《唐文粹》。"此三條之後，又有輯自《荀子・大略篇》一條，文長不録。由此可略知此書之體例。

　　本館所藏此本，頗見漶漫及板框破損之現象，且書名葉之用紙與内文同，未另以色紙印刷，疑是後印之本。又此本書末朱珪《書孟子四考後》及周廣業跋文，除見於書末所鑴外，另又有手抄之二文，置於書首朱珪序之前，反成蛇足，蓋書賈之所爲也。

　　《續修四庫全書總目提要》載江瀚所撰本書提要，題“《孟子四攷》四卷，乾隆六十年乙卯刻本”，評云：“不惟裒集逸文，具有甄別；異本、古注，亦皆明審。而於出處時地，稽攷尤詳……卷末附糾王世貞妄論，洵有裨於世教人心，不僅爲鄒嶧之功臣矣。”

　　此書《四庫全書總目》《中國古籍善本書目》俱未著録。清光緒間王先謙編《皇清經解續編》，嘗收録此書。此乾隆六十年刻本，除本館外，另中國國家圖書館、復旦大學圖書館、中國科學院圖書館、加拿大英屬哥倫比亞大學圖書館等亦有收藏，《續修四庫全書》嘗據復旦大學圖書館藏本影印行世，題“清乾隆六十年省吾廬刻本”，列入《經部》第一五八册。

學　庸

174
大學正説一卷中庸正説二卷

T897　4846

　　《大學正説》一卷《中庸正説》二卷，明趙南星撰，明梁維樞等校。清順治趙悦學刻本。三册。框高20.6厘米，寬13.5厘米。半葉九行二十二字，左右雙邊，白口，無魚尾。版心上鑴書名（各鑴“大學正説”“中庸正説”）。

　　《大學正説》一卷，題“高邑趙南星著；門人梁維樞、梁維基、劉駿譽同校；重甥王原膴、後學李士劭、孫趙悦學重刊”。《中庸正説》二卷，題“高邑趙南星著；門人梁維健、梁維基、賈昌祚、梁維樞、劉駿譽同校”。

　　《大學正説》書首，首明萬曆乙卯（四十三年，1615）仲春趙南星《大學中庸正説序》。次未署年李瀠《重刻學庸正説序》。

　　趙南星（1550—1627），字夢白，號儕鶴，明高邑（今河北高邑）人。《明史》卷二百四十三《列傳》第一百三十一有傳。傳云：“趙南星，字夢白，高邑人。萬曆二年進士。除汝寧推官，治行廉平，稍遷户部主事。張居正寢疾，朝士羣禱，南星與顧憲成、姜士昌戒弗往。居正殁，調吏部考功，引疾歸。起歷文選員外郎。”南星於光宗、僖宗朝歷任太常卿、工部右侍郎、左都御史、吏部

556

尚書等職。熹宗時受魏忠賢構陷，謫戍代州。《明史》又云："莊烈帝登極，有詔赦還。巡撫牟志夔，忠賢黨也，故遲遣之，竟卒於戍所。崇禎初，贈太子太保，諡忠毅。"趙南星爲明末東林黨重要人物，世以趙南星、鄒元標、顧憲成比擬漢末"三君"，時稱"東林三君"。著有《大學正説》《中庸正説》《史韻》《趙忠毅公集》《味檗齋文集》《芳茹園樂府》等書。今人單紀蘭、陳金鎖撰有《趙南星詩詞曲校注》一書。

《大學正説》《中庸正説》二書撰作之由，趙南星於《大學正説》書首《大學中庸正説序》云："《論語》者，編次仲尼及弟子之言也。《孟子》者，孟子之所著也。惟曾子、子思之所爲書，以《大學》《中庸》名。《大學》者，言其道之大也，《中庸》者，言其道之中正而平常也，二書之大旨具矣。初學率苦二書之難通，而尤以《中庸》爲難。夫大者反易，庸者反難，二賢豈欺我哉？……余少時先大夫命之習《淺説》，至於今三、四十年矣，而世道大變，士皆喜爲異説，欲高出前輩之上，且浸淫於佛、老之説，余甚懼焉。命兒輩，仍守《淺説》之學。然往時風氣渾樸，學士家於聖賢之書僅求通曉，未甚精覈，其解多在廊廡之間，鮮窺突奧，余乃以《淺説》爲主，參以近日名家之説，會稡折衷，晝夜思索，偶有所得，亦頗有先儒之所未發者。然自謂不害其爲同，他日視之，殆有可以解頤。令兒輩習之，知吾道之滋腴無窮，無庸求異爲也。"末署"萬曆乙卯仲春朔日高邑趙南星撰"。案：此序所謂《淺説》者，乃指明陳琛所撰之《四書淺説》也。考陳琛（1477—1545）字思獻，號紫峰，福建晉江陳埭涵口人，著有《四書淺説》。趙氏此序謂"余乃以《淺説》爲主，參以近日名家之説，會稡折衷"，李濚《重刻學庸正説序》亦言趙氏《學庸正説》乃是"就閩中陳思獻公《淺説》刪潤之，易其名曰《正説》"。知趙氏此書之撰作，主要以陳琛《四書淺説》中有關《學》《庸》之部分爲據也。

此本爲清順治年間趙南星之孫趙悦學之重刻本。據書首李濚所撰《重刻學庸正説序》中云："昔忠毅公趙儕鶴先生繇考功歸居林下，時望若山斗，天下翕然師尊之，負笈從遊者甚衆，往往以《學》《庸》爲難，於是就閩中陳思獻公《淺説》刪潤之，易其名曰《正説》。《正説》之義，其序載之詳矣，余不具論。當是時，海内尊信如程、朱，家藏一部，人手一編，有是《説》與《存疑》《蒙引》並行，其他坊間俗刻，叛經裂道，亟投諸煨燼可也……明季罷兵燹，藏板脱落，公次孫武安令效之召梓人重刻，而公之説炳然復明於天下。"此謂"公次孫武安令效之召梓人重刻"，考趙南星之孫趙悦學，字效之，清順治十年（1653）至十三年（1656）間任武安知縣（參見《［乾隆］武安縣志》卷十二《職官·知縣》），知此重刻本當刊於此數年間。又《大學正説》卷端所列重刊者姓名，有王原膴（1618—1670）、李士劭、趙悦學三人，亦可證此爲清順治之重刻本，非萬曆之初刻本也。

此《大學正説》一卷，《中庸正説》二卷，各自分卷，然亦有將二書統稱爲一者，如趙南星《大學中庸正説序》、李濚《重刻學庸正説序》是也。《四庫全書》收録此二書，即將其合併爲一書，題曰《學庸正説》，其分上、中、下三卷，以《大學正説》爲上卷，《中庸正説》爲中、下二卷。《四庫全書總目》述此書云："是编凡《大學》一卷，《中庸》二卷，每節衍爲口義，逐句闡發，而又以不盡之意附載於後，雖體例近乎講章，然詞旨醇正，詮釋詳明。"案：《大學正説》及《中庸正説》皆不録《學》《庸》原文，祇列所釋經文章節標題，如《大學正説》首標"大學之道　三節"，其下頂格爲解。次條則標"古之欲明明德於天下者　二節"。《正説》所釋，多分前後二段，間亦僅有一段者。本館所藏此順治重刻本，二段皆頂格排列，然《四庫全書》本第二段則皆低一格排列，即《總目》中所謂"又以不盡之意附載於後"之部分也。四庫館臣所據本是否原本如此，抑或此形式乃四庫館臣所更動，因明代刻本今未得見，尚難質言。

本館此本不避"玄"字諱。《中庸正説》闕卷二葉七十六。書中屢有佚名墨筆圈點，欄上間有墨筆批語。又此本見有藍色長條形紙廠印記，中有"張"字之殘形片段。

此書《四庫全書》收録，《四庫全書總目》題"《學庸正説》三卷，直隸總督採進本"，提要云："其説《大學》，不從姚江之知本，而仍從朱子之格物，併《補傳》一章亦爲訓解。其説《中庸》，不以無聲無臭虛論性天，而始終歸本於慎獨，皆確然守先儒之舊。蓋南星爲一代名臣，端方勁直，其立朝不以人情恩怨爲趨避，故其説經亦不以流俗好尚爲是非。雖平生不以講學名，而所見篤實，過於講學者多矣，未可以其平近而忽之也。"

《中國古籍善本書目》未著録。此本除本館收藏外，另清華大學圖書館、湖北省圖書館、中國臺北"中央研究院"傅斯年圖書館亦有收藏。此外，中國臺北"國家圖書館"藏有"《中庸正説》二卷二册"一部，題"明萬曆間刊本"。其本與本館此本同版，蓋因其館僅藏《中庸正説》，未得見《大學正説》書首李濚《重刻學庸正説序》，故誤斷爲"明萬曆間刊本"也。

175

學庸竊補十四卷

T898　7924

《學庸竊補》十四卷，清陳孚輯。清乾隆十五年（1750）刻本。八册。框高

20.5厘米，寬15厘米。半葉十行二十一字，小字雙行同，四周雙邊，白口，單魚尾。版心上各鎸"大學竊補""中庸竊補"等，中鎸卷次。

《大學竊補》卷端首行題"大學竊補卷之一"，以下五行題"武進陳孚石美纂輯；弟一飛天衢、弟見龍文明，次男銓（原注：'榜姓蔡'）起北，受業天津崔柏齡介千、五寨張文燾融朗，受業崇安潘從龍覲天、同邑呂祖萊濂度參訂"。書名葉分三欄，右題"武進陳石美纂輯"，中題"學庸竊補"，左題"道南堂藏板"，欄上題"乾隆庚午新鎸"。右下鈐有"翻刻必究"朱文方印。

書首，首清簡親王序，未立序名，首二行題"宗室理學／簡親王鑒定"，序末載"乾隆丙寅仲冬批"，次行載"庚午仲秋敬刻"。次清乾隆丁卯（十二年，1747）仲冬孫嘉淦《序》。次乾隆十一年（1746）上瀚錢度《序》。次乾隆丙寅（十一年）陽月（十月）錢維城《序》。次乾隆十一年十一月程景伊《序》。次乾隆己巳（十四年，1749）潘思榘《序》。次乾隆戊辰（十三年，1748）正月丁廷讓《學庸竊補叙》。次乾隆丁卯（十二年）秋劉於義《序》。次乾隆丁卯（十二年）仲春陳一飛《跋》。次乾隆十一年正月陳孚《自序》。次《附記十三條》，末署"石美氏又識"。

陳孚，字石美，清江蘇武進人。生平事迹，史志未載。《學庸竊補》書首陳孚之母舅劉於義《序》中云："陳甥孚，幼聰敏，能文章，食餼膠庠，惴惴自好，意其爲科第中人，而久困諸生，抑塞偃蹇。"知爲諸生而久困不遇者也。又同書陳孚《自序》云："詎料歲月如馳，膠庠食餼，歷十餘科……戊申而後，傾覆流離，無復生理。癸丑入都，倏（倏）焉七載。"據此知陳孚曾於雍正癸丑（十一年，1733）入京。其後，則於乾隆丙寅（十一年，1746）南還。同書程景伊《序》中云："歲丙寅十月，石美陳先生將攜其所著《學庸竊補》南還，謀付剞劂，而問序於余。余補博士弟子，於先生爲後進，烏足以知先生之學？"由此《序》所述推之，陳孚入都，當係入太學爲監生，故書首簡親王序稱"陳生孚"也。陳孚離京後，又曾南至福建見福建鹽法道丁廷讓，謀刻《學庸竊補》，事見丁廷讓《叙》。陳孚卒年不詳，據乾隆十二年（1747）陳孚弟陳一飛之《跋》文中云："吾兄石美，數奇而心泰，身困而道亨……雖年逾花甲，精神意氣與歲俱增。"則乾隆十二年時已六十餘歲。此書刻於乾隆十五年，此年陳孚似仍在世也。

陳孚於《自序》中述此書撰作之緣起云："聖賢經書，凡以明理學、正人心，非爲舉業設也。六經之精義微言，具於《四書》，《四書》之全體大用，詳於《集註》。然童而習之，皓首莫窮其奧者，則《學》《庸》爲甚，《中庸》尤甚。蓋《論》《孟》一章自爲一義，《學》《庸》則合全篇爲一義，而内聖外王，天道人道，源流脈絡，廣大悉備。《中庸》言上達處多，非沈潛反覆鈎深索隱，未易得其要領。初學者讀之，茫乎莫測其畔岸也。曷怪焉自宋迄今，講章奚止百家？闡明理學，可謂本末兼該，精粗畢舉，顧繁者詳之不勝詳，簡者約之乃過約，求其毫髮無憾，往往而鮮。　國朝名公鉅卿暨吾鄉　諸先進有志於世道人心者，莫不精研理學，融會貫通，成一家言。愚不自揣，斟酌群言，準以《或問》《語類》《性理》諸書，取其精，補其畧，宏綱細目，討論不厭其詳；參訂折衷，義理必要其當。千支萬派，摠會於源；隻字單詞，務窮其變。"此爲其撰作之由也。

　　此書撰作及付梓之過程，頗歷艱辛，《自序》又云："惟是目所未睹之書，心所未達之境，不敢臆度附會，若人人所見聞而初學之所爲茫乎莫解者，管窺蠡測，亦既條貫矣。自嫌學殖淺薄，未敢出而問世，欲求所謂理學大儒而取衷焉。詎料歲月如馳，膠庠食餼，歷十餘科，其間躓場屋者半，丁艱、疾病者半。戊申而後，傾覆流離，無復生理。癸丑入部，倐（倏）焉七載。每於匍匐困頓之餘，重爲詮次，而空囊羞澁，僅以自娛。夫身被堯舜之澤，不克稍自振拔，恥也，亦命也……每思劬勞罔極，屬望最深，乃煢煢羈旅，痛抱終天，躑躅京畿，　君門萬里，故人日就彫零，一身亦將衰老，猶然客館孤燈，慷慨自負曰'窮經將以致用，讀書所以明理'，豈不爲市童所鄙笑耶？己未冬，硯友卜君磊軒蒞任南安，藉以歸省墳墓。庚申小春，衝寒再北……迴首故鄉，寒暑忽又七易矣。安得　大人先生深探理學，樂善不倦，既蒙鑑賞，復藉梓行，以償我生平之虛願乎？……安得悉檢笥中纂本，相繼剞劂，質諸理學諸儒，俾舉業家知聖賢經書非徒弋取科名之具，而天命、人心相爲印證，孚雖没世不稱，其亦可以無憾也夫。"案：此序末署"峕乾隆十一年歲次丙寅正月穀旦，武進籍龍溪陳孚石美氏書於京師西內城旅次"，其歲爲乾隆十一年（1746），時陳孚正客居京師，期盼有"大人先生"能賞識其著作，并"復藉梓行"。書首附有多篇序，撰於乾隆十一年，如簡親王（仲冬批）、程景伊（十一月）等序，可推知陳孚當時必曾多所干求知音者以謀付梓，然終未能如願，遂南返。書首程景伊《序》云："歲丙寅十月，石美陳先生將攜其所著《學庸竊補》南還，謀付剞劂，而問序於余。"又丁廷讓《學庸竊補叙》云："廷讓雖兩袖清風，未遑剞劂，行將設法刊佈，以爲士人之穀玉。"此《叙》末署"峕乾隆戊辰春王正月"，可見至乾隆十三年（戊辰，1748）一月，此書仍未付梓。據書名葉所題，直至乾隆十五年（庚午，1750），始得刊刻，惟不知是否果藉丁廷讓之力。考《美國哈佛大學哈佛燕京圖書館藏中文善本書志·經部》著録此本，題"清乾隆十五年（1750）簡王府刻本"，述云："乾隆十五年，是編終獲簡親王資助，梓印行世。簡親王刻書序曰：'宗室理學簡親王鑒定……乾隆丙寅仲冬批。庚午仲秋敬刻。'按，乾隆十一年'批'時，和碩簡親王爲神保住，而至乾隆十五年'敬刻'時，已由德沛承襲王爵。"（葉二百十三）案：《哈佛燕京善本書志》據簡親王序末"乾隆丙寅仲冬批／庚午仲秋敬刻"二行而斷此本爲"清乾隆十五年（1750）簡王府刻本"，恐有誤解也。考此二行文字之意，當謂此簡親王鑒定之文（實即是序）乃乾隆丙寅（十一年，1746）仲冬時所批撰。今乾隆庚午（十五年，1750）將刊刻此書，故敬刻簡親王此文於書首。所謂"敬刻"者，乃指敬刻簡親王之文，表示對簡親王之尊敬，非謂簡親王敬刻此書也。

此書含《大學竊補》五卷，《中庸竊補》九卷，共十四卷。《大學竊補》首冠朱熹《大學章句序》，次接《大學竊補提要》，次爲正文五卷。《中庸竊補》首冠朱熹《中庸章句序》，次接《中庸竊補提要》，次爲正文九卷。書名《學庸竊補》者，《附記十三條》第十條云："'竊補'云者，非敢僭擬朱子補《傳》之意，不過竊彼以補此，竊此以補彼，或於此竊其一、二，或於彼竊其三、四，或於彼補其全段，或於此補其片言，要皆竊前人之意，補前人之說，非敢師心自用也。"案：此書《學》《庸》皆先大字列經文，其後以雙行小字爲釋，所釋以朱子爲宗，兼採諸家之說，然不標示出處。《附記十三條》首條云："自宋以來，諸儒之言，各成片段，各有條理，豈可截彼附此，刪繁就簡？夫諸家講章，俱擇其言之尤雅者，集腋成裘，若必載其全文，則《或問》、《語類》、先儒文集具在，無爲貴纂矣。"又次條云："說書以朱子爲宗，而諸名家所訂《大全》諸儒之言，不無互見。兹集多所引據，要擇其析理之精者，而文義錯綜。其某段某句出某先生，《大全》覽者自能辨之。"

此書纂輯宋以來先儒之說而成，間亦有陳氏己見，則以"愚按"二字標示。《附記十三條》第九條云："集中所採，悉本先儒成言，未嘗參以臆見，而剪裁貫串，偶出鄙衷，則別以'愚按'二字，然以僅見也。"

陳孚除《學庸竊補》之外，於《四書》、五經皆有纂稿，惜他書今皆未見流傳，恐未付梓也。《附記十三條》末條云："愚賦資鈍拙，手錄經書講義，類聚羣分，委曲繁重。始壬午，終癸巳，而《四書》、五經稿成。甲午以後，《學》《庸》又另爲纂本。乙巳歲，館於城西之滆湖，八月望前，書笥被竊，《四書》原藁遂失，幸另本獨存。後乃博採諸名家本，參互考訂。甲午迄今，已三十載，竊欲公之天下，而一貧無力付梓。若《學》《庸》既能問世，《論》、《孟》、諸經即當嗣出。"此云"甲午迄今，已三十載"，"甲午"指康熙五十三年（1714），則《附記十三條》約當撰於康熙五十三年後之三十年，即乾隆九年（甲子，1744）左右也。又據《附記》"甲午以後，《學》《庸》又另爲纂本"，此《學庸

《竊補》始纂之年爲康熙五十三年，亦可推知也。

《續修四庫全書總目提要》收録倫明所撰此書提要，題"《學庸竊補》九卷，乾隆十一年刊本"，提要云："是書首有簡親王、孫嘉淦、潘思榘、程景伊、劉於義諸序，又有孚自序及《附記十三條》，篇首又有《提要》。大率以朱子爲宗，而諸家之説，載於《大全》，采其析理之精者，隨本文之次第，參互闡明。間附己意，則加'按'字以別之……自言凡數易藁，始成此書。觀其剪裁之間，甚有斟酌，非僅治舉業者所必資也。"案：倫明所述内容，與本館此本皆合，當即據同本而述。然考乾隆十一年（丙寅，1746）時，《學庸竊補》尚未刊刻，必不可能有"乾隆十一年刊本"，倫明蓋據陳孚《自序》以斷之也。然則其所見本恐無書名葉可據，故倫明致有此誤歟？又此本含《大學竊補》五卷，《中庸竊補》九卷，倫明題"《學庸竊補》九卷"，蓋亦誤以《中庸竊補》之卷數爲全書卷數也。

此書《四庫全書總目》《中國古籍善本書目》俱未著録。除本館收藏外，清華大學圖書館、中國人民大學圖書館、南開大學圖書館，美國哈佛大學哈佛燕京圖書館，日本東京都立大學圖書館等館亦有收藏。

176

學庸思辨録十四卷

T898　2920

《學庸思辨録》十四卷，清朱鼎謙撰。清乾隆十四年（1749）玉山講堂刻本。六册。框高19.3厘米，寬14.1厘米。半葉十一行二十四字，小字雙行同，左右雙邊，白口，單魚尾。版心上分別鐫"大學思辨録""中庸思辨録"，中鐫卷次，下鐫"玉山講堂"。

《大學思辨録》卷端首行，上題"大學思辨録卷一"，下題"朱鼎謙輯"。書名葉分三欄，右上題"崑山朱受谷先生輯"，右下題"翻刻必究"，中題"學庸思辨録"，左下題"卓觀堂藏板"，欄上題"金壇王罕皆先生鑒定"。左上鈐有"論孟嗣出"四紅字。

書首，首清乾隆十四年（1749）秋八月王步青《序》。次乾隆十三年（1748）十一月朱鼎謙《學庸思辨録自序》。次宋淳熙己酉（十六年，1189）二月朱熹《大學章句序》。次《讀大學法》，末有乾隆丙寅（十一年，1746）朱鼎謙識語。次《大學思辨録》正文五卷。次宋淳熙己酉（十六年）三月朱熹《中庸章句序》。次《讀中庸法》，末有乾隆戊辰（十三年）朱鼎謙識語。次《中庸思辨録》正文九卷。末有乾隆十四年朱鼎謙《跋》。

朱鼎謙，字受谷，清江蘇崐山人。據沈德潛《四書思辨録序》中云："受谷少歲工制舉業，試作獨出冠時，一時想望，謂科名可俟契致，乃竟以諸生終老。"（見《歸愚文鈔》卷十一）則爲仕宦不顯者也。著有《四書思辨録》。事迹另參《江蘇藝文志·蘇州志》第三分册。

此書撰作之由，朱鼎謙在《學庸思辨録自序》中云："《學》《庸》難解，亦易解，無他，淆衆説則難，遵朱《註》則易也。《大全》非不浩博，而每多冗濫，《蒙》《存》《淺》《達》亦云昭晰，而間猶蒙混後學，顛倒紛紜，胸無定見，病皆坐此，求其易解，得乎？《章句》宗程子之緒言，《或問》辨程門之異論，至《語類》者，羣弟子質疑問難，記其師説而作，反覆辨達，鄭重分明，迄今五百年，宛轉如初脱諸口。學者誠沈潛於朱子之説，以《章句》爲主，以《或問》爲輔，而更以《語類》爲《章句》《或問》之注脚，書理自天開而日明，謂之難解，得乎？　聖朝昌明理學，真儒輩出，如當湖陸先生、石門呂先生、吳門汪先生、都梁李先生、桐城周先生、金壇王先生，並能探討朱子本義，發宋元明儒所未發，然而異同疑似之介豈能無岐（歧）？則亦不容不思毫釐杪忽之間，豈必盡合？則亦不能無辨。此輯講義者，採録精詳，尤必折衷允當也。世儒看書，心粗氣浮，了不經思，亦毫不知辨，其於朱子本義大都模糊影響，終身在雲霧中。謙不敏，竊爲之句挑字剔，細意熨帖，剖黑白而定一尊，務俾難解者歸於易解，凡以導學者之尊朱、信朱，防學者之攻朱、畔朱，而大救其心粗氣浮之病云爾。"此述其撰作之目的也。惟此書之撰作及刊刻，實有他人之襄助。《自序》又云："是書之作，始於秭歸張公，而成於博陵尹公，惜乎秭歸潦倒下僚，無能襄是書之成；博陵先生碩德鉅儒，究心書理，躬親鑒定，而曾不浹旬，遽騎箕尾歸天，又不及覩是書之成也。然而是書竟賴公以成矣。不敢忘所自，爰述其巔末，備載諸簡端。"此序末署"昔　乾隆十有三年歲次戊辰冬十有一月長至日"，蓋《學庸思辨録》書成於此時，其初有秭歸人張氏襄助此書之作，然未竟而去。另《自序》所謂"成於博陵尹公"者，究竟何所指？考書末朱鼎謙所撰之《跋》云："《學庸思辨録》十四卷，彙宋、元、明暨今諸家講義，悉折衷於朱子而統異爲一者也……去年夏，呈政於少冢宰尹大宗師，奉批'允堪鋟行'，即蒙發刻。今年春，復呈政於少司馬莊大宗師，奉批'具見苦心'，亦蒙存閲。是書荷兩文宗特達之知，書理之晦而復明，明而不復晦，從可卜矣……《四書》屬稿已定，《學庸》特詳，《論孟》較要，《學庸》詳而未嘗不要，《論孟》要而未始不詳。行將次第付梓，以待世之宗工具眼，共鑒此苦心者。"此《跋》末署"乾隆十有四年，歲次己巳夏四月朔日戊寅，崐山朱鼎謙受谷氏謹跋"，《跋》中謂"去年夏，呈政於少冢宰尹大宗師"，此即《自序》中所言之"博陵尹公"。考此"少冢宰尹大宗師"當指尹會一（1691—1748）。會一字元孚，號健餘，清直隸博野（今河北博野）人，乾隆十一年（1746）十月以工部侍郎督江蘇學政，十三年（1748）四月遷吏部侍郎，仍留學政，至十三年七月十五日卒於任上。清王步青（1672—1751）撰有《吏部侍郎提督江蘇學政博陵尹公神道碑銘》，另《清史列傳》卷十八、《清史稿》卷三百八俱有傳。冢宰爲《周禮・天官》中之官名，後世雅稱吏部尚書爲冢宰，尹會一官吏部侍郎，故朱鼎謙稱尹會一爲"少冢宰"。又尹會一於乾隆十一年十月至十三年七月間任江蘇學政，故朱鼎謙乃得於乾隆十三年夏將《四書思辨録》書稿呈尹會一指正，會一閱後即先將《學庸思辨録》付刻，惜於當年七月十五日卒，未及見《學庸思辨録》之刊成，故朱鼎謙《跋》云："去年夏，呈政於少冢宰大宗師，奉批'允堪錄行'，即蒙發刻。"又《自序》中云："博陵先生碩德鉅儒，究心書理，躬親鑒定，而曾不浹旬，遽騎箕尾歸天，又不及覩是書之成也。"皆述其事。惟《學庸思辨録》之刻成當至乾隆十四年，見下文所述。

　　另書首王步青《序》中云："崑山朱子受谷，殫心理學，不惑異趣，深病夫百家叢説之螫聖賢而訛來學也，因成《四書思辨録》一書……書共四十八卷，《學庸》十四卷，析理精，不厭其詳；《論孟》三十四卷，辨論亦不病其晷。《學庸》前已付梓，今《論孟》尚留篋中，方謀鏤版。"此《序》末署"峕　乾隆十四年歲在己巳秋八月朔"，此《序》當係王步青爲朱鼎謙《四書思辨録》所寫之序，其時《學庸思辨録》已付梓，而《論孟思辨録》則"方謀鏤版"，尚未付刻也。又考清沈德潛（1673—1769）《歸愚文鈔》卷十一載有《四書思辨録序》一文，其文與王步青此《序》之内容大略相同，惟沈德潛之文於"則朱子惟四子書之功臣，而受谷又爲朱子之功臣也已"之後，多"受谷少歲工制舉業，試作獨出冠時，一時想望，謂科名可庋契致，乃竟以諸生終老，人咸爲受谷惜，不知天正欲老其材、堅其識，使之剗異説之榛蕪，以探正學之精藴也。假使當時掇高第、升雲衢，豈必無文采聲華照耀於世，然亦當時則榮而已，問以聖賢血脈，恐茫然未有得也。今受谷殫生平之精力，兢兢乎惟懼弗得者而竟以得之，孰重孰輕？孰久孰暫？悉待益者而始能辨之也耶"一段。另王步青《序》"《學庸》前已付梓，今《論孟》尚留篋中，方謀鏤版"一段則沈德潛文所無。此《序》究竟出自王步青或沈德潛之手，尚難考知，惟今存世有王步青《己山先生文集》《己山先生別集》，清乾隆十七年敦復堂刻本，其中俱未見《四書思辨録序》。

　　此書包括《大學思辨録》五卷，《中庸思辨録》九卷。《大學思辨録》首冠朱子《大學章句序》，末署"淳熙己酉二月甲子新安朱熹序"。次《讀大學法》，末有朱鼎謙識語云“右《朱子語類》凡三十八條，今編輯《讀大學法》，分爲二十二節，全書要領，使讀者開卷了然，此謙區區思辨之苦心也”，末署“乾隆丙寅六月戊子崑山朱鼎謙識”。案：丙寅爲乾隆十一年（1746）。《中庸思辨録》首冠《中庸章句序》，末署“淳熙己酉春三月戊申新安朱熹序”。次《讀中庸法》，末有朱鼎謙識語云：“右編次《讀中庸法》，《輯略》凡十一條，分爲四節。《語類》《文集》凡十七條，分爲八節。又附《中庸集解序》爲一節，終以《大全·讀法》首條爲一節。”末署“乾隆戊辰正月甲午崑山朱鼎謙識”。案：戊辰爲乾隆十三年（1748）。

本書各卷皆經文大字頂格，朱子《章句》大字低一格，朱鼎謙纂輯朱子《語類》《文集》及諸家之語爲釋，則雙行小字。朱鼎謙於書末《跋》曾自述其書之特色云：“《學庸思辨録》十四卷，彙宋、元、明暨今諸家講義，悉折衷於朱子而統貫爲一者也。其書之異於羣書者，大端有五：經文之下，首載序講一段，俾學者認取大綱，一目了然。從前《正解》諸書，義蘊總不及此詳明，脉絡總不及此之融洽，一也。傳註之下，備載歷來講説，俾學者逐字體認，逐句理會，逐段反覆研究，不留一毫疑竇，從前《大全》諸書，徵引總不及此之的當，辨析總不及此之微至，二也。《章句》所已解者，必博採諸説以爲印證；《章句》所未解者，亦廣搜衆説以爲補綴，腠理縝密，他書所無，三也。凡講解之分隸章句者，按部就班，各有條理，各有歸宿，其統論大義，難以分屬者，另載於後，以補闕畧。節旨章旨，統括無遺，眉目主腦，分明不爽，尤他書所少，四也。《或問》與《章句》相表裏，正義詳載，用資誦習，餘義互相發明，亦節録以備觀覽。舊本另爲一編，檢閱每苦隔涉。他書分附各節之末，體製又嫌夾雜，今附載逐章之後，俾《章句》《或問》各從其類，各適其職，位置較爲停妥，五也。凡此五者，皆編輯之大略。”由朱氏此《跋》所述，亦可知其書編輯之體例。

此書《大學思辨録》卷一、四、五之末及《中庸思辨録》卷二、三、五、七、八、九之末，皆鐫有參訂及校刊者姓名，如《大學思辨録》卷一之末鐫“同學徐衡參訂，門人錢厚、鄒正中校刊”，《中庸思辨録》卷二之末鐫“同學陶琳參訂；門人陳喬明、［陳］喬皇校刊”。各卷所題參訂者及校刊者皆有異，兹不備録。

本館所藏此本屢見引呂晚村之説，然“晚村”二字每被剜去，僅存“呂”字，餘二字空白；亦有“呂晚村”三字皆剜去空白者。此蓋皆爲避諱免禍之故。然亦間有剜而未盡者，如《中庸思辨録》卷九葉七“呂晚村云”，《大學思辨録》卷四葉八“晚村説是”，皆其例也。

此書《四庫全書總目》《中國古籍善本書目》俱未著録。孫殿起《販書偶記》卷三著録云："《學庸思辨録》十四卷，崑山朱鼎謙撰，乾隆十四年卓觀堂刊。《大學》五卷，《中庸》九卷。"孫氏所見本當與本館此本同，書名葉皆題"卓觀堂藏板"，故孫氏據以爲"卓觀堂刊"也。除本館收藏外，另蘇州大學圖書館、淮陰師範學院圖書館等館亦有收藏。

四書通義

177

四書集註三十卷

T853　2943G

《四書集註》三十卷，宋朱熹撰。明正統十二年（1447）司禮監刻本。十册。框高23.2厘米，寬16.5厘米。半葉八行十四字，小字雙行十八字，四周雙邊，黑口，雙魚尾（魚尾相隨）。版心中鐫"大學章句"等。

此書共三十卷，計《大學章句》一卷，《大學或問》一卷，《中庸章句》一卷，《中庸或問》一卷，《論語集註序説》一卷，《論語集註》十卷，《孟子集註序説》一卷，《孟子集註》十四卷。

《大學章句》卷端首行題"大學"，下有雙行小字"大，舊音泰／今讀如字"，次行題"朱熹章句"。前有《大學章句序》，末署"淳熙己酉二月甲子新安朱熹序"。《大學或問》一卷，首行題"大學或問"，次行題"朱熹"。

《中庸章句》一卷，卷端題"中庸"，下有雙行小字"中者，不偏不倚，無過、／不及之名。庸，平常也"，次行題"朱熹章句"。前有《中庸章句序》，末署"淳熙己酉春三月戊申新安朱熹序"。《中庸或問》一卷，卷端首行題"中庸或問"，次行題"朱熹"。

《論語集註序説》一卷，卷端首行題"論語"，次行題"朱熹集註序説"。前有《讀論語孟子法》，未署作者。《論語集註》十卷，卷端首行題"論語卷之一"，次行題"朱熹集註"。

《孟子集註序説》一卷，卷端首行題"孟子"，次行題"朱熹集註序説"。《孟子集註》十四卷，卷端首行題"孟子卷之一"，次行題"朱熹集註。"

朱熹生平參前"013　周易傳義十卷"條。

此本，舊目定爲明正統十二年（1447）刻本，姑從之。

《四書集註》爲朱熹一生研究《四書》之總成果，朱熹撰成《四書集註》之前，先撰有《論語要義》《論孟精義》等書，至南宋孝宗淳熙四年（丁酉，1177），完成《四書集註》初稿，此後朱熹仍不斷加以修訂，至淳熙十六年（己酉，1189），撰《大學章句序》《中庸章句序》，即本書中所載者也。

《四庫全書總目》評此書云："案：《論語》自漢文帝時立博士，《孟子》據趙岐《題詞》，文帝時亦嘗立博士，以其旋罷，故史不載。《中庸説》二篇，見《漢書·藝文志》；戴顒《中庸傳》二卷，梁武帝《中庸講疏》一卷，見《隋書·經籍志》。惟《大學》自唐以前無別行之本。然《書錄解題》載司馬光有《大學廣義》一卷、《中庸廣義》一卷，已在二程以前，均不自洛、閩諸儒始爲表章，特其論説之詳，自二程始，定著《四書》之名，則自朱子始耳……《大學》古本爲一篇，朱子則分別經、傳，顛倒其舊次，補綴其闕文，《中庸》亦不從鄭《註》分節，故均謂之《章句》，《論語》《孟子》融會諸家之説，故謂之《集註》，猶何晏註《論語》，裒八家之説，稱《集解》也。惟晏註皆標其姓，朱子則或標或不標，例稍殊焉。《大學》章句，諸儒頗有異同，然'所謂誠其意者'以下，並用舊文，所特創者不過補《傳》一章，要非增於八條目外，既於理無害，又於學者不爲無裨，何必分門角逐歟？《中庸》雖不從鄭《注》，而實較鄭《注》爲精密。蓋考證之學，宋儒不及漢儒；義理之學，漢儒亦不及宋儒。言豈一端？要各有當……大抵朱子平生精力殫於《四書》，其判析疑似、辨別毫釐，實遠在《易本義》《詩集傳》上，讀其書者要當於大義微言求其根本。明以來，攻朱子者務摭其名物度數之疎，尊朱子者又併此末節而回護之，是均門户之見，烏識朱子著書之意乎？"

本館此本《大學章句》書中有字迹漫漶及斷版之現象，疑爲後印之本。《大學章句》間有用墨筆填描之處。另《大學或問》中，間有佚名朱筆圈點。此本每册書根皆見寫有"#662"字樣，知原爲芝加哥紐伯瑞圖書館（Newberry Library）之舊藏。

《四庫全書》收録，《四庫全書總目》題"《大學章句》一卷《論語集註》十卷《孟子集註》七卷《中庸章句》一卷，通行本"。《中國古籍善本書目》著録"《四書集註》三十卷，宋朱熹撰，明正統十二年司禮監刻本"，含"《大學章句》一卷《或問》一卷，《中庸章句》一卷《或問》一卷，《論語集註》十卷《序説》一卷，《孟子集註》十四卷《序説》一卷"，載中國國家圖書館、天津省圖書館、四川省圖書館等七館收藏。除本館外，另中國臺北"國家圖書館"、美國國會圖書館等館亦有收藏。《四書集註》自宋至清，版刻多種，卷數亦頗不一致。《中國古籍善本書目》另又著録"《四書章句集注》二十八卷"，宋刻本、元刻本；"《四書集註》二十八卷"，明嘉靖二十七年伊藩刻本、明刻本；"《四書集注》二十八卷"，清内府刻本；"《四書章句集注》三十卷"，元刻本；"《四書集註》三十卷"，明成化十六年吉府刻本；"《四書集註》三十卷"，明刻本；"《四書集註》十九卷"，元至正二十二年沈氏尚德堂刻本、明隆慶四年衡府刻本、明萬曆十年金續刻本、明種德書堂刻本、明吳勉學刻本、明豹變齋刻本、清乾隆文粹堂刻本、清道光四年劉氏勉行堂刻本、清刻本；"《四書集註》二十一卷"，明刻本、明崇禎刻本、明刻朱墨套印本、清康熙十年朱氏崇道堂刻本；"《四書集註》三十八卷"，明刻本；"《四書集註》四十卷"，明嘉靖應櫃刻本；"《四書集註》四十一卷"，明刻本等多種版本。

鈐印有"綿鹿"朱文方印。

178

四書或問三十九卷

T853　2943.5

《四書或問》三十九卷，宋朱熹撰。清康熙天蓋樓刻本。八册。框高18厘米，寬13.8厘米。半葉十行二十二字，左右雙邊，黑口，雙魚尾（魚尾相向）。版心中鐫《四書》各書名及卷次。

卷端首行題"大學或問卷之一"，次行題"朱熹著"。書名葉分二欄，右上題"白鹿洞原本"，左二行大字題"朱子四書／或問"，"或問"二字下題"天蓋樓藏板"。右下鈐有"杭州錢塘學前／對門有文堂老／店書坊發兌"三行紅字。

朱熹生平參見"013　周易傳義十卷"條。

朱熹於《答蔡季通》書中云："某數日整頓得《四書》頗就緒，皆爲《集注》，其餘議論别爲《或問》。"（《朱子文集續集》卷二《答蔡季通三十六》）朱熹對《四書集註》極具自信，嘗謂"某《語孟集注》，添一字不得，減一字不得"（見《朱子語類》卷十四），然於《或問》，則較不滿意，《答張元德》書中嘗云："《論孟集注》後來改定處多，遂與《或問》不甚相應，又無工夫修得《或問》，故不曾傳出。今莫若就正經上玩味，有未適處，參考《集注》，更自思索爲佳，不可恃此未定之書，便以爲是也。"（見《朱子文集》卷六十二《答張元德》）《四庫全書總目》"《四書或問》三十九卷"提要云："朱子既作《四書章句集註》，復以諸家之説紛錯不一，因設爲問答，明所以去取之意，以成此書。凡《大學》二卷，《中庸》三卷，《論語》二十卷，《孟子》十四卷。其書非一時所著，《中庸或問》原與《輯畧》俱附《章句》之末。《論語》《孟子》則各自爲書，其合爲一帙，蓋後來坊賈所併也。"

本館所藏此本書名葉右上題"白鹿洞原本"，左下題"天蓋樓藏板"，右下鈐有"杭城錢塘學前／對門有文堂老／店書坊發兌"三行紅字。考今傳世有清汪天榮輯《德音堂琴譜》，康熙辛丑（六十年，1721）刻本，杭州有文堂發兌。

由此推之，此《四書或問》蓋亦康熙間刻本也。

此書共三十九卷，計《大學或問》二卷，《中庸或問》三卷，《論語或問》二十卷，《孟子或問》十四卷。各卷皆先列章目，後設爲問答以述之。如《大學或問》卷之一，起首列"經一章"，其下載："或問：'大學之道，吾子以爲大人之學，何也？'曰：'此對小子之學言之也。'曰：'敢問其爲小子之學，何也？'曰：'愚於序文已屢陳之，而古法之宜於今者，亦既輯而爲書矣，學者不可以不考之也。'"舉此一段，可見一斑。

此書《四庫全書》收錄，《四庫全書總目》題云"《四書或問》三十九卷，江蘇巡撫採進本"，提要云："中間《大學或問》用力最久……《中庸或問》則朱子平日頗不自愜……至《論孟或問》則與《集註》及《語類》之説往往多所牴牾，後人或遂執《或問》以疑《集註》，不知《集註》屢經修改，至老未已，而《或問》則無暇重編，故《年譜》稱'《或問》之書，未嘗出以示人，書肆有竊刊行者，亟請於縣官，追索其板'。又《晦菴集》中有《與潘端叔》書曰'《論語或問》此書久無工夫修得，只《集註》屢更不定，却與《或問》前後不相應'云云，可見異同之迹，即朱子亦不諱言。並錄存之。"

本館所藏此本，《中國古籍善本書目》未著錄。中國國家圖書館藏有"清康熙間天蓋樓刻本"一種，蓋與本館此本同版。另《中國古籍善本書目》著錄"宋刻本"（殘本）、"明弘治十七年刻本"、"明正德十二年閩聞刻本"三種刻本，分藏上海圖書館、天一閣文物保管所（今天一閣博物館）、上海辭書出版社圖書館、河北大學圖書館。另中國國家圖書館及上海圖書館各藏有元刻殘本一部。

179

朱子四書或問小註三十六卷

T855　2900

《朱子四書或問小註》三十六卷，舊題宋朱熹撰，明徐方廣增注，清陳元燮輯定，清陳嘉穀校，清張世榮參訂。清康熙四十一年（1702）刻本。十冊。框高19.8厘米，寬13.8厘米。半葉十一行二十四字，小字雙行同，左右雙邊，白口，無魚尾。版心上鎸"朱子或問小註"，中鎸《四書》各書名及卷次（如"大學卷一"）。

卷端首行題"朱子大學或問小註"，第二至第四行題"高沙徐方廣增註；西泠陳元燮輯定；男嘉穀校；東海張世榮參訂"。書名葉二行大字題"朱子四書或／問小註"，第二行"問小註"下小字題"觀乎堂藏板"，欄上題"康熙壬午年鎸"，左下鈐有"翻刻必究"白文長方印，書名葉上方上鈐有"發明聖賢正旨"

朱文橢圓大印。

書首，首《朱子四書或問小註總目》，先列總目"《大學》一卷／《論語》二十卷／《中庸》二卷／《孟子》十四卷"。次接朱子"與劉用之"書一通，未立標題，共四行，末載"與劉用之"四字。次低一格接徐方廣識語，末署"歲在癸未三月晦日，高沙後學徐竣今名方廣記之於紙尾"，下又有徐方廣另一識語四行。以下復低一格接載"陳彝則識語"，未立標題，末署"壬午正月人日，陳彝則筆記"。以上版心皆鎸"總目"。《總目》末鎸"觀乎堂藏板"五字。

宋朱熹先撰《四書章句集註》，又以諸家之說紛錯不一，因設爲問答，明所以去取之意，而成《四書或問》三十九卷。今《四書或問》三十九卷之外，又見此題爲朱子所撰之《朱子四書或問小註》三十六卷，其内容多有可疑，故《四庫全書總目》斷曰："其爲近人依託無疑。"

此書乃明徐方廣於萬曆十年（壬午，1582）見之於晨溪凌氏繪雪堂，爲之增注，於次年（萬曆十一年，1583）刻之。其後清陳彝則於康熙三十六年（丁丑，1679）得徐方廣增注本，由陳彝則之男元變輯定，孫嘉穀校，東海張世榮參訂，并於康熙四十一年（壬午，1702）刊刻，即此"觀乎堂藏板"也。此本雖書首《總目》載："《大學》一卷／《論語》二十卷／《中庸》二卷／《孟子》十四卷"，合計爲三十七卷，然正文則《中庸》僅一卷，且《四書》排列之次序爲《大學》《中庸》《論語》《孟子》，與《總目》所列有異，故今仍定此本爲三十六卷。

此本，書首載明徐方廣之識語云："蓋自有《四子》一書，而唐、虞、三代之學至今猶在人間也。秦火已後，古聖賢之蘊奥未必久晦於漢唐而乍闢於有宋。如二程、周、張諸先生起而羽翼之，至紫陽夫子根究書之文義，自非好學深思，心知其意，必不能悉力模擬，與神明相伍對也。考其著作，《論》《孟》註成於淳熙丁酉，《大學》《中庸》'或問''章句'成書雖久，至己酉乃始序而傳之。又池州所刊《語録》四十三卷，續增張洽録一卷；饒州所刊《語録》四十六卷，《語後録》二十六卷；建寧新刊《別録》二十卷；蜀中所刊《語類》一百四十卷；徽州所刊《語續類》四十卷。《或問小註》成於《集註》之後，以門人問答而作也。外摘《語録》類續、先儒精義，彙成一大部，千萬世之下因是可以見唐、虞、三代之遺而可不知所適從哉？竣束髮受書，講求義理，嘗以背註是懼。歲壬午，下帷晨溪凌氏繪雪堂，讀是書，於《章句集註》下分外明了。原集外，有與朱註相發明者，南軒、雙峯、新安、慶源、仁山及《蒙引》《存疑》諸書，時有所見，用著於録，意到即筆，不得留。然剪（譾）陋末學，焉敢與前人埒？竊議雙行小字，低一格子，妄曰'增註'，蓋增註張、陳、饒、輔諸先生説也……歲在癸未三月晦日，高沙後學徐竣今名方廣記之於紙尾。"其下又接四行識語云："集中行款大字、雙行高一格者，出自朱子原本，悉仍之。刻稿從凌義遠先生家借來，不敢忘所由也。内中低一格，雙行細字及朱子大、小字旁加圈逗，係竣所增者，後生膽大，妄作妄爲，凡以云僭也。"徐方廣此二則識語，一方面説明"刻稿從凌義遠先生家借來，不敢忘所由也"，明其來源。一方面説明自己之"增註"所據及書中之行款情形，以免讀者混淆。此本《朱子四書或問小註》中，其頂格排列者，大字爲朱子之"或問"本文，雙行小字者爲朱子自撰之"小註"，其低一格雙行小字者，則爲徐方廣之"增註"。徐方廣增注所據，大抵據"南軒、雙峯、新安、慶源、仁山及《蒙引》《存疑》諸書"，故云"蓋增註張、陳、饒、輔諸先生説也"，此謂以張栻（南軒）、陳櫟（新安）、饒魯（雙峯）、輔廣（慶源）諸家之説增注《或問小注》，非謂其增注在補諸家説之不足。至於此書中之"或問"，其有異於另傳世之《四書或問》及《朱子語類》者，徐氏則以朱子之著作屢有修正，以釋其疑。

書首徐方廣兩則識語之後，又有清陳彝則之識語述此康熙四十一年刻本之刊刻始末云："往時見周龍客所刊《朱子語類》、呂晚村《論孟或問精義》，如得古今未曾有，志欲合《文集》《語録》《續類》并周、呂兩家，彙訂以成備美，適兒子元燮有正續艾選之役，尚濡遲而未能。丁丑春，過白門，獨行千廊下，繙閲亂書中有《朱子四書或問小註》，卷次了然，其後則有徐思曠先生爲之叙。因記諸家講説嘗有引述《或問小註》，特未見其全書，遂質衣易焉。籌燈夜讀，知是《集註》以後書，内有已見、未經見者各相半。隨覓《語類》《或問》諸書勘對，宛如予向欲成備美者。後有徐先生參以紫陽而後諸儒説，數并先生之真知獨見，實與朱子相表裏。始吾習舉業時，海内知有徐先生，以不得親炙爲恨。今幸睹其副墨，則是朱子一書，而徐子又一書，一而二，二而一也。去年春，甫謀刊，忽來同類貽議，復淹三、四月，乃得就理，此則成余向日之志，且完徐先生未了公案也。天乎？人乎？輯定者男元燮，校則孫男嘉穀，參訂爲張子世榮也。壬午正月人日，陳彝則筆記。"據此識語，知陳氏此本刊於清康熙四十一年（壬午，1702），乃據明徐方廣刻本校定重刻也。陳彝則識語中對《朱子四書或問小註》之真僞問題，隱約有所觸及，如云："去年春，甫謀刊，忽來同類貽議，復淹三、四月，乃得就理"，同類所議爲何，雖未明言，恐是涉及此書真僞問題，又云"且完徐先生未了公案"，則前此當已有疑此書之真僞者，故陳氏有此説也。

此本書首有《總目》，載："《大學》一卷，《論語》二十卷，《中庸》二卷，《孟子》十四卷。"其下有朱子與劉用之書，未立標題，云："《大學》《論》《庸》《孟子》，照前《章句集註》分爲三十七卷，門人問答未經刊者，什之四，删訂舊刻什之五，參載《精義》什之一，刻將半，池城火燬，蔡沈復董其事，始得竣成。老年益不喜與世人交，而人亦不復見過，著書之外，頗無他好也。與劉用之。"另書中《大學》《中庸》《論語》《孟子》各《或問小註》之前皆載有朱子自序，如書中載《朱子大學或問小註原序》云："是年春，採輯成書，家居凡五月，門人輩或疑於《章句》而問焉，予不憚言之重、辭之複，復爲添一小註脚，使瞭然於胸，鮮有芥蒂，亦所願也……熹不敏，其有憂患乎？因所問，愈愧等於訓詁之末，然於流覽之間，更明白而易曉。初序已載述，又奚言？蔡沈從旁識之。集《大學》。淳熙己酉秋八月辛未新安朱熹序。"又《朱子中庸或問小註原序》云："……作《中庸或問小註》，附《章句》後。淳熙己酉冬十月壬申新安朱熹序。"《朱子論語或問小註原序》云："《集註》成，寢食幾積月，只是心上打不過。坐白鹿書院，及門六、七人，其中有未通釋者，反覆來問，爰記錄之，將付剞劂，復細心看玩，竊恐有未然也。淳熙己酉冬十二月甲戌新安朱熹序。"又《朱子孟子或問小註原序》云："涵泳白文，從前之逗漏補得幾許，須向這裏認取，勿以爲迂遠而闊於事情也。淳熙己酉冬十二月丙子新安朱熹序。"若據此四篇朱子自序，則此書似成於南宋孝宗淳熙十六年（己酉，1189）秋至冬，然《四庫全書總目》則力辨其僞，茲不贅述。又此本書首《總目》所載《大學》《論語》《中庸》《孟子》卷數總計雖有三十七卷，然正文實爲三十六卷，已見前述。

本館此本，間有佚名朱筆圈點。又《朱子論語或問小註》卷三葉二十右面，鈐有藍色長條形紙廠印記。

此康熙四十一年（1702）刻本之後，另又有鄭任鑰康熙六十一年（1722）刻本，其本書首有鄭任鑰之序云："《或問小註》一書，成於淳熙己酉之秋冬，是時朱子年已六十，於《章句集註》《或問》之外，爲學者添一小注脚，數月之間，訂舊增新，襞積數十萬言，天理爛熟，於斯爲極。今試取《精義》《或問》《文集》《語類》相對勘，其同者半，不同者半，總之，親加整頓，直與孔、曾、思、孟同一鼻息出入，學者欲深探理窟，舍是書，何以哉？余自膺 簡命，視學江南，江南人文淵藪，思欲黜華崇實，進士子以讀書窮理之功，因取是書，重加校定，付剞劂氏，且欲海内之士有志於正學者，皆得此而盡心焉。惟是課士匆促，無多暇晷，校訂已踰一載，雖不敢一字有譌，而於前輩之足以發明朱子者，不能多所收取，俗下繆解，亦僅僅摘其尤甚者而已。宛陵湯生素潛心朱子書，嘗與之商榷。"此序末署"歲在壬寅三月初一侯官鄭任鑰書於皖城試院"。此外其本書首又載《後序》，力陳《或問小註》非僞書之由。

此書《四庫全書總目》著錄，題"《或問小註》三十六卷，安徽巡撫採進本"，入《經部·四書類存目》。提要云："舊本題朱子撰。宋以來諸家書目皆不著錄，諸儒傳朱子之學者亦無一人言及之，康熙壬午始有陳彝則家刻本稱明徐方廣增注。越二十年壬寅，鄭任鑰又爲重刻而附以己説，並作《後序》反覆力辨，信爲朱子書。如卷首載朱子與劉用之書及《序》四篇，《晦庵集》中不載，則以爲集中偶佚；《年譜》不記作此書，則以爲年譜遺漏；書中多講時文作法，則以爲制義始王安石，朱子亦十九舉進士，必善時文。連篇累牘，欲以强詞奪理。至如解《中庸》'其至矣乎'一節、'道之不行也'一節，皆剿《四書大全》所載雙峯饒氏語，'射有似乎君子'一節，全剿《四書大全》所載新安陳氏語，僞蹟昭然，萬難置喙，則以爲《大全》誤題姓名，其偏執殆不足與辨……其爲近人依託無疑。王懋竑《白田雜著》有是書跋，稱任鑰刻是書，後自知其謬，深悔爲湯友信所賣，併稱《序》及諸論皆友信之筆，任鑰未嘗寓目云。"

《中國古籍善本書目》未著錄。此本除本館收藏外，另北京大學圖書館亦有收藏。此外，中國科學院圖書館、北京大學圖書館、遼寧省圖書館、湖北省圖書館、日本内閣文庫等亦藏有康熙六十一年鄭任鑰刻本，《四庫全書存目叢書》嘗據中國科學院圖書館藏本影印行世，題"清康熙六十一年刻本"，列入《經部》第一五四册。

180

四書集註大全四十三卷

T855　4208

《四書集註大全》四十三卷，明胡廣等輯。明刻本。二十册。框高27.1厘米，寬17.8厘米。半葉十行二十二字，小字雙行同，四周雙邊，黑口，雙魚尾（魚尾相向）。版心中鎸"大學章句大全"等。

《大學章句大全》卷端題"大學章句大全"，下雙行小字題："大，舊音泰／今讀如字。"

書首有《四書集註大全凡例》，共四則，第三則爲"引用先儒姓氏"，第四則爲纂脩者銜名，版心皆鎸"四書大全凡例"。

此書共四十三卷，計《讀大學法》一卷，《大學章句大全》一卷，《大學或問》一卷，《讀中庸法》一卷，《中庸章句大全》一卷，《中庸或問》一卷，《讀論語孟子法》一卷，《論語集註序説》一卷，《論語集註大全》二十卷，《孟子集註序説》一卷，《孟子集註大全》十四卷。

《四庫全書總目》述此書内容云："明永樂十三年，翰林學士胡廣等奉敕撰。成祖御製序文，頒行天下，二百餘年，尊爲取士之制者也。其書因元倪士毅

《四書輯釋》稍加點竄。顧炎武《日知録》曰'自朱子作《大學》《中庸》"章句"、"或問"，《論語》《孟子》"集注"之後，黃氏有《論語通釋》，其采《語録》附於朱子《章句》之下則始於真氏，祝氏仿之爲《附録》，後有蔡氏《四書集疏》、趙氏《四書纂疏》、吳氏《四書集成》，論者病其泛濫。於是陳氏作《四書發明》，胡氏作《四書通》，而定宇之門人倪氏（原注：'案：定宇，陳櫟之別號'）合二書爲一，頗有删正，名曰《四書輯釋》。永樂所纂《四書大全》特小有增删，其詳其簡，或多不如倪氏。《大學》《中庸》"或問"則全不異而間有舛誤'云云，於是書本末言之悉矣。考士毅撰有《作義要訣》一卷，附刻陳悦道《書義斷法》之末，今尚有傳本，蓋頗講科舉之學者，其作《輯釋》，殆亦爲經義而設，故廣等以夙所誦習劓剟成編歟？初與《五經大全》並頒，然當時程式以《四書》義爲重，故五經率皮閱，所研究者惟《四書》，所辨訂者亦惟《四書》，後來《四書》講章浩如烟海，皆是編爲之濫觴。"

此本書首《四書集註大全凡例》首則云："《四書》大書，朱子《集註》諸家之説，分行小書，凡《集成》《輯釋》所取諸儒之説有相發明者，采附其下，其背戾者不取。凡諸家語録、文集内有發明經、註而《集成》、《輯釋》遺漏者，今悉增入。"又次則云："註文下凡訓釋一、二字或二、三句者，多取新安陳氏之説。"今考此本體例，《四書》經文大字頂格書寫，朱熹《集註》大字低一格書寫，另所採諸家之説則於朱《註》文下以雙行小字書寫。如《大學章句大全》首章，經文頂格云："大學之道，在明明德，在親民，在止於至善。"朱熹《章句》低一格云："程子曰：'親當作新。'〇大學者，大人之學也。明，明之也。明德者，人之所得乎天而虛靈不昧，以具衆理而應萬事者也。"朱子《章句》下有雙行小字載"朱子曰""北溪陳氏曰""黃氏曰""玉溪盧氏曰""東陽許氏曰"諸家之説，以發明經、註之義。由此可見其體例之一斑。又《四書集註大全凡例》所稱《集成》者，乃指宋吳真子所撰《四書集成》；《輯釋》者，乃指元倪士毅所撰《四書輯釋》；"新安陳氏"者，乃指陳櫟，撰有《四書發明》。

此書朱彝尊《經義考》卷二百五十六著録"胡氏廣等《四書大全》三十六卷，存"，其下載明成祖文皇帝御製序、楊榮《後序》及"顧炎武曰"等。《四庫全書》收録，題《四書大全》，文淵閣本《四庫全書·四書大全》書前提要云："臣等謹案：《大學章句大全》一卷《或問》一卷，《論語集註大全》二十卷，《孟子集註大全》十四卷，《中庸章句大全》二卷，《或問》二卷，總名《四書大全》，共四十卷，明胡廣等撰。"文津閣本、文溯閣本書前提要同。然《四庫全書總目》此書著録云："《四書大全》三十六卷，通行本。"其卷數作"三十六卷"與閣本書前提要作"四十卷"有異。

《中國古籍善本書目》著録"《四書集註大全》四十三卷",明内府刻本、明刻本、明天順二年黄氏仁和堂刻本（存三卷）、明嘉靖八年余氏雙桂堂刻本、明嘉靖十一年魏氏仁實堂刻本、明内府抄本（存十卷）；"《四書集註大全》四十二卷",明弘治十四年劉氏慶源書堂刻本、明刻本（存三十三卷）；"《四書大全》四十三卷",明趙敬山刻本；"《四書大全》四十四卷",明德壽堂刻本；"《四書集註大全》三十六卷",明刻本等多種,兹不具述。

181
新刊補訂大字四書淺説十三卷

T855　7919

《新刊補訂大字四書淺説》十三卷,明陳琛撰。明萬曆二年（1574）余氏自新齋刻本。六册。框高18.9厘米,寬12.7厘米。半葉十四行二十七字,四周雙邊,白口,雙魚尾（魚尾相隨）。版心上鎸"大字四書淺説",中鎸各四書名及卷次。

卷端首行題"新刊補訂大字四書淺説大學卷之一",次行題"學校晋江陳琛著"。

書末有五行牌記云："紫峯陳先生《四書淺説》所傳久矣,士君子之／所景仰素矣。但坊間刻者纍纍,字畫多失於／差訛,章節亦至於顛亂,深爲學者厭目。今自／新齋目擊此弊,特請高明校正明白,以便觀覽。／萬曆甲戌孟夏月余氏自新齋梓行。"據此可知,此本爲明萬曆二年（甲戌,1574）余氏自新齋刻本。

陳琛（1477—1545）,字思獻,號紫峯,明晋江（今福建晋江）人。《明史》卷二百八十二《儒林一》附於《蔡清傳》下,傳云："琛,字思獻,晋江人。杜門獨學,清見其文,異之,曰：'吾得友此人足矣。'琛因介友人見清。清曰：'吾所發憤沈潛辛苦而僅得者,以語人,常不解。子已盡得之,今且盡以付子矣。'清殁十年,琛舉進士。授刑事主事,改南京户部,就擢考功主事,乞終養歸。嘉靖中,有薦其恬退者,詔徵之。琛辭。居一年,即家起貴州僉事,旋改江西,皆督學校,並辭不赴。家居,却掃一室,偃卧其中,長吏莫得見其面。"著有《易經淺説》《四書淺説》《正學編》《陳紫峯文集》等書。事迹另參明張岳《江西提學僉事紫峯先生墓誌銘》（《小山類稿》卷十六）、明王慎中《陳紫峯先生傳》（《王遵巖家居集》卷七）、《［道光］晋江縣志》卷三十八《人物志》等。

此書共十三卷,計《大學》一卷,《中庸》一卷,《論語》四卷,《孟子》七卷。各卷或頂格録經文首句,下云"全章"；或録經文首句,下云"二句"；或逐録經文一句,下無標示。次低一格,説釋經義,或又再次一格,補充説明。補充説明部分,或標"發明""主意"等,或引如"東陽許氏""楊氏曰""先生

《蒙引》"等前人之説，或未做任何標示。此書雖以朱子《四書章句集註》爲宗，然不録朱《註》之文。

朱彝尊《經義考》卷二百五十六著録"陳氏琛《四書淺説》十三卷，存"，下載盧元昌之説云："《淺説》者，紫峯陳先生之所著也。合蔡虛齋之《蒙引》、林次崖之《存疑》，折衷而取裁焉。而大旨則以《大全》爲宗。"

《續修四庫全書提要》著録倫明所撰此書提要，題"《四書淺説》十二卷，崇禎十年刊本"。則其所據爲崇禎十年（1637）刻本，非萬曆本也。提要云："琛講學務平易切實，不爲窮高極遠之論，其説《四書》亦同此旨。語求顯淺而理甚醇正。嘗學於蔡清之門。清著有《四書蒙引》，明侍御陳讓贊評之曰'虛齋《蒙引》得聖學之精深，間有意到而言或未到，及其所獨到，可以發晦翁之所未發。紫峯《淺説》，得聖學之光大，意到則言無不到。及其所獨到，可以發虛齋之所未發'云云。按：是書及《蒙引》皆爲舉業而作，然琛嘗有詩云：'選舉乖三代，詞章贅六經。'殆亦慨乎言之，由塲屋之學引而入於聖人之道，亦不得已也。"

此本各卷卷端所題陳琛之銜稱，頗不一致，卷一《大學》題"學校晋江陳琛著"，此蓋因陳琛嘗被任命爲"江西提督學校"故也。然卷二《中庸》及《論語》卷一皆題"賜進士晋江陳琛著"，《孟子》卷一則題"進士晋江陳琛著"。

本館此本有佚名朱筆及墨筆圈點，眉欄有佚名朱筆及墨筆批語。

此書《四庫全書總目》未著録。《中國古籍善本書目》著録"《重刊補訂四書淺説》十三卷，明陳琛撰，明萬曆三十七年李三才刻本"，載中國科學院圖書館收藏。《四書未收書輯刊》嘗據中國科學院圖書館藏本影印行世，題"明萬曆三十七年李三才刻本"，收入第壹輯第柒册。此萬曆三十七年李三才刻本，書首有李維楨《四書淺説序》及李三才萬曆己酉（三十七年）《刻四書淺説序》，書末有趙良相《重刻四書淺説跋》，皆爲萬曆三十七年之重刻而作，故本館所藏此萬曆二年自新齋刻本皆無之。又本館此本爲半葉十四行二十七字，萬曆三十七年李三才刻本則是半葉十行二十二字，行款亦有不同。此外，二本文字亦有相異處，兹不具録。

此書除明萬曆二年（1574）、三十七年（1609）兩刻本外，傳世尚有崇禎十年（丁丑，1637）及清乾隆五十四年（己酉，1789）刻本。《續修四庫全書總目提要》所收倫明所撰此書提要云："是書初刊爲隆慶戊辰，有聖泉子序，即作德書堂主人也。又有崇禎丁丑刊本，有唐光藥序。至乾隆己酉，裔孫禮馨又爲翻刻，蔡新爲作序。"案：倫明蓋未知另尚有明萬曆二年及三十七年二種刻本也。

鈐印有"蔭成堂印"朱文方印。

182
新編四書三説三十卷

T855　8742

《新編四書三説》三十卷，明管大勳撰。明萬曆二十一年（1593）福建刻本。十四冊。框高20.5厘米，寬13厘米。半葉十二行二十五字，四周雙邊，白口，單魚尾。版心上鐫"四書三説"及卷次。

卷端題"湖南提學副使四明管大勳輯；楚門人貢士歐燨、李籥、歐陽�訂；閩舉人學諭黃蒙憲、鄭須德、蔡廷札校"。

書首，首明萬曆十年（1582）春仲呂藿《刻四書三説序》。次萬曆癸巳（二十一年，1593）季春陳經邦《刻四書三説序》。次萬曆辛巳（九年，1581）十二月曾朝節《新編四書三説序》。次萬曆九年（1581）十二月管大勳《刻四書三説紋》。次正文三十卷。書末有萬曆辛巳（九年）十二月李燾《四書三説後序》。

管大勳，字世臣，號慕雲，明鄞縣（今屬浙江寧波）人。因鄞縣明代屬寧波府，寧波府境內有四明山，故別稱"四明"，管大勳鄞縣人，而自稱"四明管大勳"，以此故也。嘉靖四十四年（1565）進士，曾任福建延平府知府、湖南兵備、湖南提學副使、廣西及福建布政使，以南京光禄寺卿致仕。著有《湖湘初集》《光禄集》《焚餘集》《休休齋集》《劍溪謾語》，編有《［隆慶］臨江府志》。事迹參清胡文學輯《甬上耆舊詩》卷十七"光禄寺卿管公大勳"條之生平介紹。

此書乃彙輯明蔡清《四書蒙引》、明陳琛《四書淺説》、明林希元《四書存疑》三家之説以爲學子舉業之助，故稱《四書三説》。此書初於明萬曆九年（1581）管大勳任湖南提學副使時刻於衡州。後管大勳出任福建布政使，又刻之於福建，書中原湖南刻本諸序仍沿襲之，惟增萬曆二十一年陳經邦《刻四書三説序》。考書首曾朝節《新編四書三説序》云："觀察慕雲管公之督湖以南學也，重嘅士之不務實學，而數郡於楚爲尤僻遠，士欲得全書讀之固難，乃手自編輯三説，刻之衡州。每章先《淺説》，次《蒙引》《存疑》，條分彙集，挾一冊而三書爛然，嘉惠湖以南士，抑何博邪？既命貢士李生篇輩，參訂其訛，告成事矣，間屬不佞節書一言，弁之篇首。"此《序》末署"峕　萬曆歲在辛巳十二月吉　賜進士及第翰林國史編修臨武曾朝節頓首拜撰"，辛巳爲明萬曆九年（1581），知湖南刻本刻於此年也。又書首管大勳《刻四書三説紋》云："成、弘中，虛齋蔡氏清講道温陵，洞極閎奧，創爲《蒙引》，以啓後學。當是時，有紫峰陳氏琛親承講業，爰紀舊聞，衍爲《淺説》；次崖林氏希元，博覽群書，匠心玄解，訂有《存疑》……勳不佞，謬兼湖南之役，蚤夜圖惟，懼罔報稱。每行部，引諸生陳説經義，詰疑問難，率闇闇不能對，且曰：湖南僻遠，書賈罕

登，彼三書久罔鬻于肆，士窮年呫嗶，貿貿莽莽，所謂拾似而亡真，捉影而遺
神者也。士鮮實學而習不逮古，有由哉！有由哉！是編標示學則，繩引指歸，
庶幾乎仰答　明詔萬一，又胡可後也？"此《敍》末署"萬曆九年冬十有二月
既望四明管大勳書于天鑒堂"，由此《敍》亦可知其編撰此書之用心也。

本館此本乃萬曆二十一年福建刻本，書首陳經邦《刻四書三説序》云："方
伯四明管公，少以《易》學冠兩浙（浙），入讀中祕，文聲隆隆，然獨遵三説不
廢，曩視學湖南，嘗并刻以嘉惠學者。兹以三先生閩産也，復刻之閩云。"此
《序》末署"萬曆癸巳季春望日壺蘭退士陳經邦拜書"。癸巳爲萬曆二十一年，
其時管大勳任福建布政使，故陳經邦以"方伯"尊稱之也。

此書共三十卷，計卷一《大學》，卷二至三《中庸》，卷四至二十五《論
語》，卷二十六至三十《孟子》。書中各卷皆首列章名，其下引明陳琛《四書淺
説》、明蔡清《四書蒙引》、明林希元《四書存疑》三家之説，惟間有未列其中
一説者。

本館此本書首呂藿《刻四書三説序》首葉版心鐫刻工名"余伯元"，陳經
邦《刻四書三説序》第四葉版心鐫刻工名"元"，其餘各葉則未見刻工名。卷一
至葉六十七止，下有缺葉未完。又卷二至葉四十三止，缺一葉。卷六缺葉四十、
四十一，共二葉。卷三十缺葉九十二。

此書《四庫全書總目》未著錄。《中國古籍善本書目》著錄"《新編四書三
説》三十卷，明管大勳撰，明萬曆二十一年刻本"，載中國科學院圖書館收藏。
他館未見著錄，蓋屬罕見之本。

183

重訂四書疑問十一卷

T855　4122

《重訂四書疑問》十一卷，明姚舜牧撰。明萬曆四十五年（1617）姚氏六經
堂刻本。十冊。框高20.4厘米，寬12.4厘米。半葉十行二十字，四周單邊，白口，
無魚尾。版心上鐫書名及卷次。

卷端題"烏程後學承菴姚舜牧著"。

書首，首明萬曆辛卯（十九年，1591）端陽日姚舜牧《四書疑問序》。次萬
曆丁巳（四十五年，1617）孟夏姚舜牧《重訂四書疑問序》。

姚舜牧生平參前"003　重訂五經疑問六十卷"條。

姚舜牧於《重訂四書疑問序》中云："萬曆己丑、庚寅間，牧著《四書疑
問》，請正海内大方，嗣著《五經疑問》。壬寅、癸卯又著《四書疑問補》，其文

可謂略備矣，而有懷耿耿，未嘗忘諸念也。乃歲癸丑九月十六夜，忽夢見吾夫子與求玉印一觀，夫子出玉五、六片眎牧，牧捧之駭然，因視其文，一一輳正之，遂成一印，厚可五分，方可三寸許，因跽而請曰：'何不以金鑲之？可垂永久。'夫子莞爾而笑曰：'吾今正有此意。'因升一高廠中，廠去地二尺許，座設儼然，牧肅拜于下，夫子亦答拜於座右，視其髮，特焦黃可異焉。覺，因思之，此夢何爲乎來哉？豈以牧嘗著經書《疑問》，蚤夜以思，務求印正夫子之心，故形之夢寐若爾耶？然所眎玉印何以五、六片也？意者，道本一致，無奈諸後學支分段解，割裂破碎，故有然耶？若然，則牧之《疑問》，言皆求中，理必歸一，或稍有見焉，未可知也。於是復取《四書疑問》研精，極力以思之，由博而反之約，考異以求其同，務期至當，以見夫子之心。《中庸》昔有總（總）論，《大學》闕如（寶三案：'如'字本館此本原缺損，據北京大學圖書館藏本補），於是復深思，著一篇以成之。爰授之梓，以正海內大方。"由此《序》，知姚舜牧著《四書疑問》，乃在《五經疑問》之前，其初稿成於明萬曆十八年（庚寅，1590）。其書前所冠《四書疑問序》，署"萬曆歲次辛卯端陽日烏程後學姚舜牧書於來思堂中"，即寫於萬曆十九年（辛卯，1591），乃初稿撰成之次年也。其後，姚氏於萬曆三十年（壬寅，1602）、三十一年（癸卯，1603）之間，又撰《四書疑問補》，以補前之不足。至萬曆四十一年（癸丑，1613）九月，因有夢見孔夫子，觀玉印一事，於是有所感，復取《四書疑問》而精研之，又補撰《大學》中之"總論"部分，成而"爰授之梓，以正海內大方"。此《序》署"萬曆歲在丁巳孟夏之吉烏程後學姚舜牧書於六經堂中"，然則此書之刊刻乃在此萬曆四十五年（丁巳，1617）也。考姚舜牧生於明嘉靖二十二年（癸卯，1543），此書付梓時，姚氏已七十五歲矣。

本館另藏姚舜牧撰《重訂五經疑問》六十卷，已見前述。其本《重訂五經疑問》因書末鐫有"丙申仲冬曾孫男淳起校補"十一字，故定爲"明萬曆刻清康熙五十五年（1716）校補印本"。此本《重訂四書疑問》，因未見鐫此十一字，故據書首姚舜牧《重訂四書疑問序》，定爲"明萬曆四十五年（1617）姚氏六經堂刻本"。

此書共十一卷，依《大學》《中庸》《論語》《孟子》之順序依次論之，然不特標《學》《庸》《論》《孟》之名。其內容計：卷一論《大學》；卷二至三論《中庸》；卷四至七論《論語》；卷八至十一論《孟子》。各卷僅標章題，不列經文，下頂格分段爲論，如卷一有"大學之道章""康誥曰五章""康誥曰克明德章""湯之盤銘曰章""詩云邦畿千里章""子曰聽訟吾猶人也章""此謂知本此謂知之至也""所謂誠其意者章""所謂修身章""所謂齊其家章""所謂治國章”“所謂平天下章”。此外，卷一之末有“大學總論”，卷三之末有“中庸總論”，《論語》《孟子》則無總論。

本館此本，書首《四書疑問序》第一、二葉下方皆有闕損現象。

《四庫全書總目》著錄，題“《四書疑問》十一卷，浙江巡撫採進本”，入《經部・四書類存目》。提要云：“是編但各章總論其大旨，不復逐句箋釋，立説多與朱子異。如謂《大學》‘親民’之‘親’不當作‘新’，‘格物’之‘物’即‘物有本末’之‘物’，‘此謂知本，此謂知之至也’二句非衍文，亦無闕文，蓋沿姚江古本之説，自爲一解。謂《孟子》‘無以則王保民而王是心足以王矣’數‘王’字俱讀如字，不作去聲；‘伯夷非其君不事’章，是論去就，非論清和；‘隘與不恭’非其流弊。亦尚有見。至於訓‘格物’之‘格’爲品格，‘自謙’之‘謙’爲謙虛，‘命也’之‘命’爲命數，‘致曲’之‘曲’爲心曲，則穿鑿附會，碍不可通。他若謂《中庸》‘不睹不聞’即是隱微，即是獨；‘戒慎恐懼’即是慎其獨，而以朱子爲支離破碎。又謂性分中不墮形體，不落方所，直恁廣大。又謂‘喻義’‘喻利’之‘喻’是不待詞説，都無知覺而默與之俱，《注》訓‘曉’字，便有知覺，不得此字之旨，尤以禪機詁儒理矣。前有萬歷丁巳自序，謂夢見夫子出一玉印，‘牧肅拜於下，夫子亦答拜於座右，視其髮，特焦黃’云云，尤怪誕不經也。”案：《重訂四書疑問》序中所述孔夫子示姚氏玉印一夢，夢境雖怪誕不經，然姚氏自解云：“豈以牧嘗著經書《疑問》，蚤夜以思，務求印正夫子之心，故形之夢寐若爾耶？”此正可見姚氏欲上接聖心、折衷於夫子之熱忱也。

《中國古籍善本書目》著錄“《重訂四書疑問》十一卷，明姚舜牧撰，明萬歷六經堂刻本”，載北京大學圖書館、北京故宮博物院圖書館、河南省圖書館等館收藏。此本另美國普林斯頓大學東亞圖書館亦有收藏。《四庫全書存目叢書》嘗據北京大學圖書館藏本影印行世，題“明萬歷六經堂刻本”，列入《經部》第一五八册。

184

談經菀四十卷

T855　7920

《談經菀》四十卷，明陳禹謨撰。清刻本。十六册。框高20.4厘米，寬14.4厘米。半葉十一行二十二字，左右雙邊，白口，單魚尾。版心上鐫書名，中鐫卷次。眉欄鐫評語。

卷端題“明後學海虞陳禹謨錫玄甫輯；年友武林黄汝亨貞父甫校”。

書首，首未署年明管一德《刻談經菀叙》。次目録，未立標題，版心鐫"談經菀目録"。

陳禹謨（1548—1618），字錫玄，號抱冲，明常熟（今江蘇常熟）人。《［康熙］常熟縣志》卷十八《邑人》中載："陳禹謨，字錫玄，號抱冲，莊靖長子。萬曆辛卯舉人，授獲嘉縣學教諭，累陞兵部侍郎中，遷四川按察司僉事，備兵川南。長珙群盗田虎、熊林、彝豪曾良弼等皆蠢動，禹謨戰守兼施，殺虎、林、良弼，移檄喻降涼山彝石波等萬人。尋遷貴州布政司參議，分巡清都。撫張某議勦下衛，禹謨偵知下衛諸苗倚平定爲謀主，誘其彝至勾，斬之，分兵四出，拔養鵝、乾河、馬蹄、擺沙、高寨凡二十一寨……師旅所向克捷，其功甚偉。振振入賀，病卒於途。朝議褒之，詔贈亞中大夫……嘗撰《左氏兵略》，以《左》爲經，以群史用兵制勝相比類者爲緯，書成，具疏上之，神宗命留備御覽。又輯《駢志》《説儲》《經言枝指》《廣滑稽志》，補《北堂書鈔》數百卷，皆傳於世。"另又著有《經籍異同》一書。事迹另見《［同治］蘇州府志》卷九十九《人物二十六》。

此書爲明陳禹謨所撰《經言枝指》五種之一，本館僅存此零種。明支可大於《刻經言枝指叙》中云："邇者，海虞陳錫玄著《經言枝指》以發明四籍，曰《漢詁篹》，曰《談經菀》，曰《引經釋》，曰《人物概》，曰《名物攷》，凡五種。"又陳禹謨《叙經言枝指》嘗述所收五種之內容大要，中云："二曰《談經菀》。蓋聞張羅待鳥，其中鳥者一目耳，因是而設一目之羅，則無時得鳥矣。妄謂此談經之切喻也。夫談經者中竅處，政不在多，即片言可以居要，因是而必欲晢經義於片言，則疎矣。今方內人習家持，計無如四籍，非見爲道義之淵海乎？而僅僅括以紫陽氏一家言，曰：'此足窮四籍之蘊也'，其與設一目之羅何異哉？余不敏，性頗嗜古，上自經疏，下至子史，旁及百氏諸足鼓吹四籍、羽翼紫陽者，毋論往喆、今獻，悉博采而賅存焉。題曰《談經菀》，詎敢謂設天網以羅之？亦姑庶幾於一目之中云爾。"又明管一德於《談經菀》書首《刻談經菀叙》中亦云："余友陳錫玄氏，天質超朗，窮覽竹素，公車之間，頗裒諸説而衷之，它與經旨縣合，即金字秘文、寶函奧典，亦或收載，書成而命之曰《談經菀》，凡爲卷者四十，爲言者數十萬。"據此可知此書撰作之重點及梗概。

此本本館舊目題爲明刻本，中國社會科學院圖書館藏《經言枝指》中之《談經菀》與此同版，《四庫全書存目叢書》據以影印，於《經言枝指》之首題"中國科學院圖書館藏明萬曆刊本"。杜澤遜《四庫存目標注》"《經言枝指》一百卷，明陳禹謨撰"條云："中國科學院圖書館藏明萬曆刻本，凡《漢詁篹》十九卷、《談經菀》四十卷、《引經釋》五卷、《人物概》十五卷、《名物考》

二十卷，共九十九卷……考禹謨《經籍異同》萬曆二十五年孟夏自序云：'《經言枝指》業録諸梓者凡五種矣'，則刻成當在萬曆二十五年孟夏前。《存目叢書》據以影印。"案：今湖北省圖書館存有明張之厚萬曆刻本《談經菀》四十卷一部，其卷端題"應城張之厚銘卿發刊；海虞陳禹謨錫玄輯"，然本館及中國社會科學院圖書館藏本則題作"明後學海虞陳禹謨錫玄甫輯"，此卷端題"明"，若刻於明代，何必題"明"？又中國社會科學院圖書館藏本卷十葉十六右面及卷二十四葉十二右面皆見鈐有殘存之紙廠印記圖案，此乃清代康、雍、乾時期印本之紙張特徵。此外，本館此本與中國科學院圖書館藏本又皆有目録與内文相歧異等現象（詳下文），當非明萬曆原刻本。據上述迹象，則本館所藏此本及中國科學院圖書館藏本，當皆爲清代刻本，非明萬曆刻本也。

此本書首目録爲三十九卷，計卷一至二《大學》，卷三至五《中庸》，卷六至十五《上論》，卷十六至二十五《下論》，卷二十六至三十一《上孟》，卷三十二至三十九《下孟》。然書中正文則分爲四十卷，文中卷二十二内容爲《論語・陽貨》第十七，次卷卷端題"談經菀卷之二十四；明後學海虞陳禹謨錫玄甫輯；論語；微子第十八"，第一葉、第二葉版心皆鐫"卷之二十四"，然第三葉以下版心則鐫"卷之二十三"，卷末題"談經菀卷之二十三"。則此卷卷端"卷之二十四"當是"卷之二十三"之訛。又次卷卷端題"談經菀卷之二十四；明後學陳禹謨錫玄輯；門人孫森校；論語；子張第十九"，卷末題"談經菀卷之二十五"。此卷中版心多鐫"卷二十四"，然葉十三、十四、十九、三十、三十一等葉則鐫"卷二十五"，顯見係由卷二十四與卷二十五兩種版本系統拼湊而成。又次卷題"談經菀卷之二十六；明後學海虞陳禹謨錫玄甫輯；同郡年友許尚志校；論語；堯曰第二十"，此卷版心皆鐫"卷二十六"，與卷二十四以外之他卷版心鐫"卷之△△"有異，知此本卷二十四至二十六之版本來源與他卷異也。卷二十七至卷四十爲《孟子》。此本目録與内文未相應，比較此本目録與内文之異，知目録卷二十三爲《微子》，二十四《子張》，二十五《堯曰》，卷二十六《梁惠王上》，至卷三十九皆爲《孟子》。内文則卷二十四爲《子張》，卷二十五因版本拼湊而漏缺失次，卷二十六爲《堯曰》，卷二十七以下至卷四十爲《孟子》。考管一德於《刻談經菀敍》中云："書成而命之曰《談經菀》，凡爲卷者四十，爲言者數十萬。"則此書原當爲四十卷，本館此本内文雖包含四十卷，然卷二十五漏缺失次，且卷二十四版心又有"卷二十四""卷二十五"雜見之現象，另目録與内文又有歧異，益可證此本當已非原刻之面目矣。惟此本内文雖卷二十三至二十五卷次淆亂，内容則無缺也。

此書各卷皆先列標題，次廣引諸家説義，如卷一《大學》首列"大學之道"條，次"康誥曰克明德"條，次"湯之盤銘"條，次"詩云邦畿千里"條，次"子曰聽訟吾猶人也"條。陳氏嘗於《經言枝指》書首述所收各書之凡例，其《談經菀凡例》第二則云："采經傳子史，冠之章首，蓋尋文若遠，探旨則一，非浪引也。至事實有足相證者，閒系之章末。"又第三則云："次及談理名家。"第四則云："次及時說名家。"第五則云："次及稗官野史，談言微中者。"第六則云："次及二氏，大都心性之學，聖賢恒引而不發，惟二氏不憚娓娓洞悉玄微，迷津之寶筏，昏旦之金鏡也。故見有超詣會心者，輒取之。"第七則云："社友聚閒有述見聞相眎者，輒書，並以一說系之。"末則云："時說毋慮數百家，所謂大地作架亦安頓不住，第其閒有索之不得者，既未及捃摭；有得之恨晚者，亦未及全收，蓋掛漏多矣，所幸閱覽君子，博采而益之。"其採擇亦可謂博矣，故明支可大《刻經言枝指敍》稱《經言枝指》其書乃"總統千載之述作，旁羅百氏之異同，而兼傳並載，以俟學者之自擇"。《談經菀》爲《經言枝指》五種之一，支氏此評，移之以論《談經菀》，亦不虛也。

本館所藏此本卷二十六葉十四左面第五行下半行以下，至葉十五右面第五行上半行，版面空白無字，疑被剜去。

《四庫全書總目》著録"《經言枝指》一百卷，浙江巡撫採進本"，入《經部·四書類存目》。提要云："是編於《四書集注》之外，旁搜諸說，故取《莊子》'駢拇枝指'之意爲名……其《漢詁纂》乃删取《註疏》之文，割裂餖飣，全無義例。其《談經菀》則自經、史、子、集，以逮二氏之言，苟與《四書》文義彷彿者，即摭以相證，冗雜尤甚。"案：四庫館臣因病《經言枝指》之冗雜，故將其列入《存目》，未收録於《四庫全書》中。

《中國古籍善本書目》著録"《談經菀》四十卷，明陳禹謨輯，明張之厚刻《經言枝指》本"，載湖北省圖書館收藏。本館此清刻本，中國社會科學院圖書館、中國臺北"國家圖書館"等亦有收藏。《四庫全書存目叢書》嘗據中國社會科學院藏《經言枝指》本影印行世，題"明萬曆刻本"，列入《經部》第一五八至一五九册。

185

古今道脈四十五卷

T855 2947

《古今道脈》四十五卷，明徐奮鵬撰。明萬曆四十三年（1615）至四十六年（1618）金陵書坊鄭大經奎璧堂刻本。十八册。框高23.6厘米，寬12.8厘米。半葉十行二十二字，四周雙邊，白口，單魚尾。無直欄。版心上鐫"四書古今道脈”，中鐫四書各書名及卷次。

卷端首行題“臨川後學筆洞山徐奮鵬自溟甫精纂；金陵書坊思鳴鄭大經道常甫梓行”。書名葉右大字題“古今道脉”，左有書坊六行告白云：“徐筆洞先生學窺二酉，出其見解，爲《辨俗》《三悟》《删註》諸／書行世，海内宗尚已久，本坊懇求纂集宋儒及我／朝名公論著有關道脉者，彙爲一帙，書成，更請訂于／焦太史，先生削去煩蕪，且命之曰：‘可以傳矣。’爰壽之梓，以／公海内。道脉之衍，其在斯乎？書林奎璧堂鄭思鳴謹識。”

書首，首明萬曆戊午（四十六年，1618）冬焦竑《古今道脉序》。次萬曆戊午（四十六年）仲秋葛仁美《古今道脉序》。次萬曆戊午（四十六年）冬徐奮鵬《古今道脉序》。次《刻古今道脉凡例》，共二十則，末署“昭武之北臨川筆洞山前笠叟徐奮鵬自溟甫識”。次《記道脉集中所録明儒姓氏》。

徐奮鵬（1560—1642），字自溟，世稱筆洞先生，明臨川（今江西臨川）人。《[康熙]撫州府志》卷二十二《人物考·文苑》中載：“徐奮鵬，字自溟，臨川人。父國墀，嘉靖間明經選。鵬年十八，每試冠軍，湯若士、謝九紫諸先生並爲鵬發聲譽。講道授徒，時苦《毛詩》、朱《傳》繁簡不齊，至學者昧比興之旨，訂爲《删補》一書，言者議其擅改經傳，請治罪。比達御神廟閲之，謂此書不悖朱《註》，有功毛《傳》，事遂寢。部議欲徵鵬入内校書，以忌者沮抑，不果。然自是鵬名益著……學憲駱公日升、陳公懋德咸欲上其書于朝，而鵬春秋已高，無意當世，年八十二，卒。”著有《五經蠡測》《補删詩經》《四書辨俗》《四書疑釋》《古今道脉》《四書删補便蒙解註》《四書進見録》《筆洞生後悟》《古今統治》《辨俗》《怡思集》《徐筆洞先生文集》等書。

此書之撰作，焦竑於書首《古今道脉序》中云：“自先天畫一，以不言肇斯道之脉，歷虞、夏、商、周，迄孔、曾、思、孟而道脉已日中天矣。 國家樹功令取士，《四書》壹準紫陽章句爲的，墨守訓詁者僅拾其粗，而牽附詖邪者競趨其詭，童習白紛，支離穿鑿，是以區區帖括，而轉增道之蓁蕪也，脉云乎哉？臨川自溟徐氏，潛脩筆洞山中，瑩精研究，積有歲年，蒐羅千載，融串百家，於漢儒註疏、宋儒語録，靡不咀英鈎玄，至 昭代諸名家之纂述發明所見所聞，有一言之翼道者，咸爲採集，而間以自得鱗次其内。總之，欲借片楮以統滙諸儒之真筌，名曰《古今道脉》，共若干卷。”另徐奮鵬《古今道脉序》自述其撰作之由云：“第漢儒之疏主釋字句，功屬肇基，或失則淺。宋儒之分章會意，大闡宗旨，較漢疏勝之，然未免過于拘滯。且或詳或略，若以待後之人融通而增飾之。 明興，治教宣朗，真儒輩出，談經論道，蒸然蔚然，即山巖臞叟、溪濱逸士及犁朋杖友，靡不口《詩》《書》而舌禮義，於載籍中多所發明，相與羽翼。予生平沈酣此道，竊嘆斯道之脉已寓於此。蓋有聖賢而天地幸，有諸儒而聖賢幸，爰從予聞見所及者、心力所會者，遠紹傍搜，不輟膏晷，不惜毫硯，採録十稔而蕘薈備，又三年而本迺定，名曰《古今道脉》……予不敢自謂能窺其脉，第謂漢儒之淺，務研以宋儒之議論；宋儒之拘，務豁以今儒之見解；今儒之煩盛，學者苦其難遍，特以予之心力搜。以故集中所採漢儒者，百之一、二；所採宋儒者，晦翁、純公而外，十之二、三焉；所採今儒者，盈楮皆是也。予爲之節其煩、去其偏，俟學者博入約收，使於聖賢脉絡，自爲融會，則是集雖未必有裨聖賢之道，其于學者之誦習，或從此有據焉。"案：徐氏此《序》云："採録十稔而蕘薈備，又三年而本迺定。"亦可見其用功之久也。

徐氏刊刻此書之前，已嘗梓有他書，書首自序中云："即曩所刻《四書辨俗》《五經蠡測》及《三悟語》并《疑釋》《理學明辨》《芸外想》諸書，恒切語冰之懼，茲集中聊節其緒餘膚論，附于章末，蓋亦謂其膚也，無當於脉也。"又《刻古今道脉凡例》第十七則云："筆洞山房所著《四書疑釋》《五經蠡測》《芸外想》《三隅反》等書，皆求發明經義，然此集不敢多入，蓋恐山殽野蔌過多，則有涵天廚珍饌耳。"

書首三《序》，皆署萬曆四十六年（1618），據徐氏《凡例》所述，此書之刻，歷時三年有餘。《凡例》第二十則云："是書開局于乙卯之孟夏，終局于戊午之季冬，其中搜羅選擇之精神亦甚疲矣。"由萬曆四十三年（乙卯，1615）孟夏起始，至四十六年（戊午，1618）季冬完工，費時亦久矣。又：由書名葉及卷端所題，知梓行者爲金陵書林鄭大經之奎璧堂。

本館此本當係明代之修補印本。考此本《上論》卷一卷端首行題"古今道脉"，第二、三行題"先儒論著／明儒各著"，第四、五行題"臨川後學筆洞山徐奮鵬自溟甫精纂／金陵書坊思鳴鄭大經道常甫梓行"，第六行題"論語上"，第七行題"學而時習之全章"，第八行題"明儒論著"。此葉半面共十行，前七行有直欄，且字體不同，顯係補刻。又"學而時習之全章"之後，緊接"明儒論著"，其"先儒論著"部分當已版闕，故未能補刻。且卷端第三行題"明儒各著"當係"明儒論著"之誤刻。凡此皆可見此半葉前七行乃補刻也。又《中庸》卷二卷端首行題"古今道脉"，第二、三行題"先儒原著／明儒各著"此三行當亦爲補版，故所題有異，細觀第三行之旁，確有補版之迹。同卷末葉（葉五十）右面第三行以下有直欄，末行題"中庸二册終"，此面當亦爲補版也。此本不避清諱，蓋係明代之修補印本。此外，此本《大學》《中庸》《孟子》三書各卷卷端皆題《古今道脉》，惟《論語》則題《古今道脉定本》（《上論》卷一補刻者除外），頗不一致，亦不可忽視。

此書共四十五卷，計分《大學》三卷，《中庸》八卷，《論語上》十卷，《論語下》十卷，《孟子上》六卷，《孟子下》八卷。《學》《庸》二書之前有《學庸總論》，又《四書》各書之前皆有《總論》。《凡例》第十八則云："《大學》《中庸》二書，係曾子、子思所著，其脈絡貫通，有開端，有結局，有過接，有次第，有照映，故此集必著録各書摁論于前，而後及其各章。若《論語》《孟子》，原隨記者所記，錯綜而見，故此集於此二書摁論處獨畧也。"

各卷皆不列經文，僅標章、節之稱，下列諸家之説，先"先儒論著"，次"明儒論著"，末附徐氏之論，標"自溟膚論云"。《凡例》首則云："四子書，漢儒釋字，宋儒釋意，今儒大暢其旨，而《四書》之義炳然。自宋儒之釋行，而漢儒之箋廢，然後知訓字者之淺淺也。今儒見解玄通，已駕軼宋儒，然宋儒啓鑰之功寔大，即周、程、張、朱諸大家，理學垂議，自足不朽，故兹纂輯必以先儒論著首，而次及于今云。"又第二則云："儒者立議，不詭于聖賢之旨，始爲得脈而可以垂世。　明興以來，人文宣朗，儒道中天，其間鼓吹經傳，羽翼斯文者，後先輩出，蓋理學昌明之會而斯道之指南寔賴之，故兹輯採時儒論著較先儒獨多焉。"書首載有《記道脉集中所採録先儒姓氏》及《記道脈集中所採録明儒姓氏》，所録姓名極詳。此書未載朱子《集註》之文，徐氏於《記道脉集中所採録先儒姓名》標題後識云："按：自古儒者之大成，集于朱子，故以考亭爲首。然朱子之所垂訓者在《集註》，其《集註》不容增減，故兹集中不敢復載，且學者童而習之矣，亦不必復載。"其不載朱《註》之因，由此可知矣。

本館所藏此本有佚名朱筆圈點，眉欄間有朱筆評語。《上論》卷二葉二十四，《下孟》卷八葉一〇三、一〇四、一〇五等處，皆見有闕損現象。

此書《四庫全書總目》未著録，《中國古籍善本書目》著録"《古今道脉》四十五卷，明徐奮鵬撰，明萬曆四十三年至四十六年金陵書坊鄭大經奎壁堂刻本"，載中國國家圖書館、南京圖書館等五館收藏。案：《中國古籍善本書目》所載"奎壁堂"，當爲"奎璧堂"之訛。此本另首都圖書館，日本尊經閣文庫、日本東京大學圖書館等館亦有收藏。

186

四書正義二十卷

《四書正義》二十卷，明宋繼澄撰。清康熙九年（1670）刻本。框高20.6厘米，寬14厘米。半葉九行二十一字，左右雙邊，白口，單魚尾。版心上鐫書名，中鐫《四書》各書名及卷次。

卷端題"萊陽宋繼澄澄嵐父纂著；男宋璉殷玉參閱；受業門人安丘韓應恒子久、馬長春三如全校訂"。書名葉分三欄，右題"萊陽宋澄嵐先生纂著"，中題"四書正義"，左上題"庚戌新編"，左下題"夢鼎堂藏板"。

書首，首明崇禎壬午（十五年，1642）秋仲宋繼澄《四書正義序》。次清康熙庚戌（九年，1670）春韓應恒《刻宋先生四書正義序》。

宋繼澄（1595—1676），字澄嵐，號淥溪，又號萬柳居士，晚年自稱海上病叟。明萊陽（今山東萊陽）人。明天啓七年（1627）舉人，善古文詞，與其子宋璉皆爲"復社"之中堅人物。明亡後，隱居不仕，設教於即墨，組織山左大社，文名震大江南北。曾與顧炎武同爲黄宗昌之《嶗山志》作序。康熙五年（1666），即墨"黄培文字獄"事發，宋繼澄爲黄培之三姐夫，牽連其中，倖免於難。卒，私謚"文貞"。著有《詩經正義》《四書正義》《古文偶筆》《丙戌集》《萬柳堂詩文集》《萬柳先生文稿》等書。事迹另參《［民國］萊陽縣志》卷三之一《人物・隱逸》，《煙臺文化志》第十九章《人物》。

此書撰作之由，宋繼澄於《四書正義序》中云："《四書》有朱子《集註》，後之學者可以遵守矣。然學者窮理，惟求其心之所安，所謂遵守者，非無折衷而遵之、守之也。既有所折衷矣，詣有淺深，理有微著，見所及、見所不及，固自以爲是矣，故前儒每有異同，而今之學者又可知矣。自制義取士以來，爲《四書》講義辭氣者不可數計，所最著衷於聖賢者，《蒙引》《存疑》《達説》《淺説》幾種耳。要之，異同得失，固較然也。近者，吾友顧麟士爲《説約》、張爾公爲《大全辨》，取舍前人，每見精確。顧余幼承家訓，長事博涉，老猶教授，亦獨有所見，因成《四書正義》一編，謂此乃義之正也。自《註疏》以下，麟士、爾公以上，皆採擇焉，雖余以爲正，皆前人之義也，余所著論附之。學苟窮理，其異同何可盡哉？要之，理義博通，辭氣則約。愚以爲必合辭氣而理道乃域其中，義之正也，亦自以爲嚴密矣。"此《序》末署"歲在壬午秋仲宋繼澄書於萬柳村居"，考此壬午爲明崇禎十五年（1642），其時尚未入清也。

此書之刊刻，已在清康熙之時，此時宋繼澄仍在世。書首韓應恒《刻宋先生四書正義序》云："余小子應恒以丙子歲偕馬生長春、高生倫負笈於先生之門，得見先生之行事及所論著，凡及門之士領受者、不領受者無不與之也。應恒謂古昔聖賢之義存乎傳，習者既探索於文字，漢、宋諸儒以來各以所得之分爲其著見，即多有異同。惟先生删而定之，其義爲正，是先生性命之業，當公之天下，傳之萬世者也。二、三子請繕寫成編，命之曰《正義》。今且三十年，及門之士取科名、仕四方者既多矣，少而壯，壯而老，老而廢陋而死者亦不少也。天下固素知先生，而先生之《正義》則聞而未見，以未有請而梓之者也。先生澹素自持，固所得不私，亦顯晦任之，《正義》之久而不見於世，亦時數然哉？客歲夏，馬生過長興，謂應恒曰：'請先生之《正義》而梓之者，子其人與？'乃敬請而授之梓，使天下見之，後世傳之。夫先生有不朽之業，自無不傳，然不廣之當日，而遲久而後出，則門弟子之恥也。夫請編輯成書者應恒，而久而始授梓者猶應恒也，固亦時數然哉！而先生之所詣存乎《正義》者，自應恒而與天下共見之，以傳於千萬世，即應恒其不没没哉！"此《序》末署"康熙庚戌春，安丘門人韓應恒謹書"。案：庚戌爲康熙九年（1670），上距崇禎十五年（1642）宋繼澄之撰《序》，近三十年，故韓應恒刻書序云"今且三十年"也。又此本書名葉題"庚戌新編"，則此本即康熙九年（1670）韓應恒刻本也。

此書共二十卷，未見凡例、目錄，其分卷計：卷一《大學》，卷二至三《中庸》，卷四至十三《論語》，卷十四至二十《孟子》。各卷先列經文；次列朱熹《集註》，標"註"字；次列諸家説解；末附己説，標"正義"。宋氏自序稱"自《註疏》以下，麟士、爾公以上，皆採擇焉"，蓋所採者即宋氏所謂"義之正"者也。書中所採，除宋朱熹《四書集註》《四書或問》、明胡廣等輯《四書大全》、明蔡清《四書蒙引》、明林希元《四書存疑》、明陳琛《四書淺説》、明顧夢麟《四書説約》、明張自烈《四書大全辨》等書之外，復引及漢趙岐《孟子章句》、宋孫奭《孟子疏》、明王樵《四書紹聞編》等，所引可謂詳矣，惟條末所載宋氏"正義"，則文多簡約，如卷一《大學》"知止而后有定，定而后能靜，靜而後能安，安而后能慮，慮而后能得"條，宋氏先列《註》《大全》《或問》諸説，末於"正義"下論云："《或問》説書義，字字明了，此節作文，在後人格意俱不清楚，則不究心書義，只從腐習故也。"又如卷十四《孟子‧梁惠王章句上》首章"未有仁而遺其親者也，未有義而後其君者也"條，宋氏列《註》、《存疑》、"張爾公曰"諸説之後，於"正義"下論云："此節敷義須認語氣全在'未有者也'字，上節、下節之神俱動。"皆其例也。

《續修四庫全書總目提要》收錄倫明所撰此書提要，題"《四書正義》二十卷，康熙九年刊本"，提要云："是書首有繼澄自序及其門人韓應恒序及正義記事。大旨遵朱子《集註》，而參以《蒙引》《存疑》《達説》《淺説》諸書，又以近人顧麟士《説約》、張爾公《大全辨》取舍精確，廣爲採擇，參之己見，以成此書……原書於論書之後，證以先輩制義，著其純疵。既而以爲是書之作，非但爲制義，因去其論文諸説，而但存其櫫。今按是書引證諸家所著書義，多至三十餘種，抉擇尚矜慎，惜'正義'間雜論文私見，殊乖詁經之體。書成於崇禎壬午，至康熙庚戌門人韓應恒、馬長春始爲梓行。時繼澄尚在，然相距三十餘年矣。"案：倫明謂此書"首有繼澄自序及其門人韓應恒序及正義記事"，倫明此言，語意不明，本館所藏此本未見所謂"正義記事"，豈倫明所見本有異耶？

此書清朱彝尊《經義考》卷二百五十九著録云："宋氏繼澄《四書正義》二十卷，存。"《四庫全書總目》《中國古籍善本書目》俱未著録。孫殿起《販書偶記》卷三《四書類》著録"《四書正義》二十卷，萊陽宋繼澄撰，康熙庚戌夢鼎堂刊"。考本館此本書名葉題"庚戌新編"、"夢鼎堂藏板"，則孫殿起所見本當與本館此本同版也。本館此本，他館書目罕見著録，其存藏情形待考。

187
四書彙解四十卷

T856　5422

《四書彙解》四十卷，清史以徵撰。清康熙美延堂刻後印本。二十二册。框高21厘米，寬12厘米。半葉大字十行二十四字，中字、小字十二行三十一字。版心上鐫"四書彙解"，中鐫卷次及篇名，下鐫美延堂。

卷端首行題"提督江南通省學政渝東簡謙居先生鑒定四書彙解卷之一"，次行題"江南寧國府涇縣儒學教諭史以徵纂輯"。書名葉分三欄，中題"四書彙解"，左題"本衙藏板／翻刻必究"，欄上題"提督江南學政渝東簡謙居先生鑒定"，右上鈐有一朱文橢圓印，左下鈐有一白文方印。

書首有清康熙九年（1670）菊月（九月）簡上《序》。

史以徵，字靜庵，清江蘇江都人。貢生。歷任當塗訓導，寧國府涇縣教諭等職。著有《四書彙解》。事迹參見《［嘉慶］涇縣志》卷十三《職官表》。

書首簡上《序》云："講義之有補於聖教也，貴其正而確，簡而明。先儒伊川、考亭，以傳註表章孔孟精意，昭然皆日月於中天。繼而《蒙引》《淺説》，與《大全》相表裏，爲後學津筏，厥功懋矣，後有作者，何以加兹？但昔賢義取大備，後儒指貴無岐（歧），不有定識，何以折衷？……當塗史廣文，殫半生精力，攻苦離辨，衷《大全》諸説，輯成一篇，曰《四書彙解》，進質於予。披覽再三，參稽精核，詳畧得宜，使展卷瞭然，所謂'正而確，簡而明'者，此也。彼九淵講學象山，安定設教蘇湖，其功不過如是，留心聖教者，奉爲指南可也。"末署"康熙玖年歲次庚戌菊月重陽日　朝議大夫提督江南通省學使前吏部文選司郎中加一級渝東簡上謙居父題於兩衡堂"。簡上此《序》指出《四書彙解》爲"講義"之作，"衷《大全》諸説，輯成一篇"，由此可知此書之性質。簡上此《序》撰於康熙九年九月，考《［民國］當塗縣志》《民政志·教育》中載"（康熙）十年，訓導史以徵修明倫堂戟門"，則簡上撰《序》時，史以徵乃任當塗縣訓導。考《新唐書》卷四十八《志》第三十八《百官三》載唐玄宗天寶九載（750）置廣文館，設博士、助教以掌領國子學生業進士者，後世遂以"廣文"爲教官之美稱，故《序》稱"當塗史廣文"也。

本館此本乃清康熙美延堂刻本之後印本。考南京圖書館所藏本，其卷端首行題"提督江南通省學政渝東簡謙居先生鑒定四書彙解卷之一"，第二行以下題"廣陵史以徵靜庵父纂輯；門侄繼鮞司直父、［繼］奭壽平父參訂；男繼弼幼謙父校閱"。其本書名葉分三欄，右題"廣陵史靜庵纂輯"，中題"四書彙解"，左題"本衙藏板／翻刻必究"，欄上題"提督江南學政簡虞兩先生鑒定"。又其本除有康熙九年（1670）簡上《序》外，又有康熙十二年（1673）仲冬虞二球《四書彙解序》，末署"大清康熙十二年歲次癸丑仲冬月初吉　賜進士出身提督江南通省學政按察司僉事加一級前户部四川清吏司郎中兵部職方清吏司督捕司員外主事加一級　欽差山東己酉科典試甬東虞二球龍倉氏題於江陰冰雪齋"。另又有康熙十年（1671）史以徵之兄史以遇之《四書彙解序》，末署"皆　康熙辛亥陽月之吉愚兄以遇際亨父題於姑谿之美延堂"。本館此本內容與南京圖書館所藏本爲同版，惟無虞二球、史以遇二《序》，又卷端題"江南寧國府涇縣儒學教諭史以徵纂輯"一行十六字，其剜改之迹至爲明顯，且此行左方有數行空白，亦非尋常，當因後印時剜改所致也。考《［嘉慶］涇縣志》卷十三《職官表》載史以徵於康熙十七年（1678）、十八年（1679）任寧國府涇縣教諭，十九年（1680）由楊言書繼任。然則雖簡上、虞二球、史以遇諸《序》皆未言及刊刻事，以其爲美延堂刻本，其初刻當在康熙十七年史以徵任涇縣教諭之前，故簡上《序》稱"當塗史廣文"，而本館此後印本之印行則在康熙十七年之後也。又此本版心鐫"美延堂"，故定爲"清康熙美延堂刻後印本"。

此書共四十卷，計卷一至二《大學》，卷三至六《中庸》，卷七至二十六《論語》，卷二十七至四十《孟子》。《大學》《中庸》《論語》《孟子》之首，各有朱子《大學章句序》《中庸章句序》《論語序說》《孟子序說》等。各卷彙解皆先列朱子《註》文，其下列"講""《大全》""《蒙引》""《存疑》"等，末列"謹按"，以述己意。其中"講"乃彙整一家或諸家之意見以講述經文之意，如《大學》首章"大學之道，在明明德，在親民，在止於至善。"《彙解》"講"云："孔子說：聖人立教，既養之於小學之中，復升之於大學之內。入大學者，非徒廣其聞見、習其儀文已也，是蓋有道焉。其道維何？一在明明德。人心所得於天之德，原是虛靈不昧底，但氣稟拘之於有生之初，物欲蔽之於有生之後，而本明者遂昏矣。然雖有昏昧之時，而終無息滅之理。於以明之，因其所發而克廣之，使之全體皆明，以復其所得於天之本體焉。然所謂'明德'者，乃人所同得，而非我之所得私也。（下略）”末云：“彙朱子、吳氏、饒氏。”由此可見其體例之一斑也。

本館此本《中庸章句序》葉二缺。

此書《四庫全書總目》《中國古籍善本書目》俱未著録。另南京圖書館、福建省圖書館、蘇州大學圖書館等館亦有收藏。南京圖書館題“清康熙間美延堂刻本”，福建省圖書館題“清康熙十年（1671）美延堂刻本”，蘇州大學圖書館藏本缺書首諸《序》及卷一至二，題“清乾隆間（1736—1795）刻本”。

188
日講四書解義二十六卷

T856　6236

《日講四書解義》二十六卷，清喇沙里、陳廷敬等撰。清康熙十六年（1677）內府刻乾隆印本。二十冊。框高18.7厘米，寬14.5厘米。半葉九行十八字，四周雙邊，黑口，雙魚尾（魚尾相向）。版心中鐫“日講大學解義”或“日講中庸解義”等，及卷次。

卷端首行題“日講四書解義卷之一”，次行題“大學”。

書首，首清康熙十六年（1677）十二月八日《御製日講四書解義序》。次康熙十六年十二月十八日喇沙里、陳廷敬等《日講四書解義進呈疏》。次“總裁官”“分撰官”“校閲官”“收掌官”“翻譯官”等職銜，版心鐫“官銜”。

喇沙里（？—1679），清滿洲鑲黃旗人。《清實録·康熙朝實録》載康熙十年（1671）八月甲辰“以侍講學士莽色、喇沙里充日講起居注官”。又《詞林典故》卷七《題名上·皇朝掌院學士題名》載：“康熙十四年十一月：喇沙里，由侍讀學士陞任，滿洲鑲黃旗人。”康熙十六年十二月八日《日講四書解義進呈疏》中所載銜名爲“經筵日講官起居注翰林院掌院學士兼禮部侍郎加一級教習庶吉士”，康熙十八年（1679）卒，謚文敏。曾參與《皇輿表》《日講四書解義》等書之修纂。

陳廷敬（1639—1712），原名敬，字子端，號説巖，晚號午亭山人，山西澤州陽城（今山西陽城）人。《清史列傳》卷九、《清史稿》卷二百六十七俱有傳。《清史稿》云：“陳廷敬，初名敬，字子端，山西澤州人。順治十五年進士，選庶吉士。是科館選，又有順天通州陳敬，上爲加‘廷’字以別之。十八年，充會試同考官，尋授秘書省檢討。康熙元年，假歸，四年，補原官。累遷翰林院侍講學士，充日講起居注官。十四年，擢內閣學士，兼禮部侍郎，充經筵講官，改翰林院掌院學士，教習庶吉士。與學士張英日直弘德殿，聖祖器之，與英及掌院學士喇沙里同賜貂皮五十、表裏緞各二……二十五年，遷工部尚書。與學士徐乾學奏進《鑑古輯覽》，上嘉其有裨治化，命留覽。時修輯三朝《聖訓》、《政治典訓》《方略》《一統志》《明史》，廷敬並允總裁官……四十九年，以疾乞休，允之。會大學士張玉書卒，李光地病在告，召廷敬仍入閣視事。五十一年，卒。上深惜之，親製輓詩一章，命皇三子允祉奠茶酒，又命部院大臣會其喪，賜白金千，諡文貞。"著有《三禮指要》《午亭文編》《午亭山人第二集》《説巖詩集》《午亭歸去集》等書，與喇沙里等共撰《日講四書解義》。另嘗任《三朝聖訓》《政治典訓》《方略》《大清一統志》《明史》《佩文韻府》《康熙字典》等書之總裁官。事迹另參今人任茂棠主編《陳廷敬大傳》。

康熙帝《御製日講四書解義序》中云："蓋有四子，而後二帝、三王之道傳，有四子之書，而後五經之道備。四子之書，得五經之精意而爲言者也。孔子以生民未有之聖，與列國君、大夫及門弟子論政與學，天德、王道之全，脩己治人之要，具在《論語》一書。《學》《庸》皆孔子之傳而曾子、子思獨得其宗，明新止善，家國天下之所以齊治平也；性教中和，天地萬物之所以位育，九經達道之所以行也。至於孟子，繼往聖而開來學，闢邪説以正人心，性善仁義之旨著明於天下。此聖賢訓辭詔後，皆爲萬世生民而作也。道統在是，統治亦在是矣。歷代賢哲之君，創業守成，莫不尊崇表章，講明斯道。朕紹　祖宗丕基，孳孳求治，留心問學，命儒臣撰爲講義，務使闡發義理，裨益政治，同諸經史進講，經歷寒暑，罔敢間輟。兹已告竣，思與海内臣民共臻至治，特命校刊，用垂永久。爰製序言，弁之簡首。每念厚風俗必先正人心，正人心必先明學術，誠因此編之大義，究先聖之微言，則以此爲化民成俗之方，用期夫一道同風之治，庶幾進於唐、虞、三代文明之盛也夫。"末署"康熙十六年十二月初八日"。又書首喇沙里、陳廷敬等《日講四書解義進呈疏》中云："經筵日講官起居注翰林院掌院學士兼禮部侍郎加一級教習庶吉士臣喇沙里、經筵日講館起居注翰林院掌院學士兼禮部侍郎教習庶吉士臣陳廷敬等謹題爲進　呈刊完《日講四書解義》，仰祈　睿鑒事。臣等於康熙十六年三月十三日，恭侍　弘德殿進講，蒙　皇上面諭《四書》講章應行刊刻，欽此……仰惟　宵旰之勤勞不輟，　宮闈之誦讀，永光典訓，示則臣民。臣等謬效編摩，復加删潤，校鋟成帙，裝潢進　呈。"末署"康熙十六年十二月十八日具題"。由此可知此書乃根據喇沙里、陳廷敬等歷年進講之《四書》經筵講章删潤校刻而成。康熙帝於十六年三月十三日命喇沙里等行刊刻事，至同年十二月十八日即刊成而進呈矣。惟本館所藏此本，或避"弘"字，或不避，蓋係乾隆年間印本，故"弘"字或剜改避諱，其未避"弘"者或改之未盡者也。又此本間有版式不一者，如卷二十葉二十五，框高僅17.4厘米；卷二十五葉十五，框高僅17.9厘米，皆較他處爲小，蓋因補版之故也。

此書分二十六卷，計卷一《大學》，卷二至三《中庸》，卷四至十二《論語》，卷十三至二十六《孟子》。《四書》各書各章皆先列經文，次作講述，所講簡要，不務博引。如卷四"《論語》上之一"，《學而第一》首章，先列經文："子曰：'學而時習之，不亦説乎？有朋自遠方來，不亦樂乎？人不知而不愠，不亦君子乎？'"次云："此一章書是孔子教人勤學之意。孔子曰窮理盡性，期臻聖賢，其功在學，己所未知，效聖賢之所已知，己所未能，效聖賢之所已能，學之事也。而或以此事爲苦者，不克時習之，故耳。若既學矣，又能時時習之，無有間斷，則所知益精，所能益熟，中心亹亹然不厭，不亦説乎？學既有得，人自信從，同類之朋自遠方而來，以求教誨，一人之學，廣爲眾人之學，一人之説，廣爲眾人之説，中心油油然不倦，不亦樂乎？然朋知我者也，朋之外，豈無不知我者？苟以人不知我而稍有不樂焉，學猶未純也。惟不知而無一毫含怒之意，中心曠曠然無異，不亦君子乎？夫學由説而樂，至於不愠而爲君子，則臻乎聖賢之域矣。總而論之，學之正，習之熟，説之深而不已，成德豈難事哉？"由此一例，可推其餘。

此書《四庫全書》收録，《四庫全書總目》著録云："《日講四書解義》二十六卷，康熙十六年 聖祖仁皇帝御定。"提要云："我 聖祖仁皇帝初年訪落，即以經筵講義，親定是編。所推演者皆作聖之基、爲治之本，詞正而旨遠，語約而道宏， 聖德神功，所爲契洙泗之傳，而繼唐、虞之軌者，蓋胥肇於此矣。"

《中國古籍善本書目》著録"《日講四書解義》二十六卷，清喇沙里、陳廷敬等撰，清康熙十六年内府刻本"，載中國國家圖書館、北京大學圖書館、清華大學圖書館等十一館收藏。另中國臺北"故宮博物院"、英國倫敦大學亞非學院圖書館等館亦有收藏。

189

四書大全説約合參正解十七卷

T856   2341

《四書大全説約合參正解》十七卷，清吳荃撰。清康熙十八年（1679）深柳堂刻本。十四册。框高20.6厘米，寬13.4厘米。半葉十二行三十字，四周單邊，白口，單魚尾。版心上鐫"四書正解"，中鐫卷次及《四書》各書名，下鐫"深柳堂"。

卷端題"丹陽吳荃蓀右彙輯；受業門人陸大觀其偉、丁煒子謙、談象驄桓譽仝校"。

書首，首清康熙己未（十八年，1679）皋月（五月）車萬育《四書正解序》。次未署年賀國璘《四書正解序》。次《例言》，共十二則，末署"蓀右氏識"。次《四書正解字畫辨訛》。

吳荃生平見前"049 深柳堂彙輯書經大全正解十二卷附深柳堂禹貢增删集註正解讀本一卷"條。

吳荃一生於《書》《詩》《四書》皆撰有《正解》，此《四書大全説約合參正解》刻於康熙十八年（1679），另《詩經正解》刻於康熙二十三年（1684），《深柳堂彙輯書經大全正解》刻於康熙二十九年（1690），則此《四書大全説約合參正解》乃最先成書者。考《深柳堂彙輯書經大全正解》《凡例》第一則中云："余年來鍵關蕭寺，授徒翻口，諸生各占一經，課讀之餘，僅得指陳大略，惟壁經爲余專業，鈎纂討論，頗具苦心。坊客因《四書》一刻，謬爲同人許可，力請是編問世，辭之不獲，遂録付剞劂，仍顔曰《尚書正解》，從其舊也。"由此可知《四書》《詩經》《尚書》諸經《正解》，乃吳氏之系列著作，此三書雖版心皆鐫"深柳堂"三字，實乃由坊間梓行，惟仍鐫"深柳堂"以擔保其品質并宣示著作者之權利以杜絶翻刻盜印。《四書正解》《例言》第十則云："余年來從事筆耕，手録是編，專爲課徒計也。一知半解，自問多愆，何敢輒以問世？而坊客敦迫再三，不得已，勉狥其請，然藉此就正於有道，知四方　高明之士必有以教我。"又末則云："是編加工剞劂，所費不貲。聞有書林狡獪，欲俟梓成翻刻者，彼意止於射利，必至紙張濫惡，字句模糊，大爲此書之蠹，良可恨也。倘蹈此轍，誓必鳴官究治，決不甘以數載鏤心刻骨聽若輩敗壞也。"案：《尚書正解》《凡例》末條亦有類似之言，正可參看。此可作爲研究清代出版史之珍貴資料，亦可見吳荃所撰《正解》諸書受歡迎之程度。

此本無書名葉，無法據以判斷其刊刻年月。惟書首車萬育《四書正解序》中云："吳子蓀右，積學有年，殫精研思，輯成《正解》一書，來質於余。余檢而讀之，不禁躍然喜曰：'子殆先獲我心矣……以是公之於世，則凡讀四子之書而苦夫旁搜遠紹之勞者，得此可以無煩於泛涉。'"此《序》末署"康熙歲次己未皋月上浣之吉年家眷弟車萬育拜題"。己未爲康熙十八年（1679）。又書首賀國璘《四書正解序》亦云："吾友吳子蓀右出其己意，折衷於諸書，成《正解》一編，將以問世。"蓋吳荃成此書，即將付梓，故求序於車萬育、賀國璘二人，其後當即付刻，故今定此本爲"清康熙十八年深柳堂刻本"。

　　吳荃此書，融彙衆解，以發明朱子《四書章句集註》之意，本爲課徒之用，後梓行以爲舉業家之助，前引《例言》第十條云："余年來從事筆耕，手録是編，專爲課徒計也。一知半解，自問多慙，何敢輕以問世？而坊客敦迫再三，不得已，勉狗其請。"又《例言》首則云："講義一道，過求精渺，則初學苦無畔涯；徒事庸膚，則通人鄙爲凡陋。去短取長，良非易事。是編録本爲吾友馬子眉右索觀，車鶴田先生見之，極蒙鑒賞，曰：'此書不支不略，不淺不深，平正通達，有功於舉業家非小也。'因顏之曰《正解》云。"案：車鶴田者，即車萬育，字鶴田，書首載車萬育所撰《四書正解序》云："余自執筆學舉子業，即知帖括雖屬應制嚆矢，要以闡揚聖賢宗旨爲第一義，一切蹈空捕影、野狐棒喝之説概屏弗閲，獨取《大全》《蒙引》《存疑》《折衷》《説約》諸書，參互而考訂之。然每慮其卷帙浩繁，探討不盡，竊欲合異爲同，删煩就簡，彙爲一編，以自怡悦，顧以鞅掌風塵，有志未逮。吳子蓀右，積學有年，殫精研思，輯成《正解》一書，來質於余。余檢而讀之，不禁躍然喜曰：'子殆先獲我心矣。'其昭揭大旨也，朗如日星；其攻摘紕繆也，明於指掌；其依文解釋，不啻璧合而珠聯；其綜括前言，不啻煉花而成蜜；洵乎獨得真詮，一掃俗諦，而俾聖賢立言之旨，粹然一歸於正者也。以是公之於世，則凡讀四子之書而苦夫旁搜遠紹之勞者，得此可以無煩於泛涉。凡讀諸儒所説四子之書而苦夫意見之岐（歧）趨、辨論之殊塗者，得此可以不惑於指歸也。不誠以已用之心思而省學者無窮之聚訟哉！雖謂吳子説經之功不在《大全》《説約》諸書下，可也。"車氏此《序》所説，雖不免有溢美之辭，然其於吳荃此《四書正解》之性質，頗能揭其真諦。蓋自明永樂修纂《四書大全》以羽翼朱熹《四書章句集註》之後，又有蔡清《四書蒙引》、陳琛《四書淺説》、林希元《四書存疑》、鄒泉《四書七進士講義折衷》、顧夢麟《四書説約》等書以爲舉業之助，然諸書浩繁，頗難盡讀、析其同異，故又有合參、正解之作以供學子參用。在吳荃之前，已有明顧孟宗撰《四書講義合參》二十七卷，明吳當輯《合參四書蒙引存疑定解》十六卷等書，吳荃《四書大全説約合參正解》亦屬此類之作也。

　　此書共十七卷，計《大學》二卷，《中庸》二卷，《論語》六卷（《上論》三卷，《下論》三卷），《孟子》六卷（《上孟》三卷，《下孟》三卷），另書首有《四書正解字畫辨訛》一卷。《例言》第八則云："闈中字體，必遵正韻，倘平日未及究心，臨時必多舛錯，是編悉爲訂正，列於卷首，俾讀者一覽周知，固幼學之津梁，尤棘闈之捷徑。"其内容乃就《四書》各章，以大字標舉正字，其下雙行小字以辨訛，亦舉業家之所需也。

　　此書《大學》《中庸》之前，各録有朱熹《章句序》，《論語》《孟子》之前，各録有朱子《序説》，皆同於《大全》本。《四書》各卷皆録經文及朱《註》，各章經文前列"全旨"，經文、朱《註》之後，有"參大全""析講"等項。《例言》第二則云："朱子説經如繭絲牛毛，分毫不爽，功令煌煌，固已人知恪守矣。是編先列傳註，後附本講，以見會文晰理，無非羽翼紫陽，非敢另闢畦徑，致滋離經畔道之議也。"此標明此書羽翼朱《註》之旨也。又第六則云："四子講義，世所尊奉爲準繩者，自《大全》而外，如《蒙引》《存疑》《説約》《淺説》《達説》《翼註》《折衷》《摘訓》《指南》《説統》《纂序》等書，審同辨異，要皆各有發明，是編悉爲採輯。有全録其説而一字不更者，則明註姓名。有參以鄙見而融會出之者，則不復註姓氏，非敢掠美，恐人疑非廬山真面故也。"就其所述，則此書所參前人《四書》講義之書多矣。

此書"參大全"即所謂"合參"，即參合衆解以説經義。"參大全"之後，又有"析講"，《例言》第五則云："先輩讀書要法云：'看書先逐字訓確，然後於通章諷咏語氣，其法以寔字觀義理，虛字審精神。'此余合參之後所以復有析講也。凡字涉疑團，句多微旨，或《集註》未經明釋、總註未別指歸者，則參之《大全》《註疏》、先儒辨論，務使涇渭了然，從違可據，騎墻、捫燭之惑庶幾免夫。"如《上論》卷一《學而章》首句："子曰：'學而時習之，不亦説乎？'"朱《註》云："學之爲言效也。人性皆善，而覺有先後，後覺者必效先覺之所爲，乃可以明善而復其初也。"吳荃此書"析講"首條云："學兼知、行言，所包甚廣，博學、審問、慎思、明辨、篤行，皆學之事，勿怠、勿助，無少間斷，便是時習。'之'字指所習之事理言。"又次條云："'明善'謂明天下之理，即《大學》格物、致知之事。'復初'謂全其本性之善，即《大學》誠、正、修之事。"案：此二條，前者在補朱《註》所未明釋，後者在闡釋朱《註》之意，皆據《大全》融合爲説也。

此書《學》《庸》《上論》《下論》《上孟》《下孟》卷端所題校者各異，如《大學》卷一題"受業門人陸大觀其偉、丁煒子謙、談象驄桓譽仝校"，《中庸》卷一題"受業門人談象蕙孝游、潘宗垣紫臨、王鼎由愛仝校"，《上論》卷一題"受業門人祁昌穀天祚、范揃俊升、汪繼堪子任仝校"。其中亦有另參與《詩經正解》之校役者，考《詩經正解》卷端題"門人潘宗垣紫臨、談象蕙孝游仝校"，由此知潘宗垣、談象蕙亦嘗與校《詩經正解》也。

此書主供舉業之用，然吳荃亦自許其有合於聖賢之意，非尋常帖括之選也。書首賀國璘《四書正解序》云："吾友吳子蓀右，出其己意，折衷於諸書，成《正解》一編，將以問世，余讀而服膺焉。先是，蓀右與余同爲帖括之撰，意弗善也。毅然謂儒者之學不在是，退而閉户數年，是編始竟。謂余曰：'是編也，非苟取便帖括已也，將以實求之吾心中，庶幾有合於聖賢之意而已，子爲我序之！'余齒長於蓀右十年，蓀右兄事余，其言方行矩，舉動循禮，於經子之學淵然有本，余媿不及也。其於聖賢之理，殆將實踐焉。余嘗言，吾儒有正學而後聖賢之書有正解，觀蓀右是編，信然矣。"據此《序》所述，益可見吳荃作書之用意也。

本館所藏此本，間有逸名朱筆圈點，《下孟》卷三末二葉略有殘損。另《例言》葉三右面見鈐有藍、紅色長條形紙廠印記。

此書《四庫全書總目》《中國古籍善本書目》俱未著録。《中國古籍總目》著録"《四書大全說約合參證解》十七卷，清吳荃撰。清康熙十八年深柳堂刻本"，載南京圖書館收藏。案：其所録書名"證"當爲"正"之訛。此書除康熙十八年（1679）深柳堂刻本之外，另尚見日本元禄十年（1697）京都天王寺屋市郎兵衛刻後印本，中國臺灣大學圖書館、日本佐賀縣圖書館等有藏，惟前者缺卷二十八至三十，後者缺卷一至十五。

190
寄願堂四書玩註詳説四十卷

T856　5443

《寄願堂四書玩註詳説》四十卷，清冉覲祖撰，清孟鐈訂。清康熙二十八年（1689）寄願堂刻後印本。四十册。框高19.1厘米，寬13.7厘米。半葉十三行三十二字，小字雙行同，四周單邊，白口，單魚尾。版心上鎸"四書玩註詳説"，中鎸《四書》各書名、卷次及篇名，下鎸"寄願堂"。

卷端首行題"寄願堂四書玩註詳説上論卷之一"，第二、三行鎸"牟陽冉覲祖永光甫輯；同學孟鐈公甪甫訂；男詵衍慶男甫校"。書名葉分三欄，右題"牟陽冉永光輯、孟公甪訂"，中題"四書玩註詳説"，左題"寄願堂藏板"，欄上題"王阮亭、毛會侯兩先生鑒定"。

書首，首清康熙二十八年（1689）仲春耿介《四書玩註詳説序》。次康熙二十五年（1686）十一月李灼然《四書玩註詳説序》。次康熙丙寅（二十五年）杪秋冉覲祖《四書玩註詳説自序》。次康熙二十六年（1687）立秋後一日孟鐈《訂四書玩註詳説序》。次《凡例》，共二十四則，末署"永光氏識"。

冉覲祖（1637—1718），字永光，號覃庵，清河南中牟人。《清史稿》卷四百八十《儒林一》有傳。傳云："冉覲祖，字永光……康熙二年，鄉試第一。杜門潛居，爰取《四書集注》研精覃思二十年。章求其旨，句求其解，字求其訓，身體心驗，訂正群言，歸於一是，名曰《玩注詳説》。遞及群經，各有專書，兼采漢儒、宋儒之説。十八年，開博學鴻儒科，巡撫將薦之，欲一見覲祖。覲祖曰：'往見，是求薦也。'堅不往。少詹事耿介延主嵩陽書院，與諸生講《孟子》一章，剖析天人，分別理欲，衆皆竦聽。三十年，成進士，選庶吉士。三十三年，授檢討。是歲，聖祖徧試翰林，御西暖閣，詢家世籍貫獨詳，有'氣度老成'之褒。越日，賜宴瀛臺，上獨識之，曰：'爾是河南解元耶？'蓋以示優異也。尋告歸。卒，年八十有二。"著有《五經詳説》《孝經詳説》《四書玩註詳説》《陽明疑案》《正蒙補訓》《性理纂要》《天理主敬圖》《爲學大旨》《寄願堂詩集》等書。

此書編撰、參訂、付刻等過程，可由書首諸序及《凡例》中所述知其梗概。冉觀祖《四書玩註詳説自序》云："予以鈍資，復值僻壤，静寄一室，日手《四書》不置。有疑，無所從質，仍求諸簡册間，故帙、新函，襍置几案，每一字不能釋，一句不得轉，必盡取而翻閲之，以求得其説而後已。其不得者，反覆涵泳，以己意稍通之。十餘年，所積紙三千餘葉，二百餘萬言，編摹成帙，名曰《玩註詳説》，'玩註'者，玩程、朱之註，即所以玩孔、曾、思、孟之書。徐以《大全》《語類》《蒙存》《淺約》諸書爲之羽翼，其説本詳者，連類互見而不厭其詳；本畧者，亦旁蒐曲證而不憾其畧。務使學者於《四書》中纖毫無疑，斯稱快焉。雖然，亦烏能無疑乎？要在大意無滯碍而已。"此《序》末署"時　康熙丙寅杪秋牟陽冉觀祖書於家塾之寄願堂"。據此，則此書於康熙二十五年（丙寅，1686）秋末時已完稿矣。冉氏撰輯此書之過程中，曾請孟鐈共爲商訂，孟鐈於《訂四書玩註詳説序》中云："憶昔同冉子永光讀書萬盛岡上之書舍，冉子纔弱冠，予壯矣，冉子於《大全》《蒙存》《淺約》諸書，無不披閲而點定之，爲時輩所宗。癸卯，冉子移居邑中，復結社於趙氏草堂，晨夕相對，揣摩制舉業。秋，冉子獲解首去，社遂輟。予以貧，授徒自給，不問户外事。冉子盛負時名，知交徧四方，詩文應酬碁酒徵逐無虛日。冉子厭苦之，乃自搆草廬於魯廟西邨。魯廟者，漢魯仲康童雉（稚）遺蹤所也。草廬成，冉子杜門潛居，栽花種樹，時科頭短衣，襍諸農夫不能辨。值九月，冉子菊開繞籬，折簡招知己，予與焉。酒闌，冉子謂予曰：'吾輩讀書，苟無所見，亦已耳，有所見而不謀所托以傳，是自棄也。不朽之業，豈必在遠哉？孔、曾、思、孟之微言具在《四書》，學者祇藉以獵取科名而不深爲研求程、朱之註，僅於制義所急需者撮其字句，棄全書不肯讀，恐久而薄程、朱，廢傳註，異説且蠭起矣。予欲取舊所點定之書，參以新編，裒爲一集，開示後學。念此非歲時可竟，我二人其共任之！顧麟士、楊子常相與商榷成書，學者稱兩先生不衰，勉爲企及，子有意乎？'予曰：'是吾志也。譬之獵，子其獷兒，予爲之發犿焉；譬之渡，子其張颿，予爲之鼓枻焉。'冉子於是下帷，目閱手録，寒暑弗間，藁竣一卷，即以相付，予儹有補綴，務期詳備，不留鏬隙，蓋予向輯《四書》，三易藁而未就，今則統於《詳説》一書中矣。將授梓，有代爲籌者曰：'是書詳問（寶三案：問字當係則字之訛）詳矣，其如卷帙過煩爲後學所望而却步何？'（下略）"此《序》末署"時　康熙二十六年丁卯立秋後一日牟山孟鐈公鼐氏序"。此《序》於冉氏撰輯此書之背景及受邀參訂之過程，所述極詳。又此《序》撰於康熙二十六年（1687）立秋後一日，而《序》中云"將授梓，有代爲籌者曰"，則此時尚未付梓也。其付梓，蓋遲至康熙二十八年（1689）始爲之。書首耿介《四書玩註詳説序》中云："迨正、嘉間，姚江一派，深與朱子牴牾，不循居敬窮理，專任良知，視經傳註疏皆可捐棄，一時人士，樂其簡便，群起而附和之，正學湮晦，蓋二百餘年於兹矣。　永光先生慨然憂之曰：'是吾之責也夫！是吾之責也夫！'爰取《四書集註》研精覃思二十年，章求其旨，句求其解，字求其訓，以身體之，以心驗之，惟其心與聖賢之心相融洽，故其言與聖賢之言相符契。復訂正群儒之論，要歸於一，是沈潛久故體之深，剖晰精故言之切，集成，名曰《玩註詳説》，刊行以廣其傳。"是《序》末署"康熙二十八年歲次己巳仲春嵩陽耿介書於敬恕草堂"，此《序》既云"刊行以廣其傳"，則當刊於康熙二十八年（1689）也。

　　冉氏刻此書，其刻工乃延自金陵，且精心讎校，《凡例》第二十三條云："梓工數十，至自金陵，遴其尤者，付之剞劂。雖未敢稱精妙，而每一葉出，子姪門人，遞相傳閱，陰陶亥豕之訛，即時改正，此則較他刻爲擅勝也。"惟本館所藏此本，當係後印之本，書中時見四字剜空之迹，核其內容，當係"晚邨語録"四字，蓋雍正以後所刷印，爲避禍而剜空也。然書中仍偶見"晚邨語録"（如《下論》卷五葉四十九左面）、"觀晚村又云"（如《下論》卷五葉四十七右面）等文，當係剜之未盡者也。又《上孟》卷四葉十三、十四兩葉係補刻，字體與他處有異。另《上孟》卷四葉七、八兩葉有斷版之現象。由此皆可推此本當係康熙刻本之後印本也。

　　此書共四十卷，計分《上論》十卷，《下論》十卷，《上孟》六卷，《下孟》八卷，《大學》二卷，《中庸》四卷。《論》《孟》《學》《庸》之前，皆有朱熹《序説》或《章句序》。各卷皆先頂格列經文，次低一格列朱《註》，次低一格列宋、元、明諸家説，間有冉氏及孟鐈之案語，則以雙行小字爲之。另冉氏所爲之總旨及講章，則各標"旨"與"講"。《凡例》第十九則云："本文高二字頂�，朱《註》高一字，皆大書。《大全》以下諸説平行，字微小。'旨'字、'講'字亦高一字，以便檢閲。愚所儹爲評隲，則皆雙行小字，蓋不敢與先儒及時賢比肩也。"各卷朱《註》皆分段爲釋，《凡例》第十七則云："他書朱《註》總録，講貼《註》後，茲則朱《註》分截，隨附衆説，故以講章統貫其後也。”

此書於經文不加圈點，而標以‘句’‘讀’‘頓’‘連’等字。《凡例》首則云：“讀白文是看書第一着，不可一滾讀去，須逐句逐讀，反覆玩索，方得義味。尋常圈點易訛，茲直用‘句’‘讀’字以界之。如‘學’字下用‘讀’，而‘時習之’下用‘句’是也。”又云：“有不可爲‘句’‘讀’，而口氣宜畧斷者，於‘句’‘讀’外增一‘頓’字，如‘物有本末’，‘物’字宜畧斷也。又有口氣本不宜斷，而於下文虛實有分者，亦用‘頓’，如‘在明明德’，‘在’字當‘頓’，不可‘在明’二字連讀也。”又云：“有數字緊連不可讀斷者，則用‘某某連’，以見其與上、下文有微分。如‘學而時習之’，‘時習’二字當連。‘道千乘之國’，‘千乘之國’四字當連也。”案：冉氏此書，雖主在論《四書》經文之句讀，實可作爲漢語詞彙學史研究之珍貴材料。

又《凡例》末則云：“坊間鋟板，首嚴翻刻之禁，予嘗病其私。是書非賈人射利之舉，不以翻刻爲嫌也，但得工良無訛，足徧海內，則予心大慰矣。或曰：‘家藏此板，如置美莊，可爲後人療貧。’予曰：‘貧者，士之常。貧而好學，遠踰富而營利。吾欲後人之善讀是書，不願後人善鬻是書也。’”案：冉氏此説，甚爲特別，研究清代書籍版權觀念者，亦可取資。

《續修四庫全書總目提要》著録倫明所撰此書提要，題“《四書玩註詳説》三十六卷，康熙二十八年寄願堂刊本”，提要云：“書分《論語》二十卷，《大學》二卷，《中庸》四卷，《孟子》十卷……其書多至二百餘萬言，可謂詳且盡矣。要其指歸，一如大註之意而止，自明以來，講章充斥，其失，蔓衍支離，莫衷一是。覯祖墨守朱《註》，判同異而歸於畫一，使朱《註》中一字一句條分縷晰，毫無滯碍，非反覆涵泳之深，不能有此也。至其尊朱過甚，則彼時風氣如此。覯祖治宋儒之學，素有心得，此書與所著《五經詳説》同旨，惜俱不免傷於繁冗。然以視尋常講章，固不可同日而語也。”案：此書有《上孟》六卷，《下孟》八卷，則《孟子》共有十四卷，倫明所撰提要謂其本“《孟子》十卷”，故標題載全書爲三十六卷，或一時誤計也。

冉氏於《易經》《書經》《詩經》《春秋》《禮記》《孝經》《四書》諸書皆撰有《詳説》，此《四書玩註詳説》所撰爲最早，孟鱎《訂四書玩註詳説序》中云：“冉子今行年五十，自擬前至六十，奮十年之讎校，爲書二、三種，六十後周遊山水，尋名勝以娛老。”又冉氏《孝經詳説》書首載康熙三十八年（1699）胡世藻所撰《孝經詳説序》云：“其《四書詳説》已爲士林標準。”可知冉氏《四書玩註詳説》撰於諸經詳説之前也。又：此本書名葉上方橫欄題“王阮亭、毛會侯兩先生鑒定”，考此書之作，未見與王世貞、毛際可有關之記載，此蓋係書賈爲促銷而加也。

此書《四庫全書總目》《中國古籍善本書目》俱未著録。除本館外,另中國科學院圖書館、中國臺灣大學圖書館等館亦有收藏。另又有光緒七年(1881)大梁書局刻本行世。

191
四書疏畧二十九卷

T856　1339

《四書疏畧》二十九卷,清張沐撰。清康熙二十八年(1689)張氏敦臨堂刻本。九册。框高18.9厘米,寬14.3厘米。半葉九行十七字,小字雙行同,四周雙邊,白口,單魚尾。《學》《庸》版心上鐫"大學疏畧""中庸疏畧";《論語》版心上鐫"論語疏畧",中鐫卷次及篇名;《孟子》版心上鐫《孟子疏畧》,中鐫篇次。

卷端首行,上題"大學",下題"張沐疏畧"。書名葉分三欄,右題"上蔡張仲誠著",中題"四書疏畧",左題"敦臨堂藏板",欄上題"康熙二十八年鐫"。

張沐生平參前"070　詩經疏畧八卷"條。

此書爲張沐所撰《五經四書疏畧》之一,共二十九卷,計《大學疏畧》一卷,《中庸疏畧》一卷,《論語疏畧》二十卷,《孟子疏畧》七卷。本館舊目著録爲二十四卷,蓋因《孟子疏畧》第一篇至第三篇,版心題"孟子疏畧上",第四篇至第七篇,版心題"孟子疏畧下",計《孟子疏畧》爲二卷,故以《四書疏畧》爲二十四卷。今不從舊目所計,仍題爲"二十九卷"。此書卷端《學》《庸》《論》《孟》各自題名,書名葉題"四書疏畧",今據書名葉爲題。又書名葉題"康熙二十八年鐫""敦臨堂藏板",考"敦臨堂"爲張沐之堂號,知此爲康熙二十八年(1689)張沐自刻本。

《大學疏畧》一卷,首有張沐《大學疏畧序》,末署"康熙二十八年春二月二十二日庚申後學菁臺張沐序"。次馮春暉《讀大學疏畧記》,次李健《説大學疏畧》,次李範世《大學疏畧辯》,三文皆雙行小字,版心題"大學疏畧記"。本館所藏此本,馮春暉《讀大學畧記》等三文,其葉次略有錯亂,今據他本正。

張沐於《大學疏畧序》述其撰著之由云:"古本通屬經,爲一篇,列載《禮記》,統似孔子之文。自程子摘爲一書,朱子觀玩有得,若爲曾子所述,又分經、傳章句。向亦嘗疑之,力追古本,義有可通,而艱於講求。久之,己意適暢,而朱説有來同者,亦不敢終遂獨見,參會求得乎當。古文錯簡,誠或有之,以意逆志,不害其志,此古人所賴有後學也。獨'格物補傳'爲誤。嘗按:朱子於《學》《庸》疑義頗多，卒主程子居敬之説，其與胡廣仲諸人書，及《語錄》所載，及《或問》一編，皆言窮理之前尚有存養一層功夫，謂向來格致之論猶爲未安，卒用以《小學》補《大學》之闕，令學者無便從窮理做起，意亦畧見《大學序》中。其於爲學次第，可謂得矣，但十五之後，即不須存養，無是理也……沐竊以格致何獨無傳，安知非正有可詳？蓋向唯以窮理爲致知，不以存養爲致知，故終見有闕文。余嘗體按此心虚靈之體，止定則明，静之益明，安之益明，再加思慮以窮理，即無有一毫之不明矣。故必合定、静、安、慮以存養此知，而明德之體于此見，即明明德之功亦于此見矣。所謂致知，即此是也。若夫格物，則力行也，格者至也，以我所致極明之知，到了物上，所謂格也。迨夫物格矣，則知乃至，而知行惟一矣。内外無間，即爲意誠，故所謂‘誠其意’一章并釋之矣，此以知古本或有錯簡，而定無闕文。僭成《疏畧》一書，我不敢知曰：於孔子之文有當，我不敢知曰：於朱子終欲改之義有當，而芻蕘之忱，備後君子採擇，厥有助耳。”案：張沐以存養爲致知，以格物爲力行，故謂古本《大學》無闕文，朱子《大學章句》中之“格物補傳”有誤，其非朱子晚年之定論。此爲《大學疏畧》最重要之觀點。張沐之門人馮春暉於書首所附《讀大學疏畧記》中亦云：“先生以存養爲致知，窮理亦屬存養。以格物爲力行，遇物將此所明之理到那物上，謂之格。格，至也，物格了而知，纔算得至矣，此處最宜細玩。”

《大學疏畧》中，皆先列《大學》之文，後加疏釋，惟不分經、傳，而總分爲十章。張沐於首章“未之有也。此謂知本，此謂知之至也”下，述云：“右第一章，孔子本古大學設教之義而作，以與門弟子修於家者。其下文皆訓釋之義，後儒因篇中有‘曾子曰’三字，以爲曾子所述，亦或然與？古本不分經、傳，通爲一篇，今別爲十章，參用朱子《章句》，畧有更正。”其分章，由此可知也。

《中庸疏畧》一卷，前有張沐《中庸疏畧序》，末署“康熙二十七年歲次戊辰季冬之日後學上蔡張沐識”。考《大學疏畧序》署“康熙二十八年春二月二十二日庚申”，然則《中庸疏畧》之撰更在《大學疏畧》之前也。

《中庸疏畧》亦先列《中庸》之文，後加疏釋。其經文分章依朱熹《章句》，惟不若朱熹《章句》之於章末明言“右第某章”。張沐疏釋中見有問答之語者，如“子曰：‘天下國家可均也，爵禄可辭也，白刃可蹈也，中庸不可及也。’”章下云：“問：‘中庸義經仁熟，無一毫人欲之私者，方可能？’曰：‘不然，中庸修道之功，入德之門，不是又從別處做起，方到此。直作效驗看了，義從此精，仁從此熟，人欲之私，從此去耳。不然，精熟又從何得？則道高遠矣。’”即其例也。案：此章因朱熹《章句》中云“均，平治也。三者亦知、仁、勇之事，天下之至難也。然者倚於一偏，故資之近而立能勉者皆足以能之。至於中庸，雖弱易能，然非義精仁熟而無一毫人欲之私者，不能及也"，故有此問也。

《論語疏畧》二十卷，自《學而》至《鄉黨》爲《論語上》，《先進》至《堯曰》爲《論語下》。無序。卷端首行上題"論語"，下題"張沐疏畧"。次行題"學而第一凡十六章"。其下以一篇爲一卷，亦皆先列《論語》之文，後作疏釋。

《孟子疏畧》七卷，以一篇爲一卷，第一篇至第三篇爲《孟子上》，第四篇至第七篇爲《孟子下》。無序。卷端首行上題"孟子"，下題"張沐疏畧"，次行題"第一篇"。亦皆先列《孟子》之文，後作疏釋。

《續修四庫全書提要》收錄孫海波所撰《大學疏畧》及《中庸疏畧》提要，各題"《大學疏畧》一卷，康熙刻本""《中庸疏畧》一卷，康熙刻本"。《中庸疏畧》提要中，孫氏云："沐于五經皆有《疏畧》，其《周易》《書經》《詩經》《禮記》《春秋》等，《四庫》已著錄，而獨遺此書，蓋未之見也。"案：《四庫全書總目·經部·易類存目三》著錄"《周易疏畧》四卷，河南巡撫採進本"，提要云："沐於五經、《四書》皆有《疏略》。"然則四庫館臣未必未見《四書疏畧》也。

此書《四庫全書總目》未著錄，《中國古籍善本書目》著錄"《五經四書疏略》一百四十四卷，清張沐撰，清康熙十四年至四十年敦臨堂刻本"子目中有"《大學疏略》一卷、《中庸疏略》一卷、《論語疏略》二十卷、《孟子疏略》七卷"，載清華大學圖書館收藏。案：此《五經四書疏略》，另中國科學院圖書館、天津圖書館、山東圖書館、南京圖書館等館亦有收藏。《續修四庫全書》嘗據中國科學院圖書館藏本《大學疏略》一卷、《中庸疏略》一卷影印行世，皆題"清康熙刻本"，列入《經部》第一五九冊。

192

四書講四十卷

T856　8143

《四書講》四十卷，清金松撰。清康熙刻本，八冊。框高19.1厘米，寬13.9厘米。半葉十二行二十五字，左右雙邊，黑口，雙魚尾（魚尾相向）。版心中鐫"四書講"及卷次。

卷端題"檇李金松仞直論著；受業金瑞紹先、金瑛蕙圃參定"。

書首，首清康熙三十一年（1692）秋孟金松自序，本館此本此序缺葉一、三、四，故未見標題，版心鐫"序"。次《例言》，共二十則。次《看書十則》，末署"冠嚴金松識"。次《四書講卷次》。

　　金松，字仞直，清浙江嘉興人，《四書講》卷端題“檇李金松仞直論著”者，因檇李爲嘉興古稱故也。清朱彝尊《檇李賦·序》云：“嘉興，古之檇李也。”金松，諸生，以授徒爲業，著有《四書講》，餘事迹不詳。

　　此書取名《四書講》，亦屬講章之類，然作者謂其書所論，皆出千慮一得，非纂輯成書之比。《例言》首則云：“是編止憑一綫微明，追遡聖賢心腕。或竟日閉目静坐，間有悟入；或徹夜沈思不寐，畧有所得。當其汩汩然來，片刻遂書數紙。若夫戞戞難去，數日不了一義，總求吾心與義理、口氣兩無遺憾而止。故凡所辯論，皆出千慮一得，間載《大全》《蒙引》《存疑》《翼註》《説約》等説，以證鄙見之不謬耳，初非纂輯成書之比。”又金松强調書中“務求平實”，《例言》第十一條云：“章大力《留書》，艾千子謂是一部《四書世説新語》耳，可見講書但期醒豁，即方言、俚語未嘗不佳，若書理模糊，而但清言差勝，何用？集中務歸平實，恐蹈《世説新語》之譏。且講章更有不着邊際一種，説圓説妙，初看似超，細按則誕，此皆屏斥無餘。一疏一解，要可身體而力行。”

　　此本書首金松序末署“康熙三十一年壬申秋孟後學金松仞直題於武原之宛虹别墅”，序雖撰於康熙三十一年，然未言及刻書事。又本館此本無書名葉，中國香港中文大學圖書館及日本京都大學人文科學研究所藏本有書名葉，題“檇李金仞直四書講，本衙藏本”。其書名葉亦未鎸刊刻年月，故此本姑定爲“清康熙刻本”。

　　此書四十卷，其中計卷一至二《大學》；卷三至六《中庸》；卷七至二十六《論語》；卷二十七至四十《孟子》。各卷皆頂格標章名或節名，不列經文，其下低一格爲講，皆大字單行。一章之前，有總旨以撮其章大意，然單句單節自爲一章者，或數節而旨歸顯明者，則不用總旨。《例言》第二則云：“全章之有總旨，使學者知要領也。”又第三則云：“單句單節自爲一章者，有正講、有拆講矣，而又撮總旨，不是兩説騎墻，必是重見疊出，此則不用總旨，以省紛紜。不惟單句單節，即數節而旨歸顯然者，亦不復用。”此外，一節中所講有總講、拆講、序講等不同作用，《例言》第五則云：“總講提出主意，拆講申明主意，而序講則運主意於口氣中，須緊緊照定總講、拆講主意所在，而以口氣或輕或重或急或緩或抑或揚取之，必口氣斟酌盡善，而後主意乃出。”惟此書《例言》雖言及總旨、總講、拆講、序講等稱呼，然正文中則未明白標示此等名目。

　　書首《看書十則》，乃標舉讀《四書》之要領，有若《大全》之《讀大學法》《讀中庸法》《讀論語孟子法》也。其中所述，有可與正文相參看者。如首則云：“宋儒之書，專講義理，其時不爲帖括，故有下節意即講在上節，後問意即發在前問者。明儒之書，兼求口氣，自講學一、二語録外，大要皆爲帖括取用，故講上節斷不得預透下節，講前問斷不得急侵後問。理貴透，而有不宜說透者；理貴完，而有不得說完者；理貴明顯，而有隱躍吞吐爲肖者；理貴周詳，而有以直捷簡括爲是者。"又次則云："講章無慮數十、百家，要不外'道理真、口氣肖'六字盡之矣。"所言蓋通透有見。

金松此書，徵引他人之說，必識其由來，頗忌攘善之病。《例言》第十六則云："剽竊他人見識議論，改頭換面，裝入自己名下，不自赧愧，譬諸小人，其猶穿窬之盜，向嘗髮指此輩。兹集於宋、明儒之說，謹識姓氏，不待言矣。即時賢議論，在評語、時藝中者，亦必謹稱某號、某諱，一字一句，必識所由來，不敢攘爲己有。推此，則知愚書果有片言可採，後之君子，亦必不至襲取而謹識爲某人之說。不忘所自，諒有同心。"案：金松此舉，於《四書》講章之書中，頗具特色，以視清陳孚《學庸竊補》等書，全不標引錄由來，確爲特異。又金松此書中徵引宋、明儒及時賢之說，其中尤以徵引時人呂晚村之說爲多，如卷一"大學之道章"起首"大學之道節"一節中，即三引"呂晚村曰"，一引"晚村曰"，且以"一語甚透""極是""此講'至善'二字，甚實落"等語稱之，可見對呂晚村之肯定。

本館此本書首金松自序缺三葉，另卷四十僅至葉四十二右面止，其下亦有缺葉。此本間有佚名朱筆圈點。另書中有三處見鈐有藍、紅色長條形紙廠印記。

此書《四庫全書總目》《中國古籍善本書目》俱未著錄。《續修四庫全書總目提要》收錄倫明所撰提要，題"《四書講》四十卷，康熙三十一年刊本，乾隆五年重刊本"，提要云："清金松撰。松字仞直，浙江嘉興人，諸生。是書前有汪瀅序，又有松自序，及《看書十則》《例言》。其書以講爲名，每章有總旨，每節有正講，有拆講（寶三案：中華書局標點本'拆'誤作'析'，今正。下同），其單句、單節自爲一章者，止有正講、拆講，而無總旨。或雖分數節，而旨歸顯然者，亦不用總旨。大旨遵守朱注，而加以發明。於朱注圈外所引程子、張子之說亦如之。間徵引明人蔡氏、林氏、陳氏、顧氏之說，爲之疏別同異，於同時呂留良說援證尤多……書刊於康熙三十一年壬申，至乾隆五年庚申重刊，有朱邦椿序。"案：倫明所據爲乾隆五年（庚申，1740）重刊本，有朱邦椿序，今美國哈佛大學哈佛燕京圖書館亦藏有乾隆五年重刊本。另倫明謂書前有汪瀅序及金松自序，本館所藏康熙本則無汪瀅序。今中國香港中文大學圖書館、日本京都大學人文科學研究所亦藏有康熙刻本，其本亦無汪瀅序，然有書名葉，題"檇李金仞直四書講，本衙藏板"。

鈐印有"曾印"白文方印、"松門子"朱文方印、"松門"朱文長方印、"臣光曾印"白文方印等印，知嘗爲清戴光曾收藏。戴光曾，字松門，號轂原，清浙江嘉興人。清嘉慶九年（1804）歲貢生，以學行受知於阮元，官至河工同知。著有《從好齋詩集》。好藏書，與黃丕烈友善，有省心齋藏書。事迹參見《〔光緒〕嘉興縣志》。另又鈐有"不如人"朱文長方印、"春居水"朱文長方印等印。

193

四書辯訛六卷

T856　3171

《四書辯訛》六卷，清汪陞撰。清康熙三十四年（1695）學誨堂刻本。六冊。框高19.6厘米，寬13.5厘米。半葉九行二十四字，左右雙邊，白口，單魚尾。版心上鐫書名，中鐫《四書》各書名及卷次，下鐫"學誨堂"。

卷端題"星江汪陞蘭友著；門姪孫默亦語、晁巽維、暲允昭全較"。書名葉分三欄，右題"星江汪蘭友著"，中題"四書題解辯訛"，左下題"學誨堂藏板"，欄上題"康熙三十四年新鐫"。左上鐫有四行識語云："吾　師是集極得聖賢真詮，擇焉既精，語焉／亦詳，訛必述其訛之由，辨必證其辨之實，一／觸目間，是非疑似，皆可得而晰也。欲識聖賢／真詮者，其垂鑒焉。　門人　壎謹識。"又左上鈐有"不學不知其善"朱文方印，左下鈐有"學誨堂珍賞"朱文方印。

書首，首清康熙乙亥（三十四年，1695）正月韓菼《四書譌解辨序》。次康熙甲戌（三十三年，1694）嘉平月（十二月）沈朝初《四書辨譌序》。次康熙三十二年（1693）仲春耿世際《四書辯訛序》。次康熙癸酉（三十二年）仲秋李天敍《四書辯訛序》。次康熙癸酉（三十二年）季春胡繩聖《四書辯訛序》。次康熙三十二年孟夏汪旴《四書辯訛序》。次康熙甲戌（三十三年）冬月汪陞《自序》。次《凡例八則》，末署"陞再識"。次《四書題解辯訛總目》，末鐫有識語，末署"門再姪孫基謹識"。書末有跋文四篇，首題《讀四書辯訛小言》，末署"門姪魁謹識"。後三跋皆題《跋》，各署"愚姪作楨謹跋""門姪聯枋謹跋""門姪孫晁謹跋"。

汪陞，字蘭友，堂名"學誨堂"，清婺源（今江西婺源）人。婺源屬徽州，徽州古稱"新安"，故清沈朝初《四書辯訛序》中稱"新安汪子蘭友"。汪陞生平事迹不詳，據《四書辯訛》書首諸序及書末諸跋所述，乃不遇於場屋而以授徒爲業者。汪陞《四書辯訛・自序》云："稍逾授田之歲，輒已餬口於童蒙。"又書末汪魁《讀四書辯訛小言》中云："吾　師生平最敦孝友，苦志芸窗，克體先人欲紹書香之意，舌耕以養太君，菽水盡懽，始終匪懈。遇兄若弟，則存時周給，殁後祭葬，至今撫養猶子，無異親生。”其性行由此可知。

汪陞於《自序》述此書撰作之由云：“陞祖父三代，俱困宮墻，明季遭難，縹緗蕩廢，家貧落魄，無以爲生。先君游學四方，不遑內顧，賴母氏女紅度活，勉給膳束。令陞從師，將及離經之年，始能授書於家塾；稍踰授田之歲，輒已糊口於童蒙。晚學無師，獨學無友，故聖賢義理，茫然未有得焉。然經書既完，曾學帖括，承望如吳夫子指示，謂作文字必須貼切聖賢本旨乃佳。陞佩服其教，見制義有不當於茲者，博而索之書解，覺書解有不合於是者，反而求諸白文，反覆玩味，始知聖賢語意自有真也。後又參於理學名儒諸公之説，與之合者，十踰二、三，竊自喜其所見頗不甚訛，因不自揣，復擇世之訛者辯之，或纂人言作證，或出己意發明，隨其所輯，謄爲一編，藏之篋中，欲以課子，使知聖賢本質，庶於義理可明耳。既而思之，韓昌黎有曰：‘知而不以告人者，不仁也。’陞之所知，固不足以告人，而人又有言曰：‘護己短而背有道，君子羞之。’苟不就正當世，烏知所辯者之訛與不訛也？因不自量，竟以付梓。”此《序》末署“康熙甲戌冬月婺源後學汪陞書於學誨堂”，甲戌爲康熙三十三年（1694）。考此本書名葉鐫“康熙三十四年新鐫”“學誨堂藏板”，可知此本乃鐫於汪陞作《序》之次年，學誨堂即其堂號，故此本定爲“清康熙三十四年（1695）學誨堂刻本”。

此書又名《四書題解辯訛》，書名葉題“四書題解辯訛”，又書首總目亦題作“四書題解辯訛總目”。據《總目》末汪基之識語云：“吾師用取平昔所覽諸家講義，迄前後制義、文評，斥其非而標其是，不使異端紊聖學，不使霸術雜王道，不使微文害大義，不使餘意參正解。彙爲一書，就正有道。宛陵虞賡先生一見而擊節不置，曰：‘此真足以維持經學者，盍付梓以公諸於世？’吾師緣剞劂無資，彙删有待，約舉其半，先登棗梨，計三百七十餘則，共十九萬數千言。”然則因刊刻費用所限，此書僅刊其稿之半數耳。又考汪基所謂“宛陵虞賡先生”者，乃耿世際也。耿世際，字虞賡，書首載耿氏所撰《四書辯訛序》，末署“康熙三十二年歲在癸酉仲春穀旦，宛陵耿世際題於新安之寄雪齋。”下鐫有二印，一爲“世際圖章”白文方印，一爲“字虞賡號蒔峀”墨文方印，由此知“虞賡先生”即耿世際也。

此書《總目》分上、中、下篇，每篇二卷，共六卷。計卷之一《大學》，卷之二《中庸》，卷之三《上論》，卷之四《下論》，卷之五《上孟》，卷之六《下孟》。各卷各段皆先立標題，次作辯説。《凡例八則》第三則云：“每段之首，必着‘某説訛也’一句，蓋欲使人先知訛之所在，繼乃觀其所以訛與不訛耳。非如朱子綱倣《春秋》、目倣《左氏》之説也。”又第五則云：“凡解之訛與不訛者，必引成説以證之，蓋恐無徵不信耳。其説雖長，亦盡引而不畧者，恐加筆削，則失本意，如‘子禽問於子貢曰’章，《説約》芟除《淺説》字句，遂致誤解，是也。且使觀者得覩全文，可免復索他本之勞。”又第七則云：“凡引説之訛者，則用點；其不訛者，則用圈；説得諦當明快者，則密圈，雖已辨論，亦用密圈而不嫌者，欲明理之是非，不得不然。”此爲其書之大略體例也。如卷三《上論》起首辨《學而》篇，其‘人不知而 一句’條云：“將不愠與説、樂紐説者，訛也。《大全》：雙峰饒氏曰：‘説之深，然後能樂；樂之深，然後能不愠。’《説統》曰：‘特爲人世苦難而無自得之趣，故説此説、樂不愠境界，以鼓舞而欣動之。’《翼註》曰：‘末節承上二節一轉説，雖説且樂，而又不愠也。’此俱是以不愠與説、樂對言，時文如此説者甚多，頭緒覺不清楚。蓋説、樂是與君子一例，非對不愠而言，不愠是與時習、朋來一例，非對説、樂而言。且説、樂是頂上文時習、朋來言之，若不愠是起下文君子，意指原自各殊，何容混説？先儒有評曰：‘以君子作起結，以不愠對説、樂，皆陋見也。’其説是矣。”案：《論語·學而》首章云：“子曰：‘學而時習之，不亦説乎？有朋自遠方來，不亦樂乎？人不知而不愠，不亦君子乎？’”舊説及時文多有以“人不知而不愠”句乃承上與“不亦説乎”“不亦樂乎”爲對説者，此處汪氏辨其訛，以爲此説“頭緒覺不清楚”，謂“人不知而不愠”乃起下文“不亦君子乎”爲説，與上文説、樂之意指各殊，原不容混説。由此可見其辨訛之一斑也。

　　書首諸序，對汪氏此書頗多讚揚，如李天敍《四書辯訛序》云：“汪子蘭友，攻苦力學，不窺園者有年。其於經、史、諸子，靡不博綜貫穿，而四子之書尤殫心研慮，以倡明聖道爲己任。乃取《大全》《或問》《蒙引》《存疑》《淺説》等書，會萃而折衷之，以期至當。即帖括、制義，可以互相發明者，亦博採以証其説，要使聖賢之微言大指，炳如日星，而學者知所趨尚，此其裒輯之苦心也。今是集付之剞劂，以公海內，真足羽翼傳註，津梁後學，其有功於斯道，豈淺鮮耶？”語多稱許。

　　《續修四庫全書總目提要》收錄倫明所撰此書提要，題“《四書辨訛》六卷，康熙三十二年刊本”，提要中云：“《自序》云：‘作文字必須貼切聖賢本旨，見制義有不當於兹者，博而索之書解，覺書解有不合於是者，反而求諸白文。’此其大旨也。按：是書未能免俗，惟見理頗真，語亦簡净。陸最服膺呂留良，於其説亦間亦取正。當八股風行之日，借之以昌明正學，亦不得已之事也。”案：本館此本書名葉題“康熙三十四年新鐫”，倫明所撰提要題“康熙三十二年刊本”，不知何據？豈其所據本無書名葉耶？

此書《四庫全書總目》未著録，蓋因書中多引吕留良之説，且於吕説頗多取重，故四庫館臣有所忌諱也。《中國古籍善本書目》著録“《四書辯訛》六卷，清汪烓撰，清康熙三十三年學誨堂刻本”，載廈門市圖書館收藏。另中國科學院圖書館亦有收藏，《四庫未收書輯刊》據之影印行世，收入第捌輯第貳册，題“清康熙三十四年學誨堂刻本”。本館所藏此本與中國科學院圖書館藏本爲同版，惟中國科學院圖書館藏本書末多汪暲、汪壔二跋，本館此本無此二跋。又《中國古籍善本書目》所著録廈門市圖書館藏本，題“清康熙三十三年學誨堂刻本”，疑其本無書名葉，故題如此也。

194

四書繹註五卷

T856　1183

《四書繹註》五卷，清王鈰撰。清康熙三十五年（1696）刻本。六册。框高19.3厘米，寬14厘米。半葉十行二十字，四周雙邊，白口，單魚尾。版心上鑴“繹註”，中鑴各四書名。

卷端首行題“四書繹註”，次行題“柘城王鈰初藁”。

書首，首清康熙丁丑（三十六年，1697）正月錢肅潤《王一雪先生四書繹註序》。次康熙丙子（三十五年，1696）嘉平月（十二月）張夏《讀四書繹註題辭》。中國科學院圖書館所藏同版，書首尚有康熙丁丑（三十六年）九月陳善《四書繹註序》、康熙丙子（三十五年）三月王鈰《四書繹註序》，書末有王鈰《書四書繹註後》，本館此本缺。惟本館書首錢肅潤《王一雪先生四書繹註序》，中國科學院圖書館藏本則缺。

王鈰，字長穎，號一雪，又號巨野老人，清河南柘城人。御使王應昌之子。王鈰早補邑庠，隨父巡按江南、浙江、直隷等地。父卒，歸里，事母以孝聞。順治十二年（1655）拔貢，入北雍，以教習授長海縣知縣，有治聲。著有《四書繹註》《宗譜纂要》《讀書質疑》《欲從録》等書。事迹見《[光緒]柘城縣志》卷三《人物志》。

王鈰此書，主要彙輯清吕晚村、陸隴其二家之説，又附以己意而成。他館藏本書首王鈰《四書繹註序》中云：“孔子之道在《四書》，朱子註之，而孔子之道明，是孔子之道在朱子矣。近者，石門吕晚邨先生評時文之語及平湖陸稼書先生之《松陽講義》，皆能於朱子之註《四書》有所發明，一時學者宗之，是兩先生有功於朱子、有功於孔子也……予彙而訂之，附己意於後，以告天下之讀《四書》者，知朱子之《註》，知孔子之道也，名曰《繹註初稿》。

須臾不死，倘繼此而得焉，是余之志也夫。"其意蓋欲藉呂、陸二家之説及己之申案，以闡明朱子《註》義，故名曰《繹註》也。另書首錢肅潤《王一雪先生四書繹註序》中亦云："柘城王一雪先生，讀《四書》朱《註》有年，其爲繹也，蓋亦久矣。一日取《四書》大註及小註，自《大全》而後，若《蒙引》《存疑》《淺説》《達説》諸編縱觀之，謂皆以書説書，未有以書説理，以書説人人身心性命之理者，而獨於今之呂晚村、陸稼書兩先生，謂其能發明乎朱子之《註》，即以發明乎人人身心性命之理。借其説以參己意，彙爲一書，名曰《繹註》，如是則其所爲繹者，不更深乎？噫！是書出而朱子之《註》明矣，朱子之《註》明，而孔、曾、思、孟之書亦明矣。"於王錟著此書之旨，亦頗有推闡。

此本雖無書名葉以斷其刊刻年月，然據書首張夏《讀四書繹註題辭》云："柘城一雪王先生，人品學術高踞第一流，年來棄官著書，帳秘腹笥，擬於武庫，纂有《四書繹註》，刻先竣，特手示余。"張夏此《題辭》，末署"康熙歲次丙子嘉平三日錫山後學舊治小弟張夏題於集賢坊之樹人堂"。由此可知，此書於康熙三十五年（丙子，1696）十二月時已刻竣矣，故今定爲"清康熙三十五年（1696）刻本"。惟此本書首錢肅潤《王一雪先生四書繹註序》，末署"康熙丁丑正月春旦"；又他館藏本書首陳善《四書繹註序》，末署"旹　康熙丁丑歲九月重陽前三日"。此二《序》撰時皆在康熙丁丑（三十六年，1697），蓋皆是刻成後應王錟之呈閱求序而撰者也。

本書分《中庸》《大學》《論語上》《論語下》《孟子》等五卷，各卷卷端皆題《四書繹註》，不標卷次。《四書》各書之首皆首標書名，次行以下有解題之言，如《大學》書名標題後云："孔子之道備於《易》之十翼，傳孔子之道者，曾子之《大學》、子思之《中庸》也。若夫《論語》則雜記孔子之言與門人之論爾。孟子之傳，得之子思，其言門人記之曰《孟子》七篇。"此爲《四書繹註》全書之首，故并總論《四書》各性質。又《中庸》書名標題後云："堯舜受授，一'中'而已，中不離日用，故曰'庸'，是孔子於'中'字下一註脚，是謂'祖述堯舜'。"此解"中庸"之義。又《論語》書名標題後云："《論語》雜記孔子之言行，並門弟子之論，惟曾子、有子、閔子、冉子稱'子'，餘或稱名、稱字，疑四子之門人所記者多。'憲問耻'章止稱名，無姓，胡氏曰：'此篇疑原憲所記。'"此解《論語》之内容及記者也。

各卷各條皆首標章名，不載經文及朱《註》，下各列呂、陸二家之説，稱"石門呂氏曰""平湖陸氏曰"。二説之後，另起一行，王錟載己意，以"愚按"冠之。或亦有未列二家之説，逕載"愚按"者，此尤於《論》《孟》二書中爲多見，如《論語上》“子曰父在章”下，遂云：“愚按：觀志、觀行原是觀其孝，‘三年無改’是其行也，‘道’字自是善行，若舜之瞽瞍，又父子之變矣。”“愚按”之前，別無呂、陸之說，是其例也。王錟於呂、陸二家之書，固是稱引其足以發明朱《註》者，然王錟偶亦有所駁難，如《大學》“大學之道章”，王錟於“愚按”中云：“陸云：‘《章句》講明德從天命之性說起，與《中庸》天命之性無二，至講上明字，則止曰當因其所發而遂明之，不及未發，是格、致、誠、正、修皆屬《中庸》致和一邊功夫，所謂立天下之大本者，固未之及也。’又云：‘緣《大學》一書是初學入德之門，故只從發動處說起。’愚謂不然，格致工夫固是初學入德之門，亦是徹始徹終工夫，到了家齊、國治、天下平便是位育境界，聖人只有下學工夫，下學工夫，格致誠正是也，未發之中亦只在此，若舍此而別求未發之中，是要蒲團上打坐去也。”此駁陸說之例也。

他館所藏本書末有王錟《書四書繹註後》，其中提及“讀朱子《四書集註》，其要有三”，所謂三要者，乃“一要知講書、講學之合一”，“一要知內註、外註之合一”，“一要知朱子之說當以《四書集註》爲定”。且謂“學者知此三要，方可以讀朱子之《四書集註》，於以克治乎身心性命可也，於以敦篤乎日用常行可也，即以之爲制業文字，亦無不可也”。王錟於此指出讀《四書》之要領也。

《續修四庫全書總目提要》收錄江瀚所撰此書提要，題“《四書繹註》不分卷，康熙三十五年刻本”，提要中云：“是編於《大學》《中庸》《論語》《孟子》皆分章而不分卷……然錟之《繹註》，雖云‘發明乎人人身心性命之理’，其實仍爲制舉業所取資。前儒之說列入者，惟呂留良、陸隴其而已。此書刻於康熙丙子，尚在留良獄未興前，獨免銷燬，未遭治罪，其亦有幸、不幸歟？”案：此書總名《四書繹註》，其中《四書》各自爲卷，《大學》《中庸》《孟子》各爲一卷，《論語》分《論語上》《論語下》二卷，合計爲五卷，書中各卷雖未標卷次，實不宜謂之“不分卷”也。

本館此本，書中引呂晚村說，依例多稱“石門呂氏曰”，然書首錢肅潤《王一雪先生四書繹註序》葉二，右面等處仍見“晚村”二字，知爲雍正禁燬前之版本也。又本館此本間有逸名朱筆圈點，偶於眉欄書寫評語，如謂：“此說非是”“此說是”“不能無差誤”“正是小人、險人”。等。此外，本館此本，於書首錢肅潤《王一雪先生繹註序》葉一右面，見鈐有藍、紅色長條形紙廠印記，另《論語上》葉四右面，亦見鈐有藍色長條形紙廠印記。考中國科學院圖書館所藏本亦見鈐有同類紙廠印記，知當與本館此本爲同一時期之印本也。

此書《四庫全書總目》《中國古籍善本書目》俱未著錄，除本館外，另中國國家圖書館、中國科學院圖書館、湖北省圖書館、美國哈佛大學哈佛燕京圖書館等館亦有收藏。惟卷數或題"五卷"，或題"不分卷"，蓋所據標準不一也。《四庫焚燬書叢刊》嘗據中國科學院圖書館藏本影印行世，題"清康熙刻本"，列入《經部》第八冊。

195

四書合參析疑二十二卷

T856　1346

《四書合參析疑》二十二卷，清張權時輯。清聚秀堂、光裕堂刻本。二十冊。框高20.6厘米，寬13.4厘米。半葉十三行三十一字，左右雙邊，白口，單魚尾，無直欄。版心上鐫書名，中鐫《四書》各書名及卷次，下鐫"聚秀堂"。

卷端題"齊東張權時可菴手輯；受業姪蕭雖相維，男繇雖君式，姪孫廷垣節菴、廷琦友韓全閱；同學趙作基枚史點定；高苑邵欽承敬公、觀城劉珪縉參訂；武定商允祉履成、唐祖堯宗遠全訂"。書名葉分二欄，右題"山左張可菴先生編輯"，左二行大字題"四書合參 / 析疑"，左下題"古吳聚秀、光裕堂梓行"，欄上題"兩大督學先生鑒定"。

書首，首清康熙四十七年（1708）七月孫勷《序》。次康熙四十九年（1710）長至日黃叔琳《序》。次《參閱姓氏》。次《四書合參析疑凡例》，共六則。

張權時，字可菴，清山東齊東人。《四書合參析疑》書首《參閱姓氏》列有"受業門人"商允祉、商末齡、商延齡、唐朝倩、唐朝傅五人，末云"以上俱武定州"，由此知張權時嘗教授於武定州（今山東惠民）。餘生平事迹不詳。

此書之作，書首黃叔琳《序》云："齊東張子可菴，沈潛理學，素習朱子之書，因爲《四書析疑》一編，義宗徽國，兼採明儒講説，佐佑發明，間有騎墻牴角者，細運心裁，折衷盡善。先列串講，則提綱挈領，血脈融注，章旨、節旨，纍如貫珠者也。次列析講，則句櫛字比，爬梳剔刮，毫釐千里，辨入微茫者也。斯編出，如五金之在鎔，羣綵之錯繡，不必專名一家，而聖賢大旨罔不條畼而渾洽矣。"所述括其大要矣。又張權時於《四書合參析疑凡例》首則云："四子書，功令務尊朱《註》，所以黜異端、崇正學矣。朱《註》外，有《或問》，有《語類》，而《大全》復取裁於《或問》《語類》。有朱子説發明聖賢大義，炳若日星矣，然《或問》詳明條暢，文公自謂尚有不滿意處，而《語類》又與其高弟終身講究，前後不無異同，兩書與《集註》有未盡符合者，正文公所云旋見旋改者也。愚繙閱其中，有解之未定者節之，有詞之重複者裁之。何以知其重複？以各段參之。何以知其未定？以《集註》斷之，如際飛黃先生所云而已矣。"又次則云:"明儒講義,如《蒙引》《存疑》《淺説》《達説》諸書,於朱子各有發明。及閲際飛黃先生之《合訂》、岱雲李先生之《條辨》、武曹汪先生之《增訂》、稼書陸先生之《三魚堂困勉録》,剖析不遺餘力,視《蒙》《存》《淺》《達》不啻過之,然繁簡參差,亦所時有。愚參酌一説,以授生徒,非敢爲雌黄也,覽者或亦見諒云。"凡此皆可見此書撰作之要旨。

此書首二序,一題"康熙四十有七年秋七月莪山年家學弟孫勷敬題",一題"皆 康熙四十有九年長至日山左督學使者北平黄叔琳題",二者皆未言及刻書事,又本館此本版心題"聚秀堂",書名葉題"古吳聚秀、光裕堂梓行",然未題刊刻年月。今考此本《孟子》七卷之中,卷端及版心所鎸,出現兩種款式,如《孟子·盡心上》卷端題"四書合參析疑孟子卷之七",版心鎸"孟子卷之七上";《盡心下》卷端題"四書合參析疑下孟卷之七",版心鎸"下孟卷之七",由此知此本當非同一時期所刻,不可如本館舊目定爲康熙四十九年(1710)刻本也。今姑題爲"清聚秀堂、光裕堂刻本"。

本書共二十二卷,計《大學》二卷,《中庸》三卷,《論語》十卷,《孟子》七卷。各卷皆先列經文及朱《註》,後作解説,所解分"串講"及"析講"二部分。《凡例》第四則云:"説書無析講則旨義不剖,無串講則神吻不貫,兹集先串後析,以便覽觀。"所解大抵以朱《註》爲依歸,《凡例》第五則云:"前代及我 朝名儒輩出,講貫精確,可以羽翼文公者,備採而融鍊之,如或立異走僻,不遵朱《註》,槩置不録。"另作者亦間有己見,謂之"附參",置於"析講"之後。《凡例》末則云:"講義有彼此互異、紛如聚訟者,愚不揣固陋,間亦增以管見,謂之'附參'。原藁頗多,後閲《增訂》《條辨》,與管見相合者,則取彼去此,止存十之一、二,且'附參'較'析講'所載諸儒講説低一格,蓋不敢與前人比肩也。"

此書《四庫全書總目》《中國古籍善本書目》俱未著録。除本館此本外,另天津圖書館藏有雍正九年(1731)聚秀堂刻本,中國國家圖書館、鄭州市圖書館等藏有乾隆三十二年(1767)文盛堂刻本。

196

四書朱子語類摘鈔三十八卷

T853　2943.2

《四書朱子語類摘鈔》三十八卷,清張履祥、呂留良輯。清康熙四十年(1701)南陽講習堂刻本。八册。框高20.1厘米,寬15.1厘米。半葉十二行二十五字，小字雙行同，左右雙邊，黑口，雙魚尾（魚尾相向）。版心中鐫"四書語類鈔"及卷次。卷末間鐫有刻工名。

卷端首行題"四書朱子語類卷一"。書名葉右題"張楊園、呂晚邨兩先生摘鈔"，中二行大字題"朱子四書／語類"，左下鐫有長方木記，題"南陽講習堂布藏板"。

書首，首《四書朱子語類目錄》，第二、三行題"後學桐鄉張履祥、禦兒呂留良摘鈔"，目錄之末有呂公忠識語。次《凡例十二條》，末署"公忠又識"。書末鐫有長方形木記，内載"右《四書朱子語類摘鈔》凡三／十八卷，計共六百二十二版，／康熙辛巳南陽講習堂較刊，／旌德汪乘六繕寫，劉子禮鐫"共四行。

張履祥（1611—1674），字考夫，號念芝，學者稱楊園先生，清浙江桐鄉人。《清史稿》卷四百八十《儒林一》有傳。傳云："張履祥，字考夫，桐鄉人。明諸生。世居楊園村，學者稱爲楊園先生。七歲喪父，家貧，母教之曰：'孔、孟亦兩家無父兒也，只因有志，便做到聖賢。'長，受業山陰劉宗周之門。時東南文社各立門户，履祥退然如不勝，惟與同里顔統、錢寅，海鹽吳蕃昌輩以文行相砥刻。統、寅、蕃昌相繼殁，爲之經紀其家……來學之士，一以友道處之。謂門人當務經濟之學，著《補農書》……初講宗周慎獨之學，晚乃專意程、朱。踐履篤實，學術純正。大要以爲仁爲本，以修己爲務，而以《中庸》爲歸。康熙十三年，卒，年六十四。著有《願學記》《讀易筆記》《讀史偶記》《言行見聞録》《經正録》《初學備忘》《近古録》《訓子語》《補農書》《喪葬雜録》《訓門人語》及文集四十五卷。同治十年，從祀文廟。"張履祥之著作，後人輯有《楊園先生全集》。

呂留良（1629—1683），又名光輪、光綸，字用晦、又字莊生，號晚村，又號耻齋、南陽布衣、何求老人。清崇德（今屬浙江崇福）人。幼聰穎過人，八歲能賦詩作文。十歲，三兄呂願良建澄社於崇德，東南士子千餘人往來聚會，留良深受影響。明崇禎十四年（1641），孫子度建徵書社於崇福禪院，時留良十三歲，以詩文入社，甚得子度贊賞。清順治二年（1645）清軍渡江入浙，留良與三兄願良散財結客，抗擊清兵，圖謀復明，事敗。順治十年（1653），二十五歲，被迫易名爲光輪，應科舉試，成諸生。康熙五年（1666）浙江學使至嘉興考核生員，呂留良拒不應試，被革除諸生。康熙十七年（1678），清廷開博學鴻詞科，以籠絡明朝遺逸，浙江首薦呂留良，留良誓死不應。十九年（1680），復徵聘山林隱逸，嘉興知縣又薦留良。留良自知難以推脱，決意出家爲僧，法名耐可，字不昧，號何求老人。至吳興埭溪之妙山，築風雨庵，隱居講學。康熙二十二年（1683）卒。呂留良卒後，因受湖南曾静案之牽連，於雍正十年（1732）被雍正皇帝欽定爲"大逆"罪名，慘遭開棺戮尸梟示之刑，其子孫、親戚、弟子廣受株連，成爲清代震驚全國之文字獄。呂留良著作多燬，今存《四書朱子語類摘鈔》《天蓋樓四書語録》《呂晚邨先生四書講義》《呂氏醫貫》《呂晚村先生詩文集》《東莊詩存》《呂晚邨先生家訓真蹟》等書。事迹另參清呂葆中《行略》（《呂晚村先生文集·附録》、清張符驤《呂晚邨先生事狀》（《碑傳集補》卷三十六）、清柯崇樸《呂晚村先生行狀》（《振雅堂文稿·行狀》）等。

　　此書乃清張履祥、呂留良所摘鈔《朱子語類》中有關《四書》之内容，其輯録之緣起，呂留良之子呂公忠（後更名葆中）於《四書朱子語類目録》末之識語中云："昔者　先君子與　楊園張先生欲續朱子《近思録》，謂諸書皆經朱子手定，唯《語類》一編出於門人所記録，其間或有初年未定之説，且條多繁複，雖同出一時之言，而記者之淺深工拙，不無殊異，精別之爲難，遂相約採輯之功當自《語類》始。甲寅之春，　先生坐南陽邨莊，既卒業，乃掩卷嘆曰：'不知天假我年得再看一過否？'然是歲而　先生殁矣。癸亥之夏，　先君子自知病勢日亟，皇皇然唯以《續録》未成爲生平憾事，乃取　張先生所定本重加簡閲，易簀前數日，是書猶在几案，竟絕筆於《論語·泰伯》之篇。然則《語類》一書爲　先君子與　張先生未竟之緒，而實其平生志念之所繫焉者也。　先君子臨終，以藁本付公忠俾藏之，距今十有九年矣。公忠自惟惷愚，不足以纂述前人之志，然又恐藏弄笥篋，日就蠹敝，一旦并其僅存之端緒而亡之，則公忠之爲罪滋大。乃取其中論《四書》數帙，合兩家之所採，彙而録之，名曰《四書朱子語類摘鈔》，凡三十八卷，先以行世……《語類》居朱子諸書之一，論《四書》者又居《語類》之一，然古不云乎一隅三反，使學者果能沈潛反覆是編，默識夫所以精別取舍之意，即因是以盡讀朱子之書，霈然無疑，則不惟講明《四書》，於《章句集註》之旨，更多闡發，而所以爲《近思續録》之根柢者，亦且過半矣。此固　先君子與張先生之遺志也。"末署"禦兒呂公忠謹識"。由此識語可知，此書原爲張履祥、呂留良二人所輯《近思續録》之一部分，而《續録》之輯，以《朱子語類》爲始。張、呂殁後，稿存留良子公忠處，公忠於其父卒後十九年"乃取其中論《四書》數帙，合兩家之所採，彙而録之，名曰《四書朱子語類摘鈔》，凡三十八卷，先以行世"。考此本之末鐫之長方形木記，辛巳爲康熙四十年（1701），此年此本付刻，考呂留良卒於康熙二十二年（1683），相距正十九年，呂公忠識語雖未署年月，當即作於付梓前也。又據公忠識語及書末木記所載，此書當定名《四書朱子語類摘鈔》爲宜，今諸家書目多題爲《四書朱子語類》者，蓋從卷端所題故也。今以特例處之，而不從卷端之題名。此書爲寫刻體，寫者爲旌德人汪乘六，刻書坊主人爲劉子禮，此從書末木記可以得知。另書中各卷之末，間或鐫有刻工之名，如卷二末鐫“旌邑劉國英鐫”，卷四末鐫“旌邑劉文一鐫”，卷十一之末鐫“旌邑劉允功鐫”，卷十二之末鐫“旌邑劉磊石鐫”，卷十五之末鐫“旌邑劉道生鐫”，卷二十三之末鐫“旌邑劉瑞初鐫”，卷三十三之末鐫“旌邑劉青芝鐫”，卷三十四之末鐫“旌邑洪惠召鐫”，卷三十七之末鐫“旌邑劉文開鐫”。此頗異於一般鐫刻工名於版心且名字較爲簡略之情形，可資研究清代刻工者之參考。

此書共三十八卷，計卷一至四《大學》，卷五至二十五《論語》，卷二十六至三十二《孟子》，卷三十三至三十八《中庸》。各卷皆先列標題，次鈔錄《朱子語類》之文，每條下仍依原本載記者之名。另書中有呂公忠彙錄時所加之圈記符號，書首《凡例第十二條》之首條云：“張先生所取稍寬，以尚欲覆閱也。　先君子因　張先生本而論定，故所取尤嚴，兩家雖所見略同，而出入不無小異，各存手眼，不欲混之，乃於每條之首加圈以記別。凡　張先生所錄用‘薄○’，先君子所錄用‘厚●’，兩家並錄者用‘重◎’，至于零星剩義，尚有不忍割棄者，公忠更爲採擷一二，自托於不賢者識小之義，另爲‘尖△’以附焉。”另第三條云：“義理精微及發明警策處，用‘旁、、、’。”第四條云：“每段綱要，用‘旁———’。”第五條云：“小段落用‘半∟’。”皆其例也。此外此書所錄《朱子語類》之文，皆在字之右下方加點爲句讀，《凡例》第二條，公忠特舉“不成”二字之詞義爲例以論句讀之難，頗可供研究宋代詞彙者之取資。此條末云：“昔人點句在旁，讀在中，今不復別，率用‘細·’於字下近右。”

《續修四庫全書總目提要》收錄倫明所撰此書提要，題“《四書朱子語類摘鈔》三十八卷，康熙四十一年刊本”，提要云：“履祥、留良俱尊奉紫陽，深研有得，其抄此書，去取之間，具有精意，非同節錄。惟公忠刪履祥所抄‘問盡心’等三條，謂與《集註章句》未脗合，且謂理解必歸畫一，方足爲學者篤信謹守，《四書》之有《集註章句》，所當畫一者也。按：公忠此説，未免自作聰明，朱子成《集註章句》在先，晚年所見更進，有未及追改者，略見於《語類》及《或問》。《文集》中《語類》之異乎《集註章句》者，應細加審察，未可執一以繩也。公忠字無黨，後更名葆中，康熙四十五年進士，以第二人及第。書無刊版年月，據公忠自識，留良歿於癸亥夏，又十九年而刊行是書，蓋康熙四十一年壬午也。”案：倫明評公忠刪“問盡心”等三條爲“未免自作聰明”，此評若就研究朱子《四書》見解真諦之角度言之，確中其弊，然公忠彙錄此書以行世，本欲供學子舉業之用，其秉持“理解必歸畫一”之原則以去取，實亦無可厚非也。又：本館所藏此本，書末木記鐫"康熙辛巳南陽講習堂較刊"，則此本刻於康熙四十年（辛巳，1701），確然可知。倫明蓋未睹此木記，故據公忠識語中所言以推算之，遂誤差一年也。

本館此本卷二十四葉四至八，卷二十五葉一至二，皆爲抄補。書中間有佚名朱筆及墨筆圈點。另書中見鈐有藍、紅色長條形紙廠印記。

此書《四庫全書總目》《中國古籍善本書目》俱未著録。本館所藏此本，北京大學圖書館、中國科學院圖書館等館亦有收藏。《四庫焚燬書叢刊》據中國科學院圖書館藏本影印行世，題"《四書朱子語類》三十八卷，清張履祥、呂留良輯；清康熙四十年南陽講習堂刻本"，列入《經部》第四册。

197
四書朱子異同條辨四十卷

T856　4431

《四書朱子異同條辨》四十卷，清李沛霖、李禎撰。清康熙近譬堂刻本。四十册。框高21厘米，寬14.5厘米。半葉九行二十一字，小字雙行同，左右雙邊，白口，單魚尾。版心上鐫"朱子異同條辨"，中鐫四書各書名及卷次，下鐫"近譬堂藏板"。

卷端首行題"四書朱子異同條辨大學卷之一"，第二、三行鐫"都梁李沛霖、弟禎全訂；男學曾、姪煌參較"。書名葉分二欄，右題"都梁李岱雲、兆恒全訂"，左題"四書朱子異／同條辨"，左下題"近譬堂梓行"。

書首，首清康熙四十四年（1705）二月李振裕《四書朱子異同條辨序》。次壬午（康熙四十一年，1702）正月李禎《序》。次康熙壬午（四十一年）三月李沛霖《四書朱子異同條辨自序》。次《四書朱子異同條辨凡例》，共八則，未署名。次《四書朱子異同條辨先儒姓氏》，末署"以上從《大全》舊本"，下接載《附引用後儒姓氏》。

李沛霖，字岱雲，清人，生平事迹不詳。自稱"都梁"人，都梁爲中國古縣名，西漢時設縣，至隋開皇時廢，併入邵陽縣，約今湖南省武岡市。惟《四書朱子異同條辨》書首李振裕《序》中云："盱眙李生，適有《朱子異同條辨》。"此稱"盱眙"，則爲今江蘇省淮安市盱眙縣。或湖南爲李沛霖祖籍。康熙刻本清萬人望所撰《四書朱子大全統義》書首載有李沛霖序，序中稱"予於戊寅、己卯間，謬事丹黃於金陵"。又該書卷首所附《同學參訂姓氏》中列有李沛霖及其二子李學曾、李夢雷之名。（參見《美國哈佛大學哈佛燕京圖書館藏中文善本書志·經部》第二百一葉所述）考戊寅、己卯當清康熙三十七年（1698）、三十八年（1699），知此期間李沛霖活動於金陵。李沛霖所撰科舉用書頗多，計有《四書朱子異同條辨》《四書諸儒輯要》《四書旁訓釋義》《歷科墨選質言》《增删二十三科與巧集》等書，且多與其弟李禎合著。李禎，字兆恒，生平事迹不詳。

此書撰作之由，乃因作者感慨宋元明以來諸儒説《四書》者，雖曰從朱，然多"名從而實違，習其所固然而不知其所以然者也"（見李氏《自序》），故有《四書朱子異同條辨》之作。李沛霖《自序》云："夫朱子之心，亦既殫且竭矣；朱子之説，亦既大且精矣。而後之學者，或執其辭而晦其意者有之，或得其意而悞（誤）其辭者亦有之。不然，則見其粗而忘其精也；不然，則明于此而昧於彼也；不然，則知其一説而不知其又一説而莫或貫之也。此非但數百年之後深體其説者蓋寡，即勉齋之徒親炙於朱子之門者，殆已不無相沿而繆戾者也……嗚呼！此予深惜其名從而實違，習其所固然而不知其所以然者也。"另《自序》又云："吾嘗于四子之書之理玩索而未有明也，証之《章句集註》而合焉；於《章句集註》之理玩索而未有明也，證之《或問》《語類》而又合焉；乃於《或問》《語類》之説、之理玩索而未有明者，證之前之游、楊、謝、呂而有合有不合矣；證之後之勉齋、雙峰之徒而亦有合有不合矣；即證之有明三百年之中虛齋、次崖之徒有合有不合，而幽繆、而顯畔者更不知其幾矣。而况今人之有合，不過踵前人之已合而合者也；今人之不合，亦不過踵前人之不合而不合者也。而一、二傑出之士如晚村、稼書之徒，其不踵前人之已合而有合者，吾安敢以爲非也？其不踵前人之不合而猶不合者，吾安敢以爲是也？此予自宋、元、明以迄於今諸儒雖爲世所尊崇效法，而予斷然有異同之辨者也。"由此可知其著書之動機。

此本書名葉僅題"近礐堂梓行"，未題刊刻年月，又書首諸《序》皆未言及刊刻事，以書中避諱止於康熙，故題爲"清康熙近礐堂刻本"。

此書共四十卷，計《大學》三卷，《中庸》三卷，《論語》二十卷，《孟子》十四卷。《學》《庸》之前各冠朱熹《章句序》，《論》《孟》之前各冠朱熹《序説》。其各卷體例，據《凡例》第一則云："《四書》正文頂格大書，《章句集註》低一格次書，所以別經、傳也。其正文無庸圈識矣，《章句集註》解字義者用點，總解義理者用圈，其或解字義，或總解義理而有精蘊妙緒者，則用連圈以識之，欲使讀者聳神而致其探索也。"此述其載經文、朱《註》及圈點之體例。經、《註》之後，列朱熹《或問》與《語類》，雙行小字書之，前標"或問""語類"。《凡例》第三則云："《或問》作於朱子，《語類》記自門人，故先《或問》，而次《語類》。此書既以朱子爲宗，似《或問》《語類》之字亦大於諸儒條例之字矣，奈卷帙太重，不敢過多，故同一字書而但有先後之別耳。"另《或問》《語類》之前，間載有朱熹所編《論語精義》《孟子精義》《中庸輯略》中所録前人之説，而冠以"精義""輯略"。《凡例》第四則云："《語》《孟》則有《精義》，《中庸》則有《輯略》，皆先儒之説，或爲《章句集註》之所已採，或爲《章句集註》之所少異，故朱子既於《或問》備論其得失，而其可參考者而並存者則又取而編次之，亦欲使後人知己説之自來也。兹擇其精藴有發明者，間附載之，以備觀覽。"

此書各卷，於《或問》《語類》之後載宋、元、明以來諸儒之説，依與朱説之同異，分爲"同""異"二類，各冠以"同""異"。《凡例》第五則云："宋、元、明以迄本朝，名儒輩出，或少異朱子，亦必有所見。然異於朱子而自逞其説者，必其質之四子而亦有不洽者也。此但酌以心理之同，非敢故爲抑揚之論……今惟與朱子同者，以'同'字條例冠之；與朱子不合者，以'異'字條例冠之。或圈或抹，蓋欲使涇、渭瞭然而後以己意辨其異同之故焉。"在"同""異"之後，接"辨"字條例，乃李沛霖、李禎兄弟論辨同、異，闡明義理之説也。先以"按"字起首，乃李沛霖之論，次"禎按"則李禎之説也。李沛霖之"按"前，首冠"辨"字。又李沛霖"按"中亦間載李沛霖、李學曾父子對《四書》義之問答。

李沛霖在《凡例》末則，敍述其撰作此書之經緯云："予自總角時，往往以《章句》解書而明，以雜説解書而晦，即疑《大全》以下諸本不可盡信。於是備集諸家，妄加批抹，易其本者屢矣。後浸淫於朱子之全書者久，乃益斷然以己之所見爲不背於聖人之道。及余弟漸長，頗能參互其説，於是師父一堂，益發其不窮之趣，而兒輩亦因以卒業焉。本不敢公之於世，懼蹈狂妄之罪，既又痛聖人之道不晦于畔朱之人，而即晦於從朱之人，亦安可嘿嘿而已也？世之學者，或更見予之不逮而攻其疾焉，則余年未老，猶得更訂而改其失也已。"其撰作此書之苦心，亦可見矣。

此書搜羅朱熹《章句集註》《輯略》《或問》《語類》及宋、元、明以來諸家之説，以辨其同異，其搜羅豐富，資料排列井然有序，且辨説詳明，雖不脱朱《註》窠臼，然可視爲極佳之資料彙編，足供讀朱《註》者之參考。惟其内容繁富，通覽不易，故日後李沛霖又有《四書諸儒輯要》之作，删繁取要，以便閱覽，參下篇所述。

此本版心鐫有"近譬堂藏板"字樣，書名葉題"近譬堂"，雖有康熙四十四年（1705）年李振裕《序》，康熙四十一年（1702）李沛霖、李禎二《序》，然三《序》皆未言及刊刻事，故定爲"康熙近譬堂刻本"。傳世又有藜光樓本一種，藏中國國家圖書館、北京大學圖書館、天津圖書館、浙江圖書館、中國臺灣大學圖書館等館。其本書名葉左下題"藜光樓梓行"，且鈐有"禮部鑒定頒行"朱文方印。然核對此近礜堂、藜光樓二本，其版式行款、字體及缺版特徵多同，當爲同版，豈所謂"藜光樓梓行"者，乃據近礜堂刻本印行，實未加重刻歟？

此書曾遭清廷抽燬，以書中載有呂晚村《四書講義》七百餘條之故。惟此本書中仍見引呂晚村之説，知當是未抽燬前之本。

《四庫全書總目》未著録。《中國古籍善本書目》著録"《四書朱子異同條辨》四十卷，清李沛霖、李禎撰，清康熙近礜堂刻本"，載清華大學圖書館、中國社會科學院考古研究所、天津圖書館、山西省文物局、寧夏大學圖書館、山東師範大學圖書館等六館收藏。此外，中國國家圖書館、北京大學圖書館、中國科學院圖書館，美國哈佛大學哈佛燕京圖書館、普林斯頓大學東亞圖書館，日本内閣文庫、國會圖書館、東京大學東洋文化研究所、京都大學人文科學研究所等館亦有收藏。哈佛燕京圖書館藏本缺書名葉及李振裕《序》。《四庫禁燬書叢刊》曾據中國科學院圖書館藏本影印行世，題"清康熙近礜堂刻本"，收入《經部》第二至四册。

198
增訂四書大全四十三卷

T856　3122

《增訂四書大全》四十三卷，清汪份撰。清康熙汪氏遄喜齋刻本。二十册。框高22.7厘米，寬15厘米。兩截版，下欄框高17.3厘米，刻《四書大全》。九行二十一字，小字雙行同，左右雙邊，白口，單魚尾。行間刻圈點。版心上鐫"大學大全"等，中鐫"章句上"等，下鐫"遄喜齋讀本"。上欄框高5.4厘米，刻汪份增訂之語。小字行十一字。

《大學章句大全》卷端首行題"大學章句大全上"，下有雙行小字"大，舊音泰／今讀如字"，第二至五行題"長洲汪份武曹手輯；長洲馮曷孟容、吳縣張九葉傳之、秀水陳鑑其言全訂"。

《中庸章句大全》卷端首行題"中庸章句大全上"，第二至五行題"長洲汪份武曹手輯；長洲馮曷孟容、陸介黄眉士、秀水陳鑑其言全訂"。

《論語集註大全》卷端首行題"論語集註大全卷之一"，下有雙行小字："《通考》：吳氏程曰：'論，撰也、次也，撰次孔子及弟子語也。'"第二至五行題"長洲汪份武曹手輯；長洲馮曷孟容、徐葆光亮直、秀水陳鑑其言全訂"。

《孟子集註大全》卷端首行題"孟子集註大全卷之一"，第二至五行題"長洲汪份武曹手輯；長洲馮昰孟容、陸介黃眉士、吳縣馮汝軾學坡、秀水陳鑑其言全訂"。

書首，首清康熙四十二年（1703）正月張廷樞序，未立標題。次康熙四十一年（1702）五月韓菼序，未立標題。次《明成祖御製序》，末署"永樂十三年十月初一日"，次行鎸"長洲後學倪熹光謹書"。次康熙四十一年五月汪份自序，未立標題。次《進書表》。次《四書集註大全凡例》，共四則，第三則爲"引用先儒姓氏"，第四則爲纂修者銜名，版心皆鎸"凡例"。次《增訂四書大全附錄》，未署名。

汪份（1655—1721），字武曹，清長洲（今江蘇蘇州）人。《清史列傳》卷七十一《文苑傳二》有傳。傳云："汪份，字武曹，江蘇長洲人。康熙四十三年進士，改翰林院庶吉士。五十二年，散館授編修。五十三年，充廣西鄉試副考官。六十年，奉命督學雲南，未之官，卒，年六十七……嘗訂《四書大全》及唐宋八家古文，行於世。晚歲辨《春秋》書爵非襃、書人非貶，爲書三卷，義多儒先所未發。又著有《河防考》十卷、《遄喜齋集》。"事迹另參《［同治］蘇州府志》卷八十八《人物十五》。

汪份此書旨在訂正《四書大全》纂修所據之倪士毅《四書輯釋》等所存之誤及《四書大全》後代傳本中之訛誤。汪份在自序中云："將以佐佑朱子《章句集註》而《四書大全》作焉。乃永樂時奉命編纂者，蓋取諸倪道川氏《輯釋》以爲己書，中間不過小有增加，而今學者所誦習之本則又益之以《通考》《通旨》《附纂》一切叢龐之說，而凡《蒙引》《存疑》《淺說》《摘訓》諸家號爲讀《大全》者，皆混然曾莫之能別也。份愚，竊奉朱子《文集》《語錄》諸書，以折衷淆亂。蓋《輯釋》變爲《大全》而一壞也，《大全》復有今本，而又一壞也。是故今之《大全》不如原本，其原本又不如《輯釋》。然細考《大全》分註，其變亂改易朱子之定說以曲從己意，而使後人承訛襲陋，悞（誤）以改本爲作者之真，則其故實《輯釋》之爲之也。而昔之論者，徒責《大全》不當竊取成書，而於《輯釋》則頗有所稱道，以謂爲能得朱子之意，其亦考之不詳也已。且夫《四書》之有《大全》也，固將以遵暢朱子之微詞奧旨也，而乃襲用《輯釋》改壞之本而不知其非，則其於朱子之書，不惟無所闡明，而反多所汩亂，斯其獲罪朱子而疑悞（誤）後人，固已甚矣。又況原本、今本遞有增加，而舛謬益甚乎？嗟夫！此愚是書所爲不得不力與之辨也。"以上爲汪份自述其書不得不作之由。至於倪氏《輯釋》中之舛誤，汪份自序又云："夫《輯釋》之書，其於朱子《文集》《語類》，或合數條爲一條，而又牙不相合；或分一條爲數條，而散亂不可讀；或盡削虛字而至與本旨相違；或妄删要語而失其用意所在；又或誤以他人之語目爲朱子之言；或強以問者之語闌入答語之内。蓋凡《輯釋》中號爲‘朱子曰’者，類往往經倪氏之點竄塗改，而非復作者之真也。”

又書首張廷樞序亦云：“前後諸家增删《四書大全》者頗衆，獨長洲汪生份武曹今所增訂爲能辨譌糾謬，以存朱子《語類》《文集》之真。蓋自朱子作爲《四書》“章句”“或問”“集註”後，黃文肅公、真文忠公、祝氏宗道、趙氏格菴、蔡氏覺軒、陳氏定宇、胡氏雲峰，互有撰著，大抵取朱子《語類》《文集》以發明“章句”“或問”“集註”之旨，要皆謹守原文，莫敢悍然肆筆，改易變亂。至道川倪氏出而有《輯釋》之作，始以己意恣行改竄。明永樂時，編《大全》者不知其然而襲用之，凡今學者所見《大全》中朱子之説，皆經倪氏顛倒變換，非復考亭定本，此所謂觀於濁水而迷於清源者也。汪生生於我 國家隆儒重道之世，沾被 聖主至教，潛心理學，其於朱子之書，反覆剖斷，參互考訂，已三十年，始得盡窮倪氏所爲塗改之病。於是增訂此書，悉仍《大全》故本，不敢删去一字，而於其上方細書所見，以與之辨。蓋汪生之意，務欲使讀《大全》者得見紫陽之真，以無失《章句》《或問》《集註》本指，而不至爲改壞之本所亂……又考《大全》原本既仍襲倪氏之舊，而今之所見《大全》，則又并非永樂時所編者。汪生以内府本挍之，又得其所增入之説，蓋凡所謂《通旨》《附纂》諸書，皆《大全》原本所無，其説尤叢雜無當，較之原本，又遜之遠甚，而讀者皆混然莫之能辨，今得汪生并剖明其本末，此其別白真僞之功，尤足裨益，學者所當家置一編者也。”

此本無書名葉，無法據以訂其刊刻年月。書首雖有康熙四十二年張廷樞序及康熙四十一年韓菼、汪份序，然皆未言及刊刻事。考汪份序末署“康熙四十一年五月十七日長洲汪份書於遄喜齋”，遄喜齋爲汪份之齋名。又此本避“玄”字諱，另書中引呂晚村著作，“呂晚村”三字未見避諱剗去現象，故定爲“清康熙汪氏遄喜齋刻本”。

本書書首有汪份所撰《增訂四書大全附録》，實即本書凡例，其首則云：“倪道川氏作《輯釋凡例》，趙東山氏謂凡例雖是著述通用，然不宜施之聖經賢傳之首，故愚於是書編次鄙見，止曰《附録》，而不敢僭稱凡例。”此其稱《附録》之由也。《附録》第二則云：“愚於《大全》原本、今本，但駁正其紕繆，而未嘗删改，蓋不敢輕變前人之舊，且存其説而不没，亦欲以其是非聽之當世也。”又第三則云：“愚説皆載於上截，不敢與先儒之説比肩也。”案：汪氏此書分爲上、下二截，下截爲《四書大全》原文，一仍其舊，上截載汪氏考訂之語。

又下截《四書大全》載有《通考》《通旨》《附纂》之説，此見於清代學者誦習之本，非永樂原本所有，乃後人所增，汪氏亦僅指出其非永樂原本而未删。汪份於《大學章句大全》"大學之道在明明德，在親民，在止於至善"句之上截眉欄批云："愚始讀《大全》，則嫌吳季子語之泛濫、史伯璿語之紛糾，及考内府《大全》板，乃知出自今本所增益。凡《通考》《通旨》《附纂》諸條，皆是今本增入，照近時坊本書名四旁加長圈以別之。"此外下截《四書大全》原文之後又以方形黑底白文標"附"者，則爲汪氏所增，《附録》第四則云："愚於《大全》本文後附載諸説，大抵以朱子《文集》《語類》爲主，其他諸儒所云有足發明朱子意者，則亦採而録之。迄乎《蒙引》《存疑》《淺説》而止。至隆慶、萬曆以後諸公所著講義，則新説競作，多疵少醇，且其本意特爲時文而作，故皆載之上截，而不敢與先儒之説並列。"由此可見汪份此書，非但辨正倪氏《四書輯釋》之紕謬，對《大全》之内容亦有所附增也。

此書未見總書名，《學》《庸》《論》《孟》卷端各自題名，今據書首《增訂四書大全附録》衡之，定其書名爲《增訂四書大全》。此書卷數，因諸家書目算法不一，頗見參差。今姑定爲四十三卷，計含：《讀大學法》一卷，《大學章句大全》一卷（上、中、下），《大學或問》一卷，《讀中庸法》一卷，《中庸章句大全》一卷（上、中、下），《中庸或問》一卷，《讀論語孟子法》一卷，《論語集註序説》一卷，《論語集註大全》二十卷，《孟子集註序説》一卷，《孟子集註大全》十四卷。

本館此本避"玄"字諱。又書中有二處鈐有藍、紅色長條形紙廠印記。

《四庫全書總目》未著録。《中國古籍善本書目》著録"《增訂四書集註大全》三十六卷，清汪份撰，清康熙竱喜齋刻本"，載福建省圖書館收藏。此本除本館收藏外，另四川大學圖書館、美國哈佛大學哈佛燕京圖書館亦有收藏，惟卷數著録頗不一致。

鈐印有"慈谿耕餘樓"白文橢圓印、"慈谿畊餘樓藏"朱文長方印、"馮氏辨齋藏書"朱文方印、"馮氏辨齋藏書"白文方印等印，知曾爲清末馮祖憲收藏。馮祖憲生平參前"157　春秋識小録初刻三書九卷附一卷"條。

199

四書諸儒輯要四十卷

《四書諸儒輯要》四十卷，清李沛霖撰。清康熙五十七年（1718）三樂齋刻本。三十二册。框高20.2厘米，寬13.2厘米。半葉十二行三十一字，左右雙邊，白口，單白魚尾，無直欄。版心上鐫書名，中鐫卷次及《四書》各書名，下鐫"三樂齋"。

卷端題"都梁李沛霖岱雲參訂；男學曾魯堂、夢雷廣思全較"。書名葉分二欄，右題"都梁李岱雲、兆恒參訂"，左二行大字題"四書諸儒／輯要"，左下題"古吳三樂齋梓行"，欄上題"康熙五十七年新鐫"。右下鈐"戊戌新鐫"一行紅字，左下鈐"三樂齋藏板"白文方印，中間上方鈐有紅色圓形圖案。

書首有清康熙五十七年（1718）正月李沛霖《四書諸儒輯要序》。

李沛霖生平，參前"197　四書朱子異同條辨四十卷"條。

此書乃就李沛霖與其弟李禎所同撰《四書朱子異同條辨》一書加以刪簡改編而成，李沛霖於《四書諸儒輯要序》中云："愚於《條辨》一書，眾論竝存，備爲參攷，而又以己見析其是非，窮其精粗，使人對照分明，即愚所未逮而人亦可考而知焉。猶嫌遺漏，方議加增，而世之學者已苦其繁，懼其檢閱之未便而購買之貲費也。書賈力請芟削，蓋以'總論''序説'爲初學簡易之門。夫初學而即求簡易，是先一貫而後多識，聖門無是教也，愚敢蒙背聖之譏哉？不得已而去其偏雜，輯其精言，贅以己説，雖簡而不至滲義，雖易而不至率略，務使觀總論而得其大綱，味序説而會其神理，參羣言而識其精詳，與《章句集註》必無絲毫間隔，然後一章之旨既通，他章之旨竝透，久之而孔與孟合，曾、思與孔、孟俱合，則所謂一本萬殊、萬殊一本者，未必不在於是，此又存乎學者之神智詣力，而非愚之所能參焉者也。"末署"時　康熙五十七年歲次戊戌春正月上元日都梁李沛霖書"，由此可知其撰作之由。

此本書名葉題"康熙五十七年新鐫""古吳三樂齋梓行"，故定爲"清康熙五十七年（1718）三樂齋刻本"。

此書卷數及分卷同於《四書朱子異同條辨》，全書四十卷，計《大學》三卷，《中庸》三卷，《論語》二十卷，《孟子》十四卷。《論》《孟》之首，各冠朱子《章句序》，《學》《庸》之首，各冠朱子《序説》。其體例，每章之前先舉該章"全旨"，經文、朱《註》之後，載"序講""疏義""附參"三部分。較諸《四書朱子異同條辨》，則此書"全旨""序講"爲新增，即李氏《序》所謂"益以'總論''序説'"者也。"疏義"乃取《條辨》中"同"之部分約之，而不取其異，即《序》所謂"去其偏雜，輯其精言"者也。"附參"則取《條辨》中"辨"之部分約簡之，不復分"按"與"禎按"，即《序》所謂"贅以己説"也。此書雖卷端僅題"都梁李沛霖岱雲參訂"而不復署李禎之名，然"附參"中實承用《條辨》中"辨"所載內容，其中亦含有部分李禎之説，故此書書名葉右上仍題"都梁李岱雲、兆恒參訂"，從其實也。

此書視《四書朱子異同條辨》爲精要，蓋求便於初學之故也。

本館此本，間有佚名朱筆圈點。

此書《四庫全書總目》《中國古籍善本書目》俱未著録。除本館收藏外，另南京圖書館、湖北省圖書館，美國哈佛大學哈佛燕京圖書館，日本内閣文庫、尊經閣文庫等亦有收藏。另傳世尚有清乾隆五年（1740）三樂齋重刻本，主其事者爲陳起鯤，美國哈佛大學哈佛燕京圖書館、日本尊經閣文庫等館有藏。

200

朱註發明十九卷

T856　1143

《朱註發明》十九卷，清王掞撰。清康熙五十八年（1719）潮濟堂刻本。十册。框高19.3厘米，寬14.6厘米。半葉八行二十字，小字雙行同，左右雙邊，上下大黑口，單魚尾。版心中鎸"朱註發明"及《學》《庸》各書名或《論》《孟》各篇名。

卷端題"太倉王掞顥菴氏手訂；受業高安朱軾可亭氏校訂；仁和錢廷獻我持氏、廣德夏澍雨蒼氏同訂"。書名葉分二欄，右題"太倉王顥菴先生手訂"，左二行大字題"四書朱註／發明"，左下題"潮濟堂梓行"，欄上題"康熙五十八年新鎸"。右下鈐"翻刻必究"朱文長方印，左下鈐"本衙藏版"白文大方印，欄上鈐"東園□秋"朱文圓印。

書首，首《凡例》，共十二則，末署"錢塘後學錢之駿謹識"。次《朱註發明目録》。

此書諸家書目皆題"清王掞撰"，蓋據卷端題"太倉王掞顥菴氏手訂"而定，然恐有可疑也。考《清史稿》卷二八六《王掞傳》載："（康熙）五十一年，授文淵閣大學士，兼禮部尚書，直經筵如故。五十二年，典會試。其冬，以疾疏辭閣務，温旨慰留。越年春，疾愈，仍入職……時上春秋高，皇太子允礽既廢，儲位未定，掞年七十餘，自念受恩深，又以其祖錫爵在明神宗朝以建儲事受惡名，欲幹其蠱。五十六年，密奏請建儲，疏入，留中。是年冬，御史陳嘉猷等八人復以爲言，上不悦，遂并發掞疏，命内閣議處。忌掞者欲置重典，掞止宮門外不敢入。上顧左右，問：'王掞何在？'李光地奏掞待罪宮門。上曰：'王掞言甚是，但不宜令御史同奏，蹈明季惡習。汝等票擬處分太重，可速召其來。'掞聞命趨入，免冠謝。上招掞跪御榻前，語良久，祕，人不能知。六十年春，群臣請賀萬歲，上勿許。"此書書名葉題"康熙五十八年新鎸"，康熙五十八年時，王掞正爲康熙立儲事心焦、待罪，何能有餘暇以處理《朱註發明》之刊刻事？且王掞傳記資料中亦未提及王掞嘗撰此書。又卷一第二行題 "受業高安朱軾可亭氏校定"，朱軾未聞嘗受業於王掞，且據《清史稿》卷二八六《朱軾傳》所載，康熙五十六年（1717）至五十八年（1719）朱軾任浙江巡撫，五十九年（1720）轉左都御史，然則此書刊刻時朱軾任浙江巡撫，安得無一字之序也？考此書《凡例》之末，署 "錢塘後學錢之駿謹識"，觀《凡例》中之語氣，類作者自敍之語，故疑此書蓋即錢之駿所著，書坊爲商業計，乃特列 "太倉王掞手訂" 等語以增其價，後人遂誤以此書爲王掞所撰歟？錢之駿之生平不詳。

此書共十九卷，計卷一《大學》，卷二至十一《論語》，卷十二《中庸》，卷十三至十九《孟子》。卷一前，有朱熹之《大學章句序》；卷二前，有《論語序説》；卷十二前，有《中庸章句序》；卷十三前，有《孟子序説》。各卷皆先頂格列經文，次低一格列朱《註》，經、《註》皆大字。次低一格雙行小字述 "發明"。有關此書以《大學》《論語》《中庸》《孟子》爲序者，《凡例》首則云："朱子論讀書之法，先《大學》，次《論語》，又次《孟》《庸》，此爲學之次第也。　功令試士命題，亦先《大學》，而次《論語》，獨序《中庸》於《孟子》之前，此統系之次第也。俗以《中庸》繼《大學》，先《論語》，則於兩者皆背矣，此書從其序統系者。" 又《凡例》第三則述作者對《論語》朱《註》之取捨云："《論語》之解多矣，但此書極庸近，極渾成深微……朱子取其説之大醇者，入内註，醇疵相閒者，置外註，辨析甚嚴，學者有志窮理，取朱子所内者而求其何以内，取朱子所外者而求其何以外，思過半矣。此書於《論語》惟從内註，不從外註，而外註爲朱子所自言，則又必急爲表出，蓋是朱子主意，不可忽略。" 另第五則述對《孟子》朱《註》之取捨云："《孟子》七篇，皆其所自作……《集註》分内、外，與《論語》同，而條暢亦過之。且外註僅居十之二，二之中朱子之自言半之，即他有所稱引，亦多微言妙論，嘗足爲學人窮理之助。此書於《孟子集註》内、外並收，外註閒有非孟子本意而實關理學之大，則又爲論列以著之，志性命之學者，或有取焉。" 案：作者所謂《論語集註》《孟子集註》中有内註、外註者，蓋因《論語集註》《孟子集註》各節註中，時有以小圈區分爲前後二段者，此書作者遂謂小圈之前爲 "内註"，小圈之後爲 "外註"。考卷二《學而第一》"子曰：'導千乘之國，敬事而信，節用而愛人，使民以時'" 條，作者先列朱《註》全文，此註分二段，自 "道，治也" 至 "在此五者，亦務本之意也" 爲一段，自 "程子曰：此言至淺，然當時諸侯果能此" 至 "愚謂：五者反復相因，各有次第，讀者宜細推之" 爲另一段，中間有小圈隔之。作者論云："論治國之要是内註，論其所存是外註。人偏主存心説，不知所敬者事，非虛言心之敬也。"此爲其言及"內註""外註"之處也。作者謂其發明朱註，於《論語》"惟從內註，不從外註，而外註爲朱子所自言，則又必急爲表出"，於《孟子集註》則"內、外並收"，此爲其重要之體例也。此外，作者又謂此書所重在於明理，不爲作文，《凡例》第九則云："此集專爲明理，不爲作文。然文者順理而成章之謂，不明理，何以言文？既明理，何有於文？"此爲其書體例之大要也。

《續修四庫全書總目提要》收錄倫明所撰此書提要，題"《朱註發明》十九卷，刊本，無年月"，提要云："清王掞撰……掞篤信朱子，就《章句集註》中，一字一句細意體會，發明其未宣之蘊……惟是書專以本註爲主，他書載朱子之言，有與本註不合者，概以爲未定之論。不知朱子見解因時不同，有晚年自悟其非，而本註不及改定者，未可執一而論也。無刊書年月，當在康熙間。"倫明所評，確是其弊，惟此書乃爲舉業而作，則又不得不然也。又倫明謂所見無刊書年月，則其所據本當無書名葉，故云然也。

本館所藏此本，數處見鈐有藍、紅色長條形紙廠印記，其中有含"安""順""吳"等字之殘文印記。

此書《四庫全書總目》未著錄。《中國古籍善本書目》著錄"《朱註發明》十九卷，清王掞撰，清康熙刻本，清舒國華批注，存二卷：一、十二"一種，載上海圖書館收藏。此康熙五十八年刻本，除本館外，另中國科學院圖書館、南京圖書館、蘇州圖書館、復旦大學圖書館等亦有收藏。《四庫未收書輯刊》據中國科學院圖書館藏本影印行世，題"清康熙五十八年潮濟堂刻本"，收入第肆輯第柒册中。本館所藏此本與中國科學院圖書館藏本書中皆見鈐有藍、紅色長條形紙廠印記，且印記中皆見"順"字殘文，可信爲同版同時所印也。

201

天蓋樓四書語録四十六卷

T856　7241B

《天蓋樓四書語録》四十六卷，清呂留良撰，清周在延編。清康熙大業堂刻本。框高19.7厘米，寬13.2厘米。半葉九行二十三字，左右雙邊，白口，雙綫單白魚尾。版心上鐫"四書語録"，中鐫卷次及《四書》各書名。無直欄。

卷端題"大梁周在延編次"。書名葉分三欄，右欄及左欄大字題"呂晚村先生／四書語録"，中欄下小字題"金陵大業堂梓行"，中欄上鈐"洛閩淵源"朱文長方印。

書首，首清康熙二十三年（1684）六月錢陸燦《天蓋樓四書語録序》，次康熙甲子（二十三年）立冬日王登三《序》。惟本館此本錢陸燦《序》與王登三《序》內容相錯雜，頗失其次，當係裝訂之誤，今依正確順序述之。次《天蓋樓四書語錄卷目》。

呂留良生平參前"196　四書朱子語類摘鈔三十八卷"條。

此書乃呂留良歿後，其門人周在延所編次。書首錢陸燦《天蓋樓四書語錄序》中云："《天蓋樓四書語錄》者，晚村先生評選歷科時藝，其論辨經義、闡明章句之語也。先生圽（歿），大梁周子龍客纂次，都爲一集，以行於世。案：凡禪門書，記錄其宗師之語，曰語錄，今云然者，義不同，例同爾。龍客述曰：'……自吾師所說之文行，而後《四書》之說始定，蓋此數科以來，天下之學者，翕然望走南陽，比其書於《呂覽》，而吾師固已竭心力於文字之間，告無罪於孔、孟之世，細書飲格，午夜燭暈，病息棉惙，勤勤不怠。書既成而吾師圽（歿）矣。悲夫！在延親侍聿牘，謹謹薈蕞，初因文以次案其說，不見文之多；今離文以孤行其說，不見說之少。刪其繁複，節其冗長，錄分百卷，積葉千餘。'於乎！其心可謂勞，其功可謂勤矣，而在延之收輯無遺憾矣。"此《序》之末，署云："康熙二十三年歲在甲子六月朔旦，虞山同學弟錢陸燦盥手拜書於金陵之酉湘館，時年七十有三。"又王登三之《序》亦云："曁勝國用《四書》設科，本朝因之，頒諸天下，詔諸學宮，一以昌明傳註爲主。以故博士家奉爲矩矱，凡發諸制義，莫不根柢程、朱。第俗學蒙晦，多因陋就簡，父師子弟，轉復承訛，僅取敷文而止。於是朱子之書，每不能卒讀，而聖學荒蕪甚矣，心竊憂之。適龍客氏出一編相示，曰：'此余數年來所編次呂先生《語錄》，而湘靈錢君爲序以行之者也，曷讀之？'爰受歸，誦竟旬朔，研其旨趣，究其統宗，然後知龍客所編次與錢先生所序行者，非呂先生之書，而紫陽朱夫子之書也。今時下所習講章，未嘗不曰尊傳註、禮朱子矣，究之，承謬習舛，得其麤而遺其精，襲其文辭而忘其根極，若《語錄》則致大極精，而貫之以正，固穿天心，出月脇，銖積尺量，而不失夫秒黍分寸者也，其足以垂世立教也宜哉。"此《序》末署"康熙甲子立冬日江浦王登三漢若書於屏山精舍"。由二序所述，可知此書編次之背景。惟書中僅道及作《序》之由，未及刊刻之事，且書名葉所題亦僅作"金陵大業堂梓行"，未鐫刊刻年月，其確切刊刻時間，尚難遽定。今考此本避玄字，不避弘、曆等字，又清陳鏦所編《呂晚邨先生四書講義》目錄之末鐫有陳鏦識語，稱："近睹坊間有《四書語錄》之刻，謬戾殊甚。"所指即此《天蓋樓四書語錄》，陳鏦識語撰於康熙二十五年（1686）冬季，然則此《四書語錄》至晚於康熙二十五年已刊成矣（參見後"203　呂晚邨先生四書講義四十三卷"條）。今爲謹慎計，仍定爲"清康熙大業堂刻本"。

此書共四十六卷，計卷一至四《大學》，卷五至十二《中庸》，卷十三至三十二《論語》，卷三十三至四十六《孟子》。每卷各條皆首列經文標題，下錄呂留良評論之語，每條之下，呂氏各説，以小圈加以區隔。其中有極簡短者，如卷一"大學之道至能得"條，中有一説僅"止至善不是要終"七字。另亦有長篇大論者，其例不贅錄。另書中亦有於條末標曰"述評"者，則爲呂留良子呂公忠（後更名葆中，字無黨）之語。書首王登三《序》中云"《述評》爲呂先生長公無黨所著，其記載皆所以發明《偶評》之説"，據此可知也。

《續修四庫全書總目提要》收錄江瀚所撰此書提要，題"《天蓋樓四書語錄》四十六卷，康熙二十三年刻本"，提要云："是書蓋在延編次其師石門呂留良評選歷科時藝，其論辨精義，闡明章句之語。留良已前歿，卷首有康熙二十三年虞山錢陸燦《序》，云：'文章之敝已百餘年，賴晚村覺悟一世，世既宗之矣，不幸而死，倘假靈於我夫子，而憑儀於有德之在位者，入告呂某書應經義，較正《大全》，表裏章句，請勅著功令、下所司，副在朱子之書。'詎知不數十年，遽興大獄，書既全焚，罪及枯骨，不亦悲乎！篇中發明經旨，大率以朱《集注》爲主，力闢俗學、異學。意謂俗學者，今之講章時文也，異學者，今之陽儒陰釋以講學者是也。其於《大學》格物之義，尤顯攻王守仁。"案：江瀚提要僅言及錢陸燦《序》，而未及王登三《序》，蓋其所見本僅錢陸燦一《序》也。

本館此本避"玄"字諱。書中有佚名朱筆及墨筆圈點。

此書《四庫全書總目》《中國古籍善本書目》俱未著錄。今各館藏本，所題多有所不同，如中國國家圖書館、北京大學圖書館僅題"清康熙二十三年刻本"，南京圖書館藏本據書名葉題爲"清康熙間延中堂刻本"，中國科學院圖書館藏本據書名葉題"清康熙金陵玉堂刻本"，中國臺北"國家圖書館"據書名葉題"清康熙二十三年金陵四留堂刊本"，中國臺北"中央研究院"傅斯年圖書館藏本與本館此本同版，據書名葉題"清康熙間大業堂刊本"。此因各館藏本書名葉所題"藏版""梓行"之堂號多異故也。本館所藏此康熙大業堂刻本，書首載有錢陸燦、王登三兩《序》，其他"玉堂刻本""四留堂刊本"則僅有錢陸燦一序。又"玉堂刻本"所載錢《序》文字與本館此"康熙大業堂刻本"稍有異，參見下條所述。《四庫焚燬書叢刊》嘗據中國科學院圖書館藏本影印行世，題"清康熙金陵玉堂刻本"，列入《經部》第一冊。

鈐印有"怕成秋夢"白文方印，"客侯"朱文方印，"扈鋪"白文方印等印。

202

天蓋樓四書語録四十六卷

T856　7241A

《天蓋樓四書語録》四十六卷，清呂留良撰，清周在延編。清康熙刻後印本。框高19.7厘米，寬13.2厘米。半葉九行二十三字，左右雙邊，白口，雙線單白魚尾。版心上鎸"四書語録"，中鎸卷次及《四書》各書名。無直欄。

卷端題"大梁周在延編次"。書名葉分二欄，右題"大梁周龍客編次"，左欄二行大字題"四書講義／語録"，左下有小字題"金陵玉堂藏板"，小字上鈐有"玉堂藏板"白文大方印。欄上題"呂晚村先生原本"。

書首，首清康熙二十三年（1684）六月錢陸燦《天蓋樓四書語録序》。次《天蓋樓四書語録卷目》。

此本與前條清康熙大業堂刻本"《天蓋樓四書語録》四十六卷"爲同版，然係後印之本。考此本書首無康熙二十三年（1684）王登三《序》，另康熙大業堂刻本書首錢陸燦《天蓋樓四書語録序》第一葉右面第四行"先生圽（歿），大梁周子龍客纂次，都爲一集，以行於世。案：凡禪門書，記録其宗師之語，曰語録，今云然者，義不同，例同爾。"此本則作"先生圽（歿），大梁周子龍客纂次，都爲一集，以行世。按：宋儒及勝國薛、胡諸先生皆有語録之刊，所以正人心、辨學術也。"二本文字略異，今核對二本之字體，則此本剜改之迹至爲明顯，知當爲後印時剜改也。又此本與中國科學院圖書館藏本爲同版，兩者皆無王登三《序》，且兩者錢陸燦《序》文字亦相同。惟此本書名葉作"大梁周龍客編次""四書講義語録""金陵玉堂藏板""呂晚村先生原本"，中國科學院圖書館藏本書名葉則作"大梁周龍客編次""呂晚村先生四書語録""金陵玉堂原本梓行"，兩者所題有異也。

《天蓋樓四書語録》諸館存藏情形及版本題稱，參前"201　天蓋樓四書語録四十六卷"條。

203

呂晚邨先生四書講義四十三卷

T856　6673

《呂晚邨先生四書講義》四十三卷，清呂留良撰，清陳鏦編。清康熙天蓋樓刻本。八冊。框高17.6厘米，寬13.7厘米。半葉十一行二十一字，左右雙邊，黑口，雙魚尾（魚尾相向）。版心中鎸"四書講義"及卷次。

卷端題"門人陳鏦編次；同學諸子共較"。書名葉二行大字題"呂晚邨先生

／四書講義"，第二行下鐫有"天蓋樓"橢圓墨印。

書首有《呂晚邨先生四書講義目録》，目録末鐫有識語，末署"門人陳鏦謹識，峕 康熙丙寅立冬後四日"。

呂留良生平參前"196 四書朱子語類摘鈔三十八卷"條。

陳鏦，字太始，清浙江德清人，呂留良弟子。《呂晚邨先生四書講義》書首《目録》末陳鏦識語云："鏦自甲寅歲受業於先生之門。"甲寅爲康熙十三年（1674），呂留良卒於康熙二十二年（1683），則陳鏦在留良門下近十年。清陳鼎《留溪外傳》卷四《陳太始傳》中云："陳太始，名鏦，湖州德清人。博學通詩、古文辭，善書法。舉諸生，從呂晚村講程、朱學，有所得。性耿介，疾惡甚嚴，朋友稍不合義，即大聲疾呼辯論之。"

此書之編纂，乃緣陳鏦不滿於周在延所編《天蓋樓四書語録》一書之謬戾失實，故另編此書，以復師説之真。陳鏦於《目録》末之識語中云："鏦自甲寅歲受業於先生之門，於先生之書尋繹蓋亦有年，而未有以得其要領。自先生之亡，嘗欲掇其大要，編爲一書，俾夫窮鄉晚進有志之士便於觀覽，而未之敢也。近睹坊間有《四書語録》之刻，謬戾殊甚。其中有非先生語而混入之者，有妄意增删遂至文氣不相聯貫者，有議論緊要而妄削之者。其所載無黨《述評》，十居其四，甚有以《述評》語爲先生語者。種種謬戾，不可悉數。鏦竊懼夫後之學者昧其源流，而以爲先生之書真如此，其爲惑誤不小也。是用不揣固陋，編爲《講義》一書，間與同學蔡人章雲就、嚴鴻逵庚臣、董采載臣及先生嗣子葆中無黨更互商酌。自春徂夏，凡六閱月而後成。讀者誠由是書以求朱子之書，則孔、孟之道可得而復明矣。"此識語末署"門人陳鏦謹識，峕 康熙丙寅立冬後四日"。考丙寅爲康熙二十五年（1686），識語中云："近睹坊間有《四書語録》之刻，謬戾殊甚。"雖未明言編者姓名，觀其所述内容，當即指周在延所編《天蓋樓四書語録》一書也。尤其《天蓋樓四書語録》中頗載呂留良之子呂無黨所撰《四書述評》之説，標曰：《述評》，而陳鏦評《四書語録》曰"其所載無黨《述評》，十居其四，甚有以《述評》語爲先生語者"，正與此現象相合，知所指即周在延所編之書也。考錢陸燦爲《天蓋樓四書語録》所撰之《序》署康熙二十三年（1684）六月，王登三所撰之《序》署康熙二十三年立冬日，二《序》皆未言及刊刻事，今據陳鏦此識語云"近睹坊間有《四書語録》之刻"，則至遲於康熙二十五年（1686）陳鏦撰此識語時，周在延所編《天蓋樓四書語録》已刊刻行世矣。惟陳鏦此識語言"自春徂夏，凡六閱月而後成"，亦僅道《呂晚邨先生四書講義》書之成，未言及刊刻之事，故定爲康熙刻本也。陳鏦頗不滿於周在延所編《語録》，評曰"謬戾殊甚"，并指出種種缺失。陳鏦爲還其師説之真，"是用不揣固陋，編爲《講義》一書"。另爲强調其書之正當性，乃謂"間與同學蔡大章雲就、嚴鴻逵庚臣、董采載臣及先生嗣子葆中無黨更互商酌"，其用意於此可見矣。

此書四十三卷，計卷一至三《大學》，卷四至二十三《論語》，卷二十四至二十九《中庸》，卷三十至四十三《孟子》。各卷各條皆首列經文章名標題，下錄呂留良之説，呂説每則皆頂格起始，自爲起迄，不復如《天蓋樓四書語録》僅以小圈區隔。此《四書講義》與《語録》相較，内容較簡，蓋删去陳鏦所謂"其中有非先生語而混入者"及呂無黨之《述評》也。然亦有增入部分文字，當爲補足所謂"有妄意增删遂至文氣不相聯貫者"及"有議論緊要而妄削之者"。如卷一《大學》首條，此書標題作"經一章"，其第五則云："有謂：'大人之學盡其心而已，明明德是存此心，新民是推此心，而止至善則又盡其心而無遺。'先生曰：《大學》無重心義，以其本天也。盡心只可當知至，存心只可當正心，不可以該明新也。蓋心非即明德，心所具者乃明德耳。單説心，即本心之學，非聖學也。"考周在延所編《語録》此條標"大學之道至能得"，其第四則所録内容，無"有謂：'大人之學盡其心而已，明明德是存此心，新民是推此心，而止至善則又盡其心而無遺。'先生曰"一段文字，直録"《大學》無重心義"以下之文。案：若未觀"有謂"一段文字，則不知呂留良之語實有所對應，陳鏦所編《講義》有此段文字，確較爲完足。此外，二書亦屢見同一内容而各則之間排列順序前後不同之現象，兹不細述。

《續修四庫全書總目提要》收録倫明所撰此書提要，題"《四書講義》四十三卷，康熙二十五年天蓋樓刊本"，提要中云："是書爲留良門人陳鏦所編，凡《大學》三卷，《論語》二十卷，《中庸》六卷，《孟子》十四卷。先是，坊間有留良《四書語録》之刻，鏦以爲中多混雜，且有妄意增删之處，因與同學蔡大章等及留良子葆中更互商酌，而成是書。留良之意以爲欲明孔、孟之道，必求諸朱子之書，故書中悉就朱注發揮，然體會有得，多有比朱注更精、更切者。時亦自出己意，不能盡合朱子；亦或過於回護朱子，不能盡衷於是。要之，自成爲呂氏之書，非一般遵朱不敢失尺寸者所以同語也……要而論之，在清初，服膺朱子，惟留良與陸隴其爲最篤。此書亦略與《困勉録》《松陽講義》相近，惟苦心孤詣，視隴其倜乎遠矣。"倫明謂此書苦心孤詣，遠過陸隴其《四書講義困勉録》《松陽講義》等，給予極高評價。

此書《四庫全書總目》《中國古籍善本書目》俱未著録。除本館外，另中國國家圖書館、北京大學圖書館、中國科學院圖書館、湖北省圖書館、中國臺北"國家圖書館"、中國臺北"中央研究院"傅斯年圖書館、美國哥倫比亞大學東亞圖書館等多館亦有收藏。惟部分館藏本（如中國科學院圖書館、中國臺北"中央研究院"傅斯年圖書館）《目録》末無陳鏦識語。《續修四庫全書》嘗據湖北省圖書館藏本影印行世，題"清康熙天蓋樓刻本"，列入《經部》第一六五册。另《四庫焚燬書叢刊》亦嘗據中國科學院圖書館藏本影印行世，題"清刻本"，列入《經部》第一册，其本《目録》末無陳鏦識語。

204
駁呂留良四書講義八卷

T856　7467

《駁呂留良四書講義》八卷，清朱軾等撰。清雍正十一年（1733）刻本。八册。框高18.3厘米，寬13.5厘米。半葉九行二十一字，小字雙行同，四周雙邊，白口，單魚尾。版心上鐫《四書》各書名。

卷端首行題"駁呂留良四書講義"，次行題"大學"，未題卷次及撰者名。

書首，首清雍正九年（1731）十二月十六日雍正帝諭文，版心鐫"上諭"。次雍正九年十二月十四日朱軾、吳襄等之奏摺，版心鐫"奏摺"。

朱軾（1665—1736），字若瞻，又字伯蘇，號可亭，清江西高安人。《清史列傳》卷十四、《清史稿》卷二百八十九《列傳》七十六俱有傳。《清史稿》云："朱軾，字若瞻，江西高安人。康熙三十二年，舉鄉試第一。三十三年，成進士，改庶吉士，散館授湖北潛江知縣……四十四年，行取，授刑部主事，累遷郎中。四十八年，出督陝西學政……五十二年，擢光禄寺少卿。歷奉天府尹、通政使。五十六年，授浙江巡撫……六十一年，乞假葬父，歸。世宗即位，召詣京師，充聖祖實録總裁，賜第。雍正元年，命直南書房。予其母冷氏封。加吏部尚書銜，尋復加太子太保……乾隆元年，充《世宗實録》總裁。九月，病篤，上親臨視疾，軾力疾服朝服，命其子扶掖，迎拜户外。翌日卒……上震悼輟朝，復親臨致奠，發帑治喪。贈太傅，賜祭葬，謚文端。軾樸誠事主，純修清德，負一時重望。高宗初典學，世宗命爲師傅，設席懋勤殿，行拜師禮。軾以經訓進講，亟稱賈、董、宋五子之學。高宗深重之，《懷舊詩》稱'可亭朱先生'，可亭，軾號也。"著有《周易傳義合訂》《儀禮節畧》《駁呂留良四書講義》《史傳三編》《大清律集解附例》《歷代名臣傳》《歷代名儒傳》《歷代循吏傳》《朱文端公文集》等書。事迹另參清袁枚《文華殿大學士太傅朱文端公軾神道碑》（見《小倉山房文集》卷二）。

本館此本無書名葉，本館舊目題爲清雍正九年（1731）刻本，蓋據書首雍正九年雍正帝諭文推斷。考此本與中國科學圖書館藏本爲同版，該本書首有書名葉，分二欄，右題 "雍正十一年"，左題 "駁呂留良四書講義" 欄上題 "遵旨頒行"。然則此本當刻於雍正十一年（1733）也，今改正。

此書撰作之由，據雍正九年（1731）十二月十四日朱軾、吳襄等人之奏文云："雍正九年十二月十四日，文華殿大學士兼吏部尚書臣朱軾、禮部右侍郎臣吳襄等謹：奏爲崇正闢邪，以端學術，以覺愚蒙事。雍正九年三月二十五日翰林院編修顧天成奏稱：'逆賊呂留良，悖逆之罪，擢髮莫數……臣細觀其所著《講義》《語録》等書，粗浮淺鄙，毫無發明，徒一味咆哮，聳人觀聽，竭其伎倆，不過以蓋其回邪，而庸耳俗目見其大言不怍，尊信愈深。臣愚以爲覺天下萬世人心之迷，尤當正天下萬世學術之誤。仰請　皇上特賜派員查閲，將呂留良書中剿襲儒先及議論悖謬、引據舛訛之處，一一根究原委，詳悉辦明。　勅下直省學臣，徧示多士，俾知其筆舌之妄，由其學術之僞；學術之僞，由其心術之邪。出此入彼，不容竝立，則是非明而學術正，謹庠序之教，即在此矣。'等，因奉　旨着朱軾、吳襄總閲，方苞、吳龍應、顧天成、曹一士查閲。欽此，欽遵。臣等隨將逆賊呂留良所著《四書講義》《語録》諸書通行查閲，按其議論妄誕、支離，搜厥根原，粗疎鄙倍，總由逆賊以毫無底蘊之學，肆其毫無忌憚之言，勦襲程、朱，實與程、朱繆戾；援引經傳，每與經傳舛訛。臣等根究原委，逐條摘駁，狂談臆説，敗露無餘。謹抄録成帙，恭呈　御覽，伏乞　皇上睿鑒，　勅令刊布直省學宮，俾僻遠寡識之士子不至於溺於邪説，於學術人心甚有裨益。臣等謹奏。"此朱軾、吳襄等之奏文提及查駁呂留良《四書講義》《四書語録》，乃由顧天成所上奏提議，其後雍正帝命朱軾、吳襄、方苞、吳龍應、顧天成、曹一士等人進行摘駁，即成此書也。

另書首又載雍正帝之諭文云："雍正九年十二月十六日，奉　上諭：逆賊呂留良以批評時藝、託名講學，海内士子尊崇其著述，非一日矣。今罪蹟昭彰，普天共憤，内外臣工咸以罪犯私著之書，急宜焚燬爲請。朕以爲從來無悖逆之大儒，以呂留良之奸邪，即令學問淹貫、文辭雅馴，而身蹈悖逆之行，口談聖賢之言，言行不符之小人，其所著之書尚足令人尊信乎？若因其人可誅，而謂其書宜燬，燬之固未必能盡，即燬之而絶，無留遺天下，後世更何從窺其底蘊而辨其道學之真僞乎？以故燬書之議，概未允行。頃者，翰林顧天成奏稱：'呂留良所刊《四書講義》《語録》等書，粗浮淺鄙，毫無發明，宜勅學臣曉諭多士，勿惑於邪説。'爰命在廷儒臣，詳加檢閲。茲據大學士朱軾等，於其《講義》《語録》逐條摘駁，纂輯成帙，呈請刊刻，徧頒學宮。朕以逆賊所犯者，朝廷之大法也；諸臣所駁者，章句之末學也。朕惟秉至公以執法，而於著書者之爲醇爲疵，與駁書者之或是或非，悉聽之天下之公論、後世之公評，朕皆置之不問也。大學士朱軾等既請刊刻，頒布學宮，俾遠近寡識之士子不至溺於邪説，朕思此請亦屬可行，姑從之，以俟天下後世之讀書者。特諭。"此雍正帝表明其不從衆臣請燬呂留良書之議，然同意朱軾等奏刊《駁呂留良四書講義》之理由，其用心頗值得思量。考雍正於九年十二月十六日下此諭，蓋未即付梓，據中國科學院圖書館藏本書名葉所載，至雍正十一年（1733）始刻成頒行也。

此書各卷卷端皆題"駁呂留良四書講義"，然不著卷次，《學》《庸》《論》《孟》各自爲卷，計《大學》一卷，《中庸》一卷，《上論上》一卷，《上論下》一卷，《下論》一卷，《上孟》一卷，《下孟上》一卷，《下孟下》一卷，合計八卷。卷端皆未署撰者名。各卷各條皆先以雙行小字低一格列呂留良之説，其後大字頂格駁之。如《上論上》"有子曰信近於義章"，先載呂氏之説云："呂留良云：此節都在言行交際、尤悔極弊處作傍理寡過之思，是降一步説，不是盡頭道理。不則義、禮如何云'近'？交親如何云'不失'乎？故'可'字、'遠'字、'亦可'字從'近'字、'不失'字生來，而'近'與'不失'字又從'信''恭''因'字生來，若將'信''恭''因'看得重大，下'而'便説不去。'信'只指期約，'恭'只指小節，'因'只指踪跡，於最輕易忽處能'近'而'不失'，自然可且遠矣。"其下駁之云："朱子曰：'近只是合，古人下字寬。'故《集註》即以合其宜、中其節爲言，正欲人謹之又謹也。若拘本文'近'字、'不失'字，謂不必幾微無憾，作降一層看，則謬矣。陸隴其《松陽講義》云：'處世必求其盡當，猶恐多失，若先以僅可之念自處，其弊可勝道哉？'留良號爲遵朱，此等處實相悖謬。"案：此處《論語》云："有子曰：信近於義，言可復也；恭近於禮，遠恥辱也；因不失其親，亦可宗也。"朱軾等駁呂氏之解，謂"留良號爲遵朱，此處實相悖謬"，此蓋即朱軾等奏文中所云"勦襲程、朱，實與程、朱繆戾"之例也。

《續修四庫全書總目提要》收録倫明所撰此書提要，題"《駁呂留良四書講義》不分卷，雍正九年武英殿本"，提要云："上諭謂：'著書者之爲醇爲疵與駁書者之或是或非，悉聽之天下之公論、後世之公評，朕皆置之不問。'其意若廓然大公者，然乾隆間修《四庫全書》，是書竟未著録，目亦不存，得毋以所駁尚不足以勝原書，因而并没之耶？按：留良原書以朱《注》爲宗，駁者亦援據朱《注》，惟朱子論一事、辨一理，往往有前後異説者，駁者乃摭拾以爲創獲，不知早爲留良所吐棄也。然於詞句之失檢、攷據之偶疏，亦非無一、二有合者，惟大都膚末耳……綜觀全書，雖所駁多有未當，而詞氣和平，視留良之痛斥禪學、王學者，尚覺優之，則以朱軾、方苞諸人，平時亦素講理學故也。"

此書《四庫全書總目》《中國古籍善本書目》俱未著録。此本另中國國家圖書館、北京大學圖書館、上海圖書館、復旦大學圖書館、南京圖書館、浙江圖書館、遼寧省圖書館、中國科學院圖書館、美國普林斯頓大學東亞圖書館等館亦有收藏，惟多題爲"清雍正九年刻本"。《四庫未收書輯刊》曾據中國科學院圖書館藏本影印，題"清雍正十一年刻本"，收入第陸輯第叁册中。

205

纂訂四書通解三十一卷

T856　1230

《纂訂四書通解》三十一卷，清邢淳撰。清雍正三年（1725）寶旭齋、四德堂刻後印本。框高19.7厘米，寬13.4厘米。半葉十四行三十三字，四周單邊，白口，單魚尾，無直欄。版心上鎸"纂訂四書通解"，中鎸《四書》各書名及卷數，下鎸"大盛堂"。

卷端首行題"纂訂四書通解大學卷之一"，次行以下題"高淳邢淳漢英彙輯；兄邢旦周英、邢愈韓英，同學芮作霖琇伯參訂；受業李人望廷儀、趙開熙文敬、陶良佐德臣、陶明德予懷、陶春悌敬章全訂；男國柱天擎、國桂丹林校閱"。書名葉分三欄，右題"石湖邢鎮英輯訂"，中題"四書通解"，左題"寶旭齋、四德堂梓行"，欄上題"雍正乙巳年春月鋟"，右下鈐"五經嗣出"一行紅字，左下鈐"寶旭齋藏板"白文方印。

書首有清康熙辛丑（六十年，1721）上元日邢淳《四書通解序》。

邢淳，原字鎮英，後改漢英。其生平事迹不詳。《纂訂四書通解》卷端題"高淳邢淳漢英彙輯"，則邢淳似爲高淳（今屬江蘇南京）人。然邢淳於《四書通解序》中云："余自甲申抵金陵，同人索訂《四書》全解，予心嘟之⋯⋯事竣，復勉成《古文啓蒙》一編，後旋以憂返梓里⋯⋯丁西歲，客宣州，遂館於其所。"考甲申爲康熙四十三年（1704），丁西爲康熙五十六年（1717）高淳既云於康熙四十三年抵金陵，後丁憂返梓里，則其故里當非在南京，《四書通解序》末署"峕　康熙歲次辛丑春王上元日三湖後學邢淳謹譔"，則"三湖"蓋其故里也。又邢淳曾於康熙五十六年客宣州（今安徽宣城），且館於其地，則邢淳乃以授徒爲業者也。著有《四書通解》《古文啓蒙》等書。

此書之撰，乃爲學子舉業之用。邢淳自序中云："余自甲申抵金陵，同人索訂《四書》全解，予心嘟之，謂前人之述具備，奚庸予輩之呶呶爲？事竣，復勉成《古文啓蒙》一編，後旋以憂返梓里，且遞年善病，遂不復與坊間事。丁西歲，客宣州，遂館於其所，適與家仲兄周英、學友芮子琇伯及從遊李子廷儀書齋密邇，相與往還訂疑義者，亦復不間風雨。因思《四書》一部，先儒之解甚博，而當代名論亦不下十餘種，工誦習者自非徧閱全文，則徒拘一説而聞見不廣，何能融會其中之旨趣？然欲博極羣書，而非兼綜條貫以要其歸，則將使誦讀之士手執此卷，目覩彼卷，而仍茫乎不知其畔岸，浩乎莫識其津涯也，其曷有濟？爰於課業之暇，彙集先儒之説，博採近賢之論，條分縷晰，詳核其原委，斟酌其煩簡。更不揣盲瞀，間附鄙説，訂成《通解》一編，以爲同堂課本。嘗袖茲集以正於仲兄暨芮、李二子，二子閲是編而欣欣焉，以爲理取其真，言歸於當，而疑似之見不參，偏陂之説不録，期于明白通曉而止，學者苟循是編以求四子之旨，于以明體，於以致用，而身心性命之原、家國天下之故亦何往不得之有？寧僅資於制藝云乎哉？曷爲秘之篋笥而不公之天下耶？遂共相參酌，慫慂就梓。因不揣固陋，出是編以仰質海内諸君子，倘蒙指其闕失，惠而教之，則幸甚幸甚。"此序末署"峕　康熙歲次辛丑春王上元日三湖後學邢淳謹譔"，由此知康熙六十年（辛丑，1721）時，此書已撰成。據《序》中云："遂相與參酌，慫慂就梓"，似當於此後不久付刻。考本館此本版心鐫"大盛堂"，書名葉題"寶旭齋、四德堂梓行""雍正乙巳年春月鋟"，蓋是雍正三年（乙巳，1725）寶旭齋、四德堂據大盛堂刊本重刻之本，故書名葉左下鈐有"寶旭齋藏板"白文方印。惟此本屢引呂留良之説，其説者之名字皆被剜去，多空四字，間空二字。如《大學》卷之一《大學之道》章"分疏"中云："□□□□曰：'小學、大學，有地有制，如《序》中所云：八歲入小學，十五入大學，是也。朱子序《大學》名目緣起，故云尔。其實此大學字，却指爲學之學，乃古昔教人之法之義，非地制之大學也。'"此處所引即呂留良《四書講義》之説，此因避免被牽連而將呂留良之名字剜去也。然考清代文字獄呂留良案起於雍正六年（1728）五月，至雍正十年（1732）呂留良被戮屍梟示，則雍正三年（1725）此書刊刻時呂案尚未發生，應仍存呂留良之名字，今此本既剜去呂留良之名字以避禍，知當爲後印之本也。

此書共三十一卷，計《大學》三卷，《中庸》四卷，《論語》十卷，《孟子》十四卷。《學》《庸》《論》《孟》四書卷次各自起迄，然皆冠上"纂訂四書通解"，如《大學》首卷題"纂訂四書通解大學卷之一"，《中庸》首卷題"纂訂四書通解中庸卷之一"，另《大學》首冠朱子《大學章句序》，《中庸》首冠《中庸章句序》，《論》《孟》亦皆冠有朱子《序説》。此書各卷皆列經文及朱熹《注》文。邢淳於各章經、《注》之前，先解"大旨"，經、《注》之後則有"合説"及"分疏"，"合説"大體依《注》義以釋説經文之内容，"分疏"則臚列諸家之説。"分疏"之末，邢淳若有己見，則標"附"字，接而論之，即邢淳自序中所謂"更不揣盲瞀，間附鄙説"者也。

此本《學》《庸》《論》《孟》四書卷端所題輯、訂者之題名頗不一致，《大學》卷端所題已如前述，《中庸》與《孟子》卷端皆題云："高淳邢會世英、淳鎮英參訂；弟愈韓英、溥蘭英參閱；及門李人望廷畏、趙開基行可、李睿師聖、趙開熊文友全校。"《論語》卷端題云："高淳邢淳鎮英彙輯；兄旦周英、會世英、愈韓英全訂；受業李人望廷儀、趙天來惠可校正。"其中僅《大學》題邢淳之字爲"漢英"，其餘皆作"鎮英"，考書首邢淳《四書通解序》末署名之後，鎸有"邢淳之印"白文方印、"三湖漢英氏"墨文方印、"原字鎮英"白文方印，由此可知邢淳初字"鎮英"，後改爲"漢英"，此本《大學》卷端既題"漢英"，而《中庸》《論》《孟》卷端則仍題"鎮英"，頗有可疑，蓋題"漢英"者非初刻之面貌也。又《大學》《論語》卷端題"受業李人望廷儀"，《中庸》《孟子》卷端則題"及門李人望廷畏"，亦有異也。

此本間有誤刻之現象，如"纂訂四書通解孟子卷之十三"，此卷卷端第二行題"盡心章章上句凡四十六章"，此處"盡心章章上句"當是"盡心章句上"之誤。又"纂訂四書通解上孟卷之十四"，卷端第二行題"盡心章章下句凡三十八章"，此處卷端第一行"上孟"當爲"下孟"之訛，又"盡心章章下句"當爲"盡心章句下"之誤。此其例也。

此書《四庫全書總目》《中國古籍善本書目》俱未著録。除本館外，日本青淵文庫亦有收藏。就聞見所及，尚未見其他館藏目録著録，蓋屬罕見之本。

206

四書講義尊聞録二十卷

T856　4583

《四書講義尊聞録》二十卷，清戴鈜撰。清雍正六年（1728）懷新堂刻本。十册。框高19.7厘米，寬15.2厘米。半葉九行二十四字，小字雙行同，左右雙邊，白口，單魚尾。版心上鎸"四書尊聞録"，中鎸四書各書名（《論》《孟》鎸書名及篇目），下鎸"懷新堂"。

卷端題"長洲戴鈜景亭手輯；男學河志源校訂"。書名葉分三欄，右題"長洲戴景亭手輯"，中題"四書講義尊聞録"，左題"懷新堂藏板"，欄上題"雍正戊申歲鎸"。

書首，首清雍正七年（1729）三月蔡世遠《四書尊聞録序》。次雍正戊申（六年，1728）七月戴鈜《四書尊聞録序》。

戴鈜，字景亭，清長洲（今江蘇蘇州）人，生平事迹不詳。著有《四書講義尊聞録》《粵西紀遊》等書。

　　戴鈜於《四書尊聞録序》自述其撰作此書之始末云："《四書》有《集註》而後大義明，《集註》得《大全》而後微言析，《大全》之翼《註》，猶《註》之明經也。然《大全》成於前明永樂時，一仍道川倪氏《輯釋》之舊而加增損之，紛紛瞀眩，使人靡所適從。余少讀之，始而駭，繼而疑，久乃稍見涯涘。庚子以後，博觀程、朱《語録》《或問》諸書，反覆潛翫，頗有所得，因以己意點次，然脉絡精神猶未融貫，元明以後諸儒之説，猶多闕如。丙午重加訂正，每章列總旨於前，附諸解於後，復採元、明諸儒論説以疏其義，有不合則以鄙意參之，一句一字，務期不悖於《註》而後已，非敢謂自有所見，凡以尊所聞而已。由此以觀《大全》，庶乎黑白分明，不至如向者紛紜瞀眩，靡所適從乎！書成，略識始末以問世，願學者共加訂正焉。"末署"雍正戊申秋七月長洲戴鈜景亭識"。戴鈜此《序》提及其撰作此書之過程，即由康熙五十九年（庚子，1720）以後之"以己意點次"，至雍正四年（丙午，1726）之"重加訂正"，至雍正六年（戊申，1728）作《序》時之"書成"，其間亦歷經數年矣。又《序》中云："一句一字，務期不悖於《註》而後已，非敢謂自有所見，凡以尊所聞而已。"由此可知其書名《四書講義尊聞録》取名之由。

　　書首蔡世遠《四書尊聞録序》亦稱此書云："長洲戴生景亭，閉户窮經十餘年，志尚不凡，自《四書大全》以及《蒙》《存》《淺》《達》諸書，罔不究覽。又參之我　朝平湖陸先生、安溪李先生講解，擇而存之，彙爲《四書尊聞録》，求序於余。余讀其書，力索潛思，簡而該，詳而有要，不必旁搜遠覽，而儒先義藴畢具，讀是書者，可以體之於身，驗之於心，發之於文，措之於事矣。"案：蔡氏此《序》指出戴鈜乃就《四書大全》、明蔡清《四書蒙引》、林希元《四書存疑》、陳琛《四書淺説》、王振熙《學庸達解》及清代陸隴其、李光地諸家之講解，擇而存之，彙爲此書也。

　　此本書名葉題"雍正戊申歲鐫"，戊申爲雍正六年（1728），又版心鐫"懷新堂"，書名葉題"懷新堂藏板"，故據之定爲"清雍正六年（1728）懷新堂刻本"。惟書首蔡世遠《四書尊聞録序》末署"雍正七年三月上巳日漳浦蔡世遠書"，此《序》蓋撰於付梓之後也。又本館此本疑爲後印之本，參見下文。

　　此書共二十卷，計卷一《大學》，卷二至三《中庸》，卷四至十三《論語》，卷十四至二十《孟子》。《大學》之首，冠朱子《大學章句序》；《中庸》之首，冠朱子《中庸章句序》；《論語》之首，冠朱子《論語集註序説》；《孟子》之首，冠《孟子集註序説》。《學》《庸》《論》《孟》各卷皆頂格列經文，經文標章名，低一格列朱子《章句》或《集註》，次則以雙行小字爲釋。章名之下有"總旨"，朱《註》之後有"本義"及"附解"，各以墨底白文"總旨""本義""附解"冠之。

本館此本,卷六葉二十九右面,鈐有"嵩益字號"朱文橢圓印;卷十四《孟子序説》葉四左面及卷二十葉七十三左面等皆鈐有藍、紅色長條形紙廠印記。

此書《四庫全書總目》著録,題"《四書講義尊聞録》二十卷,江蘇巡撫採進本",入《經部・四書類存目》。提要云:"以《四書大全》諸説紛錯,無所適從,因以己意點次之。每章列'總旨'於前,每節列'本義'及'附解'於下。'總旨''附解'皆本《大全》所録諸儒之語,附益以元、明以來諸説,'本義'則順文詮釋,畧如直講之體,蓋亦科舉之學也。"

《中國古籍善本書目》著録"《四書講義尊聞録》二十卷,清戴鈜撰,清雍正六年至七年懷新堂刻本",載清華大學圖書館收藏。本館此本,另中國科學院圖書館、中國人民大學圖書館亦有收藏。《四庫全書存目叢書》據清華大學圖書館藏本影印行世,題"清雍正6–7年懷新堂刻本",列入《經部》第一八〇至一八一册。考本館所藏此本,與清華大學圖書館藏本當爲同版。惟清華大學圖書館藏本各卷卷端皆題"長洲戴鈜景亭手輯,同學諸子參訂",本館此本則卷一卷端題"長洲戴鈜景亭手輯;男學河志源校訂",校訂者有異。另卷二卷端題"男學河志源校訂",卷四卷端題"男學海左川校訂",卷十四卷端題"男學江紀南校訂",其餘各卷卷端皆未題手輯及校訂者,此與清華大學圖書館藏本亦皆有異。疑本館此本乃後印本,故卷端所題有剜改也。

207

四書經註合參三十八卷

T856 4431.8

《四書經註合參》三十八卷,清李沛霖、舒慜撰。清雍正九年(1731)三樂齋刻本。三十二册。框高20.8厘米,寬13.8厘米。半葉十二行二十六字,左右雙邊,白口,單魚尾,無直欄。版心上鐫書名,中鐫卷次及《四書》各書名,下鐫"聚奎樓"。

卷端題"都梁李沛霖岱雲、石埭舒慜敬亭仝纂輯;男李學曾魯堂,男舒翼右衡、舒光燦錦函同校訂"。書名葉分二欄,右題"都梁李岱雲、石埭舒敬亭全輯著",左二行大字題"四書經註/合參",左下題"聚奎樓藏板/三樂齋梓行"。欄上鈐"雍正九年新鐫"六紅字,右下鈐"條辨補編"四紅字,左下鈐"三樂齋梓行"白文大方印,中央上方鈐"後學津梁"朱文長形橢圓印。

書首,首清雍正八年(1730)菊月(九月)李沛霖《四書經註合參序》。次未署年舒懋《序》。

李沛霖生平參前 "197 四書朱子異同條辨四十卷" 條。舒懋字敬亭，清石埭人，生平事迹不詳，除與李沛霖合撰此書外，亦曾與胡化鵬合輯并評註《名文冰鑒》八卷，清康熙三十四年（1695）嚶鳴堂刻本。

此書爲李沛霖、李禎兄弟所撰《四書朱子異同條辨》一書之補編，故書名葉鈐 "條辨補編" 四紅字。李沛霖於書首《四書經註合參序》中云："雖愚《條辨》一書實能發朱子之意，然朱子所未及論者，猶畧焉而未詳，則尚缺焉而未密，不得不以六經之蘊奧合朱子之菁華，神而明之，推而擴之，必求其至是而後已。此愚之志積十數年而未有逮者。適吾友舒子敬亭聞愚説而頗有合焉，遂相與遯跡山居，朝夕考辨，五年而後卒業。" 又舒懋於《序》中亦云："予於甲辰春晤李子岱雲於金陵山寺，盤桓久之，見其朝夕紬繹而不釋者，惟四子之書與六經之所常誦者而已。予詢之曰：'子於《朱子條辨》一書，其爲諸儒所異同者，既剖而析之，而於朱子之微言大義，無不推明而暢發之矣。而猶反覆玩味，若有所歉然未足者，何也？' 李子應予曰：'聖人之言，遠如天，近如地，尋之不盡於意中，思之若會於意外，孔子惟集歷聖之成，傳之曾、思而發揮於孟子。朱子惟集諸儒之成，上繼周、程而下開乎來學。然孔子之門，自顏、曾而外，其得聖人之道，不能遍觀而盡識者已或各據所偏，而孟子弟子如（寶三案：本館此本此處闕一葉）……之説，證之四子之言與六經之旨，而前後有互異而大不同者，此豈朱子之不足信哉？亦記述之訛誤，貽後人之紛糾而未有已也？此予向説之未密，不無抱憾於心，欲補救之而不可得者，而又何言耶？' 予聞之而爽然失、渙然解，唱然而嘆曰：'聖學之功，誠、正固難，格、至尤爲不易，蓋惟天下之理有未窮，故其知有不盡，此豁然貫通之難，而物之表裏（裏）精粗有不到也。於此有闕，終入偏畸之路，是惟以朱子之《集註》與六經之戒語凡合於四子之書者並載而參觀之，有已驗其同者，既得揆其一矣，而稍覺疑似者，亦必加以辨析，衷諸至當以爲的。其有經説之多岐（歧），原背於聖人之意者，亦得四子之言而兼爲考證焉。或者，其於歷聖之心，窺其微而探其賾，斯於歷聖之道亦可弘其緒而廣其傳，子且以爲何如也？' 於是李子然予之説，更不自是，相與歛迹山居，互爲質難。或一言而商確於累日，一章而往復於再三，自求心理之同，不執前人之跡。五年而乃竣其事，遂顏其集曰《四書經註合參》云。" 由此二《序》，知此書乃取六經中之蘊奧與朱《註》并載參觀，以補《條辨》一書之未詳，故書名題曰《四書經註合參》，"經" 者乃指六經也。

此書共三十八卷，計《大學》一卷，《中庸》三卷，《論語》二十卷，《孟子》十四卷。其書體例乃先列《四書》經文及朱《註》，次載諸經相關文字，各冠以"禮""詩""書""易"等書名，書名下雙行小字載篇名。次接"霖按""懋按"二氏按語，"懋按"之後，間又有"霖又按"之說。二氏考辨意見，乃見於此按語中。

李沛霖一生於《四書》用功可謂勤且久矣，考《四書朱子異同條辨》李沛霖《自序》撰於康熙四十一年（1702），其書《凡例》末則云："世之學者，或更見予之不逮而攻其疾焉，則余年未老，猶得更訂而改其失也已。"此時李氏尚言"余年未老"。其後《四書諸儒輯要》書首李沛霖《序》撰於康熙五十七年（1718），又歷十餘年後。至此《四書經註合參》李沛霖《序》撰於雍正八年（1730），距《四書朱子異同條辨》自序之作，已近三十年。李氏於此《序》末云："愚老矣，其有言之而不當、察之而不精者，不能再爲更訂以俟異日之補救矣。於是書既成，質之四方好學君子，繩愚謬悞（誤），以廣其益焉。"其數十年孜孜於《四書》之學，精神誠可佩也。

此書《四庫全書總目》《中國古籍善本書目》俱未著録，諸家目録亦未見著録者，誠爲珍稀之本。

208
學源堂四書體註合講十九卷

T856　8224

《學源堂四書體註合講》十九卷，清翁復編。清學源堂刻本。六册。框高25.2厘米，寬16.8厘米。分上、下二欄，上欄高15.2厘米，下欄高10厘米。上欄半葉二十六行三十二字；下欄半葉九行十七字，小字雙行同；左右雙邊，白口，無魚尾。版心上鑴"四書合講"，中鑴《四書》各書名，下鑴"學源堂／藏板"。

卷端上欄首行題"學源堂四書體註合講"，第二、三行題"太末翁復克夫編次；同學詹文煥維韜參定"。下欄首行，上題"大學"，下題"朱熹章句"。書名葉中題"學源堂四書體／註合講"。左下鈐"學源"白文方印、"珍藏"朱文方印。

書首，首清雍正八年（1730）相月（七月）翁復《自序》。次《學源堂四書圖考目録》，次接《天文圖》《西周以上輿圖》等二十二圖及圖説，版心鑴"圖説"。次上欄鑴《學源堂四書體註合講諸儒姓氏》《參閲姓氏》《校訂姓氏》，下欄鑴《大學章句序》。

翁復，字克夫，齋名酌雅齋，清雍正間人。翁復自稱"太末"人，太末爲古縣名，至隋時已廢，翁復乃用古稱也。考明歸有光有《龍游翁氏宗譜序》，中云："翁氏居太末，相傳自隋始遷，子孫蔓衍，縣之杜山塢、岑堂菴、南村，往往而是。"（見《震川先生集》卷二）由此知翁復當係浙江龍游人。《學源堂四書體註合講》翁復《自序》稱雍正戊申（六年）曾館於詹氏闇然室，餘事迹不詳。

此書之作，翁復於《自序》中云："我　國家鼎興以後，崇正道以黜異説，凡爲制舉藝以闡發四子書之精意者，功令一以朱子爲主……顧其書自漢儒箋疏之後，至有宋周子始以《太極圖》《易通》啓其奧，繼則二程、張子大其傳，而集其成於後者朱子也。其間范、尹、游、楊、謝、呂之説，朱子既折衷之以載入《集註》矣。自是而後之發明者，俱各有成書，若黃、陳、饒、史、蔡、林、王、顧諸儒，則其最表著者也。況　本朝以來，名公鉅卿復有以提其綱領而詳其節目，則此中之微言精意似亦闡發詳明而不留夫餘蘊矣。"此處翁復先述以往對朱子《四書集註》闡述之盛，以下繼云："然而部帙既繁，指歸復異，非約其繁而使之簡，去其異而使之一，初學之士未必能遍觀而詳核也。故近日之盛行於海內者，即用講章弁於本文、《集註》之上，庶乎繁者簡而異者一矣……復於四子之書，自《或問》《語類》《精義》《輯略》而下，復旁參互證以諸儒之論説。每於理醇而旨括、義明而詞簡者，即隨錄而彙存之。歲戊申，復假館於詹氏之闇然室，與二、三同志以卒業焉。特其所採而輯者，或裁其一段，或摘其數語，惟期書理明晰而已，未及詳載其本自某氏、出自某書，且順文釋義，亦有難於詳載者，蓋本意祇存以自課而非敢出而問世也。"據此知此書乃翁復於雍正六年（戊申，1728）館於詹家時所完成。至於其書初次付梓之時間，《自序》又云："乃同志諸子力請於復曰：'講章之設，本以應童蒙之求爲口耳之學也，今子之所輯，繁者簡矣，而非失之略；異者一矣，而非失之拘，世之學者得是編以正其趨，由是而肆力於朱子以及諸儒之全書，則於　聖朝廣屬人材之意亦非必無當也。子何獨秘之一人而不公之同好也耶？'復因諸其説而序其巔末於簡首云。"末署"皆　皇清雍正八年歲在庚戌相月望前三日太末翁復克夫氏謹序"。案：由《序》末所言，知翁氏此書乃初刻於雍正八年（1730）也。今本館所藏此本，書名葉與卷端俱題云"學源堂四書體註合講"，書名葉未題刊刻年月，未能遽斷其爲雍正八年（1730）刻本。考翁復《自序》末鐫有"太末翁復之印"白文方印及"酌雅齋克夫氏"墨文方印二印，知其齋名爲"酌雅齋"，然無資料顯示"學源堂"與翁復之關聯。今存世有清代所刊刻其書名葉題有"學源堂"之古籍多種，如《學源堂易經體註》《學源堂書經體註》《學源堂禮記》《學源堂銅板四書述要》《學源堂古文》等，其中《學源堂禮記》書名葉題"乾隆己酉春鐫"，《學源堂古文》書名葉題"乾隆癸丑新鐫"，然本館此本不避

"絃""弘""寧"等字諱，其刊刻年代尚難質定，今姑定爲"清學源堂刻本"。

此書共十九卷，計《大學》一卷，《中庸》一卷，《論語》十卷，《孟子》七卷，另書首有圖考。書分二欄，下欄鐫經文及朱《註》，上欄鐫翁氏《體註合講》，即所謂高頭講章者也。其所講，對照經、《註》而釋，先解章旨，次逐節講説。如《大學》起始標"聖經章全旨"，釋云："此章乃孔子明先王大學教人之法，以詔後世，而曾子述之者也。前三節統論大學之綱領而推其先後以結之，示人以知序。後四節詳言大學之條目，而要其本以結之，示人以知要。分之則明明德、新民、止至善爲八條目之綱領，合之則明明德又爲三者之綱領，乃《大學》一書之大綱領也。"其下依次釋"大學節""知止節""物有節""古之節"等。惟《中庸》因《合講》內容較多，自第二十章起，上欄所講內容逐漸與下欄不能相應，至第三十一葉，下欄《中庸》經文已盡，而《合講》未完，故自第三十一葉至三十八葉，皆改爲全葉皆刻《合講》，不復分爲上、下二欄也。

此書之所採，如翁復《自序》所言，乃"於四子之書，自《或問》《語類》《精義》《輯略》而下，復旁參互證以諸儒之論説"，然因其爲講章性質，故書中不一一標示採輯所出。《自序》云："特其所採而輯者，或裁其一段，或摘其數語，惟期書理明晰而已，未及詳載其本自某氏、出自某書，且順文釋義，亦有難於詳載者。"

此書《四庫全書總目》《中國古籍善本書目》俱未著錄。此本除本館外，另浙江省雲和縣圖書館等亦有收藏。此書因係科舉用書，故存世另尚有多種刻本，其題名亦頗有異。如美國哈佛大學哈佛燕京圖書館藏本卷端題"酌雅齋四書遵註合講"，書名葉題"銅板四書遵註合講""酌雅齋藏板""嘉慶癸酉年鐫"。另復旦大學圖書館藏有清道光八年（1828）閩漳文瑞堂刻本，題爲"四書合講"。其他尚有"文奎堂"（浙江圖書館）、"英德堂"（上海圖書館）、"五柳居"（南京圖書館）、"芸生堂"（北京大學圖書館）等刻本，兹不具錄。

209

四書讀註提耳十九卷

T856　1349

《四書讀註提耳》十九卷，清耿埰撰。清乾隆元年（1736）屏山堂刻本。十四册。框高19.2厘米，寬14.2厘米。半葉九行二十五字，小字雙行同，四周雙邊，白口，單魚尾。版心上鐫"四書提耳"，中鐫《四書》各書名及卷次，下鐫"屏山堂"。

卷端題"耿埰手著"。書名葉分三欄，右題"襄城縣錫公耿先生手著"，中題"四書讀註提耳"，左題"屏山堂藏板"，欄上題"乾隆元年仲秋新鐫"。

書首，首清乾隆元年（1736）仲秋高玢《耿問翁四書讀註提耳序》。次《讀註提耳例言》，共六則，末署"問翁錫公耿埰識時年六十有九"。次《讀註提耳弁言》，末署"中州襄城耿埰錫公氏識"。

耿埰（1658—?），字錫公，號問翁，清河南襄城人。據《四書讀註提耳》書首耿埰《讀註提耳弁言》云："康熙壬戌，埰年二十有五。"壬戌爲康熙二十一年（1682），據此逆推，則耿埰當生於清順治十五年（1658）。其卒年則不詳。耿埰以教授生徒爲業，《讀註提耳弁言》又云："忝典近聖、汝濱、穎濱、希賢四書院教事，此外復館六處。"著有《批點集註》《學庸語録》《四書讀註提耳》等書。餘事迹不詳。

此書爲耿氏數十年講習《四書章句集註》及以之教授生徒之心得，耿氏於書首《讀註提耳弁言》中云："屈指舌耕，已歷四十餘載（原注：'康熙壬戌，埰年二十有五，是歲分爨，年饑，因訓蒙於紫雲山岩，距今雍正丙午，四十四載矣'），今古詩文，以及醫卜雜書，雖頗涉獵，然非所好也。惟此《四書章句集註》，自童年講習，又兼數十年指授生徒，覺有一得，可公後學，爰於《批點集註》（原注：'康熙丙寅、丁卯、館穎北周氏莊所著'）、《學庸語録》（原注：'門人周書、周紹集録，趙伯鳳、朱一齋補録'）外，復著此書，顏曰《提耳》，蓋恐承學童蒙，精疏讀註，欲其顧名思義云爾。若謂埰於四子書亦能抗顏講義也，則吾豈敢？丙午春二月，《大學》稿成，因述其緣起於首。"案：雍正四年（丙午，1726）中《大學》部分稿成，乃撰《弁言》，其時耿氏年六十九，故書首《讀註提耳例言》之末，作者亦署"問翁錫公耿埰識時年六十有九"。惟至乾隆元年（丙辰，1736）此書刊刻時，耿埰當已逝世。書首高玢所撰《耿問翁四書讀註提耳序》云："聞先生居講習者四十餘年，其學博通經史，究極天人，蓋於此道三折肱矣。其從遊諸士遵信師説，謀鍰梨棗，以永其傳，而其子又能讀父書，不忘庭訓，則先生之嘉惠後學者，詎可涯量哉？至若先生之時藝，清切簡要，力掃陳言，其古文遺稿，亦絕去雕飾，典雅質醇，知先生可傳於後世者尚多，而予之知先生猶未盡也。"《序》末署"時　乾隆元年仲秋上浣柘城弟高玢拜題"，此處既言"古文遺稿"，知其時耿埰已逝矣。

此書撰作之目的，主要即在爲學子指示讀朱子《四書章句集註》之要領。《讀註提耳例言》首則云："看書宜遵《集註》。《或問》《語類》《大全》等書固皆發明《註》理，然義多旁出，不必盡按語脉。是書意在醒出朱子解書竅要，凡諸書旁發經義者，槩不敢攙入。"又第二則云："《集註》解書，有直詁者，有曲釋者；有分註于前而總疏于後者，有總挈于上而碎解于下者；有隨敍隨解，往而不留者，有遺貌取神，字隱意露者；有白文數句約成一二句解者，有白文一字或一句推闡數句、數十句解者。此書逐處指出，乃見朱子體會白文，至今如聞謦咳也。”由此俱可見此書撰作之意圖。

此書共十九卷，計《大學》一卷，《中庸》二卷，《論語》九卷（上《論》五卷，下《論》四卷），《孟子》七卷。其中《孟子》七卷，每卷又分上、下，故實有二十六卷。《大學》之首，冠朱熹《大學章句序》；《中庸》之首，冠朱熹《中庸章句序》；《論》《孟》之前，各冠朱熹《序説》。各卷皆列經文及朱《註》，而於《註》文下以雙行小字作解。又書中朱《註》偶見標示陰刻白文者，則因其有兩解之故，《例言》第四則云：“《集註》有一字存兩解者，如《大學》註‘諟’字，既曰‘猶此’，又存‘審’字；《中庸》註‘體’字，内註既曰‘設身察心’，又存呂《註》‘猶吾四體’；《論語》既云‘不久得位’，又存‘或曰天使失位’一條。諸如此類，在朱子謂理亦各通，而行文則萬難參雜。朱子嘗自評曰：‘前説爲勝。’故埰批點《集註》，既已逐處指明，而是書則欲前註刻以陰文，旁義刻以陽文。至章外觸類旁通之語，亦刻陽文，蓋欲初學不致騎墻，非敢放胆舞文也，閲者諒之。”案：今書中有以陰文標示朱《註》者，即此意也。然考《四書讀註提耳・大學卷之一》：“《大甲》曰：‘顧諟天之明命。’”朱《註》：“諟猶此也，或曰審也。”此本將“或曰審也”四字以陰文標示。“或曰審也”乃是旁義，却以陰文標示，正與《例言》所言“前註刻以陰文，旁義刻以陽文”相反，此處恐未符耿氏之原意也。

《續修四庫全書總目提要》載倫明所撰此書提要，評云：“埰是書意在醒出朱子解書竅要：或直詁、曲釋，或分註、總疏，或總挈、碎解，或隨敍、帶解，期使朱子原意活現紙上。非研摩之功既專且久，不易有此。惜其意但知爲遵功令作時文者計，於朱《註》無所獻替耳。”

本館所藏此本，共十四册，第一册之末夾有一長方形綿紙紙條，上手書“四書提耳／一册計十四册／八元”三行，下方鈐有“直隸書局”朱文長方橫印，知此書嘗經直隸書局經銷。惟“一册計十四册”，當爲“一函計十四册”之筆誤。

此書《四庫全書總目》《中國古籍善本書目》俱未著録。《續修四庫全書總目提要》收録倫明所撰此書提要，題“《四書讀註提耳》二十卷，乾隆元年刊本”。另孫殿起《販書偶記》卷三《經部・四書類》著録“《四書讀註提耳》十八卷，襄城耿埰撰，乾隆元年屏山堂刊”。案：倫明題“二十卷”，孫殿起題“十八卷”，皆據乾隆元年刻本，蓋與本館所藏此本同，則當以“十九卷”爲確。除本館外，中國科學院圖書館、天津圖書館等館亦有收藏。另加拿大多倫多大學東亞圖書館收藏有同治九年（1870）耿捷補刻本。

210
四書朱子本義匯參四十三卷首四卷

T856　1125

《四書朱子本義匯參》四十三卷首四卷，清王步青撰。清乾隆十年（1745）敦復堂刻本。三十三册。框高21.3厘米，寬14.3厘米，半葉九行二十三字，小字雙行同，四周單邊，白口，單魚尾。行間刻圈點。版心上鐫"大學章句本義匯參"等，中鐫卷次，下鐫"敦復堂課本"。

《大學章句本義匯參》卷端首行題"大學章句本義匯參卷之一"，次行題"金壇後學王步青輯；子士鼇編；孫維甸、尚奮、乃昀、爾畯校"。書名葉分二欄，右上題"金壇王罕皆輯"，右下題"敦復堂藏板"，左二行大字題"四書朱子本／義匯參"，左下小字題"承德堂發兑"。左上鈐有"江蘇學院頒行"朱文長方印，左下鈐有書坊承德堂朱文長方印，中載七行告白云："近有喪心無恥之／徒，翻刻此書，字畫／舛錯，希圖射利，誤／人非淺，高明君／子，須認本坊原本，／點畫無訛。／承德堂告白。"

書首，首清乾隆十年（1745）十二月崔紀《序》。次乾隆十年七月王步青《序》。次《四書朱子本義匯參發凡》，共十八則，末署"金壇後學王步青謹識"。次《四書朱子本義匯參卷目》。

王步青（1672—1751），字漢階，又字罕皆，號後村、己山，清金壇（今屬江蘇常州）人。《清史列傳》卷六十七《儒林傳上二》有傳。傳云："王步青，字漢階。雍正元年進士，改翰林院庶吉士，散館授檢討，以告歸。步青長身玉立，少以文名，然覃心正學。張伯行撫吳，集十五郡知名士，講學紫陽書院，課以《語錄》，步青三試皆第一，伯行稱其能窺道之本原，契聖賢之旨趣……其教學者，一遵白鹿洞遺規。晚尤勤學，顏其齋曰'無逸所'。謂我朝用經義取士，士子當因文見道。著《朱子四書本義匯參》四十五卷，又著有《己山文集》十卷，《別集》四卷。乾隆十六年，卒，年八十。"案：王步青嘗掌教揚州維揚書院，撰有《維揚書院約》，另又撰有《敦復堂古文稿》《鶯鳩草》等書。事迹另參《國朝先正事略》卷四十、《國朝耆獻類徵初編》卷一百二十五、《［民國］金壇縣志》卷九之一《人物·儒林》等。

書首崔紀《序》云："金壇王罕皆先生所輯《朱子本義匯參》一書，融會貫通，發微詣極，薈萃群言而必折衷至當，標舉新蘊而非索隱鈎深，其澄心凝思，直從數百載下，恍然如睹朱子之几席，丹鉛默契孔、曾、思、孟之微言大義而毫髮無間者，是朱子之《章句集註》爲四子之功臣，而先生之《本義匯參》實有功於朱子，夫豈尋常講義可同日語哉？蓋先生之講求於是書也，溯諸生以及入史館之歲凡三十餘年，家居後又十有八年，然後出此編以問世，其用力之勤且久，幾與朱子之輯《章句集註》等，所謂立言期於不朽者與？"另王步青《序》亦自述其撰作之原由云："六經《易》最難言，邵子以數，程子以理，而朱子之注《易》也，本聖人作《易》之初，原其義所由起，曰《周易本義》，明乎《易》本爲卜筮作，俾學者象占分曉而理與數自引伸類長於其中。由是觀之，讀聖賢書，不可不通乎本義審矣。步青嘗稟此以讀四子之書，四子書之本義固以朱子爲宗，而朱子書之本義則必折衷於《章句集註》以爲斷。蓋朱子於《章句》嘗引溫公之言，謂'平生精力盡在此書'，於《集註》則謂'某曾等稱過來，增減一字不得'。此其於孔、曾、思、孟之微言大義，提要鈎元（寶三案：此字刻本因避'玄'字諱，故改爲'元'），精審愨實，蓋不復稍留毫髮憾矣。自餘亡論漢唐《注疏》及宋元明諸儒，庚續發明，後先錯出。即以朱子之書亦夥矣。《或問》則設爲問答，以暢其旨，《語類》則生徒辨論，以析其疑，《文集》則敷陳往復，以抒其醞，以視《章句集註》，非不更詳且悉矣，而言各有當，其義指要亦不能無所異同，可覆而按也。明永樂時詔儒臣編纂《四書大全》，頒之學宮，著爲功令，文學之士，家奉一編矣。然考其書，擇焉不精，語焉不詳，論者皆以謂當年奉敕諸臣迫於成命，襲取吳氏《集成》、倪氏《輯釋》，倉卒應詔，而不知由未嘗稟《章句集註》爲權衡，故雖以《或問》《語類》諸書點竄塗改，多所齟齬，且貿焉不察，又何有於本義之有異有同，必較其分寸豪（毫）釐，疏通證明以衷於一是也……我國家　列聖相承，昌明正學，廣厲師儒，興賢育德，　皇上性學崇深，纘承統緒，誕敷文教，道一風同，步青生逢盛世，自爲諸生二十六年，登賢書，又九年，成進士，入史館凡五年，嬰疾告歸，仍理故業，於今復十有八年矣。追憶曩時從事帖括，習復四子之書，與生徒口講指畫，間有心得，劄記簡端，輒復塗乙，不知幾更矣。三數年來，屏當一切，繙繹舊聞，研尋本註，仰見朱子竭一生之精神，發明四子之義蘊，精微洞徹，銖兩悉稱，確然信以爲此朱了之本義即孔、曾、思、孟之本義，學者第虛心涵泳，切己體察，惟默會其意言指趣，而《或問》《語類》《文集》皆所以疏通證明，其間有異、有同，可以《章句集註》斷之而曉然於其孰爲已定、孰爲未定……爰輯此書，竊取朱子所以注《易》之指而惴惴乎懼弗當也。題曰《本義匯參》，藏之家塾，俾兒孫輩知所取裁，庶由是心解力行，以適於聖賢之路，毋徒以資帖括而已。書既成，客有見之者，遂請授諸梓。"案：王氏此《序》謂其撰作此書，乃"竊取朱子所以注《易》之指"，即由朱子之注《易》，"本聖人作《易》之初，原其義所由起，曰《周易本義》"，因此知讀聖賢書，不可不通乎本義。王氏又謂欲探求《四書》之本義，則必折衷於《章句集註》以爲斷，故此書《發凡》第五則中亦云："總之，朱子諸書，惟《大學或問》自云修改詳密，《中庸》已不欲自信矣。《語》《孟》則《或問》作于前，《集註》更于後，至《文集》《語類》，則四子皆通前後而並存。故必均以《章句集註》爲權衡，而後諸書之説始定。"書名中所謂"本義"之涵義，由此可明。

至於書名中所謂"匯參"之義，《四書朱子本義匯參發凡》末則云："是集稟承本義，綴以匯參，本《禹貢》'東迤北會爲匯'之文。竊謂講明斯理，譬若導水然。四子書乃其發源，群儒講學論道，爲其支派，而《章句集註》則其總匯……夫衆言淆亂，則折諸聖，是集不獨漢、唐、宋、元、明儒書具在，一以《章句集註》爲折衷，即以近世理學宗工所傳緒論，以至時賢之見諸制義評騭者，苟一言一義犁然有當，無不書其所自，參伍證明。凡以泝流尋源，疏通本義，引伸類長而已。《易》曰：'同歸而殊途，一致而百慮。'要使殊途、百慮胥統匯于同歸、一致之中，此愚者編輯是書之微意而競乎惟恐失之者也。"

此本王步青自序中云："書既成，客有見之者，遂請授諸梓。"此《序》末署"乾隆十年歲在乙丑秋七月穀旦　賜同進士出身翰林院檢討加一級金壇後學王步青書於竹里草堂，時年七十有四"。又書中版心鐫"敦復堂課本"，故定爲"清乾隆十年（1745）敦復堂刻本"。

此書卷端未題總書名，《學》《庸》《論》《孟》卷端各題"大學章句本義匯參卷之一""中庸章句本義匯參卷之一""論語集註本義匯參卷之一""孟子集註本義匯參卷之一"。考此書書首載有《四書朱子本義匯參發凡》及《四書朱子本義匯參卷目》，故據以著録爲此書名。又此書內容計《大學章句本義匯參》三卷，卷首一卷；《中庸章句本義匯參》六卷，卷首一卷；《論語集註本義匯參》二十卷，卷首一卷；《孟子集註本義匯參》十四卷，卷首一卷，合計正文四十三卷，卷首四卷。四書各卷首，《大學》卷首含《大學章句序》《纂讀大學綱領》；《中庸》含《中庸章句序》《中庸集解序》；《論語》含《論語序説》《論語要目録序》《論語訓蒙口義序》《論孟精義序》《精義綱領》《論孟讀書之要》《語類綱領》；《孟子》含《孟子序説》《精義綱領》《語類綱領》。此書以《學》《庸》《論》《孟》爲次，王氏於《卷目》中《中庸》之卷目後識云："按：四子書次序，《朱子語類》以《大學》爲先，次《論語》，次《孟子》，次《中庸》。《中庸》工夫密，規模大，此讀書定法所宜墨守者也。至闈中命題之序，則《中庸》次於《論語》，自故明已然。編書亦有遵之者，第考朱子書，《語》《孟》均爲集註，而《學》《庸》則皆章句也，故各從其類，即以《中庸》列《大學》之次云。"此説明其以《學》《庸》《論》《孟》爲次之由。

　　此書之體例，仍做《四書大全》之體例，即經文單行頂格大字，朱子《章句集註》單行低一格大字，匯參諸説則雙行小字。至於《四書或問》，《大全》將《論語或問》《孟子或問》皆録入《集註》下，雙行小字，《大學或問》《中庸或問》則單獨成卷，單行大字。王氏《四書朱子本義匯參》中《論》《孟》部分亦同《大全》，以雙行小字録之，首標"或問"二字，至於《大學或問》《中庸或問》則不再單獨成卷，改録入《大學章句匯參》當節之後，仍以單行大字低一格排列，首標"或問"二字。《發凡》第七條云："是集于《中庸》則《或問》大字單行，而以《輯畧》附註其下，《語》《孟》則《或問》概用雙行，而《精義》中之要妙與其未盡曉暢者，則先載《精義》，而以《或問》申之。"

　　傳世朱子《四書或問小註》一書，學者頗疑其僞，王氏此書則仍予採録。《發凡》第六條云："《或問小註》，世或疑爲贋本，謂《朱子年譜》未有此書名，其原序四篇，《文集》中亦無有也，且所載語頗或與後人説相同，當是後來竄集成書。其崇信之者，則謂是書成于淳熙己酉，朱子年已六十，于《章句集註》《或問》之外爲學者添一小註脚，訂舊增新，天理爛熟，的無可疑。其與後人相同者，焉知非後人偶用成語而未爲注明來處耶？前輩亦嘗極論之。愚按：書中删定舊説處頗非苟然，所增新義儘有與《章句集註》相發明者，集中亦概爲增入，真贋且置勿論也。"案：王氏此舉，《四庫全書總目》不以爲然，詳下所述。

　　王氏此書，於《四書大全》所輯諸説頗有汰删增訂，另於明、清諸儒之説亦擇予採録，如王步青之高祖明王肯堂所撰《四書紹聞編》，曾伯祖王宇泰所撰《論語義府》等皆予採録（參《發凡》第十三則），另清代陸隴其、汪份等增訂《四書大全》，所訂雖非完善，"有可采者，悉爲纂入"（見《發凡》第十四則）。至於王氏自下己意之處，則或稱"愚按"、或稱"按"以別之，《發凡》第十五則云："其或書'愚按'，或書'按'，文法偶殊，指歸自一。"

　　此書《四庫全書總目》著録，題"《四書本義匯參》四十五卷，贊善韋謙恒家藏本"，入《經部·四書類存目》。提要云："是書凡《大學》三卷附一卷，《中庸》七卷附一卷，《論語》二十卷，《孟子》十四卷。大旨據《章句集注》斷諸家之是非，而引朱子《或問》《語類》《文集》及元、明以來之講章，條分縷析，爲之證佐，於語脈、字義，推闡頗詳，在近時講章之中，尚較爲切實。考古無'四書'之名，其名實定於朱子，朱子註《詩》、註《易》，未必遽凌跨漢、唐，至詮解《四書》，則實亦無逾朱子，故自明以來，科舉之學，以朱子爲斷。然聖賢立訓以垂教，非以資後人之辨説爲作語録計也。即朱子《章句集註》亦以明聖賢之道，非以資後人之揣摩爲取科第計也。是書乃以塲屋八比之法，計較得失，斯已逐影而失形矣。其《發凡》中病汪份删纂《四書大全》參取閻若璩、顧炎武之説，或與朱子相左，是未考漢學、宋學各有源流。至於贋本《或問小註》，明知其依託朱子，而有意模棱，殆慮一斥其僞，即不能假朱子之名鉗伏衆論，故存爲疑案，不欲顯言。不知其説可取，不必以贋本而廢之；其説非真，亦不必以其説可取併諱其贋本。是是非非，當以其書爲斷，不必定使其書出朱子而後謂之是也。是又門户之見，未能盡化也。"案：《四庫全書總目》提要謂此書含"《中庸》七卷附一卷"，諸閣本書前提要亦同，疑"七卷"當爲"六卷"之訛也。蓋四庫館臣所據本《論語本義匯參》《孟子本義匯參》無卷首，而將《大學》《中庸》之"附一卷"皆列入總卷數中，計《大學》四卷、《中庸》七卷、《論語》二十卷、《孟子》十四卷，故總爲四十五卷。《總目》原文若爲"《中庸》七卷附一卷"，則總卷數將爲四十六卷矣，知當以作"六卷附一卷"爲正。

　　《中國古籍善本書目》未著録。此敦復堂刻本除本館所藏外，諸家書目多有著録，惟其中頗見差異。如北京大學圖書館、江西省圖書館所藏之本，書名葉鐫"文會堂發兑"，又鈐文會堂告白朱文長方印，與本館書名葉鐫"承德堂發兑"，又鈐承德堂告白朱方長方印有異。且其本書首僅王步青自序，本館此本則王步青自序外，又多崔紀《序》。另其本王步青《序》葉五作"終鮮駁正"，本館此本作"終鮮駁正"，皆有異也。另加拿大英屬哥倫比亞大學圖書館蒲坂書樓、美國耶魯大學圖書館等所藏本，書名葉鐫有"文畬堂發兑"，亦有異。此外，如中國臺灣大學圖書館藏本無書名葉，書首亦僅王步青《序》，版本與北京大學圖書館、江西省圖書館同。另別館所藏尚有清光緒十五年（1889）上海積文堂刻石印本等，兹不贅述。《四庫全書存目叢書》嘗據江西省圖書館藏本影印行世，題"清乾隆十年敦復堂刻本"，列入《經部》第一七六至一七七册。

211

四書疏註撮言大全三十七卷

T856　4244

　　《四書疏註撮言大全》三十七卷，清胡蓉芝撰。清刻本。二十四册。框高18.1厘米，寬13厘米。半葉九行三十六字，小字雙行同，四周單邊，白口，單魚尾。版心上鐫"四書撮言"，中鐫《四書》各書名及卷次，《大學》首葉版心下鐫"經元堂"，餘未鐫此三字。

卷端首行，上題"四書疏註撮言大全"，中題"本坊不惜工資，較對無訛，識者珍之"，下題"朱子章句"。第二、三行題"龍岡後學胡蓉芝斐才手輯；紀曉嵐先生鑒定；吳冠山夫子校正；會友巫應秋、江風景、江騰驤仝訂；胞弟守敬，親姪颺廷、有俊，受業江春廷編；諸子仝校"。書名葉分三欄，右題"紀曉嵐先生鑒定"，中題"四書疏註撮言大全"，左下鐫有六行告白云："近來坊間翻刻《撮言》，專事省力，希圖／便逸，以致筆畫舛訛，字體蒙混，貽悞（誤）後學。茲炤原本，細心較對，刊出無訛。／第體式精微，工夫浩大，字畫細蜜（密），不／久易漫，精刻寔難，讀者毋以輕心視／也。"

書首，首清乾隆癸未（二十八年，1763）孟冬月紀曉嵐《序》，標題下題"登秀堂藏板"。次乾隆癸未（二十八年）孟冬月胡蓉芝《自序》。

胡蓉芝，字斐才，號渠園，清福建永定人。據《[民國]永定縣志》卷二十六《文苑傳》云："胡蓉芝，字斐才，邑庠生，舉優行。生平手不釋卷，至廢寢食，人以爲痴，其天性然也。訓子弟，多成名。著有《四書撮言》行世。清光緒間，汀守胡廷幹爲撰志立銘，邑侯曹學禮爲立傳。"事迹另參《同永胡氏家譜》。本館舊目題此書撰者爲"胡斐才"，今據撰者名改題爲"胡蓉芝"。

有關此書之撰作，胡蓉芝《自序》云："書以載言，言以載道，上接唐、虞精一之旨，下開後學心法之傳，崇正道而闢異端者，莫如《四子》一書。義蘊幽奧，漢儒箋疏之。至宋，周、程、張、朱四夫子，羽翼斯道，啓其奧，闡其微，聖道昭如日星矣。而集大成者，一以朱子爲宗。更得游、楊、謝、呂諸子而廣其説，殆無剩義與人也。余自束髮受書，見諸説繁簡不一，多載闕辭，致令無所依據。余與二、三同志，自《或問》《語類》証以諸儒之説，於本文有字義未詳者特爲闡發，《集註》中有未訓口氣者復暢其詞。參互考訂，而斷以己意。其宗旨分明，脉絡聯貫，俾繁不致濫，簡不致畧，名曰《疏註撮言》，袛存以課子弟，併不敢以問世也。 冠山吳夫子云：'此書之作，發明聖學，秘之一己，何妨與世共珍！'癸未， 曉嵐紀老夫子督學臨汀，敢以爲質，過獎以精義明晰，有裨同人，不已，爰付梨梓，究莫掩其固陋也。"又紀曉嵐《序》亦云："癸未歲，余督學十閩，相傳爲理學之邦，都人士深沈聖學者，代不乏人。下車臨汀，有胡生蓉芝以《四書撮言》証於本文，下逐字詳解，朱注中逐句搜剔，會群言之腋，集諸説之成，真如日月經天，江河行地。今 皇上崇儒重道，理學作人，得是集不繁不簡，其中提綱挈領，脉絡聯貫，瞭如指掌，有裨後學者豈淺鮮哉？因命授梓，以公諸世，庶不爲群言所惑云。"案：胡蓉芝撰作此書，曾有助之者，考此書卷端題"會友巫應秋、江風景、江騰驤仝訂"，則此三人蓋即《自序》所謂"余與二、三同志"者也。又此書之付梓，與紀曉嵐有密切關係。乾隆二十八年（癸未，1763）紀曉嵐任福建提學使，胡蓉芝以此書之稿請正於紀氏，紀氏讀後"因命授梓，以公諸世"，胡氏《自序》亦云癸未年"爰付梨梓"，則此書乃始刻於乾隆二十八年也。

本館所藏此本當非乾隆二十八年之原刻本，考此本書名葉左下之告白云："近來坊間翻刻《撮言》，專事省力，希圖便逸，以致筆畫舛訛，字體蒙混，貽悮（誤）後學。茲炤原本，細心較對，刊出無訛。"然則此本乃據原本校對重刊者也。又此本《論語》《孟子》各卷標題有不一致之現象，當係補版之故。如《論語》各卷皆題"四書疏註撮言大全論語卷之△"，然第十八、十九卷則題"論語卷之十八""論語卷之十九"。又《孟子》之標題亦頗不一致，如卷一標題作"四書疏註撮言大全"，卷二作"四書撮言孟子卷之二"，卷三作"四書疏註撮言大全孟子卷三"，卷六作"孟子集註撮言卷之六"，卷七作"四書疏註撮言大全孟子集註卷之七"，卷八作"孟子集註卷之八"，卷九作"孟子集註撮言卷之九"。此種歧異現象蓋因補版之故，更可證此本非乾隆二十八年原刻本。此本書名葉未鐫刊刻年月，其刊刻時間尚難質言，故定爲"清刻本"。又此本書首紀曉嵐《序》之標題下方鐫"登秀堂藏板"五字，《大學》首葉版心下鐫"經元堂"，又書首胡蓉芝《自序》末署"峕 乾隆癸未歲孟冬月龍岡後學蓉芝氏胡斐才書於經元堂別墅"，其刊刻所據原本當與"經元堂"有關。惟日本愛知大學所藏本書名葉題"寶翰樓梓行"，胡蓉芝《自序》末署"峕 乾隆癸未歲孟冬月龍岡後學蓉芝氏胡斐才書于寶翰樓別墅"。又日本東京都立中央圖書館所藏本，書名葉題"六宜堂藏版"，胡蓉芝《自序》末署"峕 乾隆癸未歲孟冬月龍岡後學蓉芝氏胡斐才書於萃英堂別墅"。三本《自序》末所署有異，知書坊刊刻此書時嘗任意改動。今傳世此書刻本，書名葉所題書坊名稱多種，如"寶翰樓""經國堂""福文堂""羊城文玉樓"等，其各本間之異同及源流關係待考。

此書三十七卷，計含《大學》一卷，《中庸》二卷，《論語》二十卷，《孟子》十四卷。《大學》之首，冠朱熹《大學章句序》，《中庸》之首，冠《中庸章句序》。《論語》《孟子》之首，各冠《序說》。《大學章句序》《中庸章句序》《論語序說》《孟子序說》皆分上、下二欄，上欄或載評語，或引諸家之說。正文各卷皆經文大字，朱熹《註》文中字，胡氏疏解之語則小字雙行。各章之首，先釋其章之全旨，次列經文，經文之後分"註""講""解"三部分。"註"乃列朱熹注文，并加以疏釋。"講"乃講說其章大意。"解"則解其字義、義理，或引諸家之說以參證，或標"蓉按"以申己意。如《大學》起首《大學章》之"解"，嘗引《或問》《困學錄》《蒙引》《滙參》諸書及二處"蓉按"之語。此

"註""講""解"三部分之組合，即胡氏《自序》所謂"自《或問》《語類》証以諸儒之説，於本文有字義未詳者特爲闡發，《集註》中有未訓口氣者，復暢其詞。參互考訂，而斷以己意"之具體呈現也。

《續修四庫全書總目提要》收録有倫明所撰此書提要二篇，其一題"《四書撮言》十二卷，乾隆二十八年刊本"，提要云："清胡斐才撰，斐才字蓉芝，福建龍岡人，諸生。卷首有斐才自序，稱'自《或問》《語類》証以諸儒之説，於本文有字義未詳者特爲闡發，《集註》中有未訓口氣者復暢其詞。參互考訂，而斷以己意。繁不致濫，簡不致畧'云云。書籤題'紀曉嵐先生鑒定'，蓋紀昀督學臨汀時，曾以呈質也。今按其書，本文之後先列注，次列講，又次列解，而注下又有疏訓，釋較分明，脉絡亦貫串，然亦尋常講義而已。書刊於乾隆二十八年癸未。"另一篇題"《四書注疏撮言大全》，無卷數，乾隆二十八年刊本"，提要云："清胡斐才撰，斐才字蓉芝，福建龍岡人，諸生。是書首有紀昀《序》及斐才《自序》。大旨以朱子《集註》爲主。《自序》稱'自《或問》《語類》證以諸儒之説……參互考訂，而斷以己意'云云。今觀其書，本文下首列《集注》，逐句細爲訓釋，註後有講，講後又有解。講以融會全旨，解以參匯群言，繁簡頗爲得宜。惟俱供舉業家之揣揣，未足與語發明聖學也。書刊於乾隆癸未。"案：倫明所撰二篇提要皆據乾隆二十八年刊本，其一題"《四書撮言》十二卷"，另一題"《四書注疏撮言大全》，無卷數"，觀其内容，當皆指胡蓉芝所撰《四書注疏撮言大全》此書也。倫明何以同書而撰有二篇提要，頗費思量。或倫明曾修正初稿而二稿并存歟？或其所見此書有不同刻本而分撰兩稿歟？然倫明二篇提要皆云"清胡斐才撰，斐才字蓉芝"，其謂"斐才"爲名、"蓉芝"爲字，實誤也。又倫明題此書，或作"十二卷"，或作"無卷數"，與諸家館藏目録所載有異，恐亦有誤也。

本館此本《孟子》卷七，首葉爲抄補。

此書《四庫全書總目》《中國古籍善本書目》俱未著録。此本除本館外，另美國哈佛大學哈佛燕京圖書館亦有收藏。此外，中國香港大學圖書館等藏有經國堂刻本、日本愛知大學圖書館等藏有寶翰樓刻本、中國香港中文大學圖書館等藏有羊城文玉樓刻本，刻本流傳頗多，兹不具録。

212

四書自課録三十卷

《四書自課録》三十卷，清任時懋撰。清乾隆四年（1739）潢川書屋刻本。

框高19.1厘米，寬14.8厘米。半葉九行二十五字，小字雙行同，左右雙邊，白口，單魚尾。版心上鎸"四書自課録"，中鎸《四書》各書名。

卷端首行題"四書自課録大學"，下有雙行小字："大舊音泰 / 今讀如字。"次行題"長洲後學任時懋又新纂"。書名葉分三欄，右題"長洲任又新纂"，中題"四書自課録"，左題"潢川書屋藏版"。

書首，首清乾隆四年（1739）三月魏廷珍序，未立標題，版心鎸"序"。次乾隆己未（四年）仲春任時懋自序，未立標題，版心鎸"序"。次《校訂門人姓氏》。

任時懋，字又新，清長洲（今江蘇蘇州）人。據《江南通志》卷一百三十三《選舉志》載，任時懋爲康熙五十九年（1720）庚子科舉人。又《四書自課録》書首魏廷珍序中云："長洲任子時懋，余庚子典試江南所得士，素懷淡泊，辛丑一上公車，即閉門矻矻於朱子《章句集註》之解。"據此知任時懋曾一就進士試，落第即未再試。又《四書自課録》任時懋自序中云："曩歲庚戌，授經於潢川之遂初園。"則任時懋乃以教學爲業者也。

此書撰作之由，任時懋在書首自序中云："懋幼承師訓，以爲有真書理後有真文章。竊歎俗下講章即所共推如《蒙》《存》諸書尚不能無得失，何論其他？我　國家文運光昌，亘古未有，時則有當湖稼書先生，以一代儒宗闡揚理學，其高弟子刻其點閱《大全》與《困勉録》《松陽講義》，嘉惠後學。後復有吾吳遯喜先生，亦出其《大全》讀本，相繼行世。觀所以去取先儒之説之意，與其辨析之密察，力争於毫厘之間，深明於疑似之際，然皆兢兢，無敢立異以戾於朱子者。嗚呼！二先生之精心卓識，顧不偉歟？第當湖先生一生學與年進，故其書中有前後所見各異而兼存者。遯喜先生之書，主於糾駁《大全》襲用《輯釋》之譌，故其所援據有不厭重複者，或者於此猶不無大醇小疵之病焉。懋嘗於是二書沈潛反覆，破流俗之論，捐先人之見，苟遇異同，必彼此互爲折衷，擇其是者從之，唯期於畫一而後止。魯鈍易忘，於是隨其所得，録之讀本《四書》之上、下空方，或旁注行間，皆蠅頭細書，硃墨間錯，積之之久，至無可容，則割片紙抄而粘之，蓋揖揖者四十年於兹矣。書幾刊畝，每携置案頭，用以自課。"由此序所述，知此書乃就清陸隴其（字稼書）所點閱之《三魚堂四書大全》與汪份（字武曹，堂號"遯喜齋"）所撰《增訂四書集註大全》二書之内容"沈潛反覆""苟遇異同，必彼此互爲折衷，擇其是者從之，唯期於畫一而後止"。因陸隴其之説有因年歲增長而前後歧異者，故任氏此書另亦參酌陸隴其《四書講義困勉録》《松陽講義》諸書，書中每引"《困勉録》"是也。

655

有關此書刊刻之過程，任氏自序中又云："曩歲庚戌，授經於濱川之遂初園，吳子贊皇見之，以爲簡而明，精而不雜，與俗下講章不同，因請授之梓。顧自愧此不過一鈔胥之能耳，非有一知半解自成一家言者，適以取笑大方，未之敢許也。比癸丑別去，忽忽六載，已不復省憶。去歲，重與吳子相聚潢川書屋，則又亟以此書爲請，而吳子企晉慫恿尤力，皆曰：'自有四子書以來，説者大備，不患語焉而不詳，特患擇焉而不精。學者罔知別黑白而定於一耳。今陸、汪二先生既以精心卓識講去其非而存其是矣，而兹録也，又合二家以觀其會通，删煩釋滯，精益求精，非獨揭行文之要，即衷之於道，不合者蓋尠，可不謂擇之至慎者耶？于以公之四方同學，其誰曰不宜？'既重違其意，迺令諸同人摩娑原本，分録而排纘之。開雕既竣，爲誌其緣起如此。"此序末署"乾隆己未仲春望日任時懋書于潢川書屋"，序中云"開雕既竣"，知此本刻於乾隆四年（己未，1739），而"潢川書屋"乃任時懋之齋名也。考書首《校勘門人姓氏》中，列有"吳成佐贊皇""吳元濤企晉"，知序中所述"吳子贊皇""吳子企晉"，即指吳成佐、吳元濤也。又書首魏廷珍序中云"同學吳子爲捐貲鋟之"，其稱"吳子"而未名，參考任氏自序之文推之，此書之刊刻，蓋由吳成佐出資也。

此書《學》《庸》《論》《孟》各自分卷，計《大學》一卷，《中庸》上、下二卷，《論語》二十卷，《孟子》七卷，共三十卷。《大學》首有朱熹《大學章句序》，《中庸》首有朱熹《中庸章句序》，《論語》首有朱熹《論語序説》。此本《孟子》之前，則未見《孟子序説》。

各卷皆頂格列《四書》經文及朱《註》，經文大字，註文雙行小字。次低一格雙行小字載諸家釋義，各家之説以小圈區隔。每章之末，有"總旨"以總一章之旨。所引諸家説即就陸隴其、汪份二書中抄録而折衷之也。其引述陸隴其説而出於《四書講義困勉録》者，稱"《困勉録》曰"，引述汪份之説者，則稱"汪武曹曰"。任氏自下己意，偶有標"懋按"者，如《大學》首章，任氏云："懋按：新民止至善，《存疑》欲不依《蒙引》就在上人説，而謂還就民説爲是。愚意，如此則'新民'《傳》中無所不用其極，當不以責君子，'止至善'《傳》中能使人不忘，將不以屬前王耶？竊未能洒然。及觀雙峰解《中庸》盡人物之性，謂如新民止於至善相似，不是民之自新止於至善，乃是新之止於至善，斯言實獲我心矣。"

《續修四庫全書總目提要》收録倫明所撰此書提要，題"《四書自課録》，無卷數，乾隆四年刊本"，提要云："删繁釋滯，自謂用功四十年。題曰《自課》，亦謙辭也。惟著書之旨，仍不外爲作舉業文計，意存墨守，殊尠發明。但薈萃羣言，折衷一是，視俗學講章爲差勝耳。"案：倫明謂此書"無卷數"，然

《論語》《孟子》實皆標卷次，如《論語》首卷卷端題："四書自課録論語卷之一"，《孟子》首卷卷端題："四書自課録孟子卷之一"，倫明謂"無卷數"，蓋偶疏耳。孫殿起《販書偶記》卷三著録"《四書自課録》三十卷，長洲任時懋撰，乾隆己未潢川書屋刊"，所載亦作"三十卷"。

本館此本，《大學》卷末葉四十八係抄補。另第七册《孟子》卷一《梁惠王上》葉九右面及卷七《盡心上》葉六右面，二處皆見鈐有藍、紅色長條形紙廠印記。

此書《四庫全書總目》《中國古籍善本書目》俱未著録。除本館外，另北京大學圖書館、中國科學院圖書館、天津圖書館、南京圖書館、復旦大學圖書館、湖北省圖書館、中國臺北"國家圖書館"等館亦有收藏。

213

四書題鏡不分卷

T856　3128

《四書題鏡》不分卷，清汪鯉翔撰。清乾隆九年（1744）刻本。框高22厘米，寬15.2厘米。半葉十六行三十字，四周單邊，白口，單魚尾，無直欄。版心上鐫"四書題鏡"，中鐫《四書》各書名。

卷端題"苕上汪鯉翔靈川纂述；會講諸子參；受業門人訂；壻張昂立庭，男皓崧眉，姪齡大年，孫詒孫苣豐仝校"。

書首，首清乾隆九年（1744）正月汪鯉翔《敍》。次《例言》，共十則，末則載參校之"會講諸子""受業門人""附前受業參訂"諸項之姓名及籍貫。次《四書題鏡總論二十則》，末署"靈川氏書于静觀書屋"。

汪鯉翔，字靈川，清浙江湖州人。《四書題鏡》之《敍》及卷端皆題"苕上汪鯉翔"，"苕上"爲湖州之雅稱，因苕溪經湖州之故唐。汪鯉翔生平事迹不詳，《四書題鏡·敍》中云"年來友教越東"，書首《例言》所附"會講諸子"及"受業門人"，籍貫皆題"諸暨"，知汪鯉翔曾教學於諸暨（今浙江諸暨）也。

此書撰作及刊刻之由，作者汪鯉翔在書首《敍》中云："蓋四夫子書，匯涵諸經精藴，經諸先儒之闡發，《或問》《語類》《大全》之辨論，而薈萃折衷於朱子傳註，後之闡發傳註以闡發大文者，凡講章、講解無慮數什百家。大約宋儒之書，專講義理，其時不爲帖括；明儒之書，兼求口氣，自講學一、二語録外，率皆爲帖括取用，然於經傳義藴未免有詳畧偏全、同異之差……竊嘗論之，從來傳述聖賢之學者，致知在格物，所以窮理博學，而詳説所以反約，原非徒以供博士家言。然科舉之學必本於聖賢之學，聖賢之學即驗於科舉之學，故作文不發揮書理，聖賢之義理終未透；講書不貼合作文，聖賢之口氣終未肖。前人謂作文爲講書表章，講書爲作文根本，源流原自一貫，惟體認各題理行文，即以行文各旨法説書，則書之曲折精微與題之神脉口吻無乎不出，而道理、口氣兩無遺憾，是行文之妙即寓講書之中，講書之時即熟行文之法，所謂格物窮理、詳説反約工夫，不即在是乎？”此段文字，汪氏論述其對“聖賢之學”與“科舉之學”間之關係，以及“作文爲講書表章，講書爲作文根本”等之看法，此即汪氏撰作本書所持之基本觀點。《序》於下文又云：“余筆耨年久，日惟此與諸從遊相参究，因彙集前輩講義，博採名家篤論，聞而擇，見而識，慎思明辨，摘章章節節句句，題之正義、正則而録之，咿吾走筆，罔厭罔倦，積有年所，而成卷如干，爲家塾課本。繆承吾鄉諸先達、我師南部、濟源、牟平、涪陵諸大人先生許可，謂是輯足以釋講家聚訟之煩，導作家審題之路，應公諸世，毋自秘焉。余自維淺陋，愧乏獨照心得以闡發經傳蘊奧，不過按籍彙録，去其操戈傳註、晦蝕經義之論，辨其浮泛淺率、拘牽膠固之疵，以取正於先輩、時賢而已，曷敢貽災木譏？年來友教越東，會我墨城桐坡壽年長先生主講壇課士，以明書理、端學術爲第一義，因出舊所輯相印可，而見是輯者，各請抄録，但案頭一卷，難以給衆覽。適請梓者力，同人率踴躍以晨夕参訂，閲年而剞劂告竣，幸賴麗澤之益焉。”案：據書首《例言》末所附“會講諸子”“受業門人”，皆於標題下註“諸暨”，可見汪氏此書付梓時，正講學於浙江諸暨，諸暨爲春秋時越國古都，故汪氏《敍》云“年來友教越東”也。又此《敍》末署“乾隆九年歲在甲子春王正月茗上汪鯉翔靈川敍”，《敍》中稱“閲年而剞劂告竣”，知汪氏作《敍》時，書已刊成矣。故此本定爲“清乾隆九年（1744）刻本”。

此書内容分三十六部分，卷端皆題“四書題鏡”，不著卷次，版心各題“大學”“中庸”“上論”“下論”“上孟”“下孟”等。計《大學》《中庸》各一，《上論》《下論》各十，《上孟》《下孟》各七，計三十六部分。書首有《四書題鏡總論二十則》，提示八股文作文之法，亦爲此書所述内容之總綱。二十則之標題爲“標題旨”“闡題理”“正題解”“肖題吻”“清題界”“辨題類”“別題體”“論題格”“認題脉”“摹題神”“抉題髓”“提題綫”“審題勢”“扼題柱”“聯題峽”“補題縫”“溯題源”“醒題字”“廣題証”“備題考”。其中頗有可供今研究八股文學者之取資者，如“論題格”云：“文無定局，所謂八股者，原爲兩截題言也，上裁兩虛兩實，下截兩虛兩實，故謂八股，今通謂之八股矣。但其格亦不可拘，如兩扇題，‘冠者五六人’二句，‘舟車所至’二句等類，可以加首尾，並可以總做。如‘唯求則非邦’二節，‘今吾于人’二段，‘道之以政’二句，

'博學於文'二句，'依于仁'二句等類，似乎平對，而亦可以遞落截串……推諸他題，或分或總，或平或串，或整或散，務宜相題立格，奇不離乎正，變不入乎詭，神而明之，存乎其人。兹集備列正變，以便審局。"

此書不載《四書》經文與朱《註》，《學》《庸》《論》《孟》各書，各條皆先標某章、某節、某句等，次加論述。《例言》第二則云："先輩行文，全從體認書理而出，一題有一題之理，即有一題之法，先後不容越界，上下不可黏連，偏全、反正、虛實、輕重、緩急俱有一定。是集於講總旨後，必逐節、逐段、逐句挨講分解，庶隨題解題，不致混淆。"其講解總旨之例，如《大學》起首，標"大學章"，下云："此述聖經以垂訓，須提起'大學'二字爲一章之主，看定綱領條目，以'物有本末''修身爲本'二句貫串全題，提束分明，逐節不漏，此正格也。從顧麟士分兩大扇，亦正格也。前二節平敍，明新知得而先後已寓，故第三節結言之，以示人知序，四、五節詳言條目，而重本意已寓，故末二節結言之，以示人知要。'大學之道'四字，對第四節'古之'二字；首節三'在'字，對第四節六'先'字、一'在'字；第二節五'而后'字，對第五節七'而后'字；以末二節對'物有'節。至從綱領中標出'明德'爲本，從條目中標出'修身'爲本，修身纔完得明明德之事，兩'本'字仍是一箇，緊相照應，且前結'本末'帶'終始'，後結'本末'帶'厚薄'，文理四齊八整，兩對當不易也。舊説專重'明德'，理雖可通，但語氣多不合。"所講内容與書首《總論》頗可相應。

《續修四庫全書總目提要》收録倫明所撰此書提要，題"《四書題鏡》不分卷，乾隆九年刊本"，提要云："按：説《四書》者，宋儒專講義理，以其時未有帖括也。明儒於義理外兼求口氣，爲帖括用，不得不如是也。然於經傳義蘊亦非絶無關涉，鯉翔是書即其類也……故首列《總論二十則》，如'標題旨''闡題理''正題解''清題界''辨題類'等等。然亦間引新説，且有訂訛正誤之處，未可以概以俗本斥之也。"

本館所藏此本《上論》"爲政章"第十三葉爲抄補。

此書《四庫全書總目》《中國古籍善本書目》俱未著録。此本除本館外，中國國家圖書館、上海圖書館、南京圖書館，日本東京大學圖書館、東京都立圖書館清淵論語文庫等亦有收藏。另尚有多館收藏，惟著録頗有差異，蓋因所據藏本書名葉所題有異也，如北京大學圖書館藏有清乾隆九年英德堂刻本，中國科學院圖書館藏有清乾隆九年大業堂刻本，天津圖書館藏有清乾隆五十一年刻書業堂印本，日本京都大學藏有清乾隆五十二年聚錦堂刻本。

214

四書順義解十九卷

T856　7213

《四書順義解》十九卷，清劉琴撰。清乾隆三十一年（1766）劉伯壎刻本。十二冊。框高19.3厘米，寬13.9厘米，半葉九行二十二字，小字雙行同，左右雙邊，白口，單魚尾。版心上鐫書名，中鐫卷次及《四書》各書名。

卷端題“任邱劉琴松雪著；弟梅用和參；男焕申文、炳殿虎、煜宣文較；孫伯壎睦堂梓行”。

書首，首清乾隆三十一年（1766）二月陳弘謀《四書順義解序》。次乾隆三十一年十月德保序，未立標題，版心鐫“序”。次未署年邊連寶《四書順義解後敍》。

劉琴，字松雪，清任邱（今河北任丘）人。《四書順義解》書首德保序云：“松雪先生者，予之同年友也。先生丙辰舉於鄉，維時予甫弱冠。”此序末署“乾隆三十一年歲在丙戌冬十月既望”，則丙辰當爲乾隆元年（1736），知劉琴乃乾隆元年舉人也。又邊連寶《四書順義解後敍》云：“吾邑松雪劉公，曾受學於先叔祖雨三先生及李梅溪先生。二先生之學，一以紫陽爲主，故松雪公所著《四書順義解》，競競然稟承師説，不敢稍背……蓋松雪公著書之始，適教授於京畿之順義縣，故取邑名以顔其書。”由此可略曉劉琴之師承，并知其曾教授於順義縣（今屬北京）也。

此書之撰作及書名取義之由，據邊連寶《四書順義解後序》云：“吾邑松雪劉公，曾受學於先叔祖雨三先生及李梅溪先生。二先生之學，一以紫陽爲主，故松雪公所著《四書順義解》，競競然稟承師説，不敢稍背。迨兩先生捐館，偶有疑義，即與家德涵叔及史君有年以至於連互相商搉，所見或有異同，不憚數十往復，務求其安而後已。自丁未以迄壬午，凡歷三十年而後脱稿。易簀前數日，猶斟酌改竄也，蓋其思之篤而力之勤如此。剞劂既畢，公子嘯谷太史問序於余……今觀《順義解》一書，簡者不畧，詳者不縟，按其實理，既不墮於冥默；味其虛神，亦不流於纖詭，摠以平湖爲宗主。由平湖上溯《蒙》《淺》《存》《達》，因以達於紫陽，猶由海溯河，由河而溯星宿也。倘所謂好學深思而心知其意者耶？別黑白而定一尊，抵狂瀾而救時弊，其所以羽翼聖道，嘉惠後學者，豈淺尟哉？蓋松雪公著書之始，適教授於京畿之順義縣，故取邑名以顔其書，猶平湖爲靈壽尹，與諸生講學，因以松陽名《講義》云。”案：據邊氏此《後序》所云“自丁未以迄壬午，凡歷三十年而後脱稿”，則劉琴撰作此書，起於雍正五年（丁未，1727），至乾隆二十七年（壬午，1762），經三十餘年始克完成。

邊氏又云："蓋松雪公著書之始，適教授於京畿之順義縣，故取邑名以顏其書。"由此可知此書取名《四書順義解》之由也。

至於此書之刻，乃由劉琴之孫劉伯壎所梓行，書前德保序云："今先生文孫，出宰花縣，梓而行之，繩其祖武也，抑亦永錫爾類矣。"考劉伯壎爲劉琴之孫，其父劉炳，字殿虎，爲劉琴之長子。劉伯壎，乾隆十六年（1751）辛未科進士，刊刻此書時，任江寧縣知縣，故陳弘謀《四書順義解序》中云："江寧令尹劉君伯壎，曾道其乃祖松雪先生著有《四書順義解》，求爲作序。"又陳弘謀此《序》云："刊既成，因爲序以復之。"此《序》署"乾隆三十一年歲次丙戌二月上浣"，知此書刻於乾隆三十一年（1766）也。

此書共十九卷，計分《大學》一卷，《中庸》一卷，《論語》十卷，《孟子》七卷。四書各書之前皆冠有朱子所撰之《序》或《序說》。又書中《大學》《中庸》《論語》《孟子》四書之卷次各爲起迄，不相連貫，卷端所題，亦頗不一致。如《大學》卷端首行題"四書順義解卷之一"，第二至四行題作者、校者及刊者等，第五行題"大學"，版心上鐫"四書順義解"，中鐫"卷之一大學"。《中庸》卷端首行題"四書順義解"，次行題"任邱劉琴著"，第三行題"中庸"，版心上鐫"四書順義解"，中鐫"卷之一中庸"。《論語》卷端首行題"四書順義解上論語"，次行題"任邱劉琴著"，第三行題"學而第一"，版心上鐫"四書順義解"，中鐫"卷之一論語"。《孟子》卷端首行題"四書順義解上孟子"，次行題"任邱劉琴著"，第三行題"梁惠王章句上"。版心上鐫"四書順義解"，中鐫"卷之一孟子"。

此書之體例，首頂格大字列經文，次低一格，中字列朱熹注文，次亦低一格，雙行小字列劉氏之說解，說解之末，或引前人之說，則加圈以別之。如《大學》"知止而后有定，定而后能靜，靜而后能安，安而后能慮，慮而后能得"下，劉氏說解之末載云："○《翼註》曰：'知字深，是融悟之知，非聞見之知。'○又曰：'安謂所處而安，雖是身之所處，却是心安也。'"此引明王納諫《四書翼註》之說，即其例也。

此本避"弘"字諱。又全書有佚名朱筆圈點。

此書《四庫全書總目》著錄，題"《四書順義解》十九卷，御史戈岱家藏本"，入《經部·四書類存目》。提要云："是編皆先標章次，而後循文以衍其意，每節之末，又雜引舊說以析之。以成於官順義時，因以爲名。前有同邑邊連寶《序》，稱其自雍正丁未至乾隆壬午，三十年而後脫藁，臨沒猶斟酌改竄。又稱其一以紫陽爲主，不敢稍背云。"

《中國古籍善本書目》未著錄。除本館外，另中國國家圖書館、上海圖書館、東北師範大學圖書館等亦有收藏。《四庫全書存目叢書》嘗據東北師範大學圖書館藏本影印行世，題"清乾隆三十一年刻本"，列入《經部》第一七八至一七九冊。惟東北師範大學圖書館藏本，書首序文，先德保序，次陳弘謀《四書順義解序》，另邊連寶《四書順義解後敘》則置於全書之末。考《四庫全書總目》稱"前有同邑邊連寶《序》"，則四庫館臣所見本，邊連寶《後敘》亦在書前也。此外，中國臺北"國家圖書館"藏有"《四書順義解》不分卷"清稿本一種，五冊。半葉十二行二十四字，各冊外封面書簽題"劉松雪先生四書順義解底蘊"，參見中國臺北"國家圖書館"編印《"國家圖書館"善本書志初稿・經部》，葉二百二十五。

215

四書引解二十六卷

T856　1243

《四書引解》二十六卷，清鄧柱瀾撰。清乾隆三十三年（1768）翠竹齋刻右文堂修補印本。二十冊。框高18.5厘米，寬13.4厘米。半葉九行三十一字，小字雙行同，左右雙邊，白口，無魚尾，無直欄。版心上鐫書名及《四書》各書名，中鐫卷次，下鐫"翠竹齋"。

卷端題"寶安菉岸鄧柱瀾雉于纂輯；受業陳士元捷五、張達焯衢季、徐應龍叶飛、黎日升覺參訂；姪文煥明最，男文毓直最、世鏞協最、文述能最全校"。書名葉分二欄，右題"寶安鄧菉岸纂輯"，左二行大字題"四書大全／引解"，左下題"右文堂原板"。

書首，首清乾隆三十三年（1768）孟春張達焯《四書引解序》。次《同邑先生閱正姓氏》。次《受業門人參訂姓氏》。次《四書引解例言》，共五則，末署"菉岸鄧柱瀾載識"。

鄧柱瀾，字菉岸，清寶安（今廣東深圳）人。生平事迹不詳，以教學爲業。清張達焯《四書引解序》中云："夫子學有淵源，自少受　太夫子介如公庭訓，兄弟齊名於時，而夫子學行兼優，詩賦文詞尤爲邑中推重……欲更脫稿，亡何，溘先朝露，良用悒然。"此《序》末署"乾隆三十三年歲在戊子孟春"，則知乾隆三十三年（1768）時鄧柱瀾已逝矣。又《貴州羅氏族譜家傳》中載《文錦公傳》云："雍正十二年貢生，爲學重訓，故寶安鄧菉安（岸）先生深器重之。復從菉岸先生授經訓，自是學益博。"考《四書引解》書首《受業門人參訂姓氏》中，列有"羅文錦郁堂"，亦可與《貴州羅氏族譜家傳》相印證也。

張達焯《四書引解序》述此書撰著及刊刻之由云："四子之書，由來尚矣，聖天子文教光昭，人爭體認，而童而習之，往往有一知半解、白首未能了，然則書之義蘊難窺也。惟我菉岸鄧夫子，每講一書，必題其要、鈎其元（玄），淺者深之，深者顯之，令聽者了於心，復了於口，以故，由其門者咸被玉成，而獲雋以去，亦所在多有。意夫子其有神解乎？夫子嘗言：'看書之法，以目力勝，尤以識力勝。力之勝者，不外本之《集註》以求其端，合之《大全》《或問》《語類》以窮其委，參之《蒙》《存》《淺》《約》以多其聞，復通之帖括、制舉之文以盡其變。然後芟蕪駁謬，要以《集註》爲歸，庶力大思精，不疑所行，此看書之法也。'夫子學有淵源，自少受太夫子介如公庭訓，兄弟齊名於時，而夫子學行兼優，詩賦文詞尤爲邑中推重。焞受業經久，深荷陶鎔，知夫子窮年講學，著有成書，而夫子曰：'嘻！聖賢之心見於書，猶化工之妙著於物，非精深不能識也。書豈易言著哉？余惟依前所言看書之法，就中摘其與《註》互有發明，深合聖賢義蘊及他説意與理會可引伸解類者，皆手自採錄，以爲及門稱述、以課兒曹，敢云著書乎哉？'因出以命同堂參訂。余窺其中會萃訓詁之精華，無非妙理，且旁及經傳子史，愈引愈明，無淺弗深，無深弗顯，是所由以提其要而鈎其元（玄），則信有神於解者也。請亟以公諸世，而夫子謙謙未遑，欲更脱稿，亡何，溘先朝露，良用悒然。因與世兄三人暨邑中同志謀所以梓，將以質諸天下篤學深思之士，當必有取焉，亦以無忘夫子之教云爾。"末署"峕乾隆三十三年歲在戊子孟春年姻家門生張達焞頓首拜識"。《序》中提及鄧氏所言讀《四書》之法，所謂"本之《集註》以求其端"至"要以《集註》爲歸"一段，可據以理解鄧氏解析《四書》之基本方法。又此書之刊刻，乃鄧柱瀾卒後，由其門生張達焞與鄧氏之三子世鏞、文毓、文述及"邑中同志"等謀而刻之，張達焞《序》末署"峕乾隆三十三年"，則其刊刻年代據此可知也。惟本館所藏此本版心鐫"翠竹齋"，書名葉題"右文堂原板"，然書中卷二十六《孟子盡心章句下》葉十一至四十二，版心所鐫"翠竹齋"三字，字體與書中他處有異，疑是後印時重刻補版之故也。故本館此本當係右文堂據其所藏"翠文堂"刻本補版後印也。

此書共二十六卷，計卷一《大學》，卷二至四《中庸》，卷五至十四《論語》，卷十五至二十六《孟子》。《大學》《中庸》首皆冠《章句序》，《論語》《孟子》首皆冠《序説》。各卷皆引經文及朱子《註》文。鄧氏《引解》，各章先解其章"全旨"，復於朱《註》後作"講"與"解"。鄧氏於《四書引解例言》首則解其書名《引解》之由云："書理不引，則不明，其精義奥旨每愈引而愈出，故孟子一生讀書總在善引證，所以極闊極大。議論得所引，輒如揭日月以經天，滙江河以行地，而異端無所置其喙，而孔子之道於以益著。此等學問，豈後學所能窺測哉？而是篇之解，間有引成語爲証者，附會之陋，固知不免，亦竊欲於孟夫子萬分中稍獲其一、二，有如愚者，可與知焉。故謬以《引解》名其書。”又此書以朱《註》爲依歸，《例言》第二則明言“是書之解，一以宗朱爲準的”。另有關書中之“講”“解”，《例言》末則云：“是集於講總旨後，即隨文敷衍爲講章，而又逐節逐段逐句挨講。分講、合講既不可混淆，亦必須聯絡，故於從上順落處，如抽繭繅然，期不失之鶻突；於從下逆繳處，如收撒網然，期不失之渙散。”由此可知其書體例之梗概。

此本“玄”字避康熙諱，改作“元”。

此書《四庫全書總目》《中國古籍善本書目》俱未著録。此本除本館外，另中國香港中文大學圖書館亦有收藏。此外湖北省圖書館藏有“清桂華樓刻□成堂印本”一種，貴州省圖書館藏有“清乾隆三十三年（1768）青藜閣刻本”。今人陳建華、曹淳亮主編《廣州大典》，嘗據中國香港中文大學圖書館藏本影印行世，列入第二十三輯，《經部·四書類》第三至四册。

216
四書考異二編七十二篇

T856　1138

《四書考異》二編七十二篇，清翟灝撰。清乾隆翟氏無不宜齋刻本。十册。框高17.5厘米，寬13.3厘米。半葉十一行二十一字，左右雙邊，白口，單魚尾。版心上鎸書名，中鎸“總考”或“條考”、篇次及篇名。

卷端首行，上題“四書考異上”，下題“總考一”。次行題“仁和翟灝晴江學”。書名葉分三欄，右欄未鎸文字，中題“四書考異”，左題“無不宜齋雕本”。右下鈐“芸樓”白文方印、“夥山李氏藏書”朱文方印二印。

書首，首清乾隆三十四年（1769）六月杭世駿《序》。次《四書考異篇目》。

翟灝（？—1788），字大川，後改字晴江，清仁和（今浙江杭州）人。《清史列傳》卷六十八《儒林傳下一》、《清史稿》卷四百八十一《儒林二》俱有傳。《清史列傳》云：“翟灝，字大川，浙江仁和人。乾隆十九年進士，官金華、衢州府學教授。灝見聞淹博，又能搜奇引僻。嘗與錢塘梁玉繩論王肅撰《家語》難鄭氏，欲搜考以證其僞，因握筆互疏，所出頃刻數十事。時方被酒，旋罷去，未竟稾，其精力殊絶人也。著有《爾雅補郭》六卷……又著《四書考異》七十二卷，皆貫串精審，爲世所推。他著又有《家語發覆》《周書考證》《山海經道常》《説文稱經證》《漢書藝文補志》《太學石鼓補考》《通俗篇》《湖山便覽》《無不宜齋詩文稾》。五十三年，卒。”

杭世駿於書首《序》中云："吾友翟晴江氏，窮經矻矻，九變復貫，以《四書》爲童而誦習之書，窮巷掘門之士不知此外更有何事，刺取一聖三賢之錯見於他書者，數千百條，爲《四書考異》，而欲以余爲警衆之丁寧、狗路之木鐸，過而請序。"此《序》末署"乾隆三十有四年六月三日秦亭老民杭世駿"，《序》中僅述及翟灝《四書考異》之成書，未言及其付梓事，故未可以杭氏作《序》之年斷爲此本刊刻之年也。又此本書名葉題"無不宜齋雕本"，"無不宜齋"爲翟灝之齋號，知此爲翟灝之自刊本。翟灝卒於乾隆五十三年（1788），則此本之刻當不晚於此年。又此本避"弦""鉉""眩""丘""弘""曆"等字，而未避"寧"字，故定爲"清乾隆翟氏無不宜齋刻本"。

此書分上、下二編，上編含《總考》三十六篇，下編含《條考》三十六篇，合計七十二篇。諸家著錄，或稱"《四書考異》七十二卷"，然考此書目錄，首行題"四書考異篇目"，次行題"上編　總考三十六篇"，下列三十六篇各篇名。其後題"下編　條考三十六篇"，下列三十六篇各篇名。由此可知作者乃以上編統《總考》三十六篇，以下編統《條考》三十六篇，實未以卷名之，恐不宜著錄此書爲七十二卷也。

書中各篇，皆首標篇名，次條列諸家之説，於同一問題諸家説法之後，低一格加"按"字以考之。如上編首篇，題《大學原始》，翟氏引錄諸家之説，共考辨五項問題，其一乃引錄孔穎達《禮記正義》、程子《經説》、呂大臨《禮記解》、朱子《文集》、陳振孫《直齋書錄解題》、何異孫《十一經問對》、劉宗周《大學古記》、王栢《書疑》、許謙《讀四書叢説》等九家之説，下云："按：《大學》久亡作者姓名，程子定爲孔氏遺書，言孔氏，不必定屬孔子自作，如六經皆經孔子贊删修定，以授弟子，則皆孔氏遺書也，此最確當不易之正論。呂氏以下，俱可互相發明。"此乃考辨有關《大學》之作者也。

《續修四庫全書總目提要》收錄江瀚所撰此書提要，題"《四書考異》七十二卷，乾隆間無不宜齋刊本"，提要中云："是書原刻本有《總考》三十六卷，學海堂本止《條考》三十六卷。其搜集頗博，而於《論語》辨'公山弗擾以費畔'及《孟子》'勸齊伐燕'兩條，尤有關係。論象日以殺舜爲事，謂'堯之天下豈容有殺兄之事，亦所聞謬也'。其言甚正。然知《家語》之僞，而不知東晉《古文尚書》、《泰誓》、《武成》（寶三案：'武成'原作'成武'，今正）之僞……其中可取者，劉寶楠《論語正義》多采入之，則此編之有裨經義可知也。"

此書《四庫全書總目》未著錄。《中國古籍善本書目》著錄"《四書考異》七十二卷，清翟灝撰，清乾隆刻本，清盧文弨校，清謝家禾跋"一種，藏中國國家圖書館。此書除乾隆翟氏無不宜齋刻本外，另有乾隆無不宜齋刻竹簡齋印本，北京大學圖書館、天津圖書館、中國臺北"中央研究院"傅斯年圖書館、美國柏克萊加州大學東亞圖書館等館有藏。《續修四庫全書》嘗據中國國家圖書館藏本影印行世，題"清乾隆刻本"，列入《經部》第一六七冊。

鈐印有"芸樓"白文方印、"夥山李氏藏書"朱文方印、"小樓藏書之章"朱文方印。

217

四書考輯要二十卷

T856 7930

《四書考輯要》二十卷，清陳蘭森輯。清乾隆姑蘇近文齋刻本。十二冊。框高19.2厘米，寬14.9厘米。半葉十行二十字，小字雙行同，四周雙邊，白口，單魚尾。版心上鐫書名，中鐫卷次及《四書》各書名，下鐫"培遠堂"。眉欄鐫音注。

卷端題"桂林陳宏謀榕門輯，孫蘭森編校"。書名葉分三欄，右欄上題"桂林陳榕門輯"，下鐫有"姑蘇近文齋鐫"墨文長方印，中題"四書考輯要"，左欄已殘損。欄上題"乾隆三十□□□"，已殘損。據他館所藏本考之，左欄當鐫有"培遠堂藏版"字樣，欄上所題當作"乾隆三十六年鐫"。

書首，首清乾隆己丑（三十四年，1769）夏月陳宏謀《四書考輯要序》。次《凡例》，共十則，末署"蘭森謹識"。次地圖四幅，題"九州山川總圖""古今地理總圖""春秋十二國圖""戰國七雄之圖"，版心鐫"地圖"。次《四書考輯要目録》，末題"四書考輯要目録終"，下鐫"吳門穆大展局刻"。

陳蘭森（1734—1804），字長筠，號松山，清臨桂（今廣西桂林）人。陳宏謀（1696—1771）之孫。清乾隆二十一年（1756）舉人，二十二年（1757）進士，選庶吉士，散館授翰林院編修。歷任刑部山西司主事、奉天司主事、貴州司員外郎、督補司郎中、山西司郎中，江西布政使，江西督糧道，湖南按察使，湖南督糧道，湖北荊宜施道等職。著有《四書考輯要》《三通序目》《南陔紀詠》《廬就草》《春信草》《白雲草》《泛舟紀程》《嶺南游草》等書，另編有《南昌府志》七十六卷。事迹參《中國第一歷史檔案館藏：清代官員履歷檔案全編》《"中央研究院"歷史語言研究所内閣大庫檔案》等。

此書乃就明薛應旂（字仲常，號方山，1500—1570）、陳仁錫（字明卿，1581—1636）前、後所輯《四書人物備考》加以刪訂而成。陳蘭森於《凡例》首則云："是編原本陳明卿、薛方山兩先生《四書人物備考》舊本，刪其繁冗，訂其舛誤。惟行文非考典不可者登，餘不概列，庶初學易於記誦，便於驅使。"

案：明薛應旂輯有《四書人物考》四十卷，其後陳仁錫就薛輯加以增訂，成《四書考》二十八卷。陳仁錫《四書考》或名《四書人物備考》，今存世尚有清乾隆三十九年（1774）三多齋刻本《增補四書精繡圖像人物備考》十二卷，書名葉題“武進薛方山先生彙輯，長洲陳明卿先生增定”，藏美國哈佛大學哈佛燕京圖書館，可參看。陳蘭森此書當即就陳仁錫所增補之《四書人物備考》加以刪定而成。

此書之作，起始於乾隆二十八年（1763），歷七年而成，《凡例》末則云：“是書考核務期精詳，紀事惟要簡括。經始于癸未，越七年脫稿。寄呈予師　葛洵天先生，重加鑒閱，高南畊先生于此書先曾商榷，茲復得令嗣自芳兄詳爲校訂，乃付剞劂，庶可免魯魚亥豕之訛云。”案：癸未爲乾隆二十八年（1763），歷七年則爲乾隆三十四年（1769）或三十五年（1770）矣。陳蘭森於《凡例》僅提及葛洵天、高南畊、高自芳諸人，而未及其祖陳宏謀。今此本書首有陳宏謀《四書考輯要序》，中云：“長孫蘭森自幼隨侍官齋，因令將《四書考》坊間舊本詳加參核，輯其要略，增以注釋，有疑異者，申以按語，予復爲閱定，俾窮鄉初學，每讀《四書》一章，即從此考究一章之典制人物，觸類引伸，漸得經史貫通，以發明《四書》之真詮，於舉業實學庶有裨乎？”此《序》末署“乾隆己丑夏月桂林陳宏謀題”。考此《序》陳宏謀落款之下，未鎸任何陳氏鈐印，且陳蘭森僅言稿成曾經其師葛洵天鑒閱，而未言曾受祖父之命而撰此書，更未稱其祖曾加閱定，陳宏謀此《序》之真偽，甚可疑也。又考此本各卷之卷端皆題“桂林陳宏謀榕門輯，孫蘭森編校”。實者，此書乃陳蘭森所輯，今此本竟題陳宏謀輯，而陳蘭森反居“編校”之名，亦與事實不符，然則此題及書首陳宏謀《序》，蓋皆書坊爲藉陳宏謀之名以射利，故加以偽作、改竄也。此本書名葉鎸“姑蘇近文齋鎸”，而版心下鎸“培遠堂”，疑即近文齋據培遠堂加以重鎸而有所改竄也。其書名葉題“乾隆三十六年鎸”恐不可據。又：此本避康熙帝諱，卷一《大學》“詩云邦畿千里”條，引《詩·商頌·元鳥》文，云：“天命元鳥，降而生商。”此引《商頌·玄鳥》，避康熙帝諱，故改爲“元鳥”。今姑定此本爲“清乾隆姑蘇近文齋刻本”。

此書二十卷，計《大學》一卷，《中庸》二卷，《論語》九卷，《孟子》八卷。其考《四書》各書典故，皆僅列經文首句爲標題，不載經文全文及朱《註》。《凡例》第二則云：“標題止列本文首句，以清眉目，先後悉照書次排序。惟典禮中之儀節，在《四書》每因文錯見，茲編彙序其全，以便觀覽。”書中引文，略有注釋，亦間加按語，《凡例》第四則云：“引用經傳等書，概引原文，節刪閒冗，而於本文原字原句不輕改竄以誤後學……其義理隨文註釋，原註易明者，仍其舊，亦不更標名目。其舊説有關辨駁者，則冠以'某氏曰'，於舊説外，酌擬數語，則加'按'字以别。"案：陳氏於引文或舊説，有所辨駁或引伸時，則加'按'字以别之，如卷一《大學》"文王"條，引《史記·周本紀》云："西伯遵后稷、公劉之業，則古公、公季之法……紂乃囚西伯于羑里。"陳氏注云："按：《周本紀》又稱文王囚羑里，益《易》之八卦爲六十四卦，此説非也。六十四卦伏羲畫卦時已有之，文王拘羑所作乃卦詞耳。"此駁《周本紀》文王重卦之説。又如卷一《大學》"舜"條，引文公十八年《春秋左傳》之文云："舜臣堯，賓于四門，流四凶族，投諸四裔，以禦魑魅。"陳氏注云："謹按：《通鑑輯覽》 御批云：'自孔安國《書傳》以饕餮爲三苗，而杜預《左傳·注》遂并以渾敦、窮奇、檮杌即驩兜、共工、鯀，由是經之四罪，傳之四凶，混而爲一，不知四凶之投裔在舜賓門之時，四罪之咸服在舜極位之後，時異人殊，經、傳可據。且鯀則殛死，而四凶不過投諸四裔，又何可强爲牽合耶？'"此引乾隆帝御批《通鑑輯覽》之文以駁舊説也。

另書中附圖，陳氏於舊本略作改易，《凡例》第八則云："舊本將諸圖另彙一帙，則圖與書隔别數卷，翻檢爲勞，而各圖系説，又與書中詞句重複，徒費簡編。今將引用各圖，悉本三《禮》，詳加攷訂，即散見於本條之後，更爲簡截，庶便觀覽。"又書中地名，其可考者則依《皇覽全圖》注明"今某縣某地"，未詳者闕之，説見《凡例》第九則。

《續修四庫全書總目提要》收録江瀚所撰此書提要，題"《四書攷輯要》二十卷，桂林陳氏家刻本"，提要中云："是書蓋乾隆三十四年宏謀任大學士時，令其長孫蘭森（寶三案：'森'字原誤作'孫'，今改正）將坊間《四書》舊本詳加參核，輯其要略，增以注釋，有疑異者伸以按語，雖經宏謀閲定，然年已七十有五，方以疾請告，距其薨僅兩歲，故不無疏忽。"案：據《凡例》首則所述，蘭森之輯此書，經始於乾隆二十八年（1763），"越七年脱稿"，則非乾隆三十四年陳宏謀任大學士時，始令蘭森爲之，江瀚之論，恐有誤差也。

此本"玄"字避康熙帝諱，改作"元"。

此書《四庫全書總目》《中國古籍善本書目》俱未著録。此本除本館外，另中國國家圖書館、北京大學圖書館、清華大學圖書館、上海圖書館、南京圖書館、湖北省圖書館、福建師範大學圖書館、加拿大多倫多大學東亞圖書館等亦有收藏，惟多題爲乾隆三十六年培遠堂刻本。鍾肇鵬選編《四書傳注會要》（北京：國家圖書館出版社，2008年）曾據原"京師圖書館"藏本影印行世，題"清乾隆刻本"，收入第四至五册。

218

四書衷要補辨三十七卷圖説一卷

T856　1145

《四書衷要補辨》三十七卷《圖説》一卷，清王其華撰。清乾隆三十八年（1773）刻嘉慶十九年（1814）印本。十四册。框高19.8厘米，寬13厘米。半葉八行二十五字，小字雙行同，四周雙邊，白口，單魚尾。版心上鐫“四書衷要補辨”，中鐫《四書》各書名及卷次。

卷端首行題“四書衷要補辨大學”，次行題“螺陽王其華東溪手輯；男紹美、紹勳校對”。書名葉分二欄，右題“螺陽王其華手輯”，左二行大字題“四書大全衷／要補辨”，左下題“竹居／藏板”。

書首，首未署年王太岳序，未立標題，版心鐫“王序”。次未署年沈榮昌序，未立標題，版心鐫“沈序”。次清乾隆癸巳（三十八年，1773）三月王其華《自敍》。次《目次》。次《例言》，共十三則。次圖説一卷，未立標題，版心鐫“圖説”。書末有嘉慶十九年（1814）中秋月王輔世跋，未立標題。

王其華，字東溪，清惠安縣螺陽鎮（今福建螺陽）人。乾隆七年（1742）進士，十八年（1753）至二十七年（1762）任溫縣（今河南溫縣）知事。著有《四書衷要補辨》。今民間流傳《王公陰宅神斷》一書，或云爲王其華所撰。事迹參《溫縣志》、《泉州歷代進士名録》（見泉州歷史網）等。

王其華於《自敍》中述其撰作之由云：“或箴華曰：‘四子之書，朱子身體力行，玩索親切，本之二程，參之游、尹、楊、謝諸儒，採其精者，傳註垂後，其餘辨論，別爲《或問》《語類》，詳悉靡遺，固已燦若日星矣。嗣是，《蒙》《存》《淺》《達》及《説統》《説約》《辨志》《辨訛》《集成》《集解》《正解》《會解》《翼註》《賽合》《折衷》《摘訓》《惜陰》《尊聞》二《録》，各有成書，難以枚舉。至稼書著《困勉録》《松陽講義》，而武曹、際飛、聘侯、罕皆並纂《大全》，與稼書《大全》並行于世。其便人誦習，作高頭《四書》者，有《體註》《闡註》《合講》，又若此其備也，子何效顰而妄作乎？’華答之曰：‘正爲群書羅列，恐寒素之家，力難遍購，既無以會其全而僅守簡約，適囿其耳目、域其心思也。華幸累世讀書，諸儒講義畧備，尋購其全，遍閲而互參之，見其詳者太冗，簡者太畧，且彼此互異、旨歸不一，又有自謂去騎墻之説而仍兩存以惑人者，真旨亦晦。故不辭僭妄，彙集群書，博採名論，衷所是而辨所非，於前輩未經摘示者，得之庭訓及管窺蠡測，補附於後，名曰《衷要補辨》，庶寒素者閲之，書不遍購而全者可會、惑者可解也。’”由《自敍》所述，可知其撰作之旨也。此《敍》末署“時　乾隆歲在癸巳春三月螺陽王其華東溪氏書於竹居軒",《敍》中未明言付刻事,惟書首沈榮昌序中云:"今甲午孟秋,郵寄《四書衷要補辯》來質,並丐予序,予披閱之,集先儒之説而折衷以歸于當,其補者發前人所漏遺,其辯者解後人之疑惑,而其自序則爲寒素之家力難購備全書,恐囿於所見,故不憚煩而爲是書。"此序末署"賜進士出身特授分巡雲南通省清軍馹傳塩法道,前任河南懷慶府知府加五級紀録三次年眷世弟沈榮昌拜序",此序末雖未署年月,然由序中"今甲午孟秋"推之,當撰於乾隆三十九年(甲午,1774)也。又序中謂此年王其華"郵寄《四書衷要補辯》來質,並丐予序",此蓋爲已刻成之書,否則若爲未刻之三十七卷手稿,恐不便於郵寄也。另書首王太岳序亦云:"歸安省堂沈道長與余寅協滇南,仲秋,因公到署,見案上有《四書衷要》,詢何人所著,省堂以閩中王東溪告。東溪,余同年也,壬戌一會,未悉其詳,辛未來敍詮選,迺得再晤,其性耿直,恥趨聲氣,但患難則情關切焉。因詢省堂賞識之故,備知緣由,並述宰温治蹟,相與嘉歎不置。隨披閱一、二,講釋中詳而當,補辨中備而明,又見東溪學問超於世俗也。省堂見余嘖嘖,代懇序文……藁成,質之省堂,省堂以爲然,因附寄同囑付梓。"此序末署"賜進士出身 特授雲南布政使司布政使加四級,前任監察御史翰林院編脩年眷弟王太岳拜序",亦未署年月,然由序中"仲秋"推之,當亦在乾隆三十九年(1774)也。蓋此年孟秋王其華郵寄《四書衷要補辨》給沈榮昌,仲秋時王太岳於沈榮昌署中見之,沈榮昌因代王其華乞序也。王太岳序中稱"因到公署,見案上有《四書衷要》",其書能置於案上,益可推係已刻之本。綜上所考,此書之初刻,蓋刻於乾隆三十八年(1773),而王、沈二序,則於乾隆三十九年(1774)撰成附入也。

惟本館所藏此本,則爲嘉慶之後印本,書末載有王輔世之跋文云:"憶 曾王父《衷要補辨》一書,初付梓時,輔與 功叔懋昭猶在髫歲也。迨稍長,侍 先大父愍亭公課讀家塾,日見 先大父爲生徒講授此書,適 曾叔祖其芬亦在執業中, 先大父每爲道及 曾王父集諸儒緒論,折衷精要,訓釋簡當,而於補辨處尤多所發明,蓋 曾王父之嘉惠一時,有裨後學者爲不淺也。今是書已普海内矣。嗚呼!梨棗俱在,而典謁未能,庶幾得 叔祖玉衡共守 曾王父之手澤於不墜,斯則輔所厚幸焉爾。"末署"嘉慶十九年中秋月曾孫輔世謹識"。考此跋言"梨棗俱在,而典謁未能",當僅重印而未重刻也。又書前《目次》葉之首行題"四書衷要補辨",次行題"螺陽王其華東溪氏輯;男紹美、紹勳校對",第三行題"孫際時、懋昭,曾孫輔世全校字"。此《目次》半葉九行,字體與《自敍》《例言》及内文皆異,當係嘉慶十九年(1814)後印時所補刻。

此書共三十七卷,計《大學》一卷,《中庸》二卷,《論語》二十卷,《孟子》

十四卷，四書各冠朱子《章句序》或《序説》。另書首有《圖説》一卷。書中各卷皆列經文及朱《註》，王氏“衷要補辨”有“章旨”“衷講”“衷釋”諸項。“章旨”“衷釋”二項中，引諸儒説之後，則有“補”及“辨”。書首《例言》首則云：“先標章旨，使一章大意了然。次用口講，節節脱御，□□（二字原書闕損）聯貫，使脉絡分明。後用訓釋，訓釋中先以總旨，後再逐句逐字援引疏解，使次第挨看，不至錯雜。”此言書中“章旨”“衷講”“衷釋”之次第也。又第五則云：“有疑竇，先輩辨明者登在前，未及辨及辨之未明者，恐疑未釋，詳爲剖晰，庶無疑義。”此説書中“辨”之凡例。又第六則云：“凡補論，或趨庭聞訓，或管見窺測，非敢以一得垂世，實欲質諸高明，望鑒諒之。”此述書中“補”之來源也。此外，書中惟“衷講”一項，不標其所説之來源，其餘引前儒之説則標其姓氏，《例言》第十則云：“‘衷講’合參諸説，中有删換，故不入某人、某書名號。”第十一則云：“釋訓有以逸先儒之名爲掠美，必各標所出，以昭前輩苦心，其説甚當，今仍之。”另書首有《圖説》一卷，以供初學者參考，《例言》第九則云：“廟制、田制、溝澮等類，初學惘然，亦附圖考，俾開卷了然。”

　　此本遇引呂留良説處，説者之名字皆被剜去，依此書引書體例推之，原當是“晚邨”二字。

　　此書《四庫全書總目》《中國古籍善本書目》俱未著録。《中國古籍總目》亦未載。聞見所及，尚未見他館書目著録，俟考。

219

四書考正譌不分卷

T856　2322

　　《四書考正譌》不分卷，清吳鼎科撰。清乾隆三十九年（1774）邃經書塾刻本。四册。框高17.6厘米，寬13.9厘米。半葉十行十九字，左右雙邊，白口，單魚尾。版心上鎸書名，中鎸篇名，下鎸“邃經書塾”。

　　卷端首行題“四書考正譌（原注：‘鄉黨宗廟朝廷考’）”，第二行空白，第三行題“元和吳鼎科庭寶輯”。書名葉分三欄，右題“元和吳庭寶輯”，中題“四書鄉黨考”，左題“邃經書屋藏板”，欄上題“乾隆甲午新刊”，右下有手書“松壬手訂”四字，左下鈐有“邃經書塾”朱文方印。

　　書首有《四書鄉黨考目録》。

　　吳鼎科（1740—1796），字庭寶，清江蘇元和（今江蘇蘇州）人。嘗受學於顧棟高（1679—1759）。乾隆二十四年（1759）舉人，官蒙城教諭。撰有《四書考正譌》，編有《至德志》《近光集》《國初文正譌集》等書。事迹參見《江蘇府志》卷一百二。

此書未見序跋、凡例等，未知其撰作過程及完成時間，據書名葉所載，知刻於乾隆三十九年（甲午，1774）。卷端書名作《四書考正譌》，然書名葉則題《四書鄉黨考》，書首《目録》亦題作《四書鄉黨考目録》，考其内容，當以作《四書考正譌》爲宜。

本書内容共分二十六篇，每篇葉數自爲起迄，全書不分卷。計含《鄉黨宗廟朝廷考》《上大夫下大夫考》《擯考》《門位堂階考》《執圭考》《享禮考》《私覿考》《紺緅紅紫考》《裘考》《佩考》《非帷裳考》《元冠考》《吉月考》《朝服考》《明衣寢衣考》《食膾考》《醬考》《肉雖多酒無量考》《酒脯考》《瓜祭考》《席考》《鄉人飲酒考》《儺考》《君祭先飯考》《負版考》《綏考》等篇。每篇皆頂格載諸經或《史記》等古書相關文獻，低一格載諸家注説或前人論釋之文，復再低一格載作者論考之語，論考之語首加“按”字。如首篇《鄉黨宗廟朝廷考》首條首列《史記·孔子世家》之文云：“孔子生魯昌平鄉陬邑，其先宋人也。”次載“孔安國曰”及閻若璩《四書釋地》之文，此條乃考孔子之鄉黨，吳氏無按語。次條載《春秋公羊傳》云：“周公稱太廟，魯公稱世室，群公稱宮。”又載《春秋穀梁傳》云：“周公曰太廟，伯禽曰太室，群公曰宮。”又載《春秋左傳》云：“臨於周廟。”其下載吳氏之考釋云：“按：杜預註：‘周廟，文王廟也。周公出自文王，故魯立其廟。’此係《左氏》之誣，顧復初師嘗作論辨之。”其下復載顧復初所撰《魯無文王廟論》。此條乃考宗廟之名。以上所述，可略知其體例。案：顧棟高，字震滄，又字復初，生平參見前“158　春秋大事表五十卷春秋輿圖一卷附録一卷”條。由此處吳氏稱“顧復初師”，可知其嘗師事顧棟高也。

《續修四庫全書總目提要》收録倫明所撰此書提要，題“《四書考正譌》無卷數，乾隆三十九年刊本”，提要云：“是書無序例，書口題‘四書考正譌’，每篇首行，或題‘四書考正譌’，或題‘四書鄉黨考’，共二十六條。大抵引群説以證經文，群説低經文一格，按語又低群説一格。亦有按語居經文之前者。近人采顧寧人、閻百詩、顧復初、何義門、陳見復、王己山諸家，每條多附以圖。惟采集未博，折衷較少，未足與江氏《圖考》作先驅也。”案：倫明所據本爲乾隆三十九年刻本，當與本館此本同，惟本館此本僅書名葉及《目録》作“四書鄉黨考”，正文各篇首行則皆作“四書考正譌”，倫明所述恐有誤差也。

此書《四庫全書總目》未著録。《中國古籍善本書目》著録“《四書考正譌》二十六卷，清吳鼎科撰，清乾隆三十九年邃經書塾刻本”，載上海圖書館收藏。案：《中國古籍善本書目》著録爲“二十六卷”，蓋以一篇爲一卷也。本館此本另湖北省圖書館亦有收藏。

220

去傲齋四書存十六卷

《去傲齋四書存》十六卷，清呂崇謚撰。清乾隆四十一年（1776）刻本。十六冊。框高18.8厘米，寬14.8厘米。半葉八行二十一字，小字雙行同，左右雙邊，白口，單魚尾。版心上鐫“四書存”，中鐫《四書》各書名及卷次。

卷端題“寧陵呂崇謚静菴著；男彝朴、孫男見錫授梓；受業姪孫嶠啓、姪曾孫後杰較閲；姪淳［朴］、完［朴］、唐［朴］、巖朴，姪孫見復、間啓全參”。書名葉分三欄，右題“寧陵呂静菴先生著”，中題“四書存”，左題“永思樓藏板”，欄上題“乾隆四十一年鐫”。

書首，首清雍正癸丑（十一年，1733）四月《四書存自叙》，未署名，《叙》末接乾隆丙申（四十一年，1776）十一月呂彝朴識語，未立標題，識語版心鐫“自叙後”。次宋淳熙己酉（十六年，1189）二月朱熹《大學章句序》。次《聖經圖》，末有未署年呂彝朴識語云：“《聖經圖》一幅，與《自叙》出於一時，皆　先君子遺筆也。謹仍舊次，列於《自叙》之後，並弁卷首。男彝朴謹識。”據呂彝孫識語，此《聖經圖》原當在《自叙》之後，本館此本列於《朱子章句序》之後，蓋失序。

呂崇謚（1700—？），字静菴，清河南寧陵人。據呂崇謚在《四書存自叙》中云：“余庚子冬，同友人訪藴德趙先生於曹家巷，時余年方二十一。”庚子當康熙五十九年（1720），據此推之，呂崇謚當生於康熙三十九年（1700）。乾隆七年（1742）進士，曾任山西太谷縣知縣。餘事迹不詳。

此書撰作之由，呂崇謚於《四書存自叙》中云：“《四書存》者何？蓋玩索《四書》時，筆而誌之，以爲異日之考驗也。余庚子冬，同友人訪藴德趙先生於曹家巷，時余年方二十一，先生且五旬矣。顧折節爲忘年交，會日暮，留飲至二鼓時，其講論皆平日所未聞者，心竊異之。既而，時相過從，與爲辨難，日益多，心頗開悟，始知前之所遵而守者，皆俗儒轉相傳授之陳言，不足道也。於是師其意以爲讀書之法，堅守其説，凡三年。變通其説，凡六年。總以玩味經文爲之主，而證之《章句集註》以定其指，博之《或問》《語類》以暢其義，參之諸家之説以辨其得失，管窺之見，謬妄多端，然要皆從苦心研究而得，其與勦説雷同者異矣。《大學》成帙，時先生蓋嘗正之，而先生亦且頹然老矣。此後不知果能成全此事否？亦不知復能就正於先生否？因於《大學存》前聊書數語，以明不忘所自云。時雍正癸丑夏四月也。"案：呂氏自言其作此書，乃受到趙蘊德之啓發，故於雍正十一（癸丑，1733）《大學存》稿成時先撰此序，以明不忘所自。又其自釋此書名《四書存》者，乃"玩索《四書》時，筆而誌之，以爲異日之考驗也"，蓋即其研讀《四書》之際所存之心得也。而其撰之法，即《自叙》所謂"總以玩味經文爲之主，而證之《章句集註》以定其指，博之《或問》《語類》以暢其義，參之諸家之説以辨其得失"，是也。

此書之刻，乃呂氏殁後，由其子彝朴等所刊刻。《自叙》之後，鐫有呂彝朴之識語云："右《四書存自叙》一則，先君子初爲此書時所記也，舊爲《大學存》開端，今仍列於卷首。蓋先君子之爲此書，非敢自以爲是，冀其垂世行遠也。顧生平好學深思，虛懷樂善，凡所有得於心，未有不筆於書以參是非於他日者，而於四子書尤加意焉。自初徂終，凡五十年，積累既久，幾於細大不遺，雖屢經改易，未稱定本……遺命不孝，謹藏於家，無忘先人勤苦之迹。不孝恐其久而失也，於是謀之兄弟、子姪輩，刊爲家訓，以垂永久。"末署"男彝朴謹識。嵗乾隆嵗在丙申十一月十一日"。考丙申爲乾隆四十一年（1776），知此書初刻於此年也。本館所藏此本，書名葉題"乾隆四十一年鐫"，即初刻本也。

此書共十六卷，計《大學》一卷，《中庸》二卷，《論語》五卷，《孟子》八卷。《學》《庸》《論》《孟》前各冠《大學章句序》《中庸章句序》《論語序説》《孟子序説》等。《四書》各書皆載經文及朱《註》，其後作解，標"解"字。所釋先解分節大意，再逐節爲釋。如卷一《大學》起首"經一章"，先列經文及朱子《章句》，其下呂氏解云："此章言大學全體大用、始終本末之功。首節統絜綱領，次節推言功效次第，三節結上二節，四節詳言條目，五節推言上文之意。此二節説條目處以序推之，蓋將始終意貫串於本末中也。六節結歸修身，以與前段物有本末相應。至終始意，已詳上文，不煩更結也。末節從親民中結出箇厚薄來，示人以親民之所當先也。"此釋分節大意。其下復標"首節""二節""三節"等，逐節爲釋。即其例也。

此書《四庫全書總目》《中國古籍善本書目》俱未著録。孫殿起《販書偶記續編》卷三《四書類》著録"《去傲齋四書存》十六卷，清寧陵呂崇謐撰，乾隆四十一年永思樓刊"，所見蓋同本館此本。另中國國家圖書館亦有收藏。

221

四書翼註論文三十八卷

T856　1317

《四書翼註論文》三十八卷，清張甄陶撰。清乾隆五十二年（1787）浙湖竹下書堂刻本。六册。框高17.6厘米，寬13.8厘米。半葉十一行二十二字，小字雙行同，左右雙邊，白口，單魚尾，無直欄。版心上鐫書名，中鐫卷次。

卷端題"福清張甄陶惕菴氏敬述；房師仁和錢嶼沙夫子鑒定；五華、貴山書院同學諸子校訂"。書名葉分三欄，右題"福清張甄陶惕菴氏敬述"，中題"四書翼註論文"，左題"浙湖竹下書堂敬梓"，欄上題"乾隆丁未重鐫"，左下鈐"竹下書堂敬梓"白文方印，中欄上方鈐"寸心千古"朱文圓印。

書首，首清乾隆四十一年（1776）仲冬蔣士銓序，未立標題，版心鐫"蔣序"。次乾隆四十一年七月鄭大進序，未立標題，版心鐫"鄭序"。次乾隆四十二年（1777）孟春張甄陶自序，未立標題，版心鐫"原序"。次《凡例》，共九則。次《四書翼註論文卷目》。

張甄陶，字希周，號惕菴，清福建福清人。《清史稿》卷四百七十七《循吏二》有傳。傳云："張甄陶，字希周，福建福清人。舉鴻博，補試未合格罷……乾隆十年，成進士。時方許極言直諫，甄陶對策，因極陳時務。選庶吉士，授編修，尋改授廣東鶴山知縣。歷香山、新會、高要、揭陽，皆劇邑，所至有聲……以憂去官，服除，起授雲南昆明，弗獲於上官，坐事免。主講五華書院，尹壯圖、錢灃皆其弟子。復移掌貴州貴山書院，課士有法。總督劉藻疏薦，詔加國子監司業銜。晚以病歸閩，主鼇峰書院，以經義教閩士，於是咸通漢、唐注疏之學。在滇時著經解百餘卷。"又清劉聲木《萇楚齋四筆》卷六"通志堂經解節本"條云："甯化吳清夫廣文賢湘《甚德堂文集》中，有《張惕莽先生傳》，云'張甄陶，號惕莽，侯官人，舉丙辰鴻博，乾隆乙丑進士……先生邃於經，主五華時，嘗芟薙《通志堂經解》，存其精要，爲壹百陸拾卷，刊之，名《正學堂經解》，蓋歷十年而書始成'云云，是方侍郎平生未竟之志，不意張明府竟能踵爲之。"據此知《清史稿》謂張甄陶"在滇時著經解百餘卷"，即刪薙《通志堂經解》而成也。張甄陶另著有《澳門圖說》《澳門形勢論》《制馭澳夷論》各一卷，俱見《小方壺齋輿地叢鈔》第九帙。

張甄陶撰作此書之由，書首自序云："《四書翼註論文》者何？雲南五華、貴州貴山二省書院講義也。講義則曷異其名？曰：有故。甄陶之生也，羸弱多病，先君子孝廉公鍾愛之，不使就外傅，凡經書皆自口授，又詳細講解，不責以背誦，令畧知大意則已，惟時語之曰：'朱《註》勿輕讀。'……因而先從事《易》《書》《詩》、三《禮》、三《傳》及兩漢、八家古文，十四、五歲，諸書畧上口，乃讀《註》。讀《下孟·註》未畢，筆下頗沛然成文。旋充博士弟子員，見同學人攤書滿案，曰《小註》、曰《語類》、曰《大全》、曰後人講章雜說，謂朱《註》簡畧，非以此附益之不明也。亦窮日夜鑽研之，毫聯溓澮，殊無所得，畜疑而不敢言。迨幸成進士，叨館選，譬彼飛蟲，時亦弋獲，前事已不復記憶矣。越二十年，從閒廢中承雲南　督、撫二鉅公之聘，俾掌五華書院，以講學談經爲職業。復繙前書，乃頓覺淺俗，如繞羊腸路，百十步不離故處；如食雞蹠、啖蔗尾，搖脣嚼齒，索然無味……一日，讀韓文懿公炎《諸儒語録論》，謂'北宋後，僧徒陋劣，乃興語録，儒者尤而效之，所記程子、朱子之語，雜以俚俗，尚不如鳩摩羅什譯梵書，能用《爾雅》《説文》，可謂有志。後之人有能於程、朱子之言編次屬辭，使粲然成文章而去其語録之名，則可垂世行遠矣（原注：全文見《皇清文穎》第八卷）'。因而有悟。凡與朋徒講説書理，必考據經史，薈萃群籍，緯以古文之義法，求與朱子本《註》之廣大精微涵茹一切可相發明而後止。在五華書院五年，粗成稿本。乙酉仲秋，恭承　恩旨，移掌貴州貴山書院，復理前説，切磋究之。辛卯冬，再恭承　恩旨，議敍仍留書院講席。乃發前後手稿，重加删定，勒成一書。"此爲張氏述其成書之經過，考辛卯爲乾隆三十六年（1771），知此書乃乾隆三十六年（1771）張氏續主貴州貴山書院時所撰成也。

　　此書，前後凡有數刻。張氏自序又云："丙申秋，以病自黔歸，臨行，　黔中藩伯鄭退谷先生取清本捐俸刊之，以公滇、黔二省學者。予篋中僅存初稿，恐其久而漶漫，因命兒子經邦重加編整，付之梓人，以質於鉅公宿儒深於朱子之學者。"此序末署"乾隆四十二年歲在丁酉孟春既望福清張甄陶惕庵敬述"，可知乾隆四十一年（丙申，1776）秋張氏即將歸閩之際，貴州布政使鄭大進（字退谷，1709—1782）已嘗將此書清稿付刻。本館此本書首冠有鄭大進之序文，中云："黔中險遠，又土瘠，書籍流布特少，《四書》講章，士人所日習，多從蜀之重慶翻刻、緷載而來，所行《體註》《闈註》《述註》諸書，潦草淺謬，大有害於學者。得此書，亟爲黔士喜慰，得未曾有。亟謀梓行，以惠後學。"此序末署"乾隆四十一年七月朔日年家眷同學弟鄭大進退谷氏頓首拜書"，此序即乾隆四十一年（1776）貴州刻本將付梓時，鄭大進所撰之序文也。至乾隆四十二年（1777）張氏在閩，"篋中僅存初稿，恐其久而漶漫，因命兒子經邦重加編整，付之梓人"，此乃此書之閩刻本也，惟此閩刻本仍將鄭大進之序文載於書首。另書首蔣士銓之序云："此書黔中方伯鄭退谷先生既捐貲刻於貴州，　先生又自刊之閩中，余樂觀其成，與天下士共慶快之。"蔣士銓此序末署"乾隆四十一年歲在丙申仲冬朔日同館後學鉛山蔣士銓頓首拜撰"，序中云"余樂觀其成"，則乾隆四十一年（1776）仲冬作序之時，張氏閩刻本尚未刻成也。

　　本館所藏此本爲乾隆五十二年（1787）之重刻本。考此本書名葉左下題"浙湖竹下書堂敬梓"，欄上題"乾隆丁未重鐫"，知非張氏閩中原刻，乃乾隆五十二年（丁未，1787）浙湖竹下書堂之重刻本也。考此本書首載張甄陶自序，未立標題，版心鑴"原序"，而未鑴"自序"，蓋亦因係重刻之故也。

此書爲張氏主講五華書院、貴山書院之講義，其取名爲《四書翼註論文》者，自序之末云："書以翼贊朱《註》，且時兼制藝之繩墨奧交言之，故曰《翼註論文》云。"

此書分三十八卷，計《大學》一卷，《中庸》三卷，《論語》二十卷，《孟子》十四卷。其書之體例，據《凡例》中稱："是書不複述朱《註》""是書不牽引《大全》""是書不及前儒紛紜辨駁之説""是書不做講章腔口""是書兼及制義法""是書兼博考群書"。書中除《孟子》外，皆僅列標題，不附經文。至於《孟子》一書，特載蘇洵批點《孟子》之文，《凡例》第八則云："《孟子》七篇，趙岐以爲孟子所自著，故每章皆有自然結搆，爲天地間絶頂大文字。眉山蘇氏只熟此，其文遂與韓、柳、歐陽竝稱大家……是書將老泉批點原文全録，《孟子》全文之關鍵肯綮波瀾已一切瞭如，惟義理淵微、典實奧衍處，則詳悉考核論辨，期於人皆曉暢，不憚詞費。"

此書書首鄭大進序文中所言"黔中險遠，又土瘠，書籍流布特少，《四書》講章，士人所日習，多從蜀之重慶翻刻、綑載而來，所行《體註》《闡註》《述註》諸書，潦草淺謬，大有害於學者"，此段文字爲清代乾隆時期四川、貴州地區科舉用書流通史研究留下極珍貴之資料。

《續修四庫全書總目提要》收録倫明所撰此書提要，題"《四書翼註論文》三十八卷，乾隆四十一年刊本"，提要云："是書首有蔣士銓、鄭大進序，又有甄陶自序及《凡例》。是書遵守朱子《集註》，惟專以闡發《註》中所涵之奧，與《註》外未盡之詞，故不復述朱《註》……題曰《論文》者，以是書兼及制義法也。《凡例》引陸清獻、李文貞、方望溪多以時文引證書理，按：甄陶是書成於掌教五華、貴山兩書院時，執業者大都應舉之士，舍是幾無以爲教，亦不得已也。李富孫《鶴徵後録》稱是書在兔園册中爲最有根據之學……是書乾隆丙申刊於黔中，至乾隆丁酉，甄陶又取初稿編整重刊，今所據即重刊本也。"案：倫明既言"至乾隆丁酉，甄陶又取初稿編整重刊，今所據即重刊本也"，然其著録標題則題"乾隆四十一年刊本"，考丁酉爲乾隆四十二年，此處所載不免前後矛盾矣。

此書《四庫全書總目》《中國古籍善本書目》俱未著録。孫殿起《販書偶記》卷二著録"《四書翼註論文》三十八卷，福清張甄陶撰，乾隆丁未浙湖竹下書堂刊"，所見當同本館此本。此本另北京大學圖書館等亦有收藏。中國國家圖書館另藏有清文秀堂刻本，其本卷端題"福清張甄陶惕菴敬述；鄞縣屠繼序淇篁重校", 書名葉題 "文秀堂梓行", 知爲清屠繼序之重校本。此外, 北京德寶國際拍賣公司2010夏季拍賣會曾拍賣清張美如（字尊五, 號玉溪, 嘉慶十三年進士）嘉慶抄本《四書翼註論文》一函十册, 今則不知歸於何處。

222

集虛齋四書口義十卷

T856　0214

《集虛齋四書口義》十卷, 清方楘如撰。清刻本。六册。框高18厘米, 寬12厘米。半葉十二行二十五字, 左右雙邊, 亦多見四周單邊, 白口, 單魚尾, 無直欄。版心上鐫書名, 中鐫《四書》各書名, 下鐫卷次。

卷端題 "淳安方楘如樸山著; 金壇後學于光華惺介編次; 新安後學姚任道勵齋、門人胡賡善心泉全訂; 新安後學姚一桂師竹、吳名晋栢泉全校"。書名葉中題 "集虛齋四書口義", 左下題 "同安堂藏板"。

書首有清乾隆五十三年（1788）嘉平月（十二月）姚任道《敍》。

方楘如（1672—?）, 字若文, 一字文輈, 號樸山, 又號藥房, 清浙江淳安人。《清史列傳》卷七十一《文苑傳二》有傳。傳云: "方楘如, 字若文, 浙江淳安人, 康熙四十五年進士, 官直隸豐潤知縣, 坐事免。乾隆元年, 舉博學鴻詞, 以格於部議, 不與試。後以經學薦, 不就。少受業於毛奇齡, 博聞強記, 經史百家, 靡不淹貫, 於漢儒箋注, 尤能指其訛舛……古文奧勁有筆力, 時與方苞並稱……晚主敷文講席, 口授指畫, 有叩即應。儀表豐偉, 年八十, 聲如洪鐘, 世比之歐陽永叔。楘如從奇齡讀書, 而説經一遵古注, 義理必折衷朱子, 亦不效毛氏之排擯也。著有《周易通義》十四卷,《尚書通義》十四卷,《毛詩通義》十四卷,《鄭注拾瀋》一卷,《離騷經解》一卷,《集虛齋學古文》十二卷。又有《十三經集解》《四書口義》《四書考典》《讀禮記》《樸山存稾》《續稾》。"案: 據方于穀編《桐城方氏詩輯》卷四十五, 方于穀於方楘如詩之序文中所述, 可知方楘如生於康熙十一年（1672）, 然其卒年未詳, 惟《清史列傳》既謂其 "年八十, 聲如洪鐘", 則至乾隆十六年（1751）時猶存也。又據清洪榜所撰《戴先生行狀》云: "先生自江寧歸, 時淳安方楘如掌教紫陽書院, 一見先生文, 深折服, 謂己所不及。"（見《初堂遺稾》葉五）由此知方楘如於晚年主講敷文書院之前, 亦嘗掌教紫陽書院也。

此書刊刻時, 方氏已歿, 書首姚任道《敍》述其刊刻之由云: "先生主紫陽講席, 口授諸生, 録成此書, 惟即《章句集註》敷陳其義, 不事龐雜, 而於虛實精神、義理, 不差毫黍, 言近旨遠, 洵學者領悟入神之梯航。時師本爲初學説書，可不煩言而解，即初學自讀，亦無費辭，由此精進，均無難也……余因宦遊，未及親炙，繼得此書，如聆謦欬，即令子姪輩珍之。邇聞吾鄉抄之紙貴，寒士每不可得，又未能遠播。余恐久而湮没，命一桂校字，付梓以公同好，庶學者無就抄之瘁，而先生之苦心亦庶幾其不泯歟？”《敍》末署“旹　乾隆五十三年歲次戊申嘉平上浣古歙後學姚任道書於漢陽官署”。知此書之初刻乃乾隆五十三年（1788）姚任道任漢陽知縣時爲之付梓也。惟此書因係舉業用書，今傳世有多種刻本，如美國耶魯大學圖書館藏有乾隆五十三年（1788）刻本，書名葉題“乾隆戊申冬鐫”“本衙藏板”，中國國家圖書館、北京大學圖書館等藏有乾隆五十九年（1794）刻本，書名葉題“乾隆甲寅夏鐫”“文盛堂藏板”。本館此本書名葉未鐫刊刻年月，惟左下題“同安堂藏板”，考此本頗多誤字，如書首姚任道《敍》末所署“乾隆五十三年歲次戊申嘉平上浣”，“嘉平”誤刻爲“嘉乎”；卷三卷端“淳安方桑如樸山著”，“淳安”誤刻爲“㝷安”；卷三第二葉“吾日三省章”：“日用之間”，“間”誤刻爲“問”；卷四卷端“仝訂”誤刻爲“仝可”，凡此訛字，核之乾隆刻本，乾隆刻本皆未誤，此當係重刻時致訛也。考日本“株式會社東京中央拍賣”於2011年9月在東京圓頂飯店舉行之“2011年秋季拍賣會”上曾拍賣《神相全編》一書，書名葉分三欄，右題“袁柳庄先生秘傳”，中題“神相全編”，左題“同安堂藏板”，欄上題“同治壬申新鐫”，本館此本《集虚齋四書口義》書名葉亦題“同安堂藏板”，頗疑亦刻於同治間也。姑定爲清刻本。

此書共十卷，計卷一《大學》，卷二《中庸》，卷三至四《上論》，卷五至六《下論》，卷七至八《上孟》，卷九至十《下孟》。此書爲舉業講義之作，不附經文及朱《註》，僅標章、節，而下爲之解。如卷三《上論上》“學而時習章”下云：“此夫子教人爲君子之意，時習是主。”又“首節”下云：“子曰，人爲君子庶乎可矣，然而君子非不學而可能也，又非一學而遂能也，必也致其功於習而審其侯（候）於時，使致知力行，日精月進，勿忘勿助，不急不徐，則心與理相恰，身與事相安，如是而想當時之境界，不亦説乎？”又“有朋節”下云：“人至於説而爲君子有基矣，然使獨得之於己而不能大公於人，則學之傳未廣，即心之説未暢，有如告之而無不信，率之而無不從，朋無間於來，而來無間於遠，則傳道得吾徒，行道得吾與，由是而想當時之境界，不亦樂乎？”又“人不節”下云：“夫至於樂則爲君子不難矣，然或猶有人之見存焉，而神情之表畧動於毁譽之私，則終不得爲君子也。有如人即不知而學且益邃，不以愠失其説焉，不以愠失其樂焉，則其識甚高，其養甚純，不亦君子乎？夫學至於君子全矣，然必先之以悦，先之以樂，而致功又在時習，信乎君子非不學而可能，又非一學而遂能者也。"此就"學而時習章"貫串三節而講說，文順而理清，蓋如姚任道《敍》中所言"夫以先生之制藝奧衍夭矯如龍蛇，不可捉摸，而於説書則如白太傅之詩，能令老嫗皆解，行遠自邇，登高自卑，先生引誘後學之心，亦良苦矣"。

《續修四庫全書總目提要》收錄倫明所撰此書提要，題"《集虛齋四書口義》十卷，乾隆五十三年務本堂刊本"，提要云："按：桼如嘗主講紫陽書院，口授《四書》，令生徒筆錄，有應增删之處，復口授改正，俾生徒入耳經心，易於記憶。解書外兼及作文，三年成袠，因名《口義》。是書未經桼如手訂，展轉傳抄，難免漏誤。卷首有姚任道序，又有姚一桂所擬凡例，皆作於付梓時，即乾隆五十三年戊申也。"案：倫明撰提要，所據本爲務本堂藏本，其書中國科學院圖書館、美國哈佛大學哈佛燕京圖書館等館有藏。倫明謂其本有姚一桂所擬凡例，本館所藏此本則未見。

此書《四庫全書總目》《中國古籍善本書目》俱未著錄。本館此本爲同安堂藏板，他館書目，頗載其他版本，其刊刻時代有較可確定者，如中國國家圖書館、北京大學圖書館等所藏"文盛堂藏板"，書名葉鐫"乾隆甲寅夏鐫"，可知爲乾隆五十九年（甲寅，1794）刻本。然其他如中國科學院圖書館與哈佛大學哈佛燕京圖書館皆藏有"務本堂藏板"，前者題爲"乾隆五十三年務本堂刻本"，後者則題爲"清末"刻本。各館著錄之刊刻年代，實有待細核也。

223

四書引左彙解十卷

T856 4242

《四書引左彙解》十卷，清蕭榕年輯。清乾隆三十九年（1774）謙牧堂刻本。四册。框高19.4厘米，寬12.3厘米。半葉八行二十字，小字雙行同，四周雙邊，白口，單魚尾。版心上鐫"四書引左"，中鐫卷次及人名。有眉欄，高3厘米，鐫人名。

卷端題"古牟蕭榕年霞邨纂輯；同里謝宜發尊亭、王鍾泰古邨校訂"。書名葉分三欄，右題"古牟蕭容山（年）纂輯"，中及左二行大字題"四書引左／彙解"，左下題"謙牧堂刊行"，欄上題"乾隆甲午新鐫"。

書首，首清乾隆辛卯（三十六年，1771）仲秋王采珍《序》。次《例言》，共十二則，末署"之罘蕭榕年霞邨氏識"。次《四書引左目錄》。

蕭榕年，字霞邨，清山東福山（今屬山東煙臺）人，乾隆十七年（1752）進士。曾任廣東新會縣知縣、連州知州等官。著有《四書引左彙解》《西湖詠古》

等書。事迹參見清徐世昌輯《晚晴簃詩匯》卷八十一所述傳略。

　　王采珍於書首《序》云："吾友霞邨蕭君，經義湛深，向嘗以經術小試，與余同官蜀，不數年，解組歸，歸而講學古牟，無書弗研，究四子書獨得心傳，而特慮後學不能引伸旁通無以由博之約也。手輯一編，顏曰《四書引左彙解》。曷言乎'引左'？《四書》中記人記事，分見於《左氏》者，按次第編輯成帙，引人入勝，猶是述古之意也。曷言乎'彙解'？一人也而或數出，一事也而或迭見，前後彙合，詳畧得宜，而又不自爲臆説，其有解者仍之，述《左》之意，猶是述《四書》之意也。夫四子書，何人不讀？亦何人能讀？文章取士數百年，無論心法，渺不可追，而不學貼譏，以艱深文其固陋者，何可勝道？《左氏》之文雖不必盡合於聖人之經之旨，而聖人之經之旨未嘗不分著於其人其事之中，淹貫者久之，由分得合，即由博返約，糟粕也，而精華存焉。所謂得聞性與天道者，其在斯乎！其在斯乎！蕭君上溯四子心法，探索有年，復爲是編，示後學從入之門，凡有功四子書者，皆作引《左》讀可也。"由《序》中解"引左"與"彙解"之義，可知此書之旨趣矣。此《序》末署"乾隆辛卯仲秋渤海王采珍崑巖氏書於都門邸舍"，辛卯爲乾隆三十六年（1771），此時《四書引左彙考》當已稿成。考此本書名葉題"乾隆甲午新鎸""謙牧堂刊行"，甲午爲乾隆三十九年（1774），蓋作《序》後三年，始由謙牧堂刊行也。又蕭榕年於《例言》末則云："是編輯成，手録一通，原爲子侄易於記誦，非敢出而問世。適同堂謝子尊亭、王子古邨，以其便於幼學，願以公諸同人，乃互相參訂，付之剞劂，幸勿爲淹洽者所笑也。"據此所述，此書之得以付梓，當因謝宜發、王鍾泰二人之力也，故此書卷端二人乃署"校訂"之名。

　　此書分十卷，計卷一至四《上論》，卷五至七《下論》，卷八《學庸》，卷九至十《兩孟》。各卷首行皆僅題"四書引左彙解"，不標卷次，卷次鎸於版心。《例言》第九則云："《學》《庸》典故無多，兩《孟》又係戰國時事，《傳》中俱無可援引，節録數條，故卷帙較兩《論》頗儉。"此解書中《論語》卷帙特多之由也。

　　此書各卷各條皆先標《四書》人物或事之題，次彙集《左傳》相關文字，各條中所涉及之次要人物，則標於眉欄。《例言》第四則云："《四書》中數人而共一事者，總以前一人爲主，其餘姓氏附註小字於上，以便醒目。"其人、事亦有出自朱熹《集註》者，則標曰"《註》"。如卷五《下論》首條，標題云"宣公税畝"，下小字註云"'盍徹乎'《註》"，又次條標題云"齊宣公問政章"，下小字註云"'父父子子'《註》"，皆其例也。此書所輯《左傳》之文，其難解者附有音釋或註解，乃取自《左傳杜林合註》《左傳釋義》等書，《例言》第三則云："註釋不能盡詳，僅於甚難解者解之。"又前第二則云："音釋、註解俱遵

《杜林合註》《左傳釋義》諸書，未敢自爲臆斷。"

《續修四庫全書總目提要》收録倫明所撰此書提要，題"《四書引左彙解》十卷，乾隆三十九年刊本"，提要云："凡《四書》中記人、記事分見於《左氏傳》者，各按次第纂輯，其云'彙解'者，因一人也而或數出，一事也而或迭見，斟酌詳畧，頗有條理。間附註解，簡而不繁。惟是書不過爲幼學柗腹者備參考，若《左氏傳》與四子書，固誦讀者所勿廢，亦奚須藉此以證彼耶？"案：蕭氏於此書《例言》中屢言此書乃爲幼學而作，如第六則云："是集尚爲幼學起見，書帙從簡。"第八則云："三桓事蹟襍遝，必欲撮約一處，恐幼學未能醒覽。"又第十則云："幼學未能讀全《左》，課誦是編，頗濟柗腹。徧讀全文，觸類引伸，亦可借以備參考。"然則倫明提要末段之評，恐稍苛矣。

此書《四庫全書總目》《中國古籍善本書目》俱未著録。此謙牧堂刻本除本館外，中國科學院圖書館、南京圖書館、揚州大學圖書館等館亦有收藏。另中國國家圖書館藏有二種，其一書名葉題"輝萼堂藏板""乾隆辛丑年重鐫"；其二書名葉題"思疇堂藏板"。案：據此知至遲至乾隆四十六年（辛丑，1781），此謙牧堂刻本已嘗被重刻矣。

224
四書左國彙纂四卷

T856   0242

《四書左國彙纂》四卷，清高其名、鄭師成輯。清乾隆本立堂刻本。二册。框高16.7厘米，寬12.2厘米。半葉九行二十字，左右雙邊，白口，單魚尾。版心中鐫書名及卷次、人物名，下鐫"百尺樓"。

卷端首行題"四書左國彙纂卷一"，未題撰者名。書名葉分二欄，右題"南豐高其名、南昌鄭師成仝纂"，左二行大字題"增訂四書左國／輯要"，左下題"本立堂梓"，欄上題"山陽周蓼圃太史原輯"。

書首，首清乾隆三十五年（1770）魏之柱《四書左國彙纂序》。次《四書左國彙纂目次》，題"南豐高其名實實、南昌鄭師成二康仝纂；南昌鄭裕貽翼廷、鄭裕覜錫侯校録"。次《例言》，共八則。

高其名，字實實，清江西南豐人。鄭師成，字二康，清江西南昌人。生平事迹皆不詳。

此書他館所藏，著録版本多種。本館此本書名葉題"本立堂梓"，惟未鐫刊刻年月，姑定爲"清乾隆本立堂刻本"。

有關此書之內容，《例言》首則云："是集舉《四書》內所載君公大夫、文人學士生平事蹟見於《左氏》及《國策》者，臚列成編。若《四書》內有其人而《左》《國》無其事，亦不旁採，欲初學擷《左氏》菁華，爲行文之助，非如《備考》之僅供緟閱已也。"由此可知其內容。全書分四卷，其所錄人物事迹，以國別爲次，如卷一錄魯事，卷二錄齊、秦、吳越，卷三錄衛、鄭，卷四晉、楚、宋等。各國所述人物之順序，《例言》第三則云："各國行事，先錄其君，而後及其大夫、士庶，固先君後臣之義，而亦便于查閱。"此書所採，雖以《左傳》《戰國策》爲主，間亦採及《公羊》《史記》，如卷一"魯昭公本末"條之末，錄《公羊》"喑公者何？昭公將弑季氏"至"孔子曰：'其禮與其辭足觀矣'"一段，又如卷二錄《史記》述晏平仲事，其標題稱："《史記》附。"卷四錄梁惠王"東敗於齊，長子死焉"事，其末註云："出《魏世家》。"此蓋皆附載以供參考也。

此書各卷各條皆先列人物標題，次彙錄《左傳》《戰國策》相關生平事迹，《例言》第二則云："《左氏》紀一人言行，散見數十年，彙成一處，于文義固無割裂，而其人其事源源委委，脈絡貫通，讀者不致記其本而遺其末也。"案：此書名《彙纂》者，即此意也。本書所錄雖以人物事迹爲主，然其中亦有以名物制度爲標目者，如卷一有"八佾"、"四分魯國"（《目次》作"四分公室"）條，卷四有"冰"條等。又書中所錄《左傳》傳文下，間有雙行小注，此乃採用晉杜預、宋林堯叟所撰《春秋左傳杜林合註》之文，《例言》末則云："各名公評語，未暇鈔錄。中有文詞深奧難于理會者，摘杜、林《註》解之，未敢妄參己見。"由此可知注文之來源也。

此書《目次》及卷端皆題"四書左國彙纂"，書首魏之柱《序》亦稱《四書左國彙纂序》，然此本書名葉之書名題"增訂四書左國輯要"，欄上題"山陽周蓼圃太史原輯"，據此書名葉所載，則此書似又名《增訂四書左國輯要》，乃增補清周龍官所輯《四書左國輯要》而成。然考二書之體例并不相同，《四書左國彙纂》書首《例言》中亦未言及其書乃增訂《四書左國輯要》而成，則此書名葉題"增訂四書左國輯要"，恐出於書坊所爲。另中國臺灣大學圖書館、美國哈佛大學哈佛燕京圖書館等館藏有《四書左國彙纂》乾隆三十九年（1774）刻本，其書名葉題"增補四書左國輯要"，與本館此本所題又有異也。今中國國家圖書館、北京大學圖書館、上海圖書館、南京圖書館等館皆藏有清周龍官輯《四書左國輯要》四卷一部，清乾隆二十三年山陽周氏刻本。

《續修四庫全書總目提要》收錄倫明所撰此書提要，題"《增訂四書左國輯要》四卷，乾隆三十五年刊本"，提要云："大旨就《四書》中所載君公大夫、文人學士生平事蹟見於《左氏傳》及《國策》者，臚列成編……所錄之事，文

辭稍奧者，附以原書註解。若《四書》中有其人而《左》《國》無其事，概不旁
採。"案：倫明所撰提要，大抵依此書《例言》而說，然謂"所錄之事，文辭稍
奧者，附以原書註解"。考《例言》末則稱書中之註解乃"摘杜、林《註》解
之"，倫明所言似未切也。

此書《四庫全書總目》《中國古籍善本書目》俱未著錄。除本館此本外，亦
多見他館收藏，惟因各館藏本版心或書名葉所鐫內容頗不一致，故各館所題版
本亦多有異同。如美國哈佛大學哈佛燕京圖書館藏本，版心下間刻"三友堂"，
書名葉題"乾隆三十九年新鐫"，著錄爲"清乾隆三十九年（1774）三友堂刻後
印本"。又如中國科學院圖書館、上海圖書館、南京圖書館等題作"清乾隆間
百尺樓刻本"，蓋亦因其本版心鐫有"百尺樓"故也。另中國國家圖書館藏本題
作"清乾隆三十五年刻三多齋、聚錦堂印本"，湖北省圖書館藏本題作"清乾隆
五十七年三樂堂刻本"所題亦多樣矣。

225

四書名物考二十四卷

T888　7920

《四書名物考》二十四卷，明陳禹謨輯，明錢受益、牛斗星補。明末刻本。
框高20.3厘米，寬14.2厘米。半葉九行二十字，四周單邊，白口，單綫魚尾。
版心上鐫"名物考"，中鐫卷次。

卷端題"海虞陳禹謨錫玄輯；虎林錢受益謙之、牛斗星杓司補"。書名葉分
三欄，右題"錢太史詳補"，中題"四書名物考"，左題"讀書坊藏板"。右下鈐
有"□□居"朱文方印、"濠濮主人"白文方印。左上鈐有書坊朱文方印，內有
五行告白文字。"讀書坊"右方鈐有"翻刻必究"二行紅字，左方鈐有"武林段
景亭發□"一行紅字，末字漶漫不清，當是"兌"字。

書首，首未署年錢受益《四書名物考敍》。次未署年馮復京《四書名物攷
敍》。次《四書名物考凡例》，共七則。次《四書名物考目錄》。

陳禹謨生平參見"184　談經菀四十卷"條。

錢受益、牛斗星生平參見"004　五經纂註二十卷"條。

此書乃明牛斗星據明陳禹謨所撰《名物考》加以增補而成。書首錢受益
《四書名物考敍》云："夫《四書》非爲制藝而尊也。翼聖真，則性命之淵源；
明王道，則政教之譜諜；而廣聞見，則天地人物之誌林也……我　國家班諸學
宮，俾士子童而習之，以取青紫，固欲其循名徵實，緣物刺義，凡朝章國制以
及纖悉猥瑣，靡不博考而周知，用至鴻鉅也。自學者習爲制藝之文，謂斵輪無

取糟粕，玄珠得之象罔，而名物之考闕焉。是故標新領異，即鑿空杜撰，詫以爲奇，探賾稽疑，即淺近細事，茫然不辨，何怪其以書生貽笑哉？噫！此余友牛杓司有《四書名物考》之刻也。"此述此書刊刻之用意也。其下又云："先是，海虞陳錫玄氏著《名物考》，書成而未廣其傳，余得其鈔讀之，一似乎爲明經而作者。杓司間緣其舊，更爲輯之。沿沂（沭）源委，貫穿異同，既集百家，頗盡六籍，裒多益寡，眡昔彌備，誠足以翼聖真、明王道而廣聞見，撰述之功，于斯爲偉矣。昔《爾雅》一書，世傳其三卷，以行于時。至郭景純所注《孔叢子》則有《小爾雅》凡十餘篇，而宋人陸鉬（佃）既注《爾雅》，又作《埤雅》，以爲之副。今古著作之林，或倡擥于前，或繼衍于後，然前人之所未傳，往往藉後人以竟其緒，茲《名物考》者，亦古所稱《爾雅》之流歟？杓司所撰，曷可少哉？"案：由錢受益此《鈔》所述，知此書之補輯者實爲牛斗星，錢受益僅爲此書作《序》，并未參與其事，故對此書之成就大加贊揚，謂"撰述之功，于斯爲偉矣""杓司所撰，曷可少哉？"若其本人亦預其事，當不致如此言。今此本卷端題"虎林錢受益謙之、牛斗星杓司補"，又書名葉題"錢太史詳補"蓋皆係書坊廣告行銷之手法也。牛斗星另尚有重訂《五經纂註》之舉，參見前"004　五經纂註二十卷"條。

　　錢受益《鈔》未署年月，此本書名葉僅題"讀書坊藏板"，亦未鐫刊刻年月。考書中不避清諱，卷一"淇澳、竹"條中云："本朝之初，試文必本《注疏》，不得自主己說。"此段文字，乃襲陳禹謨《名物考》之舊文，中稱"本朝"，并未被刪去或改易，則此本蓋係明刻，姑題爲明末刻本。

　　此書分二十四卷，計卷一《大學》，卷二至四《中庸》，卷五至九《上論》，卷十至十二《下論》，卷十三至十八《上孟》，卷十九至二十四《下孟》。比陳禹謨《名物考》原本二十卷多四卷，因《上孟》《下孟》各多出二卷也。牛氏於此書目錄中，凡增列條目或原條目之內容有增補者，皆於條目右下角注"補"字，正文中之條目則未注明。《四書名物考凡例》第三則云："舊刻所考，允稱閎博，然不無缺畧之憾。茲于原集未經研覈者全補之，已經研覈而未悉者參補之，俱于目錄下綴一'補'字，以別舊刻。"另牛氏又增補舊本，於每條之末，列出引文中之難字，依《洪武元韻勘正切字海篇群玉》《洪武正韻》，以直音標其音讀。《凡例》第五則云："舊刻一涉群書，便多難字，苟形聲未辨，義理奚詳？詞意未達，勦襲何裨？用是確訂《海玉》《正韻》，諸篇逐字明釋，庶免紕漏。"此外，在形式方面，牛氏將每條中各節引文改爲各自提行，以清眉目。《凡例》第六則云："舊刻編連牘累，頃有稽疑，猝難尋摘。茲特歷節提行，燦若列指。"

　　牛氏於陳禹謨舊本，除增補外，對其原條之內容亦間有刪汰，如陳氏原本卷一"伐冰"條，所引之文，依次爲《疏》《周禮・淩人》《左傳》《大明會典》等書。牛斗星此書於《目録》卷一"伐冰"下注云"補"，於内文卷一"伐冰"條，引《疏》《周禮・淩人》《月令》《左傳》等五書，末附音讀云："甄（原注：'垂'）。"比較二者之内容，知牛氏乃補入《月令》及條末之音讀，然原本所引《大明會典》則删去，即其例也。

本館此本，書名葉之後，錢受益《四書名物考敍》之前，有佚名墨筆抄録《四庫全書總目》中此書之提要全文，首行題"欽定四庫全書摠目"。

此書《四庫全書總目》著録，題"别本《四書名物考》二十四卷，内府藏本"，入《經部・四書類存目》。提要云："明陳禹謨撰。已載《經言枝指》中，此則錢受益、牛斗星所補訂也……禹謨原本多疎舛，受益等所補乃更蕪雜。如'淇澳、緑竹'而引及《爾雅》會稽之竹箭、《華陽國志》哀牢之僕竹，已泛濫矣。更引及《異苑》'竹化蛇、蛇化雉'釋'肺肝'，而引《素問》《靈樞》已旁支矣，更引及《黄庭經》'肺神皓華，字虚成；肝神龍烟，字含明'語，是於經義居何等也？其最異者，如標一'目'字爲題，釋《大學》'十目所視也'，而'目'字下注曰：'附眼。'無論《四書》無'眼'字，且'目'之與'眼'又何所分别而别爲附録乎？尤不可解也。"

《中國古籍善本書目》著録"《四書名物考》二十四卷，明陳禹謨撰，明錢受益、牛斗星補，明末牛斗星刻本"，載北京大學圖書館、清華大學圖書館等十四館收藏。另日本内閣文庫、蓬左文庫、尊經閣文庫、東京大學圖書館、龍谷大學圖書館等亦有收藏。《四庫全書存目叢書》曾據清華大學圖書館藏本影印行世，題"明末牛斗星刻本"，收入《經部》第一七〇册。

226

增補四書精繡圖像人物備考十二卷圖一卷

T881　7928

《增補四書精繡圖像人物備考》十二卷圖一卷，明薛應旂撰，明陳仁錫增定。清乾隆五十八年（1793）文盛堂刻本。八册。框高19.5厘米，寬13.8厘米，有眉欄，高2.2厘米。半葉十行三十字，小字雙行同，四周單邊，白口，單魚尾。版心上鎸"四書人物備考"，中鎸卷次、《四書》各書名及標題（如"曾子"），下鎸"文錦堂"。眉欄鎸注，小字雙行五字。

卷端題"太史芝臺陳仁錫明卿增定；古吳唐光夔冠甫詳閲；弟義錫和卿重校；秣陵陳鋭又鋒參訂"。書名葉分三欄，右題"武進薛方山先生彙輯，長洲陳明卿先生增定"，中題"增補四書人物備攷"，左上題"精繡圖像，註釋無遺"，左下題"文盛堂梓行"。欄上題"乾隆癸丑年重鐫"。

書首，首未署年陳仁錫《四書人物備考敘》。次《增補四書精繡圖像人物備考目錄》。次圖一卷，版心鐫"圖"。

薛應旂（1500—1574），字仲常，號方山，明江蘇武進人。嘉靖十四年（1535）進士，歷任浙江慈溪縣知縣、江西九江府學教授、南京考功郎中、建昌府通判、浙江提學副使等職。後罷歸。萬曆二年（1574）卒，有孫薛敷教。薛應旂著有《四書人物備考》《宋元資治通鑑》《考亭淵源録》《甲子會記》《薛子庸語》《薛方山記述》《憲章録》《方山文録》等書。事迹參見《明史》卷二百三十一《薛敷教傳》附、馮瑜《五牧薛氏宗譜》卷一《方山公記略》等。

陳仁錫（1581—1636），字明卿，號芝臺，明長洲（今江蘇蘇州）人。《明史》卷二百八十八《文苑四》有傳。傳云："陳仁錫，字明卿，長洲人……仁錫年十九，舉萬曆二十五年鄉試。聞武進錢一本善《易》，往師之，得其指要……天啓二年，以殿試第三人授翰林院編修……明年丁内艱，廬墓次。服闋起故官，尋值經筵，典誥敕。"其後陳仁錫以得罪魏忠賢，削籍歸。《明史》又云："崇禎改元，召復故官，旋進右中允，署國子司業事，再值經筵。以預修神、光二朝實録，進右諭德，乞假歸。越三年，即家起南京國子祭酒，甫拜命，得疾卒。"著有《繫辭十篇書》《重訂古周禮》《周禮五官考》《增補四書人物備考》《經濟八編類纂》《陳太史無夢園初集》《潛確居類書》等書。

明薛應旂嘗撰有《四書人物考》四十卷，今中國國家圖書館、上海圖書館等存有明嘉靖三十七年（1558）刻本。其後明朱焯曾對薛書加以注釋，今蘇州圖書館、揚州大學圖書館等存有《新刻七十二朝四書人物考注釋》四十卷。此外，明陳仁錫亦曾對薛氏《四書人物考》加以增補，今北京大學圖書館、上海圖書館等館藏有"《四書考》二十八卷《四書考異》一卷"，明崇禎七年（1634）自刻本。其後亦有將朱焯之注釋與陳仁錫之增補彙爲一書者，如中國國家圖書館、中山大學圖書館、廣西壯族自治區圖書館等藏有"《陳明卿先生訂正四書人物備考》四十卷《附考》八卷"，明薛應旂輯、明朱焯注、明陳仁錫訂正；《附考》，明薛寀輯；清康熙五十四年吳郡緑蔭堂刻本。

本館此本《增補四書精繡圖像人物備考》十二卷圖一卷，乃在陳仁錫之增補本上增加圖一卷，故稱"增補四書精繡圖像"。惟此類精繡圖像本在清代屢經傳刻，題名亦頗不一致，如或題"《增訂龍門四書圖像人物備考》十二卷圖一卷"，天津圖書館藏有清康熙五十六年古吳三樂齋刻本，上海圖書館藏有清乾隆二十一年（1756）雲林四美堂刻本。另美國哈佛大學哈佛燕京圖書館藏有清乾隆三十九年（1774）三多齋刻本，題"《增補四書精繡圖像人物備考》十二卷"。

本館所藏此本，卷端題"增補四書精繡圖像人物備考"，版心鐫"文錦堂"，然書名葉則題"乾隆癸丑年重鐫""文盛堂梓行"，蓋係乾隆五十八年（1793）文盛堂重梓者也。

此本書首僅載陳仁錫《四書人物備考敘》，陳仁錫原書所載《四書備考凡例》及《四書考異》，此本則未見。另此本書首有《目録》及圖一卷，陳氏原書則《目録》散入各卷之前，且無圖。又陳仁錫原書爲二十八卷，此本爲十二卷，其分卷有異，書中條目亦頗有參差。

此書分十二卷，計《大學》一卷，《中庸》二卷，《論語》五卷，《孟子》四卷。卷次爲：卷一《大學》；卷二至三《中庸》；卷四至六《上論》，卷七至八《下論》；卷九至十《上孟》，卷十一至十二《下孟》。

《續修四庫全書總目提要》收録倫明所撰"《四書人物備考》十卷"一種，題"康熙間刊本"。提要云："明薛應旂輯，陳仁錫增訂。首有陳仁錫序。是書依《四書》篇次，逐條援引故實，頗爲詳備，書眉又有密行小注，但繁蕪過甚，不知剪裁，且孰爲原輯，孰爲增定，混淆莫辨，向來舉業家視爲枕秘，因之坊間翻刊多次，譌舛日增。是書爲康熙間所刊，已非原本。"案：倫明所見《四書人物備考》爲十卷本，且未見附圖一卷，則與本館所藏此"《增補四書精繡圖像人物備考》十二卷圖一卷"應非同本。

《四庫全書總目》著録"《四書人物考》四十卷《補考》八卷，通行本"一種，入《經部・四書類存目》。另又著録"《四書考》二十八卷《四書考異》一卷，江蘇周厚堉家藏本"一種，入《經部・四書類存目》。提要云："是書因薛應旂《四書人物考》而廣之，卷首別爲《考異》一卷，載《四書》字句異同，摭拾亦頗簡畧，如惟之作維，貢之作贛，不過字體偶別，無關文意。至豐坊《古文大學》，乃爲持疑之詞，不敢斥言其僞託，尤騎墻之見矣。"案：四庫館臣所見本爲二十八卷，且附《考異》一卷，然無圖，當同於北京大學圖書館、上海圖書館等館所藏"明崇禎七年自刻本"，異於本館所藏此附圖之本也。《四庫全書存目叢書》曾據上海圖書館所藏本影印行世。

《中國古籍善本書目》著録"《四書考》二十八卷《考異》一卷，明陳仁錫撰，明崇禎七年自刻本"一種，載北京大學圖書館、上海圖書館等二十三館有藏。另又著録"《四書備考》二十八卷《考異》一卷，明陳仁錫撰，明末刻本"一種，載天一閣文物保管所（今天一閣博物館）收藏。惟此二種亦皆非附圖之本也。

本館所藏此本，據書名葉所題，乃乾隆五十八年（癸丑，1793）文盛堂重刻之本，又據內文版心下方鐫"文錦堂"，則蓋係據文錦堂刻本重梓。惟諸家書目所載"《增補四書精繡圖像人物備考》十二卷圖一卷"之本，版刻時間或特徵頗有差異，如《中國科學院圖書館藏中文古籍善本書目》著錄《增補四書精繡圖像人物備考》十二卷圖一卷，陳仁錫撰，康熙五十八年四美堂刻乾隆五十八年文盛堂印本。又如日本《國立國會圖書館漢籍目錄》著錄"乾隆三十五年積秀堂刊本"，《普林斯頓大學葛斯德東方圖書館中文舊籍書目》著錄"乾隆二十八年古吳聚秀堂刊本"。諸家藏本之同異情形及其關聯俟考。

227
四書典制彙編八卷

T884　4242

《四書典制彙編》八卷，清胡抡輯。清雍正十年（1732）何成章刻本。四冊。框高18.9厘米，寬13.2厘米。半葉九行二十一字，小字雙行同，左右雙邊，白口，單魚尾。版心上鐫書名，中鐫卷次及類目，下鐫"藜照軒"。

卷端題"武進胡抡應麟輯；何成章元發梓"。書名葉分三欄，右題"武進胡應麟輯"，中題"四書典制彙編"，左題"藜照軒藏板"。

書首，首清雍正十年（1732）孟夏胡抡《四書典制彙編序》。次《四書典制彙編目錄》，題"武進胡抡應麟輯；何成章元發梓"。

胡抡，字應麟，清江蘇武進人。著有《禮樂通考》《四書典制彙編》等書。生平事迹不詳。

此書撰作及刊刻之由，胡抡於《四書典制彙編序》中云："唐以前，《四書》混於群經，訓詁謬戾，聖學不傳。得朱子爲之章句、集註，而後聖人之道燦然復明。於是秉教化之權者，推而列之群經之上，而爲普天率土之所家絃而户誦，此固不可有片言隻字之難曉也。特其中之大經大緯，如《中庸》之宗廟祭祀，《論語》之玄端麻冕，以及《鄉黨》一篇，《孟子》之五音、六律以及井田、學校、千歲、日至之屬，有非《章句集註》所詳悉者。朱子非不欲其詳，而又非不能詳也，聖賢立言，大體務在挈其大綱，使之簡潔可誦，而至於條分縷析，則在其人之考求而自得之。讀《四書》者，誠能熟讀《章句集註》而博求之經史，則固無不自得者，而無如經史浩繁，考求匪易，搜羅剔括，以備參考，不可少也。而又惜坊間《四書》諸備考，悉皆擇焉而未精，語焉而未詳，重複而襍亂，膚廓而無當耳。"此處胡抡述《四書》備考之不可少，而又嘆坊間《四書》諸備考之未臻理想也。其下《序》文又云："抡幼從伯兄受讀《四書》，講貫經史，兼授文定、致堂以來過庭遺訓，家學心傳，由是質雖淺陋，畧聞一二於耳提面命之餘。無何，伯兄早世，先君子慟其付畀之無人，乃舉平日所訂

《朱子綱目七家舊註》未竟之緒，命掄卒其業。又授以經史相通之故、諸儒同異之分，凡七年，先君子卒。又十五年，《綱目》成。二十餘年之内，凡遇十三經、二十一史之有關《學》《庸》《論》《孟》者，各以其類集之，共爲八卷，名曰《四書典制彙編》。舉凡《四書》之大經大緯之同類者，皆彙於一處，通徹曉暢而發明之，累貫而無重複，詳盡而不煩冗，似於朱《註》畧有裨補。竊欲付梓以公諸世，自愧家貧，覆瓿無憾。賴姑丈大人鍾肇安貽仲先生窗友何成章元發先生之力，得鐫於木。"由此知，此書乃胡掄於撰作《朱子綱目七家舊註》之二十餘年間，"凡遇十三經、二十一史之有關《學》《庸》《論》《孟》者，各以其類集之"而成，而其刊刻，乃賴其姑丈之窗友何成章之力也。此《序》末署"峕　雍正十年孟夏武進胡掄書"，《序》中既云"得鐫於木"，知此年已付梓矣。

　　此書共八卷，於經、史中有關《四書》之典制，分類爲説，卷一包括"禮""宮室""門""朝""君位""宗廟""明堂""學校""壇壝"等項，其中"禮"爲總説，胡掄於"禮"之末云："三百三千，不可備載，姑以其事之有關《學》《庸》《論》《孟》者，如飲食、衣服、祭祀、聘享，各以其類，列之左方。至於宮室、宗廟、朝廷、學校爲行禮之所，故以爲冠云。"由此知其以宮室、宗廟、朝廷、學校等爲首卷之意。卷二包含"飲食""酒""犧牲"諸項。卷三包含"冠""朝服""玄端"諸項。卷四包含"祭祀""郊社""社稷"諸項。卷五包含"巡守""朝覲""聘問"諸項。卷六包含"邦畿""受田""市廛"諸項。卷七爲"天"。卷八爲"樂"。卷八之後，附補編"六藝"。各卷標目之後，即頂格爲説，復低一格作解，解中引經、史之文爲證，間載己意，則稱"愚按"。如卷一"堂"目，首頂格云"堂東西之中曰兩楹間"，次行低一格云："前楣之中曰兩楹之間，後楣之中曰戶牖之間，皆堂東西之中也。《昏禮》：'授扆於楹間。'賈氏曰：'賓主敵者，禮於楹間。'愚按：言'敵者'，則不敵者，不在楹間矣。"即其例也。又書中亦屢見附圖以助理解，如卷一有"古堂室圖""五門圖""三門圖""古宗廟圖""明堂圖"，卷五有"旅擯圖"，卷七有"北極圖""閏月圖"等。另據《目錄》卷八之末，載："陰陽五行、鬼神、河圖，纂入《性理》，嗣刻。"然則胡氏乃將陰陽五行、鬼神、河圖等資料纂入《性理》中，將於來日付梓，故未列入此書也。

　　《續修四庫全書總目提要》收錄倫明所撰此書提要，題"《四書典制彙編》八卷，雍正十年刊本"。提要中評云："今按其書，援引經傳，僅具崖略，未盡精核，間有按語，亦無甚發明。又所引多不標原書，泛以'舊説''或曰'等渾括之，以視江永、凌曙諸人之書，不及遠甚。然亦大輅椎輪也。"案：此書蓋亦爲童蒙舉業而作，故以淺顯易曉爲主也。

本館此本避“玄”“弦”等字諱。

此書《四庫全書總目》《中國古籍善本書目》俱未著錄。此本另中國科學院圖書館、湖北省圖書館等館亦有收藏。

228

四書古人典林十二卷

T858　3133

《四書古人典林》十二卷，清江永撰。清乾隆三十九年（1774）刻本。六冊。框高18.8厘米，寬13.3厘米。半葉八行二十字，小字雙行同，左右雙邊，白口，單魚尾。版心上鎸書名，中鎸卷次、篇名及人名。

卷端題“新安江永慎修新編；及門諸子校閱”。書名葉分三欄，右題“新安江慎修編”，中及左上二行大字題“四書古人／典林”，左下題“集道堂藏板”。欄上題“乾隆甲午新鎸”。

書首，首清乾隆己巳（十四年，1749）仲秋江永《四書古人典林序》。次乾隆甲午（三十九年，1774）孟夏汪澎《跋》。次《四書古人典林目錄》，題“新安江永慎修新編”，末葉有尾題，上鎸“四書古人典林目錄”，下鎸“徽婺東溪游允芳男梓行”。

江永生平參見“169　鄉黨圖考十卷”條。

此書乃江永爲續前刻《四書典林》三十卷而作，江永於《四書古人典林序》中云：“嚮刻《四書典林》三十卷，謬爲當道鉅公許可，序而傳之。十餘年來，四方雕板相踵，遂風行海宇，家有其書。書猥近不足當大方目，經生顧不鄙焉者，菽粟布帛資口體，金木竹箭供日用故也。《四書》古人有典故可考者，二百餘人，宜傲前體，薈萃成完書。藝林有《四書人物備考》，昉於薛方山，迭相鈔録，增損不一，事無提要，既不便學者觀考，徧閱諸本，大都排纂無法，擇言不精，往往拾瓦礫而遺金玉，事詞蕃蕪，不知芟薙。其有節目關要者，又或遭刊落也。古人在《集註》當考其事者，又未經纂録也。經傳原文，臆爲改竄，文不連屬，妄爲牽引，書無其語，漫爾標題，事在《四書》，猶煩贅述，此皆書體之病。至援引之疎謬，如以衛公南楚爲公子荊，衛公子朝爲宋朝，漆雕馮爲漆雕開；而南容非南宮敬叔，左邱明非左氏，不能訂也……夫鈔録故籍，不自具眼，其賢於鈔胥者幾何矣！兹編體裁一新，力矯前弊，事之隱僻未經蒐羅者尚有之，若其著在簡册，昭如日星者，固可一覽瞭然，足資學者無窮之取材矣。爰授諸梓，以續前編。”此《序》末署“乾隆己巳仲秋幾望婺源江永慎修氏序”。己巳爲乾隆十四年（1749），《序》中云“嚮刻《四書典林》三十卷”“十

餘年來，四方雕板相踵”，考永所撰《四書典林》有雍正十三年（1735）汪氏耡
經堂刻本，此言“十餘年來”，確能相符。江永《序》中又謂《四書》中之古人
有典故可考者有二百餘人，前未細考，故“宜倣前體，薈萃成完書”。此外，江
永謂藝林流傳有《四書人物備考》一書，其書創始於明薛應旂（字仲常，號方
山，1500—1574），編成後“迭相鈔錄，增損不一”，以致江永所見諸本頗多弊
病、疎謬，故今江永所撰此書將“體裁一新，力矯前弊”也。江永撰此《序》
時，既言“爰授諸梓，以續前編”，則擬付剞劂矣，然事竟未成。《序》後汪澎
所撰之《跋》云：“江督齋先生爲澎先君子同研執友，先君子自課督不肖兄弟，
而典博推服先生，命不肖兄弟時從質疑問難，側聞緒論良多。先生於書無所不
讀，生平著述甚富，若《禮經綱目》《音韻辨微》諸編，博大精深，淺學未易窺
測。其最爲舉業所資者，嚮有《四書典林》一刻，久已流傳寓內。或有疑其尚
有罣漏者，先生曰：‘其爲未尚論古人也乎？’於是續著《古人典林》十二卷，
方欲登之梨棗，而先生已作古人。克梓以公之當世，合諸前編，四書典故畢
備。然於先生猶吉光片羽焉爾。”此跋末署“乾隆甲午孟夏，問業後學姪汪澎敬
識”。案甲午爲乾隆三十九年（1774），此本書名葉題“乾隆甲午新鑴”，然則此
本乃汪澎於乾隆三十九年所刻，其去江永撰《序》已二十餘年。又江永卒於乾
隆二十七年（1762），此書之刊刻，亦已是江永卒後十餘年矣。本館所藏此本書
名葉題“乾隆甲午新鑴”“集道堂藏板”，另美國哈佛大學哈佛燕京圖書館藏本
書名葉題“乾隆甲午新鑴”“光霽堂刊行”，據此，蓋初由光霽堂刊行，然哈佛
燕京圖書館藏本無汪澎《跋》，則亦未可遽定也。

此書專爲《四書》及朱熹《四書集註》中之古人考覈其典故，其出於《四
書集註》者，則於《目録》及人物標題下標云：“出註。”全書共十二卷，計卷
一至二《帝王部》，卷三《古臣部》，卷四《古賢部》，卷五至六《聖賢部》，卷
七至八《諸侯部》，卷九至十一《大夫部》，卷十二《雜人部》《列女部》。各部
皆依次先列人物標題，次列相關典故，典故下以雙行小字載明出處，書名則括
以“〔　〕”符號。考江永於《序》中評前人舊本“經傳原文，臆爲改竄，文不連
屬，妄爲牽引，書無其語，漫爾標題，事在《四書》，猶煩贅述”，則江永此書，
蓋期能革舊弊而趨嚴謹也。

《續修四庫全書總目提要》收錄倫明所撰此書提要，題“《四書古人典林》
十二卷，乾隆三十九年刊本”，提要云：“清江永撰。卷首有永自序。永撰《四書
典林》，或疑其尚有罣漏，乃補作是書。方欲刊行，而永適病歿，蓋絕筆也。其
門人汪澎爲竟其志，並作後跋。是書分《帝王》《古臣》《古賢》《聖賢》《諸侯》
《大夫》《雜人》《列女》各部，凡二百餘人，大旨亦爲舉業而作，然視坊行諸本

率爾排纂，漫無類例，繁蕪者不知薙删，重要者反（寶三案：'反'原文作'及'，當是'反'之誤，今改正）遭刊落，固迥殊矣。向來援引錯謬……此等處永並詳加考覈，使後此注家奉爲定論，又安得以舉業所用而鄙視之耶？"據倫明所撰提要，知其所見本當有汪澎《跋》，故倫明據以爲説也。惟汪澎《跋》中僅言其兄弟遵父命，向江永"質疑問難"，跋末署名"問業後學姪汪澎敬識"，可見并未及門，倫明稱"其門人汪澎爲竟其志"，謂"門人"，恐言過其實也。

此書避"弘"字諱，易爲"宏"。

此書《四庫全書總目》《中國古籍善本書目》俱未著録。此乾隆三十九年刻本，本館以外，他館亦有收藏，惟書名葉所題頗有歧異，如中國國家圖書館、美國哈佛大學哈佛燕京圖書館藏本題"光霽堂刊行"，中國科學院圖書館、湖北省圖書館藏本題"集道堂藏板"，上海圖書館藏本題"和安堂藏板"。各本且或有汪澎《跋》，或無此跋。《續修四庫全書》據湖北省圖書館藏本影印行世，題"清乾隆三十九年集道堂刻本"，收入《經部》第一六六册，其本無汪澎《跋》文。此書於嘉慶、道光、同治、光緒各朝，屢有重刻，兹不縷述。今海南出版社曾據北京故宮博物院藏道光七年（1827）刻本影印行世，列入《故宮珍本叢刊》第62册。

229
增補四書人物聚考十二卷圖一卷

T881　3115

《增補四書人物聚考》十二卷圖一卷，題清汪份增定，清黃澍參訂。清乾隆四十年（1775）帶月樓刻本。十二册。框高21.8厘米，寬14.4厘米，有眉欄，高2.1厘米。半葉十一行三十字，小字雙行同，四周單邊，白口，單魚尾，無直欄。版心上鐫"增補四書聚考"，中鐫《四書》各書名及篇題，下鐫卷次。眉欄鐫注。

卷端題"□□武曹汪□增定；古杭仲霖黃澍參訂"。本館此本有三字字迹磨滅不明，原題當作"長洲武曹汪份增定"。書名葉分二欄，右題"長洲汪武曹先生增定"，左二行大字題"增補四書人物／聚考圖解"，左下題"帶月樓梓行"，欄上題"乾隆肆拾年新鐫"。

書首，首末署年黃澍《增補四書聚考序》。次《增補四書人物聚考總目》。次《增訂四書人物圖考》一卷，版心上鐫"增補四書聚考"，中鐫"圖"。

汪份生平見"198　增訂四書大全四十三卷"條。

黃澍，字仲霖，原籍徽州休寧（今安徽休寧），後籍浙江錢塘（今浙江杭州）。明崇禎十年（1637）進士，授河南開封推官。李自成灌汴梁，以固守有功，擢御史，巡按湖廣，監左良玉軍。以彈劾馬士英聞名。後降清，曾官於閩。事迹參見清計六奇《明季北略》卷十八。

此本卷一卷端及書名葉雖皆題爲汪份增定，實爲據明鍾惺增定之本而重刻者，蓋因清代汪份嘗著《增訂四書大全》，乾隆間其名聲較著，故書賈乃假其名以爲此書之增定者。考此本第六卷卷端首行題"增補四書人物聚考卷六"，次行題"竟陵伯敬鍾惺增定"，第三行題"古杭仲霖黄澍參訂"，此猶殘留鍾惺之名未改，知此本重刻所據實爲鍾惺增定之本也。又卷一"宗聖諡號"條云："曾參，唐高宗贈少保，加太保，配享，封郕伯，宋改武城侯，加郕國公。元加宗聖。國朝改宗聖曾子。"此言"國朝"者，乃明朝也，亦可證非清代汪份之作。又書首《增補四書聚考序》，避"弘"字諱，中云"武曹汪先生蒿目而求從矣"，而末署"古杭黄澍謹題"，知此"武曹汪先生"五字，當係乾隆時書坊刊刻所改也。考《中國古籍善本書目》著録"《增補四書人物聚考》十二卷圖一卷，明鍾惺增定，明刻本"一種，載惠安縣文化館收藏，另《中國古籍總目》又著録湖北省圖書館有同書清會文堂刻本一部，兩者皆爲鍾惺增訂、黄澍參訂之本，可爲參照。

此本據書名葉所題，乃清乾隆四十年（1775）帶月樓刻本。

此書十二卷，計卷一，《大學》；卷二，《中庸》；卷三至五，《上論》；卷六至七，《下論》；卷八至十，《上孟》；卷十一至十二，《下孟》。其分卷與明崇禎七年（1634）刻本陳仁錫增定之"《四書考》二十八卷《考異》一卷"有異，與同爲十二卷本陳仁錫增定之"《增補四書精繡圖像人物備考》十二卷圖一卷"亦有不同。此外，其條目與上述二書亦有參差。

此書《四庫全書總目》未著録。除本館所藏此本外，另日本龍野歷史文化資料館亦藏有題"《增補四書人物聚考》二十二卷圖一卷，清汪份撰，乾隆五十三年一鶴軒刊本"一種，又日本東京都立中央圖書館青淵文庫藏有題"《增補四書人物聚考》二十二卷，清汪份、陳弘謀補，清乾隆五十三年刊"一種，其卷數有異，内容之同異俟考。

230

四書圖考集要五卷

《四書圖考集要》五卷，清張雲會輯。清乾隆三十七年（1772）刻本。五册。框高18.7厘米，寬13.2厘米。半葉十行二十六字，小字雙行同，四周單邊，白口，單魚尾。版心上鐫書名，中鐫《四書》各書名。

卷端題"益都張雲會與京輯"。書名葉分三欄，右題"古青張雲會與京輯"，中題"四書圖考集要"，左上題"四書講義集要嗣出"，左下題"愛古堂藏板"，欄上題"乾隆壬辰仲冬鐫"。

書首，首清乾隆癸巳（三十八年，1773）秋李中簡《四書圖考序》。次乾隆三十七年（1772）小陽月（十月）張雲會《叙》。次《四書圖考集要凡例》，共十一則。次《四書圖考集要目錄》，末署："益都張雲會與京纂集；張煥星若參訂；受業門人李大禮合齋、曹桐鳳翔、李文溥受將、鄭峒斗启……合參；男潘文泉校正、瀛海域繪圖、溶鳳沼正字。"

張雲會，字與京，清益都（今山東青州）人。乾隆年間歲貢生，嘗講學松林書院。清楊滇《邑先輩紀略》謂張雲會精通《四書》，"讀本皆有評語，以彩筆書之"。著有《四書圖考集要》《四書講義集要》。事迹參見《［光緒］益都圖志》卷二十五《藝文志下》。

此書撰作及刊刻之由，張雲會於《叙》中云："《學》《庸》《論》《孟》四書，乃六經之精，而名物制度散見其中者亦復不少。顧自前明《大全》以下，分章析句，校文義於錙銖毫釐間者，無慮數十百家，然詳於理解，勢不得不畧於典故。而《備考》等書，雖詳於典故，仍畧於圖繪，學者未能寓目了然。愚教授生徒，逾三十載，口講指畫，蓋亦有年。中間雜取《三禮義疏》《六經圖》諸部，掇其切要者，繪示門人。積久成帙，因藏之篋衍，以備遺忘。而遠近問業者，力勸刊布，予不獲已，勉狗其請，而付諸梓人，且綴詞於首簡，以明余之爲此，不過抄撮舊書，用資舉業而已，非敢自附於著述也。世之覽者，勿笑愚之妄也，則幸甚。"此《叙》末署"峕　乾隆三十七年歲在壬辰小陽月益都後學張雲會與京謹序"，《叙》中既云"付諸梓人"，此書書名葉又題"乾隆壬辰仲冬鐫"，知當刊刻於乾隆三十七年（壬辰，1772）仲冬也。另書首又有李中簡《四書圖考序》，中云："益都明經張氏雲會，敦行重於鄉里，邑後進多出其門。余科試竣，明經命其子庠生潘持其手著《四書圖考》一帙來謁，余觀凡例數條，簡約矜慎，慊然不敢以述作自命，洵有德之言也。圖雖卷帙無多，然考據明晰，取舍不苟，初學便焉。"此《序》末署"乾隆癸巳秋督學使者吾邱李中簡序於青州試院"，時爲乾隆三十八年（1773）秋，蓋此書甫刻成，而張雲會命其子張潘請《序》於李中簡也。

張氏感慨前人對《四書》之圖繪未能究心，明代陳仁錫所撰《四書備考》諸書"雖詳於典故，仍畧於圖繪，學者未能寓目了然"，故有《四書圖考集要》之作。據張氏自敍所言，此書主要乃"雜取《三禮義疏》《六經圖》諸部，掇其切要者，繪示門人"。其所以名爲《集要》者，《四書圖考集要凡例》第十則云："圖中冠、婚、喪、祭、朝、聘、會、盟之類，載在經籍者，勢如河漢，非不欲高挹群言，以廣見聞，但因籍隘不能多採，故但集其要，以便觀覽。"又第十一則云："四書圖考，向無成書，《備考》集中，圖既畧而不詳，見於經籍者，又散置難稽，且卷帙繁多，非重價不能搆。兹集其切要，簡捷易讀，且籍小價廉，或爲吾輩寒士所便也。"所謂"籍隘不能多採，故但集其要""兹集其切要，簡捷易讀，且籍小價廉"，即爲其採"集要"方式成書之重要原因也。

此書共五卷，計《大學》一卷、《中庸》一卷、《論語》二卷、《孟子》一卷。各卷卷端題"四書圖考集要大學卷一""四書圖考集要中庸卷二""四書圖考集要論語上下卷三""四書圖考集要論語上下卷四""四書圖考集要孟子上下卷五"。其書有圖有考，故謂之《圖考》。《凡例》第二則云："左圖右史，固屬成法。然圖與考既列於一冊，則考之語句繁多者，圖前或不能容，即移其考於圖後。"又第四則云："圖有占篇幅甚小，而考之字句亦復不多，則或圖上考下，或圖左考右，列於一幅之中。"

本館此本卷四葉六十二左面下方紙背鈐有"通記"二紅字，惟二字皆僅存其半，猶可辨識字義，此蓋紙商之鈐印也。又此本函套題籤署"四書圖考"，下鈐有"＃601"字樣，其下又有手書"N601"四字，由此知原亦爲芝加哥紐伯瑞圖書館（Newberry Library）之舊藏。

此書爲作者教授生徒所輯，有若蒙求之作。李中簡《序》中稱其"考據明晰，取捨不苟，初學便焉"，"不有蒙求，何以津逮？"

此書《四庫全書總目》《中國古籍善本書目》俱未著録。除本館外，另中國國家圖書館、湖北省圖書館等館亦有收藏。

231

四書圖説六卷

T856　1132

《四書圖説》六卷，清王道然撰。清乾隆六十年（1795）何維紕、何維綺刻本。四册。框高19.9厘米，寬14.5厘米。半葉十行二十三字，四周雙邊，白口，單魚尾。版心上鐫書名，中鐫《四書》各書名。

卷端題"濟南新城王道然著；姪孫宸儥校；男祖垣、祖魁、祖雋同校；甥何維紕、維綺付梓"。書名葉分三欄，右題"乾隆乙卯新鐫"，中題"四書圖説"，左題"清輝堂藏版"。

書首，首清乾隆乙巳（五十年，1785）立秋日劉大紳《序》。次乾隆十四年

（1749）仲冬月劉元錫《序》。次乾隆辛亥（五十六年，1791）中元日藍嘉瓚序，未立標題。次乾隆十一年（1746）黃鐘月（十一月）桓坡居士（王道然）《四書圖説條記小序》。

王道然，自號桓坡居士，清山東新城（今山東桓臺）人。《四書圖説》書首劉元錫《序》中云："今上龍飛之歲，新城王君道然以其經魁於鄉。"據此知王道然爲乾隆元年（1736）舉人。又同書劉大紳《序》云："先生名道然，早歲有文名，一舉於鄉而止，若兹《圖説》固未可以文士視之矣，其得於困阨者然耶？向使先生而遇仕宦卿相，紛然馳逐，豈能有所見如此哉？"然則王氏蓋功名止於舉人，而宦途不遇者也，餘事迹不詳。

此書蓋初名《四書圖説條記》，書首王道然《四書圖説條記小序》云："道然賦性迂滯，每有疑義，輒日夜苦思，不能置，稍得則筆於册，以防遺忘。庚戌春，夢受《四書》圖數卷，觀玩久之，覺乃茫然。然自此心境頓開，時做其意而爲之，果若神助，兼爲解説，其意一目豁然，頓覺暢快。惜條記未成全書，且不無臆見創論，故常秘不敢示人，特以心血所注，不忍終湮。因取舊稿，敍次後先，删補抄録如左。"末署"乾隆十一年歲次丙寅黃鐘月桓坡居士自識"。王氏自言於雍正八年（庚戌，1730）春夜，夢受《四書》圖數卷，其後乃做其意而爲之，兼爲解説，此即其撰作此書之由來。然則其撰作此書，起始甚早。考此《序》題《四書圖説條記小序》，《序》中又云"惜條記未成全書"，則王氏初撰此書，蓋名《四書圖説條記》，其後復改爲今名歟？又考書前劉元錫《序》，署"乾隆十四年仲冬月"，《序》中云："君不遐棄，自里中來謁，執弟子禮甚恭，余遜謝不敢當……嗣復出其所著《四書圖説》相質。"則於乾隆十四年（1749）時已改名《四書圖説》矣。

此本據書名葉所題，知刻於乾隆六十年（1795），又卷端題"甥何維紉、維綺付梓"，故定爲"清乾隆六十年（1795）何維紉、何維綺刻本"。

此書無目録，亦未標卷次，惟就其內容計之，當爲六卷，計《大學》一卷，《中庸》一卷，《論語》二卷，《孟子》二卷。本館此本分四册，首册卷端題"四書圖説大學章句"，第二册卷端題"四書圖説中庸章句"，第三册前半卷端題"四書圖説上論章句"，後半卷端題"四書圖説下論章句"；第四册前半卷端題"四書圖説上孟章句"，後半卷端題"四書圖説下孟章句"。

此書《學》《庸》《論》《孟》各書皆先標目，次列圖，次加解説。如《大學》共標二十二目，其首條爲"敬統大學綱目圖説"，王氏先標目，次列圖，次解説云：《大學》一書，三綱領，八條目，詳哉其言之矣，而要以第三傳'敬'之一字，尤爲本末始終内吃緊下手處，否則若干功課皆爲故事耳……故愚特提'敬'字爲全部統宗云。"

《續修四庫全書總目提要》載倫明所撰此書提要，題"《四書圖説》不分卷，乾隆六十年刊本"，提要云："其所爲圖，自出己意，而説以明之，自序所云'不無臆見創論'是也。亦有無圖而僅著其説者……書中悉遵朱《注》，詁義即極深切，不過爲讀朱《注》及作時文者計其便，若云精研聖賢義藴，則未之逮也。"

此書《四庫全書總目》《中國古籍善本書目》俱未著録。此本除本館外，另北京大學圖書館、中國科學院圖書館等館亦有收藏。

群經總義類

232

六經圖考六卷

T129　4260

《六經圖考》六卷，宋楊甲撰、宋毛邦翰補。清康熙六十一年（1722）潘氏禮耕堂刻本。六册。框高19.8厘米，寬13.8厘米。半葉九行二十字，四周單邊，白口，單魚尾。版心上鐫"六經圖考"，中鐫經名，下鐫"禮耕堂"。

美國哈佛大學哈佛燕京圖書館藏本有書名葉，分三欄，右題"宋布衣楊先生撰"，中題"六經圖考"，左題"禮耕堂重訂"。本館此本無書名葉。

書首，首《原序》，未署作者姓名。次宋乾道元年（1165）正月苗昌言《原序》。次清康熙壬寅（六十一年，1722）孟冬潘寀鼎序，未立標題。

楊甲，字鼎卿，宋昌州（今重慶）人，生平事迹不詳。南宋另有一楊甲，四川遂寧（今四川遂寧）人，字嗣清，乾道二年（1166）進士，與昌州楊甲當非一人，歷來記載多混同爲一。

毛邦翰，《四庫全書總目》謂"邦翰不知何許人，嘗官撫州教授"。清陸心源《儀顧堂題跋》卷一《六經圖跋》云："毛邦翰，衢州江山人，紹興二十七年進士，乾道初官撫州州學教授，終於轉運判官。見《浙江通志》。"

此本乃清康熙六十一年（1722）潘寀鼎刻本，潘寀鼎於書首序云："六經自漢、唐、宋以來故有譜、有圖，多散軼失次，其彙爲圖者，則宋紹興中布衣楊甲所撰也，其補而刻之，爲圖三百有九，則乾道初知撫州陳森屬教授毛邦翰等爲之也。是六藝之津梁、窮經之指南也。陳撫州之書，鮮行於世，明計部大夫汝南方公刻而嘉惠後學，詞臣江寧顧先生序而傳之。然其書長尺有五，廣二尺餘，若置諸几之小者，則溢于外，携以遊則衍篋不能容，蓋內府所藏，不便於玩讀，今改梓焉，若坊本羣書之式，則無適而不可。"此序末署"康熙壬寅孟冬日瀨上潘寀鼎撰"。考潘寀鼎，字實夫，清江蘇溧陽人，康熙四十八年（己丑，1709）進士，其後任江夏知縣，於莅任之四年，延邑人劉宗賢等重修《江夏縣志》，歷數月而新志成，於康熙六十一年（1722）付刻。由此推之，《六經圖》潘寀鼎序末署"康熙壬寅"，此壬寅必爲康熙六十一年，且當時潘氏乃在江夏知縣任上也。據此，故定此本爲"清康熙六十一年（1722）潘寀鼎禮耕堂刻本"。

《清華大學圖書館藏善本書目》《柏克萊加州大學東亞圖書館中文古籍善本書志》皆著録作"清康熙元年"，當誤也。

此書楊甲舊名《六經圖》，潘宷鼎此刻本版心鐫"六經圖考"，又書首潘宷鼎序云："兹《圖考》一書，始而慮世之不明其意也，象而圖焉。繼以圖之或虞其散也，易圖而成書焉。今又以書之弗良於讀也，歆其式以便於人。"此處以《圖考》稱其書，故今定此本之書名爲《六經圖考》。

此本書首苗昌言《原序》中云："陳大夫爲撫之耆年，樂民之安於其政，思所以富之、教之之序，既已創闢試院以奉　聖天子三年取士之制；又取《六經圖》命泮宮職講肄者編類爲書，刊之於學，以教諸生。"此苗《序》所謂陳大夫，即撫州知州陳森，而所謂"泮官職講肄者"，乃指儒學教授毛邦翰等人也。又書首另一未署名《原序》中云："圖舊鮮行世者，頃新都吳氏購得宋本，始授梓人，計部大夫汝南方公攬而善之，謀于同寮，諸大夫斥帑羨復刻而存于署，既成，屬余爲之序。"比對明萬曆四十三年（1615）南京吏部刻本《六經圖》，知此序乃明萬曆四十三年顧起元序，故潘宷鼎序中云："陳撫州之書，鮮行於世，明計部大夫汝南方公刻而嘉惠後學，詞臣江寧顧先生序而傳之。"此所謂"顧先生"即指顧起元（1565—1628），顧起元爲江寧（今屬江蘇南京）人。

此書含《大易象數鈎深圖》《尚書軌範撮要圖》《毛詩正變指南圖》《周禮文物大全圖》《禮記制度示掌圖》《春秋筆削發微圖》各一卷，共六卷。各卷之首皆有目録，目録接各分圖，計《易》七十圖，《書》五十五圖，《詩》四十五圖，《周禮》六十八圖，《禮記》二十三圖，《春秋》四十一圖，共三百零二圖。考書首苗昌言《原序》云："凡得《易》七十，《書》五十有五，《詩》四十有七，《周禮》六十有五，《禮記》四十有三，《春秋》二十有九，合爲圖三百有九。"則潘宷鼎此康熙刻本，自卷三以下，其圖之數量與毛邦翰補刻本有異也。

本館此本，諸經排列之順序爲《大易象數鈎深圖》《尚書軌範撮要圖》《毛詩正變指南圖》《春秋筆削發微圖》《禮記制度示掌圖》《周禮文物大全圖》，其次序有誤，蓋因全書未標卷次，故易失其次第。又此本"玄"字或避諱，或不避諱，"弘""曆"皆不避諱。

《四庫全書》收録此書，《四庫全書總目》題"《六經圖》六卷，通行本"，提要云："陳振孫《書録解題》引《館閣書目》載邦翰所補之本，《易》七十圖，《書》五十有五圖，《詩》四十有七圖，《周禮》六十有五圖，《禮記》四十有三圖，《春秋》二十有九圖，合爲三百有九圖。此本惟《易》《書》二經圖與《館閣書目》數相合，《詩》則四十有五，《禮記》則四十有一，皆較原數少二，《周禮》則六十有八，較原數多三，《春秋》則四十有三，較原數多十四，不知何人所更定。"案：本館此本，《禮記》二十三圖，《春秋》四十一圖，《四庫全書》本《禮記》四十一圖，《春秋》四十三圖，知《四庫全書》抄録所據，非此康熙六十一年禮耕堂刻本也。

《中國古籍善本書目》未著録此本，惟録有"明萬曆四十三年吳繼仕熙春樓刻本""明刻本""明萬曆衛承芳刻本""明萬曆四十四年郭若維刻本""明崇禎五年王與胤刻本""明崇禎十二年仇維禎等刻本"等本。

此本除本館收藏外，另北京大學圖書館、清華大學圖書館、中國科學院圖書館、美國哈佛大學哈佛燕京圖書館、柏克萊加州大學東亞圖書館，英國牛津大學圖書館，日本東京大學綜合圖書館、京都大學人文科學研究所等館亦有收藏。惟《大易象數鈎深圖》目録中所載之《太玄準易卦名圖》《大玄準易卦氣圖》《温公潛虛凝玄圖》三處，本館此本"玄"字皆闕末筆，部分館藏之本（如哈佛大學哈佛燕京圖書館）則剜改作"元"，其本蓋係後印之本也。

233
相臺書塾刊正九經三傳沿革例一卷

T120　7212

《相臺書塾刊正九經三傳沿革例》一卷，舊題宋岳珂撰。清乾隆五十二年（1787）任大椿刻本。一册。框高18.8厘米，寬14.3厘米。半葉九行二十字，小字雙行同，左右雙邊，白口，單魚尾。版心上鎸"九經三傳沿革例"。

卷端首行題"相臺書塾刊正九經三傳沿革例"，次行題"宋岳珂撰"。書名葉不分欄，題"九經三傳沿革例"。

書首有清乾隆五十二年（1787）十月任大椿《序》。

岳珂（1183—1243），字肅之，號亦齋，晚號倦翁，宋湯陰（今河南湯陰）人，寓居嘉興（今浙江嘉興）。岳霖第三子，岳飛之孫。宋寧宗慶元四年（1198）參加洪州漕試中舉。嘉泰末，爲承務郎監鎮江府户部大軍倉臣，開禧初，中進士。後歷任光禄丞、司農寺主簿、司農寺丞、江南東路轉運判官、軍器監、户部侍郎、淮東總領兼制置使等職。著有《籲天辨誣集》《天定録》《金佗粹編》《桯史》《三命指迷賦補註》《寶真齋法書贊》《玉楮集》《棠湖詩稿》《續東幾詩餘》等書。《宋史》卷三百六十五《岳飛傳》中載："五子：雲、雷、霖、震、霆……霖子珂，以淮西十五御札辯驗彙次，凡出師應援之先後皆可考。嘉定間，爲《籲天辯誣集》五卷，《天定録》二卷上之。"此載岳軻爲其祖岳飛辯誣之事。

此書舊題宋岳珂撰，二十世紀中期以來，汪紹楹《相臺岳氏刊九經三傳考》（遺稿，後正式發表於《文史》第二十八輯，1983年9月）、張政烺《相臺書塾

刊正九經三傳沿革例》（撰於1943年，正式發表於《中國與日本文化研究》第
一集，中國大百科全書出版社，1991年）、翁同文《〈九經三傳〉刻梓人爲岳浚
考》（《大陸雜誌》三十二卷第七期，1966年4月出版）等文，始考論作者應爲
元代之岳浚。後又經崔富章《〈刊正九經三傳沿革例〉作者非岳珂辨》（原刊於
《古籍整理出版情況簡報》總第205期，1989年2月出版，後收入《版本目錄論
叢》，中華書局，2014年）等文之反復闡明，蓋成定論。另參李安捷《〈刊正相
臺書塾九經三傳沿革例〉研究與注釋》（華東師範大學碩士論文，中國古典文獻
學專業，2018年5月）。

　　本館此本爲清任大椿刻本，任大椿於書首《序》中云：“是編向無刊本，今
特梓而行之，俾讀經者知所從事，亦庶幾知經之不易讀也。”末署“乾隆五十二
年十月興化任大椿書”，知此爲乾隆五十二年（1787）任大椿刻本。

　　此書一卷，卷首有小引云：“世所傳九經，自監、蜀、京、杭而下，有建余
氏、興國于氏二本，皆分句讀，稱爲善本。廖氏又以余氏不免誤舛、于氏未爲
的當，合諸本參訂，爲最精，版行之初，天下寶之。流布未久，元板散落不復
存。嘗博求諸藏書之家，凡聚數帙，僅成全書，懼其久而無傳也，爰仿成例，
乃命良工，刻梓家塾。如字畫，如注文，如音釋，如句讀，悉循其舊，且與明
經老儒分卷校勘，而又證以許慎《説文》、毛晃《韻略》，非敢有所增損於前。
偏旁必辨，圈點必校，不使有毫釐訛錯，視廖氏世綵堂本加詳焉。舊有總例，
存以爲證。”案：《四庫全書總目》此書提要謂：“九經刊板，以建安余氏、興國
于氏二本最善，廖剛又釐訂重刻，當時稱爲精審。珂復取廖本九經，增以《公》
《穀》二傳及《春秋年表》《春秋名號歸一圖》二書，校刊於相臺書塾，並述校
刊之意，作總例一卷。”由《總目》提要所述，可知此書之性質。

　　此書分“書本”“字畫”“注文”“音釋”“句讀”“脱簡”“考異”等七目，
各述其校刊之例。如“字畫”中云：“字學不講久矣，今文非古，訛以傳訛。魏
晋以來，則又厭樸拙、耆姿媚，隨意遷改，義訓混淆，漫不可攷。重以避就名
諱，如操之爲摻，昭之爲佋，此類不可勝舉……五季而後，鏤版傳印，經籍之
傳雖廣，而點畫義訓訛舛自若。今所校，本之以許慎《説文》、張參《五經文
字》、唐元度《九經字樣》、顏魯公《干禄字書》、郭忠恕《佩觿集》、呂忱《字
林》、秦昌朝《韻略分毫補注字譜》，參以毛晃《增韻》及其子居正所著《六經
正誤》。其有甚駭俗者，則通之以可識者（原注：‘謂如宜之爲宜、晉之爲晋之
類，皆取之石經遺文’），非若近世眉山李肩吾從周所書古韵及文公《孝經刊誤》
等書，純用古體也。”此述字畫之校例也。

　　本館此本有佚名朱筆及墨筆圈點。又第三葉右面鈐有藍、紅色長條形紙廠

印記。

此書《四庫全書》收録，入《經部·五經總義類》。《四庫全書總目》題云："《刊正九經三傳沿革例》一卷，兩浙總督採進本。"提要云："其目一曰書本，二曰字畫，三曰註文，四曰音釋，五曰句讀，六曰脱簡，七曰攷異。皆參訂同異，考證精博，釐舛辨疑，使讀者有所依據，實爲有功於經學。其論字畫一條，酌古準今，尤屬通人之論也。"

清周中孚《鄭堂讀書記》卷二 "《刊正九經三傳沿革例》一卷，儀徵任氏藤花榭刊本" 條中云："是書久無刊本，乾隆戊申任子田大椿始刻之……既而鮑以文廷博亦刻桐花館訂本於《知不足齋叢書》。此本又爲汪紹成昌序所刻影宋本，尤極精善。余以任、鮑兩本校之，其異同處互有得失，固宜並存以資攷證。"

《中國古籍善本書目》著録 "《相臺書塾刊正九經三傳沿革例》一卷，清乾隆五十二年任大椿刻本，清焦循校並跋，清焦廷琥校" 一種，載中國國家圖書館收藏。另又著録 "清初錢氏也是園影元抄本，清吳志忠跋"、"清影元抄本"、"清乾隆二十一年鮑氏困學齋抄本，清鮑廷博校並跋"、"清乾隆五十一年周廣業抄本，清周廣業校並跋"、"清刻本，清周懋琦校並跋" 等多種。此乾隆五十二年任大椿刻本，另上海圖書館亦有收藏。此外，中國臺北 "國家圖書館" 亦藏有舊抄本一部。

234

五經讀五卷

T152　7975

《五經讀》五卷，明陳際泰撰。明崇禎六年（1633）刻本。十册。框高21.4厘米，寬14.4厘米。半葉九行二十一字，四周單邊，白口，無魚尾。版心上鐫書名，中鐫經名。

卷端首行題 "五經讀易經"，次行題 "臨川陳際泰大士父著"。

書首有明崇禎癸酉（六年，1633）五月金星輝《五經讀序》。

陳際泰（1573—1640），字大士，號方城，明臨川（今江西臨川）人。《明史》卷二百八十八《文苑四》有傳。傳云："陳際泰，字大士，亦臨川人。父流寓汀州武平，生於其地。家貧不能從師，又無書，時取旁舍兒書，屏人竊誦。從外兄所獲《書經》，四角已漫滅，且無句讀，自以意識別之，遂通其義。十歲，於外家藥籠中見《詩經》，取而疾走，父見之，怒，督往田，則攜至田所，踞高阜而哦，遂畢身不忘。久之，返臨川，與南英輩以時文名天下。其爲文敏甚，一日可二、三十首。先後所作至萬首，經生舉業之富，無若際泰者。崇禎三年舉

703

於鄉，又四年成進士，年六十有八矣。又三年除行人。居四年，護故相蔡國用喪南行，卒於道。"著有《周易翼簡捷解》《易經説意》《五經讀》《四書讀》《太乙山房集》《己吾集》等書。事迹另參明羅萬藻《陳大士傳》（《此觀堂集》卷九）、《〔同治〕臨川縣志》卷四十二等。有關陳際泰之卒年，諸家多載爲崇禎十四年（1641），據明艾南英（1583—1646）所撰《明賜進士出身徵仕郎行人司行人陳公方城先生墓誌銘》中云："大士生于萬曆元年癸酉六月十一日丑時，卒於崇禎十三年庚辰十一月初二日辰時，享年六十有八。"（見陳際泰《己吾集》書首附）則陳際泰當卒於崇禎十三年（1640）也。詳參今人馬泰來撰《陳際泰的生卒年》一文（見《采銅于山——馬泰來文史論集》）。

此書之撰作，書首金星輝《五經讀序》中云："吾師陳大士先生，綜博羣書，其于五經，尤臻深妙，既得同體之善，又兼異量之美，自羲經而外，兼理諸經，自正解而外，兼獲奇解，理不必天地有，議不必前人出，奧衍精微，超特孤異。蓋先正分理之，而猶傝然終身者，此獨合覩之，而能贏出爲道有是哉！體性寄感之分，一至此乎！其著《五經讀》也，讀之者皆在耳目之外，皆在心裡之内，使人愕然而駭，又使人奭然而解，又使人帖焉而服，此真不可測其源矣……吾宗事先生，亦既有年，于此道攻之久矣。乘精神之勝，度可有進于此，而又連不得志于時，氣力甚暇，日力甚餘，顧盡其所向，未能前規散嚙旁攻，或隨處眸而見之，而實無所得，乃欲更果前志，豈有幸乎？然于先生之書，每一披對，氣義之際，生其精神。遂忘其固陋，序而行之。"此《序》末署"峕　崇禎癸酉夏五新安門人金星輝子重父題"。本館此本無書名葉，考金星輝《序》中云"序而行之"，其《序》撰於崇禎癸酉（六年，1633），《中國古籍善本書目》著録爲"明崇禎六年刻本"，今從之。

《四庫全書存目叢書》影印湖北省圖書館所藏本，題"明崇禎六年刻本"。其本書首《五經讀序》末署"崇禎癸酉夏五臨川同學羅萬藻文止父題"，與本館所藏此本有異。又其本《序》文中因係羅萬藻之語氣，故多處文字與本館此本不同。如"吾師陳大士先生"作"吾友陳子大士氏"；"今讀先生之書"作"今讀大士之書"；"吾以先生爲過乎聖人矣"作"吾以大士爲有功聖人矣"。另《序》中文字亦頗有異者，如"自羲經而外"作"自葩經而外"；"遂忘其固陋，序而行之"作"遂歡然泚筆，序而行之"。考湖北省圖書館所藏本，其本正文半葉九行十八字，與本館此本半葉九行二十一字有異，二者必非同版，且其本"吾友陳子大士氏""今讀大士之書""吾以大士爲有功聖人矣"及《序》末"臨川同學羅萬藻文止父題"等處，皆有剜改之跡，則其本當爲晚出之本。又今存世有明羅萬藻撰《此觀堂集》十二卷，清乾隆二十一年（1756）躍齋刻本，其中未見《五經讀序》，然則湖北省圖書館藏本書首《五經讀序》題羅萬藻之名，及《序》中相對應之文字，恐皆出於其本後印時所剜改也。

此書共五卷，《易經》《書經》《詩經》《禮記》《春秋》各爲一卷，惟未標卷次，僅於卷端題“五經讀易經”“五經讀書經”“五經讀詩經”“五經讀禮記”“五經讀春秋”等。各卷皆先立標題，後作讀説。各經讀之首，皆有總論，如“五經讀易經”首篇爲《讀諸圖》，“五經讀書經”首篇爲《總論》，“《五經讀詩經》”首篇爲《國風總論》，其餘二卷，首篇皆題《總論》。

《四庫全書總目》著録，題“《五經讀》五卷，浙江巡撫採進本”，入《經部·五經總義類存目》。提要云：“其平生以制藝傳，經術非所專門，故是編詮釋五經，亦皆似時文之語，所謂習慣成自然也。”

《中國古籍善本書目》著録“《五經讀》五卷，明陳際泰撰，明崇禎六年刻本”，載湖北省圖書館收藏。案：湖北省圖書館所藏本當非崇禎六年刻本，已如前述。另中國國家圖書館、南京圖書館亦有收藏。《四庫全書存目叢書》嘗據湖北省圖書館藏本影印行世，題“明崇禎六年刻本”，列入《經部》第一五一册。另清黄暹所輯《文藻四種》，清乾隆刻本，中亦收《五經讀》五卷，清華大學圖書館有藏。

235
五經圖十二卷（缺二卷）

T152　2604

《五經圖》十二卷，佚名撰，明盧謙訂正，清盧雲英重編録。清雍正二年（1724）盧雲英刻後印本。缺卷五、六。五册。框高22.7厘米，寬15.3厘米。行數、字數不等，每卷首行半葉九行二十三字，四周單邊，白口，單魚尾。版心上鐫書名，中鐫卷次及經名。

卷端題“廬江盧謙芳菱甫訂正；曾孫盧雲英默存甫重編録；元孫盧辰告鍾山甫、再元孫盧元善長甫重梓；廬江宋衡嵩南甫、河東楊恢基復菴甫、廬江宋嗣京謐臣甫重校閲”。書名葉分三欄，中題“五經圖”，左、右皆空白無字。

書首，首明萬曆甲寅（四十二年，1614）孟秋盧謙《原敍》。次明萬曆甲寅（四十二年）春月李維貞《五經圖原序一》。次明萬曆甲寅（四十二年）季秋章達《五經圖原序二》。次《五經圖總目》。次《五經圖目次》。

盧謙（1561—1635），字吉甫，號芳菱，明廬江（今安徽廬江）人。《明史》二百九十二《忠義四》有傳。傳云：“盧謙，字吉甫，廬江人。萬曆三十二年進士，授永豐知縣。擢御史，出爲江西右參政，引疾歸。”崇禎八年（1635）二月，流賊犯江，爲賊所害。同年八月，盧謙次子睿赴闕陳情，次年贈光禄卿。事迹另參《[光緒]盧江縣志》卷八《人物·忠節》。《盧江縣志》載盧謙卒時"年七十五"，由此可推知當生於明嘉靖四十年（1561）。

盧雲英，字夏子，號默存，盧謙曾孫。《[光緒]盧江縣志》卷八《人物·孝友》中有傳。傳云："以家務紛繁，輟舉子業。由國學考授州司馬……重刻《五經圖考》《周禮文物大全》《王薛教言》等書，以惠來學。康熙甲午、癸酉歲連祲，屢捐穀助賑，人德其惠焉。"

盧辰告，字祇襄（又作祗襄），號鍾山。盧雲英子，盧謙玄孫。《[光緒]盧江縣志》卷八《人物·義行》有傳。傳云："附貢生，生而穎異，由博士弟子貢太學，名噪文壇。以親老謀禄養，考授漢陽通判，正欲迎養，因派文闈差，未果。夜夢父執手咨嗟，覺而大慟。越十日，訃果至，遂袒括悲號，跣行就道，慘動路人。自此絶意仕進。"雍正八年（1730）欲助盧江知縣重修縣學之尊經閣，旋卒。長子元、少子寬承先志，鬻産數千以竣其事。

盧元，號善長，盧辰告長子，嘗任知府。

此書原本爲明盧謙所得信州學《五經圖考》本，而由盧江縣知縣章達於萬曆四十二年（1614）加以刊刻者。書首載盧謙《原敍》云："余自束髮受書，於五經嘗卒業焉。又好究心於一名一物、一器一數之間，第苦形製無可考證，每以爲恨。及出宰永豐，有遺以信州學《五經圖考》石本者，其作者不著姓氏，余深喜其羽翼聖經，開示來學之功不淺，非直喜其先獲我心也。因亟欲公之斯世。歸以示邑侯章君。章君固博學嗜古之士，其喜與余同，且謀易以木本，謂於行遠宜。余韙其言。"又書首載章達《五經圖原序二》云："盧江在昔爲名郡，人物之美秀、詞藻之妍贍，載在史策，可披覽也……余始蒞任，見其山川暎發，人士都雅，意頗欲緣飾之。乃以次繕緝學宮，購子、史諸書，庋之閣上，令有志者就中繙閱，而侍御芳菱盧公，所謂邑文人也，嘉惠之意，較余倍篤，自永豐令歸，攜信州學《五經圖》石本以授予，且曰：'公幸割俸鐫之，以示承學。'余展玩不忍釋手，因恍然曰：'此聖經之鼓吹、涉海之津梁者也。'亟命工刻石，樹之學宮。已又念摹搨之難，不及行遠，更損爲卷帙。屬所知程敬敷刻於金陵，請雲杜李本寧先生文冠其首，所言圖之端委，最爲宏麗矣。"此《序》末署"萬曆甲寅歲季秋月加陞無爲州知州仍掌盧江縣事楚人章達撰"，此即萬曆四十二年（1614）章達刻本也。

明萬曆四十二年章達刻本之後，至清雍正二年（1724）盧謙之曾孫盧雲英乃就章達刻本加以重梓。中國國家圖書館、上海圖書館、遼寧省圖書館等館所藏"清雍正二年盧雲英刻本"書首載有雍正二年（1724）楊恢基《重刻五經圖序》，中云："盧陽盧君，自其先大夫以進士起家，宦成高隱，嘗摹《五經圖》石本，爲傳之梨棗，欲使人易購也，其用意已善。今盧君又以原書闊大，爲更其式，藻繪加工，縹緗益富，刊布於世，繼成先業，益便後儒……余之交盧君也，自攝篆盧江始，喜其家學淵源。是書之刻，余於公餘，稍加訂正，屬王生皜董其事，再踰寒暑，觀厥成爲盧君雲英令似辰告。"此《序》末署"雍正二年歲在甲辰仲冬月長至日知江南直隸六安州知事河東楊恢基撰并書"。其本此《序》之後，又有王皜《重刻五經圖凡例》，共十五則，其末則云："舊本誤處甚多，今每繪一圖，必按某經，反覆校讎，然後脫稿，計正五百餘條，其中闕疑，蓋無幾矣。"據楊恢基《序》及王皜《重刻五經圖凡例》，知其本乃楊恢基爲之付梓，而任校讎者乃王皜也。故其本卷端題"河東楊恢基復莽訂正；武林沈之漣碧泉、中山尹正鼐燮公、皋城汪岱五宗校閱；〔皋城〕王皜又皜編録；潛川盧雲英夏子、男辰告祇襄重梓"。據楊恢基《重刻五經圖序》，知其本刻於雍正二年。

惟本館此本無楊恢基《序》及王皜《重刻五經圖凡例》，卷端則題"盧江盧謙芳菱甫訂正；曾孫盧雲英默存甫重編録；元孫盧辰告鍾山甫、再元孫盧元善長甫重梓；盧江宋衡嵩南甫、河東楊恢基復菴甫、盧江宋嗣京謐臣甫重挍閱"。考本館此本與他館所藏"清雍正二年盧雲英刻本"正文同版，惟各卷卷端所題有異。此本蓋係盧家於雍正二年刊刻後再重印時，爲表彰盧謙、盧雲英對此書之貢獻，故將各卷卷端重梓，且於書首增萬曆四十二年盧謙《原敘》，刪除楊恢基《序》及王皜《重訂五經圖凡例》，遂成此本之模樣也。

此書共十二卷，計卷一至二《周易》，卷三至四《尚書》，卷五至六《詩經》，卷七至八《春秋》，卷九至十《周禮》，卷十一至十二《禮記》。各經皆列圖，并有圖考。

本館此本避"玄"字，皆易作"元"。缺卷五《詩經上》、卷六《詩經下》，存十卷。

《四庫全書總目》著録，題"《重編五經圖》十二卷，浙江汪啟淑家藏本"，入《經部·五經總義類存目》。提要云："國朝盧雲英編。雲英，盧江人，明江西布政使參政盧謙之曾孫也。以謙在永豐所刻《五經圖》原本行欵參差，後釐定增訂以成是編。"案：盧雲英重編所據本乃章達刻之於盧江之本，《四庫全書總目》謂"謙在永豐所刻"，蓋偶誤也。

《中國古籍善本書目》著録，題"《五經圖》十二卷，清雍正二年盧雲英刻本"，載中國國家圖書館、上海圖書館、遼寧省圖書館等七館收藏。另南京大學圖書館、湖北省圖書館、四川省圖書館等館亦有收藏。惟諸館所藏本卷端之同異情形待考。《四庫全書存目叢書》嘗據遼寧省圖書館藏本影印行世，題"清雍正二年盧雲英刻本", 列入《經部》第一五二冊。

此本書末封底內葉以公文紙黏貼裝裱, 上有手書公文, 中有"漢城府""尚衣院""通禮院""尚瑞院"等字樣, 蓋嘗爲韓國人收藏。

236

六經圖定本六卷

T129　1172

《六經圖定本》六卷, 清王皜撰。清乾隆五年(1740)向山堂刻本。六冊。框高19.7厘米, 寬13.8厘米。行數、字數不一, 部分爲半葉十行二十字; 四周單邊, 白口, 無魚尾。版心下鐫經名。

首冊卷端首行題"大易象數鈎深圖", 次行題"六安王皜挍録"。書名葉不分欄, 二行大字題"六經圖定／本", 左下題"向山堂挍刻"。

書首, 首清乾隆五年(1740)五月王皜序, 未立標題。次乾隆五年六月高淑曾《六經圖定本序》。次乾隆五年長夏楊廷樽《跋》。

王皜, 字又皜, 號雪塢, 清安徽六安人。六安地區於夏代屬皋陶後裔之封地英、六, 故又稱皋城, 王皜之籍貫或稱"皋城", 以此故也。清雍正二年(1724)盧雲英刻本《五經圖》, 書首楊恢基《重刻五經圖序》中云: "是書之刻, 余於公餘, 稍加訂正, 屬王生皜董其事。"《序》末署"雍正二年歲在甲辰仲冬月長至日知江南直隸六安州知事河東楊恢基撰并書"。據此而推, 雍正二年時, 王皜當爲六安州學學生。餘事迹不詳。

王皜撰作此《六經圖定本》之前, 世間已有多種《六經圖》版本流傳, 王皜撰作此書之緣由及其根據, 書首自序云: "《六經圖》平生所見諸本互有異同。一爲西江信州學石本, 鉅幅十二, 每經視圖之疎密爲大小錯綜, 分二幅爲上、下卷。未載何代鋟刻、編輯姓氏。好古者爲其摹搨之難也, 易木本以行。每一經上、下卷各析爲四篇, 修廣倍常。一爲宋紹興中布衣楊甲鼎卿所譔, 乾道初苗君昌言、毛君邦翰序而刻之。迨萬歷乙卯新安吳君繼仕挍讎摹刻, 極其精工, 卷帙亦頗修廣。踰年丁巳, 蘭谿郭君若維依樣翻刻, 宛若吳本, 是皆窮經之士所珍祕。康熙己丑, 龍眠江氏宗石刻縮爲常帙, 又壬寅瀨上潘君寀鼎, 宗吳本斂若群書式, 別署禮耕堂本。雖皆剞劂弗逮, 亦聊便披讀爾。皜按: 同爲經圖, 各有漏略, 郊居杜門, 竊擬匯爲一書, 專主鼎卿所譔, 而以石本輔其未備。每圖務加詳覈, 歸於至當。量圖注布格, 數易其稿, 手寫成帙。"王皜此序述《六經圖》之版本源流甚詳, 而其撰作此書之目的即因"同爲經圖, 各有漏略", 故擬"匯爲一書"以爲定本。其撰作所宗乃"專主鼎卿所譔, 而以石本輔其未備"，由此可知王皜此《六經圖定本》乃以宋楊甲（鼎卿）所撰《六經圖》爲主，而輔以信州學石本，補其未備。惟其所據楊甲《六經圖》，則爲明萬曆吳繼仕刻本。考書首楊廷樽《跋》中云："經圖宋本，今時罕有。前明惟吾鄉吳氏摹刻稱最善。嗣後諸家俱弗逮遠甚。今雪鳴王先生更從吳本精細校勘，凡有未確及偶誤處，悉遵　御書，並博參群籍訂正。"由此可知王皜此本校錄所據乃以明吳繼仕刻本楊甲《六經圖》爲底本也。

據前"235　五經圖十二卷（缺二卷）"條所述，清雍正二年（1724）盧雲英刻本《五經圖》之刊刻，董其事者即爲王皜，彼書書首楊恢基《重刻五經圖序》中云："是書之刻，余於公餘，稍加訂正，屬王生皜董其事，再踰寒暑，觀厥成爲盧君雲英令似辰告。"其書乃明盧謙得信州學石本《五經圖》，盧江知縣章達爲之刊刻，至清雍正二年盧謙後人盧雲英又爲之重梓。據楊恢基《重刻五經圖序》云："今盧君又以原書闊大，爲更其式，藻繪加工，縹緗益富。"則與盧謙原本之版式已有不同，然推其源流，仍爲信州學石本之系統。王皜於彼書之刊刻，雖董其事，尚受命於人，今撰此《六經圖定本》則以吳繼仕刻本楊甲《六經圖》爲主，石本爲輔，實有異於前。杜澤遜《四庫存目標注》"六經圖六卷，國朝王皜撰"條云："按：雍正二年盧雲英刻《五經圖》（原注：'實有六經'）即王皜手摹上版者，此《六經圖定本》當據盧刻修訂重刊。"（葉三百四十二至三百四十三）所述恐未得其實也。

此本之刊刻，乃先後得張皜友人及楊廷樽（字次銘）之助，始獲竣工。張皜自序云："友人釀金謀梓，止成《易》《書》《詩》三經，餘未卒業。新都楊子次銘，素稱博雅，於己未秋偶探未刻稿，閱之稱善，且資其校對，慨延良工續刻，數月而竣。"此序末署"乾隆五年庚申夏五古邰縣城南厲莊王皜書"，考己未爲乾隆四年（1739），楊廷樽於乾隆四年秋見未刊稿，後延工刻之，數月而竣，正是刊成於乾隆五年也。又楊廷樽《跋》云："先生，家晴麓徵君老友也，著作盈笥，晚尤邃於經學，不以余年少耷鄙而商榷及之，實滋悚仄。先生復手書入版，付良工開雕，楮墨俱極精好，識者自珍嗇之。"末署"乾隆五年庚申長夏歙浦楊廷樽謹跋"，據此知此本爲王皜手書上版也。

此書共六卷，以《易》《書》《詩》《春秋》《周禮》《禮記》六經之圖各爲一卷。各經圖皆前有"目錄"，後有"參訂"。此本之內容，據王皜自序云："量圖注布格，數易其稿，手寫成帙，得《易經》圖七十有二，《尚書》圖六十有八，《詩經》圖四十有四，《春秋》圖一十有五，《周禮》圖六十有二，《禮記》圖五十有一，共圖三百一十有二。"其經圖之序爲《易經》《尚書》《詩經》《春秋》《周禮》《禮記》，本館此本之內容則依序爲《大易象數鈎深圖》《尚書軌範撮要圖》《毛詩正變指南圖》《春秋筆削發微圖》《禮記制度示掌圖》《周禮文物大全圖》，次序爲《禮記》圖在《周禮》圖之前，與王鍞序所言有異，恐非舊次。又中國國家圖書館所藏同版，其次序爲《易經》《尚書》《詩經》《禮記》《春秋》《周禮》，次序又有異也。

本館此本避"玄""曆"等字，不避"胤"字。書中間有佚名朱筆校改。又第三卷《毛詩正變指南圖》葉五右面地脚有手書"李鴻章"三字，第四卷《春秋筆削發微圖》葉六十二右面有墨筆手書"貫及陽穀不在九合之數"十字。

此書《四庫全書總目》著錄，題"《六經圖》六卷，江蘇巡撫採進本"，入《經部・五經總義類存目》。提要云："是編刻於乾隆庚申，取《六經圖》舊本稍加損益，凡所補校，具列於每卷之末。其中如《書經》圖中所繪十二章服，日爲三足鳥形，已自非古；月作白兔擣藥形，杵臼宛然，曾唐、虞而有此説乎？《周禮》圖中所繪墨車，以四馬盡置兩轅之中，亦全不解古車之制。如此之類，皆無所訂正，其校補橥可見矣。"

《中國古籍善本書目》未著錄。除本館外，另中國國家圖書館、北京大學圖書館、中國科學院圖書館、山東省圖書館、上海圖書館等多館亦有收藏。《四庫全書存目叢書》嘗據中國國家圖書館藏本影印行世，題"清乾隆五年刻本"，列入《經部》第一五三册。

237
稽古日鈔八卷

T154 1303

《稽古日鈔》八卷，清張方湛、王逸虬等輯。清乾隆二十九年（1764）秋曉山房刻本。二册。框高17.7厘米，寬12.6厘米。半葉十行二十四字，小字雙行同，左右雙邊，白口，單魚尾。版心上鐫書名，中鐫卷次、"經學"及經名（如"易"），下鐫"秋曉山房"。

卷端題"長洲彭芝庭先生鑒定；震澤郁文澄齋、震澤張方湛玉川、震澤王逸虬繞九、元和蔣煇廷宣同輯；華亭董椿庚雲、震澤陳汝樹庭嘉校訂"。書名葉分三欄，右題"彭芝庭鑑定"，中題"稽古日鈔"，左題"秋曉山房藏板"，欄上題"乾隆二十九年鐫"。

書首，首清乾隆二十九年（1764）八月彭啓豐《稽古日鈔序》。次《稽古日鈔目録》。

張方湛，字玉川，清震澤（今屬江蘇蘇州）人，另撰有《忠文靖節編》，見《昭代叢書》。

王逸虬，字繞九，又字青雌，清震澤人。諸生。家貧力學，於書無所不窺。

郁文，字澄齋，清震澤人。

蔣輝，字廷宣，清元和（今江蘇蘇州）人，彭啓豐（1710—1784）女婿。

此書撰作之由，書首彭啓豐《稽古日鈔序》中云："張子玉川、王子繞九、郁子澄齋皆學而有成者，所編《稽古日鈔》，始事於癸未之秋，昔年而成。會粹諸家，網羅衆說，凡夫書契以來，竹漆丹鉛，無不搜括，可不謂博乎？取先儒之辨駁，折衷經典，遵引　御纂，代若亭林、安溪、竹垞、稼堂諸前輩論議有可發明者，悉採及之，可不謂精乎？……余婿蔣子廷宣，同輯是書，將付欹劂，徵余文以識之。余既喜書之利於世用，且嘉廷宣之不懈於古，故樂爲之序。"《序》末署"乾隆二十九年八月長洲彭啓豐撰"。據此《序》所述，知此書由張方湛、王逸虬、郁文、蔣輝四人同輯，經始於乾隆二十八年（癸未，1763），至二十九年而成，即付梓人。考書名葉題"乾隆二十九年鐫""秋曉山房藏板"，又書中版心皆鐫"秋曉山房"，故定爲"清乾隆二十九年（1764）秋曉山房刻本"。

此書分八卷，計卷一《易經》，卷二《書經》，卷三《詩經》，卷四《周禮》《儀禮》，卷五《禮記》，卷六《春秋附三傳》，卷七《論語》《孝經》《孟子》《爾雅》《四書集註》《河圖洛書》，卷八《諸經傳授註疏》《諸經序次》《諸經闕佚》《諸經圖譜》《偽經》《擬經附續經補經》《歷代表章聖經》《石經》《緯書》。八卷共分二十二類，每類皆立子目，取前儒之說，標其來源，所謂"鈔"也。大字之下，夾以雙行小字，或標示來源，或加按語。其引清代著作，則以《御纂周易折中》《詩經傳說彙纂》諸書及顧炎武《日知錄》、朱彝尊《經義考》等書爲最夥。

清周中孚《鄭堂讀書記》卷二"《稽古日鈔》八卷，秋曉山房刊本"條云："是編自《易經》《書經》以迄石經、緯書，凡分二十二類。每類又各分子目，皆會粹諸家，網羅衆說。取先儒之辨駁，折衷經典，遵引　御纂。若顧亭林、李厚庵、朱竹垞、潘稼堂諸人論議有可發明者，悉引及之。雖爲舉業而作，而採摭頗爲賅備，以視坊刻策學、纂要諸書，固高出數倍矣。其目錄之首，標曰'經學'，殆先成是編，將次第史學諸類而未及成書歟？"案：此書目錄首標"經學"二字，版心亦鐫"經學"，周中孚之論蓋是也。

此本避"玄""炫""弦""鉉""弘""丘"等字。

此書《四庫全書總目》《中國古籍善本書目》俱未著録。此本另北京大學圖書館、北京師範大學圖書館、中國科學院圖書館、中國臺灣大學圖書館、美國柏克萊加州大學東亞圖書館等亦有收藏。《四庫未收書輯刊》曾據中國科學院圖書館藏本影印行世，題"清乾隆二十九年秋曉山房刻本"，列入第貳輯第拾伍冊。

238

十三經字辨八卷

T130　7932

《十三經字辨》八卷，清陳鶴齡撰。清乾隆三十年（1765）刻本。八冊。框高19.8厘米，寬13.2厘米。半葉七行十一字，小字雙行二十二字，四周雙邊，白口，無魚尾。版心上鐫"字辨"及篇名，下鐫卷次。

卷端首行題"四書五經字辨"，次行題"南通州陳鶴齡瑤賓輯"，第三行題"同邑李膺虬仲挍"。書名葉分三欄，右題"南通州陳鶴齡瑤賓輯"，中題"十三經字辨"，左欄空白，欄上題"乾隆乙酉秋鐫"。右下鈐"三多齋發兌"朱文長方印。

書首，首清雍正十年（1732）九月陳祖范《序》。次乾隆乙酉（三十年，1765）孟春馬宏琦《十三經字辨序》。次未署年陳鶴齡《增訂十三經字辨序》。次《參閱姓氏》。次《凡例》，共十二則，本館此本《凡例》首葉脫去。次《十三經目錄》。次《總目》。

陳鶴齡，字瑤賓，清南通州（今屬江蘇南通）人。著有《四書五經字辨》《十三經字辨》《四書字跡核》等書。餘事迹不詳。清代另有一陳鶴齡（？—1726），字鳴九，安州（今河北安新）人，清康熙二十三年（1684）舉人，曾任正定縣教諭、順天府教授等職，與此當非同一人。考《十三經字辨》書首馬宏琦《序》撰於乾隆三十年（1765），稱陳鶴齡（瑤賓）已年七十餘，尚健在（參後文），則此當非安州之陳鶴齡（鳴九），因陳鳴九於雍正四年（1726）已卒矣。《江蘇藝文志・南通卷》誤合二陳鶴齡之事迹爲一，恐非。

此書初名《四書五經字辨》，初刻於雍正十年（壬子，1732）（參下引馬宏琦《十三經字辨序》所述），後經作者再作增訂，乃易名爲《十三經字辨》。書首陳鶴齡《增訂十三經字辨序》云："向著《字辨》，匪惟辨經也，傳亦辨焉。《左傳》《公》《穀》具載《春秋》正文之下，以十三經計之，有十焉。所少者，《周禮》《儀禮》《爾雅》三經耳。夫十三經，應讀之書也，而有所未備，於心不勝歉然。今幸天假以年，精神未甚頹敗，尚堪補讀前書。因取三經之字，詳加考訂，續以成書，名曰《十三經字辨》。其於諸家音釋，間有去取，或亦兼收，雖未敢自謂允當，然亦幾經斟酌而折衷於有道焉。"由此知其增訂之本，所增爲《周禮》《儀禮》《爾雅》三經也。

另書首馬宏琦《十三經字辨序》云："余幼時聞陳子瑤賓嗜學不倦，心竊慕之。及康熙乙未歲，與其令弟運蒼同列膠庠，因接見瑶賓，益知其沈潛經學，且於經書之字，一聲音、一筆畫，咸爲推究，故有《四書五經字辨》刻自雍正壬子，行於海内久矣。而瑶賓以爲十三經乃儒者應讀之書，《左傳》《公》《穀》雖載《春秋》正文之下，而《周禮》《儀禮》《爾雅》三經未辨，於心缺然。爰取三經之字，於諸家音釋，或專取，或兼收，咸歸裁定，續而辨之，輯爲一編，殿五經之後。更有《四書五經》'補遺''字迹'，既博搜各書，參校先儒議論及音釋，以定一字之音，并攷全部字迹，取相同者彙聚一處，令閱者一目瞭然。見是書者，諒無不知其苦心於斯道矣。余今年屆七旬，瑶賓長余九歲，迺書成三十餘年猶耄耋不倦，孳孳焉接續之以成不朽，誠後學之津梁也哉。"此《序》末署"乾隆乙酉孟春上浣之吉"，而此本書名葉題"乾隆乙酉秋鐫"，知此本刻於乾隆三十年（乙酉，1765）年，此時陳鶴齡尚在世，已年近八十矣。

此書八卷，首卷校畫，後七卷校音。計卷一"校畫"，卷二《大學》《中庸》，卷三《論語》，卷四《孟子》、"四書補遺"、"字迹"，卷五《易經》《書經》《詩經》，卷六《春秋》（《左傳》《公羊》《穀梁》載《春秋》正文下），卷七《禮記》、"五經補遺"、"字迹"，卷八《周禮》《儀禮》《爾雅》、檢字。

本館此本《凡例》脱去首葉，另卷一缺葉四十九、五十兩葉。

《四庫全書總目》著録"《十三經字辨》無卷數，兩江總督採進本"，入《經部·五經總義類存目》。提要云："[此書]刻於乾隆乙酉，前爲校畫，後爲校音，皆多舛漏。所謂十三經者，爲《大學》《中庸》《論語》《孟子》《易》《書》《詩》《春秋》《禮記》《周禮》《儀禮》《爾雅》，無論古無此例，即以所列計之，如分三《傳》爲三，則加《四書》爲十四，如併三《傳》總爲《春秋》，則又爲十二，於數亦不合也。"

《續修四庫全書總目提要》收録倫明所撰此書提要，題"《十三經字辨》八卷，道光十年豫章安定草堂刊本"，提要云："是書再刊於雍正甲寅，又刊於道光庚寅，張桂卿敘之。至初刊年月，因得書時原敘爛蝕，不可察識，蓋總在康、雍之間，《字典》出書以後云。"案：倫明撰寫提要，所據爲"道光十年豫章安定草堂刊本"，該本書首道光十年（1830）張桂卿《序》云："至雍正十二年再刻，經今百餘年，覆本流傳亦少。因商求此本，重加校定，梓以公諸世。"倫明蓋據此序，故云"是書再刊於雍正甲寅，又刊於道光庚寅"。張桂卿、倫明蓋皆未見此乾隆三十年刻本也。

《中國古籍善本書目》未著録。此乾隆三十年刻本，另中國國家圖書館、北京大學圖書館等館亦有收藏。另復旦大學圖書館藏有"清雍正十二年崇川存誠堂刻本"。中國科學院圖書館、中央民族大學圖書館等館藏有道光十年刻本，

《四庫全書存目叢書》嘗據中國科學院圖書館藏本影印，題"清道光十年刻本"，列入《經部》第一五三冊。

239
松源經説四卷

T154　1937

《松源經説》四卷，清孫之騄撰。清乾隆三十一年（1766）春草園刻本。四冊。框高18.4厘米，寬14.2厘米。半葉十行二十字，左右雙邊，黑口，單魚尾。版心中鐫書名及卷次。

卷端題"仁和孫之騄晴川著"，書名葉中題"松源經説"，左右皆空白無字。

書首有《松源經説目録》，題"慶元縣儒學教諭孫之騄著"。美國柏克萊加州大學東亞圖書館藏本書首《目録》前有趙信序及清乾隆壬午（二十七年，1762）沈廷芳序，本館此本無此二序。

孫之騄，字子駿，又字晴川，號南漳子，清仁和（今浙江杭州）人，《清史列傳》卷六十八《儒林傳下一》有傳。傳云："孫之騄，字子駿，亦仁和人。貢生。雍正間官慶元縣教諭。性耿介，博學好古，尤專於經……官教諭時，年逾六旬，與諸生立條約，告以五經源流，誘掖備至。著《松源經説》四卷，慶元古松源地，故名。他著有《二甲野録》八卷，《晴川蟹録》四卷，《後蟹録》四卷，《枝語》二卷，《南漳子》二卷，《夏小正集解》《松源集》。"孫氏另著有《考訂竹書紀年》，輯有《尚書大傳》三卷、《補遺》一卷，後人輯刊有《晴川八識》。生平另參孫志祖《讀書脞録》卷三"晴川先生"條、徐世昌《清儒學案》卷二百一《諸儒學案七》。

美國柏克萊加州大學東亞圖書館藏本書名葉題"乾隆丙戌仲春""春草園藏板"。又其本書首沈廷芳序云："投老歸江鄉，端居多暇，將仿朱竹垞太史《經義考》之例，搜羅經籍，擬成《續考》，老友趙意林徵君助余編輯，以晴川先生《松源經説》見示……亟囑意林，以廣其傳焉。"此序末署"乾隆壬午小春仁和隱拙齋學人沈廷芳"，壬午爲乾隆二十七年（1762）。考趙信（1701—?），字辰垣，號意林，浙江仁和人。清藏書家，藏書處有"小山堂""春草園"等，事迹見《武林耆舊續録》。其本當是乾隆三十一年（丙戌，1766）趙信所刻，故書名葉題"乾隆丙戌仲春""春草園藏板"，《中國古籍善本書目》著録爲"清乾隆三十一年春草園刻本"，今從之。

此書乃孫之騄任浙江省處州府慶元縣教諭時，爲諸生説經之作。考南宋寧宗慶元三年（1197）析浙江龍泉縣中之松源鄉，益以延慶鄉之半，置慶元縣，此爲慶元置縣之始。因松源乃慶元之古地名，故孫之騄名其書爲《松源經説》也。

此書共四卷，卷中各立標題，合計共八十五篇。沈廷芳序稱此書"悉本於'御纂五經'，而備採先儒諸説，以存其異同，更不參以己意。辨博而約，擇精而詳，既便記誦，足廣見聞，此學者所不可少之書也"。案：《松源經説》卷一有《小序朱註異同説》《小序朱註異同説其二》《小序朱註異同説其三》三篇，第三篇末云："余三説本《欽定詩經彙纂》。"又卷三《再答高醒菴五行説》之末云："以上所論五行之説，俱本《御纂性理精義》及《朱子全書》中。"此蓋即沈廷芳序所謂"悉本於'御纂五經'"者也。

此本避"玄""炫""胤""貞"等字，偶亦見不避"玄""炫"等字者。卷三《律呂述》，"曆"字或作"歷"，或作"歴"，知爲避乾隆帝諱也。

《四庫全書總目》著録，題"《松源經説》四卷，浙江吳玉墀家藏本"，入《經部·五經總義類存目》。提要云："是編皆説經之文，或提舉一義，各立篇題，大抵薈稡成説而不能自研經義。其體例頗近於策畧，又以所作《擇山學記》《新荷賦》《括蒼山賦》雜列於第一卷中，尤非説經之體。"案：提要中所述《擇山學記》，《松源經説》卷一作《擬重脩檡山學記》，提要"擇"字當爲"檡"之誤也。

清周中孚《鄭堂讀書記》卷二"《松源經説》四卷，晴川八識本"條云："是編皆其雜説群經之文，凡攷辨説解之類，計八十五篇，皆融合前人之説以成篇，而出之己見者頗尠，蓋聊以備場屋策對之用，非能自成一家言者。同時沈歸愚亦喜作此等文，入之文集，而不及是編之夥。以言乎經，皆所謂强作解事也，不如不作之爲高矣。"

《中國古籍善本書目》著録"《松源經説》四卷，清孫之騄撰，清乾隆三十一年春草園刻本"，載天津圖書館、武漢大學圖書館、中山大學圖書館收藏。另上海圖書館、浙江大學圖書館、中國臺北"中央研究院"傅斯年圖書館，美國柏克萊加州大學東亞圖書館、普林斯頓大學東亞圖書館等館亦有收藏。又：中國國家圖書館、南京圖書館各藏有清抄本一部。《四庫全書存目叢書》嘗據天津圖書館藏本影印行世，題"清乾隆刻本"，列入《經部》第一五二冊。

鈐印有"秀水章氏攷藏書籍之印"朱文方印，知嘗爲清章全收藏。章全（1765—？），字紫綬，一字益齋，號遂衷，清秀水人（今屬浙江嘉興）。嘉慶元年（1796）歲貢生，官天臺訓導。喜抄書，藏書甚富，藏書處名"磨兜堅室"。事迹參李玉安、黃正雨撰《中國藏書家通典》。另又鈐有"郝氏仲子敬堂珍藏"朱文方印，印主不詳。

240
北海經學七録八卷

《北海經學七録》八卷，清孔廣林輯。清乾隆三十九年（1774）古俊樓刻本。二册。框高17.5厘米，寬13.4厘米。半葉十行二十字，小字雙行，左右雙邊，黑口，單魚尾。版心中鐫書名及卷次。

卷端首行，上題"北海經學七録七之一"，下題"乾隆甲午古俊樓校刊"。次行題"易志，鄭志一，鄭氏弟子譔"。書名葉中題"北海經學七録"，左右皆空白無字。

孔廣林（1746—1814），字叢伯，號幼髯，清山東曲阜人。孔子第七十代孫，祖孔傳鐸，父孔繼汾。孔廣林十九歲爲四氏學弟子員，考試優等，次年食餼。然四次鄉試皆未能中第，援例成貢生。乾隆三十六年（1771）署太常寺博士，主持汶上聖澤書院祀事。著有《周官臆測》《儀禮臆測》《吉凶服名用篇》《禘袷觸解》《北海經學七録》《延恩集》《通德遺書所見録》《幼髯韻語録存》《溫經樓遊戲翰墨》等書。

此書名爲《北海經學七録》，乃清孔廣林所輯有關東漢鄭玄著作之第七種。考鄭玄爲東漢北海高密人，故以"北海"稱之。又此爲孔廣林所録"北海經學"之七，故稱《北海經學七録》，所録爲有關《鄭志》之輯本。

此本卷端題"乾隆甲午古俊樓校刊"，故據定爲"清乾隆三十九年（1774）古俊樓刻本"。

鄭玄《鄭志》原書已佚，此爲有關《鄭志》之輯本，共八卷。卷一《易志》，卷二《尚書志》，卷三《毛詩志》，卷四《周禮志》，卷五《儀禮志》，卷六《禮記志》，卷七《春秋志》，卷八《襍問志》。所録各條皆以雙行小字注明輯佚之出處，間對輯佚來源之文字加以訂譌、增補，或對不同來源之文字考其異同。如卷一《易志》"《歸妹·六三》：'歸妹以須'"條，録云："答冷剛云：'須，才智之稱，故屈原之姊以爲名。'"孔氏於文末注云："見《詩·桑扈·正義》。'姊'本譌'妹'。"此謂《鄭志》此條輯自《毛詩·桑扈·正義》，然《正義》原文"姊"字譌作"妹"，今加以改正。又如卷三《毛詩志》"《國風·周南·關雎·序》"第六條，録云："張逸問：'王者之《風》，王者當在《雅》，在《風》何？'答曰：'文王以諸侯而有王者之化，卒以受命，述其本，宜爲《風》。'"孔廣林於"卒以受命"下，注云："四字依《譜·正義》增。"又同篇第七條，録云："答劉琰云：'《論語·注》人間行久，義或宜然，故不復定，以遺後説。'"孔氏於文末注云："'哀窈窕'，《箋》云：'哀當爲衷。'《論語·注》

不破字。　已上見《序·正義》。”此謂此處七條皆輯自《毛詩·關雎·序·正義》，惟其中“卒以受命”四字，則據《詩譜·周南召南譜·正義》所引而補之也。

此本見避“胤”字諱。

《鄭志》輯本，《四庫全書》收錄。《四庫全書總目》載：“《鄭志》三卷《補遺》一卷，兩江總督採進本”，提要云：“此本三卷，莫考其出自誰氏。觀書中《禮運·註》‘澄酒’一條，答趙商之問者前後兩見，而詳畧小異。又陳鑠之名前後兩見，而後一條註‘一作鏗’，知爲好鄭氏之學者惜其散佚，於諸經《正義》裒輯而成。”《四庫全書》本作“《鄭志》三卷《補遺》一卷”，孔廣林此“古俊樓刻本”有八卷，可知《四庫全書》抄錄所據必非孔廣林所輯之本也。

有關《鄭志》之編者及亡佚時代，《四庫全書總目》云：“案：《隋書·經籍志》：‘《鄭志》十一卷，魏侍中鄭小同撰。’‘《鄭記》六卷，鄭玄（寶三案：玄原避諱作元，今改正，下同）弟子撰。’《後漢書》鄭玄本傳則稱門生相與撰玄答弟子，依《論語》作《鄭志》八篇。劉知幾《史通》亦稱弟子追論師說及應答，謂之《鄭志》；分受門徒，各述師言，更不問答，謂之《鄭記》（原注：‘案：《通典》及《初學記》所引《鄭記》均有王贊答詞，與劉知幾所云更不問答者不合。考《孝經·疏》引此文作各述師言說，更爲問答，知不字乃爲字之訛’），其說不同。然范蔚宗去漢未遠，其說當必有徵，《隋志》根據《七錄》，亦阮孝緒等所考定，非唐、宋諸《志》動輒疏舛者比，斷無移甲入乙之事。疑追錄之者，諸弟子，編次成帙者則小同。《後漢書》原其始，《隋書》要其終。觀八篇分爲十一卷，知非諸弟子之舊本也。新、舊《唐書》載‘《鄭記》六卷’，尚與隋《志》相同，而《鄭志》則作九卷，已佚二卷。至《崇文總目》始不著錄，則全佚於北宋初矣。”案：孔廣林《北海經學七錄》各卷，卷端第二行皆題“鄭氏弟子譔”，此乃從《後漢書·鄭玄傳》所載，以爲《鄭志》乃鄭玄之門人所撰集也。惟今傳世尚有孔廣林所輯《通德遺書所見錄》七十一卷，《敘錄》一卷（清光緒十六年山東書局刻本），共收鄭學著作十八種，其中第十七種爲《鄭志》八卷，內容與《北海經學七錄》同，然題“鄭小同編”，與《北海經學七錄》所題有異。

《四庫全書》收錄“《鄭志》三卷《補遺》一卷”，抄錄所據非孔氏所輯本，已如上述。《中國古籍善本書目》著錄“《鄭志》八卷，魏鄭小同撰，清孔廣林輯，清乾隆三十九年古俊樓刻本，清陳鱣校跋並錄清吳騫跋”一種，載上海圖書館收藏。案：此清陳鱣所跋本《鄭志》八卷實即乾隆三十九年古俊樓刻本《北海經學七錄》八卷，此本卷端題“鄭氏弟子譔”，《中國古籍善本書目》題爲“魏鄭小同撰”，又題書名爲“《鄭志》”，恐失原貌矣。本館所藏此本，中國國家圖書館、北京大學圖書館、中國科學院圖書館、湖北省圖書館等亦有收藏。另中國臺北"國家圖書館"藏有清金榜批校本。《四庫未收書輯刊》曾據中國科學院圖書館藏本影印行世，題"清乾隆三十九年古俊樓刻本"，收入第肆輯第玖册。

241

北海經學七録八卷

T154　1104A

《北海經學七録》八卷，清孔廣林輯。傳抄清乾隆三十九年（1774）古俊樓刻本。二册。框高17.5厘米，寬13.4厘米。半葉十行二十字，小字雙行，左右雙邊，白口，單魚尾。版心中鎸書名及卷次。

卷端首行，上題"北海經學七録七之一"，下題"乾隆甲午古俊樓校刊"。次行題"易志，鄭志一，鄭氏弟子譔"。

孔廣林生平已見前條。

此抄本之内容、行款皆與乾隆三十九年（1774）古俊樓刻本同，惟刻本版心黑口，抄本則作白口。考此抄本時見訛字，如卷一"《大畜·六四》：童年之梏"條："答曰：'牛無手，前足施梏也。'"孔廣林注云："此五字依《月令·正義》增。"此抄本"月令"訛爲"月含"。又如卷一"《歸妹·六三》：'歸妹以須'"條："答冷剛云：'須，才智之稱，故屈原之姊以爲名。'"孔廣林注云："見《詩·桑扈·正義》。'姊'本謂'妹'。"抄本"'姊'本謂'妹'"訛作"'姊'本謂'姊'"。又卷二"《顧命》：'胤之舞衣、大貝、鼖鼓在西房。兑之戈、和之弓、垂之竹矢在東房'"條："答云：'成王崩在鎬京。'"抄本"成王"訛爲"成丑"。由此現象，可推此抄本乃據古俊樓刻本抄寫，因抄者無識，故時見訛字也。本館舊目載"疑爲古俊樓刻本之稿本"，恐非。今改題爲"傳抄清乾隆三十九年（1774）古俊樓刻本"。

242

經玩二十卷

T130　3134

《經玩》二十卷，清沈淑撰。清乾隆刻本。八册。框高15.8厘米，寬11.8厘米。半葉九行十六字，左右雙邊，白口，單魚尾。

《經玩總目》下題"常熟沈淑著"。書名葉分三欄，右題"常熟沈季和著"，中題"經玩"，左題"孝德堂藏板"。

書首，首清雍正己酉（七年，1729）六月沈淑《經玩題辭》。題辭末題“同學孫泮思洛、潘元疇莘士、顧謙載齡同校；外生姚承烈纘西、平江後學顧學海、吳門再姪元輅重校；姪椶，男栻，蓺校字”。次《經玩總目》，標題次行題“常熟沈淑著”。中國臺灣大學圖書館所藏同版，《總目》之後，《陸氏經典異文輯》卷一之前，有清雍正乙巳（三年，1725）八月沈淑識語，未立標題，識語之末鎸“吳門湯士超鎸”。本館此本缺此識語。

沈淑生平參前“075　讀詩質疑三十一卷卷首十五卷附經文考異補一卷李氏詩所摘録一卷”條。

此書撰作之由，沈淑於《陸氏經典異文輯》卷一前之識語中云：“雨中少酬酢，得展書卷，欲尋指趣，又悶然無所得，輒作雕蟲之技，紬陸氏《經典釋文》中文字之異者，録爲六卷，而以經傳中文字互異及《注疏》《史》《漢》《説文》諸書所引經傳文異者補之，復得六卷。京邸書少，所見未能翔實，目所過又多漏略，將賡續之，存此以爲耑云。”末署“雍正乙巳八月季和甫沈淑識”。案：乙巳爲雍正三年（1725），此年八月沈淑撰此識語時，乃在京師，其時僅完成《陸氏經典異文輯》六卷及《經典異文補》六卷，其餘部分則尚未撰，故識語末云“將賡續之”、“存此以爲耑”也。考《春秋左傳分國土地名》卷二之末，有沈淑識語云：“杜元凱《釋例》‘土地名’，今未見其書。據注分國，寄示從子輩，便記覽焉。”末署“雍正乙巳秋九月季和父”。據此識語，知《春秋左傳分國土地名》撰於雍正三年（1725）九月，晚於《經玩總目》末之識語一個月。又《左傳職官》卷三之末，亦有識語，末署“雍正乙巳冬十月季和父”，由此知此卷撰於雍正三年十月也。此外，書首所載沈淑《經玩題辭》云：“病中無賴，檢故紙，得《陸氏經典異文輯》諸稿。嗟乎！治經而及此，真所謂‘玩物喪志’者矣。蓋乙巳夏、秋交苦雨而爲之，不可以爲訓也。顧自去秋至今，病不少差，經傳指趣既不能窺尋，即欲復作無益如乙巳之秋，亦不可得，豈非不幸與？好事者令予存之，因名之曰《經玩》，識數語於卷首。”末署“己酉夏六月季和甫沈淑”。案：己酉爲雍正七年（1729），《題辭》既云：“檢故紙，得《陸氏經典異文輯》諸稿。”則此書當成於雍正七年之前矣。又《題辭》中自嘲此書爲“玩物喪志”之作，故取名爲《經玩》也。

《經玩題辭》中僅言“好事者令予存之”，未言及刊刻事，此《題辭》撰於雍正七年，又書名葉僅題“孝德堂藏板”，亦未題刊刻年月。《中國人民大學圖書館古籍善本書目》著録“《經玩五種》二十卷，清沈淑撰”一種，題“清雍正七年（1729）常熟沈氏刻本”。又《“國立臺灣大學”圖書館增訂善本書目》著録“《經玩》二十卷，八册，清沈淑撰”一種，題“清雍正己酉（七年，一七二九）孝德堂刊本"。二者皆以爲刻於雍正七年。惟《美國哈佛大學哈佛燕京圖書館藏中文善本書志・經部》云："按，是書有雍正沈氏孝德堂刻本見諸藏目，唯檢是本避諱已至高宗，如《陸氏經典異文輯》卷一第十五頁'曆'作'歷'，卷六第一頁'弘'闕筆，《春秋左傳土地名》卷一第二十一頁'弘'作'宏'。若以爲原刻之後印，輒未見'孝德堂'字樣，故暫定乾隆刻本。"（葉二百二十五）案：《哈佛燕京善本書志》之説可從。本館此本與哈佛燕京圖書館藏本同版，避諱情形相同。考此本書首《經玩題辭》之末，載有校者姓名，末三行載："姪樅，男栻、槩校字。"方苞《沈編修墓志銘》撰於雍正八年，中云："卒年二十有九。父某，太學生。母某氏。妻蔣氏，有子始三歲，未能訃。"然則雍正七年時，其子尚幼，必不能任讎校之務，知當以定爲"清乾隆刻本"爲妥也。《北京大學圖書館藏古籍善本書目》《中國科學院圖書館藏中文善本書目》等書目亦皆著録作"清乾隆刻本"。

此編共二十卷，分金、石、絲、竹、匏、土、革、木八帙，含書六種：計金帙、石帙收《陸氏經典異文輯》六卷；絲帙、竹帙收《經典異文補》六卷，第六卷題爲"春秋三傳經文考異"；匏帙、土帙含《春秋左傳分國土地名》二卷；革帙收《左傳職官》一卷、《左傳器物宮室》一卷；木帙含《註疏瑣語》四卷。其中《春秋左傳分國土地名》卷一、卷二之後，接《左傳職官》，卷端題"左傳職官卷三"。次接《左傳器物宮室》，卷端題"左傳器物卷四（原注：'見他經者不載'）"。然則此四卷似可視爲同屬一種，則此編乃共收書四種也。

《四庫全書總目》著録，題"《經玩》二十卷，山西巡撫採進本"，入《經部・五經總義類存目》。提要云："此書録唐陸德明《經典釋文》中文字之異者爲六卷，次以經傳中文字互異及録《春秋左傳》中國土地名、職官器物宮室之類爲四卷。次輯注疏十三經瑣語爲四卷。其檢核之功頗爲勤篤，然無所考證發明。若《毛詩》異文補之全引僞《申培詩説》，尤失考也。"

此書《中國古籍善本書目》未著録。中國臺北"國家圖書館"藏有抄本一種，題"《經玩》二十卷，二册，舊鈔本"。書首有清朱綬《經玩提要》。本館此本，另中國國家圖書館、北京大學圖書館、清華大學圖書館、北京師範大學圖書館、上海圖書館、復旦大學圖書館、中國臺灣大學圖書館、美國哈佛大學哈佛燕京圖書館等多館亦有收藏。惟所題刊刻年代，或作"清雍正三年"，或作"清雍正七年"，或作"清乾隆刻本"，頗不一致。《四庫全書存目叢書》嘗據清華大學圖書館藏本影印行世，題"清雍正刻本"，列入《經部》第一五二册，其本沈淑識語置於全書之末。

243

經讀考異八卷補經讀考異一卷句讀敍述二卷補句讀敍述一卷附翟晴江四書考異內句讀一卷

T154　1423

《經讀考異》八卷《補經讀考異》一卷《句讀敍述》二卷《補句讀敍述》一卷，清武億撰；附《翟晴江四書考異內句讀》一卷，清翟灝撰。清乾隆五十四年（1789）小石山房刻本。二册。框高18.6厘米，寬14.2厘米。半葉十行二十一字，小字雙行同，左右雙邊，白口，單魚尾。版心上鐫書名，中鐫卷次及經名。

卷端首行題"經讀考異卷一"，次行題"偃師武億學；男穆淳編"。

首有清乾隆己酉（五十四年，1789）四月王增序，未立標題，版心鐫"序"。正文八卷，各卷之末鐫有不同之校字者姓名，如卷一末鐫"受業魯山李渡校字"，卷二末鐫"授業徐宣校字"。書末有乾隆五十八年（1793）秋八月武億《經讀考異後序》。

武億（1745—1799），字虛谷，一字小石，號授堂，清河南偃師人。《清史列傳》卷六十八《儒林下一》、《清史稿》卷四百八十一《儒林二》俱有傳。乾隆四十五年（1780）進士。五十六年（1791）授山東博山縣知縣。在官勤政愛民，清廉耿直，創范泉書院，進其秀者與之講敦倫理，務實學。以杖責和珅番役，被劾去官，在任僅七月。其後游東昌、臨清間，修魯山、郟縣、寶豐三縣志，藉以自給，繼主講啓文、清源兩書院。嘉慶四年（1799），和珅伏誅，詔舉枉曲，億亦在被舉之列。十一月，縣令捧檄至門，而億先以十月卒矣，年五十五。著有《羣經義證》《經讀考異》《三禮義證》《金石三跋》《偃師金石記》《安陽金石録》《授堂劄記》《授堂文鈔》《授堂詩鈔》等。卒後，其子武穆淳嘗爲之輯刻《授堂遺書》。事迹參見朱珪《前博山縣知縣詔起引見武君墓誌銘》（《知足齋文集》卷五）、姚鼐《博山知縣武君墓表》（《惜抱軒文後集》卷六）、清法式善《武虛谷傳》（《存素堂文集》卷四）、今人陳鴻森撰《武億年譜》（《"中央研究院"歷史語言研究所集刊》85本3分）等。

翟灝生平參見前"216　四書考異二編七十二篇"條。

書首王增序云："偃師武進士虛谷，博貫羣經，著述甚富，家既貧，不能謀剞劂資，加以欿然如不及之衷，若將終秘于篋者。歲之戊申，修縣志，任其事者有人無能補金石者，於是屬進士爲增數十種，始刊《金石遺文記》，海內士大夫之嗜古者不遠千里而致之，靡不稱快。繼此乃有《經讀考異》之刊……進士欲以經術教天下後學，其來清化也，實以授余族弟裕栻與次兒思錫經爲事。每日坐西齋，口講指畫，剖析疑義，如犀分水，彙而輯之，乃成是書。"此序末署

"乾隆己酉四月十三日會稽王增書"，由此知王增序作於乾隆五十四年（己酉）四月，此時《經讀考異》已成書矣。然序未言及刊刻事。

　　書末武億《經讀考異後序》云："《經讀考異》八卷，《序述》二卷，合十卷，又《補》二卷，綴輯少具倫次，蓄已數藏，不敢一际於人。自丁未館西霞先生西齋，日課兩生，與之授讀。因檢昔所究心，故讀至某字屬句，世已口習不復可破，及塾師堅持一讀不能兼通他讀，或一字而上屬下屬，於文皆可兩從，輒有義證，求其致確，時爲兩生言之。後於他方二、三從遊者亦有所授焉。由是日益流聞於外，同人多欲摹寫，予苦無以悉應其求，乃竭貲覓工較刻，凡間歲而成。"序末署："乾隆五十八年歲癸丑秋八月館東昌啓文書院日也，武億序。"據此《序》，知此本刊成於乾隆五十八年。考此本《句讀敘述》前有書名葉，分三欄，右題"乾隆五十四年歲次己酉三月栞"，中題"經讀攷異"，左題"小石山房藏版"。然則乾隆五十四年（1789）爲始刻之年，至五十八年而竣工，故武億《後序》云："凡間歲而成。"

　　《經讀考異》共八卷，計：卷一《易》，卷二《書》，卷三《詩》《周禮》《儀禮》，卷四《禮記》，卷五《春秋左氏傳》，卷六《春秋公羊傳》《穀梁傳》《爾雅》，卷七《論語》，卷八《孟子》。

　　《補經讀考異》一卷，卷端題"偃師武億學"。共補三十三則，計《易》三則，《書》三則，《儀禮》三則，《禮記》一則，《春秋左氏傳》九則，《爾雅》一則，《論語》六則，《孟子》二則，又《左傳》五則。

　　《句讀敘述》二卷，卷端題"偃師武億學；男穆淳編"。上卷含"句讀之始""句讀名義""古曰言今曰句""經句長短之異""章句之學""授經之難"等目；下卷含"誤讀之弊""訂正諸讀破析"等目。

　　《補句讀敘述》一卷，卷端題"偃師武億學"。補《摭言》等書中有關"句讀"之語，共十八則。

　　《翟晴江四書考異內句讀》一卷，乃武億摘録清翟灝所著《四書考異》中有關《四書》句讀之論辨。首有武億之序云："予述《經讀考異》既刊行，始見翟君《四書考異》，句讀離析，多爲證明，實足補予所未及。又其泛引羣解，間與予懸相合者，亦益証此理之同也。輒録如左。"

　　《續修四庫全書總目提要》收録江瀚所撰此書提要，題"《經讀考異》八卷《補經讀考異》一卷《句讀敘述》二卷《補》一卷，《授堂遺書》本，道光癸卯重刊"，提要云："是編爲億授徒清化時著，誠小學之所先事。"下舉《周易・乾・九三》"夕惕若屬无咎"及《尚書・禹貢》"朔南暨聲教訖于四海"二例之句讀，謂《經讀考異》之考辨"二條俱極明允，可概其餘"。又云："至

《句讀敘述》則與此書相爲表裏，故附著焉。"

本館此本《經讀考異》卷七葉八左面，《論語》"傷人乎不問馬"條，有三行剜空痕迹；又《補經讀考異》葉九《孟子》後有空白，其後又接《春秋左氏傳》五則。由以上現象推之，本館此本當爲後印之本，故有剜空及續加之迹。

《四庫全書總目》《中國古籍善本書目》俱未著録。除本館外，另中國國家圖書館、上海圖書館、華東師範大學圖書館、中國臺北"國家圖書館"、中國臺灣大學圖書館，美國哈佛大學哈佛燕京圖書館，日本東京大學圖書館等館亦有收藏。《續修四庫全書》曾據華東師範大學圖書館藏本影印行世，題"清乾隆五十四年小石山房刻本"，列入《經部》第一七三册。另又有清道光二十三年（1843）重刻《授堂遺書》本，《皇清經解》亦嘗收録《經讀考異》八卷，然未收其餘部分。

鈐印有"惺齋"朱文方印、"□書□□氏"朱文長方印二印。案：清呂海寰，號惺齋，此本疑嘗經呂海寰收藏。呂海寰生平參前"161 春秋筆削微旨二十六卷"條。

244
羣經補義五卷周禮疑義舉要七卷

T154　3133

《羣經補義》五卷《周禮疑義舉要》七卷，清江永撰。清乾隆五十七年（1792）方起泰等刻本。六册。

《羣經補義》框高19.5厘米，寬13.8厘米。半葉十行二十二字，小字雙行同，左右雙邊，白口，單魚尾。版心上鐫書名，中鐫卷次及各經名，下偶鐫刻工名。

卷端題"新安江永慎修著；及門諸子同輯；受業姪鴻緒成基編次；姪孫錞、孫錦波校梓"。書名葉分三欄，右題"新安江慎修著"，中題"羣經補義"，左上題"周禮疑義舉要並刻"，左下題"書業堂藏板"，欄上題"讀書隨筆"。

書首，首《江慎修先生讀書隨筆原敍》，末署"乾隆二十五年二月朔日婺源江永"。次《讀書隨筆目録》，末有乾隆五十七年（1792）金榜識語。

江永生平見"169 鄉黨圖考十卷"條。

書首所載《江慎修先生讀書隨筆原叙》中云："學以通經爲要，經義如海，茫無津涯，操蠡以勺，亦隨取而隨獲，今裒所記，録得二十卷，以經爲主，雜說附之。《易》學、《禮》學及步算、聲音、地輿之學，有專書者，詳其本書，不盡采録也。經說《周禮》獨多者，乾隆辛酉，隨休寧程太史恂入都，時方開館修三《禮》，桐城方望溪先生爲《周禮》總裁，荆溪吳太史紱及程太史佐之。

方公虛懷下問，以《周禮》藁置永案頭，命指摘，辭不敢，再三委之，乃隨筆籤出，吳、程二公復採擇，而方公乃裁定焉，其可否亦不敢與知矣。考工之名物，車制尤詳者，後人解説多失其義故也。”末署“乾隆二十五年二月朔日婺源江永”。此《敍》之後，接《讀書隨筆目録》，目録之末，有金榜之識語云：“此江慎修先生《讀書隨筆》原書敍目也。自三卷至七卷，本名《周禮疑義舉要》。先生以其爲隨筆籤答之書，又《夏》《秋》二官尚未卒業，因改名《讀書隨筆》，而以散見羣經諸條，依經類次之，爲十二卷。先生殁，史館檄取其遺書，同門戴東原以《隨筆》之名難以繕進，取其説《周禮》七卷，復名《周禮疑義舉要》；其説羣經五卷，更名《羣經補義》，今據以録入《四庫全書》者是也。先生之族子鴻緒爲刻《羣經補義》，同門方晞原欲竝刻其《周禮疑義舉要》而未遑也，其子起泰、起謙乃校刊之。榜既幸二書竝行，又嘉起泰兄弟之克成父志也。爰取先生《讀書隨筆》原敍竝手定目録冠於前，以存舊觀，而述其分合之由如此。”末署“乾隆壬子門人金榜拜記”。由金榜此識語，可知江永《羣經補義》《周禮疑義舉要》二書原由《讀書隨筆》中所分出。江永之姪江鴻緒曾於乾隆三十八年（1773）刻《羣經補義》五卷（今北京大學圖書館、南京圖書館、湖北省圖書館有藏），江永門人方晞原（1729—1789）欲刻《周禮疑義舉要》，期與《羣經補義》并行而未果，至方晞原之子方起泰、方起謙乃成其父志，校勘《周禮疑義舉要》，與《羣經補義》同時發行，金榜因將江永《讀書隨筆》原敍及目録冠於《羣經補義》之首，使讀者知其分合之由也。

今考《周禮疑義舉要》卷七尾題之下，鐫有“歙西延古樓黃鑑唐鐫”，知此書刻工爲延古樓黃鑑唐。惟出資者乃方起泰、方起謙兄弟，上海圖書館編《中國叢書綜録》著録“《讀書隨筆》，（清）江永撰，清乾隆五十七年（1792）江起泰等刊本”一種，其載刊者爲“江起泰”，恐係誤讀金榜之文也。考金榜云“其子起泰、起謙乃校刊之”，此“其”字乃承前“方晞原”而來，非指江鴻緒也。今諸家圖書館目録或書志著録此書，多作“江起泰等”，故特辨正如上。

此《羣經補義》五卷與《周禮疑義舉要》七卷一併發行，《周禮疑義舉要》爲方起泰等所刻固無疑也。其刻成當在乾隆五十七年（1792）金榜撰識語之前。惟《羣經補義》原已於乾隆三十八年（1773）由江鴻緒刊版，至此乾隆五十七年（1792）與《周禮疑義舉要》并行時，其是否即依原版發行，抑或方起泰兄弟曾予重刻，尚難遽定。本館此本《羣經補義》，第一卷卷端第二至四行題“新安江永慎修著；及門諸子同輯；受業姪鴻緒成基編次；姪孫錞、孫錦波校梓”。然卷二至卷五，卷端則僅第三行題“新安江永慎修著；受業姪鴻緒成基編次”，第二及第四行空白無字，且第三行字體亦與卷一有異。另本館此本版心間見刻工名，計有"文""唐""如""功"等，此等刻工名亦見於江鴻緒初刻本中，惟不如初刻本之完備。以此推之，本館此本《羣經補義》當係據江刻之重刻本也。

《羣經補義》共五卷，計卷一《周易》《尚書》《詩》，卷二《春秋》，卷三《儀禮》《禮記》，卷四《大學》《中庸》《論語》《孟子》，卷五《雜說》、附《訂論語序說》。全書採札記之體，各卷各經皆先標經名，而後分條論之。各經若江永另有專著者，則於經題下注明之，如卷一"周易"下注云："別有《河洛精蘊》詳之"。《詩》下注云："《詩》之叶韻，有《古韻標準》詳之。"卷二《春秋》下注云："經傳地名，別有《春秋地理考實》詳之。"

《四庫全書總目》評此書云："是書取《易》《書》《詩》《春秋》《儀禮》《禮記》《中庸》《論語》《孟子》九經，隨筆詮釋，末附雜說，多能補《註疏》所未及，惟有過矯鄭義者……其他於《禹貢》之輿地、《春秋》之朔閏皆考證賅洽，於經文、註義均有發明，固非空談者所及，亦非捃拾爲博者所及也。"

《周禮疑義舉要》七卷，框高19.5厘米，寬13.8厘米，半葉十行二十二字，小字雙行同。左右雙邊，白口，單魚尾，版心上鐫書名，中鐫卷次及六官名。

卷端首行題"周禮疑義舉要卷一"，未題撰者名。

書首有《江慎修先生周禮疑義舉要目錄》，卷七末，尾題鐫"周禮疑義舉要卷七終"，下鐫"歙西延古樓黃鑑唐鐫"。

此書共七卷，計卷一《天官》，卷二《地官一》，卷三《地官二》，卷四《春官》，卷五《夏官》《秋官》，卷六《考工記一》，卷七《考工記二》。各卷皆首標六官各官之名，其下分條論述。

《四庫全書總目》評此書云："是書融會鄭《注》，參以新說，於經義多所闡發。其解《考工記》二卷，尤爲精核……其他援引典核，率皆類此，其於古制，亦可謂考之詳矣。"

《羣經補義》《周禮疑義舉例》二書，《四庫全書》皆收錄，一入《經部·五經總義類》，一入《經部·禮類一》。《中國古籍善本書目》二書皆未著錄。此"書業堂藏板"二書并行本，除本館外，中國國家圖書館、北京大學圖書館、復旦大學圖書館、美國哈佛大學哈佛燕京圖書館等多館亦有收藏。另北京大學圖書館藏有《周禮疑義舉要》之清抄本。

245

易堂問目四卷

T154　2361

《易堂問目》四卷，清吳鼎撰。清乾隆三十七年（1772）鄒容成刻本。四冊。

框高17.8厘米，寬13.3厘米。半葉十行二十一字，左右雙邊，下綫黑口，單魚尾。版心上鐫書名，中鐫卷次及條目。

卷端題"臣吳鼎輯"。書名葉分三欄，中題"易堂問目"，左右皆空白無字，欄上題"進呈原本"，右上鈐"疑義相與析"朱文橢圓印，左下鈐"迎暉閣藏板"白文方印。

書首，首清乾隆壬辰（三十七年，1772）九月諸洛叙，未立標題，版心鐫"諸叙"。次乾隆壬辰（三十七年）嘉平月（十二月）鄒容成後叙，未立標題，版心鐫"後叙"。次乾隆甲子（九年，1744）仲夏吳鼎自序，未立標題，版心鐫"自序"。次《易堂問目目録》，題"臣吳鼎輯"。

吳鼎，字尊彝，清金匱（今江蘇無錫）人。《清史列傳》卷六十八《儒林傳下一》、《清史稿》卷四百八十《儒林一》俱有傳。《清史列傳》云："吳鼎，字尊彝，江蘇金匱人。乾隆九年舉人。以薦舉經學，授國子監司業，洊擢翰林院侍講學士，轉侍讀學士。大考降左春坊左贊善，遷翰林院侍講，旋休致。所撰有《易例舉要》二卷，《十家易象集説》九十卷，裒宋俞琰、元龍仁夫、明來知德等十家《易》説以繼李鼎祚、董楷之後。其《東莞學案》則專攻陳建《學蔀通辨》作也。"

此書乃吳鼎爲諸生時所撰，鼎歿後，其壻鄒容成始爲之刊刻。吳鼎於自序中，述其撰作之由云："六經疑義蝟多，三《禮》爲甚，古人云'紛如聚訟'，殆有以也。讀經者頗以糾紛爲苦，因每經擇其尤難者，條舉數大事，設爲問難，以啓其端。有經諸儒論定者，即引諸儒之説斷之；有未定，即附臆見商榷，以示歸宿。積久成帙，題曰《易堂問目》。'易堂'者，家塾名也。"此序末署"乾隆甲子仲夏之月，吳鼎識"。知此書成於乾隆九年（甲子，1744）仲夏，其時吳鼎尚未中舉也。又書首諸洛叙云："易堂先生爲諸生時，精通六藝，嘗取其中疑義，先儒各成其是、膠固不可通者，倣漢廷册問之體，采獲所安，以定一尊，顔曰《易堂問目》。後以孝廉舉經學，此書與所著《易象集説》等書進　御，上命翰林及中書官莊寫，藏諸　內府，而官先生司業，後晋侍讀學士。居京師，京師諸公爭覿是書，而春、秋射策之士亦無不寫倣其本。前年先生　予告歸，歿於舟次，而求是書者日以益多。女夫鄒君雲瞻爰取手定正本，付之鐫工，甚盛舉也。"叙末署"乾隆壬辰九月之吉，同邑諸洛書。"此述此書撰作及刊刻之事甚簡明。另鄒容成於後叙中亦云："己丑之秋，先生致政歸，容成私竊自喜，以爲今而後可以躬侍几杖，奉負劍辟咡之詔，略涉諸經之樊，不意舟過下相，示疾告終。嗚呼！是豈獨予小子之不幸哉？先生既歿，與內兄朝綸、烺文及友壻華君廷琳發篋中書，見所著《易象集説》、《集説》附録、《易問·中爻考》、

《卦變考》、《春秋四傳選義》、《易堂問目》、《考律緒言》共若干卷，皆進　呈原本。容成録其副而藏之，而《問目》一書，外間轉寫甚多，不無烏焉之謬。爰取定本，登諸棗梨。先生是書成于甲子之夏，以是秋舉于鄉。越七年，以經學上邀　聖主之知，即授國子監司業，晋侍讀學士，稽古之榮，于先生爲極盛。"後敍之末，署"乾隆壬辰嘉平月次女壻鄒容成百拜書後"。據此，知此書乃刻於乾隆三十七年（壬辰，1772），距吳鼎之歿已三年矣。

此書共四卷，内分十三門，計卷一《郊社》《禘祫》《時享》《廟制》《律呂》五門，卷二《易經》《書經》兩門，卷三《詩經》《周禮》《儀禮》三門，卷四《禮記》《春秋》《諸經》三門。各門之下，復分若干條，全書共二百零五條。書首《易堂問目目録》各門下列有條目，正文中則未標條目，逐載各條之問答。此書各條採策問方式，首頂格載問題，首冠"問"，次低二格列答案，其答多採前儒之説，間有吳氏按語，則加"按"以別之。吳氏自序云："有經諸儒論定者，即引諸儒之説斷之；有未定，即附臆見商榷，以示歸宿。"即此之謂也。

清周中孚《鄭堂讀書記》卷二"《易堂問目》四卷，通行本"條評此書云："其書雖爲對策而設，而經傳中諸大端已具於斯，原始要終，無少罅漏，亦窮經者所必需之書也。"另《續修四庫全書總目提要》收録江瀚所撰此書提要，題"《易堂問目》四卷，乾隆刻本"，提要云："其於郊社、禘祫多主朱子及楊復、陳祥道之説，恐亦未必果爲論定也……《詩》有五際，以應劭'五際：君臣、父子、兄弟、夫婦、朋友'之釋爲是，並録御批於眉云：'所見甚正。'今考《漢書·翼奉傳》曰：'《易》有陰陽，《詩》有五際，《春秋》有災異，皆列終始、推得失、考天心以言王道之安危。'五際與陰陽、災異同稱，其不如應説可知，有義雖正而無取者，此類是也。"案：江瀚所舉"《詩》有五際"例，見《易堂問目》卷三《詩經》門首條，其問云："問：《詩》有四始、六義、五際云何？"考本館所藏此本全書未見録乾隆御批，江瀚提要引書中此條乾隆御批"所見甚正"語，則江瀚所據本乃另一版本，詳見下文。

本館此本書首《易堂問目目録》各門標題下，有佚名以朱筆書條數，《諸經門》之後總計云"二百零五條"，目録末有朱筆識語云："沈著接續，切近精熟，由約而博，按序完足。"

此書《四庫全書總目》未著録。《中國古籍善本書目》著録"《易堂問目》四卷，清吳鼎撰，清乾隆三十七年刻本，清吳卓信批並跋"一種，載常熟市圖書館收藏。

本館此本，北京大學圖書館、上海圖書館，美國哈佛大學哈佛燕京圖書館、柏克萊加州大學東亞圖書館等館亦有收藏。另中國科學院圖書館藏有一部，書名葉中題"御覽易堂問目"，右題"鄉會試策問首經學，奉旨五經並試，誠士子之急務矣"，左題"是編提要鈎元，爲諸經之樞紐，能不寶諸？"《四庫未收書輯刊》第肆輯第玖册曾據以影印，題"清乾隆三十七年鄒容成刻後印本"。《柏克萊加州大學東亞圖書館中文古籍善本書志》所載其館收藏本同於本館此本，其書志中云："此本上海圖書館藏有一部，較此多秦朝釪撰《吳易堂先生家傳》。另有翻刻本一種，封面題'御覽易堂問目'、'鄉會試策問首經學，奉旨五經並試，誠士子之急務矣。是編提要鈎元，爲諸經之樞紐，能不寶諸？'亦無秦朝釪撰傳，板框上有御批。因與此本逼肖，有誤著録爲後印本者。"（葉二十八）此所謂誤著録爲後印本者，當即指如中國科學院圖書館藏本題爲"清乾隆三十七年鄒容成刻後印本"也。今就《四庫未收書輯刊》影印中國科學院圖書館藏本考之，其本字體與乾隆三十七年鄒容成刻本雖近似，然筆畫仍可見其相異者，如"次""以"等字尤爲明顯，知非同版，《柏克萊加州大學東亞圖書館中文古籍善本書志》所言是也。中國科學院圖書館所藏原本書眉當鐫有御批，蓋影印本省去未印。前述江瀚所撰此書提要，嘗引御批之語，其所據當亦爲"御覽易堂問目"本。中國臺北"中央研究院"傅斯年圖書館藏有與中國科學院圖書館藏本同版《易堂問目》一部，其本書眉鐫有御批，其館善本書志題"清刊本"，見其慎也。

246

古經解鈎沉三十卷

T154　8943

《古經解鈎沉》三十卷，清余蕭客撰。清乾隆刻本。十册。框高18厘米，寬13.1厘米。半葉十一行二十字，小字雙行同，四周雙邊，黑口，無魚尾。版心中鐫"鈎沉"及卷次。

卷端首行，上題"序録"，下題"古經解鈎沉一"。次行題"吳郡余蕭客仲林"。書名葉不分欄，二行大字題"古經解／鈎沉"。

余蕭客（1732—1778），字仲林，一字古農，清長洲（今江蘇蘇州）人。《清史列傳》卷六十八《儒林傳下一》、《清史稿》卷四百八十一《儒林傳二》俱有傳。《清史稿》云："蕭客，字古農，長洲人。撰《古經解鈎沉》三十卷，凡唐以前舊説，自諸家經解所引，旁及史傳、類書，片語單詞，悉著於録。清代經學昌明，著述之家，爭及於古，蕭客是書其一也。蕭客又撰《文選紀聞》三十卷，《文選音義》八卷。"另又撰有《文選雜題》《選音樓詩拾》等書。生平另參清任兆麟《余仲林墓誌銘》（見《有竹居集》卷十）及《[同治]蘇州府志》卷八十九等。

此書卷一爲《序録》，區分上、下，《序録》含《前序》、《後序》、《例》（共十則）、《録》、《目》等内容。《録》之次行題"古經解姓氏書目"，載所採用古經解作者及書目。余蕭客於《後序》中述此書撰作之過程云："己卯杪秋蕭客從事《鈎沉》，載寒暑易，《尚書》古注旁搜署徧，而《周易》五卷既削稿，其後得交朱太學文游，學博思精，所藏宋元精本率前日所未見及所求而不得，若王應麟集鄭玄《尚書注》之類，莫不畢據。傳本往還，一瓻無費。越一歲辛巳，遂下榻滋蘭精舍，丹鉛朝夕，樂不爲疲。至於左目幾成青盲，而《鈎沉》得信而有徵於先儒言'匪面命之，言提其耳'焉。壬午二月，目疾甚，百方自療，四月未盡，復轉入虛損，頭不得俯，不得回顧，行不得盤旋，回顧盤旋，眩暈耳鳴，輒通夕不止……壬午夏五，扶疾繕寫，八月書二十九卷畢，先以己卯十月作《前序》，是歲九月作《後序》及《録》，并《前序》爲《序録》第一卷……本名《古注疏鈎沉》。文游曰：'疏以命名，始吳陸璣，其作注下之注，始劉宋張該，不若經解之目本后倉《曲臺記》，義雖不同，新、舊《唐書》已相承分類。'遂定今名。《前序》曰'古經解鈎沉'者，亦今所追改也。"由此余蕭客《後序》所述，知此書經始於乾隆二十四年（己卯，1759），至二十七年（壬午，1762）九月而稿畢。本名爲《古注疏鈎沉》，後因朱文游之建議而改爲《古經解鈎沉》。另《後序》中又言，此書以《序録》爲第一卷，乃本於唐陸德明《經典釋文》之《序録》也。

此本《前序》《後序》皆未言及刊刻事，書名葉僅題"古經解鈎沉"，未題刊刻年月。因書中避"玄""弦""眩""鉉""弘"等字，而不避"顒""寧"等字，且卷四"尚書中"葉四右面眉欄鈐有紅色長方形紙廠印記，中殘存"福建熊正發／精造各色别"等字，此類紙廠印記常見於康熙至乾隆間之刻本中，故定此本爲"清乾隆刻本"。

此書共三十卷，計卷一《序録》，卷二《周易》，卷三至五《尚書》，卷六至七《毛詩》，卷八《周禮》，卷九至十《儀禮》，卷十一至十四《禮記》，卷十五至二十一《左傳》，卷二十二《公羊》，卷二十三《穀梁》，卷二十四《孝經》，卷二十五《論語》，卷二十六至二十七《孟子》，卷二十八至三十《爾雅》。其撰作之例，則《前序》云："暇日因讀《注疏》，摘其所引，并李鼎祚《周易集解》二十七家舊説，益以史傳稗官，百家雜注及《太平御覽》《册府元龜》諸巨編所載，凡涉經義，具有成書，今所不傳，盡《玉海》而止，罔不畢取，仍注所出。其不注者，《周易》，則出李鼎祚《集解》；《尚書》以下即出本經《注疏》。遠自周室，迄于唐代，凡得三十卷。"

此書《四庫全書》收録，《四庫全書總目》題"《古經解鈎沉》三十卷，江蘇巡撫採進本"，提要云："自宋學大行，唐以前訓詁之傳，率遭掊擊，其書亦日就散亡。沿及明人説經者遂憑臆空談，或蕩軼於規矩之外。　國朝儒術昌明，士敦實學，復仰逢我　皇上稽古右文，　詔刊《十三經註疏》，頒行天下。風教觀摩，凡著述之家，争奮發而求及於古，蕭客是書其一也……自序謂創始於己卯，成藁於壬午，晝夜手録，幾於左目青盲而後成帙，其用力亦可謂勤矣。至梁皇侃《論語義疏》，日本尚有全帙；又唐史徵《周易口訣義》，今《永樂大典》尚存遺説，是書列皇氏書於佚亡，而史氏書亦皆未採，蓋海外之本，是時尚未至中國，而天禄之珍，庋藏清秘，非下里寒儒力所能睹也。然經生耳目之所及者，則捃摭亦可謂備矣。"

清周中孚《鄭堂讀書記》卷二"《古經解鈎沉》三十三卷，通行本"條中評云："其但録舊文，不加論斷，實本於衛氏《禮記集説》之例，所謂'他人著書，惟恐不出於己，余此編惟恐不出於人'也。如此著述，極得古人務實之意。近汪韓門師韓反詆之，以爲'鈎沉之書，專掃落葉，所載或詞意甚淺，非窮經者所需'。此論未公，吾不憑也。"

《中國古籍善本書目》著録"《古經解鈎沉》三十卷，清余蕭客撰，清乾隆刻本（四庫底本）"，載吉林省圖書館收藏。另中國國家圖書館、北京大學圖書館、中國科學院圖書館、中國臺北"中央研究院"傅斯年圖書館、日本京都大學人文科學研究所等館亦藏有乾隆刻本，惟或題"清乾隆二十七年刻本"，或題"清乾隆六十年刻本"，或題"清乾隆刻本"，頗不一致。

此書除乾隆刻本外，另又有道光二十年（1840）魯慶恩補修重刻本及光緒二十一年（1895）竹簡齋石印本等。

247

一幅集十八卷

T5481　1834

《一幅集》十八卷，清項淳撰。清乾隆五十五年（1790）刻五十九年（1794）重校印本。六册。框高17.8厘米，寬13.1厘米。半葉十行二十四字，小字雙行同，左右雙邊，白口，單魚尾。版心上鐫書名，中鐫卷次。

卷端首行題"一幅集卷之一（原注：'乾隆乙未'）"。次行，上題"古歙項淳任田"，下題"受業汪超直卿、程鶴慶鶴坡校訂"。書名葉有前、後二面，前面右二行大字題"項任田先生／經説"，左上題"續編、文集嗣出"，左下題"及門諸子編訂"。後面右題"乾隆庚戌鐫"，中題"一幅集"，左題"殖蔭軒藏板"。右下鈐有"甲寅重校／點畫無訛"二行紅字。

書首，首清乾隆五十五年（1790）孟夏月項景《序》。次未署年項淳自序，未立標題，版心鐫"序"。次未署年項桂林跋，未立標題，版心鐫"跋"。次未署年劉椿跋，未立標題，版心鐫"跋"。次《一幅集總目》，末鐫"古歙虬村黃敬斯鐫"。

項淳，字任田，號芸堂，清歙縣（今安徽歙縣）人。乾隆十五年（1750）舉於鄉，二十六年（1761）成進士，授中書，陞吏部主事。歷九年，告假歸鄉，力學不出，設教於鄉里之青士居，卒後，門人立祠於其地，以志思慕。著有《一幅集》、《一幅集續編》、文集等。清趙翼《寄題同年項任田青士居祠堂》詩中云："任田我同榜，薇省班稍後。"（《甌北集》卷四十）項淳事迹參見《［道光］歙縣志》卷八之五《文苑》。

書首項景《序》述此書之撰作及刊刻云："余與弟幼同筆硯，長共晨夕，知其嗜學能文，始終無間。庚午舉於鄉，越十年，遂成進士。薇省銓曹，歷任九載，余曰：'宦情濃，書味淡矣。'丙戌旋里，談別後情事，公餘之暇，猶然青燈一卷也。繼而課子姪，授生徒，潛心經傳，杜門不出，蓋日駸駸乎神與古處。家所藏書，丹黃並下，幾廿餘年，所有會心，登記成帙，今刻已告竣，諸同人問序於余。"此《序》末署"乾隆五十五年歲次庚戌孟夏月惺齋項景識，時年七十有四。"據此《序》，知此書刻成於乾隆五十五年（1790）。另項淳自序亦云："余乙酉冬告假歸里，閒課諸子姪讀書，時以疑義質證，然其間於聖賢之門逕、典文之異同，尚多隔膜。爰本先儒論說，考核明白，另為錄出，閒附管見，庶幾首尾貫穿，次第秩如。自乙未至今十餘載矣，積若干卷。諸生請梓之，以備遺亡，余曰：'此《淮南·俶真》之銷矣，有之，可以備數；無之，未害於用。'謂之《一幅》，鳴謙乎？其自嘲也云爾。"末署"七十老人任田自識"。自序未署年月，序中云"諸生請梓之，以備遺亡"，則當撰於此書將付梓之前。又此書為項氏歸里後，潛心經傳，會心有得之作，其名為《一幅集》，項氏謂取自《淮南子·俶真》以自嘲爾。考《淮南子·俶真》中云："百家異說，各有所出，若夫墨、楊、申、商之於治道，猶蓋之無一橑，而輪之無一幅，有之，可以備數，無之，未有害於用也。已自以為獨擅之，不通之于天地之情也。"項氏名其書曰《一幅集》，亦可見其謙也。

此本刻於乾隆五十五年（1790），書名葉題"乾隆庚戌鐫"，可以參證。另據《一幅集總目》末所載，知鐫者為古歙虬村黃敬斯。惟本館此本書名葉右下方鈐有"甲寅重校／點畫無訛"二行紅字，知為乾隆五十九年（甲寅，1794）之重校印本也。又書名葉首面題"項任田先生／經說""續編、文集嗣出""及

門諸子編訂”，則知此《一幅集》刊行之後，預訂將繼續出版《一幅集續編》及
項氏文集，此時二書則尚未刊行。今中國國家圖書館藏有“《一幅集續編》十二
卷”一部，清嘉慶十一年（1806）殖蔭軒刻本。

此書共十八卷，不分經而以編年爲卷，一年一卷，各卷卷端皆注明年份，
卷一乙未，卷二丙申，卷三丁酉，卷四戊戌，卷五己亥，卷六庚子，卷七辛丑，
卷八壬寅，卷九癸卯，卷十甲辰，卷十一乙巳，卷十二丙午，卷十三丁未，卷
十四戊申，卷十五己酉，卷十六至十八補録。書採札記體，各卷之中未依經編
次，前後錯雜，皆先立標題，次作論述。其文或長或短，不一其例。如卷一“鳴
鳩”條僅謂“此詩見誠中形外之旨，見正己正人之功，見德福相因之理”。另同
卷“時享節次”條，所論則逾四葉。整體而觀，書中以論《禮》爲多。

項桂林跋此書云：“師耽經籍，得一粹語，輒筆於書，閒以己意鎔鑄經義，
而持論平允，出以恬和，積廿餘年，不覺成帙……此書援引，針芥相投，匠心
獨運，談理之妙，得其意者，旦暮遇之。集名《一幅》，非破萬卷而能會於一
耶？柳柳州之《車說》備矣，豈徒三十輻爲車之用已耶？”

《續修四庫全書總目提要》收録倫明所撰此書提要，題“《一幅集》十八
卷，乾隆五十五年殖蔭軒刊本”，提要云：“自序稱‘本先儒論説，考核明白，
間附管見，首尾貫穿。’卷十八有一條云：‘羽翼經傳之功，宋儒最鉅。’又引徐
幹《中論・治學篇》曰：‘凡學者，大義爲先，物名爲後，不能統其大義之所極
以獲先王之心，此無異乎女史誦《詩》、内豎傳令’云云，故其大旨，專宗宋
儒，下及元明。書中論禮最詳，亦以宋儒爲準。每引後世史事爲證。於聲音訓
詁，概未之及。蓋淳生乾隆之世，程、朱之燄尚熾，許、鄭之灰未燃。淳所纂
集，雖難語夫精博，尚不騖於新奇，其可取者自有在也。惟‘不能五十里’一
條，卷十三與卷五相複，著者縱不復憶，豈校者亦不及覺耶？”

此書《四庫全書總目》未著録。《中國古籍善本書目》著録“《一幅集》
十八卷，清項淳撰，清乾隆五十五年殖蔭軒刻本”一種，載中國國家圖書館、
復旦大學圖書館及歙縣博物館等三館收藏。此外，美國哈佛大學哈佛燕京圖書
館亦有收藏。另中國科學院圖書館所藏本與本館此本同，書名葉亦鈐有“甲寅
重校／點畫無訛”二行紅字。《四庫未收書輯刊》嘗據中國科學院圖書館藏本影
印，題“清乾隆五十五殖蔭軒刻本”，列入第貳輯第拾伍册。

小學類

彙　編

248

五雅四十一卷

T5070　1785

　　《五雅》四十一卷，明郎奎金編。明天啓六年（1626）郎氏堂策檻刻清印本。十二册。框高21.4厘米，寬13.8厘米。半葉九行二十字，小字雙行同，四周單邊，白口，無魚尾。

　　書首，首未署年張堯翼《五雅序》。次明天啓丙寅（六年，1626）孟冬郎奎金《五雅自序》。次《五雅凡例》，共六則。

　　郎奎金，字公在，明仁和（今浙江杭州）人。父郎兆玉，字完白，號明懷。郎氏兄弟斗金、奎金、璧金三人及其父兆玉之事迹，并參見前“094　注釋古周禮五卷考工記一卷”條。

　　明萬曆間，畢效欽嘗編有《五雅》，含《爾雅》《廣雅》《釋名》《埤雅》《爾雅翼》等五書，又名《博古全雅》。郎氏此書則針對畢氏《五雅》，去其《爾雅翼》，而增以《小爾雅》，另又將劉熙《釋名》一書改稱爲《逸雅》。郎奎金《五雅自序》云：“經有五，《雅》亦五者何？存《雅》以準經也。何稱乎《五雅》？《爾雅》昉于周公，沿踵兹繁，舊有《全雅》一書，今汰《爾雅翼》，入以孔鮒《小爾雅》，合劉熙《逸雅》、張揖《廣雅》，並《埤雅》，得五焉，是曰《五雅》。”另《五雅凡例》首則亦云：“是書向有《博古全雅》行世，而《小爾雅》闕焉，弗睹古《雅》面目，今特彙梓以助博雅者之觀鑒云。”由此可知其去取之用意。郎氏此書之編，乃本於其父郎兆玉彙輯，《五雅自序》又云：“余先子淵靖嗜古，經學不減王、鄭，晚一官拓落，益復肆力研討。嘗彙輯五書，命不肖曰：‘《雅》之亡也久矣，《雅》存則經存，小子識之！’不肖苦由伏讀，手澤未湮，爲讐校殺青以傳。役甫竣，夢先子呼不肖曰：‘若知《五雅》準五經也，亦知無色爲五色君、無聲爲五聲主、無味爲五味始乎？若而譅誠多誦、資博辯已爾。《易》之失，鬼；《詩》之失，愚；《書》之失，拘；《禮》之失，忮；《春秋》之失，訾；經亡益也，安取《雅》爲？’余覺而劃然心開，淫淫汗浹踵也。泚筆書之以諗夫博雅君子。”此《序》末署“天啓丙寅歲孟冬武林棘人郎奎金公在父撰"。由《序》中云："爲讐挍殺青以傳""役甫竣"，則天啓六年（丙寅，1626）撰《序》時此書已付梓矣。又考《五雅凡例》末則云："《雅》以輔經，子焰既張，經脉幾熄，故特付殺青，以存《雅》道，讀是編者督之。"然則郎氏《序》中所謂"殺青以傳"乃指刊刻，亦可互證而明也。

惟此《五雅》付梓前之校讐，亦非僅郎奎金一人之力爲之，考《小爾雅》卷端題"明朱師賓重訂、郎璧金糾讐"，知《小爾雅》乃郎璧金所校，璧金乃奎金之弟也。今存世有漢班固撰《白虎通德論》四卷，明天啓六年（1626）堂策檻刻本，卷端題"漢扶風班固孟堅纂集，明武林郎璧金公府訂定"，書首有天啓丙寅郎璧金序。由此推之，蓋郎奎金之父郎兆玉卒後，郎氏兄弟共校其父所輯之遺書，故天啓六年有《五雅》《白虎通德論》等書之刊刻也。

此書《爾雅》二卷，版心上鎸"爾雅"，中鎸卷次，下鎸"堂策檻"。卷端題"晋郭璞景純註，明葉自本茂叔重訂、郎奎金公在糾讐"。書首有郭璞《爾雅序》《爾雅目録》。上、下卷之末，附有各篇之音釋。

《廣雅》十卷，版心上鎸"廣雅"，中鎸卷次，下鎸"堂策檻"。卷端題"魏張揖纂集，隋曹憲音釋，明葉自本重訂、郎奎金糾讐"。惟第七卷至第十卷，卷端"葉自本重訂"改爲"石九鼎重訂"。書首有明天啓六年（1626）吳本泰《敍廣雅》、張揖《上廣雅表》。

《小爾雅》一卷，版心上鎸"小爾雅"，下鎸"堂策檻"。卷端題"漢孔鮒纂集，宋咸注釋，明朱師賓重訂、郎璧金糾讐"。書名葉分三欄，右題"堂策檻訂定"，中題"小爾雅"，左題"武林郎荀藏"。書首有《小爾雅目録》。

《逸雅》八卷，版心上鎸"逸雅"，中鎸卷次，下鑑"堂策檻"。卷端題"漢劉熙成國撰，明石九鼎禹冶重訂"。書首有劉熙《逸雅釋名自序》。《逸雅》八卷，各卷所題重訂、糾讐者頗不一致，計卷一"明石九鼎禹冶重訂"，卷二"明郎斗金公宣糾讐"，卷三"明郎璧金公府重訂"，卷四"明石九鼎禹冶重訂"，卷五"明郎斗金公宣重訂"，卷六"明石九鼎禹冶重訂"，卷七"明郎斗金公宣重訂"，卷八"明郎奎金公在重訂"。知此書乃由郎氏兄弟及石九鼎共任校訂之役也。考《四庫全書總目》著録："《釋名》八卷，內府藏本。"提要云："別本或題曰'《逸雅》'，蓋明郎奎金取是書與《爾雅》《小爾雅》《廣雅》《埤雅》合刻，名曰《五雅》。以四書皆有'雅'名，遂改題《逸雅》，以從類，非其本目，今不從之。"據《四庫全書總目》提要此説，似改稱《釋名》爲《逸雅》，乃自郎氏此《五雅》始也。

《埤雅》二十卷，版心上鎸"埤雅"，中鎸卷次，下鎸"堂策檻"。卷端題"宋陸佃撰，明葉自本茂叔參閲、郎奎金公在糾讐"。首有宋宣和七年（1125）

六月羅宰《埤雅序》。

本館此本《廣雅》《埤雅》二書，眉欄偶鐫有校語。又《廣雅》卷一葉八右面，《埤雅》卷三葉八右面，卷六葉十四右面，卷十葉三右面等處皆見鈐有藍色長條形之紙廠印記，此爲清康熙至乾隆間紙張之特徵，疑此本爲清代此時期之印本。

《四庫全書總目》未著録。《中國古籍善本書目》著録"《五雅》四十一卷，明朗奎金編，明天啓六年郎氏堂策檻刻本"，載北京大學圖書館等二十七館收藏。此外又著録另一部，其中《埤雅》有傅增湘校并跋，藏中國國家圖書館。另中國臺北"國家圖書館"、中國臺灣大學圖書館，美國哈佛大學哈佛燕京圖書館，加拿大多倫多大學東亞圖書館，英屬哥倫比亞大學圖書館，日本東京大學東洋文化研究所、京都大學人文科學研究所、内閣文庫等多館亦有收藏。

鈐印有"儒林鴻寶"白文方印。

249
曹棟亭五種六十五卷

T5128　5638

《曹棟亭五種》六十五卷，清曹寅輯。清康熙四十五年（1706）曹寅揚州詩局刻本。四十冊。

曹寅（1658—1712），字子清，號荔軒，又號棟亭，清漢軍正白旗人。《清史列傳》卷七十一《文苑傳二》、《清史稿》卷四百八十五《文苑二》俱有傳。《清史列傳》云："曹寅，字子清，漢軍正白旗人。父璽，官工部尚書。寅官通政使、江寧織造，兼巡視兩淮鹽政。性嗜學，校刊古書甚精，嘗刊《音韻五種》及《棟亭十二種》。工詩，出入白居易、蘇軾之間。著有《棟亭詩鈔》八卷。又好騎射，嘗謂讀書、射獵，自無相妨。又著有《詩鈔別集》四卷、《詞鈔》一卷。"曹寅喜藏書，編有《棟亭書目》。另嘗奉敕主持《全唐詩》《佩文韻府》之刊刻。事迹另參《國朝耆獻類徵》卷一百六十四。

據清宋犖《迎鑾三紀》卷四所載，康熙帝於四十四年（1705）初，第五次南巡，三月十七日"駕幸蘇州，駐蹕行宮"，十八日"命宋犖刻《御批資治通鑑綱目》"，十九日"上發《全唐詩》一部，命江寧織造曹寅校刊，以翰林彭定求等九人分校"。此爲曹寅受命刊刻《全唐詩》之始。康熙四十四年五月，於揚州天寧寺設立"揚州詩局"進行《全唐詩》之刊刻，至康熙四十五年七月大致完工，十月裝潢成帙進呈康熙帝御覽。曹寅於四十五年（1706）七月一日上康熙帝之奏摺中云："遵旨校刊全唐詩集，目下刊刻只剩五百餘頁，大約本月內可以刻完，八月内校對錯字畢，即可全本進呈。”可知康熙四十五年七月時《全唐詩》當已大致刻完。曹寅於《全唐詩》刊刻竣工之後，又就其私人藏書中擇其善本，付“揚州詩局”刊刻，計有今所見《曹楝亭五種》《楝亭藏書十二種》及《隸續》等共十八種，此十八種書皆鐫有“楝亭藏本丙戌九月／重刻于揚州使院”長方形牌記，書名葉或題“楝亭藏本”“揚州詩局重刊”，可知乃康熙四十五年（丙戌，1706）在“揚州詩局”據曹寅藏本重刊也。《曹楝亭五種》，以下分述之。

（一）《大廣益會玉篇》三十卷

梁顧野王撰，唐孫強增字，宋陳彭年等重修。六册。半葉八行二十字，左右雙邊，綫黑口，無魚尾。版心中鐫“玉篇”及卷次。

卷端首行題“大廣益會玉篇卷第一（原注：‘凡八部’）”。書名葉分三欄，右題“楝亭藏本”，中題“宋本玉篇”，左題“揚州詩局重刊”。

書首，首宋大中祥符六年（1013）敕牒。次梁顧野王啓一篇，未立標題，未署撰者姓名，版心鐫“玉篇序”。次《大廣益會玉篇總目》，《總目》之末鐫有“楝亭藏本丙戌九月／重刻于揚州使院”長方形牌記。書末載《新加偏傍正俗不同例》《類隔更音和切》《分毫字樣》及沙門神珙所撰《四聲五音九弄反紐圖并序》。

顧野王（518—581），字希馮，南朝梁吳郡吳（今屬江蘇蘇州）人。《陳書》卷三十《列傳》第二十四、《南史》卷六十九《列傳》第五十九俱有傳。《南史》云：“顧野王，字希馮，吳郡吳人也……野王幼好學。七歲，讀五經，略知大旨。九歲能屬文……梁大同四年，除太學博士。遷中領軍臨賀王府記事參軍……高祖作宰，爲金威將軍、安東臨川王府記事參軍，尋轉府諮議參軍。天嘉元年，勅補撰史學士，尋加招遠將軍。光大元年，除鎮東鄱陽王諮議參軍。太建二年，遷國子博士。後主在東宮，野王兼東宮管記，本官如故。六年，除太子率更令，尋領大著作，掌國史，知梁史事，兼東宮通事舍人……十三年卒，時年六十三……其所撰著《玉篇》三十卷，《輿地志》三十卷，《符瑞圖》十卷，《顧氏譜傳》十卷，《分野樞要》一卷，《續洞冥記》一卷，《玄象表》一卷，並行於世。又撰《通史要略》一百卷，《國史紀傳》二百卷，未就而卒。有文集二十卷。”

此書《四庫全書》收録。《四庫全書總目》題云“《重修玉篇》三十卷，兵部侍郎紀昀家藏本”，提要云：“梁大同九年黃門侍郎兼太學博士顧野王撰，唐上元元年富春孫強增加字，宋大中祥符六年陳彭年、吳鋭、邱雍等重修。凡五百四十部。今世所行凡三本，一爲張士俊所刊，前有野王《序》一篇，啓一篇，後有神珙《反紐圖》及《分毫字樣》，朱彝尊序之，稱'上元本'。一爲曹寅所刊，與張本一字無異，惟前多大中祥符勑牒一道，稱'重修本'。一爲明內府所刊，字數與二本同，而每部之中，次序不同，註文稍畧，亦稱'大中祥符重修本'。按《文獻通攷》載'《玉篇》三十卷'，引晁公武《讀書志》曰：'梁顧野王撰，唐孫強又嘗增字，釋神珙《反紐圖》附於後。'又載'《重修玉篇》三十卷'，引《崇文總目》曰：'翰林學士陳彭年與史館校刊吳銳、直集賢院邱雍等重加刊定。'是宋時《玉篇》原有二本，彭年等進書表稱'蕭奉詔條俾從詳閱，訛謬者悉加刊定，敷淺者仍事討論'。其勑牒所列字數稱'舊一十五萬六百四十一言，新五萬一千一百二十九言，新舊總二十萬九千七百七十言，註四十萬七千五百有三十字。'是彭年等大有增删，已非孫強之舊，故明內府本及曹本均稱'重修'，張本既與曹本同，則亦重修本矣，乃删去重修之牒，詭稱上元本，而大中祥符所改'大廣益會'之名及卷首所列字數仍未及削改，可謂拙於作僞。彝尊序乃謂勝於今行'大廣益'本，殆亦未見所刊而以意漫書歟？"據《四庫全書總目》所述，清代所通行之《玉篇》有三種，此康熙四十五年（1706）曹寅揚州詩局刻本（《四庫總目》或簡稱爲"曹本"）即爲其中之一，稱"重修本"。另有明內府刊本，亦稱"大中祥符重修本"。另有張士俊所刊，即世所稱"澤存堂本"，其本書首有清朱彝尊《重刊玉篇序》稱："予寓居吳下，借得宋槧上元本于毛氏汲古閣，張子士俊請開雕焉。"此即《四庫總目》所謂"朱彝尊序之，稱'上元本'"者也。惟《四庫全書總目》又辨其本實與曹本同，乃宋代陳彭年之重修本，非唐代上元孫強增字之"上元本"也。

今學者馮先思撰《四庫本〈玉篇〉版本考》一文（文刊《圖書館雜誌》第38卷第8期，2015年8月出版），論及張士俊澤存堂本與曹寅揚州詩局刊本所據皆爲宋浙江刻本，今日本宮內廳書陵部藏有此宋浙江刻本之宋元遞修本，惟澤存堂本與曹本皆對宋刻本有所校改。馮氏比對《四庫全書》本與張、曹二本，確定《四庫全書》本較接近於曹本，當係以曹本爲抄錄之底本。馮氏此文可供參考。

此本題《大廣益會玉篇》，已非梁顧野王之舊，亦非唐孫強增字之本，乃宋陳彭年等重修之本也。全書三十卷，依部首排列，始於"一""上""示"，終於"酉""戌""亥"，共五百四十二部，比《説文解字》多二部。《大廣益會玉篇》之部首雖大體採用《説文解字》之部首，然頗有增删，且排列次序亦頗有改易，胡樸安《中國文字學史》謂："《玉篇》部首，始于一、上、示，終于十干、十支，與《説文解字》相同，而中間則全不相同，其部首之排列，似以字義之類相次，而不甚精密。"（葉八十五）此書釋字，先標音讀，後釋字義。標音以反切爲主，偶用直音。釋義多引《説文解字》及他書以釋之，此外亦載或體字。其釋字之例，如"一"部首字，釋云："一，於逸切。《説文》曰：'惟初太始，道立於一，造分天地，化成萬物。'《道德經》云：'昔之得一者，天得一以清，地得一以寧，神得一以靈，谷得一以盈，萬物得一以生，侯王得一以爲天下正。'王弼曰：'一者，數之始也，物之極也。'又同也，少也，初也。或作壹。"由此可知其大概矣。

此書末載《分毫字樣》，共收形體相近容易混淆之字二百四十八字，以二字爲一組加以辨別，如首云："逴還：上徒苔反，合也。下胡關反，返也。"此有助於區分形體相近之字。次爲唐沙門神珙之《四聲五音九弄反紐圖并序》，題"沙門神珙撰"。神珙《序》云："昔有梁朝沈約，創立紐字之圖，皆以平書，碎尋難見。唐又有陽甯公、南陽釋處忠，此二公者，又撰《元和韻譜》，與文約義詞理稍繁，淺劣之徒，尋求難顯，猶如'匕、匕；彡、彳'之字（寶三案：'匕、匕'二字，字形全同，當有一字誤刻），寫人會有改張，紐字若不列圖，不肖再傳皆失。今此列圖曉示，義理易彰，爲於韻切之樞機，亦是詩人之鈐鍵也。譜曰：平聲者哀而安，上聲者厲而舉，去聲者清而遠，入聲者直而促。傍紐者皆是雙聲，正在一紐之中，傍出四聲之外，傍、正之目，自此而分清濁也。故列五箇圓圖者，即是五聲之圖，每圖皆從五音字，行皆左轉，中有注説之。又列二箇方圖者，即是九弄之圖，圖中取一字爲頭，橫列爲圖，首目題傍、正之文以別之。"《序》文之後，次接《五音聲論》、五音之圖、九弄之圖、《羅文反樣》等，惟戴震《聲韻考》疑《五音聲論》非神珙之作。神珙此《四聲五音九弄反紐圖》，可作爲研究中國聲韻學史之寶貴材料。

清光緒年間，黎庶昌出使日本，得唐寫本《玉篇》零卷，起於"言"部，迄於"幸"部，共存二十三部，二千一百餘字，黎氏將之刊入《古逸叢書》，稱《原本玉篇》。另羅振玉以《古逸叢書》本所刊未善，於一九一七年又再影印發行。此《玉篇》殘卷近於顧野王《玉篇》之原貌，學者貴之。

（二）《宋重修廣韻》五卷

宋陳彭年等撰。五冊。框高16.4厘米，寬11.5厘米。半葉八行，字數不等，小字雙行二十字，左右雙邊，綫黑口，無魚尾。版心上鐫"廣韻"、卷次及卷目。

卷端首行題"宋重修廣韻上平聲卷第一"。書名葉分三欄，右題"棟亭藏本"，中題"宋本廣韻"，左題"揚州詩局重刊"。

書首，首宋大中祥符元年（1008）敕牒。次隋仁壽元年（601）陸法言切韻序。次唐天寶十載（751）《陳州司法孫緬唐韻序》。卷一至四，卷末皆鐫有"棟亭藏本丙戌九月／重刻于揚州使院"長方形牌記。

陳彭年（961—1017），字永年，宋撫州南城縣（今江西南城）人。《宋史》卷二百八十七有傳。彭年雍熙二年（985）始中第，歷任江陵府司理參軍、江陵主簿、衛尉寺丞、秘書郎、直史館崇文院檢討、右正言、龍圖閣待制、兵部郎中、龍圖閣直學士、右諫議大夫兼秘書監、工部侍郎、兵部侍郎等職。曾與修《册府元龜》《廣韻》等書，另撰有《江南別録》《貢舉敍略》《宸章集》《文僖集》等。

此本爲揚州詩局據曹寅舊藏宋本重刻，共五卷，前四卷注文較詳，第五卷注文較略，當爲配本。清顧廣圻《思適齋集·書元槧廣韻後》中云：“今世之《廣韻》凡三，一澤存堂詳本，一明内府略本，一局刻平、上、去詳而入略本。三者迥異，各有所祖。傳是樓所藏宋槧者，澤存堂刻之祖也。曹棟亭所藏宋槧，第五卷配元槧者，局刻之祖也。此元槧者，明内府本及家亭林重刻之祖也……又局刻所配入聲，與此本迥異，疑宋代別有略本流傳如此也。”案：顧廣圻此文初謂曹刻本第五卷所配爲元槧本，其下又疑宋代別有略本流傳，爲曹本第五卷之所據。另清陳澧《切韻考》卷一亦云：“今世所傳《廣韻》二種，其一注多，其一注少。注多者有張士俊刻本，注少者有明刻本、顧亭林本。又有曹棟亭刻本，前四卷與張本同，第五卷注少，而又與明本、顧本不同。”由顧、陳二氏所述，可知此曹刻《廣韻》之底本及其版本特點。

《四庫全書》收録“《廣韻》五卷”及“《重修廣韻》五卷”兩種，《四庫全書總目》於前一種題云“《廣韻》五卷，内府藏本”，提要云：“不著撰人名氏。考世行《廣韻》，凡二本，一爲宋陳彭年、邱雍等所重修，一爲此本。前有孫愐《唐韻序》，注文比重修本頗簡。”後一種題云：“《重修廣韻》五卷，兩淮馬裕家藏本。”提要云：“此本爲蘇州張士俊從宋槧翻雕，中間已缺欽宗諱，蓋建炎以後重刊。”知《四庫全書》所收録二種皆非據此曹寅揚州詩局刻本也。

此書五卷，内容另參“268 廣韻五卷”條。

本館所藏此本，有兩處見鈐有藍、紅色長條形紙廠印記，一爲上聲卷三葉九十二右面，一爲入聲卷五葉四右面。二處皆鈐於紙張印有文字之背面。

（三）《集韻》十卷

宋丁度等撰。十册。框高16.4厘米，寬11.5厘米。半葉八行，小字雙行二十字，左右雙邊，綫黑口，無魚尾。版心中鐫書名、韻類及卷次。

卷端首行題“集韻卷之一”，第二、三行題“翰林學士兼侍讀學士朝請大夫尚書左司郎中知制誥判秘閣兼判太常禮院群牧使柱國濟陽郡開國侯食邑一千二百户賜紫金魚袋臣丁度等奉／敕脩定”。書名葉中題“集韻”，左題“棟亭藏本”。

卷十之後，鐫有一文，文存六行，未完，依日本宮內廳書陵部藏宋本《集韻》校之，知爲宋寶元二年（1039）延和殿奉旨鏤版施行牒文。又各卷之末，鐫有“棟亭藏本丙戌九月／重刻于揚州使院”長方形牌記。

丁度（990—1053），字公雅，宋祥符（今河南祥符）人。《宋史》卷二百九十二《列傳》第五十一有傳。傳云：“度強力學問，好讀《尚書》，嘗擬爲《書命》十餘篇。大中祥符中，登服勤詞學科，爲大理評事，通判通州，改太子中允，直集賢院。”後歷任中書舍人、端明殿學士、知審刑院、工部侍郎、樞密副使、觀文殿學士、尚書右丞等職。著有《邇英聖覽》《龜鑑精義》《編年總錄》等。嘗奉詔修纂《集韻》《武經總要》等書。

此本刊刻所據爲毛氏家藏傳抄本，今傳世《集韻》刊本另有“清康熙四十五年曹寅揚州使院刻嘉慶十九年重修本”一種，上海圖書館有藏，其本書首清顧廣圻《補刊集韻序》中云：“元、明之際，鮮究小學，此書僅存，幸逢 國朝右文，秀水朱檢討彝尊從毛扆斧季家得其傳抄本，於康熙丙戌歲，屬曹通政寅刊之，由是與同時所刊《廣韻》各書並行於世。《集韻》以無他刻，學者尤重之，版存江寧榷使署。”由此可知此本刊刻所據。

此書乃宋丁度等重新刊定《廣韻》而成。卷一《韻例》中云：“近世小學寖廢，六書亡缺，臨文用字，不給所求。隋陸法言、唐李舟、孫愐各加裒撰，以裨其闕。 先帝時命陳彭年、丘雍因法言韻，就爲刊益。景祐四年，太常博士直史館宋祁、太常丞直史館鄭戩建言：彭年、雍所定，多用舊文，繁略失當。因詔祁、戩與國子監直講賈昌朝、王洙同加脩定，刑部郎中知制誥丁度、禮部員外郎知制誥李淑爲之典領……字五万（萬）三千五百二十五［原注：‘新增二万（萬）七千三百三十一字’］分十卷。 詔名曰《集韻》。”據宋本書末牒文所載，《集韻》於寶元二年（1039）九月書成進呈，延和殿并奉旨鏤版施行。

此書舊題丁度等撰，然或謂司馬光亦嘗參與其事。《四庫全書總目》云：“（前略）然考司馬光《切韻指掌圖序》稱：‘仁宗皇帝詔翰林學士丁公度、李公淑增崇韻學，自許叔重而降，凡數十家，總爲《集韻》，而以賈公昌朝、王公洙爲之屬。治平四年，余得旨繼纂其職，書成上之，有詔頒焉。嘗因討究之暇，科別清濁，爲二十圖。’云云，則此書奏於英宗時，非仁宗時，成於司馬光之手，非盡出丁度等也。”後世學者，於《集韻》撰者，或主丁度等，或主司馬光，各持所據，迄未能定。

此書共十卷，計平聲四卷，上、去、入聲各二卷。分韻雖與《廣韻》同爲二百零六，然於《廣韻》之韻部頗有改併移易。

清周中孚《鄭堂讀書記》卷十四 "《集韻》十卷，江寧権使署補刊本" 條，論此書云："其書凡平聲四卷，但作平聲一、二、三、四，而無上、下平聲之稱。上聲、去聲、入聲各分上、下二卷，共五萬三千五百二十五字，視大中重修《廣韻》增二萬七千三百三十一字，於《廣韻》舊部改併移易，頗未允協，而删《廣韻》注文之宂，頗見體裁。又多列重文，雅俗不辨，兼存籀篆，殊爲蕪雜。反删去重音之互注，使兩收之字不明，則不及於《廣韻》遠矣。"

（四）《類篇》十五卷

宋司馬光等撰。十四册。框高 16.7 厘米，寬 11.6 厘米。半葉八行，小字雙行二十字，左右雙邊，綫黑口，無魚尾。版心上鐫書名及卷次。

卷端首行，上題 "類篇卷第一上"，下題 "卷之一"，第二、三行題 "朝散大夫右諫議大夫權御史中丞充理檢使上護軍河内郡開國侯食邑一千三百户賜紫金魚袋臣司馬光等奉／敕脩纂"。書名葉右上題 "司馬温公纂"，右下題 "棟亭藏本"，中題 "類篇"，左題 "揚州詩局重刊"。

書首有《類篇序》，未署撰者名。書末有跋文，未立標題，未署撰者名。跋文後鐫 "棟亭藏本丙戌九月／重刻于揚州使院" 長方形牌記，牌記後鐫 "姪曰瑛／受業門人俞養直仝校" 二行文字。

司馬光（1019—1086），字君實，號迂叟，宋夏縣（今山西夏縣）人。《宋史》卷三三六《列傳》第九十五有傳。司馬光仁宗寶元元年（1038）中進士甲科，歷仕仁宗、英宗、神宗、哲宗四朝，曾任奉禮部、開封府推官、龍圖閣直學士、翰林學士、樞密副使、端明殿學士知永興軍、尚書左僕射兼門下侍郎等職。神宗時，因王安石推行新法，司馬光離京居洛十五年，著《資治通鑑》。元豐八年（1085），神宗卒，哲宗立，年幼，由祖母太皇太后臨政，起用司馬光，拜尚書左僕射兼門下侍郎，廢新法。元祐元年（1086）九月病卒。著有《易説》《類篇》《切韻指掌圖》《資治通鑑》《稽古録》《涑水紀聞》《翰林詩草》《司馬文正公集》等多種。

曹寅此本刊刻所據，未見明言。惟光緒二年（1876）姚覲元據曹本《類篇》重刻，其重刻本書末載有朱彝尊所撰《合刻集韻類篇跋》，《跋》文中云："聖天子文軌之盛，包海内外，野無遺賢，終始典學，香廚中簿之藏，分授詞臣，編摹會粹，而通政司使巡視兩淮鹽課監察御史　曹公奉　命編壽《全唐詩》，歷五年，所較舊本廣益三百餘篇，鋟諸棗木，用呈　乙覽。復念詩之醇疵，一本乎韻，韻之乖合，原于六書。既鋟《玉篇》《廣韻》，又求《集韻》《類篇》善本，讎勘雕印以行。" 末署 "康熙丙戌重九日前侍直南書房翰林院檢討秀水朱彝尊跋於揚州使院"。《跋》文後載洪嘉植、王歝等三十二名校者姓名。本館所藏此本

741

《類篇》未見此《跋》，原本當有之。據朱彝尊此《跋》，知曹寅刻《集韻》《類篇》既是所謂"合刻"，兩書之來源或有密切關係。曹本《集韻》所據既是汲古閣藏傳抄本，則《類篇》蓋亦如此也。今上海圖書館藏有《類篇》"清初毛氏汲古閣影宋抄本"一部，或可作爲佐證。

此書之編撰，書首《類篇序》云："蓋景祐中諸儒始受　詔爲《集韻》之書，既而以爲有形存而聲亡者，不可以貫得於《集韻》，於是又　詔爲《類篇》。凡受　詔累年而後成。"又書末所載之跋文云："寶元二年十一月，翰林院學士丁度等奏：'今脩《集韻》，添字既多，與顧野王《玉篇》不相參協。欲乞委脩韻官將新韻添入，別爲《類篇》，與《集韻》相副施行。'時脩韻官獨有史館檢討王洙在職，詔洙脩纂，久之，洙卒。嘉祐二年九月，以翰林學士胡宿代之。三年四月，宿奏乞光禄卿直祕閣掌禹錫大理寺丞張次立同加校正。六年九月，宿遷樞密副使，又以翰林學士范鎮代之。治平三年二月，范鎮出知陳州，又以龍圖閣直學士司馬光代之，時已成書，繕寫未畢，至四年十二月，上之。"由此可知"類篇"編撰之背景與過程。惟《四庫全書總目》此書之提要云："舊本題司馬光撰，嘉定癸亥董南一作光《切韻指掌圖序》，亦稱光嘗被命修纂《類篇》，古文奇字蒐獵殆盡。然書後有附記曰：……，然則光於是書特繕寫奏進而已，傳爲光修，非其實也。"今曹刻此本，卷端題"司馬光等奉敕脩纂"，稱"司馬光等"蓋得其宜也。

此本書首《類篇序》中云："凡爲《類篇》，以《説文》爲本，而例有九……凡十四篇，《目録》一篇，每篇分上、中、下，總四十五卷。"此《序》稱全書共十五篇（含《目録》一篇），總四十五卷，然此本首卷卷端上題"類篇卷第一上"，下題"卷之一"，次卷卷端上題"類篇卷第一中"，下題"卷之二"，第三卷卷端上題"類篇卷第一下"，下題"卷之三"，此稱"卷第一"而未稱"篇"，故諸家著録，或作"四十五卷"（如《四庫全書總目》），或作十五卷（如《中國古籍善本書目》），頗有參差，今從《中國古籍善本書目》。

《四庫全書總目》述此書云："書凡十五卷，每卷各分上、中、下，故稱四十五卷。末一卷爲目録，用《説文解字》例也。凡分部五百四十三，其編纂之例有九，一曰同音而異形者皆兩見。二曰同意而異聲者皆一見。三曰古義之不可知者。四曰變古而有異義者皆從今。五曰變古而失真者皆從古。六曰字之後出而無據者皆不特見。七曰字之失故而遂然者皆明其由。八曰《集韻》之所遺者皆載。九曰字之無部分者皆以類相聚。考《集韻》所收併重文爲五萬三千五百二十五字。此書凡文三萬一千三百一十九，重音二萬一千八百四十六，僅五萬三千一百六十五字，較《集韻》所收尚少三百六十字，而例云'《集韻》所遺皆載'者，蓋《集韻》重文頗爲襍濫，此書凡字之後出而無據者皆不特見，故所刪之數多於所增之數也。其所編録雖不及《説文》《玉篇》之謹嚴，然字者，孳也，輾轉相生，有非九千舊數所能盡者，《玉篇》已增於《説文》，此書又增於《玉篇》，時會所趨，久則爲律，有不知其然而然者，固難以一格拘矣。"

此書《四庫全書》收録，《四庫全書總目》題"《類篇》四十五卷，兩淮馬裕家藏本"。《中國古籍善本書目》著録"《類篇》十五卷，宋司馬光等撰，清初毛氏汲古閣影宋抄本"一種，載上海圖書館收藏。另又著録"《類篇》十五卷，宋司馬光等撰，清康熙四十五年揚州使院刻《曹楝亭五種》本，清陳鱣批校"一種，載天津圖書館收藏。

（五）《附釋文互註禮部韻略》五卷

此書不著撰人。五册。框高16.4厘米，寬11.5厘米。半葉九行，小字雙行二十四、二十五字不等，左右雙邊，綫黑口，雙魚尾（魚尾相向）。版心上鐫"上平聲"或"下平聲"等韻類。

卷端首行題"附釋文互註禮部韻略上平聲第一"。書名葉分三欄，右題"楝亭藏本"，中題"禮部韻略附／釋文互註"，左題"揚州詩局重刊"。

書首，首韻略序，未立標題，版心鐫"韻略序"，末署"紹定庚寅中元日辰陽冷官袁文焵謹序"。序後接有識語，末署"景定甲子上元日紫雲山民郭守正正己書於寓軒"。次《今具校正條例》，共十則。次《淳熙重修文書式》。書末鐫有"楝亭藏本丙戌九月／重刻于揚州使院"長方形牌記。

《禮部韻略》乃宋代科舉考試時供舉子作爲詩賦取韻標準之官書，因科舉考試乃禮部所掌，故名《禮部韻略》。曹刻此本名《附釋文互註禮部韻略》，刊刻所據乃坊刻之本。《四庫全書總目》著録"《附釋文互註禮部韻略》五卷附《貢舉條式》一卷"一種，提要中對曹刻本之描述甚詳，提要云："（前略）然當時官本已不可見，其傳於今者，題曰《附釋文互註禮部韻略》，每字之下，皆列官註於前，其所附互註，則題一'釋'字別之。凡有二本，一爲康熙丙戌曹寅所刻，冠以余（袁）文焵所作歐陽德隆《押韻釋疑》序一篇，郭守正重修序一篇，重修條例十則，淳熙文書式一道。考守正所重修者，名《紫雲韻》，今尚有傳本，已别著録，則此本非守正書。又守正《條例》稱德隆註'疴僂其拗之辨，似失之拘'，今此本無此註，則亦非德隆書。觀守正序稱：'書肆板行，漫者凡幾，一漫則一新，必增數註釋、易一標題。'然則當日《韻略》非一本。此不知誰氏所刻，而仍冠以舊序及條例，其條例與書不相應，而淳熙文書式中乃有理宗御名，是則移綴添補之明證也。一本爲常熟錢孫保家影抄宋刻，前五卷與曹本同，但首無序文、條例，而末附《貢舉條式》一卷。"據《四庫全書總目》所考，曹刻此本書首之袁文焴序（寶三案："袁"，《四庫全書總目》誤作"余"）、郭守正之識語及《今具校正條例》等皆與書中之正文不相應，其説精當，可供參考。

此書分上平聲、下平聲、上聲、去聲、入聲五卷，分二百零六韻，因係科舉所需，故不取《廣韻》《集韻》中之奇字、僻字，僅收常用字九千五百九十，注釋亦簡略不繁。此本所增釋，皆於官註之後標一"釋"字以別之，即所謂"附釋文附註"也。

《四庫全書》收録"《附釋文互註禮部韻略》五卷附《貢舉條式》一卷"及"《增修互註禮部韻略》五卷"二書，前者抄録所據即《四庫全書總目》所謂之"常熟錢孫保家影抄宋刻"本。《總目》於提要之末云："至曹寅所刻不完之本，則附見於此，不别著録焉。"

《中國古籍善本書目》著録"《附釋文互註禮部韻略》五卷"宋刻本兩種；"《附釋文互註禮部韻略》五卷《韻略條式》一卷，宋紹定三年藏書閣刻本"一種，同書"清初影宋抄本，清成瓘跋、周叔弢跋"一種；"《附釋文互註禮部韻略》五卷，清康熙四十五年曹寅揚州使院刻本，清陳鱣校並録清周錫瓚跋"一種，又同版"清韓應陛校"一種。分藏中國國家圖書館等館，不具述。

以上爲《曹楝亭五種》各書之情形。《中國古籍善本書目》著録，題"《曹楝亭五種》六十五卷，清曹寅編，清康熙四十五年揚州使院刻本"，載首都圖書館、上海圖書館、天津師範大學圖書館、吉林大學圖書館、湖北省圖書館等五館收藏。

鈐印有"陳印寶晋"白文方印、"陳守吾文房印"白文長方印、"晋"白文方印、"康甫"白文方印，知曾爲清陳寶晋所藏。陳寶晋，字守吾，號康甫，清江蘇泰州人。咸豐年間人。監生。喜收藏古籍、金石、字畫。另又鈐有"海日樓"白文方印、"植"朱文方印、"巽齋所藏"朱文方印、"霞秀景飛之室"朱文方印、"梵持"白文方印、"寐翁"朱文方印，知又嘗爲清沈曾植收藏。此書第五函第一册中夾有"鴛湖沈氏海日樓藏書"登録紙條一隻，亦可參證。沈曾植（1850—1922），字子培，號巽齋，晚號寐叟、寐翁，浙江嘉興人。《清史稿》卷四百七十二《列傳》二百五十九有傳。光緒六年（1880）進士，歷任刑部主事、刑部員外郎、刑部郎中、總理衙門章京、兩湖書院講習、江西廣信知府、安徽提學使、上海南洋公學監督等職。辛亥革命後，歸隱上海，號其樓曰"海日樓"。民國六年（1917）響應張勳，赴北京謀溥儀復辟，授學部尚書，事敗，復歸上海。民國十一年（1922）卒。工書法，富藏書，學識淵博。著有《漢律輯補》

《晋書刑法志補》《元秘史箋注》《蒙古源流箋證》《海日樓文集》《海日樓詩集》《寐叟題跋》等。此外，又鈐有"楓溪戴二蕉珍藏書畫之章"朱文方印、"鋭浦所藏"朱文方印等。

訓　詁

250

爾雅註疏十一卷

T5075　1262E

《爾雅註疏》十一卷，晋郭璞注，宋邢昺疏。明嘉靖李元陽刻明印本。二册。框高19.9厘米，寬13.1厘米。半葉九行二十一字，小字雙行同，四周單邊，白口，無魚尾。版心中鐫"爾雅疏"及卷次，下鐫刻工名。

卷端題"晋郭璞註；宋邢昺疏"。

書首有未署年《爾雅註疏序》，題"翰林侍講學士朝請大夫守國賜祭酒上柱國賜紫金魚袋臣邢昺等奉勅校定"。

郭璞（276—324），字景純，晋河東聞喜（今山西聞喜）人。《晋書》卷七十二有傳。傳云："郭璞，字景純，河東聞喜人也……璞好經術，博學有高才，而訥於言論，詞賦爲中興之冠。好古文奇字，妙於陰陽算曆。有郭公者，客居河東，精於卜筮，璞從之受業。公以《青囊中書》九卷與之，由是遂洞五行、天文、卜筮之術，攘災轉禍，通致無方，雖京房、管輅不能過也。"曾任宣城參軍、著作佐郎、尚書郎、王敦記室參軍等職。王敦謀逆，命璞筮之，璞曰："無成。"乃怒收璞，詣南岡斬之，卒年四十九。及王敦亂平，朝廷追贈弘農太守。《晋書》又云："璞撰前後筮驗六十餘事，名爲《洞林》。又抄京、費諸家要最，更撰《新林》十篇，《卜韵》一篇。注釋《爾雅》，別爲《音義》《圖譜》。又注《三蒼》《方言》《穆天子傳》《山海經》及《楚辭》《子虚》《上林》賦數十萬言，皆傳於世。所作詩賦誄頌亦數萬言。"

邢昺生平參見前"168　論語註疏解經二十卷"條。

此本爲明李元陽刻本《十三經註疏》之零種。李元陽於明嘉靖十五年（1536）至十八年（1539）以御史巡閩時，嘗據十行本《十三經注疏》加以重刻，世稱"閩本"，又以其半葉九行，又稱"九行本"。清莫友芝（1811—1871）撰《宋元舊本經眼録》，於《附録》卷一著録《春秋公羊傳注疏》一部，述云"此大理太和李中谿先生按閩時所刻《十三經》之本，每卷首葉第三行竝署云'明御史李元陽、提學僉事江以達校刊'，世謂之閩本。明南、北監、汲古閣所刊皆

745

從以出。其初印本皆有刊校一行，此本唯序首猶存，每卷則已削去，或補一木條，欲刻疏人而未刻，乃修板者爲之，其板即中谿刊，非別翻也。"案：中國臺北"中央研究院"傅斯年圖書館所藏李元陽刻本《尚書註疏》，各卷卷端第三行皆題"明御史李元陽、提學僉事江以達校刊"，又中國臺北"國家圖書館"所藏李元陽刻本《十三經註疏》中之《春秋左傳註疏》，首卷首行下鐫"明御史李元陽、提學僉事江以達校刊"，并可與莫友芝之説相證。本館此本《爾雅註疏》各卷卷端皆無"明御史李元陽、提學僉事江以達校刊"字樣，其剜改之迹甚爲明顯。惟此本不避清諱，故定爲"明嘉靖李元陽刻明印本"。

此書共十一卷，除《爾雅》經文外，另含晋郭璞《註》，宋邢昺《疏》，又錄入唐陸德明《經典釋文》之《爾雅音義》。卷一，首載郭璞《爾雅序》及邢昺之《疏》。《序》後接題"爾雅兼義一卷上"，下接題"釋詁第一"，以下即爲《爾雅》本文。每卷《註》《疏》之首皆冠以"註""疏"字，墨圍白文，《釋文》接於《註》文之下，以小圈隔之。

晋郭璞《註》爲今存時代最早完整之《爾雅》註，宋邢昺《疏》爲今存最早之《爾雅》疏，兩者皆爲研究《爾雅》之重要文獻。《四庫全書總目》云："璞時去漢未遠，如'遂幠大東'稱《詩》，'釗我周王'稱逸《書》，所見尚多古本，故所註多可據，後人雖迭爲補正，然宏綱大旨，終不出其範圍。昺《疏》亦多能引證，如《尸子·廣澤篇》《仁意篇》皆非今人所及睹，其犍爲文學、樊光、李巡之《註》，見於陸氏《釋文》者，雖多所遺漏，然疏家之體，惟明本註，註所未及，不復旁搜，此亦唐以來之通弊，不能獨責於昺。惟既列《註》文，而《疏》中時複述其文，但曰郭《註》云云，不異一字，亦更不別下一語，殆不可解，豈其初《疏》與《註》別行歟？今未見原刻，不可復考矣。"案：《總目》疑其初邢《疏》當與郭《註》別行，惟因未見原刻，故不敢質，今傳世有南宋覆刻北宋單疏本，可證實《總目》之推測也。

刻工有蔡順、吳永成、葉奴、鄒文元、熊山、程通、葉得、姚岩、謝元林、周記清、陸進保、陳佛榮、陸仲興、虞丙、曾福林、余伯環、陳天祥、王富……等。

本館此本書首邢昺《爾雅註疏序》葉一左面下方有殘缺，卷五葉二十六左面乃抄補（共三行），卷六葉一右面缺。書中有佚名朱筆圈點，間有佚名朱筆校改，如卷五標題"釋樂第十"，朱筆校"十"爲"七"。

此書《四庫全書》收錄，《四庫全書總目》題"《爾雅注疏》十卷，內府藏本"。惟《四庫全書》抄錄所據底本乃清乾隆武英殿刻本。

《中國古籍善本書目》著錄"《十三經註疏》三百三十五卷，明嘉靖李元陽刻本"，中含"《爾雅註疏》十一卷"，載上海圖書館、浙江圖書館、杭州大學圖書館、四川省圖書館、重慶市圖書館等五館收藏。另又著録明李元陽刻本"《爾雅註疏》十一卷，清段玉裁、江帆校"及"清唐翰題校並跋"各一部，分藏復旦大學圖書館及中國國家圖書館。本館此本，中國臺北"中央研究院"傅斯年圖書館、美國哈佛大學哈佛燕京圖書館、日本東京大學東洋文化研究所等亦有收藏。

鈐印有"莫友芝圖書印"白文長方印、"莫印彝孫"朱文方印、"莫印繩孫"白文方印等印，知嘗爲莫友芝父子收藏。莫友芝（1811—1871），字子偲，號邸亭，又號紫泉，清貴州獨山人。《清史列傳》卷四百八十六《文苑三》有傳。道光十一年（1831）舉人，後屢試不第。咸豐時嘗選取縣令，棄去。爲晚清著名金石學家、版本目録學家、書法家。著有《宋元舊本書經眼録》《唐寫本說文木部箋異》《遵義府志》《聲韻考略》《邸亭詩鈔》等書。莫彝孫（1842—1870），莫友芝長子，編有《邸亭知見傳本書目》。莫繩孫（1844—？），字仲武，號省教，莫友芝次子，編有《影山草堂書目》。又鈐有"李宗侗藏書"朱文長印、"易印漱平"白文方印，知亦嘗爲李宗侗、易漱平收藏，李宗侗、易漱平生平參見前"012 周易兼義九卷音義一卷略例一卷"條。另又有"錢印□其"白文方印、"我堂"朱文方印，印主不詳。

251

爾雅註疏十一卷

T5075　1260D

《爾雅註疏》十一卷，晋郭璞注，宋邢昺疏。明萬曆二十一年（1593）北京國子監刻清印本。二册。框高23厘米，寬15.3厘米。半葉九行二十一字，小字雙行同，左右雙邊，白口，單魚尾。版心上鐫"萬曆二十一年刊"，中鐫書名及卷次。

卷端首行，上題"爾雅註疏卷第一"，中題"晋郭璞註"，下題"宋邢昺疏"。第二、三、四行題"皇明朝列大夫國子監祭酒臣曾朝節、司業臣周應賓等奉勑重校刊"。

書首有《爾雅註疏序》，題"翰林侍講學士朝請大夫守國賜祭酒上柱國賜紫金魚袋臣邢昺等奉勑校定"。

郭璞、邢昺生平見前條。

此本爲明萬曆北京國子監刻本《十三經註疏》之零種，據版心所鐫，知《爾雅註疏》刻於萬曆二十一年（1593）。惟此本屢見斷版及版框破損現象，又卷十一葉十二右面見鈐有藍色長條形之紙廠印記，此乃清康熙至乾隆間書籍印紙之特徵，故定爲“明萬曆二十一年（1593）北京國子監刻清印本”。

此書十一卷，大抵依李元陽本重刻，惟李元陽刻本卷一郭璞《爾雅序》後，接題“爾雅兼義一卷上”，此本則改爲“爾雅卷上”。另見有李元陽刻本有誤字，而此本仍沿其誤者，如李元陽刻本書首《爾雅註疏序》標題次行題“翰林侍講學士朝請大夫守國賜祭酒上柱國賜紫金魚袋臣邢昺等奉勅校定”，此“國賜祭酒”乃“國子祭酒”之訛，此本亦仍其誤，作“國賜祭酒”。

《中國古籍善本書目》著録“《十三經註疏》三百三十五卷，明萬曆十四年至二十一年北京國子監刻本”一種，中含“《爾雅註疏》十一卷”，載北京大學圖書館等十四館收藏。另又載丁丙跋本一種，藏南京圖書館。此外，中國臺北“國家圖書館”亦有收藏。

鈐印有“李宗侗藏書”朱文長方印，知嘗爲李宗侗收藏。李宗侗生平參見“012 周易兼義九卷音義一卷略例一卷”條。

252

爾雅正義二十卷爾雅釋文三卷

T5078　1213

《爾雅正義》二十卷，清邵晋涵撰；《爾雅釋文》三卷，唐陸德明撰。清乾隆五十三年（1788）餘姚邵氏家塾刻五十四年（1789）重校印本。八册。框高17.2厘米，寬12.2厘米。半葉九行二十一字，小字雙行同，四周雙邊，白口，單魚尾。版心上鐫書名，中鐫卷次。

卷端題“文淵閣校理翰林院編修加二級教習庶吉士充國史館纂修官邵晋涵撰集”。書名葉分三欄，右題“乾隆戊申”，中題“爾雅正義”，左題“餘姚邵氏家塾本”。

書首，首未署年邵晋涵《爾雅正義序》。次《爾雅正義目》，目末題“己酉三／月重校”。尾題“爾雅正義目”，下鐫“琉璃廠西門内金陵／文炳齋劉德文鐫刻”。

邵晋涵（1743—1796），字二雲，又字與桐，號南江，清浙江餘姚人。《清史列傳》卷六十八《儒林傳下一》、《清史稿》卷四百八十一《儒林二》俱有傳。《清史列傳》云：“邵晋涵，字二雲，浙江餘姚人。乾隆三十六年進士，歸班銓選，會開《四庫》館，特詔徵晋涵及歷城周永年、休寧戴震等，入館編纂，改翰林院庶吉士，授編修。四十五年，充廣西鄉試正考官。五十六年，大考，遷左中允，洊擢侍講學士，充文淵閣直閣事、日講起居注官。晋涵左目眚，清羸，善讀書，四部七録，靡不研究。嘗謂《爾雅》者，六藝之津梁，而邢《疏》淺陋不稱，乃爲《正義》二十卷，以郭璞爲宗，而兼采舍人、樊、劉、李、孫諸家，郭有未詳者，擇他書附之，自是承學之士多舍邢而從邵……他著有《孟子述義》《穀梁正義》《韓詩内傳考》，並足正趙岐、范寧及王應麟之失而補其所遺。又有《皇朝大臣謚迹録》《方輿金石編目》《輶軒日記》《南江詩文稿》。"事迹另參清洪亮吉《邵學士家傳》（《卷施閣文甲集》卷九）、清王昶《邵君晉涵墓表》（《春融堂文集》卷六十）等。

邵晉涵於《爾雅正義序》述其撰作之緣由云："晉涵少蒙義方，獲受雅訓，長涉諸經，益知《爾雅》爲五經之館鍭，而世所傳本，文字異同，不免訛舛，郭《註》亦多脱落。俗説流行，古義寖晦。爰據唐石經暨宋槧本及諸書所徵引者，審定經文，增校郭《註》，仿唐人《正義》繹其義藴，彰其隱賾。竊以釋經之體，事必擇善而從，義非一端可盡。漢人治《爾雅》，若舍人、劉歆、樊光、李巡、孫炎之《註》，遺文佚句，散見群籍。梁有沈旋《集註》，陳有顧野王《音義》，唐有裴瑜《註》，徵引所及，僅存數語，或與郭訓符合，或與郭義乖違。同者宜得其會通，異者可博其旨趣。今以郭氏爲主，無妨兼采諸家，分疏於下，用俟辯章，譬川流而滙其支濆，非木落而離其本根也。"案：邵氏此謂其書乃"仿唐人《正義》"之體，即主要據晉郭璞《註》以疏解《爾雅》，故名曰《爾雅正義》。惟其書疏解時亦兼采諸家，故《序》云："今以郭氏爲主，無妨兼採諸家，分疏於下，用俟辯章。"

邵氏此書之撰作，歷時多年，《序》中又云："歲在旃蒙協洽，始具簡編，舟車南北，恒用自隨，意有省會，仍多點竄，十載於兹，未敢自信。而中年意思零落，性多遺忘，耳目所接，時或失焉。抱殘守獨，凜凜乎以不克聞過爲懼。勉出所業，就正當世俊哲洪秀偉彦之倫，叩其兩端，匡厥紛繆，企而望之。"考《爾雅·釋天》云："大歲在甲曰閼逢，在乙曰旃蒙。"又云："大歲在寅曰攝提格……在未曰協洽。"知乾隆四十年（乙未，1775）邵氏此書已粗具規模，後再經十餘年之修訂，始付梓行世。邵氏此《序》未署年月，據書名葉所題，此書乃於乾隆五十三年（戊申，1788）刊刻也。惟此本《爾雅正義目》末行"釋畜第十九"之後，鐫有"己酉三／月重校"雙行小字，知乾隆五十三年（1788）刊刻之後，五十四年（己酉，1789）又加重校，此即重校印本也。美國哈佛大學哈佛燕京圖書館藏本，其本書名葉右題"餘姚邵氏家塾本"，中題"爾雅正義"，左題"面水層軒藏板"，欄上題"乾隆戊申年夏新鐫"。《美國哈佛大學哈佛燕京圖書館藏中文善本書志·經部》云："凡後印者，目録後皆有'己酉重校'四字。此本無，乃初印未修本。又世間傳本或附陸德明《釋文》三卷，此本無。"（葉二百四十一）其説確否，俟考。又

《爾雅正義目》尾題之下鎸有“琉璃廠西門内金陵／文炳齋劉德文鎸刻”雙行小字，則此本之刻工亦可知也。

此書共二十卷，計：卷一《釋詁第一上》，卷二《釋詁第一下》，卷三《釋言第二》，卷四《釋訓第三》，卷五《釋親第四》，卷六《釋宫第五》，卷七《釋器第六》，卷八《釋樂第七》，卷九《釋天第八》，卷十《釋地第九》，卷十一《釋丘第十》，卷十二《釋山第十一》，卷十三《釋水第十二》，卷十四《釋草第十三》，卷十五《釋木第十四》，卷十六《釋蟲第十五》，卷十七《釋魚第十六》，卷十八《釋鳥第十七》，卷十九《釋獸第十八》，卷二十《釋畜第十九》。卷一《釋詁》之前，冠有郭璞《爾雅敍》。各卷所釋各條皆首大字列《爾雅》經文，次中字列郭璞《註》，次雙行小字爲之正義。邵氏所解，先釋經，後釋注，所釋之經標經文，《註》則標起止。

邵氏於書首未特標凡例，然其自序中頗述其撰作之例，如《序》云：“郭《註》體崇矜慎，義有幽隱，或云‘未詳’。今考齊、魯、韓《詩》，馬融、鄭康成之《易》註、《書》註，以及諸經舊説，薈粹羣書，尚存梗槩，取證雅訓，辭意瞭然。其跡涉疑似，仍闕而不論，確有所據者，補所未備，附尺壤於崇邱，勉千慮之一得，所以存古義也。”此謂郭《註》矜慎，或云“未詳”，邵氏《正義》於確有據者，則補所未備。如卷一《釋詁第一上》“靖、惟、漠、圖、詢、度、咨、諏、究、如、慮、謨、猷、肇、基、訪，謀也”條，郭《註》云：“《國語》曰：‘詢于八虞，咨于二虢，度于閎夭，謀于南宫，諏于蔡原，訪于辛尹’，通謂謀議耳。如、肇，所未詳。餘皆見《詩》。”此處郭璞謂《爾雅》釋“如”“肇”爲“謀”，其義未詳。邵氏《正義》解《爾雅》經文“究、如、慮、謨”云：“究者，《釋言》云：‘究，窮也。’謂盡其謀也。如通作茹，《周頌·臣工》云：‘來咨來茹’，《邶風·柏舟》云‘不可以茹’，鄭《箋》俱云：‘茹，度也。’度即爲謀，故《釋言》又云：‘茹，度也。’”又解經文“猷、肇、基、訪”云：“猷者，《盤庚》云：‘汝猷黜乃心。’肇者，《大雅·江漢》云：‘肇敏戎公’，《毛傳》：‘肇，謀也。’”此釋“如”“肇”二字，皆補郭《註》未備之例也。

《爾雅釋文》三卷，唐陸德明撰，行款同《爾雅正義》，卷端首行題“爾雅釋文卷上”，次行題“唐國子博士兼太子中允贈齊州刺史吳縣開國男陸德明撰”。分上、中、下三卷。此三卷原爲唐陸德明所撰《經典釋文》之第二十九卷《爾雅音義上》（即此書三卷之上、中二卷）及第三十卷《爾雅音義下》（即此書之下卷），邵氏將其獨立抽出，附刻於《爾雅正義》之後，故稱《爾雅釋文》。邵氏所附刻之《爾雅釋文》，較之清康熙間納蘭成德所刻《通志堂經解》

中之《經典釋文‧爾雅音義》，二者間有差異，如《爾雅釋文》卷上："瘝：吾故反。"通志堂本"吾"作"五"。又卷上"遹：孫云'古述字'，讀聿，亦音餘，餘橘反。"通志堂本"亦音餘"作"一音餘"。又卷上："漠：孫音莫，舍人云：'心之謀也。'"通志堂本"心之謀也"作"心之謨也"。又卷上："服：本或作艐，同符福反。又做舨字。"通志堂本"舨"字作"般"。由此推之，邵氏蓋非據通志堂本刊刻也。另盧文弨之抱經堂刻本《經典釋文》刊於乾隆五十六年（1791），晚於邵氏此刻，亦必非邵氏所據。葉景葵《卷盦書跋》"爾雅正義"條中云："曾見翁蘇齋評閱本，云附刻陸氏《釋文》係依葉林宗抄本校刻。"其說蓋是。

葉德輝《郋園讀書志》卷二著錄邵氏此書，題"邵晉涵《爾雅正義》二十卷，乾隆乙酉家塾刻本"，葉氏評云："邵氏雖主郭《注》作疏，而疏中采摭兩漢劉、李、樊、孫異文、故訓，不厭求詳，亦不拘守'疏不破注'之例，故與郭《注》時有同異，于經訓多所發明，洵不刊之作也……邵氏與郝懿行《爾雅義疏》齊稱，郝詳于聲音訓故，其于名物制度不及邵之精深，或者不察，謂郝《疏》勝于邵氏，真耳食之談也。"所論允當。

《續修四庫全書總目提要》收錄楊鍾羲所撰此書提要，題"《爾雅正義》二十卷，乾隆五十二年面水層軒刻本"，提要云："錢大昭歎其書之精博，不特與邢《疏》優劣判若天淵，即較之唐人《詩》《禮》《正義》，亦有過之無不及。"案：此書初刻於乾隆五十三年（戊申，1788），楊氏題"乾隆五十二年"，恐不審也。

此書《四庫全書總目》未著錄。《中國古籍善本書目》著錄上海圖書館所藏清張敦仁校本一部，題"《爾雅正義》二十卷，清邵晉涵撰，清乾隆五十三年邵氏面水層軒刻本，清張敦仁校"，另又著錄寶應縣圖書館等六館所藏校跋、批校本，其所校版本皆題"《爾雅正義》二十卷，清乾隆五十三年邵氏面水層軒刻本"。另中國國家圖書館、北京大學圖書館、北京師範大學圖書館、中國臺灣大學圖書館，美國哈佛大學哈佛燕京圖書館、日本國會圖書館、東京大學東洋文化研究所、京都大學人文科學研究所等多館亦有收藏。惟各館所題版本頗不一致，係初刻初印本抑或己酉重印本亦有待詳細甄別。《續修四庫全書》曾據南京圖書館藏本影印行世，題"清乾隆五十三年邵氏面水層軒刻本"，列入《經部》第一八七冊。其本書首《爾雅正義目》之末，亦鐫有"己酉三／月重校"六字。另邵氏此書又嘗收入《皇清經解》卷五百四至五百二十三。

字　書

253

説文解字十五卷

T5093　0498C

《説文解字》十五卷，漢許慎撰。清乾隆三十八年（1773）朱氏椒華吟舫刻本。八册。框高20.4厘米，寬15.7厘米。半葉七行，小字雙行二十二字，左右雙邊，白口，單魚尾。版心中鐫"説文"及卷次。

卷端題"説文解字第一上；漢太尉祭酒許慎記；銀青光禄大夫守右散騎常侍上柱國東海縣開國子食邑五百户臣徐鉉等奉　敕校定；大興朱筠依宋本重付開雕；宛平徐瀚挍字"。書名葉分三欄，右題"乾隆癸巳開雕"，中題"説文解字"，左上題"文字十三經同異嗣刊"，左下題"椒華吟舫藏板"。

書首，首《重刻説文解字敍》，標題次行題"日講起居注官翰林院侍讀學士兼辦内閣批本事務提督安徽等處學正大興朱筠謹敍"。《敍》末題"昭陽大荒落孟陬之月十八日敍并書"，末行鐫"江寧顧晴崖刻字"。次《説文解字標目》。次正文十四卷。次接第十五卷，卷上載許慎敍，卷下載許冲後敍。書末載北宋雍熙三年（986）十一月徐鉉等進書表及中書門下牒文。

許慎（約58—約147），字叔重，東漢汝南召陵（今河南召陵）人。《後漢書》卷七十九下《儒林列傳》第六十九下有傳，傳云："許慎，字叔重，汝南召陵人也。性淳篤，少博學經籍，馬融常推敬之，時人爲之語曰：'五經無雙許叔重。'爲郡功曹，舉孝廉，再遷除洨長，卒于家。初，慎以五經傳説臧否不同，於是撰爲《五經異義》，又作《説文解字》十四篇，皆傳於世。"許慎所撰《五經異義》，原書已佚，清陳壽祺撰有《五經異議疏證》，爲之輯佚并疏證。許慎另撰有《淮南鴻烈閒詁》，原書已佚，今部分内容存於《正統道藏·太清部》所收《淮南鴻烈解》中。

朱筠（1729—1781），字竹君，又字美叔，號笥河，清大興（今屬北京）人。《清史列傳》卷六十八《儒林傳下一》、《清史稿》卷四百八十五《文苑二》俱有傳。《清史稿》云："朱筠，字竹君，大興人。乾隆甲戌進士，選庶吉士，授編修。由贊善大考擢侍讀學士，屢分校鄉會試。庚寅，典福建鄉試。辛卯，督安徽學政。詔求遺書，奏言翰林院藏《永樂大典》内多古書，請開局校輯。旋奉上諭：'軍機大臣議復朱筠條奏校核《永樂大典》一節，已派軍機大臣爲總裁。又朱筠所奏將《永樂大典》擇取繕寫，各自爲書，及每書校其得失，撮舉大旨，敍於本書卷首之處，即令承辦各員，將各原書詳細檢閲，並書中要旨總敍匡略，呈候裁定。又將來書成，著名《四庫全書》。'《四庫全書》自此始。筠又請仿漢熹平、唐開成故事，校正十三經文字，勒石太學。未幾，坐事降編修，充《四庫全書》纂修官，兼修《日下舊聞考》。高宗嘗稱筠學問、文章殊過人。尋復督學福建，歸，卒。年五十有三……著有《笥河集》等。"事迹另參清朱珪撰《翰林院編修誥授中議大夫前日講起居注官翰林院侍讀學士加二級先叔兄朱公墓志銘》(《知足齋文集》卷三)、今人姚名達《朱筠年譜》等。

此本之刊刻，書首朱筠《重刻説文解字敍》云："大清乾隆三十有六年冬十一月，筠奉使者關防來安徽視學。明年，按試諸府州屬，輒舉五經本文與諸生月日提示講習，病今學者無師法，不明文字本所由生，其狃見尤甚者，至於謟、諂不分，鍜、鍛不辨，據旁著處，適內加商，點畫淆亂，音訓泯棼，是則何以通先聖之經而能言其義邪？既試，歲且一周。又明年春，用先舉許君《説文解字》舊本重刻周布，俾諸生人人諷之，庶知爲文自識字始。惜未及以徐鍇《繫傳》及他善本詳校，第令及門宛平徐瀚檢正刻工之譌錯。又令取十三經正文，分別本書載或不載者，附著卷末，標曰《文字十三經同異》，畧見古人文字承用之意，知者當自得之。(下略)"末署"昭陽大荒落孟陬之月十八日敍并書"。考《爾雅·釋天》："太歲在甲曰閼逢……在癸曰昭陽。"又云："太歲在寅曰攝提格……在巳曰大荒落。"知此《敍》乃撰於乾隆三十八年(癸巳，1773)。又此本書名葉題"乾隆癸巳開雕"，知即於乾隆三十八年付梓也。

朱筠《重刻説文解字敍》中未言其刊刻之版本所據，惟此本書末鐫云："後學毛晉從宋本挍刊；男扆再挍。"又清孫星衍《重刊宋本説文序》中云："朱學士視學安徽，閔文人之不能識字，因刊舊本《説文》，廣布江左、右，其學由是大行。按其本亦同毛氏。"據此知朱筠此本刊刻所據乃毛晉汲古閣刻本也。

許慎《説文解字》撰於東漢和帝永元十二年(100)至安帝建光元年(121)間，全書共十五卷，正文十四卷，第十五卷載許慎敍及許慎子許冲之後敍。全書依部首排列，分五百四十部。許冲後敍云："此十四篇，五百四十部，九千三百五十三文，重一千一百六十三，解説凡十三萬三千四百四十一字。其建首也，立一爲耑，方以類聚，物以羣分，同牽條屬，共理相貫，雜而不越，據形系聯，引而申之，以究萬原。畢終於亥，知化窮冥。"朱筠於《重刻説文解字敍》中謂許慎《説文解字》一書，"陳其大要，約有四耑"，其四耑爲"一曰部分之屬而不可亂""一曰字體之精而不可易""一曰音聲之原可以知""一曰訓詁之遺可以補"。《説文解字》對後代字書影響深遠，世多論之，茲不具述。

朱筠於《重刻説文解字敍》中云："又明年春，用先舉許君《説文解字》舊本重刻周布，俾諸生人人諷之，庶知爲文自識字始。惜未及以徐鍇《繫傳》及他善本詳挍，第令及門宛平徐瀚檢正刻工之譌錯。又令取十三經正文，分別本書載或不載者，附著卷末，標曰《文字十三經同異》，畧見古人文字承用之意，知者當自得之。"據此《敍》知朱筠嘗命徐瀚撰《文字十三經同異》，本擬附於《説文解字》卷末。今考此本書名葉左上題"文字十三經同異嗣刊"，其既云"嗣刊"，知此乾隆三十八年刻本《説文解字》當未附刻《文字十三經同異》也。

清洪亮吉《更生齋文甲集》卷四《書朱學士遺事》文中述及此本刊刻之事云："先生以讀書必先識字，病士子不習音訓，購得汲古閣許氏《説文》初印本，延高郵王孝廉念孫等校正刊行。孝廉爲戴吉士高弟，精于小學者也。工竣，令各府士子入錢市之。先生性寬仁，不能御下，校官輩又借此抑勒，并于定值外需索，以是不無怨聲。然許氏之學，由此大行。"據洪亮吉所述，知王念孫亦嘗參與此本刊校之事。

《説文解字》一書，《四庫全書》收録。《四庫全書總目》題"《説文解字》三十卷，通行本"，提要云："以篇帙繁重，每卷各分上、下，即今所行毛晉刊本是也。"四庫館臣蓋以許書十五卷，每卷各分上、下，故著録爲三十卷也。

《中國古籍善本書目》著録"《説文解字》十五卷，清乾隆三十八年朱氏椒華吟舫刻本，清江騊録清惠士奇、惠棟校，清陳壽祺跋"一種，載浙江圖書館收藏。另又著録同一版本之"佚名録清何焯、惠棟批""佚名録清惠棟批校""清王振聲校並跋""吳廣霈批校"等四種批、校本，分藏於上海圖書館、中國國家圖書館、天門縣博物館、北京大學圖書館。此乾隆三十八年朱氏椒華吟舫刻本，另天津圖書館、遼寧省圖書館亦有收藏。

254
説文長箋一百卷卷首二卷解題一卷凡例一卷六書長箋七卷

T5097　4839

《説文長箋》一百卷《卷首》二卷《解題》一卷《凡例》一卷《六書長箋》七卷，明趙宧光撰。明崇禎四年（1631）趙均小宛堂刻清印本。四十册。框高21.6厘米，寬14.8厘米。半葉十行二十字，小字雙行同，左右雙邊，白口，單綫魚尾。版心上鎸書名，中鎸卷次。

卷端題"漢太尉祭酒許慎説文；唐校書郎徐鉉韻譜；明祭酒諸生趙宧光長箋，男趙均書篆字；明大司徒李宗延柕定，郎官劉應遇效刊"。

書首，首明萬曆丙午（三十四年，1606）上元趙宧光《説文長箋自敍》。次崇禎辛未（四年，1631）季春趙均《刻説文長箋成敬題》。次《卷首》上、下二卷。次《長箋解題》一卷。次《説文長箋凡例》一卷。《説文長箋》一百卷後附《六書長箋》七卷。美國哈佛大學哈佛燕京圖書館藏本書首趙氏《說文長箋自敍》之前，尚有明崇禎四年九月錢謙益《說文長箋序》及明崇禎六年（1633）曹學佺《說文長箋序》，本館此本無此二序。

趙宧光（1559—1625），字凡夫，一字水臣，號廣平，又號寒山梁鴻、墓下凡夫、寒山長等。明太倉（今江蘇太倉）人。宋太宗第八子趙元儼之後。國學生，一生不仕，以高士名冠吳中，偕妻隱於寒山，讀書稽古，精六書，工詩文，擅書法，尤長於篆書。清徐崧《百城煙水》卷二《吳縣》云："寒山別業在支硎山南，萬曆間，雲間高士趙凡夫葬父含玄公於此，遂偕元配陸卿子家焉。自闢丘壑，鑿山琢石，如洞天仙源，前爲小宛堂，茗碗几榻，超然塵表。"著有《說文長箋》《六書長箋》《寒山帚談》《寒山蔓草》《寒山集》《朝鮮史略》等多種。趙氏能治印，明章宗閔編有《趙凡夫先生印譜》。明馮時可撰有《凡夫傳》，今人徐卓人撰有《趙宧光傳》，事迹并可參。

趙宧光於《說文長箋自敍》述其書撰作之由云："炎劉之時，《說文》取士，李唐猶得'明字'開科，開元皇帝，獨好徒隸之筆，於是《說文》明字，委於艸野，以至傳寫譌失，增坿溷淆。而學士大夫，以詞華奪文字者有之，以翰札掩六書者有之，即有心此道之徒，而亦無所從學，即得見叔重《說文》，而亦無可短長，正俗並呈，何所去取？百家說書，異學雜厠，遂使玉石不分，故《長箋》之作，蓋亦不可已也。不知而言，鑑有前轍；知而不言，浪此識情。徹於許氏未了義，坿以長語；發明訓解及總論一字得失，綴以箋文。古今名家金石可摹者，不妨采爲法匠；與凡官家名物，通行已久者，亦且收入遺文；其他旁門勦說，都無所取。與許、徐爭道，故自可鄙；作二子忠臣，奚必羞爲？"趙氏此《敍》，末署"萬曆丙午上元吳郡寒山趙宧光自敍"，則此《敍》乃撰於萬曆三十四年（丙午，1606）也。至於其書之刊刻，則遲至崇禎四年（1631）。趙宧光之子趙均於書首《刻說文長箋成敬題》云："今之字書，雖代有作者，自二徐而下，若戴侗、楊桓、周伯琦、吾宗撝謙諸輩，皆具有成書，可按而討論，然皆狥一己之私，蔑通方之論……今之有成書者，許叔重而前，求不可得；許叔重而後，存不可信。故先處士凡夫先生嘗言：'上不敢越漢而求森芒之古，下不敢廢漢而狥支蔓之俗。'三覆斯語，《長箋》之作，可更後耶？今是書厥旨，一以補許氏未盡，一以糾徐氏誤失，務欲引經明字，引字明經……自弱冠耽求，迄於毛白，每於探賾，夢寐形之，其輔翼徐、許二氏意義，則釐爲百卷，而區分條別，又與二氏附麗者，則百卷而外，積累其軸，亦幾及之。更爲解題，揭其綱領。恐憎煩汙，讀者望洋。數年而前，中州汝陽有李冢宰宗延先生，神往是書，謂'許氏之信斯翁，凡夫之信許氏，其淵遠固已遠矣……厥書有成，熙朝出奏，力所不辭'。似乎高山流水，伯牙、鐘期，堪聆絕調。正刊定示人，未及其十之三，乃與先君子相繼淪世，幾乎奇音在爨，善響無驚，逸足鹽車，絕群莫識，嗚呼可惜！均於是重理殘篇，粗爲訂正，再經踰歲，遂事殺青，而又有述、作、體、用等部，則詳之解題條目中行於世矣。諸書尚存家塾，未能俱事梨棗，姑再以俟之歲月云。"末署"時 崇禎辛未季春朔旦男均敬題於寒山小宛堂"。辛未爲崇禎四年（1631），然則《説文長箋》"本部"一百卷乃於崇禎四年（1631）付梓也。考趙宦光所撰《説文長箋》稿之全體共有六部，據書首《長箋解題》六部總釋中云："説文詞簡，《長箋》積軸，何也？小學道泯，橫議雜陳，盡削則衷詞莫辨，蔓收則正義不彰，故仍其文義，剖其得失……總其部六，曰本部（原注：'《説文長箋》'），曰述部（原注：'百家述作'），曰作部（原注：'我自爲用'），曰體部（原注：'法書金石'），曰用部（原注：'書法小藝'），曰末部（原注：'纂緝泛論'）。"崇禎四年（1631）趙均將《長箋》付梓時，僅刻本部，其餘述、作、體、用、末等部則尚未付刻也，惟其大要則見於《長箋解題》中。

《説文長箋》本部共一百卷，計上平聲十六卷，下平聲十六卷，上聲三十七卷，去聲八卷，入聲二十三卷。趙氏謂其書依徐鉉《説文解字五音韻譜》之本而撰《長箋》，《韻譜》中乃將《説文》所收字依上平聲、下平聲、上聲、去聲、入聲等五部，分別歸入各韻之中，而不復如《説文解字》原本依字形部首排列，以始一終亥爲次。惟《四庫全書總目》已指出，趙氏所據實爲宋李燾所撰《説文解字五音韻譜》，而明人不察，乃誤認爲徐鍇、徐鉉所撰之《説文解字韻譜》，故趙氏於卷端遂題"唐校書郎徐鉉韻譜"也。《長箋解題・本部總釋》云："本部者，詞就《説文》，次從《韻譜》。《説文》闕義，補以長語，義有不協，續之箋文。《韻譜》但取易於檢尋，至其得失，自有通韻（原注：'作部内具'）。"《長箋》所解各字，先書字形，次依《説文》釋義，次載《韻譜》之反切。其下低一格爲箋釋。趙氏於《説文》文字有增有删，增者，字外加以方圍；删者，字外加以圓圍，以資區別。

顧炎武《日知録》卷二十一"《説文長箋》"條云："萬曆末，吳中趙凡夫宦光作《説文長箋》，將自古相傳之五經，肆意刊改，好行小慧，以求異於先儒，乃以'青青子衿'爲淫奔之詩，而謂衿即衾字（原注：'《詩》中元有衾字：抱衾與裯、錦衾爛兮'）如此類者非一……然其於六書之指，不無管窺，而適當喜新尚異之時，此書乃盛行於世。及今不辯，恐他日習非勝是，爲後學之害不淺矣。故舉其尤刺謬者十餘條正之。"顧炎武對趙氏此書頗糾其謬，謂趙氏乃"好行小慧"。另《四庫全書總目》亦評云："是書前列《解題》一卷，載其平生所著字學之書七十餘種，其虛實存佚皆不可考……其書用李燾《五音韻譜》之本，而《凡例》乃稱爲徐鍇、徐鉉奉南唐勅定，殊爲昧於源流。所列諸字，於原書多所增删，增者加方圍於字外，删者加圓圍於字外，其字下之注謂之長語，所附論辨謂之箋文，故以《長箋》爲名。然所增之字往往失畫方圍，與原書淆亂；所注所論，亦疎舛百出，顧炎武《日知録》摘其以《論語》‘虎兕出於柙’誤稱《孟子》，爲《四書》亦未嘗觀，雖詆之太甚，然炎武所指摘者，如《詩》‘錦衾爛兮’本有衾字，乃以爲‘青青子衿’之‘衿’即‘衾’字……然則炎武以宧光爲好行小慧，不學墻面，不爲太過矣。”

《六書長箋》七卷，卷端首行上題“説文長箋卷首一”，下題“六書漢義卷之一”，次行題“明祭酒諸生趙宧光直”，第三行題“男均訂閲”。首有明萬曆戊申（三十六年，1608）上元趙宧光《六書長箋漢義題辭》。七卷之内容計：事第一（指事），形第二（象形），聲第三（形聲），意第四（會意），注第五（轉注），借第六（假借），變第七（餘論）。本館此本《六書長箋》七卷置於《説文長箋》一百卷之後，他館藏本或置於《説文長箋》之卷首，據《六書長箋》卷端所題觀之，當以置於《説文長箋》卷首爲是。《四庫全書總目》將“《六書長箋》七卷”别爲一書，提要云：“明趙宧光撰。此書與《説文長箋》合刻，本一書也。以許氏《敍》内釋六書之義者分爲前六卷之首，又備列班固、衛恒、賈公彦、徐鍇、張有、鄭樵、戴侗、楊桓、劉秦、余謙、周伯琦、趙古則、王應電、王鏊、僧真空、朱謀㙔、張位、熊朋來、吳元滿十九家之説，逐條辨論，更以己説列於後。其中‘轉注’一條，許氏引考、老二字證之，裴務齊《切韻》謬言‘考字左迴，老字右轉。’本非許氏之旨，宧光乃愰（誤）以左迴右轉爲許氏之説，譏其自相矛盾，殊爲疎舛。末又列‘六書餘論’一卷，亦支離敷衍，於制字之精意皆無當也。”

本館所藏此本，第三十六册，卷六十七第一葉爲抄補。另第三十五册，卷九十一、九十二、九十三，内文皆爲抄補，惟此三卷之目録則仍爲鐫刻。另他館藏本各卷之末皆鐫有“長洲顧聽元方重校”字樣，此本則僅卷六之末及卷七之末有之，其餘未見。考《古今圖書集成·經濟彙編·考工典》第八卷《石工部》載“明顧聽，字元方，精於字學，趙宧光纂《説文長箋》，聽相與訂考”。《説文長箋》各卷末鐫“長洲顧聽元方重校”者，緣此也。本館此本僅卷六及卷七之末鐫有此八字，當非初印之本。此外，此本第三十九册卷九十九葉六右面鈐有藍色長條形紙廠印記，卷一百，目録葉二右面，鈐有藍、紅色長條形紙廠印記，此類紙廠印記常見於清康熙至乾隆間之印本中。基於上述現象，此本當係清代康熙至乾隆間之印本。

《四庫全書總目》將《説文長箋》與《六書長箋》分别著録，皆列入《經部・小學類存目一》，各題"《説文長箋》一百四卷，安徽巡撫採進本""《六書長箋》七卷，安徽巡撫採進本"。《中國古籍善本書目》著録"《説文長箋》一百卷首二卷《解題》一卷《六書長箋》七卷，明趙宧光撰，明崇禎四年趙均小宛堂刻本"，載中國國家圖書館、首都圖書館、北京大學圖書館等二十五館收藏。另中國臺北"國家圖書館"，美國國會圖書館、哈佛大學哈佛燕京圖書館，日本内閣文庫、尊經閣文庫、京都大學人文科學研究所等亦有收藏。此外，《北京人文科學研究所藏書目録》著録"《説文長箋》一百卷，明崇禎六年徐氏介石居刊本"，不知何據。《四庫全書存目叢書》曾據中國科學院圖書館藏本影印行世，題"明崇禎四年趙均小宛堂刻本"，列入《經部》第一九七册。

鈐印有"曉堂"白文方印，"四□書"白文方印。

255

説文解字通正十四卷

T5098　3602

《説文解字通正》十四卷，清潘奕雋撰。清乾隆刻本。四册。框高18.4厘米，寬13.5厘米。半葉十行二十字，四周雙邊，白口，單魚尾。版心上鐫書名，中鐫卷次。

卷端首行，上題"説文解字通正"，下題"吳郡潘奕雋述"。次行題"弟一"。書名葉二行大字題"説文解字／通正"。

書首有清乾隆四十六年（1781）四月潘奕雋自序，未立標題，版心鐫"序"。

潘奕雋（1740—1830），字守愚，號榕皋，又號水雲漫士、三松老人。清吳縣（今屬江蘇蘇州）人，祖籍安徽歙州。乾隆三十四年（1769）進士，授内閣中書，歷官户部主事，乾隆五十一年（1786）任貴州鄉試副主考，旋即歸田。清蔣寶齡《墨林今話》卷七"榕皋先生寫意"條云："潘榕皋先生奕雋，吳縣人，乾隆己丑進士，官户部主事。嘗典試黔中，家門鼎盛，子侄並掇巍科，而先生性獨蕭澹，早棄簪紱，高卧垂三十年矣。"工書、畫，喜藏書，輯有《三松堂書目》。著有《説文解字通正》（又名《説文蠡箋》）、《三松堂集》。事迹參見潘奕雋《三松老人自訂年譜》、清李桓輯《國朝耆獻類徵》卷一百三十七、清葉衍蘭編《清代學者象傳》第一集等。

此書撰作之由，潘氏於自序中云："《周禮》：'八歲入小學，保氏教國子以六書。'漢尉律：'學僮十七已上試諷籀書九千字乃得爲吏。又以八體試之，郡移太史并課，最者以爲尚書史，書或不正，輒舉劾之。'汝南許君病世學者詭更正文，翫其所習，蔽於希聞，采史籀、李斯、揚雄之書，博訪通人，作《説文解字》十四篇，自漢以後，堙替不行，中更唐、宋李陽冰、徐鼎臣兄弟先後振興，而篆、楷既殊，習之者寡。濡豪（毫）之家，但求便俗，漸失本原。且傳寫則亥、豕之或昧其形；授受則豬、都之難諧其聲。以至酢、醋混讀，稵、種易解，胄、胄通用，許、𪏪莫分。耐、能，伯、霸，昔別今淆，西、棲，瀾、漣，古同時異；六經諸史，恒苦難通矣。夫字有正義，有通義；有正讀，有通讀。山居豐暇，因取許氏一書，考其古人通用與夫許氏不載，徐氏附入，審非漏落者，並援古以證之。仰鑽經傳，旁搜史子、金石諸記，罔不采掇，其於稽覽，不無少助。至若籀文、奇字，見於重文者甚多，貴援古以證今，非鄙近而好異，且許氏自有全書，不復具録云。"由此所述，知潘氏乃感後人對《說文解字》之疏習，於字形之辨識、字義之通讀，時有混淆、躓礙，"六經諸史，恒苦難通"，故撰作書，以助稽覽。考此書末署"乾隆四十六年歲次辛丑四月朔吳郡潘奕雋識"，此爲撰序之年，序中未言及刊刻事，故定爲清乾隆刻本。

此書分十四卷，即以《說文解字》原一篇爲一卷，五百四十部依《說文》爲次，每部皆首標某部，次解部中各字，惟未必每字皆釋，如"一部"僅釋"一"及"丕"二字，"上部"僅釋"丄"字。各字所釋，先列《說文》說解，次釋古籍中之通假。如"一"字下，首云："惟初太始，道立於一，造分天地，化成萬物。弌，古文。"次云："《儀禮·士冠禮》：'壹揖，壹讓。'《注》：'古文壹作一。'《周禮·典命》：'其士壹命'。《公羊》襄二十九年：'不壹而足'。是一、壹通。"此即潘氏自序所謂"考其古人通用"者也。另書中亦以古籍證明某些字雖後經徐鼎臣附入，確爲許慎時代所無，非《說文》漏落者，如"王部""皇"字，首云："皇，大也，從自，自，始也。始皇者，三王大君也。自讀若鼻，今俗以始生子爲鼻子。"其次解云："《荀子》：'方皇周挾'，揚（楊）倞曰：'方皇讀爲彷徨。'又《孟子》：'皇皇如也。'又《新附》'遑'，徐鼎臣曰：'經典作皇。'是古人徨、遑止作皇。又艅艎作餘皇，遑、艎俱新附字。"此即潘氏自序於"考其古人通用"下續云："與夫許氏不載，徐氏附入，審非漏落者"之類也。

《續修四庫全書總目提要》收録楊鍾義所撰此書提要，題"《說文解字通正》十四卷，聚學軒叢書本"，提要中云："奕雋以字有正義、有通義，有正讀，有通讀。取許氏一書，考其古人通用與夫許氏不載，審爲漏落者，並援據徵之，以助稽覽。"案：楊氏所述"審爲漏落者"一句，乃援引潘氏自序之文爲説，惟誤"非"字爲"爲"字，遂大失原義也。

本館此本，"玄"字避諱作"元"。又偶有佚名墨筆及朱筆圈點。

此書《四庫全書總目》《中國古籍善本書目》俱未著録。清光緒二十九年

（1903）劉世珩刻《聚學軒叢書》，將此書收入第四集中，題"《説文解字通正》
十四卷"。又此書於乾隆間付梓，後又於嘉慶七年（1802）重刻，改易書名爲
《説文蠡箋》，并將潘氏自序"金石諸記，罔不采掇，其於稽覽，不無少助"一
段改爲"金石諸記，罔不箋掇，雖竭蠡測之勤，難解挂一之誚，冀於覽古，或
有少助"。孫殿起《販書偶記》卷四《小學類》著録"《説文解字通正》十四卷，
吳郡潘奕雋撰，乾隆間刊。後改名《蠡箋》，又名《蠡測》"。其説是也。《續修
四庫全書總目提要》收録馮汝玠所撰"《説文蠡箋》十四卷"一書之提要，題
云："《説文蠡箋》十四卷，嘉慶七年吳縣潘氏三松堂刊本，同治十三年三松堂
重刊。"其提要中反謂吳氏之書原名《説文蠡箋》，後劉世珩改爲《説文解字通
正》，蓋緣馮氏未見此《説文解字通正》乾隆刻本，不知《説文解字通正》之名
在前，故有此誤説也。考中國國家圖書館藏有道光二十年（1840）潘氏三松堂
刻本《説文蠡箋》一部，書名葉分三欄，右題"道光庚子重鐫"，中題"説文蠡
箋"，左題"三松堂藏板"。其書書末有清李慈銘手跋，中云："是書本名《説文
通正》，寶山毛氏《説文述誼》中引之。"則李慈銘亦以《説文解字通正》之名
在《説文蠡箋》之前也。

　　本館所藏此本，尚未見他館著録，待考。

256

説文偏旁考二卷

T5108　　2363

　　《説文偏旁考》二卷，清吳照輯。清乾隆吳氏聽雨齋刻本。二册。框高21.5
厘米，寬15.8厘米。半葉十二行二十四字，左右雙邊，白口，單魚尾。版心上
鐫書名，中鐫卷次。

　　卷端首行，上題"説文偏旁考上卷"，下題"青芝山人吳照輯"。書名葉中
題"説文偏旁考"，左題"聽雨齋藏版"。

　　書首，首未署年楊揆序，未立標題，版心鐫"楊序"。次清乾隆丙午
（五十一年，1786）孟秋吳照自序，未立標題，版心鐫"自序"。美國哈佛大學
哈佛燕京圖書館藏本，楊揆序之前有乾隆庚戌（五十五年，1790）新春王鳴盛
《説文偏旁考序》，本館此本無此《序》。

　　吳照（1755—1811），字照南，號白庵，又號青芝山人，清江西南城人。乾
隆五十四年（1789）拔貢，官至大庚縣（今江西大余）教諭，後棄官賣畫自給。
通六書，善畫。畫竹得金錯刀法，兼善山水、人物，亦能畫蘭。著有《説文偏
旁考》《説文字原考略》《聽雨樓集》等書。事迹參見清馮金伯《墨香居畫識》

卷六、清蔣寶齡《墨林今話》卷五"金錯刀"條等。

此書撰作之緣由，吳照於書首自序中云："考歐陽《集古目録》有郭忠恕小字《説文字原》，《崇文總目》有《説文字原》一卷，唐李騰集李陽冰字書，又陝榻有夢英篆書偏旁，五代蜀林罕有《字原偏旁小説》，皆取五百四十部，分刊爲一書，惜照未之見耳。憶甲辰歲，舟下江南，謁西莊王先生于吳閶，先生首以偏旁之學相詰，謂宜詳考《説文》，照退而披覽，則文義奧密，滯目礙膺。去秋，倦遊而歸，閉門謝客，重取《説文》繙閱，又得顧氏南原《隸辨》互核之。其書于四聲之後另列偏旁爲一卷，依《説文》排纂，指其正變譌謬，可謂精且詳矣。第其書專爲隸而辨，故篆文轉録于隸文之下。余因手自摹寫，先《説文》者，是書之主也，而重文之古籀即次于本字下。又次列隸，著其筆迹相承或同、或省、或變、或譌之由。而其辨字體之乖離舛錯者，則删節而括録之。纂輯既成，名曰《説文偏旁考》，非敢問世也，將藏之家塾，以訓子弟云爾。"序末署"乾隆丙午孟秋南城吳照照南書于聽雨齋"。此序述及王鳴盛（1722—1797，字鳳喈，號西莊、禮堂）對作者研究《説文》偏旁嘗有啓迪之功。又謂此書之作，乃以清顧藹吉（字南原）《隸辨》中《偏旁》一卷爲基礎，改先隸後篆之順序爲"説文"、古籀、隸之順序，且對《隸辨》中"其辨字體之乖離舛錯者，則删節而括録之"，可知此書之作，實有所本也。考此本書名葉僅題"聽雨齋藏版"，未題刊刻年月，又吳照自序亦僅謂"纂輯既成，名曰《説文偏旁考》，非敢問世也，將藏之家塾，以訓子弟云爾"，未言及付梓之事，故此序雖撰於乾隆丙午（五十一年，1786）孟秋，未必即於此年付刻也。惟此本之末，見鈐有"本廠"二殘字之紙廠印記，此爲康、雍、乾年間刻本印紙中常出現之特徵，又此本書名葉題"聽雨齋藏版"，據吳照自序末署"乾隆丙午孟秋南城吳照照南書于聽雨齋"，知"聽雨齋"乃吳照之齋名，故題此本爲"清乾隆吳氏聽雨齋刻本"。

此書分上、下二卷，上卷包含第一卷至第七卷，下卷包含第八卷至第十四卷，以《説文解字》中之一篇（含上、下篇）爲一卷。下卷之末附許慎《説文解字原序》，吳照於標題"説文解字原序"下注云："原刻在十四卷之下，故仍録於後。"書中考《説文》部首，始"一"終"亥"，各字先列《説文》字形，次古籀，次隸書，其下復加考訂。故書首楊馤序云："其書首《説文》，次古籀，次隸，凡原流之故，變失譌舛之由，縷析條分，粲然具見。又皆手自摹寫，務致其精而後止。"

吳照於自序中言其書之考辨字體，多承自清顧藹吉之《隸辨》，謂"其辨字體之乖離舛錯者，則删節而括録之"，則書中考辨多有來自《隸辨》者。今考書中特標"《隸辨》云"者，凡八見，當是顧氏較特殊之説，故予標示。如上卷

"走"字條，先列字形："走説文、走隸變从犬、走隸譌从土，經典相承用此字。"下論考云："趨也，从夭止，夭止者屈也。徐諧曰：'走則足屈，故从夭。'《隸辨》云：'《説文》次第字相聯貫，走在哭下，則當上蒙犬字，惜古本《説文》今不可見耳。'"案：《隸辨》因"專爲隸而辨"，以隸爲主，故有此説，吳氏此處引"《隸辨》云"，雖無辯駁之語，恐未必同意顧氏之説也。

《續修四庫全書總目提要》收録楊鍾羲所撰此書提要，題"《説文偏旁攷》二卷，聽雨齋刻本"，提要云："是書首《説文》，次重文古籀，次隸，以《説文》爲主，凡原流之故，變失譌舛之由，縷析條分，粲然具見。如謂《洪範》曰：'貞曰悔'，《説文》悔作䏨，從卜，每聲。後人混作心部之悔，䏨字遂廢不用。苜蓿之苜，从艸，音牧，與从丫者不同，今俗書相混無別……亦間有考證。自序謂'藏之家塾，以訓子弟云'。"

本館此本下卷之末葉，背面鈐有二印，上印爲一橢圓印，字不可識；下印爲含有"本廠"二字之鈐印殘文，此當爲紙廠印記之殘留也。

此書《四庫全書總目》《中國古籍善本書目》俱未著録。此本除本館收藏外，另中國國家圖書館、北京大學圖書館、中國科學院圖書館、美國哈佛大學哈佛燕京圖書館、美國密歇根大學圖書館、美國哥倫比亞大學東亞圖書館等亦有收藏。另傳世尚有清同治九年（1870）李楨抄本，藏湖南圖書館。《四庫未收書輯刊》嘗據中國科學院圖書館藏本影印行世，題"清乾隆刻本"，列入第叁輯第拾册。其本同於本館此本，書首亦無王鳴盛《序》。

257

説文字原考略六卷

T5108   2363.2

《説文字原考略》六卷，清吳照撰。清乾隆五十七年（1792）自刻本，四册。框高21.1厘米，寬15.8厘米。半葉七行，大小字數不等，左右雙邊，白口，單魚尾。版心上鑴"字原考略"，中鑴篇名，下鑴卷次。

卷端題"南城吳照照南輯"。書名葉分二欄，右題"説文字原考略"，左題"乾隆五十七年壬子冬十一月鋟于南昌寓館，凡六卷，南城吳照手輯"。

書首，首清乾隆癸丑（五十八年，1793）十二月段玉裁序，未立標題，版心鑴"段序"。次乾隆癸丑（五十八年）季春王鳴盛序，未立標題，版心鑴"王序"。次乾隆五十七年（1792）十一月吳照自序，未立標題，版心鑴"自序"。次《説文字原總目》，末鑴"乾隆五十七年歲在壬子冬十一月南城吳氏鋟板南昌寓館"。

吳照生平參前"256　説文偏旁考二卷"條。

　　此本據書首《總目》及書名葉所鐫文字觀之，當刻於乾隆五十七年（1792）十一月，然則書前段玉裁、王鳴盛二序蓋爲刻成後所加。據《蘇州圖書館藏古籍善本提要·經部》所載，其館所藏“乾隆五十七年南昌自刻本”除段玉裁、王鳴盛、吳照諸序外，尚有“乾隆癸丑沈初序”，本館所藏本則無沈序。

　　此書撰作之緣由，吳照於自序中云：“照頻年游歷燕、齊、吳、楚，車塵馬跡，倦而求息，將朝齏暮鹽，爲終焉之計。今夏五月，遂携家累，僦居南昌，交游既寡，剝啄甚稀。念飽食無所用心，聖人所戒，博奕猶賢乎已。乃取曩者所輯《説文偏旁考》，重加排纂，自《玉篇》、夢英、忠恕以及伯琦、南原所訂偏旁五百四十之文，皆合而參之，而南原《隸辨》，昔所依據者，删十之七八，存篆、隸相承之由而已。其諸家分部，升降損益，細加考訂，綴詞篇末，既列許氏五百四十字解，而楚金部敍固許氏之羽翼也，統名之曰《字原考略》。至於五經異字及漢制，雖與字原無涉，以其爲《説文》所引，摘録以資檢閱，而史游《急就篇》、洪适《擬急就篇》有裨於小學者，咸附録焉。”由吳照自序所述，知此書乃作者取昔所纂輯之《説文偏旁考》重加排纂而成。《説文偏旁考》乃以清顧藹吉（字南原）《隸辨》中《偏旁》一卷爲基礎而撰成，今此書則“南原《隸辨》，昔所依據者，删十之七八，存篆、隸相承之由而已”。此書另又取《玉篇》偏旁、釋夢英《篆書偏旁》、周伯琦《説文偏旁》等書，合而參之，共爲六卷，因所論《説文》偏旁即部首，亦即所謂“字原”，故本書乃取名《説文字原考略》也。

　　此書共六卷，卷一含“《説文》偏旁五百四十部”“《玉篇》偏旁五百四十二部”“夢英《篆書偏旁》五百四十部”“附篆文《筆迹小異》”。卷二含“《汗簡》古文偏旁五百四十部”“周伯琦《説文》偏旁五百四十部”“顧南原《隸辨》偏旁五百四十部”“附聯綿字”“附《六書略》五則”。卷三含“《説文》偏旁五百四十字解”“《説文解字序》《説文解字後敍》”。卷四爲《説文部敍》。卷五含“附《説文》引經字異”“附《説文》引漢制考”。卷六含“附《急就篇》”“宋洪氏《急就章》”。其中卷一之《筆迹小異》與卷二之《聯綿字》皆採自宋張有《復古編》，卷四《説文部敍》採自南唐徐鍇《説文繫傳》。本館所藏此本缺卷六末宋洪适《急就章》。

　　《續修四庫全書總目提要》收録馮汝玠所撰此書提要，題“《説文字原考略》六卷，乾隆五十七年吳氏南昌寓館刊本”，提要中云：“吳氏此編，五、六卷以下，所録無關宏恉。其四卷以前，以《説文》偏旁爲主，而以各家所定之偏旁不同於《説文》者次之，爲之考其異同，以窮其變。以《説文》五百四十字解爲主，而以徐氏《部敍》次之，論其不可拘守，以會其通。其於字之偏旁説解，提綱挈領，可謂能識其原矣。惟五百四十偏旁，爲編列諸字部居之原，五百四十字解，爲説解諸字形聲之原，尚非始製諸字賦形賦聲之原……若僅從偏旁字解求之，殊不足以窮諸字形聲之原。第吳氏此輯，雖不足以窮諸字形聲之原，而尚考諸字形聲之原者，能從此編入手，固亦可得略窺其梗概也。"

　　此書《四庫全書總目》《中國古籍善本書目》俱未著録。除本館外，另中國科學院圖書館、北京大學圖書館、北京師範大學圖書館、湖南圖書館、蘇州圖書館，美國哈佛大學哈佛燕京圖書館、斯坦福大學東亞圖書館、普林斯頓大學東亞圖書館，日本内閣文庫、京都大學人文科學研究所等館亦有收藏。《四庫未收書輯刊》曾據中國科學院圖書館藏本影印行世，題"清乾隆五十七年自刻本"，列入第叁輯第拾册。考中國科學院圖書館、美國哈佛大學哈佛燕京圖書館、斯坦福大學東亞圖書館等藏本僅有吳照自序，無段玉裁、王鳴盛二序；蘇州圖書館藏本段、王、吳三序外，又有清沈初序，頗見參差。又中國科學院圖書館藏本與本館此本相較，其第六卷字體不同，内容亦較本館此本爲略，可知兩本版本有異。諸館藏本之異同及源流俟考。

258
漢隸字源六卷附字一卷

T5114　5445B

　　《漢隸字源》六卷《附字》一卷，宋婁機撰。明末毛氏汲古閣刻本。十二册。框高24.1厘米，寬16.8厘米。半葉五行大小字不等，左右雙邊，白口，無魚尾。版心中鎸書名及聲部名，下鎸"汲古閣"。

　　卷端題"漢隸字源"，未題撰者名。

　　書首，首宋慶元三年（1197）十二月洪景盧《漢隸字源序》。次《漢隸字源綱目》。次《碑目》一卷，次《漢隸字源》正文五卷。書末有《附字》一卷。本館此本洪景盧《漢隸字源序》缺第一、二葉，第三葉右面，第四葉右面，第五葉右面等。另書末《附字》一卷，錯在《漢隸字源綱目》之前。

　　婁機（1133—1212），字彥發，南宋嘉興（今浙江嘉興）人。《宋史》卷四百一十《列傳》第一百六十九有傳。傳云："婁機，字彥發，嘉興人。乾道二年進士，授鹽官尉，丁母憂，服除，調含山主簿。"後歷任潛丘縣丞、太常丞、秘書省著作郎、右正言兼侍講、吏部侍郎兼太子左庶子、禮部尚書兼給事中、同知樞密院事兼太子賓客。傳又云："嘉定二年八月，行皇太子册命，機攝中書令讀册。九月祀明堂，爲禮儀使。數上章告老，帝不許，皇太子遣官屬勉留之。以資正殿學士知福州，力辭。提舉洞霄宫以歸，遂卒。贈金紫光禄大夫，加贈特進……機深於書學，尺牘人多藏弄云。"著有《班馬字類》《漢隸字源》《廣干祿字書》《古鼎法帖》《歷代帝王總要》等書。

　　書首洪邁（字景盧，1123—1202）《漢隸字源序》云："《漢隸字源》六帙，檇李婁君彥發所輯也。其書甚清，其抒意甚勇，其考覈甚精，其立説甚當，其沾丐（丏）後學甚篤……彥發曩歲有《班馬字類》，突過諸家漢史之學，予嘗序之矣。今此帙刊於高明臺，方通守吾州，朱墨鮮暇，趣了官事竟，輒蕭然一室中，厮輿側睨，但見其放策欠伸，搔頭揩眼，而用心獨苦之狀，固所不克知。彥發泝學有原委，工詞章，身端行治，名最三吳，而諸公貴人不解收拾，使周鼎幹弃，與康瓠等，予頃備侍從，承　清問於燕閒，宣昭聲光，宜不辭費，顧亦不能一出諸口心焉。負愧聊復再暢敍以自釋云。"末署"慶元三年十二月朔旦野處洪景盧序"。（本館此本《漢隸字源序》，文有殘缺，據中國臺北"國家圖書館"藏本補足）案：此《序》撰於南宋慶元三年（1197），時洪邁已致仕歸於饒州故居，《宋史》婁機本傳稱機"通判饒州，平反冤獄"。洪邁《序》中云："此帙刊於高明臺，方通守吾州"，可知《漢隸字源》初刻於慶元三年婁機任饒州通判之時也。惟本館此本版心鐫"汲古閣"，知爲明末汲古閣刻本。

　　書首《漢隸字源綱目》中列"攷碑""分韻""辨字"三項。"攷碑"中謂所收"漢碑凡三百有九，漢而下不載。獨魏《大饗碑》相傳爲梁鵠書，《上尊號奏》爲鍾繇書……凡九；晋碑字畫稍佳者董一、二而止。今並列于目。或晚出未見者，俟詢訪續之。"此乃述《碑目》一卷所收之內容。其下又謂《碑目》之著録，不以年月爲次，而係"以所得先後爲之次"，此乃循宋洪适《隸釋》之例也。"分韻"中云："每字先真書其上，循《禮部韻》之敍，《禮部韻》無者，以《廣韻》《集韻》附見其下，并《説文》之義。"此述《漢隸字源》正文五卷中字韻順序之依據。"辨字"中云："凡一字而有數體，以碑目之次真書于旁，不載碑之名氏，而以碑目之數著之，慮字之繁也。"此述正文五卷中一字數體處置之例。又云："諸碑字，或假借，或省文，盡以本文著字下，又以《説文》《集韻》諸字書參證。"此述假借，省文字著録之例也。由《綱目》中所述，可知《漢隸字源》中《碑目》一卷與正文五卷實爲一體，《碑目》一卷即爲正文五卷著録之來源所據，其書共爲六卷，故洪邁《漢隸字源序》亦云："《漢隸字源》六帙，檇李婁君彥發所輯也。"另《漢隸字源》正文五卷之後，又有《附字》一卷，其卷端首行題"附字"，次行云："諸碑字體偏傍及常用字，韻所不能載者，今見于此。"此卷共收十、廿、卉……等十四字。

　　此書共六卷，含《碑目》一卷，正文五卷。正文依"上平聲""下平聲""上聲""去聲""入聲"分卷。書末附《附字》一卷。

此書《四庫全書》收録，《四庫全書總目》題“《漢隷字源》六卷，内府藏本”，提要云：“是書前列‘攷碑’‘分韻’‘辨字’三例。次《碑目》一卷……次以《禮部韻畧》二百六部，分爲五卷，皆以真書標目，而以隷文排比其下，韻不能載者十四字，附五卷之末終焉。其文字異同亦隨字附註……於古音古字亦多存梗概，皆足爲考證之資，不但以點畫波磔爲書家模範已也。”

《中國古籍善本書目》著録“《漢隷字源》五卷《碑目》一卷《附字》一卷，宋婁機撰，明末毛氏汲古閣刻本”一種，載北京大學圖書館、清華大學圖書館等四十一館收藏。另又著録同版清袁棠跋、清龔橙校訂并跋、清謝寶樹跋、易培基録清翁方綱批校并跋、陶湘録清翁方綱批校并跋、佚名録清翁方綱批校并跋（三種）、清抄本等九種，分藏於山東省圖書館、中國國家圖書館諸館。又著録“《漢隷字源》五卷《碑目》一卷，宋婁機撰，清初抄本”一種，載中國國家圖書館收藏。本館所藏此明末汲古閣刻本，另中國臺北“國家圖書館”、“故宮博物院”、“中央研究院”傅斯年圖書館，美國哈佛大學哈佛燕京圖書館，柏克萊加州大學東亞圖書館，日本靜嘉堂文庫、内閣文庫等館亦有收藏。

鈐印有“李宗侗藏書”朱文長方印、“易印漱平”白文方印，知嘗爲李宗侗、易漱平夫婦收藏。

259
六書正譌五卷

T5101　7221

《六書正譌》五卷，元周伯琦撰。明崇禎七年（1634）胡正言十竹齋刻清古香閣印本。五册。框高20.5厘米，寬14.2厘米。半葉五行，大字篆書，小字雙行十八字，四周單邊，白口，單白魚尾。版心上鎸書名及卷次，中鎸四聲卷目及韻目，下鎸“十竹齋”。

卷端首行題“六書正譌平聲上”，次行題“元鄱陽周伯琦編注；明海陽胡正言訂篆”。書名葉分三欄，右題“元周伯琦先生著”，中題“六書正譌”，左題“古香閣藏板”。

書首有元至正十一年（1351）九月周伯琦《六書正譌敍》，版心鎸“原敍”。

周伯琦（1298—1369），字伯溫，號玉雪坡真逸，元饒州鄱陽（今江西鄱陽）人。《元史》卷一八七《列傳》第七十四有傳。伯琦父應極，元仁宗時任集賢殿待制，終池州路同知總管府事。伯琦自幼從宦，游京師，入國學，爲上舍生。以蔭授將仕郎、南海縣主簿，三轉爲翰林修撰。後歷任宣文閣授經郎、兵部侍郎、監察御史、崇文太監兼經筵官、資政大夫、江浙行省左丞等職。《元史》

云："伯琦儀觀溫雅，粹然如玉，雖遭時多艱，而善於自保。博學工文章，而尤以篆、隸、真、草擅名當時。"著有《說文字原》《六書正譌》《近光集》《扈從詩》等書。

此書之撰作，周伯琦於《六書正譌敘》中云："伯琦垂髫讀書，先君子即教以《說文解字》。長游四方，博覽精思，頗知所擇，乃以始子終亥五百四十正其錯簡，名之曰《說文字原》矣。思欲釐其全書，有所未暇。閒嘗撰字書之常用而疑似者，以聲類之，參稽古法，集而書之。推本造耑，定其始音，訓以六（寶三案：'六'字此本原空缺，據別本補）義，辨析今古，訂別是非，凡二千餘字，名之曰《六書正譌》。蓋《說文字原》以敘制作之全，而《六書正譌》以刊傳寫之繆也。采用諸說，折以己見，慮傷於繁，不復識別。此編非古文全書也，姑以備遺忘、便討閱耳。"案：周伯琦先撰成《說文字原》，復撰《說文正譌》，周氏《六書正譌敘》謂："蓋《說文字原》以敘制作之全，而《六書正譌》以刊傳寫之繆也。"

此書傳世之本，最早有元至正十五年（1355）高德基等刻本，又有明嘉靖元年（1522）于鰲刻本、明崇禎七年（1634）胡正言十竹齋刻本等，另亦頗見明代刻本之重刊本。本館此本版心鐫"十竹亝"，書名葉題"古香閣藏板"，柏克萊加州大學東亞圖書館藏有同版，《柏克萊加州大學東亞圖書館中文古籍善本書志》著錄爲"明崇禎七年（1634）胡正言十竹齋刻清古香閣印本"，《書志》云："此本與《說文字原》同刻，《字原》除刻周、宇文兩氏舊序外，尚有崇禎甲戌孔貞運《重訂字原正譌序》、嘉靖元年黃芳《重刻字原正譌序》。茲據孔序，定此本刻於崇禎七年。意者胡氏未獲元槧，遂據嘉靖元年于鰲刻本釐訂付梓。此本原有封面，鐫鐵線篆'六書正譌'四字。版片清初流入古香閣，重印時更換封面，鐫'元周伯琦先生著／六書正譌／古香閣藏版'。"（葉三十四）今從其說。

此書共五卷，依韻部分隸諸字，計卷一平聲上，卷二平聲下，卷三上聲，卷四去聲，卷五入聲。《四庫全書總目》述此書之內容云："其《六書正譌》，以《禮部韻畧》部分，分隸諸字，列小篆爲注，先注制字之義，而以隸作某某、俗作某某辨別於下，畧如張有《復古編》之意。"案：周氏此書或採前人之說，或折衷以己見，然皆未標示說解之來源。自序云："采用諸說，折以己見，慮傷於繁，不復識別。"蓋爲避繁也。

又《四庫全書總目》評此書云："其間如芙蓉之蓉必書爲頌、枝幹之幹必書爲干，多牽強而不可行。且全書皆用今韻，而宜字則以篆文從多諧聲，移於歌韻；全書皆用小篆，而香字乃從古文作𪏛，別注小篆作𪏽，如斯之類，尤未免爲例不純。"此評《說文正譌》有"爲例不純"之病也。又《總目》總論周氏

《説文字原》《説文正譌》二書云："大抵伯琦此二書，推衍《説文》者半，參以己見者亦半，瑕瑜互見，通蔽相仿，不及張有《復古編》之精密，而亦不至如楊桓《六書統》之糅襍。采葑采菲，無以下體，姑存以備一解，亦兼收並蓄之意云爾。"

本館此本卷一、卷二有佚名朱筆圈點。另周氏《六書正譌敘》及卷一"辭"字，眉欄各有朱筆批語。如周《敘》云："漢興，購求散逸，尊尚古學。尉律：'太史試學僮，能諷誦籀書九千字，課以八體，乃得爲吏。'""諷誦"之"誦"旁有朱筆標記三角形，上眉欄有朱筆批語云："許慎《説文敘》無'誦'字，段玉裁註：'《周禮・注》：倍文曰諷；竹部：籀，讀書也。《方言》曰：抽，讀也。抽即籀。'是諷籀書猶言倍讀書，非言諷誦太史籀之書也。《史籀書》存於漢者，絶無九千之多，可斷言之，此《敘》未免誤解。"此糾《敘》説之失也。

《四庫全書》將此書與"《説文字原》一卷"一併收録，入《經部・小學類》。《四庫全書總目》題"《説文字原》一卷《六書正譌》五卷，大學士于敏中家藏本"。《中國古籍善本書目》著録《六書正譌》版本多種，其中"明崇禎七年胡正言十竹齋刻本"載北京大學圖書館等二十一館有藏。另又著録"明崇禎七年胡正言十竹齋刻本，清帥石生校"一種，藏江西省圖書館。惟未著録此"明崇禎七年胡正言十竹齋刻清古香閣印本"。本館此本，另浙江圖書館、湖北省圖書館、中國臺北"中央研究院"傅斯年圖書館，美國哈佛大學哈佛燕京圖書館、柏克萊加州大學東亞圖書館等館亦有收藏。

260

漢隸分韻七卷

T5119　3348

《漢隸分韻》七卷，佚名撰。清乾隆三十七年（1772）萬氏辨志堂刻本。六册。框高20.4厘米，寬14.4厘米。半葉九行二十字，小字雙行同；或半葉六行十字，小字雙行二十字；左右雙邊，白口，單魚尾。版心上鐫書名，中鐫卷次。

卷一首行題"集漢隸分韻卷一"，次行題"天下碑録"。卷二首行題"集漢隸分韻卷二"，次行題"隸書假借通用例"。卷三首行題"漢隸分韻平聲上卷三"。書名葉分三欄，右題"乾隆壬辰初夏鐫"，中題"漢隸分韻"，左題"辨志堂藏版"。

書首，首未署年胡德琳序，未立標題，版心鐫"序"。次清乾隆壬辰（三十七年，1772）重陽後一日施養浩序，未立標題，版心鐫"序"。次乾隆三十八年三月盛百二序，未立標題，版心鐫"序"。次明嘉靖庚寅（九年，1530）

十一月張璉《漢隸分韻序》。次《洪丞相隸釋序（原注："言隸書緣起"）》。次《洪侍講跋語（原注："言隸之後有分"）》。次《洪丞相跋水經説（原注："言隸書始於王次仲"）》。次正文七卷。書末有明嘉靖庚寅（九年，1530）李宗樞《刻漢隸分韻后序》，《序》末有清乾隆壬辰（三十七年）九月萬縣前識語，未立標題。此書卷端雖題"集漢隸分韻"，然書首張璉《漢隸分韻序》、書末李宗樞《刻漢隸分韻后序》及胡德琳、施養浩、盛百二諸序文中皆稱"漢隸分韻"，故不以卷端爲據，仍題書名爲《漢隸分韻》也。

此書撰者不詳，《四庫全書》收錄此書，《四庫全書總目》云："不著撰人名氏，亦無時代，考其分韻以一東、二冬、三江等標目，是元韻，非宋韻矣。"清陸心源《儀顧堂題跋》卷一跋《漢隸分韻》云："《宋史·藝文志》小學類有馬居易《漢隸分韻》七卷，數與今本合，則是書乃居易所著也。惟分韻與大定六年王鬱《平水韻略》同，不用《禮部韻略》，則居易當是金人，非宋人矣。"另清許瀚（1797—1866）云："書中碑錄，於'慎'字作'今上御名'，知爲孝宗時人，與洪文惠同時。"許氏仍依《宋史·藝文志》定爲宋馬居易所撰。又本館此本書首盛百二序中云："及檢明周王孫朱灌甫《萬卷堂書目》，撰人迺田氏汝耔也。然《隸釋·序》既法其字爲之韻，復辨其文爲之釋，似洪氏原有《分韻》一書，田乃集碑錄及諸家之説以益之，當必有自序，惜不可得見矣。汝耔字勤甫，祥符人，宏治乙丑進士，官至湖廣副使。"諸家之説，尚難徵信，錄之以供參考。

此本乃清萬縣前於乾隆三十七年所刻，刻工爲海昌程虞廷。考書末有《刻漢隸分韻后序》，末署"明嘉靖庚寅歲長至日秦中李中樞書；大清乾隆甲子歲秋日甬東萬承天臨"，末行又有小字題"海昌程虞廷鐫"字樣。此《刻漢隸分韻后序》之次葉，有萬縣前之識語云："《漢隸分韻》一書，明嘉靖間李柱史子西臨刻上谷，彙文釋義，爲篆隸之津梁。顧年遠殘闕，舊刻絕少，先王父九沙公，博綜圖籍，藏有原本，畀 先君子臨池檢閲，奉爲楷模。縣前髫齔時隨侍几席， 先君子日課數行，並許錄一通以賜，心竊誌之不忘。 先君子嗜古不輟，公餘即事翰墨。甲子歲，需次京邸，錄就此册，分爲上、中、下三卷，郵寄縣前，謹裝潢成帙，藏之篋衍，已三十年矣。竊慮手澤沈没，謀付梓人，公諸海内。 季叔父近蓬公珍惜遺墨，重事臨摹，宛然 先君子筆意。刻既成，仍藏弆錄本，俾世世子孫守之勿失云。"末署"乾隆壬辰年秋九月男縣前百拜謹識"。由萬縣前此識語，可知其刊刻所據乃萬承天（字石梁，號訥菴，1659—1741）臨摹明嘉靖九年（1530）李中樞上谷刻本，而付梓時，因珍惜萬承天遺墨，由萬承天之季弟萬福（原名承烈，字近蓬）再度臨摹承天之本而上版。考明代鄞縣萬氏爲甬東之望族，萬泰（1598—1657）有子八人，人稱"萬氏八龍"，其中長子爲萬斯大（1633—1683），萬斯大子名萬經（字授一，號九沙，1659—1741），萬經子萬承天，萬承天子即萬縣前，故萬縣前識語中稱“先王父九沙公”，又稱萬承天爲“先君子”也。又他館所藏同版，有將萬縣前此識語置於書首者（如武漢圖書館、中國臺北“中央研究院”傅斯年圖書館），然考書首諸序，版心皆鎸“序”，萬縣前此識語版心無“序”字，且此識語全文皆低二格鎸刻，末稱“乾隆壬辰年秋九月男縣前百拜謹識”，故當係書末之識語而非序也。

另書首施養浩之序亦云：“鄉先生九沙萬公，優游林下之日，以隸書爲臨池家所宗仰。《分隸》偶存之刻，已行於世，今其文孫邠初復以是刻詢序於余，考其顛末，乃知藏稿之始，固由先生之嗜古，而臨摹成册，則長君石梁公也，重寫付梓，則季君近蓬公也。邠初於賢勞之暇，加以校讐刊印，從容投贈，即書道一端而先生家學之繼繼承承，閱三世如一日，可不謂藝林中佳話也哉？”序中述此書刊刻之事，極爲簡明，亦可與萬縣前識語參看。

此書共七卷，卷一載《天下碑録》《漢隸精華》二項，卷二載《漢隸假借通用例》《四聲隨文互見例》《漢隸雙字類例》三項。此二卷乃敍例之性質。卷三至卷七爲此書本體，依平、上、去、入分韻，平聲又分上、下，計卷三平聲上；卷四平聲下；卷五上聲；卷六去聲；卷七入聲。

《四庫全書總目》云：“其書取洪适等所集漢隸，依次編纂，又以各碑字迹異同，縷列辨析。”由此可知此書之内容梗概。

此書《四庫全書》收録，《四庫全書總目》題“《漢隸分韻》七卷，江蘇巡撫採進本”。《中國古籍善本書目》著録“元刻本”“明正德十一年刻公文紙印本”“明正德十一年刻本”“明嘉靖九年李宗樞刻本”“清抄本，清吳騫校”“明刻本”等多種版本，惟未著録此乾隆三十七年（1772）萬氏辨志堂刻本。此本除本館外，另北京師範大學圖書館、中國科學院圖書館、武漢圖書館、中國臺北“中央研究院”傅斯年圖書館等館亦有收藏。

鈐印有“南陵徐乃昌校勘經籍記”朱文長方印、“積學齋徐乃昌藏書”朱文長方印等印，知嘗爲清徐乃昌收藏。徐乃昌生平參見前“011 稻香樓雜著六種七卷”條。另又有“耕石山□”白文方印，印主不詳。

261

廣金石韻府五卷

T5119　4994

《廣金石韻府》五卷，明林尚葵輯，明李根校。清康熙刻朱墨套印本。五册。框高21.7厘米，寬15厘米。半葉六行，大小字不等，四周單邊，白口，無魚尾。

版心下鐫聲部及葉次。

卷端首行題“廣金石韻府上平聲”，第二、三行題“古閩林尚葵朱臣甫廣輯；李根阿靈甫較正”。上海辭書出版社圖書館藏本有書名葉，分三欄，右題“賴古堂重訂”，中題“廣金石韻府”，左題“大業堂藏板”。本館此本無書名葉。

書首，首清康熙九年（1670）周亮工序，本館此本周序逸去首葉，以白紙補之，中畫有行綫五行。次《攷古書傳》。

林尚葵，字朱臣，明莆田（今福建莆田）人。

李根，字阿靈，又字雲谷，明晋江（今福建晋江）人。

明嘉靖間，朱雲（字時望）嘗編《金石韻府》一書。林尚葵此書乃因朱氏《金石韻府》而增廣之，故名曰《廣金石韻府》。美國哈佛大學哈佛燕京圖書館藏有《廣金石韻府》“明崇禎九年（1636）蓮庵刻朱墨套印本”一部，書首有崇禎九年林尚葵《序》，中云：“不佞性有癖嗜，生平喜字學，輒廢寢食從之。每歎篆籀爲三代以上同文，古意精妙，殊不可忽，久欲彙梓。適阿靈李兄雅有同好，因以朱氏舊集而爲之，增其缺遺，訂其□訛。書成，改庵黄太史顔其編曰《廣金石韻府》。”另同本書首又載李根所撰《蓮菴廣金石韻府凡例》，共十一則，《凡例》之首，序云：“予與林朱臣讀書蓮菴，相謂而言曰：‘文祖羲，字祖頡，懸諸日月矣。六經子史，列若輝星，察萬品，乂百工，然後載道載事，借文辨道，豈足以盡聖人之心畫乎？繇氣漓代遷，飾僞萌生，喪其古初，可勝道哉？于是裒集是編，雖不足以究卦象之旨歸，亦庶幾稽古一班（斑）云耳。’”據此知此書於崇禎九年（1636）已有蓮庵刻本，而“蓮庵”即林尚葵、李根兩人讀書之所也。

本館所藏此本則爲清康熙刻本，書首無上述林尚葵《序》及李根所撰《凡例》，然書首有清周亮工（1612—1672）所撰之序，序中云：“《金石韻府》一編，海内好古之家所共推爲問字金科者，自錫山朱時望採輯至今，幾二百年，亦以時好不屬，漸至湮没矣。予性嗜古，留心篆刻，偶從舊簏中獲睹是編，喜其茹衆書之淵博，入元音之捻會，點畫聲音，合而一之，較用修所定，尤爲遠過。因與莆陽林朱臣、晋安李雲谷，共爲考訂。凡九經古本，及《岣嶁》《石鼓》諸碑，莫不取而較勘之。下至《誌林》説部之編，苟有資於採佐，不之棄也。以故譌者正、疑者析，即所未備者，亦間補其十一，則林、李二子之功不可誣，而予得樂觀其成也。夫以朱臣、雲谷之才，素號通敏，而予前後於閩者十二載，從予商質者未嘗易寒暑。閱數年以及於今，始得再見成書，而加廣焉。”據周亮工此序，似林尚葵、李根二人編《廣金石韻府》，曾與周亮工共相商訂，惟林尚葵《序》、李根所撰《凡例》則皆未言之也。周亮工此《序》末署“康熙九年歲次庚戌禊日櫟下周亮工撰于賴古堂”，又《序》末謂“閱數年以及於今，始得再見成書，而加廣焉”，然則《廣金石韻府》蓋於崇禎時已先曾付梓，至康熙時周亮工又爲之增訂重刻，故康熙本書名葉題“賴古堂重訂”也。又考周亮工所撰《讀畫錄》卷二“李雲谷”條云：“李雲谷根，侯官人，工詩，精篆籀之學，嘗註《廣金石韻府》，余爲梓之，以行於世。”據此，周亮工嘗梓行《廣金石韻府》，似非子虛之事也。今以本館此康熙本與哈佛燕京圖書館崇禎本較之，除各卷卷端輯、校者題名不同外，其內文亦見差異，如上平聲“一東”中之“瓏”“叢”二字，崇禎本皆注明出處爲“存义《切韻》”，康熙本則作“存人《切韻》”，此指王存义所著《切韻》，康熙本“人”字顯係誤刻。又康熙本所載朱字與其下墨字間之距離，屢見與崇禎本有差異。由此可證，康熙本當係重刻之本，非僅崇禎版之再印本也。

此書依朱雲《金石韻府》原書之例，分“上平聲”“下平聲”“上聲”“去聲”“入聲”，共五卷。各字首標楷書，下載古文籀篆，并標示所出。全書以朱、墨二色印刷，古文籀篆以朱字印刷，餘則墨字。書首載《攷古書傳》，乃列出處所本，《凡例》第十則云：“攷過諸書，並列于右”，即指此也。又崇禎本及康熙本書首皆附有《纂集玉篇偏傍形似釋疑文字》，《凡例》第九則云：“附《玉篇》偏旁釋疑字學”，惟本館所藏此本則闕此項。

《四庫全書總目》述此書云：“國朝林尚葵、李根同撰……然所引諸書，今已什九不著錄，尚葵等何自得觀？今核所列之目，實即夏竦《四聲韻》而稍摭薛尚功之書以附益之，觀其備陳群籍，而獨遺竦書之名，則諱所自來，故滅其迹，可知也。”《美國哈佛大學哈佛燕京圖書館藏中文善本書志·經部》評《總目》之說云：“《四庫》館臣此說有誤。查李根《凡例》第一則有云：‘舊有夏竦《集古文韻》、釋道泰《古文韻選》，皆略而不詳，以二韻合一，重者損之，逸者益之，復考鐘鼎古人以系之。’疑館臣未見《凡例》，故有此說。”案：《四庫全書總目》稱“國朝林尚葵、李根同撰”，則館臣所見當係康熙本，故不知林、李二氏爲明人也。康熙本未載《凡例》，《哈佛燕京善本書志》所疑是也。

本館此本，函套題籤下方及各冊外封面皆見鈐有“#630”字樣，知爲芝加哥紐伯瑞圖書館（Newberry Library）之舊藏。

此書《四庫全書總目》著錄，題“《廣金石韻府》五卷，浙江巡撫採進本”，入《經部·小學類存目一》。《中國古籍善本書目》未著錄。本館所藏此康熙本，另北京大學圖書館、中國科學院圖書館、浙江圖書館、蘇州圖書館、上海辭書出版社圖書館、中國臺北“中央研究院”傅斯年圖書館等亦有收藏。《四庫全書存目叢書》曾據中國科學院圖書館藏本影印，題“清康熙刻朱墨套印本”，列入《經部》第一九九冊；《續修四庫全書》曾據上海辭書出版社圖書館藏本影印行世，題"清康熙九年周氏賴古堂刻本"，列入《經部》第二三八册。此外美國哈佛大學哈佛燕京圖書館藏有明崇禎九年（1636）蓮庵刻朱墨套印本，《美國哈佛大學哈佛燕京圖書館藏中文善本彙刊》收入第七册。後世又有道光十四年（1834）方柄道抄本，藏復旦大學圖書館；咸豐七年（1857）巴郡張氏理董軒刻本，北京大學圖書館、上海圖書館、浙江圖書館等館收藏。

262

字彙補十二集

T5172　4502.2

《字彙補》十二集，清吳任臣輯。清康熙彙賢齋刻本。六册。框高21.2厘米，寬14.5厘米。半葉八行，小字雙行二十四字，左右雙邊，白口，無魚尾。版心上鐫書名，中鐫集次，下鐫"彙賢齋"。

卷端首行題"字彙補子集"，次行題"仁和吳任臣志伊輯"。

第六册亥集之末，鐫有"受業錢塘洪雲來遙胄，仁和金成器伯鼎，紹興朱偉萬我、朱伯次符，海寧祝乾明鳳師、祝翼恒豹臣，石門曹嶽起巨平校正"。《續修四庫全書》影印"清康熙五年彙賢齋刻本"書首有清康熙五年（1666）上巳日嚴沆《字彙補序》、吳任臣《字彙補例言》、《字彙補總目錄》等三項，本館此本無。另《續修四庫全書》影印本，每集之末附有"拾遺"，本館亦無。

吳任臣（1628—1689），字志伊，一字徵鳴，號託園。清福建興化府平海衛（今福建莆田）人，早年隨父遷仁和（今浙江杭州），遂爲仁和諸生。《清史列傳》卷六十八、《清史稿》卷四百八十四《文苑一》俱有傳。《清史列傳》云："吳任臣，字志伊，浙江仁和人。志行端愨，博學而思深，兼精天官、樂律……康熙十八年，應博學鴻儒科，試列二等，授翰林院檢討，充纂修《明史》官，《曆志》一篇出任臣手。未幾，卒。著有《十國春秋》一百十四卷，搜羅廣博，爲時所稱。又有《周禮大義》《補禮通》《春秋正朔考辨》《山海經廣注》《字彙補》《託園詩文集》。"事迹另參《［乾隆］杭州府志》卷九十四《人物八·文苑二》。

此書旨在補明梅膺祚《字彙》一書之闕漏，據他館藏本書首《字彙補例言》首則云："梅氏《字彙》壐括諸字，約而能該，《玉篇》《字林》以來，允推六書家弁冕。但簡册浩繁，掛漏時有，即如《十三經註疏》《二十一史音釋》以及《本草》、《山海經》、七緯、《逸周書》、《莊》、《列》、《管》、《荀》、《亢倉》、《呂覽》、釋道二藏諸書，或奇字見遺，或音義罔備。任臣以誦讀之餘，徧搜典籍，閱書幾及千種，僭爲增益，一曰補字，一曰補音義，一曰較譌，雖學慚窺豹，而志在續貂，起宣城于九原，知不我罪也。"由此可知其撰作之由及基本體例。

《字彙補例言》之末署"康熙五年病月蒲陽吳任臣識",則《例言》乃撰於康熙五年(1666)。考《例言》末則云:"拙著尚有《山海經廣注》《春秋正朔考辨》《周禮大義》《歷原》《律原》《禮通》諸書,頗珍敝帚,未就剞劂,嗣當問世,求正大方。此一書,則其嚆矢云。"據此言,則吳氏所撰書甚夥,將以此《字彙補》先問世,雖未明言已付梓,刊刻之日宜不甚遲,又此本版心鐫有"彙賢齋"三字,故定爲"清康熙彙賢齋刻本"。

此書分十二集,部居依梅氏《字彙》原書爲次,各部之中,或僅標"補字""補音義"二項,或"補字""補音義""較譌"三項俱全。《例言》第三則云:"補字先後俱依字畫之多寡爲斷,緣事屬補遺,故不復列寫畫數,亦竊附前集之意。"此補字之例也。又第二則云:"補義而字從本音者,但注義不注音。若原字有數音而義從後音者,則曰'從某音'。至補音,則曰'又音某',或另作一圈以別云。"此補音之例也。

《續修四庫全書總目提要》收録奉寬所撰此書提要,題云"《字彙補》十二卷,康熙彙賢齋刻本",提要中云:"是書篇目部居,即用梅氏《字彙》體例,每一部區分爲'補字''補音義''較譌'三項,每集之後,又總及'拾遺'一門,亦按部爲'補字''補音義''較譌'三項。本書所輯之字,旁徵遠引,至稱博洽。康熙末,大學士陳廷敬等奉敕纂修《字典》,於是書取字頗多,其《發凡起例》言是書考校各書,補諸家之所未載,頗稱博雅。惟謂其有《字彙》所收誤行增入之字,是其一眚。"案:奉寬所據之本,每集之末附有"拾遺",同於《續修四庫全書》影印本也。

本館此本《寅集》宀部"宨"字上眉欄中有佚名墨筆批語,此處吳氏補音義云:"宨,音未詳",佚名批云:"宨字,考藏經音蘇骨切。"又《寅集》葉十二右面見有藍色長條形紙廠印記。另《辰集》正文前缺《辰集》目録。

此書《四庫全書總目》《中國古籍善本書目》俱未著録。北京大學圖書館、上海圖書館等藏有《字彙補十二集附拾遺一卷》,其《拾遺》附於書末,未分刻於各集之末。《續修四庫全書》影印本題"據清康熙五年彙賢齋刻本影印",列入《經部》第二三三册,其本將《拾遺》分刻於各集之末。

263

正字通十二卷(有缺卷)

T5172   1321

《正字通》十二卷,清張自烈、廖文英同輯。清康熙九年(1670)廖文英刻十七年(1678)劉炳重修二十四年(1685)吳源起清畏堂印本。有缺卷。

三十二册。框高20.2厘米，寬14厘米。半葉八行十二字，小字雙行二十四字，四周雙邊，白口，單魚尾。版心上鎸書名，中鎸集次及部首名。

卷端題"南昌張自烈爾公、連陽廖文英百子全輯"。書名葉分三欄，右題"南昌張爾公、連陽廖百子兩先生全輯"，中題"正字通"，左題"清畏堂原板"。

書首，首清康熙乙丑（二十四年，1685）吳源起《正字通敘》。次康熙九年（1670）孟秋廖文英《正字通敘》。次康熙九年（1670）孟冬廖綸璣《十二字頭引》。次《正字通凡例》，共九則。次《正字通總目（原注："舊本首、末卷附亥集後"）》。次《十二字頭》。次《字彙舊本首卷（原注："宣城梅膺祚誕生音釋"）》。次《正字通引證書目》。

張自烈（1597—1673），字爾公，號芑山，又號誰廬居士，明末清初江西宜春人。《清史列傳》卷六十六《儒林傳上一》附於《張自勳傳》下。《清史列傳》云："張自勳，字不競，江西宜春人。兄自烈，字爾公，博物洽聞。與同里袁繼咸善，繼咸爲山西提學，遭誣獲罪，自烈上書訟其冤。後繼咸督師江上，招自烈爲助，不赴。明亡，隱居廬山，累徵不就。年七十七，卒。著有《四書大全辨》四十卷、《正字通》十二卷、《芑山文集》。"另《[同治]南康府志》卷十九《寓賢》中亦載："張自烈，字爾公，號芑山，袁州府宜春縣人。性端毅介潔，著有古今文辨十餘種行世。累徵不就，晚愛泉石，卜居匡麓，身卒無嗣，郡守廖文英重其品，詣葬於洞山左翼，面名教樂地坊，諸庠士咸赴祭焉。中翰陳上善書其碑曰'清故處士張芑山墓'。"

廖文英（1620—1675），字百子，號昆湖，明末清初廣州府連州（今廣東連州）人。明崇禎十二年（1639）獲選爲拔貢，次年春，授南康府推官。崇禎十四年（1641）上令兼理白鹿洞書院。後晋爲袁州（今江西宜春）府事。清軍南下，文英抗清失敗，後降清。清順治十四年（1657）任衡州府（今湖南衡陽）同知。康熙七年（1668）任南康府知府。任內嘗編纂《重修白鹿書院志》《南康府志》，并刊行《孝忠經傳合編》。著有《石林堂集》。事迹參見《[同治]連州志》卷四《職官》、《[同治]南康府志》卷十二《職官一》。

此書原爲增訂明梅膺祚《字彙》而作，故書首《正字通總目》標題下小字注云："舊本首、末卷附亥集後"，所稱"舊本"即指梅氏《字彙》也。此書之作者，清康熙、乾隆間已頗多異説，《四庫全書總目》云："舊本或題明張自烈撰，或題 國朝廖文英撰，或題自烈、文英同撰。考鈕琇《觚賸·奥觚下篇》載此書本自烈作，文英以金購得之，因掩爲己有，敘其始末甚詳。然其前列 國書十二字母，則自烈之時所未有，殆文英續加也。裘君宏《妙貫堂餘談》又稱文英殁後，其子售板於連帥劉炳，有海幢寺僧阿字，知本爲自烈書，爲炳言之，炳乃改刻自烈之名。諸本互異，蓋以此也。"《四庫全書總目》引鈕琇、裘君宏二家之說以述此書本爲張自烈所撰及其版由廖文英子轉入劉炳之本事。另柏克萊加州大學東亞圖書館藏 "清康熙九年（1670）廖文英刻十七年（1678）劉炳重修本" 一部，書首載有康熙十七年（1678）高光夔《序》云："處士殫一生之精力，閱數十年而始成此書，思欲以傳於世，而力不能勝梨棗。太守聞之，許其任剞劂事，且許處士以買山之貲。處士雖喜得終隱，然尤冀得附太守之名以不朽。逮梓成，則未有一字及處士，併前言亦忘之。處士不久云逝，太守旋解組載歸至五羊。"此亦言及《正字通》原爲張自烈所作之事。張自烈撰此書，原名《字彙辯》，後易名爲《正字通》。方中通（1634—1698）所撰《陪集》中之《陪古》卷二《篆隸辯從自序》云："先君文忠公《通雅》，於六書之學已見端崖，嘗命通輯篆韻……張芑山先生聞之，喜曰：'吾可以成《字彙辯》矣……'日輯七字爲度，殆二十年而書成，易名《正字通》，舉而贈之廖昆湖，因先生隱居不名之志歟？"考方氏此云 "舉而贈之廖昆湖" 不言文英許金之事，蓋隱諱之也。

惟今考張自烈《芑山文集》卷十五，載有《贈廖季子序》，中云："廖子叔玉，今賢大夫昆湖先生季子也。齒雖後其兄仲玉者四年，幼穎敏軼羣，及長，孝友學行與兄比肩立，余畏且愛，世稱二難，非諛。往歲叔玉與兄戒裝上北雍，諸當路與昆湖公友善者，心識二子賢，接禮加等，爭相引重，二子名籍甚。未幾，仲玉居輦下，秉鐸爲人師，叔玉以省觀反康，與余晨夕獨久……余竊嘆曰：此用世才也。會昆湖公《正字通》成，客有惑叔玉者，謂 '書誠淹博，若知希何！' 叔玉默弗答，退謐所親，曰：'家先生之爲是書，雖以正字名，要其歸，明體適用之學備具，知不知無加損，在審所施而已。如客言，何異得鏡以蓋卮，非篤論也。' 仲玉聞而韙之。余又竊嘆曰：'以宿學耆儒所未易涯涘者，而叔玉輒洞見源流若此，異日者推以經世，其能與古鮮齟齬可知也。'"案：文中所言 "昆湖先生" 即指廖文英。此文末署 "壬子孟春月既望"，乃撰於康熙十一年（壬子，1672），其時廖文英仍在世（文英卒於康熙十四年），文中既言及 "會昆湖公《正字通》成"，則張自烈、廖文英在世時即以《正字通》其書屬廖文英所撰，似可知也。有關《字彙辯》與《正字通》間相關問題之考辨，參見古屋昭弘《張自烈と『字彙辯』──『正字通』の成書過程》（《張自烈和〈字彙辯〉──〈正字通〉的成書過程》），文刊《東洋學報》七十四卷（1993年4月）。

本館此本爲康熙二十四年（1685）吳源起清畏堂之重印本，書首有吳源起《正字通敘》云："天下事遇合有時，顯晦有數，自不可以預期，然又若有先兆焉。余童年時，隨侍先君子於信州理署，間聞論列，同寅必以南康司理昆湖廖先生爲稱首，曰 '此當今賢者，政治之暇，留心經史者也。' 嗣後，先生復守南康，先君子喜曰：'白鹿有靈，其戀戀舊主人若此耶？'撫軍推重碩儒，委修江右通志，余適筮仕洛陽，先生走一介，屬余覓《河南省志》以爲式，惠以所梓《正字通》一書，余時置案頭，繙閱不釋，惜未流傳，江浙（浙）間不可多得。昨歲走粵中，往來信安、清海間，尋訪先生，溘先朝露，家復寥落，感慨久之。詢及成書，則以多故之餘，久屬他姓，束之高閣，好事者不得過而問也。余竭貲斧以得之。南粵諸名士皆大喜，因言：'書爲張爾公先生之手筆，先生購其本於衡州，晨夕較定，授梓南康，書未大行，幾遭湮没，今給事縣之國門，布於海内，使兩先生之精神復見於紙上，豈非顯晦有數耶？'然余思先生將有事於省志，而因以見貽，是今日之流傳，若先兆於前日也。爰爲序其遇合之顛末，并識弗忘先子之好友云爾。"此《敘》末署"昝　康熙歲次乙丑禮科給事中秀水吳源起書於清畏堂"。吳氏此《敘》述其早年得廖文英贈所刻《正字通》之往事，并言及訪廖文英故里，購得《正字通》書版之經過，此乃述其重印此書之緣起也。考《敘》中云："南粵諸名士皆大喜，因言'書爲張爾公先生之手筆，先生購其本於衡州，晨夕較定，授梓南康，書未大行。'"此蓋諱言廖文英之攘善，謂文英仍有"晨夕較定"之功，故此清畏堂印本卷端乃改題"南昌張自烈爾公、連陽廖文英百子仝輯"。據此而推，康熙九年（1670）廖文英之初刻本及康熙十七年（1678）劉炳之重修本，其卷端所題，當不如是。中國臺北"中央研究院"傅斯年圖書館藏有"清康熙間（1662—1722）弘文書院刊本"一部，其卷端題"連陽廖文英百子輯"，此本雖爲重刻之本，所題當仍保存初刻之面目，因前述高光虁《序》嘗言廖文英之刻"逮梓成，則未有一字及處士"，其僅題文英之名亦可知也。另柏克萊加州大學東亞圖書館藏"清康熙九年（1670）廖文英刻十七年（1678）劉炳重修本"卷端題"南昌張自烈爾公輯，連陽廖文英百子梓"，此以撰者歸張自烈，而廖文英僅居梓刻之功，與清畏堂印本所題亦有異也。有關《正字通》諸本間之關係，另參見《柏克萊加州大學東亞圖書館中文古籍善本書志》葉三十六、三十七。

此書按子、丑、寅、卯等十二辰分集，一集一卷，共十二卷。各集依筆畫爲序，計子集一、二畫，丑集三畫，寅集三畫，卯集四畫，辰集四畫，巳集四畫，午集五畫，未集六畫，申集六畫，酉集七畫，戌集八、九畫，亥集十至十七畫。每集之前，各附有目録，又書首有《正字通總目》。所釋各字，先大字標楷書，其下雙行小字先列音切，後作考釋。書首《正字通凡例》首則云："字書謬以益謬，擬釐正成編，各部諸字本詁訖，備載某字古作某、籀作某、篆作某、隸作某、俗作某、譌作某。凡舊本分部分畫古籀譌俗散見各部者，并歸本部本字後，詳爲考定，如昔李鉉删正六藝謬字例，盡削舊本之舛譌，獨存六書之可信從者，不令眩後學見聞。已又慮四方沈湎《字彙》日久，不仍存舊說，彼此是非必不著，故部畫次第如舊，闕者增之，誤者正之，未可與各坊翻刻同日語。"其體例概略可知也。

書首載《十二字頭》，乃習滿文之基礎識字教材，滿文旁附有漢音對音。前有廖綸璣所撰《十二字頭引》，中云："漢人惟習漢字，已言會通大同，則猶未也……夫人不知滿語者，字雖工，僅得象形之表，徒知點畫，不能成言。不學滿字者，音未習，欲驟學滿語爲難，故習字必先肖唇頰而後語義可通也。何則？書分十二字頭，即漢音之四韻，內載千三百餘字，即漢字之六書……今滿字內漢音無字者，效佛經二合之法，二字連呼成一音以肖口吻，如挌矣呼慨、憂矣呼改、哈矣呼海是也。書內所音漢字俱係北韻音者，以音相合，非以音某字作某字解也。"末署"峕　康熙九年庚戌孟冬朔旦正黃旗教習廖綸璣撰"。案：此將習滿文之《十二字頭》附載於《正字通》之書首，當有清初時代之政治、教育因素。另書首又載《字彙舊本首卷》，標題下有小字注云："宣城梅膺祚誕生音釋"，內分"運筆""從古""遵時""古今通用""檢字""辨似""醒誤"等七項。此爲梅氏《字彙》所原有，惟此本《正字通總目》標題下有小字注云："舊本首、末卷附亥集後"，知《字彙》原本此首卷乃在亥集之後爲異也。

《四庫全書總目》評此書云："其書視梅膺祚《字彙》，考據稍博，然徵引繁蕪，頗多舛駁，又喜排斥許慎《說文》，尤不免穿鑿附會，非善本也。"

本館此本原書有四函四十冊，今缺第三函午集下、未集上、中、下，申集上（以上共六冊）及第四函申集下、酉集上（以上共二冊），合計共缺八冊，故存三十二冊。另第四十冊亥集缺末葉。

《四庫全書總目》著錄，題"《正字通》十二卷，通行本"，入《經部·小學類存目一》。《中國古籍善本書目》未著錄。本館此清畏堂印本，另北京大學圖書館、湖北省圖書館，美國哈佛大學哈佛燕京圖書館、柏克萊加州大學東亞圖書館等亦有收藏，惟諸館藏本書首所載內容及次序略有差異。《續修四庫全書》曾據湖北省圖書館藏本影印，列入《經部》第二三四至二三五冊，《四庫全書存目叢書》曾據北京大學圖書館藏本影印，列入《經部》第一九七至一九八冊。此外，《正字通》傳世另尚有多種版本，據諸家書目所載，北京故宮博物院、甘肅省圖書館等藏有康熙九年（1670）刻本；南京圖書館、中國臺北"故宮博物院"藏有康熙十年（1671）張氏弘文書院刻本；中國國家圖書館藏有清康熙間芥子園刻本、清康熙間潭陽成萬材刻本；中國臺北"中央研究院"傅斯年圖書館藏有清康熙間弘文書院刻本；柏克萊加州大學東亞圖書館藏有清康熙九年（1670）廖文英刻十七年（1678）劉炳重修本。

264
千文六書統要二卷附千字文二卷篆法偏旁正譌歌一卷

T5161　7276

《千文六書統要》二卷附《千字文》二卷《篆法偏旁正譌歌》一卷，清胡正言輯篆。清抄本。二冊。無框，書高19.5厘米，寬12.8厘米。半葉六行十字，白口，無魚尾。版心中題卷次。

卷端題"栢陵李仲卿先生、溧陰李香嚴先生仝鑒定；海陽胡正言曰從氏輯篆"。

書首，首未署名《序》。次"《千字文》卷上"，標題下題云："按葉撿字，挨次展開。"次"《千字文》卷下"。次《篆法偏旁正譌歌》，標題次行題"上元如真老人李登訂，同里後學曰從（從）胡正言篆"。次《千文六書統要》二卷，卷下末接《序文古字釋》。

胡正言（1584—1674），字曰從。明萬曆十二年（1584）出生於休寧（今安徽休寧），後寄籍金陵上元縣（今江蘇南京）雞籠山側。三十歲時遷六安、霍山一帶。《［同治］六安州志》卷四十《人物志》十五《僑寓》中云："胡曰從，徽州人。始遷六安之望江灣，尋遷霍。世以醫爲業。其學貫穿五經。"正言曾官南明福王中書舍人，明亡後，隱居不仕，以治印及出版爲業。因庭中植有竹十餘株，故名其室曰"十竹齋"。著有《尚書孝經講義》《千文六書統要》《篆六書正譌》《篆說文字原》《樗言類編》《十竹齋書畫譜》《十竹齋箋譜》等書。事迹參《［同治］六安州志》卷四十《人物志》。

李登，字士龍，一字如真，明上元（今江蘇南京）人。明嘉靖四十四年（1565）拔貢，隆慶初以選貢充太學生，授新野知縣。萬曆四年（1576）任崇仁縣教諭。《金陵詩徵》卷二十三《李登小傳》稱："登三歲孤，書法獨步一時，小篆學《嶧山碑》，鐘鼎文尤妙。"著有《篆法偏旁正譌歌》。事迹另參《上元縣志》卷十六上《人物志·儒林》。

此抄本內容與《四庫未收書輯刊》影印"清初十竹齋刻本"大致相同，當據刻本謄抄而成，惟此抄本《序文古字釋》置於書末，另小部分亦與刻本有異。

抄本內容共包含《千文六書統要》二卷，《千字文》二卷，《篆法偏旁正譌歌》二卷，此內容乃據刻本謄抄。考刻本《篆法偏旁正譌歌》原本單行，後附刻於《千文六書統要》之前。《續修四庫全書總目提要》收錄馮汝玠所撰"《篆法偏旁正譌歌》一卷"提要，題云"《篆法偏旁正譌歌》一卷，十竹齋刊本"，馮氏所據當是《正譌歌》之單行本。

《千文六書統要》依《千字文》各字爲序，分上、下二卷，上卷起"天地玄黃"至"好爵自縻"止,下卷起"都邑華夏"至"焉哉乎也"止。每字皆先列楷書,楷書下,刻本原鐫有音釋,以小字作三行排列,抄本則空白未抄,空白處下接篆文及古文字形。抄本中"玄"字避諱缺末筆。

抄本《千文六書統要》書首所附,依次爲《序》、《千字文》二卷及《篆法偏旁正譌歌》一卷。考書首所附此《序》乃《篆法偏旁正譌歌》之序,非《千文六書統要》全書之序,《序》中云:"金陵前輩李如真先生,常(嘗)爲《篆法偏旁正譌歌》,絲分縷析,成七言韻語一卷,若古《凡將》《爰歷》諸篇,以便學童之誦習。曰從徵君,少從先生游,得先生之奧,今年已大耋,於六書之教,宇内無兩,常寶是書於篋衍,慨世之不講於斯道,因手書而受(授)之梓。予謂是書之行有三善焉:因正譌而知偏旁之謬,一也。因偏旁而得六書之遺,二也。因六書之遺而得古人作字之意、知隸書之舛,三也。況筆法之妙又可以使人得蒼、斯之遺矩,則是書也寧獨一家之言矣哉?"此《序》未署作者姓名及撰作年月,不知出自誰手。考此抄本所附《篆文偏旁正譌歌》標題之次行題:"上元如真老人李登訂,同里後學曰從胡正言篆",知《序》中所言"金陵前輩李如真先生"即指李登,而此《序》即爲《正譌歌》之序也。另美國哈佛大學哈佛燕京圖書館所藏"清康熙十竹齋刻本",於此《序》之前,尚有康熙二年(1663)李縉明序及康熙二年(1663)李皋序(殘),此抄本則無此二序。

《篆法偏旁正譌歌》一卷,明李登撰,清胡正言書篆,據《序》云:"今年已大耋",知胡正言書篆時已值晚年。此歌主在論篆字之偏旁以正隸書之譌。《正譌歌》云:"鳥跡科斗既茫昧,石鼓遺文起自周。其後李斯工小篆,篆中生隸有從由。須知六體深藏義,會意諧聲各可求。後世偏旁多舛謬,幸存《復古》可旁搜。試看奉奏春秦泰,隸首須同篆不侔。文市方言交永主,難將點畫一般求。兼并既不同前首,美益何堪比芦酋。合辨糞身全異翼,當知差首亦殊羞……篆文體用皆從古,點畫豪(毫)釐不可差。隸法相從多簡略,不無於篆有偏頗。堪嗟世俗無師法,臆度偏旁誤愈多。於此未能窮一二,聊題要領正其譌。"抄本此《正譌歌》不避"玄"字,與抄本中《千文六書統要》之避"玄"字有異。

《續修四庫全書總目提要》收錄馮汝玠所撰《篆法偏旁正譌歌》提要中評云:"歌仿史游《急就篇》之例,以七言爲句,諧之以韻,於篆之偏旁,彼此相似易於相混而互譌者悉舉之……雖據'幸存《復古》'之句,知其僅據張氏《復古編》爲藍本,似於許氏《說文》未曾寓目,而較之所撰《六書指南》《摭古遺文》《書文音義便考》《雜字直音》諸書,殊有條理,便於誦習。正未可因其所撰《指南》《遺文》《便考》《直音》諸書爲《四庫全書提要》所斥,遂並是編亦一例視之也。"

本館所藏此抄本，第一册外封面有手書"N834/4v."記號，知原爲芝加哥紐伯瑞圖書館（Newberry Library）之舊藏。

此書《四庫全書總目》未著録，《中國古籍善本書目》著録"《千文六書統要》二卷附《篆法偏旁正譌歌》一卷，清胡正言撰，清康熙十竹齋刻本"一種，載首都圖書館等十館收藏。另又著録"《千文六書統要》二卷，清胡正言撰，清康熙十竹齋刻本"一種，載清華大學圖書館等五館收藏。此外美國哈佛大學哈佛燕京圖書館、中國臺北"國家圖書館"亦皆藏有康熙刻本。《四庫未收書輯刊》據"清初十竹齋刻本"影印行世，收入第捌輯第叁册。

265

康熙字典十二集總目一卷檢字一卷辨似一卷等韻一卷補遺一卷備考一卷

T5173　1716

《康熙字典》十二集《總目》一卷《檢字》一卷《辨似》一卷《等韻》一卷《補遺》一卷《備考》一卷，清張玉書、陳廷敬等纂修。清康熙五十五年（1716）内府刻本。四十册。框高19.8厘米，寬14厘米。半葉八行十二字，小字雙行二十四字，四周雙邊，白口，單魚尾。版心上鐫書名，中鐫集次及部名。

卷端首行題"康熙字典"，次行題"子集上"。

書首，首清康熙五十五年（1716）閏三月康熙帝《御製康熙字典序》。次康熙四十九年（1710）三月初九日"上諭"，未立標題，版心鐫"上諭"。次總閲官、纂修官、校刊官職名，未立標題，版心上鐫"康熙字典"，中空白（《四庫全書》本版心中書"職名"）。次《康熙字典凡例》，共十八則。次《康熙字典總目》一卷。次《檢字》一卷。次《辨似》一卷。次"等韻"一卷（子目繁多，版心鐫"等韻"）。正文十二集。書末有《補遺》一卷、《備考》一卷，本館此本錯置，先《備考》後《補遺》。

張玉書（1642—1711），字素存，號潤甫，清丹徒（今屬江蘇鎮江）人。《清史列傳》卷十、《清史稿》卷二百六十七《列傳五十四》俱有傳。玉書順治十八年（1661）進士，選庶吉士，授編修。歷任左庶子、内閣學士、禮部侍郎、刑部尚書、文華殿大學士兼户部尚書等職。康熙三十五年（1696）隨皇帝親征噶爾丹，預參帷幄。四十九年（1710）以疾乞休，温旨慰留。五十年（1711）從幸熱河，甫至疾作，遂卒，年七十。《清史稿》謂："玉書謹慎廉潔，居政地二十年，遠避權勢，門無雜賓，從容密勿，爲聖祖所親任。自奉儉約，飲食服御，略如寒素。雍正中，入祀賢良祠。"玉書嘗主持修纂《明史》、先後出任《平定朔漠方略》《佩文韻府》《康熙字典》之總裁官。著有《張文貞集》。

陳廷敬生平參前"188　日講四書解義二十六卷"條。

此書乃張玉書、陳廷敬等奉敕所纂修，書前載康熙四十九年（1710）三月初九日康熙帝諭云："上諭南書房侍直大學士陳廷敬等：朕留意典籍，編定群書，比年以來，如《朱子全書》《佩文韻府》《淵鑑類函》《廣群芳譜》，併其餘各書，悉加修纂，次第告成。至於字學，並關切要，允宜酌訂一書。《字彙》失之簡略，《正字通》涉於汎濫，兼之各方風土不同，南北音聲各異。司馬光之《類篇》，分部或有未明；沈約之聲韻，後人不無訾議。《洪武正韻》雖多駁辯，迄不能行，仍依沈韻。朕嘗參閱諸家，究心考證，凡蒙古、西域、洋外諸國，多從字母而來，音由地殊，難以牽引。大抵天地之元音，發於人聲，人聲之象形，寄於點畫，今欲詳略得中，歸於至當。增《字彙》之闕遺，刪《正字通》之繁冗，勒爲成書，垂示永久，爾等酌議式例具奏。"可知此書之修纂，乃康熙朝，繼《朱子全書》《佩文韻府》《淵鑑類函》《廣群芳譜》諸書之後敕修之書，主要乃據明梅膺祚《字彙》及張自烈《正字通》二書以增刪而成。康熙帝此諭之後，纂修工作當即啓動，至康熙五十五年（1716）而書成。書首《御製康熙字典序》中云："凡五閱歲而其書始成，命曰《字典》，於以昭同文之治，俾承學稽古者得以備知文字之源流，而官府吏民亦有所遵守焉。"此《序》末署"康熙五十五年閏三月十九日"，知此書完成於康熙五十五年（1716）也。書成即付武英殿刊行，故或稱殿本。

此書據梅膺祚《字彙》、張自烈《正字通》二書增刪而成，故體例亦依此二書。全書以子、丑、寅、卯等十二辰標目，分爲十二集，每集復分爲上、中、下，分部一百一十九，收字四萬七千餘字。《四庫全書總目》述此書之內容云："舊目以十二辰紀十二集，而每集分三子卷，凡一百一十九部。冠以《總目》《檢字》《辨似》《等韻》各一卷，殿以《補遺》《備考》各一卷。部首之字以畫之多寡爲序，部中之字亦然。每字之下先列《唐韻》《廣韻》《集韻》《韻會》《正韻》之音……次訓釋其義。次列別音別義。次列古音。均引證舊典，詳其始末，不使一語無稽；有所考辨，即附於注末……其《補遺》一卷，收稍僻之字，《備考》一卷，收不可施用之字。凡古籍所載，務使包括無遺。"案：此書康熙刻本原僅分集而未標卷，《四庫全書》收錄時，各集卷端及版心皆標示卷次，如首卷首行題"欽定四庫全書"，次行題"御定康熙字典卷一"，第三行題"子集上"，版心題"卷一"。因《四庫全書》所錄有此改易，故《總目》此處謂："舊目以十二辰紀十二集，而每集分三子卷。"特稱"舊目"，有其意也。

此書因係康熙帝敕修之書，四庫館臣頗加揄揚，《四庫全書總目》云："御製序文謂：'古今形體之辨，方言聲氣之殊，部分班列，開卷了然，無一義之不詳，無一音之不備。'信乎六書之淵海而七音之準繩也。"可謂推崇備至。然此書初刻時存在不少訛誤，至道光七年（1827）武英殿正總裁王引之奏云："《字典》一書，當年成書較速，纂輯諸臣，間有未及詳校者，應加校正。"奏准，王引之乃奉敕校勘，至道光十一年（1831）完成，仍付武英殿刊印。重校刻本共改正訛誤二千五百八十八條，并附刻《考證》十二冊。此重刻本較康熙本爲善，1996年上海古籍出版社曾據以影印行世。

此書《四庫全書》收録。《四庫全書總目》著録云："《康熙字典》四十二卷，康熙五十五年　聖祖仁皇帝御定。"《中國古籍善本書目》著録"《康熙字典》十二集三十六卷《總目》一卷《檢字》一卷《辨似》一卷《等韻》一卷《補遺》一卷《備考》一卷，清張玉書、凌紹雯等纂修，清康熙五十五年内府刻本"一種，載中國國家圖書館、北京師範大學圖書館、上海圖書館等二十二館收藏。另又有同書"清康熙内府朱墨抄本"一種，藏北京故宫博物院圖書館。此康熙五十五年（1716）内府刻本，另美國哈佛大學哈佛燕京圖書館、耶魯大學圖書館、普林斯頓大學東亞圖書館，英國倫敦大學亞非學院圖書館等多館亦有收藏。

鈐印有"拜經館"朱文長印、"挹芬之室"白文方印。

266
五經文字偏旁攷三卷

T130　4276

《五經文字偏旁攷》三卷，清蔣騏昌輯。清乾隆蔣氏列岫山房刻本。三冊。框高18.7厘米，寬14.4厘米。半葉七行，每行分二欄，上欄行大字一字，下欄小字雙行十六字，四周單邊，白口，單魚尾。版心上鐫書名，中鐫卷次。

卷端題"毘陵蔣騏昌編輯；同學莊勇成、劉召揚參訂"。書名葉大字三行題"五經文/字偏旁/攷"，左下題"列岫山房藏版"。

書首，有清乾隆五十九年（1794）正月蔣騏昌《五經文字偏旁攷敍》。卷上之末，鐫"文郁齋楊潤身鐫"及"男繩武，姪男純冕、純毅仝校字"等字。

蔣騏昌（1740—1810），字雲翔，號瑩谿，清江蘇武進人。父蔣炳，官至河南巡撫、甘肅布政使等職。騏昌嘗任醴泉縣知縣、臨潼縣知縣、興安府漢陰通判等職。著有《五經文字偏旁攷》《歷代輿地考》《聞見卮言》《列岫山房詩草》等，修纂《［乾隆］醴泉縣志》。事迹參見清趙懷玉撰《陝西興安府漢陰通判蔣君家傳》（見《亦有生齋文集》卷十三）。

此書之撰作，蔣騏昌於《五經文字偏旁攷敍》中云："近代顧南原《隸辨》

一書，於兩漢碑刻，搜刮無遺，近人但以爲八分模楷，不知其各字注釋援引《説文解字》，於獨體、合體極爲詳備。蓋隸作於小篆之後、正書之前，上可識字體所由來，下可知字體所從變，學者誠能究心參考，思過半矣。但顧氏之書，止及隸體，未詳正書。僕留意金石有年，癸丑仲冬，客居多暇，輯爲《五經文字偏旁攷》三卷，篆本許氏，隸攷漢碑，楷由《玉篇》，三者皆取　仁廟《康熙字典》以爲宗主。裒采《汗簡》《通志》《六書故》《六書正譌》《六書準》《正字通》各家之言，其案語則以己意附益之。雖止五百四十部，而於文字所由來，窮源泝流，頗多釐別。”由此可知其撰作之動機與體例。考《敍》中云：“癸丑仲冬，客居多暇，輯爲《五經文字偏旁攷》三卷。”知此書經始於乾隆五十八年（癸丑，1793）仲冬。又此序末署“乾隆五十九年正月上澣之吉瑩谿蔣騏昌書”，則至次年（1794）正月時書已成矣。惟序中未言及刊刻事，書名葉亦僅題“列岫山房藏版”，未鐫刊刻年月。考蔣騏昌撰有《列岫山房詩草》，知列岫山房爲蔣騏昌齋號，故本館此本姑定爲“清乾隆蔣氏列岫山房刻本”。其刻工，據卷上之末所鐫，知爲文郁齋楊潤身。

此書分上、中、下三卷，依《説文解字》五百四十部首字爲次，上卷包括“一”至“桀”，中卷包括“木”至“象”，下卷包括“馬”至“亥”。每葉分上、下二欄，上欄載字形，下欄載説解。字形先篆，後隸，篆文下列《説文》之解，隸字下辨篆、隸之異同及訛變之迹。篆、隸之後，附蔣氏案語，案語之末則謂“今楷書作某”而附以楷文。其字形之取材，蔣氏於自序中云：“篆本許氏，隸攷漢碑，楷由《玉篇》，三者皆取　仁廟《康熙字典》以爲宗主。”

此書所考《説文》五百四十部首字，非僅限於篆、隸、楷字形異同、訛變之迹，亦間及經典中用字之情況，故稱《五經文字偏旁攷》。如“示”字篆文下首行云：“示，神至切。古文𥘅。”次行云：“天垂象，見吉凶，所以示人也。從二，二古文上也。三垂，日月星也。○又與視通○又音祇，翹移切。《周禮》：‘天神降，地示出。’○《玉篇》：‘示者，語也，以事告人曰示也。’”案：蔣氏所載“天垂象，見吉凶”至“日月星也”一段，乃《説文解字》之文。至於蔣氏謂“又與視通”者，考《毛詩・小雅・鹿鳴》次章：“我有嘉賓，德音孔昭。視民不恌，君子是則是傚。”漢鄭玄《箋》云：“視，古字示也。飲酒之禮，於旅也語。嘉賓之語先王德教甚明，可以示天下之民，使之不愉（偷）於禮義，是乃君子所法傚，言其賢也。”此蓋即所謂示與視通之例也。蔣氏又舉《周禮》“天神降，地示出”之文，以考“示”字之讀音，除音“神至切”外，“又音祇”，蓋謂讀“示”爲“祇”也。另卷上“乞”字，趙氏之案語云：“按：气本雲气之義，自隸譌爲乞與之气，而別以曁氣字代雲气字，又以與氣相同之餼峕作饙氣字，今楷書相仍用之，雖難驟改，而此字本義不可不知也。○《春秋傳》：‘齊人來氣諸侯故’，‘氣’字《説文》訓‘饋客芻米’。‘乞’篆本無其字，隸、楷俱借用。”亦其例也。

蔣氏此書，雜採前人之説外，亦附益己意。自序云：“襍采《汗簡》《通志》《六書故》《六書正譌》《六書準》《正字通》各家之言，其案語則以己意附益之。”書内或標明某人、某書之説，如卷上“哭”字下云：“按：哭字從吅，從獄省文，與諸諧聲之義極合，周伯琦以爲從犬，非是。”案：元周伯琦《説文字原》云：“哭，哀聲也。從吅，從犬，人之哀聲有類乎犬，會意。空谷切。”此趙氏舉周伯琦之説而駁之也。又卷下“大”字之案語云：“按：此字與後个字同一字也，而有兩音，無兩義。《説文》分爲兩部，《汗簡》於此字加‘、’作太，而於个字音他達爲大，周伯琦《字原》又并作一字，云本徒蓋切而借爲他達切。然《説文》所從之字，此部内若奎，若奄，若契，皆大字，而他達字部内，若夵字、夰字皆與大字不同，究屬兩字也。”此處明舉宋郭忠恕《汗簡》及元郭伯琦《字原》之説而論之。另卷上“牙”字下，趙氏於案語之末載“附《秦中紀要》一則”，述所見狼牙之特徵事，《紀要》末云：“狼之狠戾恃有此牙，亦天之付與獨異，若人之駢脅、猿之通臂。然徧查古書，皆未載及，因志之以廣異聞。”此附載《秦中紀要》，以廣異聞，頗顯突兀。

《續修四庫全書總目提要》收録江瀚所撰此書提要，題“《五經文字偏旁攷》三卷，乾隆五十九年自刻本”，提要評云：“至云取《康熙字典》，則陽尊時王之制，不得不然也……惟‘牙’字附《秦中紀要》一則，雖曰‘以廣異聞’，實乖體制。要其於五百四十部窮源泝流，頗多釐别，誠爲有裨初學云爾。”

本館此本，蔣氏《五經文字偏旁攷敍》葉一右面爲抄配，卷下葉五十五亦爲抄配，另卷中之末，缺一葉（即缺葉五十五）。

此書《四庫全書總目》《中國古籍善本書目》俱未著録。此本除本館外，另中國國家圖書館、南京圖書館、中國科學院圖書館等亦有收藏。《四庫未收書輯刊》曾據中國科學院圖書館藏本影印行世，題“清乾隆刻本”，收入第壹輯第玖册。

鈐印有“濟滄閲讀”朱文方印。

267

篆字彙十二集

T5179　2346

《篆字彙》十二集，清佟世男編。清刻本。十二册。框高19.9厘米，寬13.6

厘米。半葉八行十二字，小字雙行二十四字，左右雙邊，白口，無魚尾。版心上鐫書名及集次。

卷端首行題“篆字彙子集”。次行題“遼陽佟世男偉夫編；桐城胡正宗文江、方正琇揚光仝參”。書名葉分三欄，右題“遼陽佟偉夫編”，中題“篆字彙”，左題“錫環堂藏板”。

書首，首清康熙辛未（三十年，1691）仲春梁佩蘭《序》。次《篆字彙目録》。

佟世男，字偉夫，清漢軍鑲黃旗人。先世由撫順徙居遼陽。康熙中曾官恩平縣（今廣東恩平）知縣。其兄佟世思《鮓話序》中云：“家弟偉夫，筮仕恩平，去家七千里，音書間隔，至終歲不得一達。”世男除有《篆字彙》外，又嘗修纂《恩平縣志》。事迹參見《[民國]遼陽縣志》卷十四《文學志》佟世思傳附傳。

書首梁佩蘭《序》云：“若偉夫佟使君之爲篆字攷也，攷本重篆而冠正字於其上，使閲者知某字某篆，或一字而一篆，或一字而數篆，至數十篆，諸凡鐘鼎、金石録、古文大小篆，無不備載。蓋其綜覽之博、攷核之精，釋詁之詳，翻切之確，統河洛之理數，妙陰陽之配合，窮物類之蕃變，通天人之精微，真篆學之全書也。”此《序》末署“峕 康熙歲次辛未仲春花朝南海年家弟梁佩蘭拜譔”，知《序》撰於康熙三十年（辛未，1691），惟此《序》未言及刊刻事，其確切刊刻時間未可知也。此本書名葉題“錫環堂藏板”，美國哈佛大學哈佛燕京圖書館藏本題爲“清康熙多山堂刻本”。其本書名葉題“多山堂藏板”，版心鐫“多山堂”，卷終鐫“順德羅儳子書，楊文貴鐫”。本館此本版心未鐫“多山堂”，卷終亦未見書者及刻工名，當係重刻之本，姑定爲“清刻本”。

此書爲篆字之彙編，以明梅膺祚《字彙》爲藍本，依筆畫爲序，全書按十二辰分十二集，共二百一十四部首，計子集二十八部，丑集九部，寅集二十二部，卯集十一部，辰集十三部，巳集十部，午集二十四部，未集二十三部，申集七部，酉集十八部，戌集二十部，亥集二十九部。各字之下皆先列楷書，次列篆字，篆字下雙行小字以釋音義。

《四庫全書總目》著録，題“篆字彙十二卷，通行本”，入《經部·小學類存目》。提要云：“其書本梅膺祚《字彙》，各繫以篆文，篆文所無之字，則依楷書字畫以意造之，不可以爲典據也。”

《中國古籍善本書目》未著録。本館此本，另中國國家圖書館亦有收藏，惟題爲“康熙間刻本”。此外，北京大學圖書館、浙江圖書館、美國哈佛大學哈佛燕京圖書館、耶魯大學圖書館、英國倫敦大學亞非學院圖書館等館藏有“多山堂刻本”。南京圖書館藏有清康熙間“佐聖堂刻本”。《四庫全書存目叢書》

嘗據上海圖書館藏本影印行世，題"清康熙刻本"，列入《經部》第二〇四至二〇五冊。

鈐印有"芝川文庫圖書之印"朱文方印。考"芝川文庫"爲日本江户時代末期至昭和時期企業家芝川又右衞門（1853—1938）之藏書。芝川氏喜藏書，善漢詩、和歌、俳句、茶道等。柏克萊加州大學東亞圖書館所藏明梅膺祚撰"《字彙》十二卷首一卷末一卷附《韻法直圖》一卷《韻法横圖》一卷"一書，亦鈐有"芝川文庫圖書之印"，皆爲原芝川氏所藏。本館此本第一冊外封面尚貼有標籤，中載"登番""類名""函號"等項，當爲原芝川文庫之標記。另又鈐有"一柳藏書"朱文方印、"小野藏書"朱文方印（此印被"一柳藏書"朱文方印所覆蓋）二印。

韻　書

268
廣韻五卷

T5125　7948

《廣韻》五卷，宋陳彭年等修。清康熙六年（1667）陳上年、張弨刻本。五冊。框高20.8厘米，寬14.5厘米。半葉八行十二字，小字雙行二十四字，左右雙邊，白口，單魚尾。版心上鐫書名，中鐫卷次。

卷端首行題"廣韻上平聲卷第一"。

書首，首清康熙六年（1667）六月陳上年《重刻廣韻序》。次唐天寶十載（751）孫緬序，題《陳州司馬孫緬唐韻序》。次正字者名氏，首行題"正字"，第二至五行題"上谷陳上年祺公／吳郡顧炎武寧人／關中李因篤天生／淮陰張弨力臣"，其後隔一行，載："悉依元本不敢添改一字。"此葉版心下鐫"旌德劉子英刊"。

陳彭年生平參前"249　曹棟亭五種六十五卷"條。

陳上年《重刻廣韻序》，述此書刊刻之緣起云："韻學之興，其在建安以後乎？其前則缺有間矣……至隋開皇初，陸法言與劉臻等八人同撰《切韻》五卷，長孫訥言爲之箋註。唐時學者轉有增加。天寶中，陳州司馬孫緬略復刊正，别爲《唐韻》之名。前有法言、納言、緬三序。宋雍熙、景德間，皆嘗命官討論，大中祥符元年，改賜新名曰《廣韻》。中所引前代之書，止言法言《切韻》，而諸家槩不之及，又不著撰人，冠以孫緬《唐韻》之序，而無法言、訥言二序，故晁無咎輒謂《唐韻》法言所撰，孫緬加字，其實《切韻》

《唐韻》《廣韻》各爲一書，義則相因爾。宋景祐中，直史館宋祁、鄭戩等，更爲《集韻》。先儒有言，自《集韻》列於學官，而《廣韻》遂微，今《集韻》亦不傳，然則《廣韻》之前有《切韻》《唐韻》，後有《集韻》，其書皆亡，而《廣韻》巋然獨存，隋、唐以前相承之二百六韻，所謂一東、二冬、三鍾者，部分具在，乃韻書之本源也。理宗之末，有平水劉淵者，併二百六韻爲一百七韻，名《壬子新刊禮部韻略》，黃公紹因之作《韻會舉要》，大行於世，而今人遵用其書。淵之意，以爲《廣韻》中有獨用、通用之註，故併通用之韻以省重複，然亦有《廣韻》所不通而併者……夫平之併文與殷，上之併吻與隱，去之併問與焮，入之併物與迄，洽與狎，與業與乏，是亂《廣韻》之部也。平之青與蒸、登，上之迥與拯、等，各爲一韻，而去併證、嶝二韻於徑下，是自亂其部也……吳郡顧徵君炎武有憂之，乃據唐人以正宋韻之失，據古經以正唐韻之失，所著有《音論》《詩本音》《易音》《唐韻正》《古音表》諸書，皆所以正唐韻之失者，而以唐正宋則多主《廣韻》。向過鴈門，數數爲予言之，又出其所攜善本相與繙閱。惜此書存者無幾，即顧本不得借留。同學關中李處士因篤偶見之　京師舊肆，遂購以歸。予乃割奉（俸）若干，屬淮上張文學弨重付剞劂，公諸海內焉……徵君韻學，處士謂其直接周、孔，以增損未畢，未能即刊，而先梓《廣韻》，觀者因是書更進而求三代之音，則亦翼經信古之一助云。"此《序》末署"潁川陳上年序，　康熙六年歲干彊圉支協洽六月既望"。由陳上年此《序》，可知此本之刊刻，乃緣於李因篤於京師舊肆中得《廣韻》善本，陳氏因命張弨爲之校訂重刊。考陳上年（？—1677），字祺公，直隸清苑人，順治六年（1649）進士，授巩昌府推官，内遷兵部。順治十六年（1659）出爲涇固道，十七年（1660）轉任山西布政使司參議、管按察使司副使事，分巡雁平道。康熙六年（1667）裁缺歸里。康熙十二年（1673）再起用爲廣西分巡右江參議道。康熙十六年（1677）被吳三桂幽縶而死。《清史稿》卷四百八十八《忠義二》有傳。《重刻廣韻序》作於康熙六年六月，陳氏作此序時，正在"分巡雁平道"任上，尚未被"裁缺歸里"，故謂顧炎武"向過鴈門，數數爲予言之"、"予乃割奉（俸）若干，屬淮上張文學弨重付剞劂"，陳氏素推顧炎武在韻學方面之成就，故此本亦將顧炎武列入"正字"之列。書首"正字"下載云："上谷陳上年祺公，吳郡顧炎武寧人，關中李因篤天生，淮陰張弨力臣"，所列四人與此本梓刻之關係，於陳《序》中可得知也。

　　此書依聲調平、上、去、入分卷，平聲復分上、下二卷，全書共五卷。每卷之下按韻收字，計上平聲二十八韻，下平聲二十九韻，上聲五十五韻，去聲六十韻，入聲三十四韻，合計二百零六韻。全書收二萬六千餘字。每韻之下，同音字相連排列，首字標反切、釋義及同音字數目，以下其他同音字則僅標釋義。同韻而不同聲之字則以"○"區隔。今傳世《廣韻》版本極多，大約可分爲繁、簡兩類，繁者注多，簡者注少，此本乃屬字少之系統。

此本書首《陳州司馬孫愐唐韻序》葉一右面，見鈐有藍色長條形紙廠印記。

《四庫全書總目》著錄《廣韻》兩種，一題"《廣韻》五卷，内府藏本"，提要稱："不著撰人名氏，考世行《廣韻》凡二本，一爲宋陳彭年、邱雍等所重修，一爲此本。前有孫愐《唐韻序》，注文比重修本頗簡。"另一本題"《重修廣韻》五卷，兩淮馬裕家藏本"，提要云："宋陳彭年、邱雍等奉敕撰……此本爲蘇州張士俊從宋槧翻雕，中間已缺欽宋諱，蓋建炎以後重刊。"《中國古籍善本書目》著錄《廣韻》元、明刻本多種，兹不具錄。《中國古籍善本書目》另又著錄"《廣韻》五卷，清康熙六年陳上年、張弨刻本"，載復旦大學圖書館、上海師範大學圖書館、湖北省圖書館、湖南省圖書館、廣州中山大學圖書館等五館收藏。此外，又著錄"《廣韻》五卷，清康熙六年陳上年、張弨刻本，清傅山批注，清祁寯藻跋"一種，載中國國家圖書館收藏。

鈐印有"積學齋徐乃昌藏書"朱文方印、"南陵徐乃昌校勘經籍記"朱文長印，知嘗爲清徐乃昌收藏。徐乃昌生平參前"011　稻香樓雜著六種七卷"條。另又鈐有"黃氏借箇藏書"白文方印，印主生平不詳。

269

古今韻會舉要三十卷禮部韻略七音三十六母通攷一卷

T5126　2353B

《古今韻會舉要》三十卷《禮部韻略七音三十六母通攷》一卷，元黃公紹原編，元熊忠舉要。明嘉靖十五年（1536）李舜臣等刻十七年（1538）劉儲秀重修本。十册。框高20.7厘米，寬14.8厘米。半葉八行，小字雙行二十二或二十三字，左右雙邊，白口，單魚尾。版心上鐫"古今韻會"及卷次。

卷端上題"古今韻會舉要卷之一"，下題"㊥"。

書首，首明嘉靖十五年（1536）四月張鯤《刻古今韻會叙》。次嘉靖壬辰（十一年，1532）十月劉辰翁序，未立標題，版心鐫"序"，序末鐫有嘉靖戊戌（十七年，1538）孟秋劉儲秀跋語六行。次《古今韻會舉要凡例》，題"昭武黃公紹直翁編輯；昭武熊忠子中舉要"。次《禮部韻略七音三十六母通攷》一卷。

黃公紹，字直翁，宋、元之際邵武縣（今福建邵武）人。南宋度宗咸淳（1265—1274）年間進士。入元不仕，隱居樵溪，著有《古今韻會》《在軒集》等書。

　　熊忠，字子中，元邵武縣（今福建邵武）人。著有《古今韻會舉要》。餘生平事迹不詳。

　　此書爲黃公紹原編，元熊忠舉要。本館此本未載熊忠之序文，《四庫全書》本書首標《古今韻會舉要原序》，内載明嘉靖十一年（1532）十月劉辰翁序及元大德元年（1297）熊忠序二文，熊忠序中云：“同郡在軒先生黃公公紹慨然欲正千年有餘韻書之失，始秤字書作《古今韻會》，大較本之《説文》，参以籀、古、隸、俗、《凡將》《急就》旁行勇落之文，下至律書、方技、樂府、方言，靡所不究，而又檢以七音、六書，凡經、史、子、集之正音、次音、叶音、異辭、異義，與夫事物倫類制度，纖悉莫不詳説而備載之，浩乎山海之藏也。僕辱館公門，獨先快覩，且日竊承緒論。惜其編帙浩瀚，四方學士不能徧覽。隱屏以來，因取《禮部韻略》，增以毛、劉二韻及經傳當收未載之字，別爲《韻會舉要》一編，雖未足以紀綱人文，亦可以解舊韻之惑矣。其諸條貫，具如《凡例》。”由熊忠此序，知因黃公紹《古今韻會》編帙太過浩瀚，觀覽不便，故熊忠乃爲舉其要，并取《禮部韻略》加以增訂成書，故名《古今韻會舉要》。惟因熊忠《古今韻會舉要》與黃公紹《古今韻會》具有如此密切之關係，故此書各種版本所載諸序，或以《古今韻會舉要》歸爲黃公紹著作，或以熊忠所著此書，逕名爲《韻會》。如元元統三年（1335）于謙刻本《古今韻會舉要》書首所載元至順二年（1331）孛术魯翀《序韻會舉要書考》中即云：“文宗皇帝御奎章閣，得昭武黃氏《韻會舉要》寫本，至順二年春，勅應奉翰林文字臣謙校正。”然此序後，另有元余謙之序，序中則云：“帝命點校葛元鼎所書《韻會》以進，越明年四月丁卯乃遂訖工，獻納上徹　聖鑒。”此則僅稱《韻會》。疑熊忠《舉要》成書後，黃公紹《古今韻會》原編遂不甚流傳，故世所流傳者乃熊忠之《古今韻會舉要》，而時或不甚分別二書之書名及作者也。

　　本館此本爲明嘉靖刻本，書首張鯤《刻古今韻會叙》云：“初愚谷李子謂子鯤曰：‘余購覯韻書多矣，未有善于《古今韻會》者也。夫《古今會韻》編自昭武黃直翁氏，上本《説文》，中参籀、古，下極隸、俗，以至律書、方技、樂府、方言、經、史、子、集、六書、七音靡不研究，聲音之學，其不在兹乎？乃者鎮江之板殘虧，書幾淪没不傳也，嗟夫！’子鯤曰：‘然！鯤有嘉本，藏之久矣，盍刻諸？’時則十有四年冬，愚谷李子提學江西，迺請之撫臺嶼湖秦中丞、巡臺容峯陳侍御，僉曰：‘可焉’，于是鳩工重刻。其明年春三月甲子，梓人告成事。當是時，愚谷李子則又司業南雍行矣，子鯤適帶理學政，因覽而歎曰：（下略）。”此《叙》末署“嘉靖十五年歲次丙申夏四月乙酉崧少山人張鯤序”。據此《叙》，可知此本乃李舜臣提學江西時所刻，於嘉靖十五年（1536）

竣工。考李舜臣（1499—1559），字懋欽，號愚谷，明樂安縣（今山東廣饒）人，
嘉靖二年（1523）進士，於嘉靖十四年至十五年提學江西。惟此本至嘉靖十七
年（1538）時又經劉儲秀之修補，書首劉辰翁序之末，鐫有六行跋語云："《韻
會舉要》一編，考據最精，其劉辰翁首序／亦極明切，予守鎮江時，嘗見丹陽
孫氏家／板，中間漫滅者俱令翻補。今承乏江右臬／司，載見茲刊，但缺前序，
因梓補之，匪曰存／舊，抑以表見須谿手筆云耳。／嘉靖戊戌孟秋朔旦西京劉
儲秀謹跋。"案：戊戌爲嘉靖十七年（1538），此時劉儲秀任浙江布政使，因見
李舜臣刻本缺劉辰翁序，故據丹陽孫氏家藏本以補刻劉序。考劉儲秀跋語中稱
《韻會舉要》，而張鯤、劉辰翁二序則并稱《韻會》，實皆指熊忠此《古今韻會舉
要》一書，亦知明人或視二書爲一書而不加區別也。

　　此書共三十卷，依平、上、去、入四聲排列，分韻一百零七，計卷一至
五平聲上，卷六至十平聲下，卷十一至十六上聲，卷十七至二十四去聲，卷
二十五至三十入聲。《古今韻會舉要》乃本於《古今韻會》，取《禮部韻略》一
書加以增訂而成。《古今韻會舉要凡例·韻例》首則云："《禮部韻略》本以資
聲律，便檢閱，今以《韻會》補收闕遺，增添注釋，凡一萬二千六百五十二
字。"又其分爲一百零七韻，亦有異於《禮部韻略》之舊韻，《凡例·韻例》第
五條云："舊韻上平、下平、上、去、入五聲，凡二百六韻，今依平水韻併通用
之韻爲一百七韻。"另此書對《禮部韻略》之收字及字義解釋亦皆有所增訂，詳
見《凡例》所述。如《凡例·義例》云："《禮部韻略》初注甚少，亦有無注者，
諸家增注，惟毛氏韻頗詳，猶未該備，兼不明本義，有一義而散釋於數字之下
者，觀者眩瞀。今每字必以《説文》定著初義，其一字而數義者，《廣韻》《玉
篇》《爾雅》《説文》、字書、《釋名》，以次增入。其經史訓釋義異者，皆援引出
處，本文仍加又字以發其端。凡經、子、史、選、文集、譜志、諸家雜説，道、
梵之書有關義訓者，靡有不錄。凡天文、地理、人物、草木、鳥獸、郡國、姓
氏與器物、制度、名數並詳載之。凡諸儒考論異同、正訛辨惑之説，亦全備述
于本字音義之後。"由此可見其釋義之詳備。

　　書首載有《禮部韻略七音三十六母通攷》一卷，其起首有二行序文云：
"韻書始於江左，本是吳音，今以七音韻母通攷韻字之序，惟以雅音求之，無
不諧叶。"

　　《四庫全書總目》評此書云："自金韓道昭《五音集韻》，始以七音、四等、
三十六字母移易唐宋之字紐，而韻書一變。南宋劉淵景定《壬子新刊禮部韻
略》，始合併通用之部分，而韻書又一變。忠此書字紐遵韓氏法，部分從劉氏
例，兼二家所變而用之，而韻書舊第至是盡變無遺。其《字母通考》之首，拾

李涪之餘論，力排江左吳音，《洪武正韻》之鹵莽，此已胚其兆矣。又其中今韻、古韻，漫無分別，如東韻收‘窓’字，先韻收‘西’字之類，雖舊典有徵而施行頗駮，子注文繁例雜，亦病榛蕪。惟其援引浩博，足資考證，而一字一句，必舉所本，無臆斷偽撰之處，較後來明人韻譜，則尚有典型焉。”

本館此本十冊，各冊外封面皆有手書“722”字樣，知原爲芝加哥紐伯瑞圖書館（Newberry Library）之舊藏。

此書《四庫全書》收錄，其本書首載《古今韻會舉要原序》，中含劉辰翁及熊忠二序。《中國古籍善本書目》著錄“《古今韻會舉要》三十卷《禮部韻略七音三十六母通攷》一卷，元熊忠撰，明嘉靖十五年秦鉞、李舜臣刻十七年劉儲秀重修本”一種，載中國國家圖書館等二十六館收藏。《中國古籍善本書目》另又著錄同書“元刻本”“元刻本，清錢大昕跋、袁克文跋”“元刻本，清王兆瑚跋”“元刻明修本”“明嘉靖六年鄭氏宗文堂刻本”“明刻本”“明刻萬曆二十八年許國誠重修本”“明刻遞修本”“明刻遞修本，清丁丙跋”等多種版本，兹不具錄。

鈐印有“王印懿榮”朱文方印，知曾爲清王懿榮收藏。王懿榮（1845—1900），字正孺，號廉生，清山東福山人。光緒六年（1880）進士，歷任翰林院編修、侍讀、國子監祭酒等職。八國聯軍之役，與侍郎李端遇同拜命充團練大臣，光緒二十六年（1900）七月，聯軍攻破北京東便門，王懿榮歸自宅偕妻謝氏、寡媳張氏服毒投井以殉，年五十五，謚文敏。懿榮泛涉書史，嗜金石，翁同龢、潘祖蔭并稱其博學，爲研究甲骨文之先驅。著有《王文敏公遺集》。事迹見陳代卿《清故團練大臣贈侍郎銜賜謚文敏國子監祭酒王公家傳》（《清朝碑傳全集》冊四）、《清史稿》卷四百六十八等。

270
古今韻會舉要小補三十卷

《古今韻會舉要小補》三十卷，明方日升撰。明萬曆三十四年（1606）周士顯刻重修本。二十冊。框高20.8厘米，寬14.8厘米。半葉八行二十字，小字雙行二十四字，四周單邊，白口，單魚尾。版心，卷一首葉暨第二葉上鐫“韻會”，第三葉以下上鐫“韻會小補”；中鐫卷次。

卷端首行題“古今韻會舉要小補卷之一”，未題撰者名。書名葉分三欄，右題“方子謙先生訂”，中題“韻會小補”，左題“四知館藏板”。右下鈐有“精白堂”朱文方印，左上鈐有“梅軒”朱文橢圓印。

書首，首《韻會小補敍》，題"南新市人李維楨譔"。明萬曆三十四年（1606）周士顯原刻本《敍》末鐫有"萬曆丙申夏五"六字，此本剗去。次《韻會小補再敍》，原刻本《敍》末鐫有"萬曆甲辰中秋日"，此重修本亦剗去。次未署年袁昌祚《韻會小補後敍》。次未署年王光蘊《韻會小補題辭》。次周士顯《韻會小補引》，末署"周士顯書"，原刻本則作"萬曆丙午上元日雲杜周士顯書於建易之日涉園"。次《古今韻會舉要小補目録》。次《韻會小補凡例》，共四則，題"永嘉方日升子謙編輯；雲杜李維楨本寧校正"。

方日升（？—1550），字子謙，明樂清（今浙江樂清）人。生員，嘗館於李維楨家。方日升與弟日新，皆爲永嘉著名棋手，日新先卒，日升請李維楨爲之撰《東嘉方君墓志銘》（見李維楨《大泌山房集》卷八十七），另明人何白撰有《方湯夫傳》，二文皆連帶述及方日升事迹，并可參。方日升亦工詩，清曾唯輯《東甌詩存》，嘗録方日升詩三首。日升另撰有《古今韻會舉要小補》。

此書乃方日升於明萬曆間館於李維楨家時所撰，前後歷十餘年，萬曆三十四年（1606）李維楨門人周世顯任建陽令，爲之刻於建陽，其始末具見於李維楨二《敍》及周士顯之《韻會小補引》。李維楨於萬曆二十四年（1596）所撰《韻會小補敍》中云："余初入史館學爲詩賦而不習韻，客有以黃直翁《韻會舉要》見遺者，曠若發蒙，以爲可無遺憾。而自病免歸，叔弟頗劌心六書，時舉《韻會》所脱漏相問難，余不能對。久之，兒就外傅，而得永嘉方子謙。子謙語與叔弟合，余乃屬子謙按讎而附益之，三年而後竣。"案：此《敍》雖言"三年而後竣"，實乃僅成十之二、三耳。萬曆三十二年（1604）李維楨《韻會小補再敍》中云："方子謙補《韻會》十可二、三，而余爲之敍，海内人士迫欲得成書，會余起家入蜀；已，入越；已，謫壽春，子謙皆從，舟車萬里，不得多賚書，獨三《禮》、《爾雅》《毛詩》捃摭頗詳，其次爲《春秋》三《傳》，十可四、五，有所增益竄定，輒筆之書，四隅皆滿，幾不可識。周思皇見而謀曰：'此非定本，蓋草也。與其爲一人草，何若爲衆人草，請先梓之以傳，使人人爲校誤，人人爲拾遺，何所不可？……'余未敢諾。適思皇拜建陽令，建陽故書肆，婦人女子咸工剞劂，思皇沾沾自喜：'是書之行，信有時乎？抑天欲踐吾言也，敢固以請。'……是書歷十許年，譬如爲山，覆土一簣，又不忍棄之，思皇言是，或一道也，因以相付而具述本情如此。"此爲李維楨述此書成書之始末及將付周士顯以刊刻之事也。另萬曆三十四年（1606）周士顯撰《韻會小補引》，嘗明言付梓之時間，《引》中云："不佞少從先生學奇字，爲博士業奪去，弗竟學。一行作吏，簿書鞅掌，賈逵之舊文荒矣！棄其學而隱其師，吾爲此懼。手子謙之韻補，師學具在，爲梓於建陽，行之以俟博學好古者攷焉。"可知周士顯刻本刊於萬曆三十四年（1606）。又原刻本卷三十之末鐫有"書林余彰德、余象斗同刻"字樣，二余爲福建書林，刻書極多，蓋周士顯委之以梓行也。

本館此本乃周士顯刻本之重修本，書首李維楨《韻會小補敍》末"萬曆丙申夏五"被剗去，《韻會小補再敍》末行"萬曆甲辰中秋日"被剗去，周士顯《韻會小補引》末僅署"周士顯書"，未署年月。書末"書林余彰德、余象斗同刻"等字被剗去，又卷一，葉一、葉二版心鐫"韻會"，與原刻不同，凡此皆可知此本乃重修之印本也。

此書共三十卷，分卷皆依《古今韻會舉要》之舊，其增補之體例，詳見《韻會小補凡例》。如首則云："《韻會舉要》補收闕遺，增添註釋，凡一萬二千六百五十二字，今字數並無增減，惟考某音爲本，某義爲正，其餘音義次第附後。或增一音，以至數音，必以其所從來者爲證，增義亦然。"此謂其增音、增義，必明其來源。又第三則云："《韻會舉要》一字音義每散見各韻，彼此重註而無分別，且其中多有遺逸者。今類集一處，凡一字有數音者，列于每韻目錄之前。如止一音，其外無假借與叶者，則云'獨音'，列於數音者之後。若某字當在某韻而音可讀、可叶此韻者，仍於目錄後分'古讀''古叶'，註'義見某韻'，庶於本字下便覽，而於此不遺其音也。"又如第四則云："《韻會小補》，每字凡有各音各義，類輯于一字之下，取其不待搜尋，非如他韻書便韻不便字者也。每韻前各有目錄，覽者欲取某字，當於某韻目錄先看某字列在某處，如不在前'數音'者之內，則在'獨音'，不在'獨音'，則在'古讀'，庶展卷了然，一舉可得。"從以上《凡例》數則所述，可知其增補之重點。

《四庫全書總目》著錄，題"《韻會小補》三十卷，江蘇巡撫採進本"，入《經部·小學類存目二》。提要云："《韻會》原收一萬二千六百五十二字，是書一從其舊，無所增減，惟每字考其某音爲本音，某義爲本義，其餘音義次第附後。註文多所增益……其搜討頗勤，於原書之外，多有援引辨正。然亦時有譌誤，如一東'曈'字、'瞳'字、'矓'字之類，皆引《説文》，不知爲徐鉉新附字，實《説文》本書所無。又如《韻會》'稯'字注引《周禮·注》：'四秉曰筥、十筥曰稯、十稯曰秅。'不知此《儀禮·聘禮》之文……凡此之類，多未能駁正。其他古音、古讀，舛謬尤多。顧炎武《音論》詆其勞脣吻、費簡冊，有甚於前人者，亦非無故云然矣。"

《中國古籍善本書目》著錄"《古今韻會舉要小補》三十卷，明方日升撰，明萬曆三十四年周士顯刻重修本"，載北京師範大學圖書館、上海圖書館等十二館收藏。此重修本，另美國國會圖書館、哈佛大學哈佛燕京圖書館等館亦有收藏。《中國古籍善本書目》另又著錄"明萬曆三十四年周士顯刻本"一種，載北京大學圖書館、中國人民大學圖書館等十八館收藏。又著録"明萬曆三十四年周士顯刻本，清丁丙跋"一種，藏南京圖書館。《四庫全書存目叢書》嘗據北京大學圖書館藏本影印行世，題"明萬曆三十四年周士顯刻本"，列入《經部》第二一二册。

271

大明成化丁亥重刊改併五音類聚四聲篇十五卷

T5125　9443B

《大明成化丁亥重刊改併五音類聚四聲篇》十五卷，金韓道昭撰。明成化三年（1467）至七年（1471）金臺大隆福寺釋文儒刻正德重修本。五册。框高23.6厘米，寬15.2厘米。半葉十行，小字雙行，四周雙邊，黑口，雙魚尾（魚尾相隨）。版心中鎸"篇"及卷次。

首卷爲目録，題"成化丁亥重刊改併五音類聚四聲篇海總目録"。卷二卷端首行題"大明成化丁亥重刊改併五音類聚四聲篇卷第二"，次行題"漙陽松水昌黎郡韓孝彦次男韓道昭改併重編"。

書首，首明成化七年（1471）九月萬安《重刊考訂五音篇韻總序》。次載重刊、考訂、撿對者氏名。次金泰和八年（1208）韓道昇《重編改併五音篇序》。次《五音改併增添明頭號樣》。次載標題"真定府松水昌黎郡韓孝彦次男韓道昭改併重編"，下列同編、同詳校正、重校正者氏名。次《成化丁亥重刊改併五音類聚四聲篇海總目録》，末題"改併五音類聚四聲篇目卷第一"。次《新集背篇列部之字補添印行》，末題"崇慶己丑新集雜部至今成化辛卯删補重編卷終"。次《辛卯重編增改雜部》。次正文卷二至卷十五。卷十五末有尾題"成化丁亥重刊類聚篇第十五，至庚寅端陽日完"。

韓道昭，字伯暉，金真定松水（今河北正定）人，韓孝彦之子。著有《改併五音類聚四聲篇》《改併五音集韻》。餘生平事迹不詳。

此書爲金韓道昭改併重編其父韓孝彦所著《五音類聚四聲篇海》而成，原書僅稱"改併五音類聚四聲篇"。此本爲明憲宗成化三年（丁亥，1467）金臺大隆福寺僧釋文儒勸募重修之本，故書名題爲《大明成化丁亥重刊改併五音類聚四聲篇》，惟此本卷二卷端題"大明成化丁亥重刊改併五音類聚四聲篇"，其餘各卷則題"成化丁亥重刊改併五音類聚四聲篇"，今以卷二卷端題名爲據。又成化丁亥重刻本，除此書外，另韓道昇所撰《改併五音集韻》亦并刊行。惜本館僅存此《大明成化丁亥重刊改併五音類聚四聲篇》，《改併五音集韻》則藏存另一版本，詳參下條所述。

書首韓道昇《重編改併五音篇序》中云："自梁大同間黃門侍郎顧野王肇修《玉篇》，立成三十卷，計五百四十二部。雖區別編傍，而音義釋文，蔑然不載，失於擇而不精，缺而不備……又至 大朝甲辰歲，先有後陽王公與秘詳等以人推而廣之，以爲《篇海》，分其畫段，使學人取而有准。其間疏駁，亦以頗多。復至明昌丙辰，有真定校將元注指玄韓公先生孝彥字允中，著其古法，未盡其理，特將己見，刱立門庭，改《玉篇》歸於五音，逐三十六字母之中，取字最爲絕妙。此法新行，驚儒動衆，嘆哉！自古迄今，無以加於斯法者也。又至泰和戊辰，有先生次男韓道昭字伯暉，搜尋古範，考較前規……取《周易》三百八十四爻、六十甲子二數相合，改併作四百四十四部，方成規式者也。仍依五音四聲舊時畫段，分爲一十五卷，取叙目爲初、見、祖、金部爲首，至日、母、自部方終，比於五音舊本，增加字數計一萬二千三百四十五言，目之曰《五音增改併類聚四聲篇》，不亦宜乎？"末署"泰和八年歲在强圉單閼律逢無射首六日先生姪男韓道昇謹誌"。案：韓道昇爲韓孝彥之姪，據此序，可知韓道昭此書改併重編其父《五音類聚四聲篇海》之始末，而道昭此書名爲《改併五音類聚四聲篇》，亦從可知也。

此本刊刻之緣由，書首萬安《重刊考訂五音篇韻總序》中云："金王與秘推廣《玉篇》，區其畫段爲《篇海》。荆樸取司馬之法，添入《集韻》，隨母取切。韓孝彥改《玉篇》歸於五音，逐三十六母，取切最妙。復述論圖詞頌，置諸篇首，以便檢閱。及仲子道昭，雖其學出自家庭，而獨得尤精，見篇中部目太繁，即形相類，雜在他部者，悉加改併……道昭父子，可謂有益於後世學者矣……大隆福寺住持戒璇令本山文儒、思遠、文通輩，間取《篇》《韻》，協心考訂，重加删補。而僧録講經文淳又校詳之，凡三繕稿，俱出思宜一手。自成化丁亥上元日爲始，至辛卯午日方克就緒。適司設太監 賈安、 房戀 來禮寺，覩茲成書，欣然捐賞繡梓，與天下學者共之，而屬予叙諸端。"《序》末署"成化七年歲次辛卯秋九月之吉， 賜進士出身通議大夫禮部左侍郎兼翰林院學士同脩 國史知 制誥 經筵官眉山萬安序"。考萬安此《序》題云"重刊考訂五音篇韻總序"，知此次所刻當含韓道昭所撰《改併五音類聚四聲篇》與《改併五音集韻》二書。又據萬安此《序》，知成化時重刻韓道昭二書，嘗經考訂删補，自成化三年（丁亥，1467）至七年（辛卯，1471）方克就緒。惟其刊刻恐未必如《序》中所言，經太監賈安、房戀之捐賞，始付剞劂。考此本卷六之末，題云："成化丁亥年孟春吉日造"；卷十五之末，題"成化丁亥重刊類聚篇卷第十五至庚寅端陽日完"，書首《新集背篇列部之字補添印行》之末，題"大明辛卯五月端陽日刊完"。庚寅爲成化六年（1470），辛卯爲成化七年（1471），由此可證此本非自成化七年始付梓也。惟此本書首《辛卯重編增改雜部》中嘗見"正德己卯考出韻中切腳，今改音和"字樣，則此本當爲正德後之修補印本也。

書首萬安《重刊考訂五音篇韻總序》之後，載有重刊、考訂、撿對者之氏名云："金臺　大隆福寺首座文儒勸緣重刊，觀音寺後學沙門思遠校勘考訂；　大隆福寺前堂首座文通重詳考訂；後學思寧撿對，思容撿對，思宜、思宣謄録；江右沙門福興書稿；文思院副使雷祥書真。"由此可知此本刊刻之出力者。

《四庫全書總目》著録"《四聲篇海》十五卷，通行本"，入《經部·小學類存目一》。提要云："金韓孝彦撰。孝彦字允中，真定松水也。是編以《玉篇》五百四十二部，依三十六字母次之，更取《類篇》及《龍龕手鏡》等書，增雜部三十有七，共五百七十九部。凡同母之部，各辨其四聲爲先後，每部之内，又計其字畫之多寡爲先後，以便於檢尋。其書成於明昌、承安間，迄泰和戊辰，孝彦之子道昭又改併爲四百四十四部，韓道昇爲之序。殊體僻字，靡不悉載，然舛謬實多，徒增繁碎。"案：《總目》著録此書，以《四聲篇海》爲題，故云："金韓孝彦撰。"考此書今傳世最早可見《《泰和五音新改併類聚四聲篇》十五卷"，金崇慶間刻元修本，中國臺北"故宮博物院"藏有全帙十五卷，中國國家圖書館藏有殘本兩部（一存卷一至十，另一存卷四）。中國臺北"國家圖書館"藏有殘本一部（存卷一至三）。另則尚未見有金韓孝彦撰，題"《四聲篇海》"之十五卷原書傳世。《四庫全書總目》雖著録"《四聲篇海》十五卷"，題"金韓孝彦撰"，其所據蓋亦爲韓道昭合併改編之本也。又此書書首韓道昇《重編改併五音篇序》，末署"泰和八年歲在强圉單閼律逢無射首六日"，《四庫全書總目》論云："道昇《序》稱'泰和八年歲在强圉單閼'，攷泰和八年乃戊辰，而曰'强圉單閼'，則丁卯矣。"《總目》指出韓道昇此《序》文末所署"泰和八年"與"歲在强圉單閼"間未能相應，當有一誤。

《中國古籍善本書目》著録"《泰和五音新改併類聚四聲篇》十五卷，金韓道昭撰"金刻元修本，殘本二種，"《改併五音類聚四聲篇》十五卷，金韓道昭撰"明成化十年内府刻本、明刻本各一種，"《大明成化丁亥重刊改併五音類聚四聲篇》十五卷，金韓道昭撰"明成化七年金臺大隆福寺釋文儒募刻本、明成化七年金臺大隆福寺釋文儒募刻正德重修本、明刻本各一種等，分藏中國國家圖書館、吉林大學圖書館、湖北省圖書館等館，兹不具述。《續修四庫全書》嘗據北京大學圖書館藏"明成化三年至七年明釋文儒募刻本"影印行世，題"《成化丁亥重刊改併五音類聚四聲篇海》，金韓孝彦、韓道昭撰，明釋文儒、思遠、文通删補"，列入《經部》第二二九册。

272

大明成化庚寅重刊改併五音集韻十五卷

T5125　9443.1

《大明成化庚寅重刊改併五音集韻》十五卷，金韓道昭撰。明正德十年（1515）至十一年（1516）刻本。五冊。框高23.1厘米，寬15.7厘米。半葉十行十六字，小字雙行三十二字，四周雙邊，黑口，雙魚尾（魚尾相向）。版心中鐫"韻"字及卷次，下偶鐫刻工名。

卷端首行題"大明成化庚寅重刊改併五音集韻上平聲卷第一"，次行題"潯陽松水昌黎郡韓道昭改併重編"。

書首，首未署名《至元庚寅重刊改併五音集韻序》，末署"時崇慶元年歲次壬申長至日序"。次《陳州司法孫恓序》，末署"于時歲次辛卯天寶十載"。次《至元庚寅重刊改併五音集韻目録》。次"入册撿韻術"。

韓道昭生平參見前"271　大明成化丁亥重刊改併五音類聚四聲篇十五卷"條。

此書乃金韓道昭就其父所撰之《五音集韻》加以改併重編而成，故名爲《改併五音集韻》。別本書首之始另載有金崇慶元年（1212）韓道昇所撰《至元庚寅重刊改併五音集韻序》，末署"時崇慶元年歲在壬申姑洗朔日老先生姪男韓道昇謹誌"，《序》中具言其事，本館此本則闕此《序》。

《四庫全書總目》述此書云："世稱以等韻顛倒字紐，始於元熊忠《韻會舉要》，然是書以三十六母，各分四等，排比諸字之先後，已在其前。所收之字，大抵以《廣韻》爲藍本，而增入之字則以《集韻》爲藍本……是書改二百六韻爲百六十，而併忝於琰，併檻於豏，併儼於范，併㮇於艷，併鑑於陷，併釅於梵，足證《廣韻》原本上、去聲末六韻之通爲二，與平聲、入聲不殊。其餘如廢不與隊、代通，殷、隱、焮、迄不與文、吻、問、物通，尚仍《唐韻》之舊，未嘗與《集韻》錯互，故十三處犁然可考，尤足訂《重刊廣韻》之訛。其等韻之學亦深究要眇，未可以世不行用而置之也。"

此本卷端題"大明成化庚寅重刊改併五音集韻上平聲卷第一"，原本當刻於明成化六年（庚寅，1470），然卷十五之末則鐫有"大明正德乙亥春日重刊《五音韻集》，至丙子孟秋吉日完"，知此本乃明正德十年（乙亥，1515）至十一年（丙子，1516）之重刻本也。

此本書首有空白葉二葉（上繪有直欄，空白無字）以標示闕文，所闕當即韓道昇《序》。又卷十五，葉三十八、三十九、四十、四十一、四十二共五葉爲抄補。卷一葉三，右面眉欄有墨筆批語。

此書《四庫全書》收録,《四庫全書總目》題“《五音集韻》十五卷，内府藏本”。《中國古籍善本書目》著録“《大明成化庚寅重刊改併五音集韻》十五卷，金韓道昭撰，明成化六年至七年刻本”一種，載中國國家圖書館、首都圖書館、北京大學圖書館等二十二館收藏。另又收録“《大明成化庚寅重刊改併五音集韻》十五卷，金韓道昭撰，明刻本”一種，載天津圖書館、雲南省圖書館收藏。此外,《中國古籍善本書目》又著録“《大明弘治甲子重刊改併五音集韻》十五卷，金韓道昭撰，明刻本”“《萬曆丙申重刊改併五音集韻》十五卷，金韓道昭撰，明萬曆二十四年刻本（卷十至十二配清抄本）”等二種，皆藏於四川省圖書館。

此本嘗爲清末著名收藏家莫棠所藏。書首《陳州司法孫愐序》之末有朱筆識語云:“光緒庚子五月端午，命工修補，望日乃成，記之。”下鈐“莫棠之印”白文方印。又《至元庚寅重刊改併五音集韻目録》標題下鈐有“獨山莫氏銅井文房藏書印”朱文長方印，卷一卷端第三行下鈐有“莫棠所藏”朱文方印，知爲莫棠“銅井文房”舊藏。莫棠（1865—1929），字楚孫，一字楚生，清貴州獨山人，藏書家莫友芝九弟莫祥芝之第三子。貢生，曾任廣東韶州、瓊州知府。民國成立後棄官歸隱，寓居蘇州。富藏書，藏書處名“銅井文房”“文淵樓”等。編有《文淵樓藏書目》《銅井文房書目後編》，著有《銅井文房書跋》。另此本又鈐有“李宗侗藏書印”朱文長方印，知又曾爲李宗侗所藏。李宗侗生平參前“012　周易兼義九卷音義一卷略例一卷”條。

273

大明萬曆己丑重刊改併五音類聚四聲篇十五卷大明萬曆己丑重刊改併五音集韻十五卷新編篇韻貫珠集八卷附直指玉鑰匙門法一卷經史正音切韻指南一卷

T5125　9443

《大明萬曆己丑重刊改併五音類聚四聲篇》十五卷《大明萬曆己丑重刊改併五音集韻》十五卷，金韓道昭撰;《新編篇韻貫珠集》八卷附《直指玉鑰匙門法》一卷，明釋真空撰;《經史正音切韻指南》一卷，元劉鑑撰。明崇禎二年（1629）至十年（1637）金陵圓覺庵釋新仁刻本。十二册。此四書同爲釋新仁刻本，以下分述之。

（一）《大明萬曆己丑重刊改併五音類聚四聲篇》十五卷

金韓道昭撰。明崇禎二年（1629）至十年（1637）金陵圓覺庵釋新仁刻本。六册。框高29厘米，寬19厘米。半葉十行十六字，小字雙行三十字，四周雙邊或單邊不一，白口，雙魚尾（魚尾相向）。版心中鎸卷次。

首卷卷端題"萬曆己丑重刊改併五音類聚四聲篇海總目録"。第二卷卷端首行題"大明萬曆己丑重刊改併五音類聚四聲篇卷第二",次行題"潯陽松水昌黎郡韓孝彦次男韓道昭改併重編"。

書首,首明萬曆二十三年(1595)徐爌撰《重刊五音篇韻序》,惟本館此本此《序》末缺一葉,未見署名,他館所藏本末署"萬曆旃蒙協洽之歲,徐爌撰;徐象梅書"。次明正德十五年(1520)滕宵《重刊改併五音類聚四聲篇海集韻序》,末署"正□十五年庚辰秋八月望後賜□士出身奉直大夫太子洗馬兼翰林國史編修 經筵講官□□□□序"。次金泰和八年(1208)韓道昇《重編改併五音篇序》。次《泰和增改併類聚五音篇序目卷第一》。次《萬曆己丑重刊改併五音類聚四聲篇海總目録》,末題"改併五音類聚四聲篇目卷第一",尾題之後,鐫"大明崇禎金陵圓覺後學弟子新仁己巳重刻"。

韓道昭生平已見前"271 大明成化丁亥重刊改併五音類聚四聲篇十五卷"條。

此本雖題《大明萬曆己丑重刊改併五音類聚四聲篇》,實爲明崇禎二年(1629)至十年(1637)刻本。考卷一尾題之末鐫"大明崇禎金陵圓覺後學弟子新仁己巳重刻",又卷二至卷十五,各卷之末皆鐫有"崇禎己巳至丁丑完,金陵圓覺後學沙門新仁同眾姓重刊",由此知爲崇禎二年(1629)至十年(1637)重刻本,主其事者爲金陵圓覺寺沙門新仁。又考萬曆乙亥(三年,1575)重刻本所據乃明正德乙亥(十年,1515)重刻本,此正德重刻本始將《改併五音類聚四聲篇》十五卷、《改併五音集韻》十五卷、《新編篇韻貫珠集》八卷附《直指玉鑰匙門法》一卷、《經史正音切韻指南》一卷等四書合併重刻,集資者爲金臺衍法寺釋覺恒。正德重刻本書首有正德十五年(1520)滕宵《重刊改併五音類聚四聲篇海集韻序》云:"《篇海集韻》故刊于成化之初,而歲久字多漫滅,今僧録左善世大慧寺子净持行高嚴,尤邃于梵學,乃囑其徒衍法寺覺恒募緣,重鋟諸梓,而真空實校正之,併以《貫珠集》諸門法及安西劉士明所著《切韻指南》一卷刻焉。于時司禮大監張公雄實,振賫倡施,一時貴人達官,景從争先,正德乙亥告成。"此《序》萬曆重刻本及此崇禎重刻本亦皆承襲得見,知此四書合刻始於正德重刻本也。

此本之内容及此書之著録、存藏情形,參前"271 大明成化丁亥重刊改併五音類聚四聲篇十五卷"條,兹不具述。

(二)《大明萬曆己丑重刊改併五音集韻》十五卷

金韓道昭撰。明崇禎二年(1629)至十年(1637)金陵圓覺庵釋新仁刻本。六册。框高27.8厘米,寬18.8厘米。半葉十行,四周雙邊,白口,雙魚尾(魚尾相向）。版心中鐫"韻"字及卷次。

卷端題"大明萬曆己丑重刊改併五音集韻上平聲第一"。

書首首金崇慶元年（1212）韓道昇《至元庚寅重刊改併五音集韻序》。次《至元庚寅重刊改併五音集韻序》，末署"時崇慶元年歲次壬申長至日序"，未題撰序者名。《序》後空一行，鐫"崇禎歲在己巳至丁丑，重刊《五音篇韻》《貫珠集》全部／金陵聚寶門外圓覺庵晚學比丘新仁捐眾重刊"二行。次唐高宗儀鳳二年（677）郭知玄《切韻拾遺緒正序》。次唐玄宗天寶十載（751）《陳州司法孫愐序》。次《至元庚寅重刊改併五音集韻目錄》。次"入册撿韻術"。

此本爲明崇禎己巳（二年，1629）至丁丑（十年，1637）金陵圓覺庵釋新仁據《大明萬曆己丑重刊改併五音集韻》重刻，共十五卷，其内容參見前"272　大明成化庚寅重刊改併五音集韻十五卷"條，茲不覆述。惟此崇禎重刻本與正德重刻成化本相校，頗見誤字，如卷一"一東"下"三公論道"誤爲"二公論道"，又"謚法"誤爲"謨法"，即其例也。

此書著録及存藏情形，亦參前"272　大明成化庚寅重刊改併五音集韻十五卷"條，不贅述。

（三）《新編篇韻貫珠集》八卷附《直指玉鑰匙門法》一卷

明釋真空撰。與《經史正音切韻指南》合一册。框高29厘米，寬19厘米。

卷端首行題"新編篇韻貫珠集"，次行題"京都大慈仁寺後學沙門清泉真空編"。

書首，首明弘治十一年（1498）仲秋劉聰《重刊撿篇韻貫珠集序》，《序》末署"弘治歲次戊午仲秋南呂哉生明　賜進士出身太僕寺丞關西劉聰達夫識／大慈仁寺後學沙門清源性德真空刱編"，次空五行，鐫"崇禎己巳至丁丑完金陵圓覺後學沙門新仁同眾姓重刊"。次《新編篇韻貫珠集總目》。

釋真空，號清泉，明萬曆年間京師慈仁寺之僧人。

劉聰《重刊撿篇韻貫珠集序》云："僧録左街講經兼大慈仁寺住持旺祖庭嫡徒性惪真空，夙注心於《篇韻》，懼其尚有遺錯，乃稽諸家篇韻，究其詳略同異得失分合，字尋其巢穴，類提其綱領，求聲音以歸母，攷偏旁以入部，於經、史、子、集之外，凡荒僥重譯，如象胥、天竺諸域，玄言佛典，如《雲笈》《楞嚴》諸經，華人學士或未經目者，悉搜剔纂釋，族分類合，凡若干卷。而篇、韻各殊，猶以檢閱未快，又爲謌訣詞法以槩諸首，而以雜法終之，故是編之出，始弘治己酉上元，迄弘治戊午中元脱稿，遂繡諸梓。訥菴門人祖便，少有志韻學，亦嘗校正，書成，走予索敍。"由此知釋真空撰《篇韻貫珠集》，脱稿初梓於明弘治十一年（戊午，1498），其後正德年間釋覺恒《重刊改併五音類聚四聲篇海集韻》，由釋真空任校正之務，始併《篇韻貫珠集》及《經史正音切韻指南》而刻之，已見前述滕霄《重刊改併五音類聚四聲篇海集韻序》。

此書内容共分八項，依序爲：五音篇首歌決第一、五音借部免疑海底金第二、檢五音篇海捷法總目第三、貼五音類聚四聲篇海捷法第四、訂四聲集韻卷數并韻頭總例第五、貼五音四聲集韻捷法總目第六、拵安玉鑰匙捷徑門法歌決第七、類聚雜法歌決第八。又書末載 "復結一絶云耳"，下云："篇韻類成一貫珠，權遺後學作規模。倘逢高見重甄正，庶使吾儕亦幸歟？" 尾題鐫 "新編篇韻貫珠集終"。末行鐫 "末附直指玉鑰匙門法"。

書末附有《直指玉鑰匙門法序》，《序》中云："篇以門法爲名，不可無鑰匙以啓其關鍵也。曩昔安西劉士明之創是篇，其意蓋曰：……。切韻而得門法，可以鈎玄，可以索隱，無古無今，無難無易，舉莫逃於反切之下，謂之《玉鑰匙》，不亦宜乎？但士明所製門法，始於音和，終於内外，僅十三條，然且辭意高深未易，而入學者□焉。迨至我　朝京畿大慈仁寺釋訥菴老人，久契其理，得此三昧，則於内外門之下，續之以麻韻不定門、前三後一門、三二精照寄正音和門、就形門拵立音和門、開合門、通廣侷狹門，通前，凡二十門類。又於舊本芟繁就簡，取易去難，意不深刻，聲不聱牙，一覩之餘，即得止宿後學。又加以'直指'二字，以見其明且易焉。當時來學之儔，梯山航海，不憚其勞，問難質疑，殆無虚日。然其皆得其要者，以其得是篇以問明也，所以人人敬相傳錄，重如珙璧，第恐更筆之久，不能無魯魚亥豕之訛，則於正音之旨，寧不舛邪？同袍湛秀、明月，深爲此慮，各捐己資以鋟諸梓，俾四方同志之輩，咸得以覩是全篇，以爲取正字音之捷耳。書成，適予考績來京，故請予言以弁是篇云。" 末署 "峕　正德八年歲次癸酉菊月吉日文林郎知湖廣京山縣事古邱夏玄書"。案：《序》中所謂 "釋訥菴老人" 即釋真空。釋真空據元劉鑑《玉鑰匙門法》加以改編，將劉氏之十三門增改爲二十門，另又 "芟繁就簡，取易去難"，故稱爲《直指玉鑰匙門法》。惟此本書末雖鐫 "末附直指玉鑰匙門法"，然所見僅夏玄之《序》，而未見《直指玉鑰匙門法》。《直指玉鑰匙門法》反而附見於《經史正音切韻指南》之末，參見下文。

《四庫全書總目》著錄 "《篇韻貫珠集》一卷，兩淮馬裕家藏本"，入《經部・小學類存目二》。提要云："是書分爲八門，編爲歌訣……大旨以《五音集韻》《篇海》爲本。二書卷帙稍繁，門目亦碎，故立捷法檢尋之，無所發明攷證。又俗僧不知文義，而强作韻語，讀之十九不可曉，註中語助之詞亦多誤用，其難通更甚於《篇》《韻》也。"

《中國古籍善本書目》著錄 "《新編篇韻貫珠集》八卷，明釋真空撰" 明弘治十一年刻本、明刻本各一種，又著録"《新編篇韻貫珠集》八卷《直指玉鑰匙門法》一卷，明釋真空撰，明正德十一年金臺衍法寺釋覺恒刻本"一種，分藏北京大學圖書館、中國國家圖書館等館，兹不具述。

（四）《經史正音切韻指南》一卷

元劉鑑撰。與《新編篇韻貫珠集》合一册。

書首有元後至元二年（1336）劉鑑《經史正音切韻指南序》，《序》中云："故僕於暇日，因其舊制，次成十六通攝，作檢韻之法，折繁補隙，詳分門類，并私述玄關六段，總括諸門，盡其蘊奧，名之曰《經史正音切韻指南》，與韓氏《五音集韻》互爲體用，諸韻字音，皆由此韻而出也。末兼附字音動靜，願與朋友共之，庶爲斯文之一助云爾。"末署"至元二年歲在丙子良月關中劉鑑士明自序"。

劉鑑，字士明，元關中人，生平不詳。

《四庫全書總目》述此書云："切韻必宗《等子》，司馬光作《指掌圖》，等韻之法，於是始詳。鑑作是書，即以《指掌圖》爲粉本，而參用《四聲等子》，增以格子門法，於出切行韻取字乃始分明，故學者便之。至於開合二十四攝、内外八轉及通廣偏狹之異，則鑑皆畧而不言，殆立法之初，即已多挂礙糾紛，故姑置之耶？然言等韻者，至今多稱《切韻指南》，今姑録之，用備彼法沿革之由。"

此本此書之末，附《直指玉鑰匙門法》，版心鐫"指南"，此原當附於《新編篇韻貫珠集》之後，而此本則刻附於此，恐有未當。《四庫全書》收録此書，其所據本亦附有《直指玉鑰匙》，《四庫全書總目》云："原本末附明釋真空《直指玉鑰匙》一卷，驗之，即真空《篇韻貫珠集》中之第一門、第二門，不知何人割裂其文，綴於此書之後。又附若愚《直指門法》一卷，詞旨拙澀，與《貫珠集》相等，亦無可採，今並删不録焉。"四庫館臣以爲"無可採"，故將《直指玉鑰匙》删去未録。

此書《四庫全書》收録。《中國古籍善本書目》著録"《新編經史正音切韻指南》一卷"明弘治九年釋思宜刻本、明刻本各一種，又著録"《經史正音切韻指南》一卷，元劉鑑撰"明嘉靖三十一年上藍禪寺刻本、明萬曆二十六年衍法寺刻本、明刻本（兩種）、清抄本（兩種）等多種。分藏中國國家圖書館、北京大學圖書館等館，兹不具述。

《中國古籍善本書目》著録"《大明萬曆己丑重刊改併五音類聚四聲篇》十五卷《五音集韻》十五卷，金韓道昭撰；《經史正音切韻指南》一卷，元劉鑑撰；《新編篇韻貫珠集》八卷，明釋真空撰；明崇禎二年至十年金陵圓覺庵釋新仁刻本"一種，載中國國家圖書館收藏，即同本館此本也，惟本館此本"《新編篇韻貫珠集》八卷"在"《經史正音切韻指南》一卷"之前，次序略異。又：

此本另首都師範大學圖書館、陝西師範大學圖書館、浙江圖書館等館亦有收藏。

274

洪武正韻十六卷

T5127　2907

《洪武正韻》十六卷，明樂韶鳳、宋濂等撰。明嘉靖二十七年（1548）衡藩刻藍印本。五冊。框高21.7厘米，寬14.8厘米。半葉八行，小字雙行二十四字，四周雙邊，藍口，雙魚尾（魚尾相向）。版心中鐫書名及卷次。

卷端首行題“洪武正韻卷第一”。

書首，首明洪武八年（1375）三月宋濂《洪武正韻序》。次《凡例》，共八則。次《洪武正韻目録》。

樂韶鳳（？—1380），字舜儀，又字致和，明全椒（今安徽全椒）人，《明史》卷一百三十六有傳。傳云：“樂韶鳳，字舜儀，全椒人。博學能文章。謁太祖於和陽，從渡江，參軍事。洪武三年授起居注，數遷。六年拜兵部尚書，與中書省、御史臺、都督府定教練軍士法。改侍講學士，與承旨詹同正釋奠先師樂章，編集《大明日曆》。七年……。明年，帝以舊韻出江左，多失正，命與廷臣參考中原雅音正之。書成，名《洪武正韻》……尋病免，未幾，復起爲祭酒。奉詔定皇太子與諸王往復書劄禮，考據精詳，屢被褒答。十三年致仕歸，以壽終。”

宋濂（1310—1381），字景濂，號潛溪，又號玄真子。明浦江（今浙江浦江）人。《明史》卷一百二十八有傳。傳云：“宋濂，字景濂。其先金華之潛溪人，至濂乃遷浦江……元至正中，薦授翰林編修，以親老辭不行，入龍門山著書。踰十餘年，太祖取婺州，召見濂。時已改寧越府，命知府王顯宗開郡學，因以濂及葉儀爲五經師。明年三月，以李善長薦，與劉基、章溢、葉琛並徵至應天，除江南儒學提舉，命授太子經，尋改起居注……洪武二年詔修元史，命充總裁官，是年八月史成，除翰林院學士。”其後宋濂又歷任國子司業、禮部主事、贊善大夫、侍講學士、中順大夫、學士承旨知制誥等職。洪武十年（1377）致仕。洪武十四年（1381）卒於夔，年七十二。正德中，追諡文憲。著有《宋學士全集》。

此書爲明代洪武年間官修之韻書，由明太祖賜名爲《洪武正韻》。書首宋濂《洪武正韻序》云：“恭惟　皇上稽古右文，萬幾之暇，親閱韻書，見其比類失倫，聲音乖舛，　召詞臣諭之曰：‘韻學起於江左，殊失正音，有獨用當併爲通用者，如東、冬，清、青之屬；亦有一韻當析爲二韻者，如虞、模、麻、遮之屬，如斯之類，不可枚舉。卿等當廣詢通音韻者，重刊定之。’於是翰林侍講學士臣樂韶鳳、臣宋濂，待制臣王僎，修撰臣李叔允，編脩臣朱右、臣趙壎、臣朱廉，典簿臣瞿莊、臣鄒孟達，典籍臣孫賁、臣荅禄與權欽遵　明詔，研精覃思，壹以中原雅音爲定。復恐拘於方言，無以違於上下，質正於左御史大夫臣汪廣洋、右御史大夫臣陳寧、御史中丞臣劉基、湖廣行省參知政事臣陶凱，凡六謄稿，始克成編。其音諧韻協者，併入之，否則析之。義同、字同而兩見者，合之。舊避宋諱而不收者，補之。註釋則一依毛晃父子之舊，勒成一十六卷，計七十六韻，共若干萬言。書奏，　賜名曰《洪武正韻》，　勑臣濂爲之序。"此《序》末署"洪武八年三月十八日　翰林侍　講學士中順大夫知　制誥同脩　國史兼　太子贊善大夫臣宋濂謹序"。由宋濂此《序》，可知《洪武正韻》修撰之緣起及參與修撰之人員。另《明實録·太祖實録》"洪武八年三月"亦載云："是月，《洪武正韻》成。初，上以舊韻起於江左，多失正音，乃命翰林侍講學士樂韶鳳與諸廷臣，以中原雅音校正之，至是書成，賜名《洪武正韻》，詔刊行之。"可知《洪武正韻》當於洪武八年（1375）三月首次刊刻，共十六卷，計七十六韻。據甯忌浮《洪武正韻研究》一書所考，洪武十二年（1379）明太祖曾命汪廣洋等辭臣對《洪武正韻》重加校定，此次重修本雖同爲十六卷，然韻則增至八十韻。惟此八十韻本後世少見流傳，仍多流傳七十六韻本。

　　本館此本爲明衡王朱厚熿於嘉靖二十七年（1548）所刻之藍印本。考中國國家圖書館等館所藏之同版衡藩刻藍印本，書末有嘉靖二十七年（1548）衡王《洪武正韻後》，中云："是書出自中祕，寰宇景仰而艱得捧閲。闓肆謄録，殊饐校靡確。敬遵式壽梓，以揚同文之化焉。"本館此本缺衡王此後序，然比對字體、行款及版框、行綫空缺現象等，知爲同版也。

　　此書共十六卷，分平、上、去、入四聲，平、上、去各二十二韻，入聲十韻，共計七十六韻。書首《凡例》第二則云："按七音韻，平聲本無上、下之分，舊韻以分聲字繁，故釐爲二卷，蓋因宋景祐間丁度與司馬光諸儒作《集韻》，始以平聲上、下定爲卷目，今不從，唯以四聲爲正。"故本書卷一至卷六爲"平聲"，卷七至卷九爲"上聲"，卷十至卷十三爲"去聲"，卷十四至卷十六爲"入聲"，平聲不再區分上、下。

　　《四庫全書總目》評此書云："大旨斥沈約爲吳音，一以中原之韻更正其失，併平、上、去三聲各爲二十二部，入聲爲十部，於是古來相傳之二百六部併爲七十有六。其註釋一以毛晃《增韻》爲藁本，而稍以他書損益之，蓋歷代韻書自是而一大變……李東陽《懷麓堂詩話》曰：'國初顧録爲宮詞，有以爲言者，朝廷欲治之，及觀其詩集，乃用《洪武正韻》，遂釋之。'此書初出，亟欲行之，故也。然終明之世，竟不能行於天下，則是非之心，終有所不可奪也。"又云："其書本不足録，以其爲有明一代同文之治，削而不載，則韻學之沿革不備，猶之記前代典制者，雖其法極爲不善，亦必録諸史册，固不能泯滅其迹，使後世無考耳。”

此書《四庫全書》收録，《四庫全書總目》題“《洪武正韻》十六卷，江蘇周厚堉家藏本”。本館此本，《中國古籍善本書目》著録，題“《洪武正韻》十六卷，明樂韶鳳、宋濂等撰，明嘉靖二十七年衡藩刻藍印本”，載中國國家圖書館、北京師範大學圖書館等十二館收藏。另此本中國臺北“中央研究院”傅斯年圖書館亦有收藏。此外，《中國古籍善本書目》又著録“明初刻本”“明正德十年張淮刻本”“明嘉靖三十八年蜀府刻本”“明劉以節刻本”“明萬曆三年司禮監刻本”“明肅府刻本”等多種，兹不具録。

275
洪武正韻十六卷

T5127　2907B

《洪武正韻》十六卷，明樂韶鳳、宋濂等撰。明刻本。五册。框高21.3厘米，寬14.5厘米。半葉八行，小字雙行二十四字，四周雙邊，黑口，雙魚尾（魚尾相向）。版心中鎸書名及卷次。

卷端首行題“洪武正韻卷第一”。

書首，首明洪武八年（1375）三月宋濂《洪武正韻序》。次《凡例》，共八則。次《洪武正韻目録》。

樂韶鳳、宋濂生平參見前“274　洪武正韻十六卷”條。

此本無書名葉，亦無其他證據可斷其確切刊刻年月。考此本卷端首行題“洪武正韻卷第一”，次行題“平聲”，第三行題“一東凡三百五十六字”，此於韻目下載所收字數，書中其他各韻皆同。就今所見《洪武正韻》明代刻本中，尚未見有此現象。又此本頗見訛刻之字，如宋濂《洪武正韻序》中“臣苔禄與權”句，“禄”字誤刻爲“禅”。又如《凡例》第一則“隱之與軫，迥之與静”句中，“迥”誤刻爲“迴”。由此推之，此蓋爲坊刻之本，故刊刻草率。甯忌浮《洪武正韻研究》一書，《緒論》第二節《洪武正韻的版本》中云：“清代没有‘輯’刊刻過《洪武正韻》，現在能見到的都是明代的官刻和藩府刻本（原注：‘另有朝鮮英祖本，據萬曆本翻刻’）。”案：清代是否從未刊刻《洪武正韻》，因尚未全面驗證，似難論斷。惟此本不避清諱，姑定爲“明刻本”，以俟後考。

此本外封面有手書“#545”字樣，知亦爲芝加哥紐伯瑞圖書館（Newberry Library）之舊藏圖書。

此書之內容及著録、存藏情形，參見前“274　洪武正韻十六卷”條，兹不贅述。

276

重訂直音篇七卷

T5127　　0434

《重訂直音篇》七卷，明章黼撰，明吳道長重訂，清余敏補輯。明萬曆三十四年（1606）練川明德書院刻清康熙四年（1665）補刻印本。七冊。框高21.6厘米，寬14厘米。半葉八行十四字，小字雙行二十四字，左右雙邊，白口，單白魚尾。版心中鐫"直音"及卷次，下鐫全葉字數。

卷端首行題"重訂直音篇卷第一"。

書首首清康熙乙巳（四年，1665）仲秋余敏《補刻章韻直音序》。次明成化十三年（1477）臘月（十二月）侯方《直音篇序》。次明天順庚辰（四年，1460）痾月（三月）章黼《題韻直音篇》。次《直音篇總目》。次《重訂直音篇總目》。次《七音清濁三十六母反切定局》。

章黼，字道常，明嘉定（今屬上海）人。生平事迹不詳。著有《韻學集成》《重訂直音篇》。

吳道長，字星海，明星子（今江西廬山）人。《［光緒］嘉定縣志》卷十一《職官志上·縣職》云："吳道長，字星海，星子人，辛丑進士。句容調任。嘗平反沈紹伊獄，陞工部郎中。"案：吳道長爲明萬曆二十九年（辛丑，1601）進士，乃接替韓浚爲嘉定縣知縣。

余敏，字惟一，又字遜庵，清仁和（今浙江杭州）人。《［光緒］嘉定縣志》卷十三《職官志下·知縣》云："余敏，字惟一，又字遜庵，宛平籍仁和人，吏員。由京衛經歷陞任。先是，邑洊饑疫，糧案株連甚衆，前政以武健爲能，敏設法清釐，差不下鄉，耗不苛派，郵良善、懲奸宄，設掩骼局，濬河賑饑，請蠲地丁銀十萬有奇，已完者許次年扣抵。又丈隱田抵無着正課。捐貲造戰艦，脩烽墩，建公署，葺學宮，敬禮士大夫，振拔孤寒，揭'天理人心'四字，倡明正教。丁内艱去，督撫奏請在任守制。逾年，以挪墊公帑劾罷，留滯邑中十餘年。"

章黼先撰有《韻學集成》十三卷，後復撰《直音篇》七卷。此書書首章黼《題韻直音篇》中云："今於諸篇韻等搜集四萬三千餘字成篇，所用直音，或以正切，使習者而利矣。又元篇有有音無註者三千餘字，今亦收之，俟賢參註，共善而流焉。"末署"旹天順庚辰痾月朔日章黼謹誌"。知此書成於明天順四年（庚辰，1460）。至於此書首度付梓，則在成化年間，書首侯方《直音篇序》云：

"昔太史金華宋公濂受 詔序《洪武正韻》，謂其洗千古之陋習而大樂之和在是，然則我 太祖高皇帝之心固有待也。正統間嘉定章道常先生復本《正韻》，編習《直音篇》若干卷，藏於家。没後十年餘，子冕率孫瑱、玫繕寫成帙，始謀刊行。閭陽吳君克明以進士來令是邑，君既質於提學浙江水利僉事吳公廷玉而是之，則捐俸倡邑之好義者共成焉。其韻既成，而篇之費尚闕，臨淄趙君秉聰寔爲貳令，遂足成之。冕來屬方爲序。"《序》末署"成化十三年臘月吉日 賜進士出身承德郎刑部主事華亭侯方撰"。侯方此《序》僅言其刊刻緣起，未述及刻成之日，今北京大學圖書館、上海圖書館等所藏章黼撰《新編併音連聲韻學集成十三卷直音篇七卷》，明成化十七年（1481）刻嘉靖、萬曆遞修本，書首有成化十七年（1481）劉魁《韻學集成序》云："成化五年己丑，道常卒，臨終以書屬其子冕刻梓以傳。冕力不給，則徧以求諸人，亦無所遇也……越六年乙未，浙江僉憲豐潤吳君廷玉以行水至縣，嘉冕之志，始命工刻之。宰邑吳君克明實綜理焉。《直音》將完，克明以政最入内臺，而《韻學集成》竟輟工無繼之者。又五年庚子孟冬，予按崑山，冕抱其書、狀其事而來過，且曰：'小人今年八十矣，是書無成，死無顏見父於九泉。'言已，泣下，匍匐而不能起……乃募邑中好義者劉奕、葛名、陳翰輩捐資召工，甫及年而功過半矣。明年春，知縣獻人劉翔至自朝覲，工遂以完。"另又有成化十七年（1481）徐博《韻學集成序》云："噫！章君殁久矣，其子冕恐遠沈湮，請於吳侯克明壽梓，侯先刻篇將完，召入内臺，不及韻。成化庚子冬十月，適巡按監察御史高唐劉公士元，大有志作興士類，詢得此書，惜之，遂付庠官校正，檄有司鏤板以傳。明天春，落成，屬予文弁首。"據劉魁、徐博二《序》，知《韻學集成》刻成於成化十七年（1481），而《直音篇》之刻成，則在《韻學集成》之前。考劉魁《韻學集成序》云"《直音》將完，克明以政最入内臺，而《韻學集成》竟輟工無繼之者"，吳克明於成化十五年（1479）由嘉定縣擢昇御史（參見下文），則此年《直音篇》已近完工矣。另由侯方、劉魁、徐博諸《序》所述，知《直音篇》《韻學集成》之刻，先後實有賴吳廷玉、吳克明、劉翔諸人之力。考吳哲，字克明，明臨川（今江西臨川）人，成化八年（1472）進士，十年（1474）任嘉定縣知縣，十五年（1479）擢御史，由劉翔繼任知縣。劉翔，字士元，獻縣（今河北獻縣）人，成化十四年（1478）進士，十五年（1479）任嘉定縣知縣，二十年擢監察御史。二人事迹見《［光緒］嘉定縣志》卷十一《職官志上》、卷十三《職官志下》。

《韻學集成》與《直音篇》本爲先後系列之書，故今流傳之本，《直音篇》七卷多附於《韻學集成》之後，一併流行。成化刻本於嘉靖間曾因遭火，板燬十之一，故嘉靖及萬曆時皆嘗修補。另明代又有萬曆六年（1578）揚州知府虞

德燁 "維揚資政左室" 重刻本及萬曆三十四年（1606）練川明德書院重刻本，亦皆併刻《韻學集成》《直音篇》二書。

本館所藏此本係清康熙四年余敏據萬曆三十四年（1606）練川明德書院刻本之補刻印本。書首有《重訂直音篇總目》，標題之次行題 "明嘉定章黼道常甫集"，第三行題 "匡廬吳道長瘦生甫重訂"，第四行至第六行題 "後學唐時升叔達甫、宣嘉士元父甫、鄭胤驥閑孟甫校閱"，第七行題 "清北平余敏唯一甫補輯"，第八、九行題 "後學徐學鄲升黃甫、金獻士治文甫重校"。今中國國家圖書館藏有萬曆三十四年（1606）練川明德書院刻本一部，以校此康熙補刻印本，則此《重訂直音篇總目》所題，首行標題至第六行，康熙補刻印本與明德書院刻本全同，惟增第七行以下三行。另書首《七音清濁三十六母反切定局》之後，明德書院刻本原鐫有長方形雙行牌記 "萬曆丙午仲秋校/刻練川明德書院"，康熙補刻印本卷一末尾題下鐫有 "金陵戴應試□□"，末二字已模糊，明德書院刻本作 "金陵戴應試督刻"。又如卷一葉四十四 "嫛" 字下有墨丁，兩本并同，又兩本皆偶見刻工如 "王" "龔" "徐" "何" 等，凡此皆可證此本乃據明德書院刻本補刻刷印也。

書首余敏《補刻章韻直音序》云："嘉定章道常先生著《韻學》十三卷，《直音》七卷，自成化丙戌至萬曆丙午，開板者再，校葺者一，皆有序言紀事。及　皇清甲辰，予承乏茲邑，家有藏書，從都中攜萬卷自課，茲復購邑中遺集備觀覽，而章氏之書始出。其學大抵以《正韻》爲依歸，而又旁訂諸家，參酌釐正，嚴於點拂，精於反切，斯固韻學一大成也。明年春，課士學舍，有高閣傑峙，巍然靈光，於登眺間見韻板纍纍貯牖下，掇拾考訂而漏落失次，所存於爨下者殆無幾矣……予特爲之補亡，使後之習讀者見先生三十年正字之功，併以見諸君子糾刻之意，而予於是不能不重有感也……然則修舉廢墜而條貫破裂，以存文獻之徵者，正不特章氏一書所當纘綴摹印，而可使先賢遺集放失湮沒以更俟之五百年後知己之一人乎？是爲序。" 末署 "峕　康熙乙巳仲秋曑令余敏譔"。按：余敏於康熙三年（甲辰，1664）五月繼王相如任嘉定縣知縣，事見《［光緒］嘉定縣志》卷十《職官志上》。次年（康熙四年，1665），發現章黼《韻學集成》《重訂直音篇》之刻版，嘆其 "漏落失次，所存於爨下者殆無幾矣"，於是乃爲之補刻重印，而所據者即明萬曆三十四年（1606）練川明德書院刻本也。考余敏《序》題爲《補刻章韻直音序》，知其時所印包含 "韻" 與 "直音" 二部分，即《韻學集成》與《重訂直音篇》二書同時重印也。今本館所存僅《重訂直音篇》一書也。

章黼《韻學集成》乃以《洪武正韻》爲基礎，加以改併、增補、重編而成。

其書先立韻部，韻部內再分四聲，故爲一部新編之韻書。《直音篇》則按部首分列，始一終亥，凡四百七十四部，收字四萬三千餘字。每字之上注其所屬韻部，字下注其音讀及字義。音讀或用直音，或用反切，即書首章黼《題韻直音篇》所謂"所用直音，或用正切，使習者而利矣。"

版心間見刻工名，有毛、龔、徐、何、心、朱尤、王四等。

本館此本，每冊外封面皆鈐有"＃621"字樣，知原當爲芝加哥紐伯瑞圖書館（Newberry Library）之舊藏。另第三冊卷三葉一左面見鈐有藍、紅色長條形圖案，中含有"大"字，爲紙廠印記之殘留。

《四庫全書總目》將《韻學集成》十三卷入《經部・小學類存目二》，未著錄《直音篇》。《中國古籍善本書目》著錄"《新編併音連聲韻學集成》十三卷《直音篇》七卷，明章黼撰，明成化十七年刻本"、"《新編併音連聲韻學集成》十三卷《直音篇》七卷，明章黼撰，明成化十七年刻嘉靖二十四年張重、萬曆九年高薦遞修本"、"《重刊併音連聲韻學集成》十三卷《直音篇》七卷，明章黼撰，明萬曆六年維揚資政左室刻本"、"《重刊併音連聲韻學集成》十三卷，明章黼撰，明萬曆六年維揚資政左室刻本，清丁丙跋"、"《重訂併音連聲韻學集成》十三卷《重訂直音篇》七卷，明章黼撰，明萬曆三十四年練川明德書院刻本"等五種，分藏北京大學圖書館、上海圖書館、中國國家圖書館等館，茲不具錄。惟《中國古籍善本書目》未著錄此康熙四年（1665）補刻印本。本館所藏此本，另中國科學院圖書館、湖北省圖書館亦有收藏。此外，《續修四庫全書》嘗據中國國家圖書館藏本影印《直音篇》七卷行世，題"明萬曆三十四年明德書院刻本"，收入《經部》第二三一冊。

277

音韻日月燈六十卷首四卷

T5127　6623

《音韻日月燈》六十卷首四卷，明呂維祺撰。明崇禎六年（1633）刻七年（1634）修後印本。二十四冊。框高21.2厘米，寬14.6厘米。半葉八行十二字，小字雙行同，四周單邊，白口，單魚尾。版心上鐫"韻母"等各書名，中鐫卷次。

卷端題"明新安豫石呂維祺著；泰石呂維祮詮"。

書首，首明崇禎六年（1633）八月呂維祺《音韻日月燈敍》。次崇禎甲戌（七年，1634）秋呂維祮《日月燈敍》。次未署年畢懋康《音韻日月燈序》。次崇禎甲戌（七年）七月鄭鄤《序》。

呂維祺生平參前"164　孝經大全二十八卷首一卷附孝經詩一卷孝經或問三卷孝經翼一卷"條。

書首呂維祺《音韻日月燈敍》中云："故夫圖書也、八卦也、經世之律呂也、等子之三十六母、二十四攝、三千四百五十六聲，其道皆一也。予潛心此道，薄窺作者之原，家仲吉孺，闇修無悶，深抉玄微，兼以門人、執友，多所考訂，凡二十年，數易草，始成書，曰《韻母》，曰《同文鐸》，曰《韻鑰》，凡六十卷而總繫之曰《日月燈》。蓋三書自相表裏，皆本原於《圖》、《書》、八卦、《經世》諸書而總以我　聖祖所定《洪武正韻》爲宗，亦間取裁於《集韻》《集成》《貫珠》《廣韻》《指掌》諸書……斯則羽翼《正韻》之所偶未及而休明之也。猶之日月麗天，能照窮山幽谷，或不及暗室，則日月窮，窮而有燈以繼之，斯無窮矣。"由此《敍》可知《音韻日月燈》取名之含義。又《敍》中云："數易草，始成書，曰《韻母》，曰《同文鐸》，曰《韻鑰》，凡六十卷而總繫之曰《日月燈》。"知此書正文共六十卷，中含《韻母》五卷，《同文鐸》三十卷，《韻鑰》二十五卷。惟《同文鐸》書首尚含有《義例》《圖說》《音辨》《採証、訂正姓氏、編纂姓氏、較閱姓氏》四卷，此四卷卷端各題"音韻日月燈首之一""音韻日月燈首之二""音韻日月燈首之三""音韻日月燈首之四"，故此書卷數當宜作"六十卷首四卷"。

此書之刊刻，始於明崇禎五年（1632），至六年（1633）而刻成，至七年（1634）又經重訂。考《同文鐸》卷首《義例》末則云："是刻始於壬申之秋，迄癸酉冬告成，第不無繕梓之譌。甲戌春，吉孺來白下，復加重定，苦心櫛比，細加刪正。余以杜門，時寓目焉。凡改定二百餘條，庶幾稱善本云。"又《音韻日月燈》書首呂維祐《日月燈敍》云："家南司馬介孺先生著《韻學日月燈》凡三種，曰《韻母》，曰《同文鐸》，曰《韻鑰》，命其弟吉孺氏詮次之，癸酉告成，行於世。越明年，甲戌，吉孺氏適來白下，復命重加訂正，兩閱月而定。"考此本《同文鐸》書名葉左欄呂維祐識語云："刻成，復加重訂，始爲定本，覽者不可不辨。甲戌陽月吉孺氏識。"可知此本係崇禎六年刻七年修訂本也。惟此本卷端題"明新安豫石呂維祺著；泰石呂維祐詮"，若爲明代印本而題"明"，甚有可疑。考天津圖書館有《音韻日月燈》一部，題"崇禎六年楊文驄刻本"，其本卷端亦題作"明新安豫石呂維祺著；泰石呂維祐詮"。然其本《同文鐸》卷三葉十八右面及卷二十一葉十四右面，皆見鈐有藍、紅色長條形紙廠印記，此類紙廠印記常見於清代康熙至乾隆間之印本中，故疑本館此本及天津圖書館藏本等本，卷端題"明"者，蓋皆清代之印本也。

此書四十卷首四卷，雖分三書，卷端所題仍有連屬，如《韻母》五卷，卷端分題"音韻日月燈一之一"至"音韻日月燈一之五";《同文鐸》三十五卷,卷端分題"音韻日月燈二之一"至"音韻日月燈二之三十五";《韻鑰》二十五卷,卷端分題"音韻日月燈三之一"至"音韻日月燈三之二十五"。另《同文鐸》卷首四卷,則分題"音韻日月燈首之一"至"音韻日月燈首之四",知全書仍爲一體也。惟本館此本,次序略有錯亂,如《同文鐸》書名葉應置於《同文鐸》之首,此本錯在呂維祺《音韻日月燈敘》之前,則似若《音韻日月燈》全書之書名葉,實未當也。又如呂維祺《同文鐸引言》、楊文驄《同文鐸敘》及《同文鐸》卷首四卷皆宜在《同文鐸》之首,此本則錯在《韻母》之前,亦有未當。以下略作調整,分述之。

（一）《韻母》五卷

卷端首行題"音韻日月燈一之一",二、三行題"明新安豫石呂維祺著;泰石呂維祜詮",第四行題"韻母卷之一"。前有未署年呂維祺《韻母引言》,中云:"猶龍氏曰:'無名,天地之始;有名,萬物之母。'有名則有字,有字而後有韻。字者,孳也,子也,非有爲之母者而何以能孳其子于生生不窮,是故因有名之母,返無名之始,以求所謂父一而已者,此非言之所能幾也,學者當自得之。"末署"伊雒蓮花灣居士介孺父識"。此《韻母引言》述其書名《韻母》之含義。考呂維祺於書首《音韻日月燈敘》中亦云:"字單出爲聲,聲成文爲音,音員爲韻,聲叶諸天,音胚諸地,叶者爲父,胚者爲母,在人爲牙舌唇齒喉,在天地之元音爲宮商角徵羽。牛鐸鳴而宮聲應,蕤賓奏而金鐵飛,陰陽剛柔之情,律呂聲音之變,飛走動植之數,鬼神幽明,皇帝王霸,道德功力之故,其道一也。"其說亦可參見。

《韻母》五卷,卷一《平聲上》,卷二《平聲下》,卷三《上聲》,卷四《去聲》,卷五《入聲》。

（二）《同文鐸》三十卷首四卷

卷端首行題"音韻日月燈二之一",二、三行題"明新安豫石呂維祺著;泰石呂維祜詮",第四行題"同文鐸卷之一"。前有書名葉,分三欄,中大字題"音韻日月燈",下小字題"同文鐸／重訂定本",右、左二欄載呂維祜(吉孺)識語,右左各三行(文意相續),末署"甲戌陽月吉孺氏識",欄上題"呂介孺先生著"。右上鈐"日月長春"朱文長方印,右下鈐"每部紋價貳兩"朱文長方印,左上鈐"本衙藏版,飜刻必究"朱文長方印,左下鈐"維祜之印"白文方印,中鈐"切韻正法眼即出"朱文長方印。

書首,首未署年呂維祺《同文鐸引言》。次崇禎癸酉(六年,1633)八月楊文驄《同文鐸敘》。

　　呂維祺《同文鐸引言》，中云："《春秋》之義，大一統，尊天王，以今一統同文之世而鉛槧之，家置《正韻》弗省，惟休文《類譜》是尊、是信，若曰尋常推敲，非館閣應制奏對磨勘垺也。夫同文云者，謂點畫、形象、音切、意義皆有　王制，班班可考，而反若存若亡，若信若不信，休文生平未足比數，若其權，千古而下，亦尊於時王之上，豈不惑哉？或曰：'此非休文創也，上古本有二百六韻，休文特分合之耳。'或曰：'我　太祖高皇帝刊定《正韻》，韻行既久，復謂猶未盡善。及見劉三吾所進孫吾與《韻會定正》，稱善，賜名《洪武通韻》，　詔刊行之。'曰：'固也。《正韻》《通韻》正可並行不悖，以《正韻》爲之本，而以《通韻》分次之，雖休文焉可也。然其點畫、形象、音切、意義，自有憲章，雖黜休文焉可也。休文有譌、有複、有掛漏，皆以《正韻》爲之本而訂之、删之、補之，雖用休文而不爲休文用焉可也。'按：《正韻》七十六，約字一萬二千六百有奇，休文韻一百有六，約字八千八百五十二，今韻仍一百六，約字一萬四百有四，此《正韻》《通韻》分合、參訂、删補之數也，所謂並行不悖者此也。其以五聲、七音分開合，核清濁，次開發收閉而以母定等，以等定切，以切定音，以音定義，或析其形，或彙其義，或附以古韻、古叶，或引《易》《詩》古傳詞賦，則以羽翼《正韻》而振其宣鐸云爾。語云：'孔鐸不宣，乾坤長夜。'夫我　高皇帝之開聾瞶而醒長夜，已金石爲昭矣，予雖不文，意在發明孔子以同文覺世之遺意，以常振　高皇帝考文之鐸，即未敢自謂守待功臣，庶於《春秋》一統尊王之義，或有取焉。"末署"新安豫石呂維祺題於金陵之洗心亭"。此述書名《同文鐸》之義甚明。另《同文鐸》卷首《義例》首則亦云："今天下書同文，《洪武正韻》奉　高皇帝詔，作者十一人，質成者四人，凡六易草始定，乃學士大夫率著蔡沈韻，至《正韻》非館閣應制奏對磨勘弗省也，殊非同文之義。今字畫、音義，一以《正韻》爲宗，間訂沈韻、《韻會》、《集韻》、《集成》及温公《指掌》、康節《經世》等書，蓋意主于尊　王制，闡經史，通時用，啓後學云爾。"其意亦同。

　　《同文鐸》有卷首四卷，首卷卷端首行題"音韻日月燈首之一"，次行題"同文鐸卷首一則"，第三行題"義例"。第二卷首行題"音韻日月燈首之二"，次行題"同文鐸卷首二則"，第三行題"圖説"。第三卷首行題"音韻日月燈首之三"，次行題"同文鐸卷首三則"，第三行題"音辨一"。第四卷首行題"音韻日月燈首之四"，次行題"同文鐸卷首四則"，第三行題"採証"。卷四"採証"之外，又有"訂正姓氏""編纂姓氏""較閲姓氏"等項。卷首四卷之後，接《同文鐸目録》。

　　《同文鐸》正文三十卷，計《平聲上》卷一至六，《平聲下》卷七至十二，

《上聲》卷十三至十八，《去聲》卷十九至二十四，《入聲》卷二十五至三十。

（三）《韻鑰》二十五卷

卷端首行題"音韻日月燈三之一"，第二、三行題"明新安豫石呂維祺著；泰石呂維祜詮"，第四行題"韻鑰卷之一"。前有書名葉，分三欄，中大字題"音韻日月燈"，下小字題"韻鑰／重訂定本"，右、左二欄各有三行張幼安識語（文意相續），末署"堂邑門人張幼安識"，欄上題"呂介孺先生著"。右上鈐有"日月長春"朱文長方印，左下鈐有"張印幼安"白文方印。

首有未署年呂維祺《韻鑰引言》，中云："予既作《同文鐸》，以譜七音、四聲、四等矣，復作《韻鑰》何以故？鑰者約也，將以反説約也。五方風氣不可一，形聲、音義何啻萬辟？如武庫寶藏之有門戶關鍵也，非關下牡，孰約之哉？不約乃不得其門入矣。是故《同文鐸》之譜七音、四聲、四等也，如史之左氏編年，而《韻鑰》也者，司馬氏紀傳也，二者皆不可偏廢也。"末署"新安豫石呂維祺題于活潑潑地之軒"。此釋"韻鑰"取義之由。次接《義例》，共八則。首則云："《韻鑰》與《同文鐸》相表裏，七音、四聲、四等、開合、反切俱同其義例，俱詳《同文鐸》首卷，茲不備載。"次《韻鑰目録》。

《韻鑰》共二十五卷，計《平聲上》卷一至五，《平聲下》卷六至十，《上聲》卷十一至十五，《去聲》卷十六至二十，《入聲》卷二十一至二十五。

此書《四庫全書總目》著録，題"《音韻日月燈》七十卷，河南巡撫採進本"，入《經部・小學類存目二》。提要云："是書凡《韻母》五卷，《同文鐸》三十卷，《韻鑰》三十五卷。其説譏沈約知縱有四聲，而不知衡有七音，司馬光知衡有七音，而不知縱有四等，故作此三書以正其謬，總名《音韻日月燈》，象三光也，亦名《正韻通》，以遵用《洪武正韻》及續刊《洪武通韻》二書也。其韻母以一百六韻爲經，以三十六母四等爲緯，而以開口、合口標於部上，獨音、眾音註於字旁。其《同文鐸》舉一百六部之字，以三十六母易其先後……其《韻鑰》則仍以《同文鐸》所收之字刪其細註，但互註其字共幾音、幾叶，以便檢尋，故名曰《鑰》……維祺於等韻之學頗有所見，而今韻、古韻之源流，未能深考。觀其稱古韻二百六部，沈約併爲一百六部，則其他可知也。"案：《四庫全書總目》載"《音韻日月燈》七十卷"，杜澤遜《四庫存目標註》"《音韻日月燈》七十卷，明呂維祺撰"條云："按：是書正文六十卷，《總目》誤爲七十卷。其中《韻鑰》二十五，《提要》誤爲三十五卷。"

《續修四庫全書總目提要》收録孫海波所撰《同文鐸》等三書提要，分別題云："《同文鐸》三十卷，刊本""《韻鑰》二十五卷，刻本""《韻母》五卷，刊本"。

《中國古籍善本書目》著録"《音韻日月燈》六十四卷，明吕維祺撰，明崇禎六年志清堂刻本"一種，載北京大學圖書館、北京師範大學圖書館、中共中央黨校圖書館、中國科學院圖書館等十二館收藏。另又著録同版清丁丙跋本一種，載南京圖書館收藏。案：《中國古籍善本書目》所載十二館藏本，其中有崇禎六年（1633）刻本，如北京大學圖書館、天津圖書館藏本是也。亦有崇禎七年（1634）修訂本，如中國科學院圖書館藏本是也。中國臺北"國家圖書館"藏有崇禎六年刻本及七年修訂本各一部，中國臺北"中央研究院"傅斯年圖書館亦藏有崇禎六年刻本及七年修訂本（存《同文鐸》三十卷首四卷）各一部。《續修四庫全書》據天津圖書館藏本影印行世，題"崇禎六年楊文驄刻本"，收入《經部》第二五二册。另《四庫全書存目叢書》亦嘗據中國科學院圖書館藏本影印行世，題"明崇禎六年志清堂刻本"，收入《經部》第二一一册。案：中國科學院圖書館藏本，其《同文鐸》之書名葉與本館此本同，知當亦爲崇禎七年修訂本也。

278

古今韻略五卷

T5128   1274

《古今韻略》五卷，清邵長蘅撰。清康熙三十五年（1696）宋犖刻後印本。五册。框高20.2厘米，寬14.5厘米。半葉九行十四字，小字雙行二十八字，四周單邊，黑口，單魚尾。版心中鎸書名及卷次。

卷端題"商丘宋牧仲先生閱定；毗陵邵長蘅子湘纂；商丘宋至山言校"。書名葉分三欄，右題"毗陵邵子湘纂"，中題"古今韻略"，左欄空白無字，欄上題"宋漫堂先生閱定"。

書首，首清康熙丙子（三十五年，1696）皋月（五月）宋犖敘，未立標題，版心鎸"古今韻略敘"。次《古今韻略例言》，題"毗陵邵長衡纂"。次《古今韻略目録》。

邵長蘅（1637—1704），字子湘，號青山門人。清江蘇武進人。《清史列傳》卷七十一《文苑傳二》、《清史稿》卷四百八十四《文苑一》俱有傳。《清史列傳》云："邵長蘅，字子湘，江蘇武進人。性穎悟，讀書目數行下。十歲，補諸生，旋因事除名。束髮能詩，既冠則以古文辭名。客遊京師，會開博學鴻儒，海内之士，悉集輦下，若施閏章，汪琬、陳維崧、朱彝尊輩，咸與長蘅雅故，時時過從，于喁疊唱。旋入太學，再應順天鄉試，報罷，歸。寄情山水，放遊浙西，攬湖泖之勝。會蘇撫宋犖禮致幕中，講藝論文，敦布衣之好。長蘅亦皭皭持古義，無所貶損，時論賢之……康熙四十三年卒，年六十有八。所著自康熙戊午以前，爲《青門簏稾》，凡文十卷，詩六卷；己未迄辛未，爲《青門旅稾》，文四卷，詩二卷；壬申以後，爲《賸稾》，文五卷，詩三卷。長蘅始除諸生名，自署青門山人，因題其集。"另著有《古今韻略》《邵子家録》等。後人爲之編有《青門集》《邵子湘全集》等。今人吳秋蘭撰有《邵長蘅年譜》（中國臺灣東海大學中國文學研究所碩士論文，一九九八年），可參。

此書撰作之由，邵長蘅於《古今韻略例言》"論古韻"中云："昌黎言凡爲文宜略識字，愚以謂作詩亦然。古韻惟不可施于律、絶，古體便須參用。至賦頌、碑志、銘辭、誄贊之屬，定用古韻，譬如宗廟必用敦彝豆俎，雅樂必用鐘磬柷敔，若撤法物而陳以竹根康瓠，廢宮縣而雜以琵琶箏拍，失其倫已。才老《韻補》寔有功詩學，爲不可廢之書，惜其與今韻胖離，見之者少。上海潘氏雖知附古叶於今韻之後，而盡削引證諸書，學者茫無據依，不敢輕用，僅成贅肬，設今不爲表章，恐古學日就湮没，此予《古今韻略》所由作也。'略'者何？未備之辭也。書爲古韻而作，而仍先以今韻，便於流通也。"此可知邵氏旨在表彰宋吳棫《韻補》一書，故有《古今韻略》之作。惟邵氏此書雖爲古韻而作，每韻仍先列今韻，次標"古韻通某""古韻叶某"，此乃因"便於流通也"。邵氏所列今韻，乃以明潘恩所撰《詩韻輯略》爲草稿而加以訂正。《古今韻略例言》"論今韻"中云："元時又有陰氏（原注：'時中、時夫'）兄弟著《韻府羣玉》，其部分依劉氏刪併上聲之拯部，存一百六部，字數較劉氏刪減三千一百字，存八千八百餘字，此即今時通行韻本也……明初太祖詔宋濂等刊脩《洪武正韻》，刪併部分，省爲七十六韻，濂等又奉勑挍刻《廣韻》，遵《洪武正韻》分合例，注則仍舊（原注：'見宋濂題後'）然書竟不行，惟平水劉淵韻自元至今，詞人相承用之，而經陰氏刪併，已失其舊。邇來俗刻紛員，紕陋逾甚，就坊行本校之，則上海潘氏《詩韻輯略》差善矣。潘名恩，嘉隆間人，其本今通行，予因取以爲草稾，詳加訂正云。"又《古今韻略例言》"評宋元韻書七則"中云："《詩韻輯略》五卷，明上海笠江潘恩輯……余初稾實託始於此，後凡再易稾而成，則是書亦余篳路藍縷也。"

此本之刊刻，乃清康熙時宋犖爲之付梓，宋犖於書首敘中云："余自束髮，喜稱詩，顧未究心韻學，年來數與子湘上下其議論。予始而疑，中而信，既乃舍然而喜。子湘之言曰：'……某愚亡似，亡能特立一家之説，第以謂叶音當主吳棫才老氏……'，蓋子湘學有原本，其持論能篤信古人如此。予聞而韙之，乃悉發所藏舊版韻書凡若干家，俾卒業焉。子湘謬以予爲知言，發言起例，必折衷於予，庚三年書成，名曰《古今韻略》，謁予敘……子湘績學著書，負海内名久，予每論當代古文家，輒爲子湘首詘一指。是書乃其碎金，而其衣被後學之功，正復不淺，予故具述作者之大指，敍之篇端，爲鋟版以行。"此敍末署"康熙丙子皋月商丘宋犖敍"，知刻於康熙三十五年（丙子，1696）也。惟據《柏克萊加州大學東亞圖書館中文古籍善本書志》所載，該館藏有"清康熙三十五年（1696）宋犖刻初印本"一部，封面刊"古今韻略"，卷端題"商丘宋犖牧仲閱定，毗陵邵長蘅子湘纂，商丘宋至山言校"，書志并謂："按此刻後印本更易封面，題'宋漫堂先生閱定／毗陵邵子湘纂／古今韻略'，卷端所題剜改爲'商丘宋牧仲先生閱定'。似後印之時，書板已轉歸他人；或漫堂謝世，由其後人所爲。"本館此本書名葉及卷端所題正同柏《志》所述之後印本，故從其説，定爲後印本。

此書分爲五卷，計卷一《上平聲》，卷二《下平聲》，卷三《上聲》，卷四《去聲》，卷五《入聲》。書末附載所刪字，題"刪正舊韻字如左"，題下小字注云："收註中加圈字不在刪數。"末云："以上共刪六十九字。"

各卷皆首標韻目，如"一先"，其下先大字列今韻各字，字下以小字標反切及釋義。今韻之後，列"古韻通某""古韻叶某"二部分。"古韻叶某"部分亦大字書韻字，小字標音讀及出處。此書之今韻部分乃依潘恩《詩韻輯略》爲底本加以增訂，《古今韻略例言》"論今韻"中云："學者承用既久，難於更變，故是刻大概仍舊，惟取經史中可備采擇者，每韻增收數字或十餘字，隨音押入，仍注從某氏增（原注：'如《禮部韻》，注：從《禮韻》增；毛氏、劉氏、黃氏增韻，注：從某氏增；《廣韻》，注：從《廣韻》增之類'），而刪正其訛複六十九字（原注：'見末卷'）。至於注釋，略者補之，謬者正之，冗者、俗者芟之，敢於今本云有微長。"至於"古韻叶某"部分，邵氏分別標示其所採來源，每韻各以白文標"吳""楊""增"三類，"吳"者爲採自吳棫（才老）《韻補》、"楊"指採自明楊升（慎庵）《轉注古音略》，另別有所採，則標"增"字，并見《古今韻略例言》"論古韻"所述，茲不具録。宋犖於書首敍中云："予觀是書，援據精確，增刊不苟，註釋簡而核，典而不蕪，蔚乎韻學之集成已，顧謙之曰'略'，何居？原子湘之意，亦以今本沿用已久，不欲變更以駭耳目，故今韻仍陰氏之舊，第刪正其訛複六十餘字，增收七百八十餘字，以存毛、劉諸家之大凡。古韻依才老《韻補》，省其複字而僅益以楊氏古音及今增三百四十餘字，若曰是略云爾。"由宋氏此説，亦可知此書之大概。

清周中孚《鄭堂讀書記》卷十四"《古今韻略》五卷，康熙丙子刊本"條，評此書云："其于注釋，亦悉仍舊本，而略者補之，謬者正之，冗者、俗者芟之，大率援據精確，增刊不苟，注釋簡而核，典而不蕪，堪稱韻書之善本焉。前載《例言》，于古今韻學源流，亦頗敍述詳明，有資攷證。"

　　此書《四庫全書總目》《續修四庫全書總目提要》俱未著録。《中國古籍善本書目》著録清康熙三十五年宋犖刻本之"清江昱校"本、"清王鳴盛校並跋、清寶珣題款"本、"清陸潤庠校"本各一種，分藏杭州市圖書館、中國國家圖書館、上海圖書館。另上海圖書館又藏有清吳騫題跋本一部（《中國古籍善本書目》未著録），美國柏克萊加州大學東亞圖書館藏有清康熙三十五年宋犖刻初印本一部。本館所藏此後印本，另中國科學院圖書館、中國臺北"中央研究院"傅斯年圖書館、美國哈佛大學哈佛燕京圖書館等館亦有收藏。《四書未收書輯刊》據中國科學院圖書館藏本影印行世，題"清康熙三十五年宋犖刻本"，收入第壹輯第拾册。

　　鈐印有"長洲宋鑲字雙松甲子生人"白文方印、"雙松"朱文方印、"長洲宋氏"朱文方印、"臣鑲私印"白文方印、"長洲宋鑲"白文方印、"雙松"朱文圓印、"七十四甲子生四百廿甲子人"朱文橢圓印，知曾爲清宋鑲所藏。宋鑲（1744—?），字雙松，又字香岩，清長洲（今江蘇蘇州）人。清顧震濤《吳門表隱》卷十九載："宋鑲，字香岩，官嵩明知州。敦行力學，歷倡善舉，甲戌、乙亥重修郡、吳兩學。甲子、丙子等歲，力辦賑濟。乙亥等歲大疫，延醫施治，施絮縻，修道路，興創善堂。"又鈐有"積學齋徐乃昌藏書"朱文長印、"南昌徐乃昌校勘經籍記"朱文長印、"徐乃昌讀"朱文方印，知亦曾爲清末徐乃昌收藏。徐乃昌生平參前"011　稻香樓雜著六種七卷"條。另又有"御賜凝遠堂"朱文長印，蓋亦係宋鑲藏書印。考美國哈佛大學哈佛燕京圖書館藏有《儒行集傳》一部，書名葉分三欄，右題"道光甲申重鐫"，中題"儒行集傳"，左題"凝遠堂宋藏板"，書首有道光四年（甲申，1824）長洲宋鎔《重刻明大儒石齋黃先生儒行集傳小序》。由此知"凝遠堂"爲宋氏堂號。

279

類音八卷

T5128　3659

　　《類音》八卷，清潘耒撰。清康熙五十一年（1712）刻雍正印本。八册。框高20.6厘米，寬15.1厘米。半葉十一行二十二字，小字雙行同，左右雙邊，白口，單魚尾。版心中鐫書名及卷次，下多鐫刻工名。

　　卷端題"類音卷第一"。

　　書首有《類音目録》，題"吳江潘耒撰本"。

　　潘耒（1646—1708），字次耕，號稼堂，晚號止止居士，清江蘇吳江（今屬江蘇蘇州）人。《清史列傳》卷七十一《文苑傳二》、《清史稿》卷四百八十四

《文苑一》俱有傳。《清史稿》云："潘耒，字次耕，吳江人。生而奇慧，讀書十行並下，自經史、音韻、算數及宗乘之學，無不通貫。康熙時，以布衣試鴻博，授檢討，纂修《明史》。上書總裁，言要義八端……總裁善其説，令撰《食貨志》，兼他紀傳。尋充日講起居注官，修《實錄》《聖訓》……二十三年，甄別議起，坐浮躁降調，遂歸……少受學同郡徐枋、顧炎武。枋歿，賙邮其孤孫，而刻炎武所著書，師門之誼甚篤焉。四十二年，聖祖南巡，復原官。太學士陳廷敬欲薦起之，力辭而止。平生嗜山水，登高賦詠，名流折服。有《遂初堂集》。又因炎武《音學五書》爲《類音》八卷。炎武復古，耒則務窮後世之變云。"生平另參清沈彤《檢討潘先生耒傳》（見《果堂集》卷十一）、清李元度《國朝先正事略》卷三十八《潘耒事略》等。

上海辭書出版社圖書館藏本有書名葉，書首有清康熙五十一年（1712）周振業序、雍正三年（1725）沈彤撰《行狀》等，本館此本無。其本書名葉分三欄，右題"潘稼堂太史著"，中題"類音"，左題"遂初堂藏板"。今比對二本，行款、字體、刻工、避諱字、墨丁等皆同，當爲同版，故據以論其刊印年代。

周振業序云："歲丙戌，振業授經潘先生家塾，於時先生方抄撰《類音》，嚴寒盛暑，手不停筆。振業頗聞緒論，知言之一、二，先生謂書成，循序口授，即無字之音可盡通而得其全。閱歲而振業館他所，遂未卒業。今先生胄子刊是書，招同校對，始得讀全書，而又嘆先生不可作，竟不獲口傳耳受，以悉通其學也……振業于音亦有夙好，乃遇先生而未盡其傳，豈天于人之學，顧亦有所勒耶？於其刻之成也，書數語于簡端，表其體要，且以誌懷舊之感云。"此序末署"康熙壬辰秋八月周振業撰"。據序中云："於其刻之成也，書數語于簡端，表其體要。"則康熙五十一年（壬辰，1712）此書已刻成矣。又潘耒卒於康熙四十七年（1708）九月，此書乃潘耒卒後，其長子潘其炳爲之刊刻，故書中時見潘其炳之按語，如卷三"平聲第一類切音"之末，有雙行小字云："男其炳按：《反切音論》云：以全切全，以分切分，今此類出切字少，不借全音遏、喝之字，而反借分音尼、赫諸字，初不解其義，深以過庭時未及諮承爲恨，既而紬繹再四……先公而不可作矣，孰耳提而面命耶？因撫卷流涕而書之，以質于世之知音者。"由此可知此書刻於潘耒歿後也。而據周振業序中云："今先生胄子刊是書，招同校對。"則周振業亦嘗參與校對之役也。

上海辭書出版社圖書館藏本書首附有《行狀》，中云："適子其炳既述先生行，乞銘於陳公廷敬。後十餘年，復屬彤爲之狀，以備史館作文苑傳之采擇。義不可辭，敢撰次其歷官行事如右，謹狀。"末署"雍正三年二月沈彤狀"。此當係於雍正間重印時將《行狀》附入。考上海辭書出版社圖書館藏本與本館此本，避"玄"字諱，不避"禛"字（見卷五葉二十四），然"胤"字則缺末筆避雍正帝諱（見卷三葉七十七；卷七葉三十一），此蓋康熙雕版雍正間重印時剜改諱字而時或改有未盡也。今中國國家圖書館亦藏有同版一部，惟其本亦無周振業序及《行狀》，《四庫全書存目叢書》據以影印。杜澤遜《四庫存目標注》云："按：諸家著錄，或作康熙五十一年刊，或作雍正三年刊，或作康熙刊，或作雍正刊。檢北圖本'禛'字不避諱，'胤'字缺末筆避雍正帝諱，蓋康熙末刊版，至雍正初挖改諱字，偶有未盡，故有避有不避。諸家藏本多未寓目，不敢臆斷，書此備考。"案：《類音》刊成於康熙五十一年（1712），周振業序中所言可證。至雍正間嘗重印，故剜改避"胤"字，而"禛"字則未及避改，蓋避諱未嚴也。另中國國家圖書館藏本與本館此本爲同版，且二本中皆見鈐有藍、紅色長條形紙廠印記，知爲同一時期所印也。

此書分八卷，計卷一《音論》，卷二《圖説》，卷三《切音》，卷四至八《韻譜》。沈彤所撰《行狀》謂潘耒"著《類音》八卷，以補訂前古音學之譌闕"，沈彤自注云："《音論》一卷、《圖説》一卷，《切音》一卷，《韻譜》五卷。舊字母三十六，有複有漏，今刪五，增十九，成五十母，各具陰陽而列以喉、舌、腭、齒、脣之序。舊四呼，以音就字，無定準，今各母、各韻並列四呼，字缺而音不缺。舊分類互有得失，今統有字、無字之音，辨其全、分，分平上去爲二十四類，入爲十類，即少攝多，正轉、從轉、旁轉、別轉，條理井然。舊切同母、同韻之字皆通用，今則同母之中必用同呼、同轉，同韻之中必用元音，分陰陽，無少渾殽，此皆得天然之音而斟酌古今，以成一家言者，與顧先生炎武《音學五書》相備。"由沈彤所述，可知此書之梗概。

《四庫全書總目》著錄，題"《類音》八卷，編修汪如藻家藏本"，入《經部·小學類存目二》。提要云："耒受業於顧炎武，炎武韻學，欲復古人之遺；耒之韻學，則務窮後世之變。其法增三十六母爲五十母，每母之字橫播爲開口、齊齒、合口、撮口四呼，四呼之字各縱轉爲平、上、去、入四聲，四聲之中各以四呼分之，惟入聲十類，餘三聲皆三十四類……蓋因等韻之法而又推求以己意，於古不必合，於今不必可施用，亦獨成一家之言而已。李光地《榕村語錄》曰：'潘次耕若肯將其師所著《音學五書》撮總纂訂，令其精當，豈不大快？卻自出意見，欲駕亭林之上，反成破綻，以自己土音影響意揣，便欲武斷從來相傳之緒言，豈可乎？'是亦此書之定評也。"

刻工姓名有中山、坤生、吳志、九如、君直、天祥、仁九、天一、之山、順甫、亮臣等。

《中國古籍善本書目》著錄"《類音》八卷，清潘耒撰，清康熙潘氏遂初堂刻本"，載中國國家圖書館、北京師範大學圖書館、上海圖書館、上海辭書出版社圖書館等十六館有藏。另中國臺灣大學圖書館、中國臺灣師範大學圖書館，美國哈佛大學哈佛燕京圖書館、哥倫比亞大學東亞圖書館等亦有收藏。《四庫全書存目叢書》據中國國家圖書館藏本影印，題"清雍正遂初堂刻本"，列入《經部》第二一八冊。另《續修四庫全書》據上海辭書出版社圖書館藏本影印，題"清雍正潘氏遂初堂刻本"，列入《經部》第二五八冊。

鈐印有"積學齋徐乃昌藏書"朱文長方印，知嘗為清徐乃昌收藏。徐乃昌生平參前"011　稻香樓雜著六種七卷"條。又有"吳丙湘校勘經籍印"朱文方印、"式古訓齋藏書"白文方印，知嘗為民國吳丙湘收藏，吳丙湘生平參前"121　昏禮通考二十四卷首一卷"條。另又有"瓠室"朱文方印，印主未詳。

280
韻切指歸二卷

T5133　2332

《韻切指歸》二卷，清吳遐齡撰。清康熙四十九年（1710）吳之玠刻本。四冊。框高20.7厘米，寬14.1厘米。半葉九行十九字，小字雙行三十八字，四周單邊，白口，單魚尾。版心上鐫書名，中鐫卷次。

卷端題"海陽丹山吳遐齡心遠甫纂輯"。

書首，首清康熙己丑（四十八年，1709）仲夏毛奇齡《吳心遠先生韻切指歸序》。次康熙庚寅（四十九年）五月高朝瓔序，未立標題，版心鐫"序"。次康熙二十三年（1684）吳遐齡自序，未立標題，版心鐫"自序"。次《韻切指歸凡例》，共十則。次《圖式》。次《韻切指歸目錄》。

正文二卷之後，附有《附宮商角徵羽五音編成句讀以便初學讀念法》一卷。又書末有康熙庚寅（四十九年）吳之玠識語，未立標題，版心鐫"識"。

吳遐齡，字心遠，清山東海陽人，著有《韻切指歸》，餘生平事迹不詳。

此書之作，吳遐齡於自序中云："余以殫心音律，抱慚洞章，間不自量，取李紹嘉、梅誕生《韻法》，標四十四位，隱括《中原音韻》《洪武正韻》二書，經以四聲，緯以音切，命曰《韻切指歸》。夫《中原音韻》昉自元周挺齋，其廢入聲不載，從北音也，顧未免太畧。若別支、思為卷舌抵齒，車、遮為縱出下頷，辨晰了當，超越前人。明《洪武正韻》互有異同，以律南音，正如虎魄引芥。爰就其中錯綜參攷，審牙脣喉舌眾音所分屬，挈綱紐于本韻，橫直皆可句讀，更舉口法、收音等例，詳注每位之下，各以類從，不使混掇，庶音聲正而南北合矣。"此序末署"康熙歲在閼逢困敦，月在柔兆攝提格，丹山吳遐齡書於棣華堂家塾之南樓"，知此序撰於康熙二十三年（甲子，1684）。

然此書之刊刻，則在康熙四十九年（1710）。書前高朝璎之序云："海陽心遠吳先生，夙擅博物，雅解离骚，研精證古、案文尋聲之學，間取梅氏所得新安圖本，廣爲《韻切指歸》……今先生蒐羅之富，檢校之精，有功字學，不啻與東陽等。余受其書而卒讀，信其必傳於後無疑也。喆嗣質昭，善承父志，不忍秘爲室中藏，而樂與究心斯道者資攷訂也，因梓而廣之，屬余綴一言於簡端。"末署"錢塘高朝璎介石謹跋，時康熙庚寅夏五月，端午前一日也"，知此書刻於康熙四十九年（庚寅，1710）也。又書末吳之玠之識語云："先君子泉石幽貞，卷不釋手，尤精律理，間取古今韻學，朝搜夕考，每苦字類之繁，聲韻之雜，思得芟繁就簡，明白顯易，指歸趨一，迺採梅氏《韻法》，參核《正韻》《中原》，同聲爲類，依類爲序，彙成一編……於暇日校讎，付諸剞劂，爲家塾課本，用示子孫，俾捧讀一過，不翅手澤之存。世之君子，倘有留心藝事者乎？亦足供初學考正之資矣。"末署"康熙庚寅夏至後一日，不孝男之玠百拜謹識"。此言"付諸剞劂"，亦可證於康熙四十九年（1710）付刻也。

書首高朝璎之序謂吳遐齡"間取梅氏所得新安圖本，廣爲《韻切指歸》"，吳氏自序亦云："余以殫心音律，抱慚洞章，間不自量，取李紹嘉、梅誕生《韻法》，標四十四位，隱括《中原音韻》《洪武正韻》二書，經以四聲，緯以音切，命曰《韻切指歸》。"考《韻法直圖》一書，作者不詳，明梅膺祚序其書，謂於萬曆四十年（1612）春，從新安得此圖，"圖各三十二音，上下直貫，因曰《韻法直圖》。"另《韻法橫圖》，明李世澤（又名紹嘉）所撰，此書原名《切韻射標》，《韻法橫圖》之名，爲梅膺祚所改，書前有李氏自序及梅膺祚序。梅膺祚於萬曆四十二年（1614）將《韻法直圖》與《韻法橫圖》二書附於其所著《字彙》之後，一同刊刻，後人或有誤《韻法直圖》爲梅氏所撰者。

吳遐齡此書，分爲上、下二卷，韻類分爲四十四，與《韻法直圖》同，韻目亦大體相同，惟改"基"爲"雞"，改"裩"爲"昆"，改"澱"爲"舵"，改"京"爲"經"，韻次亦略有調整。另聲母定爲三十二個，分爲九大類，亦同於《韻法直圖》。四十四韻類，始"公"，終"兼"，每類標題下注明《洪武正韻》及《中原音韻》之名稱，如"公韻第一"下云："《正韻》屬東、董、送、屋，《中原》屬東、鐘。"各韻類之下，每韻每聲有"聲首"，加圈爲識，其下按平、上、去、入列小韻。《韻切指歸凡例》第二條云："凡圈，經則爲調平仄之平、上、去、入，如公、穎、貢、穀是也；緯則爲翻切法，如公、空、頪、頮、嵲是也。"

此書上、下二卷之後，附有"初學讀念法"，標題云："附宮商角徵羽五音編成句讀以便初學讀念法"，標題下注云："有音無字，以圈空之，後做此。"標題次行云："公韻屬宮音"，下注云："五音各分別平、上、去、入四聲，以便初學調平仄。"其下依次爲"岡韻屬商音""驕韻屬角音""雞韻屬徵音""居韻屬羽聲"等。

此書《四庫全書總目》未著録。《中國古籍善本書目》著録"《韻切指歸》二卷，清吳遐齡撰，清康熙四十九年吳之玠刻本"，載遼寧大學圖書館、東北師範大學圖書館、歙縣博物館等五館收藏。另中國國家圖書館、浙江圖書館等亦有收藏。此書除此康熙四十九年（1710）刻本外，後世尚有道光十七年（1837）集古堂刻本，北京大學圖書館、南京圖書館等館有藏。

鈐印有"海陽程氏古蝸篆居藏書印"朱文長方印，知嘗經清程芝華收藏。程芝華（1790—？），字曜春，號蘿裳，清安徽休寧人。因休寧縣東漢建安時名"休陽縣"，三國吳時改名海陽縣，故程芝華或自署"海陽"人，或自署"休陽"人。程芝華爲項懷述（1718—？）外孫，齋名"古蝸篆居"。精摹印，嘗摹刻徽派名印家程邃、汪肇龍、巴慰祖、胡唐印，成《古蝸居印述》，能得原作之神理。另有《程芝華印譜》存世。此外，又鈐有"□丙延□氏印"白文方印，印主不詳。

281
音韻闡微十八卷

T5128　4494

《音韻闡微》十八卷，清李光地、王蘭生等撰。清雍正六年（1728）武英殿刻本。十册。框高21厘米，寬14.7厘米。半葉八行十二字，小字雙行二十四字，四周雙邊，白口，單魚尾。版心上鎸書名，中鎸卷次及韻目。

卷端題"音韻闡微卷一"。

書首，首清雍正四年（1726）五月十八日雍正帝《御製音韻闡微序》。次修撰者職名，未立標題，版心鎸"職名"。次《凡例》，共十二則。次韻譜，未立標題，版心鎸"韻譜"。

李光地（1642—1718），字晉卿，號厚庵，又號榕村，清福建安溪人。《清史列傳》卷十、《清史稿》卷二百六十二《列傳》四十九俱有傳。李光地，康熙九年（1670）成進士，選庶吉士，授編修。歷任侍讀學士、內閣學士、兵部侍郎、工部侍郎、直隸巡撫、文淵閣大學士等職。康熙五十七年（1718）卒，謚文貞。雍正初，贈太子太傅，祀賢良祠。著有《周易通論》《周易觀象》《詩所》《大學古本説》《中庸章段》《參同契章句》《注解正蒙》《朱子禮纂》《榕村語録》《榕村文集》《榕村別集》等，曾奉敕編纂《周易折中》《音韻闡微》《性理精義》《朱子全書》等書。事迹另參清楊名時《文貞李公光地墓碣》（《碑傳集》卷十三）。

　　王蘭生（1679—1737），字振聲，又字信芳，清直隷交河（今河北交河）人。
《清史稿》卷二百九十《列傳》七十七有傳。傳云："少穎異。李光地督順天學
政，補縣學生，及爲直隷巡撫，録入保陽書院肄業，教以治經，並通樂律、曆
算、音韻之學。光地入爲大學士，薦蘭生直内廷，編纂《律呂正義》《音韻闡
微》諸書。康熙五十二年，賜舉人，以父憂歸。服除，仍直内廷。六十年，應
會試，未第。上以蘭生内直久，精熟性理，學問亦優，賜進士，殿試二甲一名，
改庶吉士。雍正元年，散館授編修。三年，署國子監司業。四年，真除，督浙
江學政。五年，遷侍講。六年，轉侍讀。"其後歷任侍讀學士、内閣學士、刑部
侍郎兼署禮部侍郎等職。乾隆二年（1737）卒。著有《駢字類編》《交河集》等。
編有《律呂正義》《音韻闡微》《陝西通志》等。事迹另參清杭世駿《刑部右侍
郎王公蘭生行狀》（《碑傳集》卷二十五）、清全祖望《刑部侍郎管禮部侍郎事
坦齋王公神道碑銘》（《廣清碑傳集》卷七）等。

　　有關此書修撰之緣起及過程，書前雍正帝《御製音韻闡微序》中云："自西
域梵僧定字母爲三十六，分五音以捴天下之聲，而翻切之學興，儒者若司馬光、
鄭樵皆宗之。其法有音和、類隔、互用、借聲，類例不一，後人苦其委曲繁重，
難以驟曉，往往以類隔、互用之切改從音和，而終莫能得其原也。我　聖祖仁皇
帝，宣聰首出，天地萬物之奧，律歷象數之秘，靡弗心解神會，洞徹本原。以國
書合聲之法，出於自然，足以盡括漢文翻切之要妙也。於是指授大學士李光地擬
定條例節目，俾諸生王蘭生纂輯之。後復以尚書徐元夢董其成。始自康熙五十四
年，迄今十載，奏竣，命之曰《音韻闡微》。"此《序》末署"雍正四年五月十八
日"，由此知此書乃由康熙帝命李光地、王蘭生等人所撰，經始於康熙五十四年
（1715），至雍正四年（1726）告成，前後歷時十年。另《御製音韻闡微序》之後，
又列有"職名"，起首三行云："雍正六年九月二十一日奉／旨開列／御定音韻闡
微監修承修編纂校看校對監造諸臣職名"其下列"武英殿監修"和碩莊親王允
禄、和碩果親王允禮，"承修"李光地，"編纂"王蘭生，"校看"徐元夢，"武英
殿校對"方苞、俞鴻圖、周學健、李清植、唐繼祖、戴臨，"監造"三保、雅爾
岱、李之綱等人，然則此書當係雍正六年（1728）於武英殿刊刻也。

　　此書共十八卷，計卷一至六，平聲；卷七至十，上聲；卷十一至十四，去
聲；卷十五至十八，入聲。以四聲統一百零六韻，依通行之《平水韻》編輯。
然於一百零六韻之外，又有殷、隱、焮、迄、拯、證六韻獨立成韻，未標序數，
故總數實有一百一十二韻。每韻之下，依開、齊、合、撮四呼區分，每呼又依
三十六字母之次序排列小韻，字母之下又繫以等第數字，此即書前《凡例》第
十一則所謂"韻部爲經，字母爲緯，等第呼法以別其音"者也。金韓道昭《改

併五音集韻》已嘗用等韻學理以區分音韻,《音韻闡微》蓋師其法又加以改良。

書首列有《韻譜》,分韻一百一十二,收圖三十八,格式大致倣《經史正音切韻指南》。每圖分一、二、三、四等,每等復分平、上、去、入,圖中所列之字即書中小韻之首字。《韻譜》與正文之音韻體系大致相合,可爲閱讀正文十八卷之助。

此書《四庫全書》收録,《四庫全書總目》題"《欽定音韻闡微》十八卷",提要云:"首列《韻譜》,定四等之輕重。每部皆從今韻之目,而附載《廣韻》之子部,以存舊制。因以考其當合、當分。其字以三十六母爲次,用韓道昭《五音集韻》、熊忠《韻會舉要》之例。字下之音則備載諸家之異同,協者從之,不有心以立異;不協者改用合聲,亦不遷就以求同。大抵以上字定母,皆取於支、微、魚、虞、歌、麻數韻,以此數韻能生諸音,即 國書之第一部也。以下字定韻,清聲皆取於影母,濁聲皆取於喻母,以此二母乃本韻之喉音,凡音皆出於喉而收於喉也。其或有音無字者,則借他韻、他母之字相近者代之。有'今用''協用''借用'三例,使宛轉互求,委曲旁證,亦即漢儒訓詁'某讀如某''某音近某'之意。"《四庫總目》又總結對此書之評價云:"惟辨別毫芒,巧於比擬,非古人所及耳。自有韻書以來,無更捷徑於此法者,亦更無精密於此書者矣。"《四庫全書總目》對此書極度讚揚,蓋因此乃康、雍欽定之官修韻書歟?

《中國古籍善本書目》未著録。此本除本館外,另中國國家圖書館、北京大學圖書館、天津圖書館、遼寧省圖書館等館亦有收藏。

282

韻字辨同五卷

T5128　8202

《韻字辨同》五卷,清翁方綱撰。清乾隆三十年(1765)羊城試署刻本。二冊。框高14厘米,寬10.2厘米。半葉六行十六字,小字雙行同,四周雙邊,白口,單魚尾。版心上鐫書名,中鐫卷次。

卷端題"大興翁方綱鈔;受業南康謝啓昆校"。中國科學院圖書館藏本有書名葉,右大字題"韻字辨同",左二行小字題"乾隆乙酉夏六月羊／城試署雕本",本館此本無書名葉。

書首,首有《例言七則》。中國科學院圖書館藏本《例言七則》後有《字目》,本館此本無。次正文五卷。卷五之末載有乾隆甲申(二十九年,1764)六月謝啓昆之識語。

翁方綱(1733—1818),字正三,一字忠敍,號覃溪,晚號蘇齋,清大興(今屬北京)人。《清史列傳》卷六十八《儒林傳下一》、《清史稿》卷四百八十五

《文苑二》俱有傳。《清史稿》云："翁方綱，號覃溪，大興人。乾隆壬申進士，選庶吉士，授編修。擢司業，累至内閣學士。先後典江西、湖北、順天鄉試，督廣東、江西、山東學政。嘉慶元年，預千叟宴。四年，左遷鴻臚寺卿。十二年，重宴鹿鳴，賜三品銜。十九年，再宴恩榮，加二品卿，年八十二矣。又四年，卒……方綱讀群經，有《書》、《禮》、《論語》、《孟子》《附記》，並爲《經義考補正》。尤精金石之學，所著《兩漢金石記》，剖析毫芒，参以《説文》《正義》，考證至精……他著有《復初齋全集》及《禮經目次》《蘇詩補注》等。"另著有《粤東金石略》《漢石經殘字考》《藝文彙譜》《石洲詩話》等書。清張維屏撰有《翁覃谿先生年譜稿》（《碑集傳》三編，卷三十六），今人沈津撰有《翁方綱年譜》，并可参。

　　此書撰作之由，翁方綱於《例言七則》之首則云："曩有《韻字参互》一卷，時欲增補而未暇。昨見南昌彭掌仍編修所鈔《辨同》三卷，喜其詳備，閒有一、二未盡者。因取舊稿参校補正，析爲五卷，仍用編修書名，鈔寫體式一依之。"案：彭元瑞（1731—1803），字掌仍，一字輯五，號芸楣（一作云楣），江西南昌人，乾隆二十二年（1757）進士，改庶吉士，授編修，歷任禮、兵、工三部尚書，協辦大學士等。據翁氏此《例言》首則所述，彭元瑞撰有《韻字辨同》三卷，翁氏見之，雖喜其詳備，然覺仍有未盡，故取舊著《韻字参互》以增補之，改易爲五卷，書名仍稱爲《韻字辨同》，體式亦依彭書之舊。考中國科學院圖書館藏本書名葉題"乾隆乙酉夏六月羊／城試署雕本"，乾隆三十年（乙酉，1765）時，翁方綱正督廣東學政，故刻於廣州試署也。翁氏撰此書時，年僅三十餘歲，乃屬早期之作。

　　此書共五卷，依上平聲、下平聲、上聲、去聲、入聲分卷。此書之内容旨在辨析同字異讀而分屬於不同韻目之情況。故每字皆先標其字，下列相異之韻目，各韻目下舉其實例。若一字異讀而義同者，則以本音爲先，次列轉音，《例言》第二則云："義同之字，如但以韻部先後爲序，設遇限韻，將何適從？今悉歸本音，以轉音次列于下。"如卷四《去聲》"譽"字下，首列"六御"，注云："聲美也，稱也。"又列"六魚"，注云："義同"。其下有案語云："按：韻本於魚韻注'稱也'，御韻注'稱美'，其實前人所用大致不殊，據《廣韻》《集韻》本以兩音爲義同，今故列本音於御韻，而於魚韻直曰'義同'，以免兩誤，餘多仿此。"另有同義異讀而仍依韻部先後爲次者，則較常見，如卷一《上平聲》"虹"字下，先列"一東"，注云："蠳蝀"，其下又列"三絳"，注云："義同"；"淙"字下，先列"二冬"，注云："水聲"；次列"三江"，注云："義同"；次列"三絳"，注云："義同"，皆其例也。此外，若異讀而義異者，則各列其韻目與實例。如卷一"空"字下，先列"一東"，注云："空虛"；次列"一董"，注云："穴也，張騫鑿空"，次列"一送"，注云："屢空。《詩》：'不宜空我師'。揚子《法言·酒誥》之篇：'俄空焉'。"此列"空"字有三讀也。同字異讀而義不同者，其次序排列之原則，《例言》第三則云："即義不同者，亦略區熟僻，雖不必盡以習見者爲主，然至如支韻'倭'字、藥韻'昔'字之類，寧附於歌、陌韻下，以便檢閱，若麑、號等字，既用以冠部，自不當仍附他韻之後。"考此書之主要功能，當係提供舉子應考時得以更熟練將同一字運用於不同之韻目中以取韻，故謝啓昆於書末之識語云："右凡一千一百七十二字，字之次第、義之同異，悉謹遵《佩文》韻本，間刺取經、史、《文選》、諸家詩集注語，及稗史叢説，以參證之。至金柅之柅，本在四紙，今則借入四支，笭箵之箵，前人多押九青，今則入二十三梗，若此之類，總以試席適用爲主，是以不復悉辨。"此言"總以試席適用爲主"，已道出此書之性質矣。

《續修四庫全書總目提要》收録馮汝玠所撰此書提要，題"《韻字辨同》五卷，乾隆三十年羊城試署原刻本"，提要云："取音異義同之字，凡一千一百七十有二，遵《佩文》韻本，間取經、史、《文選》、諸家詩集、稗史叢説，以資參考……雖本爲押韻用字而設，而所辨悉以同義爲限，注重訓詁，實以義爲主，致字之音異而義同者，頗可藉此以供參考。殊有裨小學，有益學者，正不僅爲押韻用字之資已也。"案：此書所辨，不限於異讀而同義者，已如上述，馮氏謂"所辨悉以同義爲限"，恐未細讀原書也。

此書《四庫全書總目》《中國古籍善本書目》俱未著録。此本除本館外，另北京大學圖書館、中國科學院圖書館等館亦有收藏。《四庫未收書輯刊》曾據中國科學院圖書館藏本影印行世，題"清乾隆三十年羊城試署刻本"，列入第壹輯第拾册。此外南京圖書館書目著録"清乾隆五十九年崇雅堂刻本"，中國國家圖書館目録著録"清乾隆五十九年玉峰翠碧山房刻本"。另嘉慶、道光間亦嘗有重刻本，兹不贅述。

283
新編佩文詩韻四聲譜廣註二卷

T5134　2116

《新編佩文詩韻四聲譜廣註》二卷，清倪璐撰。清乾隆三十六年（1771）倪氏克復堂刻本。二册。框高18.5厘米，寬13.3厘米。半葉十行二十字，小字雙行同，四周雙邊，白口，單魚尾。版心上鐫"詩韻四聲譜"，中鐫卷次及韻目。

卷端首行題"新編佩文詩韻四聲譜廣註卷上"，次行題"漢皋玉華倪璐輯著，序東倪璈較字"。書名葉分三欄，右題"漢阜乾用劉先生監定"，中題"詩韻四聲譜廣註"，左題"克復堂梓行"，欄上題"乾隆辛卯仲冬新鎸"。

倪璐，字玉華，清阜城（今河北阜城）人。唐昭宗天祐二年（905）阜城縣嘗改名漢阜縣，後又回復原名。倪璐自署"漢阜"，蓋用舊地名。著有《佩文詩韻歌訣初步》《佩文詩韻提綱》《新編佩文詩韻四聲譜廣註》《風俗通韻》等書。堂名"克復堂"，餘事迹不詳。

倪璐所著《佩文詩韻提綱》書首清乾隆四十三年（1778）蘇鶴成《序》中云："阜城倪子玉華，著有《佩文詩韻歌訣初步》《佩文四聲譜廣註》三集，皆發明李、王、邵、毛四家緒論，以啓窮鄉僻壤之腹笥淺陋者。初學得之，如開榛莽。今又撰《詩韻提綱》質之于余。余覽之畢，真可作摘埴索塗者之彼相也，爰從臾之，亟付諸梓。"又《佩文詩韻提綱》倪璐自序云："余曩者遵司馬溫公《指掌圖》程式所集《詩韻歌訣初步》以及《四聲譜廣註》以爲字韵兼該，可無不識之字，亦無不曉之韵矣。"《序》末署"乾隆四十三年歲次戊戌仲秋穀旦書於克復堂"。由此二《序》，知倪璐撰《佩文詩韻四聲譜廣註》乃在《佩文詩韻提綱》之前，且由倪璐《佩文詩韻提綱·序》末所署，知"克復堂"爲其堂名也。又今存世有乾隆二十五年（1760）刊刻之《詩韻歌訣初步》一書，存天津省圖書館、東北師範大學圖書館、中國臺北"中央研究院"傅斯年圖書館等館，其本書名葉題"乾隆庚辰仲冬新鎸""克復堂梓行"，庚辰爲乾隆二十五年，則知《詩韻歌訣初步》之刻又早於《新編佩文詩韻四聲譜廣註》也。

此本《新編佩文詩韻四聲譜廣註》，書名葉題"乾隆辛卯仲冬新鎸""克復堂梓行"，知乃刻於乾隆三十六年（1771），爲倪璐之自刊本。

此書分上、下二卷，各卷遵司馬光《切韻指掌圖》程式，先標四聲韻目，如"一東一董一送一屋"，其下大字列韻字，小字釋音、義，眉欄則標示"見""溪""群""疑""端""透""定""泥"……等聲母字。計上卷自"一東"至"十五刪"，卷二自"一先"至"十五咸"。

此書《四庫全書總目》《中國古籍善本書目》俱未著錄。除本館外，另中國科學院圖書館、美國哈佛大學哈佛燕京圖書館等館亦有收藏。《美國哈佛大學哈佛燕京圖書館藏中文善本書志·經部》著錄"《佩文詩韻提綱》二卷《新編佩文詩韻提綱四聲譜廣注》二卷，清倪璐撰。清乾隆四十三年（1778）克復堂刻本"。其將《佩文詩韻提綱》《新編佩文詩韻提綱四聲譜廣註》二書皆著錄爲清乾隆四十三年克復堂刻本，恐非宜也。另《四庫未收書輯刊》曾據中國科學院圖書館藏本影印行世，題"清乾隆三十六年克復堂刻本"，收入第貳輯第拾肆冊中。

284

漢魏音四卷

T5491　9108

《漢魏音》四卷，清洪亮吉撰。清乾隆五十年（1785）西安刻本。二冊。框高19.7厘米，寬15.1厘米。半葉十二行二十四字，小字雙行同，四周單邊，黑口，雙魚尾（魚尾相向）。版心中鐫書名及卷次。

卷端首行，上題“漢魏音”，下題“卷一”。次行題“陽湖洪亮吉學”。自第三行起至正文間，爲洪亮吉自敘，首冠“敘曰”二字。書名葉分三欄，右、左二欄大字題“漢魏音／四卷”，左小字題“乾隆乙巳四月刊于西安穉存屬淵如作篆”。

書末，有《漢魏音後敘》，載乾隆五十年程敦、孫星衍二《敘》。又有《漢魏音說二首》，載畢沅、邵晉涵二文，皆未題年月。

洪亮吉（1746—1809），字君直，一字稚存，號北江，晚號更生居士。清陽湖（今屬江蘇常州）人。《清史列傳》卷六十九《儒林傳下二》、《清史稿》卷三百五十六《列傳》一百四十三俱有傳。《清史稿》云：“洪亮吉，字稚存，江蘇陽湖人。少孤貧，力學，孝事寡母。初佐安徽學政朱筠校文，繼入陝西巡撫畢沅幕，爲校刊古書。詞章考據，著於一時，尤精孴輿地。乾隆五十五年，成一甲第二名進士，授翰林院編修，年已四十有五。長身火色，性豪邁，喜論當世事。未散館，分校順天鄉試。督貴州學政……任滿還京，入直上書房，授皇曾孫奕純讀。嘉慶三年，大考翰詹，試《征邪教疏》，亮吉力陳內外弊政數千言，爲時所忌。以弟喪陳情歸。四年，高宗崩，仁宗始親政。大學士朱珪書起之，供職，與修《高宗實錄》，第一次稿本成，意有不樂，將告歸，上書軍機王大臣言事……書達成親王，以上聞，上怒其語戇，落職下廷臣會鞫，面諭勿加刑。亮吉感泣引罪，擬大辟，免死遣戍伊犂。明年，京師旱，上禱雨未應，命清獄囚，釋久戍……亮吉至戍甫百日而赦還，自號更生居士。後十年，卒於家。”著有《春秋左傳詁》《漢魏音》《北江詩話》《卷施閣集》《附鮚軒詩》《更生齋集》等。事迹另參清呂培等編《洪北江先生年譜》。

有關此書之撰作與刊刻，洪亮吉於《漢魏音》卷端之敘中云：“夫求漢魏人之訓詁而不先求其聲音，是謂舍本事末。今《漢魏音》之作，蓋欲爲守漢魏諸儒訓詁之學者設耳。止于魏者，以反語之作，始于孫炎而古音之亡亦由于是，故以此爲斷焉……排比闕失，成于六旬，演贊前後，斷爲六卷。書成，值乾隆四十九年歲在闕逢執徐長至日，爰付之梓，庶幾諧聲故讀復厥舊音，反語四聲，此爲前導云爾。”另此本書名葉題“乾隆乙巳四月刊于西安穉存屬淵如作篆”，乙巳爲乾隆五十年（1785），可知洪亮吉此敍撰於乾隆四十九年（1784）長至日，敍雖云："爰付之梓"，然實際刊刻，則已至乾隆五十年（1785）四月矣。書刊於西安，而孫星衍（字淵如，1753—1818）爲之題耑。考洪氏於乾隆五十五年（1790）成進士，刊刻此書時尚未登第，充陝西巡撫畢沅幕府，故書刻於西安而書末有畢沅爲之撰《漢魏音説》也。

此書依《説文》五百四十部爲次，書分四卷。卷一自"一部"至"卜部"；卷二自"㫃部"至"鼎部"；卷三自"禾部"至"惢部"；卷四自"水部"至"酉部"。書末孫星衍《後敍》云："穉存作《漢魏音》，以《説文》字部爲次，不用韻書，蓋不欲以今韻律古音也。"洪氏於自敍中述其編次之體例云："今編次仍從《説文》舊部，而以所無者附見于後，或《説文》所有而後復譌爲他字者，則注云：'某字本某字'，不移其部。若傳譌已久，則亦各從其部，正、附兩列焉。"每字所釋先大字載漢魏傳注中之音讀文字，下以雙行小字明其出處。如卷一"王部""皇"字，大字云："皇讀如歸往之往"，其下小字云："《禮記·大傳》鄭玄《注》"。書末程敦《後敍》云："《漢魏音》者，吾友洪君稚存刺取漢、魏諸儒傳注中音讀之字所成也。"又畢沅《漢魏音説》亦云："今洪君以深沈之思，鈎貫群籍，刺取漢魏古音如讀若、音近者，多至數千條，以《説文》舊部類聚區分，儼坐北海、南閣諸大師于一堂，口授指畫，俾後來訓詁諸家割棄支離，盡返陸氏所稱五十一家舊音，而孫、韋、周、沈以降諸人所得一切可以廢棄，其命意可謂不凡矣。"由此可知洪氏此書之大略。

《續修四庫全書總目提要》收錄柯劭忞所撰此書提要，題云："《漢魏音》四卷，《洪北江全集》本"，提要中云："正書音讀，注書出處，大體明顯，惟中間有可議者，如劉氏《釋名》，多爲音訓，即古二字合爲一聲者，實後世切語之權輿，竝當分録各部。又經、史音注，研習者多，錯誤亦少，至於許慎之《淮南閒詁》、高誘之《呂覽》《淮南》注，習者甚少，自有差池。況《淮南》注，許、高混合，錯誤尤多……若以搜輯抄撮、排比分類即爲成功，則未免輕率從事矣。"

本館此本與洪亮吉另一著作《附鮚軒詩》八卷四册共爲一函。又此本避"玄""眩""泓""丘"等字。

此書《四庫全書總目》未著録。《中國古籍善本書目》未著録此乾隆刻本，惟著録清丁顯編"《韻學叢書》四十一種一百二卷"稿本，中有洪亮吉撰《漢魏音》四卷，書藏復旦大學圖書館。本館此本，另湖北省圖書館、上海辭書出版社圖書館、中國臺北"中央研究院"傅斯年圖書館、美國耶魯大學圖書館等亦有收藏。《續修四庫全書》嘗據上海辭書出版社圖書館藏本影印行世，題"清乾隆五十年刻本"，列入《經部》第二四五册。

附錄一 書名筆畫索引

一畫

一幅集十八卷 247

二畫

十三經字辨八卷 238

七篇指略七卷附孟子字學考一卷 171

九經五十一卷附四卷 001

九經補註八十七卷 007

三畫

三禮述註七十一卷 117

三禮編繹二十六卷 116

大明成化丁亥重刊改併五音類聚四聲篇十五卷 271

大明成化庚寅重刊改併五音集韻十五卷 272

大明萬曆己丑重刊改併五音類聚四聲篇十五卷大明萬曆己丑重刊改併五音集韻十五卷新編篇韻貫珠集八卷附直指玉鑰匙門法一卷經史正音切韻指南一卷 273

大易講義合參不分卷 034

大學正説一卷中庸正説二卷 174

大戴禮記十三卷 112

千文六書統要二卷附千字文二卷篆

法偏旁正譌歌一卷 264

四畫

天蓋樓四書語録四十六卷 201

天蓋樓四書語録四十六卷 202

五雅四十一卷 248

五經文字偏旁攷三卷 266

五經圖十二卷 235

五經繹十五卷 002

五經纂註二十卷 004

五經讀五卷 234

五禮通考二百六十二卷總目二卷首四卷附讀禮通考一百二十卷 120

日講四書解義二十六卷 188

毛詩名物圖説九卷 084

毛詩明辨録十卷 076

毛詩通説二十卷首一卷補遺一卷 080

毛詩鄭箋纂疏補協二十卷附詩譜一卷 069

六家詩名物疏五十五卷 082

六書正譌五卷 259

六經圖考六卷 232

六經圖定本六卷 236

文章練要左傳評十卷 136

文廟樂舞全譜二卷附録一卷 127

831

五畫

正字通十二卷　263

去傲齋四書存十六卷　220

古今道脉四十五卷　185

古今韻略五卷　278

古今韻會舉要三十卷禮部韻略七音
三十六母通攷一卷　269

古今韻會舉要小補三十卷　270

古文尚書十卷附尚書逸文二卷　035

古文尚書攷二卷　056

古經解鉤沉三十卷　246

左氏條貫十八卷　135

左傳事緯十二卷左傳事緯前書八卷
133

左傳統箋三十五卷　134

左傳經世鈔二十三卷　137

石渠閣重訂周易去疑十一卷首一卷
020

石齋先生經傳九種五十六卷　005

北海經學七錄八卷　240

北海經學七錄八卷　241

四書大全説約合參正解十七卷　189

四書引左彙解十卷　223

四書引解二十六卷　215

四書正義二十卷　186

四書古人典林十二卷　228

四書左國彙纂四卷　224

四書考正譌不分卷　219

四書考異二編七十二篇　216

四書考輯要二十卷　217

四書朱子本義匯參四十三卷首四卷
210

四書朱子異同條辨四十卷　197

四書朱子語類摘鈔三十八卷　196

四書自課録三十卷　212

四書合參析疑二十二卷　195

四書名物考二十四卷　225

四書或問三十九卷　178

四書典制彙編八卷　227

四書衷要補辨三十七卷圖説一卷　218

四書順義解十九卷　214

四書集註三十卷　177

四書集註大全四十三卷　180

四書疏畧二十九卷　191

四書疏註撮言大全三十七卷　211

四書彙解四十卷　187

四書經註合參三十八卷　207

四書圖考集要五卷　230

四書圖説六卷　231

四書諸儒輯要四十卷　199

四書講四十卷　192

四書講義尊聞録二十卷　206

四書翼註論文三十八卷　221

四書題鏡不分卷　213

四書繹註五卷　194

四書辯訛六卷　193

四書讀註提耳十九卷　209

四禮初稿四卷　122

六畫

成均課講經學六種　008

朱子四書或問小註三十六卷　179

朱註發明十九卷　200

名公註釋左傳評林三十卷　130

字彙補十二集　262

七畫

孝經大全二十八卷首一卷附孝經詩
　　一卷孝經或問三卷孝經翼一卷
　　164

孝經内外傳五卷孝經正文一卷　166

孝經集註一卷　167

孝經疏畧一卷　165

呂東萊先生左氏博議六卷　129

呂晚邨先生四書講義四十三卷　203

八畫

松源經説四卷　239

尚書口義六卷　052

尚書人注音疏十二卷卷末一卷外編
　　一卷　060

尚書日記十六卷　040

尚書要旨三十六卷　044

尚書後案三十卷尚書後辨一卷　057

尚書約旨六卷尚書通典畧二卷　053

尚書埤傳十五卷首卷一卷書經考異
　　一卷附録一卷　050

尚書揆一六卷　045

尚書葦篇五十八卷　047

尚書集解十卷　046

尚書註疏二十卷　036

尚書釋天六卷　059

易堂問目四卷　245

易箋八卷首一卷　028

易學圖説會通八卷易學圖説續聞一
　　卷　026

和序堂易經貫一二十卷首二卷　029

周易本義十二卷易圖一卷五贊一卷

筮儀一卷　015

周易本義引蒙十二卷首一卷　023

周易本義正解二十二卷首一卷　021

周易玩辭集解十卷首一卷　024

周易述四十卷　030

周易函書五十二卷附卜法詳考四卷
　　025

周易兼義九卷音義一卷畧例一卷
　　012

周易象繹十卷首一卷　033

周易補註十一卷實踐録一卷易圖解
　　一卷　027

周易傳義二十四卷　014

周易傳義十卷　013

周易傳義大全二十四卷　016

周易傳義大全二十四卷　017

周易廣義四卷首一卷　019

周易滴露集四卷　022

周易辨畫四十卷　032

周官禄田考三卷　100

周官塾訓六卷　098

周官禮注十二卷　091

周禮十二卷　089

周禮六卷　090

周禮句解十二卷　092

周禮折衷六卷　097

周禮節訓六卷　096

周禮會通六卷　099

周禮輯義十二卷　095

昏禮通考二十四卷首一卷　121

注釋古周禮五卷考工記一卷　094

孟子四考四卷　173

孟子讀法附記十四卷　172

九畫

春秋大事表五十卷春秋輿圖一卷附
　　錄一卷　158

春秋王霸列國世紀編三卷　144

春秋内傳古注輯存三冊　140

春秋公羊經例比六卷　141

春秋孔義十二卷　148

春秋左傳彙輯四十卷　139

春秋左傳屬事二十卷　131

春秋左傳屬事古字奇字音釋一卷春
　　秋左傳註解辯誤二卷補遺一卷古
　　器圖一卷　132

春秋四家五傳平文四十一卷首一卷
　　附春秋提要二卷　152

春秋地名攷略十四卷　154

春秋志在十二卷　153

春秋困學錄十二卷　160

春秋究遺十六卷　163

春秋胡傳翼三十卷　149

春秋師説三卷附錄二卷　145

春秋筆削微旨二十六卷　161

春秋集傳大全三十七卷春秋序論一
　　卷春秋二十國年表一卷諸國興廢
　　説一卷春秋列國東坡圖説一卷東
　　坡指掌春秋列國圖一卷　147

春秋集義五十八卷卷首一卷卷末二
　　卷　162

春秋義十五卷卷首一卷　156

春秋經傳集解三十卷附春秋名號歸
　　一圖二卷　128

春秋經傳闕疑四十五卷　146

春秋經傳類求十二卷　159

春秋管見四卷卷首一卷　155

春秋穀梁註疏二十卷　142

春秋穀梁註疏二十卷　143

春秋衡庫三十卷附錄三卷備録一卷
　　150

春秋識小録初刻三書九卷附一卷　157

草木疏校正二卷　085

相臺書塾刊正九經三傳沿革例一卷
　　233

省吾堂四種二十五卷　010

重訂五經疑問六十卷　003

重訂申文定公書經講義會編十二卷
　　043

重訂四書疑問十一卷　183

重訂直音篇七卷　276

禹貢匯疏十二卷圖經二卷神禹別録
　　一卷　061

禹貢會箋十二卷禹貢山水總目一卷
　　圖一卷　063

禹貢彙覽四卷總論一卷　065

禹貢錐指二十卷圖一卷附平成頌一
　　卷　062

禹貢譜二卷　064

音韻日月燈六十卷首四卷　277

音韻闡微十八卷　281

洪武正韻十六卷　274

洪武正韻十六卷　275

洪範正論五卷　066

十畫

夏小正集解四卷　114

夏小正傳註一卷　113

書帷別記四卷　041

書傳大全十卷圖一卷綱領一卷　039

書傳會選六卷　038

書傳鹽梅二十卷　058

書經要義六卷　051

書經註疏大全合纂五十九卷首一卷
　048

書蔡氏傳旁通六卷　037

十一畫

曹棟亭五種六十五卷　249

晚書訂疑三卷　055

康熙字典十二集總目一卷檢字一卷
　辨似一卷等韻一卷補遺一卷備考
　一卷　265

深柳堂彙輯書經大全正解十二卷附
　深柳堂禹貢增刪集註正解讀本一
　卷　049

梁山來知德先生易經集註十六卷首
　一卷　018

寄願堂四書玩註詳説四十卷　190

參讀禮志疑二卷　118

鄉黨圖考十卷　169

十二畫

琴旨二卷　126

萬充宗先生經學五書十九卷　006

集虛齋四書口義十卷　222

御製律呂正義上編二卷下編二卷續
　編一卷　124

十三畫

載詠樓重鐫硃批孟子二卷　170

愛日堂尚書註解纂要六卷　054

詩外傳十卷　087

詩考異補二卷　078

詩貫十四卷首三卷　077

詩集傳二十卷詩序辨説一卷詩傳綱
　領一卷詩圖一卷　067

詩傳大全二十卷綱領一卷圖一卷詩
　序辨説一卷　068

詩經正解三十卷首一卷　071

詩經叶音辨譌八卷　086

詩經拾遺十六卷　081

詩經逢原十卷　079

詩經通義十二卷　073

詩經喈鳳詳解八卷圖説一卷　074

詩經集成三十一卷詩經圖考一卷　072

詩經疏畧八卷　070

詩識名解十五卷　083

新刊三禮考註六十四卷綱領一卷　115

新刊補訂大字四書淺説十三卷　181

新刊禮經搜義二十八卷　109

新編四書三説三十卷　182

新編佩文詩韻四聲譜廣註二卷　283

羣經補義五卷周禮疑義舉要七卷　244

經玩二十卷　242

經禮補逸九卷　101

經讀考異八卷補經讀考異一卷句讀
　敘述二卷補句讀敘述一卷附翟晴
　江四書考異内句讀一卷　243

十四畫

駁呂留良四書講義八卷　204

碩松堂讀易記十六卷首一卷　031

爾雅正義二十卷爾雅釋文三卷　252

爾雅註疏十一卷　250

爾雅註疏十一卷　251

説文字原考略六卷　257

説文長箋一百卷卷首二卷解題一卷
　凡例一卷六書長箋七卷　254

説文偏旁考二卷　256

説文解字十五卷　253

説文解字通正十四卷　255

廣金石韻府五卷　261

廣韻五卷　268

漢隸分韻七卷　260

漢隸字源六卷附字一卷　258

漢魏音四卷　284

十五畫

增訂四書大全四十三卷　198

增補四書人物聚考十二卷圖一卷　229

增補四書精繡圖像人物備考十二卷
　圖一卷　226

稽古日鈔八卷　237

稻香樓雜著六種七卷　011

篆字彙十二集　267

儀禮易讀十七卷　102

儀禮經注疏正譌十七卷　103

樂律全書四十九卷　123

樂律表微八卷　125

論語註疏解經二十卷　168

談經菀四十卷　184

十六畫

閣紅螺説禮三十三卷　110

學庸思辨録十四卷　176

學庸竊補十四卷　175

學源堂四書體註合講十九卷　208

十七畫

韓詩外傳十卷序説一卷補逸一卷
　088

禮記日録三十卷圖解一卷　107

禮記通解二十二卷讀禮記一卷　108

禮記集註十卷　104

禮記集説大全三十卷　105

禮記集説大全三十卷　106

禮記説義纂訂二十四卷　111

禮箋三卷　119

十八畫

豐川經學三種二十卷　009

十九畫

韻切指歸二卷　280

韻字辨同五卷　282

類音八卷　279

二十畫

纂訂四書通解三十一卷　205

鐫彙附百名公帷中繁論書經講義會
　編十二卷　042

二十二畫

讀左補義五十卷卷首二卷　138

讀詩質疑三十一卷卷首十五卷附經文
　考異補一卷李氏詩所摘録一卷　075

讀禮疑圖六卷　093

二十三畫

麟旨定十二卷　151

附録二　書名拼音索引

A

ai

Ai ri tang shang shu zhu jie zuan yao liu juan

愛日堂尚書註解纂要六卷　054

B

bei

Bei hai jing xue qi lu ba juan

北海經學七録八卷　240、241

bo

Bo lü liu liang si shu jiang yi ba juan

駁呂留良四書講義八卷　204

C

can

Can du li zhi yi er juan

參讀禮志疑二卷　118

cao

Cao lian ting wu zhong liu shi wu juan

曹棟亭五種六十五卷　249

Cao mu shu jiao zheng er juan

草木疏校正二卷　085

cheng

Cheng jun ke jiang jing xue liu zhong

成均課講經學六種　008

chong

Chong ding shen wen ding gong shu jing jiang yi hui bian shi er juan

重訂申文定公書經講義會編十二卷　043

Chong ding si shu yi wen shi yi juan

重訂四書疑問十一卷　183

Chong ding wu jing yi wen liu shi juan

重訂五經疑問六十卷　003

Chong ding zhi yin pian qi juan

重訂直音篇七卷　276

chun

Chun qiu bi xue wei zhi er shi liu juan

春秋筆削微旨二十六卷　161

Chun qiu da shi biao wu shi juan chun qiu yu tu yi juan fu lu yi juan

春秋大事表五十卷春秋輿圖一卷附錄一卷　158

Chun qiu di ming kao lue shi si juan

春秋地名攷略十四卷　154

Chun qiu gong yang jing li bi liu juan

春秋公羊經例比六卷　141

Chun qiu gu liang zhu shu er shi juan

春秋穀梁註疏二十卷　142

Chun qiu gu liang zhu shu er shi juan

春秋穀梁註疏二十卷　143

Chun qiu guan jian si juan juan shou yi juan

春秋管見四卷卷首一卷　155

Chun qiu heng ku san shi juan fu lu san juan bei lu yi juan

春秋衡庫三十卷附錄三卷備錄一卷　150

Chun qiu hu zhuan yi san shi juan

春秋胡傳翼三十卷　149

Chun qiu ji yi wu shi ba juan juan shou yi juan juan mo er juan

春秋集義五十八卷卷首一卷卷末二卷　162

Chun qiu ji zhuan da quan san shi qi juan chun qiu xu lun yi juan chun qiu er shi
　　guo nian biao yi juan zhu guo xing fei shuo yi juan chun qiu lie guo dong po tu
　　shuo yi juan dong po zhi zhang chun qiu lie guo tu yi juan

春秋集傳大全三十七卷春秋序論一卷春秋二十國年表一卷諸國興廢説一卷春秋
　　列國東坡圖説一卷東坡指掌春秋列國圖一卷　147

Chun qiu jing zhuan ji jie san shi juan fu chun qiu ming hao gui yi tu er juan

春秋經傳集解三十卷附春秋名號歸一圖二卷　128

Chun qiu jing zhuan lei qiu shi er juan

春秋經傳類求十二卷　159

Chun qiu jing zhuan que yi si shi wu juan

春秋經傳闕疑四十五卷　146

Chun qiu jiu yi shi liu juan

春秋究遺十六卷　163

Chun qiu kong yi shi er juan

春秋孔義十二卷　148

Chun qiu kun xue lu shi er juan

春秋困學録十二卷　160

Chun qiu nei zhuan gu zhu ji cun san ce

春秋内傳古注輯存三册　140

Chun qiu shi shuo san juan fu lu er juan

春秋師説三卷附録二卷　145

Chun qiu shi xiao lu chu ke san shu jiu juan fu yi juan

春秋識小録初刻三書九卷附一卷　157

Chun qiu si jia wu zhuan ping wen si shi yi juan shou yi juan fu chun qiu ti yao er juan

春秋四家五傳平文四十一卷首一卷附春秋提要二卷　152

Chun qiu wang ba lie guo shi ji bian san juan

春秋王霸列國世紀編三卷　144

Chun qiu yi shi wu juan juan shou yi juan

春秋義十五卷卷首一卷　156

Chun qiu zhi zai shi er juan

春秋志在十二卷　153

Chun qiu zuo zhuan hui ji si shi juan

春秋左傳彙輯四十卷　139

Chun qiu zuo zhuan shu shi er shi juan

春秋左傳屬事二十卷　131

Chun qiu zuo zhuan shu shi gu wen qi zi yin shi yi juan chun qiu zuo zhuan zhu jie
　　bian wu er juan bu yi yi juan gu qi tu yi juan

春秋左傳屬事古字奇字音釋一卷春秋左傳註解辯誤二卷補遺一卷古器圖一卷
　　132

D

da

Da dai li ji shi san juan

大戴禮記十三卷　112

Da ming cheng hua ding hai chong kan gai bing wu yin lei ju si sheng pian shi wu juan

大明成化丁亥重刊改併五音類聚四聲篇十五卷　271

Da ming cheng hua geng yin chong kan gai bing wu yin ji yun shi wu juan

大明成化庚寅重刊改併五音集韻十五卷　272

Da ming wan li ji chou chong kan gai bing wu yin lei ju si sheng pian shi wu juan

da ming wan li ji chou chong kan gai bing wu yin ji yun shi wu juan xin bian pian
yun guan zhu ji ba juan fu zhi zhi yu yao shi men fa yi juan jing shi zheng yin qie
yun zhi nan yi juan

大明萬曆己丑重刊改併五音類聚四聲篇十五卷大明萬曆己丑重刊改併五音集韻
十五卷新編篇韻貫珠集八卷附直指玉鑰匙門法一卷經史正音切韻指南一卷
273

Da xue zheng shuo yi juan zhong yong zheng shuo er juan

大學正說一卷中庸正說二卷　174

Da yi jiang yi he can bu fen juan

大易講義合參不分卷　034

dao

Dao xiang lou za zhu liu zhong qi juan

稻香樓雜著六種七卷　011

du

Du li yi tu liu juan

讀禮疑圖六卷　093

Du shi zhi yi san shi yi juan juan shou shi wu juan fu jing wen kao yi bu yi juan li
shi shi suo zhai lu yi juan

讀詩質疑三十一卷卷首十五卷附經文考異補一卷李氏詩所摘録一卷　075

Du zuo bu yi wu shi juan juan shou er juan

讀左補義五十卷卷首二卷　138

E

er

Er ya zheng yi er shi juan er ya shi wen san juan

爾雅正義二十卷爾雅釋文三卷　252

Er ya zhu shu shi yi juan

爾雅註疏十一卷　250、251

F

feng

Feng chuan jing xue san zhong er shi juan

豐川經學三種二十卷　009

G

gu

Gu jin dao mai si shi wu juan

古今道脉四十五卷　185

Gu jin yun hui ju yao san shi juan li bu yun lue qi yin san shi liu mu tong kao yi juan

古今韻會舉要三十卷禮部韻略七音三十六母通攷一卷　269

Gu jin yun hui ju yao xiao bu san shi juan

古今韻會舉要小補三十卷　270

Gu jin yun lue wu juan

古今韻略五卷　278

Gu jing jie gou chen san shi juan

古經解鈎沉三十卷　246

Gu wen shang shu kao er juan

古文尚書攷二卷　056

Gu wen shang shu shi juan fu shang shu yi wen er juan

古文尚書十卷附尚書逸文二卷　035

guang

Guang jin shi yun fu wu juan

廣金石韻府五卷　261

Guang yun wu juan

廣韻五卷　268

H

han

Han li fen yun qi juan

漢隸分韻七卷　260

Han li zi yuan liu juan fu zi yi juan

漢隸字源六卷附字一卷　258

Han shi wai zhuan shi juan xu shuo yi juan bu yi yi juan

韓詩外傳十卷序説一卷補逸一卷　088

Han wei yin si juan

漢魏音四卷　284

he

He xu tang yi jing guan yi er shi juan shou er juan

和序堂易經貫一二十卷首二卷　029

hong

Hong fan zheng lun wu juan

洪範正論五卷　066

Hong wu zheng yun shi liu juan

洪武正韻十六卷　274、275

hun

Hun li tong kao er shi si juan shou yi juan

昏禮通考二十四卷首一卷　121

J

ji

Ji gu ri chao ba juan

稽古日鈔八卷　237

Ji xu zhai si shu kou yi shi juan

集虛齋四書口義十卷　222

Ji yuan tang si shu wan zhu xiang shuo si shi juan

寄願堂四書玩註詳說四十卷　190

jing

Jing du kao yi ba juan bu jing du kao yi yi juan ju du xu shu er juan bu xu du xu
　shu yi juan fu zhai qing jiang si shu kao yi nei ju du yi juan

經讀考異八卷補經讀考異一卷句讀敘述二卷補句讀敘述一卷附翟晴江四書考異
　內句讀一卷　243

Jing li bu yi jiu juan

經禮補逸九卷　101

Jing wan er shi juan

經玩二十卷　242

jiu

Jiu jing bu zhu ba shi qi juan

九經補註八十七卷　007

Jiu jing wu shi yi juan fu si juan

九經五十一卷附四卷　001

Juan hui fu bai ming gong wei zhong qing lun shu jing jiang yi hui bian shi er juan

鐫彙附百名公帷中縈論書經講義會編十二卷　042

K

kang

Kang xi zi dian shi er ji zong mu yi juan jian zi yi juan bian si yi juan deng yun yi
　juan bu yi yi juan bei kao yi juan

康熙字典十二集總目一卷檢字一卷辨似一卷等韻一卷補遺一卷備考一卷　265

L

lei

Lei yin ba juan
類音八卷　279

li

Li ji ji shuo da quan san shi juan
禮記集説大全三十卷　106
Li ji ji shuo da quan san shi juan
禮記集説大全三十卷　105
Li ji ji zhu shi juan
禮記集註十卷　104
Li ji ri lu san shi juan tu jie yi juan
禮記日録三十卷圖解一卷　107
Li ji shuo yi zuan ding er shi si juan
禮記説義纂訂二十四卷　111
Li ji tong jie er shi er juan du li ji yi juan
禮記通解二十二卷讀禮記一卷　108
Li jian san juan
禮箋三卷　119

liang

Liang shan lai zhi de xian sheng yi jing ji zhu shi liu juan shou yi juan
梁山來知德先生易經集註十六卷首一卷　018

lin

Lin zhi ding shi er juan
麟旨定十二卷　151

liu

Liu jia shi ming wu shu wu shi wu juan
六家詩名物疏五十五卷　082
Liu jing tu ding ben liu juan
六經圖定本六卷　236
Liu jing tu kao liu juan
六經圖考六卷　232
Liu shu zheng e wu juan
六書正譌五卷　259

lü

Lü dong lai xian sheng zuo shi bo yi liu juan
呂東萊先生左氏博議六卷　129

Lü wan cun xian sheng si shu jiang yi si shi san juan
呂晚邨先生四書講義四十三卷　203

lun

Lun yu zhu shu jie jing er shi juan
論語註疏解經二十卷　168

M

mao

Mao shi ming bian lu shi juan
毛詩明辨録十卷　076

Mao shi ming wu tu shuo jiu juan
毛詩名物圖説九卷　084

Mao shi tong shuo er shi juan shou yi juan bu yi yi juan
毛詩通説二十卷首一卷補遺一卷　080

Mao shi zheng jian zuan shu bu xie er shi juan fu shi pu yi juan
毛詩鄭箋纂疏補協二十卷附詩譜一卷　069

meng

Meng zi du fa fu ji shi si juan
孟子讀法附記十四卷　172

Meng zi si kao si juan
孟子四考四卷　173

ming

Ming gong zhu shi zuo zhuan ping lin san shi juan
名公註釋左傳評林三十卷　130

Q

qi

Qi pian zhi lue qi juan fu meng zi zi xue kao yi juan
七篇指略七卷附孟子字學考一卷　171

qian

Qian wen liu shu tong yao er juan fu qian zi wen er juan zhuan fa pian pang zheng
　e ge yi juan

千文六書統要二卷附千字文二卷篆法偏旁正譌歌一卷　264

qin

Qin zhi er juan
琴旨二卷　126

qu

Qu ao zhai si shu cun shi liu juan
去傲齋四書存十六卷　220

qun

Qun jing bu yi wu juan zhou li yi yi ju yao qi juan
羣經補義五卷周禮疑義舉要七卷　244

R

ri

Ri jiang si shu jie yi er shi liu juan
日講四書解義二十六卷　188

S

san

San li bian yi er shi liu juan
三禮編繹二十六卷　116
San li shu zhu qi shi yi juan
三禮述註七十一卷　117

shang

Shang shu hou an san shi juan shang shu hou bian yi juan
尚書後案三十卷尚書後辨一卷　057
Shang shu ji jie shi juan
尚書集解十卷　046
Shang shu ji zhu yin shu shi er juan juan mo yi juan wai bian yi juan
尚書人注音疏十二卷卷末一卷外編一卷　060
Shang shu kou yi liu juan
尚書口義六卷　052
Shang shu kui yi liu juan
尚書揆一六卷　045
Shang shu pi zhuan shi wu juan shou yi juan shu jing kao yi yi juan fu lu yi juan
尚書埤傳十五卷首卷一卷書經考異一卷附録一卷　050

Shang shu ri ji shi liu juan
尚書日記十六卷　040

Shang shu shi tian liu juan
尚書釋天六卷　059

Shang shu wei yue wu shi ba juan
尚書葦籥五十八卷　047

Shang shu yao zhi san shi liu juan
尚書要旨三十六卷　044

Shang shu yue zhi liu juan shang shu tong dian lue er juan
尚書約旨六卷尚書通典略二卷　053

Shang shu zhu shu er shi juan
尚書註疏二十卷　036

shen

Shen liu tang hui ji shu jing da quan zheng jie shi er juan fu shen liu tang yu gong
zeng shan ji zhu zheng jie du ben yi juan
深柳堂彙輯書經大全正解十二卷附深柳堂禹貢增刪集註正解讀本一卷　049

shi

Shi guan shi si juan shou san juan
詩貫十四卷首三卷　077

Shi ji zhuan er shi juan shi xu bian shuo yi juan shi zhuan gang ling yi juan shi tu yi juan
詩集傳二十卷詩序辨説一卷詩傳綱領一卷詩圖一卷　067

Shi jing feng yuan shi juan
詩經逢原十卷　079

Shi jing ji cheng san shi yi juan shi jing tu kao yi juan
詩經集成三十一卷詩經圖考一卷　072

Shi jing jie feng xiang jie ba juan tu shuo yi juan
詩經喈鳳詳解八卷圖説一卷　074

Shi jing shi yi shi liu juan
詩經拾遺十六卷　081

Shi jing shu lue ba juan
詩經疏畧八卷　070

Shi jing tong yi shi er juan
詩經通義十二卷　073

Shi jing xie yin bian e ba juan
詩經叶音辨譌八卷　086

Shi jing zheng jie san shi juan shou yi juan

Shi kao yi bu er juan

詩考異補二卷　078

詩經正解三十卷首一卷　071

Shi qu ge chong ding zhou yi qu yi shi yi juan shou yi juan

石渠閣重訂周易去疑十一卷首一卷　020

Shi san jing zi bian ba juan

十三經字辨八卷　238

Shi shi ming jie shi wu juan

詩識名解十五卷　083

Shi wai zhuan shi juan

詩外傳十卷　087

Shi zhai xian sheng jing zhuan jiu zhong wu shi liu juan

石齋先生經傳九種五十六卷　005

Shi zhuan da quan er shi juan gang ling yi juan shi xu bian shuo yi juan

詩傳大全二十卷綱領一卷圖一卷詩序辨説一卷　068

shu

Shu cai shi zhuan pang tong liu juan

書蔡氏傳旁通六卷　037

Shu jing yao yi liu juan

書經要義六卷　051

Shu jingzhu shu da quan he zuan wu shi jiu juan shou yi juan

書經註疏大全合纂五十九卷首一卷　048

Shu wei bie ji si juan

書帷別記四卷　041

Shu zhan da quan shi juan tu yi juan gang ling yi juan

書傳大全十卷圖一卷綱領一卷　039

Shu zhan hui xuan liu juan

書傳會選六卷　038

Shu zhuan yan mei er shi juan

書傳鹽梅二十卷　058

shuo

Shuo song tang du yi ji shi liu juan shou yi juan

碩松堂讀易記十六卷首一卷　031

Shuo wen chang jian yi bai juan juan shou er juan jie ti yi juan fan li yi juan liu shu chang jian qi juan

説文長箋一百卷卷首二卷解題一卷凡例一卷六書長箋七卷　254

Shuo wen jie zi shi wu juan
説文解字十五卷　253
Shuo wen jie zi tong zheng shi si juan
説文解字通正十四卷　255
Shuo wen pian pang kao er juan
説文偏旁考二卷　256
Shuo wen zi yuan kao lue liu juan
説文字原考略六卷　257

si

Si li chu gao si juan
四禮初稿四卷　122
Si shu bian e liu juan
四書辯訛六卷　193
Si shu da quan shuo yue he can zheng jie shi qi juan
四書大全説約合參正解十七卷　189
Si shu dian zhi hui bian ba juan
四書典制彙編八卷　227
Si shu du zhu ti er shi jiu juan
四書讀註提耳十九卷　209
Si shu gu ren dian lin shi er juan
四書古人典林十二卷　228
Si shu he can xi yi er shi er juan
四書合參析疑二十二卷　195
Si shu hui jie si shi juan
四書彙解四十卷　187
Si shu huo wen san shi jiu juan
四書或問三十九卷　178
Si shu ji zhu da quan si shi san juan
四書集註大全四十三卷　180
Si shu ji zhu san shi juan
四書集註三十卷　177
Si shu jiang si shi juan
四書講四十卷　192
Si shu jiang yi zun wen lu er shi juan
四書講義尊聞録二十卷　206
Si shu jing zhu he can san shi ba juan
四書經註合參三十八卷　207

Si shu kao ji yao er shi juan

四書考輯要二十卷　217

Si shu kao yi er bian qi shi er pian

四書考異二編七十二篇　216

Si shu kao zheng e bu fen juan

四書考正譌不分卷　219

Si shu ming wu kao er shi si juan

四書名物考二十四卷　225

Si shu shu lue er shi jiu juan

四書疏畧二十九卷　191

Si shu shu zhu cuo yan da quan san shi qi juan

四書疏註撮言大全三十七卷　211

Si shu shun yi jie shi jiu juan

四書順義解十九卷　214

Si shu ti jing bu fen juan

四書題鏡不分卷　213

Si shu tu kao ji yao wu juan

四書圖考集要五卷　230

Si shu tu shuo liu juan

四書圖説六卷　231

Si shu yi zhu lun wen san shi ba juan

四書翼註論文三十八卷　221

Si shu yi zhu wu juan

四書繹註五卷　194

Si shu yin jie er shi liu juan

四書引解二十六卷　215

Si shu yin zuo hui jie shi juan

四書引左彙解十卷　223

Si shu zheng yi er shi juan

四書正義二十卷　186

Si shu zhong yao bu bian san shi qi juan tu shuo yi juan

四書衷要補辨三十七卷圖説一卷　218

Si shu zhu ru ji yao si shi juan

四書諸儒輯要四十卷　199

Si shu zhu zi ben yi hui can si shi san juan shou si juan

四書朱子本義匯参四十三卷首四卷　210

Si shu zhu zi yi tong tiao bian si shi tiao

四書朱子異同條辨四十卷　197
Si shu zhu zi yu lei zhai chao san shi ba juan
四書朱子語類摘鈔三十八卷　196
Si shu zi ke lu san shi juan
四書自課錄三十卷　212
Si shu zuo guo hui zuan si juan
四書左國彙纂四卷　224

song

Song yuan jing shuo si juan
松源經説四卷　239

T

tan

Tan jing yuan si shi juan
談經菀四十卷　184

tian

Tian gai lou si shu yu lu si shi liu juan
天蓋樓四書語録四十六卷　201
Tian gai lou si shu yu lu si shi liu juan
天蓋樓四書語録四十六卷　202

W

wan

Wan chong zong xian sheng jing xue wu shu shi jiu juan
萬充宗先生經學五書十九卷　006
Wan shu ding yi san juan
晚書訂疑三卷　055

wen

Wen miao yue wu quan pu er juan fu lu yi juan
文廟樂舞全譜二卷附録一卷　127
Wen zhang lian yao zuo zhuan ping shi juan
文章練要左傳評十卷　136

wu

Wu jing du wu juan
五經讀五卷　234

Wu jing tu shi er juan

五經圖十二卷　235

Wu jing wen zi pian pang kao san juan

五經文字偏旁攷三卷　266

Wu jing yi shi wu juan

五經繹十五卷　002

Wu jing zuan zhu er shi juan

五經纂註二十卷　004

Wu li tong kao er bai liu shi er juan zong mu er juan shou si juan fu du li tong kao
　yi bai er shi juan

五禮通考二百六十二卷總目二卷首四卷附讀禮通考一百二十卷　120

Wu ya si shi yi juan

五雅四十一卷　248

X

xia

Xia xiao zheng ji jie si juan

夏小正集解四卷　114

Xia xiao zheng zhuan zhu yi juan

夏小正傳註一卷　113

xiang

Xiang dang tu kao shi juan

鄉黨圖考十卷　169

Xiang tai shu shu kan zheng jiu jing san zhuan yan ge li yi juan

相臺書塾刊正九經三傳沿革例一卷　233

xiao

Xiao jing da quan er shi ba juan shou yi juan fu xiao jing shi yi juan xiao jing huo
　wen san juan xiao jing yi yi juan

孝經大全二十八卷首一卷附孝經詩一卷孝經或問三卷孝經翼一卷　164

Xiao jing ji zhu yi juan

孝經集註一卷　167

Xiao jing nei wai zhuan wu juan xiao jing zheng wen yi juan

孝經內外傳五卷孝經正文一卷　166

Xiao jing shu lue yi juan

孝經疏畧一卷　165

xin

Xin bian pei wen shi yun si sheng pu guang zhu er juan

新編佩文詩韻四聲譜廣註二卷　283

Xin bian si shu san shuo san shi juan

新編四書三説三十卷　182

Xin kan bu ding da zi si shu qian shuo shi san juan

新刊補訂大字四書淺説十三卷　181

Xin kan li jing sou yi er shi ba juan

新刊禮經搜義二十八卷　109

Xin kan san li kao zhu liu shi si juan gang ling yi juan

新刊三禮考註六十四卷綱領一卷　115

xing

Xing wu tang si zhong er shi wu juan

省吾堂四種二十五卷　010

xue

Xue yong qie bu shi si juan

學庸竊補十四卷　175

Xue yong si bian lu shi si juan

學庸思辨録十四卷　176

Xue yuan tang si shu ti zhu he jiang shi jiu juan

學源堂四書體註合講十九卷　208

Y

yan

Yan hong luo shuo li san shi san juan

閻紅螺説禮三十三卷　110

yi

Yi fu ji shi ba juan

一幅集十八卷　247

Yi jian ba juan shou yi juan

易箋八卷首一卷　028

Yi li jing zhu shu zheng e shi qi juan

儀禮經注疏正譌十七卷　103

Yi li yi du shi qi juan

儀禮易讀十七卷　102

Yi tang wen mu si juan

易堂問目四卷　245

Yi xue tu shuo hui tong ba juan yi xue tu shuo xu wen yi juan
易學圖説會通八卷易學圖説續聞一卷　026

yin

Yin yun chan wei shi ba juan
音韻闡微十八卷　281

Yin yun ri yue deng liu shi juan shou si juan
音韻日月燈六十卷首四卷　277

yu

Yu gong hui jian shi er juan yu gong shan shui zong mu yi juan tu yi juan
禹貢會箋十二卷禹貢山水總目一卷圖一卷　063

Yu gong hui lan si juan zong lun yi juan
禹貢彙覽四卷總論一卷　065

Yu gong hui shu shi er juan tu jing er juan shen yu bie lu yi juan
禹貢匯疏十二卷圖經二卷神禹別録一卷　061

Yu gong pu er juan
禹貢譜二卷　064

Yu gong zhui zhi er shi juan tu yi juan fu ping cheng song yi juan
禹貢錐指二十卷圖一卷附平成頌一卷　062

Yu zhi lu lü zheng yi shang bian er juan xia bian er juan xu bian yi juan
御製律呂正義上編二卷下編二卷續編一卷　124

yue

Yue lu biao wei ba juan
樂律表微八卷　125

Yue lu quan shu si shi jiu juan
樂律全書四十九卷　123

yun

Yun qie zhi gui er juan
韻切指歸二卷　280

Yun zi bian tong wu juan
韻字辨同五卷　282

Z

zai

Zai yong lou chong juan zhu pi meng zi er juan

載詠樓重鎸硃批孟子二卷　170

zeng

Zeng bu si shu jing xiu tu xiang ren wu bei kao shi er juan tu yi juan

增補四書精繡圖像人物備考十二卷圖一卷　226

Zeng bu si shu ren wu ju kao shi er juan tu yi juan

增補四書人物聚考十二卷圖一卷　229

Zeng ding si shu da quan si shi san juan

增訂四書大全四十三卷　198

zheng

Zheng zi tong shi er juan

正字通十二卷　263

zhou

Zhou guan li zhu shi er juan

周官禮注十二卷　091

Zhou guan lu tian kao san juan

周官禄田考三卷　100

Zhou guan shu xun liu juan

周官塾訓六卷　098

Zhou li hui tong liu juan

周禮會通六卷　099

Zhou li ji yi shi er juan

周禮輯義十二卷　095

Zhou li jie xun liu juan

周禮節訓六卷　096

Zhou li ju jie shi er juan

周禮句解十二卷　092

Zhou li shi er juan

周禮十二卷　089

Zhou li zhe zhong liu juan

周禮折衷六卷　097

Zhou liu liu juan

周禮六卷　090

Zhou yi ben yi shi er juan yi tu yi juan wu zan yi juan shi yi yi juan

周易本義十二卷易圖一卷五贊一卷筮儀一卷　015

Zhou yi ben yi yin meng shi er juan shou yi juan

周易本義引蒙十二卷首一卷　023

Zhou yi ben yi zheng jie er shi er juan shou yi juan

周易本義正解二十二卷首一卷　021

Zhou yi bian hua si shi juan

周易辨畫四十卷　032

Zhou yi bu zhu shi yi juan shi jian lu yi juan yi tu jie yi juan

周易補註十一卷實踐録一卷易圖解一卷　027

Zhou yi di lu ji si juan

周易滴露集四卷　022

Zhou yi guang yi si juan shou yi juan

周易廣義四卷首一卷　019

Zhou yi han shu wu shi er juan fu bu fa xiang kao si juan

周易函書五十二卷附卜法詳考四卷　025

Zhou yi jian yi jiu juan yin yi yi juan lue li yi juan

周易兼義九卷音義一卷略例一卷　012

Zhou yi shu si shi juan

周易述四十卷　030

Zhou yi wan ci ji jie shi juan shou yi juan

周易玩辭集解十卷首一卷　024

Zhou yi xiang yi shi juan shou yi juan

周易象繹十卷首一卷　033

Zhou yi zhuan yi da quan er shi si juan

周易傳義大全二十四卷　016、017

Zhou yi zhuan yi er shi si juan

周易傳義二十四卷　014

Zhou yi zhuan yi shi juan

周易傳義十卷　013

zhu

Zhu shi gu zhou li wu juan kao gong ji yi juan

注釋古周禮五卷考工記一卷　094

Zhu zhu fa ming shi jiu juan

朱註發明十九卷　200

Zhu zi si shu huo wen xiao zhu san shi liu juan

朱子四書或問小註三十六卷　179

zhuan

Zhuan zi hui shi er ji

篆字彙十二集　267

zi

Zi hui bu shi er ji
字彙補十二集　262

zuan

Zuan ding si shu tong jie san shi yi juan
纂訂四書通解三十一卷　205

zuo

Zuo shi tiao guan shi ba juan
左氏條貫十八卷　135

Zuo zhuan jing shi chao er shi san juan
左傳經世鈔二十三卷　137

Zuo zhuan shi wei shi er juan zuo zhuan shi wei qian shu ba juan
左傳事緯十二卷左傳事緯前書八卷　133

Zuo zhuan tong jian san shi wu juan
左傳統箋三十五卷　134

附錄三　著者筆畫索引

二畫

丁度　249

丁鼎時　021

四畫

王仁民　156

王心敬　009

王步青　210

王坦　126

王其華　218

王肯堂　044

王建常　051

王萱　004

王訓　171

王揆　200

王逸虬　237

王道然　231

王道焜　004

王弼　012

王源　136

王鳴盛　057

王皞　236

王澍　064

王樵　040、041

王鋑　194

王應麟　035

王蘭生　281

牛斗星　004、225

毛邦翰　232

毛昇　138

方日升　270

方楘如　222

孔安國　036

孔廣林　240、241

孔穎達　012、036

孔繼汾　127

允祉　124

允禄　124

五畫

申時行　042、043

史以徵　187

史順震　151

冉覲祖　190

司馬光　249

六畫

邢昺　168、250、251

邢淳　205

邢璹　012

朱申　092、130

朱鼎謙　176

朱載堉　123

朱軾　204

朱熹　001、013、014、015、067、
　　068、177、178、179

朱鶴齡　050、073

任兆麟　080

任時懋　212

江永　169、228、244

江聲　035、060

七畫

杜文亮　033

杜預　128、130

李之素　166

李光地　281

李光坡　117

李廷機　004

李沛霖　197、199、207

李長春　168

李茂識　130

李根　261

李琪　144

李禛　197

呂祖謙　129

呂留良　196、201、202、203

呂崇謐　220

呂維祺　164

呂維祺　164、277

吳任臣　262

吳荃　021、049、071、189

吳炳文　139

吳書升　101

吳鼎　245

吳鼎科　219

吳道長　276

吳遐齡　280

吳瑞麟　021

吳蓮　054

吳照　256、257

吳鳳來　162

吳漢翊　152

吳澄　115

吳禧祖　159

邱仰文　031

何晏　168

何夢篆　156

佚名　034、141、235、260

佟世男　267

余心純　109

余敏　276

余蕭客　246

汪份　198、229

汪克寬　101

汪明杰　101

汪陞　193

汪基　074

汪紱　118

汪鯉翔　213

沈一貫　004

沈李龍　170

沈彤　100

沈青崖　076

沈淑　075、242

沈斯棟　004

宋鉞　129

宋濂　274、275

宋纁　122

宋繼澄　186

邵長蘅　278

邵晋涵　252

八畫

武億　243

范甯　142、143

茅瑞徵　061

林尚葵　261

來知德　018

來豹雯　153

來集之　153

來龍雯　153

郁文　237

季本　093

岳珂　233

金曰追　103

金松　192

金誠　029

金榜　119

金履祥　113

周人麒　172

周在延　201、202

周伯琦　259

周廣業　173

郎兆玉　094

郎奎金　248

孟鐈　190

九畫

郝敬　108

胡文英　079

胡正言　264

胡彥昇　125

胡掄　227

胡渭　062、066

胡蓉芝　211

胡煦　025

胡廣　016、017、039、068、105、
　　106、147、180

胡興粹　097

胡翹元　099

查慎行　024

俞燾　156

胤禛　167

姜文燦　071

姜兆錫　007、095

姜希轍　134

姜炳璋　138

洪亮吉　284

姚炳　083

姚章　023

姚舜牧　003、183

十畫

秦蕙田　120

秦鐄　001、090

馬騆　102

馬融　035

馬驌　133

袁宗道　004

耿埰　209

連斗山　032

夏之芳　065

倪璐　283

徐文靖　063

徐方廣　179

徐乾學　120

徐鼎　084

徐奮鵬　185

翁方綱　282

翁復　208

翁鴻業　004

高士奇　154

高其名　224

高攀龍　148

郭璞　250、251

陸德明　012、036、089、142、143、　252

陳于鼎　151

陳元爕　179

陳仁錫　226

陳廷敬　188、265

陳抒孝　074

陳孚　175

陳法　028

陳禹謨　184、225

陳師凱　037

陳琛　181

陳彭年　249、268

陳際泰　234

陳嘉穀　179

陳澔　104

陳鏦　203

陳蘭森　217

陳鶴齡　238

孫之騄　239

孫星衍　035

孫從添　159

孫嘉淦　156

孫繼有　046

陶珽　129

黃公紹　269

黃文蓮　058

黃叔琳　096、113

黃乾行　107

黃道周　005

黃澍　229

曹庭棟　121

曹基　135

曹寅　249

盛百二　059

婁機　258

崔紀　008

過臨汾　159

許慎　253

章矗　276

梁維樞　174

屠本畯　069

張方湛　237

張玉書　265

張世榮　179

張式慎　103

張自烈　263

張岐然　152

張我城　150、151

張沐　070、165、191

張完臣　022

張典　135

張兼　135

張敘　077

張雲會　230

張甄陶　221

張溥　048

張嘉和　043

張爾岐　113

張履祥　196

張權時　195

十二畫

項淳　247

彭家屏　137

葉西　081、163

萬斯大　006

萬斯同　010

惠棟　010、030、056

喇沙里　188

程廷祚　055、157

程炎　011

程頤　013、014

傅遜　131、132

傅凝之　132

舒弘諤　020

舒懋　207

鄒期相　045

鄒期楨　045

馮復京　082

馮夢龍　150

馮繼先　128

十三畫

楊士勛　142、143

楊方達　026、053

楊甲　232

楊宏聲　160

楊梧　111

虞宗瑶　152

十四畫

趙佑　085

趙汸　145

趙南星　174

趙宦光　254

趙燦英　072

趙懷玉　088

蔣方馨　042、043

蔣光弼　010

蔣先庚　020

蔣煇　237

蔣騏昌　266

管大勳　182

廖文英　263

鄭于蕃　146

鄭玉　146

鄭玄　035、069、089、091、099

鄭師成　224

鄭開極　005

鄭敷教　019

翟灝　216、243

熊忠　269

鄧元錫　002、116

鄧柱瀾　215

十五畫

樊時英　004

歐陽東鳳　130

樂韶鳳　274、275

德沛　027

魯鴻　098

劉三吾　038

劉紹攽　161

劉琴　214

劉維謙　086

劉懷志　052

潘士遴　047

潘耒　279

潘奕雋　255

十六畫

薛應旂　226

蕭良有　004

蕭榕年　223

盧雲英　235

盧謙　235

盧辯　112

閻有章　110

穆文熙　128

錢受益　004、225

錢時俊　149

十七畫

戴鈜　206

戴德　113

韓康伯　012

韓道昭　271、272、273

韓嬰　087、088

魏禧　137

十八畫

瞿世壽　155

十九畫

蘇洵　170

嚴有禧　075

嚴虞惇　075

嚴蔚　078、140

二十一畫

顧炎武　010

顧野王　249

顧問　114

顧棟高　158

顧鎮　113

附録四　著者拼音索引

C

cao

Cao Ji　曹基　135

Cao Tingdong　曹庭棟　121

Cao Yin　曹寅　249

chen

Chen Chen　陳琛　181

Chen Cong　陳鏦　203

Chen Fa　陳法　028

Chen Fu　陳孚　175

Chen Hao　陳澔　104

Chen Heling　陳鶴齡　238

Chen Jitai　陳際泰　234

Chen Jiagu　陳嘉穀　179

Chen Lansen　陳蘭森　217

Chen Pengnian　陳彭年　249、268

Chen Renxi　陳仁錫　226

Chen Shikai　陳師凱　037

Chen Shuxiao　陳抒孝　074

Chen Tingjing　陳廷敬　188、265

Chen Yuding　陳于鼎　151

Chen Yumo　陳禹謨　184、225

Chen Yuanxie　陳元燮　179

cheng

Cheng Tingzuo　程廷祚　055、157

Cheng Yan　程炎　011

Cheng Yi　程頤　013、014

cui

Cui Ji　崔紀　008

D

dai

Dai De　戴德　113

Dai Hong　戴鈜　206

de

De Pei　德沛　027

deng

Deng Yuanxi　鄧元錫　002、116

Deng Zhulan　鄧柱瀾　215

ding

Ding Dingshi　丁鼎時　021

Ding Du　丁度　249

du

Du Wenliang　杜文亮　033

Du Yu　杜預　128、130

F

fan

Fan Shiying　樊時英　004

Fan Ning　范甯　142、143

fang

Fang Muru　方楘如　222

Fang Risheng　方日升　270

feng

Feng Fujing　馮復京　082

Feng Jixian　馮繼先　128

Feng Menglong　馮夢龍　150

fu

Fu Ningzhi　傅凝之　132

Fu Xun　傅遜　131、132

G

gao

Gao Panlong　高攀龍　148

Gao Qiming　高其名　224

Gao Shiqi　高士奇　154

geng

Geng Cai　耿埰　209

gu

Gu Donggao　顧棟高　158

Gu Wen　顧問　114

Gu Yanwu　顧炎武　010

Gu Yewang　顧野王　249

Gu Zhen　顧鎮　113

guan

Guan Daxun　管大勳　182

guo

Guo Pu　郭璞　250、251

Guo Linfen　過臨汾　159

H

han

Han Daozhao　韓道昭　271、272、273

Han Kangbo　韓康伯　012

Han Ying　韓嬰　087、088

hao

Hao Jing　郝敬　108

he

He Mengzhuan　何夢篆　156

He Yan　何晏　168

hong

Hong Liangji　洪亮吉　284

hu

Hu Guang　胡廣　016、017、039、
　068、105、106、147、180

Hu Lun　胡掄　227

Hu Qiaoyuan　胡翹元　099

Hu Rongzhi　胡蓉芝　211

Hu Wei　胡渭　062、066

Hu Wenying　胡文英　079

Hu Xingquan　胡興銓　097

Hu Xu　胡煦　025

Hu Yansheng　胡彥昇　125

Hu Zhengyan　胡正言　264

huang

Huang Daozhou　黃道周　005

Huang Gongshao　黃公紹　269

Huang Qianxing　黃乾行　107

Huang Shulin　黃叔琳　096、113

Huang Shu　黃澍　229

Huang Wenlian　黃文蓮　058

hui

Hui Dong　惠棟　010、030、056

J

ji

Ji Ben　季本　093

jiang

Jiang Sheng　江聲　035、060

Jiang Yong　江永　169、228、244

Jiang Bingzhang　姜炳璋　138

Jiang Wencan　姜文燦　071

Jiang Xizhe　姜希轍　134

Jiang Zhaoxi　姜兆錫　007、095

Jiang Fangxin　蔣方馨　042、043

Jiang Guangbi　蔣光弼　010

Jiang Hui　蔣煇　237

Jiang Qichang　蔣騏昌　266

Jiang Xiangeng　蔣先庚　020

jin

Jin Bang　金榜　119

Jin Cheng　金誠　029

Jin Luxiang　金履祥　113

Jin Song　金松　192

Jin Yuezhui　金曰追　103

K

kong

Kong Anguo　孔安國　036

Kong Guanglin　孔廣林　240、241

Kong Jifen　孔繼汾　127

Kong Yingda　孔穎達　012、036

L

la

La Shali　喇沙里　188

lai

Lai Baowen　來豹雯　153

Lai Jizhi　來集之　153

Lai Longwen　來龍雯　153

Lai Zhide　來知德　018

lang

Lang Kuijin　郎奎金　248

Lang Zhaoyu　郎兆玉　094

li

Li Changchun　李長春　168

Li Gen　李根　261

Li Guangdi　李光地　281

Li Guangpo　李光坡　117

Li Maoshi　李茂識　130

Li Peilin　李沛霖　197、199、207

Li Qi　李琪　144

Li Tingji　李廷機　004

Li Zhen　李禎　197

Li Zhisu　李之素　166

lian

Lian Doushan　連斗山　032

liang

Liang Weishu　梁維樞　174

liao

Liao Wenying　廖文英　263

lin

Lin Shangkui　林尚葵　261

liu

Liu Huaizhi　劉懷志　052

Liu Qin　劉琴　214

Liu Sanwu　劉三吾　038

Liu Shaoban　劉紹攽　161

Liu Weiqian　劉維謙　086

lou

Lou Ji　婁機　258

lu

Lu Bian　盧辯　112

Lu Qian　盧謙　235

Lu Yunying　盧雲英　235

Lu Hong　魯鴻　098

Lu Deming　陸德明　012、036、089、
142、143、252

lü

Lü Chongmi　呂崇謐　220

Lü Liuliang　呂留良　196、201、202、
203

Lü Weigao　呂維祜　164

Lü Weiqi　呂維祺　164、277

Lü Zuqian　呂祖謙　129

M

ma

Ma Jiong　馬駉　102

Ma Rong　馬融　035

Ma Su　馬驌　133

mao

Mao Banghan　毛邦翰　232

Mao Sheng　毛昇　138

Mao Ruizheng　茅瑞徵　061

meng

Meng Qiao　孟鐈　190

mu

Mu Wenxi　穆文熙　128

N

ni

Ni LU　倪璐　283

niu

Niu Douxing　牛斗星　004、225

O

ouyang

Ouyang Dongfeng　歐陽東鳳　130

P

pan

Pan Lei　潘耒　279

Pan Shilin　潘士遴　047

Pan Yijun　潘奕雋　255

peng

Peng Jiaping　彭家屏　137

Q

qian

Qian Shijun　錢時俊　149

Qian Shouyi　錢受益　004、225

qin

Qin Huitian　秦蕙田　120

Qin Pu　秦鏷　001、090

Qiu Yangwen　邱仰文　031

qu

Qu Shishou　瞿世壽　155

R

ran

Ran Jinzu　冉覲祖　190

ren

Ren Shimao　任時懋　212

Ren Zhaolin　任兆麟　080

S

shao

Shao Changheng　邵長蘅　278

Shao Jinhan　邵晋涵　252

shen

Shen Shixing　申時行　042、043

Shen Lilong　沈李龍　170

Shen Qingya　沈青崖　076

Shen Shu　沈淑　075、242

Shen Sidong　沈斯棟　004

Shen Tong　沈彤　100

Shen Yiguan　沈一貫　004

sheng

Sheng Baier　盛百二　059

shi

Shi Shunzhen　史順震　151

Shi Yizheng　史以徵　187

shu

Shu Honge　舒弘諤　020

Shu Jing　舒慇　207

sima

Sima Guang　司馬光　249

song

Song Jicheng　宋繼澄　186

Song Lian　宋濂　274、275

Song Xun　宋繡　122

Song Yue　宋鉞　129

su

Su Xun　蘇洵　170

sun

Sun Congtian　孫從添　159

Sun Jiyou　孫繼有　046

Sun Jiagan　孫嘉淦　156

Sun Xingyan　孫星衍　035

Sun Zhilu　孫之騄　239

T

tao

Tao Ting　陶珽　129

tong

Tong Shinan　佟世男　267

tu

Tu Benjun　屠本畯　069

W

wan

Wan Sida　萬斯大　006

Wan Sitong　萬斯同　010

wang

Wang Fen　汪份　198、229

Wang Fu　汪紱　118

Wang Ji　汪基　074

Wang Kekuan　汪克寬　101

Wang Lixiang　汪鯉翔　213

Wang Mingjie　汪明杰　101

Wang Sheng　汪陞　193

Wang Bi　王弼　012

Wang Buqing　王步青　210

Wang Daokun　王道焜　004

Wang Daoran　王道然　231

Wang Hao　王皜　236

Wang Huan　王萱　004

Wang Jianchang　王建常　051

Wang Kentang　王肯堂　044

Wang Lansheng　王蘭生　281

Wang Mingsheng　王鳴盛　057

Wang Qihua　王其華　218

Wang Qiao　王樵　040、041

Wang Renmin　王仁民　156

Wang Shu　王澍　064

Wang Tan　王坦　126

Wang Tan　王錟　194

Wang Xinjing　王心敬　009

Wang Xun　王訓　171

Wang Yan　王掞　200

Wang Yiqiu　王逸虬　237

Wang Yinglin　王應麟　035

Wang Yuan　王源　136

wei

Wei Xi　魏禧　137

weng

Weng Fanggang　翁方綱　282

Weng Fu　翁復　208

Weng Hongye　翁鴻業　004

wu

Wu Bingwen　吳炳文　139

Wu Cheng　吳澄　115

Wu Daozhang　吳道長　276

Wu Ding　吳鼎　245

Wu Dingke　吳鼎科　219

Wu Fenglai　吳鳳來　162

Wu Hanhong　吳漢翃　152

Wu Lian　吳蓮　054

Wu Quan　吳荃　021、049、071、189

Wu Renchen　吳任臣　262

Wu Ruilin　吳瑞麟　021

Wu Shusheng　吳書升　101

Wu Xizu　吳禧祖　159

Wu Xialing　吳遐齡　280

Wu Zhao　吳照　256、257

Wu Yi　武億　243

xia

Xia Zhifang　夏之芳　065

xiang

Xiang Chun　項淳　247

xiao

Xiao Liangyou　蕭良有　004

Xiao Rongnian　蕭榕年　223

xing

Xing Bing　邢昺　168、250、251、205

Xing Shu　邢璹　012

xiong

Xiong Zhong　熊忠　269

xu

Xu Ding　徐鼎　084

Xu Fangguang　徐方廣　179

Xu Fenpeng　徐奮鵬　185

Xu Qianxue　徐乾學　120

Xu Wenjing　徐文靖　063

Xu Shen　許慎　253

xue

Xue Yingqi　薛應旂　226

Y

yan

Yan Youzhang　閻有章　110

Yan Wei　嚴蔚　078、140

Yan Youxi　嚴有禧　075

Yan Yuchun　嚴虞惇　075

yang

Yang Fangda　楊方達　026、053

Yang Hongsheng　楊宏聲　160

Yang Jia　楊甲　232

Yang Shixun　楊士勛　142、143

Yang Wu　楊梧　111

yao

Yao Bing　姚炳　083

Yao Shunmu　姚舜牧　003、183

Yao Zhang　姚章　023

ye

Ye You　葉酉　081、163

yi

Yi Ming　佚名　034、141、235、260

yin

Yin Zhen　胤禛　167

yu

Yu Min　余敏　276

Yu Xiaoke　余蕭客　246

Yu Xinchun　余心純　109

Yu Tao　俞燾　156

Yu Zongyao　虞宗瑤　152

Yu Wen　郁文　237

yuan

Yuan Zongdao　袁宗道　004

yue

Yue Ke　岳珂　233

Yue Shaofeng　樂韶鳳　274、275

yun

Yun Lu　允祿　124

Yun Zhi　允祉　124

Z

zha

Zha Shenxing　查慎行　024

zhai

Zhai Hao　翟灝　216、243

zhang

Zhang Fu　章黼　276

Zhang Dian　張典　135

Zhang Erqi　張爾岐　113

Zhang Fangzhan　張方湛　237

Zhang Jiahe　張嘉和　043

Zhang Jian　張兼　135

Zhang Luxiang　張履祥　196

Zhang Mu　張沐　070、165、191

Zhang Pu　張溥　048

Zhang Qiran　張岐然　152

Zhang Quanshi　張權時　195

Zhang Shirong　張世榮　179

Zhang Shishen　張式慎　103

Zhang Wanchen　張完臣　022

Zhang Wocheng　張我城　150、151

Zhang Xu　張敘　077

Zhang Yushu　張玉書　265

Zhang Yunhui　張雲會　230

Zhang Zhentao　張甄陶　221

Zhang Zilie　張自烈　263

zhao

Zhao Canying　趙燦英　072

Zhao Fang　趙汸　145

Zhao Huaiyu　趙懷玉　088

Zhao Huanguang　趙宦光　254

Zhao Nanxing　趙南星　174

Zhao You　趙佑　085

zheng

Zheng Fujiao　鄭敷教　019

Zheng Kaiji　鄭開極　005

Zheng Shicheng　鄭師成　224

Zheng Xuan　鄭玄　035、069、089、
　091、099

Zheng Yufan　鄭于蕃　146

Zheng Yu　鄭玉　146

zhou

Zhou Boqi　周伯琦　259

Zhou Guangye　周廣業　173

Zhou Renqi　周人麒　172

Zhou Zaiyan　周在延　201、202

zhu

Zhu Dingqian　朱鼎謙　176

Zhu Heling　朱鶴齡　050、073

Zhu Shen　朱申　092、130

Zhu Shi　朱軾　204

Zhu Xi　朱熹　001、013、014、015、
　067、068、177、178、179

Zhu Zaiyu　朱載堉　123

zou

Zou Qixiang　鄒期相　045

Zou Qizhen　鄒期楨　045

附録五　版本索引

明刻本

正統

詩集傳二十卷詩序辨説一卷詩傳綱
　領一卷詩圖一卷　067

四書集註三十卷　177

成化

大明成化丁亥重刊改併五音類聚四
　聲篇十五卷　271

正德

大明成化庚寅重刊改併五音集韻
　十五卷　272

嘉靖

書傳會選六卷　038

周禮十二卷　089

讀禮疑圖六卷　093

禮記日録三十卷圖解一卷　107

春秋穀梁註疏二十卷　142

爾雅註疏十一卷　250

古今韻會舉要三十卷禮部韻略七音
　三十六母通攷一卷　269

洪武正韻十六卷　274

萬曆

周易兼義九卷音義一卷略例一卷
　012

尚書註疏二十卷　036

尚書日記十六卷　040

書帷別記四卷　041

鐫彙附百名公帷中紫論書經講義會
　編十二卷　042

尚書要旨三十六卷　044

尚書揆一六卷　045

毛詩鄭箋纂疏補協二十卷附詩譜一
　卷　069

六家詩名物疏五十五卷　082

周禮句解十二卷　092

禮記通解二十二卷讀禮記一卷　108

樂律全書四十九卷　123

春秋經傳集解三十卷附春秋名號歸
　一圖二卷　128

名公註釋左傳評林三十卷　130

春秋左傳屬事二十卷　131

春秋左傳屬事古字奇字音釋一卷春
　秋左傳註解辯誤二卷補遺一卷古
　器圖一卷　132

春秋穀梁註疏二十卷　143

論語註疏解經二十卷　168

新刊補訂大字四書淺説十三卷　181

新編四書三説三十卷　182

重訂四書疑問十一卷　183

古今道脉四十五卷　185

古今韻會舉要小補三十卷　270

天啓

注釋古周禮五卷考工記一卷　094

崇禎

九經五十一卷附四卷　001

重訂申文定公書經講義會編十二卷
　　043

尚書集解十卷　046

尚書韋篇五十八卷　047

書經註疏大全合纂五十九卷首一卷
　　048

禹貢匯疏十二卷圖經二卷神禹別録
　　一卷　061

周禮六卷　090

闇紅螺説禮三十三卷　110

呂東萊先生左氏博議六卷　129

麟旨定十二卷　151

五經讀五卷　234

大明萬曆己丑重刊改併五音類聚四
　　聲篇十五卷大明萬曆己丑重刊改
　　併五音集韻十五卷新編篇韻貫珠
　　集八卷附直指玉鑰匙門法一卷經
　　史正音切韻指南一卷　273

明末

四書名物考二十四卷　225

漢隷字源六卷附字一卷　258

明

周易傳義十卷　013

周易傳義二十四卷　014

周易傳義大全二十四卷　016

周易傳義大全二十四卷　017

書傳大全十卷圖一卷綱領一卷　039

詩傳大全二十卷綱領一卷圖一卷詩
　　序辨説一卷　068

禮記集註十卷　104

禮記集説大全三十卷　105

禮記集説大全三十卷　106

新刊禮經搜義二十八卷　109

新刊三禮考註六十四卷綱領一卷
　　115

春秋集傳大全三十七卷春秋序論一
　　卷春秋二十國年表一卷諸國興廢
　　説一卷春秋列國東坡圖説一卷東
　　坡指掌春秋列國圖一卷　147

四書集註大全四十三卷　180

洪武正韻十六卷　275

明刻清印本

重訂五經疑問六十卷　003

五經纂註二十卷　004

詩外傳十卷　087

三禮編繹二十六卷　116

春秋孔義十二卷　148

春秋胡傳翼三十卷　149

春秋衡庫三十卷附録三卷備録一卷
　　150

春秋四家五傳平文四十一卷首一卷
　　附春秋提要二卷　152

五雅四十一卷　248

爾雅註疏十一卷　251

説文長箋一百卷卷首二卷解題一卷
　　凡例一卷六書長箋七卷　254

六書正譌五卷　259

重訂直音篇七卷　276

音韻日月燈六十卷首四卷　277

清刻本

順治

五經繹十五卷　002

石渠閣重訂周易去疑十一卷首一卷　　020

春秋志在十二卷　153

大學正説一卷中庸正説二卷　174

康熙

石齋先生經傳九種五十六卷　005

周易本義十二卷易圖一卷五贊一卷　　筮儀一卷　015

梁山來知德先生易經集註十六卷首　　一卷　018

周易廣義四卷首一卷　019

周易本義正解二十二卷首一卷　021

周易滴露集四卷　022

周易本義引蒙十二卷首一卷　023

書蔡氏傳旁通六卷　037

深柳堂彙輯書經大全正解十二卷附　　深柳堂禹貢增删集註正解讀本一　　卷　049

尚書埤傳十五卷首卷一卷書經考異　　一卷附録一卷　050

禹貢錐指二十卷圖一卷附平成頌一　　卷　062

禹貢譜二卷　064

詩經疏畧八卷　070

詩經正解三十卷首一卷　071

詩識名解十五卷　083

禮記説義纂訂二十四卷　111

四禮初稿四卷　122

左傳事緯十二卷左傳事緯前書八卷　　133

左傳統箋三十五卷　134

左氏條貫十八卷　135

春秋王霸列國世紀編三卷　144

春秋師説三卷附録二卷　145

春秋經傳闕疑四十五卷　146

春秋地名攷略十四卷　154

孝經大全二十八卷首一卷附孝經詩　　一卷孝經或問三卷孝經翼一卷　　164

孝經疏畧一卷　165

孝經内外傳五卷孝經正文一卷　166

載詠樓重鐫硃批孟子二卷　170

七篇指略七卷附孟子字學考一卷　　171

四書或問三十九卷　178

朱子四書或問小註三十六卷　179

四書正義二十卷　186

四書彙解四十卷　187

日講四書解義二十六卷　188

四書大全説約合參正解十七卷　189

寄願堂四書玩註詳説四十卷　190

四書疏畧二十九卷　191

四書講四十卷　192

四書辯訛六卷　193

四書繹註五卷　194

四書朱子語類摘鈔三十八卷　196

四書朱子異同條辨四十卷　197

增訂四書大全四十三卷　198

四書諸儒輯要四十卷　199

朱註發明十九卷　200

天蓋樓四書語録四十六卷　201

天蓋樓四書語録四十六卷　202

呂晚邨先生四書講義四十三卷　203

六經圖考六卷　232

曹楝亭五種六十五卷　249

廣金石韻府五卷　261

字彙補十二集　262

正字通十二卷　263

康熙字典十二集總目一卷檢字一卷
　　辨似一卷等韻一卷補遺一卷備考
　　一卷　265

廣韻五卷　268

古今韻略五卷　278

類音八卷　279

韻切指歸二卷　280

雍正

書經要義六卷　051

詩經通義十二卷　073

周禮輯義十二卷　095

周禮節訓六卷　096

御製律呂正義上編二卷下編二卷續
　　編一卷　124

春秋義十五卷卷首一卷　156

孝經集註一卷　167

駁呂留良四書講義八卷　204

纂訂四書通解三十一卷　205

四書講義尊聞録二十卷　206

四書經註合參三十八卷　207

四書典制彙編八卷　227

五經圖十二卷　235

音韻闡微十八卷　281

乾隆

萬充宗先生經學五書十九卷　006

九經補註八十七卷　007

成均課講經學六種　008

豐川經學三種二十卷　009

周易玩辭集解十卷首一卷　024

周易函書五十二卷附卜法詳考四卷
　　025

易學圖説會通八卷易學圖説續聞一
　　卷　026

周易補註十一卷實踐録一卷易圖解
　　一卷　027

易箋八卷首一卷　028

和序堂易經貫一二十卷首二卷　029

周易述四十卷　030

碩松堂讀易記十六卷首一卷　031

周易辨畫四十卷　032

周易象繹十卷首一卷　033

古文尚書十卷附尚書逸文二卷　035

尚書口義六卷　052

尚書約旨六卷尚書通典略二卷　053

愛日堂尚書註解纂要六卷　054

古文尚書攷二卷　056

尚書後案三十卷尚書後辨一卷　057

書傳鹽梅二十卷　058

尚書釋天六卷　059

尚書入注音疏十二卷卷末一卷外編
　　一卷　060

禹貢會箋十二卷禹貢山水總目一卷
　　圖一卷　063

禹貢彙覽四卷總論一卷　065

洪範正論五卷　066

讀詩質疑三十一卷卷首十五卷附經文
　　考異補一卷李氏詩所摘録一卷
　　075

毛詩明辨録十卷　076

詩貫十四卷首三卷　077

詩考異補二卷　078

詩經逢原十卷　079

毛詩通説二十卷首一卷補遺一卷
　　080

詩經拾遺十六卷　081

毛詩名物圖説九卷　084

草木疏校正二卷　085

詩經叶音辨譌八卷　086

韓詩外傳十卷序説一卷補逸一卷
　　088

周官禮注十二卷　091

周禮折衷六卷　097

周官塾訓六卷　098

周禮會通六卷　099

周官禄田考三卷　100

經禮補逸九卷　101

儀禮易讀十七卷　102

儀禮經注疏正譌十七卷　103

大戴禮記十三卷　112

夏小正傳註一卷　113

夏小正集解四卷　114

三禮述註七十一卷　117

參讀禮志疑二卷　118

禮箋三卷　119

五禮通考二百六十二卷總目二卷首
　　四卷附讀禮通考一百二十卷　120

昏禮通考二十四卷首一卷　121

樂律表微八卷　125

琴旨二卷　126

文廟樂舞全譜二卷附錄一卷　127

左傳經世鈔二十三卷　137

讀左補義五十卷卷首二卷　138

春秋左傳彙輯四十卷　139

春秋内傳古注輯存三册　140

春秋管見四卷卷首一卷　155

春秋識小錄初刻三書九卷附一卷
　　157

春秋大事表五十卷春秋輿圖一卷附
　　錄一卷　158

春秋經傳類求十二卷　159

春秋困學錄十二卷　160

春秋筆削微旨二十六卷　161

春秋集義五十八卷卷首一卷卷末二
　　卷　162

春秋究遺十六卷　163

鄉黨圖考十卷　169

孟子讀法附記十四卷　172

孟子四考四卷　173

學庸竊補十四卷　175

學庸思辨錄十四卷　176

四書讀註提耳十九卷　209

四書朱子本義匯參四十三卷首四卷
　　210

四書自課錄三十卷　212

四書題鏡不分卷　213

四書順義解十九卷　214

四書引解二十六卷　215

四書考異二編七十二篇　216

四書考輯要二十卷　217

四書衷要補辨三十七卷圖説一卷
　　218

四書考正譌不分卷　219

去傲齋四書存十六卷　220

四書翼註論文三十八卷　221

四書引左彙解十卷　223

四書左國彙纂四卷　224

增補四書精繡圖像人物備考十二卷
　　圖一卷　226

四書古人典林十二卷　228

增補四書人物聚考十二卷圖一卷

229

四書圖考集要五卷　230

四書圖說六卷　231

相臺書塾刊正九經三傳沿革例一卷
　233

六經圖定本六卷　236

稽古日鈔八卷　237

十三經字辨八卷　238

松源經說四卷　239

北海經學七錄八卷　240

經玩二十卷　242

經讀考異八卷補經讀考異一卷句讀
　敘述二卷補句讀敘述一卷附翟晴
　江四書考異內句讀一卷　243

羣經補義五卷周禮疑義舉要七卷
　244

易堂問目四卷　245

古經解鈎沉三十卷　246

一幅集十八卷　247

爾雅正義二十卷爾雅釋文三卷　252

說文解字十五卷　253

說文解字通正十四卷　255

說文偏旁考二卷　256

說文字原考略六卷　257

漢隸分韻七卷　260

五經文字偏旁攷三卷　266

韻字辨同五卷　282

新編佩文詩韻四聲譜廣註二卷　283

漢魏音四卷　284

嘉慶

詩經啯鳳詳解八卷圖說一卷　074

清

省吾堂四種二十五卷　010

詩經集成三十一卷詩經圖考一卷
　072

文章練要左傳評十卷　136

談經菀四十卷　184

四書合參析疑二十二卷　195

學源堂四書體註合講十九卷　208

四書疏註撮言大全三十七卷　211

集虛齋四書口義十卷　222

篆字彙十二集　267

稿本

春秋公羊經例比六卷　141

抄本

大易講義合參不分卷　034

晚書訂疑三卷　055

北海經學七錄八卷　241

千文六書統要二卷附千字文二卷篆
　法偏旁正譌歌一卷　264

活字印本

稻香樓雜著六種七卷　011

附録六 館藏索書號索引

T110	1134	豐川經學三種二十卷	009
T110	2121	成均課講經學六種	008
T110	2193	稻香樓雜著六種七卷	011
T110	4122	重訂五經疑問六十卷	003
T110	4414	五經纂註二十卷	004
T110	5988	九經五十一卷附四卷	001
T110	8438	九經補註八十七卷	007
T110	9619	省吾堂四種二十五卷	010
T110	9619	古文尚書攷二卷	056
T120	7212	相臺書塾刊正九經三傳沿革例一卷	233
T129	1172	六經圖定本六卷	236
T129	4260	六經圖考六卷	232
T130	3134	經玩二十卷	242
T130	4276	五經文字偏旁攷三卷	266
T130	7932	十三經字辨八卷	238
T152	1218	五經繹十五卷	002
T152	2604	五經圖十二卷	235
T152	4037	石齋先生經傳九種五十六卷	005
T152	7975	五經讀五卷	234
T154	1104	北海經學七錄八卷	240
T154	1104A	北海經學七錄八卷	241
T154	1303	稽古日鈔八卷	237
T154	1423	經讀考異八卷補經讀考異一卷句讀敘述二卷補句讀敘述一卷附翟晴江四書考異內句讀一卷	243
T154	1937	松源經說四卷	239
T154	2361	易堂問目四卷	245
T154	3133	羣經補義五卷周禮疑義舉要七卷	244

T154	4245	萬充宗先生經學五書十九卷	006
T154	8943	古經解鉤沉三十卷	246
T229	1123B	周易兼義九卷音義一卷略例一卷	012
T231	2178	周易傳義十卷	013
T231	2178.1	周易傳義二十四卷	014
T231	2943A	周易本義十二卷易圖一卷五贊一卷筮儀一卷	015
T234	4208	周易傳義大全二十四卷	016
T234	4208A	周易傳義大全二十四卷	017
T234	4382	梁山來知德先生易經集註十六卷首一卷	018
T234	8210	石渠閣重訂周易去疑十一卷首一卷	020
T234	8244	周易廣義四卷首一卷	019
T235	1266	周易本義正解二十二卷首一卷	021
T235	1337	周易滴露集四卷	022
T235	3332	周易辨畫四十卷	032
T235	4100	周易象繹十卷首一卷	033
T235	4104	周易本義引蒙十二卷首一卷	023
T235	4192	周易玩辭集解十卷首一卷	024
T235	4203	易學圖說會通八卷易學圖說續聞一卷	026
T235	4263	周易函書五十二卷附卜法詳考四卷	025
T235	5349	周易述四十卷	030
T235	7220	碩松堂讀易記十六卷首一卷	031
T235	7623	周易補註十一卷實踐錄一卷易圖解一卷	027
T235	7933	易箋八卷首一卷	028
T235	8105	和序堂易經貫一二十卷首二卷	029
T2526.9	4418	春秋王霸列國世紀編三卷	144
T329	1123E	尚書註疏二十卷	036
T331	1100	古文尚書十卷附尚書逸文二卷	035
T333	7922	書蔡氏傳旁通六卷	037
T334	1139	尚書要旨三十六卷	044
T334	1143	尚書日記十六卷	040
T334	1143.5	書帷別記四卷	041
T334	1434	書經註疏大全合纂五十九卷首一卷	048
T334	1924	尚書集解十卷	046

T334	2244	尚書撰一六卷	045
T334	3643	尚書葦籥五十八卷	047
T334	4208	書傳大全十卷圖一卷綱領一卷	039
T334	5062	鑴彙附百名公帷中紫論書經講義會編十二卷	042
T334	5062A	重訂申文定公書經講義會編十二卷	043
T334	7211	書傳會選六卷	038
T335	1119	書經要義六卷	051
T335	1165	尚書後案三十卷尚書後辨一卷	057
T335	2113	晚書訂疑三卷	055
T335	2332	愛日堂尚書註解纂要六卷	054
T335	2341	深柳堂彙輯書經大全正解十二卷附深柳堂禹貢增删集註正解讀本一卷	049
T335	2942	尚書埤傳十五卷首卷一卷書經考異一卷附錄一卷	050
T335	3145	尚書人注音疏十二卷卷末一卷外編一卷	060
T335	4203	尚書約旨六卷尚書通典略二卷	053
T335	4304	書傳鹽梅二十卷	058
T335	7294	尚書口義六卷	052
T345	1134	禹貢譜二卷	064
T345	1534	禹貢彙覽四卷總論一卷	065
T345	2900	禹貢會箋十二卷禹貢山水總目一卷圖一卷	063
T345	4212	禹貢匯疏十二卷圖經二卷神禹別錄一卷	061
T345	4232	禹貢錐指二十卷圖一卷附平成頌一卷	062
T362	4243	洪範正論五卷	066
T377	7111	尚書釋天六卷	059
T412	4564	韓詩外傳十卷序説一卷補逸一卷	088
T412	4564C	詩外傳十卷	087
T413	4916	詩經拾遺十六卷	081
T413	6444	詩考異補二卷	078
T431	2943A	詩集傳二十卷詩序辨説一卷詩傳綱領一卷詩圖一卷	067
T434	4208	詩傳大全二十卷綱領一卷圖一卷詩序辨説一卷	068
T434	7656	毛詩鄭箋纂疏補協二十卷附詩譜一卷	069
T435	1439	詩經疏畧八卷	070
T435	1484	詩貫十四卷首三卷	077

T435　　2130　　毛詩通説二十卷首一卷補遺一卷　　080

T435　　2932　　詩經通義十二卷　　073

T435　　3152　　毛詩明辨録十卷　　076

T435　　4204　　詩經逢原十卷　　079

T435　　4294　　詩經集成三十一卷詩經圖考一卷　　072

T435　　6429　　讀詩質疑三十一卷卷首十五卷附經文考異補一卷李氏詩
　　　　　　　　所摘録一卷　　075

T435　　7954　　詩經喈鳳詳解八卷圖説一卷　　074

T435　　8509　　詩經正解三十卷首一卷　　071

T4679　　1123　　文廟樂舞全譜二卷附録一卷　　127

T470　　7220　　詩經叶音辨譌八卷　　086

T480　　2961　　毛詩名物圖説九卷　　084

T480　　3220　　六家詩名物疏五十五卷　　082

T480　　4126　　草木疏校正二卷　　085

T480　　5192　　詩識名解十五卷　　083

T5070　　1785　　五雅四十一卷　　248

T5075　　1260D　　爾雅註疏十一卷　　251

T5075　　1262E　　爾雅註疏十一卷　　250

T5078　　1213　　爾雅正義二十卷爾雅釋文三卷　　252

T5093　　0498C　　説文解字十五卷　　253

T5097　　4839　　説文長箋一百卷卷首二卷解題一卷凡例一卷六書長箋七
　　　　　　　　卷　　254

T5098　　3602　　説文解字通正十四卷　　255

T5101　　7221　　六書正譌五卷　　259

T5108　　2363　　説文偏旁考二卷　　256

T5108　　2363.2　　説文字原考略六卷　　257

T5114　　5445B　　漢隸字源六卷附字一卷　　258

T5119　　3348　　漢隸分韻七卷　　260

T5119　　4994　　廣金石韻府五卷　　261

T5125　　7948　　廣韻五卷　　268

T5125　　9443　　大明萬曆己丑重刊改併五音類聚四聲篇十五卷大明萬曆
　　　　　　　　己丑重刊改併五音集韻十五卷新編篇韻貫珠集八卷附直
　　　　　　　　指玉鑰匙門法一卷經史正音切韻指南一卷　　273

T5125	9443.1	大明成化庚寅重刊改併五音集韻十五卷	272
T5125	9443B	大明成化丁亥重刊改併五音類聚四聲篇十五卷	271
T5126	2353B	古今韻會舉要三十卷禮部韻略七音三十六母通攷一卷 269	
T5127	0262	古今韻會舉要小補三十卷	270
T5127	0434	重訂直音篇七卷	276
T5127	2907	洪武正韻十六卷	274
T5127	2907B	洪武正韻十六卷	275
T5127	6623	音韻日月燈六十卷首四卷	277
T5128	1274	古今韻略五卷	278
T5128	3659	類音八卷	279
T5128	4494	音韻闡微十八卷	281
T5128	5638	曹棟亭五種六十五卷	249
T5128	8202	韻字辨同五卷	282
T5133	2332	韻切指歸二卷	280
T5134	2116	新編佩文詩韻四聲譜廣註二卷	283
T5161	7276	千文六書統要二卷附千字文二卷篆法偏旁正譌歌一卷 264	
T5172	1321	正字通十二卷	263
T5172	4502.2	字彙補十二集	262
T5173	1716	康熙字典十二集總目一卷檢字一卷辨似一卷等韻一卷補遺一卷備考一卷 265	
T5179	2346	篆字彙十二集	267
T521	5983	周禮六卷	090
T522	8203E	周官禮注十二卷	091
T522	8203F	周禮十二卷	089
T525	2950	周禮句解十二卷	092
T527	3231	注釋古周禮五卷考工記一卷	094
T528	2632	周官塾訓六卷	098
T528	4241	周禮會通六卷	099
T528	4321	周禮節訓六卷	096
T528	4332	周禮折衷六卷	097
T528	8438	周禮輯義十二卷	095

T544	3172	周官禄田考三卷	100
T5481	1834	一幅集十八卷	247
T5491	9108	漢魏音四卷	284
T556	3143	經禮補逸九卷	101
T558	7272	儀禮易讀十七卷	102
T561	5634	昏禮通考二十四卷首一卷	121
T575	8163	儀禮經注疏正譌十七卷	103
T586	7936	禮記集註十卷	104
T587	4208	禮記集説大全三十卷	105
T587	4208（2）	禮記集説大全三十卷	106
T587	4242	禮記日録三十卷圖解一卷	107
T587	4244	禮記通解二十二卷讀禮記一卷	108
T587	4246	禮記説義纂訂二十四卷	111
T587	7240	閣紅螺説禮三十三卷	110
T587	8932	新刊禮經搜義二十八卷	109
T622	4523	大戴禮記十三卷	112
T633	3872	夏小正集解四卷	114
T633	8173	夏小正傳註一卷	113
T646	2331	新刊三禮考註六十四卷綱領一卷	115
T647	1218	三禮編繹二十六卷	116
T647	2444	讀禮疑圖六卷	093
T648	3124	參讀禮志疑二卷	118
T648	4494	三禮述註七十一卷	117
T648	5946	五禮通考二百六十二卷總目二卷首四卷附讀禮通考一百二十卷	120
T648	8142	禮箋三卷	119
T660	3923	四禮初稿四卷	122
T6703	2944	樂律全書四十九卷	123
T6730	3213	御製律呂正義上編二卷下編二卷續編一卷	124
T6730	4206	樂律表微八卷	125
T6771	1141	琴旨二卷	126
T691	4832	春秋師説三卷附録二卷	145
T691	8211	春秋經傳闕疑四十五卷	146

T693	0240	春秋孔義十二卷	148
T693	3240	春秋衡庫三十卷附録三卷備録一卷	150
T693	4208	春秋集傳大全三十七卷春秋序論一卷春秋二十國年表一卷諸國興廢説一卷春秋列國東坡圖説一卷東坡指掌春秋列國圖一卷	147
T693	4923	春秋志在十二卷	153
T693	7912	麟旨定十二卷	151
T693	8562	春秋胡傳翼三十卷	149
T695	1322	春秋四家五傳平文四十一卷首一卷附春秋提要二卷	152
T695	1923	春秋經傳類求十二卷	159
T695	1943	春秋義十五卷卷首一卷	156
T695	2113	春秋識小録初刻三書九卷附一卷	157
T695	2374	春秋集義五十八卷卷首一卷卷末二卷	162
T695	4234	春秋困學録十二卷	160
T695	4916	春秋究遺十六卷	163
T695	6144	春秋管見四卷卷首一卷	155
T695	7228	春秋筆削微旨二十六卷	161
T701	3840	春秋大事表五十卷春秋輿圖一卷附録一卷	158
T703	0244	春秋地名攷略十四卷	154
T713	4188B	春秋經傳集解三十卷附春秋名號歸一圖二卷	128
T715	6630.1	呂東萊先生左氏博議六卷	129
T717	2431	春秋左傳屬事二十卷	131
T717	2431	春秋左傳屬事古字奇字音釋一卷春秋左傳註解辯誤二卷補遺一卷古器圖一卷	132
T717	4440	名公註釋左傳評林三十卷	130
T718	1139	文章練要左傳評十卷	136
T718	2136	左傳經世鈔二十三卷	137
T718	2390	春秋左傳彙輯四十卷	139
T718	5641	左氏條貫十八卷	135
T718	6444	春秋内傳古注輯存三册	140
T718	7272	左傳事緯十二卷左傳事緯前書八卷	133
T718	8445	左傳統箋三十五卷	134

T718	8491	讀左補義五十卷卷首二卷	138
T744	2902.1	春秋公羊經例比六卷	141
T774	4132B	春秋穀梁註疏二十卷	143
T774	4132C	春秋穀梁註疏二十卷	142
T817	6623	孝經大全二十八卷首一卷附孝經詩一卷孝經或問三卷孝經翼一卷	164
T818	3240	孝經集註一卷	167
T818	4405	孝經內外傳五卷孝經正文一卷	166
T853	2943.2	四書朱子語類摘鈔三十八卷	196
T853	2943.5	四書或問三十九卷	178
T853	2943G	四書集註三十卷	177
T855	2900	朱子四書或問小註三十六卷	179
T855	2947	古今道脉四十五卷	185
T855	3923	四書正義二十卷	186
T855	4122	重訂四書疑問十一卷	183
T855	4208	四書集註大全四十三卷	180
T855	7919	新刊補訂大字四書淺說十三卷	181
T855	7920	談經菀四十卷	184
T855	8742	新編四書三說三十卷	182
T856	0214	集虛齋四書口義十卷	222
T856	0242	四書左國彙纂四卷	224
T856	1125	四書朱子本義匯參四十三卷首四卷	210
T856	1132	四書圖說六卷	231
T856	1138	四書考異二編七十二篇	216
T856	1143	朱註發明十九卷	200
T856	1145	四書衷要補辨三十七卷圖說一卷	218
T856	1183	四書繹註五卷	194
T856	1230	纂訂四書通解三十一卷	205
T856	1243	四書引解二十六卷	215
T856	1317	四書翼註論文三十八卷	221
T856	1318	四書圖考集要五卷	230
T856	1339	孝經疏畧一卷	165
T856	1339	四書疏畧二十九卷	191

T856	1346	四書合參析疑二十二卷	195
T856	1349	四書讀註提耳十九卷	209
T856	2164	四書自課録三十卷	212
T856	2322	四書考正譌不分卷	219
T856	2341	四書大全説約合參正解十七卷	189
T856	3122	增訂四書大全四十三卷	198
T856	3128	四書題鏡不分卷	213
T856	3171	四書辯訛六卷	193
T856	4242	四書引左彙解十卷	223
T856	4244	四書疏註撮言大全三十七卷	211
T856	4431	四書朱子異同條辨四十卷	197
T856	4431.2	四書諸儒輯要四十卷	199
T856	4431.8	四書經註合參三十八卷	207
T856	4583	四書講義尊聞録二十卷	206
T856	5422	四書彙解四十卷	187
T856	5443	寄願堂四書玩註詳説四十卷	190
T856	6236	日講四書解義二十六卷	188
T856	6620	去傲齋四書存十六卷	220
T856	6673	呂晚邨先生四書講義四十三卷	203
T856	7213	四書順義解十九卷	214
T856	7241A	天蓋樓四書語録四十六卷	202
T856	7241B	天蓋樓四書語録四十六卷	201
T856	7467	駁呂留良四書講義八卷	204
T856	7930	四書考輯要二十卷	217
T856	8143	四書講四十卷	192
T856	8224	學源堂四書體註合講十九卷	208
T858	3133	四書古人典林十二卷	228
T881	3115	增補四書人物聚考十二卷圖一卷	229
T881	7928	增補四書精繡圖像人物備考十二卷圖一卷	226
T884	4242	四書典制彙編八卷	227
T888	7920	四書名物考二十四卷	225
T897	4846	大學正説一卷中庸正説二卷	174
T898	2920	學庸思辨録十四卷	176

T898	7924	學庸竊補十四卷	175
T935	2264B	論語註疏解經二十卷	168
T943	3133	鄉黨圖考十卷	169
T961	1102	七篇指略七卷附孟子字學考一卷	171
T961	4932	載詠樓重鐫硃批孟子二卷	170
T968	7203	孟子四考四卷	173
T968	7220	孟子讀法附記十四卷	172
X235	4608	大易講義合參不分卷	034

引用書目

一、本書目所收，以書志中曾引用者爲限，爲免繁瑣，擇其較重要者臚列之。

二、本書目分爲甲、乙、丙三項。甲項收録專著，乙項收録單篇及學位論文，丙項收録數據庫及網絡資料。

三、專著大略依經、史、子、集、叢五部分類，各部類下稍按時代先後爲次，新興學術附入相近部類中。單篇及學位論文，大略依題目性質排列，以發表時間先後爲次。

四、著者若爲古代人士，則於其姓名前括注朝代。

五、出版日期統一以公元紀年標示。

甲、專著

一、經部

《十三經注疏》，（三國魏）王弼等注，（唐）孔穎達等疏，臺北：藝文印書館，影印清嘉慶二十年（1815）江西南昌府學刻本，1955年。

《通志堂經解》，（清）納蘭成德編，臺北：漢京文化事業公司，影印本，1979年。

《皇清經解》，（清）阮元編，臺北：復興書局，影印本，1972年。

《皇清經解續編》，（清）王先謙編，臺北：復興書局，影印本，1972年。

《〈五經大全〉纂修研究》，陳恒嵩著，臺北：花木蘭文化出版社，《古典文獻研究輯刊》八編，2009年。

《周易講義合參》，舊題（清）惠棟著，抄本，《上海圖書館未刊古籍稿本》第一冊，上海：復旦大學出版社，2008年。

《尚書後案駁正》，（清）王劼著，北京：北京出版社，《四庫未收書輯刊》第陸輯第叁冊，2000年。

《禹貢錐指正誤》，（清）丁晏著，臺北：藝文印書館，《百部叢書集成三編》第22輯，《頤志齋叢書》，1971年。

《胡氏禹貢錐指勘補》，（清）姚燮著，清馮成熙思滌軒抄本，北京：國家圖書館出版社，《北京師範大學圖書館藏稿抄本叢刊》第一冊，2011年。

《詩經要籍集成》，中國詩經學會編，北京：學苑出版社，2002年。

《歷代詩經版本叢刊》，田國福編，濟南：齊魯書社，2008年。

《毛詩稽古篇》，（清）陳啓源著，臺北：復興書局，《皇清經解》，影印本，
　　1972年。

《韓詩外傳箋疏》，（漢）韓嬰著，屈守元箋疏，成都：巴蜀書社，1996年。

《儀禮經傳通解》，（宋）朱熹著，臺北：臺灣商務印書館，影印文淵閣《四庫全
　　書》本，1983年。

《儀禮注疏校勘記》，（清）阮元著，臺北：復興書局，《皇清經解》，影印本，
　　1972年。

《左傳研究文獻輯刊》，宋志英輯，北京：國家圖書館出版社，2012年。

《無求備齋論語集成》，嚴靈峰編，臺北：藝文印書館，1967年。

《四書傳注會要》，鍾肇鵬選編，北京：國家圖書館出版社，2008年。

《經典釋文》，（唐）陸德明著，上海：上海古籍出版社，據宋刻宋元遞修本影印，
　　2013年。

《五經異義疏證》，（清）陳壽祺著，曹建墩點校，上海：上海古籍出版社，
　　2012年。

《洪武正韻研究》，甯忌浮著，上海：上海辭書出版社，2012年。

《清代前期古音學研究》，張民權著，北京：北京廣播學院出版社，2002年。

二、史部

《史記》，（漢）司馬遷著，（南朝宋）裴駰集解，（唐）司馬貞索隱，（唐）張守
　　節正義，北京：中華書局，點校本，2014年。

《南史》，（唐）李延壽著，北京：中華書局，點校本，1997年。

《北史》，（唐）李延壽著，北京：中華書局，點校本，1997年。

《漢書》，（漢）班固著，（唐）顏師古注，北京：中華書局，點校本，2008年。

《後漢書》，（南朝宋）范曄著，（唐）李賢注，北京：中華書局，點校本，
　　2008年。

《三國志》，（晋）陳壽著，（南朝宋）裴松之注，北京：中華書局，點校本，
　　2012年。

《晋書》，（唐）房玄齡等著，北京：中華書局，點校本，2008年。

《陳書》，（唐）姚思廉著，北京：中華書局，點校本，2008年。

《周書》，（唐）令狐德棻著，北京：中華書局，點校本，2008年。

《舊唐書》，（後晋）劉昫等著，北京：中華書局，點校本，2008年。

《新唐書》，（宋）歐陽修、宋祈等著，北京：中華書局，點校本，2008年。

《宋史》，（元）脫脫等著，北京：中華書局，點校本，2008年。

《元史》，（明）宋濂等著，北京：中華書局，點校本，1997年。

《明史》，（清）張廷玉等著，北京：中華書局，點校本，2013年。

《清史列傳》，佚名著，王鍾翰點校，北京：中華書局，點校本，1998年。

《清史稿》，趙爾巽等著，北京：中華書局，點校本，1998年。

《明太宗實錄》，（明）楊士奇等著，臺北："中央研究院"歷史語言研究所，影印本，1966年。

《明實錄類纂（文教科技卷）》，李國祥、楊旭主編，吳柏森等編，武漢：武漢出版社，點校本，1966年。

《清實錄·聖祖仁皇帝實錄》，（清）馬齊等著，北京：中華書局，1985年。

《疑年錄》，（清）錢大昕著，北京：北京圖書館出版社，《疑年錄集成》第一册，2002年。

《伊洛淵源錄》，（宋）朱熹著，北京：中華書局，《叢書叢成初編》第3340—3341册，1985年。

《宋元學案》，（清）黃宗羲原著，（清）全祖望等補修，陳金生、梁運華點校，北京：中華書局，1986年。

《明儒學案》，（清）黃宗羲著，沈芝盈點校，北京：中華書局，1985年。

《焦太史編輯國朝獻徵錄》，（明）焦竑著，濟南：齊魯書社，《四庫全書存目叢書·史部》第104册，1997年。

《明常熟先賢事略》，（明）馮復京著，北京：國家圖書館出版社，《歷代人物傳記資料彙編》第33册，2016年。

《國朝耆獻類徵初編》，（清）李桓輯，揚州：廣陵書社出版社，2007年。

《國朝先正事略》，（清）李元度著，易孟醇注釋、解説，長沙：岳麓書社，《湖湘文庫甲編》第239—240册，2008年。

《留溪外傳》，（清）陳鼎著，濟南：齊魯書社，《四庫全書存目叢書·史部》第122册，1997年。

《碑傳集》，（清）錢儀吉編，上海：上海書店，《清碑傳合集》，1988年。

《碑傳集補》，閔爾昌編，上海：上海書店，《清碑傳合集》，1988年。

《碑傳集三編》，汪兆鏞纂錄，上海：上海書店，《清碑傳合集》，1988年。

《廣清碑傳集》，錢仲聯主編，蘇州：蘇州大學出版社，1999年。

《中華歷史人物別傳集》，劉家平、蘇曉君主編，北京：綫裝書局，2003年。

《清代七百名人傳》，蔡冠洛編，北京：中國書店，1984年。

《崑山人物詠》，（清）邱樾著，揚州：廣陵書社出版社，《江蘇人物傳記叢刊》
　　第33冊，2011年。

《疇人傳》，（清）阮元著，上海：上海古籍出版社，《續修四庫全書·史部》第
　　516冊，1995年。

《清儒學案》，（清）徐世昌等編，沈芝盈、梁運華點校，北京：中華書局，
　　2008年。

《清學案小識》，（清）唐鑑著，臺北：廣文書局，影印本，1972年。

《清代學者象傳》第一、二集，（清）葉衍蘭、葉恭綽編，上海：上海古籍出版
　　社，《清代學者象傳合集》，1989年。

《清儒傳略》，嚴文郁編，臺北：臺灣商務印書館，1990年。

《清代樸學大師列傳》，支偉成編著，長沙：岳麓書社，1998年。

《中國天主教史人物傳清代篇》，方豪著，臺北：明文書局，《清代傳記叢刊》第
　　65冊，1985年。

《中國藏書家通典》，李玉安、黃正雨編著，北京：中國書店，2005年。

《明清著名藏書家·藏書印》，林申清編著，北京：北京圖書館出版社，2000年。

《文獻家通考（清——現代）》，鄭偉章著，北京：中華書局，1999年。

《戊戌變法人物傳稿》，湯志鈞著，北京：中華書局，1982年增訂本。

《北洋軍閥（1912—1928）》，章伯峰、李宗一主編，武漢：武漢出版社，1990年。

《廣印人傳》，（清）葉銘輯，清宣統三年（1911）西泠印社刻《印學叢書》本，
　　北京：國家圖書館藏。

《民國人物大辭典》，徐友春編，石家莊：河北人民出版社，2007年。

《趙凡夫先生傳》，（明）馮時可著，北京：國家圖書館出版社，《歷代人物傳記
　　資料彙編》第55冊，2016年。

《趙宧光傳》，徐卓人著，北京：高等教育出版社，2007年。

《陳廷敬大傳》，任茂棠主編，太原：山西人民出版社，2012年。

《李宗侗自傳》，李宗侗著，北京：中華書局，2010年。

《留美雜憶——六十年來美國生活的回顧》，錢存訓著，臺北：傳記文學出版社
　　股份有限公司，2007年。

《鄭康成年譜》，王利器著，濟南：齊魯書社，1983年。

《呂祖謙年譜》，杜海軍著，北京：中華書局，《年譜叢刊》，2007年。

《高忠憲公［攀龍］年譜》，（清）高世寧編，（清）高世泰訂，北京：北京圖書

館出版社,《北京圖書館藏珍本年譜叢刊》第54册, 1999年。

《黄子［道周］年譜》,（明）洪思編, 北京：北京圖書館出版社,《北京圖書館藏珍本年譜叢刊》第59册, 1999年。

《鄭桐庵［敷教］先生年譜》,（明）徐雲祥、盧涇材編, 北京：北京圖書館出版社,《北京圖書館藏珍本年譜叢刊》第66册, 1999年。

《張溥年譜》, 莊逸雪編, 北京：國家圖書館出版社,《國家圖書館藏稿抄本年譜彙刊》第2册, 2017年。

《顧炎武年譜（外七種）》,（清）張穆等撰, 黄珅等編, 上海：上海古籍出版社,《顧炎武全集》, 2012年。

《三補顧亭林年譜》, 倫明編, 北京：北京圖書館出版社,《北京圖書館藏珍本年譜叢刊》第72册, 1999年。

《顧炎武年譜》, 周可真著, 蘇州：蘇州大學出版社, 1998年。

《顧亭林學譜》, 謝國楨著, 上海：商務印書館, 1957年。

《萬斯同年譜》, 陳訓慈、方祖猷著, 香港：香港中文大學出版社, 1991年。

《查他山［慎行］先生年譜》,（清）陳敬璋編, 北京：北京圖書館出版社,《北京圖書館藏珍本年譜叢刊》第86册, 1999年。

《汪雙池［紱］先生年譜》,（清）余龍光著, 北京：北京圖書館出版社,《乾嘉名儒年譜》第3册, 2006年。

《永宇溪莊識閲歷》,（清）曹庭棟著, 北京：北京圖書館出版社,《乾嘉名儒年譜》第4册, 2006年。

《清王西莊先生鳴盛年譜》,（清）黄文相編撰, 臺北：臺灣商務印書館,《新編中國名人年譜集成》第20輯, 1986年。

《朱筠年譜》, 姚名達著, 上海：上海書店,《民國叢書》第三編,《歷史・地理類》76, 1991年。

《翁方綱年譜》, 沈津著, 臺北："中央研究院"中國文哲研究所,《中國文哲專刊》24, 2002年。

《三松［潘奕雋］自訂年譜》,（清）潘奕雋著, 北京：北京圖書館出版社,《北京圖書館藏珍本年譜叢刊》第110册, 1999年。

《洪北江［亮吉］先生年譜》,（清）吕培等編, 北京：北京圖書館出版社,《北京圖書館藏珍本年譜叢刊》第116册, 1999年。

《吳興姚氏家乘》,（清）姚淳起纂修, 清雍正二年（1724）抄本, 北京：國家圖書館藏。

《蕭山來氏家譜》,（清）來鴻瑨纂, 清光緒二十六年（1900）浙江蕭山會宗堂木活字本。

《同永胡氏家譜》，胡夢瀛等修，傳經堂藏板，民國十三年（1924）序，美國猶他州鹽湖城：猶他家譜學會攝影本，1983年。

《五牧薛氏宗譜》，馮瑜修，民國十八年（1929）刻本，上海圖書館藏。

《清代人物生卒年表》，江慶柏編著，北京：人民文學出版社，2010年。

《清朝御史題名録》，董樹藩編，臺北：文海出版社，《近代中國史料叢刊》第14輯，1967年。

《［嘉慶］松江府志》，（清）宋如林等修，（清）孫星衍等纂，臺北：成文出版社，《中國方志叢書》“華中地方”第10號，1970年。

《［乾隆］婁縣志》，（清）謝庭薰修，（清）陸錫熊等纂，上海：上海書店，《中國地方志集成》20，《上海府縣志輯》5，2010年。

《［光緒］嘉定縣志》，（清）程其珏修，（清）楊震福等纂，上海：上海書店，《中國地方志集成》20，《上海府縣志輯》8，2010年。

《［道光］重修武強縣志》，（清）翟慎行修，（清）翟慎典纂，上海：上海書店，《中國地方志集成》12，《河北府縣志輯》52，2006年。

《［民國］柏鄉縣志》，牛寶善修，魏永弼纂，上海：上海書店，《中國地方志集成》12，《河北府縣志輯》67，2006年。

《［民國］遼陽縣志》，裴煥星等修，白永貞等纂，臺北：成文出版社，《中國方志叢書》“東北地方”第12號，1973年。

《［乾隆］朝邑縣志》，（清）金嘉琰、朱廷模修，（清）錢坫纂，南京：鳳凰出版社，《中國地方志集成》13，《陝西府縣志輯》21，2007年。

《［乾隆］平原縣志》，（清）黃懷祖纂修，臺北：成文出版社，《中國方志叢書》“華北地方”第367號，1976年。

《［光緒］益都縣圖志》，（清）張承燮修，（清）法偉堂等纂，南京：鳳凰出版社，《中國地方志集成》4，《山東府縣志輯》33，2004年。

《安丘縣志》，山東省安丘縣地方史志編纂委員會編，濟南：山東人民出版社，1992年。

《［康熙］續安丘縣志》，（清）王訓纂修，濟南：齊魯書社，《四庫全書存目叢書・史部》第213冊，第1997年。

《［道光］安邱新志》，（清）馬世珍纂修，（清）張柏恒增訂，南京：鳳凰出版社，《中國地方志集成》4，《山東府縣志輯》37，2004年。

《［民國］萊陽縣志》，梁秉錕等修，王丕煦等纂，臺北：成文出版社，《中國方志叢書》“華北地方”第57號，1968年。

《［乾隆］海陽縣志》，（清）包桂纂修，南京：鳳凰出版社，《中國地方志集成》4，《山東府縣志輯》56，2004年。

《［光緒］滋陽縣志》，（清）莫熾修，（清）黃恩彤纂，（清）李兆霖等續修，（清）黃師閻等續纂，南京：鳳凰出版社，《中國地方志集成》4，《山東府縣志輯》72，2004年。

《［同治］蘇州府志》，（清）李銘皖、譚鈞培修，（清）馮桂芬纂，南京：鳳凰出版社，《中國地方志集成》14，《江蘇府縣志輯》7—10，2008年。

《［乾隆］長洲縣志》，（清）李光祚修，（清）顧怡禄等纂，南京：鳳凰出版社，《中國地方志集成》14，《江蘇府縣志輯》13，2008年。

《［康熙］常熟縣志》，（清）高士骥、楊振藻修，（清）錢陸燦纂，南京：鳳凰出版社，《中國地方志集成》14，《江蘇府縣志輯》21，2008年。

《［光緒］常昭合志稿》，（清）鄭鍾祥等重修，（清）龐鴻文等纂，南京：鳳凰出版社，《中國地方志集成》14，《江蘇府縣志輯》22，2008年。

《［民國］金壇縣志》，馮煦等纂，臺北：成文出版社，《中國方志叢書》"華中地方"第13號，1970年。

《無錫金匱縣志》，（清）裴大中等修，（清）秦緗業等纂，臺北：成文出版社，《中國方志叢書》"華中地方"第21號，1970年。

《［民國］鎮洋縣志》，王祖畬等纂，臺北：成文出版社，《中國方志叢書》"華中地方"第177號，1975年。

《［乾隆］江都縣志》，（清）高士鑰修，（清）五格等纂，臺北：成文出版社，《中國方志叢書》"華中地方"第393號，1983年。

《［光緒］重修丹陽縣志》，（清）劉誥、凌焯等修，（清）徐錫麟、姜璘纂，南京：鳳凰出版社，《中國地方志集成》14，《江蘇府縣志輯》31，2008年。

《興化縣志》，（清）張可立修，臺北：成文出版社，《中國方志叢書》"華中地方"第450號，1983年。

《［乾隆］武進縣志》，（清）王祖肅、楊宜侖修，（清）盧鳴球、董潮纂，北京：中國書店，《稀見中國地方志匯刊》第12冊，2012年。

《［光緒］杭州府志》，（清）龔嘉儁修，（清）李榕纂，臺北：成文出版社，《中國方志叢書》"華中地方"第199號，1974年。

《［萬曆］〈紹興府志〉點校本》，（明）蕭良幹、張元忭、孫鑛纂修，李能成點校，寧波：寧波出版社，2012年。

《［光緒］嘉善縣志》，江峰青等修，顧福仁等纂，臺北：成文出版社，《中國方志叢書》"華中地方"第59號，1970年。

《［同治］雲和縣志》，（清）伍承吉等修，（清）王士玢纂，臺北：成文出版社，
　　《中國方志叢書》“華中地方”第71號，1970年。

《［光緒］平湖縣志》，（清）彭潤章修，（清）廉鍔纂，臺北：成文出版社，《中
　　國方志叢書》“華中地方”第189號，1975年。

《［民國］象山縣志》，李泯修，陳漢章纂，臺北：成文出版社，《中國方志叢
　　書》“華中地方”第196號，1974年。

《［光緒］餘姚縣志》，（清）邵友濂修，（清）孫德祖等纂，臺北：成文出版社，
　　《中國方志叢書》“華中地方”第500號，1983年。

《［乾隆］海寧縣志》，（清）金鰲等纂修，臺北：成文出版社，《中國方志叢書》
　　“華中地方”第516號，1983年。

《海寧州志稿》，許傅霈等原著，朱錫恩等續纂，臺北：成文出版社，《中國方志
　　叢書》“華中地方”第562號，1983年。

《［嘉慶］德清縣續志》，（清）周紹濂修，（清）徐養原、許宗彦纂，杭州：浙
　　江圖書館、北京：國家圖書館聯合出版，《浙江圖書館藏稀見方志叢刊》第
　　29冊，2011年。

《［同治］六安州志》，（清）李蔚等修，（清）吳康霖等纂，臺北：成文出版社，
　　《中國方志叢書》“華中地方”第617號，1983年。

《（道光）歙縣志》，（清）勞逢源修，（清）沈伯棠纂，臺北：成文出版社，《中
　　國方志叢書》“華中地方”第714號，1984年。

《［民國］歙縣志》，石國柱等修，許承堯纂，臺北：成文出版社，《中國方志叢
　　書》“華中地方”第246號，1975年。

《［光緒］廬江縣志》，（清）錢鏛修，（清）俞謝奎、盧鈺纂，南京：江蘇古籍
　　出版社，《中國地方志集成》4，《安徽府縣志輯》9，1998年。

《［同治］南康府志》，（清）盛元等修纂，臺北：成文出版社，《中國方志叢書》
　　“華中地方”第98號，1970年。

《［康熙］撫州府志》，（清）曾大升等纂修，臺北：成文出版社，《中國方志叢
　　書》“華中地方”第927號，1989年。

《［同治］臨川縣志》，（清）童範儼等修，（清）陳慶齡等纂，臺北：成文出版社，
　　《中國方志叢書》“華中地方”第946號，1989年。

《［道光］晉江縣志》，（清）胡之鋹修，（清）周學曾、尤遜恭等纂，上海：上
　　海書店，《中國地方志集成》8，《福建府縣志輯》25，2000年。

《［民國］永定縣志》，徐元龍修，張超南、林上楠纂，上海：上海書店，《中國
　　地方志集成》8，《福建府縣志輯》36，2000年。

《［萬曆］溫縣志》，（明）張第纂修，明萬曆刻本，臺北："故宮博物院"藏。

《［順治］溫縣志》，（清）李若廣修，（清）吳國用纂，北京：綫裝書局，國家
　　圖書館編《清代孤本方志選》第2輯，河南7，2001年。

《溫縣志》，溫縣志編輯委員會編，鄭州：光明日報出版社，1991年。（附錄溫
　　縣舊志、簡志等六種）

《［康熙］河內縣志》，（清）李楘等修，（清）蕭家蕙等纂，清康熙三十二年
　　（1693）刻本，美國哈佛大學哈佛燕京圖書館藏。

《［乾隆］光山縣志》，（清）楊殿梓修，（清）錢時雍纂，上海：上海書店，《中
　　國地方志集成》，《河南府縣志輯》54，2013年。

《［乾隆］武安縣志》，（清）蔣光祖修，（清）夏兆豐纂，臺北：成文出版社，《中
　　國方志叢書》"華北地方"第486號，1976年。

《柘城縣志》，柘城縣志編輯委員會，鄭州：中州古籍出版社，1991年。

《［民國］夏邑縣志》，黎德芬等纂修，臺北：成文出版社，《中國方志叢書》
　　"華北地方"第99號，1968年。

《［民國］邯鄲縣志》，楊肇基修，李世昌纂，臺北：成文出版社，《中國方志叢
　　書》"華北地方"第188號，1969年。

《［民國］麻城縣志》，鄭重修，余晋芳纂，南京：江蘇古籍出版社，《中國地方
　　志集成》5，《湖北府縣志輯》20，2001年。

《［同治］臨武縣志》，（清）鄒景文修，（清）曹家玉纂，（清）吳洪恩續修，（清）
　　陳佑啓續纂，南京：江蘇古籍出版社，《中國地方志集成》11，《湖南府縣
　　志輯》31，2002年。

《［乾隆］衡陽縣志》，（清）陶易修，（清）李德等纂，南京：江蘇古籍出版社，
　　《中國地方志集成》11，《湖南府縣志輯》36，2002年。

《［同治］衡陽縣志》，（清）王開運修，（清）張修府纂，（清）吳洪恩續修，南京：
　　江蘇古籍出版社，《中國地方志集成》11，《湖南府縣志輯》36，2002年。

《［同治］連州志》，（清）袁泳錫修，（清）單興詩纂，上海：上海書店，《中國
　　地方志集成》19，《廣東府縣志輯》14，2003年。

《［民國］開平縣志》，余棨謀修，張啓煌纂，上海：上海書店，《中國地方志集
　　成》19，《廣東府縣志輯》34，2003年。

《開平縣志》，司徒星著，北京：中華書局，2002年。

《練湖志》，（清）黎世序纂，清嘉慶十五年（1810）刻本，北京：國家圖書館藏。

《百城煙水》，（清）徐崧等著，上海：上海古籍出版社，《續修四庫全書·史部》
　　第733册，1995年。

《文獻通考》,（元）馬端臨著,上海師範大學古籍研究所、華東師範大學古籍研究所點校,北京:中華書局,2008年。

《明清檔案》,臺北:"中央研究院"歷史語言研究所藏。

《內閣大庫檔案》,臺北:"中央研究院"歷史語言研究所藏。

《中國第一歷史檔案館藏清代官員履歷檔案全編》,秦國經、唐益年、葉秀雲編著,上海:華東師範大學出版社,1997年。

《雍正朝朱批引見單》,中國第一歷史檔案館編,《清代檔案史料叢編》第九輯,北京:中華書局,2008年。

《欽定四庫全書總目》,（清）永瑢、紀昀等編,臺北:臺灣商務印書館,影印清乾隆武英殿刻本,1983年。

《中國古籍善本書目 · 經部》,中國古籍善本書目編輯委員會編,上海:上海古籍出版社,1989年。

《續修四庫全書總目提要 · 經部》,中國科學院圖書館整理,北京:中華書局,1993年。

《中國古籍總目 · 經部》,中國古籍總目編輯委員會編,北京:中華書局,上海:上海古籍出版社,2012年。

《北京人文科學研究所藏書目錄》,北京人文科學研究所編印,北京:北京人文科學研究所,1938年。

《中國科學院圖書館藏中文古籍善本書目》,中國科學院圖書館編,北京:科學出版社,1994年。

《蘇州圖書館藏古籍善本提要 · 經部》,蘇州圖書館編,南京:鳳凰出版社,2004年。

《武漢圖書館館藏古籍善本書志》第一輯,韓兆海、張穎主編,武漢:湖北人民出版社,2004年。

《北京大學圖書館藏善本書錄》,張玉範、沈乃文主編,北京:北京大學圖書館,1998年。

《北京大學圖書館藏古籍善本書目》,北京大學圖書館編,北京:北京大學出版社,1999年。

《"國家圖書館"善本書志初稿 · 經部》,"國家圖書館"特藏組編,臺北:"國家圖書館",1996年。

《"中央研究院"歷史語言研究所傅斯年圖書館善本書志 · 經部》,傅斯年圖書館善本書志編輯小組編,臺北:"中央研究院"歷史語言研究所,2013年。

《"國立臺灣大學"圖書館增訂善本書目》,臺灣大學圖書館編輯,周駿富審訂,臺北：臺灣大學圖書館，2011年。

《香港中文大學圖書館古籍善本書録》，香港中文大學圖書館系統編，香港：香港中文大學出版社，1999年出版，2001年增訂。

《香港中文大學圖書館中國古籍目録》，陳重仁主編，香港中文大學圖書館系統編，香港：香港中文大學出版社，2004年。

《美國國會圖書館藏中國善本書録》，王重民輯録，袁同禮重校，美國華盛頓：美國國會圖書館，1957年。

《普林斯敦大學葛思德東方圖書館藏中文善本書志》，王重民撰，屈萬里重訂，臺北：藝文印書館，1975年。

《美國哈佛大學哈佛燕京圖書館中文善本書志》，沈津著，上海：上海辭書出版社，1999年。

《法蘭西學院漢學研究所藏漢籍善本書目提要》，田濤主編，北京：中華書局，2002年。

《柏克萊加州大學東亞圖書館藏中文古籍善本書志》，柏克萊加州大學東亞圖書館編，上海：上海古籍出版社，2005年。

《加拿大多倫多大學東亞圖書館藏中文古籍善本提要》，多倫多大學鄭裕彤東亞圖書館編，桂林：廣西師範大學出版社，2009年。

《美國哈佛大學哈佛燕京圖書館藏中文善本書志・經部》，沈津主編，桂林：廣西師範大學出版社，2011年。

《美國斯坦福大學圖書館藏中文古籍善本書志》，馬月華編著，桂林：廣西師範大學出版社，2013年。

《直齋書録解題》，（宋）陳振孫著，北京：中華書局，《宋元明清書目題跋叢刊》《宋代卷》第一冊，2006年。

《經籍跋文》，（清）陳鱣著，上海：上海古籍出版社，《續修四庫全書・史部》第923冊，1995年。

《鄭堂讀書記》，（清）周中孚著，上海：上海古籍出版社，《續修四庫全書・史部》第924—925冊，1995年。

《鐵琴銅劍樓藏書目録》，（清）瞿鏞著，上海：上海古籍出版社，《續修四庫全書・史部》第926—927冊，1995年。

《儀顧堂題跋》，（清）陸心源著，北京：學苑出版社，《古書題跋叢刊》23，2009年。

《郎園讀書志》，（清）葉德輝著，臺北：明文書局，影印本，1990年。

《藏園群書經眼録》，傅增湘著，北京：中華書局，1983年。

《販書偶記》，孫殿起著，上海：上海古籍出版社，《民國叢書》第四編，1991年。

《來燕榭讀書記》，黃裳著，瀋陽：遼寧教育出版社，2001年。

《書城風弦録——沈津學術筆記》，沈津著，桂林：廣西師範大學出版社，2006年。

《中國叢書綜録》，上海圖書館編，上海：上海古籍出版社，1986年。

《經義考》，（清）朱彝尊著，日本京都：中文出版社，影印本，1978年。

《三禮研究論著提要》（增訂本），王鍔著，蘭州：甘肅教育出版社，2007年。

《新集四書註解群書提要附古今四書總目》，"國立編譯館"主編，臺北：華泰文
　　化事業股份有限公司，2000年。

《四庫存目標注》，杜澤遜著，上海：上海古籍出版社，2007年。

《江蘇藝文志・揚州卷》，南京師範大學古文獻整理研究所編，南京：江蘇人民
　　出版社，1995年。

《江蘇藝文志・無錫卷》，南京師範大學古文獻整理研究所編，南京：江蘇人民
　　出版社，1995年。

《江蘇藝文志・南通卷》，南京師範大學古文獻整理研究所編，南京：江蘇人民
　　出版社，1995年。

《江蘇藝文志・蘇州卷》，南京師範大學古文獻整理研究所編，南京：江蘇人民
　　出版社，1995年。

《新安文獻志》，（明）程敏政輯著，何慶善、于石點校，黃山書社，《徽學研究
　　資料輯刊》，2004年。

《煙台文化志》，煙台文化志編纂委員會編著，北京：人民出版社，1999年。

《辛亥以來藏書紀事詩》，倫明著，雷夢水校補，上海：上海古籍出版社，1990年。

三、子部

《朱子語類》，（宋）黎靖德編，王星賢點校，北京：中華書局，1986年。

《須静齋雲煙過眼録》，（清）潘世璜著，彭向陽點校，杭州：中國美術學院出版
　　社，《藝苑珠塵叢書》，2000年。

《海上墨林》，楊逸著，印曉峰點校，上海：華東師範大學出版社，《歷代藝術史
　　料叢刊・書畫篇》，2009年。

《困學紀聞》，（宋）王應麟著，上海：上海書店，《四部叢刊三編》，據商務印書
　　館1935年版重印，1985年。

《無用閒談》，（明）孫緒著，上海：上海古籍出版社，《續修四庫全書・子部》
　　第1188—1192册，1995年。

《蒿菴閒話》，（清）張爾岐著，張翰勳點校，濟南：齊魯書社，1991年。

《日知録集釋》，（清）顧炎武著，（清）黃汝成集釋，石家莊：花山文藝出版社，點校本，1991年。

《柳南續筆》，（清）王應奎著，以柔點校，上海：上海古籍出版社，2012年。

《溉亭述古錄》，（清）錢塘著，臺北：藝文印書館，《百部叢書集成》，《文選樓叢書》44，1967年。

《鴛湖求舊錄》，（清）朱福清著，吳香洲注解，南京：鳳凰出版社，2010年。

《舊廊脞錄》，（清）吳慶坻著，上海：上海古籍出版社，《續修四庫全書·子部》第1264冊，2002年。

《清稗類鈔》，（清）徐珂編著，北京：中華書局，2010年。

《萇楚齋四筆》，（清）劉聲木著，北京：中華書局，《清代史料筆記叢刊》，1998年。

《春游瑣談》，張伯駒編著，鄭州：中州古籍出版社，1984年。

《二西彙刪》，（清）王訓輯，濟南：齊魯書社，《四庫全書存目叢書·子部》第227—228冊，1997年。

《古今圖書集成》，（清）陳夢雷、蔣廷錫編著，北京：中華書局，影印本，1934年。

《皇朝經世文編》，（清）賀長齡輯，臺北：文海出版社，影印本，1972年。

《正統道藏》，（明）白雲觀長春真人編纂，臺北：新文豐出版公司，1985年。

四、集部

《韓昌黎詩繫年集釋》，（唐）韓愈著，錢仲聯集釋，上海：上海古籍出版社，1984年

《歐陽文忠公集》，（宋）歐陽修著，臺北：臺灣商務印書館，《四部叢刊正編》，影印本，1979年。

《元豐類稿》，（宋）曾鞏著，臺北：臺灣商務印書館，《四部叢刊正編》，影印本，1979年。

《東萊呂太史文集》，（宋）呂祖謙著，北京：綫裝書局，《宋集珍本叢刊·儒藏系列》62，2004年。

《危太僕文續集》，（元）危素著，北京：中華書局，《元史研究資料彙編》第84—85冊，2014年。

《頤菴文選》，（明）胡儼著，臺北：臺灣商務印書館，影印文淵閣《四庫全書》本，1986年。

《東里文集》，（明）楊士奇著，濟南：齊魯書社，《四庫全書存目叢書・集部》
　　　第28冊，1997年。

《小山類稿》，（明）張岳著，臺北：臺灣商務印書館，影印文淵閣《四庫全書》
　　　本，1986年。

《震川先生集》，（明）歸有光著，臺北：臺灣商務印書館，《四部叢刊正編》，影
　　　印本，1979年。

《王遵巖家居集》，（明）王慎中著，臺北：閩南同鄉會，影印本，1975年。

《弇州山人四部稿》，（明）王世貞著，（明）沈一貫選，濟南：齊魯書社，《四庫
　　　全書存目叢書・集部》第115冊，1997年。

《張陽和先生不二齋文選》，（明）張元忭著，濟南：齊魯書社，《四庫全書存目
　　　叢書・集部》第154冊，1997年。

《澹園集》，（明）焦竑著，李劍雄點校，北京：中華書局，1999年。

《來恩堂草》，（明）姚舜牧著，北京：北京出版社，《四庫禁燬書叢刊・集部》
　　　第107冊，2000年。

《天全堂集（外五種）》，（明）安希范、安紹芳等著，南京：鳳凰出版社，2012
　　　年。

《此觀堂集》，（明）羅萬藻著，濟南：齊魯書社，《四庫全書存目叢書・集部》
　　　第192冊，1997年。

《己吾集》，（明）陳際泰著，臺北：偉文圖書出版社，《清代禁燬書叢刊》第一
　　　輯，1977年。

《牧齋初學集》，（清）錢謙益著，北京：北京出版社，《四庫禁燬書叢刊・集部》
　　　第115冊，2000年。

《牧齋有學集》，（清）錢謙益著，上海：上海古籍出版社，《續修四庫全書・集
　　　部》第1391冊，2002年。

《芑山文集》，（明）張自烈著，上海：上海古籍出版社，《清代詩文集彙編》第
　　　11冊，2010年。

《蒿庵集》，（清）張爾岐著，張翰勳點校，濟南：齊魯書社，1991年。

《王建常集》，（清）王建常著，李明點校，西安：西北大學出版社，《關學文
　　　庫・文獻整理系列》，2015年。

《學餘堂文集》，（清）施潤章著，臺北：臺灣商務印書館，影印文淵閣《四庫全
　　　書》本，1986年。

《西河文集》，（清）毛奇齡著，上海：上海古籍出版社，《清代詩文集彙編》第
　　　87—89冊，2010年。

《曝書亭集》，（清）朱彝尊著，臺北：臺灣商務印書館，《四部叢刊初編》，影印本，1965年。

《呂晚村先生文集》，（清）呂留良著，上海：上海古籍出版社，《清代詩文集彙編》第113冊，2010年。

《白雲村文集》，（清）李澄中著，上海：上海古籍出版社，《清代詩文集彙編》120冊，2010年。

《西陂類稿》，（清）宋犖著，上海：上海古籍出版社，《清代詩文集彙編》第135冊，2010年。

《有懷堂文藁》，（清）韓菼著，上海：上海古籍出版社，《清代詩文集彙編》第147冊，2010年。

《白石山房集》，（清）李振裕著，濟南：齊魯書社，《四庫全書存目叢書·集部》第243冊，1997年。

《鮓話》，（清）佟世思著，臺北：藝文印書館，《原刻影印叢書集成續編》15，《遼陽叢書》64，1971年。

《望溪先生文集》，（清）方苞著，上海：上海古籍出版社，《續修四庫全書·集部》第1421冊，2002年。

《己山先生文集》，（清）王步青著，上海：上海古籍出版社，《清代詩文集彙編》第228冊，2010年。

《歸愚文鈔》，（清）沈德潛著，收入《沈歸愚詩文全集》，上海：上海古籍出版社，《清代詩文集彙編》第234冊，2010年。

《萬卷樓文稿》，（清）顧棟高著，北京：國家圖書館出版社，影印本，2010年。

《香樹齋文集續鈔》，（清）錢陳群著，上海：上海古籍出版社，《清代詩文集彙編》第262冊，2010年。

《果堂集》，（清）沈彤著，上海：上海古籍出版社，《清代詩文集彙編》第264冊，2010年。

《屗守齋遺稿》，（清）姚世鈺著，濟南：齊魯書社，《四庫全書存目叢書·集部》第277冊，1997年。

《松崖文鈔》，（清）惠棟著，上海：上海古籍出版社，《清代詩文集彙編》第284冊，2010年。

《振雅堂文稿》，（清）柯崇樸著，北京：國家圖書館出版社，《清代詩文集珍本叢刊》第152冊，2017年。

《鮚埼亭集》，（清）全祖望著，臺北：臺灣商務印書館，《四部叢刊正編》，影印本，1979年。

《知足齋文集》，（清）朱珪著，上海：上海古籍出版社，《續修四庫全書·集部》
　　第1452冊，1995年。

《小倉山房文集》，（清）袁枚著，上海：上海古籍出版社，《續修四庫全書·集
　　部》第1431冊，1995年。

《抱經堂文集》，（清）盧文弨著，上海：上海古籍出版社，《續修四庫全書·集
　　部》第1433冊，2002年。

《勉行堂文集》，（清）程晋芳著，上海：上海古籍出版社，《續修四庫全書·集
　　部》第1433冊，2002年。

《春融堂集》，（清）王昶著，上海：上海古籍出版社，《清代詩文集彙編》第358
　　冊，2010年。

《甌北集》，（清）趙翼著，上海：上海古籍出版社，《續修四庫全書·集部》第
　　1446冊，1995年。

《潛研堂文集》《潛研堂詩續集》，（清）錢大昕著，上海：上海古籍出版社，《續
　　修四庫全書·集部》第1439冊，1995年。

《笥河文集》，（清）朱筠著，上海：上海古籍出版社，《清代詩文集彙編》第366
　　冊，2010年。

《白華後稿》，（清）吳省欽著，上海：上海古籍出版社，《清代詩文集彙編》第
　　372冊，2010年。

《存吾文稾》，（清）余廷燦著，上海：上海古籍出版社，《清代詩文集彙編》第
　　365冊，2010年。

《惜抱軒文集》《惜抱軒文後集》，（清）姚鼐著，上海：上海古籍出版社，《清代
　　詩文集彙編》第377冊，2010年。

《愚谷文存》，（清）吳騫著，上海：上海古籍出版社，《清代詩文集彙編》第380
　　冊，2010年。

《雙佩齋文集》《雙佩齋詩集》，（清）王友亮著，上海：上海古籍出版社，《清代
　　詩文集彙編》第401冊，2010年。

《紫石泉山房文集》，（清）吳定著，上海：上海古籍出版社，《清代詩文集彙編》
　　第408冊，2010年。

《初堂遺藁》，（清）洪榜著，上海：上海古籍出版社，《清代詩文集彙編》第410
　　冊，2010年。

《洪北江詩文集》，（清）洪亮吉著，臺北：臺灣商務印書館，《四部叢刊初編》，
　　影印本，1975年。

《亦有生齋集》，（清）趙懷玉著，上海：上海古籍出版社，《續修四庫全書·集

部》第1470冊，2002年。

《存素堂文集》，（清）法式善著，上海：上海古籍出版社，《續修四庫全書·集
　　部》第1476冊，2002年。

《大雲山房文藁》，（清）惲敬著，上海：上海古籍出版社，《清代詩文集彙編》
　　第449冊，2010年。

《芙蓉山館詩友尺牘》，（清）楊芳燦等撰，北京：北京燕山出版社，《稀見清人
　　別集百種》7，2007年。

《有竹居集》，（清）任兆麟著，上海：上海古籍出版社，《清代詩文集彙編》第
　　484冊，2010年。

《清溪詩藁》，（清）張允滋著，收入《吳中女士詩鈔》，清乾隆五十四年（1789）
　　刻本。

《茗柯文四編》，（清）張惠言著，臺北：臺灣商務印書館，《四部叢刊初編》，影
　　印本，1965年。

《小萬卷齋文藁》，（清）朱珔著，上海：上海古籍出版社，《清代詩文集彙編》
　　第494冊，2010年。

《思適齋集》，（清）顧廣圻著，上海：上海古籍出版社，《續修四庫全書·集部》
　　第1491冊，1995年。

《歸樸龕叢稿》，（清）彭蘊章著，上海：上海古籍出版社，《續修四庫全書·集
　　部》第1518冊，1995年。

《古紅梅閣集》，（清）劉履芬著，上海：上海古籍出版社，《清代詩文集彙編》
　　第703冊，2010年。

《養松堂遺詩》，（清）陳孝恪著，民國二十二年（1933）陳元墀鉛印本。

《中美書緣》，錢存訓著，臺北：文華圖書管理資訊有限公司，1998年。

《采銅於山：馬泰來文史論集》，馬泰來著，北京：國家圖書館出版社，2017年。

《清詩別裁集》，（清）沈德潛編，李克和等點校，長沙：岳麓書社，1998年。

《沅湘耆舊集》，（清）鄧顯鶴編，上海：上海古籍出版社，《續修四庫全書·集
　　部》第1690—1693冊，2002年。

《桐城方氏詩輯》，（清）方于穀編，北京：國家圖書館出版社，《清代家集叢刊》，
　　2015年。

《晚晴簃詩匯》，（清）徐世昌輯，上海：上海古籍出版社，《續修四庫全書·集
　　部》第1629冊，2002年。

《黔詩紀略後編》，（清）莫庭芝、黎汝謙、陳田編，桂林：廣西師範大學出版社，
　　《貴州省博物館藏珍稀古籍彙刊》第四冊，2015年。

《隨園詩話》,(清)袁枚著,上海:上海古籍出版社,《續修四庫全書・集部》
　　第1701冊,2002年。

《明詩紀事》,(清)陳田著,上海:上海古籍出版社,《續修四庫全書・集部》
　　第1711冊,2002年。

《詞林輯略》,(清)朱汝珍輯,臺北:明文書局,《清代傳記叢刊》16,《學林類》
　　18,1985年。

《趙南星詩詞曲校注》,(明)趙南星著,單紀蘭、陳金鎖校注,天津:天津教育
　　出版社,2009年。

《新編雷峰塔傳奇》,(清)馬如飛著,杭州:杭州出版社,《西湖文獻集成》第
　　15冊,《雷峰塔專輯》,2004年。

五、叢部

《津逮秘書》,(明)毛晉編,揚州:廣陵書社,影印本,2015年。

《昭代叢書》,(清)張潮、楊復吉、沈楙悳編,上海:上海古籍出版社,影印本,
　　1990年。

《雅雨堂叢書》,(清)盧見曾校,臺北:藝文印書館,《原刻景印百部叢書集成》,
　　1966年。

《欽定四庫全書》,(清)永瑢、紀昀等修纂,臺北:臺灣商務印書館,影印文淵
　　閣本,1983—1986年。

《欽定四庫全書》,(清)永瑢、紀昀等修纂,北京:商務印書館,影印文津閣本,
　　2006年。

《欽定四庫全書》,(清)永瑢、紀昀等修纂,杭州:杭州出版社,影印文瀾閣本,
　　2015年。

《岱南閣叢書》,(清)孫星衍校刻,臺北:藝文印書館,《原刻景印百部叢書集
　　成》,1967年。

《函海》,(清)李調元輯,臺北:藝文印書館,《原刻景印百部叢書集成》,1968
　　年。

《槐廬叢書》,(清)朱記榮輯,臺北:藝文印書館,《四部分類叢書集成》《續編》
　　3,1971年。

《古逸叢書》,(清)黎庶昌輯,臺北:藝文印書館,《原刻景印百部叢書集成》,
　　1965年。

《聚學軒叢書》,(清)劉世珩輯,臺北:藝文印書館,《四部分類叢書集成・續

編》1，1970年。

《金陵叢書》，翁長森、蔣國榜輯，臺北：大西洋圖書公司，1970年。

《四明叢書》，張壽鏞輯刻，臺北：新文豐出版公司，1988年。

《黔南叢書》，任可澄等輯，貴陽：文通書局排印本，1938年—1941年。

《廣州大典》，陳建華、曾淳亮主編，廣州：廣州出版社，2008年。

《馮夢龍全集》，（明）馮夢龍著，魏同賢主編，上海：上海古籍出版社，1993年。

《黃宗羲全集》，（清）黃宗羲著，沈善洪主編，杭州：杭州古籍出版社，2012年。

《顧炎武全集》，（清）顧炎武著，華東師範大學古籍研究所點校，上海：上海古籍出版社，2011年。

《戴東原先生全集》，（清）戴震著，臺北：大化書局，1987年。

《授堂遺書》，（清）武億著，北京：北京圖書館出版社，2007年。

乙、單篇及學位論文

一、單篇論文

《從典範轉移論惠棟之〈周易本義辯證〉》，張素卿著，《國文學報》五十三期，臺北：臺灣師範大學國文系，2013年6月。

《〈周易講義合參〉疑義辨析》，莊民敬著，《版本目錄學研究》第六輯，北京：北京大學出版社，2015年6月。

《詩傳大全來源問題探究》，楊晉龍著，收入林慶彰、蔣秋華主編《明代經學國際研討會論文集》，臺北：“中央研究院”中國文哲研究所，1996年。

《明代〈禮記〉科舉用書之刪經現象研究——以楊鼎熙〈禮紀敬業〉爲討論中心》，侯美珍、彭醴璃著，《書目季刊》第四十九卷第二期，臺北：書目季刊社，2015年9月。

《述五禮通考之成書》，張濤著，《學灯》2010年第2期（總14期），2010年4月。

《關於味經窩本〈五禮通考〉的刊印年代》，張濤著，《中國典籍與文化》2011年2期，2011年9月。

《〈九經三傳〉刻梓人爲岳浚考》，翁同文著，《大陸雜誌》三十二卷第七期，臺北：大陸雜誌社，1966年4月。

《相臺岳氏刊九經三傳考》，汪紹楹著，《文史》第二十八輯，1983年9月。

《〈刊正九經三傳沿革例〉作者非岳珂辨》，崔富章著，《古籍整理出版情況簡報》第205期，1989年2月。

《相臺書塾刊正九經三傳沿革例》，張政烺著，《中國與日本文化研究》第一集，
　　2004年。

《萬斯同〈石經考〉版本源流及館藏抄本考述》，陳隆予著，《河南圖書館學刊》
　　2012年第3期，2012年3月。

《四庫本〈玉篇〉版本考》，馮先思著，《圖書館雜誌》第34卷第8期，2015年8
　　月出版。

《莫友芝〈韻學源流〉及其韻學史觀》，王松木著，《成大中文學報》41期，臺南：
　　成功大學中文系，2013年6月。

《'續説郛'作者陶珽生平事迹輯考》，茶志高、温燎原著，《内江師範學院學
　　報》2013年第1期。

《張岐然事迹考》，季學原著，《文獻》1990年第2期，1990年4月。

《清代巡臺御史夏之芳的事蹟》，湯熙勇著，《臺灣史研究論文集》，臺北："中華
　　民國"臺灣史蹟研究中心，1988年。

《清代臺灣御史傳略及詩録》，唐一明著，《史聯雜誌》第13期，臺北：史聯雜
　　誌社，1988年12月。

《武億年譜》，陳鴻森著，《"中央研究院"歷史語言研究所集刊》85本3分，
　　2014年9月。

《湖南第一師範與校長易培基》，白瑜著，《傳記文學》第28卷第5期（總168期），
　　臺北：傳記文學雜誌社，1976年5月。

《飽學、謙和、仁厚的李宗侗先生》，陳捷先著，臺灣大學歷史學系主編《遨
　　遊於歷史的智慧大海：臺大歷史學系系史》，臺北：臺灣大學歷史學系，
　　2002年。

《懷寧葉氏宗譜序小考》，甲乙著，《安慶晚報》，2007年12月24日。

《夢月巖：呂氏家族的精神寄託》，余子愚著，《洛陽晚報》，2014年12月23日。

《顧子剛生平及捐獻古籍文獻事迹考》，趙愛學、林世田撰，《國家圖書館學刊》
　　2012年3期，2012年6月。

《明清徽商的藏書與刻書》，劉尚恒著，《安徽師範大學學報〈人文社會科學
　　版〉》1990年1期，1990年2月。

《振綺堂書厄真相考（上）》，踪訓國著，《人民政協報》，2015年9月7日。

《"哈佛模式"：關於美藏漢籍目録現狀的思考——兼評〈美國哈佛大學哈佛燕
　　京圖書館中文善本書志〉》，嚴佐之著，《書目季刊》第三十五卷第二期，
　　臺北：書目季刊社，2001年9月。

《鄭孫買地券"酒醉"補議》，范常喜著，《中國國家博物館館刊》2012年第3期，

2012年3月。

《芝加哥大學東亞圖書館所藏中文經部善本書録四種》，張寶三著，《版本目録學研究》第三輯，北京：國家圖書館出版社，2011年12月。

《清代中文善本古籍中所鈐紙廠印記研究》，張寶三著，《臺大中文學報》第三十九期，臺北：臺灣大學中文系，2012年12月。

《紙廠印記在清代中文善本古籍版本鑑定之運用》，張寶三著，《“國家圖書館”館刊》104年第2期，臺北：“國家圖書館”，2015年12月。

二、學位論文

（一）博士論文

《韓詩外傳考徵》，賴炎元著，臺灣師範大學國文研究所博士論文，1963年。

（二）碩士論文

《〈刊正相臺書塾九經三傳沿革例〉研究與注釋》，李安捷著，華東師範大學碩士論文，中國古典文獻學專業，2018年。

《邵長衡年譜》，吳秋蘭著，臺灣東海大學中國文學研究所碩士論文，1998年。

《余嘉錫學術年譜》，王語歡著，黑龍江大學碩士論文，中國古典文獻學專業，2013年。

丙、數據庫及網絡資料

《大清國史人物列傳及史館檔傳包傳稿目録索引及資料庫》，臺北：“故宮博物院”編。

《清代職官資料庫》，臺北：“中央研究院”歷史語言研究所建置。

《泉州歷代進士名録（元、明）》，泉州歷史網，www.qzhnet.com，李啓元建置。

後 記

二〇〇二年八月，余得臺灣大學與芝加哥大學兩校交流計畫之助，至芝加哥大學東亞研究中心訪問研究一年，實際接待之學術單位爲東亞語言與文明學系。此年，恰值夏含夷（Edward L. Shaughnessy）教授赴上海復旦大學研究，乃多蒙東亞系主任夏德安（Donald Harper）教授細心照拂。在芝加哥大學一年，因無教學任務，得以從容出入圖書館，恣意瀏覽，頗爲快意。其間，幸得拜見心儀已久之錢存訓先生，奉手請益。更蒙錢先生俯允，以"訪錢存訓教授談中國書籍史之研究及治學方法"爲題，進行數次訪問。訪問稿後刊登於臺北《漢學研究通訊》2003年第2期，并嘗經多家刊物轉載。二〇〇三年七月，訪問期滿束裝將歸之際，承蒙東亞圖書館周原館長自館藏線上目錄下載經部善本目錄資料相贈，竟成爲本書志撰作之種因。

二〇〇九年八月，余受美國傅爾布萊特基金會"資深學者"研究獎助項目（Senior Fulbright Research Grants）之資助，再度赴芝加哥大學研究，從事《芝加哥大學東亞圖書館中文古籍經部善本書志》之撰作。此項目之申請，承蒙錢存訓先生、哈佛大學哈佛燕京圖書館鄭炯文館長、夏含夷教授三位著名學者之推薦，幸得成行，益加珍惜。當初發想作此項目，嘗受到嚴佐之先生之啓發。嚴先生在《"哈佛模式"：關於美藏漢籍目録現狀的思考——兼評〈美國哈佛大學哈佛燕京圖書館中文善本書志〉》一文中嘗云："像芝加哥大學遠東圖書館藏最有特色的經部古籍，約有一千七百餘種，其中不少既未收入《四庫全書總目》《續修四庫全書總目提要》，亦未見《中國古籍善本書目》《中央圖書館善本書志》著録，很適宜做專科書志目録。"（臺北：《書目季刊》第三十五卷第二期，2001年9月）因前有周原館長賜贈館藏經部善本目録資料，對芝大經部善本館藏已有粗略了解，又受嚴佐之先生此文之啓示，遂決定以經部專科書志爲目標，進行《芝加哥大學東亞圖書館中文古籍經部善本書志》之撰作。

在芝加哥大學東亞圖書館進行之書志撰寫工作，自二〇〇九年八月起，至二〇一一年二月止，共進行一年又七個月。工作地點在雷根斯坦圖書館南四〇五室。每個工作日，承蒙東亞圖書館周原館長親自調出善本古籍交付閱覽，閱後歸還時，周館長必垂詢書中特點、狀況，若有舊目需修正、補充之處，即作紀録存檔，認真嚴謹之態度，令人佩服。甚或因沈浸於討論、析疑，而延誤下班時間。記憶尤深者，余因發現清代善本古籍中時見鈐有藍、紅色長條形圖案，不明其來源與用途，故每與周館長反覆討論、推敲，其後終爲促成余撰寫《清代中文善本古籍中所鈐紙廠印記研究》（文刊《臺大中文學報》第三十九期，2012年12月）之重要動力。此外，工作進行期間，常蒙夏含夷教授鼓勵、協助，又蒙夏教授主持之"顧立雅中國古文字中心"（Creel Center for Chinese Paleography）提供保險經費等資助，使生活得以無憂，至爲感謝。

二〇一一年二月，余返回臺灣大學任教。在芝加哥大學期間，共閱覽二百餘種經部善本，因時日緊迫，尚無餘暇多作書志稿之撰寫。回臺灣之後，於教學之餘，仍持續進行書志稿之寫作。爲能使書志稿先有就正方家之機會，嘗於《版本目録學研究》第三輯發表《芝加哥大學東亞圖書館所藏中文經部善本書録四種》一文（北京大學國學研究院主辦，國家圖書館出版社出版，2011年12月），文中選刊明王樵《尚書日記》《書帷別記》，明鄒期楨《尚書揆一》，明孫繼有《尚書集解》等四書之書志。

在寫作書志稿過程中，於每篇初稿之末，常略載數語，以作爲當日點滴紀録。如2013年2月11日撰"《石渠閣重訂周易去疑》十一卷首一卷"書志，初稿末載："年初二，完稿。"2014年7月23日撰"《和序堂易經貫一》二十卷首二卷"書志，初稿末載："本日颱風過境。"2016年1月24日撰"《四書題鏡》不分卷"書志，初稿末載："今日大寒，臺灣各地時見飄雪，冷甚。開暖氣撰寫此篇書志。"2016年2月8日撰"《四書考輯要》二十卷"書志，初稿末載："今日爲丙申歲元旦。"2017年1月27日撰"《詩貫》十四卷首三卷"書志，初稿末載："本日除夕。"2017年1月28日撰"《詩考異補》二卷"書志，原稿末載："今日舊曆元旦。"2018年2月17日撰"《大戴禮記》十三卷"書志，初稿末載："補寫此書，從除夕到今日初二寫完。"回想過往數年，每於舊曆除夕或大年初一，仍埋首書志之寫作，亦可謂匪懈矣。

書志撰寫期間，時蒙師長、友朋指導鞭策，始能奮力前行。在臺大本科四年級時，從潘師美月教授習"版本學""目録學"課程，修課之樂，至今記憶猶新。沈津先生、陳先行先生，時賜教言，解析疑惑。谷輝之老師於二〇〇九年余將赴芝加哥之前，細心教余以丈量版框、紀録行款等實作技術，受益良多。藏書印印文之識讀，多蒙摯友名書法家杜忠誥教授、古文字學大家李宗焜教授賜教。謹在此一并致謝。芝加哥大學東亞圖書館錢孝文先生在余旅居芝加哥期間，多所關照，又爲書志攝製精美書影，無任感荷。此外，本書志之得以完成，尚蒙多位師友鼎助，點滴在心，在此不一一申謝。

　　本書志之撰寫工作，發軔於二〇〇九年八月，歲月荏苒，至今已逾十年。十年來，爲書志之撰寫，辛苦備嘗，然亦得以强迫自己，日有所進。例如，以往未知朱熹《四書集註》有所謂“内註”“外註”之別，及讀館藏清王琰撰“《四書繹註》五卷”一書，始知學者有此主張。又如以往不知古人自稱之法，若姓名爲三字，有以第二字自稱者，及讀館藏清王其華撰“《四書衷要補辨》三十七卷《圖説》一卷”一書，書末王輔世之跋，於文中自稱“輔”，乃知有此例也。二〇一三年，自臺灣大學退休，役車未歇，轉徙四方，仍奮力撰寫書志。今春于役西安，得陝西師範大學人文社會科學高等研究院優良研究環境之助，乃能心無旁騖，專心撰述，書志卒底於成。了此多年夙願，幸何如之？

　　本書志立意之初，本以經部專科書志爲撰作目標，後芝加哥大學圖書館續有集部、叢部、史部等書志之撰寫規劃，遂提議將本經部書志納入《美國芝加哥大學圖書館藏中文古籍善本書志》中合併出版。因撰者非一，各部之性質亦有差異，雖體例已盡量調整，恐仍難完全一致，讀者諒之。國家圖書館出版社張愛芳主任，靳諾、黃静編輯，爲此書之出版，盡心盡力，熱誠可感，衷心感謝。

　　内子延燕，數十年相伴，患難與共，鼓勵、鍼砭，幾無日無之。書志修訂稿之録入、校訂及諸多雜務，皆蒙辛苦協助完成。感念之情，匪言可宣，值此書志殺青之際，特致上無限謝意。

張寶三識於陝西師範大學人文社會科學高等研究院

二〇一九年九月